红色视域下的上海

中共中央早期机关报
上海新闻整理汇编

上册

红色中华

上海新闻整理汇编

贾翠玲 主编

1931.12—1932.7

上海科学技术文献出版社
Shanghai Scientific and Technological Literature Press

红色视域下的上海

中共中央早期机关报上海新闻整理汇编

出版工作委员会

序一

章百家
中共中央党史研究室
原副主任、研究员

当我们迎来中华人民共和国成立70周年、上海解放70周年纪念日之际，上海科学技术文献出版社推出了“红色视域下的上海——中共中央早期机关报上海新闻整理汇编”系列丛书作为献礼。这是一部视角独特、主题鲜明的文献史料集，它以革命战争年代中共中央机关先后发行的三种主要报纸《红色中华》《新中华报》和《解放日报》为素材，从中选取与上海有关的报道汇编而成。

上海是中国共产党的诞生地，1921年至1933年期间的大部分时间内，这里也是中共中央所在地。这里不仅是中国最重要的工业中心和商埠，也是国内外各种政治和经济势力博弈的舞台。1933年中共中央虽由此迁出，但这座国际化大都市一直处在共产党人的视野之中。从20世纪30年代初至40年代末，身处农村根据地的中国共产党人对于上海的关注集中于哪些问题、哪些领域，三份一脉相承的报纸提供了基本完整的线索和丰富的历史记录。

《红色中华》于1931年12月11日创刊，是中国共产党在瑞金中央革命根据地创办的第一张铅印大报。该报于1934年10月长征开始后暂时休刊，1936年1月在陕北瓦窑堡复刊，1937年1月29日更名为《新中华报》。1941年5月16日，《解放日报》作为中央机关报在延安出版。根据中共中央政治局决定，这份大型日报由原来的三日刊《新中华报》与新华社编发的《今日新闻》合并而成。1949年上海解放前夕，中共中央决定将《解放日报》的报名交给上海，作为中共中央华东局机关报和中共上海市委机关报。

这三份报纸有关上海地区的报道贯穿于土地革命战争时期、抗日战争时期和解放战争时期。报道的形式和来源多样，形式有消息、通讯和专题文章等；来源或自采自编，或转自国内其他报刊和外国通讯社。内容可大致分为以下几类：一是革命运动和工人运动；二是抗日救亡活动和抗日战况；三是国内和国际政治经济局势；四是社会文化生活等。各年度报道的数量多少不等，取决于形势的变化及有无重大事件发生。例如，《红色中华》关于上海的报道有近半数集中于1932年淞沪抗战前后；《新中华报》历年均有一些关于上海的报道，包括淞沪会战、日军进占上海、当地抗日与反对汪伪政权的活动等；《解放日报》有关上海的报道在数量上远胜前两种报纸，最为集中于1941年和1946年，前者是国际形势的重大变动之年，后者是国内形势的重大变动之年。这些报道不仅传递出有关上海的信息，也勾勒出红色视域下上海的形象。

对处于偏远根据地的中国共产党人来说，报纸是了解外部世界动向的主要途径。党中央机关报上刊载的新闻报道，不仅是对现实和历史的一种记录，同时其选题和内容也反映着报纸指导者和编者的眼界和水平。国情和实践使中国共产党人选择了农村包围城市的道路，然而这些怀抱革命理想的先辈们的眼光并未因身处农村而受到局限，他们始终放眼全国、放眼世界。这三份报纸中有关上海的报道便从一个侧面做出了生动的说明。正是这种全局性的战略眼光最终引导中国革命走向了胜利。

新闻是时代的见证与记录，而报纸作为新闻的载体是重要的史料来源。在历史研究中，史料的筛选和梳理是一件需要耗费大量时间与精力的工作。这部文献史料集的出版为这一时期的历史研究，特别是中共党史和上海地方史的研究提供了极大便利。对这段历史感兴趣的读者，无论是专业研究者还是业余爱好者，都可以通过这一个个镌刻着历史足迹的版面，获取宝贵的史料。这不仅有助于我们了解这一时期上海的方方面面，特别是革命传统，也有助于我们更全面、更深入地认识中国共产党的发展历程与中华人民共和国成立的意义。

2019年3月

序二

黄　瑚
复旦大学新闻学院教授、博士生导师
中国新闻史学会副会长

欣闻上海科学技术文献出版社的“红色视域下的上海——中共中央早期机关报上海新闻整理汇编”丛书行将问世，该丛书选取了《红色中华》《新中华报》《解放日报》这三份重要报纸，搜寻、辑录三报中有关上海的新闻、言论以及其他文章，汇编成这部资料性著作。在形式上，该丛书采用图文对照式，既为读者提供了经认真考校的文字整理版，同时也为读者提供了报纸原件的影印版，以便读者阅读、参考与对照比较。

丛书之所以选取《红色中华》《新中华报》《解放日报》这三份报纸，是因为它们是中国共产党在土地革命、抗日战争、解放战争三个历史时期中先后创办的、具有中央机关报性质的重要报纸。《红色中华》于1931年12月11日在当时刚成立不久的中华苏维埃共和国首都瑞京（今江西瑞金）创刊。当时，中共中央在白区的力量已遭到毁灭性的摧残并开始向中央苏区转移，因而《红色中华》创刊后实际上承担了中共中央机关报的职责。该报在红军长征期间一度停刊，在红军抵达陕北后复刊，先后在瓦窑堡、保安、延安出版。1937年1月29日，为顺应团结抗日的新形势，《红色中华》改名为《新中华报》，同年9月在陕甘宁边区政府成立后改组为陕甘宁边区政府机关报，但仍承担着中共中央机关报的职责。1939年2月7日，根据中共中央的决定，《新中华报》正式改组为中共中央机关报，兼陕甘宁边区政府机关报，在报头下方取消了原有的“陕甘宁边区政府机关报”一行字样而不作标识。1941年5月16日，新组建的中共中央机关报《解放日报》在延安创刊，系《新中华报》与当时新华社在延安出版的《今日新闻》合并而成，其发刊词公开宣称：“中国共产党的使命就是本报的使命。”1947年3月13日，《解放日报》报社撤离延安，迁至陕北子长县史家畔村坚持出版，至1947年3月27日出版了第2130号后停刊。

至于该丛书辑录上述三报中有关上海的新闻、言论及其他文章，则是因为上海这个世界著名的大都市在中国进入近代社会后一直是社会发展的前沿阵地、中外交流的重要窗口、反帝反封建斗争的发源地或主战场。因此，该丛书通过辑录《红色中华》《新中华报》《解放日报》中有关上海的新闻、言论及其他文章，真实地反映了上海在1931至1947年间的社会发展态势、人民生活状况等，特别是中国共产党直接领导或间接影响下的革命斗争的历程，为我们展现了一幅红色视域下的上海图景，具有很大的历史意义与价值。

丛书所具有的历史意义与价值，主要表现在它的史料价值上。该丛书为我们发掘出大量保存在《红色中华》《新中华报》《解放日报》这三份红色报纸中的珍贵史料，其中不乏前所未知的新史料，为上海史研究与中国新闻史研究增添了新的养料。

有关上海史研究的史料，可举下面几个例子予以说明。例如，1932年1月，日本侵略者发动“一·二八”事变之前，《红色中华》已开始密切关注并积极报道日本人在上海的异常动态。“一·二八”事变发生后，《红色中华》接连发表中华苏维埃共和国临时中央政府反对日本帝国主义侵略、支持上海日本纱厂工人罢工斗争以及其他各界群众反日斗争的通电，号召全国各界民众声援、支持上海工人等各界人民反对日本帝国主义的斗争，呼吁全国各界民众罢工、罢课，自动武装起来组织义勇军，在全国掀起反对日本帝国主义的斗争浪潮。以1932年2月3日出版的《红色中华》第8期为例，第一至四版、第五版、第七版的全部报道均与“一·二八”事变相关。其中第一版刊登了以中华苏维埃共和国临时中央政府名义发布的《为帝国主义瓜分中国与帝国主义大战致全国的通电》《号召全国工农兵援助上海罢工的通电》《致上海罢工工人的电》，第二版刊登了《中国共产党苏区中央局致全国的通电》《全总苏区执行局通电》和有关“一·二八”事变的专电。又如，1937年8月上海抗战爆发后，《新中华报》几乎每天都在有限的版面上大量刊登反映上海抗战实况的报道，并及时发表社论指出上海抗战潜在的问题，提出解决问题之良策。早在上海抗战爆发之初，《新中华报》在8月16日即发表社论《为第二个一·二八檄全上海爱国民众》，尖锐地指出：“淞沪的大炮声音，已经震动了全中国。然而我们所深虑的，也正是如何保证不要再重复‘一·二八’当时的惨痛经验，立即实行武装全民众，立即动员整个民众。”当时，整个社会正在为上海抗战的胜利而欢庆，但这一社论则在这一片欢庆声中告诫人们不要忘记“一·二八”的惨痛教训，吁请国民党政府要立即动员、武装全体民众。9月19日，上海抗战已现失败之迹象，《新中华报》发表社论《上海战争的现势》，对国民党政府不愿发动全体民众参加抗战的错误政策提出严正的批评：“在抗战发动之后，全上海人民准备积极起来援助军队抗战时，当局对人民参加抗战运动始终不愿大胆地开放，害怕群众参加这一运动。并且对于已经组织起来的群众抗战团体，还极力设法企图加以控制，结果压抑了上海人民参加抗战的积极性，阻碍了群众抗日运动的发展，这不能不使我们痛惜！”该社论还明确指出：“现在的问题，任何害怕群众运动、单靠政府与军队抗战的企图，难免会变成阿比西尼亚第二！如果政府决然地开放民众的救亡运动，动员广大人民到抗日战争中去，我们才有可能保卫江浙、保卫华北、保卫全中国，战胜日本帝国主义。”在之后的南京保卫战期间，《新中华报》再次吁请国民党政府要发动全民投身抗战：“我们的政府当局，应该从自己的失败和国际事变发展的过程中求得教训，如果仍然是像过去一样，统制民众运动，仅仅是政府和军队单面的抗战，那末，空头支票再多也是无用的。只有真正地开放民众运动，武装民众，给民众以充分的民主，才能最高度地发扬民众抗战的热情。实行全面的抗战，是争取战争胜利的基本条件，我们再不能容忍日寇继续长驱直入了，为着中国民族的生存，我们一定要化除过去一切的成见，实现全国更进一步的精诚团结，实行全国的总动员，实行全面的抗战，这样来保卫南京、保卫中国，一直到将日本帝国主义完全从中国赶出去。”此外，对上海工人的罢工斗争，《红色中华》《新中华报》《解放日报》均有十分详尽的报道，保留下了极为丰富的上海工人运动史料。发掘、运用这些史料，将有助于丰富与发展上海史研究特别是上海工人运动史研究。在上海“孤岛”及沦陷时期，《解放日报》上刊载的反映当时真实情况的报道与文章，如1941年6月14日第二版刊登的《迷乱的上海》、1941年6月22日第二版刊登的《慕尼黑阴谋在上海》、1942年4月14日刊登的《汪精卫的特务机关》等，也是上海史研究的重要参考资料。

有关中国新闻史研究的史料，在《红色中华》《新中华报》《解放日报》这三份红色报纸上也不乏先前未被关注者。例如，1932年春夏期间上海报业工人的罢工斗争，目前发表的中国新闻史论著中均未提及，但在《红色中华》上则留下了不少有关这次罢工的报道，如1932年4月28日第三版刊登的《上海时事新报罢工影响》、6月2日第二版刊登的《上海报馆工人总罢工》、6月9日第二版刊登的《上海报馆罢工已复工　大流氓杜月笙从中破坏》、6月16日第一版刊登的《中华苏维埃共和国临时中央政府　致上海报界罢工工友电》、7月14日第三版刊登的《上海报界工人复工后　二十二人无故被捕　黄色工会骗人暴露　工人慨激形势紧张》等。此外，据1933年12月11日出版的《红色中华》第134期第四版的报道，中共上海地下党曾在这一时期出版过一份取名《捷报》的群众小报，“专门介绍红军胜利及苏区生活，并揭露统治阶级的一切欺骗宣传等，每期可发行三千份，群众非常爱读”。而在现有的中国新闻史研究论著中，《捷报》这份红色群众小报均未见提及。

《红色视域下的上海——中共中央早期机关报上海新闻整理汇编》这部资料性著作对历史研究的更大贡献，还在于它具有为上海史研究和中国新闻史研究开辟新的研究路径、提供新的研究视域的创新性意义与价值。

就上海史研究而言，作为一门中国近现代史研究的显学，目前已是人才济济、成果累累，其中不乏以报刊为对象的研究成果，仅以《申报》为研究对象探讨上海社会发展各方面的研究成果就已不胜枚举。进而言之，以中国共产党领导的红色报刊为研究对象的上海史研究成果也为数不少，但基本上都以中国共产党在上海出版的机关报刊及其他报刊为研究对象，如1920年9月起改组为中国共产党上海发起组机关刊物的《新青年》、1922年9月创刊的中共中央第一份政治机关报《向导》、1927年10月创刊的中共中央理论机关报《布尔塞维克》、1928年11月创刊的中共中央政治机关报《红旗》、1930年8月创刊的第一份报纸形式的中共中央机关报《红旗日报》以及中国共产党创办的《中国青年》《热血日报》等。诚然，在这些上海出版的党报党刊上，有关上海的新闻、言论占有很大的比重，理应成为上海史研究的重要对象；但是，作为中国共产党发展到成熟时期的、具有中央机关报性质的《红色中华》《新中华报》《解放日报》及其他不在上海出版的重要报纸是如何反映、怎样评说当时发生在上海的历史事件的，至今尚未引起上海史研究学者的高度重视，相关成果也极为罕见。因此，《红色视域下的上海——中共中央早期机关报上海新闻整理汇编》这套资料性著作的编录团队，不惜花费大量的时间与精力，从《红色中华》《新中华报》《解放日报》这三份不在上海出版的红色报纸中发掘出为数甚多的上海史料，为今后的上海史研究开辟了一条新的研究路径、开启了一个新的研究视域。这一新的研究路径、新的研究视域，完全有望孕育出一批新的上海史研究成果。就中国新闻史研究而言，这一新的研究路径与研究视域，同样也具有很大的启迪与引导作用，有助于发掘红色报刊以及一切具有历史价值的各类报刊上的各类史料，并据此孕育出更多、更好的研究成果。

2019年1月28日

一　《红色中华》《新中华报》《解放日报》报纸沿革

《红色中华》于1931年12月11日在江西瑞金创刊，初为中华苏维埃共和国临时中央政府机关报。

正如其《发刊词》所说："它的主要任务就是发挥中央政府对于中国苏维埃运动的积极领导作用，达到建立巩固而广大的苏维埃根据地，创造大规模的红军，组织大规模的革命战争，以推翻帝国主义及国民党的统治，使革命在一省或几省首先胜利，以达到全国的胜利。"

自第五十期起，《红色中华》报改为党团政府与工会合办的中央机关报，即成为中共苏区中央局、少共苏区中央局、中华苏维埃中央政府、全国总工会苏区执行局共同的机关报，后又改为中华苏维埃共和国中央政府机关报。报纸为铅印，四开版。第一至四十九期为周刊，第五十至一百四

《红色中华》第1期第1版

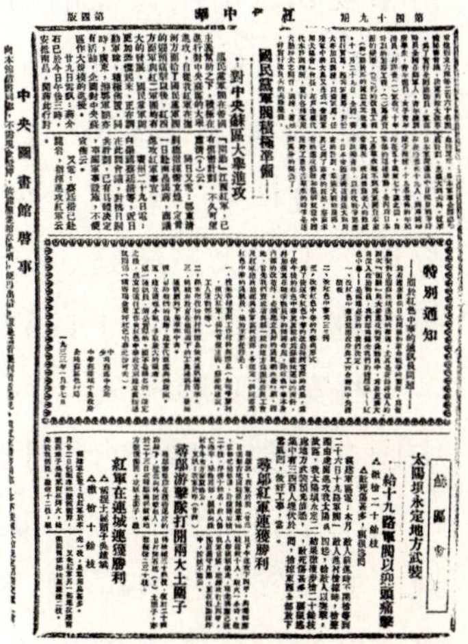

《红色中华》第49期第4版

十七期为三日刊，第一百四十八期以后为双日刊。该报首任负责人（主笔）周以栗，1932年因肺结核恶化离开了工作岗位，此后王观澜、沙可夫、杨尚昆、李一氓、梁柏台、任质斌等人都做过相关工作。

《红色中华》报是中国共产党、苏维埃政府以及根据地人民大众的喉舌，是党和苏区人民用以巩固工农民主政权的武器和工具，是中央苏区最为重要的报纸，在中央苏区具有很高的声誉和地位。其发行量一度从创刊初期的三千份增加到四万余份，影响之大超过了当时大名鼎鼎、行销全国的《大公报》。

至1934年10月3日，《红色中华》报总计出版二百四十期，再加上一期《红色中华》（增刊）和七期《红色中华》（第二次全苏大会特刊），总计出报二百四十八期。

1934年10月红军长征后，《红色中华》报由瞿秋白、韩进主持，继续以中华苏维埃共和国中央政府的名义出版，沿用原来的期号，直至1935年2月才最终停刊，史上称之为《红色中华》赣南版。

红军长征到达陕北后，《红色中华》报于1935年11月25日在陕北瓦窑堡复刊，沿用长征前的期号，从第二百四十一期续刊，出版至三百二十四期。因物质困难，由原先的铅印改为油印。复刊初期，报纸的主编由任质斌兼任。1936年春，任质斌改做别的工作，另调向仲华任主编。报纸设有社论、要闻、专电、时评、红色区域建设、工农通讯、红色小辞典、工农民主法庭、突击队等小专栏。这一时期出版的《红色中华》报被称为陕北版，于1937年1月25日停刊。

西安事变后不久，为了适应国共合作及抗日民族统一战线的需要，中国共产党于1937年1月29日将《红色中华》报改名为《新中华报》，《新中华报》创刊后，报纸期号延续自《红色中华》报为第三百二十五期。1937年9月9日（第三百九十期），《新中华报》被确立为中华苏维埃共和国中央政府机关报兼陕甘宁边区政府机关报。《新中华报》于

新中華報

和平解決有望

日偽積極准備進攻

前哨時有小接觸

和平統一禦侮救亡

《新中华报》第325期第1版

新中華報

390

《新中华报》第390期第1版

1938年12月25日停刊，总计出版了四百七十四期。

1939年2月7日，为改变当时延安没有中共中央机关报的状况，为加强对国民党消极抗日、积极反共政策的斗争，加强对根据地建设工作的指导，《新中华报》（刷新版）创刊。

《新中华报》（刷新版）为中共中央机关报兼陕甘宁边区政府机关报，刊期从“刷新第一号”开始，由五日刊改为三日刊，李初梨为主编，负责人还有向仲华、曹若茗等。《新中华报》（刷新版）在其创刊号的社论中说：“从今天——民国二十八年二月七日起，《新中华报》改组为中国共产党中央委员会机关报之一。同时，它也是陕甘宁边区政府的喉舌……”该报主要撰稿人为毛泽东、王明、张闻天、王稼祥、陈云、康生、邓发、林伯渠、高自立、吴玉章、谢觉哉、李富春、彭德怀、朱德、王若飞、王炳南、陈伯达、周扬、艾思奇等，荟萃了中共中央领导层，延安新闻界、学术界和艺术界的主要人物。

出版说明

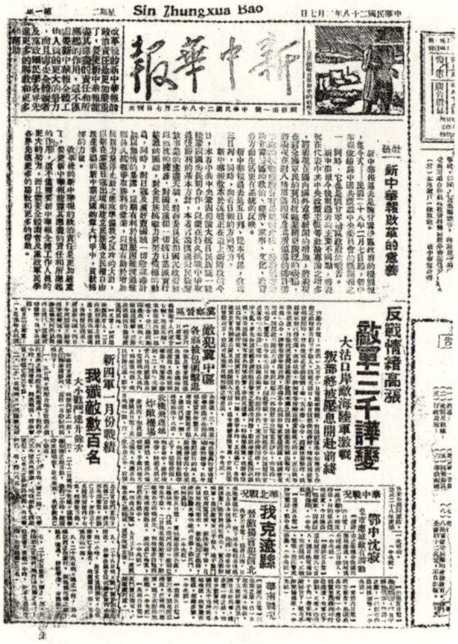

Sin Zhungxua Bao

新中華報

社論 新中華報改革的意義

反戰情緒高漲 敵軍三千譁變

大沽口岸敵海陸軍激戰 叛部終被壓息開赴前綫

新四軍一月份戰績 我殲敵數百名

我克遂縣

《新中华报》（刷新版）创刊

《新中华报》（刷新版）宣传了中国共产党的各项政策及抗日根据地的抗日斗争和建设工作，深刻揭露了国民党顽固派的片面抗战路线和投降妥协、反共反人民的种种阴谋，特别是对打退国民党发动的1939年和1941年两次反共高潮起了重要作用。

《新中华报》（刷新版）共出版了二百三十期。1941年5月15日，《新中华报》第二百三十期第一版刊出《新中华报今日新闻停刊及解放日报发刊启事》。1941年5月16日，《新中华报》与《今日新闻》合并，中国共产党的第一份大型机关报《解放日报》创刊。

《解放日报》的社址设在延安清凉山上，这是抗日民主根据地出版的第一份大型日报。毛泽东题写报名并撰写发刊词，阐明了报纸创刊的宗旨和任务，论证了党报使命与中国共产党使命的一致性：党报就是要准确地宣传党在不同时期的政治任务及为了完成政治任务而制定的路线、方针和政策，是教育人民群众、指导革命工作的武器。

初期的《解放日报》在苏德战争的宣传报道上做出了自己独特的贡献，对敌后抗日游击战和敌占区人民的英勇斗争以及陕甘宁边区的成就都进行了报道，对敌伪的暴行和国民党的反共阴谋也做了一定程度的揭露。但是，作为中共中央的机关报，《解放日报》虽然担负了党报的任务，但尚未完全尽到党报的责任。它存在的主要缺点是党性不强、脱离实际、反映群众生活不够。对此，毛泽东提出了尖锐批评，并亲自领导了《解放日报》的改版工作。从1942年4月1日发表改版社论《致读者》

新中华报

Sin Zhunghua Bao

反苏反共是没有出路的

新中华报今日停刊 及解放日报发刊启事

中共中央机关报 解放日报定十六日发刊

新华日报社论 评苏日中立条约

《新中华报》第230期第1版

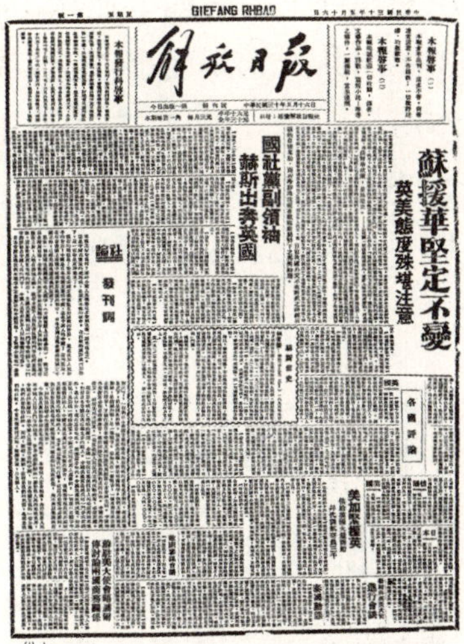

解放日报

GIEFANG RHBAO

苏援华坚定不变 英美态度殊堪注意

国社党副领袖 赫斯出奔英国

发刊词

《解放日报》第1期

始，到1944年2月16日发表社论《本报创刊一千期》止，历时一年零十个月。此次改版确立了党报的性质、任务和作用，在党的新闻事业中起着深远影响，是党报史上重要的里程碑。

1946年11月起，《解放日报》报社开始疏散工作。在中央撤离延安后，该报曾在史家畔一带坚持出版了一段时间，由于军情紧急、环境恶化，《解放日报》于1947年3月27日终刊。

延安清凉山

这段时期的《解放日报》总计出版二千一百三十期，是延安时期出版时间最长、发行量最大、对中国革命影响最深远的中国共产党中央机关报。其办报思想和实践，为中国共产党领导下的新闻事业做出了不可磨灭的贡献，同时对中国共产党党史、中国共产党新闻事业史，以及中国革命历史的研究具有独特的价值和作用。

1949年4月24日，党中央决定把《解放日报》的报名交给上海，作为中共中央华东局机关报和中共上海市委机关报。毛泽东亲笔题写了报头。

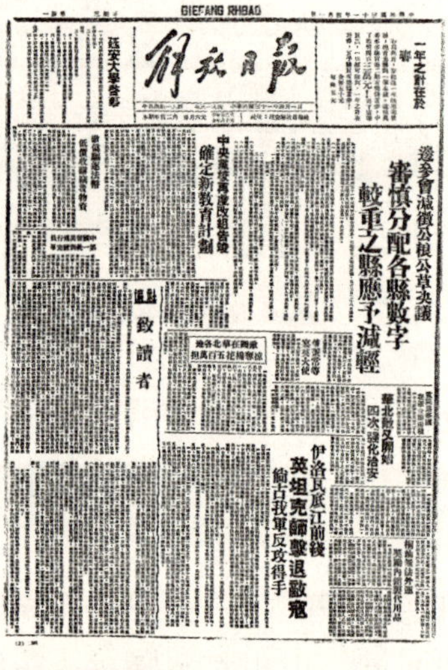
GIEFANG RHBAO

解放日報

致讀者

《解放日报》第319期第1版

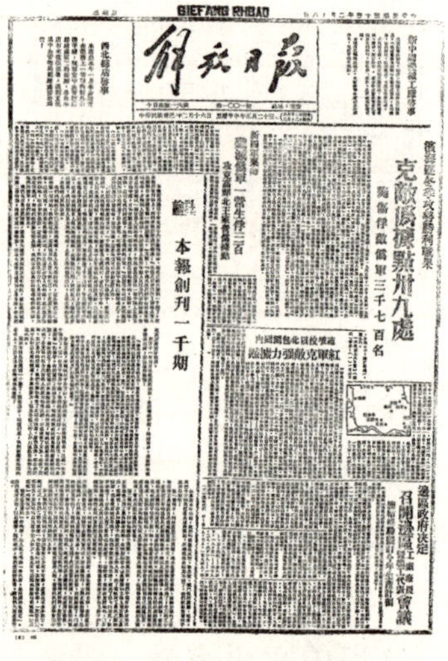
GIEFANG RHBAO

解放日報

本報創刊一千期

《解放日报》第1001期第1版

二 《红色中华》《新中华报》《解放日报》保护与传承

《红色中华》《新中华报》《解放日报》是中国共产党在1931年至1947年间的重要报纸。这是中共中央机关报最原始的记忆。

1954年7月至1955年2月期间，由人民出版社影印、新华书店发行了延安时期的《解放日报》。1956年，人民日报图书资料组编、人民出版社出版、新华书店发行了延安时期的《解放日报》索引。1955年8月，人民出版社影印了《新中华报》（刷新版），即1939年2月7日至1941年5月15日出版的《新中华报》，共二百三十号，影印本缺第十八号。此次印数是五百二十九套，发行范围仅限于预约者。1965年6月，为方便使用，由人民日报图书馆编、人民日报出版社出版发行了《新中华报索引》（1939年2月7日至1941年5月15日），仅供内部发行。

1964年1月，中央档案馆影印了《红色中华》《新中华报》，共计四百七十四期，另附《红色中华》（第二次全苏大会特刊）七期。为了便于使用和保存，此次出版的《红色中华》和《新中华报》共分五册合订，印数为三百份。

1982年，人民出版社再次影印了《红色中华》和《新中华报》，为了便于使用和保存，《红色中华》和《新中华报》影印本共分三册合订，其中第一、二分册为《红色中华》，第三分册为《新中华报》，这次印数属于内部发行，无具体印数。

数字化时代，为保护和传承这一珍贵历史文献，本套图书编者在中央、省、市及延安大学各级领导的支持下，组织实施了“延安时期红色文献数字研究平台”建设，打造了集承载、保存、传播、传承、教育、科研于一体的红色文化大数据平台。平台中的“延安时期中共中央机关报全文数据库”对《红色中华》《新中华报》《解放日报》进行了全文数字化处理，并提供了图文对照方式及多种途径的检索功能设计，对报纸内容进行了全方位的挖掘与整理。

战争时期的报纸，印刷质量差、字迹模糊，繁、简体字交叉使用，有手工刻版，也有竖版，而且错误较多，OCR识别非常困难。为此，延安大学投入近千万资金，本校大学生先后参与近百人，历时三年，克服了数字化过程中的诸多技术和质量问题，终于完成了三种报纸共11043个版面8508万字的全文数字化工作。

《红色中华》《新中华报》《解放日报》的全文数字化，保护了我党的重要历史文献，有助于进一步挖掘利用红色资源，展现中国共产党革命精神的丰富内涵。缘于此平台，延安大学图书馆与上海科学技术文献出版社合作出版该套丛书。

三 《红色视域下的上海》编辑缘起

新闻，作为时代的见证者和记录者，是历史版图的一部分，也是史学研究者的重要参考来源。中国革命走过的每一步，都伴随着新闻人坚毅的步伐和智慧的结晶。

回首历史，《红色中华》《新中华报》《解放日报》记录了中国共产党波澜壮阔的历史画卷，承载着中国共产党筚路蓝缕、披荆斩棘、砥砺前行的艰辛历程，是取之不尽、挖掘不竭的红色资源，更是党员干部学习党史、补充理想信念之“钙”最好的“教科书”和最丰富的“营养剂”，更是研究中共党史、党报发展史、新闻事业史的重要历史文献。

本丛书通过整理汇编中国共产党早期报纸关于上海的报道，梳理、呈现特定历史时期的报刊文本，以新闻叙述还原历史本貌，带领公众重温那段栉风沐雨、激情燃烧的建党建国历程，将进一步激发民众爱党爱国热情，增强民族凝聚力。

本丛书的内容贯穿了第二次国内革命、抗日战争、解放战争等多个重大历史时期。在中华人民共和国成立70周年、上海解放70周年来临之际推出本丛书，不仅填补了新闻史上的空白，还以特殊角度梳理并揭示中国革命和上海的渊源以及不可分割的关联；进一步强化人们对这段特殊历史时期的集体记忆和历史共识，不仅是对过往历程的回望与致敬，也有利于全国人民对中国革命的继往开来，在中国共产党的正确领导下，谱写新的历史篇章。

本丛书通过一个个镌刻着历史足迹的版面，唤醒尘封已久的岁月记忆，再现在上海这片党的诞生地中发生的波澜壮阔的革命事件，生动展现中国共产党人不忘初心、牢记使命、永远奋斗的理想信念。这都将成为广大党员增强党性意识、提升党性修养的教育载体，也必将成为广大读者了解中国共产党光辉历史的生动读本。

本丛书的内容有助于明晰历史发展走向，厘清历史大事件中上海地区的宏观社会情态，其中诸多日常民生报道，犹如历史大框架下的生动注脚，将使读者进一步了解当时当地的风俗风貌、民情世态，也为新闻学者、历史学者、社会学学者提供鲜活而可靠的研究“原料”，是中国近现代社会及历史研究的宝贵文献资料。

另一方面，本丛书中的《红色中华》《新中华报》《解放日报》作为中国共产党在特定历史时期的重要刊物，积极宣传党的革命主张，大力鼓舞和发动群众，在引导公众舆论方面发挥了重要作用，是马克思主义新闻观研究的重要范本，将有助于我们更全面、客观地厘清媒介在特定的历史环境下如何利用报道框架和文本引导，建构受众集体记忆，对当前时代语境下的党报党刊新闻实践亦有深刻的指导和启示作用。

一　文字处理规则

《红色中华》《新中华报》《解放日报》出版发行于战争年代，由于印刷条件所限，报纸字迹模糊，且繁、简体字交叉使用，错误较多，因此在数字化过程中，采取了以下规则，本丛书遵照数据库建设中的标准规范。

原文繁体字、简体字、异体字交叉使用，本丛书统一采用简体全文录入，文字转换依照2013年公布的《通用规范汉字表》中附表《规范字与繁体字、异体字对照表》。此外，原文献中一些词汇的文字表达与现今有所不同，部分为异形词，如“部份”“份子”“搜括”等，因不涉及语义误导，在整理文稿中予以保留，以体现文献原貌。

原文献中模糊不清、无法确认的文字，用“□”替代。

报纸原文中错字，将正确的字用［　］放在其后。

原文明显缺字处，酌情增补阙文以通顺文意。增补内容加〈　〉以示区别。

原文献中所有直角引号在录入文稿中均用现行对应标点（即“”或‘’或《》）替代。

报刊原文献中多处涉及“一・二八”的表达均未加中圆点。为符合现行语言规范，在录入文稿中统一加入。

二　目录与索引

本丛书编制了报纸出版时间目录、文章内容分类索引。本

编辑说明

丛书目录按照报纸的期次和版次顺序排序；文章内容分类索引按照以下规则编排。

本丛书集结了《红色中华》《新中华报》《解放日报》中有关上海的新闻报道，并按照内容特征进行分类，形成索引，以方便研究者查询。

索引排序：先按照报纸内容分类，类下再按照页码升序排列。

索引编排格式：按照篇名（主标题）、页码（升序）排列。

特别说明：

书中多处提及“伪满”系“满洲国”，即日本占领我国东北三省后，所扶植的傀儡政权，因民国政府和中国共产党及国际社会对该政权均不予承认，故被称作“伪满洲国”或“伪满”。其范围包括现今除旅顺和大连以外的东三省全境，以及内蒙古自治区东部部分区域和河北省的承德市等。

本书中几处提及“台湾”，指中国台湾地区。1885年清朝签订《马关条约》割让台湾，1895年至1945年间，台湾被日本帝国殖民统治，即日据时期。日本军国主义在侵略中，常将其与当时同为殖民地的朝鲜等同政策对待。

应当指出，如今的国际政治格局与文献出版当时有较大变化，为尊重文献原貌，编者保留了文献中的提法，读者在阅读中应充分考虑上述问题。

由于原稿繁简混排，尽管做了仔细编校，可能还有挂一漏万之处，敬请方家谅解。

红色中華

上海新闻整理汇编

红色中華

目录

红色中華

目录

一九三一

紅色中華

反帝運動高漲
各地學生紛紛赴京請願
請願出兵團包圍國府

期：红色中华零零零一期
版：零二版
时间：一九三一年十二月十一日

反帝运动高涨

各地学生纷纷赴京请愿
请愿出兵团包围国府

上海二十四日电：上海学生万余人，在上海闸北，南市，游行示威并赴京请愿。（请愿哪里有效？）

二十五日电：各地学生□京请愿出兵团直接包围国府（好的远不够）。威逼蒋介石当众亲书誓词出兵日期，并大发反对国民政府传单云。

國民黨更猛烈[illegible]鄂南歷里一帶云

威嚇武漢

漢口二十二日電：日陸戰隊攜帶槍械分駐鶴風里大石洋行，三菱公司，日華油廠等處，每處步哨十九名，機槍一挺，亦[illegible]汽車工[illegible]鋼鐵汽車二輛，并於各要口及屋頂裝設砲位。

又訊：日人傳十二月六日所有駐漢口的日海軍陸戰隊，警備隊，義勇軍，青年訓練員等舉行總校閱大示威運動。

漢口二十一電：日本政府，限日僑於十二月六日以前回日本

反對帝國主義進攻蘇聯 瓜分中國

日本企圖乘機挑釁

國聯主張劃東省爲共管區

英法主張在東省設國際軍

蘇聯實話報揭破帝國主義陰謀

莫斯科十四日電：日本污蔑蘇聯，資助東省軍隊，對日作戰，企圖以此挑釁，蘇聯外交委員李維諾夫向日本大使提出口頭牒文，說明蘇聯當局對中國東省軍隊，無任何形式的協助，蘇聯在中國東三省及其他地方，皆抱一致的和平政策，尊重國際條約及他國領土之安全獨立，早已宣告世界，今日本軍人，利用報紙通信社故造謠言，任意挑撥，請求日政府注意云。

巴黎二十日路透電：國聯行政院將堅持在東三省成立共管區，致於限日本在十一月十六日以前撤兵的決議，完全破產，美國則主張不限期的督促日本撤兵。英法主張在東三省組織國際軍。

莫斯科電：蘇聯實話報，揭破帝國主義提議滿洲傀儡政府的內容，就是要造成帝國主義直接瓜分中國之順利條件。尤其是法[illegible]顯的流露出瓜分中國的真面目，現法國已準備佔領雲南云。

反對國民黨軍閥進攻革命

國民黨又在籌劃大規模「圍剿」

漢口十六日專電：何[illegible]請求南京政府增兵湖北　另方面又請求湘贛川豫的白軍，共同進攻革命云

又電：南京國民黨四全會有鐵代表程天[illegible]湘鄂豫皖等地代表，在中央[illegible]議結果　由各省各推代表一人組織剿共問題起草委員會。

又電：四全會代表楊一峯，商震　劉鎮華，馮耀群，等五十一人，要求國民政府迅調大兵[illegible]鄂豫皖邊赤區，并請求[illegible]鄂豫皖，省政府「剿赤」委員會

反帝運動高漲

各地學生紛紛赴京請願

請願出兵還包圍國府

上海二十四日電：上海學生萬餘人，在上海閘北，南市，遊行示威並赴京請願。（請願那裏有效？）

二十五電：各地學生到京請願出兵國直接包圍國府（好的還不夠）。威逼將介石當衆親書誓詞出兵日期，並大發反對國民政府傳單云

北方蘇區的發展

南京十五日專電：陝北紅軍第二十四軍軍長蒲子華　率領紅軍，配合當地群衆，進攻陝北之府谷神木一帶，與井岳秀師激戰，敵方惶恐萬狀。

會昌攻下

活捉縣長史丞漢

第三集團軍部確息：自三次革命戰爭，紅軍得絕偉大勝利以後，瑞金[illegible]興[illegible]士豪靖匪知道無路可走　集中會昌城死守，我英勇紅軍[illegible]團，圍攻該城，靖匪拚死抵抗，[illegible]何應欽曾派飛机接濟子彈，并囑靖匪死守待援，但我紅軍攻堅英勇，用火藥炸毀南門城樓，炸死守城靖匪一大隊另一中隊活埋城下我三軍團三師八團即乘勢登城，與靖匪激戰，該匪利用橫街（土勞）頑抗　至十一月二十七日早　我軍又在南門附近，炸毀二處，與靖匪巷戰，當場擊斃靖匪總指揮歐陽琳和五個大隊長，活捉縣長史丞漢，該官一個，以及贛南各縣土豪千餘名靖匪八百餘名，繳獲步馬手槍共七百餘支，城[illegible]被壓迫的群衆，歡迎紅軍非常熱烈，贛南各縣群衆，聽到會昌攻下，最大反動首領歐陽琳又被打死，大家高興得很，紛起革命，中央區根據地將更加鞏固和發展起來。

中華蘇維埃共和國中央執行委員會佈告 第壹號

中華工農兵蘇維埃第一次全國代表大會，於一千九百三十一年十一月七日蘇俄十月革命節在江西蘇區開會，議決了政綱，憲法，土地法，勞動法，紅軍問題，經濟政策等重要法令，宣告中華蘇維埃共和國成立，選舉：

毛澤東，項　英，張國燾，周恩來，盧福坦，朱　德，瞿秋白，張鼎丞，鄧　發，王稼薔，徐錫根，范樂春，陳紹禹，彭德懷，關向應，孔荷寵，方志敏，任弼時，賀　龍，沈澤民，譚震林，黃　平，曾　山，林　彪，陳　郁，羅登賢，夏　曦，鄧子恢，劉少奇，劉大朝，陳正人，袁德生，崔　棋，屈登高，段德昌，葛耀山，彭　執，陳福元，古大存，韋拔羣，張華先，何叔衡，黃　甦，胡　海，滕代遠，肖恒太，羅炳輝，陳　毅，張云逸，周以栗，盧德光，胡均鶴，徐特立，邵式平，洪紫清，劉光萬，佘漢朝，吳致民，劉建中，李宗伯，劉生元，王永盛，阮嘯仙等，爲中央執行委員，組織中央執行委員會，爲全國代表大會閉會後最高政權機關，中央執行委員會於十一月二十七日開第一次會議，選舉：

毛澤東爲中央執行委員會主席　項　英張國燾爲副主席

並於中央執行委員會之下，組織人民委員會，爲中華蘇維埃共和國中央行政机關，選舉：

毛澤東爲主席　項　英張國燾爲副主席　　朱　德爲軍事人民委員　項　英爲勞動人民委員　王稼薔爲外交人民委員　張鼎丞爲土地人民委員　瞿秋白爲教育人民委員　鄧子恢爲財政人民委員　張國燾爲司法人民委員　何叔衡爲工農檢察人民委員　周以栗爲內務人民委員

同時於人民委員會之下設立國家政治保衛局以鄧發爲局長。

中華蘇維埃共和國臨時中央政府業已宣告成立，從今日起，中華領土之內，已經有兩個絕對不相同的國家：一個是所謂中華民國，他是帝國主義的工具，是軍閥官僚地主資產階級用以壓迫工農兵士勞苦群衆的國家，蔣介石汪精衛等的國民政府，就是這個國家的反革命政權機關。一個是中華蘇維埃共和國，是廣大被剝削被壓迫的工農兵士勞苦群衆的國家。他的旗幟是打倒帝國主義，消滅地主階級，推翻國民黨軍閥政府，建立蘇維埃政府於全中國，爲數萬萬被壓迫被剝削的工農兵士及其他被壓迫群衆的利益而奮斗，爲全國真正的和平統一而奮斗。他的基礎，是建築在蘇區和非蘇區幾萬萬被壓迫被剝削的工農兵士貧民群衆的願望和擁護之上的他具有絕大威權打倒帝國主義國民黨軍閥政府由崩潰走到死滅，他一定要很快取得全中國革命的勝利。

中華蘇維埃共和國中央執行委員會，受全國代表大會的付託，當竭全力執行大會製定的政綱，憲法，勞動法，土地法等，一切法令和決議，建立鞏固而廣大的革命根據地，創造大規模的紅軍，組織大規模的革命戰爭，使革命在一省或幾省首先勝利，以至於取得全國的勝利，現當政府開始工作之時，特爲佈告全中國工農兵士貧民，和一切被壓迫群衆，一體明白。

主　席　毛澤東

副主席　項　英　張國燾

公曆一九三一年十二月一日

⊙上海日本碼頭大罷工
△一萬五千人罷工反帝
△國民黨橫施壓迫

上海日本码头大罢工

一万五千人罢工反帝
国民党横施压迫

上海讯：日本码头，中国工人一万五千余人，因愤恨日本帝国主义出兵东三省，一律宣布罢工，驱逐帝国主义出中国，不替日本帝国主义商船，搬运货物，日本帝国主义大起恐慌。国民党黄色工会，看见码头工人起来，声势浩大，将引起上海工人一齐反帝反国民党的伟大斗争，用尽各种欺骗，恐吓手段，极力破坏罢工□但码头工人更加愤恨坚决，上海工人，准备援助。

一九三一年十二月十八日　紅色中華　第四版

上海日本碼頭大罷工

△一萬五千人罷工反帝
△國民黨橫施壓迫

上海訊：日本碼頭，中國工人一萬五千餘人，因憤恨日本帝國主義出兵東三省，一律宣佈罷工，驅逐帝國主義出中國，不替日本帝國主義商船，搬運貨物，日本帝國主義大起恐慌，●國民黨黃色工會，看見碼頭工人起來，聲勢浩大，將引起上海工人一齊反帝反國民黨的偉大斗爭，用盡各種欺騙，恐嚇手段，極力破壞罷工　但碼頭工人更加憤恨堅決，上海工人，準備援助。

○瀋陽兵工廠工人的示威

△日帝國主義壓迫下無衣無食無工作無屋住

上海訊：瀋陽兵工廠，被日本佔領後，即將三千餘工人一律驅逐出廠，工人頓遭失業痛苦，挨凍受餓，發隊向南京國府請願，國民黨強迫他們到漢陽，上海兵工廠替帝國主義造槍砲，工友更加認識帝國主義與國民黨是勾結一氣，壓迫工農，該工人等現紛紛參加反帝斗爭。

△蘇維埃建設重要的訓令

過去各蘇維埃的組織，很不完善：第一，行政區域太寬，使行政的實施不便，第二，政府級數太多，使指揮遲鈍，聯繫不靈，第三，尤其重要的，是選舉手續不完備，不是用簡單的羣衆大會，就是不按選舉程序的去召集代表會議或主席聯席會議以選舉各級政府，特別是蘇維埃的基本組織——鄉與城蘇維埃，沒有真正的建立起來，第四，各級政府內部的分工和工作方法，多不適當，以上這些，都是與蘇維埃憲法和中央決定的各種條例細則不相符合的。

臨時中央政府業在宣佈：各地各級政府須依照憲法及中央頒布的各種條例細則，重新劃分行政區域，重新改組各級政府，首先就要依照劃分行政區域暫行條例，重新劃分行政區域（廢除村與小組），再行依照選舉細則，選舉鄉蘇維埃和城蘇維埃（這是蘇維埃的基本組織），然後依照地方政府暫行組織條例，從鄉蘇維埃直到省蘇維埃，一律重新建設起來，這是一件極重大的工作，各級地方政府必須下極大決心，用極大的精力，很周密很審慎的去做，才不致使重新劃分的行政區域又和過去的行政區域一樣發生缺陷，才不致使重新改組的各級政府又和過去的政府差不多，為了免除這些弊病，各省省政府須以極大的努力去指揮這一次地方政權的建設運動，除發出各種詳細的文告指示之外，還要在省蘇所在地召集縣區兩級政府負主要責任的人開會，再擇定適當地點召集各鄉村政府負主要責任的人開會，由省蘇派人去指揮，在這些會議中詳細明瞭的討論地方蘇維埃建設運動的意義和實際去做的方法，此外，當實際劃分區域改選政府時，省蘇還要派人到各縣去巡視，隨時解釋疑難，指正錯誤，縣對於區，區對於鄉的指導，也要仿此辦理，務必使這次蘇維埃建設運動，得到很好成績。

江西福建兩省和瑞金直屬縣，從一九三一年十二月廿日起，到一九三二年三月卅一日止，為依照新法令實行蘇維埃建設運動的期間，兩省省蘇和瑞金縣蘇，須立即按照此時間做出適當的工作計劃，使行政區域的劃分和各級蘇維埃的選舉，（鄉一級的劃分和選舉應用去大部分的時間和力量），能於一百天時間內，有步驟的很好的完成起來，並隨時將經過情形報告中央政府，以便中央政府能及時加以指導，其他各省自令到之日起實行，此令

中央執行委員會主　席　毛澤東
副主席　項　英
張國燾

公歷一九三一年十二月十五日

東江白軍兵變

香港五日路透社電：東江駐軍兵變，廣州派飛機多架到唐家灣向外參兵投擲炸彈。

紅軍勝利

國民黨喊救命

漢口二十二日專電：紅軍配合羣衆，佔領了孝感一帶，切斷了平漢路，國民黨迅派白軍殷防，並派鐵甲車三九兩隊，出發梭巡，又電：岐亭黃安一帶紅軍與白軍三十三及六十九兩師在小峯岩周家坳一帶劇戰。又電：行營請蔣抽調任轄部隊一部來鄂援助勦共，即到漢十二月二日電；紅軍七師高韻生部配合贛南會匪明部一千餘人，進攻義江洞，該地白軍叫救命。

蘇區發展

雩都縣蘇報告：我獨立第十六團第一連和諸（水旁）潭勞苦工農，於十二月四號襲擊潛逃攻諸（水旁）潭對河之靖匪，當獲繳步槍七枝，子彈數百發，活捉靖匪十餘名，打死數名，白匪即向贛城逃竄。

又訊：我獨立十六團第四連配合廣大工農羣衆，進攻雩都之羅江渡靖匪，結果將其消滅，繳獲步槍幾十條，現獨立十六團四連正在幫助羅江渡工農羣衆，打土豪分田地，建立政權云。

中華蘇維埃共和國中央執行委員會委任政府人員；

委任朱德　彭德懷　王薔稼　林彪　譚震林　葉劍英　孔荷寵　周恩來　張國燾　邵式平　賀龍　毛澤東　徐祥謙　關向應　王盛榮等同志為中央革命軍事委員會委員以朱德為革命軍事委員會主席王稼薔彭德懷為副主席委任王稼薔為總政治部主任委任項英代財政委員會主席委任范樹德毛澤民為財政委員會委員委任梁柏台為司法委員會委員委任周以栗為臨時中央政府機關報「紅色中華」主筆委任方維夏為中央執行委員會總務廳廳長

中華蘇維埃共和國婚姻條例

中華蘇維埃共和國中央執行委員會第一次會議關於婚姻條例的決議

一九三一年十一月二十八日

在封建統治之下，男女婚姻，野蠻得無人性，女子所受的壓迫和痛苦，比男子更甚，只有工農革命勝利，男女從經濟上得到第一步解放，男女婚姻，就必隨着變更而得到自由，目前蘇區男女婚姻，已取得自由的基礎，應確立婚姻以自由為原則，而廢除一切封建的包辦強迫和買賣的婚姻制度。

但是女子剛從封建壓迫之下解放出來，他們的身體，許多受了很大的損害，（如纏腳）尚未恢復，他們的經濟，尚未能完全獨立，所以現時離▲問題，應偏於保護女子，而把因離△而起的義務和責任，多交給男子負擔。

小▲是新社會的主人，尤其在過去社會習慣上，不注意看護小△，因此關於小▲的保護，有特別的規定。

此條例在一九三一年十二月一日公佈實行

中華執行委員會　主席　毛澤東
副主席　項　英
張國燾

婚姻條例

第一章　原則

第一條　確定男女婚姻，以自由為原則，廢除一切封建的包辦強迫和買賣的∧姻制度，禁止童養媳。

第二條　實行一夫一妻，禁止一夫多妻。

第二章　結婚

第三條　結婚的年齡男子須滿二十歲，女子須滿十八歲。

第四條　男女結婚　須雙方同意，不許任何一方或第三者加以強迫。

第五條　禁止男女在五代以內親族血統的結△。

第六條　禁止花柳病，麻瘋，肺病等危險性的傳染病症的結△，如上述病症經醫生驗明許可者，可以結△。

第七條　禁止神經病及瘋癱的結△。

第八條　男女結△須同到鄉蘇維埃或城市蘇維埃舉行登記，領取結△證，廢除聘金，聘禮及嫁裝。

第三章　離婚

第九條　確定離△自由，凡男女雙方同意離△的，即行離△，男女一方堅決要求離∧的，即行離△。

第十條　男女離△，須向鄉蘇維埃或城市蘇維埃登記。

第四章　離△後小孩的撫養

第十一條　離婚前所生子女歸男子負責，撫養如男女均願撫養，則歸女子撫養。

第十二條　哺乳期內小兒，歸女子撫養。「未完」

以▲△代孩婚

更正：前期紀念廣州暴動文中，有「帝國主義國民黨的統治從穩定……」一句中，國民黨三字去掉。

上海工人已紛紛起來反對帝國主義
◉黃色工會組織請願團來緩和工人
◉日廠工人紛紛罷工舉行大示威

期：红色中华零零零三期
版：零三版
时间：一九三一年十二月二十八日

上海工人已纷纷起来反对帝国主义

黄色工会组织请愿团来缓和工人
日厂工人纷纷罢工举行大示威

（编者按：本版仅列标题，正文内容详见当期第四版）

△蘇聯眞理報揭穿帝國主義的陰謀

●帝國主義爭奪瓜分中國

莫斯科二十六日國民社電：今晨眞理報（聯邦共產黨機關報）指出國聯理事會提出之新折衷辦法，完全是企圖迷惑衆人之耳目，遮蓋帝國主義者瓜分中國之真面具，國聯理事會實際不能解除東省糾紛，因各帝國主義國家居於互相衝突地位，日本準備獨吞中國北部，而得法人之默助，法人欲利用日本以制美，同時要在中國瓜分一份，美國與英國雖同樣進行帝國主義奴隸與劫掠中國的政策，但極反對日本之獨佔大份，而妨害他們自己的利益，因此各帝國主義國家間的矛盾，定將更明顯的暴露出來。

美帝國主義進攻蘇聯的陰謀

莫斯科十八日塔斯電：蘇聯眞理報揭破美國帝國主義對滿洲爭端所採取的策略係由美國各資本大王壓迫而成的，他們的意思，想挑撥新的世界大戰，特別是想使日本帝國主義作反蘇聯的戰爭，而美國從中獲取利益，他的策略的目的有二：一，減削日本在太平洋的勢力，二，干涉蘇聯以打擊，那里曉得這種政策，已經使日美兩帝國主義間的利益相抵觸，看史汀生的宣言，就可知道，道威斯希望日本帝國主義要滿洲北部與蘇聯發生衝突，而使兩國的關係趨於緊張，以釀成一大戰爭，美國對此戰爭不直接參加，但只想藉該戰爭而恢復他已失掉的繁榮，紐約交易所，聞戰端可開之說，即不勝欣喜，且有利用機會以抬高證券及小麥的市價，現在滿洲問題，已在巴黎成立協約而有美國在內，他的內容即將日軍軍事行動的中心點，移向滿洲北部，美國資產階級以為蘇聯必將陷其挑撥鬼計之中，不料這種希望，竟成了夢想，於是日本的軍隊又轉而南向，美國帝國主義自己設的鬼計，又作弄自己了，因為日本帝國主義在中國中部的利益，與美帝國主義的利益直接發生衝突，東京與華盛頓之爭議足以揭破巴黎各帝國主義間會商的黑幕，他們在仙汀眸所籌劃的，是一幕反蘇聯的陰謀而已，按各帝國主義者的目的，在引起太平洋沿岸的戰爭，滿洲事變日移的發展，足使各帝國主義間的矛盾，更加厲害，美國帝國主義已遭失敗，不論史汀生用何種手腕，都不能遮掩得住，雖至遠東方面的戰爭危險，不能認為完全沒有，但美國帝國主義是戰爭的挑撥者，看最近事實，更加明顯

莫斯科二十四日國民電：今日莫斯科報紙咸載：美國銀行家與商業領袖非常迫切的要在遠東，特別是在滿洲建立反蘇的壁壘，故美帝國主義對東省問題，極力從事挑撥，促使日本帝國主義首先去進攻蘇聯，破壞蘇聯的五年經濟計劃云。

△世界大戰的緊張各帝國主義猛力擴大軍備

△國聯軍縮會為爭擴充軍備

▲打得一塌糊塗

巴黎二十六日國民社電：國際軍縮討論會，今日在勞益爾舉行開會討論軍縮問題，法國首先反對，於全城張貼標語致萬份，並集會示威，反對該大會無故干涉法國之軍備。

巴黎二十八日國民電：昨夜國際軍縮討論會開大會時，反對軍縮份子大鬧會場，當主席赫禮歐及德、意、英美等國代表演說會場中，先狂叫大罵，繼以警笛亂鳴號角競吹，最後贊反兩派竟至自由揮拳，直至武裝憲兵二百人到會場亂揮警棍，始克維持秩序，但至爭論安全或軍縮孰為重要，又起拳鬥，椅桌均被推翻，墨水壺散播滿地，主張軍縮的代表揮拳猛擊反對他們意見的人，憲兵當場捕獲五人並用槍柄將和人驅出，但各要人及外交家已於未散會前從後門偷跑了，今晨各地評論料此事有重大影響。

●日帝國主義開軍事會討論擴大軍備計劃

大買飛機

東京三日日聯社電：軍事參議官會議今晨十時在宮中召集，日皇親臨會場，閑院元帥官梨本大將官以下，白川，井上，鈴木，菱刈，渡邊，各參議官、南陸相等均出席，討論問題：一、裝備之改善，二、滿洲永遠佔據，三、內地師團移駐朝鮮，四、飛机隊，高射砲隊，照空隊，戰車隊，鉄甲汽車隊之增加，五、新設化學戰學校，六、整理獨立守備隊及國境守備隊，結果全體通過原案。

倫敦二十四日國民電：日本向英大購飛機所用之發動机及海軍飛機，並在上星期又致電英國定購大批飛機所用之高力發動機，並推促他加工製造。

法帝國主義檢閱戰壕

路透社三日尼斯電：法國國會與軍政委員團今日偕參謀部專家兩人，到法國毗連意疆之東南邊界，檢閱戰壕使其合於最新式作戰時使用。

●帝國主義紛紛擴充軍備

日內瓦二十四日國民電：據國際間新形勢，各國不但沒有縮減軍備，而且極猛烈的擴充軍備，自從法國向國聯軍縮會提出擴充軍備的牒文後，其餘國家已紛紛向國聯表示現在軍備不足維持國防，特別是與蘇聯毗連之數國，更加厲害，（這主要的是法帝國主義領導之下，積極加強武裝進攻蘇聯的西方戰線）。芬蘭提出增加軍備才能有充份力量保障國防，波蘭稱與蘇聯邊境與蘇聯連接達三千九百五十六公里之寬，國家軍備之最低限度，與蘇聯之軍備成一可以對敵之比例，羅馬尼亞，愛斯拖尼亞及南美各國均紛紛提出增加軍備云。

○蘇聯新五年計劃又將開始

◎第一個五年計劃四年已完成

莫斯科三日國民社電：史丹林（聯邦共產黨總書記）今發表定明年一月三十日在莫斯科召集全蘇聯共產黨第十七次大會，其議程之兩大項，一為第二回五年計劃，一為事務經濟委員會報告本年工業之偉大成功，與第一五年計劃可提早一年即於一九三二年完成，第二五年計劃比第一五年計劃更為偉大，其詳細辦法由特別委員考慮已一年多，此次第一次發表，聞已定於一九三三年一月一日開始實行。

美國饑民在共產黨領導下舉行大暴動

警察用毒瓦斯屠殺群衆

華盛頓二十九日哈瓦斯社電：支加哥，聖路意，白蘭洛波斯頓等各處饑民，因受不住凍餓和壓迫的痛苦，結在共產黨領導下，分乘卡車一千四百輛前往華盛頓大示威，並準備每輛車箱攜帶多量石塊，以便攻擊令下時投擲，同時中西方饑民團亦在哈門集合，準備大暴動，為警察用毒瓦斯鎮壓，群衆死傷甚衆，（這更證明號稱金元的美帝國主義也與其他帝國主義一樣，經濟恐慌到最高度，群衆革命運動大發展起來了。）

國民黨替帝國主義劃策瓜分中國

△雙手捧送天津錦州給帝國主義

△又劃華兵千名交國聯遣用

△臧式毅高懸日旗

巴黎二日路透社電：施肇基今晨被召參加國聯行政會議，陳述對於錦州設立公管區域問題的意見，又提出國聯委員會應接收天津行政之建議，並說中政府已準備以最可恃而最好的華兵五百人至一千人交國聯委員會遣用，此項軍隊可由國聯所派任何外人軍官指揮之。

北平十九日電：錦電：臧式毅在遼省政府就職，並公開的高掛日本旗（日本公開的走狗）。

上海工人已紛紛起來反對帝國主義

◎黃色工會組織請願團來緩和工人

◎日廠工人紛紛罷工舉行大示威

期：红色中华零零零三期

版：零四版

时间：一九三一年十二月二十八日

上海工人已紛紛起來反對帝國主義
◉黃色工會組織請願團來緩和工人
◉日廠工人紛紛罷工舉行大示威

上海工人已纷纷起来反对帝国主义

黄色工会组织请愿团来缓和工人
日厂工人纷纷罢工举行大示威

十一月三十日报载：上海水电，邮务卷烟纺织等各厂工人已起来反对帝国主义和国民党了，一般黄色工会还想用欺骗法子来组织［阻止］工界请愿团，于今日下午六时纷纷赴南京请愿以缓和工人的革命情绪。

十一月二十七日《申报》载：自日本强占辽吉后，情势更加紧张。继占新民，复攻锦州，进逼平津，且到处奸淫掳掠，勾结土匪，大烧大杀，群众痛苦非常，上海日本工厂，亦架起机关枪，威逼华工做工，同与纱厂华工三千多人，泰山橡胶厂三百多人，中华制罐厂二百多人，中国橡皮厂二百十三人，他们不但不害怕日本的强暴，而且宣布一律罢工，纷纷举行反帝大示威云。

十一月三十日報載：上海水電，郵務捲煙紡紗等各廠工人已起來反對帝國主義和國民黨了，一般黃色工會還想用欺騙法子來組織工界請願團，於今日下午六時紛紛赴南京請願以緩和工人的革命情緒。

十一月二十七日申報載：自日本強佔遼吉後，情勢更加緊張。繼佔新民，復攻錦州，遠逼平津，且到處奸淫擄掠，勾結土匪，大燒大殺，羣衆痛苦非常，上海日本工廠，亦架起機關槍，威逼華工做工，同興紗廠華工三千多人，泰山橡膠廠三百多人，中華製罐廠二百多人，中國橡皮廠二百十三人，他們不但不害怕日本的殘暴，而且宣佈一律罷工，紛紛舉行反帝大示威云。

哈滿綫護路兵兵變

●直接同日軍作戰

●憤國民黨投降帝國主義

哈爾濱二十五日專電：駐哈滿線小嵩子站護路軍二十六旅三營十連，憤日軍殘暴屠殺，國民黨投降帝國主義出賣東三省，二十四晚，擬聯連排長直接與日軍作戰，駐富拉爾基二十二旅一連，亦採取同樣行動云。

國民黨壓迫革命無恥的手段

綁革命學生代表的票

●五六千學生包圍市府 ●搗毀黨部

●上海市特別戒嚴

十一月十日申報載：北大赴南京示威團代表許秀岑及中央大學代表江學乾前日赴滬向各界報告：北大示威團被國民黨在孝陵衛被捕，挨飢受餓，以及被警察憲兵用繩縛索，於夜深三時大雨中，押登汽車，載往浦口過江時壓迫情形，當在西門少年宣講團開反帝代表大會時，上海國民黨市黨部委員陶百川受上級指使率領國民黨員及流氓二三十人暗藏手槍預備汽車於會場外等候，當散會時，即將許江二代表兇毆，并擁入汽車，捷駛而去，祕密禁閉公安局，學生憤激異常，即集合五六千人，包圍市府，搗毀黨部，組織法庭，自行審問兇犯市公安局九日晚，即宣告特別戒嚴南市閘北滬西浦東等處一律斷絕交通，斜橋南陽橋民國路一帶鐵門，一律緊閉，盧家灣等處佈設鐵絲網，并增派大批武裝中西探捕，防備羣衆暴動云。

●用軍警押解示威學生出境

南京十八日電：北平示威團兩次暴動後，國民黨遂於十七日晚七時，派遣大批軍警，乘該示威團之學生尚未出發之時，將中大四面包圍用武裝強逼學生出南京。

皖贛邊紅軍攻下婺源

◎圍攻休寧 ◎威脅皖南

南京二十二日路透電：贛東北紅軍第十軍之一部配合羣衆，攻下婺源，圍攻休寧，威脅安徽南部，徽州豪紳，於二十一日晨十時赴國民政府請願，即國民黨爲擁護豪紳地主準備由浙皖贛三省聯合進攻（又來送槍彈給紅軍）并指派白軍一團常駐皖南，防止紅軍發展。

江西福建兩省工人代表大會

訂「一二七」在瑞金開幕

◎全國總工會蘇區執行局

◎已發通告召集

中央區的工會運動經全國執行局數月來的工作和指導，已有很大的轉變，興國，于縣萬太的總工會經過改組成立好了瑞金總工會早已成立會昌總工會己在加緊籌備不日可成立吉安正在籌備成立縣工會雩都正在籌備其餘甯都廣昌石城，鄰郎全總執行局已準備派人去建立和恢復總工會，閩西已有杭武，永定汀連三個縣總工會和閩西總工會，全總執行局爲建立強固的工會運動成立江西省總工會改選閩西總工會決定一九三二年「一二七」第九週紀念日召集江西福建兩省工人代表大會在瑞金開會已正式發出通告出席代表共有一百八十八人江西各縣共代表一百人福建共有代表五十八人規定由下而上的選舉出席代表（即區代表會選舉出席縣代表會代表再由縣代表選舉出席大會代表）現各縣正在進行選舉運動及大會準備工作。

閩西江西兩省蘇瑞金縣蘇開會

討論中央政府各種訓令

自從蘇維埃臨時中央政府第五號蘇維埃建設運動問題的訓令之後，各級政府即紛紛召集會議討論具體執行中央政府的訓令，和頒布的各種條例，閩西省蘇維埃於本月二十日，江西省蘇維埃於本月二十五日召集縣區主席聯席會議，瑞金縣蘇維埃於本月廿六日召集區鄉主席聯席會議，該會均有中央代表出席指導，開各委員均有熱烈發言，檢閱過去的工作，詳細討論執行的辦法，都開了三四天的會，成績甚好會議以後各地都動員起來了，還必然使蘇維埃得着更進一步的鞏固和發展。

歡迎季總指揮的羣衆大會

◎到會群衆二萬餘 ◎手執紅旗熱烈歡呼

國民黨軍第二十六路軍，自從暴動勝利後，即編爲工農紅軍第五軍團，開入蘇區，各地革命羣衆，非常熱烈歡迎，紛紛召集革命羣衆大會歡迎第五軍團戰鬥員指揮員，加入紅軍，消滅國民黨軍閥，參加土地革命派代表送東西慰勞這些革命戰士當第五軍團季總指揮到瑞金的時候，瑞金革命羣衆，於本月二十四日下午召集歡迎季總指揮的大會，各鄉區農工會貧農團，工會，赤衛軍，少先隊，兒童團等革命團體的羣衆，手執紅旗，高呼歡迎第五軍團全體戰鬥員指揮員，參加土地革命，打倒帝國主義打倒國民黨軍閥，擁護蘇維埃政府等口號，紛紛向會場而來素來可以容納二萬人的會場，一時擁擠非常，遍地紅旗革命空氣，塞滿了全會場，當季總指揮演說時候，羣衆一齊踴躍歡呼，鼓掌如雷，他的演辭大意是：「我們以前是馮玉祥的軍閥軍隊投降到蔣介石這邊來的，因蔣介石爲了要來鎮壓中國革命就把我們調到江西來「剿共」，來打蘇維埃紅軍，我們自到江西已有大半年了，參加了進攻蘇維埃紅軍幾次大戰：我們終感覺蘇區中的羣衆都已分得了田地，組織了蘇維埃政府，羣衆只幫助紅軍不幫我們，尤其是我們的生活上異常痛苦難忍，自從日本帝國主義武力強佔東三省以來，國民黨完全是出賣中國只知自己互相爭權奪利壓迫工農羣衆同時，把我們放在寧都：出不來進不去：一般士兵痛苦萬分，孫連仲高樹勛都到上海南昌去享福了這時我們更加認識只有革命才是出路只有加入紅軍在共產黨和蘇維埃政府領導之下才能革命成功，大家一致暴動起來當紅軍去，因此我們十天之前在寧都舉起了紅旗來暴動脫離軍閥國民黨的深重壓迫，尋求自己的出路，而爲保護工農利益打倒帝國主義國民黨擁護蘇維埃奮鬥到底。」演說畢，即有各機關代表致詞歡迎，繼之有新劇歌舞，熱鬧非常，直到六時散會。

中央政府

人民委員會會議的決議

廿七日下午人民委員會開第三次常會，議決事項如下：

一，出席閩西聯席會議的報告

二，通過統一財政條例和訓令

三，議決頒布處治政治犯條例交司法委員會起草。

四，決定頒發合作社條例投資條例，借貸條例交財政委員會起草

五，爲計劃發展蘇區經濟起見，決定將財委擴大改爲財政經濟委員會。

六，決定各級蘇維埃選舉經費由中央規定數目發給。

●臨時中央政府

開辦縣蘇維埃工作人員訓練班

蘇維埃臨時中央政府，爲要建立強有工作能力的地方蘇維埃政府，特開辦縣一級的蘇維埃工作人員訓練班，已定於明年一月廿四日開課，名額五十名，一月畢業，學生資格須要稍識文字，現在和過去是縣蘇委員充任重要工作，而有斗爭歷史的并且有堅強革命意識的有工作能力的爲合格，現議商江西福建兩省蘇和瑞金縣蘇按照規定的名額和資格選送學生。

1931

红色中華

上海新闻整理汇编

國民黨壓迫革命無恥的手段
綁革命學生代表的票
●五六千學生包圍市府 ●搗毀黨部
●上海市特別戒嚴

珍藏版

期：红色中华零零零三期

版：零四版

时间：一九三一年十二月二十八日

国民党压迫革命无耻的手段
绑革命学生代表的票

五六千学生包围市府，捣毁党部
上海市特别戒严

十一月十日《申报》载：北大赴南京示威团代表许秀岑及中央大学代表江学乾前日赴沪向各界报告：北大示威团被国民党在孝陵卫被捕，挨饥受饿，以及被警察宪兵用绳缚索，于夜深三时大雨中，押登汽车、载往浦口过江等压迫情形□当在西门少年宣讲团开反帝代表大会时，上海国民党市党部委员陶百川受上级指使率领国民党员及流氓二三十人暗藏手枪预备汽车于会场外等候□当散会时，即将许江二代表凶殴，并拖入汽车，捷驰而去，秘密禁闭公安局，学生愤激异常，即集合五六千人，包围市府，捣毁党部，组织法庭，自行审问凶犯市公安局九日晚，即宣告特别戒严南市闸北沪西浦东等处一律断绝交通，斜桥南阳桥民国路一带铁门，一律紧闭，卢家湾等处布置铁丝网，并增派大批武装中西探捕，防备群众暴动云。

十一月三十日報載：上海水電、郵務捲煙紡織等各廠工人已起來反對帝國主義和國民黨了，一般黃色工會還想用欺騙法子來組織工界請願團，於今日下午六時紛紛赴南京請願以緩和工人的革命情緒。十一月二十七日申報載：自日本強佔遼吉後，情勢更加緊張，繼佔新民，復攻錦州，進逼平津，且到處奸淫擄掠，勾結土匪，大燒大殺，羣衆痛苦非常，上海日本工廠，亦架起機關槍，威逼華工做工，同興紗廠華工三千多人，泰山橡膠廠三百多人，中華製罐廠二百多人，中國橡皮廠二百十三人，他們不但不害怕日本的殘暴，而且宣佈一律罷工，紛紛舉行反帝大示威云。

哈滿綫護路兵兵變

●直接同日軍作戰

●憤國民黨投降帝國主義

哈爾濱二十五日專電：駐哈滿線小蒿子站護路軍二十六旅三營十連，憤日軍殘暴屠殺，國民黨投降帝國主義出賣東三省，二十四晚，殺斃連排長直接與日軍作戰。駐富拉爾基二十二旅一連，亦採取同樣行動云。

國民黨壓迫革命無恥的手段
綁革命學生代表的票

●五六千學生包圍市府 ●搗毀黨部

●上海市特別戒嚴

十一月十日申報載：北大赴南京示威團代表許秀岑及中央大學代表江學乾前日赴滬向各界報告：北大示威團被國民黨在孝陵衛被捕，挨餓受凍，以及被警察憲兵用繩縛索，於夜深三時大雨中，押登汽車，載往補以滬江等壓迫情形，於當在西門少年宣講團開反帝代表大會時，上海國民黨市黨部委員陶百川等上台指使率領國民黨員及流氓二三十人暗藏手槍預備汽車於會場外等候，當散會時，即將許江二代表兇毆，并擄入汽車，提馳而去，秘密禁閉公安局，學生憤激異常，即集合五六千人，包圍市府，搗毀黨部，組織法庭，自行審問兇犯市公安局九日晚，即宣告特別戒嚴南市閘北滬西浦東等處一律斷絕交通，斜橋南陽橋民國路一帶鐵門，一律緊閉，盧家灣等處佈設鐵絲網，并增派大批武裝中西探捕，防備羣衆暴動云。

●用軍警押解示威學生出境

南京十八日電：北平示威團兩次暴動後，國民黨遂於十七日晚七時，派遣大批軍警，乘該示威團之學生尚未出動之時，將中大四面包圍用武裝強逼學生出南京。

○皖贛邊紅軍攻下婺源

◎圍攻休寧 ◎威脅皖南

南京二十二日路透電：贛東北紅軍第十軍之一部配合羣衆，攻下婺源，圍攻休寧，威脅安徽南部，徽州豪紳，於二十一日晨十時赴國民政府請願，聞國民黨為擁護豪紳地主準備由浙皖贛三省聯合進攻（又來送槍彈給紅軍）并指派白軍一團常駐皖南，防止紅軍發展。

江西福建兩省工人代表大會
訂「一二七」在瑞金開幕

◎全國總工會蘇區執行局

◎已發通告召集

中央區的工會運動經全國執行局數月來的工作和指導，已有很大的轉變，興國，干縣萬太的總工會經過改組成立好了瑞金總工會早已成立會昌總工會己在加緊籌備不日可成立吉安正在籌備成立縣工會雩都正在籌備其餘甯都廣昌石城，鄰郎全總執行局己準備派人去建立和恢復總工會，閩西已有杭武，永定汀連三個縣總工會和閩西總工會。全總執行局為建立強固的工會運動成立江西省總工會改選閩西總工會決定一九三二年「一二七」第九週紀念日召集江西福建兩省工人代表大會在瑞金開會己正式發出通告出席代表共有一百八十人江西各縣共代表一百人福建共有代表五十人規定由下而上的選舉出席代表（即區代表會選舉出席縣代表會代表再由縣代表選舉出席大會代表）現各縣正在進行選舉運動及大會準備工作。

閩西江西兩省蘇瑞金縣蘇開會
討論中央政府各種訓令

自從苏維埃臨時中央政府第五號苏維埃建設運動問題的訓令之後，各級政府即紛紛召集會議討論具體執行中央政府的訓令，和頒布的各種條例，閩西省蘇維埃於本月二十日，江西省蘇維埃於本月二十五日召集縣區主席聯席會議，瑞金縣苏維埃於本月廿六日召集區鄉主席聯席會議，該會均有中央代表出席指導，開各委員均有熱烈發言，檢閱過去的工作，詳細討論執行的辦法，都開了三四天的會，成績甚好會議以後各地都動員起來了，這必然使蘇維埃得着更進一步的鞏固和發展。

歡迎季總指揮的羣衆大會

◎到會羣衆二萬餘 ◎手執紅旗熱烈歡呼

國民黨軍第二十六路軍，自從暴動勝利後，即編為工農紅軍第五軍團，開入赤區，各地革命羣衆，非常熱烈歡迎，紛紛召集羣衆大會歡迎第五軍團及其指揮員，加入紅軍，消滅國民黨軍閥，參加土地革命派代表送東西慰勞這些革命戰士。當第五軍團季總指揮到瑞金的時候，瑞金革命羣衆，於本月二十四日下午召集歡迎季總指揮的大會，各鄉區農工會貧農團，工會，赤衛軍，少先隊，兒童團等革命團體的羣衆，手執紅旗，高呼歡迎第五軍團全體戰鬥員指揮員，參加土地革命，打倒帝國主義打倒國民黨軍閥，擁護苏維埃政府等口號，紛紛向會場而來素來可以容納二萬人的會場，一時擁擠非常，遍地紅旗革命空氣，塞滿了全會場，當季總指揮演說時候，羣衆一齊踴躍歡呼，鼓掌如雷。他的演辭大意是：「我們以前是馮玉祥的軍閥軍隊投降到蔣介石這邊來的，因蔣介石為了要來鎮壓中國革命就把我們調到江西來「剿共」！一來打苏維埃紅軍，我們自到江西已有大半年了，參加了進攻苏維埃紅軍幾次大戰：我們終感覺苏區中的羣衆都已分得了田地，組織了苏維埃政府，羣衆只幫助紅軍不幫我們，尤其是我們的生活上異痛苦難忍，自從日本帝國主義武力強佔東三省以來，國民黨完全是出賣中國只知自己互相爭權奪利壓迫工農羣衆同時，把我們放在寧都：出不來進不去：一般士兵痛苦萬分，孫連仲高樹勛卻到上海南昌去享福了這時我們更加認識只有革命才是出路只有加入紅軍在共產黨和苏維埃政府領導之下才能「革命成功」，大家一致暴動起來當紅軍去，因此我們十天之前在寧都舉起了紅旗來暴動脫離軍閥國民黨的深重壓迫，尋求自己的出路，而為保護工農利益打倒帝國主義國民黨擁護苏維埃奮鬥到底。」演說畢，即有各機關代表致詞歡迎，繼之有新劇歌舞，熱鬧非常，直到六時散會。

中央政府
人民委員會會議的決議

廿七日下午人民委員會開第三次常會，議決事項如下：

一，出席閩西聯席會議的報告

二，通過統一財政條例和訓令

三，議決頒布處治政治犯條例交司法委員會起草。

四，決定頒發合作社條例投資條例，借貸條例交財政委員會起草

五，為計劃發展蘇區經濟起見，決定將財委擴大改為財政經濟委員會。

六，決定各級苏維埃選舉經費由中央規定數目發給。

●臨時中央政府

開辦縣蘇維埃工作人員訓練班

蘇維埃臨時中央政府，為要建立強有工作能力的地方蘇維埃政府，特開辦縣一級的苏維埃工作人員訓練班，已定於明年一月廿四日開課，名額五十名，一月畢業，學生資格須要稍識文字，現在和過去是縣苏委員充任重要工作，而有斗爭歷史的并且有堅強革命意識而有工作能力的為合格，現議商江西福建兩省苏和瑞金縣苏按照規定的名額和資格選送學生。

一九三二

紅色中華

1932

红色中華

上海新闻
整理汇编

珍藏版

反動國民黨的巢穴到處遭羣衆的搗毀
國民黨在各地大施屠殺
南京屠殺學生的詳載
殺死的尸首向河中抛
槍傷三十餘人
派兵六團警察千餘押解學生出境

期：红色中华零零零五期

版：零三版

时间：一九三二年一月十三日

反动国民党的巢穴到处遭群众的捣毁
国民党在各地大施屠杀

南京屠杀学生的详载
杀死的尸首向河中抛
枪伤三十余人
派兵六团警察千余押解学生出境

十二月十八日《申报》载：各省市学生万余人□□七日午，由中大出发总示威□行至国民党中央党部时，党部已在事先有准备，□派军警驻守，并将大门紧闭，当时学生拟从旁门入内，被国民党预派的军警武器来打学生，全体学生愤恨非常，均高呼冲进，遂将传达室警团室均全部打毁，同时分一部份示威，组织十二队，到《中央日报》馆，该报馆门内有军警一队驻守。大门紧闭，学生即奋力捣毁冲入，国民党派大批军队镇压，并向徒手的革命学生开枪并用刺枪乱刺，闻当时《中央日报》馆门前，死尸遍地，受重伤者，亦有三十余人，被捕者百余人，内有一上海英文专校学生，死得更惨，国民党军警，将他捉□用刺刀戮碎头部胸部，抛入河中。当冲突发生时，有上海体专学生救护团三十余人，手执红十字旗，由中大出发，准备至《中央日报》馆救护，行至海桥时，即被军警开枪阻止。折回中大。此事发生后□国民党遂于十八晚四时许即派警卫军一师二旅，六十一师直属部队二团，宪兵司令部交通宪法团一团，及首都警察保安队千名，包围中大，一部份由大门直进，分途看守各学生寄宿舍，扬举白旗，上写“如不立即回校，即强制执行，如敢暴动，即处以暴徒办法制裁”。以致学生忍无可忍，俱大骂投降帝国主义的国民党，而上海北平南京各校学生，愤激非常，遂与军警发生冲突，闻当时军警即开枪镇压，并捉去余万能薛声豫二人。群众因手无寸铁，只得忍痛吞声，听其派队押解至火车轮船强迫回校。国民党以屠杀和武装押解的手段将学生驱逐出南京，完全为放肆地好做卖国的生意。

當月爲期，準備分駐各要隘。四，越境內馬路已延長至中國邊地平而水口各關，並拓大路幅，又在諒山增築可容一師之兵房。五，越南禁止糧食出口，并極力吸收現金。六，安南政府藉口保護滇越鐵路，派兵數百名入雲南。七，於十一月二十日，又有法兵七八十名，假故越界入廣西，攻掠高板村、十二月又入愛店。八，十二月八日運大砲、步槍、彈藥及軍服備萬套到諒山，發給退伍兵。九，十二月九日，法人又運非洲之部隊到越，以及軍械軍用品等無算。

法日帝國主義締結密約之內幕

上次本報曾載法日締結密約未息內容，現申報消息，自東三省事件發生後，法國帝國主義積極幫助日本，供給日本各種軍事需要品，并極力爲其掩蓋侵掠的強盜行爲。據日內瓦十二月十七日電，法國與日本關於中國訂有特別密約，法國保證日本取得未經儲指之若干省中國省區，日本則擔保法國佔有中國某一省云。

列寧格勒的繁榮興盛

人口猛烈增加

工業出產品佔全蘇聯六分之一

蘇聯的列寧格勒城，向爲工業區，而且是重工業區，聞最近有很迅速的發展，人口亦有大大的增加，據最近消息，列寧格勒的戶口統計，現共有居民二百五十三萬六千人，已算全世界人口最多的第七城，其中有一百萬爲四百所工廠的工人，其出產品佔蘇聯工業出產總額的六分之一云。

蘇聯各報紙銷行劇增

蘇聯自革命成功後，即實行普及教育及做消滅文盲種種運動，一般工農勞苦羣衆不論政治水平文化水平都大大的提高，特別是五年經濟計劃的成功，工農羣衆生活的改良，政治水平分化水平提高得特別快，因此，各種革命書籍和報紙的銷路，都大大增加，最近莫斯科十二月十八日的消息，聯真理報，從一九三二年一月一日起要在十四大城市，印行同樣的報紙，依計劃每日銷數可增四百萬以上，其印行方法，係由飛机傳遞各項消息，送達各城之後，在數小時內，即可排印，同時出版，此外還有農民机關報，亦擬採取同樣方法，其銷路更大，將增至五百萬份，而新聞報亦將增二百五十萬份，再則聯各大紙廠，建築不日即可完成，其所產之紙供足各大報紙擴充之用。

德國著名冶金廠關門

德國經濟恐慌的深入，使全國經濟將達到完全破產的地位，最著名的鉑錫格機器廠，因定貨少，幣價低落，國外貿易損失重大而關門，四千工人又告失業，同時著名的狄生鐵工廠，亦同樣因定貨缺乏，於十二月二十日宣佈停工云。

反動國民黨的巢穴到處遭羣衆的搗毀

國民黨在各地大施屠殺

南京屠殺學生的詳載

殺死的尸首向河中拋

槍傷三十餘人

派兵六團警察千餘押解學生出境

十二月十八日申報載：各省市學生萬餘人，七日午，由中大出發總示威，行至國民黨中央黨部時，黨部已在事先有準備，該派軍警駐守，並將大門緊閉，當時學生擬從旁門入內，被國民黨預派的軍警武器來打學生，全體學生憤很非常，均高呼衝進，遂將傳達室警團室均全部打毀，同時分一部份示威，組織十二隊，到中央日報館，該報館門內有軍警一隊駐守，大門緊閉，學生即奮力搗毀冲入，國民黨派大批軍隊鎮壓，并向徒手的革命學生開槍并用刺槍亂刺，聞當時中央日報館門前，死屍遍地，受重傷者，亦有三十餘人，被捕者百餘人，內有一上海英文專校學生，死得更慘，國民黨軍警，將他提起用刺刀戳碎頭部胸部，拋入河中，當衝突發生時，有上海體專學生救護團三十餘人，手執紅十字旗，由中大出發，準備至中央日報館救護，行至海橋時，即被軍警開槍阻止，折回中大，此事發生後國民黨遂於十八晚四時許即派警衛軍一師二旅，六十一師直屬部隊二團，憲兵司令部交通憲法團一團，及首都警察保安隊千名，包圍中大，一部份由大門直進，分途看守各學生寄宿舍，揚舉白旗，上寫如不立即回校，即強制執行，如敢暴動，即處以暴徒辦法制裁，以致學生忍無可忍，但大罵投降帝國主義的國民黨，而上海北平南京各校學生，憤激非常，遂與軍警發生衝突，聞當時軍警即開槍鎮壓，當捉去余萬能薛聲豫二人，群衆因手無寸鐵，只得忍痛吞聲，聽其派隊押解至火車輪船強迫回校，國民黨以屠殺和武裝押解的手段將學生驅逐出南京，完全爲放肆的好做賣國的生意。

太原工人學生大示威

打毀國民黨省黨部

國民黨派軍警向羣衆開槍

死傷數十人

在全國反帝高潮之下，太原工人千餘人，學生千餘人，於去年十二月十八日，舉行反帝和反對國民黨的示威運動，國民黨事先聽見，就預先派陸軍兩營，以及黨部糾察隊，嚴密佈防，羣衆後示威到國民黨部，一方面要國民黨派人出來說話，同時即實行包圍，而羣衆愈憤愈衆，四週人山人海，形勢緊張，衛兵部向羣衆開槍，演成慘案，聞學生死者數人，傷者數十人，十九日又舉行大示威，工人罷工，商人罷市，并決定二十日舉行市民大會，要求槍決省執監委員韓克溫等，工人學生則組織糾察隊，并主張組織民衆法庭，來審判國民黨的罪惡云。

吳縣學生搗毀國民黨部後痛打國民黨委員

據申報十二月十八日載，吳縣國民黨部禁止學生反對日本帝國主義的宣傳，反對國民黨投降帝國主義的宣傳，凡學生出外宣傳的，必須向國民黨領許可證，并禁止團體出發示威，否則概作反動論，學生聞訊之後，非常憤慨，即將縣黨部全部搗毀，委員周蠶夫，龔與亞，均被痛打一頓，并當晚召開緊急會議，決定十八日上午九時全體齊集公共體育場，警告國民黨以後不准派武裝軍警鎮壓羣衆運動云。

汕頭學生搗毀通日的抗日會和國民黨部

據汕頭十五日專電：抗日會不但不去抗日，不但不去抵制日貨，而且允許日貨自由銷售，此事爲革命學生所探悉，因此學生們組織新抗日會，但國民黨市黨部絕對不許學生參加，市府不准學生遊行示威，且函告各校長制止各生整隊外出，十五晨全市學生數千人，冒雨在中山路開會，十時後，即包圍外馬路抗日會，各委先逃，會內用物，全數搗毀，繼即包圍市黨部，又把所有一切用品全數毀壞，惜各委員早已從後門逃去。

河南災民大騷動

國民黨派武裝軍警鎮壓

十二月十八日申報載，河南災民一千二百餘人，到南通要飯吃，國民黨即派大批武裝軍警前去鎮壓，並驅逐他們出境，聞災民即時嚴厲拒絕，並將港口停泊船隻，全數打毀，實行大騷動云。

晉南陽城又起兵暴

綑縛反動長官

包圍縣政府公安局

反帝運動高漲
各帝國主義大起恐慌
帝國主義藉詞調派軍隊來滬

反帝运动高涨

各帝国主义大起恐慌
帝国主义借词调派车队来沪

自从北平、上海、南京各地学生，捣毁中央党部，痛殴蔡行［元］培，陈铭枢，焚烧中央日报馆后，英，美，日，法，各帝国主义，以长江形势紧张，民众革命运动高涨，国民党军警已无镇压之能，俱纷纷电告本国政府借口保护外侨和领事馆的安全，派大批军队来华，企图直接镇压革命运动、闻日本即调国内大小舰七十余艘出动，均携带毒瓦斯烟幕弹，准备采取直接行动，同时在满洲亦将增兵两师团，天津增半个师团，而英美法则集中附近舰队，论告侨民，到上海安全地带居住云。

一九三二年一月十三日　紅色中華　第四版

據申報大原十二月十七日專電：晉南陽城岳相如舊部納士兵和下級幹部，痛恨國民黨投降帝國主義和極端人道的壓迫和亂倒士兵，他們即實行暴動，細起他們反動的長官，包圍國民黨的縣政府，公安局後，即向河南前進云。

反帝運動高漲

各帝國主義大起恐慌

帝國主義藉詞調派軍隊來滬

自從北平，上海，南京各地學生，搗毀中央黨部，痛毆蔡行培，陳銘樞，焚燒中央日報館後，英，美，日，法，各帝國主義，以長江形勢緊張，民衆革命運動高漲，國民黨軍警已無鎮壓之能，俱紛紛電告本國政府藉口保護外僑和領事館的安全，派大批軍隊來華，全國直接鎮壓革命運動，聞日本即調國內大小艦七十餘艘出動，均攜帶毒瓦斯煙幕彈，準備採取直接行動，同時在滿洲亦將增兵兩師團，天津增半個師團，而英美法則集中附近艦隊，諭告僑民，到上海安全地帶居住云。

△△△△△△△△△△△△△△△△

中央蘇區消息

△△△△△△△△△△△△△△△△

古石坑土圍攻下

繳獲步槍六十餘枝　活捉土豪六十多名　擊斃靖匪一大批

三軍來信：我工農紅軍配合廣大勞苦群衆，把馬鞍石附近一帶的土圍石寨次第攻破後，只剩下一隻孤立無援的古石坑土圍，他還企圖與我們作頑強的抵抗，可是結果被我們英勇的九師於十二月二十六日攻下了，繳獲步槍六十餘枝，活捉土豪六十二名，并擊斃靖匪團總一名，團丁十二名云。

翰林頭一帶土圍石寨完全肅清

又繳獲步槍三十餘枝　又活捉土豪一大批

七師來信：翰林頭方面瓦屋下土圍被我七師配合當地工農群衆於十二月二十五日攻下，花石寨的土豪恐慌萬狀，即於十二月二十七日自動開開了，又踩腳寨份坑圩兩個土圍亦於二十九日攻下，三十日又打開仙人端土圍，三處共繳獲步槍三十餘枝，活捉土豪甚多，現翰林頭份坑圩一帶反動土圍石寨，完全肅清了，附近各地的工農勞苦群衆大家都非常熱烈的起來，分配土地，建立苏維埃政權云。

五軍團派代表參觀各機關

大受熱烈的歡迎

紅軍第五軍團，自成立後，到處受工農群衆的熱烈歡迎，該軍團戰鬥員一旦脫離了軍閥束縛的鎖鍊，特別是過去到處受工農群衆的痛恨，襲擊，而現在却到處受熱烈歡迎，大家欣喜異常，有的要求受革命的訓練，有的要求到各地各機關去參觀，加深對革命的認識，結果，得上級允許，開辦兩班訓練班，告訴他們革命最基本的理論，如對階級的認識和紅軍的任務等等，同時凡五軍團的戰鬥員指揮員都可輪流着到苏維埃臨時中央政府，中央革命軍事委員會總政治部及中央革命軍事政治學校等處參觀，聞各批到各處參觀的時候都受非常熱烈的歡迎，中央政府毛主席項副主席中國共產黨代表都有致詞，大意是說明：白軍打仗是爲少數人的利益，爲少數當豪紳地主資產階級壓迫工農群衆，爲軍閥爲國民黨各派爭奪地盤，與白軍士兵，絲毫沒有益處，而且犧牲的是士兵，而紅軍打仗，則大大不同，是爲大多數的工農勞苦群衆而打仗，爲我們自己謀解放而打仗，國民黨是地主資本家軍閥的黨，共產黨是無產階級的黨，是領導工農兵革命的黨，國民政府是反動政府，現在一天天要死亡，蘇維埃是工農兵自己的政府，現在是日益發展和勝利，只有在共產黨和蘇維埃領導之下，工農兵才能得到眞正解放，革命才能得到成功，說到眞切處，大家一致鼓掌云。

富田一帶可怕的傳染病發生

江西在去年三次戰爭中，因戰爭劇烈死人也就很多，特別是蔣介石所派遣的三十萬白軍士兵中，在軍閥壓迫之下，進攻紅軍，天氣酷熱，又要天天東逃西竄，生活又非常不好，衛生又全不講究，以致病死的不知幾多，關這種死屍，軍閥就把他埋葬在農民的房子裏，（在富田地方）腐爛起來，是最易發生瘟疫的，聞最近富田一帶，傳染病非常厲害，甚致一天死六十人左右，受傳染的人發寒熱，抽筋，吐瀉，不到一二天，厲害的不到幾個鐘點，就可把生命送掉，這種可怖的傳染瘟疫非常危險，臨時中央政府已開會討論設法防止。

看護學校將開學

臨時中央政府內務人民委員會，爲診治災區群衆的疾病與指導群衆衛生工作等，決開辦一看護學校，於二月一日於汀州開學，時期兩個月，開主要學習課目，爲普通內外科的診斷和治療及綁帶，救急，看護常識與衛生常識等，學生名額共六十名，江西閩西各三十名，學生資格爲：一，願爲社會服務工作積極的，二，身體強健，沒有暗病或惡劣傳染病的，三，思想活潑性情不粗燥，能識文字的（如各條都好，不識字的也要得。）四，年齡在十七歲以上廿四歲以下，五，男女生不限定，開具有以上資格，該校即可錄取云。

組織消費合作社

臨時中央政府工作人員　正式成立　社員享有特權

臨時中央政府工作人員消費合作社，於本月十二日開幕，社內購有多種日常需要品，（如襪子，手帕，洋火，香煙等），聞事前有三同志籌備組織消費合作社，徵求工作人員入股，於一月八日晚召開股員大會，到會者有百多人，通過消費合作社章程，定五元爲一股，限定十月繳足，即每月須繳大洋五毛，所賺紅利，一部份作爲基金，一部份按股分紅，凡該社股員都享有特別權利，購買東西特別便宜云。

臨時中央政府人民委員會的第四次常會

人民委員會第四次常會於十二日上午九時開會其重要的討論和決定如下：

一，出席江西省苏區縣級主席聯席會議的報告

二，討論在目前政府工作中有和平建立的傾向只偏於條例和法令方面的工作，而對於政府目前最主要和擴大的任務，領導和動員廣大工農群衆向外發展，擴大苏區加強紅軍，發展革命戰爭，以爭取大的城市的斗爭工作，有忽視地方這是非常錯誤的，應嚴厲糾正，以後對於各省指導中也要特別注意此點。

三，春耕問題：爲增加群衆的福利，和提高苏區的生產，以加革命發展的力量起見，決定在目前立即發動一個春耕運動，因爲去年各地多遭白軍的摧殘，除由政府給以相當幫助，領導群衆實行耕種的互助以解決耕牛，種子，人工等等之困難，決定發一訓令，擬定具體辦法，令各級政府執行，同時出一佈告來鼓勵群衆，訓令佈告下次會議通過。

四，江西省政府所報告主席聯席會議，擬定宣佈沒收和分配土地的辦法，請批准一事，決定以三人組織審查委員會，審查和修改，提下次會通過。

五，防疫問題：苏區在去年戰爭中以及敵人殘酷的摧殘，到了春天易於發生瘟疫，富田地方已有瘟疫發生，爲保

期

红色中华零零零六期

版

零一版

时间

一九三二年一月十二日

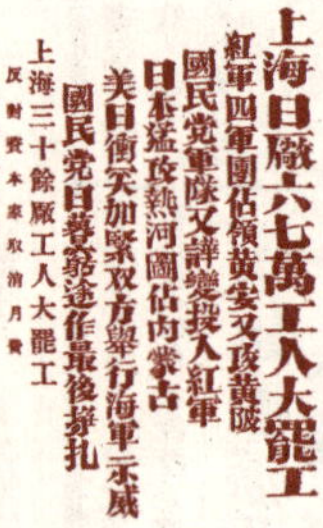
上海日廠六七萬工人大罷工
紅軍四軍團佔領黃安又攻黃陂
國民党軍隊又譁變投入紅軍
日本猛攻熱河圖佔內蒙古
美日衝突加緊双方舉行海軍示威
國民党日暮窮途作最後掙扎
上海三十餘廠工人大罷工
反對資本家取消月費
罷工工人六七萬

上海日厂六七万工人大罢工
红军四军团占领黄安又攻黄陂
国民党军队又哗变投入红军
日本猛攻热河图占内蒙古
美日冲突加紧双方举行海军示威
国民党日暮穷途作最后挣扎

上海三十余厂工人大罢工
反对资本家取消月费
罢工工人六七万

无线电一月二十日上海专电： 上海□纱厂日华等三十余厂，工人六七万，反对厂方取消赏金，致成全体大罢工已多日，尚未解决。

中華蘇維埃共和國臨時中央政府機關報

紅色中華

本期附送畫報一張

第六期

一九三二年一月廿日

本期連畫報二張半

收報費銅元一枚

紀念列李盧慶祝蘇區共產青年團與少先隊的代表大會

項英

一月十五日，是世界無產階級革命的領袖，李卜克納西盧森堡同志犧牲的第十三週年紀念日。

李盧兩同志，是領導世界無產階級，反對帝國主義第一次世界大戰，尤其是與無產階級的叛徒社會民主黨作堅決的斗爭，親身號召和領導德國無產階級，變帝國主義戰爭為國內階級戰爭，以武裝暴動來推翻資產階級的統治，實行無產階級革命，因此，即被帝國主義社會民主黨而殺了。

李盧兩同志的犧牲，更喚起全世界無產階級，為推翻資產階級統治，打倒社會民主黨，實行無產階級革命的堅決斗爭。德國無產階級，現在在共產黨領導之下，繼續李盧的精神，正在積極的為推翻資產階級統治，打倒社會民主黨，走到實行無產階級革命的最尖銳的斗爭道路上，德國革命危機日益成熟，德國無產階級革命，必然要獲得最後勝利的。

一月二十一日，是世界革命最偉大的領袖列寧同志逝世的第八週紀念日，列寧創造了 月革命，創造了無產階級的祖國－蘇聯，他創造了布爾雪維克的共產黨，創造了世界革命的武器！列寧主義。蘇聯在列寧主義領導之下，社會主義建設，日益鞏固的發展起來，五年經濟計畫，四年已全部完成獲得最偉大的成績，各國共產黨已有很大的發展，獲得各國廣大的無產階級的擁護，世界革命日益高漲，中國蘇維埃運動，在列寧主義的中國共產黨領導之下，已建立了第二個蘇維埃共和國，列寧主義是世界革命的唯一武器，全世界無產階級和被壓迫的勞動羣衆，正高舉着列寧主義的旗幟，為世界無產階級和被壓迫的民族的解放而斗爭。

今年紀念列李盧三位領袖的時候，正是帝國主義經濟危机達到不可挽救的地步，正是帝國主義互相衝突達到最尖銳而要爆發第二次戰爭的時候，尤其是帝國主義進攻蘇聯的主要危險愈加嚴重的時候，世界革命更加高漲，因此，我們今年紀念列李盧的任務是武裝保護列寧所手創造的蘇聯，反對帝國主義大戰，打倒資產階級走狗社會民主黨，托洛斯基派，取消派等等，

同樣的，在中國正是帝國主義積極進行瓜分中國，正是國民黨統治到了完全破產，日益走上死亡道路，蘇維埃運動，在全國獲得很大的勝利，全國革命繼續高漲的時候，我們的任務是反對帝國主義瓜分中國，努力向外發展，去爭取蘇維埃更大的發展勝利，發展革命戰爭，以革命戰爭消滅軍閥戰爭；以革命戰爭去推翻帝國主義國民黨的統治，以革命戰爭爭取蘇維埃在一省或幾省首先勝利。

要大大的向外發展，要加強革命戰爭的力量與發展，就要擴大紅軍，創造鐵的紅軍；就要建立強有工作能力的蘇維埃政府，來領導廣大工農羣衆積極參加革命戰爭，所以今年紀念列李盧的時候，工農羣衆就要積極的參加紅軍，鞏固紅軍，參加蘇維埃建設運動，這是我們實際的來紀念列李盧的工作。

在今年紀念列李盧的時候，正是蘇區共產青年團代表大會於李盧紀念日開幕，少年先鋒隊代表大會於列寧逝世紀念日開幕，這兩個代表大會，正當着目前革命形勢緊張的時候來舉行，這是有很偉大的意義的。

共產青年團，是青年的工農和勞動羣衆的領導者，少先隊是青年的工農羣衆　先鋒組織，青年工農羣衆是蘇維埃運動中一枝生力軍。這兩個代表大會，在列寧主義領導之下，在青年團創造者李卜克拉西，和盧森堡同志精神之下，必然獲得最大的成功。

我們現在以列寧主義的教訓來慶祝兩個代表大會的完滿成功，同時以最熱烈的革命熱忱，希望這兩個代表大會，除討論和決議列寧主義的青年工作路線和策略外，特別是關於領導廣大青年工農羣衆，熱烈的參加蘇維埃建設運動；踴躍加入紅軍，創造鐵的紅軍以及領導廣大青年工農羣衆，去參加革命戰爭等等實際問題的討論和提出切實執行辦法。

專電

上海日廠六七萬工人大罷工
紅軍四軍團佔領黃安又攻黃陂
國民党軍隊又譁變投入紅軍
日本猛攻熱河圖佔內蒙古
美日衝突加緊双方舉行海軍示威
國民党日暮窮途作最後掙扎

上海三十餘廠工人大罷工

反對資本家取消月費

罷工工人六七萬

無線電一月二十日上海專電：上海日紗廠日華等三十餘廠，工人六七萬，反對廠方取消賞金，致成全體大罷工已多日，尚未解決。

期：红色中华零零零六期
版：零三版
时间：一九三二年一月二十日

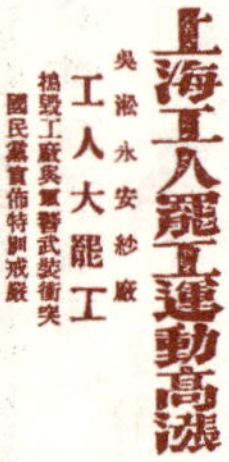
上海工人罷工運動高漲
吳淞永安紗廠
工人大罷工
搗毀工廠與軍警武裝衝突
國民黨宣佈特別戒嚴
並大捕工人領袖

上海工人罢工运动高涨

吴淞永安纱厂工人大罢工
捣毁工厂与军警武装冲突
国民党宣布特别戒严并大捕工人领袖

上海吴淞蕴藻路永安新旧二纱厂，共有男女工人七千余人，工人因工资微少□生活痛苦，要求资本家发给四个月奖励金，与该厂经理郭顺谈判数次，不但没有圆满结果，而且每遭严厉拒绝，无故开除工人，工人们愤激非常□即于十二月十九日，全体宣布罢工，且把新厂机器捣毁，国民党即派大批军警，到厂保护，并向数千徒手群众开枪，一部份工人即用石块还击，另一部份工人，则猛力攻开大门，拥入厂内，捣毁资本家走狗的一切宿舍，国民党见势汹涌，即宣布特别戒严。同时，又加派大批武装军警镇压，向群众开枪数百响，闻此次死伤甚众云。

自此次惨案发生后，工人仍继续罢工，并发宣言，请求各界实力援助，另方面，则召集工人大会，组织交涉委员会，闻该大会于十二月二十四日开会，当开会的时候，国民党又派大批军警威胁□人，可是工人并不屈服于这种威力之下，他们全体决定：㈠，公开推出沈永明，金耀文，王明芝等十五人，组织交涉委员会。㈡，如资方继续以极残酷手段，压迫工友，不接受工友要求，决坚持到底。㈢，枪伤及死亡的应：一，严惩凶手，二，抚恤死者家属，三，津贴伤者医药费及停工期内工资，四，在资方停厂期内，工资照给，五撤消永安厂保卫团，并惩办保卫团队长，六，严惩指使军警枪杀工人的彭顺，骆乾伯等，七，公安局秘密逮捕的工人，迅速释放，八，发表宣言，请各界实力援助。该宣言内容略谓：全市工友公鉴，永安二厂资方，极尽残酷压迫之能事，剥削我劳工血汗，无微不至，我们在此情状之下，呻吟流泪，哭诉无门，要求四个月红利，实无过份，而丧心病狂、利欲熏心的资本家，竟□□严厉拒绝，八月间所订条约，亦抗不执行，革命纪念节停工工资，亦抗而不发，且无故开除工友，我七千余劳工，处于水深火热之中，忍无可忍，□□自动罢工，而军警即开枪大杀，杀死四人，秘密□捉去八人，而伤者更无算云。

交涉委员会，进行工作中努力奋斗而国民党市政府，则天天宣布特别戒严，派大批军警驻厂保护，防止工人骚动，同时又派大批军警继续逮捕工人沈永明，沈岳林，徐阿二，□毛三等云。

委員會決議，組織中政會特務委員會　為應付國難，迅速處理一切的緊要任務。

廣東成立變相的國民政府

執行部等於過去中央黨部　西南政委會實際者第二政府　軍委分會仍然是獨攬兵權

無線電一月二十日專電：廣東國民政府取消後，設中央執行委員會西南執行部．西南政委會及軍委分會三機關，主持西南黨政軍要務云。

平津各大學教職員赴南京索欠

無線電一月十八日專訊：北平天津各大學教職員來京索欠，謂自上年（一九三十年）八月以來，積欠之經費達一百三十三萬五千元云。

美日兩國發表在太平洋海軍大會操

無線電一月二十日專訊：自美一，日本海軍部亦發表太平洋大國一軍部發表太平洋大會操—會操計劃，與美針鋒相對。

陳濟棠準備送槍

無線電一月二十日上海專電：陳濟棠派余漢謀丁俊人干也準備來進攻中央區。

法國失業工人大示威

要求津貼　悉數被捕

無線電一月十九日專電：法國國會重開，有三千餘失業工人在共產黨領導之下，舉行大示威，為巴黎失業工人要求津貼，結果，悉數被捕云。

要聞

上海工人罷工運動高漲

吳淞永安紗廠工人大罷工

搗毀工廠與軍警武裝衝突　國民黨宣佈特別戒嚴　並大捕工人領袖

上海吳淞蘊藻路永安新舊二紗廠，共有男女工人七千餘人，工人因工資微少　生活痛苦，要求資本家發給四個月獎勵金，與該廠經理郭順談判數次，不但沒有圓滿結果，而且每遭嚴厲拒絕，無故開除工人，工人們憤激非常　即於十二月十九日，全體宣佈罷工，且把新廠機器搗毀，國民黨即派大批軍警，到廠保護，并向數千徒手羣衆開槍，一部份工人即用石塊還擊，另一部份工人，則猛力攻開大門，擁入廠內，搗毀資本家走狗的一切宿舍，國民黨見事洶湧，即宣佈特別戒嚴，同時，又調派大批武裝軍警鎮壓，向羣衆開槍數百響，聞此次死傷甚衆云●

自此次慘案發生後，工人仍繼續罷工，并發宣言，請求各界實力援助，另方面，則召集工人大會，組織交涉委員會，聞該大會於十二月二十四日開會，當開會的時候，國民黨又派大批以武裝威脅，人，可是工人并不屈服於這種威力之下，他們全體決定：㈠，公開推出沈永明，金耀文，王明芝等十五人，組織交涉委員會，㈡，如資方繼續以極殘酷手段，壓迫工友，不接受工友要求，決堅持到底，㈢，槍傷及死亡的應：一，嚴懲兇手，二，撫恤死者家屬，三，津貼傷者醫藥費及停工期內工資，四，在資方停廠期內，工資照給，五撤消永安廠保衛團，并懲辦保衛團團長，六，嚴懲指使軍警槍殺工人的彭順，駱乾伯等，七，公安局秘密逮捕的工人，迅速釋放，八，發表宣言，請各界實力援助●該宣言內容略謂：全市工友公鑒，永安二廠資方，極盡殘酷壓迫之能事，剝削我勞工血汗，無微不至，我們在此情狀之下，呻吟流淚，哭訴無門，要求四個月紅利，實無過份，而喪心病狂，利慾薰心的資本家　竟加以嚴厲拒絕，八月間所訂條約，亦抗不執行，革命紀念節停工工資，亦抗而不發，且無故開除工友，我七千餘勞工，處於水深火熱之中，忍無可忍，實行自動罷工，而軍警即開槍大殺，殺死四人，秘密　捉去八人，而傷者更難算云●

交涉委員會，進行工作中努力奮鬥而國民黨市政府，則天天宣佈特別戒嚴，派大批軍警駐廠保護，防止工人騷動，同時又派大批軍警繼續逮捕工人沈永明、沈岳林　徐阿二　顧毛三等云●

浦東日華紗廠大罷工

國民黨强壓工人復工

上海浦東日華紗廠，是日本資本家所辦的，自東北事變發生後，工人即不願在該工廠工作，而日本資本家，因受到日經濟絕交影響　亦向工人百般挑釁，無故開除工人數百人，於十二月二十四日，又將布機間全體女工，增加工作，平時管三部車者，現須管四部，平時每個布機織完，工資五角六分，現減至五角，并利用女工賊張南英．胡阿珍強迫工人工作　無故開除陳寶英唐金女韓秀貞等十一人又拘去女工陸小妹倪金秀二人，全體工人忍無可忍，，遂一致宣告罷工，并開會要求釋放被捕之女工，恢復無故被開除之女工工作，恢復原有工作工資等，但資本家態度非常強硬，工人亦堅決非常，風潮擴大，國民黨派武裝軍警鎮壓並強迫工人復工云。

上海英商公共汽車工人全體罷工

反對開除工人　搗毀車輛　毆打破壞罷工的工賊

上海英商公共汽車公司，前因老售票員罷工，宣告全體革職，重招新的售票員，恢復各路公共汽車行駛，最近該工人等，因反對公司開除一號售票員張傑，（此人被捕房捉去）並要求釋放未遂，又於十二月二十五日二百八十餘人全體宣告罷工，各路汽車，完全停駛，工人等又組織小隊到各路巡查，一號及一百四十一號公共汽車行駛為罷工售票員等查見，即將汽車搗毀，認駕車工人，破壞罷工紀律，當將拖至群中毆打，並以石灰包擲之，同時八十號開車員，亦為罷工者毆傷，十二月二十六日上午罷工工人，又在康腦脫路公司門首開會，決定，一，即時釋放一號售票員，並恢復職務，二，

期
红色中华零零零六期
版
零三版
时间
一九三二年一月二十日

浦东日华纱厂大罢工

国民党强压工人复工

上海浦东日华纱厂，是日本资本家所办的，自东北事变发生后，工人即不愿在该工厂工作，而日本资本家，因受对日经济绝□影响□亦向工人百般挑衅，无故开除工人数百人，于十二月二十四日，又将布机间全体女工，增加工作，平时管三部车者，现须管四部，平时每个布机布织完，工资五角六分，现减至五角，并利用女工贼张甫英□胡阿珍强迫工人工作□无故开除陈宝英唐金大韩秀贞等十一人又拘去女工陆小妹倪金秀二人，全体工人忍无可忍，遂一致宣告罢工，并开会要求释放被捕之女工，恢复无故被开除之女工工作，恢复原有工作工资等，但资本家态度非常强硬，工人亦坚决非常，风潮扩大，国民□派武装军警镇压并强迫工人复工云。

一九三二年一月二十日　紅色中華　第三版

委員會決議，以後中政會特務委員會　爲應付國難，迅速處理一切的緊要任務。

廣東成立

變相的國民政府

執行部等於過去中央黨部

西南政委會實際書第二政府

軍委分會仍然是獨攬兵權

無線電一月二十日專電：廣東國民政府取消後，設中央執行委員會西南執行部，西南政委會及軍委分會三機關，主持西南黨政軍要務云。

平津各大學

教職員赴南京索欠

無線電一月十八日專訊：北平天津各大學教職員來京索欠，謂自上年（一九三十年）八月以來，積欠之經費達一百三十三萬五千元云。

美日兩國發表

在太平洋海軍大會操

無線電一月二十日專訊：自美國發表太平洋大會操計劃後，日本海軍部亦發表太平洋大會操計劃，與美針鋒相對。

陳濟棠

準備送槍

無線電一月二十日上海專電：陳濟棠派余漢謀丁俊人干也準備來進攻中央區。

法國失業工人大示威

要求津貼　悉數被捕

無線電一月十九日專電：法國國會重開，有三千餘失業工人在共產黨領導之下，舉行大示威，爲巴黎失業工人要求津貼，結果，悉數被捕云。

要聞

上海工人罷工運動高漲

吳淞永安紗廠

工人大罷工

搗毀工廠與軍警武裝衝突

國民黨宣佈特別戒嚴

並大捕工人領袖

上海吳淞蘊藻路永安新舊二紗廠，共有男女工人七千餘人，工人因工資微少　生活痛苦，要求資本家發給四個月獎勵金，與該廠經理郭順談判數次，不但沒有圓滿結果，而且每遭嚴厲拒絕，無故開除工人，工人們憤激非常　即於十二月十九日，全體宣佈罷工，且把新廠機器搗毀，國民黨即派大批軍警，到廠保護，并向數千徒手群衆開槍，一部份工人即用石塊還擊，另一部份工人，則猛刀攻開大門，擁入廠內，搗毀資本家走狗的一切宿舍，國民黨見事洶湧，即宣佈特別戒嚴，同時，又調派大批武裝軍警鎮壓，向群衆開槍數百響，聞此次死傷甚衆云。

自此次慘案發生後，工人仍繼續罷工，并發宣言，請求各界實力援助，另方面，則召集工人大會，組織交涉委員會，聞該大會於十二月二十四日開會，當開會的時候，國民黨又派大批軍警威脅，人，可是工人并不屈服於這種威力之下，他們全體議定：㈠，公開推出沈永明，金耀文，王明芝等十五人，組織交涉委員會，㈡，如資方繼續以極殘酷手段，壓迫工友，不接受工友要求，決堅持到底，㈢，槍傷及死亡的應：一，嚴懲兇手，二，撫恤死者家屬，三，津貼傷者醫藥費及停工期內工資，四，在資方停廠期內，工資照給，五撤消永安廠保衛團，并懲辦保衛團隊長，六，嚴懲指使軍警槍殺工人的彭順，駱乾伯等，七，公安局秘密逮捕的工人，迅速釋放，八，發表宣言，請各界實力援助。該宣言內容略謂：全市工友公鑒，永安二廠資方，極盡殘酷壓迫之能事，剝削我勞工血汗，無微不至，我們在此情狀之下，呻吟流淚，哭訴無門，要求四個月紅利，實無過份，而喪心病狂，利慾熏心的資本家，竟加以嚴厲拒絕，八月間所訂條約，亦抗不執行，革命紀念節停工工資，亦抗而不發，且無故開除工友，我七千餘勞工，處於水深火熱之中，忍無可忍，實行自動罷工，而軍警即開槍大殺，殺死四人，秘密捉去八人，而傷者更難算云。

交涉委員會，進行工作中努力奮鬥而國民黨市政府，則天天宣佈特別戒嚴，派大批軍警駐廠保護，防止工人騷動，同時又派大批軍警繼續逮捕工人沈永明，沈岳林　徐阿二　屈毛三等云。

浦東日華紗廠大罷工

國民黨强壓工人復工

上海浦東日華紗廠，是日本資本家所辦的，自東北事變發生後，工人即不願在該工廠工作，而日本資本家，因受對日經濟絕交影響　亦向工人百般挑釁，無故開除工人數百人，於十二月二十四日，又將布機間全體女工，增加工作，平時管三部車者，現須管四部，平時每個布機布織完，工資五角六分，現減至五角，并利用女工賊張甫英，胡阿珍強迫工人工作，無故開除陳寶英唐金卡韓秀貞等十一人又拘去女工陸小妹倪金秀二人，全體工人忍無可忍，，遂一致宣告罷工，并開會要求釋放被捕之女工，恢復無故被開除之女工工作，恢復原有工作工資等，但資本家態度非常強硬，工人亦堅決非常，風潮擴大，國民黨派武裝軍警鎮壓並強迫工人復工云。

上海英商

公共汽車工人全體罷工

反對開除工人

搗毀車輛

毆打破壞罷工的工賊

上海英商公共汽車公司，前因老售票員罷工，宣告全體革職，重招新的售票員，恢復各路公共汽車行駛，最近該工人等因反對公司開除一號售票員張傑，（此人被捕房捉去）並要求釋放未遂，又於十二月二十五日二百八十餘人全體宣告罷工，各路汽車，完全停駛，工人等又組織小隊到各路巡查，一號及一百四十一號公共汽車行駛爲罷工售票員等查見，即將汽車搗毀，認駕車工人，破壞罷工紀律，當將拖至廠中毆打，並以石灰包擲之，同時，八十號開車員，亦爲罷工者毆傷。十二月二十六日上午罷工工人，又往康腦脫路公司門首開會，決定，一，即時釋放一號售票員，並恢復職務，二，

期
红色中华零零零六期
版
零三版
时间
一九三二年一月二十日

上海英商
公共汽車工人全體罷工
反對開除工人
搗毀車輛
毆打破壞罷工的工賊

上海英商公共汽车工人全体罢工

反对开除工人
捣毁车辆
殴打破坏罢工的工贼

上海英商公共汽车公司，前因老售票员罢工，宣告全体革职，重招新的售票员，恢复各路公共汽车行驶，最近该工人等。因反对公司开除一号售票员张杰，（此人被捕房捉去）并要求释放未遂，又于十二月二十五日二百八十余人全体宣告罢工，各路汽车，完全停驶。工人等又组织小队到各路巡查，一号及一百四十一号公共汽车行驶为罢工售票员等查见，即将汽车捣毁，认驾车工人，破坏罢工纪律，当将拖至路中殴打，并以石灰包掷之。同时，八十号开车员，亦为罢工者殴伤。十二月二十六日上午罢工工人，又在康脑脱路公司门首开会，决定。一，即时释放一号售票员，并恢复职务。二，（编者按：下转第四版）

委員會決議，以後中政會特務委員會 爲應付國難，迅速處理一切的緊要任務。

廣東成立
變相的國民政府
執行部等於過去中央黨部
西南政委會實際是第二政府
軍委分會仍然是獨攬兵權

無線電一月二十日專電：廣東國民政府取消後，設中央執行委員會西南執行部，西南政委會及軍委分會三機關，主持西南黨政軍要務云。

平津各大學
教職員赴南京索欠

無線電一月十八日專訊：北平天津各大學教職員來京索欠，謂自上年（一九三十年）八月以來，積欠之經費達一百三十三萬五千元云。

美日兩國發表
在太平洋海軍大會操

無線電一月二十日專訊：自美國海軍部發表太平洋大會操後——日本海軍部亦發表太平洋大會操計劃，與美針鋒相對。

陳濟棠
準備送槍

無線電一月二十日上海專電：陳濟棠與余漢謀丁俊人千也準備來進攻中央區。

法國失業工人大示威
要求津貼　悉數被捕

無線電一月十九日專電：法國國會重開，有三千餘失業工人在共產黨領導之下，舉行大示威，爲巴黎失業工人要求津貼，結果，悉數被捕云。

要聞

上海工人罷工運動高漲
吳淞永安紗廠
工人大罷工
搗毀工廠與軍警武裝衝突
國民黨宣佈特別戒嚴
並大捕工人領袖

上海吳淞蘊藻路永安新舊二紗廠，共有男女工人七千餘人，工人因工資微少 生活痛苦，要求資本家發給四個月獎勵金，與該廠經理郭順談判數次，不但沒有圓滿結果，而且每遭嚴厲拒絕，無故開除工人，工人們憤激非常 即於十二月十九日，全體宣佈罷工，且把新廠機器搗毀，國民黨即派大批軍警，到廠保護，并向數千徒手羣衆開槍，一部份工人即用石塊還擊，另一部份工人，則猛力攻開大門，擁入廠內，搗毀資本家走狗的一切宿舍，國民黨見事洶湧，即宣佈特別戒嚴，同時，又開派大批武裝軍警鎮壓，向羣衆開槍數百響，聞此次死傷甚衆云。

自此次慘案發生後，工人仍繼續罷工，并發宣言，請求各界實力援助，另方面，則召集工人大會，組織交涉委員會，聞該大會於十二月二十四日開會，當開會的時候，國民黨又派大批軍警威脅，人，可是工人并不屈服於這種威力之下，他們全體決定：㈠，公開推出沈永明，金耀文，王明芝等十五人，組織交涉委員會，㈡，如資方繼續以極殘酷手段，壓迫工友，不接受工友要求，決堅持到底，㈢，槍傷及死亡的應：一，嚴懲兇手，二，撫恤死者家屬，三，津貼傷者醫藥費，及停工期內工資，四，在資方停廠期內，工資照給，五撤消永安廠保衛團，并懲辦保衛團團長，六，嚴懲指使軍警槍殺工人的彭順，駱乾伯等，七，公安局秘密逮捕的工人，迅速釋放，八，發表宣言，請各界實力援助。該宣言內容略謂：全市工友公鑒，永安二廠資方，盡殘酷壓迫之能事，剝削我勞工血汗，無微不至，我們在此情狀之下，呻吟流淚，哭訴無門，要求四個月紅利，實無過份，而喪心病狂，利慾薰心的資本家，竟加以嚴厲拒絕，八月間所訂條約，亦抗不執行，革命紀念節停工工錢，亦抗而不發，且無故開除工友，我七千餘勞工，處於水深火熱之中，忍無可忍，實行自動罷工，而軍警即開槍大殺，殺死四人，秘密捉去八人，而傷者更無算云。

交涉委員會，進行工作中努力奮鬥，而國民黨市政府，則天天宣佈特別戒嚴，派大批軍警駐廠保護，防止工人騷動，同時又派大批軍警繼續逮捕工人沈永明、沈岳林 徐阿二 嚴毛三等云。

浦東日華紗廠大罷工
國民黨強壓工人復工

上海浦東日華紗廠，是日本資本家所辦的，自東北事變發生後，工人即不願在該工廠工作，而日本資本家，因受對日經濟絕交影響 亦向工人百般挑釁，無故開除工人數百人，於十二月二十四日，又將布機間全體女工，增加工作，平時管三部車者，現須管四部，平時每個布機布織完，工資五角六分，現減至五角，并利用女工賊張甫英，胡阿珍強迫工人工作，無故開除陳寶英唐金士韓秀貞等十一人又拘去女工陸小妹倪金秀二人，全體工人忍無可忍，遂一致宣告罷工，并開會要求釋放被捕之女工，恢復無故被開除之女工工作，恢復原有工作工資等，但資本家態度非常強硬，工人亦堅決非常，風潮擴大，國民黨派武裝軍警鎮壓並強迫工人復工云。

上海英商
公共汽車工人全體罷工
反對開除工人
搗毀車輛
毆打破壞罷工的工賊

上海英商公共汽車公司，前因老售票員罷工，宣告全體革職，重招新的售票員，恢復各路公共汽車行駛，最近該工人等，因反對公司開除一號售票員張傑，（此人被捕房捉去）並要求釋放未遂，又於十二月二十五日二百八十餘人全體宣告罷工，各路汽車，完全停駛，工人等又組織小隊到各路巡查，一號及一百四十一號公共汽車行駛爲罷工售票員等查見，即將汽車搗毀，認駕車工人，破壞罷工紀律，當將拖至路中毆打，並以石灰包擲之，同時，八十號開車員，亦爲罷工者毆傷，十二月二十六日上午罷工工人，又任康腦脫路公司門首開會，決定：一，即時釋放一號售票員，並恢復職務，二，

期：红色中华零零零六期

版：零四版

时间：一九三二年一月二十日

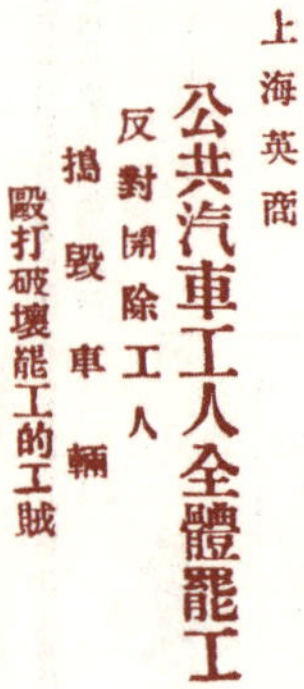
上海英商
公共汽車工人全體罷工
反對開除工人
搗毀車輛
殴打破壞罷工的工賊

上海英商公共汽车工人全体罢工

反对开除工人
捣毁车辆
殴打破坏罢工的工贼

（编者按：上接第三版）以后不得无故开除工人，闻上海市公安局连日派军警多名到公司门前保护，但公司方面，则威胁工人，宣布如不迅速复工，则一律革除，另雇新工继续工作云。

以後不得藉故開除工人，閘上海市公安局逐日派軍警多名到公司門前保護，但公司方面，則威脅工人，宣佈如不迅速復工，則一律革除，另僱新工繼續工作云。

上海閘北公共汽車工人 醞釀罷工

要求年賞 解決懸案

上海閘北華商公共汽車公司全體工人因年關要求公司發給年終賞金，但公司總經理雷兆鵬托詞營業不振拒絕發給，工人聞之非常憤慨，準備以嚴厲手段對付，工人所提出之要求是(一)由公司發給年終賞金一個月(二)解決以前懸案(一)拒絕閘財報復二案(二)朱天蔡賠車胎案(三)伍平區俊記太渦案等，并聞黃色的六區公共汽車工會正在從中以妥協方式來破壞，但工人方面認爲如不達到目的決以罷工手段對待云。

耶誕節 巴黎失業工人大示威

智利革命群衆襲擊兵營

耶苏聖誕節是資產階級企圖藉以麻醉無產階級勞苦群衆的節日，他們於這一天，買一些食品，發放給窮人，以表示他們能救世，與耶穌一樣好善心，可是在經濟恐慌達到極點的一九三一年，則大爲減色，在巴黎各餐館宣告價目減輕，菜色減少，然顧客仍是寥寥，且蒙馬陸，孟巴乃斯及總統府附近各地失業工人，在共產黨領導之下，在消夜館前不斷示威。在智利京城，與比鄰近硝酸埠廠及各地工人平民，在共產黨領導之下，舉行暴動，襲擊駐比之兵營，殺死軍官一名，士兵二名，并佔領該兵營云。

保京學生大騷動

在共產黨領導下包圍國會

據十二月十九日申報載：保加利亞京城苏斐亞，曾發生極嚴重的騷動，以致全城宣布戒嚴。聞這次騷動的原因，是群衆和保京的國立大學學生，在共產黨領導下，反對政府，反對保加利亞首相演說，同時，并赴國會示威，並實行包圍，保政府即派大批軍警鎮壓，遂發生雙方極劇烈的惡斗，警察死數人，傷數人，而群衆，則死數人，傷數十人云。

蘇聯中央執委開會

出席委員六百餘人　莫洛多夫揭破國聯假面具　彼得羅夫斯基報告五年計劃成績　宣言蘇聯已充分準備抵禦一切攻擊　斯達林謂五年計劃完成　要壓倒世界資本主義　成立一九三二年偉大經濟建設計劃　五年後蘇聯文無盲

苏維埃聯邦共和國中央執行委員會，於十二月廿一日晚，於克里姆林宮開全體會議，到委員六百餘人，各國外交家與新聞記者亦紛紛參加該會，主席團喀列寧及各聯邦主席六人，輪流主持會議。人民委員會主席莫洛多夫發表意見，謂國聯對滿洲問題處僞之解決，非常滑稽可笑，我們固早已料及國聯對於滿洲問題，不能作何種消弭禍亂的工作，但沒有料到反使滿洲事變趨險益惡，而得到這樣的惡劣結果，并預言茲來的軍縮會議，是各大國間的一代集議，其目的不在減縮軍備而在擴張軍備，當莫洛多夫演說時，各帝國主義國家外交代表俱在座　莫氏詞意堅決，全場聞者鼓掌如雷，彼得羅夫斯基又詳述五年計劃最先三年的成績和進步及招募數百萬新工人，建設社會主義，而資本主義國家，則漸入於日暮窮途之境，工人生活程度日見低落而革命化，因此各帝國主義出死力以爭世界市場，他們利益既相矛盾，於是乃從事準備帝國主義的戰爭，此所以遠東戰爭，反苏聯戰爭日益緊逼，說至此，乃更厲聲向外交人員席曰，苏聯已充分準備抵禦一切攻擊，苏聯政府與苏聯共產黨將引導民衆，於四年完成五年計劃云。該大會得順利的得到偉大成功，通過各項報告和計劃，與一九三二年度之經濟建設計劃，業已正式成立，而方在建築中之水力發電廠，有歷史的價值，其中尤以古格莱斯克廠，馬尼多戈爾斯克廠，格利薩羅克廠，及斯維爾發電廠爲更偉大，並決定以全力改善苏聯無產階級的生活，建築九十二處食品工廠，其中有麵粉廠十八處製造肉類食品工廠十二處，糖及火油之類的提煉廠二處，罐頭工廠二十三處，大會主席史太林同志，更得意的說，五年經濟計劃成功後，苏聯於經濟上確能壓倒全世界資本主義國家，至大會中所報告的五年計劃的成績，就落後的遠東區亦有很大的發展，(一)最近四年以來，耕地由一，五二二，五〇〇英畝增至二，五〇〇，〇〇〇英畝一九三二年可增至三，一〇〇，〇〇〇英畝，木材和漁業的發展和生產量之多，已駕凌全世界任何國家，苏聯遠東邊區未開化的區域，文化發展，殊足驚人，據一九三一年度之調查不識字的已減低至百分之三十五，滿學齡之兒童就學者已佔全數百分之九十五，在一九二三年則有百分之六十三。革命前全境僅有學校五十四所，一九三一年一年內，共設新小學八百五十四所，中學五十七所。乃五年後，全苏聯領土內，當無一人不識字云。

蘇聯煤油業大發展

運銷到美洲一帶了

苏聯五年經濟計劃成功，煤油業亦得到非常大的發展，聞最近苏聯煤油信託公司已與南美烏魯圭煤油專賣局訂約，供給火油汽油等二十五萬噸，業有運油輪自黑海開往烏魯圭這是蘇聯煤油業偉大發展的結果，亦即齊苏聯社會主義經濟的信託公司，戰勝國際煤油資本家的大勝利。

皂市一帶 紅軍與白軍激戰

紅軍第二軍團賀龍部連日與白軍徐源泉部午皂市(天歷縣屬)一帶激戰，斃白匪甚衆，十二月二十三日軍閥徐源泉親臨前線指揮，四川白軍郭勳祺張四國亦集中發河沿岸柴兜家紮各處援助，何成濬無法應付又用懸賞辦法說是來鼓勵白軍有生擒賀龍者，漢行營願賀洋十萬元云。又訊：洪湖各地紅軍，近向湖南華容發展。

期：红色中华零零零六期

版：零四版

时间：一九三二年一月二十日

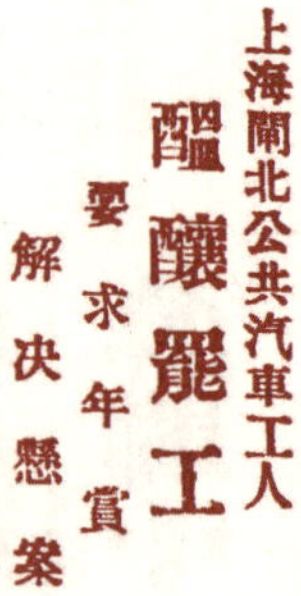
上海閘北公共汽車工人
醞釀罷工
要求年賞
解決懸案

上海闸北公共汽车工人酝酿罢工

要求年赏
解决悬案

上海闸北华商公共汽车公司，全体工人因年关要求公司发给年终赏金但公司总经理雷兆鹏托词营业不振拒约发给，工人闻之非常愤慨准备以严厉手段对付，工人所提出之要求是（一）由公司发给年终赏金一个月（二）解决以前悬案㈠拒绝闻财报复二案㈡朱天寿曝车胎案㈢伍平区俊记太过案等并闻黄色的六区公共汽车工会正在从中以妥协方式来破坏但工人方面认为如不达到目的决以罢工手段对待云。

一九三二年一月二十日　紅色中華　第四期

上海閘北公共汽車工人醞釀罷工

要求年賞　解決懸案

以後不得藉故開除工人，聞上海市公安局連日派軍警多名到公司門前保護，但公司方面，則威脅工人，宣佈如不仍速復工，則一律革除，另僱新工繼續工作云。

上海閘北華商公共汽車公司全體工人因年關要求公司發給年終賞金但公司總經理雷兆鵬托詞營業不振拒絕發給，工人閘之非常憤慨準備以嚴厲手段對付，工人所提出之要求是（一）由公司發給年終賞金一個月（二）解決以前懸案（一）拒絕閘財報復二案（二）朱天蘇賠車胎案（三）伍平區俊記太濁案等并開黃色的六區公共汽車工會正在從中以妥協方式來破壞但工人方面認爲如不達到目的決以罷工手段對待云。

耶誕節　巴黎失業工人大示威

智利革命群衆襲擊兵營

耶苏聖誕節是資產階級全國稱以歡樂無產階級饑餓勞苦群衆的節日，他們於這一天，買一些食品，發放給窮人，以表示他們的救世，與耶穌一樣好的心，可是在經濟恐慌達到極點的一九三一年，則大爲減色，在巴黎各餐館宣告價目減輕，菜色減少，然顧客仍是寥寥。且發馬賽，孟巴乃斯及總統府附近各地失業工人，在共產黨領導之下，在消夜餐前不斷示威。

在智利京城，與比鄰近硝酸埠廠及各地工人平民，在共產黨領導之下，舉行暴動，襲擊駐比之兵營，殺死軍官一名，士兵二名并佔領該兵營云。

保京學生大騷動

在共產黨領導下　包圍國會

據十二月十九日申報載：保加利亞京城苏斐亞，曾發生極嚴重的騷動，以致全城宣布戒嚴。聞這次騷動的原因，是群衆和保京的國立大學學生，在共產黨領導下，反對政府，反對保加利亞首相演說，同時，并赴國會示威，並實行包圍，保政府即派大批軍警鎮壓，遂發生雙方極劇烈的惡斗，警察死數人，傷數人，而群衆，則死數人，傷數十人云。

蘇聯中央執委開會

出席委員六百餘人　莫洛多夫揭破國聯假面具　彼得羅夫斯基報告五年計劃成績　宣言蘇聯已充分準備抵禦一切攻擊　斯達林謂五年計劃完成　要壓倒世界資本主義　成立一九三二年偉大經濟建設計劃　五年後蘇聯文無盲

苏維埃聯邦共和國中央執行委員會，於十二月廿一日晚，於克里姆林大宮開全體會議，到委員六百餘人，各國外交家與新聞記者亦紛紛參加該會，主席團喀列寧及各聯邦主席六人，輪流主持會議。人民委員會主席莫洛多夫發表意見，謂國聯對滿洲問題虛僞之解決，非常滑稽可笑，我們固早已料及國聯對於滿洲問題，不能作何種消弭禍亂的工作，但沒有料到反使滿洲事態趨險益惡，而得到這樣的惡劣結果，并預言茲來的軍縮會議，是各大國間的一凡集議，其目的不在減縮軍備而在擴張軍備，當莫洛多夫演說時，各帝國主義國家外交代表俱在座，莫氏詞意堅決，全場聞者鼓掌如雷，彼得羅夫斯基又詳述五年計劃最先三年的成績和進步，及招募數百萬新工人，建設社會主義，而資本主義國家，則漸入於日暮窮途之境，工人生活程度日見低落而革命化，因此各帝國主義州死力以爭世界市場，他們利益既相矛盾，於是乃從事準備帝國主義的戰爭，此所以遠東戰爭，反苏聯戰爭日益緊逼，說至此，乃更厲聲向外交人員席曰，苏聯已充分準備抵禦一切攻擊　苏聯政府與苏聯共產黨將引導民衆，於四年完成五年計劃云。該大會得順利的得到偉大成功，通過各項報告和計劃，一九三二年度之經濟建設計劃，業已正式成立，而方在建築中之水力發電廠，有歷史的價值，其中尤以古格茱斯克廠，馬尼多戈爾斯克廠，格利薩羅克廠，及斯維個發電廠爲更偉大，並決定以全力改善苏聯無產階級的生活，建築九十二處食品工廠，其中有麵粉廠十八處製造肉類食品工廠十二處，糖及火油之類的提煉廠二處，罐頭工廠二十三處大會主席史太林同志，更得意的說，五年經濟計劃成功後，苏聯於經濟正確能壓倒全世界資本主義國家，至大會中所報告的五年計劃的成績，就落後的遠東區亦有很大的發展，（一）最近四年以來，耕地由一，至五二二，五〇〇英畝增至二，五〇〇，〇〇〇英畝一九三二年可增至，三，一〇〇，〇〇〇英畝，木材和漁業的發展和生產量之多，已駕凌於世界任何國家，就聯遠東邊區未開化的區域，文化發展，殊足驚人，據一九三一年度之調查不識字的已減低至百分之三十五，滿學齡之兒童就學者已佔全數百分之九十五，在一九二三年則有百分之六十三。革命前全境僅有學校五十四所，一九三一年一年內，共設新小學八百五十四所，中學五十七所。乃五年後，全苏聯領土內，當無一人不識字云。

蘇聯煤油業大發展

運銷到美洲一帶了

苏聯五年經濟計劃成功，煤油業亦得到非常大的發展，聞最近苏聯煤油信託公司已與南美烏魯圭煤油專賣局訂約，供給火油汽油等二十五萬噸，業有運油輪自黑海開往烏魯圭這是蘇聯煤油業偉大發展的結果，亦即齊苏聯社會主義經濟的信託公司，戰勝國際煤油資本家的大勝利。

紅軍與白軍激戰

皂市一帶

紅軍第二軍團賀龍部連日與白軍徐源泉部于皂市（天歷戰營）一帶激戰，斃白匪甚衆，十二月二十三日軍閥徐源泉親臨前線指揮，四川白軍郭[illegible]張四圓亦集中發河沿岸柴况家集各處援助，何成濬無法應付又用懸賞辦法說是來鼓勵白軍有生擒賀龍者，賞行營願賀洋十萬元云。又訊：洪湖各地紅軍，近向湖南華容發展。

上海工人學生
舉行大示威
三萬餘人在共產黨領導下
高舉紅旗大唱國際歌

期：红色中华零零零七期

版：零二版

时间：一九三二年一月二十七日

上海工人学生举行大示威

三万余人在共产党领导下
高举红旗大唱《国际歌》

一月二十四日无线电：上海于十八日举行反日市民大会，到会团体约二百余，人数约三万余，一大半为工厂学校，在共产党领导之下，开会后即整队游行示威，散发传单，高举红旗，高唱赤色《国际歌》，高呼各种革命口号，并捣毁市党部，军警亦不能奈何，群众情绪十分热烈。

上海工人學生

舉行大示威

三萬餘人在共產黨領導下

高舉紅旗大唱國際歌

一月廿四日無線電：上海於十八日舉行反日市民大會，到會團體約二百餘，人數約三萬餘，大半為工廠學校，在共產黨領導之下，開會後即整隊游行示威，散發傳單，高舉紅旗，高唱赤色國際歌，高呼各種革命口號，并搗毀市黨部，軍警亦不能奈何，群衆情緒十分熱烈。

日帝國主義

準備佔領上海

大調軍隊來滬

提出最後通牒

一月廿一日無線電：東京電：自日人在滬焚燒三友實業社公廠後，日政府決以砲艦政策，壓迫長江流域，現已有航空艦一艘，巡洋艦一艘，驅逐艦四艘，陸戰隊多名已奉令向上海出發，佐世保軍港之軍艦，已奉令準備出發，又於廿二日下午將有日艦六艘來滬，連原有之日艦共十艘，陸戰隊一千四百人，同日東京各報均載稱：向中國提出之要求圓滿答覆之限期，如中國當局決定拒絕，則日方將命海軍佔領上海之華界。

一月廿六日無綫電：東京電：日本戰艦[illegible]，廿六日已[illegible]開往中國，詳細情形秘不發表，據云共有巡洋艦一艘，驅逐艦十二隻，上述艦早已奉佐世保待命出發云。

一月二十二日無線電：上海二十二日路透電：日本在華海軍第一艦隊司令，今日向市長提出最後通牒，限中國當局，立即對日總領事提出之對上海排日運動，及本星期一日僧被毆事之抗議，予以圓滿答覆，並要求將抗日救國會及其他抗日團體，一律解散，否則日當局為保護日僑權利起見，將採取嚴重處置。

日帝國主義

在上海的暴行

一月廿四日無線電：滬日人昨日復舉行二次大暴動，二次火燒三友實業社，華捕一名被殺，兩名受傷，下午沿途遊行示威，襲擊商店街車，西捕兩名亦受傷。

日本帝國主義

建立滿蒙獨立國之計劃

無線電一月二十六日專電：日方在滿蒙建立獨立國之計劃，要點已經決定：（一）是以奉天，吉林，黑龍江，熱河，以及蒙古自治區等五省為領土，先以奉吉黑為根據地，（二）稱該獨立國人民為公民，凡居住領土內，一定年限以上者得享受公民之平等權利與義務，但外國人及公使不在此限，（三）省直屬行政院，省之組織，暫維持現狀，此外並設資源與交通兩委員會，直屬大總統之下。總統擬在溥儀，張景惠，于仲彪，袁金凱四人中選擇云。

義勇軍擊落

日帝國主義飛機

一月廿五日無線電：東京二十五日路透電：昨有日本軍用飛機一架，為中國義勇軍所擊下，司機者立即身死，自東省事變發生後，有日本飛機數架，均為義勇軍所擊中，並有一架被擊落，且機裏人亡，是為第一次。

法帝國主義

襲擊廣西龍州

無線電一月二十六日專電：越南法軍襲擊龍州，藉口係防共產黨。

日美帝國主義

衝突緊張萬分

太平洋戰爭將要因瓜分中國而爆發

一月廿四日無線電：華盛頓廿二日路透電：日本準備在上海派兵登陸事，已引起此間官方之深切注意，因此事或將引起國際糾紛也，國務副卿凱撒爾正在與胡佛總統愼重考慮，此事美海軍部迄今尚未令美國菲律濱艦隊司令笛拉派艦赴上海，然美政府因對此事愼重，已命笛拉司令，至必要時得便宜行事，及派兵至上海，增援駐滬之陸戰隊云。

一月廿六日無線電紐約電：華盛頓各記者，對上海事件之嚴重，特加注意，且美邦人士對日兵在上海登陸，表示大不滿，紐約華盛頓記者謂：美政府正在考慮中，將於最近單獨或與英國共同有所表示，又紐約講壇報記者，謂日軍侵入上海租界，美政府必提出嚴重抗議，美政府某要人謂日本將在上海租界內有軍事行動，其行為既無必要，且不可恕。

國民黨的

五光十色

有官做一團和氣

分贓不勻又翻臉

汪精衛投蔣得主

蔣介石從新登台

馮玉祥投機得官

廣東又要反南京

請財神解決財政

吳大帥大受歡迎

廿一日無線電杭州電：蔣介石與汪精衛會面後，關于今晨十時由此間乘汽車沿京杭汽車路向南京出發，臨行時蔣發表聲明，謂彼之赴南京，係對政府供獻意見，並不在南京長住，以後將隨時來往京杭間云。

二十四日無線電南京電：汪精衛蔣介石已於廿二日到達南京，共商國事（不外賣國勾當事）。

廿五日上海電：國民政府國防委員會將於日內組織就緒，設主席一人，副主席二人，聞有蔣正，馮玉祥張學良副之說。

二十五日專電：于右任已定於明日起程赴京，聞經于右任之疏通後，南京與廣東方面之沖突意見，已較為容洽。

二十四日專電：舊北京政府總理梁士詒（前交通系的領袖又叫梁財神），今日已離廣州乘搭夫遜總統輪來京，聞梁是奉國民黨中央電召貢獻對於政治財政意見云。

二十三日北平電：吳佩孚到包頭，傅作儀派專車迎吳，并親領百餘人赴大同歡迎，聞吳還要與閻會商，聞張學良已代覓住宅，并準備歡迎云。

西班牙

成立蘇維埃共和國

佔領東北省三鎮

廿四日無線電：西班牙近發生新政變，共產黨佔領東北省三鎮，組織蘇維埃共和政府，發表西班牙蘇維埃共和國成立宣言。

日帝國主義
準備佔領上海
大調軍隊來滬　提出最後通牒

期：红色中华零零零七期
版：零二版
时间：一九三二年一月二十七日

日帝国主义准备占领上海

大调军队来沪
提出最后通碟

一月二十一日无线电：东京电：自日人在沪焚烧三友实业社公［工］厂后，日政府决以炮舰政策，压迫长江流域，现已有航空舰一艘，巡洋舰一艘，驱逐舰四艘，陆战队多名已奉令向上海出发，佐世保军港之军舰，已奉令准备出发，又于二十二日下午将有日舰六艘来沪，连原有之日舰共十艘，陆战队一千四百人，同日东京各报均载称：向中国提出之要求圆满答覆之限期，如中国当局决定拒绝，则日方将令海军占领上海之华界。

一月二十六日无线电：东京电：日本战舰多只，二十六日已奉令开往中国，详细情形秘不发表，据云共有巡洋舰一艘，驱逐舰十二只，上述舰早已在佐世保待命出发云。

一月二十二日无线电：上海二十二日路透电：日本在华海军第一舰队司令，今日向市长提出最后通牒，限中国当局，立即对日总领事提出之对上海排日运动，及本星期一日僧被殴事之抗议，予以圆满答覆，并要求将抗日救国会及其他抗日团体，一律解散，否则日当局为保护日侨权利起见，将采取严重处置。

一九三二年一月廿七日　紅色中華　第二版

上海工人學生

舉行大示威

三萬餘人在共產黨領導下

高舉紅旗大唱國際歌

一月廿四日無線電：上海於十八日舉行反日市民大會，到會團體約二百餘，人數約三萬餘，大半為工廠學校，在共產黨領導之下，開會後即整隊游行示威，散發傳單，高舉紅旗，高唱赤色國際歌，高呼各種革命口號，并搗毀市黨部，軍警亦不能奈何，群衆情緒十分熱烈。

日帝國主義

準備佔領上海

大調軍隊來滬　提出最後通牒

一月廿一日無線電：東京電：自日人在滬焚燒三友實業社公廠後，日政府決以砲艦政策，壓追長江流域，現已有航空艦一艘，巡洋艦一艘，驅逐艦四艘，陸戰隊多名已奉令向上海出發，佐世保軍港之軍艦，已奉令準備出發，又於廿二日下午將有日艦六艘來滬，連原有之日艦共十艘，陸戰隊一千四百人，同日東京各報均載稱：向中國提出之要求圓滿答覆之限期，如中國當局決定拒絕，則日方將令海軍佔領上海之華界。

一月廿六日無綫電：東京電：日本戰艦多艘，廿六日已經開往中國，詳細情形秘不發表，據云共有巡洋艦一艘，驅逐艦十二隻，上述艦早已奉佐世保待命出發云。

一月二十二日無線電：上海二十二日路透電：日本在華海軍第一艦隊司令，今日向市長提出最後通牒，限中國當局，立即對日總領事提出之對上海排日運動，及本星期一日僧被毆事之抗議，予以圓滿答復，並要求將抗日救國會及其他抗日團體，一律解散，否則日當局為保護日僑權利起見，將採取嚴重處置。

日帝國主義

在上海的暴行

一月廿四日無線電：滬日人昨燒三友實業社，華捕一名被殺，日復舉行二次大暴動，二次火，兩名受傷，下午沿途遊行示威，襲擊商店街車，西捕兩名亦受傷。

日本帝國主義

建立滿蒙獨立國之計劃

無線電一月二十六日專電：日方在滿蒙建立獨立國之計劃，要點己經決定；(一)定以奉天，吉林，黑龍江，熱河，以及蒙古自治區等五省為領土，先以奉吉黑為根據地，(二)稱該獨立國人民為公民，凡居住領土內，一定年限以上者得享受公民之平等權利與義務，但外國人及公使不在此限，(三)省直屬行政院，省之組織，暫維持現狀，此外並設資源與交通兩委員會，直屬大總統之下。總統擬在溥儀，張景惠，于仲彪，袁金凱四人中選擇云。

義勇軍擊落

日帝國主義飛機

一月廿五日無線電：東京二十五日路透電：昨有日本軍用飛機一架，為中國義勇軍所擊下，司機者立即身死，自東省事變發生後，有日本飛機數架，均為義勇軍所擊中，並有一架被擊落，且機毀人亡，這算第一次。

法帝國主義

襲擊廣西龍州

無線電一月二十六日專電：越南法軍襲擊龍州，藉口係防共產黨。

日美帝國主義

衝突緊張萬分

太平洋戰爭將要因瓜分中國而爆發

一月廿四日無線電：華盛頓廿二日路透電：日本準備在上海派兵登陸事，己引起此間官方之深切注意，因此事或將引起國際糾紛也，國務副卿凱撒爾正在與胡佛總統慎重考慮，此事美海軍部迄今尚未令美國菲律濱艦隊司令笛拉派艦赴上海，然美政府因對此事慎重，己命笛拉司令，至必要時得便宜行事，及派兵至上海，增援駐滬之陸戰隊云。

一月廿六日無線電紐約電：華盛頓各記者，對上海事件之嚴重，特加注意，且美邦人士對日兵在上海登陸，表示大不滿，紐約華盛頓記者謂：美政府正在考慮中，將於最近單獨或與英國共同有所表示，又紐約講壇報記者，聞日軍侵入上海租界，美政府必出嚴重抗議，美政府某要人謂日本將在上海租界內有軍事行動，其行為既無必要，且不可恕。

國民黨的

五光十色

有官做一團和氣

分贓不勻又翻臉

汪精衛投蔣得主

蔣介石從新登台

馮玉祥投機得官

廣東又要反南京

請財神解決財政

吳大帥大受歡迎

廿一日無線電杭州電：蔣介石與汪精衛會面後，囑于今晨十時由此間乘汽車沿京杭汽車路向南京出發，臨行時蔣發表談話，聲明，對彼之赴南京，係對政府供獻意見，並不在南京長住，以後將隨時來往京杭間云。

二十四日無線電南京電：汪精衛蔣介石己於廿二日到達南京，共商國事（不外賣國勾當事）。

廿五日上海電：國民政府國防委員會將於日內組織就緒，設主席一人，副主席二人，聞有蔣正，馮玉祥張學良副之說。

二十五日專電：于右任己定於明日起程赴京，聞經于右任之疏通後，南京與廣東方面之沖突意見，己較為容洽。

二十四日專電：前北京政府總理梁士詒（前交通系的領袖又叫梁財神），今日己離廣州乘捷夫遜總統輪來京，聞梁是奉國民黨中央電召貢獻對於政治財政意見云。

二十三日北平電：吳佩孚到包頭，傅作儀派專車迎吳，并親領百餘人赴大同歡迎，聞吳還要與閻會商，聞張學良己代覓住宅，并準備歡迎云。

西班牙

成立蘇維埃共和國

佔領東北省三鎮

廿四日無線電：西班牙近發生新政變，共產黨佔領東北省三鎮，組織蘇維埃共和政府，發表西班牙蘇維埃共和國成立宣言。

期
红色中华零零零七期
版
零二版
时间
一九三二年一月二十七日

日帝国主义在上海的暴行

一月二十四日无线电：沪日人昨日复举行二次大暴动，二次火烧三友实业社，华捕一名被杀，两名受伤，下午沿途游行示威，袭击商店街车，西捕两名亦受伤。

上海工人學生

舉行大示威

三萬餘人在共產黨領導下

高舉紅旗大唱國際歌

一月廿四日無線電：上海於十八日舉行反日市民大會，到會團體約二百餘，人數約三萬餘，！大半爲工廠學校，在共產黨領導之下，開會後即整隊游行示威，散發傳單，高舉紅旗，高唱赤色國際歌，高呼各種革命口號，并搗毀市黨部，軍警亦不能奈何，群衆情緒十分熱烈。

日帝國主義

準備佔領上海

大調軍隊來滬

提出最後通牒

一月廿一日無線電：東京電：自日人在滬焚燒三友實業社公敵後，日政府決以砲艦政策，壓迫長江流域，現已有航空艦一艘，巡洋艦一艘，驅逐艦四艘，陸戰隊多名已奉令向上海出發，佐世保軍港之軍艦，已奉令準備出發，又於廿二日下午將有日艦六艘來滬，連原有之日艦共十艘，陸戰隊一千四百人，同日東京各報均載稱：向中國提出之要求圓滿答覆之限期，如中國當局決定拒絕，則日方將令海軍佔領上海之華界。

一月廿六日無綫電：東京電：日本戰艦多隻，廿六日已奉令開往中國，詳細情形秘不發表，據云共有巡洋艦一艘，驅逐艦十二隻，上述艦早已在佐世保待命出發云。

一月二十二日無線電：上海二十二日路透電：日本在華海軍第一艦隊司令，今日向市長提出最後通牒，限中國當局，立即對日總領事提出之對上海排日運動，及本星期一日僧被毆事之抗議，予以圓滿答覆，並要求將抗日救國會及其他抗日團體，一律解散，否則日當局爲保護日僑權利起見，將採取嚴重處置。

日帝國主義

在上海的暴行

一月廿四日無線電：滬日人昨日復舉行二次大暴動，二次火燒三友實業社，華捕一名被殺，兩名受傷，下午沿途遊行示威，襲擊商店街車，西捕兩名亦受傷。

日本帝國主義

建立滿蒙獨立國之計劃

無線電一月二十六日專電：日方在滿蒙建立獨立國之計劃，要點已經決定；（一）定以奉天，吉林，黑龍江，熱河，以及蒙古自治區等五省爲領土，先以奉吉黑爲根據地．（二）稱該獨立國人民爲公民，凡居住領土內，一定年限以上者得享受公民之平等權利與義務，但外國人及公使不在此限，（三）省直屬行政院，省之組織，暫維持現狀，此外並設資源與交通兩委員會，直屬大總統之下。總統擬在溥儀，張景惠，于仲彪，袁金凱四人中選擇云。

義勇軍擊落

日帝國主義飛機

一月廿五日無線電：東京二十五日路透電：昨有日本軍用飛機一架，爲中國義勇軍所擊下，司機者立即身死，自東省事變發生後，有日本飛機數架，均爲義勇軍所擊中，並有一架被擊落，且機毀人亡，尚係第一次。

法帝國主義

襲擊廣西龍州

無線電一月二十六日專電：越南法軍襲擊龍州，藉口係防共產黨。

日美帝國主義

衝突緊張萬分

太平洋戰爭將要因瓜分中國而爆發

一月廿四日無線電：華盛頓廿二日路透電：日本準備在上海派兵登陸事，已引起此間官方之深切注意，因此事或將引起國際糾紛也．國務副卿凱撤爾正在與胡佛總統慎重考慮、此事美海軍部迄今尚未令美國菲律濱艦隊司令笛拉派艦赴上海．然美政府因對此事慎重，已命笛拉司令，至必要時得便宜行事，及派兵至上海，增援駐滬之陸戰隊云。

一月廿六日無線電紐約電：華盛頓各記者，對上海事件之嚴重，特加注意．且美邦人士對日兵在上海登陸，表示大不滿，紐約華盛頓記者謂：美政府正在考慮中，將於最近單獨或與英國共同有所表示，又紐約講壇報記者，謂日軍侵入上海租界，美政府必提出嚴重抗議．美政府某要人謂日本將在上海租界內有軍事行動．其行爲既無必要，且不可恕。

國民黨的

五光十色

有官做一團和氣

分贓不勻又翻臉

汪精衛投蔣得主

蔣介石從新登台

馮玉祥投機得官

廣東又要反南京

請財神解決財政

吳大帥大受歡迎

廿一日無線電杭州電：蔣介石與汪精衛會面後即于今晚十時由此間乘汽車沿京杭汽車路向南京出發．臨行時蔣發表聲明，對彼之赴南京，係對政府供獻意見，並不在南京長住，以後將隨時來往京杭間云。

二十四日無線電南京電：汪精衛蔣介石已於廿二日到達南京，共商國事（不外賣國勾當事）。

廿五日上海電：國民政府國防委員會將於日內組織就緒，設主席一人，副主席二人，聞有蔣正，馮玉祥張學良副之說。

二十五日專電：于右任已定於明日起程赴京，聞經于右任之疏通後，南京與廣東方面之冲突意見，已較爲容洽。

二十四日專電：舊北京政府總理梁士詒（前交通系的領袖又叫梁財神），今日已離廣州乘捷夫遜總統輪來京．聞梁是奉國民黨中央電召貢獻對於政治財政意見云。

二十三日北平電：吳佩孚到包頭，傅作儀派專車迎吳，并親領百餘人赴大同歡迎．聞吳還要與閻會商，聞張學良已代覓住宅，并準備歡迎云。

西班牙

成立蘇維埃共和國

佔領東北省三鎮

廿四日無線電：西班牙近發生新政變，共產黨佔領東北省三鎮，組織蘇維埃共和政府，發表西班牙蘇維埃共和國成立宣言。

日美帝國主義衝突緊張萬分
太平洋戰爭将要因瓜分中國而爆發

期：红色中华零零零七期
版：零二版
时间：一九三二年一月二十七日

日美帝国主义冲突紧张万分

太平洋战争将要因瓜分中国而爆发

一月二十四日无线电：华盛顿二十二日路透电：日本准备在上海派兵登陆事，已引起此间官方之深切注意，因此事或将引起国际纠纷也，国务副卿凯撒尔正在与胡佛总统慎重考虑，此事美海军部迄今尚未令美国菲律宾舰队司令笛拉派舰赴上海，然美政府因对此事慎重，已命笛拉司令□至必要时得便宜行事，及派兵至上海，增援驻沪之陆战队云。

一月二十六日无线电纽约电：华盛顿各记者，对上海事件之严重，特加注意□且美邦人士对日兵在上海登陆，表示大不满，纽约华盛顿记者谓：美政府正在考虑中□将于最近单独或与英国共同有所表示，又《纽约讲坛报》记者，谓日军侵入上海租界，美政府必提出严重抗议，美政府某要人谓日本将在上海租界内有军事行动，其行为既无必要，且不可恕。

上海工人學生

舉行大示威

三萬餘人在共產黨領導下

高舉紅旗大唱國際歌

一月廿四日無線電：上海於十八日舉行反日市民大會，到會團體約二百餘，人數約三萬餘，！大半爲工廠學校，在共產黨領導之下，開會後即整隊游行示威，散發傳單，高舉紅旗，高唱赤色國際歌，高呼各種革命口號，并搗毀市黨部，軍警亦不能奈何，群衆情緒十分熱烈。

日帝國主義

準備佔領上海

大調軍隊來滬

提出最後通牒

一月廿一日無線電：東京電：自日人在滬焚燒三友實業社公敵後，日政府決以砲艦政策，壓迫長江流域，現已有航空艦一艘，巡洋艦一艘，驅逐艦四艘，陸戰隊多名已奉令向上海出發，佐世保軍港之軍艦，已奉令準備出發，又於廿二日下午將有日艦六艘來滬，連原有之日艦共十艘，陸戰隊一千四百人，同日東京各報均載稱：向中國提出之要求圓滿答復之限期，如中國當局決定拒絕，則日方將令海軍佔領上海之華界。

一月廿六日無綫電：東京電：日本戰艦多隻，廿六日已奉令開往中國，詳細情形秘不發表，據云共有巡洋艦一艘，驅逐艦十二隻，上述艦早已在佐世保待命出發云。

一月二十二日無線電：上海二十二日路透電：日本在華海軍第一艦隊司令，今日向市長提出最後通牒，限中國當局，立即對日總領事提出之對上海排日運動，及本星期一日僧被毆事之抗議，予以圓滿答復，並要求將抗日救國會及其他抗日團體，一律解散，否則日當局爲保護日僑權利起見，將採取嚴重處置。

日帝國主義

在上海的暴行

一月廿四日無線電：滬日人昨日復舉行二次大暴動，二次火燒三友實業社，華捕一名被殺，兩名受傷，下午沿途遊行示威，襲擊商店街車，西捕兩名亦受傷。

日本帝國主義

建立滿蒙獨立國之計劃

無線電一月二十六日專電：日方在滿蒙建立獨立國之計劃，要點已經決定：（一）定以奉天，吉林，黑龍江，熱河，以及蒙古自治區等五省爲領土，先以奉吉黑公根據地，（二）稱該獨立國人民爲公民，凡居住領土內，一定年限以上者得享受公民之平等權利與義務，但外國人及公使不在此限，（三）省設行政院，省之組織，暫維持現狀，此外並設資源與交通兩委員會，直屬大總統之下。總統擬在溥儀，張景惠，于仲彪，袁金凱四人中選擇云。

義勇軍擊落

日帝國主義飛機

一月廿五日無線電：東京二十五日路透電：昨有日本軍用飛機一架，爲中國義勇軍所擊下，司機者立即身死，自遼省事變發生後，有日本飛機數架，均爲義勇軍所擊中，並有一架被擊落，且機毀人亡，是爲第一次。

法帝國主義

襲擊廣西龍州

無線電一月二十六日專電：越南法軍襲擊龍州，藉口係防共產黨。

日美帝國主義

衝突緊張萬分

太平洋戰爭將要因瓜分中國而爆發

一月廿四日無線電：華盛頓廿二日路透電：日本準備在上海派兵登陸事，已引起此間官方之深切注意，因此事或將引起國際糾紛也，國務副卿凱撒爾正在與胡佛總統慎重考慮，此事美海軍部迄今尚未令美國菲律濱艦隊司令第拉派艦赴上海，然美政府因對此事慎重，已命第拉司令，至必要時得便宜行事，及派兵至上海，增援駐滬之陸戰隊云。

一月廿六日無線電紐約電：華盛頓各記者，對上海事件之嚴重，特加注意，且美邦人士對日兵在上海登陸，表示大不滿，紐約華盛頓記者謂：美政府正在考慮中，將於最近單獨或與英國共同有所表示，又紐約講壇報記者，謂日軍侵入上海租界，美政府必提出嚴重抗議，美政府某要人謂日本將在上海租界內有軍事行動，其行爲既無必要，且不可恕。

國民黨的

五光十色

有官做一團和氣

分贓不勻又翻臉

汪精衛投蔣得主

蔣介石從新登台

馮玉祥投機得官

廣東又要反南京

請財神解決財政

吳大帥大受歡迎

廿一日無線電杭州電：蔣介石與汪精衛會面後，即于今晨十時由此間乘汽車沿京杭汽車路向南京出發，臨行時蔣發表聲明，謂彼之赴南京，係對政府供獻意見，並不在南京長住，以後將隨時來往京杭間云。

二十四日無線電南京電：汪精衛蔣介石已於廿二日到達南京，共商國事（不外賣國勾當事）。

廿五日上海電：國民政府國防委員會將於日內組織就緒，設主席一人，副主席二人，聞有蔣正，馮玉祥張學良副之說。

二十五日專電：于右任已定於明日起程赴京，聞經于右任之疏通後，南京與廣東方面之沖突意見，已較爲容洽。

二十四日專電：舊北京政府總理梁士詒（前交通系的領袖又叫梁財神），今日已離廣州乘捷夫遜總統輪來京，聞梁是奉國民黨中央電召貢獻對於政治財政意見云。

二十三日北平電：吳佩孚到包頭，傅作儀派專車迎吳，并親領百餘人赴大同歡迎，聞吳還要與閻會商，聞張學良已代覓住宅，并準備歡迎云。

西班牙

成立蘇維埃共和國

佔領東北省三鎮

廿四日無線電：西班牙近發生新政變，共產黨佔領東北省三鎮，組織蘇維埃共和政府，發表西班牙蘇維埃共和國成立宣言。

期

红色中华零零零七期

版

零三版

时间

一九三二年一月二十七日

上海日本纱厂要关闭

一月二十五日无线电：上海二十五日路透电： 上海日本纱厂不久将关闭，不数日内，将有七万工人失业云。

一九三二年一月廿七日　紅色中華　第三版

日本學生大示威

一月二十日東京專電：今晨有帝國大學學生一千人，與警察大起冲突，其原因由於學生手持紅旗，大舉示威，並演說要求學生自治，及警察不得偵察學生行動云，警察對示威羣衆加以干涉，遂起冲突，該帝國大學門首路上交通一時斷絕，學生全體與警察發生急烈冲突，欲奪回已被捕獲之學生領袖二人云云。

各地紅軍大勝利

無線電一月二十六日專電：鄂東陽新紅軍，由洪下前攜韓北瑞昌該地發紳恐慌萬狀。又電：麻地紅軍六千餘人與岳電（碼不明）師激戰，又紅軍二千餘人配合農民羣衆八千餘人，進攻資溪桃源圩，蔣師拼命抵禦。

交通職員罷工

通電全體宣佈國民政府罪狀

實行罷工爲階級利益而奮鬥

一月十九日無線電：交通團體通電，被壓迫的技術工作人員公鑒，此次華逆振麟，減薪折扣，致陷吾儕于絕地，吾人奔走數月來，所得結果，一無所有，可見國民政府之官吏全體貪污，專以剝削我窮人，羨媚帝國主義爲其能事，吾人一致起來，實行怠工或罷工，絕不因國民政府或叛逆奸滑的欺詐而復工，謹此電達，務希全體堅實團結起來，爲自己的階級利益而奮鬥。

上海日本紗廠要關閉

一月廿五日無線電：上海二十五日路透電：上海日本紗廠不久將關閉，不數日內，將有七萬工人失業云。

要聞

國民党統治崩潰状况

國民黨各派軍閥

新的武力割據形勢

蔣派九省聯防
北張六省聯合
西廣五省團結
軍閥衝突無法緩和
團結力量準備撕殺

國民黨在上海所開的什麼「統一和平會議」大家老早知道，這是國民黨各派用來掩飾人的耳目，緩和革命斗爭的一套表面的把戲，骨子裏是各派爭權利，搶地盤，權利均等於分贓會議，因爲紅軍三次勝利，因爲日本佔領東三省，登學反帝運動高潮，不得不用點光面堂皇的名義來欺騙一部份落後羣衆，挽救國民黨的生命，所以上海會議的時而開，時而決裂，都是表明他們的內幕，南京的會議，那不過是一個形式上的分贓會議。

蔣介石的下台，主要的是受了革命發展的打擊，在紅軍勝利與廣大的反帝運動所被迫而下台，汪胡孫陳各派堅持蔣下野，也不過爭南京的主席和一些大官的位職，所以蔣介石雖下台，勢力仍然存在，實際是一種暫時退讓，準備力量與機會又重新上台，汪精衛，孫科，西山會議派，都是一些光桿子的政客，也只要有官做就得了。所以在南京的分贓會議後，汪孫以及西山派以及馮玉祥等軍閥，分得一部份官位，也就得意不了，可是較有軍閥依靠的胡漢民（有陳濟棠桂系）因爲分贓不勻，仍就逗居香港，繼續反對，這充份說明國民黨各派衝突，是無法緩和，只有愈加緊張，愈加分裂，果然不久，蔣系軍閥何成濬，劉峙，熊式輝，藉名防匪，集召九省聯防，參加者有河南，陝西，甘肅，江蘇，安徽，浙江，湖南，湖北，江西等八省，美其名爲九省聯防，這種內幕，就是蔣派軍閥一個團結，向其他派一個示威，準備再擁蔣出山的一種戰爭的實際佈置，聞這一會議後，曾向南京政府，提出請蔣出山的聯名電，來威脅南京，繼九省聯防而起的，就是張學良所發起北方六省軍事會議，將北方直，魯，晉，熱，綏，察，六省軍閥作一大聯合，霸佔北方，鞏固地盤，并組織北方政治分會，包括北方新舊軍閥與官僚政客，成爲割據北方的政府，這個委員會將北方的餘孽，徐永昌，龐炳勛，宋哲元，傅作義，商震，劉鎮華，趙戴文，門致中，沈鴻烈，于學忠，胡適之，王揖唐，李石曾，方本紅等之新舊官僚政客，以及蔣派的份子聯合在一塊，同時就是張學良的北方六省聯合，實際是與蔣派提攜，準備將來軍閥大戰，所以日帝國主義進攻錦州，張學良儘可自動退兵，放棄錦州，却不可不保存實力，準備撕殺。

在兩廣，更因分贓不勻，老早就積極於軍事的準備，以作將來用戰爭來實行火併，胡漢民，陳濟棠，蕭佛成，鄧澤如，白崇禧等，更藉口於蔣派九省聯盟，張學良組織華北六省聯盟，決以兩廣爲基礎極力從事西南五省或六省的團結。再看中原情形變遷及南京政局如何，以爲推移轉運之用，若各方情勢有所轉移，尙須擴大規模，以資號召，廣東國民政府改爲中央執行委員會西南執行部，另將從前之國民黨中央黨部，改爲政務委員會，軍委會改爲軍事委員分會，實際乃保持他們從前廣東國民黨中央黨部與國民政府，不過形式上改過名稱罷了。國民黨之分裂割據，愈因其內部冲突而加厲，軍閥大混戰，又再醞釀而待發。

國民黨各派爭權奪利

在上海互斗醜態

爭佔黨部　搶奪黃色工會
爭奪商會　互相暴露罪惡
一切黑幕均揭穿　國民黨
反動權威掃地無餘

國民黨自蔣介石下台，當南京分贓會議舉行的時候，國民黨各派——如改組派，西山會議派，胡派，孫派等，紛紛起來爭官奪權以來，於是各派的蝦兵蟹將，也就在下而此爭彼拒的大鬧起來，特別是爭奪中國經濟中心的上海之反動統治權，以及各種反動的附屬組織，來擴充各派自己勢力和地盤。而在蔣派呢，則極力抵拒保持地位。治當反帝運動高漲中，國民黨出賣中國的罪惡暴露，竭力壓迫羣衆反帝運動

國民党统治崩潰状况
國民黨各派軍閥
新的武力割據形勢
蔣派九省聯防
北張六省聯合
西廣五省團結
軍閥衝突無法緩和
團結力量準備撕殺

国民党统治崩溃状况
国民党各派军阀新的武力割据形势

蒋派九省联防
北张六省联合
西广五省团结
军阀冲突无法缓和
团结力量准备撕杀

国民党在上海所开的什么“统一和平会议”大家老早知道，这是国民党各派用来掩饰人的耳目，缓和革命斗争的一套表面的把戏，骨子里是各派争权利，抢地盘，权利均等于分赃会议，因为红军三次胜利，因为日本占领东三省，全国反帝运动高潮，不得不用点光面［冠冕］堂皇的名义来欺骗一部分落后群众，挽救国民党的生命，所以上海会议的时而开，时而决裂，都是表明他们的内幕，南京的会议，那不过是一个形式上的分赃会议。

蒋介石的下台，主要的是受了革命发展的打击，在红军胜利与广大的反帝运动所被迫而下台，汪胡孙陈各派坚持蒋下野，也不过为争南京的主席和一些大官的位职，所以蒋介石虽下台，势力仍然存在，实际是一种暂时退让，准备力量与机会又重新上台，汪精卫，孙科，西山会议派，都是一些光杆子的政客，也只要有官做就得了。所以在南京的分赃会议后，汪孙以及西山派以及冯玉祥等军阀，分得一部份官位，也就得意不了，可是较有军阀依靠的胡汉民（有陈济堂称［撑］腰）因为分赃不匀，仍就远居香港，继续反对，这充份说明国民党各派冲突，是无法缓和，只有愈加紧张，愈加分裂，果然不久，蒋系军阀何成濬，刘峙，熊式辉，藉［借］名防匪，集召九省联防，参加者有河南，

要聞

日本學生大示威

一月二十日東京專電：今晨有帝國大學學生一千人，與警察大起冲突，其原因由於學生手持紅旗，大舉示威，並演說要求學生自治，及警察之偵察學生行動云，警察對示威羣衆加以干涉，遂起冲突，該帝國大學門首路上交通一時斷絕，學生全體與警察發生急烈冲突，欲奪回己被捕獲之學生領袖二人云云。

各地紅軍大勝利

無線電一月二十六日專電：鄂東陽新紅軍，由洪下府轉鞍北瑞昌，該地豪紳恐慌萬狀。又電：麻地紅軍六千餘人與岳電碼不明）師激戰，又紅軍二千餘人配合｛農群衆八千餘人，進攻資溪桃源圩，蔣師拼命抵禦。

交通職員罷工

通電全體宣佈國民政府罪狀
實行罷工為階級利益而奮鬥

一月十九日無線電：交通團體通電，被壓迫的技術工作人員公鑒，此次華逆振麟，減薪折扣，致陷吾儕于絕地，吾人奔走數月來，所得結果，一無所有，可見國民政府之官吏全體貪污，專以剝削我窮人，媚帝國主義為其能事，吾人一致起來，實行怠工或罷工，絕不因國民政府或叛逆奸滑的欺詐而復工，謹此電達，務希全體堅實團結起來，為自己的階級利益而奮鬥。

上海日本紗廠要關閉

一月廿五日無線電：上海二十五日路透電：上海日本紗廠不久將關閉，不數日內，將有七萬工人失業云。

國民党統治崩潰状况

國民黨各派軍閥
新的武力割據形勢
蔣派九省聯防
北張六省聯合
西廣五省團結
軍閥衝突無法緩和
團結力量準備撕殺

國民黨在上海所開的什麼「統一和平會議」大家老早知道，這是國民黨各派用來掩飾人的耳目，緩和革命斗爭的一套表面的把戲，骨子裏是各派爭權利，搶地盤，權利均等於分贓會議，因為紅軍三次勝利，因為日本佔領東三省，及學反帝運動高潮，不得不用點光面堂皇的名義來欺騙一部份落後羣衆，挽救國民黨的生命，所以上海會議的時而開，時而決裂，都是表明他們的內幕，南京的會議，那不過是一個形式上的分贓會議。

蔣介石的下台，主要的是受了革命發展的打擊，在紅軍勝利與廣大的反帝運動所被迫而下台，汪胡孫陳各派堅持蔣下野，也不過會爭南京的主席和一些大官的位職，所以蔣介石雖下台，勢力仍然存在，實際是一種暫時退讓，準備力量與機會又重新上台，汪精衛，孫科，西山會議派，都是一些光桿子的政客，也只要有官做就得了。所以在南京的分贓會議後，汪孫以及西山派以及馮玉祥等軍閥，分得一部份官位，也就得意不了，可是較有軍閥依靠的胡漢民（有陳濟棠之軍閥）因為分贓不勻，仍就遁居香港，繼續反對，這充份說明國民黨各派衝突，是無法緩和，只有愈加緊張，愈加分裂，果然不久，蔣系軍閥何成濬，劉峙，熊式輝，籍名防匪，集召九省聯防，參加者有河南，陝西，甘肅，江蘇，安徽，浙江，湖南，湖北，江西等八省，美其名為九省聯防，這種內幕，就是蔣派軍閥一個團結，向其他派一個示威，準備再擁蔣出山的一種戰爭的實際佈置，開這一會議後，曾向南京政府，提出請蔣出山的聯名電，來威脅南京，繼九省聯防而起的，就是張學良所發起北方六省軍事會議，將北方直，魯，晉，熱，綏，察，六省軍閥作一大聯合，霸佔北方，鞏固地盤，并組織北方政治分會，包括北方新舊軍閥與官僚政客，成為割據北方的政府，這個委員會將北方的韓復渠，萬福麟，徐永昌，龐炳勛，宋哲元，傅作義，商震，劉鎮華，趙戴文，門致中，沈鴻烈，于學忠，胡適之，王揖唐，李石曾，方本紅等之新舊官僚政官，以及蔣派的份子聯合在一塊，同時就是張學良的北方六省聯合，實際是與蔣派提攜，準備對來軍閥大戰，所以日帝國主義進攻錦州，張學良寧可自動退兵，放棄錦州，却不可不保存實力，準備撕殺。

在兩廣，更因分贓不勻，老早就積極於軍事的準備，以作將來用戰爭來實行火併，胡漢民，陳濟棠，蕭佛成，鄧澤如，白崇禧等，更藉口於蔣派九省聯盟，張學良組織華北六省聯盟，決以兩廣為基礎極力從事西南五省或六省的團結。再看中原情形變遷及南京政局如何，以為推移轉運之用，若各方情勢有所轉移，尚須擴大規模，以資號召。廣東國民政府改為中央執行委員會西南執行部，另將從前之國民黨中央黨部，改為政務委員會，軍委會改為軍事委員分會，實際是保持他們從前廣東國民黨中央黨部與國民政府，不過形式上改過名稱罷了。國民黨之分裂割據，愈因其內部衝突而加劇，軍閥大混戰，又再醞釀而待發。

國民黨各派爭權奪利

在上海互斗醜態

爭佔黨部　搶奪黃色工會
爭奪商會　互相暴露罪惡
一切黑幕均揭穿　國民黨反動權威掃地無餘

國民黨自蔣介石下台，當南京分贓會議舉行的時候，國民黨各派——如改組派，西山會議派，胡派，孫派等，紛紛起來爭官奪權以來，於是各派的蝦兵蟹將，也就在下而此爭彼拒的大鬧起來，特別是爭奪中國經濟中心的上海之反動統治權，以及各種反動的附屬組織，來擴充各派自己勢力和地盤。而在蔣派呢，則極力抵拒保持地位。治當反帝運動高漲中，國民黨出賣中國的罪惡暴露，竭力壓迫羣衆反帝運動

国民党統治崩潰狀況
國民黨各派軍閥
新的武力割據形勢
蔣派九省聯防
北張六省聯合
西廣五省團結
軍閥衝突無法緩和
團結力量準備撕殺

陕西，甘肃，江苏，安徽，浙江，湖南，湖北，江西等八省，美其名为九省联防，这种内幕，就是蒋派军阀一个团结，向其他派一个示威，准备再拥蒋出山的一种战争的实际布置，闻这一会议后，曾向南京政府，提出请蒋出山的联名电，来威胁南京，继九省联防而起的，就是张学良所发起北方六省军事会议，将北方直，鲁，晋，热，绥，察，六省军阀作一大联合，霸占北方，巩固地盘，并组织北方政治分会，包括北方新旧军阀与官僚政客，成为割据北方的政府，这个委员会将北方的韩复渠，万福麟，徐永昌，庞炳勋，宋哲元，傅作义，商震，刘镇华，赵戴文，门致中，沈鸿烈，于举忠，胡适之，王揖唐，李石曾，方本红等之新旧官僚政官，以及蒋派的份子联合在一块，同时就是张学良的北方六省联合，实际是与蒋派提携，准备将来军阀大战，所以日帝国主义进攻锦州，张学良宁可自动退兵，放弃锦州，却不可不保存实力，准备撕［厮］杀。

在两广，更因分赃不匀，老早就积极于军事的准备，以作将来用战争来实行火并，胡汉民，陈济棠，萧佛成，邓泽如，白崇禧等，更籍［借］口于蒋派九省联盟，张学良组织华北六省联盟，决以两广为基础极力从事西南五省或六省的团结。再看中原情形变迁及南京政局如何，以为推移转运之用，若各方情势有所转移，尚须扩大规模，以资号召□广东国民政府改为中央执行委员会西南执行部，另将从前之国民党中央党部，改为政务委员会，军委会改为军事委员分会，实际是保持他们从前广东国民党中央党部与国民政府，不过形式上改过名称罢了。国民党之分裂割据，愈因其内部冲突而加厉，军阀大混战，又再酝酿而待发。

日本學生大示威

一月二十日東京專電：今晨有帝國大學學生一千人，與警察大起冲突，其原因由於學生手持紅旗，大舉示威，並演說要求學生自治，及警察不得偵察學生行動云，警察對示威羣衆加以干涉，遂起冲突，該帝國大學門首路上交通一時斷絕，學生全體與警察發生劇烈冲突，欲奪回已被捕獲之學生領袖二人云云。

各地紅軍大勝利

無線電一月二十六日專電：鄂東陽新紅軍，由洪下前攜略北瑞昌等地，豪紳恐慌萬狀。又電：麻地紅軍六千餘人與岳（電碼不明）師激戰，又紅軍二千餘人配合農民羣衆八千餘人，進攻資溪桃源圩，將師拼命抵禦。

交通職員罷工

通電全體宣佈國民政府罪狀
實行罷工爲階級利益而奮鬥

一月十九日無線電：交通團體通電，被壓迫的技術工作人員公鑒，此次華逆振麟，減薪折扣，致陷吾儕于絕地，吾人奔走數月來，所得結果，一無所有，可見國民政府之官吏全體貪污，專以剝削我窮人，漢奸帝國主義爲其能事，吾人一致起來，實行怠工或罷工，絕不因國民政府或叛逆奸滑的欺詐而復工，謹此電達，務希全體堅實團結起來，爲自己的階級利益而奮鬥。

上海日本紗廠要關閉

一月廿五日無線電：上海二十五日路透電：上海日本紗廠不久將關閉，不數日內，將有七萬工人失業云。

要聞

國民党統治崩潰状况

國民黨各派軍閥
新的武力割據形勢
蔣派九省聯防
北張六省聯合
西廣五省團結
軍閥衝突無法緩和
團結力量準備撕殺

國民黨在上海所開的什麼「統一和平會議」大家老早知道，這是國民黨各派用來掩飾人的耳目，緩和革命斗爭的一套表面的把戲，骨子裏是各派爭權利，搶地盤，權利均等於分贓會議，因爲紅軍三次勝利，因爲日本佔領東三省，全國反帝運動高潮，不得不用點光面堂皇的名義來欺騙一部份落後羣衆，挽救國民黨的生命，所以上海會議的時而開，時而決裂，都是表明他們的內幕，南京的會議，那不過是一個形式上的分贓會議。

蔣介石的下台，主要的是受了革命發展的打擊，在紅軍勝利與廣大的反帝運動所被迫而下台，汪胡孫陳各派堅持蔣下野，也不過爭南京的主席和一些大官的位職，所以蔣介石雖下台，勢力仍然存在，實際是一種暫時退讓以準備力量與機會又重新上台，汪精衛，孫科，西山會議派，都是一些光桿子的政客，也只要有官做就得了。所以在南京的分贓會議後，汪孫以及西山派以及馮玉祥等軍閥，分得一部份官位，也就得意不了，可是較有軍閥依靠的胡漢民（有陳濟棠粤系）因爲分贓不勻，仍就遠居香港，繼續反對，這充份說明國民黨各派衝突，是無法緩和，只有愈加緊張，愈加分裂，果然不久，蔣系軍閥何成濬，劉峙，熊式輝，藉名防匪，號召九省聯防，參加者有河南，陝西，甘肅，江蘇，安徽，浙江，湖南，湖北，江西等八省，美其名爲九省聯防，這種內幕，就是蔣派軍閥一個團結，向其他派一個示威，準備再擁蔣出山的一種戰爭的實際佈置。聞這一會議後，曾向南京政府，提出請蔣出山的聯名電，來威脅南京，繼九省聯防而起的，就是張學良所發起北方六省軍事會議，將北方直，魯，晉，熱，綏，察，六省軍閥作一大聯合，霸佔北方，鞏固地盤，並組織北方政治分會，包括北方新舊軍閥與官僚政客，成爲割據北方的政府，這個委員會將北方的韓復榘，萬福麟，徐永昌，龐炳勛，宋哲元，傅作義，商震，劉鎮華，趙戴文，門致中，沈鴻烈，于學忠，胡適之，王揖唐，李石曾，方本仁等之新舊官僚政客，以及蔣派的份子聯合在一塊，同時就是張學良的北方六省聯合，實際是與蔣派提攜，準備對來軍閥大戰，所以日帝國主義進攻錦州，張學良甯可自動退兵，放棄錦州，卻不可不保存實力，準備撕殺。

在兩廣，更因分贓不勻，老早就積極於軍事的準備，以作將來用戰爭來實行火併，胡漢民，陳濟棠，蕭佛成，鄧澤如，白崇禧等，更藉口於蔣派九省聯盟，張學良組織華北六省聯盟，決以兩廣爲基礎極力從事西南五省或六省的團結。再看中原情形變遷及南京政局如何，以爲推移轉運之用，若各方情勢有所轉移，尚須擴大規模，以資號召　廣東國民政府改爲中央執行委員會西南執行部，另將從前之國民黨中央黨部，改爲政務委員會，軍委會改爲軍事委員分會，實際是保持他們從前廣東國民黨中央黨部與國民政府，不過形式上改過名稱罷了。國民黨之分裂割據，愈因其內部冲突而加厲，軍閥大混戰，又再醞釀而待發。

國民黨各派爭權奪利
在上海互斗醜態
爭佔黨部　搶奪黃色工會
爭奪商會　互相暴露罪惡
一切黑幕均揭穿　國民黨
反動權威掃地無餘

國民黨自蔣介石下台，當南京分贓會議舉行的時候，國民黨各派——如改組派，西山會議派，胡派，孫派等，紛紛起來爭官奪權以來，於是各派的蝦兵蟹將，也就在下面此爭彼拒的大鬧起來，特別是爭奪中國經濟中心的上海之反動統治權，以及各種反動的附屬組織，來擴充各派自己勢力和地盤。而在蔣派呢，則極力抵拒保持地位。洽當反帝運動高漲中，國民黨出賣中國的罪惡暴露，竭力壓迫羣衆反帝運動

国民黨各派爭權奪利
在上海互斗醜態
爭佔黨部 搶奪黃色工會
爭奪商會 互相暴露罪惡
一切黑幕均揭穿 國民黨
反動權威掃地無餘

期：红色中华零零零七期

版：零三版

时间：一九三二年一月二十七日

国民党各派争权夺利在上海互斗丑态

争占党部□抢夺黄色工会
争夺商会□互相暴露罪恶
一切黑幕均揭穿
国民党反动权威扫地无余

国民党自蒋介石下台，当南京分赃会议举行的时候，国民党各派——如改组派，西山会议派，胡派，孙派等，纷纷起来争官夺权以来，于是各派的虾兵蟹将，也就在下面此争彼拒地大闹起来，特别是争夺中国经济中心的上海之反动统治权，以及各种反动的附属组织，来扩充各派自己势力和地盘。而在蒋派呢，则极力抵拒保持地位。洽［恰］当反帝运动高涨中，国民党出卖中国的罪恶暴露，竭力压迫群众反帝运动（编者按：下转第四版）

一九三二年一月廿七日　紅色中華　第三版

日本學生大示威

一月二十日東京專電：今晨有帝國大學學生一千人，與警察大起冲突，其原因由於學生手持紅旗，大舉示威，並演說要求學生自治，及警察不得偵察學生行動云，警察對示威羣衆加以干涉，遂起冲突，該帝國大學門首路上交通一時斷絕，學生全體與警察發生急烈冲突，欲奪回已被捕獲之學生領袖二人云云。

各地紅軍大勝利

無線電一月二十六日專電：鄂東陽新紅軍，由洪下向進贛北瑞昌，該地豪紳恐慌萬狀。又電：麻地紅軍六千餘人與岳（電碼不明）師激戰，又紅軍二千餘人配合工農羣衆八千餘人，進攻資溪桃源圩，蔣師拼命抵禦。

交通職員罷工

通電全體宣佈國民政府罪狀

實行罷工爲階級利益而奮鬥

一月十九日無線電：交通團體通電，被壓迫的技術工作人員公鑒，此次華逆振麟，減薪折扣，致陷吾儕于絕地，吾人奔走數月來，所得結果，一無所有，可見國民政府之官吏全體貪汚，專以剝削我窮人，羨媚帝國主義爲其能事，吾人一致起來，實行怠工或罷工，絕不因國民政府或叛逆奸滑的欺詐而復工，謹此電達，務希全體堅實團結起來，爲自己的階級利益而奮鬥。

上海日本紗廠要關閉

一月廿五日無線電：上海二十五日路透電：上海日本紗廠不久將關閉，不數日內，將有七萬工人失業云。

要聞

國民党統治崩潰狀況

國民黨各派軍閥

新的武力割據形勢

蔣派九省聯防

北張六省聯合

西廣五省團結

軍閥衝突無法緩和

團結力量準備撕殺

國民黨在上海所開的什麼『統一和平會議』大家老早知道，這是國民黨各派用來掩飾人的耳目，緩和革命斗爭的一套表面的把戲，骨子裏是各派爭權利，搶地盤，權利均等於分贓會議，因爲紅軍三次勝利，因爲日本佔領東三省，全國反帝運動高潮，不得不用點光面堂皇的名義來欺騙一部份落後羣衆，挽救國民黨的生命，所以上海會議的時而開，時而決裂，都是表明他們的內幕，南京的會議，那不過是一個形式上的分贓會議。

蔣介石的下台，主要的是受了革命發展的打擊，在紅軍勝利與廣大的反帝運動所被迫而下台，汪胡孫陳各派堅持蔣下野，也不過爲爭南京的主席和一些大官的位職，所以蔣介石雖下台，勢力仍然存在，實際是一種暫時退讓，準備力量與機會又重新上台，汪精衛，孫科，西山會議派，都是一些光桿子的政客，也只要有官做就得了。所以在南京的分贓會議後，汪孫以及西山派以及馮玉祥等軍閥，分得一部份官位，也就得意不了，可是較有軍閥依靠的胡漢民（有陳濟棠爲援）因爲分贓不勻，仍就遠居香港，繼續反對，這充份說明國民黨各派衝突，是無法緩和，只有愈加緊張，愈加分裂，果然不久，蔣系軍閥何成濬，劉峙，熊式輝，藉名防匪，號召九省聯防，參加者有河南，陝西，甘肅，江蘇，安徽，浙江，湖南，湖北，江西等八省，美其名爲九省聯防，這種內幕，就是蔣派軍閥一個團結，向其他派一個示威，準備再擁蔣出山的一種戰爭的實際佈置，開這一會議後，曾向南京政府，提出請蔣出山的聯名電，來威脅南京，繼九省聯防而起的，就是張學良所發起北方六省軍事會議，將北方直，魯，晉，熱，綏，察，六省軍閥作一大聯合，霸佔北方，鞏固地盤，并組織北方政治分會，包括北方新舊軍閥與官僚政客，成爲割據北方的政府，這個委員會將北方的韓復渠，萬福麟，徐永昌，龐炳勛，宋哲元，傅作義，商震，劉鎮華，趙戴文，門致中，沈鴻烈，于學忠，胡適之，王揖唐，李石曾，方本紅等之新舊官僚政客，以及蔣派的份子聯合在一塊，同時就是張學良的北方六省聯合，實際是與蔣派提攜，準備將來軍閥大戰，所以日帝國主義進攻錦州，張學良甯可自動退兵，放棄錦州，却不可不保存實力，準備撕殺。

在兩廣，更因分贓不勻，老早就積極於軍事的準備，以作將來用戰爭來實行火併，胡漢民，陳濟棠，蕭佛成，鄧澤如，白崇禧等，更藉口於蔣派九省聯盟，張學良組織華北六省聯盟，決以兩廣爲基礎極力從事西南五省或六省的團結。再看中原情形變遷及南京政局如何，以爲推移轉運之用，若各方情勢有所轉移，尚須擴大規模，以資號召　廣東國民政府改爲中央執行委員會西南執行部，另將從前之國民黨中央黨部，改爲政務委員會，軍委會改爲軍事委員分會，實際是保持他們從前廣東國民黨中央黨部與國民政府，不過形式上改過名稱罷了。國民黨之分裂割據，愈因其內部冲突而加厲，軍閥大混戰，又再醞釀而待發。

國民黨各派爭權奪利

在上海互斗醜態

爭佔黨部　搶奪黃色工會

爭奪商會　互相暴露罪惡

一切黑幕均揭穿　國民黨

反動權威掃地無餘

國民黨自蔣介石下台，當南京分贓會議舉行的時候，國民黨各派——如改組派，西山會議派，胡派，孫派等，紛紛起來爭官奪權以來，於是各派的蝦兵蟹將，也就在下面此爭彼拒的大鬧起來，特別是爭奪中國經濟中心的上海之反動統治權，以及各種反動的附屬組織，來擴充各派自己勢力和地盤。而在蔣派呢，則極力抵拒保持地位。治當反帝運動高漲中，國民黨出賣中國的罪惡暴露，竭力壓迫羣衆反帝運動

國民黨各派爭權奪利
在上海互斗醜態
爭佔黨部 搶奪黃色工會
爭奪商會 互相暴露罪惡
一切黑幕均揭穿 國民黨
反動權威掃地無餘

（编者按：上接第三版），并用绑票手段拘捕学生代表等等事实发生后，就被群众将国民党市党部完全捣毁，包围市政府，逼迫张□释放代表，撤消公安局局长职务，组织民众法庭，审判凶犯，缉拿市党部党委陶百川和公安局局长等，国民党反动的威权，更扫地无余，在这个时候，改组派，西山会议派等等的一般虾兵蟹将，认为时机已到，借着群众对于国民党的恶恨，而用来攻击蒋派把持党权压迫群众，这是一方面缓和群众对于国民党的反对，维持国民党的招牌，同时乘机攫取国民党党部及其附属的机关，以为各派自己占地盘，扩充势力之用，可是蒋派仍握有上海政权（前是蒋系张群当市长，现在改换的吴铁城，又是由西山会议派投降蒋系的），并不示弱，此争彼拒，煞是好看，互相攻讦，丑态尽暴，这真是他们不打自招，将他们的黑幕和罪恶公布，等于他们向全国民众的供状，现在将他分述如下：

争占党部

自从国民党绑架学生，被群众捣毁市党部以后，国民党内反蒋的各派、就乘机起来、组织上海市党务改进委员会，将市党部机关占领、大发宣言、攻击蒋派，“威迫利诱，腐化堕落，个人独裁，把持党权，作威作福，滥用职权，绑票勒索，吞没反日救国基金……”蒋派就用市党部的名义发通告，骂“党务改进会是非法组织、公然登载广告，窃夺党权，这都是一般投机取巧，腐化不逞之徒，阴谋自便图私……”在下面反蒋的各派，反用几个区党部和黄色工会的名义，发宣言拥护改进会，蒋派更不示弱，纠合各区的蒋系份子，用各区联席会议的名议［义］，攻击改进会之非法，指折［斥］其中份子投机自私，主涨［张］只应由党员大会来改组市党部。南京虽派了邵力子，吴铁城等三人来调解，到现在还是旗鼓相当，双方对峙，仍未解决。

抢夺黄色工会机关

继争夺党部而起的□就是抢夺黄色工会机关，在改组派下面的工贼，和受蒋派排斥的工痞，大大活动起来，将从前的上海特别市总工会的招牌又挂起来，有的在南京组织一个黄色工会，另一帮人，又在北市（闸北）挂一个总工会招牌，还有革命（？）工人大同盟，工人活动委员会等等奇怪的名称组织，如雨后春荀［笋］，怒发起来，大登广告，普发宣言，不是甲骂乙“过去工会为少数人把持操纵，献媚资方，出卖工人的利益，对于工会经济虚报实账，尽入腰包，对于工人，威吓压剥，视若俎上之肉……”就是乙骂甲“假借名义、招摇撞骗，违反政府工会组织法、私结团体，雇用流氓，强占工会……”于是在许多黄色工会里，发生此占彼拒，一时被这一派带了几个失业流氓将黄色工会占领，迟一下，又被另一派率领许多工贼工痞，又将机关夺回去，在争夺中间，双方用武，结果，打得头破血流，斗得最厉害的如药业工会，华商电气工会，卷烟业工会，打得最凶的，像商务印书馆工会，双方受伤的，在十人以上。现在南京国民党，派人组织一个上海工人运动委员会，想来调解各派的争夺。

，并用綁票手段拘捕學生代表等等事實發生後，就被羣衆將國民黨市黨部完全搗毀，包圍市政府，逼迫張羣釋放代表，撤消公安局局長職務，組織民衆法庭，審判兇犯，緝拿市黨部常委陶百川和公安局局長等。國民黨反動的威權，更掃地無餘，在這個時候，改組派，西山會議派等等的一般蝦兵蟹將，認爲時机已到，藉着羣衆對於國民黨的惡恨，而用來攻擊蔣派把持黨權壓迫羣衆，這是一方面緩和群衆對於國民黨的反對，維持國民黨的招牌，同時乘機攫取國民黨黨部及其附屬的機關，以爲各派自己佔地盤，扩充勢力之用，可是蔣派仍握有上海政權（前是蔣系張群當市長，現在改換的吳鐵城，又是由西山會議派投降蔣系的），并不示弱，此爭彼拒，煞是好看，互相攻訐，醜態畢露，這眞是他們不打自招，將他們的黑幕和罪惡公布，等於他們向全國民衆的供狀。現在將他分述如下：

爭佔黨部

自從國民黨綁架學生，被羣衆搗毀市黨部以後，國民黨內反蔣的各派，就乘機起來，組織上海市黨務改進委員會，將市黨部機關佔領，大發宣言，攻擊蔣派，「威迫利誘，腐化墮落，個人獨裁，把持黨權，作威作福，濫用職權，綁票勒索，吞沒反日救國基金……」蔣派就用市黨部的名義發通告，罵「黨務改進會是非法組織，公然登載廣告，竊奪黨權，這都是一般投機取巧，腐化不堪之徒，陰謀自便圖私……」在下面反蔣的各派，反用幾個區黨部和黃色工會的名義，發宣言擁護改進會，蔣派更不示弱，糾合各區的蔣系份子，用各區聯席會議的名義，攻擊改進會之非法，指斥其中份子投機自私，主張只應由黨員大會來改組市黨部。南京雖派了邵力子，吳鐵城等三人來調解，到現在還是旗鼓相當，雙方對峙，仍未解決。

搶奪黃色工會机關

繼爭奪黨部而起的 就是搶奪黃色工會机關，在改組派下面的工賊，和受蔣派排斥的工痞，大大活動起來，將從前的上海特別市總工會的招牌又掛起來，有的在南京組織一個黃色工會，另一幫人，又在北市（閘北）掛一個總工會招牌，還有革命（？）工人大同盟、工人活動委員會等等奇怪的名稱組織，如雨後春筍，怒發起來，大登廣告，普發宣言，不是甲罵乙「過去工會爲少數人把持操縱，獻媚資方，出賣工人的利益，對於工會經濟虛報冒賬，盡入腰包，對於工人，威嚇壓制，視若俎上之肉……」就是乙罵甲「假借名義，招搖撞騙，違反政府工會組織法，私結團體，僱用流氓，強佔工會……」於是在許多黃色工會裏，發生此佔彼拒，一時被這一派帶了幾個失業流氓將黃色工會佔領，逕一下，又被另一派率領許多工賊工痞，又將機關奪回去，在爭奪中間，雙方用武，結果，打得頭破血流，鬥得最厲害的如藥業工會，華商電气工會，捲烟業工會，打得最凶的，像商務印書館工會，雙方受傷的，在十人以上，現在南京國民黨，派人組織一個上海工人運動委員會，想來調解各派的爭奪。

爭奪商會

同黃色工會一同爆發的，就是爭奪商會，本來上海總商會是一個最有油水的機關，五卅時發了不少的財，二次組織反日救國會，更是各個人的腰包，都裝滿了，這一塊肥肉，更爲大家必爭的東西 蔣介石藉商會就可以大發公債，因此，從前被蔣派排斥走的馮少山（廣東派從前總商會的會長）及王漢良（改組派）等，就組織上海市商人運動委員會，用各種名義大登廣告，痛罵現在的市商會是（久爲蔣賊所盤踞，把持機關，利用名義，蹂躪商民，壓迫商民，吞沒救國反日會款項，操縱貪污受賄行動！……」并派趙南公、劉聚蘇等率便衣隊至上海市商會接收機關，蔣派調保衛團及警察將他們驅逐，王曉籟、虞洽卿，林康侯等以一百六十個各業公會名義發表宣言，對於任何個人或團體，假借名義，干涉本會，強佔本會，概難執受，即以武功脅迫，亦爲逝然拒絕……」王曉籟更發表反日會的款項，第一次係馮少山所持，他們只負第二次的責任，現在雙方爭持甚烈，不可終日的現象。

這是國民黨各派互相爭奪全武行的大表演，現在可拿國民黨的忠實同志蔣系走狗上海社會局長潘公展的辭文中的幾句話「本市近來分裂更顯，黨務和工商兩界，風潮突起，此爭彼拒，不遑寧息，團體之破裂，勞資之互鬨，在法律效力失其權威之際，固爲勢所必至之事。」以說明國民黨統治崩潰中之分崩離析，操縱爭利之形狀。

反動國民政府

財政破產的窘狀

國民黨政府自上台到現在的四五年中，雖然無微不至的想出種種方法，剝削工農勞苦羣衆，設立稀奇不有的苛捐雜稅，又將各種稅捐拿來作抵押去借錢，濫發公債已至十一萬萬餘元，可是財政上不但無法維持，且破產到了絕境。依反動國民政府財政部一九二八年度與一九二九年度之財政報告，在二八年六月卅日止之經濟年度短絀總數爲八千萬元，而二十九年度短絀總數則爲一萬萬零一百萬元，三十年財政無報告，而反動國民政府又發行鹽務公債八千萬元，尚短絀極多，三十一年無眞實統計，然財政狀況 恐怕達到極點，已是無可疑問。據申報載：國民政府財政，每月須軍費一千八百萬元，政費四百萬元，共二千二百萬元，而收入僅四百萬元，每月不敷一千八百萬元。安徽三十一年四月報告，在三十年即不敷二百五十萬元，三十一年不敷六百餘萬。浙江報告「三十一年度，不敷四百餘萬，省有財產能抵押者，已抵押殆盡，於無可如何之際，將四十餘萬之紹興田賦抵向杭州銀行團抵借三十萬，箔類營業稅，每年原可征二百二十萬元，但早已抵押杭銀行團借了一百五十萬元用了」江西省報告，「每月全省收入，只[illegible]萬餘元，而政費開支，每月達三十萬元，無法維持，」山西雖每年收入有一千六百萬元，但不敷之數，達二千四百萬元，河南報告：「河南田賦已預徵至三十七年，各縣雜捐凡七十六種，但每年仍不敷七百餘萬元。」廣東每年不敷四千餘萬元，上海市每年不敷五十餘萬元。天津每年不敷一百七十餘萬元。湖北財政更是不敷得更多，政費維持，靠借星債錢，不久前向銀行借四萬元來開支，這足以表明國民黨在財政上之窘況。

國民党軍隊乱解情形

陳調元譁變的部隊

共有三旅兩團四營

一部投入紅軍　一部被紅軍繳械

年來革命運動一天天高漲，國民黨反動統治一天天崩潰的時候，軍閥部隊的瓦解，兵變運動的發展。這是必然的現象。安徽軍閥陳調元部共只有白軍三師兩旅，可是在去年一年內，發生兵暴兵變而殺死長官的就有三旅兩團四營，繳械的有兩團一營。計合肥變一營，霍山變三營，英山變一團，在湖北蘄水變一團，六安變三旅，旅長陳孝思陳泰孚，團長楊孟明均爲暴動的士兵所殺，同時，在太湖彌陀寺地方 又爲紅軍繳械二團一營云。

白軍騎兵

第三師鬧糧餉譁變

駐江蘇徐州西北之豐沛三縣之白軍騎兵第三師張占魁部，約二千人，近因餉糈不足，即在當地剝削工農羣衆，已經數月，然仍無法維持，遂於前月二十五日下午四時譁變，一時槍聲四起，將城內重要機關，如縣政府，國民黨部，商會等處，先後把守，並用鐵鎖監禁起國民黨縣黨部常委黃玉珏及該地反動的領袖同時把所有警察及警隊的槍械，悉數繳光，關起城門，斷絕交通，一部份[illegible]。

国民党各派争权夺利

在上海互斗丑态

争估党部 抢夺黄色工会
争夺商会 互相暴露罪恶
一切黑幕均揭穿 国民党
反动权威扫地无余

争夺商会

同黄色工会一同爆发的，就是争夺商会，本来上海总商会是一个最有油水的机关，五卅时发了不少的财，二次组织反日救国会，更是各个人的腰包，都装满了，这一块肥肉，更为大家必争的东西。□蒋介石借商会就可以大发公债，因此，从前被蒋派排斥走的冯少山（广东派从前总商会的会长）及王汉良（改组派）等，就组织上海市商人运动委员会，用各帮名义大登广告，痛骂现在的市商会是（久为党贼所盘踞，把持机关，利用名义，蹂躏商民，压迫商民，吞没救国反日会，款项，种种贪污受贿行动……”并派赵南公，刘募苏等率便衣队至上海市商会接收机关，蒋派调保卫团及警察将他们驱逐，王晓籁，虞治卿，林康侯等以一百六十个各业公会名义发表宣言，对于任何个人或团体，假借名义。干涉本会，强占本会，概难执受，即以武功胁迫，亦为逝然拒绝……”王晓籁更发表反日会的款项，第一次是冯少山所持，他们只负第二次的责任，现在双方争□甚烈，不可终日的现象。

这是国民党各派互相争夺全武行的大表演，现在可拿国民党忠实同志蒋系走狗上海社会局长潘公展的辞文中的几句话“本市近来分裂更显，党务和工商两界，风潮突起，此争彼拒，不遑宁息，团体之破裂，劳资之互哄，在法律效力失其权威之际，固为势所必至之事。”以说明国民党统治崩溃中之分崩离析，攘权夺利之形状。

，并用綁票手段拘捕學生代表等等事實發生後，就被羣衆將國民黨市黨部完全搗毁，包圍市政府，逼迫張羣釋放代表，撤消公安局局長職務，組織民衆法庭，審判兇犯，緝拿市黨部常委陶百川和公安局局長等・國民黨反動的威權，更掃地無餘，在這個時候，改組派，西山會議派等等的一般蝦兵蟹將，認爲時机已到，藉着羣衆對於國民黨的惡恨，而用來攻擊蔣派把持黨權壓迫羣衆，這是一方面緩和群衆對於國民黨的反對，維持國民黨的招牌，同時乘機攫取國民黨黨部及其附屬的機關，以爲各派自己佔地盤，扩充勢力之用，可是蔣派仍握有上海政權（前是蔣系張群當市長，現在改換的吳鐵城，又是由西山會議派投降蔣系的），并不示弱，此爭彼抵，煞是好看，互相攻訐，醜態盡暴，這眞是他們不打自招，將他們的黑幕和罪惡公布，等於他們向全國民衆的供狀，現在將他分述如下：

爭佔黨部

自從國民黨綁架學生，發生羣衆搗毁市黨部以後，國民黨內反蔣的各派，就乘機起來，組織上海市黨務改進委員會，將市黨部機關佔領，大發宣言，攻擊蔣派，『威迫利誘，腐化墮落，個人獨裁，把持黨權，作威作福，濫用職權，綁票勒索，吞沒反日救國基金……』蔣派就用市黨部的名義發通告，罵『黨務改進會是非法組織，公然登報申告，竊奪黨權，這都是一般投機取巧，腐化不逞之徒，陰謀自便圖私……！』在下面反蔣的各派，反用幾個區黨部和黃色工會的名義，發宣言擁護改進會，蔣派更不示弱，糾合各區的蔣系份子，用各區聯席會議的名議，攻擊改進會之非法，指拆其中份子投機自私，主張只應由黨員大會來改組市黨部，南京雖派了邵力子，吳鐵城等三人來調解，到現在還是旗鼓相當，雙方對峙，仍未解決。

搶奪黃色工會机關

繼爭奪黨部而起的　就是搶奪黃色工會机關，在改組派下面的工賊，和受蔣派排斥的工痞，大大活動起來，將從前的上海特別市總工會的招牌又掛起來，有的在南京組織一個黃色工會，另一幫人，又在北市（閘北）掛一個總工會招牌，還有革命（？）工人大同盟，工人活動委員會等等奇怪的名稱組織，如雨後春筍，怒發起來，大登廣告，普發宣言，不是甲罵乙『過去工會爲少數人把持操縱，獻媚資方，出賣工人的利益，對於工會經濟濫報賬賑，盡入腰包，對於工人，威嚇壓制，視若俎上之肉……』就是乙罵甲『假借名義，招搖撞騙，違反政府工會組織法，私結團體，僱用流氓，強佔工會……』於是在許多黃色工會裏，發生此佔彼拒，一時被這一派帶了幾個失業流氓將黃色工會佔領，逐一下，又將另一派率領許多工賊工痞，又將機關奪回去，在爭奪中間，雙方用武，結果，打得頭破血流，鬥得最厲害的如藥業工會，華商電气工會，捲烟業工會，打得最凶的，像商務印書館工會，雙方受傷的，在十人以上，現在南京國民黨，派人組織一個上海工人運動委員會，想來調解各派的爭奪。

爭奪商會

同黃色工會一同爆發的，就是爭奪商會，本來上海總商會是一個最有油水的機關，五卅時發了不少的財，二次組織廢日救國會，更是各個人的腰包，都裝滿了，這一塊肥肉，更爲大家必爭的東西　蔣介石藉商會就可以大發公債，因此，從前被蔣派排斥走的馮少山（廣東派從前總商會的會長）及王漢良（改組派）等，就組織上海市商人運動委員會，用各幫名義大登廣告，痛罵現在的市商會是（久爲蔣賊所盤踞，把持機關，利用名義，蹂躪商民，壓迫商民，吞沒救國反日會款項，橫肆貪污受賄行動！……』并派趙南公，劉鼎蘇等率便衣隊至上海市商會接收機關，蔣派調保衛團及警察將他們驅逐，王曉籟，虞洽卿，林康侯等以一百六十個各業公會名義發表宣言，對於任何個人或團體，假借名義，強佔本會，概難執受，即以武功脅迫，亦爲逝然拒絕……』王曉籟更發表反日會的款項，第一次係馮少山所持，他們只負第二次的責任，現在雙方爭得甚烈，不可終日的現象。

這是國民黨各派互相爭奪全武行的大表演，現在可拿國民黨的忠實同志蔣系走狗上海社會局長潘公展的辭文中的幾句話『本市近來分裂更顯，黨務和工商兩界，風潮突起，此爭彼拒，不遑寧息，團體之破裂，勞資之互鬨，甚至法律效力失其權威之際，固爲勢所必至之事。』以說明國民黨統治崩潰中之分崩離析，攘爭奪利之形狀。

反動國民政府
財政破產的窘狀

國民黨政府自上台到現在的四五年中，雖然無微不至的想出種種方法，剝削工農勞苦群衆，設立稀奇不有的苛捐雜稅，又將各項稅捐拿來作抵押去借錢，濫發公債已至十一萬萬餘元，可是財政上不但無法維持，且破產到了絕境。依反動的國民政府財政部一九二八年度與一九二九年度之財政報告，在二八年六月卅日止之經濟年度短絀總數爲八千萬元，而二十九年度短絀總數則爲一萬萬零一百萬元，三十年財政無報告，而反動國民政府又發行鹽務公債八千萬元，尚短絀極多。三十一年預算統計，然財政狀況，恐慌達到極點，已是無可疑問。據申報載：國民政府財政，每月須軍費一千八百萬元，政費四百萬元，共二千二百萬元，而收入僅四百萬元，每月不敷一千八百萬元。安徽三十一年四月報告，在三十年即不敷二百五十萬元，三十一年不敷六百餘萬。浙江報告『三十一年度，不敷四百餘萬，省有財產能抵押者，已抵押殆盡，於無可如何之際，將四十餘萬之紹興田賦作抵，向杭州銀行團抵借三十萬，箔類營業稅，每年原可征二百二十萬元，但早已抵押杭銀行團借了一百五十萬元用了』江西省報告，『每月全省收入，只二萬餘元，而政費開支，每月達三十萬元，無法維持。』山西雖每年收入有一千六百萬元，但不敷之數，達二千四百萬元。河南報告：『河南田賦己預徵至三十七年，各縣市雜捐凡七十六種，但每年仍不敷七百餘萬元。』廣東每年不敷四千餘萬元，上海市每年不敷五十餘萬元。天津每年不敷一百七十餘萬元。湖北財政更是不敷得更多，政費維持，與零星債錢，不久前向銀行借四萬元來開支，這足以表明國民黨在財政上之窘況。

國民党軍隊瓦解情形
陳調元譁變的部隊
共有三旅兩團四營
一部投入紅軍　一部被紅軍繳械

年來革命運動一天天高漲，國民黨反動統治一天天崩潰的時候，軍閥部隊的瓦解，兵變運動的發展。這是必然的現象。安徽軍閥陳調元部共只有白軍三師兩旅，可是在去年一年內，發生兵暴兵變而殺死長官的就有三旅兩團四營，繳械的有兩團一營。計合肥變一營，霍山變三營，英山變一團，在湖北蘄水變一團，六安變三旅，旅長陳孝思陳桑孚團長楊孟明均爲暴動的士兵所殺，同時，在太湖彌陀寺地方　又爲紅軍繳械二團一營云。

白軍騎兵
第三師鬧糧餉譁變

駐江蘇徐州西北之豐沛三縣之白軍騎兵第三師張占魁部，約二千人，近因餉糈不足，即在當地剝削工農群衆，已經數月，然仍無法維持，遂於前月二十五日下午四時譁變，一時槍聲四起，將城內重要機關如縣政府，國民黨部，商會等處，先後把守，並用機鎗監禁起國民黨縣黨部常委董玉珏及該地反動的重要領袖同時把所有警察及警隊的槍械，悉數繳光，關起城門，斷絕交通，一部份[illegible]。

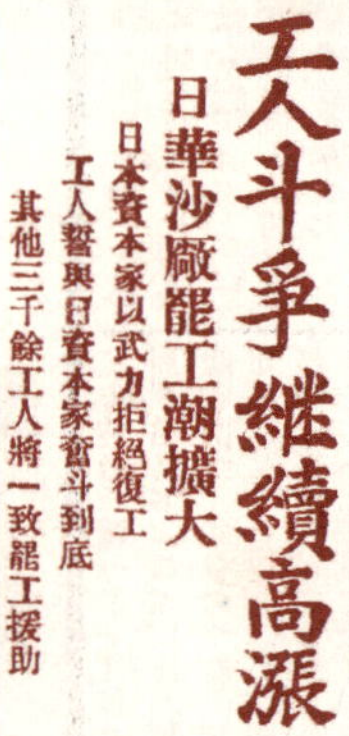
工人斗爭繼續高漲
日華沙廠罷工潮擴大
日本資本家以武力拒絕復工
工人誓與日資本家奮斗到底
其他三千餘工人將一致罷工援助

期 红色中华零零零七期
版 零五版
时间 一九三二年一月二十七日

工人斗争继续高涨

日华沙［纱］厂罢工潮扩大
日本资本家以武力拒绝复工
工人誓与日资本家奋斗到底
其他三千余工人将一致罢工援助

上海浦东日华纱厂布机间全体女工，因不堪日本资本家极无人道的剥削和压迫，而相率罢工在国民党为保护日帝国主义利益大派武装军警强迫工人复工后等情已载前报，自工人在国民党武装镇压之下不得已俱含辛忍痛复工后，可是日本资本家又作进一步的压迫，用武力拒绝工人复工，并以陆战队恐吓工人，继续开除工人四十余名。于是工人更形愤慨，当即举行布机间全体工人大会，由主席郑燮臣报告日本资本家压迫工人经过，继则决议全体誓与日本资本家奋斗到底，致于其他各部工人三千余人，亦因日人压迫太甚，群情愤慨，对于布机间工人深表同情，决以实力为之援助云。

工人斗爭繼續高漲

日華沙廠罷工潮擴大

日本資本家以武力拒絕復工

工人誓與日資本家奮斗到底

其他三千餘工人將一致罷工援助

上海浦東日華紗廠布機間全體女工，因不堪日本資本家極無人道的剝削和壓迫，而相率罷工在國民黨爲保護日帝國主義利益大派武裝軍警強迫工人復工後等情已載前報，自工人在國民黨武裝鎮壓之下不得已俱含辛忍痛復工後，可是日本資本家又作進一步的壓迫，用武力拒絕工人復工，並以陸戰隊恐嚇工人，繼續開除工人四十餘名。於是工人更形憤慨，當即舉行布機間全體工人大會，由主席鄭燮臣報告日本資本家壓迫工人經過，繼則決議全體誓與日本資本家奮斗到底，致於其他各部工人三千餘人，亦因日人壓迫太甚，羣情憤慨，對於布機間工人深表同情，決以實力爲之援助云。

上海兵工廠工人鬥爭勝利

搗毀廠長室　要求獎金　結果勝利

上海兵工廠全體工人，每年到年終時，都得有十萬元獎金，可是今年國民黨政府，因財政破產，想在工人身上加緊剝削，不發這十萬元獎金，工人大起反對，將廠長室，秘書室，庶務科等，完全搗毀，並將廠長宋式驫包圍，後被逃去，誤認庶務科長彭振之爲宋廠長，加以痛打一頓，結果，因工人團結強固，斗爭堅決，國民黨無法，不得不將賞金發給工人而得到完全勝利云。

華商電汽工人醞釀罷工

要求年賞

上海南市華商電汽工人，因交涉年賞問題，曾於前月廿七晚十一晚，召集全體工人會議，到工人二百三十多人，推代會譚鴻霖，胡駿大，蔡和尚等六人，前往與公司總經理陸伯鴻交涉未得圓滿結果，聞工人表示，如不達目的，將以罷工手段對付云。

上海大新染廠發生慘案

資本家請巡捕槍殺工人　死傷二十餘

黃色工會從中破壞　全體舉行大示威

上海滬西小沙渡檳榔路大新染廠無故關廠遭工人反對，廠方於前月廿八上午九時，請戈登路捕房派武裝華探西捕四十餘名，用武力驅逐全體工人出廠，以致發生衝突，當時工人死傷者楊福慶，徐石濤等二十餘人，全體工人，憤慨非常，開始時黃色工會就從中破壞，要工人不要起來斗爭，并且要工人減低工資，增加工作時間，用犧牲工人的利益好多去請求資本家不關廠等，可是工人已知他的鬼計，仍然起來反對，等到慘案發生後，又叫工人不要把事鬧大等等鬼話，來欺騙工人，可是工人因受壓迫太甚，仍繼續作堅決斗爭，舉行大示威，提出的要求；(一)要廠方即日復業，(二)嚴辦主使人邵仲英，關萍沚等三人，(三)死者優恤，傷者供給醫藥費及一切損失云。

廣州丸散工人罷工

反對舊歷年開除工人

廣州丸散工人，曾爲要求加工資，發生風潮，結果工人相當得着勝利，現因舊年已到，資本家想藉從前年初二日開除工人的習慣，大批開除工人，工人大起反對，已有一部份工人於一月三日實行罷工云。

湘鄂贛邊紅軍大獲勝利

陽新縣民團悉數繳械

攻下紅花源進逼瑞昌縣城

湘鄂贛邊紅軍，聯合附近各地的游擊隊，配合當地的工農羣衆，將鄂北陽新縣各處的所有民團，全數繳械，聲勢非常浩大，最近，又由陽新縣進里攻江西瑞昌縣城，城東十五，有一地名叫做紅花洞，爲由鄂入贛之隘口，地勢非常險竣，兩旁高山陡壁，冲入雲霄，中闢一小路，眞是一夫當關，萬軍難入的，可是爲我們紅軍攻下，且擊斃白軍和民團無數，聞城內官僚豪紳，恐慌萬狀云。

日本帝國主義佔領錦州經過

張學良自動撤退　日帝國主義眞便宜

國民黨天天所鼓吹的所謂採取「實力自衛的策略，」「死守錦州，」可是等到日本帝國主義的軍隊逼近錦州時，却馬上下命令，將所有駐錦及附近一帶的部隊，全數撤入關內。又美其名曰絕對遵守國聯決議案了，據十二月三十一日申報載：當日軍佔據盤山後，再由盤山向溝幫子前進時，張學良即下令錦州及附近軍隊撤回關內，二十九日晚由錦州開入內的有六列車，三十日又由錦州開入關內有七列車，日本帝國主義則不開一槍，不失一彈，而又佔領錦州云。

日帝國主義在天津的軍事行動

國民黨俯首貼耳

近日日本帝國主義仍繼續運送大批日軍和軍用品到津，備前月二十七，二十八兩天，就運送日軍一千七百名到津，共分三批運送，第一批，計日軍五百五十名，軍馬五十匹鋼砲三尊，機關槍六架，子彈千餘箱，尚有手溜彈輜重等甚多，第二批，計日軍三百五十名，大砲四門，馬百餘匹，軍用品鐵篷車，第三批，計日軍六百五十名，機關槍二十架，馬三十八匹，迫擊砲十門，軍用品四鐵篷車，二十八日晚七時，又派日武裝兵士二名，擅入華界南市華安大街一帶，繪畫街巷形勢，七時十五分，又派日武裝兵士三名，自美蓉街西口，擅入華界榮安大街，建物大街富貴莊一帶，巡視一小時，始回日界，二十九上午九時，又派日武裝兵士二名，又由芙蓉街西口入華界，繞行南市一帶，巡視甚久，三十日晨日武裝兵士九百餘名，又假名到東局子打靶，但到目的地後，即分數小隊，在附近一帶測繪地圖，特別是注意北寧路線，驍勇兵聞訊，頗派出百餘名，亦揚言演習，暗中監視日軍行動，三十一日晨，又有日軍六百餘名，攜炮九門，機關槍二十四架，馬三十餘匹，赴東局子測繪附近地圖，午後一時至三時，即行實彈演習，日軍出發後，又有驍勇兵二百餘名，隨往演習，暗視日軍行動，天津華界一般居民，見日軍天天增加，且到處繪畫軍事地圖，知非好意，惶恐萬狀，一般有錢的人，俱紛紛向英法兩租界遷移，至於國民黨張學良等，則俯首貼耳，聽日軍任意橫行。

上海兵工廠工人鬥爭勝利
搗毀廠長室
要求獎金
結果勝利

期：红色中华零零零七期
版：零五版
时间：一九三二年一月二十七日

上海兵工厂工人斗争胜利

捣毁厂长室
要求奖金
结果胜利

上海兵工厂全体工人，每年到年终时，都得有十万元奖金，可是今年国民党政府，因财政破产，想在工人身上加紧剥削，不发这十万元奖金，工人大起反对，将厂长室，秘书室，庶务科等，完全捣毁，并将厂长宋式蟲包围，后被逃去，误认庶务科长彭振之为宋厂长，加以痛打一顿，结果，因工人团结强固，斗争坚决，国民党无法，不得不将赏金发给工人而得到完全胜利云。

一九三二年一月廿七日　紅色中華　第五版

工人斗爭繼續高漲

日華沙廠罷工潮擴大

日本資本家以武力拒絕復工
工人誓與日資本家奮斗到底
其他三千餘工人將一致罷工援助

上海浦東日華紗廠布機間全體女工，因不堪日本資本家極無人道的剝削和壓迫，而相率罷工在國民黨爲保護日帝國主義利益大派武裝軍警強迫工人復工後等情已載前報，自工人在國民黨武裝鎮壓之下不得已俱含辛忍痛復工後，可是日本資本家又作進一步的壓迫，用武力拒絕工人復工，並以陸戰隊恐嚇工人，繼續開除工人四十餘名。於是工人更形憤慨，常即舉行布機間全體工人大會，由主席鄭燮臣報告日本資本家壓迫工人經過，繼則決議全體誓與日本資本家奮斗到底，致於其他各部工人三千餘人，亦因日人壓迫太甚，羣情憤慨，對於布機間工人深表同情，決以實力爲之援助云。

上海兵工廠工人鬥爭勝利

搗毀廠長室
要求獎金
結果勝利

上海兵工廠全體工人，每年到年終時，都得有十萬元獎金，可是今年國民黨政府，因財政破產，想在工人身上加緊剝削，不發這十萬元獎金，工人大起反對，將廠長室，秘書室，庶務科等，完全搗毀，並將廠長宋式驫包圍，後被逃去，誤認庶務科長彭振之爲宋廠長，加以痛打一頓，結果，因工人團結強固，斗爭堅決，國民黨無法，不得不將賞金發給工人而得到完全勝利云。

華商電汽工人醞釀罷工

要求年賞

上海南市華商電汽工人，因交涉年賞問題，曾於前月廿七晚十一晚，召集全體工人會議，舉工人二百三十多人，推代表譚鴻霖，胡義大，蔡和向等六人，前往與公司總經理陸伯鴻交涉未得圓滿結果，聞工人表示，如不達目的，將以罷工手段對付云。

上海大新染廠發生慘案

資本家請巡捕槍殺工人
死傷二十餘
黃色工會從中破壞
全體舉行大示威

上海滬西小沙渡檳榔路大新染廠無故關廠遣工人反對，廠方於前月廿八上午九時，請戈登路捕房派武裝華探西捕四十餘名，用武力驅逐全體工人出廠，以致發生衝突，當時工人死傷者楊福慶，徐石濤等二十餘人，全體工人，憤慨非常，開始時黃色工會就從中破壞，要工人不要起來斗爭，幷且要工人減低工資，增加工作時間，用犧牲工人的利益好多去請求資本家不關廠等，可是工人已知他們鬼計，仍然起來反對，等到慘案發生後，又叫工人不要把事鬧大等等鬼話，來欺騙工人，可是工人因受壓迫太甚，仍繼續作堅決斗爭，舉行大示威，提出的要求；（一）要廠方即日復業，（二）嚴辦主使人邵仲英，關萍沚等三人，（三）死者優恤，傷者供給醫藥費及一切損失云。

廣州丸散工人罷工

反對舊歷年開除工人

廣州丸散工人，前爲要求加工資，發生風潮，結果工人相當得着勝利，現因舊年已到，資本家想藉從前年初二日開除工人的習慣，大批開除工人，工人大起反對，已有一部份工人於一月三日實行罷工云。

湘鄂贛邊紅軍大獲勝利

陽新縣民團悉數繳械
攻下紅花源進逼瑞昌縣城

湘鄂贛邊紅軍，聯合附近各地的游擊隊，配合當地的工農羣衆，將鄂北陽新縣各處的所有民團，全數繳械，聲勢非常浩大，最近，又由陽新縣進里攻江西瑞昌縣城，城東十五，有一地名叫做紅花洞，爲由鄂入贛之隘口，地勢非常險竣，兩旁高山陡壁，冲入雲霄，中間一小路，眞是一夫當關，萬軍難入的，可是爲我們紅軍攻下，且擊斃白軍和民團無數，聞城內官僚豪紳，恐慌萬狀云。

日本帝國主義佔領錦州經過

張學良自動撤退
日帝國主義眞便宜

國民黨天天所鼓吹的所謂採取「實力自衛的策略，」「死守錦州，」可是等到日本帝國主義的軍隊逼近錦州時，卻馬上下命令，將所有駐錦及附近一帶的部隊，全數撤入關內，又美其名曰絕對遵守國聯決議案了，據十二月三十一日申報載：當日軍佔據盤山後，再由盤山向溝幫子前進時，張學良即下令錦州及附近軍隊撤回關內，二十九日晚由錦州開入關內的有六列車，三十日又由錦州開入關內有七列車，日本帝國主義則不開一槍，不失一彈，而又佔領錦州云。

日帝國主義在天津的軍事行動

國民黨俯首貼耳

近日日本帝國主義仍繼續運送大批日軍和軍用品到津，備前月二十七，二十八兩天，就運送日軍一千七百名到津，共分三批運送，第一批，計日軍五百五十名，軍馬五十匹，鋼砲三綑，機關槍六架，子彈千餘箱，尚有手溜彈輜重等甚多，第二批，計日軍三百五十名，大砲四門，馬百餘匹，軍用品鐵運車，第三批，計日軍六百五十名，機關槍二十架，馬三十匹，迫擊砲十門，軍用品四鐵運車，二十八日晚七時，又派日武裝兵士二名，擅入華界南市華安大街一帶，繪畫街巷形勢，七時十五分，又派日武裝兵士三名、自芙蓉街兩口，擅入華界榮安大街，建物大街盡買莊一帶，巡視一小時，始回日界，二十九上午九時，又派四武裝兵士二名，又由芙蓉街西口入華界，繞行南市一帶，巡視甚久，三十日晨日武裝兵士九百餘名，又假名到東局子打靶，但爲目的地後，即分數小隊，在附近一帶測繪地圖，特別是注意北寧路線，該隊兵開訊，即派出百餘名，亦揚言演習，暗中監視日軍行動，三十一日晨，又有日軍六百餘名，攜炮九門，機關槍二十四架，馬三十餘匹，赴東局子測繪附近地圖，午後一時至三時，卻行實彈演習，日軍出發後，又有保勇兵二百餘名，隨往演習，暗視日軍行動，天津華界一般居民，見日軍天天增加，且到處繪畫軍事地圖，知非好意，惶恐萬狀，一般有錢的人，俱紛紛向英法兩租界遷移，至於國民黨張學良等，則俯首貼耳，聽日軍任意橫行。

華商電汽工人醞釀罷工
要求年賞

期：红色中华零零零七期

版：零五版

时间：一九三二年一月二十七日

华商电汽工人酝酿罢工

要求年赏

上海南市华商电汽工人，因交涉年赏问题，曾于前月二十七晚十一晚，召集全体工人会议，有工人二百三十多人，推代会谭鸿霖，胡义大，蔡和尚等六人，前往与公司总经理陆伯鸿交涉未得圆满结果，闻工人表示，如不达目的，将以罢工手段对付云。

一九三二年一月廿七日　紅色中華　第五版

工人斗爭繼續高漲

日華沙廠罷工潮擴大

日本資本家以武力拒絕復工
工人誓與日資本家奮斗到底
其他三千餘工人將一致罷工援助

上海浦東日華紗廠布機間全體女工，因不堪日本資本家極無人道的剝削和壓迫，而相率罷工在國民黨爲保護日帝國主義利益大派武裝軍警強迫工人復工後等情已載前報，自工人在國民黨武裝鎮壓之下不得已俱含辛忍痛復工後，可是日本資本家又作進一步的壓迫，用武力拒絕工人復工，並以陸戰隊恐嚇工人，繼續開除工人四十餘名。於是工人更形憤慨，當卽舉行布機間全體工人大會，由主席鄭燮臣報告日本資本家壓迫工人經過，繼則決議全體誓與日本資本家奮斗到底，致於其他各部工人三千餘人，亦因日人壓迫太甚，羣情憤慨，對於布機間工人深表同情，決以實力爲之援助云。

上海兵工廠工人鬥爭勝利

搗毀廠長室
要求獎金
結果勝利

上海兵工廠全體工人，每年到年終時，都得有十萬元獎金，可是今年國民黨政府，因財政破產，想在工人身上加緊剝削，不發這十萬元獎金，工人大起反對，將廠長室，秘書室，庶務科等，完全搗毀，並將廠長宋式驫包圍，後被逃去，誤認庶務科長彭振之爲宋廠長，加以痛打一頓，結果，因工人團結強固，斗爭堅決，國民黨無法，不得不將賞金發給工人而得到完全勝利云。

華商電汽工人醞釀罷工

要求年賞

上海南市華商電汽工人，因交涉年賞問題，曾於前月廿七晚十一晚，召集全體工人會議，到工人二百三十多人，推代會譚鴻霖，胡贛大，蔡和尚等六人，前往與公司總經理陸伯鴻交涉未得圓滿結果，聞工人表示，如不達目的，將以罷工手段對付云。

上海大新染廠發生慘案

資本家請巡捕槍殺工人
死傷二十餘
黃色工會從中破壞
全體舉行大示威

上海滬西小沙渡檳榔路大新染廠無故關廠遭工人反對，廠方於前月廿八上午九時，請戈登路捕房派武裝華探西捕四十餘名，用武力驅逐全體工人出廠，以致發生衝突，當時工人死傷者楊福慶、徐石濤等二十餘人，全體工人，憤慨非常，開始時黃色工會就從中破壞，要工人不要起來斗爭，并且要工人減低工資，增加工作時間，用犧牲工人的利益好多去請求資本家不關廠等，可是工人已知他們鬼計，仍然起來反對，等到慘案發生後，又叫工人不要把事鬧大等等鬼話，來欺騙工人，可是工人因受壓迫太甚，仍繼續作堅決斗爭，舉行大示威，提出的要求：（一）要廠方即日復業，（二）嚴辦主使人邵仲英，闕萍沚等三人，（三）死者優恤，傷者供給醫藥費及一切損失云。

廣州丸散工人罷工

反對舊歷年開除工人

廣州丸散工人，前爲要求加工資，發生風潮，結果工人相當得着勝利，現因舊年已到，資本家想藉從前年初二日開除工人的習慣，大批開除工人，工人大起反對，已有一部份工人於一月三日實行罷工云。

湘鄂贛邊紅軍大獲勝利

陽新縣民團悉數繳械
攻下紅花源進逼瑞昌縣城

湘鄂贛邊紅軍，聯合附近各地的游擊隊，配合當地的工農羣衆，將鄂北陽新縣各處的所有民團，全數繳械，聲勢非常浩大，最近，又由陽新縣進里攻江西瑞昌縣城，城東十五，有一地名叫做紅花洞，爲由鄂入贛之隘口，地勢非常險峻，兩旁高山陡壁，冲入雲霄，中闢一小路，眞是一夫當關，萬軍難入的，可是爲我們紅軍攻下，且擊斃白軍和民團無數，聞城內官僚豪紳，恐慌萬狀云。

日本帝國主義佔領錦州經過

張學良自動撤退
日帝國主義眞便宜

國民黨天天所鼓吹的所謂採取「實力自衛的策略，」「死守錦州，」可是等到日本帝國主義的軍隊逼近錦州時，却馬上下命令，將所有駐錦及附近一帶的部隊，全數撤入關內，又美其名曰絕對遵守國聯決議案了，據十二月三十一日申報載：當日軍佔據盤山後，再向溝幫子前進時，張學良即下令錦州及附近軍隊撤回關內，二十九日晚由錦州開入關內的有六列車，三十日又由錦州開入關內有七列車，日本帝國主義則不開一槍，不失一彈，而又佔領錦州云。

日帝國主義

在天津的軍事行動

國民黨俯首貼耳

近日日本帝國主義仍繼續運送大批日軍和軍用品到津，傳前月二十七，二十八兩天，就運送日軍一千七百名到津，共分三批運送，第一批，計日軍五百五十名，軍馬五十匹，鋼砲三門，機關槍六架，子彈千餘箱，尚有手溜彈輜重等甚多，第二批，計日軍三百五十名，大砲四門，馬百餘匹，軍用品鐵達車，第三批，計日軍六百五十名，機關槍二十架，馬三十八匹，迫擊砲十門，軍用品四鐵達車，二十八日晚七時，又派日武裝兵士二名，擅入華界南市華安大街一帶，繪畫街巷形勢，七時十五分，又派日武裝兵士三名，自芙蓉街西口，擅入華界榮安大街，建物大街富貴莊一帶，巡視一小時，始回日界，二十九上午九時，又派四武裝兵士二名，又由芙蓉街西口入華界，繞行南市一帶巡視甚久，三七日晨日武裝兵士九百餘名，又假名到東局子打靶，但到目的地後，卽分數小隊，在附近一帶測繪地圖，特別注意北寧路線，[illegible]勇兵聞訊，卽派出百餘名，亦揚言演習，暗中監視日軍行動，三十一日晨，又有日軍六百餘名，攜炮九門，機關槍二十四架，馬三十餘匹，赴東局子測繪附近地圖，午後一時至三時，卽行實彈演習，日軍出發後又有[illegible]勇兵二百餘名，隨往演習，暗視日軍行動，天津華界一般居民，見日軍天天增加且到處繪畫軍事地圖，知非好意，惟恐萬狀，一般有錢的人，俱紛紛向英法兩租界遷移至於國民黨張學良等，則俯首貼耳，聽日軍任意橫行。

期 红色中华零零零七期

版 零五版

时间 一九三二年一月二十七日

上海大新染廠發生慘案
資本家請巡捕槍殺工人
死傷二十餘
黃色工會從中破壞
全體舉行大示威

上海大新染厂发生惨案

资本家请巡捕枪杀工人
死伤二十余
黄色工会从中破坏
全体举行大示威

上海沪西小沙渡槟榔路大新染厂无故关厂遭工人反对，厂方于前月二十八上午九时，请戈登路捕房派武装华探逮捕四十余名，用武力驱逐全体工人出厂，以致发生冲突，当时工人死伤者杨福庆，徐石清等二十余人，全体工人，愤慨非常，开始时黄色工会就从中破坏，要工人不要起来斗争，并且要工人减低工资，增加工作时间，用牺牲工人的利益好多去请求资本家不关厂等，可是工人已知他的鬼［诡］计，仍然起来反对，等到惨案发生后，又叫工人不要把事闹大等等鬼话，来欺骗工人，可是工人因受压迫太甚，仍继续作坚决斗争，举行大示威，提出的要求；（一）要厂方即日复业，（二）严办主使人邵伸英，阙萍祉等三人，（三）死者优恤，伤者供给医药费及一切损失云。

一九三二年一月廿七日　紅色中華　第五版

工人斗爭繼續高漲

日華沙廠罷工潮擴大

日本資本家以武力拒絕復工 工人誓與日資本家奮斗到底 其他三千餘工人將一致罷工援助

上海浦東日華紗廠布機間全體女工，因不堪日本資本家極無人道的剝削和壓迫，而相率罷工在國民黨爲保護日帝國主義利益大派武裝軍警強迫工人復工後等情已載前報，自工人在國民黨武裝鎭壓之下不得已俱含辛忍痛復工後，可是日本資本家又作進一步的壓迫，用武力拒絕工人復工，並以陸戰隊恐嚇工人，繼續開除工人四十餘名。於是工人更形憤慨，當即舉行布機間全體工人大會，由主席鄭燮臣報告日本資本家壓迫工人經過，繼則決議全體誓與日本資本家奮斗到底，致於其他各部工人三千餘人，亦因日人壓迫太甚，羣情憤慨，對於布機間工人深表同情，決以實力爲之援助云。

上海兵工廠工人鬥爭勝利

搗毀廠長室 要求獎金 結果勝利

上海兵工廠全體工人，每年到年終時，都得有十萬元獎金，可是今年國民黨政府，因財政破產，想在工人身上加緊剝削，不發這十萬元獎金，工人大起反對，將廠長室，庶務科等，完全搗毀，並將廠長宋式驫包圍，後被逃去，誤認庶務科長彭振之爲宋廠長，加以痛打一頓，結果，因工人團結強固，斗爭堅決，國民黨無法，不得不將賞金發給工人而得到完全勝利云。

華商電汽工人醞釀罷工

要求年賞

上海南市華商電汽工人，因交涉年賞問題，曾於前月廿七晚十一晚，召集全體工人會議，到工人二百三十多人，推代表譚鴻霖，胡義大，蔡和尚等六人，前往與公司總經理陸伯鴻交涉未得圓滿結果，聞工人表示，如不達目的，將以罷工手段對付云。

上海大新染廠發生慘案

資本家請巡捕槍殺工人 死傷二十餘 黃色工會從中破壞 全體舉行大示威

上海滬西小沙渡檳榔路大新染廠無故關廠遣工人反對，廠方於前月廿八上午九時，請戈登路捕房派武裝華探西捕四十餘名，用武力驅逐全體工人出廠，以致發生衝突，當時工人死傷者楊福慶，徐石清等二十餘人，全體工人，憤慨非常，開始時黃色工會就從中破壞，要工人不要起來斗爭，幷且要工人減低工資，增加工作時間，用犧牲工人的利益好多去請求資本家不關廠等，可是工人已知他們的鬼計，仍然起來反對，等到慘案發生後，又叫工人不要把事鬧大等等鬼話，來欺騙工人，可是工人因受壓迫太甚，仍繼續作堅決斗爭，舉行大示威，提出的要求；（一）要廠方即日復業，（二）嚴辦主使人鄧仲英，闕萍沚等三人，（三）死者優恤，傷者供給醫藥費及一切損失云。

廣州丸散工人罷工

反對舊歷年開除工人

廣州丸散工人，前爲要求加工資，發生風潮，結果工人相當得着勝利。現因舊年已到，資本家想藉從前年初二日開除工人的習慣，大批開除工人，工人大起反對，已有一部份工人於一月三日實行罷工云。

湘鄂贛邊紅軍大獲勝利

陽新縣民團悉數繳械 攻下紅花源進逼瑞昌縣城

湘鄂贛邊紅軍，聯合附近各地的游擊隊，配合當地的工農羣衆，將鄂北陽新縣各處的所有民團，全數繳械，聲勢非常浩大。最近，又由陽新縣進里攻江西瑞昌縣城，城東十五，有一地名叫做紅花洞，爲由鄂入贛之隘口，地勢非常險峻，兩旁高山陡壁，冲入雲霄，中闢一小路，眞是一夫當關，萬軍難入的，可是爲我們紅軍攻下，且擊斃白軍和民團無數，聞城內官僚豪紳，恐慌萬狀云。

日本帝國主義佔領錦州經過

張學良自動撤退 日帝國主義眞便宜

國民黨天天所鼓吹的所謂採取「實力自衛的策略，」「死守錦州，」可是等到日本帝國主義的軍隊逼近錦州時，却馬上下命令，將所有駐錦及附近一帶的部隊，全數撤入關內，又美其名曰絕對遵守國聯決議案了，據十二月三十一日申報載：當日軍佔據盤山後，再由盤山向溝幇子前進時，張學良即下令錦州及附近軍隊撤回關內，二十九日晚由錦州開入關內的有六列車，三十日又由錦州開入關內有七列車，日本帝國主義則不開一槍，不失一彈，而又佔領錦州云。

在天津的軍事行動

日帝國主義 國民黨俯首貼耳

近日日本帝國主義仍繼續運送大批日軍和軍用品到津，備前月二十七，二十八兩天，就運送日軍一千七百名到津，共分三批運送，第一批，計日軍五百五十名，軍馬五十匹，鋼砲三峙，機關槍六架，子彈千餘箱，尚有手溜彈輜重等甚多，第二批，計日軍三百五十名，大砲四門，馬百餘匹，軍用品鐵篷車，第三批，計日軍六百五十名，機關槍二十架，馬三十八匹，迫擊砲十門，軍用品四鐵篷車。二十八日晚七時，又派日武裝兵士二名，擅入華界南市華安大街一帶，繪畫街巷形勢，七時十五分，又派日武裝兵士三名，自芙蓉街西口，擅入華界榮安大街，建物大街高買莊一帶，巡視一小時，始回日界，二十九上午九時，又派四武裝兵士二名，又由芙蓉街西口入華界，繞行南市一帶，巡視甚久，三七日晨日武裝兵士九百餘名，又假名到東局子打靶，但其目的地，即分數小隊，在附近一帶測繪地圖，特別是注意北寧路線，驍勇兵，聞訊，即派出百餘名，亦揚言演習，暗中監視日軍行動，三十一日晨，又有日軍六百餘名，攜炮九門，機關槍二十四架，馬三十餘匹，赴東局子測繪附近地圖，午後一時至三時，即行實彈演習，日軍出發後，又有驍勇兵二百餘名，隨往演習，暗視日軍行動，天津華界一般居民，見日軍天天增加，且到處繪畫軍事地圖，知非好意，惶恐萬狀，一般有錢的人，俱紛紛向英法兩租界遷移，至於國民黨張學良等，則俯首貼耳，聽日軍任意橫行。

转载
临时中央政府为帝国主义瓜分中国与帝国主义大战致全国的通电

全国工人农民兵士学生及一切劳苦民众：

帝国主义瓜分中国的争夺更加激烈了，日本占领东三省全部后复向热河进攻，法国占领云南广西边境，英国出兵康藏，最近日本以武力占领上海，炮轰南京，同时又在中国各海口——汕头，厦门，福州等处实行武装示威，长江各重要口岸亦在其封锁及占领的计划中，日本占领上海闸北后，英美各国立即调遣大批兵舰开往上海，美国在上海的军队已与日本军队接触，帝国主义又在太平洋上的大战前哨战已经在上海开火了！国民党各派反革命政府只有复习其投降帝国主义的惯技，甘心接受帝国主义的要求，解散上海抗日救国会，压迫罢工屠杀反帝的革命群众，以表示其对帝国主义的忠诚。近日，国民党的蒋介石派复利用上海事件，企图挑起太平洋上的帝国主义大战，把中国变成帝国主义大战的战场，让帝国主义国家在大战来解决瓜分中国问题，这明显表示：国民党各派军阀，都是帮助各个帝国主义瓜分中国的工具。只有中国工农红军，中国工农劳苦群众和不受国民党指挥而是反对国民党的士兵与义勇军才是真正反对一切帝国主义，也只有他们才有与帝国主义作战的决心，来求中国的民族独立与解放，中国工农红军正在进行消灭国民党军阀的革命战争，在获得新的胜利，红四军团占领黄安，息县六安，进逼黄陂，二军团占领皂市应城，进逼武汉，江西红军已取信丰，南康进攻赣州。中华苏维埃共和国境内的工农劳苦群众正在热烈举行反帝示威，举行募捐，援助你们反日罢工和一切反帝运动，要知道：只有在苏维埃旗帜之下，我们才可以真正进行反日反美反一切帝国主义和其工具国民党各派政府的斗争——全国的工农劳苦群众们，中华苏维埃临时中央政府号召你们罢工罢课——自动地组织义勇军，自动地武装起来，夺取国民党的武装，直接与帝国主义作战，革命义勇军的战土［士］们和白军的士兵们！你们必须反抗国民党的指挥，打起苏维埃的红旗，成立工农红军，这样来驱逐日本美国及一切帝国主义出中国，来打到国民党的一切反动政府，来反对帝国主义瓜分中国，来反对帝国主义大战，来建立全中国的民众苏维埃政权！

中华苏维埃共和国临时中央政府

二月一日

中華蘇維埃共和國臨時中央政府機關報

紅色中華

本期附送畫報一張

第八期

一九三二年二月三日

本期連畫報共三張

本期收報費二枚

轉載

為帝國主義瓜分中國與帝國主義大戰致全國的通電

臨時中央政府

全國工人農民兵士學生及一切勞苦民衆：

帝國主義瓜分中國的爭奪更加激烈了，日本佔領東三省全部後復向熱河進攻，法國佔領雲南廣西邊境，英國出兵康藏，最近日本以武力佔領上海，炮轟南京，同時又在中國各海口—汕頭，廈門，福州等處實行武裝示威，長江各重要口岸亦在其封鎖及佔領的計劃中，日本佔領上海閘北後，英美各國立即調遣大批兵艦開往上海，美國在上海的軍隊已與日本軍隊接觸，帝國主義又在太平洋上的大戰前哨戰已經在上海開火了—國民黨各派反革命政府只有復習其投降帝國主義的慣技，甘心接受帝國主義的要求，解散上海抗日救國會，壓迫罷工屠殺反帝的革命群衆，以表示其對帝國主義的忠誠。近日，國民黨的蔣介石派復利用上海事件，企圖挑起太平洋上的帝國主義大戰，把中國變成帝國主義大戰的戰場，讓帝國主義國家在大戰來解決瓜分中國問題，這明顯表示：國民黨各派軍閥，都是幫助各個帝國主義瓜分中國的工具。只有中國工農紅軍，中國工農勞苦群衆和不受國民黨指揮而是反對國民黨的士兵與義勇軍才是真正反對一切帝國主義，也只有他們才有與帝國主義作戰的決心，來求中國的民族獨立與解放，中國工農紅軍正在進行消滅國民黨軍閥的革命戰爭，在獲得新的勝利，紅四軍團佔領黃安，息縣六安，進逼黃陂，二軍團佔領皂市應城，進逼武漢，江西紅軍已取信豐，南康進攻贛州。中華蘇維埃共和國境內的工農勞苦群衆正在熱烈舉行反帝示威，舉行募捐，援助你們反日罷工和一切反帝運動，要知道：只有在蘇維埃旗幟之下，我們才可以真正進行反日反美反一切帝國主義和其工具國民黨各派政府的鬬爭—全國的工農勞苦群衆們，中華蘇維埃臨時中央政府號召你們罷工罷課—自動的組織義勇軍，自動的武裝起來，奪取國民黨的武裝，直接與帝國主義作戰，革命義勇軍的戰士們和白軍的士兵們！你們必須反抗國民黨的指揮，打起蘇維埃的紅旗，成立工農紅軍，這樣來驅逐日本美國及一切帝國主義出中國，來打倒國民黨的一切反動政府，來反對帝國主義瓜分中國，來反對帝國主義大戰，來建立全中國的民衆蘇維埃政權！中華蘇維埃共和國臨時中央政府二月一日。

號召全國工農兵援助上海罷工的通電

臨時中央政府

全國各蘇區工農群衆紅軍戰士及白區工農兵勞苦群衆們

上海日紗廠和其他工廠工人正反抗帝國主義資本家殘重壓迫剝削而繼續不斷大罷工目前國民黨政府無恥勾結帝國主義瓜分中國屠殺工農，壓迫革命與日帝國主義強佔上海時這一罷工將更擴大劇烈，成為反帝反國民黨的一枝主力軍，本政府號召全國蘇區工農群衆紅軍戰士一致熱烈援助上海罷工并舉行募捐接濟罷工工人，特別號召白區工農兵及一切革命群衆與上海工人取一致行動與帝國主義國民黨作堅決斗爭，中華蘇維埃共和國臨時中央政府。陷

致上海罷工工人的電

臨時中央政府

全國總工會轉上海罷工工友鑒：

在帝國主義積極瓜分中國日軍又強佔上海，國民黨無恥出賣中國時你們正是堅決與帝國主義資本家作殘酷斗爭，舉行大罷工，這種英勇革命行動本政府代表全國蘇區工農群衆和紅軍戰士，對你們深表同情與慰問，國民黨這工農死敵帝國主義的代理人，現在又將上海送給帝國主義，壓迫罷工解散抗日救國會，要打倒帝國主義必須推翻國民黨統治，蘇維埃是工農兵自己政府蘇區工農已完全得到解放，實行八小時工作與勞動保護法，工人有絕對罷工集會結社自由，農民分得田地，帝國主義勢力已驅逐出去，白區工農只有起來組織蘇維埃政府才能消滅帝國主義的剝削，得到真正解放本政府已領導全蘇區工農群衆和紅軍戰士積極進行革命戰爭，為打倒帝國主義推翻國民黨統治而奮斗，除號召全國蘇區工農群衆和紅軍戰士來實際援助你們罷工，并舉行廣大募捐運動，望你們鞏固自己團結與敵人奮斗到底。

中華蘇維埃共和國臨時中央政府。陷

期
红色中华零零零八期
版
零一版
时间
一九三二年二月三日

临时中央政府号召全国工农兵援助上海罢工的通电

全国各苏区工农群众红军战士及白区工农兵劳苦群众们

上海日纱厂和其他工厂工人正反抗帝国主义资本家严重压迫剥削而继续不断大罢工目前国民党政府无耻勾结帝国主义瓜分中国屠戮工农，压迫革命与日帝国主义强占上海时这一罢工将更扩大剧烈，成为反帝反国民党的一枝［支］主力军，本政府号召全国苏区工农群众红军战士一致热烈援助上海罢工并举行募捐接济罢工工人，特别号召白区工农兵及一切革命群众与上海工人取一致行动与帝国主义国民党作坚决斗争。

中华苏维埃共和国临时中央政府。陷

中華蘇維埃共和國臨時中央政府機關報

紅色中華

本期附送畫報一張

第八期

一九三二年二月三日

本期連畫報共三張

本期收報費二枚

轉載

爲帝國主義瓜分中國與帝國主義大戰致全國的通電

臨時中央政府

全國工人農民兵士學生及一切勞苦民衆：

帝國主義瓜分中國的爭奪更加激烈了，日本佔領東三省全部後復向熱河進攻，法國佔領雲南廣西邊境，英國出兵康藏，最近日本以武力佔領上海，炮轟南京，同時又在中國各海口—汕頭，廈門，福州等處實行武裝示威，長江各重要口岸亦在其封鎖及佔領的計劃中，日本佔領上海閘北後，英美各國立即調遣大批兵艦開往上海，美國在上海的軍隊已與日本軍隊接觸，帝國主義又在太平洋上的大戰前哨戰已經在上海開火了！國民黨各派反革命政府只有復習其投降帝國主義的慣技，甘心接受帝國主義的要求，解散上海抗日救國會，壓迫罷工屠殺反帝的革命群衆，以表示其對帝國主義的忠誠。近日，國民黨的蔣介石派復利用上海事件，企圖挑起太平洋上的帝國主義大戰，把中國變成帝國主義大戰的戰場，讓帝國主義國家在大戰來解決瓜分中國問題，這明顯表示：國民黨各派軍閥，都是幫助各個帝國主義瓜分中國的工具。只有中國工農紅軍，中國工農勞苦群衆和不受國民黨指揮而是反對國民黨的士兵與義勇軍才是眞正反對一切帝國主義，也只有他們才有與帝國主義作戰的決心，來求中國的民族獨立與解放，中國工農紅軍正在進行消滅國民黨軍閥的革命戰爭，在獲得新的勝利，紅四軍團佔領黃安，息縣六安，進逼黃陂，二軍團佔領皂市應城，進逼武漢，江西紅軍已取信豐，南康進攻贛州。中華蘇維埃共和國境內的工農勞苦群衆正在熱烈舉行反帝示威，舉行募捐，援助你們反日罷工和一切反帝運動，要知道：只有在蘇維埃旗幟之下，我們才可以眞正進行反日反美反一切帝國主義和其工具國民黨各派政府的鬬爭—全國的工農勞苦群衆們，中華蘇維埃臨時中央政府號召你們罷工罷課—自動的組織義勇軍，自動的武裝起來，奪取國民黨的武裝，直接與帝國主義作戰，革命義勇軍的戰士們和白軍的士兵們！你們必須反抗國民黨的指揮，打起蘇維埃的紅旗，成立工農紅軍，這樣來驅逐日本美國及一切帝國主義出中國，來打倒國民黨的一切反動政府，來反對帝國主義瓜分中國，來反對帝國主義大戰，來建立全中國的民衆蘇維埃政權！中華蘇維埃共和國臨時中央政府二月一日。

臨時中央政府

號召全國工農兵援助上海罷工的通電

全國各蘇區工農群衆紅軍戰士及白區工農兵勞苦群衆們

上海日紗廠和其他工廠工人正反抗帝國主義資本家嚴重壓迫剝削而經過不斷大罷工日前國民黨政府無恥勾結帝國主義瓜分中國屠殺工農，壓迫革命與日帝國主義強佔上海時這一罷工將更擴大劇烈，成爲反帝反國民黨的一枝主力軍，本政府號召全國蘇區工農群衆紅軍戰士一致熱烈援助上海罷工并舉行募捐接濟罷工工人，特別號召白區工農兵及一切革命群衆與上海工人取一致行動與帝國主義國民黨作堅決斗爭，中華苏維埃共和國臨時中央政府。陷

臨時中央政府

致上海罷工工人的電

全國總工會轉上海罷工工友鑒：

在帝國主義積極瓜分中國日軍又強佔上海，國民黨無恥出賣中國時你們正是堅決與帝國主義資本家作殘酷斗爭，舉行大罷工，這種英勇革命行動本政府代表全國蘇區工農群衆和紅軍戰士，對你們深表同情與慰問，國民黨是工農死敵帝國主義的代理人，現在又將上海送給帝國主義，壓迫罷工解散抗日救國會，要打倒帝國主義必須推翻國民黨統治，苏維埃是工農兵自己政府蘇區工農已完全得到解放，實行八小時工作與勞動保護法，工人有絕對罷工集會結社自由，農民分得田地，帝國主義勢力已驅逐出去，白區工農只有起來組織蘇維埃政府才能消滅帝國主義的剝削，得到眞正解放本政府已領導全苏區工農群衆和紅軍戰士積極進行革命戰爭，爲打倒帝國主義推翻國民黨統治而奮斗，除號召全國苏區工農群衆和紅軍戰士來實際援助你們罷工，并舉行廣大募捐運動，望你們鞏固自己團結與敵人奮斗到底。

中華苏維埃共和國臨時中央政府。陷

临时中央政府致上海罢工工人的电

全国总工会转上海罢工工友鉴：

在帝国主义积极瓜分中国日军又强占上海，国民党无耻出卖中国时你们正是坚决与帝国主义资本家作残酷斗争，举行大罢工，这种英勇革命行动本政府代表全国苏区工农群众和红军战士，对你们深表同情与慰问，国民党是工农死敌帝国主义的代理人，现在又将上海送给帝国主义，压迫罢工解散抗日救国会，要打倒帝国主义必须推翻国民党统治，苏维埃是工农兵自己政府苏区工农已完全得到解放，实行八小时工作与劳动保护法，工人有绝对罢工集会结社自由，农民分得田地，帝国主义势力已驱逐出去，白区工农只有起来组织苏维埃政府才能消灭帝国主义的剥削，得到真正解放本政府已领导全苏区工农群众和红军战士积极进行革命战争，为打倒帝国主义推翻国民党统治而奋斗，除号召全国苏区工农群众和红军战士来实际援助你们罢工，并举行广大募捐运动，望你们巩固自己团结与敌人奋斗到底。

中华苏维埃共和国临时中央政府。陷

2月

紅色中華

中華蘇維埃共和國臨時中央政府機關報

本期附送畫報一張

第八期

一九三二年二月三日

本期連畫報共三張

本期收報費二枚

轉載

為帝國主義瓜分中國與帝國主義大戰致全國的通電

臨時中央政府

全國工人農民兵士學生及一切勞苦民衆：

帝國主義瓜分中國的爭奪更加激烈了，日本佔領東三省全部後復向熱河進攻，法國佔領雲南廣西邊境，英國出兵康藏，最近日本以武力佔領上海，炮轟南京，同時又在中國各海口—汕頭，廈門，福州等處實行武裝示威，長江各重要口岸亦在其封鎖及佔領的計劃中，日本佔領上海閘北後，英美各國立即調遣大批兵艦開往上海，美國在上海的軍隊已與日本軍隊接觸，帝國主義又在太平洋上的大戰前哨戰已經在上海開火了！國民黨各派反革命政府只有復習其投降帝國主義的慣技，甘心接受帝國主義的要求，解散上海抗日救國會，壓迫罷工屠殺反帝的革命群衆，以表示其對帝國主義的忠誠。近日，國民黨的蔣介石派復利用上海事件，企圖挑起太平洋上的帝國主義大戰，把中國變成帝國主義大戰的戰場，讓帝國主義國家在大戰來解決瓜分中國問題，這明顯表示：國民黨各派軍閥，都是幫助各個帝國主義瓜分中國的工具。只有中國工農紅軍，中國工農勞苦群衆和不受國民黨指揮而是反對國民黨的士兵與義勇軍才是眞正反對一切帝國主義，也只有他們才有與帝國主義作戰的決心，來求中國的民族獨立與解放，中國工農紅軍正在進行消滅國民黨軍閥的革命戰爭，在獲得新的勝利，紅四軍圍佔領黃安，息縣六安，進逼黃陂，二軍團佔領皂市應城，進逼武漢，江西紅軍已取信豐，南康進攻贛州。中華蘇維埃共和國境內的工農勞苦群衆正在熱烈舉行反帝示威，舉行募捐，援助你們反日罷工和一切反帝運動，要知道：只有在蘇維埃旗幟之下，我們才可以眞正進行反日反美反一切帝國主義和其工具國民黨各派政府的鬬爭—全國的工農勞苦群衆們，中華蘇維埃臨時中央政府號召你們罷工罷課—自動的組織義勇軍，自動的武裝起來，奪取國民黨的武裝，直接與帝國主義作戰，革命義勇軍的戰士們和白軍的士兵們！你們必須反抗國民黨的指揮，打起蘇維埃的紅旗，成立工農紅軍，這樣來驅逐日本美國及一切帝國主義出中國，來打倒國民黨的一切反動政府，來反對帝國主義瓜分中國，來反對帝國主義大戰，來建立全中國的民衆蘇維埃政權！中華蘇維埃共和國臨時中央政府二月一日。

號召全國工農兵援助上海罷工的通電

臨時中央政府

全國各蘇區工農群衆紅軍戰士及白區工農兵勞苦群衆們

上海日紗廠和其他工廠工人正反抗帝國主義資本家嚴重壓迫剝削而繼續不斷大罷工目前國民黨政府無恥勾結帝國主義瓜分中國屠殺工農，壓迫革命與日帝國主義強佔上海時這一罷工將更擴大劇烈，成爲反帝反國民黨的一枝主力軍，本政府號召全國蘇區工農群衆紅軍戰士一致熱烈援助上海罷工并舉行募捐援濟罷工工人，特別號召白區工農兵及一切革命群衆與上海工人取一致行動與帝國主義國民黨作堅決斗爭。中華苏維埃共和國臨時中央政府。陷

致上海罷工工人的電

臨時中央政府

全國總工會轉上海罷工工友鑒：

在帝國主義積極瓜分中國日軍又強佔上海，國民黨無恥出賣中國時你們正是堅決與帝國主義資本家作殘酷斗爭，舉行大罷工，這種英勇革命行動本政府代表全國蘇區工農群衆和紅軍戰士，對你們深表同情與慰問，國民黨是工農死敵帝國主義的代理人，現在又將上海送給帝國主義，壓迫罷工解散抗日救國會，要打倒帝國主義必須推翻國民黨統治，苏維埃是工農兵自己政府蘇區工農已完全得到解放，實行八小時工作與勞動保護法，工人有絕對罷工集會結社自由，農民分得田地，帝國主義勢力已驅逐出去，白區工農只有起來組織蘇維埃政府才能消滅帝國主義的剝削，得到眞正解放本政府已領導全苏區工農群衆和紅軍戰士積極進行革命戰爭，爲打倒帝國主義推翻國民黨統治而奮斗，除號召全國苏區工農群衆和紅軍戰士來實際援助你們罷工，并舉行廣大募捐運動，望你們鞏固自己團結與敵人奮斗到底。

中華苏維埃共和國臨時中央政府。陷

紅色中華

中国共产党苏区中央局致全国的通电

中共中央转全国总工会，上海工联，各罢工团体，全国反帝大同盟，各地抗日救国会，义勇军，革命学生会及全国工农兵士贫民及一切劳苦群众公鉴：

自日帝国主义占领东三省以来，各帝国主义瓜分中国的争夺更加激烈，法占滇桂边境，英国出兵康藏，美国倾全力进行太平洋海军大操，世界大战危机一触即发，进攻苏联的战争准备也愈加紧张，而首当其冲首受其害的便是中国，最近日军除向热河榆关前进及在沿海各埠举行武装示威外，炸弹一声，二十九日复以武力占领上海，继着的将是沿江各口岸的武装封锁和占领，美国对此立令菲律堂滨［宾］舰队开往上海，更加紧了帝国主义大战剑拔弩张的形势。国民党各派反革命政府，只是仰承各帝国主义鼻息的工具，改组派上台后的各派分赃割据已露尽丑态，对反日革命运动则压迫罢工，解散抗日救国会，禁止民众自己组织□勇军，逮捕学生代表，对于日本通牒则无条件地接受，军队则步步撤退，决心作一切投降表示。即在日军进占时所发生的军事冲突，也由于广大群众义勇军和兵士的英勇反抗，国民党某些军阀则站在另一派（美国）帝国主义的利益底下，企图利用这一行动，挑起世界大战，这同样是出卖民族独立利益的。现时上海的反日罢工正在扩大，民众义勇军飞速地发展与直接对日作战，已使国民党的欺骗利用不能控制，革命学生的示威与士兵革命化都在反帝反国民党的旗帜之下行动起来；同时，苏区红军亦正在得着新的胜利，红军四军团逼黄陂，二军团占皂市应城江西红军已取得信丰上犹。这表明国民党的反动统治已日益崩溃和走向死亡，只有全中国被压迫民众才是反帝国主义的，只有中国工农红军与不受国民党领导的义勇军才是不受任何帝国主义指挥，有决心与帝国主义作战以求中国的独立自由解放的。与全国工农兵及贫民一切劳苦群众只有坚决地站在苏维埃政府领导之下，与苏区广大群众和红军积极向外发展的革命战争相配合，才更有力最有领导地进行反日反帝反国民党的残酷斗争。中共苏区中央局号召你们，接受中国共产党的领导工人坚决地扩大罢工。农民灾民发展游击战争和骚动，士兵变到红军中来，学生继续罢课，一切被压迫民众革命起来，自动地组织义勇军，夺取敌人的武器，武装自己，驱逐日本帝国主义及一切帝国主义出中国，推翻帝国主义工具国民党的统治，成立民众的苏维埃政权，苏区的工农劳苦群众与红军更要努力开展革命战争，举行反日募捐来援助你们，使苏区非苏区的反帝炮火连接一起、一致地向着我们的敌人日本美国一切帝国主义与国民党各派□□进攻，以革命的战争来消灭世界大战和压迫中国民众的反革命战争以争取苏维埃革命在全中国的胜利！

中共苏区中央局
三十

一九三二年二月三日　紅色中華　第二版

中國共產黨蘇區中央局致全國的通電

中共中央轉全國總工會，上海工聯，各罷工團體，全國反帝大同盟，各地抗日救國會，義勇軍，革命學生會及全國工農兵士貧民及一切勞苦群衆公鑒：自日帝國主義佔領東三省以來，各帝國主義瓜分中國的爭奪更加激烈，法佔領桂邊境，英國出兵康藏，美國傾全力進行太平洋海軍大操，世界大戰危機一觸即發，進攻蘇聯的戰爭準備也愈加緊張，而首當其衝首受其害的便是中國，最近日軍除向熱河榆關前進及在沿海各埠舉行武裝示威外，炸彈一聲，廿九日復以武力佔領上海，繼着的將是沿江各口岸的武裝封鎖和佔領，美國對此立令菲律賓艦隊開往上海，更加緊了帝國主義大戰劍拔弩張的形勢。國民黨各派反革命政府，只是仰承各帝國主義鼻息的工具，改組派上台後的各派分贓割據已露醜態，對反日革命運動則壓迫罷工，解散抗日救國會，禁止民衆自己組織義勇軍，逮捕學生代表，對於日本通牒則無條件的接受，軍隊則步步撤退，決心作一切投降表示，即在日軍進佔時所發生的軍事沖突，也由於廣大群衆義勇軍和兵士的英勇反抗，國民黨某些軍閥則站在另一派（美國）帝國主義的利益底下，企圖利用這一行動，挑起世界大戰，這同樣是出賣民族獨立利益的。現時上海的反日罷工正在擴大，民衆義勇軍飛速的發展與直接對日作戰，已使國民黨的欺騙利用不能控制，革命學生的示威與士兵革命化都在反帝反國民黨的旗幟之下行動起來；同時，蘇區紅軍亦正在得着新的勝利，紅軍四軍圍適黃陂，二軍團佔皂市應城江西紅軍已取得信豐上猶，這表明國民黨的反動統治已日益崩潰和走向死亡，只有全中國被壓迫民衆才是反帝國主義的，只有中國工農紅軍與不受國民黨領導的義勇軍才是不受任何帝國主義指揮，有決心與帝國主義作戰以求中國的獨立自由解放的，與全國工農兵及貧民一切勞苦群衆只有堅決的站在蘇維埃政府領導之下，與蘇區廣大群衆和紅軍積極向外發展的革命戰爭相配合，才更有力量有領導的進行反日反帝反國民黨的殘酷鬥爭。中共蘇區中央局號召你們，接受中國共產黨的領導工人堅決的擴大罷工，農民與民發展游擊戰爭和騷動，士兵變到紅軍中來，學生繼續罷課，一切被壓迫民衆革命起來，自動的組織義勇軍，奪取敵人的武裝，武裝自己，驅逐日本帝國主義及一切帝國主義出中國，推翻帝國主義工具國民黨的統治，建立民衆的蘇維埃政權。蘇區的工農勞苦群衆與紅軍更要努力開展革命戰爭，舉行反日募捐，以援助你們，使蘇區非蘇區的反帝砲火連接一起，一致的向着我們的敵人日本美國一切帝國主義與國民黨各派發動進攻，以革命的戰爭來消滅世界大戰和壓迫中國民衆的反革命戰爭以爭取蘇維埃革命在全中國的勝利！中共蘇區中央局卅

全總蘇區執行局通電

中華全國總工會并轉全上海工人鑒我們接得你們電報知道在日本帝國主義轟炸上海屠殺民衆的時候你們已經勃發英勇的罷工武裝的冲突抗抵帝國主義的槍砲全蘇區工人群衆相信只有擴大你們的罷工到全國發展武裝的冲突號召民衆自動武裝起來在無產階級領導之下利用三次暴動的經驗奪取反動統治武裝配合蘇區工農及紅軍革命戰爭的勝利直接與日帝國主義作戰，才能拯救自己於帝國主義的屠戮之下，驅逐帝國主義出中國，消滅國民黨的反動統治。全國總工會苏區執行局已經號召全苏區工人農民奮勇的參加紅軍，發展革命戰爭，并募集罷工基金援助你們斗爭。閩贛兩省工人代表大會准二七開幕必有對你們作更大援助我們相信以整個階級的堅決一致領導廣大農民在苏維埃旗幟下和帝國主義轉戰必能取得最後的勝利全總苏區執行局東

專電

日本轟击上海閘北成战場
帝國主義大战前哨战已開始

中國人民慘罹戰禍
國民黨政府逃竄洛陽

日帝國主義猛烈轟击上海

國民黨無條件答覆日要求
下令解散上海抗日會

二十八日上海專電：日方對吳鐵城提出最後通牒之限期，於今日下午六時期滿，吳鐵城於今日下午一時五十分派秘書某，訪日總領事村井，至三時十分始返市府　聞該秘書已將吳鐵城致日總領之答覆送達，其內容爲吳已表明無條件接受日方要求。

又電：吳已决定接受日方之要求，並已於

昨晚下令解散上海之抗日會。

今日下午將有正式答覆致村井日總領。

國民黨乞憐其他帝國主義

一月二十九日上海專電：國民黨市政府卅日御抗驗，內容謂日總領事所提出四項件條，業經承認答覆送達，日總領認爲滿意距一十八晚十一時二十分，市公安局忽接到村井總領信一封，內附日艦隊司令官致上海市長及公安局公告一件　要求撤退閘北國民黨軍隊，同時，日陸戰隊即開始行動，向華界進攻。國民黨請各國主持公道。

全总苏区执行局通电

中华全国总工会并转全上海工人鉴

我们接得你们电报知道在日本帝国主义轰炸上海屠杀民众的时候你们已经勃发英勇的罢工武装的冲突抗抵帝国主义的枪炮全苏区工人群众相信只有扩大你们的罢工到全国发展武装的冲突号召民众自动武装起来在无产阶级领导之下利用三次暴动的经验夺取反动统治武装配合苏区工农及红军革命战争的胜利直接与日帝国主义作战，才能拯救自己于帝国主义的屠戮之下，驱逐帝国主义出中国，消灭国民党的反动统治。全国总工会在苏区执行局已经号召全苏区工人农民奋勇地参加红军，发展革命战争，并募集罢工基金援助你们斗争。闽赣两省工人代表大会□二七开幕必将对你们作更大援助我们相信以整个阶级的坚决一致领导广大农民在苏维埃旗帜下和帝国主义转战必能取得最后的胜利。

全总苏区执行局

中國共產黨蘇區中央局致全國的通電

中共中央轉全國總工會，上海工聯，各罷工團體，全國反帝大同盟，各地抗日救國會，義勇軍，革命學生會及全國工農兵士貧民及一切勞苦羣衆公鑒：自日帝國主義佔領東三省以來，各帝國主義瓜分中國的爭奪更加激烈，法佔領桂邊境，英國出兵康藏，美國傾全力進行太平洋海軍大操，世界大戰危機一觸即發，進攻蘇聯的戰爭準備也愈加緊張，而首當其衝首受其害的便是中國，最近日軍除向熱河榆關前進及在沿海各埠舉行武裝示威外，炸彈一聲，廿九日復以武力佔領上海，繼着的將是沿江各口岸的武裝封鎖和佔領，美國對此立令菲律濱艦隊開往上海，更加緊了帝國主義大戰劍拔弩張的形勢。國民黨各派反革命政府，只是仰承各帝國主義鼻息的工具，改組派上台後的各派分贓割據已露盡醜態，對反日革命運動則壓迫罷工，解散抗日救國會，禁止民衆自己組織義勇軍，逮捕學生代表，對於日本通牒則無條件的接受，軍隊則步步撤退，決心作一切投降表示。即在日軍進佔時所發生的軍事冲突，也由於廣大羣衆義勇軍和兵士的英勇反抗，國民黨某些軍閥則站在另一派（美國）帝國主義的利益底下，企圖利用這一行動，掀起世界大戰，這同樣是出賣民族獨立利益的。現時上海的反日罷工正在擴大，民衆義勇軍飛速的發展與直接對日作戰，已使國民黨的欺騙利用不能控制，革命學生的示威與士兵革命化都在反帝反國民黨的旗幟之下行動起來，同時，蘇區紅軍亦正在得着新的勝利，紅軍四軍團通黃陂，二軍團佔皂市應城江西紅軍已取得信豐上猶，這表明國民黨的反動統治已日益崩潰和走向死亡，只有全中國被壓迫民衆才是反帝國主義的，只有中國工農紅軍與不受國民黨領導的義勇軍才是不受任何帝國主義指揮，有決心與帝國主義作戰以求中國的獨立自由解放的。與全國工農兵及貧民一切勞苦羣衆只有堅決的站在蘇維埃政府領導之下，與蘇區廣大羣衆和紅軍積極向外發展的革命戰爭相配合，才更有力量有領導的進行民族反帝反國民黨的鬥爭。中共蘇區中央局號召你們，接受中國共產黨的領導工人堅決的擴大罷工，農民與兵士擴展游擊戰爭和騷動，士兵變到紅軍中來，學生繼續罷課，一切被壓迫民衆革命起來，自動的組織義勇軍，奪取敵人的武器，武裝自己，驅逐日本帝國主義及一切帝國主義出中國，推翻帝國主義工具國民黨的統治，擁護民衆的蘇維埃政權，蘇區的工農勞苦羣衆與紅軍更要努力開展革命戰爭，舉行反日暴動，援助你們，使蘇區非蘇區民衆反帝砲火連接一起，一致的向着我們的敵人日本美國一切帝國主義與國民黨各派進攻，以革命的戰爭來消滅世界大戰和壓迫中國民衆的反革命戰爭以爭取蘇維埃革命在全中國的勝利！中共蘇區中央局卅

全總蘇區執行局通電

中華全國總工會并轉全上海工人：從我們接得你們電報知道在日本帝國主義轟炸上海屠殺民衆的時候你們已經勃發英勇的罷工武裝的冲突抗抵帝國主義的槍砲，全蘇區工人羣衆相信只有擴大你們的罷工到全國發展武裝的冲突號召民衆自動武裝起來在無產階級領導之下利用三次暴動的經驗奪取反動統治武裝配合蘇區工農及紅軍革命戰爭的勝利直接與日帝國主義作戰，才能拯救自己於帝國主義的屠戮之下，驅逐帝國主義出中國，消滅國民黨的反動統治。全國總工會蘇區執行局已經號召全蘇區工人農民奮勇的參加紅軍，發展革命戰爭，并募集罷工基金援助你們斗爭。蘇皖兩省工人代表大會準二七前舉必將對你們作最大援助我們相信以整個階級的堅決一致領導廣大農民在蘇維埃旗幟下和帝國主義轉戰必能取得最後的勝利全總蘇區執行局來

專電

日本轟击上海閘北戰場 帝國主義大战前哨战已開始

中國人民慘罹戰禍 國民黨政府逃竄洛陽

日帝國主義猛烈轟击上海

國民黨無條件答覆日要求 下令解散上海抗日會

二十八日上海專電：日方對吳鐵城提出最後通牒之限期，於今日下午六時期滿，吳鐵城於今日下午一時五十分派秘書某，訪日總領事村井，至三時十分始返市府　聞該秘書已將吳鐵城致日總領之答覆送達，其內容爲吳已表明無條件接受日方要求。

又電：吳已決定接受日方之要求，並已於昨晚下令解散上海之抗日會。今日下午將有正式答覆致村井日總領。

國民黨乞憐其他帝國主義

一月二十九日上海專電：國民黨市政府卅日御抗議，內容謂日總領事所提出四項件條，業經承認答覆送達，日總領認爲滿意。距二十八晚十一時二十分，市公安局忽接到日他信一封，內附日戰艦隊司令官致上海市長及公安局公告一件，要求撤退閘北國民黨軍隊，同時，日陸戰隊即開始行動，向華界進攻。國民黨請各國主持公道。

期
红色中华零零零八期
版
零二版
时间
一九三二年二月三日

专电
日本轰击上海闸北成战场
帝国主义大战前哨战已开始
中国人民惨罹战祸
国民党政府逃窜洛阳
日帝国主义猛烈轰击上海

国民党无条件答覆日要求
下令解散上海抗日会

二十八日上海专电：日方对吴铁城提出最后通牒之限期，于今日下午六时期满，吴铁城于今日下午一时五十分派秘书某，访日总领事村井，至三时十分始返市府□闻该秘书已将吴铁城致日总领之答覆送达，其内容为吴已表明无条件接受日方要求。

又电：吴已决定接受日方之要求，并已于昨晚下令解散上海之抗日会。今日下午将有正式答覆致村井日总领。

中國共產黨蘇區中央局致全國的通電

中共中央轉全國總工會，上海工聯，各罷工團體，全國反帝大同盟，各地抗日救國會，義勇軍，革命學生會及全國工農兵士貧民及一切勞苦羣衆公鑒：自日帝國主義佔領東三省以來，各帝國主義瓜分中國的爭奪更加激烈，法佔滇桂邊境，英國出兵康藏，美國傾全力進行太平洋海軍大操，世界大戰危機一觸即發，進攻蘇聯的戰爭準備也愈加緊張，而首當其衝首受其害的便是中國，最近日軍除向熱河榆關前進及在沿海各埠舉行武裝示威外，炸彈一聲，廿九日復以武力佔領上海，繼着的將是沿江各口岸的武裝封鎖和佔領，美國對此立令菲律濱艦隊開往上海，更加緊了帝國主義大戰劍拔弩張的形勢。國民黨各派反革命政府，只是仰承各帝國主義鼻息的工具，改組派上台後的各派分贓割據已露盡醜態，對反日革命運動則壓迫罷工，解散抗日救國會，禁止民衆自己組織義勇軍，逮捕學生代表，對於日本通牒則無條件的接受，軍隊則步步撤退，決心作一切投降表示。即在日軍進佔時所發生的軍事衝突，也由於廣大羣衆義勇軍和兵士的英勇反抗，國民黨某些軍閥則站在另一派（美國）帝國主義的利益底下，企圖利用這一行動，挑起世界大戰，這同樣是出賣民族獨立利益的。現時上海的反日罷工正在擴大，民衆義勇軍飛速的發展與直接對日作戰，已使國民黨的欺騙利用不能控制，革命學生的示威與士兵革命化都在反帝反國民黨的旗幟之下行動起來；同時，蘇區紅軍亦正在得着新的勝利，紅軍四軍團通黃陂，二軍團佔皂市應城江西紅軍已取得信豐上猶，這表明國民黨的反動統治已日益崩潰和走向死亡，只有全中國被壓迫民衆才是反帝國主義的，只有中國工農紅軍與不受國民黨領導的義勇軍才是不受任何帝國主義指揮，有決心與帝國主義作戰以求中國的獨立自由解放的，與全國工農兵及貧民一切勞苦羣衆只有堅決的站在蘇維埃政府領導之下，與蘇區廣大羣衆和紅軍積極向外發展的革命戰爭相配合，才更有力量有領導的進行反日反帝反國民黨的鬬爭。中共蘇區中央局號召你們，接受中國共產黨的領導工人堅決的擴大罷工，農民與民發展游擊戰爭和騷動，士兵變到紅軍中來，學生繼續罷課，一切被壓迫民衆革命起來，自動的組織義勇軍，奪取敵人的武裝，武裝自己，驅逐日本帝國主義及一切帝國主義出中國，推翻帝國主義工具國民黨的統治，建立民衆的蘇維埃政權。蘇區的工農勞苦羣衆與紅軍更要努力開展革命戰爭，舉行反日募捐，來援助你們，使蘇區與非蘇區的反帝砲火連接一起、一致的向着我們的敵人日本美國一切帝國主義與國民黨各派進攻，以革命的戰爭來消滅世界大戰和壓迫中國民衆的反革命戰爭以爭取蘇維埃革命在全中國的勝利！中共蘇區中央局卅

全總蘇區執行局通電

中華全國總工會并轉全上海工人羣衆：我們接得你們電報知道在日本帝國主義轟炸上海屠殺民衆的時候你們已經勃發英勇的罷工武裝的衝突抗抵帝國主義的槍砲，全蘇區工人羣衆相信只有擴大你們的罷工到全國發展武裝的衝突號召民衆自動武裝起來在無產階級領導之下利用三次暴動的經驗奪取反動統治武裝配合蘇區工農及紅軍革命戰爭的勝利直接與日帝國主義作戰，才能拯救自己於帝國主義的屠戮之下，驅逐帝國主義出中國，消滅國民黨的反動統治。全國總工會蘇區執行局已經號召全蘇區工人農民踴勇的參加紅軍，發展革命戰爭，并募集罷工基金援助你們鬥爭。蘇維埃兩省工人代表大會准二七開幕必將對你們作更大援助我們相信以整個階級的堅決一致領導廣大農民在蘇維埃旗幟下和帝國主義轉戰必能取得最後的勝利全總蘇區執行局東

專電

日本轟擊上海閘北成戰場 帝國主義大战前哨战已開始

中國人民慘罹戰禍 國民黨政府逃竄洛陽

日帝國主義 猛烈轟擊上海

國民黨無條件答覆日要求 下令解散上海抗日會

二十八日上海專電：日方對吳鐵城提出最後通牒之限期，於今日下午六時期滿，吳鐵城於今日下午一時五十分派秘書某，訪日總領事村井，聞該秘至三時十分始返市府

答已將吳鐵城致日總領之答覆送達，其內容爲吳已表明無條件接受日方要求。

又電：吳已決定接受日方之要求，並已於

昨晚下令解散上海之抗日會

今日下午將有正式答覆致村井日總領。

國民黨乞憐其他帝國主義

一月二十九日上海專電：國民黨市政府卅日復抗議，內容謂日總領事所提出四項件條，業經承認答覆送達，日總領認爲滿意，距二十八晚十一時二十五分，市公安局忽接到日總領信一封，內附日陸戰隊司令官致上海市長及公安局公告一件，要求撤退閘北國民黨軍隊，同時，日陸戰隊即開始行動，向華界進攻。國民黨請各國主持公道。

红色中華

期

红色中华零零零八期

版

零二版

时间

一九三二年二月三日

国民党乞怜其他帝国主义

一月二十九日上海专电：国民党市政府向日领抗议□内容谓日总领事所提出四项件条［条件］，业经承认答覆送达，日总领认为满意□讵一十八晚十一时二十五分，市公安局忽接到日领信一封，内附日战舰队司令官致上海市长及公安局公告一件□要求撤退闸北国民党军队，同时。日陆战队即开始行动，向华界进攻。国民党请各国主持公道。

中國共產黨蘇區中央局致全國的通電

中共中央轉全國總工會，上海工聯，各罷工團體，全國反帝大同盟，各地抗日救國會，義勇軍，革命學生會及全國工農兵士貧民及一切勞苦羣衆公鑒：自日帝國主義佔領東三省以來，各帝國主義瓜分中國的爭奪更加激烈，法佔領桂邊境，英國出兵康藏，美國傾全力進行太平洋海軍大操，世界大戰危機一觸即發，進攻蘇聯的戰爭準備也愈加緊張，而首當其衝首受其害的便是中國，最近日軍除向熱河榆關前進及在沿海各埠舉行武裝示威外，炸彈一聲，廿九日復以武力佔領上海，繼着的將是沿江各口岸的武裝封鎖和佔領，美國對此立令菲律濱艦隊開往上海，更加緊了帝國主義大戰劍拔弩張的形勢。國民黨各派反革命政府，只是仰承各帝國主義鼻息的工具，改組派上台後的各派分贓割據已露盡醜態，對反日革命運動則壓迫罷工，解散抗日救國會，禁止民衆自己組織義勇軍，逮捕學生代表，對於日本通牒則無條件的接受，軍隊則步步撤退，決心作一切投降表示。即在日軍進佔時所發生的軍事衝突，也由於廣大羣衆及義勇軍和兵士的英勇反抗，國民黨某些軍閥則站在另一派(美國)帝國主義的利益底下，企圖利用這一行動，挑起世界大戰，這同樣是出賣民族獨立利益的。現時上海的反日罷工正在擴大，民衆義勇軍飛速的發展與直接對日作戰，已使國民黨的欺騙利用不能控制，革命學生的示威與士兵革命化都在反帝反國民黨的旗幟之下行動起來；同時，蘇區紅軍亦正在得着新的勝利，紅軍四軍團通黃陂，二軍團佔皂市應城江西紅軍已取得信豐上猶，這表明國民黨的反動統治已日益崩潰和走向死亡，只有全中國被壓迫民衆才是反帝國主義的，只有中國工農紅軍與不受國民黨領導的義勇軍才是不受任何帝國主義指揮，有決心與帝國主義作戰以求中國的獨立自由解放的，與全國工農兵及貧民一切勞苦羣衆只有堅決的站在蘇維埃政府領導之下，與蘇區廣大羣衆和紅軍積極向外發展的革命戰爭相配合，才更有力量有領導的進行反日反帝反國民黨的鬥爭。中共蘇區中央局號召你們，接受中國共產黨的領導工人堅決的擴大罷工，農民與貧民發展游擊戰爭和騷動，士兵變到紅軍中來，學生繼續罷課，一切被壓迫民衆革命起來，自動的組織義勇軍，奪取敵人的武器，武裝自己，驅逐日本帝國主義及一切帝國主義出中國，推翻帝國主義工具國民黨的統治，建立民衆的蘇維埃政權。蘇區的工農勞苦羣衆與紅軍更要努力開展革命戰爭，舉行反日募捐，發動你們，使蘇區非蘇區的反帝砲火連接一起，一致的向着我們的敵人日本美國一切帝國主義與國民黨各派的進攻，以革命的戰爭來消滅世界大戰和壓迫中國民衆的反革命戰爭以爭取蘇維埃革命在全中國的勝利！中共蘇區中央局卅

全總蘇區執行局通電

中華全國總工會并轉全上海工人們：我們接得你們電報知道在日本帝國主義轟炸上海屠殺民衆的時候你們已經勃發英勇的罷工武裝的冲突抗抵帝國主義的槍砲。全蘇區工人羣衆相信只有擴大你們的罷工到全國發展武裝的冲突號召民衆自動武裝起來在無產階級領導之下利用三次暴動的經驗奪取反動統治武裝配合蘇區工農及紅軍革命戰爭的勝利直接與日帝國主義作戰，才能拯救自己於帝國主義的屠戮之下，驅逐帝國主義出中國，消滅國民黨的反動統治。全國總工會蘇區執行局已經號召全蘇區工人農民踴勇的參加紅軍，發展革命戰爭，并募集罷工基金援助你們斗爭。開始兩省工人代表大會準二七開幕必將對你們作更大援助你們相信以整個蘇區的堅決一致領導廣大農民在蘇維埃旗幟下和帝國主義轉戰必能取得最後的勝利全總蘇區執行局東

專電

日本轟击上海閘北成战場
帝國主義大战前哨战已開始

中國人民慘罹戰禍
國民黨政府逃竄洛陽

日帝國主義
猛烈轟击上海

國民黨無條件答覆日要求
下令解散上海抗日會

二十八日上海專電：日方對吳鐵城提出最後通牒之限期，於今日下午六時期滿，吳鐵城於今日下午一時五十分派秘書某，訪日總領事村井，至三時十分始返市府　聞該秘書已將吳鐵城致日總領之答覆送達，其內容爲吳已表明無條件接受日方要求。

又電：吳已決定接受日方之要求，並已於今日下午將有正式答覆致村井日總領。

昨晚下令解散上海之抗日會。

國民黨乞憐其他帝國主義

一月二十九日上海專電：國民黨市政府卅日[illegible]抗議，內容謂日總領事所提出四項件條，業經承認答覆送達，日總領認爲滿意，距一十八晚十一時二十五分，市公安局忽接到日領信一封，內附日戰艦隊司令官致上海市長及公安局公告一件，要求撤退閘北國民黨軍隊，同時日陸戰隊即開始行動，向華界進攻。國民黨請各國主持公道。

日军攻击闸北情形

又电：二十八晚十一时四十五分，有日陆战队一千人向闸北开进，当即无抵抗地占领闸北站□午夜十二时，日陆战队奉命开入闸北，彼等用货车五十辆运送□每辆装五十人云。

一月二十九日上海专电：昨晚复有日海军一千名登陆，即开赴虹口一带巡查，现虹口已布满日本之铁甲车货车炮队及其他军用器具，今晨四时三十分起，即有日飞机开始在空中盘旋视察。

二十九无线电路透电：现租界与闸北中□官厅之官庭已完全断绝，日军于今晨六时十五分占领闸北司令部□惟北站日军，因□援□处□攻之日军。致北站复为国民党军队所夺回。

一月二十九日上午八时三十分路透电：今晨有日海军飞机六架，轰炸麦根路一带，以谋阻止沪西及龙华方面之国民党军队向□北救援，现闸北方面正在剧战中，炮火异常猛烈。

日軍攻擊閘北情形

又電：二十八晚十一時四十五分，有日陸戰隊一千人向閘北開進，當即

無抵抗的佔領閘北站（午夜十二時）

，日陸戰隊奉令開入閘北，彼等用貨車五十輛運發，每輛裝五十八云。

一月二十九日上海專電：昨晚復有日海軍一千名登陸，即開赴虹口一帶駐紮，現虹口已佈滿日本之鐵甲車貨車砲隊及各種軍用器具，今晨四時卅分起，即有日飛機開始在空中盤旋視察。

二十九無綫電路透電：現租界與閘北中國官廳之官庭已完全斷絕，日軍於今晨六時十五分

佔領閘北司令部

惟北站日軍，因無援助，致被攻之日軍，致北站復爲國民黨軍隊所奪回。

一月二十九日上午八時卅分路透電：今晨有日海軍飛機六架，轟炸麥根路一帶，以謀阻止滬西及龍華方面之國民黨軍隊向閘北救援，現閘北方面正在劇戰中，砲火異常猛烈。

閘北變成殺人戰場

二十九日中午十二時四十五分上海通電：昨晚閘北居民恐慌萬狀，閘北約五十萬中國人民，皆阻塞門戶，槍砲聲一夜未絕，同時在街上日軍用机槍步槍射擊，向街弄中橫掃，華人死傷無數，其中多數爲平民，今晨四時卅分日軍司令，下令飛機出動，向閘北投彈，此項動員令下後五分鐘，即有日軍飛机一隊，向閘北飛去，並投擲炸彈，在飛機未到達前，閘即有數處起火，自飛機擲彈後，各處起火，滿天皆紅，由數里外之地點，即可望見日飛机于閘北租界間，往來飛馳，機聲與機槍聲步槍聲相聞。二十九日下午一時四十分

一上海電：自二十八晚十一時許，中日軍開始沖突，愈戰愈烈，至二十九日晨三時，槍聲愈密，同時日飛機六架，盤旋空際，拋擲炸彈，租界亦被震動，聞日軍擬於二十九中午十二時總攻擊。

又電：寶山路之戰，國民黨軍隊方面還擊甚少（這是士兵反帝堅決表現以及歷年國民黨出賣中國壓迫士兵反帝之積恨的一種革命情緒爆發），而日方則開槍甚密，但傷兵雖中彈猶高呼前進。北河南路石貿方面，已正式開火，國民黨軍方面奪取鐵甲車三輛。

二十九日下午四時十五分上海電：今日中日雙方總攻擊激戰甚久，北四川路靶子路以北，電綫均斷地，桐橫浜橋南街勉可通行，閘即斷靶子路，二時半寶山路南，商務印書館，被日軍炸彈焚燒，并燃飛及租界。

二十九日下午四時四十分專電：中日軍在閘北交戰愈烈，日機拋彈　商務印書館被焚，路上中日人死屍甚多，人心惶惶，遷居者絡繹不絕，市商會通告，日兵犯境，罷市親停業，故華租界商舖均閉門停業，各銀行紙幣，兌換店不敢用，電話亦斷。租界上北四川路，郵政總局，有爲日軍佔領說，今日槍聲，大砲聲，飛機聲，閘北民房火聲，振動全滬，全市在混亂中，閘北已被日軍佔領，大批日陸戰隊已開入閘北。

三十日下午二時電：三十日晨二時半，閘北槍聲仍密，火光燭天，三時半，槍聲愈烈，三十晨四時，戰事地點，移至湖吳淞路方面，亦有槍聲，川沙白龍港，亦有日兵登陸，又三十晨六時閘北機關槍聲，連如貫珠，戰爭之烈，兩日來所未有，地點約在胡家木橋一帶，租界戒備，較前更嚴密，英租界與閘北交接處，均有鐵絲網，軍隊商團防守行人，祇與七浦路即不能通行，人

卅日下午二時，吳淞情勢，據悉，日軍仍去佔領，有日艦一艘被擊說，日軍落水死者數百名。

三十日下午三時卅五分上海電：今晨十時，空中發現日機三十餘架，第一隊爲十六架，第二隊爲九架，第三隊爲七架，自南飛后，未見飛回。

三十日晚上一時上海專電：下午四時，雙方在狄思威路老靶子路沈家灣海寧路蓬北路河南路楊樹浦一帶巷戰，狄思威路及寶山路兩捕房，現被華軍佔領，中西探捕早已退出，交於日軍，六三花園，日本亦未佔領。

二月一日下午三時電：卅一日夜一日晨，北四川路，老靶子路，嘉興路，狄思威路，福生路，寶山路等處，均有小接觸，但未交戰，雙方陣線未移動。

二月二日下午四時三十分上海電：昨下午靶子路均無日軍踪跡，二時形勢實轉嚴重，蘇州河北完全斷絕，警戒司令部爲該處日軍肆意挑釁，華軍準備防禦。

戰爭的慘禍

火燒房屋無數　殺死的人已上千

二十八日上海專電：今晨七時，兵工廠碼頭江心小輪，拖駁船二，裝白藥百餘箱，被日軍炸裂二船，響聲震全市。

三十日上午十一時上海專電：日軍及便衣隊，隨意屠殺華人，死者在百人以上，五洲藥房虹口分行職員十六人，被日軍拘捕，拷爲通敵解司令部，生死未明。虹口以南貨店被搶空。

三十日一時四十五分上海專電：便衣隊在軍日北四川路與迪安，及廣東戲院一帶，縱火焚燬，引翔高郎橋，虹口，小菜場等三處，亦先後起火，損失尚未明。

又下午八時路透電：閘北方面之大火，已於昨日下午熄滅，結果，有千所房屋被焚，內有多數工廠貨機等，損失在千萬元以上，昨天下午北四川路又大火，與迪安戲院，廣東戲院，及附近之華人住宅數所俱被焚毀，目睹此事之華人，謂該火爲陸戰隊用火油放縱。

三十日下午一時三十分電日機二十九日晨迄晚，正繞旋空中擲彈，約近百枚，北火車站，商務印書館東方圖書館及胡州會館均着火燒毀，商務印書館損失在千萬以上，華人死於火及救火被日兵刺刀刺死者數十人

三十日上海專電：北四川路虹口大旅社附近，三十晨忽發現槍聲，日兵誣指謂自該處樓上杆聲發出，旅客四百餘被縛，驅逐出旅社，或遭刀刺或用槍殺，無不畢命，逢路至海寧路一帶，體屍枕籍，血流殷紅，慘酷無比，四百多人中，僅少數懂外國語者得免。

日帝國主義　大調海陸軍到上海

戰禍更要打大

一月三十日東京專電：日本往上海之陸軍參贊，已有電致陸軍省，請派兵赴滬，上海總圍，亦有電向政府報告，

一月三十日下午一時專電：有日艦四艘入口，三時許，又有小兵艦一隻進口，據川沙保安隊報告，該處日艦四艘，陸戰隊已在浦東白龍港登岸。

月三十日上海專電：日軍又電佐世保調逐洋艦龍田號率領二十六隊驅逐艦隊雙井抽調最精銳之特別陸戰隊三千名

1932

红色中華

上海新闻
整理汇编

闸北變成殺人戰場

珍藏版

期：红色中华零零零八期

版：零三版

时间：一九三二年二月三日

闸北变成杀人战场

二十九日中午十二时四十五分上海通电：昨晚闸北居民恐慌万状，闸北约五十万中国人民，皆阻塞门户，枪炮声一夜未绝，同时在街上日军用机枪步枪射击，向街弄中横扫，华人死伤无数，其中多数为平民，今晨四时二十分日军司令，下令飞机出动，向闸北投弹，此项动员令下后五分钟，即有日军飞机一队，向闸北飞去，并投掷炸弹，在飞机未到达前，闸〈北〉即有数处起火，自飞机掷弹后，各处起火，满天皆红，由数里外之地点，即可望见日飞机于闸北租界间，往来飞□，机声□□□与□□□□□枪声相映。

二十九日下午一时四十分上海电：自二十八晚十一时许，中日军开始冲突，愈战愈烈，至二十九日晨三时，枪声愈密，四时日飞机六架□盘旋空际，抛掷炸弹，租界亦被震动，闻日军拟于二十九中午十二时总攻击。

又电：宝山路之战，国民党军队方面还击甚少（这〈还〉是士兵反帝坚决表现以及历年国民党出卖中国压迫士兵反帝之积累的一种革命情绪爆发），而日方则开枪甚密，但伤兵虽中弹犹高呼前进，北河南路石冀方面，已正式开火，国民党军方面夺取铁甲车三辆。

二十九日下午四时十五分上海电：今日中日双方总攻击激战甚久，北四川路靶子路以北，电线均坠地，初横浜桥南□尚勉可通行，嗣即断靶子路，二时半宝山路南，商务印书馆，被日军炸弹焚烧，纸燎飞及租界。

二十九日下午四时四十分专电：中日军在闸北交驰愈烈，日军抛弹□商务印书馆被焚，路上中日人死尸甚多，人心惶惶，迁居者络绎不绝□市商会通告，日兵犯境，罢市御侮，故华租界商铺□均闭门停业，各银行纸币□兑换店不收用，电话亦断。租界上北四川路，邮政总局，有为日军占领说□今日枪声，大炮声，飞机声，闸北民房火声，振动全沪，全市在混乱中□闸北已被日军占领，大批日陆战队已开入闸北。

三十日下午二时电：三十日晨二时半，闸北枪声仍密，火光烛天，三时半，枪声愈烈，三十晨四时，战事地点，移至汲［江］□湾吴淞路方面，亦有枪声，川沙白龙港，似有日兵登陆，又三十晨六时闸北机关枪声，连如贯珠，战争之烈，两日来所未有，地点约在胡家木桥一带，租界戒严，较前更严密，英租界与闸北街接处，均有铁丝网，军队商团防守行人，只到七浦路即不能通行，入三十日下午二时，吴淞情势，据悉□日军仍去占领，有日舰一艘被击说，日军落水死者数百名。

三十日下午三时三十五分上海电：今晨十时，空中发现日机三十余架□第一队为十六架，第二队为九架，第三队为七架，自东飞西，未见飞回。

三十日晚上一时上海专电：下午四时，双方在狄思威路老靶子路沈家湾海宁路蓬北路河南路杨树浦□带巷战，狄思威路及汇山路两捕房，现被华军占领，中西探捕早已退出，交于日军，六三花园，日本亦未占领。

二月一日下午三时电：三十一日夜一日晨，北四川路，老靶子路，嘉兴路，狄思威路，福生路，宝山路等处，均有小接触，但未□战，双方阵线未移动。

二月二日下午四时三十分上海电：昨下午靶子路均无日军踪迹，二时形势实转严重，苏州河北完全断绝，警戒司令部为该处日军肆意挑衅，华军准备防御。

一九三二年二月三日　紅色中華　第三版

日軍攻擊閘北情形

又電：二十八晚十一時四十五分，有日陸戰隊一千人向閘北開進，當即

無抵抗的佔領閘北站 午夜十二時

，日陸戰隊奉命開入閘北，彼等用貨車五十輛運發，每輛裝五十八云。

一月二十九日上海專電：昨晚復有日海軍一千名登陸，即開赴虹口一帶巡查，現虹口已佈滿日本之鐵甲車貨車砲隊及各種軍用器具，今晨四時卅分起，即有日飛機開始在空中盤旋視察。

二十九無線電路透電：現租界與閘北中國官廳之官庭已完全斷絕，日軍於今晨六時十五分

佔領閘北司令部

惟北站日軍，因無援應，被攻之日軍，致北站復爲國民黨軍隊所奪回。

一月二十九日上午八時卅分路透電：今晨有日海軍飛機六架，轟炸麥根路一帶，以謀阻止滬西及龍華方面之國民黨軍隊向閘北救援，現閘北方面正在劇戰中，砲火異常猛烈。

閘北變成殺人戰場

二十九日中午十二時四十五分上海通電：昨晚閘北居民恐慌萬狀，閘北約五十萬中國人民，皆阻塞門戶，槍砲聲一夜未絕，同時在街上日軍用机槍步槍射擊，向街弄中橫掃，華人死傷無數，其中多數爲平民，今晨四時廿分日軍司令，下令飛機出動，向閘北投彈，此項動員令下後五分鐘，即有日軍飛机一隊，向閘北飛去，並投擲炸彈，在飛機未到達前，閘即有數處起火，自飛機擲彈後，各處起火，滿天皆紅，由數里外之地點，即可望見，日飛机于閘北租界間，往來飛駛，機聲[illegible]炸彈聲機關槍聲步槍聲相應。

二十九日下午一時四十分上海電：自二十八晚十一時許，中日軍開始衝突，愈戰愈烈，至二十九日晨三時，槍聲愈密，同時日飛機六架，盤旋空際，拋擲炸彈，租界亦皆震動，聞日軍擬於二十九中午十二時總攻擊。

又電：寶山路之戰，國民黨軍隊方面還擊甚少（這是士兵反帝堅決表現以及歷年國民黨出賣中國壓迫士兵反帝之罪惡的一種革命情緒爆發），而日方則開槍甚密，偶傷兵雖中彈猶高呼衝鋒，北河南路石路方面，已正式開火，國民黨軍方面奪取鐵甲車三輛。

二十九日下午四時十五分上海電：今日中日雙方總攻擊激戰甚久，北四川路靶子路以北，電線均毀地，初橫濱橋南尙勉可通行，旋即斷靶子

電：二時半寶山路南，商務印書館，被日軍炸彈焚燒，紙燄飛及租界。

二十九日下午四時四十分專電：中日軍在閘北交戰愈烈，日軍拋彈商務印書館被焚，路上中日人死屍甚多，人心惶惶，遷居者絡繹不絕，市商會通告，日兵犯境，罷市總罷，故華租界商舖均閉門停業，各銀行紙幣，兌換店不收用，電話亦斷。租界上北四川路，

郵政總局，有爲日軍佔領說

今日槍聲，大砲聲，飛機聲，閘北民房火聲，振動全滬，全市在混亂中，閘北已被日軍佔領，大批日陸戰隊已開入閘北。

三十日下午二時電：三十日晨二時半，閘北槍聲仍密，火光燭天，三時半，槍聲愈烈，三十晨六時，戰事地點，移至吳淞路方面，亦有槍聲，川沙白龍港，以有日兵登陸，又三十晨六時閘北槍聲猶密，連如貫珠，戰爭之烈，兩日來所未有，地點約在胡家木橋一帶，租界戒備，較前更嚴密，英租界與閘北接壤處，均有鐵絲網，軍隊商團防守行人，祇到七浦路即不能通行，人卅日下午二時，吳淞情勢，據悉：日軍仍去佔領，有日艦一艘被擊毀說，日軍落水死者數百名。

三十日下午三時卅五分上海電：今晨十時，空中發現日機三十餘架，第一隊爲十六架，第二隊爲九架，第三隊爲七架，自[illegible]飛[illegible]，未見飛回。

三十日晚上一時上海專電：下午四時，雙方在狄思威路老靶子路沈家灣海寧路蓬北路河南路楊樹浦一帶巷戰，狄思威路及寶山路兩捕房，現被華軍佔領，中國捕房早已退出，交於日軍，六三花園，日本亦未佔領。

二月一日下午三時電：卅一日夜一日晨，北四川路，老靶子路，嘉興路，狄思威路，福生路，寶山路等處，均有小接觸，但未交戰，雙方陣線未移動。

二月二日下午四時三十分上海電：昨下午靶子路均無日軍蹤跡，二時形勢較轉嚴重，蘇州河北完全斷絕，警戒司令部爲該處日軍肆意挑釁，華軍準備防禦。

戰爭的慘禍

火燒房屋無數 殺死的人已上千

二十八日上海專電：今晨七時，兵工廠碼頭江心小輪，拖駁船二，裝白藥百餘箱，被日軍炸裂二船，[illegible]粉聲震全市。

三十日上午十一時上海專電：日軍及便衣隊，隨意屠殺華人，死者在百人以上，五洲藥房虹口分行職員十六人，被日軍拘捕，指爲通敵解司令部，生死未明　虹口以南貨店被劫空。

三十日一時四十五分上海專電：便衣隊在軍日北四川路奥迪安，及廣東戲院一帶，縱火焚燬，引翔高郎橋，虹口，小菜場等三處，亦先後起火，損失尙未明。

又下午八時路透電：閘北方面之大火，已於昨日下午熄滅，結果，有千所房屋被焚，內有多數工廠貨棧等，損失在千萬元以上，昨天下午北四川路又大火，奥迪安戲院，廣東戲院，及附近之華人住宅數所俱被焚毀，目覩此事之華人，謂該火爲陸戰隊用火油放縱。

三十日下午一時三十分電日機二十九日晨迄晚，正繞旋空中擲彈，約近百枚，北火車站，商務印書館東方圖書館及胡州會館均着火燒毀，商務印書館損失在千萬以上，華人死於火及救火被日兵刺刀刺死者數十人

三十日上海專電：北四川路虹口大旅社附近，三十晨忽發現槍聲，日兵誣指謂自該處樓上[illegible]發出，旅客四百餘被縛，驅逐出旅社，或遭刀刺或用槍殺，無不畢命，蓬路至海寧路一帶，體屍枕籍，血流殷紅，慘酷無比，四百多人中，僅少數懂外國語者得免。

日帝國主義 大調海陸軍到上海

戰禍更要打大

一月三十日東京專電：日本駐上海之陸軍參贊，已有電致陸軍省，請派兵赴滬，上海總領館，亦有電向政府報告，

一月三十日下午一時專電：有日艦四艘入口，三時許，又有小兵艦一隻進口，據川沙保安隊報告，該處日艦四艘，陸戰隊己在浦東白龍港登岸。

月三十日上海專電：日軍又電佐世保調巡洋艦龍田號率領二十六隊驅逐艦隊並抽調最精銳之特別陸戰隊三千名

日帝国主义大调海陆军到上海

战祸更要打大

一月三十日东京专电：日本驻上海之陆军参赞，已有电致陆军省，请派兵赴沪，上海总领，亦有电向政府报告。

一月三十日下午一时专电：有日舰四艘入口，三时许，又有小兵舰一只进口，据川沙保安队报告，该处日舰四艘，陆战队已在浦东白龙港登岸。

□月三十日上海专电：日军又电佐世保调巡洋舰龙田号率领二十六队驱逐舰四只并抽调最精锐之特别陆战队三千名（编者按：下转第四版）

日軍攻擊閘北情形

又電：二十八晚十一時四十五分，有日陸戰隊一千人向閘北開進，當即

無抵抗的佔領閘北站

午夜十二時，日陸戰隊奉令開入閘北，彼等用貨車五十輛運發 餘輛裝五十八云。

一月二十九日上海專電：昨晚復有日海軍一千名登陸，即開赴虹口一帶巡邏，現虹口已佈滿日本之鐵甲車貨車砲隊及各種軍用器具，今晨四時卅分起，即有日飛機開始在空中盤旋視察。

二十九無綫電路透電：現租界與閘北中國官廳之官庭已完全斷絕，日軍於今晨六時十五分

佔領閘北司令部

惟北站日軍，因無援助，處敵攻之日軍，致北站復爲國民黨軍隊所奪回。

一月二十九日上午八時卅分路透電：今晨有日海軍飛機六架，轟炸麥根路一帶，以謀阻止滬西及龍華方面之國民黨軍隊向閘北救援，現閘北方面正在劇戰中，砲火異常猛烈。

閘北變成殺人戰場

二十九日中午十二時四十五分上海通電：昨晚閘北居民恐慌萬狀，閘北約五十萬中國人民，皆阻塞門戶，槍砲聲一夜未絕，同時在街上日軍用机槍步槍射擊，向街弄中橫掃，華人死傷無數，其中多數爲平民，今晨四時廿分日軍司令，下令飛機出動，向閘北投彈，此項動員令下後五分鐘，即有日軍飛机一隊，向閘北飛去，並投擲炸彈，在飛機未到達前，閘即有數處起火，自飛機擲彈後，各處起火，滿天皆紅，由數里外之地點，即可窺見日飛机于閘北租界間，往來飛駛，機聲[illegible]槍聲相應。

二十九日下午一時四十分上海電：自二十八晚十一時許，中日軍開始冲突，愈戰愈烈，至二十九日晨三時，槍聲愈密，同時日飛機六架，盤旋空際，拋擲炸彈，租界亦被震動，聞日軍擬於二十九中午十二時總攻擊。

又電：寶山路之戰，國民黨軍隊方面還擊甚少（還是士兵反帝堅決表現以及歷年國民黨出賣中國壓迫士兵反帝之積累的一種革命情緒爆發），而日方則開槍甚密，負傷兵雖中彈猶高呼衝鋒，北河南路石與方面，已正式開火，國民黨軍方面奪取鐵甲車三輛。

二十九日下午四時十五分上海電：今日中日雙方總攻擊啟戰甚久，北四川路靶子路以北，電綫均毀壞，和橫濱橋南尚勉可通行，嗣即斷靶子路，二時半寶山路南，商務印書館，被日軍炸彈焚燒，延燒飛及租界。

二十九日下午四時四十分專電：中日軍在閘北交戰愈烈，日機拋彈，商務印書館被焚，路上中日人死屍甚多，人心惶惶，遷居者絡繹不絕，市商會通告，日兵犯境，罷市禦侮，故華租界商舖均閉門停業，各銀行紙幣，兌換店不收用，電話亦斷。租界上北四川路，郵政總局，有爲日軍佔領說今日槍聲，大砲聲，飛機聲，閘北民房火聲，振動全滬，全市在混亂中，閘北已被日軍佔領，大批日陸戰隊已開入閘北。

三十日下午二時電：三十日晨二時半，閘北槍聲仍密，火光燭天，三時半，槍聲愈烈，三十晨四時，戰事地點，移至西汲滙吳淞路方面，亦有槍聲，川沙白龍港，似有日兵登陸，又三十晨六時閘北機關槍聲，連如貫珠，戰爭之烈，爲日來所未有，地點約在胡家木橋一帶，租界戒嚴，較前更嚴密，英租界與閘北銜接處，均有鐵絲網，軍隊商團防守行人。

，祇閘七浦路即不能通行，人卅日下午二時，吳淞情勢，據悉：日軍仍去佔領，有日艦一艘被擊沉說，日軍落水死者數百名。

三十日下午三時卅五分上海電：今晨十時，空中發現日機三十餘架，第一隊爲十六架，第二隊爲九架，第三隊爲七架，自東飛西，未見飛回。

三十日晚上一時上海專電：下午四時，雙方在狄思威路老靶子路沈家灣海寧路蓬北路河南路楊樹浦 帶巷戰，狄思威路及寶山路兩捕房，現被華軍佔領，中西探捕早已退出，交於日軍，六三花園，日本亦未佔領。

二月一日下午三時電：卅一日夜一日晨，北四川路，老靶子路，嘉興路，狄思威路，福生路，寶山路等處，均有小接觸，但未交戰，雙方陣線未移動。

二月二日下午四時三十分上海電：昨下午靶子路均無日軍踪跡，二時形勢轉嚴重，蘇州河北完全斷絕，警戒司令部爲該處日軍肆意挑釁，華軍準備防禦。

戰爭的慘禍

火燒房屋無數　殺死的人已上千

二十八日上海專電：今晨七時，兵工廠碼頭江心小輪，拖駁船二，裝白藥百餘箱，被日軍炸裂二船，廠粉聲震全市。

三十日上午十一時上海專電：日軍及便衣隊，隨意屠殺華人，死者在百人以上，五洲藥房虹口分行職員十六人，被日軍拘捕，按爲通敵解司令部，生死未明，虹口以南貨店被刼空。

三十日一時四十五分上海專電：便衣隊在北四川路與迪安，及廣東戲院一帶，縱火焚燬，引翔高郎橋，虹口，小菜場等三處，亦先後起火，損失尚未明。

又下午八時路透電：閘北方面之大火，已於昨日下午熄滅，結果，有千所房屋被焚，內有多數工廠貨機等，損失在千萬元以上，昨天下午北四川路又大火，與迪安戲院，廣東戲院，及附近之華人住宅數所俱被焚燬，目覩此事之華人，謂該火爲陸戰隊用火油放縱。

三十日下午一時三十分電日機二十九日晨迄晚，正繞旋空中擲彈，約近百枚，北火車站，商務印書館東方圖書館及胡州會館均着火燒毀，商務印書館損失在千萬以上，華人死於火及救火被日兵刺刀刺死者數十人

三十日上海專電：北四川路虹口大旅社附近，三十晨忽發現槍聲，日兵誣指謂自該處樓上杆華發出，旅客四百餘被縛，驅逐出旅社，或遭刀刺或用槍殺，無不畢命，蓬路至海寧路 帶，體屍枕籍，血流殷紅，慘酷無比，四百多人中，僅少數懂外國語者得免。

日帝國主義大調海陸軍到上海

戰禍更要打大

一月三十日東京專電：日本在上海之陸軍参贊，已有電致陸軍省，請派兵赴滬，上海總領，亦有電向政府報告，

一月三十日下午一時專電：有日艦四艘入口，三時許，又有小兵艦一隻進口，據川沙保安隊報告，該處日艦四艘，陸戰隊已在浦東白龍港登岸。

月三十日上海專電：日軍又電佐世保調遣洋艦龍田號率領二十六隊驅逐艦四隻并抽調最精銳之特別陸戰隊三千名

日帝國主義大調海陸軍到上海 戰禍更要打大

期：红色中华零零零八期

版：零四版

时间：一九三二年二月三日

日帝国主义大调海陆军到上海

战祸更要打大

（编者按：上接第三版）及大宗军火由龙田号运载来沪，于三十日下午四时驰进江口，在黄浦滩头外之海关浮机抛锚停泊□陆战队于四时四十分全部登陆，加入□□作战，现沪共有日舰三十三艘。据航界息：将有第一航空队加贺凤□－第二驱逐舰队之巡洋舰七艘，复载特别陆战队四千名，三十日驻佐世保，三十一日午后可到。

一月三十日下午二时上海电：江湾路日海军陆战队本部，于二十九日下午，被国民党军占领，入晚国民党军队退至靶子路，宝山路，战甚烈，此间晨时报告，日本已派陆战队一万五千名来沪助战。

二月二日上海专电：经沪日舰□数目，计巡洋舰六艘，驱逐舰二十一艘，航空母舰一艘（能登昌号）二日晨二时，黄浦码头，有从日舰运输子弹军用品亦有多半。向沪西疾驱而去，又一日晚九时汇山码头，有□甲车运货车二十余辆，满载日陆战队向北开行。

二月二日下午四时三十分上海专电：昨晚十一时，日军舰二只□已抵浦东高桥，日兵三百余携手机关，机关枪上岸向吴淞江岸龙王庙进发。

二月二日下午四时三十分上海专电：驻曹家渡日纱厂日兵，约六百余人，连日布置军需，备战甚急，并架钢炮高射炮二架。

及大宗軍火由龍田數輪裝來滬，於三十日下午四時駛進江口，在黃浦灘頭外之海關浮標拋錨停泊　陸戰隊於四時四十分全部登陸，加入圍隊作戰，現滬共有日艦三十三艘，據航界息，尚有第一航空隊加賀鳳翔第二驅逐艦隊之巡洋艦七艘、均載特別陸戰隊四千名，三十日離佐世保，三十一日午後可到。

一月三十日下午二時上海電：[illegible]陸戰隊本部，於二十九日下午，被國民黨軍佔領，入晚國民黨軍隊退至虹口，靖山路，戰甚烈，此間據報告，日本已派

陸戰隊一萬五千名來滬助戰。

二月二日上海專電：新到日艦數目，計巡洋艦六艘，驅逐艦二十一艘，航空母艦一艘（能登呂號）二日晨二時，黃浦碼頭，有從日艦運輸子彈軍用品亦有多件，向滬西疾駛而去，又一日晚九時匯山碼頭，有鋼甲車運貨車二十餘輛，滿載日陸戰隊向北開行。

二月二日下午四時三十分上海專電：昨晚十一時，日軍艦二隻已抵浦東高橋，日兵三百餘攜手機關，機關槍上岸向吳淞江岸龍王廟進發。

二月二日下午四時三十分上海專電：駐曹家渡日紗廠日兵，約六百餘人，連日備置軍需，備戰甚急，並架鋼炮高射炮二架。

日軍艦砲擊南京

國民黨早離老巢聽其轟擊

二月二日南京專電：下關日艦，突於本月一日下午十時一刻後，陸續發槍砲，并用探海燈照，命中獅子山，下關車站清涼山，幕府山等處，兩國時發現槍聲，至十二時纔才停，國民黨政府決定遷洛衛突兵不還擊。

日帝國主義擬

封鎖長江各埠

一月二十八日專電：日軍擬封鎖上海蕪湖，九江，漢口，威脅南京政府，並擬燒燬江浙人所辦之無錫，常州各工廠。

日海軍又在汕頭示威

二月一日上海專電：今日汕頭日領事送中國地方當局以哀的美敦書，要求立即完全壓制一切中國報紙及各種反日運動，並以海軍登陸爲威嚇。

日軍同時向北猛攻

中東路完全停頓

義勇軍與日軍激戰

一月二十七日東京專電：今晨日軍砲隊一隊，由公主嶺開往哈爾濱，預定今晚即抵哈爾濱，哈爾濱西蒲南方之中東路交通，已完全停頓，西比利亞大鐵路之交通，亦因之暫告阻隔，今日有日軍一隊，由長春開赴哈爾濱，長春與哈爾濱間一切電報電話交通，完全斷絕，哈電：日飛機一架，由兩日官佐駕駛，在哈爾濱附近偵察，爲中國軍隊所擊落，駕駛員一人已中彈身死，其他一名，逃往哈爾濱報告經過，又電：今日有日坦克車兩輛，由長春開往哈爾濱。

一月二十七日專電：熱河危急，遼河一帶義勇軍已陷入重圍。

二月一日哈爾濱專電：一日前方戰爭仍甚烈，日軍師團長已到長春。

二月二日北平專電：進攻齊巫山之日軍，仍繼續以重炮攻擊，猛烈轟擊，義勇軍堅守，日本一次進展，大賚昌方面，義勇軍與日軍大混戰，雙方均有損失，忽有日軍一支深向西進，侵入熱河，在途義勇軍以一小部，拆毀鐵道，截斷日軍聯絡，以大部當頭痛擊，日軍敗退，義勇軍進彰武，包圍日軍，獲戰利品甚多，日軍正調大部增援，但通遼方面，義勇軍亦相呼應，日軍陷於前後受敵形勢。

日美軍隊在滬開火

這是世界大戰前哨之戰

一月三十日下午三時三十五分無線電專電：美兵今晨乘鐵甲車四輛入虹口路沈家灣日兵警戒線，日兵首先開槍，發生冲突　現仍交戰中。

戰雲密佈中之美英軍事行動

美帝國主義

大動員海陸軍赴滬

正式宣戰爲期不遠

一月廿七日紐約專電：美國政府要人現極注意上海形勢之發展，總統胡佛今日內閣討論上海事件後，復與史汀生繼續討論，史汀生發表主張堅決主張維持美國利益，現美國參院正與英國接洽採一致態度之事，據紐約通訊社報：美政府已有訓令致駐上海美總領事，大致係表明美政府，對於萬一日本武裝干涉，公共租界，美方應採之態度，因美國認日方行動，爲不合理也云。

一月二十八日華盛頓專電：美政府令駐菲律賓美驅逐艦四隻，迅速開往中國。

一月三十日無線專電：胡佛總統已召集國務院最高長官及海軍人員開會，美國亞細亞艦隊司令台樂，已奉令率全隊軍艦開往上海

美國正式軍隊亦奉令向上海出動，

會議閉幕後，政府即正式公布，駐馬尼拉陸軍第三十一團及陸戰隊一千名左右，即開赴上海，彼等四日內，即可到達目的地，一俟上海局面平靖如恒，美軍即將調回菲律賓云。

二月一日十二時二十五分上海電：明日將有美運輸艦，載美軍隊一千名，由菲律賓出發來滬，美海軍第一艦隊，預定今晚即可抵，明日將有美巡洋艦厚斯敦及其他驅逐艦數艘，運載陸戰軍多人，定明日抵滬云。

二月二日下午四時卅分上海專電：瑪尼耶湖來美艦，昨下午開到三隻，在黃浦江停泊，歸吳淞江，直上南京，尚有五隻在途中明日可抵滬。

英帝國主義

大批軍艦到滬

二月一號香港專電：英艦柏孕，槳△皇於今日下午三時開駛，百咸至輕宿炮熱射星上辟向等艦已抵滬，還有鴿修柏關號和航空母艦飛機正準備向滬開。

二月一倫敦專電：英內閣已決派軍艦及步兵一營，炮兵一隊來華，外交部正式公布謂：在外部開會時，計出席者爲麥克唐納爾外交大臣等當時上海問題及英海陸軍之地位等均曾提出討論云。

1932

红色中華

上海新闻整理汇编

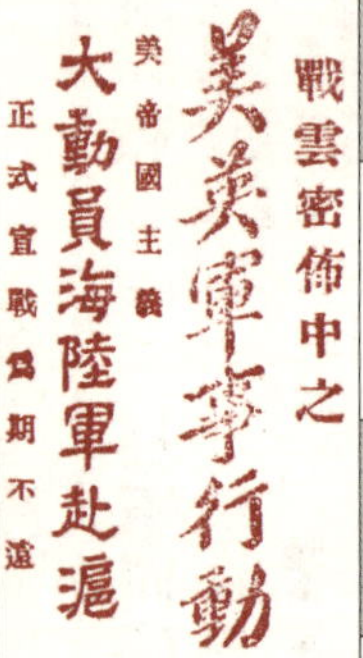
戰雲密佈中之美英軍事行動
美帝國主義大動員海陸軍赴滬
正式宣戰爲期不遠

珍藏版

期：红色中华零零零八期

版：零四版

时间：一九三二年二月三日

战云密布中之美英军事行动

美帝国主义大动员海陆军赴沪
正式宣战为期不远

一月二十七日纽约专电：美国政府要人现极注意上海形势之进展，总统胡佛今日内阁讨论上海事件后，复与史汀生继续讨论，史汀生改变主张坚决主张□维持美国利益，现美国务院正向英国接洽采一致态度之事，据纽约回称声报：美政府已有训令致驻上海美总领事，大致系表明美政府，对于万一日本武装于［干］涉，公共租界，美方应采之态度，因美国认日方行动，为不合理也云。

一月二十八日华盛顿专电：美政府令驻菲律宾美驱逐舰四只，迅速开往中国。

一月三十日无线专电：胡佛总统已召集国务院最高长官及海军人员开会，美国亚细亚舰队司令台乐，已奉令率全队军舰开往上海，美国正式军队，亦奉令向上海出动，会议闭幕后，政府即正式公布，驻马列［尼］拉陆军第三十一团及陆战队一千名左右，即开赴上海，彼等四日内，即可到达目的地，一俟上海局面平靖如恒，美军即将□回菲律宾云。

二月一日十二时二十五分上海电：明日将有美运输舰，载美军队一千名，由菲律滨［宾］出发来沪，美海军第一舰队，预定今晚即可抵，明日将有美巡洋舰厚斯敦及其他驱逐舰数艘，运载陆战军多人，定明日抵沪云。

二月二日下午四时三十分上海专电：马尼那［拉］开来美舰，昨下午开到三只，在黄浦江停泊，经吴淞江，直上南京，尚有五只在途中明日可抵沪。

一九三二年二月二日　　紅色中華　　第四版

及大宗軍火由龍田號載來滬，於三十日下午四時駛進江口，在黃浦灘頭外之滙山洋面拋錨停泊，陸戰隊於四時四十分全部登陸，加入前線作戰，現滬共有日艦三十三艘，據航界息，將有第一航空隊加賀鳳翔，第二驅逐艦隊之巡洋艦七艘、約載特別陸戰隊四千名，三十日離佐世保，三十一日午後可到。

一月三十日下午二時上海電：江灣路日海軍陸戰隊本部，於二十九日下午，與國民黨軍衝突，入晚閘北黨軍隊退至靶子場，寶山路，戰甚烈，此間最後報告，日本已派

陸戰隊一萬五千名來滬助戰。

二月二日上海專電：在滬日艦總數目，計巡洋艦六艘，驅逐艦二十一艘，航空母艦一艘（能登呂號）二日晨二時，黃浦碼頭，有從日艦運輸子彈軍用品亦有多少，向滬西疾馳而去。又一日晚九時匯山碼頭，有滿中東運貨車二十餘輛，滿載日陸戰隊向北開行。

二月二日下午四時三十分上海專電：昨晚十一時，日軍艦二隻已抵浦東高橋，日兵三百餘攜手机關，機關槍上岸向吳淞北岸龍王廟進發。

二月二日下午四時三十分上海專電：駐曹家渡日紗廠日兵，約六百餘人，連日佈置軍需，備戰甚急，並架鋼炮高射炮二架。

日軍艦砲擊南京

國民黨早離老巢聽其轟擊

二月二日南京專電：下關日艦，突於本月一日下午十時一時後，陸續發槍砲 并用探海燈探照，命中獅子山南，下關車站清涼山，幕府山等處，亦同時發現槍聲，至十二時後才停，國民黨政府決定避免衝突并不還擊。

日帝國主義擬

封鎖長江各埠

一月二十八日專電：日軍擬封鎖上海蕪湖，九江，漢口，威脅南京政府，並擬燒燬江浙人所辦之無錫，常州各工廠。

日海軍又在汕頭示威

二月一日上海專電：今日汕頭日領事送中國地方當局以哀的美敦書，要求立即完全壓制一切中國報紙及各種反日運動，並以海軍登陸爲威嚇。

日軍同時向北猛攻

中東路完全停頓

義勇軍與日軍激戰

一月二十七日東京專電：今晨日軍砲隊一隊，由公主嶺開往哈爾濱，預定今晚即抵哈爾濱。哈爾濱西蒲兩方之中東路交通，已完全停頓，西比利亞大鐵路之交通，亦因之暫告阻隔，今日有日軍一隊，由長春開赴哈爾濱，長春與哈爾濱間一切電報電話交通，完全斷絕，哈電：日飛機一架，由兩日官佐駕駛，在哈爾濱附近偵察，爲中國軍隊所擊落，駕駛員一人已中彈身死。其他一名逃往哈爾濱報告經過，又電：今日有日坦克車兩輛，由長春開往哈爾濱。

一月二十七日專電：熱河危急，遼河一帶義勇軍已陷入孤閉。

二月一日哈爾濱專電：一日前方戰爭仍甚烈，日軍師團長已到長春。

二月二日北平專電：進攻醫巫山之日軍，仍繼續以重炮攻擊，猛烈轟炸，義勇軍堅守，日本一次進展，大齊昌方面，義勇軍與日軍大混戰，雙方均有損失，忽有日軍一支聯向西進，侵入熱河，在途義勇軍以一小部，先毀鐵道，截斷日軍聯絡，以大部當頭痛擊，日軍敗退，義勇軍進彰武，包圍日軍，奪獲戰利品甚多，日軍正調大部增援，但通遼方面，義勇軍亦相呼應，日軍陷於前後受敵形勢。

日美軍隊在滬開火

這是世界大戰前哨之戰

一月三十日下午三時三十五分無線電專電 美兵今晨乘鐵甲車四輛入虹口路沈家灣日兵警戒線，日兵首先開槍，發生冲突 現仍交戰中。

戰雲密佈中之美英軍事行動

美帝國主義

大動員海陸軍赴滬

正式宣戰爲期不遠

一月廿七日紐約專電：美國政府要人現極注意上海形勢之發展，總統胡佛今日內開討論上海事件後，復與史汀生繼續討論，史汀生改變主張，堅決主張維持美國利益，現美國務院正與英國接洽採一致態度之事，據紐約週報報稱：美政府已有訓令致駐上海美總領事，大致係表明美政府對於萬一日本武裝干涉公共租界，美方應採之態度，因美國認日方行動，爲不合理也云。

一月二十八日華盛頓專電：美政府令駐菲律賓美驅逐艦四隻，迅速開往中國。

一月三十日無線專電：胡佛總統已召集國務院最高長官及海軍人員開會，美國亞細亞艦隊司令台樂，已奉令率全隊軍艦開往上海，美國正式軍隊亦奉令向上海出動，會議閉幕後，政府即正式公布，駐馬尼拉陸軍第三十一團及陸戰隊一千名左右，即開赴上海，彼等四日內，即可到達目的地，一俟上海局面不靖如恒，美軍即將撤回菲律賓云。

二月一日十二時二十五分上海電：明日將有美運輸艦，載美軍隊一千名，由菲律濱出發來滬，美海軍第一艦隊，預定今晚即可抵，明日將有美巡洋艦厚斯敦及其他驅逐艦數艘，運戰陸戰軍多人，定明日抵滬云。

二月二日下午四時卅分上海專電：馮尼耶湖號美艦，昨下午開到三隻，在黃浦江停泊，轉吳淞江，直上南京，尚有五隻在途中明日可抵滬。

英帝國主義

大批軍艦到滬

二月一號香港專電：英艦柏孚，藥△皇於今日下午三時開駛，百威至輕宿炮熱射星上辟向等艦已抵滬，還有堪條柏蘭號和航空母艦飛機正準備向滬開。

二月一　倫敦專電：英內閣已決派軍艦及步兵一營，炮兵一隊來華，外交部正式公布謂：在外部開會時，計出席者爲麥克唐納爾外交大臣等當時上海問題及英海陸軍之地位等均曾提出討論云。

英帝國主義大批軍艦到滬

英帝国主义大批军舰到沪

二月一号香港专电：英舰柏孕，叶△皇于今日下午三时开驶，□百咸至轇宿炮热纣星上辟向等舰已抵沪，还有坞修柏兰号和航空母舰飞机正准备向沪开。

二月一□伦敦专电：英内阁已决派军舰及步兵一营，炮兵一队来华，外交部正式公布谓：在外部开会时，计出席者为麦克唐纳尔外交大臣等当时上海问题及英海军陆军之地位等均曾提出讨论云。

……及大宗軍火由龍田號載運來滬，於三十日下午四時駛進江口，在黃浦灘頭外之滙關浮標拋錨停泊　陸戰隊於四時四十分全部登陸，加入前線作戰，現滬共有日艦三十三艘，據航界息：將有第一航空隊加賀鳳凰號二驅逐艦隊之巡洋艦七艘、得載特別陸戰隊四千名，三十日離佐世保，三十一日午後可到。

一月三十日下午二時上海電：江灣路日衛戍陸戰隊本部，於二十九日下午，被國民黨軍佔領，入晚國民黨軍隊退至靶子場，寶山路，戰甚烈，此間最新報告，日本已派

陸戰隊一萬五千名來滬助戰。

二月二日上海專電：昨滬日艦總數目，計巡洋艦六艘，驅逐艦二十一艘，航空母艦一艘（能登呂號）二日晨二時，黃浦碼頭，有從日艦運輸子彈軍用品亦有多半，向滬西疾駛而去，又一日晚九時滙山碼頭，有鋼甲車運貨車二十餘輛，滿載日陸戰隊向北開行。

二月二日下午兩點三十分上海專電：昨晚十一時，日軍艦二隻　已抵浦東高橋，日兵三百餘攜手机關，倘圖搶上岸向吳淞江岸龍王廟進發。

二月二日下午四時三十分上海專電：駐曹家渡日紗廠日兵，約六百餘人，連日備置軍需，備戰甚急，並架鋼炮高射炮二架。

日軍艦砲擊南京

國民黨早離老巢聽其轟擊

二月二日南京專電：下關日艦，突於本月一日下午十時一刻後，陸續發槍砲　并用探海燈探照，命中獅子山南，下關車站清涼山，幕府山等處，新開時發現槍聲，至十二時過才停，國民黨政府決定遷洛，街突并不還擊。

日帝國主義擬

封鎖長江各埠

一月二十八日專電：日軍擬封鎖上海蕪湖，九江，漢口，威脅南京政府，並擬燒燬江浙人所辦之無錫，常州各工廠。

日海軍又在汕頭示威

二月一日上海專電：今日汕頭日領事送中國地方當局以哀的美敦書，要求立即完全壓制一切中國報紙及各種反日運動，並以海軍登陸為威嚇。

日軍同時向北猛攻

中東路完全停頓

義勇軍與日軍激戰

一月二十七日東京專電：今晨日軍砲隊一隊，由公主嶺開往哈爾濱，預定今晚即抵哈爾濱，哈爾濱西蒲兩方之中東路交通，已完全停頓，西比利亞大鐵路之交通，亦因之暫告阻隔，今日有日軍一隊，由長春開赴哈爾濱，長春與哈爾濱間一切電報電話交通，完全斷絕，哈電：日飛機一架，由兩日官佐駕駛，在哈爾濱附近偵察，為中國軍隊所擊落，駕駛員一人已中彈身死，其他一名，逃往哈爾濱報告經過，又電：今日有日坦克車兩輛，由長春開往哈爾濱。

一月二十七日專電：熱河危急，遼河一帶義勇軍已陷入重圍。

二月一日哈爾濱專電：一日前方戰爭仍甚烈，日軍師團長已到長春。

二月二日北平專電：進攻醫巫山之日軍，仍繼續以重炮攻擊，猛烈轟擊，義勇軍堅守，日本一次進展，大虎昌方面，義勇軍與日軍大混戰，雙方均有損失，忽有日軍一支隊向西進，使入熱河，在遼義勇軍以一小部，內毀鐵道，截斷日軍聯絡，以大部當頭痛擊，日軍敗退，義勇軍進彰武，包圍日軍，奪獲戰利品甚多，日軍正調大部增援，但通遼方面，義勇軍亦相呼應，日軍陷於前後受敵形勢。

日美軍隊在滬開火

這是世界大戰前哨之戰

一月三十日下午三時三十五分無線電專電：美兵今晨乘鐵甲車四輛入虹口路沈家灣日兵警戒線，日兵首先開槍，發生冲突，現仍交戰中。

戰雲密佈中之

美英軍事行動

美帝國主義

大動員海陸軍赴滬

正式宣戰為期不遠

一月廿七日紐約專電：美國政府要人現極注意上海形勢之演展，總統胡佛今日內閣討論上海事件後，復與史汀生繼續討論，史汀生改變主張，堅決主張維持美國利益，現美國參院正與英國接洽採一致態度之事，據紐約週報幹報：美政府已有訓令致駐上海美總領事，大致係表明美政府對於萬一日本武裝干涉，公共租界，美方應採之態度，因美國認日方行動，為不合理也云。

一月二十八日華盛頓專電：美政府令駐菲律賓美驅逐艦四隻，迅速開往中國。

一月三十日無線專電：胡佛總統已召集國務院最高長官及海軍人員開會，美國亞細亞艦隊司令台樂，已奉令率全隊軍艦開往上海，美國正式軍隊，亦奉令向上海出動，會議閉幕後，政府即正式公布，駐馬列拉陸軍第三十一團及陸戰隊一千名左右，即開赴上海，彼等四日內，即可到達目的地。一俟上海局面平靖如恆，美軍即將駛回菲律賓云。

二月一日十二時二十五分上海電：明日將有美運輸艦，載美軍隊一千名，由菲律濱出發來滬，美海軍第一艦隊，預定今晚即可抵，明日將有美巡洋艦厚斯敦及其他驅逐艦數艘，運載陸戰軍多人，定明日抵滬云。

二月二日下午四時卅分上海專電：馬尼那湖來美艦，昨下午開到三隻，在黃浦江停泊，經吳淞江，直上南京，尚有五隻在途中明日可抵滬。

英帝國主義

大批軍艦到滬

二月一號香港專電：英艦柏孚，棠△皇於今日下午三時開駛，百威至艦宿炮艦射星上辟向等艦已抵滬，還有鴆修柏蘭號和航空母艦飛機正準備向滬開。

二月一　倫敦專電：英內閣已決派軍艦及步兵一營，炮兵一隊來華，外交部正式公布謂：在外部開會時，計出席者爲麥克唐納爾外交大臣等當時上海問題及英海軍陸軍之地位等均曾提出討論云。

紅色中華

意国积极参加

一月二十九日罗马电：意首相墨索里尼对新上海事件，声言极为关切，意大利在上海商□甚多，极不愿此次事件影响意国，故无论以何种方法，恢复五国之安宁，秩序，意国莫不赞同□此次意国亦极注意意国在华人民及教士安全云。

意國積極參加

一月二十九日羅馬電：意首相墨索里尼對新上海事件，發言極爲關切，意大利在上海商業甚多，極不願此次事件影響意國，故無論以何種方法，恢復五國之安寧，秩序，意國莫不許問，此次意國亦極注意意國在華人民及教士安全云

帝國主義

在上海又劃中立區

仍然是錦州第二

休戰不過是爲充分準備

國民黨當然接受

日本還來贊成

一月二十日上海專電：上海租界當局，因形勢日趨嚴重，已於今日下午三時三十分，對萬國義勇軍下全體動員令。上海工部局，已決定今日下午四時起，宣佈爲緊急時期，由駐華英軍司令佛里明旅長，任上海各國駐軍總司令。因今晨又有日驅逐艦十一艘，巡洋艦一艘抵滬，陸戰隊五百名，即時登陸，分駐虹口各日校及楊樹浦一帶云。

一月卅日一時四十五分上海專電：本日英美各領，已通知外僑遷於蘇州河以南，預備將蘇州河以北放棄，爲作戰區域。

二月一日上午十一時五十分上海專電：今日和平會議，英總領事主席，美總領事及中日兩方軍事長官均參加，討論會議時，曾有提及於中日防線間設立中立區，以中立各國之軍隊接防云。又電：英總領事關於設立中立區時，英軍隊應作之準備，已得有相當報告，美政府亦被邀採取同樣行動，英美政府擬督促中日兩方接受中立區之計劃，並立即訓令雙方之駐滬軍隊云。

二月一日東京專電：日方對上海設立中立區之建設，雖表示同意，然關於日陸戰隊退回，表示不贊同。

二月一日上海專電：刻上海事件，英美總領事居間調停休戰三天，日方謂須候政府訓令。

二月二日下午四時三十分上海電：上海公部局認時局嚴重，決每日開臨時會，除英美領事外，中國虞洽卿，劉洪生，日二人出席，當日下午開緊急會議。

大戰爆發中

美國極力聯絡英國

英美在目前採取一致行動

在將來還看戰爭形勢發展

二十八日倫敦無線電：此間雖謂英美兩政府正在協商關於英美採一致行動，但其詳情在官方尚難證實，此間對於上海之形勢，非常不定，各報皆以特號登載，上海雙方備戰情形，也多未加批評，明星報謂日本已不顧世界輿論，肆意孤行，目前所可欣慰者，即英美澈底合作，採一致態度云云。

三十日上海專電：僑居上海之英美人民，今日對於日人襲閘北之殘暴行爲，表示異常憤慨，並認日軍利用租界爲侵入華界之根據地，係破壞公共租界之中立，據工部局秘書長稱，該局定今日下午向英美政府提出抗議，由英美駐上海領事轉達，對於日軍破壞租界之中立表示不滿，並請各該政府，令留華各該國軍隊，一律動員，以保租界之中立，及對日採相當應付辦法，現在虹口租界之日軍，已阻止工部局之巡捕執行職務云。

二月一日華盛頓專電：美政府將根據日本進攻上海，侵犯國際利益之原則，向日政府再提出抗議，預料英國政府不久將採取同樣行動。

二月二日華盛頓電：英美同向日政府提出嚴重抗議。

國民党政府遷移洛陽

國民黨又一欺騙和陰謀蔣汪派準備挑起世界大戰擁護美國利益犧牲中國人民全國賑災糧款概充餉糈

三十日南京專電：蔣介石與國民黨政府新外長羅文幹均發宣言，蔣電『前東北事變，中央爲避免戰禍保全國脈起見，故不惜忍辱負重和平交涉，滬案發生，對渠要求且已茹痛接受……繼謂倭寇仍然相逼，一再向我上海防軍襲擊，現決與倭冠一戰云。（蔣介石準備挑戰世界大戰，將中國人民犧牲於帝國主義槍砲之下。）羅文幹宣言，略謂『日本攻擊上海，形勢已更緊張，蓋不惟國際間之利益發生危害（這是國民黨擁護各帝國主義之任務，也就是國民黨藉此挑起世界大戰，使帝國主義從速解決瓜分中國問題。）即南京安全，亦受威脅，幾謂現日本已連續實施其極端暴行與侵略，中國則對於國聯規約，非戰公約（美國主持的）九國公約（又是美國主持的）仍行繼續遵守（這實際上是現在國民黨親美一派的汪蔣馮藉此來擁護美國利益）中國政府現已決定，此後日本軍隊對於中國領土，如復更有攻擊，則必從事正當防禦（這是因爲有美國老板所以敢講這種話）云云。

一月卅一日南京專電：從運大批械彈，全部賑災糧米，數百萬現洋，赴開封鎮壓北方各派異動制控武漢防赤。

一月卅一日上海專電：國民黨政府遷都洛陽　日陸軍并飛機數十隻，軍艦數十艘，又抵滬，美英軍艦亦到滬，形勢嚴重，現日軍仍在激戰中。

二月一日南京專電：國民黨政府頃告十省市府所有中央政府所屬各院部會處，於一日起均已遷往洛陽，南京已正式停止辦公。

福建國民黨嚴禁仇日

爲的討好於日帝國主義

二月二日福州電：福州防務嚴重，電劉和鼎赴省，日僑乘長山丸離閩，台灣銀行現金，全數移往圓方島，國難當前，國民黨省執委會率領全體職員，嚴禁各方仇日云。

國民黨

對革命絕不忘懷

寧可將中國送給帝國主義

不可一日放鬆對革命進攻

一月卅日電：陳誠部參謀某，自吉安來京，謂何應欽密令各部隊在剿赤新計劃未頒定前，仍根據舊計劃，依據情勢，切實應用，目前須注意兩點，一，以重兵掩護交通貿系，二，各部隊須就所在地，取得三師以上之聯絡。

國民黨內部又起變化

蔣介石重新登台

蔣汪馮勾接一气

太子派又遭排斥

一月二十九日無線電專電：國民政府外交部長陳友仁（太子派）已辭職往滬，今政院院長孫科（即太子）亦辭職往滬，新行政院院長汪兆銘於今晨十時到院視事。國民黨中政會

期：红色中华零零零八期
版：零五版
时间：一九三二年二月三日

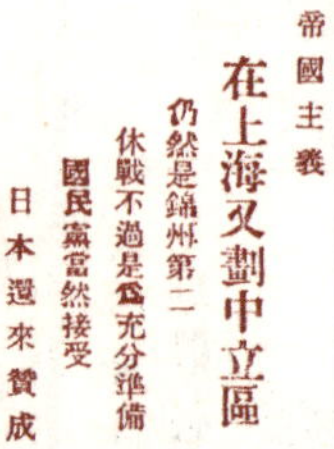
帝國主義
在上海又劃中立區
仍然是錦州第二
休戰不過是爲充分準備
國民黨當然接受
日本還來贊成

帝国主义在上海又划中立区

仍然是锦州第二
休战不过是为充分准备
国民党当然接受，日本还来赞成

一月二十日上海专电：上海租界当局，因形势日趋严重，已于今日下午三时三十分，对万国义勇军下全体动员令。上海工部局，已决定今日下午四时起，宣布为紧急时期，由驻华英军司令佛里明旅长，任上海各国驻军总司令，因今晨又有日驱逐舰十一艘，巡洋舰一艘抵沪□陆战队五百名，即时登陆，分驻虹口各日校及杨树浦一带云。

一月三十日一时四十五分上海专电：本日英美各领，已通知外侨迁居苏州河以南，预备将苏州河以北放弃，为作战区域。

二月一日上午十一时五十分上海专电：今日和平会议，英总领事主席，美总领事及中日两方军事长官均参加，讨论会议时，曾有提及于中日防线间设立中立区，以中立各国之军队接防云。又电：英总领事关于设立中立区时，英军队应作之准备，已得有相当报告，美政府亦被邀采取同样行动，英政府拟督促中日两方接受中立区之计划，并立即训令双方之驻沪军队云。

二月一日东京专电：日方对上海设立中立区之建设，虽表示同意，然关于日陆战队退回，表示不赞同。

二月一日上海专电：刻上海事件，英美总领事居间调停休战三天，日方谓须候政府训令。

二月二日下午四时三十分上海电：上海公［工］部局认时局严重，决每日开临时会，除英美领事外，中国虞洽卿，刘洪生，日二人出席，当日下午开紧急会议。

一九三二年二月三日　紅色中華　第五版

意國積極參加

一月二十九日羅馬電：意首相墨索里尼對新上海事件，發言極爲關切，意大利在上海商業甚多，極不願此次事件影響意國，故無論以何種方法，恢復五國之安寧，秩序，意國莫不贊同。此次意國亦極注意意國在華人民及教士安全云

帝國主義在上海又劃中立區

仍然是錦州第二

休戰不過是爲充分準備

國民黨當然接受

日本還來贊成

一月二十日上海專電：上海租界當局，因形勢日趨嚴重，已於今日下午三時三十分，對萬國義勇軍下全體動員令。上海工部局，已決定今日下午四時起，宣佈爲緊急時期，由駐華英軍司令佛里明旅長，任上海各國駐軍總司令。因今晨又有日驅逐艦十一艘，巡洋艦一艘抵滬，陸戰隊五百名，即時登陸，分駐虹口各日校及楊樹浦一帶云。

一月卅日一時四十五分上海專電：本日英美各領，已通知外僑遷居蘇州河以南，預備將蘇州河以北放棄，爲作戰區域。

二月一日上午十一時五十分上海專電：今日和平會議，英總領事主席，美總領事及中日兩方軍事長官均參加，討論會議時，曾有提及於中日防線間設立中立區，以中立各國之軍隊接防云。又電：英總領事關於設立中立區時，英軍隊應作之準備，已得有相當報告，美政府亦被邀採取同樣行動，英政府擬督促中日兩方接受中立區之計劃，並立即訓令雙方之駐滬軍隊云。

二月一日東京專電：日方對上海設立中立區之建設，雖表示同意，然關於日陸戰隊退回，表示不贊同。

二月一日上海專電：刻上海事件，英美總領事居間調停休戰三天，日方謂須候政府訓令。

二月二日下午四時三十分上海電：上海公部局認時局嚴重，決每日開臨時會，除英美領事外，中國虞洽卿，劉洪生，日二人出席，當日下午開緊急會議。

大戰爆發中

美國極力聯絡英國

英美在目前採取一致行動

在將來還看戰爭形勢發展

二十八日倫敦無線電：此間雖謂英美兩政府正在協商關於英美採一致行動，但其詳情在官方尚難證實，此間對於上海之形勢，非常不定，各報皆以特號登載，上海雙方備戰情形，也多未加批評，明星報謂日本已不顧世界與論，肆意孤行，目前所可欣慰者，即英美澈底合作，採一致態度云云。

三十日上海專電：僑居上海之英美人民，今日對於日人襲閘北之殘暴行爲，表示異常憤慨，並認日軍利用租界爲侵入華界之根據地，係破壞公共租界之中立，據工部局秘書長稱，該局定今日下午向英美政府提出抗議，由英美駐上海領事轉達，對於日軍破壞租界之中立表示不滿，並請各國政府，令留華各該國軍隊，一律動員，以保租界之中立，及對日採相當應付辦法，現在虹口租界之日軍，已阻止工部局之巡捕執行職務云。

二月一日華盛頓專電：美政府將根據日本進攻上海，侵犯國際利益之原則，向日政府再提出抗議，預料英國政府不久將採取同樣行動。

二月二日華盛頓電：英美同向日政府提出嚴重抗議。

國民党政府遷移洛陽

國民黨又一欺騙和陰謀蔣汪派準備挑起世界大戰擁護美國利益犧牲中國人民全國賑災糧款概充餉糈

三十日南京專電：蔣介石與國民黨政府新外長羅文幹均發宣言，蔣電『前東北事變，中央爲避免戰禍保全國脈起見，故不惜忍辱負重和平交涉，滬案發生，對渠要求且已茹痛接受……繼謂倭寇仍然相逼，一再向我上海防軍突擊，現決與倭冠一戰云。（蔣介石準備挑起世界大戰，將中國人民犧牲於帝國主義槍砲之下。）羅文幹宣言，略謂『日本攻擊上海，形勢已更緊張，蓋不惟國際間之利益發生危害（這是國民黨擁護各帝國主義之任務，也就是國民黨藉此挑起世界大戰，使帝國主義從速解決瓜分中國問題。）即南京安全，亦受威脅，並謂現日本已連續實施其極端暴行與侵略，中國則對於國聯規約，非戰公約（美國主持的）九國公約（又是美國主持的）仍行繼續遵守（這實際上是現在國民黨親美一派的汪蔣馮藉此來擁護美國利益）中國政府現已決定，此後日本軍隊對於中國領土，如復更有攻擊，則必從事正當防禦（這是因爲有美國老板所以敢講這種話）云云。

一月卅一日南京專電：裝運大批械彈，全部賑災糧米，數百萬現洋 赴開封鎮壓北方各派異動制控武漢防赤。

一月卅一日上海專電：國民黨政府遷都洛陽 日陸軍并飛機數十隻，軍艦數十艘，又抵滬，美英軍艦亦開滬，形勢嚴重，現日軍仍在激戰中。

二月一日南京專電：國民黨政府頃告十省市府所有中央政府所屬各院部會處，於一日起均已遷往洛陽，南京已正式停止辦公。

福建國民黨嚴禁仇日

爲的討好於日帝國主義

二月二日福州電：福州防務嚴重，電劉和鼎赴省，日僑乘長山丸離閩，台灣銀行現金，全數移往圓方島，國難當前，國民黨省執委會率領全體職員，嚴禁各方仇日云。

國民黨

對革命絕不忘懷

寧可將中國送給帝國主義

不可一日放鬆對革命進攻

一月卅日電：陳誠部參謀某，自吉安來京，謂何應欽密令各部隊在剿赤新計劃未頒定前，仍根據舊計劃，依據情勢，切實應用：目前須注意兩點，一，以重兵掩護交通要系，二，各部隊須就所在地，取得三師以上之聯絡。

國民黨內部又起變化

蔣介石重新登台

蔣汪馮勾接一气

太子派又遭排斥

一月二十九日無線電專電：國民政府外交部長陳友仁（太子派）已辭職往滬，行政院院長孫科（即太子）亦辭職往滬，新行政院院長汪兆銘於今晨十時到院視事。國民黨中政會

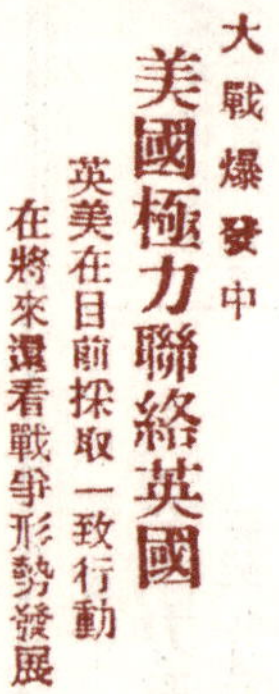
大戰爆發中
美國極力聯絡英國
英美在目前採取一致行動
在將來還看戰爭形勢發展

大战爆发中
美国极力联络英国

英美在目前采取一致行动
在将来还看战争形势发展

二十八日伦敦无线电：此间虽谓英美两政府正在协商关于英美采一致行动，但其详情在官方尚难证实，此间对于上海之形势，非常不定，各报皆以特号登载，上海双方备战情形，也多未加批评，《明星报》谓日本已不顾世界舆论，肄［肆］意孤行，目前所可欣慰者，即英美澈底合作，采一致态度云云。

三十日上海专电：侨居上海之英美人民，今日对于日人袭闸北之残暴行为，表示异常愤慨，并认日军利用租界为侵入华界之根据地，系破坏公共租界之中立，据工部局秘书长称，该局定今日下午向英美政府提出抗议，由英美驻上海领事转达，对于日军破坏租界之中立表示不满，并请各国政府，令留华各该国军队，一律动员，以保租界之中立，及对日采相当应付办法，现在虹口租界之日军，已阻止工部局之巡捕执行职务云。

二月一日华盛顿专电：美政府将根据日本进攻上海，侵犯国际利益之原则，向日政府再提出抗议，预料英国政府不久将采取同样行动。

二月二日华盛顿电：英美同向日政府提出严重抗议。

第五版　紅色中華　一九三二年二月三日

意國積極參加

一月二十九日羅馬電：意首相墨索里尼對新上海事件，發言極為關切，意大利在上海商業甚多，極不願此次事件影響意國，故無論以何種方法，意國恢復五國之安寧，秩序，意國莫不許問，此次意國亦極注意意國在華人民及教士安全云

帝國主義在上海又劃中立區

仍然是錦州第二

休戰不過是為充分準備

國民黨當然接受

日本還來贊成

一月二十日上海專電：上海租界當局，因形勢日趨嚴重，已於今日下午三時三十分，對萬國義勇軍下全體動員令。上海工部局，已決定今日下午四時起，宣佈為緊急時期，由駐華英軍司令佛里明旅長，任上海各國駐軍總司令。因今晨又有日驅逐艦十一艘，巡洋艦一艘抵滬　陸戰隊五百名，即時登陸，分駐虹口各日校及楊樹浦一帶云。

一月卅日一時四十五分上海專電：本日英美各領，已通知外僑遷居蘇州河以南，預備將蘇州河以北放棄，為作戰區域。

二月一日上午十一時五十分上海專電：今日和平會議，英總領事主席，美總領事及中日兩方軍事長官均參加，討論會議時，曾有提及於中日防線間設立中立區，以中立各國之軍警接防云。又電：英總領事關於設立中立區時，英軍隊應作之準備，已得有相當報告，美政府亦被邀採取同樣行動，英政府擬督促中日兩方接受中立區之計劃，並立即訓令雙方之駐滬軍隊云。

二月一日東京專電：日方對上海設立中立區之建設，雖表示同意，然關於日陸戰隊退回，表示不贊同。

二月一日上海專電：刻上海事件，英美總領事居間調停休戰三天，日方謂須候政府訓令。

二月二日下午四時三十分上海電：上海公部局謂時局嚴重，決每日開臨時會，除英美領事外，中國虞洽卿，劉洪生，日二人出席，當日下午開緊急會議。

大戰爆發中

美國極力聯絡英國

英美在目前採取一致行動

在將來還看戰爭形勢發展

二十八日倫敦無線電：此間雖謂英美兩政府正在協商關於英美採一致行動，但其詳情在官方尚難證實，此間對於上海之形勢，非常不定，各報皆以特號登載，上海雙方備戰情形，也多未加批評，明星報謂日本已不顧世界輿論，肆意孤行，目前所可欣慰者，即英美澈底合作，採一致態度云云。

三十日上海專電：僑居上海之英美人民，今日對於日人襲閘北之殘暴行為，表示異常憤慨，並認日軍利用租界為侵入華界之根據地，係破壞公共租界之中立，據工部局秘書長稱，該局定今日下午向英美政府提出抗議，由英美駐上海領事轉達，對於日軍破壞租界之中立表示不滿，並請各該政府，令留華各該國軍隊，一律動員，以保租界之中立，及對日採相當應付辦法，現在虹口租界之日軍，已阻止工部局之巡捕執行職務云。

二月一日華盛頓專電：美政府將根據日本進攻上海，侵犯國際利益之原則，向日政府再提出抗議，預料英國政府不久將採取同樣行動。

二月二日華盛頓電：英美同向日政府提出嚴重抗議。

國民党政府遷移洛陽

國民黨又一欺騙和陰謀蔣汪派準備挑起世界大戰擁護美國利益犧牲中國人民全國賑災糧款概充餉糈

三十日南京專電：蔣介石與國民黨政府新外長羅文幹均發宣言，蔣電『前東北事變，中央為避免戰禍保全國脈起見，故不惜忍辱負重和平交涉，滬案發生，對渠要求且已茹痛接受……繼謂倭寇仍然相逼，一再向我上海防軍突擊，現決與倭冠一戰云。（蔣介石準備挑戰世界大戰，將中國人民犧牲於帝國主義槍砲之下。）羅文幹宣言，略謂『日本攻擊上海，形勢已更緊張，蓋不惟國際間之利益發生危害（這是國民黨擁護各帝國主義之任務，也就是國民黨藉此挑起世界大戰，使帝國主義從速解決瓜分中國問題。）即南京安全，亦受威脅，與謂現日本已連續實施其積極侵略，中國則對於國聯規約，非戰公約（美國主持的）九國公約（又是美國主持的）仍行繼續遵守（這實際上是現在國民黨親美一派的汪蔣馮藉此來擁護美國利益）中國政府現己決定，此後日本軍隊對於中國領土，如復更有攻擊，則必從事正當防禦（這是因為有美國老板所以敢講這種話）云云。

一月卅一日南京專電：蔣運大批械彈，全部賑災糧米，數百萬現洋，赴開封鎮壓北方各派異動制控武漢防赤。

一月卅一日上海專電：國民黨政府遷都洛陽　日陸軍幷飛機數十隻，軍艦數十艘，又抵滬，美英軍艦亦開滬，形勢嚴重，現日軍仍在激戰中。

二月一日南京專電：國民黨政府頃告十省市府所有中央政府所屬各院部會處，於一日起均已遷往洛陽，南京已正式停止辦公。

福建國民黨嚴禁仇日

為的討好於日帝國主義

二月二日福州電：福州防務嚴重，電劉和鼎赴省，日僑乘長山丸離閩，台灣銀行現金，全數移往圓方島、國難當前，國民黨省執委會率領全體職員，嚴禁各方仇日云。

國民黨

對革命絕不忘懷

寧可將中國送給帝國主義

不可一日放鬆對革命進攻

一月卅日電：陳誠部參謀某，自吉安來京，謂何應欽密令各部隊在剿赤新計劃未頒定前，仍根據舊計劃，依據情勢，切實應用，目前須注意兩點，一，以重兵掩護交通關系，二，各部隊須就所在地，取得三師以上之聯絡。

國民黨內部又起變化

蔣介石重新登台

蔣汪馮勾接一气

太子派又遭排斥

一月二十九日無線電專電：國民政府外交部長陳友仁（太子派）已辭職往滬，行政院院長孫科（即太子）亦辭職往滬，新行政院院長汪兆銘於今晨十時到院視事。國民黨中政會

1932

红色中華

上海新闻
整理汇编

招商局海員總罷工

珍藏版

期

红色中华零零零八期

版

零七版

时间

一九三二年二月三日

招商局海员总罢工

招商局全部船员，水手，生火等，为要求与局员同等待遇，请发年终双薪，为总办郭外峰所拒绝，于八日因请愿不遂，全部船员即宣布罢工，停止工作，在沪之商轮新江天，江天，江安，江华，海晏，广利，广济，新铭，公平、峨嵋，泰顺，同华等十二轮，一律停泊不开，江海各路之交通，完全阻断，形势甚为严重，上海流氓头杜月笙又出来调解，船员提出条件：一，发给年终双薪一月，二，承认船员联合会，三，与局员平等待遇，四，无故不得开除船员，四，年终双薪是永久的，而招商局专员郭外峰活头答覆，船员仍继续罢工，并举行全体船员大会，组织招商局船员联合会，不达到目的、决不开工，十号又有海图南遇顺两艘到沪后，该船员水手等，亦一致加入罢工云。

法兵百餘人，七溪駐越兵五百餘人，法兵二百餘人，高平駐越兵一千餘人，法兵五百餘人，東溪駐法兵七百餘人，鄧籠屯、那岑駐法兵六百餘人，朔駐法兵五百餘人，河陽駐二千五百餘人，河陽，同父駐六百餘人，保重副勞駐越兵八百餘人，老開駐二千五百餘人、黃川駐七百餘人，下察駐五百餘人，以上各地與中國雲南相接壤。硭街陸駐法兵七百餘人，新蕃北風田駐五百餘人，平遼駐越兵四百餘人，以上與廣東相接，那岡駐法兵四百人，定之駐四百五十餘人、槍新安駐九百餘人、其他日防河內諸化等省，亦各派有重兵，同時廣州灣又新增法戰艦三艘、最近越內飛機場之建築、軍用品之運輸，極爲忙碌、形勢嚴重。

招商局海員總罷工

招商局全部船員，水手，生火等，爲要求與局員同等待遇，請發年終雙薪，爲總辦郭外峯所拒絕，於八日因請願不遂，全部船員即宣佈罷工，停止工作，在滬之商輪新江天，江天，江安，江華，海晏，廣利，廣濟，新銘，公平，峨嵋，泰順，同華等十二輪，一律停泊不開，江海各路之交通，完全阻斷，形勢甚爲嚴重，上海流氓頭杜月笙又出來調解，船員提出條件：一，發給年終雙薪一月，二，承認船員聯合會，三，與局員平等待遇，四，無故不得開除船員，四，年終雙薪是永久的。而招商局專員郭外峯活頭答覆，船員仍繼續罷工，并舉行全體船員大會，組織招商局船員聯合會，不達到目的，決不開工，十號又有海圖兩遇順兩艘到滬後，該船員水手等，亦一致加入罷工云。

上海日紗廠罷工潮

小沙渡日華三四紗廠工人罷工

勞勃生路日華紗廠工人二千餘名，反對廠方取消每月四工月賞，於九日上午一律宣佈罷工，走狗六區警長聞訊，卽迅速率警前往鎮壓，但工人因生活艱困態度非常堅決云•

浦東日華一二廠繼續罷工

浦東日華紗廠布機間三百餘女工因反對廠方，減扣工資，發生罷工一案，業經兩次登載本報，最近，該工人等斗爭情緒，更加堅決，同時，各間工人，亦紛紛予以經濟援助，準備持久斗爭云•

日商同興紗廠糾紛

資本家任意壓迫工人

工人召集全會反抗

上海滬西戈登路日商同興第一紗廠，因受抵制日貨之影響，營業衰落，於是異想天開，盡情壓迫，任意開除大批工人，沒有開除的，加重工作，減扣工資，逼使工人不退而自退，並於昨天下午，拒絕工人入廠工作，以達其關廠之目的，所有工人應得工資，暨勞金賞金，概不發給，該工廠二千多工人憤激非常，召集全體大會，以謀一致反抗•

日軍在天津演習巷戰

勒令日婦孺回國

圖佔天津佈置

日軍佔領錦州後，打通了關內外的聯繫，駐天津之日軍更形猖獗，前月七日有日軍二千餘名，從晨至午，分佈日界各馬路，勒令電車汽車，馬車人力車退出日界，斷絕交通，實行武裝演習•八日上午十時至十一時，又在旭街舉行國操，計有步兵千五百餘名，騎兵二百餘名，炮兵三百餘名，機關槍四十架，七生的五迫擊炮六輛，十二生的炮十六輛，鐵甲車兩輛，九時卽由海光寺兵營出發，繞行各馬路示威、然後由波田大佐檢閱，下午三時，又在花園街一帶，舉行巷戰•同時，駐津日軍部，連日勒令日婦孺回國，聞近日時有日人赴塘沽、搭輪返國云•

日本統治滿洲計劃

日帝國主義近來又擬在東三省設一中央統馭機關，以調整文武官吏活動之計劃，將要很迅速的實現，日陸軍省與外務省已商定改組關東軍司令部、添設行政，實業與交通等處，此項新位置，將大半任用軍人，而南滿鐵路關東長官及瀋陽日總領事，亦可薦員充任，作爲臨時應急辦法，使向來日本在滿活動，由關東長官，瀋陽總領事，滿鐵總裁與關東軍司令四方面各自進行，此次則擬將四方面之活動，合併一領袖之下，成立滿洲新政府•在滿洲新政府成立後對於幣制問題，現正由各方面着手研究，朝鮮銀行當局派理事等赴瀋陽及其他各地，作爲官銀號顧問，以便準備改革幣制，其計劃：一，滿洲貿易之七成，以金幣結算，故滿洲幣制決定金單位，二，瀋陽官銀號發行兌換券，以金爲準備金，三，統一各種鈔票，廢除正金銀行鈔票云•

中央蘇區消息

中央蘇區

紅軍勝利和發展

紅軍正在包圍贛州

贛城馬旅因我紅軍逼近，恐慌異常，距贛城卅里之潭口已發我紅軍佔領，并繳獲該處靖匪槍枝數十枝，該處靖匪概被消滅。

獨立二三師消滅會安武靖匪

工農紅軍獨立第二三師政治部通訊：自從筠門嶺工農群衆建立蘇維埃政權以來，附近一帶反動勢力相繼肅淸，只有一部份殘餘反動武裝，如歐陽辛，鍾文材、潘滿山等，逃竄武平，企圖作最後掙扎，聯合會昌武平安遠一帶殘餘地主武裝，組織反動的『會安武剿匪委會•』任意屠殺和壓迫當地群衆，時値我紅軍因工作他去，彼反動武裝潛至筠門嶺慘殺群衆，強抽捐稅，群衆痛苦已極，我紅軍於本月廿六日拂曉三面圍攻筠門嶺，該匪聞風膽怯，全部分路逃竄，我軍勇敢追截，在貓頭凍山子腦一帶，消滅匪部一部，繳得靖匪槍枝四十餘，左輪一枝，炸彈三個，子彈數百發，俘擄靖匪和土豪六十餘名，活捉靖匪第八大隊隊長，當地群衆情緒非常熱烈，正在進行鞏固蘇維埃政權工作云。

獨立五師擊潰萬安白軍

獨立五師在萬安之情水龍下與駐萬安之白軍激戰約六小時，結果繳獲步槍二十餘枝，擊斃敵之團長一名，士兵九名，活捉十餘名，敵卽退回萬城去了，現我獨立五團已開慈元石壙與獨立師之十團聯絡向萬城迫進云•

獨立七師消滅上杭靖匪一部

獨立第七師在杭武一帶工作，甚爲發展，近日在湘坑湖地方二次圍攻該處團匪鍾紹奎部，繳獲槍枝數十條，土槍土炮無數，擊斃匪官兵數十名，鍾匪是夜由大禾田小路竄回武平，我軍現正向武平方面進迫，並發展該地蘇區云•

期 红色中华零零零八期

版 零七版

时间 一九三二年二月三日

上海日纱厂罢工潮

小沙渡日华三四纱厂工人罢工

劳勃生路日华纱厂工人二千余名，反对厂方取消每月四工月赏。于九日上午一律宣布罢工，走狗六区警长闻讯，即迅速率警前往镇压，但工人因生活艰困态度非常坚决云。

法兵百餘人，七溪駐越兵五百餘人，法兵二百餘人，高平駐越兵一千餘人，法兵五百餘人，東溪駐法兵七百餘人，諒籠屯、那岑駐法兵六百餘人，朔駐法兵五百餘人，河陽駐二千五百餘人，河陽，同父駐六百餘人，保重副勞駐越兵八百餘人，老開駐二千五百餘人、黃川駐七百餘人，下察駐五百餘人，以上各地與中國雲南相接，新瑤街陸駐法兵七百餘人，平遼駐蕃北風田駐五百餘人，法兵四百餘人，以上與廣東相接，那鳳駐法兵四百人，定之駐四百五十餘人，槍新安駐九百餘人，其他日防河內諒化等省，亦各派有重兵，同時廣州灣又新增法戰艦三艘，最近越內飛機場之建築，軍用品之運輸，極為忙碌，形勢嚴重。

招商局海員總罷工

招商局全部船員，水手，生火等，為要求與局員同等待遇，請發年終雙薪，為總辦郭外峯所拒絕，於八日因請願不遂，全部船員即宣佈罷工，停止工作，在滬之商輪新江天，江天，江安，江華，海晏，廣利，廣濟，新銘，公平、峨嵋，泰順，同華等十二輪，一律停泊不開，江海各路之交通，完全阻斷，形勢甚為嚴重，上海流氓頭杜月笙又出來調解。船員提出條件：一，發給年終雙薪一月，二，承認船員聯合會，三，與局員平等待遇，四，無故不得開除船員，四，年終雙薪是永久的。而招商局專員郭外峯活頭答覆，船員仍繼續罷工，并舉行全體船員大會，組織招商局船員聯合會，不達到目的，決不開工，十號又有海關兩遇順兩艘到滬後，該船員水手等，亦一致加入罷工云。

上海日紗廠罷工潮

小沙渡日華三四紗廠工人罷工

勞勃生路日華紗廠工人二千餘名，反對廠方取消每月四工月賞，於九日上午一律宣佈罷工，走狗六區警長聞訊，即迅速率警前往鎮壓，但工人因生活艱困態度非常堅決云。

浦東日華一二廠繼續罷工

浦東日華紗廠布機間三百餘女工因反對廠方，減扣工資，發生罷工一案，業經兩次登載本報，最近，該工人等斗爭情緒，更加堅決，同時，各間工人，亦紛紛予以經濟援助，準備持久斗爭云。

日商同興紗廠糾紛

資本家任意壓迫工人

工人召集全會反抗

上海滬西戈登路日商同興第一紗廠，因受抵制日貨之影響，營業衰落，於是異想天開，盡情壓迫，任意開除大批工人，沒有開除的，加重工作，剋扣工資，迫使工人不退而自退，並於昨天下午，拒絕工人入廠工作，以達其關廠之目的，所有工人應得工資，暨勞金賞金，概不發給，該工廠二千多工人憤激非常，召集全體大會，以謀一致反抗。

日軍在天津演習巷戰

勒令日婦孺回國

圖佔天津佈置

日軍佔領錦州後，打通了關內外的聯繫，駐天津之日軍更形猖獗，前月七日有日軍二千餘名，從晨至午，分佈日界各馬路，勒令電車汽車，馬車人力車退出日界，斷絕交通，實行武裝演習。八日上午十時至十一時，又在旭街舉行國操，計有步兵千五百餘名，騎兵二百餘名，炮兵三百餘名，機關槍四十架，七生的五迫擊炮六尊，十二生的炮十六尊，鐵甲車兩輛，九時即由海光寺兵營出發，繞行各馬路示威、然後由波田大佐檢閱，下午三時、又在花園街一帶，舉行巷戰。同時，駐津日軍部，連日勒令日婦孺回國，聞近日時有日人赴塘沽、搭輪返國云。

日本統治滿洲計劃

日帝國主義近來又擬在東三省設一中央統馭机關，以調整文武官吏活動之計劃，將要很迅速的實現，日陸軍省與外務省已商定改組關東軍司令部、添設行政，實業與交通等處，此項新位置，將大半任用軍人，而南滿鐵路關東長官及瀋陽日總領事、亦可薦員充任，作為臨時應急辦法，按向來日本在滿活動，由關東長官，瀋陽總領事，滿鐵總裁與關東軍司令四方面各自進行，此次則擬將四方面之活動，合置一個領袖之下，成立滿洲新政府。在滿洲新政府成立後對於幣制問題，現正由各方面着手研究，朝鮮銀行當局派理事等赴瀋陽及其他各地，作為官銀號顧問，以便準備改革幣制，其計劃：一，滿洲貿易之七成，以金幣結算，故滿洲幣制決定金單位，二，瀋陽官銀號發行兌換券，以金為準備金，三，統一各種鈔票，廢除正金銀行鈔票云。

中央蘇區消息

紅軍勝利和發展

中央蘇區

紅軍正在包圍贛州

贛城馬旅因我紅軍逼近，恐慌異常，距贛城卅里之潭口已被我紅軍佔領，并繳獲該處靖匪槍枝數十枝，該處靖匪概被消滅。

獨立二三師消滅會安武靖匪

工農紅軍獨立第二三師政治部通訊：自從筠門嶺工農群眾建立蘇維埃政權以來，附近一帶反動勢力相繼肅清，只有一部份殘餘反動武裝，如歐陽辛，鍾文材，潘儒山等，逃竄武平，企圖作最後掙扎，聯合會昌武平安遠一帶殘餘地主武裝，組織反動的『會安武剿匪委會』，任意屠殺和壓迫當地群眾，時值我紅軍因工作他去，彼反動武裝潛至筠門嶺慘殺群眾，強抽捐稅，群眾痛苦已極，我紅軍於本月廿六日拂曉三面圍攻筠門嶺，靖匪聞風胆怯，全部分路逃竄，我軍勇敢追截，在貓頭溧山子腦一帶，消滅匪部一部，繳得靖匪槍枝四十餘，左輪一枝，炸彈三個，子彈數百發，俘擄靖匪和土豪六十餘名，活捉靖匪第八大隊隊長，會昌群眾情緒非常熱烈，正在進行鞏固蘇維埃政權工作云。

獨立五師擊潰萬安白軍

獨立五師在萬安之情水龍下與駐萬安之白軍激戰約六小時，結果繳獲步槍二十餘枝，駁殼十餘條，擊斃敵之團長一名，士兵九名，活捉十餘名，敵即退回萬城去了，現我獨立師之十團已開慈元石壙與獨立師之十五團聯絡向萬城迫進云。

獨立七師消滅上杭靖匪一部

獨立第七師在杭武一帶工作，甚為發展，近日在湘坑湖地方二次圍攻該處團匪鍾紹奎部，繳獲槍枝數十條，土槍土炮無數，擊斃匪官兵數十名，鍾匪晨夜由大禾田小路竄回武平，我軍現正向武平方而進迫，並發展該地蘇區云。

日商同興紗廠糾紛
資本家任意壓迫工人
工人召集全會反抗

日商同兴纱厂纠纷

资本家任意压迫工人
工人召集全会反抗

上海沪西戈登路日商同兴第一纱厂，因受抵制日货之影响，营业衰落，于是异想天开，尽情压迫，任意开除大批工人，没有开除的，加重工作，克扣工资，迫使工人不退而自退，并于昨天下午，拒绝工人入厂工作，以达其关厂之目的，所有工人应得工资，暨劳金赏金，概不发给，该工厂二千多工人愤激非常，召集全体大会，以谋一致反抗。

法兵百餘人，七溪駐越兵五百餘人，法兵二百餘人，高平駐越兵一千餘人，法兵五百餘人，東溪駐法兵七百餘人，部籠屯、那岑駐法兵六百餘人，朔駐法兵五百餘人，河陽駐二千五百餘人，河陽，同父駐六百餘人，保重副勞駐越兵八百餘人，老開駐二千五百餘人、黃川駐七百餘人，下察駐五百餘人，以上各地與中國雲南相接礎街陸駐法兵七百餘人，新蕃北風田駐五百餘人，平遼駐法兵四百餘人，以上與廣東相接，那圖駐法兵四百人，定之駐四百五十餘人、枱新安駐九百餘人、其他日防河內諸化等省，亦各派有重兵，同時廣州灣又新增法戰艦三艘、最近越內飛機場之建築、軍用品之運輸，極為忙碌，形勢嚴重。

招商局海員總罷工

招商局全部船員，水手，生火等，為要求與局員同等待遇，請發年終雙薪，為總辦郭外峯所拒絕，於八日因請願不遂，全部船員即宣佈罷工，停止工作，在滬之商輪新江天，江天，江安，江華，海晏，廣利，廣濟，新銘，公平、峨嵋，泰順，同華等十二輪，一律停泊不開，江海各路之交通，完全阻斷，形勢甚為嚴重，上海流氓頭杜月笙又出來調解，船員提出條件：一，發給年終雙薪一月，二，承認船員聯合會，三，與局員平等待遇，四，無故不得開除船員，四，年終雙薪是永久的。而招商局專員郭外峯活頭答覆，船員仍繼續罷工，并舉行全體船員大會，組織招商局船員聯合會，不達到目的，決不開工，十號又有海圖兩遇順兩艘到滬後，該船員水手等，亦一致加入罷工云。

上海日紗廠罷工潮

小沙渡日華三四紗廠工人罷工

勞勃生路日華紗廠工人二千餘名，反對廠方取消每月四工月賞，於九日上午一律宣佈罷工，走狗六區警長聞訊，即迅速率警前往鎮壓，但工人因生活艱困態度非常堅決云。

浦東日華一二廠繼續罷工

浦東日華紗廠布機間三百餘女工因反對廠方，減扣工資，發生罷工一案，業經兩次登載本報，最近，該工人等斗爭情緒，更加堅決，同時，各間工人，亦紛紛予以經濟援助，準備持久斗爭云。

日商同興紗廠糾紛

資本家任意壓迫工人

工人召集全會反抗

上海滬西戈登路日商同興第一紗廠，因受抵制日貨之影響，營業衰落，於是異想天開，盡情壓迫，任意開除大批工人，沒有開除的，加重工作，減扣工資，迫使工人不退而自退，並於昨天下午，拒絕工人入廠工作，以達其關廠之目的，所有工人應得工資，暨勞金賞金，概不發給，該工廠二千多工人憤激非常，召集全體大會，以謀一致反抗。

日軍在天津演習巷戰

勸令日婦孺回國

圖佔天津佈置

日軍佔領錦州後，打通了關內外的聯繫，駐天津之日軍更形猖獗，前月七日有日軍二千餘名，從晨至午，分佈日界各馬路，勒令電車汽車，馬車人力車退出日界，斷絕交通，實行武裝演習。八日上午十時至十一時，又在旭街舉行國操，計有步兵千五百餘名，騎兵二百餘名，炮兵三百餘名，鐵關槍四十架，七生的五迫擊炮六隊，十二生的炮十六隊，鋼甲車兩輛，九時即由海光寺兵營出發，繞行各馬路示威，然後由波田大佐檢閱，下午三時，又在花園街一帶，舉行巷戰。同時，駐津日軍部，連日勸令日婦孺回國，聞近日時有日人赴塘沽，搭輪返國云。

日本統治滿洲計劃

日帝國主義近來又擬在東三省設一中央統馭機關，以調整文武官吏活動之計劃，將要很迅速的實現，日陸軍省與外務省已商定改組關東軍司令部，添設行政，實業與交通等處，此項新位置，將大半任用軍人，而南滿鐵路關東長官及瀋陽日總領事，亦可薦員充任，作為臨時應急辦法，按向來日本在滿活動，由關東長官，瀋陽總領事，滿鐵總裁與關東軍司令四方面各自進行，此次則擬將四方面之活動，合設一個袖之下，成立滿洲新政府。在滿洲新政府成立後對於幣制問題，現正由各方面着手研究，朝鮮銀行當局派理事等赴瀋陽及其他各地，作為官銀號顧問，以便準備改革幣制，其計劃：一，滿洲貿易之七成，以金幣結算，故滿洲幣制決定金單位，二，瀋陽官銀號發行兌換券，以金為準備金，三，統一各種鈔票，廢除正金銀行鈔票云。

中央蘇區消息

中央蘇區

紅軍勝利和發展

紅軍正在包圍贛州

贛城馬旅因我紅軍逼近，恐慌異常，距贛城卅里之潭口已發我紅軍佔領，并繳獲該處靖匪槍枝數十枝，該處靖匪概被消滅。

獨立二三師消滅會安武靖匪

工農紅軍獨立第二三師政治部通訊：自從筠門嶺工農群眾建立蘇維埃政權以來，附近一帶反動勢力相繼肅清，只有一部份殘餘反動武裝，如歐陽辛，鍾文材，潘滿山等，逃竄武平，企圖作最後掙扎，聯合會昌武平安遠一帶殘餘地主武裝，組織反動的『會安武剿匪委會』，任意屠殺和壓迫當地群眾，時值我紅軍因工作他去，彼反動武裝潛至筠門嶺慘殺群眾，強抽捐稅，群眾痛苦已極，我紅軍於本月廿六日拂曉三面圍攻筠門嶺，靖匪聞風膽怯，全部分路逃竄，我軍勇敢追截，在貓頭凍山子腦一帶，消滅匪部一部，繳得靖匪槍枝四十餘，左輪一枝，炸彈三個，子彈數百發，俘擄靖匪和土豪六十餘名，活捉靖匪第八大隊隊長，當地群眾情緒非常熱烈，正在進行鞏固蘇維埃政權工作云。

獨立五師擊潰萬安白軍

獨立五師在萬安之情水龍下與駐萬安之白軍激戰約六小時，結果繳獲步槍二十餘枝，駁殼十餘條，擊斃敵之團長一名，士兵九名，活捉十餘名，敵即退回萬城去了，現我獨立團已開慈元石塘與獨立師之十五團聯絡向萬城迫進云。

獨立七師消滅上杭靖匪一部

獨立第七師在杭武一帶工作，甚為發展，近日在湘坑湖地方二次圍攻該處團匪鍾紹奎部，繳獲槍枝數十條，土槍土炮無數，擊斃匪官兵數十名，鍾匪是夜由大禾田小路竄回武平，我軍現正向武平方而進迫，並發展該地蘇區云。

紅色中華

帝國主義計劃瓜分上海
日美衝突尖銳大战快爆發

期：红色中华零零零九期
版：零一版
时间：一九三二年二月十日

帝国主义计划瓜分上海
日美冲突尖锐大战快爆发

各国海陆空军云集上海

闸北吴淞变成一片焦土

英勇士兵自动与日作战，日军迭次大遭惨败

紅色中華

第九期

一九三二年二月十日

本期二張半
收報費銅元一枚

社論

反對帝國主義瓜分中國的大戰奪取贛州吉安

項英

自從日帝国主義更要強佔上海，炮轟南京以來，上海閘北，吳淞，已在大炮飛機軍艦的轟擊爆炸之下，變成一片焦土了。幾十萬居民，都在日帝国主義屠殺之下，受着最悲慘的犧牲。最近日本正在大肆調軍隊到中国，又由上海進而開佔武漢，這種，屠殺中国人民的慘禍，將由東三省，上海，南京，擴大到長江各埠，沿海各口岸了。

這一事變的發展，愈加使帝国主義瓜分中國的爭奪，激烈到了萬分。帝国主義間強盜大戰，更是盤馬彎弓待發的緊張形勢。在太平洋大戰的主腳，美帝国主義，向日本嚴重的抗議和洩謀，那不過是帝国主義戰爭要爆發的一種通常表面文章，實際呢，美国亞洲艦隊全部開到上海和南京，六千陸軍已到上海，其餘還在動員開拔的，英法意等國軍艦，也大批調到上海，陸軍英兵有五六千，意兵有千餘，法兵有若干都集中在上海，帝国主義大戰，只有一碰就要爆發起來。最近英美等的主張劃上海為中立區，實際就是首先來瓜分上海進而瓜分全中国，可是帝国主義的衝突，特別是日美衝突，在目前已進到最尖銳的時候，這樣是不能解決的，於是日本就反對這種辦法，繼續武力攻擊，美国及其他帝国主義，也不過藉此更來加緊軍事佈置和戰爭動員的準備，以及各因利害關係，互相來結定戰爭中的同盟，帝国主義大戰的爆發，到現在只是時間上遲早的問題。

國民黨和他的政府，仍然繼續作出賣中国的勾當，最近更承認帝国主義瓜分上海，對於自動抵抗日軍的英勇士兵和革命群衆，他們本來派軍隊去繳械的，反而這些軍隊士兵又自動加入作戰，這使得国民黨又不得不轉變方法欺騙群衆，汪精衛，何應欽，宋子文的聲明就是個鐵證。最近国民黨更企圖挑起世界大戰，來促成帝國主義更快的解決瓜分中国問題以及將來在日美正式作戰時，也可以「向日宣戰」那都不過是幫助美国及其他帝国主義來搶奪中国和欺騙群衆，在大戰爆發時，国民黨各派軍閥必然都分組在各帝国主義指揮之下，以為幫助他們瓜分中國，特別是屠殺中国人民的一個支隊。

空前的殺人大戰快到臨了，全世界的工農及一切勞動群衆，都要遭受比第一次大戰更悲慘的災禍，中国是這一次殺人大戰的主要戰場，中国幾萬萬群衆將要被屠殺於帝国主義槍砲炸彈毒瓦斯之下，比現在上海被屠殺的慘狀還要超過百十倍，因此反對日帝国主義屠殺中国人民，反對美国及其他帝国主義瓜分中国與屠殺世界工農勞動群衆的大戰，我們要以革命戰爭去消滅帝国主義的大戰，才能消滅大戰的慘禍與災害，要變帝国主義戰爭為反帝反国民黨的民族革命戰爭，驅逐帝国主義出中国，推翻国民黨的統治，以爭取苏維埃在全中国的勝利，這是我們當前的最主要中心任務。

要執行這一任務，就要積極進行革命戰爭，擴大與加強紅軍，發展與鞏固中央蘇區，奪取贛州，吉安，貫通閩東閩西兩大苏區，以及與湘鄂連緊起來，與爭取江西首先勝利，建立最廣大的最鞏固的全國革命根據地，來組織和領導全國革命戰爭消滅帝國主義作最殘酷的戰爭，實行以革命戰爭消滅帝國主義的殺人大戰，變帝國主義戰爭為反帝反國民黨的戰爭。

現在紅軍已將贛州包圍了，敵人的增援部隊，被紅軍消滅了一個，贛州將要攻下，進而就要奪取吉安了。奪取贛州和吉安後準備與帝國主義直接作戰，是最實際的任務。工農和一切勞動群衆，大家要一致動員起來，積極參加革命戰爭，來擁護贛州，發展贛江西岸的工作，動員廣大群衆來配合紅軍去奪取吉安，每一個工農同志要當紅軍去！到前線去！

在我們蘇區內，有一種太平觀念和平思想，是非常濃厚的，以為敵人不來就完了，這是非常不對的，這是妨礙革命發展與勝利的，在各級政府各工作中就有這種現象表現，對於任何工作任何命令和決議，都是鬆懈而不緊張的去執行，這是非常有害的，我們要堅決與這種觀念斗爭，克服消極思想和觀念。

還有一種的觀點，就是以為帝國主義的大戰與我們蘇區沒有關係，或者以為帝國主義打起仗來，敵人更不能進攻我們了，好像歡迎帝国主義打仗一樣，這都是很錯誤的，我們必須知道，帝國主義大战的爆發，他首先要進攻中國革命，鎮壓國內外的革命，同樣的帝國主義雖然互相打起來，他對於苏聯的進攻，仍然時時企圖將戰爭轉向進攻苏聯的戰爭。中國是主要戰場，中國人民首先遭受屠殺和犧牲，帝國主義大战的爆發，其結果毫無疑義的要掀動世界革命大爆發，來葬送他的墳墓去，正因為如此，我們更要努力去發展和組織全国的革命戰爭去消滅帝國主義戰爭，消滅反革命對革命的進攻。

世界空前的大事變，要到臨了，大家動員起來，緊張起來，同時武裝起來去發展革命戰爭，奪取贛州，吉安，反對帝國主義的大戰！變帝國主義大戰為反帝反國民黨的民族革命戰爭！

專電

帝國主義計劃瓜分上海
日美衝突尖銳大战快爆發

▲各國海陸空軍云集上海
▲閘北吳淞變成一片焦土
▲英勇士兵自動與日作戰
▲日軍迭次大遭慘敗

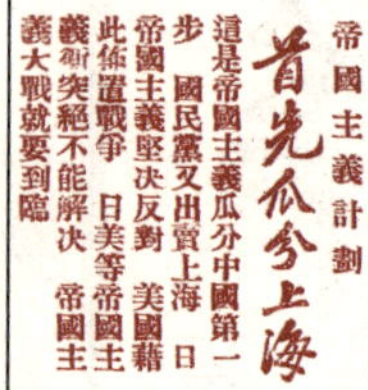
帝國主義計劃
首先瓜分上海
這是帝國主義瓜分中國第一步 國民黨又出賣上海 日帝國主義堅決反對 美國藉此佈置戰爭 日美等帝國主義衝突絕不能解決 帝國主義大戰就要到臨

帝国主义计划首先瓜分上海

这是帝国主义瓜分中国第一步
国民党又出卖上海
日帝国主义坚决反对
美国借此布置战争
日美等帝国主义冲突绝不能解决
帝国主义大战就要到临

二月六号无线电：美国给国民政府的照会。大意如下：为照会事，列国提议解决中日冲突如下：一.双方根据下开条件，立刻停止各种暴烈行为，二.两国间从此后不得再有动员或准备任何敌对立行为，三.在沪中日作战人员退出彼此所占地位，四.设立中立区，分离双方作战人员，以保护公共租界，该项区域，由中立国军警驻防，该办法由领团议定，五.两国已始接收条件，不能想出保留意见，应根据《非战公约》，及十二月九日国联会议决案的精神，在中立国之视察者或参与者协助之下，迅速进行商议，以解决一切悬案。

国民党外交部复文，大意如下：对于贵国政府解决现在事变之各项提议，中国国民政府，特别愿意接受并恳切地严格遵行（国民党又无耻地来出卖上海）再各友邦对远东时局已有极大关系，希望以监察者之资格参加，至提议中第四条所谓设立中立区应分别改为和平区域及第三国等字样、（这不过是国民党为了欺骗群众掩饰出卖上海的罪恶的好名称）。

七日上海专电：上海自日军肆暴后，国际商场，沦为地狱，各国侨民，颇为不安，英美政府，迭次提出抗议，设法制止，均无效，闻法向英美各国建议，设国际警察由各国派兵阻卫之，公共租界北区，如闸北附近，可设立和平区。

九日无线电：英使兰浦生连日在南京与国民党外交当局晤面，据闻在上海设立（和平）区域，以免中日军队发生冲突事，有正式交换意见之语。

十日上海电：英驻华司令开来少将，前日与国民党会商和平议案，国民党完全接受，昨日下午该司令晤日使重光，和平事件无希望，重光坚持要华军撤退，离租界十五或二十英里，否则日方决不停战。

十日上海专电：各帝国主义已议定瓜分上海的区域，闸北至真茹［如］为中立区，驻各国军队□中国军队须退出，真茹［如］闸北划为日本，杨树浦□带为美国，南市至高昌庙为意大利，沪西一带为英国。这个提议已由国民政府承认了，但日本主要解决东省要独占，美国要门户开放，帝国主义的冲突不能解决，故日现仍继续其武力云。

一九三二年二月十日　紅色中華　第二版

帝國主義計劃 首先瓜分上海

這是帝國主義瓜分中國第一步　國民黨又出賣上海　日帝國主義堅決反對　美國藉此佈置戰爭　日美等帝國主義衝突絕不能解決　帝國主義大戰就要到臨

二月六號無線電：美國給國民政府的照會，大意如下：為照會事，列陳提議解決中日冲突如下：一、雙方根據下開條件，立刻停止各種暴烈行為，二、兩國間從此後不得再有動員或準備任何敵对立行為，三、在滬中日作戰人員退出彼此所佔地位，四、設立中立區，分離雙方作戰人員，以保護公共租界，該項區域，由中立国軍隊駐防，該辦法由領團議定，五、兩国已始接收條件，不能想出保留意見，應根據非戰公約，及十二月九日国聯會議決案的精神，在中立国之視察者或參與者協助之下，迅速進行商議，以解決一切懸案。

國民黨外交部復文，大意如下：对於貴國政府解決現在爭從之各項提議，中國國民政府，**特別願意接受，並懇切的嚴格遵行**（國民黨又無恥的奉出賣上海）再各友邦對遠東時局已有極大關係，希望以監察者之資格參加，至提議中第四條所謂設立中立區應分別改為和平區域及第三國等字樣，（這不過是國民黨為了欺騙群衆掩飾出賣上海的罪惡的好名稱）

七日上海專電：上海自日軍肆擾後，國際商場，淪為地獄，各國僑民，頗為不安，英美政府，迭次提出抗議，設法制止，均無效，聞法向英美各國建議，設國際警察由各國派兵阻衛之，公共租界北區，如閘北附近，可設立和平區。

九日無線電：英使蘭浦生逐日在南京與國民黨外交當局晤面，據聞在上海設立（和平）區域，以免中日軍隊發生冲突事，有正式交換意見之語。

十日上海電：英哇華司令開乘少將，前日與國民黨會商和平議案，國民黨完全接受，昨日下午該司令晤日使重光，和平事件無希望，但光堅持要華軍撤退，離租界十五或二十英里，否則日方決不停戰。

十日上海專電：各帝國主義已議定瓜分上海的區域，閘北至真茹為中立區，駐各國軍隊，中國軍隊須退出，真茹閘北劃為日本，楊樹浦一帶為美國，南市至高昌廟為意大利，滬西一帶為英國，這個提議已由國民政府承認了，但日本主要解決東三省是獨佔，美國要門戶開放，帝國主義的冲突不能解決，故日現仍繼續其武力云。

美日爭奪激烈 衝突達到極點 大戰一觸即發

二月四日上海夜一時電：滬西小沙渡路戈登路之日軍司令部，四日晨，被美軍干涉，即時全部撤退。

二月六日下午十一時上海電：倫登專電：據可靠消息，日內瓦国聯秘書處，據報告謂：美国會同十大国通告日本於本月十一日以前，撤退在中国之日軍。

七日倫敦路透電：今日雖為星期，但各報仍以大字登載上海消息，據觀察報訪員稱：美国現正與各關係国，商議對日提案，以俟日本關於撤兵申明發出後，該提案亦可備妥送出，又稱：日政府已處於有過失地位，日本侵入上海方面華領土，為違叛盟約，非戰公約的明顯的事，同時對上海各国僑益挑發。恐拙行為，星期公報刊復稱：各國聯合會員国應採一致行動，以扼制日本侵掠行為。

九日下午十一時上海專電：據倫敦消息：華盛頓方面，對於日本向中国方面的提議，上海，漢口，天津，青島，廣州等五大商埠，在若干時內，中国不得駐兵、東三省內、中国僅可駐少數步隊，專司警察責任一節，認為破壞中国領土行政完整，（實在是因為損害美帝國主義的重大利益，）違反華盛頓九國公約及非戰公約，美國為維持九國公約及非戰公約，堅決表示反對上項提議。

日本掘强不讓

二月五日上海專電：日野村中將，奉令來華，約明後日抵滬，關於日本現停長江各艦隊，及東南沿海各日艦，均為野村指揮調遣，又聞日方不顧各國之警告，決派軍陸戰隊，繼續在上海破壞，由野村抵滬，並有一批陸戰隊隨其來華，

大戰緊張中之 各帝國主義態度 利害不同矛盾尖銳

二月三日二時倫敦專電：英美法意用太平洋長途電話互通消息，商議共同對日提出警告，認現在尚無共同行動之必要，故祇美方單獨提出對日警告。

二月三日六時日內瓦電：日內瓦代表，二日於行政院演說辭：自國聯成立以後，最重要宣言，是英美在遠東合作，更密切起來。

二月三日下午十二時上海電：西報載：公共租界工部局警局及英美海軍當局，與同商關及英美意領事，以日本海軍干涉公共租界所劃分之房屋，及虹口之警務，於昨日向日方提出嚴重抗議。

三日上海電：法當局，向日警備司令警告，任何軍隊，不準在華法交界作戰。

一月廿五日下午一時電：駐滬各領事照會日軍司令，限日軍於六日下午三時退出租界，逾限將以武力驅逐，聞照會已送達云。

六日路透社東京電：日政府日內將在倫敦，巴黎，日內瓦，上海等處，同時發表聲明，以消除各方對日增兵上海誤會，英美等政府已向日表示，反對增兵上海一事。

日本明若宮搭台九日電：英美法意四国領事，八日在日領館開會，對日海軍在租界作戰，共同通告，有抗議意。

八日倫敦路透電：日本向上海增兵消息到此後，各方咸表不安，英外部對此雖取緘默態度，但各国執政當局，現忙於互相交換意見，討論第二次向日本提出照會性質，及討論繼續採用和平抗議方式，是否有效。

帝國主義大戰緊張中 各國海陸空軍大集上海

三日上海專電：英法意派艦赴滬，美亦有十五艘開來，今日到齊，共有陸軍千二百名，陸戰隊四千八百人，英軍在滬亦有五六千，意軍有千餘，現各國準備令日軍退出租界，連日日軍增兵甚多，五日又到四千。

日本掘［倔］强不让

二月五日上海专电： 日野村中将，奉令来华，约明后日抵沪，关于日本现停长江各舰队，及东南沿海各日舰，均为野村指挥调遣，又闻日方不顾各国之警告，决派□军陆战队，继续在上海破坏，在野村抵沪，并有一批陆战队随其来华。

紅色中華

帝國主義計劃

首先瓜分上海

這是帝國主義瓜分中國第一步　國民黨又出賣上海　日帝國主義堅決反對　美國藉此佈置戰爭　日美等帝國主義衝突絕不能解決　帝國主義大戰就要到臨

二月六日無線電：美國給國民政府的照會，大意如下：爲照停事，列陳提議解決中日衝突如下：一．雙方根據下開條件，立刻停止各種暴烈行爲，二．兩國間從此後不得再有動員或準備任何敵對行爲，三．在滬中日作戰人員退出彼此所佔地位，四．設立中立區，分離雙方作戰人員，以保護公共租界，該項區域，由中立国軍警駐防，該辦法由領團議定，五．兩国已始接收條件，不能想出保留意見，應根據非戰公約，及十二月九日国聯會議決案的精神，在中立国之視察者或參與者協助之下，迅速進行商議，以解決一切懸案。

國民黨外交部復文，大意如下：對於貴國政府解決現在爭提之各項提議，中國國民政府，

特別願意接受，並懇切的嚴格遵行

（國民黨又無恥的要出賣上海）再各友邦對遠東時局已有極大關係，希望以監察者之資格參加，至提議中第四條所謂設立中立區應分別改爲和平區域及第三國等字樣，（這不過是國民黨爲了欺騙群衆掩飾出賣上海的罪惡的好名稱）

七日上海專電：上海自日軍肆暴後，國際商場，淪爲地獄，各國僑民，頗爲不安，英美政府，迭次提出抗議，設法制止，均無效，聞法向英美各國建議，設國際警察由各國派兵阻衛之，公共租界北區，如閘北附近，均可設立和平區。

九日無線電：英使藍浦生連日在南京與國民黨外交當局晤面，據聞在上海設立（和平）區域，以免中日軍隊發生沖突事，有正式交換意見之語。

十日上海電：英駐華司令開季少將，前日與國民黨會商和平議案，國民黨完全接受，昨日下午該司令晤日使重光，和平事件無希望，重光堅持要華軍撤退，離租界十五或二十英里，否則日方決不停戰。

十日上海專電：各帝國主義已議定瓜分上海的區域，閘北至眞茹爲中立區，駐各國軍隊，中國軍隊須退出，眞茹閘北劃爲日本，楊樹浦一帶爲美國，南市至高昌廟爲意大利，滬西一帶爲英國，這個提議已由國民政府承認了，但日本主要解決東省要獨佔，美國要門戶開放，帝國主義的冲突不能解決，故日現仍繼續其武力云。

美日爭奪激烈

衝突達到極點　大戰一觸卽發

二月四日上海夜一時電：滬西小沙渡路戈登路之日軍司令部，四日晨，被美軍干涉，卽時全部撤退。

二月六日下午十一時上海電：倫登專電：據可靠消息，日內瓦国聯秘書處，據報告謂：美國會同十大國通告日本於本月十一日以前，撤退在中国之日軍。

七日倫敦路透電：今日雖爲星期，但各報仍以大字登載上海消息，據觀察報訪員稱：美国現正與各關係国，商議對日提案，以俟日本關於撥兵申明發出後，該提案亦可議妥送出，又稱：日政府已處於有過失地位，日本侵入上海方面華領士，爲違叛盟約，非戰公約的明顯的事，同時對上海各国利益挑發。恐拙行爲，星期公報刊復稱：各國將會員因應採一致行動，以扼制日本侵掠行爲。

九日下午十一時上海專電：據倫團消息：華盛頓方面，對於日本向中国方面的提議，上海，漢口，天津，青島，廣州等五大商埠，在若干時內，中国不得駐兵，東三省內，中国僅可駐少數步隊，專司警察責任一節，認爲破壞中国領土行政完整，（實在是因爲損害美帝國主義的重大利益，）違反華盛頓九國公約及非戰公約，美國爲維持九國公約及非戰公約，堅決表示反對上項提議。

日本掘强不讓

二月五日上海專電：日野村中將，奉令來華，約明後日抵滬，關於日本現停長江各艦隊，及東南沿海各日艦，均爲野村指揮調遣，又聞日方不願各國之警告，決派海軍陸戰隊，繼續在上海破壞，由野村抵滬，並有一批陸戰隊隨其來華。

大戰緊張中之

各帝國主義態度

利害不同矛盾尖銳

二月三日二時倫敦專電：英美注意用太平洋長途電話互通消息，商議共同對日提出警告，認現在尚無共同行動之必要，故祇美方單獨提出對日警告。

二月三日六時日內瓦電：日內瓦代表，二日於行政院演說詞：內閣聯盟成立以後，最重要守言，是英美在遠東合作，益密切起來。

二月三日下午十二時上海電：西報載：公共租界工部局警局及英美海軍當局，與同商團及英美意領事，以日本海軍干涉公共租界所劃分之房屋，及虹口之警務，於昨日向日方提出嚴重抗議。

三日上海電：法當局，向日軍總司令警告，任何軍隊，不准在華法交界作戰。

一月廿五日下午一時電：駐滬各領事照會日軍司令，限日軍於六日下午三時退出租界，逾限將以武力驅逐，聞照會已送達云。

六日路透社東京電：日政府日內將在倫敦，巴黎，日內瓦，上海等處，同時發表聲明，以消除各方對日增兵上海誤會。英美政府已向日表示，反對增兵上海一事。

日本明若京擬待台九日電：英美法意四国領事，八日在日領館開會，對日海軍在租界作戰，共同通告，有抗議意。

八日倫敦路透電：日本向上海增兵消息到此後，各方咸甚不安，英外部對此雖取緘默態度，但各国執政當局，現忙於互相交換意見，討論第二次向日本提出照會性質，及討論繼續採用和平抗議方式，是否有效。

帝國主義大戰緊張中

各國海陸空軍大集上海

三日上海專電：英法意派艦赴滬，美亦有十五艘開來，今日到齊，共有陸軍千二百名，陸戰隊四千八百人，法軍在滬亦有五六千，意軍有千餘，現各國準備令日軍退出租界，連日日軍增兵甚多，五日又到四千。

紅色中華

期 红色中华零零零九期
版 零二版
时间 一九三二年二月十日

大战紧张中之各帝国主义态度利害不同矛盾尖锐

二月三日二时伦敦专电：英美注意用太平洋长途电话互通消息，商议共同对日提出警告，认现在尚无共同行动之必要，故只美方单独提出对日警告。

二月三日六时日内瓦电：日内瓦代表，二日于行政院演说谓：自国联成立以后，最重要宣言，是英美在远东合作，□密切起来。

二月三日下午十二时上海电：西报载：公共租界工部局当局及英美海军当局，万国商团及英美意领事，以日本海军干涉公共租界所划分之房屋，及虹口之警务，于昨日向日方提出严重抗议。

三日上海电：法当局，向日警备司令警告，任何军队，不准在华法交界作战。

一月二十五日下午一时电：驻沪各领事照会日□司令，限日军于六日下午三时退出租界，逾限将以武力驱逐，闻照会已送达云。

六日路透社东京电：日政府日内将在伦敦，巴黎，日内瓦，上海等处，同时发表声明，以消除各方对日增兵上海误会，英美等政府已向日表示，反对增兵上海一事。

日本明古窝［名古屋］播音台九日电：英美法意四国领事，八日在日领馆开会，对日海军在租界作战，共同通告，有抗议意。

八日伦敦路透电：日本向上海增兵消息到此后，各方咸表不安，英外部对此虽取缄默态度。但各国执政当局，现忙于互相交换意见，讨论第二次向日本提出照会性质，及讨论继续采用和平抗议方式，是否有效。

一九三二年二月十日　紅色中華　第二版

帝國主義計劃 首先瓜分上海

這是帝國主義瓜分中國第一步　國民黨又出賣上海　日帝國主義堅決反對　美國藉此佈置戰爭　日美等帝國主義衝突絕不能解決　帝國主義大戰就要到臨

二月六日無線電：美國給國民政府的照會，大意如下：爲照會事，列舉提議解決中日冲突如下：一．雙方根據下開條件，立刻停止各種暴烈行爲，二．兩國間從此後不得再有動員或準備任何敵對行爲，三．在滬中日作戰人員退出彼此所佔地位，四．設立中立區，分離雙方作戰人員，以保護公共租界，該項區域，由中立国軍警駐防，該辦法由領團議定，五．兩国已始接收條件，不留想出保留意見，應根據非戰公約，及十二月九日国聯會議決案的精神，在中立国之視察者或參與者協助之下，迅速進行商議，以解決一切懸案。

国民黨外交部復文，大意如下：對於貴國政府解決現在爭執之各項提議，中國國民政府**特別願意接受，並懇切的嚴格遵行**（國民黨又無恥的要出賣上海）再各友邦對遠東時局已有極大關係，希望以監察者之資格參加，至提議中第四條所謂設立中立區應分別改爲和平區域及第三國等字樣，（這不過是國民黨爲了欺騙群衆掩飾出賣上海的罪惡的好名稱）

七日上海專電：上海自日軍肆暴後，國際商場，淪爲地獄，各國僑民，頗爲不安，英美政府，迭次提出抗議，設法制止，均無效，聞法向英美各國建議，設國際警察由各國派兵阻衛之，公共租界北區，如閘北附近，可設立和平區。

九日無線電：英使藍浦生連日在南京與國民黨外交當局晤面，據聞在上海設立（和平）區域，以免中日軍隊發生冲突事，有正式交換意見之語。

十日上海電：英駐華司令開來少將，前日與國民黨會商和平議案，國民黨完全接受，昨日下午該司令晤日使重光，和平事件極希望，但光堅持要華軍撤退，離租界十五或二十英里，否則日方決不停戰。

十日上海專電：各帝國主義已議定瓜分上海的區域，閘北至眞茹爲中立區，駐各國軍隊　中國軍隊須退出，眞茹閘北劃爲日本，楊樹浦　劃爲美國，南市至高昌廟爲意大利，滬西一帶爲英國，這個提議已由國民政府承認了，但日本主要解決東三省要獨佔，美國要門戶開放，帝國主義的冲突不能解決，故日現仍繼續其武力云。

美日爭奪激烈 衝突達到極點 大戰一觸卽發

二月四日上海夜一時電：滬西小沙渡路戈登路之日軍司令部，四日晨，被美軍干涉，即時全部撤退。

二月六日下午十一時上海電：倫敦專電：據可靠消息，日內瓦国聯秘書處，據報告謂：美国會同十大國通告日本於本月十一日以前，撤退在中国之日軍。

七日倫敦路透電：今日雖爲星期，但各報仍以大字登載上海消息，據觀察報訪員稱：美国現正與各關係国，商議對日提案，以俟日本關於撥兵申明發出後，該提案亦可備妥送出，又稱：日政府已處於有過失地位，日本侵入上海方面華領士，爲違叛盟約，非戰公約的明顯的事，同時對上海各国利益挑發。恐拙行爲，星期公報刊復稱：各國聯會員国應採一致行動，以扼制日本侵掠行爲。

九日下午十一時上海專電：據倫國路息：華盛頓方面，對於日本向中国方面的提議，上海，漢口，天津，青島，廣州等五大商埠，在若干時內，中国不得駐兵，東三省內，中国僅可駐少數步隊，專司警察責任一節，認爲破壞中国領土行政完整，（實在是因爲損害美帝國主義的重大利益，）遂反華盛頓九國公約及非戰公約，美國爲維持九國公約及非戰公約，堅決表示反對上項提議。

日本掘强不讓

二月五日上海專電：日野村中將，奉令來華，約明後日抵滬，關於日本現停長江各艦隊，及東南沿海各日艦，均爲野村指揮調遣，又聞日方不顧各國之警告，決派海軍陸戰隊，繼續在上海破壞，在野村抵滬，並有一批陸戰隊隨其來華。

大戰緊張中之 各帝國主義態度 利害不同矛盾尖銳

二月三日二時倫敦專電：英美注意用太平洋長途電話互通消息，商議共同對日提出警告，認現在尚無共同行動之必要，故祇美方單獨提出對日警告。

二月三日六時日內瓦電：日內瓦代表，二日於行政院消息館：內閣聯成立以後，最重要宣言，是英美在遠東合作，正密切起來。

二月三日下午十二時上海電：西報載：公共租界工部局當局及英美海軍當局，與同商團及英美意衛事，以日本海軍干涉公共租界所劃分之房屋，及虹口之警務，於昨日向日方提出嚴重抗議。

三日上海電：法當局，向日駐滬司令警告，任何軍隊，不準在華法交界作戰。

一月廿五日下午一時電：駐滬各領事照會日司令，限日軍於六日下午三時退出租界，逾限將以武力驅逐，聞照會已發遞云。

六日路透社東京電：日政府日內將在倫敦，巴黎，日內瓦，上海等處，同時發表聲明，以消除各方對日增兵上海誤會，英美政府已向日表示反對增兵上海一事。

日本明石無線電台九日電：英美法意四国領事，八日在日領館開會，對日海軍在租界作戰，共同通告，有抗議意。

八日倫敦路透電：日本向上海增兵消息到此後，各方成表不安，英外部對此雖取緘默態度，但各国執政當局，則忙於互相交換意見，討論第二次向日本提出照會性質，及討論繼續採用和平抗議方式，是否有效。

帝國主義大戰緊張中 各國海陸空軍大集上海

二日上海專電：英法意派艦赴滬，美亦有十五艘開來，今日到齊，共有陸軍千二百名，陸戰隊四千八百人，法軍在滬亦有五六千，意軍有千餘，現各國準備令日軍退出租界，連日日軍增兵甚多，五日又到四千。

期
红色中华零零零九期
版
零二版
时间
一九三二年二月十日

帝国主义大战紧张中
各国海陆空军大集上海

三日上海专电：英法意派舰赴沪，美亦有十五艘开来，今日到齐，载有陆军千二百名，陆战队四千八百人，英军在沪亦有五六千，意军有千余，现各国准备令日军退出租界，连日日军增兵甚多，五日又到四千。

帝國主義計劃 首先瓜分上海

這是帝國主義瓜分中國第一步 國民黨又出賣上海 日帝國主義堅決反對 美國藉此佈置戰爭 日美等帝國主義衝突絕不能解決 帝國主義大戰就要到臨

二月六日無線電：美國給國民政府的照會，大意如下：為照會事，列國提議解決中日沖突如下：一．雙方根據下開條件，立刻停止各種暴烈行為，二．兩國間從此後不得再有動員或準備任何敵對立行為，三．在滬中日作戰人員退出彼此所佔地位，四．設立中立區，分離雙方作戰人員，以保護公共租界，該項區域，由中立國軍隊駐防，該辦法由領團議定，五．兩國已始接收條件，不能想出保留意見，應根據非戰公約，及十二月九日國聯會議決案的精神，在中立國之視察者或參與者協助之下，迅速進行商議，以解決一切懸案

國民黨外交部復文，大意如下：對於貴國政府解決現在事變之各項提議，中國國民政府，特別願意接受，並懇切的嚴格遵行（國民黨又無恥的要出賣上海）再各友邦對遠東時局已有極大關係，希望以監察者之資格參加，至提議中第四條所謂設立中立區應分別改為和平區域及第三國等字樣，（這不過是國民黨為了欺騙群衆掩飾出賣上海的罪惡的好名稱）

七日上海專電：上海自日軍肆暴後，國際商場、淪為地獄，各國僑民，頗為不安，英美政府，迭次提出抗議，設法制止，均無效，聞法向英美合國建議，設國際警察由各國派兵阻衛之，公共租界北區，如閘北附近，可設立和平區。

九日無線電：英使蘭浦生連日在南京與國民黨外交當局晤面，據聞在上海設立（和平）區域，以免中日軍隊發生沖突事，有正式交換意見之語。

十日上海電：英駐華司令開麥少將，前日與國民黨會商和平議案，國民黨完全接受，昨日下午該司令唔日使重光，和平事件無希望，重光堅持要華軍撤退，離租界十五或二十英里，否則日方決不停戰。

十日上海專電：各帝國主義已議定瓜分上海的區域，閘北至真茹為中立區，駐各國軍隊，中國軍隊須退出，真茹閘北劃為日本，楊樹浦一帶為美國，南市至高昌廟為意大利，滬西一帶為英國，這個提議已由國民政府承認了，但日本主要解決東省要獨佔，美國要門戶開放，帝國主義的冲突不能解決，故日現仍繼續其武力云。

美日爭奪激烈 衝突達到極點 大戰一觸即發

二月四日上海夜一時電：滬西小沙渡路戈登路之日軍司令部，四日晨，被美軍干涉，即時全部撤退。

二月六日下午十一時上海電：倫登專電：據可靠消息，日內瓦國聯秘書處，據報告謂：美國會同十大國通告日本於本月十一日以前，撤退在中國之日軍。

七日倫敦路透電：今日雖為星期，但各報仍以大字登載上海消息，據觀察報訪員稱：美國現正與各關係国，商議對日提案，以促日本關於撥兵申明發出後，該提案亦可備妥送出，又稱：日政府已處於有過失地位，日本侵入上海方面華領土，為違叛盟約，非戰公約的明顯的事，同時對上海各國商務挑撥。惡措行為，星期公報刊復稱：各國聯會員國應採一致行動，以扼制日本侵掠行為。

九日下午十一時上海專電：據倫敦消息：華盛頓方面，對於日本向中國方面的提議，上海，漢口，天津，青島，廣州等五大商埠，在若干時內，中國不得駐兵，東三省內，中國僅可駐少數步隊，專司警察責任一節，認為破壞中國領土行政完整，（實在是因為損害美帝國主義的重大利益，）違反華盛頓九國公約及非戰公約，美國為維持九國公約及非戰公約，堅決表示反對上項提議。

日本掘强不讓

二月五日上海專電：日野村中將，奉令來華，約明後日抵滬，關於日本現停長江各艦隊，及東南沿海各日艦，均為野村指揮調遣，又聞日方不顧各國之警告，決派海軍陸戰隊，繼續在上海破壞，俟野村抵滬，並有一批陸戰隊隨其來華。

大戰緊張中之各帝國主義態度 利害不同矛盾尖銳

二月三日二時倫敦專電：英美注意用太平洋長途電話互通消息，商議共同對日提出警告，認現在尚無共同行動之必要，故祇美方單獨提出對日警告。

二月三日六時日內瓦電：日內瓦代表，二日於行政院演說詞：內閣聯成立以後，最重要宣言，是英美在遠東合作，更密切起來。

二月三日下午十二時上海電：西報載：公共租界工部局當局及英美海軍當局，會同商團及英美意領事，以日本海軍干涉公共租界所劃分之房屋，及虹口之警務，於昨日向日方提出嚴重抗議。

三日上海電：法當局，向日警備司令警告，任何軍隊，不準在華法交界作戰。

一月廿五日下午一時電：駐滬各領事照會日軍司令，限日軍於六日下午三時退出租界，逾限將以武力驅逐，聞照會已送達云。

六日路透社東京電：日政府日內將在倫敦，巴黎，日內瓦，上海等處，同時發表聲明，以消除各方對日增兵上海誤會，故美國政府已向日表示，反對增兵上海一事。

日本明若宮擧行台九日電：英美法意四國領事，八日在日領館開會，對日海軍在租界作戰，共同通告，有抗議意。

八日倫敦路透電：日本向上海增兵消息到此後，各方成表不安，英外部對此雖取緘默態度，但各國執政當局，現忙於互相交換意見，討論第二次向日本提出照會性質，及討論繼續採用和平抗議方式，是否有效

帝國主義大戰緊張中 各國海陸空軍大集上海

三日上海專電：英法意派艦赴滬，英亦有十五艘開來，今日到齊，共有陸軍千二百名，陸戰隊四千八百人，法軍在滬亦有五六千，意軍有千餘，現各國準備令日軍退出租界，連日日軍增兵甚多，五日又到四千。

期
红色中华零零零九期
版
零三版
时间
一九三二年二月十日

美国舰队纷纷开沪
海军提督亲来指挥

三日下午五时上海电：美国亚洲舰队厚斯敦号顷由马尼拉到吴淞口外离沪三十英哩，该舰装陆战队三百名，传近日上将也将乘该舰赴平。

四日上午十时四十五分上海专电：美海军提督台纳三日晨乘郭斯登旗舰到沪，尚有美驱逐舰四艘及装运陆战队一千二百人及大宗军火，乘三森亚德运舰今日即可到沪。

四日上海路透电：今晨有美陆战队三百人，由美舰厚斯敦号登陆。

四日下午三时十分上海专电：美旗舰会同驱逐舰运输舰由马泥[尼]拉来沪，旗舰驶□较速，三日下午一时已抵沪，泊黄埔[浦]，美远东提督，台纳率海军陆战队六百名乘该舰同来，美总领特汉等均登舰欢迎其余驱逐舰七艘，四日晨抵沪。

四日华盛顿电：美舰爱德赛号，已奉命开往南京增援现泊南京之驱逐舰辛渤声号。

五日下午四时四十分上海路透电：美运输舰却盂德号，现已抵沪，尚载三十一队步兵□千二百名，计现在沪水陆军共有六千人。

七日华盛顿路透电：美海军总指挥波拉特上将，今日宣称；轻巡洋舰罗克士克号，新型炮舟撒克拉曼多号，劳西拉尔号及航空母舰兰华尔号，顷已奉令增援□远东之舰队，及到达远东后，预计返美之六号驱逐舰及潜水艇，均已奉令展期返国，俟上海问题解决后，再行首途。

2月

美國艦隊紛紛開滬

海軍提督親來指揮

三日下午五時上海電：美國亞洲艦隊厚斯敦號頃由馬尼拉到吳淞口外，離滬三十英哩，該艦裝陸戰隊三百名，傳近日上將也將乘該艦赴申。

四日上午十時四十五分上海專電：美海軍提督台納三日晨乘郭斯登旗艦到滬，尚有美驅逐艦四艘及裝運陸戰隊一千二百人及大宗軍火，乘亞森亞德運艦今日即可到滬。

四日上海路透電：今晨有美陸戰隊三百人，由美艦厚斯敦號登陸。

四日下午三時十分上海專電：美旗艦會同驅逐艦運輸艦由馬尼拉來滬，旗艦駛行較速，三日下午一時已抵滬，泊黃浦，美遠東提督台納率海軍陸戰隊六百名乘該艦同來，美總領特濮等均登輪歡迎，其餘驅逐艦七艘，四日晨抵滬。

四日華盛頓電：美艦愛德賽號，已奉命開往南京增援現泊南京之驅逐艦辛勃森號。

五日下午四時四十分上海路透電：美運輸艦却孟德號，現已抵滬，尚載三十一隊步兵一千二百名，計現在滬水陸軍共有六千人。

七日華盛頓路透電：美海軍總指揮波拉特上將，今日宣稱；輕巡洋艦羅克士克號、新型砲舟撤克拉曼多號，勞西拉爾號及航空母艦蘭華爾號、頃已奉令增援遠東之艦隊，及到達遠東後，預計返美之六號驅逐艦及潛水艇，均已奉令展期返國，俟上海問題解決後，再行首途。

美國大批陸軍開到

海軍少將開萊抵滬

二月三日上海電：英艦拍提，今日抵滬。

二月四日一時五分上海專電：英陸軍二日一時二十分自南京路外灘登陸，沿南京路西行，往戈登路營房，約有三千餘人，首由戈登路捕房四騎捕頂導，接有憲兵數十，一時馬路爲之阻塞。

二月四日下午一時四十五分上海電：英政府令駐港野戰礮隊乘巡洋艦日維克赴滬，保護租界，該艦三日晨九時進黃浦江，該大礮隊在外灘登陸，總司令凱蘭，亦於四日乘肯特號旗艦赴滬。

五日下午三時二十分上海電：英巡洋艦康特號，載有海軍少將開萊於今晨抵滬。

意國調兵赴滬

意大利戈拉城三日路透電：意陸戰隊乘驅逐艦托蘭突號離意。

法國由天津調陸軍

八日天津路透電：法步兵一連，已奉令於明日出發赴滬增援上海法駐軍，本月十二日或將有二連出發。

日以海陸空軍猛攻吳淞迭遭失敗

士兵義勇軍的英勇戰敗日軍大砲飛機軍艦

三日上午十時零五分上海電：日艦四隻，向吳淞砲台開始砲擊，華方還擊，激戰二小時，擊沉日驅逐艦一艘，擊傷巡洋艦二艘，同時日飛機九架，亦向要塞擲彈，華方用高射炮射擊，擊落飛機一架，計此役華方死傷三十一人，炮台無恙。

二月四日電：吳淞方面，日軍於四日晨五時，又向吳淞口炮台轟擊，雙方發炮，華軍以机槍還擊，結果日軍未逞晨，死十餘人，傷三十餘人，有二艦受傷，華軍傷亡較少。

五日上海電：吳淞炮台華軍仍任堅守，並擊傷日艦兩艘，又日陸戰隊兩次登陸，襲擊炮台，均被華方擊退，死傷過半，五日晨吳淞形勢又稍緩和。

六日上海專電：昨晚日艦二十一艘逼吳淞口，擯砲三，日艦亦被擊沉一艘。

八日下午十一時上海專電：上海日陸軍被華軍前後夾擊，日軍大敗而退至張華濱，七時晨，日海陸空軍，數在萬人以上，反攻蘊藻濱。八日晨，戰事激烈，日軍向吳淞猛攻並將陸軍九千加入助戰，陸路方面，則以鐵甲車唐克車衝鋒，海軍以火炮射擊，空軍以炮彈拋擲，但吳淞仍未被佔領，計此役雙方死傷人數在千人以上。

九日日本明古窩播音台發出電：八日上午八時，日海軍陸戰隊，在吳淞登陸，攻打吳淞炮台，無結果。

九日上海專電：昨日自晨至晚，吳淞方面終日作戰，下午四時日軍千餘名，又向蘊藻濱一帶冲鋒，雙方激戰，華方士兵非常奮勇，日方未得逞，即在張華濱附近，建築步兵陣地

十日上海專電：日軍屢次進攻閘北 因華方士兵及義勇軍英勇的抵抗，皆遭慘敗，前日日軍變更計劃，加入新來陸軍四千餘，合陸海空軍約二萬餘人，總攻吳淞 又爲華方擊敗 死千人，總退楊樹浦一帶待援，今日閘北又在大戰。

日軍猛攻閘北戰狀

迭次進攻失敗

二月三日上午九時上海專電：二日午後二時，日軍用野戰炮向華軍攻擊，至晚未止，華軍仍維持原防，日軍於二月二日夜，下總攻擊令。

三日下午七時上海路透電：一日夜，日軍在閘北向華方猛攻，激戰一時，二日午後一時，日飛機二，沿北京路浙江路飛繞，到閘北寶茹路方面偵察，二時日機二架飛向閘北，開機槍投炸彈，華軍用高射炮還擊，同時北四川路，崑山花園狄思威路閘北，開始大戰，北四川路郵局後，發現日鐵甲車，仿照華方形式，并仿義勇軍多件。

二月三日下午七時上海電：停戰約至三日滿期，日方違約，二日下午一時廿分日軍突以大炮機槍，由北四川路，向華軍攻擊，華軍也以機炮還擊，在狄思威路天通庵等地，都有激戰，同時，有日機兩架，偵察閘北南市，在閘北又發生激戰。

三日下午七時上海電：二月二日下午二時日軍在北河南路，向華方猛攻，用水機關槍，平射炮攻擊，華方還擊，激戰數小時，戰局無變化，同時天通庵北四川路，日軍亦向華方攻擊，均未取得多大勝利。

二月四日夜二時上海電：四日晨五時後，吳淞戰况如下：一閘北方面，日軍昨晨分路進攻，A福生路日軍，進佔文德儲蓄會爲根據，向北之新民路近迫，預越寶山路，淞滬鐵路以南，再至寶山路，抄我駐車站界要之軍隊，同時又有一部日軍，憑據附近小樓，居高臨下，發彈射擊，未獲勝利，反被華軍擊敗，至照福里之日軍，亦經華軍擊潰，B虬江路日軍分數十隊，有飛機掩護，

1932

红色中華

上海新闻整理汇编

美國大批陸軍開到

海軍少將開萊抵滬

珍藏版

期

红色中华零零零九期

版

零三版

时间

一九三二年二月十日

美国①大批陆军开到

海军少将开莱抵沪

二月三日上海电： 英舰拍畏，今日抵沪。

二月四日一时五分上海专电： 英陆军三日一时二十分自南京路外滩登陆，沿南京路西行，往戈登路营房，约有三千余人，首由戈登路捕房四骑捕头导，接有英宪兵数十，一时马路为之阻塞。

二月四日下午一时四十五分上海电： 英政府令驻港野战炮队乘巡洋舰曰维克赴沪，保护租界。该舰三日晨九时进黄浦江，该大炮队在外滩登陆，总司令凯兰，亦于四日乘肯特号旗舰赴沪。

五日下午三时二十分上海电： 英巡洋舰康特号，载有海军少将开莱于今晨抵沪。

① 本篇标题为“美国大批陆军开到”，正文多论述英国军队集结，标题或有误。

一九三二年二月十日　紅色中華　第三版

美國艦隊紛紛開滬
海軍提督親來指揮

三日下午五時上海電：美國亞洲艦隊厚斯敦號頃由馬尼拉到吳淞口外離滬三十英哩，該艦裝陸戰隊三百名，傳近日上將也將乘該艦赴申。

四日上午十時四十五分上海專電：美海軍提督台納三日晨乘郭斯登旗艦到滬，尚有美驅逐艦四艘及裝運陸戰隊一千二百人及大宗軍火，乘亞森亞德運艦今日即可到滬。

四日上海路透電：今晨有美陸戰隊三百人，由美艦厚斯敦號登陸。

四日下午三時十分上海專電：美旗艦會同驅逐艦運輸艦由馬泥拉來滬，旗艦駛行較速，三日下午一時已抵滬，泊黃埔，美遠東提督，台納率海軍陸戰隊六百名乘該艦同來，美總領特漢等均登輪歡迎其餘驅逐艦七艘，四日晨抵滬。

四日華盛頓電：美艦愛德賽號，已奉命開往南京增援現泊南京之驅逐艦辛渤磐號。

五日下午四時四十分上海路透電：美運艦却孟德號，現已抵滬，尚載三十一隊步兵一千二百名，計現在滬水陸軍共有六千人。

七日華盛頓路透電：美海軍總指揮波拉特上將，今日宣稱；輕巡洋艦羅克士克號、新型驅舟撒克拉曼多號，勞西拉爾號及航空母艦蘭華爾號，頃已奉令增援　遠東之艦隊，及到達遠東後，預計返美之六號驅逐艦及潛水艇，均己奉令展期返國，俟上海問題解決後，再行首途。

美國大批陸軍開到
海軍少將開萊抵滬

二月三日上海電：英艦拍長，今日抵滬。

二月四日一時五分上海專電：英陸軍三日一時二十分自南京路外灘登陸，沿南京路西行，往戈登路營房，約有三千餘人，首由戈登路捕房四騎捕頭導，接有憲兵數十，一時馬路爲之阻塞。

二月四日下午一時四十五分上海電：英政府令駐港野戰砲隊乘巡洋艦日維克赴滬，保護租界，該艦三日晨九時進黃浦江，該大砲隊在外灘登陸，總司令凱爾，亦於四日乘肯特號旗艦赴滬。

五日下午三時二十分上海電：英巡洋艦康特號，載有海軍少將開萊於今晨抵滬。

意國調兵赴滬

意大利戈拉城三日路透電：意陸戰隊乘驅逐艦托蘭突號離意。

法國由天津調陸軍

八日天津路透電：法步兵一連，已奉令於明日出發赴滬增援上海法駐軍，本月十二日或將有二連出發。

日以海陸空軍
猛攻吳淞迭遭失敗
士兵義勇軍的英勇
戰敗日軍大砲飛機軍艦

三日上午十時零五分上海電：日艦四隻，向吳淞砲台開始砲擊，華方還擊，激戰二小時，擊沉日驅逐艦一艘，擊傷巡洋艦二艘，同時日飛機九架，亦向要塞擲彈，華方用高射炮射擊，擊落飛機一架，計此役華方死傷三十一人，炮台無恙。

二月四日電：吳淞方面，日軍於四日晨五時，又向吳淞口炮台轟擊，雙方發炮　華軍以机槍還擊，結果日軍未逞展，死十餘人，傷三十餘人，有二艦受傷，華軍傷亡較少。

五日上海電：吳淞炮台華軍仍在堅守，並擊傷日艦兩艘，又日陸戰隊兩次登陸，襲擊炮台，均被華方擊退，死傷過半，五日晨吳淞形勢又稍緩和

六日上海專電：昨晚日艦二十一艘轟吳淞口，擊砲三，日艦亦被擊沉一艘，

八日下午十一時上海專電：上海日陸軍被華軍前後夾擊，日軍大敗而退至張華濱，七時晨，日海陸空軍，數在萬人以上，反攻蘊藻濱。八日晨，戰事激烈，日軍向吳淞猛攻並將陸軍九千加入助戰，陸路方面，則以鐵甲車唐克車衝鋒，海軍以火炮射擊，空軍以炮彈拋擲，但吳淞仍未被佔領，計此役雙方死傷人數在千人以上。

九日日本明古窩播首台發出電：八日上午八時，日海軍陸戰隊，在吳淞登陸，攻打吳淞炮台，無結果。

九日上海專電：昨日自晨至晚，吳淞方面終日作戰，下午四時日軍千餘名，又向蘊藻濱一帶冲鋒，雙方激戰，華方士兵非常奮勇，日方未得逞，即在張華濱附近，建築步兵陣地

十日上海專電：日軍屢次進攻閘北　因華方士兵及義勇軍英勇的抵抗，皆遭慘敗，前日日軍變更計劃，加入新來陸軍四千餘，合陸海空軍約二萬餘人，總攻吳淞　又爲華方擊敗　死千人，總退楊樹浦一帶待援，今日閘北又在大戰。

日軍猛攻閘北戰狀
迭次進攻失敗

二月三日上午九時上海專電：二日午後二時，日軍用野戰炮向華軍攻擊，至晚未止，華軍仍維持原防，日軍於二月二日夜，下總攻擊令。

三日下午七時上海路透電：一日夜，日軍在閘北向華方猛攻，激戰一時，二日午後一時，日飛機二，沿北京路浙江路飛繞，到閘北寶茹路方面偵察，二時日機二架飛向閘北，開機槍投炸彈，華軍用高射炮還擊，同時北四川路，崑山花園狄思威路閘北，開始大戰，北四川路郵局後，發現日鐵甲車，彷照華方形式，并仿義勇軍多件。

二月三日下午七時上海電：停戰約至三日期滿，日方違約，二日下午一時廿分日軍突以大炮機槍，由北四川路，向華軍攻擊，華軍也以機炮還擊，在狄思威路天通庵等地，都有激戰，同時，有日機兩架，偵察閘北南市，在閘北又發生激戰。

三日下午七時上海電：二月二日下午二時日軍在北河南路，向華方猛攻，用水機關槍，平射炮攻擊，華方還擊，激戰數小時，戰局無變化，同時天通庵北四川路，日軍亦向華方攻擊，均未取得多大勝利。

二月四日夜二時上海電：四日晨五時後，吳淞戰況爲下：一閘北方面，日軍昨晨分路進攻，A福生路日軍，進佔文德儲蓄會爲根據，向北之新民路近迫，預越寶山路，淞滬鐵路以南，再至寶山路，抄我駐車站界要之軍隊，同時又有一部日軍，憑據附近小樓，居高臨下，發彈射擊，未獲勝利，反被華軍擊敗，至照福里之日軍，亦經華軍擊潰，B虬江路日軍分數十隊，有飛機掩護，

期 红色中华零零零九期

版 零三版

时间 一九三二年二月十日

法国由天津调陆军

八日天津路透电：法步兵一连，已奉令于明日出发赴沪增援上海法驻军，本月十二日或将有二连出发。

美國艦隊紛紛到滬

海軍提督親來指揮

三日下午五時上海電：美国亞洲艦隊厚斯敦號頭由馬尼拉到吳淞口外離滬三十英哩，該艦裝陸戰隊三百名，傳近日上將也將乘該艦赴申。

四日上午十時四十五分上海專電：美海軍提督台納三日晨乘郭斯登旗艦到滬，尚有美驅逐艦四艘及裝運陸戰隊一千二百人及大宗軍火，乘亞森亞德運艦今日即可到滬。

四日上海路透電：今晨有美陸戰隊三百人，由美艦厚斯敦號登陸。

四日下午三時十分上海專電：美旗艦會同驅逐艦運輸艦由馬泥拉來滬，旗艦駛行較速，三日下午一時已抵滬，泊黃埔，美遠東提督，台納率海軍陸戰隊六百名乘該艦同來，美總領特漢等均登岸歡迎其餘驅逐艦七艘，四日晨抵滬。

四日華盛頓電：美艦愛德賽號，已奉命開往南京增援現泊南京之驅逐艦辛渤爵號。

五日下午四時四十分上海路透電：美運艦却孟德號，現已抵滬，尚載三十一隊步兵一千二百名，計現在滬水陸軍共有六千人。

七日華盛頓路透電：美海軍總指揮波拉特上將，今日宣稱；輕巡洋艦羅克士克號，新型驅舟撒克拉曼多號，勞西拉爾號及航空母艦蘭華爾號，頃已奉令增援遠東之艦隊，及到達遠東後，預計返美之六號驅逐艦及潛水艇，均已奉令展期返國，俟上海問題解決後，再行首途。

美國大批陸軍開到

海軍少將開萊抵滬

二月三日上海電：英艦拍長，今日抵滬。

二月四日一時五分上海專電：英陸軍三日一時二十分自南京路外灘登陸，沿南京路西行，往戈登路營房，約有三千餘人，首由戈登路捕房四騎捕頭導，接有憲兵數十，一時馬路為之阻塞。

二月四日下午一時四十五分上海電：英政府令駐港野戰砲隊乘巡洋艦日維克赴滬，保護租界，該艦三日晨九時進黃浦江，該大砲隊在外灘登陸，總司令凱蘭，亦於四日乘肯特號旗艦赴滬。

五日下午三時二十分上海電：英巡洋艦康特號，載有海軍少將開萊於今晨抵滬。

意國調兵赴滬

意大利戈拉城三日路透電：意陸戰隊乘驅逐艦托蘭突號離意。

法國由天津調陸軍

八日天津路透電：法步兵一連，已奉令於明日出發赴滬，增援上海法駐軍，本月十二日或將有二連出發。

日以海陸空軍猛攻吳淞迭遭失敗

士兵義勇軍的英勇戰敗日軍大砲飛機軍艦

三日上午十時零五分上海電：日艦四隻，向吳淞砲台開始砲擊，華方還擊，激戰二小時，擊沉日驅逐艦一艘，擊傷巡洋艦二艘，同時日飛機九架，亦向要塞擲彈，華方用高射炮射擊，擊落飛機一架，計此役華方死傷三十一人，炮台無恙。

二月四日電：吳淞方面，日軍於四日晨五時，又向吳淞口炮台攻擊，雙方發炮，華軍以机槍還擊，結果日軍未進展，死十餘人，傷三十餘人，有二艦受傷，華軍傷亡較少。

五日上海電：吳淞炮台華軍仍在堅守，並擊傷日艦兩艘，又日陸戰隊兩次登陸，皆被華方擊退，死傷過半，五日晨吳淞形勢又稍緩和。

六日上海專電：昨晚日艦二十一艘逼吳淞口，攫砲三，日艦亦被擊沉一艘。

八日下午十一時上海專電：上海日陸軍被華軍前後夾擊，日軍大敗而退至張華濱，七時晨，日海陸空軍，數在萬人以上，反攻蘊藻濱。八日晨，戰事激烈，日軍向吳淞猛攻並將陸軍九千加入助戰，陸路方面，則以鐵甲車唐克車衝鋒，海軍以火炮射擊，空軍以炮彈拋擲，但吳淞仍未被佔領，計此役雙方死傷人數在千人以上。

九日日本明古窩播首台發出電：八日上午八時，日海軍陸戰隊，在吳淞登陸，攻打吳淞炮台，無結果。

九日上海專電：昨日自晨至晚，吳淞方面終日作戰，下午四時日軍千餘名，又向蘊藻濱一帶沖鋒，雙方激戰，華方士兵非常奮勇，日方未得逞，即在張華濱附近，建築步兵陣地。

十日上海專電：日軍屢次進攻閘北　因華方士兵及義勇軍英勇的抵抗，皆遭慘敗，前日日軍變更計劃，加入新來陸軍四千餘，合陸海空軍約二萬餘人，總攻吳淞　又為華方擊敗　死千人，總退楊樹浦一帶待援，今日閘北又在大戰。

日軍猛攻閘北戰狀

迭次進攻失敗

二月三日上午九時上海專電：二日午後二時，日軍用野戰炮向華軍攻擊，至晚未止，華軍仍維持原防，日軍於二月二日夜，下總攻擊令。

三日下午七時上海路透電：一日夜，日軍在閘北向華方猛攻，激戰一時，二日午後一時，日飛機二，沿北京路浙江路飛繞，到閘北寶茹路方面偵察，二時日機二架飛向閘北，開機槍投炸彈，華軍用高射炮迎擊，同時北四川路，崑山花園狄思威路閘北，開始大戰，北四川路郵局後，發現日鐵甲車，仿照華方形式，并仿義勇軍多件。

二月三日下午七時上海電：停戰約至三日傍滿期，日方違約，二日下午一時廿分日軍突以大炮機槍，由北四川路，向華軍攻擊，華軍也以機炮還擊，在狄思威路天通庵等地，都有激戰，同時，有日機兩架，偵察閘北南市，在閘北又發生激戰。

三日下午七時上海電：二月二日下午二時日軍在北河南路，向華方猛攻，用水機關槍，平射炮攻擊，華方還擊，激戰數小時，戰局無變化，同時天通庵北四川路，日軍亦向華方攻擊，均未取得多大勝利。

二月四日夜二時上海電：四日晨五時後，吳淞戰況為下：一閘北方面，日軍昨晨分路進攻，A福生路日軍，進佔文德儲蓄會為根據，向北之新民路近迫，預越寶山路，淞滬鐵路以南，再至寶山路，抄我駐車站界要之軍隊，同時又有一部日軍，憑據附近小樓，居高臨下，發彈射擊，未獲勝利，反被華軍擊敗，至照福里之日軍，亦經華軍擊潰，B虬江路日軍分數十隊，有飛機掩護，

1932

红色中華

上海新闻整理汇编

日以海陆空軍猛攻吴淞迭遭失敗 士兵義勇軍的英勇 戰敗日軍大砲飛機軍艦

珍藏版

期 红色中华零零零九期

版 零三版

时间 一九三二年二月十日

日以海陆空军猛攻吴淞迭遭失败

士兵义勇军的英勇
战败日军大炮飞机军舰

三日上午十时零五分上海电：日舰四只，向吴淞炮台开始炮击，华方还击，激战二小时。击沉日驱逐舰一艘，击伤巡洋舰二艘，同时日飞机九架，亦向要塞掷弹，华方用高射炮射击，击落飞机一架，计此役华方死伤三十一人，炮台无恙。

二月四日电：吴淞方面，日军于四日晨五时，又向吴淞口炮台攻击，双方发炮，华军以机枪还击，结果日军未进展，死十余人，伤三十余人，有二舰受伤。华军伤亡较少。

五日上海电：吴淞炮台华军仍在坚守，并击伤日舰两艘，又日陆战队两次登陆，袭击炮台，均被华方击退，死伤过半，五日晨吴淞形势又稍缓和。

六日上海专电：昨晚日舰二十一艘轰吴淞口，损炮三，日舰亦被击沉一艘。

八日下午十一时上海专电：上海日陆军被华军前后夹击，日军大败而退至张华滨［浜］，七时晨，日海陆空军，数在万人以上，反攻蕴藻滨［浜］。八日晨，战事激烈，日军向吴淞猛攻并将陆军九千加入助战，陆路方面，则以铁甲车唐［坦］克车冲锋。海军以火炮射击，空军以炮弹抛掷，但吴淞仍未被占领，计此役双方死伤人数在千人以上。

九日日本明古窝播首台发出电：八日上午八时，日海军陆战队，在吴淞登陆，攻打吴淞炮台，无结果。

九日上海专电：昨日自晨至晚，吴淞方面终日作战，下午四时日军千余名，又向蕴藻［浜］一带冲锋，双方激战，华方士兵非常奋勇，日方未得逞，即在张华滨［浜］附近，建筑步兵阵地。

十日上海专电：日军屡次进攻闸北，因华方士兵及义勇军英勇的抵抗，皆遭惨败，前日日军变更计划，加入新来陆军四千余，合陆海空军约二万余人，总攻吴淞，又为华方击败死千人，总退杨树浦一带待援，今日闸北又在大战。

美國艦隊紛紛開滬

海軍提督親來指揮

三日下午五時上海電：美国亞洲艦隊厚斯敦號頃由馬尼拉到吳淞口外離滬三十英哩，該艦裝陸戰隊三百名，傳近日上將也將乘該艦赴平。

四日上午十時四十五分上海專電：美海軍提督台納三日晨乘郭斯登旗艦到滬，尚有美驅逐艦四艘及裝運陸戰隊一千二百人及大宗軍火，乘亞森亞德運艦今日即可到滬。

四日上海路透電：今晨有美陸戰隊三百人，由美艦厚斯敦號登陸。

四日下午三時十分上海專電：美旗艦會同驅逐艦運輸艦由馬尼拉來滬，旗艦駛行較速，三日下午一時已抵滬，泊黃埔，美遠東提督，台納率海軍陸戰隊六百名乘該艦同來，美總領特談等均登輪歡迎其餘驅逐艦七艘，四日晨抵滬。

四日華盛頓電：美艦愛德賽號，已奉命開往南京增援現泊南京之驅逐艦辛渤勝號。

五日下午四時四十分上海路透電：美運輸艦邦孟德號，現已抵滬，尚載三十一隊步兵一千二百名，計現在滬水陸軍共有六千八。

七日華盛頓路透電：美海軍總指揮波拉特上將，今日宣稱；輕巡洋艦羅克士克號．新型戰舟撒克拉曼多號，勞西拉爾號及航空母艦蘭華爾號，頃已奉令增援 遠東之艦隊，及到達遠東後，預計返美之六號驅逐艦及潛水艇，均己奉令展期返國，俟上海問題解決後，再行首途。

美國大批陸軍開到

海軍少將開萊抵滬

二月三日上海電：英艦拍長，今日抵滬。

二月四日一時五分上海專電：英陸軍三日一時二十分自南京路外灘登陸，沿南京路西行，往戈登路營房，約有三千餘人，首由戈登路捕房四騎捕頭導，接有憲兵數十，一時馬路爲之阻塞。

二月四日下午一時四十五分上海電：英政府令駐港野戰砲隊乘巡洋艦日維克赴滬，保護租界，該艦三日晨九時進黃浦江，該大砲隊在外灘登陸，總司令凱爾，亦於四日乘肯特號旗艦赴滬。

五日下午三時二十分上海電：英巡洋艦康特號，載有海軍少將開萊於今晨抵滬。

意國調兵赴滬

意大利戈拉城三日路透電：意陸戰隊乘驅逐艦托蘭突號離意。

法國由天津調陸軍

八日天津路透電：法步兵一增援上海法駐軍，本月十二一連，已奉令於明日出發赴滬一日或將有二連出發。

日以海陸空軍猛攻吳淞迭遭失敗

士兵義勇軍的英勇戰敗日軍大砲飛機軍艦

三日上午十時零五分上海電：日艦四隻，向吳淞砲台開始砲擊，華方還擊，激戰二小時，擊沉日驅逐艦一艘，擊傷巡洋艦二艘，同時日飛機九架，亦向要塞擲彈，華方用高射炮射擊，擊落飛機一架，計此役華方死傷三十一人，炮台無恙。

二月四日電：吳淞方面，日軍於四日晨五時，又向吳淞口炮台轟擊，雙方發炮 華軍以机槍還擊，結果日軍未邁陸，死十餘人，傷三十餘人，有二艦受傷，華軍傷亡較少。

五日上海電：吳淞炮台華軍仍在堅守，並擊傷日艦兩艘，又日陸戰隊兩次登陸，襲擊炮台，均被華方擊退，死傷過半，五日晨吳淞形勢又稍緩和

六日上海專電：昨晚日艦二十一艘逼吳淞口，攝砲三，日艦亦被擊沉一艘，

八日下午十一時上海專電：上海日陸軍被華軍前後夾擊，日軍大敗而退至張華濱，七時晨，日海陸空軍，數在萬人以上，反攻蘊藻濱。八日晨，戰事激烈，日軍向吳淞猛攻並將陸軍九千加入助戰，陸路方面，則以鐵甲車唐克車衝鋒，海軍以火炮射擊，空軍以炮彈拋擲，但吳淞仍未被佔領，計此役雙方死傷人數在千人以上。

九日日本明古窩播音台發出電：八日上午八時，日海軍陸戰隊，在吳淞登陸，攻打吳淞炮台，無結果。

九日上海專電：昨日自晨至晚，吳淞方面終日作戰，下午四時日軍千餘名，又向蘊藻濱一帶冲鋒，雙方激戰，**華方士兵非常奮勇**，日方未得逞，即在張華濱附近，建築步兵陣地

十日上海專電：日軍屢次進攻閘北 因華方士兵及義勇軍英勇的抵抗．皆遭慘敗，前日日軍變更計劃．加入新來陸軍四千餘．合陸海空軍約二萬餘人．總攻吳淞 又爲華方擊敗 死千人，總退楊樹浦一帶待援．今日閘北又在大戰。

日軍猛攻閘北戰狀

迭次進攻失敗

二月三日上午九時上海專電：二日午後二時，日軍用野戰炮向華軍攻擊，至晚未止，華軍仍維持原防，日軍於二月二日夜，下總攻擊令。

三日下午七時上海路透電：一日夜，日軍在閘北向華方猛攻，激戰一時，二日午後一時，日飛機二，沿北京路浙江路飛繞，到閘北寶茄路方面偵察，二時日機二架飛向閘北，開機槍投炸彈，華軍用高射炮還擊，同時北四川路．崑山花園狄思威路閘北，開始大戰，北四川路郵局後，發現日鐵甲車，仿照華方形式，并仿義勇軍多件。

二月三日下午七時上海電：停戰約至三日滿期，日方違約，二日下午一時廿分日軍突以大炮機槍，由北四川路，向華軍攻擊，華軍也以槍炮還擊，在狄思威路天通庵等地，都有激戰，同時，有日機兩架，偵察閘北南市，在閘北又發生激戰。

三日下午七時上海電：二月二日下午二時日軍在北河南路，向華方猛攻，用水機關槍，平射炮攻擊，華方還擊，激戰數小時，戰局無變化，同時天通庵北四川路，日軍亦向華方攻擊，均未取得多大勝利。

二月四日夜二時上海電：四日晨五時後，吳淞戰況公下：一閘北方面，日軍昨晨分路進攻，A福生路日軍，進佔文德儲蓄會爲根據，向北之新民路近迫，預越寶山路，淞滬鐵路以南，再至寶山路，抄我駐車站界要之軍隊，同時又有一部日軍，憑據附近小樓，居高臨下，發彈射擊，未獲勝利，反被華軍擊敗，至照福里之日軍，亦經華軍擊潰，B虬江路日軍分數十隊，有飛機掩護，

日军猛攻闸北战状

迭次进攻失败

二月三日上午九时上海专电：二日午后二时，日军用野战炮向华军攻击，至晚未止，华军仍维持原防，日军于二月二日夜，下总攻击令。

三日下午七时上海路透电：一日夜，日军在闸北向华方猛攻，激战一时，二日午后一时，日飞机二，沿北京路浙江路飞绕，到闸北真茹路方面侦察，二时日机二架飞向闸北，开机枪投炸弹，华军用高射炮还击，同时北四川路，昆山花园狄思威路闸北，开始大战，北四川路邮局后，发现日铁甲车，仿照华方形式，并仿义勇军多件。

二月三日下午七时上海电：停战约至三日后满期，日方违约，二日下午一时二十分日军突以大炮机枪，由北四川路，向华军攻击，华军也以机炮还击，在狄思威路天通庵等地，都有激战，同时，有日机两架，侦察闸北南市，在闸北又发生激战。

三日下午七时上海电：二月二日下午二时日军在北河南路，向华方猛攻，用水机关枪，平射炮攻击，华方还击，激战数小时，战局无变化，同时天通庵北四川路，日军亦向华方攻击，均未取得多大胜利。二月四日夜二时上海电：四日晨五时后，吴淞战况为下：一，闸北方面，日军昨晨分路进攻，A福生路日军，进占文德储蓄会为根据，向北之新民路近迫。预越宝山路，淞沪铁路以南，再至宝山路，抄我驻车站界要之军队，同时又有一部日军，凭据附近小楼，居高临下，发弹射击，未获胜利，反被华军击败，至照福里之日军，亦经华军击溃，B虬江路日军分数十队，有飞机掩护，（编者按：下转第四版）

美國艦隊紛紛開滬
海軍提督親來指揮

三日下午五時上海電：美国亞洲艦隊厚斯敦旗艦由馬尼拉到吳淞口外離滬三十英哩，該艦裝陸戰隊三百名，傳近日上將也將乘該艦赴申●

四日上午十時四十五分上海專電：美海軍提督台納三日晨乘郭斯登旗艦到滬，尚有美驅逐艦四艘及裝運陸戰隊一千二百人及大宗軍火，乘亞森亞德運艦今日即可到滬●

四日上海路透電：今晨有美陸戰隊三百人，由美艦厚斯敦號登陸。

四日下午三時十分上海專電：美旗艦會同驅逐艦運輸艦由馬泥拉來滬，旗艦駛行較速，三日下午一時已抵滬，泊黃浦，美遠東提督，台納率海軍陸戰隊六百名乘該艦同來，美總領特湊等均登輪歡迎其餘驅逐艦七艘，四日晨抵滬●

四日華盛頓電：美艦愛德賽號，已奉命開往南京增援現泊南京之驅逐艦辛渤辭號●

五日下午四時四十分上海路透電：美運艦却孟德號，現已抵滬，尚載三十一隊步兵一千二百名，計現在滬水陸軍共有六千人。

七日華盛頓路透電：美海軍總指揮波拉特上將，今日宣稱；輕巡洋艦羅克士克號．新型驅舟撤克拉曼多號，勞西拉爾號及航空母艦蘭華爾號，頃已奉令增援遠東之艦隊，及到達遠東後，預計返美之六號驅逐艦及潛水艇，均已奉令展期返國，俟上海問題解決後，再行首途。

美國大批陸軍開到
海軍少將開萊抵滬

二月三日上海電：英艦拍長，今日抵滬。

二月四日一時五分上海專電：英陸軍三日一時二十分自南京路外灘登陸，沿南京路西行，往戈登路營房，約有三千餘人，首由戈登路捕房四騎捕頭導，接有憲兵數十，一時馬路爲之阻塞。

二月四日下午一時四十五分上海電：英政府令駐港野戰礮隊乘巡洋艦白維克赴滬，保護租界，該艦三日晨九時進黃浦江，該大礮隊在外灘登陸，總司令凱蘭，亦於四日乘肯特號旗艦赴滬。

五日下午三時二十分上海電：英巡洋艦康特號，載有海軍少將開萊於今晨抵滬。

意國調兵赴滬

意大利戈拉城三日路透電：意陸戰隊乘驅逐艦托蘭突號離意。

法國由天津調陸軍

八日天津路透電：法步兵一連，已奉令於明日出發赴滬增援上海法駐軍，本月十二日或將有二連出發。

日以海陸空軍
猛攻吳淞迭遭失敗
士兵義勇軍的英勇
戰敗日軍大砲飛機軍艦

十日上海專電：日軍屢次進攻閘北，因華方士兵及義勇軍英勇的抵抗，皆遭慘敗，前日日軍變更計劃，加入新來陸軍四千餘，合陸海空軍約二萬餘人，總攻吳淞，又爲華方擊敗，死千人，總退楊樹浦一帶待援，今日閘北又在大戰。

三日上午十時零五分上海電：日艦四隻，向吳淞砲台開始砲擊，華方還擊，激戰二小時，擊沉日驅逐艦一艘，擊傷巡洋艦二艘，同時日飛機九架，亦向要塞擲彈，華方用高射炮射擊，擊落飛機一架，計此役華方死傷三十一人，炮台無恙。

二月四日電：吳淞方面，日軍於四日晨五時，又向吳淞口炮台攻擊，雙方發炮，華軍以机槍還擊，結果日軍未進展，死十餘人，傷三十餘人，有二艦受傷，華軍傷亡較少。

五日上海電：吳淞炮台華軍仍在堅守，並擊傷日艦兩艘，又日陸戰隊兩次登陸，襲擊炮台，均被華方擊退，死傷過半，五日晨吳淞形勢又稍緩和。

六日上海專電：昨晚日艦二十一艘逼吳淞口，猛砲三，日艦亦被擊沉一艘，

八日下午十一時上海專電：上海日陸軍被華軍前後夾擊，日軍大敗而退至張華濱，七時晨，日海陸空軍，數在萬人以上，反攻蘊藻濱。八日晨，戰事激烈，日軍向吳淞猛攻並將陸軍九千加入助戰，陸路方面，則以鐵甲車唐克車衝鋒，海軍以火炮射擊，空軍以炮彈拋擲，但吳淞仍未被佔領，計此役雙方死傷人數在千人以上。

九日日本明古窩播首台發出電：八日上午八時，日海軍陸戰隊，在吳淞登陸，攻打吳淞炮台，無結果●

九日上海專電：昨日自晨至晚，吳淞方面終日作戰，下午四時日軍千餘名，又向蘊藻濱一帶冲鋒，雙方激戰，華方士兵非常奮勇，日方未得逞，即在張華濱附近，建築步兵陣地

日軍猛攻閘北戰狀
迭次進攻失敗

二月三日上午九時上海專電：二日午後二時，日軍用野戰炮向華軍攻擊，至晚未止，華軍仍維持原防，日軍於二月二日夜，下總攻擊令。

三日下午七時上海路透電：一日夜，日軍在閘北向華方猛攻，激戰一時，二日午後一時，日飛機二，沿北京路浙江路飛繞，到閘北眞茹路方面偵察，二時日機二架飛向閘北，開機槍投炸彈，華軍用高射炮還擊，同時北四川路，崑山花園狄思威路閘北，開始大戰，北四川路郵局後，發現日鐵甲車，彷照華方形式，并彷義勇軍多件。

二月三日下午七時上海電：停戰約至三日屆滿期，日方違約，二日下午一時廿分日軍突以大炮機槍，由北四川路，向華軍攻擊，華軍也以機炮還擊，在狄思威路天通庵等地，都有激戰，同時，有日機兩架，偵察閘北南市，在閘北又發生激戰。

三日下午七時上海電：二月二日下午二時日軍在北河南路，向華方猛攻，用水機關槍，平射炮攻擊，華方還擊，激戰數小時，戰局無變化，同時天通庵北四川路，日軍亦向華方攻擊，均未取得多大勝利。

二月四日夜二時上海電：四日晨五時後，吳淞戰況如下：一閘北方面，日軍昨晨分路進攻，A福生路日軍，進佔文德儲蓄會爲根據，向北之新民路近迫，預越寶山路，淞滬鐵路以南，再至寶山路，抄我駐車站界要之軍隊，同時又有一部日軍，憑據附近小樓，居高臨下，發彈射擊，未獲勝利，反被華軍擊敗，至熙福里之日軍，亦經華軍擊潰，B虬江路日軍分數十隊，有飛機掩護，

日军猛攻闸北战状

迭次进攻失败

（编者按：上接第三版）自晨五时进攻，全体溃退，飞机经华军用高射炮射击，遂逃去，C江湾路日便衣队及残军同于昨晨五时在施高塔路，出江湾路进击，但该处日军根据地为华军夺去，华军于晨九时又得天通庵军队加入作战，将日军击毙甚多，北四川路青海路均发生冲突，华军多胜利，二月五日上海路透电：今晨日军猛攻闸北，炮声隆隆，全租界均被震动、半小时内，约每分钟落炸弹一枚，日军均用十六吋口径大炮轰击，但历时不久，改用小炮，及机关枪轰击，至四时枪声渐息，犹隐约可闻，日方虽猛烈攻击，并未得逞，当日军炮击最烈时，华方并未发炮，尚严守吴淞炮台，仅以机枪还击。

二月五日下午二时三十分上海专电：枪炮声一夜未绝，五日晨九时至发电时止，闸北战事尤烈，日军用全力进攻，图一二日内占领闸北，使易应付国际干涉，但各路进攻，均未得逞。

二月七日下午二时上海电：六日夜十一时许，日向宝通路青云路桃战，多用步枪机枪，十二时后，并用大炮多架，猛烈轰击，华军亦还击，愈战愈烈，华军防线坚固，敌未得逞，至一时炮声始停。

七日上海电：闸北方向，七日上午无战事，午十二时许，日方复以飞机大炮向华方八字桥防地猛烈轰击，同时，更以机枪小钢炮，连续射击，华方士兵，非常奋勇，迎头痛击，且分兵抄日方后路，日方不支，向后遗退，此后约一时许，日兵死者甚众，至午后二时，日方增援兵千余人，又向八字桥进攻，大炮猛轰，飞机助战。华方士兵，又勇猛迎敌，将日方击溃，日方多新来的正式军队，仍不肯罢手，复于五时三次进攻，可是士气已馁，终被华方击退，计是役两方俱有损伤，惟日方损失特别奇重，死伤约千余人、又狄思威路，日方亦于七日进攻，但未有激战。

八日上海专电：日炮兵司令玉缄，在青云路被华军炮炸身死。

八日晚十一时电：八字桥江湾路，狄思威路虹口三兴桥的日军，被华军轰击，日军失败，华军下午三时，占领虹口公园日司令部。

九日上海专电：今晨九时半，日机十五架，在□北宝山路一带，侦查掷弹，华方亦调飞机，双方在空中大战，相持甚久，日机不得逞而退。十时，日机又在□北撤［撒］弹。

九日无线电：新闻外报谓江湾之南，日军猛攻，被华军击退。

一九三二年二月十日　紅色中華　第四版

自晨五時進攻，全體潰退，飛機經華軍用高射砲射擊，遂逃去，C江灣路日便衣隊及鐵軍同於昨晨五時在施高塔路，出江灣路進擊，但該處日軍根據地爲華軍奪去，華軍于晨九時又得天通庵軍隊加入作戰，將日軍擊斃甚多，北四川路青海路均發生沖突，華軍多勝利，二月五日上海路透電：今晨日軍猛攻閘北，砲聲隆隆，全租界均被震動、半小時內，約每分鐘落炸彈一枚，日軍均用十六吋口徑大炮轟擊，但歷時不久，改用小炮，及機關槍轟擊，至四時槍聲漸息，猶隱約可聞，日方雖猛烈攻擊，并未得逞，當日軍砲擊最烈時，華方並未發炮，尙嚴守吳淞炮台，僅以機槍還擊。

二月五日下午二時三十分上海專電：槍炮聲一夜未絕，五日晨九時至發電時止，閘北戰事尤烈，日軍用全力進攻，圖一二日內佔領閘北，使易應付國際干涉，但各路進攻，均未得逞。

二月七日下午二時上海電：六日夜十一時許，日向寶通路青雲路挑戰，多用步槍機槍，十二時後，并用大砲多架，猛烈轟擊，華軍亦還擊，愈戰愈烈，華軍防線堅固，敵未得逞，至一時炮聲始停。

七日上海電：閘北方面，七日上午無戰事，午十二時許，日方復以飛機大炮向華方八字橋防地猛烈轟擊，同時，更以機槍小鋼炮，連續射擊，華方士兵，非常奮勇，迎頭痛擊，且分兵抄日方後路、日方不支，向後潰退，此後約一時許，日兵死者甚衆，至午後二時，日方增援兵千餘人，又向八字橋進攻，大炮猛轟，飛機助戰，華方士兵，又勇猛迎敵，將日方擊潰，日方多新來的正式軍隊，仍不肯罷手，復於五時三次進攻，可是士氣已餒，終被華方擊退，計是役兩方俱有損傷，惟日方損失特別奇重，死傷約千餘人、又狄思威路日方亦於七日進攻，但未有激戰。

八日上海專電：日炮兵司令玉絨，在青云路被華軍炮炸身死。

八日晚十一時電：八字橋江灣路，狄思威路虹口三與橋的日軍，被華軍轟擊，日軍失敗，華軍下午三時，佔領虹口公園日司令部。

九日上海專電：今晨九時半，日機十五架，在△北寶山路一帶，偵查擲彈，華方亦調飛机，雙方在空中大戰，相持甚久，日机不得逞而退，十時，日机又在△北撤彈。

九日無線電：新聞外報謂江灣之前，日軍猛攻，被華軍擊退。

上海閘北

將成一片焦土

日軍大炮飛机不停的轟擊
失業工人十六萬餘人

二月三日下午七時上海電：二日下午二時許，日機兩架在南市飛行，投擲炸彈多枚，城隍廟附近，房屋被燒甚多，傷五六人，同時日軍又在海關江面投彈，圖炸中國輪船去中，落岸上又傷數人，方濱橋福佐六等地，亦有日人投擲炸彈多枚，損失未詳。

二月三日上海電：日昨蘇州河岸，發現華人尸體十三具，均爲日軍刺刀刺死者，慘不忍睹。

二月三日下午十二時上海專電：三日晨四時日機十餘架，盤旋閘北南市租界、舉行大轟炸，隨意投撒炸彈，計哈同路拋二個。傷二人，曹家渡拋一個傷一人　中興路方面，向華軍陣線投彈甚多，炸毀商務印書館第五廠，及其他房屋數十間，日機並開放机槍，向下轟擊，有華人三人受傷，其他新　路博物院路，卡德路投彈轟炸，槍炮彈波及，損失甚劇。

四日下午三時上海專電：滬西周家橋之鋁木廠至今未熄，閘北起火的。亦有七八處之多，至發電時，火光仍燭天。

二月四日上午一時上海電：二月三日午日機在天津路靑雲里拋彈兩枚，該屋即起火，聞其目的，是圖炸毀郵局，幸未打中，又新日路大通里某居戶　銅炮流彈，由大門穿入，人未受傷，沿蘇州河兩岸，至西藏路河南兩面，均佈置鐵網，滿載英美軍之鐵甲車，由西而東，北京路新屋及新世界已駐洲。

五日下午一時上海專電：五日午十二時，新開河招商局理處十六號棧房門口，有日人架汽車馳過，擲彈傷七人。

二月六日下午六時上海電：六日午前十時，日機六架在閘北公平路小菜場擲彈一枚炸壞房屋一棟，華軍飛機在空中射擊日機不敢而退，又十時日機八架飛往眞茹一帶拋彈，圖炸國際電台，一落濟南大學，一落國際電台後面，毀汽車一輛此彈死傷貧民甚多，華軍即用高射炮機關槍射擊，同時又用飛機兩三架迎擊，日機逃去。

二月七日上海電：日軍在滬暴行，有加無已，雖有英美抗議制止，日仍用飛機拋彈轟炸兵房，昨日機數架，在閘北公共租界一帶飛駛擲彈，被華軍步槍擊中一架，向東而逃，在美租界紅橋墮下，機身已粉碎，架駛員已血肉模糊。

七日上海電：自日本轟擊上海以來，失業工人突增加至十六萬人云

八月下午二時四十五分海路透電：今晨閘北吳淞情形，較趨平靜，華軍仍然堅守砲台，日驅逐艦二艘，頃赴京滬鐵路堆棧附近，炮轟華軍防地，大北公司之水電：尙未損壞，惟大東公司之水線，難以修理，虹口公園附近西式街堂房屋，多被日軍焚毀，**上海一切商業均停頓，失業情形，尤其惡劣**，蓋**自閘北一帶工廠被焚後，失業工人，忽增數萬人。**

八日上海電：日令便衣隊在吳淞放火，毀屋三百餘幢。

違抗國民黨命令直接作戰

士兵自動抵抗日軍

國民黨陰謀又敗露

羣衆革命情緒憤發的表現

二月四日晚上海電：日軍攻滬，十九路軍士兵自動抵抗，正在激戰中，原調作繳十九路械的顧祝同師，士兵亦違背南京政府命令，加入前線作戰，民衆異常激昂，正在集中力量，準備武裝抵抗，日海軍轟擊南京，國民政府張惶失措。逃竄洛陽。

六日下午一時五十五分上海專電：宋子文談：各界所有關於政府對十九路軍未能盡量予以相信，（這不僅是事實還派兵去預備繳械）給予軍火援助，本人確知十九路軍火頗爲充足，軍費一項，本人二次充長財政，亦知其有充份蓄積，（恐怕是宋子文自己吧）又上星期五政府會議時，何應欽，陳銘樞，將介石，馮玉祥，李濟深同謂：目前戰線甚短，僅以一團兵力足矣，十九路軍有三師共十八團，無須援兵，儘可支持，并決定無須援助，各軍將士，未得軍政部命令而自由動作者，（證明上海作战完全是士兵自動起來與日抵抗）雖出於愛國行爲，也須受抗命處分，（所以國民黨要派兵去繳械）當此国難萬分危急之時，祈全国民衆，應萬衆一心，爲政府後盾，（好讓國民黨將中國償給帝國主義）倘人或者有救國計劃，然當知統一計劃，（叫群衆不起來反抗帝國主義）實較無數矛盾冲突計劃同於全無計劃爲有利，（當有利於國民黨幫助帝國主義瓜分中國）

九日上海電汪精衛時對上海市民聲明，國民政府並未对十九路軍聽其孤軍失援，當此時局嚴重之時，計劃未能宜布等語，以掩飾過去企圖解除抵抗日軍士兵武裝陰謀。

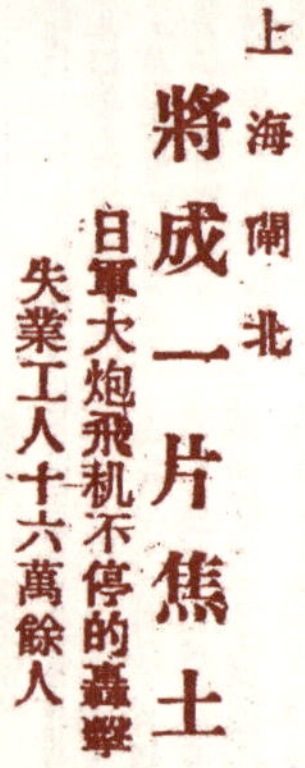
上海閘北
將成一片焦土
日軍大炮飛机不停的轟擊
失業工人十六萬餘人

上海闸北将成一片焦土

日军大炮飞机不停的轰击
失业工人十六万余人

二月三日下午七时上海电：二日下午二时许，日机两架在南市飞行，投掷炸弹多枚，城隍庙附近，房屋被烧甚多，伤五六人，同时日军又在海关江面投弹，图炸中国轮船去中，落岸上又伤数人，方演桥福佐六等地，亦有日人投掷炸弹多枚，损夫未详。

二月三日上海电：日昨苏州河岸，发现华人尸体十三具，均为日军刺刀刺死者，惨不忍睹。

二月三日下午十二时上海专电：三日晨四时日机十余架，盘旋闸北南市租界、举行大轰炸，随意投撤［掷］炸弹，计哈同路抛二个。伤二人，曹家渡抛一个伤一人，中兴路方面，向华军阵线投弹甚多，炸毁商务印书馆第五厂，及其它房屋数十间，日机并开放机枪，向下轰击，有华人三人受伤，其它新□路博物院路，卞德路投弹轰炸，枪炮弹波及，损失甚剧。

四日下午三时上海专电：沪西周家桥之铝木厂至今未熄，闸北起火的。亦有七八处之多，至发电时，火光仍烛天。

二月四日上午一时上海电：二月三日午日机在天津路青云里抛弹两枚，该屋即起火，闻其目的，是图炸毁邮局，幸未打中，又新日路大通里某居户铜炮流弹，由大门穿入，人未受伤，沿苏州河西两岸，至西藏路河南两面，均布置铁网，满载英美车之铁甲车，由西而东，北京路新屋及新世界已驻洲。

一九三二年二月十日　紅色中華　第四版

自晨五時進攻，全體潰退，飛機經華軍用高射砲射擊，遂逃去，C江灣路日便衣隊及暴軍同於昨晨五時在施高塔路，出江灣路進擊，但該處日軍根據地爲華軍奪去，華軍于晨九時又得天通庵軍隊加入作戰，將日軍擊斃甚多，北四川路靑海路均發生冲突，華軍多勝利，二月五日上海路透電：今晨日軍猛攻閘北，砲聲隆隆，全租界均被震動、半小時內，約每分鐘落炸彈一枚，日軍均用十六吋口徑大炮轟擊，但歷時不久，改用小炮，及機關槍轟擊，至四時槍聲漸息，猶隱約可聞，日方雖猛烈攻擊，并未得逞，當日軍砲擊最烈時，華方並未發炮，向殿守吳淞炮台，僅以機槍還擊。

二月五日下午二時三十分上海專電：槍炮聲一夜未絕，五日晨九時至發電時止，閘北戰事尤烈，日軍用全力進攻，圖一二日內佔領閘北，使易應付國聯干涉，但各路進攻，均未得逞。

二月七日下午二時上海電：六日夜十一時許，日向寶通路靑雲路挑戰，多用步槍機槍，十二時後，并用大砲多架，猛烈轟擊，華軍亦還擊，愈戰愈烈，華軍防線堅固，敵未得逞，至一時炮聲始停。

七日上海電：閘北方面，七日上午無戰事，午十二時許，日方復以飛機大炮向華方八字橋防地猛烈轟擊，同時，更以機槍小鋼炮，連續射擊，華方士兵，非常奮勇，迎頭痛擊，且分兵抄日方後路、日方不支，向後潰退，此後約一時許，日兵死者甚衆，至午後二時，日方增援兵千餘人，又向八字橋進攻，大炮猛轟，飛機助戰，華方士兵，又勇猛迎敵，將日方擊潰，日方多新來的正式軍隊，仍不肯罷手，復於五時三次猶攻，可是士氣己餒，終被華方擊退，計是役兩方俱有損傷，惟日方損失特別奇重，死傷約千餘人、又狄思威路，日方亦於七日進攻，但未有激戰。

八日上海專電：日炮兵司令玉織，在寶云路被華軍炮炸身死。

八日晚十一時電：八字橋江灣路，狄思威路虹口三興橋的日軍，被華軍轟擊，日軍失敗，華軍下午三時，佔領虹口公園日司令部。

九日上海專電：今晨九時半，日機十五架，在△北寶山路一帶，偵查擲彈，華方亦調飛机，雙方在空中大戰，相持甚久，日机不得逞而退，十時，日机又在△北撤彈。

九日無線電：新聞外報謂江灣之剛，日軍猛攻，被華軍擊退。

上海閘北將成一片焦土

日軍大炮飛机不停的轟擊　失業工人十六萬餘人

二月三日下午七時上海電：二日下午二時許，日機兩架在南市飛行，投擲炸彈多枚，**城隍廟附近，房屋被燒甚多**，傷五六人，同時日軍又在海關江面投彈，圍炸中國輪船去中，落岸上又傷數人，方濱橋福佐六等地，亦有日人投擲炸彈多枚，損失未詳。

二月三日上海電：日昨蘇州河岸，發見華人尸體十三具，均爲日軍刺刀刺死者，慘不忍睹。

二月三日下午十二時上海專電：三日晨四時日機十餘架，盤旋閘北南市租界、舉行大轟炸，隨意投撤炸彈，計哈同路拋二個。傷二人，曹家渡拋一個傷一人　中興路方面，向華軍陣線投彈甚多，**炸毀商務印書館第五廠，及其他房屋數十間**，日機並開放机槍，向下轟擊，有華人三人受傷，其他新　路博物院路，卞德路投彈轟炸，槍炮彈波及，損失甚劇。

四日下午三時上海專電：滬西周家橋之鋁木廠至今未熄，閘北起火的。**亦有七八處之多，至發電時，火光仍燭天。**

二月四日上午一時上海電：二月三日午日機由天津路背發里拋彈兩枚，該屋即起火，聞其目的，是圖炸毀郵局，幸未打中，又新日路大通里某居戶　銅炮流彈，由大門穿入，人未受傷，沿苏州河西兩岸，至西藏路河南兩面，均佈置鐵網，滿載英美軍之鐵甲車，由西而東，北京路新屋及新世界已駐洲。

五日下午一時上海專電：五日午十二時，新開河招商局理處十六號棧房門口，有日人架汽車馳過，擲彈傷七人。

二月六日下午六時上海電：六日午前十時。日機六架在閘北公平路小菜場擲彈一枚炸毀房屋一棟，華軍飛機在空中射擊日機不敵而退，又十時日機八架飛往真茹一帶拋彈，圍炸國際電台，一落濟南大學，一落國際電台後面，毀汽車一輛此彈死傷貧民甚多，華軍即用高射炮機關槍射擊，同時又用飛機兩三架追擊，日機逃去。

二月七日上海電：日軍在滬暴行，有加無已，雖有英美抗議制止，日仍用飛機拋彈轟炸民房，昨日機數架，在閘北公共租界一帶飛駛擲彈，被華軍步槍擊中一架，向東而逃，在美租界紅橋墮下，機身已粉碎，架駛員已血肉模糊。

七日上海電：自日本轟擊上海以來，失業工人突增加至十六萬人云

八月下午二時四十五分海路透電：今晨閘北吳淞情形，較趨平靜，華軍仍然堅守砲台，日驅逐艦二艘，頃赴京滬鐵路堆棧附近，炮轟華軍防地，大北公司之水電，尚未損壞，惟大東公司之水線，難以修理，虹口公園附近西式街堂房屋，多被日軍焚毀，**上海一切商業均停頓，失業情形，尤其惡劣**，並**自閘北一帶工廠被焚後，失業工人，忽增數萬人。**

八日上海電：日命便衣隊在吳淞放火，毀屋三百餘幢。

違抗國民黨命令直接作戰

士兵自動抵抗日軍

國民黨陰謀又敗露

羣衆革命情緒憤發的表現

二月四日晚上海電：日軍攻滬，十九路軍士兵自動抵抗，正在激戰中，原調作繳十九路械的顧祝同師，士兵亦違背南京政府命令，加入前線作戰，民衆異常激昂，正在集中力量，準備武裝抵抗，日海軍轟擊南京，國民政府張惶失措。逃竄洛陽。

六日下午一時五十五分上海專電：宋子文談：各界所有關於政府對十九路軍未能盡量予以相信，（這不僅是事實還派兵去預備繳械）給予以火援助，本人確知十九路軍火頗爲充足，軍費一項，本人二次充長財政，亦知其有充份蓄積，(恐怕是宋子文自己吧)又上星期五政府會議時，何應欽，陳銘樞，將介石，馮玉祥，李濟深同謂：目前戰線甚短，僅以一團兵力足矣，十九路軍有三師共十八團，無須援兵，儘可支持，并決定無須援助，各軍將士，未得軍政部命令而自由動作者，（證明上海作战完全是士兵自動起來與日抵抗）雖出於愛國行爲，也須受抗命處分，（所以國民黨要派兵去繳械）當此国難萬分危急之時，祈全国民衆，應萬衆一心，爲政府後盾，（好讓國民黨將中國儘賣給帝國主義）個人或者有救國計劃，然當知統一計劃，（要羣衆不起來反抗帝國主義）實較矯數矛盾冲突計劃同於全無計劃爲有利，（當有利於國民黨幫助帝國主義瓜分中國）

九日上海電汪精衛時對上海市民聲明，國民政府並未對十九路軍聽其孤軍失援，當此時局嚴重之時，計劃未能宜布等語，以掩飾過去企圖解除抵抗日軍士兵武裝陰謀。

上海閘北
将成一片焦土
日軍大炮飛机不停的轟擊
失業工人十六萬餘人

五日下午一时上海专电： 五日午十二时，新开河招商局理处十六号栈房门口，有日人架汽车驰过，掷弹伤七人。

二月六日下午六时上海电： 六日午前十时，日机六架在闸北公平路小菜场掷弹一枚炸坏房屋一栋，华军飞机在空中射击日机不敌而退，又十时日机八架飞往真茹一带抛弹，图炸国际电台，一落济［暨］南大学，一落国际电台后面，毁汽车一辆此弹死伤贫民甚多，华军即用高射炮机关枪射击，同时又用飞机两三架轰击，日机逃去。

二月七日上海电： 日军在沪暴行，有加无已，虽有英美抗议制止，日仍用飞机抛弹轰炸民房，昨日机数架，在闸北公共租界一带飞驶掷弹，被华军步枪击中一架，向东而逃，在美租界红桥堕下，机身已粉碎，架［驾］驶员已血肉模糊。

七日上海电： 自日本轰击上海以来，失业工人突增加至十六万人云。

八月［日］下午二时四十五分上海路透电： 今晨闸北吴淞情形，较趋平静。华军仍然坚守炮台。日驱逐舰二艘，顷赴京沪铁路堆栈附近，炮轰华军防地，大北公司之水电：尚未损坏，惟大东公司之水线，难以修理，虹口公园附近西式弄堂房屋，多被日军焚毁，上海一切商业均停顿，失业情形，尤其恶劣，盖自闸北一带工厂被焚后，失业工人忽增数万人。

八日上海电： 日令便衣队在吴淞放火，毁屋三百余憧［幢］。

上海閘北將成一片焦土
日軍大炮飛机不停的轟擊
失業工人十六萬餘人

自晨五時進攻，全體潰退，飛機經華軍用高射砲射擊，遂逃去，C江灣路日便衣隊及殘軍同於昨晨五時在施高塔路，出江灣路進擊，但該處日軍根據地爲華軍奪去，華軍于晨九時又得天通庵軍隊加入作戰，將日軍擊斃甚多，北四川路青海路均發生冲突，華軍多勝利，二月五日上海路透電：今晨日軍猛攻閘北，砲聲隆隆，全租界均被震動，半小時內，約每分鐘落炸彈一枚，日軍均用十六吋口徑大炮轟擊，但歷時不久，改用小炮，及機關槍轟擊，至四時槍聲漸息，猶隱約可聞，日方雖猛烈攻擊，并未得逞，當日軍砲擊最烈時，華方並未發炮，尚嚴守吳淞炮台，僅以機槍還擊。

二月五日下午二時三十分上海專電：槍炮聲一夜未絕，五日晨九時至發電時止，閘北戰事尤烈，日軍用全力進攻，圖一二日內佔領閘北，使易應付國聯干涉，但各路進攻，均未得逞。

二月七日下午二時上海電：六日夜十一時許，日向寶通路青雲路挑戰，多用步槍機槍，十二時後，并用大砲多架，猛烈轟擊，華軍亦還擊，愈戰愈烈，華軍防線堅固，敵未得逞，至一時炮聲始停。

七日上海電：閘北方面，七日上午無戰事，午十二時許，日方復以飛機大炮向華方八字橋防地猛烈轟擊，同時，更以機槍小鋼炮，連續射擊，華方士兵，非常奮勇，迎頭痛擊，且分兵抄日方後路，日方不支，向後潰退，此役約一時許，日兵死者甚衆，至午後二時，日方增援兵千餘人，又向八字橋進攻，大炮猛轟，飛機助戰，華方士兵，又勇猛迎敵，將日方擊潰，日方多新來的正式軍隊，仍不肯罷手，復於五時三次進攻，可是士氣已餒，終被華方擊退，計是役兩方俱有損傷，惟日方損失特別奇重，死傷約千餘人，又狄思威路，日方亦於七日進攻，但未有激戰。

八日上海專電：日炮兵司令玉緘：在青云路被華軍炮炸身死。

八日晚十一時電：八字橋江灣路，狄思威路虹口三興橋的日軍，被華軍轟擊，日軍失敗，華軍下午三時，佔領虹口公園日司令部。

九日上海專電：今晨九時半，日機十五架，在△北寶山路一帶，偵查擲彈，華方亦調飛机，雙方在空中大戰，相持甚久，日机不得逞而退，十時，日机又在△北撤彈。

九日無線電：新聞外報謂江灣之南，日軍猛攻，被華軍擊退。

二月三日下午七時上海電：二日下午二時許，日機兩架在南市飛行，投擲炸彈多枚，**城隍廟附近，房屋被燒甚多**，傷五六人，同時日軍又在海關江面投彈，圖炸中國輪船去中，落岸上又傷數人，方濱橋福佐六等地，亦有日人投擲炸彈多枚，損失未詳。

二月三日上海電：日昨蘇州河岸，發現華人尸體十三具，均爲日軍刺刀刺死者，慘不忍睹。

二月三日下午十二時上海專電：三日晨四時日機十餘架，盤旋閘北南市租界、舉行大轟炸，隨意投撤炸彈，計哈同路拋二個。傷二人，曹家渡拋一個，傷一人，中興路方面，向華軍陣線投彈甚多，**炸毀商務印書館第五廠，及其他房屋數十間**，日機並開放机槍，向下轟擊，有華人三人受傷，其他新　路博物院路，卞德路投彈轟炸，槍炮彈波及，損失甚劇。

四日下午三時上海專電：滬西周家橋之鋁木廠至今未熄，閘北起火的。**亦有七八處之多，至發電時，火光仍燭天。**

二月四日上午一時上海電：二月三日午日機止天津路青雲里拋彈兩枚，該屋即起火，聞其目的，是圖炸毀郵局，幸未打中，又新日路大通里某居戶，鋼炮流彈，由大門穿入，人未受傷，沿蘇州河南岸，至西藏路河南兩面，均佈置鐵網，滿載英美軍之鐵甲車，由西而東，北京路新屋及新世界已駐洲。

五日下午一時上海專電：五日午十二時，新開河招商局理處十六號棧房門口，有日人架汽車馳過，擲彈傷七人。

二月六日下午六時上海電：六日午前十時，日機六架在閘北公平路小菜場擲彈一枚炸毀房屋一棟，華軍飛機在空中射擊日機不敢而退，又十時日機八架飛往真茹一帶拋彈，圖炸國際電台，一落濟南大學，一落國際電台後面，毀汽車一輛此彈死傷貧民甚多，華軍即用高射炮機關槍射擊，同時又用飛機兩三架還擊，日機逃去。

二月七日上海電：日軍在滬暴行，有加無已，雖有英美抗議制止，日仍用飛機拋彈轟炸民房，昨日機數架，在閘北公共租界一帶飛駛擲彈，被華軍步槍擊中一架，向東而逃，在美租界紅橋墮下，機身已粉碎，架駛員已血肉模糊。

七日上海電：自日本轟擊上海以來，失業工人突增加至十六萬人云

八月下午二時四十五分海路透電：今晨閘北吳淞情形，較趨平靜，華軍仍然堅守砲台，日驅逐艦二艘，頃赴京滬鐵路堆棧附近，炮轟華軍防地，大北公司之水電：尚未損壞，惟大東公司之水線，難以修理，虹口公園附近西式街堂房屋，多被日軍焚毀，**上海一切商業均停頓，失業情形，尤其惡劣**，蓋**自閘北一帶工廠被焚後，失業工人，忽增數萬人。**

八日上海電：日令便衣隊在吳淞放火，毀屋三百餘憧。

違抗國民黨命令直接作戰

士兵自動抵抗日軍
國民黨陰謀又敗露
羣衆革命情緒憤發的表現

二月四日晚上海電：日軍攻滬，十九路軍士兵自動抵抗，正在激戰中，原調作繳十九路械的顧祝同師，士兵亦違背南京政府命令，加入前線作戰，民衆異常激昂，正在集中力量，準備武裝抵抗，日海軍轟擊南京，國民政府張惶失措。逃竄洛陽。

六日下午一時五十五分上海專電：宋子文談：各界所有關於政府對十九路軍未能盡量予以相信，（這不僅是事實還派兵去預備繳械）給予以火援助，本人確知十九路軍火頗爲充足，軍費一項，本人二次充長財政，亦知共有充份蓄積，（恐怕是宋子文自己吧）又上星期五政府會議時，何應欽，陳銘樞，蔣介石，馮玉祥，李濟深同謂：目前戰線甚短，僅以一團兵力足矣，十九路軍有三師共十八團，無須援兵，儘可支持，并決定無須援助，各軍將士，未得軍政部命令而自由動作者，（證明上海作战完全是士兵自動起來與日抵抗）雖出於愛國行爲，也須受抗命處分，（所以國民黨要派兵去繳械）當此國難萬分危急之時，所全国民衆，應萬衆一心，爲政府後盾，（好讓國民黨將中國儘賣給帝國主義）個人或者有救國計劃，然當知統一計劃，（要羣衆不起來反抗帝國主義）實較無數矛盾冲突計劃同於全無計劃爲有利，（當有利於國民黨幫助帝國主義瓜分中國）

九日上海電汪精衛時對上海市民聲明，國民政府並未對十九路軍聽其孤軍失援，當此時局嚴重之時，計劃未能宜布等語，以掩飾過去企圖解除抗日軍士兵武裝陰謀。

违抗国民党命令直接作战 士兵自动抵抗日军

国民党阴谋又败露 群众革命情绪愤发的表现

二月四日晚上海电：日军攻沪，十九路军士兵自动抵抗，正在激战中，原调作缴十九路械的顾祝同师，士兵亦违背南京政府命令，加入前线作战，民众异常激昂，正在集中力量，准备武装抵抗，日海军轰击南京，国民政府张惶失措。逃窜洛阳。

六日下午一时五十五分上海专电：宋子文谈：各界所有关于政府对十九路军未能尽量予以相信，（这不仅是事实还派兵去预备缴械）给予军火援助，本人确知十九路军火颇为充足。军费一项，本人二次充长财政，亦知其有充份蓄积，（恐怕是宋子文自己吧）又上星期五政府会议时，何应钦，陈铭枢，蒋介石，冯玉祥，李济深同谓：目前战线甚短，仅以一团兵力足矣，十九路军有三师共十八团，无须援兵，尽可支持，并决定无须援助，各军将士，未得军政部命合而自由动作者，（证明上海作战完全是士兵自动起来与日抵抗）虽出于爱国行为，也须受抗命处分，（所以国民党要派兵去缴械）当此国难万分危急之时，祈全国民众，应万众一心，为政府后盾，（好让国民党将中国尽卖给帝国主义）个人或者有救国计划，然当知统一计划，（要群众不起来反抗帝国主义）实较无数矛盾冲突计划同于全无计划为有利，（当有利于国民党帮助帝国主义瓜分中国）。

九日上海电：汪精卫时对上海市民声明，国民政府并末对十九路军听其孤军失援，当此时局严重之时，计划未能宣布等语，以掩饰过去企图解除抵抗日军士兵武装阴谋。

自晨五時進攻，全體潰退，飛機經華軍用高射砲射擊，遂逃去，C江灣路日便衣隊及蠻軍同於昨晨五時在施高塔路，出江灣路進擊，但該處日軍根據地爲華軍奪去，華軍于晨九時又得天通庵軍隊加入作戰，將日軍擊斃甚多，北四川路靑海路均發生冲突，華軍多勝利，二月五日上海路透電：今晨日軍猛攻閘北，砲聲隆隆，全租界均被震動、半小時內，約每分鐘落炸彈一枚，日軍均用十六吋口徑大炮轟擊，但歷時不久，改用小炮，及機關槍轟擊，至四時槍聲漸息，猶隱約可聞，日方雖猛烈攻擊，并未得逞，當日軍砲擊最烈時，華方並未發炮，向嚴守吳淞炮台，僅以機槍還擊。

二月五日下午二時三十分上海專電：槍炮聲一夜未絕，五日晨九時至發電時止，閘北戰事尤烈，日軍用全力進攻，圖一二日內佔領閘北，使易應付國聯干涉，但各路進攻，均未得逞。

二月七日下午二時上海電：六日夜十一時許，日向寶通路靑雲路挑戰，多用步槍機槍，十二時後，并用大砲多架，猛烈轟擊，華軍亦還擊，愈戰愈烈，華軍防線堅固，敵未得逞，至一時炮聲始停。

七日上海電：閘北方面，七日上午無戰事，午十二時許，日方復以飛機大炮向華方八字橋防地猛烈轟擊，同時，更以機槍小鋼炮，連續射擊，華方士兵，非常奮勇，迎頭痛擊，且分兵抄日方後路、日方不支，向後潰退，此役約一時許，日兵死者甚衆，至午後二時，日方增援兵千餘人，又向八字橋進攻，大炮猛轟，飛機助戰，華方士兵，又勇猛迎敵，將日方擊潰，日方多新來的正式軍隊，仍不肯罷手，復於五時三次進攻，可是士氣已餒，終被華方擊退，計是役兩方俱有損傷，惟日方損失特別奇重，死傷約千餘人、又狄思威路，日方亦於七日進攻，但未有激戰。

八日上海專電：日炮兵司令玉綫，在靑云路被華軍炮炸身死。

八日晚十一時電：八字橋江灣路，狄思威路虹口三與橋的日軍，被華軍轟擊，日軍失敗，華軍下午三時，佔領虹口公園日司令部。

九日上海專電：今晨九時半，日機十五架，在△北寶山路一帶，偵查擲彈，華方亦調飛机，雙方在空中大戰，相持甚久．日机不得逞而退，十時，日机又在△北撤彈。

九日無線電：新聞外報謂江灣之剎，日軍猛攻，被華軍擊退。

上海閘北 將成一片焦土

日軍大炮飛机不停的轟擊 失業工人十六萬餘人

二月三日下午七時上海電：二日下午二時許，日機兩架在南市飛行，投擲炸彈多枚，**城隍廟附近，房屋被燒甚多**，傷五六人，同時日軍又在海關江面投彈，圖炸中國輪船未中，落岸上又傷數人，方濱橋爾佐六等地，亦有日人投擲炸彈多枚，損失未詳。

二月三日上海電：日昨蘇州河岸，發現華人尸體十三具，均爲日軍刺刀刺死者，慘不忍睹。

二月三日下午十二時上海專電：三日晨四時日機十餘架，盤旋閘北南市租界、舉行大轟炸，隨意投撤炸彈，計哈同路拋二個。傷二人，曹家渡拋一個傷一人　中興路方面，向華軍陣線投彈甚多，**炸毀商務印書館第五廠，及其他房屋數十間**，日機並開放机槍，向下轟擊，有華人三人受傷，其他新　路博物院路，卞德路投彈轟炸，槍炮彈波及，損失甚劇。

四日下午三時上海專電：滬西周家橋之鋁木廠至今未熄，閘北起火的。**亦有七八處之多，至發電時，火光仍燭天。**

二月四日上午一時上海電：二月三日午日機屮天津路靑蟹里拋彈兩枚，該屋即起火，聞其目的，是圖炸毀郵局，幸未打中，又嵌日路大通里某居戶　銅炮流彈，由大門穿入，人未受傷，沿蘇州河兩岸，至西藏路河南兩面，均佈置鐵網，滿載英美兵之鐵甲車，由西而東，北京路新屋及新世界已駐洲。

五日下午一時上海專電：五日午十二時，新開河招商局理處十六號棧房門口，有日人架汽車駛過，擲彈傷七人。

二月六日下午六時上海電：六日午前十時，日機六架在閘北公平路小菜場擲彈一枚炸壞房屋一棟，華軍飛機在空中射擊日機不敵而退，又十時日機八架飛往眞茹一帶拋彈，圖炸國際電台，一落濟南大學，一落國際電台後面，毀汽車一輛此彈死傷貧民甚多，華軍即用高射炮機關槍射擊，同時又用飛機兩三架迎擊，日機逃去。

二月七日上海電：日軍在滬暴行，有加無已，雖有英美抗議制止，日仍用飛機拋彈轟炸民房，昨日機數架，在閘北公共租界一帶飛駛擲彈，被華軍步槍擊中一架，向東而逃，在美租界紅橋墮下，機身已粉碎，架駛員已血肉糢糊。

七日上海電：自日本轟擊上海以來，失業工人突增加至十六萬人云

八月下午二時四十五分上海路透電：今晨閘北吳淞情形，較趨平靜。華軍仍然堅守砲台，日驅逐艦二艘，頃赴京滬鐵路堆棧附近，炮轟華軍防地，大北公司之水電：尚未損壞，惟大東公司之水線，雖已修理，虹口公園附近西式街堂房屋，多被軍焚毀，**上海一切商業均停頓，失業情形，尤其惡劣**，蓋**自閘北一帶工廠被焚後，失業工人，忽增數萬人。**

八日上海電：日令便衣隊在吳淞放火，毀屋三百餘幢。

違抗國民黨命令直接作戰

士兵自動抵抗日軍

國民黨陰謀又敗露

羣衆革命情緒憤發的表現

二月四日晚上海電：日軍攻滬，十九路軍士兵自動抵抗，正在激戰中，原調作繳十九路械的顧祝同師，士兵亦違背南京政府命令，加入前線作戰，民衆異常激昂，正在集中力量，**準備武裝抵抗，日海軍轟擊南京，國民政府張惶失措。逃竄洛陽。**

六日下午一時五十五分上海專電：宋子文談：各界所有關於政府對十九路軍未能盡量予以相信，（這不僅是事實還派兵去預備繳械）給予軍火援助，本人確知十九路軍火頗爲充足．軍費一項，本人二次充長財政，亦知共有充份蓄積，（恐怕是宋子文自己吧）又上星期五政府會議時，何應欽，陳銘樞，蔣介石，馮玉祥，李濟深同謂：目前戰線甚短，僅以一團兵力足矣，十九路軍有三師共十八團，無須援兵，儘可支持，并決定無須援助，各軍將士，未得軍政部命令而自由動作者，（證明上海作战完全是士兵自動起來與日抵抗）雖出於愛國行爲，也須受抗命處分，（所以國民黨要派兵去繳械）當此國難萬分危急之時，祈全国民衆，應萬衆一心，爲政府後盾，（好讓國民黨將中國儘賣給帝國主義）倘人或者有救國計劃．然當知統一計劃，（要羣衆不起來反抗帝國主義）實較雖數矛盾冲突計劃同於全無計劃爲有利，（當有利於國民黨幫助帝國主義瓜分中國）

九日上海電汪精衛時對上海市民聲明．國民政府並未對十九路軍聽其孤軍失援，當此時局嚴重之時，計劃未能宜布等語，以掩飾過去企圖解除抵抗日軍士兵武裝陰謀。

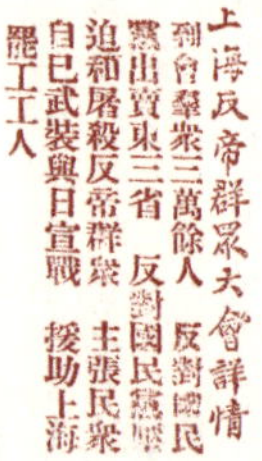
上海反帝群衆大會詳情
到會群衆三萬餘人 反對國民
黨出賣東三省 反對國民黨壓
迫和屠殺反帝群衆 主張民衆
自己武裝與日宣戰 援助上海
罷工工人

要闻
上海反帝群众大会详情

到会民众三万余人
反对国民党出卖东三省
反对国民党压迫和屠杀反帝群众
主张民众自己武装与日宣战
援助上海罢工工人

上海工人学生等的群众，看到国民党各派的争权夺利，各种卑鄙行为，无所□为，对帝国主义，则尽情献媚，出卖民族利益，双手捧□东三省给日帝国主义，四千多万群众。日帝国主义蹂躏，还不许群众说半句反抗的话，愤激非常，故特决定前月十七日在□门公共体育场开市民大会。到会团体有反日救国联合会，装订工会，中新七厂工人反日会，同兴纱厂工会，董家渡渡船工会，喜和纱厂工会，成衣业工会，西区纱厂工会，日华纱厂工人，面业工人反日会，中国体专，上海中学，义勇军，交通大学，暨南大学，申新七厂工人，法商电车工人抗日会，各中国学抗日会联合会等三百余团体，三万多群众，于十时三十分，宣布开会，即由主席团报告开会意义，略云：今日之市民大会，系依照本月十四日之各抗日团体联席会议所决定宗旨，因日本帝国主义占领东三省后，继续不断的向中国进攻，锦州失陷，热河危急，国民政府毫无办法，若要救目前危局，要全靠我们自己的力量，大家一致团结起来，武装起来，打倒帝国主义！

到会群众，热烈地发表意见，决议：一，反对国民党政府出卖东三省，二，反对国民党政府压迫反帝运动，屠杀反日群众，三、拍卖没收日货，救济罢工工人及失业工人，四，用民众力量，接收上海市抗日救国会。五，各界组织真正义勇军对日宣战。六，民众自己组织检查□货队。七，检□福建省政府委员。八，民众武装阻止瓜分中国的国联调查团来华。九，援助□工厂罢工工人，十，反对国民党政府，停付工债本息，滥发公债及□□外交，十一，要求□政府释放因反日运动被捕之学生及民众。十二，反对国民党政府颁布的海员□件等，同时又经群众临时提出要求市民大会组织永安厂惨案委员会。及要求市民大会，将封存日货廉价拍卖，募捐援助工人，亦经大会通过。

当开会时，有黄色的上海特别市工人运动委员会，派人携带大批的反革命传单，写着“打倒中国共产党”的口号，为群众发觉，当即把散传单的抓住，大加殴打，□将大批反动传单，在主席台东旁，用火烧毁，国民党军警来制止，遂发生冲突，群众被捕一人。

日艦封鎖吳淞口

各帝國主義反對

二月三日下午十二時上海電：日艦今日實行封鎖吳淞口，各商輪不能開出，俱折回往寧波，十萬難民不得已紛紛下輪　十六鋪秩序甚亂。

二月四日上午九時廿分上海電：英美德等國反對封鎖吳淞口。

日本在津青挑釁

八日上海專電：津日軍自憑經華警制止，與保安隊對壘云。

又電：青島兩日艦上陸，緣由不明。

日本又圖佔武漢

同時是直接來進攻革命

九日電：漢口日艦，託言共產黨暴動，將採取自由行動，

東北

義勇軍與日激戰

國民黨軍隊不見動作

哈爾濱全部被日佔領

二月四〇下午山海關電：大通破爭甚激烈。

六〇路透社哈爾濱電：哈爾濱西方之交通，現已通安大站，看看哈爾之東北，〇軍與僞吉軍，又發生戰事，新僞吉軍亦發生衝突，〇援軍已由鐵路乘車前進，哈埠總車站，〇軍仍守衛。

六日北平專電：〇軍轟炸醫巫閭山，虛耗彈藥不能奏效，義勇軍固守數天，後又由熱河繞出　向新屯方面襲擊，并擬由大通線退守熱河邊之義勇軍，集合反攻，繼之戰事更猛烈，義勇軍又向前進發，鐵甲鐵車連〇在錦州綏境等處巡查。

二月七〇北平電：山海關六〇下午八時廿分電：大通線，打虎山〇軍因受重傷　六〇晨復調打虎山一帶〇，與騎步隊，及鐵甲隊往救，與義勇軍決戰終〇，駐京〇軍百名五〇到機關，有〇軍軍用品數車，速保〇兵營。　（以〇代日字）

反對瓜分中國大戰

日本無產階級和士兵

二月四日下午八時　專電：日本無產階級昨日舉行反對瓜分中國戰爭行動被殺數百人。

四日下午一時二十五分上海專電：日本的長崎，神戶三日兵變，被殺三百餘人。

四日專電：又東京有大騷動，民衆反對出兵來華。

日本軍閥自殺

這是日本軍閥鼓厲戰爭的辦法

二月五日廣播台電：日海軍司令鹽澤，因東京民衆及社會黨大示威遊行，反對鹽澤又而以戰敗，故藉此自殺以鼓厲本國人作戰，日政府已派野村中將繼任。

六日上午　時上海專電：日海軍司令鹽澤自殺，雖經日本領館否認，惟根據各方消息，鹽澤及陸戰隊隊長，確已自殺。

又　電：日本陸軍大臣荒田，有服毒自殺云。

紅軍不斷的勝利

贛州包圍不日可下

一旅繳械旅長活提

二月三日漢口電：贛紅軍自佔領鬼市後，反動派調了兩旅四師人圍剿（？）但亦不濟事，爲我工農紅軍四團擊潰，紅軍又獲大勝利云。

九日無線電：我英勇的工農紅軍，已將贛州包圍，白軍恐慌厲害不日可下，粵系軍閥獨立旅范旅長部，奉逆方命令、參援贛城，集中於新城，池江一帶，於五日與我軍激戰，不到二小時，即全部消滅，繳得槍枝千餘，軍用品無數，殘敵和俘擄白軍甚多，范德星化裝潛逃，僅以身免。

十日無線電：湘鄂西紅軍，最近又繳獲白軍槍一旅，該旅長活提。

要聞

上海反帝群衆大會詳情

到會群衆三萬餘人　反對國民黨出賣東三省　反對國民黨壓迫和屠殺反帝群衆　主張民衆自已武裝與日宣戰　援助上海罷工工人

上海工人學生群衆的爭取，看到國民黨各派的爭權奪利，各種卑鄙行爲，無所不爲，對帝國主義，則盡情獻媚，出賣民族利益，雙手捧奉東三省給日帝國主義，四千多萬的民衆，〇帝國主義蹂躪，民衆不許發表說半何反抗的言論，憤激非常，故特決定本月十七〇在西門公共體育場開市民大會。到會團體有反〇救國聯合會，裝訂工會，中華七廠工人反〇會，同興紗廠工會，黃浦渡船工會，嘉和紗廠工會，成衣業工會，西區紗廠工〇，〇華紗廠工人，麵業工人反〇會，中國醫專，上海中學，義勇軍，交通大學，暨南大學，中新七廠工人，法商電車工人抗〇會，各中國學校〇〇聯合會等三百餘團體，三萬多群衆，於十時三十分，宣佈開會，由主席團報告開會意義，略云：今〇之市民大會　係依照本月十四〇之各抗〇團體聯席會議所決定宗旨，因〇本帝國主義佔領東三省後，繼續不斷的向中國進攻，錦州失陷　熱河危急，國民政府毫無辦法，若要救目前危局，要全靠我們自己努力起，大家一致團結起來，武裝起來　打倒帝國主義！

到會群衆　熱烈的發表意見，決議：一，反對國民黨政府出賣東三省，二，反對國民黨政府壓迫反帝運動，屠殺反〇群衆，三、拍賣沒收〇貨，救濟罷工工人及失業工人，四，用民衆力量，接收上海市抗〇救國會。五，各界組織[illegible]正義勇軍對〇宣戰　六，民衆自己組織檢查〇貨隊　七，[illegible]福建省政府委員　八，民衆武裝阻止瓜分，中國[illegible]擊華，九，援助全日紗廠罷工工人，十，反對國民黨政府，停付公債本息，匯豐公債及[illegible]外交，十一，要求〇政府釋放因反〇運動被捕之學生及民衆，十二，反對國民黨政府頒佈的治安條件等，同時又經群衆臨時提出要求市民大會組織永久的反〇〇會。及要求市民大會，將封存〇貨　應儘拍賣，募捐援助工人，亦經大會通過。

當開會時，有黃色的上海特別市工人運動委員會，派人攜帶大批的反革命傳單，寫着「打倒中國共產黨」的口號，爲群衆發覺，當即把散傳單的抓住　大加毆打，並將大批反動傳單　在主席台東旁，用火燒燬。國民黨軍警制止，遂發生衝突，群衆被捕一人。

大會完畢後，到會群衆，即整隊出發遊行示威，要求釋放被捕群衆，高舉紅旗，大喊擁護共產黨　打倒帝國主義　打倒國民黨等各種革命口號　路經方斜路，斜土路，直赴國民黨市黨部，至楓林橋時，先將外交協會駐滬辦事處門關搗及警亭搗毀，因國民黨市政府已事先將大門緊閉，由淞滬警備司令部派軍隊在內防守，同時又派駿兇隊東巡隊六十餘名，警備司令部亦加派步兵一排，在空場四週嚴密防守。群衆未入內，至四時，各路群衆，即在空場上召開大會，組織被捕同志營救會。議畢，又熱烈的狂

上海反帝群衆大會詳情

到會群衆三萬餘人 反對國民黨出賣東三省 反對國民黨壓迫和屠殺反帝群衆 主張民衆自己武裝與日宣戰 援助上海罷工工人

大会完毕后，到会群众，即整队出发游行示威，要求释放被捕群众，高举红旗，大喊拥护共产党，打倒帝国主义，打倒国民党等各种革命口号，路经方斜路，斜土路，直赴国民党市政府，至枫林桥后，先将外交部驻沪办事处门□会□及警亭捣毁，国民党市政府已事先将大门紧闭，由淞沪警备司令部派队在内防守，同时又派驳壳队车巡队六十余名，警备司令部并加派步兵一排，在空场四周严密防守。群众未入内，至四时，全体群众，即在空场上召开大会，组织被捕同志救援会。议毕，又热烈地狂呼各种革命口号，整□继续游行。至国民党市党部门口，因大门紧闭，里面无人，群众即将门首□警亭及玻璃窗完全击毁。并用石子击破楼上玻璃、直到四点二十分、才散队。当市民大会前、国民党市公安局、事前闻声、即于是日宣布特别戒严，所有警士、一律武装出防，警察大队车巡队、亦□□巡逻，日租界捕房、□前晚十二时后、即宣告戒严、所有斜桥、南阳桥，小北门，小东门、民国路一带铁门，一律紧闭，卢家湾打浦桥等华租交界，并堆有铁丝网，派有大批中西探捕，武装驻守，公共租界探捕、亦全体严密布防。华商电车公司的车辆及沪南公共汽车公司的车辆，于十时起、完全停驶云。

呼各種革命口號，發叫總罷遊行。至，民黨市黨部門口，因大門緊閉，裏面無人，羣衆即將門首之警亭及玻璃窗完全擊毀。並用石子擊破樓上玻璃，直至四點二十分，才散隊。當市民大會前，國民黨市公安局、淞滬警部、即於是●宣佈特別戒嚴，所有警士、一律武裝出防，警察大隊車巡隊、亦武裝巡邏，各租界捕房、亦於前晚十二時後、即宣告戒嚴、所有斜橋、南陽橋、小北門、小東門、民國路一帶鐵門，一律緊閉，虹口灣打浦橋等華租交界，并堆有鐵絲網，派有大批中西探捕，武裝駐守，公共租界探捕、亦全體嚴密佈防。華商電車公司的車輛及滬南公共汽車公司的車輛，於十時起、完全停駛云，

以●代日字

上海日紗廠大罷工詳情

罷工者三十餘廠　人數六七萬工人　與日資本家堅決鬥爭

自從東三省事變以來，日貨之受抵制而衰落更盡，日本資本家爲要維持其利潤，更殘酷的向工人身上剝削，召集在滬的●商資本家會議，討論結果，決定上海所有●商紗廠，一律取消月賞，工人等原來過着極慘苦的生活，現在再加上資本家又要取消月賞，那最低限度的生活，都無法維持，大家憤激非常。遂紛紛起來反抗，一律宣佈罷工。計參加的有●華、同興，喜和內外棉等三十餘廠，工人六七萬，雖經國民黨的公安局，社會局黃色工會屢次威嚇，盡設法破壞，但工人斗爭的情緒，並不因此而稍降低。恰恰相反，工人愈見激昂，愈見堅決。前月十四●九時，各●紗廠工人代表，在閘北潭子灣舉行各●商紗廠工人代表大會，討論●商紗廠聯合會決議取消月賞問題，當場決議：一、要求恢復月賞，二、如不達到目的，一律退出●商紗廠，三、退出後，要求發還養老金，儲蓄取存工，以與日資本家作堅決斗爭直至十一時始散會。

日本資本家因工人罷工，而受到很大的損失而起恐慌，但仍採取高壓政策，工人所提條件，一概拒絕，而各工廠工人斗爭情緒，亦因資本家的拒絕而愈趨激昂，罷工形勢●趨嚴重，十八●晚八時，又召集全滬紗廠廠方代表緊急聯席會議。討論對付工人辦法，直至夜深十一時猶未散會，會場四週，密佈●人便衣隊，除有廠方正式證明書之代表，得以進內外，其餘一律拒絕旁聽，開討論結果，決取強硬態度，壓迫到底。如華工在最近十●內，尚不進廠復工，則一律予以開除，另募華工補充，如一時華工無法招募，則儘量招集他國工人或●本失業工人維持。但各廠工人，猶激異常，不達到目的，誓不復工云。

同興工人被打傷

戈登路一百八十一號日商同興紗廠工人，前因憤於廠方無故開除大批工人，任意壓迫，加重工作，剋扣工資而罷工。前月十四日，特派代表十八人，向廠方交涉，當時工人等因等候消息，不期而集合於門外者約二三百人，該廠資本家即派大批日捕，驅逐工人，當即大起衝突，結果工人被傷三人，日捕亦有受傷云。

絹絲工人開會

滬西日商絹絲第一，三兩廠全體工人，爲反對日人取消賞工罷工後，於十五日，在三官廠空地開全體大會，成立工會，並決議：一，原有賞工，不准剋扣，二，在罷工期內，工資照給，三，廠方不得無故開除工人，四，凡退職者、撫䘏金仍照舊章，不得剋扣，五，廠方須承認工會有代表工人之權，六，女工產期一月內，工資照給，七，年關雙薪，並分紅利，同時全體高呼，不達目的，決不復工口號。

浦東日華繼續罷工

浦東日華紗廠布機間工人三百餘人，因反對資本家剋扣工資，無故取消紗間每月四賞工，並開除大批工人發生罷工一案，曾三次登載本報，前月十七日上午十時，該工人等又於工會內召集全體大會，決定：不論資本家怎樣用武力壓迫，工人等決不屈服，不達目的誓不復工。

公大罷工工人大會

十七日下午三時，滬西日商公大第三絹絲罷工委員會，於曹家渡聲華中學操場，開第二次罷工工人全體會議，主席報告：謂工人只有團結一致，繼續罷工，堅持到底，才能得到利益，決議：一，原有賞工，不得剋扣，二，在罷工期內，工資照給，三，不准無故開除工人，四，凡退職者，慰勞賞工，仍照舊章，不得剋扣，五，廠方須承認有代表工人之權，六，女工生產期內休息月，工資照給，七，年關雙薪分紅利，

日華召集代表會

滬西日華三四廠全體工人罷工後，因資本家毫無讓步，而且堅拒不理，遂又公推代表百餘人，於前月十八日午假西區紗廠工會籌備委員會內開會決議，一，即日組織工會，以資團結，二，推定籌備委員，三，登計失業和在業工人，四，通知各日商紗廠工人，一致起來對付，五，要求資方取消前議，不達到目的誓不罷休。

喜和工人大會

滬西日商喜和紡織第一，二，三，廠全體工人，於十八日在滬西公社開大會，決議：一，反對無故開除工人，二，被開除的工人一律恢復，三，反對減少工資，四，反對取消月賞，五，反對資本家關廠，六，罷工期間，工資照給，七，年關發雙薪，八，工人有組織工會的自由，九，承認罷工委員會，十，反對資本家壓迫工人，十一，女工生產前後給假四星期，津貼生產費四十元，十二，禁止打罵女工，十三，反對禮拜延長時間，十四，破壞罷工者，就是反革命。

義大關廠風潮

上海金神父路義大絲光染廠，自去年十二月二十一日宣佈歇業後，全體工人，要求復業，而廠方卽串法捕房要求派大批武裝探捕前往驅逐工人出廠，前月十四日有大批武裝探捕到該廠驅逐工人出廠，與工人發生衝突，以致糾紛擴大，工人召集大會，決定：一，對廠方武力壓迫工人，決議一致反抗到底，誓不屈服，達到復工目的，二，廠方驅逐工人出廠，要求嚴辦，三，組織特委會，解決該案云。

江蘇高郵築堤工人罷工

國民黨。借救災築堤的名義，籌了很多款，大部份都用在軍費上或者放到自己荷包裏。爲要遮掩羣衆的耳目、工程在蘇江設了一個江北運堤工程善後委員會，委派俞亭爲副造委員，並在高郵城北門外設立辦事處，強壓了五縣強壯災民充當工人，盡量剝削，每日每人僅給工資二毫，但現在又打半折，每人每天僅發工資一角，因而延至十餘日未領，百餘工人開會討論，結果於上月十五日遂一致宣佈罷工，齊赴辦事處要求將所欠工資照二角發給，該辦事處始終不承認，一部份工人，不願再替他做工，還有一部份決斗爭到底，不達到目的，誓不復工云。

淮陰車夫二千餘人罷工

淮陰黃色車夫二千餘人、前月十四日、因公安局擬從本年度一月份起、每輛車每月捐車加增二角、各車夫以年來荒歉異常、生意清淡、無力担負，相約從今日清晨起、合縣車夫、一律罷工、并一面齊集城南公園參加抗日運動、一面討論應付方法，反對加捐云

期 红色中华零零零九期

版 零六版

时间 一九三二年二月十日

上海日紗廠
大罷工詳情
罷工者三十餘廠
人數六七萬工人
與日資本家堅決鬥爭

上海日纱厂大罢工详情

罢工者三十余厂
人数六七万工人
与日资本家坚决斗争

自从东三省事变以来，日货之受抵制而衰落更尽，日本资本家为要维持其利润，更残酷的向工人身上剥削，召集在沪的日本资本家会议，讨论结果，决定上海所有日本纱厂，一律取消月赏，工人等原来过着极惨苦的生活。现在再加上资本家又要取消月赏，那最低限度的生活□都无法维持，大家愤激非常。遂纷纷起来反抗，一律宣布罢工。计参加的有日华同兴，喜和内外棉等三十余厂，工人六七万，虽经国民党□公安局，社会局黄色工会屡次威吓，并设法破坏，但工人斗争的情绪，并不因此而稍降低。恰恰相反，工人愈见激昂，愈见坚决。前月十四日九时，各日纱厂工人代表，在闸北潭子湾举行各日商纱厂工人代表大会，讨论日商纱厂联合会决议取消月赏问题，当场决议：一、要求恢复月赏，二、如不达到目的，一律退出日商纱厂，三、退出后，要求发还养老金，□算取存工，以与日资本家作坚决斗争直至十一时始散会。

日本资本家因工人罢工，而受到很大的损失而起恐慌，但仍采取高压政策，工人所提条件，一概拒绝，而各工厂工人斗争情绪，亦因资本家的拒绝而愈趋激昂，罢工形势日趋严重，十八日晚八时，又召集全沪纱厂厂方代表紧急联席会议。讨论对付工人办法，直至夜深十一时犹未散会，会场四周，密布日人便衣队，除有厂方正式证明书之代表，得以进内外，其余一律拒绝旁听，闻讨论结果，决取强硬态度，压迫到底。如华工在最近十日内，尚不进厂复工，则一律予以开除，另雇华工补充，如一时华工无法招募，则尽量招集他国工人或日本失业工人维持。但各厂工人，奋激异常，不达到目的，誓不复工云。

呼各種革命口號，發反總統遊行。至，民黨市黨部門口，因大門緊閉，裏面無人，群衆即將門前崗警亭及玻璃窗完全擊毀。並用石子擊破樓上玻璃，直至四點二十分，才散隊。當市民大會前，國民黨市公安局、各機關門警、即於是日宣佈特別戒嚴，所有警士，一律武裝出防，警察大隊車巡隊、亦武裝巡邏，及租界捕房，更於前晚十二時後，即宣告戒嚴，所有斜橋、南陽橋，小北門，小東門，民國路一帶鐵門，一律緊閉，盧家灣打浦橋等華租交界，並堆有鐵絲網，派有大批中西探捕，武裝駐守，公共租界探捕，亦全體嚴密佈防。華商電車公司的車輛及滬南公共汽車公司的車輛，於十時起，完全停駛云，

以●代日字

上海日紗廠大罷工詳情

罷工者三十餘廠 人數六七萬工人 與日資本家堅決鬥爭

自從●三省事變以來，日貨之受抵制而衰落更甚，日本資本家為要維持其利潤，更殘酷的向工人身上剝削，召集在滬的●本資本家會議，討論結果，決定上，所有●本紗廠，一律取消月賞，工人等原來過着極慘苦的生活，現在再加上資本家又要取消月賞，那最低限度的生活，都●法維持，大家憤激非常。遂紛紛起來反抗，一律宣佈罷工。計參加的有●華，同興，喜和內外棉等三十餘廠，工人六七萬，雖經國民黨●公安局，社會局黃色工會屢次威嚇，並設法破壞，但工人斗爭的情緒，並不因此而稍降低。恰恰相反，工人愈見激昂，愈見堅決。前月十四●九時，各●紗廠工人代表，在閘北潭子灣舉行各●商紗廠工人代表大會，討論●商紗廠聯合會決議取消月賞問題，當場決議：一、要求恢復月賞，二、如不達到目的，一律退出●商紗廠，三、退出後，要求發還養老金，儲蓄存工，以與日資本家作堅決斗爭直至十一時始散會。

日本資本家因工人罷工，而受到很大的損失而起恐慌，但仍採取高壓政策，工人所提條件，一概拒絕，而各工廠工人斗爭情緒，亦因資本家的拒絕而愈趨激昂，罷工形勢●趨嚴重，十八●晚八時，又召集全滬紗廠廠方代表緊急聯席會議。討論對付工人辦法，直至夜深十一時猶未散會，會場四週，密佈●人便衣隊，除有廠方正式證明書之代表，得以進內外，其餘一律拒絕旁聽，聞討論結果，決取強硬態度，壓迫到底。如華工在最近十●內，尚不進廠復工，則一律予以開除，另雇華工補充，如一時華工無法招募，則僱員招集他國工人或●本失業工人維持。但各廠工人，猶激異常，不達到目的，誓不復工云。

同興工人被打傷

戈登路一百八十一號日商同興紗廠工人，前因憤於廠方無故開除大批工人，任意壓迫，加緊工作，剋扣工資而罷工，前月十四日，特派代表十人，向廠方交涉，當時工人等因等候消息，不期而集合於門外者約二三百人，該廠資本家即派大批日捕，驅逐工人，當即大起衝突，結果工人被傷三人，聞日捕亦有受傷云。

絹絲工人開會

滬西日商絹絲第一，三兩廠全體工人，為反對日人取消賞工罷工後，於十五日，在三官廠空地開全體大會，成立工會，並決議：一，原有賞工，不准剋扣，二，在罷工期內，工資照給，三，廠方不得無故開除工人，四，凡退職者，撫勞金仍照舊章，不得剋扣，五，廠方須承認工會有代表工人之權，六，女工產期一月內工資照給，七，年關雙薪，並分紅利，同時全體高呼，不達目的，決不復工口號。

浦東日華繼續罷工

浦東日華紗廠布机間工人三百餘人，因反對資本家剋扣工資，無故取消紗間每月四賞工，並開除大批工人發生罷工一案，曾三次登載本報，前月十七日上午十時，該工人等又於工會內召集全體大會，決定：不論資本家怎樣用武力壓迫，工人等決不屈服，不達目的誓不復工。

公大罷工工人大會

十七日下午三時，滬西日商公大第三絹絲罷工委員會，於曹家渡肇基中學操場，開第二次罷工工人全體會議，主席報告：謂工人只有團結一致，繼續罷工，堅持到底，才能得到利益，決議：一，原有賞工，不得剋扣，二，在罷工期內，工資照給，三，不准無故開除工人，四，凡退職者，慰勞賞金，仍照舊章，不得剋扣，五，廠方須承認有代表工人之權，六，女工生產期內休息一月，工資照給，七，年關雙薪分紅利。

日華召集代表會

滬西日華三四廠全體工人罷工後，因資本家毫無讓步，而且堅拒不理，遂又公推代表百餘人，於前月十八日午假西區紗廠工會籌備委員會內開會決議，一，即日組織工會，以資團結，二，推定籌備委員，三，登計失業和在業工人，四，通知各日商紗廠工人，一致起來對付，五，要求資方取消前議，不達到目的誓不罷休。

喜和工人大會

滬西日商喜和紡織第一，二，三，廠全體工人，於十八日在滬西公社開大會，決議：一，反對無故開除工人，二，被開除的工人一律恢復工作，三，反對減少工資，四，反對取消月賞，五，反對資本家關廠，六，罷工期間，工資照給，七，年關發雙薪，八，工人有組織工會的自由，九，承認罷工委員會，十，反對資本家壓迫工人，十一，女工生產前後給假四星期，津貼生產費四十元，十二，禁止打罵女工，十三，反對禮拜延長時間，十四，破壞罷工者，就是反革命。

義大關廠風潮

上海金神父路義大絲光染廠，自去年十二月二十一日宣佈歇業後，全體工人，要求復業，而廠方即勾法捕房要求派大批武裝探捕前往驅逐工人出廠，前月十四日有大批武裝探捕到該廠驅逐工人出廠，與工人發生衝突，以致糾紛擴大，工人召集大會，決定：一，對廠方武力壓迫工人，決議一致反抗到底，誓不屈服，達到復工目的，二，廠方驅逐工人出廠，要求嚴辦，三，組織特委會，解決該案云。

江蘇高郵築堤工人罷工

國民黨，借救災築堤的名義，籌了很多款，大部份都用在軍費上或者放到自己荷包裏，為要遮掩群衆的耳目，工程在蘇江設了一個江北運堤工程善後委員會，委派俞亭為督造委員，並在高郵城北門外設立辦事處，強壓下五縣強壯災民充當工人，盡量剝削，每日每人僅給工資二毫，但現在又打半折，每人每天僅發工資一角因而延至十餘日未領，四百餘工人開會討論，結果於上月十五日遂一致宣佈罷工，齊赴辦事處要求將所欠工資照二角發給，該辦事處始終不承認，一部份工人，不願再替他做工，還有一部份決斗爭到底，不達到目的，誓不復工云。

淮陰車夫二千餘人罷工

淮陰黃包車夫二千餘人、前月十四日、因公安局擬從本年度一月份起、每輛車每月捐車加增二角、各車夫以年來荒歉異常、生意清淡、無力担負，相約從今日清晨起、各縣車夫、一齊罷工、并一面齊集城南公園參加抗日運動、一面討論應付方法，反對加捐云

义大关厂风潮

上海金神父路义大丝光染厂，自去年十二月二十一日宣告歇业后，全体工人，要求复业，而厂方即□法捕房要求派大批武装探捕前往驱逐工人出厂。前月十四日有大批武装探捕到该厂驱逐工人出厂，与工人发生冲突，以致纠纷扩大，工人召集大会，决定：一，对厂方武力压迫工人，决议一致反抗到底，警［誓］不屈服，达到复工目的，二，厂方驱逐工人出厂，要求严办。三，组织特委会，解决该案云。

呼各種革命口號，驚□總糾遊行。至□民黨市黨部門口，因大門緊閉，裏面無人，群衆即將門首之警亭及玻璃窗完全擊毀。並用石子擊破樓上玻璃、直至四點二十分、才散隊。當市民大會前、國民黨市公安局、□□□□、即於是●宣佈特別戒嚴，所有警士、一律武裝出防，警察大隊車巡隊、亦武裝巡邏，各租界捕房、亦於前晚十二時後、即宣告戒嚴、所有斜橋、南陽橋，小北門；小東門、民國路一帶鐵門，一律緊閉，盧家灣打浦橋等華租交界，並堆有鐵絲網，派有大批中西探捕，武裝駐守，公共租界探捕、亦全體嚴密佈防。華商電車公司的車輛及滬南公共汽車公司的車輛，於十時起、完全停駛云，

以●代日字

上海日紗廠大罷工詳情

罷工者三十餘廠　人數六七萬工人　與日資本家堅決鬥爭

自從□三省事變以來，日貨之受抵制而衰落更盡，日本資本家爲要維持其利潤，更殘酷的向工人身上剝削、召集在滬的●□本家會議，討論結果，決定上，所有●□紗廠，一律取消月賞，工人等原來過着極慘苦的生活，現在再加上資本家又要取消月賞，那最低限度的生活，□□法維持，大家憤激非常。遂紛紛起來反抗，一律宣佈罷工。計參加的有●華，同興，喜和內外棉等三十餘廠，工人六七萬，雖經國民黨公安局，社會局黃色工會屢次威嚇，並設法破壞，但工人斗爭的情緒，並不因此而稍降低。恰恰相反，工人愈見激昂□見堅決。前月十四●九時，各●紗廠工人代表，在閘北潭子灣舉行各●商紗廠工人代表大會，討論●商紗廠聯合會決議取消月賞問題，當場決議：一、要求恢復月賞，二、如不達到目的，一律退出●商紗廠，三、退出後，要求發還養老金，儲蓄存工，以與日資本家作堅決斗爭直至十一時始散會。

日本資本家因工人罷工，而受到很大的損失而起恐慌，但仍採取高壓政策，工人所提條件，一概拒絕，而各工廠工人斗爭情緒，亦因資本家的拒絕而愈趨激昂，罷工形勢●趨嚴重，十八●晚八時，又召集全滬紗廠廠方代表緊急聯席會議。討論對付工人辦法，直至夜深十一時猶未散會，會場四週，密佈●人便衣隊，除有該方正式證明書之代表，得以進內外，其餘一律拒絕旁聽，開討論結果，決取強硬態度，壓迫到底。如華工在最近十●內，尚不進廠復工，則一律予以開除，另募華工補充，如一時華工無法招募，則儘量招集他國工人或●本失業工人維持。但各廠工人，猶激異常，不達到目的，誓不復工云。

同興工人被打傷

戈登路一百八十一號日商同興紗廠工人，前因憤於廠方無故開除大批工人，任意壓迫，加重工作，冠扣工資而罷工，前月十四日，特派代表十人，向廠方交涉，當時工人等因等候消息，不期而集合於門外者約二三百人，該廠資本家即派大批印捕，驅逐工人，當即大起衝突，結果工人被傷三人，印捕亦有受傷云。

絹絲工人開會

滬西日商絹絲第一，三兩廠全體工人，爲反對日人取消賞工罷工後，於十五日，在三官廠空地開全體大會，成立工會，並決議：一，原有賞工，不准剋扣，二，在罷工期內，工資照給，三，廠方不得無故開除工人，四，凡退職者，撫勞金仍照舊章，不得剋扣，五，廠方須承認工會有代表工人之權，六，女工產期一月內工資照給，七，年關雙薪，花分紅利，同時全體高呼，不達目的，決不復工口號。

浦東日華繼續罷工

浦東日華紗廠布机間工人三百餘人，因反對資本家剋扣工資，無故取消紗間每月四賞工，並開除大批工人發生罷工一案，曾三次登載本報，前月十七日上午十時，該工人等又於工會內召集全體大會，決定：不論資本家怎樣用武力壓迫，工人等決不屈服，不達目的誓不復工。

公大罷工工人大會

十七日下午三時，滬西日商公大第三絹絲罷工委員會，於曹家渡鑫泰中學操場，開第二次罷工工人全體會議，主席報告：謂工人只有團結一致，繼續罷工，堅持到底，才能得到利益，決議：一，原有賞工，不得剋扣，二，在罷工期內，工資照給，三，不准無故開除工人，四，凡退職者，慰勞賞，仍照舊章，不得剋扣，五，廠方須承認有代表工人之權，六，女工生產期內休息一月，工資照給，七，年關雙薪分紅利，

日華召集代表會

滬西日華三四廠全體工人罷工後，因資本家毫無讓步，而且堅拒不理，遂又公推代表百餘人，於前月十八日午假西區紗廠工會籌備委員會內開會決議，一，即日組織工會，以資團結，二，推定籌備委員，三，登計失業和在業工人，四，通知各日商紗廠工人，一致移來對付，五，要求資方取消前議，不達到目的，誓不罷休。

喜和工人大會

滬西日商喜和紡織第一，二，三，廠全體工人，於十八日在滬西公祉開大會，決議：一，反對無故開除工人，二，被開除的工人一律恢復工作，三，反對減少工資，四，反對取消月賞，五，反對資本家關廠，六，罷工期間，工資照給，七，年關發雙薪，八，工人有組織工會的自由，九，承認罷工委員會，十，反對資本家壓迫工人，十一，女工生產前後給假四星期，津貼生產費四十元，十二，禁止打罵女工，十三，反對禮拜延長時間，十四，破壞罷工者，就是反革命。

義大關廠風潮

上海金神父路義大絲光染廠，自去年十二月二十一日宣佈歇業後，全體工人，要求復業，而廠方即勾結捕房□求派大批武裝探捕前往驅逐工人出廠，前月十四日有大批武裝探捕到該廠驅逐工人出廠，與工人發生衝突，以致糾紛擴大，工人召集大會，決定：一，對廠方武力壓迫工人，決議一致反抗到底，誓不屈服，達到復工目的，二，廠方驅逐工人出廠，要求嚴辦，三，組織特委會，解決該案云。

江蘇高郵築堤工人罷工

國民黨，借救災築堤的名義，籌了很多款，大部份都用在黨費上或者放到自己荷包裏。爲要遮掩群衆的耳目、工程在蘇江設了一個江北運堤工程善後委員會，委派俞亭爲□造委員，並在高郵城北門外設立辦事處，強壓下五縣強壯災民充當工人，並儘量剝削，每日每人僅給工資二毫，但現在又打半折，每人每天僅發工資一角因而延至十餘日未領。四百餘工人開會討論，結果於上月十五日遂一致宣告罷工，齊赴辦事處要求將所欠工資照二角發給，該辦事處始終不承認，一部份工人，不願再替他做工，還有一部份決斗爭到底，不達到目的，誓不復工云。

淮陰車夫二千餘人罷工

淮陰黃色車夫二千餘人、前月十四日、因公安局擬從本年度一月份起、每輛車每月捐車加增二角、各車夫以年來荒歉異常、生意清淡、無力担負，相約從今日清晨起、各縣車夫、一齊罷工、并一面齊集城南公園參加抗日運動、一面討論應付方法，反對加捐云

期
红色中华零零十期
版
零一版
时间
一九三二年二月十七日

专电
日军准备用毒瓦斯屠杀

中国人民将受更残酷的牺牲

十五日下午三时十分上海专电：《大陆报载》日军在吴淞方面，运到毒瓦斯甚多，警备司令部载戟，十四晚表示用毒瓦斯作军器，已为世界各国所不许，若令日军果作此项惨无人道之事，其损害者，将不仅为无辜华民，租界各国侨民，亦将随时有生命之危险，闻此间将联合请求工部局及领事团当局，严重要求日本不得用此项武器。

上海十五日下午四时半电：日方准备大战，据闻如华军不撤退，日方将用凶暴手段云。

紅色中華

中華蘇維埃共和國臨時中央政府机關報

本期附畫報一張

第十期

一九三二年二月十七日

本期連畫報三張　收報費銅元一枚

社論

發展生產·節儉經濟來帮助紅軍發展革命戰爭

項英

目，為加強革命戰爭發展的力量，使革命戰爭更順利的向前發展，積極的去準備充分的經濟，必成為一個主要條件了。

當二三次革命戰爭中，若是經濟準備不充分，紅軍給養困難，那末，三次偉大的勝利，就不能很完滿獲得。就過去的很多經驗來講，常常因為經濟困難，紅軍給養發生問題，而直接影響到我們的戰略和發展方向；同時紅軍因為要自己籌給養，使得本身訓練減少，這對於創造鐵的紅軍，爭取革命戰爭更偉大的勝利上，都有很大妨礙的。

現在要使紅軍以充分的力量去執行當前的大大向外發展，積極進行革命戰爭，奪取贛州，吉安，爭取江西首先勝利的緊急任務，那就要我們準備充分的經濟來幫助紅軍；供給紅軍的給養，減少紅軍籌款的工作，使其無顧慮的順利的去積極進行革命戰爭，這是我們各級政府和廣大工農群衆一個很重要的任務，同時也就是積極參加革命戰爭一個很實際的工作。

我們要準備充分的經濟，就要努力發展蘇區的一切生產，大大的增高農產的生產量，使得糧食充足，很豐富的供給紅軍給養，使得出口的生產恢復起來，在正確執行經濟政策下，吸收現金，來幫助軍事上的必需費用，這還不够，更應努力厲行節儉運動，使大部份經濟，用來幫助紅軍發展革命戰爭。各級政府和各群衆團體，一切費用都要十二分的節儉，不急用的費不要用，要用的就要節儉，不要浪費一文錢，濫用一張紙，多點一點油，「積少成多」就可以節省一大筆經費，我們要知道節減一文錢即是對革命有一分的幫助，誰要「浪費一文錢實等於革命的罪人」。

這一運動，要大大的發動起來，形成廣大的群衆運動，要使每個工農同志，都了解發展生產與節儉運動的意義，大家熱烈的努力耕種，增加生產，用革命競賽的方法來鼓勵他們，並鼓動儲蓄糧食，供給紅軍，使其自動的捐助糧食給紅軍，以建立一個強大的發展革命戰爭的經濟力量，去爭取蘇維埃更大的勝利。

中央政府特為此分別的發了兩個訓令——春耕問題與節儉運動，各級政府應該堅決的去執行，應該領導廣大群衆去積極發展這一運動，誰要怠工和敷衍，誰就是階級的罪人。

我們要堅決的同那些浪費金錢，濫耗政府財政的人作鬥爭，我們要號召工農群衆驅逐那些人出蘇維埃机關。

同志們！努力發展生產節儉經濟是加強革命戰爭的力量是爭取革命勝利的一個重要條件。大家努力的來幫助紅軍，發展革命戰爭。

專電

日軍準備用毒瓦斯屠殺

中國人民將受更殘酷的犧牲

十五日下午三時十分上海專電：大美報載：日軍在吳淞方面，運到毒瓦斯甚多。警備司令部戴戟，十四晚表示用毒瓦斯作軍器，己為世界各國所不許，若令日軍果作此項慘無人道之事，其損害者，將不僅為無辜華民，租界各國僑民，亦將隨時有生命之危險，聞此間將聯合請求工部局及領事團當局，嚴重要求日本不得用此項武器。

上海十五日下午四時半電：日方準備大戰，據聞如華軍不撤退，日方將用凶暴手段云。

美國已訓令駐滬防軍

對日要取斷然處置

表示美國對日本堅決對抗

此舉將成爆發大戰的炸彈

十五日下午二時十五分上海電：華盛頓接上海美公使克寧漢報告云：日軍事當局，擔保不至有危及租界治安的軍事行動以後，仍有日本戰斗机二架，飛至公共租界美軍防線天空來往六次之多，國務院接報，以日方如此破壞其諾言行動，應立即制止。現已電令駐滬美防軍，倘再有此種之行動，必須以斷然處置，聞已有日机數架，有為美軍大佐福克爾所注意云。

十五日下午二時上海路透電：昨夜半在莫干山路之美陸戰隊感受日軍砲擊之危險，計日軍砲彈落于美軍防線者三彈，美軍事當局立即向日方提出抗議，日軍砲火始熄云。

日軍大批又到上海

殘酷屠殺愈益擴大

十二日上海電：日陸軍又到一萬二千名，今日起，又將大戰。

十四日下午二時上海電：日軍第九師團中植田統率，運載來滬，十三日下午四時半進吳淞口，六時抵滬，十四晨登陸，進駐狄思威路司高塔路一帶，植田之司令部，設於公女棉紗廠，該處離黃浦江甚近，在岸上，現正在建築航空塢云。

十五日上海電：今日又到大批日軍，上岸者，約有八千餘人，未上岸者二千數百人，共計在一萬人以上。

期

红色中华零零十期

版

零一版

时间

一九三二年二月十七日

日军大批又到上海

残酷屠杀愈益扩大

十二日上海电： 日陆军又到一万二千名，今日起，又将大战。

十四日下午二时上海电： 日军第九师团。由植田统率，运载来沪，十三日下午四时半进吴淞口，六时抵沪，十四晨登陆，进驻狄思威路，司高塔路一带植田之司令部，设于公女棉纱厂，该处离黄浦江甚近，□岸上，现正在建筑航空场云。

十五日上海电： 今日又到大批日军，上岸者，约有八千余人，未上岸者二千数百人，共计在一万人以上。

中華蘇維埃共和國臨時中央政府機關報

紅色中華

本期附畫報一張

第十期

一九三二年二月十七日

本期連畫報三張
收報費銅元一枚

社論

發展生產·節儉經濟來幫助紅軍發展革命戰爭

項英

目，為加強革命戰爭發展的力量，使革命戰爭更順利的向前發展，積極的去準備充分的經濟，也成為一個主要條件了。

當二三次革命戰爭中，若是經濟準備不充分，紅軍給養困難，那末，三次偉大的勝利，就不能很完滿獲得。就過去的很多經驗來講，常常因為經濟困難，紅軍給養發生問題，而直接影響到我們的戰略和發展方向；同時紅軍因為要自己籌給養，使得本身訓練減少，這對於創造紅色鐵軍，爭取革命戰爭更偉大的勝利上，都有很大妨礙的。

現在要使紅軍以充分的力量去執行當前的大大向外發展，積極進行革命戰爭，奪取贛州，吉安 爭取江西首先勝利的緊急任務，那就要我們準備充分的經濟來幫助紅軍；供給紅軍的給養 減少紅軍籌款的工作，使其無顧慮的順利的去積極進行革命戰爭，這是我們各級政府和廣大工農群衆一個很重要的任務，同時也就是積極參加革命戰爭一個很實際的工作。

我們要準備充分的經濟，就要努力發展蘇區的一切生產，大大的增高農產的生產量使得糧食充足 很豐富的供給紅軍給養，使得出口的生產恢復起來，在正確執行經濟政策下，吸收現金，來幫助軍事上的必需費用，這還不够，更應努力舉行節儉運動，使大部份經濟，用來幫助紅軍發展革命戰爭。各級政府和各群衆團體，一切費用都要十二分的節儉，不急用的就不要用，要用的就要節儉，不要浪費一文錢，濫用一張紙，多點一點油「積少成多」就可以節省一大筆經費，我們要知道節減一文錢即是對革命有一分的幫助，誰要「浪費一文錢實等於革命的罪人」。

這一運動，要大大的發動起來，形成廣大的群衆運動，要使每個工農同志，都了解發展生產與節儉運動的意義，大家熱烈的努力耕種，增加生產，用革命競賽的方法來鼓勵他們，並鼓動儲蓄糧食，供給紅軍，使其自動的捐助糧食給紅軍，以建立一個強大的發展革命戰爭的經濟力量 去爭取蘇維埃更大的勝利

中央政府特為此分別的發了兩個訓令——春耕問題與節儉運動，各級政府應該堅決的去執行，應該領導廣大群衆去積極發展這一運動，誰要怠工和敷衍，誰就是蘇維埃的罪人。

我們要堅決的同那些浪費金錢，濫耗政府財政的人作鬥爭，我們要號召工農群衆驅逐那些人出蘇維埃机關。

同志們！努力發展生產節儉經濟是加強革命戰爭的力量是爭取革命勝利的一個重要條件。大家努力的來幫助紅軍，發展革命戰爭。

專電

日軍準備用毒瓦斯屠殺

中國人民將受更殘酷的犧牲

十五日下午三時十分上海專電：大美報載：**日軍在吳淞方面，運到毒瓦斯甚多**，警備司令部戴戟，十四晚表示用毒瓦斯作軍器，己為世界各國所不許，若今日軍果作此項慘無人道之事，其損害者，將不僅為無辜華民，租界各國僑民，亦將隨時有生命之危險　聞此間將聯合請求工部局及領事團當局，嚴厲要求日本不得用此項武器。

上海十五日下午四時半電：日方準備大戰，據聞如華軍不撤退，日方將用凶暴手段云。

美國已訓令駐滬防軍

對日要取斷然處置

表示美國對日本堅決對抗 此舉將成爆發大戰的炸彈

十五日下午二時十五分上海電：華盛頓接上海美公使克寧漢報告云：日軍事當局，擔保不至有危及租界治安的軍事行動以後，仍有日本戰斗机二架，飛至公共租界美軍防線天空來往六次之多，國務院接報，以日方如此破壞其諾言行動，應立即制止。現已電令駐滬美防軍，倘再有此種之行動，必須以斷然處置，聞己有日机數架，有為美軍大佐福克爾所注意云。

十五日下午二時上海路透電：昨夜半夜在莫干山路之美陸戰隊感受日軍砲擊之危險，計日軍砲彈落于美軍防線者三彈，美軍事當局立即向日方提出抗議，日軍砲火始熄云。

日軍大批又到上海

殘酷屠殺愈益擴大

十二日上海電：日陸軍又到一萬二千名，今日起，又將大戰。

十四日下午二時上海電：日軍第九師團。中植田統率，運載來滬，十三日下午四時半進吳淞口，六時抵滬，十四晨登陸，進駐狄思威路司高塔路一帶，植田之司令部，設於公女棉紗廠，該處離黃浦江甚近，在岸上，現正在建築航空塢云。

十五日上海電：今日又到大批日軍，上岸者，約有八千餘人，未上岸者二千數百人，共計在一萬人以上。

日軍繼續轟炸上海
炸死工人災民無數
學生數千大半失踪
民房學校均遭砲毀
草棚被拆大火通天

期：红色中华零零十期
版：零二版
时间：一九三二年二月十七日

日军继续轰炸上海

炸死工人灾民无数
学生数千大半失踪
民房学校均遭炮毁
草棚被拆大火通天

上海十日上午十时电：日机不顾遵守国际公约，轰炸红十字医院，昨日十二时五十分，日机又向天通庵东医院，掷弹五六枚，死伤伤兵甚众，该院现为红十字院后方医院，日机竟加以轰炸，可为无人道已极。

上海十日下午八时十分电：今晨十时半，日机复在租界麦根路永安第三纱厂撤［掷］弹二枚，摇纱车被毁一部，死工人五名，伤十六人，出事时，有美水兵队长白柯及其队员十八人，在厂守卫，亦险被击中，美领事克宁汉，已进行调查此事，待竣事后，将向日提出从来未有之严重抗议。美领事对日机在租界内飞行，已经抗议多次，纱厂被炸后，克银［宁］汉接报告，当将事实备文，送至日领村井：日机共五架，沿铁路共掷弹二十枚，路轨及屋宇被毁颇多。飞至纱厂上时，摇工工人百余，二十余中弹或死或伤，事后计算损失约二万两，日机所撤［掷］弹，有一枚未炸，重约一百磅，已由厂中经理交美水军当局。

十二日下午二时上海电：十一晨，日机用开花弹投掷，炸毁永安第三纱厂，工人在伤无数，状甚惨，日领及日军司令分向美总领署及美军当局道歉，并表示对于死伤工人家属，担负赔偿损失、但美领事克宁汉仍在调查此事云。

十二日下午五时上海电：闸北临城路有灾民一万零三百余人，昨晨有日机多架，往该处掷弹，灾民死伤无数、悲哭号啼，扶老携幼，状甚凄惨。

上海十二日电：宝兴路一带大炮洞眼子弹痕到处可见、触目伤心，窗户无一完全者，天通庵前，房屋均为炮毁，尚有电杆为炮弹所折、现悬空中断落电线，有如扫帚。

十四日下午五时上海电：十四晨八时，日机十余架，在吴淞口航空母舰飞起，向炮台湾吴淞镇蕴藻滨［浜］同济路等处掷弹二十余枚，吴淞镇上有数处起火，华军用高射炮射击。日机东遁，同时吴淞口日舰，亦向华方驻军岸上开炮约一小时，发炮百余响，轰毁民房甚多。

十五日上午八时电：吴淞文化机关，被日军破坏无余，学生数千人，大半失踪，各大学，如同济大学中央大学，医院学，中国公学，劳动大学，农学院，工学院，均被日军炮毁。

十五日下午一时三十五分上海电：公大纱厂日军大本营附近，装置机枪重炮，并在格耒［兰］路大康纱厂，亦置有防线、引翔港跑马厅，孔家路，马玉山路等处，均有准备，可以直达军工路，至于沪江大学附近空旷场地上所有平民居住之草棚，一律被拆殆尽，地方广阔，该处悉置飞机，并迫中国群众在该处掘战壕放马云。

十五日下午六时半电：上午十一时许，日飞机四架，在闸北投弹，天通庵附近起大火，满天通红，远远即见火光。

十六日下午七时上海电：驻泊吴淞口外杨［扬］子江附近之日本炮舰五艘，于十六晨向华方吴淞要塞司令部南北炮台攻击，至五时半始停。靠吴淞口之日航空母舰，又飞去飞□□驶至炮台湾及宝山县城一带回旋抛掷炸弹，经华方用高射炮轰退，至六时许始渐息，日舰其发炮约六十余响，日飞机抛掷炸弹约二十余枚，但炮台绝未殃及，所毁皆系民□云。

日軍繼續轟炸上海

炸死工人災民無數 學生數千大半失蹤 民房學校均遭砲毀 草棚被拆大火通天

上海十日上午十時電：日機不願遵守國際公約，轟炸紅十字醫院，昨日十二時五十分，日機又向天通庵東醫院，擲彈五六枚，死傷傷兵甚衆，該院現爲紅十字院後方醫院，日機竟加以轟炸，可爲無人道已極。

上海十日下午八時十分電：今晨十時半，日機復在租界麥根路永安第三紗廠撤彈二枚，搖紗車被毀一部，死工人五名，傷十六人，出事時，有美水兵隊長白柯及其隊員十八人，在廠守衛，亦險被擊中，美領事克寧漢，已進行調查此事，待竣事後，將向日提出從來未有之嚴重抗議。美領事對日機在租界內飛行，已經抗議多次，紗廠被炸後，克銀漢接報告，當將事實備文，送至日領村井：日機共五架，沿鐵路共擲彈二十枚，路軌及屋宇被燬頗多。飛至紗廠上時，搖工工人百餘，二十餘中彈或死或傷，事後計算損失約二萬兩，日機所撤彈，有一枚未炸，重約一百磅，已由廠中經理交美水軍當局。

十二日下午二時上海電：十一晨、日機用開花彈投擲，炸毀永安第三紗廠 工人在傷無數，狀甚慘，日領及日軍司令分向美總領署及美軍當局道歉，并表示對於死傷工人家屬，担負賠償損失、但美總領事克寧漢仍在調查此事云。

十二日下午五時上海電：閘北臨城路有災民一萬零三百餘人，昨晨有日機九架、往該處擲彈，災民死傷無數、悲哭號啼，扶老攜幼，狀甚悽慘。

上海十二日電：寶興路一帶大炮洞眼子彈痕到處可見、觸目傷心，窗戶無一完全者，天通庵前，房屋均爲砲燬，尙有電桿爲炮彈所折、現懸空中斷落電線，有如橋帶。

十四日下午五時上海電：十四晨八時，日机十餘架，在吳淞口航空母艦飛起，向炮台灣吳淞鎮蘊藻濱同濟路等處擲彈二十餘枚，吳淞鎮上有數處起火，華軍用高射炮射擊。日機東遁，同時吳淞口日艦，亦向華方駐軍岸上開炮約一小時，發炮百餘響，轟毀民房甚多。

十五日上午八時電：吳淞文化機關，被日軍破壞無餘，學生數千人，大半失蹤，各大學，如同濟大學，中央大學，暨學院，中國公學，勞動大學，農學院，工學院，均被日軍炮毀。

十五日下午一時三十五分上海電：公大紗廠日軍大本營附近，裝設機槍重砲，并在楊樹浦路大康紗廠，亦設有防線，引翔港跑馬廳，孔家路，馬玉山路等處，均有準備，可以直達八工路，至於滬江大學附近空曠場地上所有平民居住之草棚，一律被拆殆盡，地方當局，該處悉爲飛機，並迫中國寨乘在該處掘戰壕放馬云。

十五日下午六時半電：上午十一時許，日飛機四架，在閘北投彈，天通庵附近起大火，滿天通紅，遠處即見火光。

十六日下午七時上海電：駐泊吳淞口外楊子江附近之日本炮艦五艘，於十六晨向華方吳淞要塞司令部兩北炮台攻擊，至五時半始停。泊吳淞口之日航空母艦，又飛去飛機駛至炮台灣及寶山縣城一帶迴旋拋擲炸彈，經華方用高射炮轟退，至六時許始滿息，日艦共發炮約六十餘響，日飛機拋擲炸彈約二十餘枚，但炮台絕未殃及，所毀皆係民房云。

這一週內日軍

猛攻吳淞閘北戰況

實行總攻擊數次 企圖佔吳淞又失敗 雙方肉搏作戰 死傷人數無算

吳淞江灣之肉搏戰

上海十日下午三時電：日方派小火輪七艘，輪內滿載日軍三千餘名，欲偷渡蘊藻濱，并以二千衝鋒，抄華軍後方陣地，反被華軍佯退引誘，將其包圍截斷，日軍損失甚大云。

十三日下午五時二十分上海專電：自十一晚九時起，戰事迄今從未停止、炮聲隆隆、每當炮火猛烈時，日軍每思偷渡蘊藻濱，但華方士兵，勇敢異常，日軍終未得逞。

十三日下午四時十分上海電：十二日晨二時許，華軍由蘊藻濱向日陸戰隊襲擊左近之敵軍大隊根據地，日軍忽從應戰，被擊斃者甚多，晨五時許，日軍以重炮由蘊藻濱方面，向對岸射發燃燒彈，使濃煙密布於對岸，同時陸軍在濱上架設浪橋偷渡，至六時日軍六七百人，佔據曹家橋，華軍與彼其尚未渡齊之際，向前冲峰，

一時肉搏血戰

，日軍死傷百餘人，除水淹斃者，亦近百人，同時日軍另一隊數百人，攻擊紀家橋，華軍應戰，日軍退却，侯家木橋、亦有日軍攻擊。

十四日上午七時上海電：十三日上午十時許，日軍藉烟彈之掩護，竟晚偷渡蘊藻濱在北岸曹家橋上陸，當時情形異常緊張，日軍抱必勝之心，分力向華方防線冲擊，華軍奮勇應戰，急調後方後軍全部參加作戰，以大包圍形勢，日軍頑強抗戰不退，華軍以此戰爲吳淞之生死關頭，遂全力搏鬥，日軍突圍凡十餘次，均不得逞，

雙方肉搏喊殺之聲，遠近振動，

日軍復在隔河以重炮轟擊援助，炮彈所及，無損華軍毫末，戰至下午四時後，日軍死亡枕籍，已力竭聲嘶，然猶作困獸之斗，延至下午九時四十分始解決，

是役也雙方混戰肉搏，達十二小時，實開吳淞中日劇戰之新紀元，華軍亦有傷亡云。

十四日上海電：包抄吳淞日軍，自元晨五時許，突由蘊藻港渡河，襲曹家橋，一路由張華濱於七時許 襲侯家木橋，姑於晚十時許，由沉家巷路從體育會路側面向體育場華軍夾攻，并佔領該處，華軍從十二時許，大隊來援，實行反攻，激戰終夜，已於十四日晨十時半，將該處全部奪回，並佔據其西南部之日軍司令部，日軍死傷數千人，華軍傷亡亦甚衆。

上海十五日晨八時電：進攻張華濱侯家木橋日軍，被華軍擊退後，日方增援達萬餘人，華方亦於十四日晨十時許調到一大隊，下令總攻，至午後一時，華軍在西塘家橋及董家橋附近，將其全部包圍，日軍以手提機槍向華方掃射，華方以手溜彈向裏拋擊，雙方激戰數小時，至十四晚六時尚未突圍，仍在包圍中。

午十五日下午一時二十五分上海電：華軍日前將蘊藻濱方面偷渡曹家橋之日軍一千七百人完全解決後，復於十四日晨一時派一部開江灣附近攻擊，佔萬國體育會大部日軍根據地，激戰一時後，華軍分作三路取包圍勢，日兵被圍，於十時半，日軍被解決，跑馬場亦被華軍克復、

此一戰繼續四小時之久云。

十五日下午九時要電：十五日晨六時吳淞日艦七艘，以大炮向吳淞鎮炮台灣射擊，中國公學中彈最多，校舍大部被毀，吳淞地落四彈，二彈爆發，當日艦開炮時，華軍並未用大炮還擊，日艦見華方並無動靜，一面繼續開砲，一面即以商輪滿載日軍，希借炮火掩護泊近炮台灣登岸，但江灣華軍均有堅强之防禦工程，日船近岸時，即被華軍用机槍掃射，死傷很多，日商輪亦被擊傷逃回，嗣日軍第二次復以小

期：红色中华零零十期

版：零二版

时间：一九三二年二月十七日

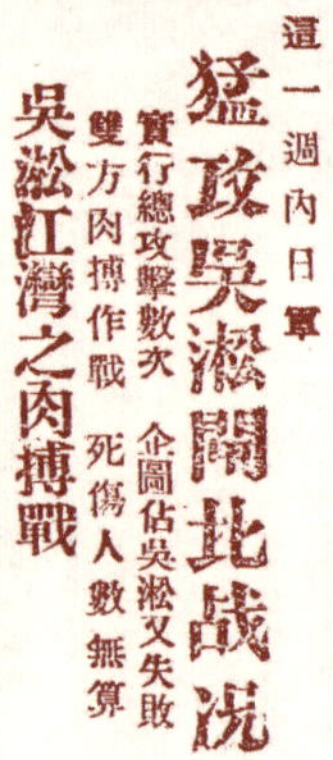
這一週內日軍
猛攻吳淞閘北战况
實行總攻擊數次 企圖佔吳淞又失敗
雙方肉搏作戰 死傷人數無算
吳淞江灣之肉搏戰

这一周内日军猛攻吴淞闸北战况

实行总攻击数次
企图占吴淞又失败
双方肉搏作战
死伤人数无算
吴淞江湾之肉搏战

上海十日下午五时电：日方派小火轮七艘，轮内满载日军三千余名，欲偷渡蕴藻滨［浜］，并以二千冲锋，抄华军后方阵地，反被华军佯退引诱，将其包围截断，日军损失甚大云。

十三日下午五时二十分上海专电：自十一晚九时起，战事迄今从未停止、炮声隆隆、每当炮火猛烈时，日军每□偷渡蕴藻滨［浜］，但华方士兵，勇敢异常，日军终未得逞。

十三日下午四时十分上海电：十三日晨二时许，华军由蕴藻滨［浜］向日陆战队袭击左近之敌军大队根据地，日军忽促应战，被击毙者甚多，晨五时许，日军以重炮由蕴藻滨［浜］左翼，向对岸射发烟幕弹，使浓烟密布于对岸，同时陆军在滨上架设浪桥偷渡，至六时日军六七百人，占据曹家桥，华军即乘其尚未渡齐之际、向前冲战，一时肉搏血战，日军死伤百余人，坠水溺毙者，亦近百人，同时日军另一队数百人，攻击纪家桥，华军应战，日军退却，侯家木桥、亦有日军攻击。

十四日上午七时上海电：十三日上午十时许，日军借烟弹之掩护，竟被偷渡蕴藻滨［浜］在北岸曹家桥上陆，当时情形异常紧张，日军抱必胜之心，努力向华方防线冲击，华军奋勇应战，并急调后方援军□部参加作战，取大包围形势，日军顽强抗抵不退，华军以此战为吴淞之生死关头，竭全力搏杀，日军突围凡十余次，均不得逞，双方肉搏喊杀之声，远近振动，日军复在隔河以重炮轰击援助，炮弹所及，无损华军毫末，战至下午四时后，日军死亡枕籍，已力竭声嘶，然犹作困兽之斗，延至下午九时四十分始解决，是役也双方混战肉搏达十二小时，实开吴淞中日剧战之新纪元，华军亦有伤亡云。

十四日上海电：包抄吴淞日军，自□晨五时许，突由蕴藻港渡河，袭曹家桥，一路由张华滨［浜］于七时许袭侯家木桥站于晚十时许，由沉家营路从体育会路侧商［面］向万国体育场华军夹攻，并占领该处，华军从十二时许，大□来援，实行反攻，激战终夜，已于十四日晨十时半，将该处全部夺回，并占据其西南部之日军司令部，日军死伤数千人，华军伤广［亡］亦甚众。

日軍繼續轟炸上海

炸死工人災民無數　學生數千大半失踪　民房學校均遭砲毀　草棚被拆大火通天

上海十日上午十時電：日機不顧遵守國際公約，轟炸紅十字醫院，昨日十二時五十分，日機又向天通庵東醫院，擲彈五六枚，死傷傷兵甚衆，該院現爲紅十字院後方醫院，日機竟加以轟炸，可爲無人道已極。

上海十日下午八時十分電：今晨十時半，日機復在租界麥根路永安第三紗廠擲彈二枚，擊紗車被毀一部，死工人五名，傷十六人，出事時，有美水兵隊長白柯及其隊員十八人，在廠守衞，亦險被擊中，美領事克寧漢，已進行調查此事，待竣事後，將向日提出從來未有之嚴重抗議。美領事對日機在租界內飛行，已經抗議多次，紗廠被炸後，克銀漢接報告，當將事實備文，送至日領村井：日機共五架，沿鐵路共擲彈二十枚，路軌及屋宇被燬頗多。飛至紗廠上時，擲工工人百餘，二十餘中彈或死或傷，事後計算損失約二萬兩，日機所擲彈，有一枚未炸，重約一百磅，已由廠中經理交美水軍當局。

十二日下午二時上海電：十一晨、日機用開花彈投擲，炸毀永安第三紗廠　工人在傷無數，狀甚慘，日領及日軍司令分向美總領署及美軍當局道歉，并表示對於死傷工人家屬，担負賠償損失、但美總領事克寧漢仍在調查此事云。

十二日下午五時上海電：閘北臨城路有災民一萬零三百餘人，昨晨有日機九架、往該處擲彈，災民死傷無數、悲哭號啼，扶老攜幼，狀甚悽慘。

上海十二日電：寶興路一帶大炮洞眼子彈痕到處可見、觸目傷心，窗戶無一完全者，天通庵前，房屋均爲砲燬，尚有電桿爲炮彈所折、現懸空中斷落電線，有如掃帚。

十四日下午五時上海電：十四晨八時，日机十餘架，在吳淞口航空母艦飛起，向炮台灣吳淞鎮蘊藻濱同濟路等處擲彈二十餘枚，吳淞鎮上有數處起火，華軍用高射炮射擊。日機東逝，同時吳淞口日艦，亦向華方駐軍岸上開炮約一小時，發炮百餘響，轟毀民房甚多。

十五日上午八時電：吳淞文化機關，被日軍破壞無餘，學生數千人，大半失蹤，各大學，如同濟大學中央大學，醫學院，中國公學，勞動大學，農學院，工學院，均被日軍炮毀。

十五日下午一時三十五分上海電：公大紗廠日軍大本營附近，裝置機槍重砲，并在格未路大康紗廠，亦置有防線、引翔港跑馬廳，孔家路，馬玉山路等處，均有準備，可以直達江灣路，至於滬江大學附近空曠場地上所有平民居住之草棚，一律被拆殆盡，地方廢闆，該處悉當飛機，並迫中國華衆在該處擴戰壕放馬云。

十五日下午六時半電：上午十一時許，日飛機四架，在閘北投彈，天通庵附近起大火，滿天通紅，遠望即見火光。

十六日下午七時上海電：駐泊吳淞口外揚子江附近之日本炮艦五艘，於十六晨向華方吳淞要塞司令部南北炮台攻擊，至五時半始停。旋吳淞口之日航空母艦，又飛去飛機駛至炮台灣及寶山縣城一帶迴旋拋擲炸彈，經華方用高射炮轟退，至六時許始漸息，日艦共發炮約六十餘響，日飛機拋擲炸彈約二十餘枚，但炮台絕未殃及，所毀皆係民房云。

這一週內日軍

猛攻吳淞閘北戰況

實行總攻擊數次　企圖佔吳淞又失敗　雙方肉搏作戰　死傷人數無算

吳淞江灣之肉搏戰

上海十日下午五時電：日方派小火輪七艘，輪內滿載日軍三千餘名，欲偷渡蘊藻濱，并以二千[illegible]餘，抄華軍後方陣地，反被華軍作退引誘，將其包圍截斷，日軍損失甚大云。

十三日下午五時二十分上海專電：自十一晚九時起，戰事迄今從未停止、炮聲隆隆、每當炮火猛烈時，日軍輒即偷渡蘊藻濱，但華方士兵，勇敢異常，日軍終未得逞。

十三日下午四時十分上海電：十二日晨二時許，華軍由蘊藻濱向日陸戰隊襲擊左近之敵軍大隊根據地，日軍忽促應戰，致犧牲甚多，晨五時許，日軍以飛機由蘊藻濱左岸、向對岸射發燒夷彈，使濃煙密布於對岸，同時陸軍在濱上架設浪橋偷渡，至六時日軍六七百人，佔據曹家橋，華軍即乘其尚未渡齊之際、向前冲鋒，

一時肉搏血戰

，日軍死傷百餘人，際永濟斃者，亦近百人，同時日軍另一隊數百人，攻擊紀家橋，華軍應戰，日軍退却，侯家木橋、亦有日軍攻擊。

十四日上午七時上海電：十三日上午十時許，日軍藉烟彈之掩護，竟擬偷渡蘊藻濱，在北岸曹家橋上陸，當時情形異常緊張，日軍抱必勝之心，分力向華方防綫冲鋒，華軍奮勇應戰，一面急調後方援軍全部參加作戰，以大包圍形勢，日軍頑強抗抵不退，華軍以此戰爲吳淞之生死關頭，遂全力搏擊，日軍突圍凡十餘次，均不得逞，

雙方肉搏喊殺之聲，遠近振動，

日軍復在隔河以重炮轟擊援助，炮彈所及，無損華軍毫末，戰至下午四時後，日軍死亡枕藉，己力竭聲嘶，然猶作困獸之斗，延至下午九時四十分始解決，

是役也雙方混戰肉搏，達十二小時，實開吳淞中日劇戰之新紀元，華軍亦有傷亡云。

十四日上海電：包抄吳淞日軍，自元晨五時許，突由蘊藻港渡河，襲曹家橋，一路由殷華濱於七時許，襲侯家木橋站於晚十時許，由沉家營路從體育會路側面向西區體育場華軍夾攻，并佔領該處，華軍從十二時許，大隊來援，實行反攻，激戰終夜，已於十四日晨十時半，將該處全部奪回，並佔據其西南部之日軍司令部，日軍死傷數千人，華軍傷亡亦甚衆。

上海十五日晨八時電：進攻張華濱候家木橋日軍，被華軍擊退後，日、增援達萬餘人，華方亦於十四日晨十時許調到一大隊，下令總攻，至午後一時，華軍在西塘家橋及董家橋附近，將其全部包圍，日軍以手提機槍向華方掃射，華方以手溜彈向裏拋擊，雙方激戰數小時，至十四晚六時尚未突圍，仍在包圍中。

十五日下午一時二十五分上海電：華軍日前將蘊藻濱方面偷渡曹家橋之日軍一千七百人完全解決後，復於十四日晨一時派一部開江灣附近攻擊，佔萬國體育會大羅日軍根據地，激戰一時後，華軍分作三路取包圍勢，日兵被圍，於十時半，日軍被解決，跑馬場亦被華軍克復、

此一戰繼續四小時之久云。

十五日下午九時要電：十五日晨六時吳淞日艦七艘，以大炮向吳淞鎮炮台灣射擊，中國公學中彈最多，校舍大部被毀，吳淞地落四彈，二彈爆發，當日艦開炮時，華軍並未用大炮還擊，日艦見華方並無動靜，一面繼續開砲，一面即以商輪滿載日軍，希借炮火掩護泊近炮台灣登岸，但江灣華軍均有堅強之防禦工程，日船近岸時，即被華軍用机槍掃射，死傷很多，日商輪亦被擊傷逃回，嗣日軍第二次復以小

1932

红色中華

上海新闻整理汇编

期：红色中华零零十期

版：零二版

时间：一九三二年二月十七日

這一週內日軍

猛攻吳淞閘北战况

實行總攻擊數次 企圖佔吳淞又失敗

雙方肉搏作戰 死傷人數無算

吳淞江灣之肉搏戰

珍藏版

上海十五日晨八时电： 进攻张华滨［浜］候［侯］家木桥日军，被华军击退后，日军增援达万余人，华方亦于十四日晨十时许调到一大队，下令总攻，至午后一时，华军在西塘家桥及董家桥附近，将其全部包围，日军以手提机枪向华方扫射，华方以手溜［榴］弹向里抛击，双方激战数小时，至十四晚六时尚未突围，仍在包围中。

□十五日下午一时二十五分上海电： 华军日前将蕴藻滨［浜］方面偷渡曹家桥之日军一千七百人完全解决后，复于十四日晨一时派一部开江湾附近攻击。占万国体育会大部日军根据地，激战一时后，华军分作三路取包围势，日兵被围，于十时半，日军被解决，跑马场亦被华军克复、此一战继续四小时之久云。

十五日下午九时要电： 十五日晨六时吴淞日舰七艘，以大炮向吴淞镇炮台湾射击，中国公学中弹最多，校舍大部被毁，吴淞地落四弹，二弹爆发，当日舰开炮时，华军并未用大炮还击，日舰见华方并无动静，一面继续开炮，一面即以商轮满载日军，希借炮火掩护泊近炮台湾登岸，但江湾华军均有坚强之防御工程，日船近岸时，即被华军用机枪扫射，死伤很多，日商轮亦被击伤逃回，嗣日军第二次复以小（编者按：下转第三版）

日軍繼續轟炸上海

炸死工人災民無數
學生數千大半失踪
民房學校均遭砲毁
草棚被拆大火通天

上海十日上午十時電：日機不顧遵守國際公約，轟炸紅十字降院，昨日十二時五十分，日機又向天通庵東醫院，擲彈五六枚，死傷傷兵甚衆，該院現爲紅十字院後方醫院，日機竟加以轟炸，可爲無人道已極。

上海十日下午八時十分電：今晨十時半，日機復在租界麥根路永安第三紗廠擲彈二枚，搖紗車被毁一部，死工人五名，傷十六人，出事時，有美水兵隊長白柯及其隊員十八人，在廠守衛，亦險被擊中，美領事克寧漢，已進行調查此事，待竣事後，將向日提出從來未有之嚴重抗議。美領事對日機在租界內飛行，已經抗議多次，紗廠被炸後，克銀漢接報告，當將事實備文，送至日領村井：日機共五架，沿鐵路共擲彈二十枚，路軌及屋宇被燬頗多。飛至紗廠上時，搖工工人百餘，二十餘中彈或死或傷，事後計算損失約二萬兩，日機所擲彈，有一枚未炸，重約一百磅，已由廠中經理交美水軍當局。

十二日下午二時上海電：十一晨、日機用開花彈投擲，炸毁永安第二紗廠　工人死傷無數，狀甚慘，日領及日軍司令分向美總領署及美軍當局道歉，并表示對於死傷工人家屬，担負賠償損失、但美總領事克寧漢仍在調查此事云。

十二日下午五時上海電：閘北臨城路有災民一萬零三百餘人，昨晨有日機飛架，往該處擲彈，災民死傷無數，悲哭號啼，扶老攜幼，狀甚悽慘。

上海十二日電：寶興路一帶大炮洞眼子彈痕到處可見、觸目傷心，窗戶無一完全者，天通庵前，房屋均爲砲燬，倘有電桿爲炮彈所折、現懸空中斷落電線，有如掃帚。

十四日下午五時上海電：十四晨八時，日机十餘架，在吳淞口航空母艦飛起，向炮台灣吳淞鎮蘊藻濱同濟路等處擲彈二十餘枚，吳淞鎮上有數處起火，華軍用高射炮射擊。日機東遁，同時吳淞口日艦，亦向華方駐軍岸上開炮約一小時，發炮百餘響，轟毁民房甚多。

十五日上午八時電：吳淞文化機關，被日軍破壞無餘，學生數千人，大半失踪，各大學，如同濟大學中央大學，暨學院，中國公學，勞動大學，農學院，工學院，均被日軍炮毁。

十五日下午一時三十五分上海電：公大紗廠日軍大本營附近，裝設機槍重砲，并在格來路大康紗廠，亦設有防線，引翔港跑馬廳，孔家路，馬玉山路等處，均有準備，可以直達爲工路，至於滬江大學附近空曠場地上所有平民居住之草棚，一律被拆殆盡，地方廣闊，該處悉設飛機，並迫中國華衆在該處掘戰壕放馬云。

十五日下午六時半電：上午十一時許，日飛機四架，在閘北投彈，天通庵附近起大火，滿天通紅，遠望即見火光。

十六日下午七時上海電：駐泊吳淞口外楊子江附近之日本炮艦五艘，於十六晨向華方吳淞要塞司令部南北炮台攻擊，至五時半始停。[illegible]吳淞口之日航空母艦，又飛去飛機[illegible]駛至炮台灣及寶山縣城一帶迴旋拋擲炸彈，經華方用高射炮轟退，至六時許始漸息，日艦共發炮約六七十餘響，日飛機拋擲炸彈約二十餘枚，但炮台絕未殃及，所毁皆係民房云。

這一週內日軍

猛攻吳淞閘北戰況

實行總攻擊數次　企圖佔吳淞又失敗
雙方肉搏作戰　死傷人數無算

吳淞江灣之肉搏戰

上海十日下午五時電：日方派小火輪七艘，輪內滿載日軍三千餘名，欲偷渡蘊藻濱，并以二千餘名，抄華軍後方陣線，反被華軍佯退引誘，將其包圍截斷，日軍損失甚大云。

十三日下午五時二十分上海專電：自十一晚九時起、戰事迄今從未停止、炮聲隆隆，每當炮火猛烈時，日軍每思偷渡蘊藻濱，但華方士兵，勇敢異常，日軍終未得逞。

十三日下午四時十分上海電：十三日晨二時許，華軍由蘊藻濱向日陸戰隊襲擊左近之敵軍大隊根據地，日軍忽從應戰，雙方傷亡甚多，晨五時許，日軍以飛機由蘊藻濱左岸，向對岸射發燃燒彈，使濃烟密布於對岸，同時陸軍在濱上架設浪橋偷渡，至六時日軍六七百人，佔據曹家橋，華軍與其尚未渡齊之際、向前冲鋒，

一時肉搏血戰

，日軍死傷百餘人，除水淹斃者，亦近百人，同時日軍另一隊數百人，攻擊紀家橋，華軍應戰，日軍退却，侯家木橋、亦有日軍攻擊。

十四日上午七時上海電：十三日上午十時許，日軍藉烟彈之掩護，竟強偷渡蘊藻濱，在北岸曹家橋上陸，當時情形異常緊張，日軍抱必勝之心，分力向華方防線冲鋒，華軍奮勇應戰，急調後方援軍各部參加作戰，以大包圍形勢，日軍頑強抵抗不退，華軍以此戰爲吳淞之生死關頭，遂全力搏擊，日軍突圍凡十餘次，均不得逞，

雙方肉搏喊殺之聲，遠近振動，

日軍復在隔河以重炮轟擊援助，炮彈所及，無損華軍毫末，戰至下午四時許，日軍死亡枕藉，已力竭聲嘶，然猶作困獸之斗，延至下午九時四十分始解決，

是役也雙方混戰肉搏，達十二小時，實開吳淞中日劇戰之新紀元，華軍亦有傷亡云。

十四日上海電：包抄吳淞日軍，自元晨五時許，突由蘊藻港渡河，襲曹家橋，一路，由蘊藻濱於七時許，襲侯家木橋，站於晚十時許，由沉家營路從體育會路側面向西區體育場華軍夾攻，并佔領該處，華軍從十二時許，大隊來援，實行反攻，激戰終夜，已於十四日晨十時半，將該處全部奪回，並佔據其西南部之日軍司令部，日軍死傷數千人，華軍傷亡亦甚衆。

上海十五日晨八時電：進攻張華濱侯家木橋日軍，被華軍擊退後，日，增援達萬餘人，華方亦於十四日晨十時許調到一大隊，下令總攻，至午後一時，華軍在西塘家橋及董家橋附近，將其全部包圍，日軍以手提機槍向華方掃射，華方以手溜彈向裏拋擊，雙方激戰數小時，至十四晚六時尚未突圍，仍在包圍中。

十五日下午一時二十五分上海電：華軍日前將蘊藻濱方面偷渡曹家橋之日軍一千七百人完全解決後，復於十四日晨一時派一部開江灣附近攻擊，佔萬國體育會大部日軍根據地，激戰一時後，華軍分作三路取包圍勢，日兵被圍，於十時半，日軍被解決，跑馬場亦被華軍克復、

此一戰繼續四小時之久云。

十五日下午九時要電：十五日晨六時吳淞日艦七艘，以大炮向吳淞鎮炮台灣射擊，中國公學中彈最多，校舍大部被毁，吳淞地落四彈，二彈爆發，當日艦開炮時，華軍並未用炮還擊，日艦見華方並無動靜，一面繼續開砲，一面即以商輪滿載日軍，希借炮火掩護泊近炮台灣登岸，但江灣華軍均有堅强之防禦工程，日船近岸時，即被華軍用机槍掃射，死傷很多，日商輪亦被擊傷逃回，嗣日軍第二次復以小

期

红色中华零零十期

版

零三版

时间

一九三二年二月十七日

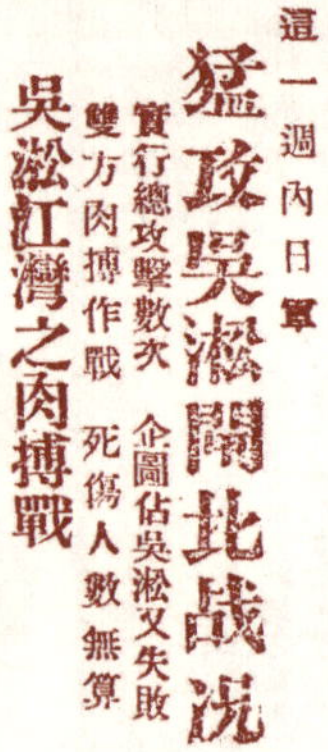
這一週內日軍
猛攻吳淞閘北战况
實行總攻擊數次 企圖佔吳淞又失敗
雙方肉搏作戰 死傷人數無算
吳淞江灣之肉搏戰

这一周内日军猛攻吴淞闸北战况

实行总攻击数次
企图占吴淞又失败
双方肉搏作战
死伤人数无算
吴淞江湾之肉搏战

（编者按：上接第二版）轮运载，亦被华军击退、接着又第三次来进攻，有飞机十余架，同时亦出而助战轰击，至为猛烈，至十一时许，卒被华军击溃而退，总计日舰所发约在一百发以上，除吴淞镇爆裂外多未炸裂，日军投弹亦有十余起，均未见炸裂，是役日军伤亡二百余人，华军伤亡士兵十余人，至午后一二时，日机尚盘旋侦察云。

十七日下午七时上海电：十七拂晓五时许，江湾方面日军，以昨晚新到之兵，共约千余名，向江湾万国体育场华军袭击，初日兵仍以重炮掩护机□进攻，旋由华军，以机枪对击，日兵苦战半小时，毫无进展，而死伤枕籍，乃变□战略以刺刀等冲锋肉搏希图踏破阵线，一时短兵相接，枪声寂静，只闻一片喊杀击声及刀枪碰，肉搏至七时许，华军将日兵包围，杀数百名，旋日兵拼命冲围而逃，华军亦未穷追。

十七日上海电：吴淞江湾前线沉寂，双方仅用机枪和步枪小接触，日军今在准备总攻击。

輪運戰，亦被華軍擊退、接着又第三次來進攻，有飛机十餘架，同時亦出而助戰轟擊，至為猛烈，至十一時許，卒被華軍擊潰而退，總

計日艦所發約在一百發以上，

除吳淞鎮爆裂外多未炸裂，日軍投彈亦有十餘起，均未見炸裂，是役日軍傷亡二百餘人，華軍傷亡士兵十餘人　至午後一二時，日機尚盤旋偵察云

十七日下午七時上海電：十七拂曉五時許，江灣方面日軍，與昨晚新到之兵，共約千餘名，向江灣高爾夫體育場華軍襲擊，初日兵仍以飛炮掩護機槍猛攻，旋由華軍，以機槍對擊，日兵苦戰半小時，毫無進展，而死傷枕藉，乃變更戰略，

以刺刀等冲鋒肉搏，希圖踏破陣線，一時短兵相接，槍聲寂靜，祇聞一片喊殺聲

及刀槍碰，肉搏至七時許，華軍將日兵包圍，殺數百名，餘日兵拚命冲圍而逃，華軍亦未窮追。

十七日上海電：吳淞江灣前綫沉寂，雙方僅用機槍和步槍小接觸，日機今在滬偵總攻擊。

閘北之衝鋒戰

十一晚十時四十分上海電：十二日晚七時起，日軍用全部火器，極猛烈的向虬江路天通庵一帶華軍防線攻擊，一時槍聲，機關槍聲密集，但日方始終未敢衝鋒，至十二時二十分始止，雙方戰綫未動　十三日晨六時後，大砲聲又起，戰事仍在天通庵一帶，七時之後，砲聲又停，日机四架向閘北廈門界正面飛翔，閘北方面日軍又以大砲向華軍轟擊約一小時，又趨寂沉，下午，日軍又在閘北正面猛擊，一方面砲攻天通庵華方防地，一方面砲攻虬江路武生路一帶華軍防線，天通庵方面，自四時起日軍即用大砲猛轟，華軍亦用大砲還擊，約一小時左右，即有大隊日軍，在炮火中向華軍衝鋒，雙方接觸，約一小時許，日軍不得取勝，而死傷者，已有五十餘人，至九時後，日軍仍用大砲轟擊，至十一時一刻，機槍聲忽又甚密，此時日軍又取冲鋒勢，華方士兵，即刻英勇奮戰，忽聞地電一聲，驟然[illegible]響，日軍死者甚衆，華軍連發巨砲，兩砲擊中北四川路日軍司令部，破壞房屋一部，擊斃少校參謀一人，該部即時遷動，砲聲亦停止。

十三日上海專電：十三日下午四時五十分日軍在大砲掩護之下，猛攻青雲路，寶山路，北車站等地華軍防線，未得逞　虹口公園日軍司令部遂砲，掩護日軍，由江灣路向華軍衝鋒　華軍以机槍掃射，六時炮聲始息，雙方陣勢，未有變動。

十五日上海電：十五日晨，閘北方面有砲聲，至午後三時，炮聲愈近亦愈密，租界上已聞槍聲，戰事仍在北四川路，老靶子路，北站，虬江路一帶，惟戰爭最劇烈的，是吳淞路，據最近幾天，日軍屢次進攻，俱遭失敗，死傷甚重，華軍陣地鞏固，自吳淞路至江灣一帶，均有進展，日軍亦在錢家濱，留工路，陸家宅一帶，積極備流。

十六日上午十時上海電：十五晚，日兵在閘北天通庵路方面，向華軍開炮轟擊，至七時半始停，八時三刻，又開大炮掩護日陸軍衝鋒，華軍開機關槍掃射，激戰半小時後，雙方均用机關槍應戰，直至十一時半。又十六晨六時半，日軍五百餘人又向天通庵橋北進攻，同時蘊藻路方面，雙方亦有接觸云。

日軍又欲攻擊南市

上海十日下午五時電：日軍之便衣隊向南市挑戰，已非一次，今日日方又稱日軍艦被華軍轟擊，將向華方表示，此後若發生此事，南市也將採自由行動。

英美兩國公使

準備命令僑民離滬

戰爭將要擴大的預兆

十六日上海電：英美兩使對滬事調停，現在仍繼續進行中，惟聞英美駐滬領事，以日軍橫暴，不顧一切，日機又常在租界飛翔，擲彈，恐殃及僑民生命，已預備必要時，令在滬英美僑民婦孺，暫行離滬，以策安全。

帝國主義軍隊

最近分佔上海形勢

美軍與日軍相抵接

十四日下午二時上海電：上海公共租界，所有列強駐軍總數包括近將到滬之法兵在內，約達一萬二千一百餘人，計英軍三千四百人，[illegible]軍二千人，美陸軍一千一百人，意軍三百人，法軍三千人，萬國商團二千三百人，浦江一帶，所泊英國軍艦上尚有水兵千餘人，隨時可以於緊急時登陸，此外尚有英陸軍兩營及美陸軍大隊正在來滬途中，公共租界蘇州河迤北四川路一帶區域，幾已全為日軍所佔，據北河南路一帶，其中亦為日軍佔領，經幾度抗議，改為他國軍隊接防，由北浙江路至北河南路為止之一大塊地，現劃為萬國商團防守，北浙江路迤西一帶，為美水軍及第三十一步兵大隊防守，再西為意軍佔領，再西至膠州路，則為美林肯營佔領，租界極西至極司非爾路及凱旋路一帶，則為英國軍隊警備。

十六日下午七時上海電：美第卅一步軍大隊司令部，十六日由新世界遷至靜安寺路之五十二號，該大隊步兵之多數，已派至蘇州河一帶防守，聞該隊司令官普萊斯大佐，十六晨與萬國商團司令瑪姆斯會商，商團退出老靶子路防地，改為美兵接防之舉，又此間美水軍陸戰隊與西團士兵，總數已增至一千七百三十八人。

英美法意

又在上海大唱調解

實際內幕是均分利益

一日下午九時電：英美法三國公使，已由南京赴滬，從事調停，十二日與重光（上海總領事）協商停戰，日方表示同情，並提出條件：一，中國軍隊，退出距離租界外適當地點。二，日本軍得保留對中國如有背約行為時之攻擊自由。三，在上海四週二十英里設一中立地帶，在該地內，由中國警察及國際警察担任維持治安。

十三日下午三時四十分上海路透電：上海之英國當局，極為活動，英使藍普森及英駐滬領事現正積極設法阻止目前之戰爭，現英美法公使及意駐華代辦，每日開會討論調解辦法，英使時時與中國吳鐵城磋晤面，同時與日使重光及日司令，亦不時會晤，現時之會議，皆屬不定期的正式會議，若昔日在英總領館召集中日當局：聚議之會議，現已不可能云。

英帝國主義

最近態度之一斑

破產國聯還想維持欺騙作用
利害衝突又不得不起來爭奪
態度遲疑互相矛盾尖銳表現

十二日倫敦路透電：國聯協進會執行委員會決議：請國聯將召集大會，並與美國合作，于必要時，運用經濟和外交壓力，恢復遠東原狀，該協進會所提之辦法，含有禁止軍火，禁止輸入某國之出產品以及金融絕交，並撤回使領云。

期
红色中华零零十期
版
零三版
时间
一九三二年二月十七日

闸北之冲锋战

十一晚十时四十分上海电：十二日晚七时起，日军用全部火器，极猛烈地向虬江路天通庵一带华军防线攻击，一时枪声，机关枪声密集，但日方始终未敢冲锋，至十二时二十分始止，双方战线未动，十三日晨六时后，大炮声又起，战事仍在天通庵一带，七时之后，炮声又停，日机四架向闸北厦门界正面飞翔，闸北方面日军又以大炮向华军轰击，约一小时，又趋寂沉，下午，日军又在闸北正面猛击，一方面，炮攻天通庵华方防地，一方面炮攻虬江路旅生路一带华军防线，天通庵方面，自四时起日军即用大炮猛轰华军亦用大炮还击，约一小时左右，即有大队日军，在炮火中向华军冲锋，双方接触约一小时许日军不得取胜，而死伤者，已有五十余人，至九时后，日军仍用大炮轰击，至十一时一刻，机枪声忽又甚密，此时日军又取冲锋势、华方士兵，即刻英勇奋战，忽闻地电［雷］一声，轰然大响，日军死者甚众，华军连发数炮，两炮击中北四川路日军司令部破坏房屋一部，击毙少校参谋一人，该部即时迁动炮声亦停止。

十三日上海专电：十三日下午四时五十分日军在大炮掩护之下，猛攻青云路，宝山路，北车站等地华军防线，未得逞，虹日［口］公园日军司令部发炮，掩护日军，由江湾路向华军冲锋，华军以机枪扫射，六时炮声始息，双方阵势，未有变动。

十五日上海电：十五日晨，闸北方面有砲［炮］声，至午后三时，炮声愈近亦愈密，租界上已闻枪声，战事仍在北四川路，老靶子路，北站，虬江路一带，惟战争最剧烈的，是吴淞路，据最近几天，日军屡次进攻，俱遭失败，死伤甚重，华军阵地线，自吴淞路至江湾一带，均有进展，日军亦在钱家滨［浜］，军工路，陆家宅一带，积极布置。

十六日上午十时上海电：十五晚，日兵在闸北天通庵路方面，向华军开炮轰击，至七时半始停，八时三刻，又闻大炮掩护日陆军冲锋，华军开机关枪扫射，激战半小时后，双方均用机关枪应战，直至十一时半。又十六晨六时半，日军五百余人又向天通庵桥北进攻，同时蕴藻路方面，双方亦有接触云。

輪運載，亦被華軍擊退、接着又第三次來進攻，有飛机十餘架，同時亦出而助戰轟擊，至為猛烈，至十一時許，卒被華軍擊潰而退，總

計日艦所發約在一百發以上，

除吳淞鎮爆裂外多未炸裂，日軍投彈亦有十餘起，均未見炸裂，是役日軍傷亡二百餘人，華軍傷亡士兵十餘人 至午後一二時，日機尚盤旋偵察云

十七日下午七時上海電：十七拂曉五時許，江灣方面日軍，以昨晚新到之兵、共約千餘名，向江灣萬國體育場華軍襲擊 初日兵仍以而炮掩護機槍猛攻 旋由華軍，以機槍對擊，日兵苦戰半小時，毫無進展，而死傷枕藉，乃變更戰略，

以刺刀等冲鋒肉搏，希圖踏破陣線，一時短兵相接，槍聲寂靜，祇聞一片喊殺聲

，及刀槍碰，肉搏至七時許，華軍將日兵包圍，殺數百名，餘日兵拚命冲圍而逃，華軍亦未窮追。

十七日上海電：吳淞江灣前綫沉寂 雙方僅用機槍和步槍小接觸 日似今在準備總攻

閘北之衝鋒戰

十一晚十時四十分上海電：十二日晚七時起，日軍用全部火器，極猛烈的向虬江路天通庵一帶華軍防綫攻擊，一時槍聲，機關槍聲密集，但日方始終未敢衝鋒，至十二時二十分始止，雙方陣綫未動 十三日晨六時後，大礮聲又起，戰事仍在天通庵一帶，七時之後，礮聲又停，日机四架向閘北廈門界正面飛翔，閘北方面日軍又以大礮向華軍轟擊 約一小時，又趨寂沉，下午，日軍又在閘北正面猛襲，一方面礮攻天通庵華方防地，一方面礮攻虬江路宋生路一帶華軍防線，天通庵方面，自四時起日軍即用大礮猛轟 華軍亦用大礮迎擊，約一小時左右，即有大隊日軍，在炮火中向華軍衝鋒，雙方接觸，約一小時許，日軍不得取勝，而死傷者、已有五十餘人，至九時後，日軍仍用大礮轟擊，至十一時一刻，機槍聲忽又甚密，此時日軍又取冲鋒勢，華方士兵，即刻英勇奮戰，忽聞地雷一聲，轟然大響，日軍死者甚衆，華軍連發數礮，兩燬中北四川路日軍司令部破壞房屋一部，擊斃少校參謀一人，該部即時遷動 砲聲亦停止。

十三日上海專電：十三日下午四時五十分日軍在大砲掩護之下，猛攻寶興路，寶山路，北車站等地華軍防線，未得逞 虹口公園日軍司令部發砲，掩護日軍，由江灣路向華軍衝鋒 華軍以机槍掃射，六時炮聲始息，雙方陣勢，未有變動。

十五日上海電：十五日晨，閘北方面有砲聲，至午後三時，炮聲愈近亦愈密，租界上已聞槍聲，戰事仍在北四川路，老靶子路，北站 虬江路一帶，惟戰爭最劇烈的，是吳淞路，據最近幾天，日軍屢次進攻，俱遭失敗，死傷甚重，華軍陣地綫，自吳淞路至江灣一帶，均有進展，日軍亦在錢家濱，寶工路，陸家宅一帶，積極佈置。

十六日上午十時上海電：十五晚、日兵在閘北天通庵路方面，向華軍開炮轟擊，至七時半始停，八時三刻，又開大炮掩護日陸軍衝鋒，華軍開機關槍掃射，激戰半小時後，雙方均用机關槍應戰，直至十一時半。又十六晨六時半，日軍五百餘人又向天通庵橋北進攻，同時蘊藻路方面，雙方亦有接觸云。

日軍又欲攻擊南市

上海十日下午五時電：日軍便衣隊向南市挑戰，已非一次，今日日方又稱日軍艦被華軍轟擊，將向華方表示，此後若發生此事，南市也將採自由行動。

英美兩國公使

準備命令僑民離滬

戰爭將要擴大的預兆

十六日上海電：英美兩使對滬事調停，現在仍繼續進行中，惟聞英美駐滬領事，以日軍橫暴，不顧一切，日機又常在租界飛翔，擲彈，恐危及僑民生命，已預備必要時，令在滬英美僑民婦孺，暫行離滬，以策安全。

帝國主義軍隊

最近分佔上海形勢

美軍與日軍相抵接

十四日下午二時上海電：上海公共租界，所有列強駐軍總數包括近將到滬之法兵在內，約達一萬二千一百餘人，計英軍三千四百人，[illegible]軍二千人，美陸軍一千一百人，意軍三百人，法軍三千人，萬國商團二千三百人，浦江一帶，所泊英國軍艦上尚有水兵千餘人，隨時可以於緊急時登陸，此外尚有英陸軍兩營及意軍大隊正在來滬途中，公共租界蘇州河邊北四川路一帶區域，幾已全為日軍所佔，據北河南路一帶，其北亦為日軍佔領，曾幾度抗議，改為他國軍隊接防，由北浙江路至北河南路為止之一大塊地，現歸萬國商團防守，北浙江路迤西一帶，為美水兵及第三十一步兵大隊防守，再西為意軍佔領，再西至膠州路，則為美林肯軍佔領，租界極西至極司菲爾路及凱旋路一帶，則為英國軍隊警備。

十六日下午七時上海電：美第卅一步兵大隊司令部、十六日由新世界遷至靜安寺路之五十二號 該大隊步兵之多數，已派至蘇州河一帶防守，聞該隊司令官普魯大佐，十六晨與萬國商團司令滿姆斯會商，商團退出老靶子路防地，改為美兵接防之意，又此間美水軍陸戰隊與四團士兵，總數已增至一千七百三十八人。

英美法意

又在上海大唱調解

實際內幕是均分利益

一日下午九時電：英美法三國公使，已由南京赴上海，從事調停，十二日與重光（上駐滬總領事）協商停戰，日方表示同情，並提出條件：一，中國軍隊，退出距離租界外適當地點。二，日本軍得保留對中國如有背約行為時之攻擊自由。三，在上海四週二十英里設立中立地帶 在該地內，由中國警察及國際警察担任維持治安。

十三日下午三時四十分上海路透電：上海之英國當局，極為活動 英使蘭普森及英駐滬領事現正積極設法阻止目前之戰爭，現英美法公使及駐華代辦，每日開會討論調解辦法，英使時時與中國吳鐵城晤面，同時與日使重光及日司令，亦不時會晤 現時之會議 皆屬不定期的正式會議，若昔日在英總領館召集中日當局之會議，現已不可能云。

英帝國主義

最近態度之一斑

破產國聯還想維持欺騙作用
利害衝突又不得不起來爭奪
態度遲疑互相矛盾尖銳表現

十二日倫敦路透電：國聯協進會執行委員會決議：謂國聯將召集大會，並與美國合作，于必要時，運用經濟和外交壓力，恢復遠東原狀，該協進會所提之辦法 含有禁止軍火，禁止輸入某國之出產品以及金融絕交，並撤回使領云。

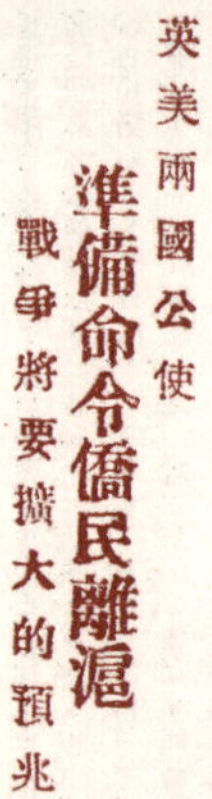
英美兩國公使
準備命令僑民離滬
戰爭將要擴大的預兆

期：红色中华零零十期

版：零三版

时间：一九三二年二月十七日

英美两国公使准备命令侨民离沪

战争将要扩大的预兆

十六日上海电：英美两使对沪事调停，现在仍继续进行中，惟闻英美驻沪领事，以日军横暴，不顾一切，日机又尝在租界飞翔，掷弹，恐殃及侨民生命，已预备必要时，令在沪英美侨民妇孺，暂行离沪，以策安全。

輪運載，亦被華軍擊退、接着又第三次來進攻，有飛机十餘架，同時亦出而助戰轟擊，至為猛烈，至十一時許，卒被華軍擊潰而退，總計日艦所發約在一百發以上，除吳淞鎮爆裂外多未炸裂，日軍投彈亦有十餘起，均未見炸裂，是役日軍傷亡二百餘人，華軍傷亡士兵十餘人 至午後一二時，日機尚盤旋偵察云

十七日下午七時上海電：十七拂曉五時許，江灣方面日軍，因昨晚新到之兵，共約千餘名，向江灣萬國體育場華軍襲擊，初日兵仍以重炮掩護機關槍猛攻，旋由華軍以機槍對擊，日兵苦戰半小時，毫無進展，而死傷枕藉，乃變更戰略，以刺刀等冲鋒肉搏，希圖踏破陣線，一時短兵相接，槍聲寂靜，祗聞一片喊殺聲及刀槍碰，肉搏至七時許，華軍將日兵包圍，殺數百名，餘日兵拚命冲圍而逃，華軍亦未窮追。

十七日上海電：吳淞江灣前綫沉寂，雙方僅用機槍和步槍小接觸，日艦今在準備總攻擊。

閘北之衝鋒戰

十一晚十時四十分上海電：十二日晚七時起，日軍用全部火器，極猛烈的向虬江路天通庵一帶華軍防線攻擊，一時槍聲，機關槍聲密集，但日方始終未敢衝鋒，至十二時二十分始止，雙方戰綫未動 十三日晨六時後，大砲聲又起，戰事仍在天通庵一帶，七時之後，砲聲又停，日机四架向閘北厦門界正面飛翔，閘北方面日軍又以大砲向華軍轟擊約一小時，又趨寂沉，下午，日軍又在閘北正面猛擊，一方面砲攻天通庵華方防地，一方面砲攻虬江路芷生路一帶華軍防線，天通庵方面，自四時起日軍即用大砲猛轟 華軍亦用大砲還擊，約一小時左右，即有大隊日軍，在炮火中向華軍衝鋒，雙方接觸，約一小時許日軍不得取勝，而死傷者，已有五十餘人，至九時後，日軍仍用大砲轟擊，至十一時一刻，機槍聲忽又甚密，此時日軍又取冲鋒勢，華方士兵，即刻英勇奮戰，忽聞地雷一聲，轟然一響，日軍死者甚衆，華軍連發數砲，兩彈中北四川路日軍司令部，破壞房屋一部，擊斃少校參謀一人，該部即時遷動 砲聲亦停止。

十三日上海專電：十三日下午四時五十分日軍在大砲掩護之下，猛攻寶山路，寶山路北車站等地華軍防線，未得逞 虹日公園日軍司令部發砲，掩護日軍，由江灣路向華軍衝鋒 華軍以机槍掃射，六時炮聲始息，雙方陣勢，未有變動。

十五日上海電：十五日晨，閘北方面有砲聲，至午後三時，炮聲愈近亦愈密，租界上已開槍聲，戰事仍在北四川路，老靶子路，北站 虬江路一帶，惟戰爭最劇烈的，是吳淞路，據最近幾天，日軍屢次進攻，俱遭失敗，死傷甚重，華軍陣地，自吳淞路至江灣一帶，均有進展，日軍亦在錢家濱，寶工路，陸家宅一帶，積極佈防。

十六日上午十時上海電：十五晚，日兵在閘北天通庵路方面，向華軍開炮轟擊，至七時半始停，八時三刻，又開大炮掩護日陸軍衝鋒，華軍開機關槍掃射，激戰半小時後，雙方均用机關槍應戰，直至十一時半。又十六晨六時半，日軍五百餘人又向天通庵橋北進攻，同時蘊藻路方面，雙方亦有接觸云。

日軍又欲攻擊南市

上海十日下午五時電：日便衣隊向南市挑戰，已非一次，今日日方又稱日軍艦被華軍轟擊，將向華方表示，此後若發生此事，南市也將採自由行動。

英美兩國公使

準備命令僑民離滬

戰爭將要擴大的預兆

十六日上海電：英美兩使對滬事調停，現在仍繼續進行中，惟聞英美駐滬領事，以日軍橫暴，不顧一切，日機又嘗在租界飛翔，擲彈，恐危及僑民生命，已預備必要時，令在滬英美僑民婦孺，暫行離滬，以策安全。

帝國主義軍隊

最近分佔上海形勢

美軍與日軍相抵接

十四日下午二時上海電：上海公共租界，所有列強駐軍總數包括近將到滬之法兵在內，約達一萬二千一百餘人，計英軍三千四百人，美水軍二千人，美陸軍一千一百人，意軍三百人，法軍三千人，萬國商團二千三百人，浦江一帶，所泊英國軍艦上尚有水兵千餘人，隨時可以於緊急時登陸，此外尚有英陸軍兩營及意軍大隊正在來滬途中，公共租界蘇州河迤北四川路一帶區域，幾已全為日軍所佔，據北河南路一帶，其北亦為日軍佔領，經幾度抗議，改為他國軍隊接防，由北浙江路至北河南路為止之一大塊地；現劃為英國防守，北浙江路迤西一帶，為美水軍及第三十一步兵大隊防守，再西為意軍佔領，再西至膠州路，則為美林肯軍佔領，租界極西至極司非爾路及凱旋路一帶，則為英國軍隊防備。

十六日下午七時上海電：美第卅一步兵大隊司令部、十六日由新世界遷至靜安寺路之五十二號 該大隊步兵之多數，已派至蘇州河一帶防守，聞該隊司令官為賽蘭大佐，十六晨與萬國商團司令滿姆斯會商，商團退出老靶子路防地，改為美兵接防之事，又此間美水軍陸戰隊與商團士兵，總數已增至一千七百三十八人。

英美法意

又在上海大唱調解

實際內幕是均分利益

十一日下午九時電：英美法三國公使，已由南京赴上海，從事調停，十二日與重光（日駐滬總領事）協商停戰，日方表示同情，其提出條件：一，中國軍隊，退出距離租界外適當地點。二，日本軍得保留對中國如有背約行為時之攻擊自由。三，在上海四週二十英里設一中立地帶 在該地內，由中國警察及國際警察担任維持治安。

十三日下午三時四十分上海路透電：上海之英國當局，極為活動 英使蘭普森及英駐滬領事現正積極設法阻止目前之戰爭，現英美法公使及意駐華代辦，每日開會討論調解辦法，英使時時與中國吳鐵城磋商，同時與日使重光及日司令，亦不時會晤，現時之會議 皆屬不定期的正式會議，若昔日在英總領館召集中日當局，聚議之會議，現已不可能云。

英帝國主義

最近態度之一斑

破壞國聯還想維持欺騙作用

利害衝突又不得不起來爭奪

態度遲疑互相矛盾尖銳表現

十二日倫敦路透電：國聯協進會執行委員會決議：請國聯將召集大會，並與美國合作，于必要時，運用經濟和外交壓力，恢復遠東原狀，該協進會所提之辦法 含有禁止軍火，禁止輸入某國之出產品以及金融絕交，並撤回使領云。

期：红色中华零零十期
版：零三版
时间：一九三二年二月十七日

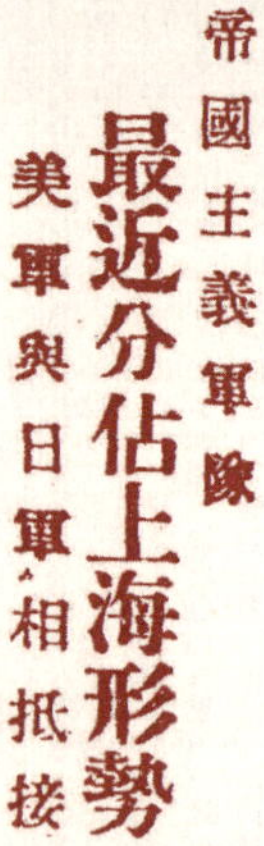
帝國主義軍隊
最近分佔上海形勢
美軍與日軍相抵接

帝国主义军队最近分占上海形势

美军与日军相抵接

十四日下午二时上海电：上海公共租界，所有列强驻军总数包括近将到沪之法兵在内，约达一万二千一百余人，计英军三千四百人，美水军二千人，美陆军一千一百人，意军三百人，法军三千人，万国商团二千三百人，浦江一带，所泊英国军舰上尚有水兵千余人，随时可以于紧急时登陆，此外尚有英陆军两营及意军大队正在来沪途中，公共租界苏州河迤北四川路一带区域，几已全为日军所占，据北河南路一带，其先亦为日军占领，经几度抗议，改为他国军队接防，由北浙江路至北河南路为止之一大区域，现□万国商团防守，北浙江路迤西一带，为美水军及第三十一步兵大队防守，再□为意军占领，再西□胶州路，则为美林肯军占领，租界极西至极司菲尔路及凯旋路一带，则为英国军队警备。

十六日下午七时上海电：美第三十一步军大队司令部，十六日由新世界迁至静安寺路之五十一号该大队步兵之多数，已派至苏州河一带防守，闻该队司令官盖萨大佐，十六晨与万国商团司令漫姆斯会商，商团退出老靶子路防地，改为美兵接防之□，又此间美水军陆战队第四团士兵，总数已增至一千七百三十八人。

輪運載，亦被華軍擊退、接着又第三次來進攻，有飛机十餘架，同時亦出而助戰轟擊，至為猛烈，至十一時許，卒被華軍擊潰而退，總

計日艦所發約在一百發以上，

除吳淞鎮爆裂外多未炸裂，日軍投彈亦有十餘起，均未見炸裂，是役日軍傷亡二百餘人，華軍傷亡士兵十餘人 至午後一二時．日機尚盤旋偵察云

十七日下午七時上海電：十七拂曉五時許，江灣方面日軍，因昨晚新到之兵、共約千餘名、向江灣萬國體育場華軍襲擊 初日兵仍以山炮掩護機槍猛攻 旋由華軍，以機槍對擊．日兵苦戰半小時，毫無進展，而死傷枕藉，乃變更戰略．

以刺刀等冲鋒肉搏希圖踏破陣線．一時短兵相接，槍聲寂靜，祇聞一片喊殺聲

聲及刀槍碰，肉搏至七時許，華軍將日兵包圍，殺數百名，餘日兵拚命冲圍而逃，華軍亦未窮追．

十七日上海電：吳淞江灣前綫沉寂 雙方僅用機槍和步槍小接觸 日軍今在準備總攻擊．

閘北之衝鋒戰

十一晚十時四十分上海電：十二日晚七時起，日軍用全部火器，極猛烈的向虬江路天通庵一帶華軍防綫攻擊，一時槍聲，機關槍聲密集．但日方始終未敢衝鋒，至十二時二十分始止．雙方戰綫未動 十三日晨六時後，大礮聲又起，戰事仍在天通庵一帶，七時之後．礮聲又停，日机四架向閘北厦門界正面飛翔．閘北方面日軍又以大礮與華軍轟擊 約一小時，又趨寂沉，下午．日軍又在閘北正面猛擊，一方面，礮攻天通庵華方防地，一方面礮攻虬江路武生路一帶華軍防綫，天通庵方面，自四時起日軍即用大礮猛轟 華軍亦用大礮還擊，約一小時左右，即有大隊日軍，在炮火中向華軍衝鋒，雙方接觸，約一小時許日軍不得取勝．而死傷者、已有五十餘人、至九時後，日軍仍用大礮轟擊，至十一時一刻，機槍聲忽又甚密，此時日軍又取冲鋒勢、華方士兵，即刻英勇奮戰，忽聞地電一聲，轟然大響，日軍死者甚衆，華軍連發機礮，兩礮擊中北四川路日軍司令部破壞房屋一部，擊斃少校參謀一人，該部即時遷動 砲聲亦停止．

十三日上海專電：十三日下午四時五十分日軍在大砲掩

護之下，猛攻寶山路、北車站等地華軍防線，未得逞 虹日公園日軍司令部發砲，掩護日軍，由江灣路向華軍衝鋒 華軍以机槍掃射，六時炮聲始息，雙方陣勢，未有變動。

十五日上海電：十五日晨，閘北方面有砲聲，至午後三時，炮聲愈近亦愈密，租界上已聞槍聲，戰事仍在北四川路一帶，老靶子路，北站 虬江路一帶，惟戰爭最劇烈的，是吳淞路，據最近幾天，日軍屢次進攻，俱遭失敗，死傷甚重，華軍陣地：自吳淞路至江灣一帶，均有進展，日軍亦在錢家濱、寶工路，陸家宅一帶，積極佈置。

十六日上午十時上海電：十五晚、日兵在閘北天通庵路方面，向華軍開炮轟擊，至七時半始停，八時三刻，又開大炮掩護日陸軍衝鋒，華軍開機關槍掃射，激戰半小時後，雙方均用机關槍應戰，直至十一時半。又十六晨六時半，日軍五百餘人又向天通庵橋北進攻，同時綠藻路方面，雙方亦有接觸云。

日軍又欲攻擊南市

上海十日下午五時電：日便衣隊向南市挑戰，已非一次，今日日方又稱日軍艦被華軍轟擊，將向華方表示，此後若發生此事，南市也將採自由行動。

英美兩國公使

準備命令僑民離滬

戰爭將要擴大的預兆

十六日上海電：英美兩使對滬事調停，現在仍繼續進行中，惟聞英美駐滬領事，以日軍橫暴，不顧一切，日機又嘗在租界飛翔，擲彈，恐波及僑民生命，己預備必要時，令在滬英美僑民婦孺，暫行離滬，以策安全。

帝國主義軍隊

最近分佔上海形勢

美軍與日軍相抵接

十四日下午二時上海電：上海公共租界，所有列強駐軍總數包括近將到滬之法兵在內，約達一萬二千一百餘人、計英軍三千四百人，美水軍二千人，美陸軍一千一百人，意軍三百人，法軍三千人，萬國商團二千三百人，浦江一帶，所泊英國軍艦上尚有水兵千餘人，隨時可以於緊急時登陸，此外尚有英陸軍兩營及意軍大隊正在來滬途中、公共租界蘇州河迤北四川路一帶區域，幾已全爲日軍所佔，據北河南路一帶，其中亦為日軍佔領，經幾度抗議，改為他國軍隊接防，由北浙江路至北河南路為止之一大塊地，現仍為萬國商團防守，北浙江路迤西一帶，為美水軍及第三十一步兵大隊防守，再西為意軍佔領，再西至膠州路，則為美林肯軍佔領，租界極西至極司非爾路及凱旋路一帶，則為英國軍隊防備。

十六日下午七時上海電：美第卅一步軍，隊司令部、十六日由新世界遷至靜安寺路之五十一號，該大隊步兵之多數，已派至蘇州河一帶防守，聞該隊司令官麥薩大佐，十六晨與萬國商團司令湯姆斯會商，商團退出老靶子路防地，改爲美兵接防之事，又此間美水軍陸戰隊約四團士兵，總數已增至一千七百三十八人。

英美法意

又在上海大唱調解

實際內幕是均分利益

一日下午九時電：英美法三國公使，己由南京赴上海，從事調停，十二日與重光（日駐滬總領事）協商停戰，日方表示同情，其提出條件：一，中國軍隊，退出距離租界外適當地點。二，日本軍得保留對中國如有背約行為時之攻擊自由．三，在上海四週二十英里設一中立地帶 在該地內，由中國警察及國際警察担任維持治安．

十三日下午三時四十分上海路透電：上海之英國當局，極爲活動 英使藍普森及英駐滬領事現正積極設法阻止目前之戰爭，現英美法公使及駐華代辦，每日開會討論調解辦法，英使時時與中國吳鐵城晤面，同時與日使重光及日司令，亦不時會晤 現時之會議 皆屬不定期的正式會議，若昔日在英總領館召集中日當局聚議之會議，現已不可能云。

英帝國主義

最近態度之一斑

破產國聯還想維持欺騙作用 利害衝突又不得不起來爭奪 態度遲疑互相矛盾尖銳表現

十二日倫敦路透電：國聯協進會執行委員會決議：請國聯將召集大會，並與美國合作，于必要時，運用經濟和外交壓力，恢復遠東原狀，該協進會所提之辦法 含有禁止軍火；禁止輸入某國之出產品以及金融絕交，並撤回使領云。

英美法意又在上海大唱調解
實際內幕是均分利益

期：红色中华零零十期
版：零三版
时间：一九三二年二月十七日

英美法意又在上海大唱调解

实际内幕是均分利益

一日下午九时电：英美法三国公使，已由南京赴上海从事调停，十二日与重光（日驻沪总领事）协商停战，日方表示同情，其提出条件。一，中国军队，退出距离租界外适当地点。二，日本军得保留对中国如有背约行为时之攻击自由。三，在上海四周二十英里设置中立地带，在该地内，由中国警察及国际警察担任维持治安。

十三日下午三时四十分上海路透电：上海之英国当局，极为活动，英使兰普森及英驻沪领事现正积极设法阻止目前之战争，现英美法公使及意驻华代办，每日开会讨论调解办法，英使时时与中国吴铁城等晤商，同时与日使重光及日司令，亦不时会晤，现时之会议，皆属不定期的正式会议，若昔日在英总领馆召集中日当局，聚谈之会议，现已不可能云。

輪運載，亦被華軍擊退、接着又第三次來進攻，有飛机十餘架，同時亦出而助戰轟擊，至為猛烈，至十一時許，卒被華軍擊潰而退，總

計日艦所發約在一百發以上，

除吳淞鎮爆裂外多未炸裂，日軍投彈亦有十餘起，均未見炸裂，是役日軍傷亡二百餘人，華軍傷亡士兵十餘人　至午後一二時，日艦尚盤旋偵察云

十七日下午七時上海電：十七拂曉五時許，江灣方面日軍，因昨晚新到之兵，共約千餘名，向江灣高爾夫體育場華軍襲擊，初日兵仍以飛炮掩護機槍猛攻，旋由華軍以機槍對擊，日兵苦戰半小時，毫無進展，而死傷枕藉，乃變更戰略，

以刺刀等冲鋒肉搏希圖踏破陣線，一時短兵相接，槍聲寂靜，祇聞一片喊殺聲，

及刀槍碰，肉搏至七時許，華軍將日兵包圍，殺數百名，於日兵拚命冲圍而逃，華軍亦未窮追。

十七日上海電：吳淞江灣前綫沉寂，雙方僅用機槍和步槍小接觸　日軍今在準備總攻擊·

閘北之衝鋒戰

十一晚十時四十分上海電：十二日晚七時起，日軍用全部火器，極猛烈的向虬江路天通庵一帶華軍防線攻擊，一時槍聲，機關槍聲密集，但日方始終未敢衝鋒，至十二時二十分始止，雙方戰綫未動。十三日晨六時後，大砲聲又起，戰事仍在天通庵一帶，七時之後，砲聲又停，日机四架向閘北厦門界正面飛翔，閘北方面日軍又以大砲向華軍轟擊約一小時，又趨寂沉，下午，日軍又在閘北正面猛擊，一方面砲攻天通庵華方防地，一方面砲攻虬江路底生路一帶華軍防線，天通庵方面，自四時起日軍即用大砲猛轟，華軍亦用大砲還擊，約一小時左右，即有大隊日軍，在炮火中向華軍衝鋒，雙方接觸約一小時許，日軍不得取勝，而死傷者、已有五十餘人，至九時後，日軍仍用大砲轟擊，至十一時一刻，機槍聲忽又甚密，此時日軍又取冲鋒勢，華方士兵，即刻英勇奮戰，忽聞地雷一聲，轟然大響，日軍死者甚衆，華軍連發數砲，兩砲擊中北四川路日軍司令部破壞房屋一部，擊斃少校參謀一人，該部即時遷動　砲聲亦停止。

十三日上海專電：十三日下午四時五十分日軍在大砲掩護之下，猛攻青雲路，寶山路，北車站等地華軍防線，未得逞，虹日公園日軍司令部發砲，掩護日軍，由江灣路向華軍衝鋒，華軍以机槍掃射，六時炮聲始息，雙方陣勢，未有變動。

十五日上海電：十五日晨，閘北方面有砲聲，至午後三時，炮聲愈近亦愈密，租界上已聞槍聲，戰事仍在北四川路，老靶子路，北站，虬江路一帶，惟戰爭最劇烈的，是吳淞路，據最近消天，日軍屢次進攻，俱遭失敗，死傷甚重，華軍陣地線，自吳淞路至江灣一帶，均有進展，日軍亦在錢家濱，留工路，陸家宅一帶，積極佈置。

十六日上午十時上海電：十五晚，日兵在閘北天通庵路方面，向華軍開炮轟擊，至七時半始停，八時三刻，又聞大炮掩護日陸軍衝鋒，華軍開機關槍掃射，激戰半小時後，雙方均用机關槍應戰，直至十一時半。又十六晨六時半，日軍五百餘人又向天通庵橋北進攻，同時蘊藻路方面，雙方亦有接觸云。

日軍又欲攻擊南市

上海十日下午五時電：日便衣隊向南市挑戰，已非一次，今日日方又稱日軍艦被華軍轟炸，將向華方表示，此後若發生此事，南市也將採自由行動。

英美兩國公使

準備命令僑民離滬

戰爭將要擴大的預兆

十六日上海電：英美兩使對滬事調停，現在仍繼續進行中，惟聞英美駐滬領事，以日軍橫暴，不顧一切，日機又常在租界飛翔，擲彈，恐殃及僑民生命，已預備必要時，令在滬英美僑民婦孺，暫行離滬，以策安全。

帝國主義軍隊

最近分佔上海形勢

美軍與日軍相抵接

十四日下午二時上海電：上海公共租界，所有列強駐軍總數包括近將到滬之法兵在內，約達一萬二千一百餘人，計英軍三千四百人，美水軍二千人，美陸軍一千一百人，意軍三百人，法軍三千人，萬國商團二千三百人，浦江一帶，所泊英國軍艦上尚有水兵千餘人，隨時可以於緊急時登陸，此外尚有英陸軍兩營及意軍大隊正在來滬途中，公共租界蘇州河迤北四川路一帶區域，幾已全為日軍所佔，惟北河南路一帶，其先亦為日軍佔領，經幾度抗議，改為他國軍隊接防，由北浙江路至北河南路為止之一大部份，現歸萬國商團防守，北浙江路迤西一帶，為美水兵及第三十一步兵大隊防守，再西為意軍佔領，再西至膠州路，則為美林肯軍佔領，租界極西至極司非爾路及凱旋路一帶，則為英國軍隊防備。

十六日下午七時上海電：美第卅一步兵大隊司令部、十六日由新世界遷至靜安寺路之五十二號，該大隊步兵之大多數，已派至蘇州河一帶防守，聞該隊司令官蒲薩大佐，十六晨與萬國商團司令弗姆斯會商，商團退出老靶子路防地，改為美兵接防之事，又此間美水軍陸戰隊四團士兵，總數已增至一千七百三十八人。

英美法意

又在上海大唱調解

實際內幕是均分利益

十一日下午九時電：英美法三國公使，已由南京赴上海，從事調停，十二日與重光（日駐滬總領事）協商停戰，日方表示同情，其提出條件：一，中國軍隊，退出距離租界外適當地點。二，日本軍得保留對中國如有背約行為時之攻擊自由。三，在上海四週二十英里設中立地帶，在該地內，由中國警察及國際警察担任維持治安。

十三日下午三時四十分上海路透電：上海之英國當局，極為活動，英使藍普森及英駐滬領事現正積極設法阻止目前之戰爭，現英美法公使及意駐華代辦，每日開會討論調解辦法，英使時時與中國吳鐵城等晤商，同時與日使重光及日司令，亦不時會晤，現時之會議，皆屬不定期的正式會議，若昔日在英總領館召集中日當局，聚議之會議，現已不可能云。

英帝國主義

最近態度之一斑

破產國聯還想維持欺騙作用

利害衝突又不得不起來爭奪

態度遲疑互相矛盾尖銳表現

十二日倫敦路透電：國聯協進會執行委員會決議：請國聯將召集大會，並與美國合作，于必，時，運用經濟和外交壓力，恢復遠東原狀，該協進會所提之辦法，含有禁止軍火，禁止輸入某國之出產品以及金融絕交，並撤回使領云。

日帝国主义侵华下大批日本士兵牺牲

上海十二日上午八时电：日伤兵二千三百余名，昨下午用甲车运至杨树浦回国。

十五日下午六时十五分上海电：苏州路外白渡桥一带，有载货车数辆，满载日军尸身约一千余，鲜血淋淋于街道上，由北四川路运往日领馆门首。

十六日下午五时十五分上海路透电：日军运输舰最后一艘，已抵上海，一时战争突然猛烈，当新抵上海之日军，全副武装，由舰中登岸后，即有多数战死之棺木，运至船中，送回日本，时英舰福免号，适泊在该舰左右，舰上观日人运棺者甚多，而运棺之手续，历数小时不停，结果，有日兵士叹曰，余等不愿作如此牺牲云。

十五日倫敦路透電：孟却斯特導報及每日回聲報，皆堅持國聯應採強硬態度之主張，孟却斯特導報，謂遠東危機之真相，現已大白，日本政府，雖屢次擔保不侵犯上海租界之中立，但日軍竟在上海利用公共租界為對中國作戰之根據地云云。每日回聲報稱，若國聯對於遠東事件，盡其責任，則日本將退出國聯，但由另一方設想，若國聯因日本以退出國聯相恫嚇，而竟不敢有所舉動，則國聯之威望，將從此掃地。（早已掃地了，不過至今還想欺騙群眾掩飾他們戰爭佈置。）現今世界輿論，皆擁護國聯之行動。（因日帝國主義沒有守信諾，企圖利益獨佔，不與英美平分！）無論日本以何種手段相對抗，皆非所計也云云。

十五日倫敦路透電：英國各界，對上海日軍在租界登岸，認為前途非常危險，各報對于此事，皆以特號字登載，每日新聞報日內瓦消息，皆力注于上海事件，認為不但可斷，並係對各國一種侮辱之舉動，因日本要求中國軍隊撤退至距離上海租界二十里之地點一事，認為極無理由云，該報之通信員又述各國有撤回駐東京外交代表之可能，但各國非得內閣之同意，不能採此種行動，國聯行政院英國首席代表西門爵士，現已返倫敦，衆認西門之返京為彼欲于本星期末返日內瓦時，能有全權決定一切軍事事項云。

上海十六日路透電：今日字林西報社論，討論各國軍隊分配租界防務稱：在目前情形料及危急時，為租界本身利益計，最好由日本將該處人民之利益，多交于其他各國軍隊保護，因日本軍隊將以此為出兵目的也，若日對此種辦法不表同意時，各國應對日提出正式抗議，藉以證明各國及日本均有維護租界責任，距日軍之行動不能與各國一致，故無論日所採取之手段如何正當，也難得各國之贊同也。

日本學生反對軍閥侵華示威

上海十日下午五時電：日東京明治大學學生暴動（即示威）日本大學生起而響應，人數甚多，聲勢頗烈，高呼打倒軍閥，散發傳單，經軍警驅至鎮壓，當場被捕者數十人。

東京十一日電：橫濱日普羅文學（無產階級文學）研究會今日暴動（即示威），並有著名作家二人參加，共百餘人，聲勢甚厲，高呼打倒軍閥口號，並散發反對侵掠中國傳單，旋被軍警逮捕東京著名作家二人及為首數人始散。

日帝國主義侵華下

大批日本士兵犧牲

上海十二日上午八時電：昨下午日傷兵二千三百餘名，用甲車運至楊樹浦回國。

十五日下午六時十五分上海電：蘇州路外白渡橋一帶，有載貨車數輛，滿載日軍屍身約一千餘，鮮血淋淋於街道上，由北四川路運往日領館門首。

十六日下午五時十五分上海路透電：日軍運輸艦最後一艘，已抵上海，一時戰爭突然猛烈，當新抵上海之日軍，全副武裝，由艦中登岸後，即有多數戰死之棺木，運至船中，送回日本，時該艦福兔號，適泊在該艦左右，艦上日人運棺者甚多，而運棺之手續，歷數小時不停，結果，有日兵士歎曰，余等不願作如此犧牲云。

戰爭慘禍中之

日婦之悲哀慘狀

上海日婦連日自殺

東京婦女發狂索夫

十五日晨八時上海電：虹口一帶，日僑居民甚多，男子均被陸軍編入便衣隊或步兵，與華方激戰，死傷甚多，日婦悲痛之餘，連日皆有自殺，所遺子女，號哭之聲，哀不忍聞。

二月十七日東京電：日本民眾因軍閥橫暴，積極對華侵略，此次又在滬迭遭失敗，死亡甚多，日本當局不但不悔過，且復變本加厲，戰事態日形擴張，人數愈增，婦女因其夫多被迫從軍，無辜犧牲，於是召集婦女大會，組織婦女索夫團，向東京市政府請願索夫，狀如瘋狂，雖經日政府善言勸慰，但均逗留不散，婦哮兒啼，聞者悽絕，遠近陸續加入者極多，有全國聞風而起之說。

國民黨政府之本色

向國聯哀求實是邀請各國瓜分

承認各國瓜分日本又不同意

十五日日內瓦路透電：國民政府代表顏惠慶，本日宣稱：行政院不願發起，彼將決心提出召集國聯全體特別大會之要求，日本方面，對於中國行動所採取之態度，亦已明顯，日方決反對中國之行動，並反對援用盟約第十五條解決中日糾紛，但日方又否認日本曾說過：如若國聯果召特別全體大會，日本將退出國聯相恫嚇的話，（日方退出分贓的公司就開不成）日代表聲稱：日本是否退出國聯，應由日本政府解決，若國聯召集特別大會時，日政府始能討論此事云。

十六日下午二時上海電：吳鐵城向外報記者談話，謂目前希望和平解決滬案，全視日方是否誠意。中國國民黨政府對各列強之和平提案，已全部接受，而日方則拒絕之，

汪精衛又在行欺騙

十三日下午九時徐州電：汪精衛在行政院之演說，其內容如下：對日應一面抵抗，（這是士兵自動作戰無法的欺騙話）一面交涉之要旨，（交涉就是出賣中國）略謂此次中國不屈於日本之暴力，而出於正當防衛，必須以最大之決心，極巨之犧牲，乃能得最後之結果，（是汪精衛素來所用的一套欺騙話），過於提倡，固為不可，徒作壯語，更為不可（正是用這一話來壓迫反帝運動）須知數十年來，中國軍事經濟在物質上，極落人後，固不待言，即組織上，亦幼稚不完備。（這幾句話是他欺騙人的帽子）吾人認清此點，即須從研究着手（讓你們將中國研究完了也研究不出來）以偉大犧牲之中，對列強兵強之日本，縱使有一二處損失不幸而為彼手中，而中國之內，人人皆抵抗，處處皆抵抗，日本縱出二三百萬精兵，亦不能徧佈也（正是出賣中國的冠冕堂皇的話，難怪東北四省強佔去了，人民還不敢說話，就是這個道理）世界上有戰敗之軍隊，決無可亡之國民，然本席記住此二語，許多殖民地的人民為什麼只有最無恥的汪精衛才講得出這樣無恥的話）苟行之不懈，日本必有力竭之日，而列強必奮起而兵戰之，（這是什麼？就是汪精衛等正在企圖挑起世界大戰來促進帝國主義瓜分中國的陰謀）至於外交方面，中國此次有十分理由，可要求國際聯盟（還倒是陪辭）華盛頓九國公約，凱洛格非戰公約簽字各國（主要還是美國）干涉日本，中國既有此理由，在外交上決不可放棄（外交是欺騙人的，實質就是賣國）切勿以為外交無用，而決然從之不顧，不僅對各國如此，對日本亦如此，日本所希有於我者，簽字於偽權辱國之條件耳，自去歲九月十八日以來，南京政府隨時可以簽字，而終不肯簽字（因為想為美國爭作在美國帝國主義出的原故）最近國府遷都洛陽，以作長期抵抗之計，（實際是將長江下游各地給帝國主義做戰場）而終不肯簽字，則中國之決心，亦可概見，（可概見為是國民黨出賣中國給帝國主義）日本終必放棄此不可得之希望，而得乃有中日交涉之可言。（這種對群眾作為的欺騙）

日軍轟擊上海之起端
藉詞派兵進攻上海
國民黨更無恥投降

要闻
日军轰击上海之起端

借词派兵进攻上海
国民党更无耻投降

日帝国主义自强占东三省又来强占上海，完全是有计划的行动，以借口派兵占领，不仅更使国民党来压迫反日运动，并且好用武装直接镇压，开始托言日僧被殴，继而日浪人骚动，以启日军在上海轰击屠杀之端，其事起源和经过略述如下：

一，火烧三友实业社，有日人四五十人，于一月二十晨二时半，携带枪械刺刀，火油，硝磺，炸药，引火药品，纵火焚烧上海引翔港三友实业社工厂，烧去厂房七间，该处附近的华捕被刺刀刺死一，伤三，警亭亦被捣毁，约一小时后，又卷土重来，因四面均属砖墙，外围竹篱，日人所掷炸药，尽落篱内天井，未中要害。

二，北四川路暴行，自纵火事后，日商人一千余名，于下午一时，在公共租界蓬船俱乐部，开上海日人居留民大会，决议：电日政府增派陆海军压止排日运动，散会后出发示威，手持木杆，沿北四川路一带中国商店所贴反日标语和门窗大玻璃，悉为击碎，电车，公共汽车，亦被捣毁，自靶子路至虬江路一带之商店均闭门休业。

三，提出哀的美顿书内容，自二十号示威后，日总领事村井，向国民党上海市政府提出限四十八小时内取缔团体或个人之抗日运动的要求，日海军司令盐泽又向上海市政府提出最后通牒书，并要求立即解散抗□救国会及其他抗日团体，立即予以满意的答覆，否则日海军，将取军事上的必要行动，以保护日人之权利云。

大增调飞机队舰来沪，留沪日舰，原来只有安宅浦风两艘，二十三日增加巡洋舰和驱逐舰四艘，及航空母舰一艘，载飞机数队赴沪，五百名陆战队乘大井号到达上海，二十四日又运到大批军用品及各种战时需要之器具。二十七日日军又加调海军飞机运沪。至二十八日，计在沪日本军舰和水雷队各舰，已增至二十四艘，在长江其他口岸，还有十四艘，同时战斗飞机，亦陆续增加，日陆战队遂当到浦东各地登陆，天通庵一带示威，日积极的在中兴路，永兴路，香山路各路口，建筑极高之沙袋，和架设铁丝架准备作战。

国民党解散抗日会。国民党政府接通牒，即声明完全接受日方条件，马上命令上海市公安局解散抗日会，并下令镇压其他各种反帝团体和反日行为，可是日帝国主义遂在这个当儿，实行武装进攻来占闸北，轰□屠杀的大惨祸就开始了。

日在天津大招白俄

備充壓迫中國革命和進攻蘇聯先鋒

十三日下午八時天津專電：天津日租界當局，近來大招白俄，聞已招得五百餘人、除押赴哈爾濱三百餘名外，留津的尚有二百名。

蘇聯政府又揭破帝國主義謠言

英帝國主義故意造謠 企圖轉向蘇聯進攻

十五日上海專電：倫敦方面，所傳出日俄密約之說，莫斯科官方，已於十三日晚，極力否認，據云：蘇聯對於一切協定承認日本或以其在構成中國領土一部份之東三省地方優越勢力者，從未加入，此後亦決不願加入，至外傳蘇聯將犧牲中國之利益，俾與日本一節，則與蘇聯外交上之根本政策相違背，須知此項利益，除交還中國人民外，決不能交與其他之任何人云。

蘇聯外交代表揭露軍縮會之欺騙

只有蘇聯才是堅主和平政策 國聯縮軍一面欺騙一面打仗 遠東戰事不限亞洲將是世界

十一日東京專電：蘇聯代表（外長）李維諾夫稱：遠東大軍雲集，且白俄亦思蠢動，蘇俄因地境關係，關懷殊切，蘇聯素主和平政策，在國聯軍縮會上，如各國同意裁減軍備，蘇聯亦願作同樣程度之裁減云，李氏復稱：軍縮會議開幕之時，正遠東戰事爆發之際，查兩國均係國聯會員，應受盟約及非戰公約之約束，現兩國雖未正式宣戰，然實際上已入于戰爭狀態，戰爭仍極劇烈，一切軍備，無不使用，死傷累以千計，軍事佔領區域，範圍廣大，於此情形之下，難致抱定樂觀，將來施行盟約軍事行動，何僅限於兩國，或限於亞洲。

要聞

日軍轟擊上海之起端

藉詞派兵進攻上海 國民黨更無恥投降

日帝国主义自強佔東三省又來強佔上海 完全是有計劃的行動，以藉口派兵佔領，不僅更使國民黨來壓迫反日運動，並且好用武裝直接鎮壓，開始託言日僧被毆，繼而日浪人騷動，以致日軍在上海轟擊屠殺之端，其事紀源和經過略述如下：

一，火燒三友實業社，有日人四五十人，於一月二十晨二時半，攜帶槍械刺刀，火油，硝磺，炸藥，引火藥品，縱火焚燒上海引翔港三友實業社工廠，燒去廠房七間，該處附近鈉華捕被刺刀刺死一，傷三，警亭亦被搗毀，約一小時後，又捲土重來，因四面均屬磚牆，外圍竹籬，日人所擲炸藥，盡落籬內天井，未中要害。

二，北四川路暴行，自縱火事後，日商人一千餘名，於下午一時，在公共租界蓬路俱樂部，開上海日人居留民大會，決議：電日政府增派陸海軍壓止排日運動，散會後出發示威，手持木棍，沿北四川路一帶中國商店所貼反日標語和門窗大玻璃，悉行擊碎，電車，公共汽車，亦被搗毀，自靶子路至虬江路一帶之商店，均閉門休業。

三，提出哀的美頓書內容，自二十號示威後，日總領事村井，向國民黨上海市政府提出限四十八小時內取締團體或個人之抗日運動的要求，日海軍司令鹽澤又向上海市政府提出最後通牒書，並要求立即解散抗日救國會及其他抗日團體，立即予以滿意的答復，否則日海軍，將取軍事上的必要行動，以保護日人之權利云。

大增調飛機隊艦來滬，留滬日艦，原來只有安宅浦風兩艘，二十三日增加巡洋艦和驅逐艦四艘，及航空母艦一艘，載飛機數隊赴滬，五百名陸戰隊乘大井號到達上海，二十日又運到大批軍用品及各種戰時需要之器具。廿七日日軍又加調海軍飛機運滬。至廿八日，計在滬日本軍艦和水雷艇各艦，已增至二十四艘，在長江其他口岸，還有十四艘，同時戰鬥飛機，亦陸續增加，日陸戰隊遂常到浦東各埠登陸，天通庵一帶示威，日積極的在中興路，永興路，香山路各路口，築建極高之沙袋，和架設鐵絲架預備作戰。

國民黨解散抗日會

國民黨政府接通牒，即聲明完全接受日方條件，馬上命令上海市公安局解散抗日會，並下令鎮壓其他各種反帝團體和反日行為，可是日帝國主義還在宣傳當兒，實行武裝進攻佔閘北，殘酷的屠殺的大慘禍就開始了。

帝國主義欺騙羣衆之軍縮會議黑幕暴露

口唱縮軍實際擴充軍備 假呼和平遮掩戰爭準備 蘇聯代表暴露軍縮欺騙黑幕 會議一次戰爭危机加緊一步 大戰緊迫各國公開反對縮軍

帝國主義矛盾日益尖銳化，自日本強佔滿州上海事變發生，第二次世界大戰的爆發，已如矢在弦，一觸即發，當這緊張時候，帝國主義又在開舉行軍縮會議，這不過是當戰爭爆發時，一套欺騙羣衆的把戲，掩飾戰爭的準備行動，與殺人行動，歷來開一次軍縮會，各國軍備就擴充一次，戰爭的危機也就加重一次，去年十一月廿四廿五在巴黎開軍縮討論會上，法國公開反對裁軍，大搗亂會場，波蘭，芬蘭，羅馬尼亞，塞爾維亞及南美各國，均紛紛提出擴充軍備的意見，在會場上打得頭破血流，巴黎憲兵，用武力毆逐代表，驅散會議，就可知道他們的軍縮會議的黑幕，接着日帝國主義公開的宣佈主張擴充軍備，自那次大鬧後，又決定今年二月三日在日內瓦再開會，但各國對軍縮籌備委員會所草定的軍備公約，意見非常分歧，大有無期休會的可能，蘇聯政府明知國聯軍縮會議，是帝國主義口呼和平而實際準備大戰，口說軍縮而實際猛烈製造殺人利器的，變把戲的騙人場所，爲要揭穿帝國主義的欺騙面具，亦派遣代表團出席軍縮會議，堅決堅持前次在日內瓦軍縮會議提出的主張，一，要破除一切模稜含混的公式，從事於實際的裁減，二，裁減程度，一直達到海陸軍一律免除武裝，三，反對藉口減縮軍備之名，而掩飾增加軍備之事實，并明顯指出，東方日本佔滿州和上海戰爭，與帝國主義縮軍滑稽之欺騙，蘇聯這種提議，當然帝國主義絕對不肯贊成

期：红色中华零零十期

版：零七版

时间：一九三二年二月十七日

中央工作人员互济分会募捐援助上海罢工工人

从临时中央政府发起广大的募捐运动以来，该会已积极地发动广大群众热烈地募捐援助上海罢工工人，兵［共］募集大洋三十九元四角五，群众口口声声说“少吃零星东西多募捐！自己洗衣抽出钱！”去援助上海罢工的工人，现在还继续不断地募捐援助云。

組織社黨的組織。其餘被審判的社黨，也是在机關中担任過社黨的工作的，其中還有被社黨欺騙而加入社黨的幾人。還有劉蕃昌是改組派的閩西特派員，從厦門到閩西來發展改組派的，他的企圖用開設學校的方式來聯結豪紳地主的子弟對破坏苏維埃和紅軍的工作。此外有徐步元及李某二名是A B團，但未担任過A B團的重要工作。以上所列舉的反革命分子，過去都是苏維埃、共產黨及紅軍中的重要工作人員，但是他們背叛了共產黨和苏維埃政府的委託，跑到反革命的營壘去了，做了反革命派進攻苏區的內應，是帝國主義國民黨軍閥的工具。

反革命自供的反動陰謀

據審判時該犯人等的口供，托派爭奪蘇維埃、紅軍及共產黨中的陰謀和策略，是要奪取領導權 奪取領導權之後，將共產黨的方針和苏維埃的策略，轉變為托派。他們對於蘇維埃的工作，阻止他發展，說蘇維埃運動在中國太早，宜保守不宜發展，並要使苏維埃脫離群衆。對紅軍則鼓動逃跑，官僚腐化，使紅軍瓦解。反對工農聯合，主張祇要工人，不要農民，組織工人專政的政府。主張拋棄現有的赤區，要大城市，他們說，現有的苏區是在山窠裏，農村中，所以應當拋棄。對於共產黨是企圖分裂他的組織。托派這陰謀、主要的是要想把目前中國的苏維埃運動弄到失敗，以證明托派理論之正確。托派根據這些策略和陰謀 在實際工作中就與社黨聯盟。托派在閩西的負責劉端生，曾親自到過上杭北四區，和社黨老首領傅柏翠接過頭，商議共同來破壞苏維埃和紅軍的工作，所以托派分子加入了社黨，並由社黨供給托派活動的經費。至於社黨改組派，A B團的反革命行動和陰謀 更為一般人所熟悉，他們主要的目的是企圖推翻蘇維埃政權，瓦解紅軍，恢復豪紳地主資產階級，國民黨軍閥的統治。這種反革命事實，在這次審判中也很明顯的暴露出來了。

判決的罪狀

根據他們的反革命的事實，在革命法律的立場上講，應該都處他們以死刑。但是蘇維埃政府處置反革命派，是要看他的階級成份 首要與附和再來定處罰的輕重。所以這次閩西政府裁判部僅把劉端生，張耕陶二名判決槍决，宋鼓英，施簡，范靜山，廖增暉，劉蕃昌等判決五年監禁。劉耀文，蔡德，李仲奎，張錦添等判決監禁三年。曹惠怡，陳正人等判決監禁二年。趙忠赤，汪銘等判決監禁一年，其餘有判決監禁三個月四個月的。還有幾個人是宣佈釋放的。

這次審判是有很大的意義的，這些反革命份子在法庭上，在廣大的群衆面前，都招認了自己的反革命陰謀，而且說在事實上已做了許多破壞苏維埃和紅軍的工作，群衆聽了這次審判，對於這些反革命組織必有更進一步的認識，更引起工農群衆對於徹底肅清這些反革命組織的決心，可以說這次公開的審判，是對於苏維埃的肅反工作有很大的幫助的。

閩贛兩省 工人代表大會續誌

這次閩贛兩省工人代表大會，開幕以來，雖風雨連綿，天氣陰寒，但各代表莫不精神發揚，毫無委靡狀態。經過七天熱烈的會議於二月十三日閉幕了。

大會開幕的第二天，由中共中央局代表周恩來同志作政治報告，全場代表，極為興奮，一致狂呼擁護中國共產黨和接收共產黨的政治領導。

在這次大會特別表現工人階級對於參加紅軍的積極，在大會開會時由贛縣送工人五十名到前方去。在大會討論擴大紅軍問題時，更有代表十八名自動的勇敢的報名加入紅軍。完全証明工人階級是革命斗爭的領導者。

大會會熱烈地討論了職工會的任務，僱農工會及勞動法等問題。共計議決了職工會的任務與組織問題，僱農問題，擁護與實現勞動法問題，擴大並擁護紅軍問題，失業與合作社運動問題，援助上海罷工問題，準備「五一勞動」大會問題，等八個重要的決議案。這是大會的圓滿成功。

大會選舉的兩省總工會共選出袁紹珍等十五人為江西職工聯合會執行委員，胡昌來等九人為候補執行委員。選出石立根等十一人為江西雇農工會執行委員，杜志永等五人為候補委員，選出林松壽等十三人為福建省職工聯合會執行委員，傅德輝等六人為候補委員。選出張蘭英等十一人為福建省僱農會委員，魏明賢等五人為候補委員。

在最後一天，合會體代表及各机關代表共三百餘人舉行閉幕典禮。由全總執行局代表陳壽昌中共中央局代表任弼時中央政府代表項英少共中央局代表顧作霖等相繼致詞并當場通過擁護中國共產黨共產青年團臨時中央政府通電，繼有反帝大同盟中央印刷局等代表及大會代表相繼演說。在狂歡鼓掌高呼口號的熱烈盛況之下宣佈了大會閉幕。

永豐赤衛團勝利

永豐縣蘇二月九日來訊：一月二十九日，永豐獨立團第一二連往藤田市游擊，正碰着靖衛團匪，遂與接火數小時，結果把敵人打垮了，擊斃靖衛匪十餘名，打傷十餘名，其餘的靖匪，向梁坊一帶潰散逃竄，卅日獨立團復乘勢進擊，進攻新街，與靖匪激戰一小時之久，我軍又大獲勝利，繳獲步槍二條，子彈數十排，軍用品甚夥，擊斃靖匪五名，該匪殘部，紛紛向故縣方面逃竄云。

公略縣獨立团 擊潰白軍第十師

江西軍區總指揮部二月十二日來訊：公略縣獨立團及水南等處赤衛連聯合當地工農群衆，於深夜襲擊駐水東之白軍第十師兩營，當場擊斃和擊傷白敵數十人，繳獲機關槍一架，步槍十八枝，其他軍用品無算云。

中央工作人員互濟分會 募捐援助上海罷工工人

從臨時中央政府發起廣大的募捐運動以來，該會已積極的發動廣大群衆熱烈的募捐援助上海罷工，工人，兵募集大洋三十九元四角五，群衆口口聲聲說「少吃零星東西多募捐！自己洗衣抽出錢！」去援助上海罷工的工人，現在還繼續不斷的募捐援助云。

中央印刷局工人 競相捐助救濟上海罷工工人

中央印刷局工會於本月十六日召集該局工人全體大會，當開會時，有反帝大同盟會員，報告日本帝國主義侵佔東三省及蹂躪上海工人，上海紗廠工人，怎樣起來英勇斗爭，一致宣布罷工，反抗日帝國主義和其資本家事，該局工人等廖肇擬等，憤激異常，報告後，有革命互濟會會員，出來募捐，救濟上海罷工工人，該工人等，競相捐助，一時簽名踴躍，擁擠非常，聞共捐得三十九元〇五百四十文云。

蘇維埃建設

選舉運動與合作社

中央政府指示江西省蘇的一封信

你們的工作進行到了什麼程度，一二三月來未得你們一次的報告，我們總覺得悶，最近纔得你們幾個油印的通令和「選舉運動」的刊物，有幾個問題，使我們不得不提出，給你們一指示，

一，苏維埃選舉運動，這一個運動的實質，是改造各級苏維埃，建立強有工作能力的苏維埃政權，來領導和執行目前革命斗爭的任務，決不是一個普通的選舉運動。要使這一任務的完成，首先是充分的動員群衆，積極的發展和深入斗爭，而積極的執行全苏大會一切法令和發展斗爭，是動員群衆的最主要方法，發動群衆來批評苏維埃的過去工作，提高群衆對於政權的認識，要在這些實際問題上，將廣大群衆發動起來，熱烈的參加選舉運動，很積極的選出他們最好的份子到苏維埃去當代表，這樣才能達到各級苏維埃真實改造，達到堅強的工作能

中央印刷局工人竞相捐助救济上海罢工工人

中央印刷局工会于本月十六日召集该局工人全体大会，当开会时，有反帝大同盟会员，报告日本帝国主义侵占东三省及蹂躏上海工人，上海日纱厂工人，怎样起来英勇斗争，一致宣布罢工，反抗日帝国主义和其资本家事，该局工人等摩拳擦掌，愤激异常，报告后，有革命互济会会员，出来募捐，救济上海罢工工人，该工人等，竞相捐助，一时签名处，拥挤非常，闻共捐得三十九元〇五百四十文云。

組織社黨的組織。其他被審判的社黨，也是在機關中担任過社黨的工作的，其中還有被社黨欺騙而加入社黨的幾人。還有劉彝昌是改組派的閩西特派員，從廈門到閩西來發展改組派的組織，企圖用開設學校的方式來團結豪紳地主的子弟破壞蘇維埃和紅軍的工作。此外還有徐步元及李某二名是AB團，但未担任過AB團的重要工作。以上所列舉的反革命分子，過去都是蘇維埃、共產黨及紅軍中的重要工作人員，但是他們背叛了共產黨和蘇維埃政府的委託，跑到反革命的營壘去了，做了反革命派進攻蘇區的內應，是帝國主義國民黨軍閥的工具。

反革命自供的反動陰謀

據審判時該犯人等的口供，托派在蘇維埃、紅軍及共產黨中的陰謀和策略，是要奪取領導權，奪取領導權之後，將共產黨的方針和蘇維埃的策略，轉變為托派。他們對蘇維埃的工作，阻止他發展，說蘇維埃運動在中國太早，宜保守不宜發展。並要使蘇維埃脫離群眾。對紅軍則鼓動逃跑，官僚腐化，使紅軍瓦解。反對工農聯合，主張祇要工人，不要農民，組織工人專政的政府。主張拋棄現有的蘇區，要大城市，他們說，現有的蘇區是在山窠裏，農村中，所以應當拋棄。對於共產黨是企圖分裂他的組織。托派的陰謀，主要的是要想把目前中國的蘇維埃運動弄到失敗，以證明托派理論之正確。托派根據這些策略和陰謀，在實際工作中托派與社黨聯盟。托派在閩西的首魁劉端生，曾親自到過上杭北四區，和社黨老前輩傅柏翠接過頭，商議共同來破壞蘇維埃和紅軍的工作，所以托派分子加入了社黨，並由社黨供給托派活動的經費。至於社黨改組派，AB團的反革命行動和陰謀，更為一般人所熟悉，他們主要的目的是企圖推翻蘇維埃政權，瓦解紅軍，恢復豪紳地主資產階級，國民黨軍閥的統治。這種反革命事實，在這次審判中也很明顯的暴露出來了。

判決的罪狀

根據他們的反革命事實，站在革命法律的立場上講，應該都處他們以死刑。但是蘇維埃政府處置反革命派，是要看他們的成份首要與附和，再來定處罰的輕重。所以這次閩西政府裁判部僅把劉端生，張耕陶二名判決槍決，宋鼓英，馮簡，劉靜山，廖甘園，劉蕃昌判決五年監禁。劉耀文，蔡聽，李仲奎，張錦添等判決監禁三年。曹亦怡，陳正人等判決監禁二年。趙忠赤，汪銘等判決監禁一年，其餘有判決監禁三個月四個月的。還有幾個人是宣佈釋放的。

這次審判是有很大的意義的，這些反革命份子在法庭上，在廣大的群眾面前，都招認了自已的反革命陰謀，而且說在事實上已做了許多破壞蘇維埃和紅軍的工作，群眾聽了這次審判，對於這些反革命組織必有更進一步的認識，更引起工農群眾對於徹底肅清這些反革命組織的決心，可以說這次公開的審判，是對於蘇維埃的肅反工作有很大的幫助的。

閩贛兩省工人代表大會續誌

閩贛兩省工人代表大會，開幕以來，雖風雨連綿，天氣陰寒，但各代表異常精神奮發，毫無疲倦狀態。經過七天熱烈的會議於二月十三日閉幕了。

大會開幕的第二天，由中共中央局代表周恩來同志作政治報告，各場代表，極為興奮，一致狂呼擁護中國共產黨和接收共產黨的政治領導。

在這次大會特別表現工人階級對於參加紅軍的積極，在大會開會時由贛縣送工人五十名到前方去。在大會討論擴大紅軍問題時，更有代表十八名自動的勇敢的報名加入紅軍。完全證明工人階級是革命斗爭的先鋒。

大會會熱烈地討論了職工會的任務，雇農工會及勞動法等問題。共計議決了職工會的任務與組織問題，僱農問題，擁護與實現勞動法問題，擴大並擁護紅軍問題，失業與合作社運動問題，援助上海罷工問題，準備「五一勞動」大會問題，等八個重要的決議案。這是大會的圓滿成功。

大會最後的兩省總工會共選出袁紹珍等十五人為江西職工聯合會執行委員，胡昌來等九人為候補執行委員。選出石立根等十一人為江西雇農工會執行委員，杜志永等五人為候補委員，選出林松香等十三人為福建省職工聯合會執行委員，傅德輝等六人為候補委員。選出張蘭英等十一人為福建省雇農會委員，魏明賢等五人為候補委員。

在最後一天，合全體代表及各机關代表共三百餘人舉行閉幕典禮。由全總執行局代表陳壽昌中共中央局代表任弼時中央政府代表項英少共中央局代表顧作霖等相繼致詞並當場通過擁護中國共產黨共產青年團臨時中央政府通電，繼有反帝大同盟中央印刷局等代表及大會代表相繼演說。在狂歡鼓掌高呼口號的熱烈盛況之下宣佈了大會閉幕。

永豐赤衛團勝利

永豐縣蘇二月九日來訊：一月二十九日，永豐獨立團第一二連往荇田市游擊，正碰着靖衛團匪，遂與接火數小時，結果把敵人打坍了，擊斃靖衛匪十餘名，打傷十餘名，其餘的靖匪，向梁坊一帶潰散逃遁，卅日獨立團復乘勢追擊，進攻新街，與靖匪激戰一小時之久，我軍又大獲勝利，繳獲步槍二條，子彈數十排，軍用品甚夥，擊斃靖匪五名，該匪殘部，紛紛向故縣方面逃竄云。

公略縣獨立團擊潰白軍第十師

江西軍區總指揮部二月十二日來訊：公略縣獨立團及水南等處赤衛連聯合當地工農群眾，於深夜襲擊駐水東之白軍第十師兩營，當場擊斃和擊傷白軍數十人，繳獲機關槍一架，步槍十八枝，其他軍用品無算云。

中央工作人員互濟分會募捐援助上海罷工工人

自臨時中央政府發起廣大的募捐運動以來，該會已積極的發動廣大群眾熱烈的募捐援助上海罷工，工人，兵募集大洋三十九元四角五，並喊出口號說「少吃香烟東西多募捐！自己洗衣抽出錢！」去援助上海罷工的工人，現在還繼續不斷的募捐援助云。

中央印刷局工人競相捐助救濟上海罷工工人

中央印刷局工會於本月十六日召集該局工人全體大會，當開會時，有反帝大同盟會員，報告日本帝國主義侵佔東三省及蹂躪上海工人，上海的紗廠工人，怎樣起來英勇斗爭，一致宣布罷工，反抗日帝國主義和其資本家事，該局工人都摩拳擦掌，憤激異常，報告後，有革命互濟會會員，出來募捐，救濟上海罷工工人，該工人等，競相捐助，一時簽名踴躍，擁擠非常，聞共捐得三十九元〇五百四十文云。

蘇維埃建設

選舉運動與合作社

中央政府指示江西省蘇的一封信

你們的工作進行到了什麼程度，二三月來未得你們一次的報告，我們無從得悉，最近得你們幾個油印的通令和『選舉運動』的刊物，有幾個問題，使我們不得不提出，給你們一指示：

一，蘇維埃選舉運動，這一個運動的實質，是改造各級蘇維埃，建立強有工作能力的蘇維埃政權，來領導和執行目前革命斗爭的任務，決不是一個普通的選舉運動。要使這一任務的完成，首先是充分的動員群眾，積極的發動和深入斗爭，而積極的執行全蘇大會一切法令和發展斗爭，是動員群眾的最主要方法，發動群眾來批評蘇維埃的過去工作，提高群眾對於政權的認識，要在這些實際問題上，將廣大群眾發動起來，熱烈的參加選舉運動，很積極的選舉他們最好的分子到蘇維埃來當代表，這樣才能達到各級蘇維埃與改造，達到堅強的有工作能

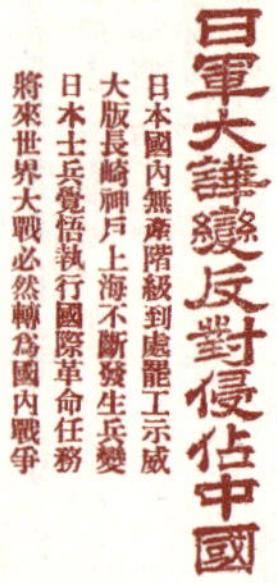
日軍大譁變反對侵佔中國
日本國內無產階級到處罷工示威
大阪長崎神戶上海不斷發生兵變
日本士兵覺悟執行國際革命任務
將來世界大戰必然轉為國內戰爭

专电
日军大哗变反对侵占中国

日本［阪］国内无产阶级到处罢工示威
大版长崎神户上海不断发生兵变
日本士兵觉悟执行国际革命任务
将来世界大战必然转为国内战争

十八日上海专电：日陆军省增派来沪之援军第十二师团，于抵大版［阪］长崎间，受日反对政府党运动，忽然哗变。

十八日上海电：日陆军一部，不愿参加作战，已遣回。

二十一日下午二时上海电：二十晚九时四十分驻守闸北一带日军，自接得植田之总攻击，全数三千余名之新军陆军中，有六百名不愿参加作战，顿时哗变，一时日军阵地秩序大乱，当经其他日军，将其包围缴械。并电植田司令，请示处置办法，于十一时零五分，植田之命令已到，嘱将该项哗变部队，即日押解回国，以免煽动军心，有碍作战，二十一日晨十时许，有日舰一艘，驶出吴淞，即将六百名哗变日军，随舰押返日本。

上海二十一日专电：日本进兵中国，国内各地群众大起反对，前日由神户运兵来华，哗变一团，被缴械，东京五万人示威，大阪海员实行总罢工，递昨日闻虹口日军哗变，千余人，反对屠杀中国工农，被捕数百，归国待证。

中華蘇維埃共和國臨時中央政府机關報

紅色中華

第十一期
一九三二年二月廿四日
本期二張
收報費銅元一枚

社論

實行工作的檢查

項英

革命的形勢，一天天緊張的向前發展，我們的任務，也一天天的繁重起來。爲要抓緊時機，完成自己的任務，就要很緊張很實際的去進行一切工作，才能完成自己應盡的責任，這是十分必需要的條件。

臨時中央政府成立以來，對於蘇維埃的建設，領導各種斗爭以及加強革命發展的力量各種很實際的方針和辦法　做成很多訓令　通令、決議，條例等來指導各級政府，若是很切實的照所指示的辦法去做，那末，對於蘇維埃及革命的發展，毫無疑義的有很大的進步和開展的，可是在將近三个月以來，各地對於中央政府一切訓令，通令，決議等等的執行，那是非常令人不滿。一般的說，到現在沒有一个政府向中央做一個執行工作的報告，進一步來說，很多政府不但沒有實行工作的報告制度，連討論都沒有討論，那裏還談得上執行嗎?!成爲一種麻木不仁的狀態，這是多麼嚴重的現象！

若是說各地政府的辦事的人，因爲文化程度低，對於文件看不大懂，這只能說增加在執行中的困難，絕對不至於將上級的文件，命令置之不理，好像沒有這一回事一樣，不僅鄉區蘇府如此，就是縣，省兩級政府，也不過是依樣葫蘆用油印翻印一下，發下去他的責任就完了，這些事情下級做了沒做，也不過問，敷衍了事，這只拿各級政府不做報告，不討論命令執行的辦法，就可證明有很多政府是這種惡現象。

至於許多政府(如會昌縣西岡區，)對人欺騙，說是什麼工作都做好，其實什麼工作都未做好的事實，那是很多的。

這種現象的養成，不僅由於下級政府不健全，而最主要的還是由於各該上級政府沒有執行自己的職權，沒有實行工作的督促和考察，特別是沒有在每件工作做了以後，實行檢查一次，而加以指示和糾正。

實行工作的檢查，本在中央所頒佈的地方政府暫行組織條例上已規定了的，是各級政府在工作中應該執行的一件重要事。

在現在爲了執行一切工作和任務，爲了消滅所存在的惡現象，而建立強有工作能力的地方蘇維埃就要很嚴格的實行工作的檢查。

當前各地正在舉行各級蘇維埃選舉的時候，我們更要用檢查工作的方式，來實際的改選各級政府。

日軍大譁變反對侵佔中國

日本國內無產階級到處罷工示威
大阪長崎神戶上海不斷發生兵變
日本士兵覺悟執行國際革命任務
將來世界大戰必然轉爲國內戰爭

專電

上海二十一日專電：日本進兵中國，國內各地羣衆大起反對，前日由神戶運兵來華，譁變一團，被繳械，東京五萬人示威，大阪海員實行總罷工，遞昨日聞虹口日軍譁變，千餘人，反對屠殺中國工農，被捕數百，歸國待證。

十八日上海專電：日陸軍省增派來滬之援軍第十二師團，於抵大阪長崎間，受日反對政府黨運動，忽然譁變。

十八日上海電：日陸軍一部，不願參加作戰，已遣回。

二十一日下午二時上海電：二十晚九時四十分駐守閘北一帶日軍，自接得植田之總攻擊令，全數三千餘名之新軍陸軍中，**有六百名不願參加作戰，頓時譁變**，一時日軍陣綫秩序大亂，當經其他日軍，將其包圍繳械，並電植田司令，請示處置辦法，於十一時零五分　植田之命令已到，囑將該項譁變部隊，即日押解回國，以免煽動軍心，有碍作戰，二十一日晨十時許，有日艦一艘，駛出吳淞，即將六百名譁變日軍，隨艦押返日本。

紅色中華

日本提出哀的美敦书强迫华军撤退上海无效

上海十八日三时十五分路透电：日军向中国要求撤退之哀的美敦书（即最后通谍［牒］），尚未送出，今日在法界某屋内，中日代表开会，此为本星期以来，休战破约后双方第一次之会晤，各国对此会议，极端重视，都认为□最后五分钟上海大战不能避免，会谈时，仅中日代表参加，各国公使，俱未加入。

上海十八日下午十一时三十分电：日军司令植田及日总领事村井，十八日晚，各以哀的美敦书致蔡廷楷［锴］，及吴铁城，晚八时四十七分已接到，原文甚长，其大意如下：日方限令华方将中国军队撤退离租界二十英里，吴淞炮位亦须撤除，且永远不得成为要塞，并限下午五时前完全履行上述两项后，日方当派武装调查员，实地调查，如已确实履行，则日军除保留虹口公园周围防线军外，亦将一律撤退，其末段称要吴铁城前月允取缔一切抗日运动等三项，切实执行云。

上海二十日九时零五分路透电：今晨八时，租界发表下列之声明，今晨七时，在前线之华军，并未撤退，日方再展限三十分，但现日军已决定采有效之攻击行动，今晨七时半，日军已开始移动，大部将开。

日本提出哀的美敦書

強迫華軍撤退上海無效

上海十八日三時十五分路透電：日軍向中國要求撤退之哀的美敦書（即最後通牒），尚未送出，今日在法界某屋內，中日代表開會，此爲本星期以來，休戰破約後雙方第一次之會晤，各國對此會議，極端重視，都認爲係最後五分鐘上海大戰不能避免，會談時，僅中日代表參加，各國公使，俱未加入。

上海十八日下午十一時卅分電：日軍司令植田及日總領事村井，十八日晚，各以哀的美敦書致蔡廷楷，及吳鐵城，晚八時四十七分已送到，原文甚長，其大意如下：日方限令華方將中國軍隊撤退離租界二十英里，吳淞砲位亦須撤除，且永遠不得成爲要塞，並限下午五時前完全履行上述兩項後，日方當派武裝調查員，實地視查，如已確實履行，則日軍除保留虹口公園周圍防綫軍外，亦將一律撤退，其末段稱要吳鐵城前月允取締一切抗日運動等三項，切實執行云。

上海二十日九時零五分路透電：今晨八時，租界發表下列之聲明，今晨七時，在前綫之華軍，並未撤退，日方再展限三十分，但現日軍已決定採有效之攻擊行動，今晨七時半，日軍已開始移動，大部將開。

日軍提出哀的美敦書後

積極佈置總攻擊情況

到滬日軍已有三萬餘
還有四萬陸續再運滬
化學兵毒瓦斯均運來
野砲六十開花炮一二
飛机六十架餘再裝置
重炮每營九尊分三組
各地兵力都重新配置
大戰火綫拖長數！里
欲以武力最後佔上海

上海十八日上午十一時卅分電：本埠又到日軍二千餘人，登陸後往狄思威路，下午又到三千四百餘，分宿日紗廠，據消息，日軍已存滬者，**總計已有三萬餘人，聞尚有四萬餘名，繼續再運滬凑成八萬人。**據調查日軍第九師團之炮兵團，化學兵營兵士，均服白色衣袴，帶面具，二月十四日晚十時，在大阪馬頭登陸，并攜有毒瓦斯二十餘箱云。

上海十八日電：日軍司令植田，以日軍駐外後到三萬餘人，但戰線之長，仍不敷分配，現正電日政府請增援若干，一俟援到，全綫向華總攻。

上海十九日下午八時三十分路透電：今日前線安靜，但日軍大陸炮兵應用品，紛紛向前方輸送，現日軍在前綫者達一萬三千人，由陸戰隊担任第二防綫。現日軍準備用野炮六十門，開花炮十二門進攻，若十九日清晨，日飛機偵察華軍尚未退却時，即開始炸擊，日軍方面宣言，若此次進攻順利，即搜索在鐵軌綫與蘇州河之間，堅定鞏固戰壕之華軍，欲避免流彈墜落，故防綫恐甚困難云。

十九日上海電：日機總數，已達六十餘架，一部份尚在楊樹浦飛行場裝置，吳淞浦江中驅逐艦·艘保護，場中并架有高射炮甚多，防華們襲擊。

十九日下午七時上海電：中日大戰，即將開始，戰線自公共租界老靶子場起至吳淞黃浦江口長數十里，雙方準備，殆已完畢，十八驗部佈交通網電話線，隨後，即有步兵佈置防位。十九晨開始趕運大批日軍，往前線，共分兩路，一由虹口公園向北，一向軍工路以西，第九師團炮兵一部，在狄思威路，齊集候命。至日軍每營有重炮九尊。分爲三組，每組各三尊，並有戰馬六隻。

二十日下午一點五十分上海電：上海日軍司令部，於今晨始忙碌異常，大批日軍向閘北前綫出發，同時過山砲等均已備置完竣，正在準備出發，在日司令部門前之坦克車六架，亦待命出發前綫，今晨日飛机十架，載有炸彈，上騰半空，向閘北飛翔，但至今尚未擲彈，僅爲偵察工作，在日飛機場，復有多數飛機，準備出發，飛機師等，往來奔走甚忙，爲今日空軍總攻之準備，九時已開第一次之砲聲，但戰事尚未十分激烈。

日軍總攻擊全綫失敗

等待新援軍準備再進攻

上海二十一日下午三時電：日軍自二十晨，實行總攻擊後，雙方激戰終夜，迄未停止，除吳淞方面，日軍以魚雷艇協助海軍飛机七架合攻，及閘北各路沖鋒，均不得逞外，日軍仍注意江灣方面。

二十二日上午九時卅五分路透電：昨晚華軍之猛烈炮火，至午夜即停，但今晨五時，炮聲又復隆隆，半天皆爲炮火映成紅色，天明時，閘北砲聲又起，而江灣方面之砲聲又隱約可聞，**現日軍之總攻，雖已失敗兩次，今日已準備做第三次之總攻云。**

二十三日上海電：**日軍在江灣部隊，退岳州路。華軍追擊部隊，進至引翔港一帶，閘北天通庵一帶日軍，退向江灣一帶。吳淞也退。日軍前線總退却，**又日機存各處擲彈，被華方兵茹空軍擊落三架，傳聞日軍擬再增援，將由租界街至滬西，截華軍後路，**現英租界已嚴密佈防，遇必要時將折斷橋樑，以資守禦，決不許日軍由租界通過。**

總攻擊中

日軍一度佔領吳淞

結果仍退出　雙方守原線

上海二十日下午三時十分電：今晨七時二十分，日軍用重砲飛機炸彈及機槍開始攻擊，**日軍一隊攻擊吳淞鎮，歷二時佔領，但華軍自後方出現反攻，立即將日軍驅出，**日軍續用飛機向該鎮擲彈，當即着火，同時又以唐克軍，向華軍陣綫沖鋒，結果被擊退。又日軍一隊向吳淞路進攻，截至今日正午日軍猶未進佔寸地，華軍仍固守原防。

上海二十一日下午一時電：江灣吳淞方面，日軍二十一日數日向華軍猛攻甚殘酷，又二十號晨日艦七艘，同時向吳淞炮台發排礮，并以飛機擊炸華軍戰壕，華軍即以机槍步槍及大礮還擊。雙方互戰三時始停，日軍未得逞，午後又有激戰，華軍還擊甚烈，華方大礮均安藏壕中，白日不輕發，至晚則發揚火力，極爲得勢，吳淞炮台不特對日艦攻擊，并向日步兵轟擊，日軍仍在蘊藻濱兩，未越寸步。

期：红色中华零零十一期
版：零二版
时间：一九三二年二月二十四日

日军提出哀的美敦书后积极布置总攻击情况

到沪日军已有三万余
还有四万陆续再运沪
化学兵毒瓦斯均运来
野炮六十开花炮十二
飞机六十架余再装置
重炮每营九尊分三组
各地兵力都重新配置
大战火线拖长数十里
欲以武力最后占上海

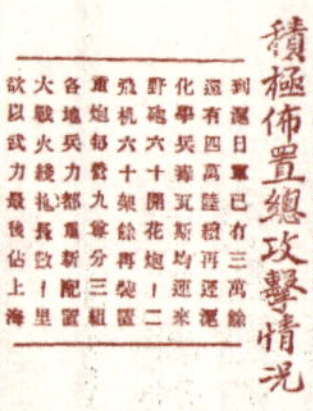
日軍提出哀的美敦書後
積極佈置總攻擊情況
到滬日軍已有三萬餘
還有四萬陸續再運滬
化學兵毒瓦斯均運來
野砲六十開花炮十二
飛机六十架餘再裝置
重炮每營九尊分三組
各地兵力都重新配置
大戰火線拖長數十里
欲以武力最後佔上海

上海十八日上午十一时三十分电： 本埠又到日军二千余人，登陆后往狄思威路，下午又到三千四百余，分宿日纱厂，据消息，日军已在沪者，总计已有三万余人，闻尚有四万余名，继续再运沪，凑成八万人。据调查日军第九师团之炮兵团，化学兵营兵士，均服白色衣裤，带面具，二月十四日晚十时，在大版［阪］马［码］头登陆，并携有毒瓦斯二十余箱云。

上海十八日电： 日军司令植田，以日军虽外援到三万余人，但战线之长，仍不敷分配，现正电日政府请增援若干，一俟援到，全线向华总攻。

上海十九日下午八时三十分路透电： 今日前线安静，但日军大陆步炮兵应用品，纷纷向前方输送，现日军在前线者达一万三千人，由陆战队担任第二防线，现日军准备用野炮六十门，开花炮十二门进攻，若十九日清晨，日飞机侦察华军尚未退却时，即开始炸击，日军方面宣言，若此次进攻顺利，即搜索在铁轨线与苏州河之间，坚定□固战壕之华军，欲避免流弹坠落，□防线恐甚困难云。

十九日上海电： 日机总数，已达六十余架，一部份尚在杨树浦飞行场装置，吴淞浦江中驱逐舰□艘保获，□中并架有高射炮甚多□防华机袭击。

十九日下午七时上海电： 中日大战，即将开始，战线自公共租界老靶子场起至吴淞黄浦江口长数十里，双方准备，殆已完毕，十八□密布交通网电话线，随后，即有步兵布置防位。十九晨开始赶运大批日军，往前线，共分两路，一由虹口公园向北，一向军工路以西，第九师团炮兵一部，在狄思威路，齐集候命。至日军每营有重炮九尊。分为三组，每组各三尊，并有战马六只。

二十日下午一时五十分上海电： 上海日军司令部，于今晨始忙碌异常，大批日军向闸北前线出发，同时过山炮等均已备置完竣，正在准备出发，在日司令部门前之坦克车六架，亦待命出发前线，今晨日飞机十架，载有炸弹，上腾半空，向闸北飞翔，但至今尚未掷弹，仅为侦察工作，在日飞机场，复有多数飞机，准备出发，飞机师等，往来奔走甚忙，为今日空军总攻之准备，九时已开第一次之炮声，但战事尚未十分激烈。

日本提出哀的美敦書
強迫華軍撤退上海無效

上海十八日三時十五分路透電：日軍向中國要求撤退之哀的美敦書(即最後通諜)，尚未送出，今日在法界某屋內，中日代表開會，此爲本星期以來，休戰破約後雙方第一次之會晤，各國對此會議，極端重視，都認爲在最後五分鐘上海大戰不能避免，會談時，僅中日代表參加，各國公使，俱未加入。

上海十八日下午十一時卅分電：日軍司令植田及日總領事村井，十八日晚，各以哀的美敦書致蔡廷楷，及吳鐵城，晚八時四十七分已送到，原文甚長，其大意如下：日方限令華方將中國軍隊撤退離租界二十英里，吳淞砲位亦須撤除，且永遠不得成爲要塞，並限下午五時前完全履行上述兩項後，日方當派武裝調查員，實地視查，如已確實履行，則日軍除保留虹口公園周圍防綫軍外，亦將一律撤退，其末段稱要吳鐵城前月允取締一切抗日運動等三項，切實執行云。

上海二十日九時零五分路透電：今晨八時，租界發表下列之聲明，今晨七時，在前綫之華軍，並未撤退，日方再展限三十分，但現日軍已決定採有效之攻擊行動，今晨七時半，日軍已開始移動，大部特開。

日軍提出哀的美敦書後積極佈置總攻擊情況

到滬日軍已有三萬餘
還有四萬陸續再運滬
化學兵毒瓦斯均運來
野砲六十開花炮十二
飛机六十架餘再裝置
重炮每營九尊分三組
各地兵力都重新配置
大戰火綫拖長數十里
欲以武力最後佔上海

上海十八日上午十一時卅分電：本埠又到日軍二千餘人，登陸後往狄思威路，下午又到三千四百餘，分宿日紗廠，據消息，日軍已存滬者，總計已有三萬餘人，聞尚有四萬餘名，繼續再運滬凑成八萬人。據調查日軍第九師團之炮兵團，化學兵營兵士，均服白色衣袴，帶面具，二月十四日晚十時，在大阪馬頭登陸，并攜有毒瓦斯二十餘箱云。

上海十八日電：日軍司令植田，以日軍雖先後到三萬餘人，但戰綫之長，仍不敷分配，現正電日政府請增援若干，一俟援到，全綫向華總攻。

上海十九日下午八時三十分路透電：今日前線安靜，但日軍大陸步炮兵應用品，紛紛向前方輸送，現日軍在前綫者達一萬三千人，由陸戰隊担任第二防綫，現日軍準備用野炮六十門，開花炮十二門進攻，若十九日清晨，日飛機偵察華軍尚未退却時，即開始炸擊，日軍方面宣言，若第一次進攻順利，則搜索在鐵軌綫與蘇州河之間，堅定鞏固戰壕之華軍，欲避免流彈墜落，或防綫恐甚困難云。

十九日上海電：日機總數，已達六十餘架，一部份尚在楊樹浦飛行場裝置，吳淞浦江中　驅逐艦一艘保護，場中并架有高射炮甚多　防華機襲擊。

十九日下午七時上海電：中日大戰，即刻將開始，戰線自公共租界老靶子場起至吳淞黃浦江口長數十里，雙方準備殆已完畢，十八晚密佈交通網電話線，隨後，即有步兵佈置防位。十九晨開始趕運大批日軍，往前綫，共分兩路，一由虹口公園向北，一向軍工路以西，第九師團炮兵一部，在狄思威路、齊集候命。至日軍砲營有重炮九礮。分爲三組，每組各三礮，並有戰馬六隻。

二十日下午一時五十分上海電：上海日軍司令部，於今晨命令陸戰隊，大批日軍向閘北前綫出發，同時過山礮等均已備置完竣，正在準備出發，在日司令部門前之坦克車六架，亦待命出發前綫，今晨日飛机十架，載有炸彈，上騰半空，向閘北飛翔，但至今尚未擲彈，僅爲偵察工作，在日飛機場，復有多數飛機，準備出發，飛機師等，往來奔走甚忙，爲今日空軍總攻之準備，九時已開第一次之砲聲，但戰事尚未十分激烈。

日軍總攻擊全綫失敗
等待新援軍準備再進攻

上海二十一日下午三時電：日軍自二十晨，實行總攻擊後，雙方激戰終夜，迄未停止，除吳淞方面，日軍以魚雷艇協助海軍飛机七架合攻，及閘北各路衝鋒　均不得逞外，日軍仍注意江灣方面。

二十二日上午九時卅五分路透電：昨晚華軍之猛烈炮火至午夜即停，但今晨五時，炮聲又復隆隆　半天皆爲炮火映成紅色　天明時，閘北砲聲又起，而江灣方面之砲聲又隱約可聞，現日軍之總攻，雖已失敗兩次，今日已準備做第三次之總攻云。

二十三日上海電：日軍在江灣部隊，退岳州路。華軍追擊部隊，進至引翔港一帶，閘北天通庵一帶日軍，退向江灣一帶。吳淞也退。日軍前線總退却，　又日機在各處擲彈，被華方高射砲擊落三架，傳聞日軍擬再增援，將由租界衝至滬西，截華軍後路，現英租界已嚴密佈防，遇必要時　將折斷橋樑，以資守禦，決不許日軍由租界通過。

日軍一度佔領吳淞
總攻擊中　結果仍退出　雙方守原線

上海二十日下午三時十分電：今晨七時二十分，日軍用重砲飛機炸彈及機槍開始攻擊吳淞鎮，歷二時佔領，但華軍自後方出現反攻，立即將日軍驅出，日軍再用飛機向該鎮擲彈，當即着火，同時又以唐克車向華軍陣線衝鋒，結果被擊退，又日軍一隊向吳淞路進攻，截至今日正午日軍猶未進佔寸地，華軍仍固守原防。

上海二十一日下午一時電：江灣吳淞方面，日軍二十一日整日向華軍猛攻擊甚殘酷，又二十號晨日艦七艘，同時向吳淞砲台發排礮，并以飛機擲炸華軍戰壕，華軍即以机槍步槍及大礮還擊，雙方互戰三時始停，日軍未得逞，午後又有激戰　華軍還擊甚烈，華方大礮均安藏壕中，白日不輕發，至晚則發揚火力，極爲得勢，吳淞炮台不特對日艦攻擊，并向日步兵猛轟，日軍仍在蘊藻濱南，未越寸步。

红色中華
1932
上海新闻整理汇编
日軍總攻擊全綫失敗
等待新援軍準備再進攻
珍藏版

期
红色中华零零十一期
版
零二版
时间
一九三二年二月二十四日

日军总攻击全线失败

等待新援军准备再进攻

上海二十一日下午三时电：日军自二十晨，实行总攻以后，双方激战终夜，迄未停止，除吴淞方面，日军以鱼雷舰协助海军飞机七架合攻，及闸北各路冲锋均不得逞外，日军仍注意江湾方面。

二十二日上午九时三十五分路透电：昨晚华军之猛烈炮火至午夜即停，但今晨五时，炮声又复隆隆，半天皆为炮火映成红色，天明时，闸北炮声又起，而江湾方面之炮声又隐约可闻，现日军之总攻，虽已失败两次，今日已准备做第三次之总攻云。

二十三日上海电：日军在江湾部队，退岳州路。华军追击部队，进至引翔港一带，闸北天通庵一带日军，退向江湾一带。吴淞也退。日军前线总退却，又日机在各处掷弹，被华方真茹空军击落三架，传闻日军拟再增援，将由租界街［行］至沪西，截华军后路，现英租界已严密布防，遇必要时将折断桥梁，以资守御，决不许日军由租界通过。

一九三二年二月廿四日　紅色中華　第二版

日本提出哀的美敦書

強迫華軍撤退上海無效

上海十八日三時十五分路透電：日軍向中國要求撤退之哀的美敦書（即最後通諜），尚未送出，今日在法界某屋內，中日代表開會，此爲本星期以來，休戰破約後雙方第一次之會晤，各國對此會議，極端重視，都認爲是最後五分鐘上海大戰不能避免，會談時，僅中日代表參加，各國公使，俱未加入。

上海十八日下午十一時卅分電：日軍司令植田及日總領事村井，十八日晚，各以哀的美敦書致蔡廷楷，及吳鐵城，晚八時四十七分已接到，原文甚長，其大意如下：日方限令華方將中國軍隊撤退離租界二十英里，吳淞砲位亦須撤除，且永遠不得成爲要塞，並限下午五時前完全履行上述兩項後，日方當派武裝調査員，實地調查，如已確實履行，則日軍除保留虹口公園周圍防綫軍外，亦將一律撤退，其末段稱要求吳鐵城前月允取締一切抗日運動等三項，切實執行云。

上海二十日九時零五分路透電：今晨八時，租界發表下列之聲明，今晨七時，在前綫之華軍，並未撤退，但日方再展限三十分，現日寅已決定採有效之攻擊行動，今晨七時半，日軍已開始移動，大部特開。

日軍提出哀的美敦書後

積極佈置總攻擊情況

到滬日軍已有三萬餘

還有四萬陸續再運滬

化學兵毒瓦斯均運來

野砲六十開花炮一二

飛机六十架餘再裝置

重炮每營九尊分三組

各地兵力都重新配置

大戰火綫拖長數十里

欲以武力最後佔上海

上海十八日上午十一時卅分電：本埠又到日軍二千餘人，登陸後往狄思威路，下午又到三千四百餘，分宿日紗廠，據消息，日軍已存滬者，總計已有三萬餘人，聞尚有四萬餘名，繼續再運滬湊成八萬人。據調查日軍第九師團之炮兵團，化學兵營兵士，均服白色衣袴，帶面具，二月十四日晚十時，在大阪馬頭登陸，并攜有毒瓦斯二十餘箱云。

上海十八日電：日軍司令植田，以日軍雖先後到三萬餘人，但戰線之長，仍不敷分配，現正電日政府請增援若干，一俟援到，全綫向華總攻。

上海十九日下午八時三十分路透電：今日前線安靜，但日軍大陸步炮兵應用品，紛紛向前方輸送，現日軍在前綫者達一萬三千人，由陸戰隊担任第二防線，現日軍準備用野炮六十門，開花炮十二門進攻，若十九日清晨，日飛機偵察華軍尚未退却時，即開始炸擊，日軍方面宣言，若該次進攻順利，則搜索在鐵軌綫與蘊州河之間，堅定華軍固戰壕之華軍，欲避免流彈墜落，或防線恐甚困難云●

十九日上海電：日機總數，已達六十餘架，一部份尚在楊樹浦飛行場裝置，吳淞浦江中驅逐艦艇保護，場中并架有高射炮甚多，防華機襲擊、

十九日下午七時上海電：中日大戰，即將開始，戰線自公共租界老靶子場起至吳淞黃浦江口長數十里，雙方準備，殆已完畢，十八晚密佈交通網電話綫，隨後，即有步兵佈置防位。十九晨開始趕運大批日軍，往前綫，共分兩路，一由虹口公園向北，一向軍工路以西，第九師團炮兵一部，在狄思威路、齊集候命。至日軍每營有重炮九礮。分爲三組，每組各三礮，並有戰馬六隻。

二十日下午一時五十分上海電：上海日軍司令部，於今晨始忙碌異常，大批日軍向閘北前綫出發，同時過山礮等均已備置完竣，正在準備出發，在日司令部門前之坦克車六架，亦待命出發前綫，今晨日飛机十架，載有炸彈，上騰半空，向閘北飛翔，但至今尚未擲彈，僅爲偵察工作，在日飛機場，復有多數飛機，準備出發，飛機師等，往來奔走甚忙，爲今日空軍總攻之準備，九時己開第一次之砲聲，但戰事尚未十分激烈。

日軍總攻擊全线失敗

等待新援軍準備再進攻

上海二十一日下午三時電：日軍自二十晨，實行總攻擊後，雙方激戰終夜，迄未停止，除吳淞方面，日軍以魚雷艇協助海軍飛机七架合攻，及閘北各路冲鋒，均不得逞外，日軍仍注意江灣方面。

二十二日十午九時卅五分路透電：昨晚華軍之猛烈炮火至午夜即停，但今晨五時，炮聲又再隆隆，半天皆爲砲火映成紅色，天明時，閘北砲聲又起，而江灣方面之砲聲又隱約可聞，現日軍之總攻，雖已失敗兩次，今日已準備做第三次之總攻云。

二十三日上海電：日軍在江灣部隊，退岳州路。華軍追擊部隊，進至引翔港一帶，閘北天通庵一帶日軍，退向江灣一帶，吳淞也退。日軍前線總退却，又日機在各處擲彈，被華方與茹容軍擊落三架，傳聞日軍擬再增援，將由租界街至滬西，截華軍後路，現英租界已嚴密佈防，遇必要時將折斷橋樑，以資守禦，决不許日軍由租界通過。

總攻擊中

日軍一度佔領吳淞

結果仍退出　雙方守原線

上海二十日下午三時十分電：今晨七時二十分，日軍用重砲機關炸彈及機槍開始攻擊吳淞鎮，歷二時，日軍一隊攻擊佔領，但華軍自後方出現反攻，立即將日軍驅出，日軍續用飛機向該鎮擲彈，當即着火，同時又以坦克車向華軍陣線冲鋒，結果被擊退。又日軍一隊向吳淞路進攻，截至今日正午日軍猶未進佔寸地，華軍仍固守原防。

上海二十一日下午一時電：江灣吳淞方面，日軍二十一日數日向華軍猛攻擊甚殘酷，又二十號晨日艦七艘，同時向吳淞砲台發排礮，并以飛機轟炸華軍戰壕等，華軍即以机槍步槍及大礮還擊，雙方互戰三時始停，日軍未得逞，午後又有激戰，華軍還擊甚烈，華方大礮均安藏壕中，白日不輕發，至晚則發揚火力，極爲得勢，吳淞炮台不特對日艦攻擊，并向日步兵還擊，日軍仍在蘊藻濱兩，未越寸步。

总攻击中，日军一度占领吴淞

结果仍退出，双方守原线

上海二十日下午三时十分电：今晨七时二十分，日军用重炮飞机炸弹及机枪开始攻击，日军一队攻击吴淞镇，历二时占领，但华军自后方出现反攻，立即将日军驱出，日军继用飞机向该镇掷弹，当即着火，同时又□唐［坦］克车，向华军阵线冲锋□结果被击退□又日军一队向吴淞路进攻，截至今日正午日军犹未进占寸地，华军仍固守原防。

上海二十一日下午一时电：江湾吴淞方面，日军二十一日整日向华军总攻击甚残酷，又二十号晨日舰七艘，同时向吴淞炮台发排炮，并以飞机击炸华军战壕沟，华军即以机枪步枪及大炮还击。双方互战三时始停，日军未得逞□午后又有激战□华军还击甚烈，华方大炮均妥藏壕中□白日不轻发，至晚则发扬火力，极为得势，吴淞炮台不特对日舰攻击，并向日步兵轰击，日军仍在蕴藻滨［浜］南，未越寸步。

日本提出哀的美敦書
強迫華軍撤退上海無效

上海十八日三時十五分路透電：日軍向中國要求撤退之哀的美敦書（卽最後通牒），尙未送出，今日在法界某屋內，中日代表開會，此爲本星期以來，休戰破約後雙方第一次之會晤，各國對此會議，極端重視，都認爲是最後五分鐘上海大戰不能避免，會談時，僅中日代表參加，各國公使，俱未加入。

上海十八日下午十一時卅分電：日軍司令植田及日總領事村井，十八日晚，各以哀的美敦書致蔡廷楷，及吳鐵城，措辭甚長，其大意如下：日方限令華方將中國軍隊撤退離租界二十英里，吳淞砲台亦須撤除，且永遠不得成爲要塞，並限下午五時前完全履行上述兩項後，日方當派武裝調查員，實地調查，如已確實履行，則日軍除保留虹口公園周圍防線軍外，亦將一律撤退，其末段稱要吳鐵城前月允取締一切抗日運動等三項，切實執行云。

上海二十日九時零五分路透電：今晨八時，租界發表下列之聲明，今晨七時，在前線之華軍，並未撤退，日方再展限三十分，但現日寅已決定採有效之攻擊行動，今晨七時半，日軍已開始移動，大部時開。

日軍提出哀的美敦書後
積極佈置總攻擊情況

到滬日軍已有三萬餘
還有四萬陸續再運滬
化學兵毒瓦斯均運來
野砲六十開花炮一二
飛机六十架餘再裝置
重炮每營九尊分三組
各地兵力都重新配置
大戰火綫拖長數十里
欲以武力最後佔上海

上海十八日上午十一時卅分電：本埠又到日軍二千餘人，登陸後往狄思威路，下午又到三千四百餘，分宿日紗廠，據消息，日軍已存滬者，**總計已有三萬餘人，聞尙有四萬餘名，繼續再運滬凑成八萬人。**據調查日軍第九師團之砲兵團，化學兵營兵士，均服白色衣袴，帶面具，二月十四日晚十時，在大阪馬頭登陸，幷攜有毒瓦斯二十餘箱云。

上海十八日電：日軍司令植田，以日軍雖先後到三萬餘人，但戰線之長，仍不敷分配，現正電日政府請增援若干，一俟援到，全線向華總攻。

上海十九日下午八時三十分路透電：今日前線安靜，但日軍大陸多炮兵應用品，紛紛向前方輸送，現日軍在前線者達一萬三千人，由陸戰隊担任第二防線，現日軍準備用野炮六十門，開花炮十二門進攻，若十九日清晨，日飛機偵察華軍尙未退却時，即開始炸擊，日軍方面宣言，若該次進攻順利，則搜索在鐵軌線與蘊州河之間，堅定營固戰壕之華軍，欲避免流彈墮落，該防線恐甚困難云。

十九日上海電：日機總數，已達六十餘架，一部份尙在楊樹浦飛行場裝置，吳淞浦江中，驅逐艦艇保護，場中幷架有高射炮甚多，防華機襲擊。

十九日下午七時上海電：中日大戰，即將開始，戰線自公共租界老靶子場起至吳淞黃浦江口長數十里，雙方準備，殆已完畢，十八日晚佈交通網電話線，隨後，即有步兵佈置防位。十九晨開始趕運大批日軍，往前線，共分兩路，一由虹口公園向北，一向軍工路以西，第九師團炮兵一部，在狄思威路、齊集候命。至日軍每營有重炮九尊。分爲三組，每組各三尊，並有戰馬六隻。

二十日下午一時五十分上海電：上海日軍司令部，於今晨始忙碌異常，大批日軍向閘北前綫出發，同時過山砲等均已佈置完竣，正在準備出發，在日司令部門前之坦克車六架，亦待命出發前綫，今晨日飛机十架，載有炸彈，上騰半空，向閘北飛翔，但至今尙未擲彈，僅爲偵察工作，在日飛機場，復有多數飛機，準備出發，飛機師等，往來奔走甚忙，爲今日空軍總攻之準備，九時已開第一次之砲聲，但戰事尙未十分激烈。

日軍總攻擊全綫失敗
等待新援軍準備再進攻

上海二十一日下午三時電：日軍自二十晨，實行總攻擊後，雙方激戰終夜，迄未停止，除吳淞方面，日軍以魚雷驅逐艦協助海軍飛机七架合攻，及閘北各路沖鋒，均不得逞外，日軍仍注意江灣方面。

二十二日上午九時卅五分路透電：昨晚華軍之猛烈炮火至午夜即停，但今晨五時，炮聲又復隆隆，半天皆爲炮火映成紅色，天明時，閘北砲聲又起，而江灣方面之砲聲又隱約可聞，**現日軍之總攻，雖已失敗兩次，今日已準備做第三次之總攻云。**

二十三日上海電：**日軍在江灣部隊，退岳州路。華軍追擊部隊，進至引翔港一帶，閘北天通庵一帶日軍，退向江灣一帶。吳淞也退。日軍前線總退却，**又日機在各處擲彈，被華方兵士擊落三架，傳聞日軍擬再增援，將由租界街至滬西，截華軍後路，**現英租界已嚴密佈防，遇必要時將折斷橋樑，以資守禦，決不許日軍由租界通過。**

總攻擊中
日軍一度佔領吳淞
結果仍退出　雙方守原線

上海二十日下午三時十分電：今晨七時二十分，日軍用重砲飛機炸彈及機槍開始攻擊，**日軍一隊攻擊吳淞鎭，歷二時佔領，但華軍自後方出現反攻，立即將日軍驅出，**日軍復用飛機向該鎭擲彈，當卽着火，同時又以唐克車，向華軍陣綫沖鋒，結果被擊退，又日軍一隊向吳淞路進攻，截至今日正午日軍猶未進佔寸地，華軍仍固守原防。

上海二十一日下午一時電：江灣吳淞方面，日軍二十一日數日向華軍猛攻擊甚殘酷，又二十號晨日艦七艘，同時向吳淞砲台發排礮，幷以飛機擊炸華軍戰壕，華軍即以机槍步槍及大礮還擊，雙方互戰三時始停，日軍未得逞，午後又有激戰，華軍還擊甚烈，華方大礮均安藏壕中，白日不輕發，至晚則發揚火力，極爲得勢，吳淞炮台不特對日艦攻擊，幷向日步兵轟擊，日軍仍在蘊藻濱南，未越寸步。

期：红色中华零零十一期
版：零三版
时间：一九三二年二月二十四日

猛攻江湾又被击退

二十日下午五时四十分上海电：二十日晨狄思威路方面□日军先以大炮机关枪向华方轰击，华方还击，日方即增援接战，下午一时，江湾庙竹［行］方面，日军用猛烈炮火□向华方阵线射击，至四时未停止，华军仍守原防。

二十二日上午八时四十分上海电：昨日江湾之战事，日军植田，派三团□战，派三团担任西北南三方，向江湾镇进攻之部队，并有重炮及坦克车二十二辆相助，但中国军队分居战壕及破坯［坏］之房屋内，向日军抵抗，日军不得逞。

上海二十二日下午九时十五分电：今晨五时，日兵二千余人□在江湾体育场附近□向华军冲锋。双方皆以刺刀实行肉搏，华方大刀队数百人，亦增加作战，喊杀之声，振［震］天动地。下六时半，日军退出。

二十三日下午九时三十分上海电：江湾日军左冀，今日向华方阵地进攻，华军即以大队冲出，未及一小时，华军已冲至战壕，当夺取机关枪两架，日军被俘甚多。

二十三日下午十时四十五分电：二十二晨六时许，日军竟将徒手华人六十余名□其中妇女为多，且多系学生模样□剥去衣服，迫之赴前线，以作日军冲锋之掩获［护］，已有十余次，华方士兵，目睹此种惨状，愤火中烧，一声喊杀□冲上前去，二三小时炮战后之江湾主力战，顿入肉搏时期，血般沙场，声震数里，自晨迄午，江湾方面之前线，华军大有进展。

猛攻江灣又被擊退

二十日下午九時四十分上海電：二十日晨狄思威路方面日軍先以大炮機關槍向華方轟擊，華軍應戰，日方即增援接應，下午一時，江灣廟行方面，日軍用猛烈炮火向華方陣線射擊，至四時始停止，華軍仍守原防。

二十二日上午八時四十分上海電：昨日江灣之戰事，日軍植田，派三團作戰，派三團担任西北南三方，向江灣鐵道攻之部隊，並有重砲及坦克車二十二輛相助，但中國軍隊分居戰壕及破坏之房屋內，向日軍抵抗，日軍不得逞。

上海二十二日下午九時十五分電：今晨五時，日兵二千餘人　在江灣體育場附近　向華軍衝鋒，雙方皆以刺刀實行肉搏，華方大刀隊數百人，亦增加作戰，喊殺之聲，振天動地。下午六時半，日軍退出。

二十三日下午九時三十分上海電：江灣日軍左翼，今日向華方陣地進攻，華軍即以大隊衝出，未及一小時，華軍已衝至戰壕，當奪取機關槍兩架，日軍被俘甚多。

二十三日下午十時四十五分電：二十二晨六時許，日軍竟將徒手華人六十餘名　其中婦女為多，且多係學生模樣，剝去衣服，迫之赴前線，以作日軍衝鋒之掩護，已有十餘人，華方士兵，目睹此種慘狀，憤火中燒，一聲喊殺　衝上前去，一二三小時炮戰後之江灣主力戰，頓入肉搏時期，血殷沙場，聲震數里，自晨迄午，江灣方面之前線，華軍大有進展。

日軍司令 植田電東京乞援

上海二十二日上午八時四十分路透電：日滬司令植田，己電東京乞援，請迅速增派一師團來滬。

日領通告日僑歸國

上海二十三日下午九時五十分電：日總領村井，以滬事失利，虹口炮火猛烈　二十三晨八時，緊急通告在滬全體日僑，即日到黃浦碼頭乘輪回國。

日帝國主義 繼續增兵派將

決增調三師團兵　委派特別總司令

準備作更大進攻　達到將上海佔領

東京十九日路透電：日軍當局，正以全力注視上海形勢之發展，至必要時，將續派援軍赴滬　如果更有必要時，日陸軍省，擬派特別總司令赴滬指揮一切，現正在派兵增援，應付目前之緊急危勢云。

二十三日下午九時五十分上海電：日政府以植田繼野村鹽澤而慘敗，決增調二師團來援，以軍事參議官，前關東司令菱刈隆大將，任總司令，以指揮來滬各軍作戰。

日軍轟炸刧掠之殘暴

上海十七日上午十一時電：今日晨二時，閘北方面，火光又織起，黑烟與紅光直冒，遙遙可聞劈拍之聲，約在中華新路，寶山路附近，因該處房屋為砲火所中，至遭焚燬　同時在北車站北首中興路，亦有一處起火，三時許，中華新路之火又熾，並有鋼炮聲大砲數響　嗣後火勢漸熄，砲聲亦稀。

上海十八日晨八時電：永安二紗廠之火，昨晨始熄，日軍又用大炮轟擊　該紗廠殘餘之房屋　昨午又成廢墟。

十八日上海電：吳淞口外日艦七艘　內有二艘　於十七日晨，駛至口外鹽與沙登岸，將該處民家米粮及菜蔬　盡載而去。

十八日上海電：日机三架晨在吳淞，擲彈十餘枚　焚燬民房數十間，鄉民死傷多人。

上海十八日下午三時電：十八日晨，日飛機在天通庵一帶擲彈，民房中彈起火，延燒甚廣。

上海十九日下午六時電：引翔港跑馬廳陸家宅一帶附近，昨下午四時有日軍三百人，將農民捕去三百餘名，及牲口甚多，并向各戶搜查，現該處居民，已逃避一空。

二十二日上海電：日飛機多架，二十一日飛至華軍後方各處偵察擲彈，炸燬民房甚多。民衆受傷亦無數。

日本強迫韓人當兵來滬

韓人表示準備遁槍跑

二十日下午四時三十分上海電：此一批日軍中之韓人與人云：青島之日軍中，有韓人甚多　均係被日人騙來，俟中國衣服做好，有槍即預逃走。

英美向日再提抗議

十八日上海電：各公使調和無進步，藉租界作戰，英美兩使，已再提出抗議。

日軍總攻上海中 美領布告美僑遷避

英領亦有同樣布告

十九日下午八時五十分上海電：美總領克甯漢，以中日和議破裂，恐即將有大戰，十九晨，發布告勸令目下住在虹口楊樹浦蘇州河以北美僑，儘二十日午前遷避，英總領署亦發表同樣布告，勸令英僑，早為預防。

駐滬美軍防線大擴展

萬國商団讓防

十八日下午六時電：萬國商團司令部十八晨佈告：西藏路界及北河南路一帶，均于十九日起，由美步兵第卅一團接防，此後美軍防線，將由梅白路擴展至西藏界路老靶子路一帶，其司令部設天后宮橋下。

美國哈佛大學主任 發起抵制日貨運動

日美衝突進一步之行動

波斯敦二十日路透電：哈佛大學商業科主任哈斯，發起抵制日貨運動。

帝國主義瓜分中國中 美國否認日本獨佔滿洲

不承認日本所統治之滿洲政府

華盛頓十九日電：美官方對近將成立之滿洲政府，不願批准，而據消息靈通者言，美政府對此之新政府，將不予以承認，因美曾理會日本謂：凡用武力造成之形勢或條約，美國決不承認其為合法云。

大可尋味之 英國態度與活動

倫敦已成瓜分中國中心

爭奪中國又非積極不可

與美合作當有利害顧及

將來大戰形勢關鍵在英

倫頓十八日路透電：今日上院開會討論上海事件，工黨議員。生員起稱：多數日人完全不能了解世界真像，日本軍

期
红色中华零零十一期
版
零三版
时间
一九三二年二月二十四日

日領通告日僑歸國

日领通告日侨归国

上海二十三日下午九时五十分电：日总领村井，以沪事失利，虹口炮火猛烈□二十三晨八时，紧急通告在沪全体日侨，即日到黄浦码头乘轮回国。

猛攻江灣又被擊退

二十日下十九時四十分上海電：二十日晨狄思威路方面日軍先以大炮機關槍向華方轟擊，華軍還擊，日方即增援接觸，下午一時，江灣廟行方面，日軍用猛烈炮火 向華方陣線射擊，至四時未停止，雙軍仍守原防。

二十二日上午八時四十分上海電：昨日江灣之戰事，日軍植田，派三團作戰，派三團担任西北南三方，向江灣鐵路攻之部隊，並有重砲及坦克車二十二輛相助，但中國軍隊分居戰壕及破坯之房屋內，向日軍抵抗，日軍不得逞。

上海二十二日下午九時十五分電：今晨五時，日兵二千餘人 在江灣體育場附近 向華軍衝鋒。雙方皆以刺刀實行肉搏，華方大刀隊數百人，亦增加作戰，喊殺之聲，振天動地。下六時半，日軍退出。

二十三日下午九時三十分上海電：江灣日軍左翼，今日向華方陣地進攻，華軍即以大隊衝出，未及一小時，華軍已衝至戰壕，當奪取機關槍兩架，日軍被俘甚多。

二十三日下午十時四十五分電：二十二晨六時許，日軍竟將徒手華人六十餘名 其中婦女爲多，且多係學生模樣剝去衣服，迫之赴前線，以作日軍衝鋒之掩護，己有十餘次，華方士兵，目睹此種慘狀，憤火中燒，一聲喊殺 衝上前去，一二三小時炮戰後之江灣主力戰，頓入肉搏時期，血殷沙場，聲震數里，自晨迄午，江灣方面之前線，華軍大有進展。

日軍司令 植田電東京乞援

上海二十二日上午八時四十分路透電：日軍司令植田，已電東京乞援，請迅速增派一師團來滬。

日領通告日僑歸國

上海二十三日下午九時五十分電：日總領村井，以滬事失利，虹口炮火猛烈 二十三晨八時，緊急通告在滬全體日僑，即日到黄浦碼頭乘輪回國。

日帝國主義 繼續增兵派將

決增調三師團兵　委派特別總司令

準備作更大進攻　達到將上海佔領

東京十九日路透電：日軍事當局，正以全力注視上海形勢之發展，至必要時，將增派援軍赴滬 如果更有必要時，日陸軍省，擬派特別總司令赴滬指揮一切，現正在派兵增援，應付目前之緊急危勢云。

二十三日下午九時五十分上海電：日政府以植田繼野村鹽澤而慘敗，決增調二師團來援，以軍事參議官，前關東司令菱刈隆大將，任總司令，以指揮來滬各軍作戰。

日軍轟炸刼掠之殘暴

上海十七日上午十一時電：今日晨二時，閘北方面，火光又織起，黑烟與紅光直冒，遙遠可聞劈拍之聲，約在中華新路，寶山路附近，因該處房屋爲砲火所中，至遭焚燬 同時在北車站北首中興路，亦有一處起火，三時許，中華新路之火又熾，並有鋼炮聲大砲數響 嗣後火勢漸熄，砲聲亦稀。

上海十八日晨八時電：永安二紗廠之火，昨晨始熄，日軍又用大炮轟擊 該紗廠殘餘之房屋 昨午又成廢墟。

十八日上海電：吳淞口外日艦七艘 內有二艘 於十七日晨，駛至口外鼎興沙登岸，將多處民家米粮及菜蔬 盡載而去。

十八日上海電：日机三架晨在吳淞，擲彈十餘枚 焚燬民房數十間，鄉民死傷多人。

上海十八日下午三時電：十八日晨，日飛機在天通庵一帶擲彈，民房中彈起火，延燒甚廣。

上海十九日下午六時電：引翔港跑馬廳陸家宅一帶附近，昨下午四時有日軍三百人，將農民捕去三百餘名，及牲口甚多，并向各戶搜查，現該處居民，已逃避一空。

二十二日上海電：日飛機多架，二十一日飛至華軍後方各處偵察擲彈，炸燬民房甚多，民衆受傷亦無數。

日本强迫韓人當兵來滬

韓人表示準備逃槍跑

二十日下午四時三十分上海電：此一批日軍中之韓人與人云：青島之日軍中，有韓人甚多 均係被日人騙來，俟中國衣服做好，有槍即預逃走。

英美向日再提抗議

十八日上海電：各公使調和無進步， 藉租界作戰，英美兩使，已再提出抗議。

美領布告美僑遷避

日軍總攻上海中

英領亦有同樣布告

十九日下午八時五十分上海電：美總領克甯漢，以中日和議破裂，恐即將有大戰，十九晨，發布告勸令日下住在虹口楊樹浦蘇州河以北美僑，儘二十日午前遷避，英總領署亦發表同樣布告，勸令英僑，早爲預防。

駐滬美軍防線大擴展

萬國商团讓防

十八日下午六時電：萬國商團司令部十八晨佈告：西藏路界及北河南路一帶，均于十九日起，由美步兵第卅一團接防，此後美軍防線，將由梅白路擴展至西藏界路老靶子路一帶，其司令部設天后宮橋下。

美國哈佛大學主任 發起抵制日貨運動

日美衝突進一步之行動

波斯敦二十日路透電：哈佛大學商業科主任哈斯，發起抵制日貨運動。

帝國主義瓜分中國中 美國否認日本獨佔滿洲

不承認日本所統治之滿洲政府

華盛頓十九日電：美官方對近將成立之滿洲政府，不願批准，而據消息靈通者言，美政府對此之新政府，將不予以承認，因美曾理會日本謂：凡用武力造成之形勢或條約，美國決不承認其爲合法云。

大可尋味之 英國態度與活動

倫敦已成瓜分中國中心

爭奪中國又非積極不可

與美合作當有利害顧及

將來大戰形勢關鍵在英

倫頓十八日路透電：今日上院開會討論上海事件，工黨議員。生貝起稱：多數日人完全不能了解世界輿像，日本軍

日帝國主義
繼續增兵派將
決增調三師團兵 委派特別總司令
準備作更大進攻 達到將上海佔領

日帝国主义继续增兵派将

决增调三师团兵　委派特别总司令
准备作更大进攻　达到将上海占领

东京十九日路透电：日军事当局，正以全力注视上海形势之发展，至必要时，将增派援军赴沪□如果更有必要时，日陆军省，将派特别总司令赴沪指挥一切，现正在派兵增援，应付目前之紧急危势云。

二十三日下午九时五十分上海电：日政府以植田继野村盐泽而惨败，决增调二师团来援，以军事参议官，前关东司令菱刈隆大将，任总司令，以指挥来沪各军作战。

猛攻江灣又被擊退

二十日下午十時四十分上海電：二十日晨狄思威路方面日軍先以大炮機關槍向華方轟擊，華軍還擊，日方即增援接應，下午一時，江灣廟行方面，日軍用猛烈炮火向華方陣線射擊，至四時未停止，華軍仍守原防。

二十二日上午八時四十分上海電：昨日江灣之戰事，日軍植田，派三團作戰，派三團担任西北南三方，向江灣鎮進攻之部隊，幷有重砲及坦克車二十二輛相助，但中國軍隊分居戰壕及破坏之房屋內，向日軍抵抗，日軍不得逞。

上海二十二日下午九時十五分電：今晨五時，日兵二千餘人 在江灣體育場附近 向華軍衝鋒。雙方皆以刺刀實行肉搏，華方大刀隊數百人，亦增加作戰，喊殺之聲，振天動地。下六時半，日軍退出。

二十三日下午九時三十分上海電：江灣日軍左翼，今日向華方陣地進攻，華軍即以大隊衝出，未及一小時，華軍已衝至戰壕，當奪取機關槍兩架，日軍被俘甚多。

二十三日下午十時四十五分電，二十二晨六時許，日軍竟將徒手華人六十餘名 其中婦女爲多，且多係學生模樣 剝去衣服，迫之赴前線，以作日軍衝鋒之掩護，己有十餘次，華方士兵，目睹此種慘狀，憤火中燒，一聲喊殺 衝上前去

．一二三小時炮戰後之江灣主力戰，頓入肉搏時期，血殷沙場，聲震數里，自晨迄午，江灣方面之前線，華軍大有進展。

日軍司令植田電東京乞援

上海二十二日上午八時四十分路透電：日軍司令植田，己電東京乞援，請迅速增派一師團來滬。

日領通告日僑歸國

上海二十三日下午九時五十分電：日總領村井，以滬事失利，虹口炮火猛烈 二十三晨八時，緊急通告在滬全體日僑，即日到黃浦碼頭乘輪回國。

日帝國主義

繼續增兵派將

決增調三師團兵 委派特別總司令

準備作更大進攻 達到將上海佔領

東京十九日路透電：日軍事當局，正以全力注視上海形勢之發展，至必要時，將增派援軍赴滬 如果更有必要時，日陸軍省，將派特別總司令赴滬指揮一切，現正在派兵增援，應付目前之緊急危勢云。

二十三日下午九時五十分上海電：日政府以植田繼野村鹽澤而慘敗，決增調二師團來援，以軍事参議官，前關東司令菱刈隆大將，任總司令，以指揮來滬各軍作戰。

日軍轟炸刦掠之殘暴

上海十七日上午十一時電：今日晨二時，閘北方面，火光又繼起，黑烟與紅光直冒，遙遠可聞劈拍之聲，約在中華新路，寶山路附近，因該處房屋爲砲火所中，至遭焚燬 同時在北車站北首中興路，亦有一處起火，三時許，中華新路之火又熾，並有鋼炮發大砲數響 嗣後火勢漸熄，砲聲亦稀。

上海十八日晨八時電：永安二紗廠之火，昨晨始熄，日軍又用炮轟擊 該紗廠殘餘之房屋 昨午又成廢墟。

十八日上海電：吳淞口外日艦七艘 內有二艘 於十七日晨，駛至口外鼎興沙登岸，將該處民家米粮及菜蔬 盡載而去。

十八日上海電：日机三架晨在吳淞，擲彈十餘枚 焚燬民房數十間，鄉民死傷多人。

上海十八日下午三時電：十八日晨，日飛機在天通庵一帶擲彈，民房中彈起火，延燒甚廣。

上海十九日下午六時電；引翔港跑馬廳陸家宅一帶附近・昨下午四時有日軍三百人・將農民捕去三百餘名，及牲口甚多，幷向各戶搜查，現該處居民，己逃避一空。

二十二日上海電：日飛機多架，二十一日飛至華軍後方各處偵察擲彈，炸燬民房甚多。民衆受傷亦無數。

日本强迫韓人當兵來滬

韓人表示準備逃槍跑

二十日下午四時三十分上海電，此一批日軍中之韓人與人云：青島之日軍中，有韓人甚多 均係被日人騙來，俟中國衣服做好，有槍卽預逃走。

英美向日再提抗議

十八日上海電：各公使調和無進步， 藉租界作戰，英美兩使，已再提出抗議。

日軍總攻上海中

美領布告美僑遷避

英領亦有同樣布告

十九日下午八時五十分上海電：美總領克甯漢，以中日和議破裂，恐即將有大戰，十九晨，發布告勸令日下住在虹口楊樹浦蘇州河以北美僑，儘二十日午前遷避，英總領署亦發表同樣布告，勸令英僑，早爲預防。

駐滬美軍防線大擴展

萬國商团讓防

十八日下午六時電：萬國商團司令部十八晨佈告：西藏路界及北河南路一帶，均于十九日起，由美步兵第卅一團接防，此後美軍防線，將由梅白路擴展至西藏界路老靶子路一帶，其司令部設天后滬宮橋下。

美國哈佛大學主任

發起抵制日貨運動

日美衝突進一步之行動

波斯敦二十日路透電：哈佛大學商業科主任哈斯，發起抵制日貨運動。

帝國主義瓜分中國中

美國否認日本獨佔滿洲

不承認日本所統治之滿洲政府

華盛頓十九日電：美官方對近將成立之滿洲政府，不願批准，而據消息靈通者言，美政府對此之新政府，將不予以承認，因美曾照會日本謂：凡用武力造成之形勢或條約，美國決不承認其爲合法云。

大可尋味之

英國態度與活動

倫敦已成瓜分中國中心

爭奪中國又非積極不可

與美合作當有利害顧及

將來大戰形勢關鍵在英

倫頓十八日路透電：今日上院開會討論上海事件，工黨一議員。生貝爾稱：多數日人完全不能了解世界真像，日本軍

期

红色中华零零十一期

版

零三版

时间

一九三二年二月二十四日

日军轰炸劫掠之残暴

上海十七日上午十一时电： 今日晨二时，闸北方面，火光又继起，黑烟与红光直冒，遥远可闻劈拍之声，约在中华新路，宝山路附近，因该处房屋为炮火所中，至遭焚毁□同时在北车站北首中兴路，亦有一处起火，三时许，中华新路之火又炽，并有钢炮声大炮数响□嗣后火势渐熄，炮声亦稀。

上海十八日晨八时电： 永安二纱厂之火，昨晨始熄，日军又用大炮轰击□该纱厂残余之房屋□昨午又成废场。

十八日上海电： 吴淞口外日舰七艘□内有二艘□于十七日晨，驶至口外鼎兴沙登岸，将该处民家米粮及菜蔬□尽载而去。

十八日上海电： 日机三架晨在吴淞，掷弹十余枚□焚毁民房数十间，乡民死伤多人。

上海十八日下午三时电： 十八日晨，日飞机在天通庵一带掷弹，民房中弹起火，延烧甚广。

上海十九日下午六时电： 引翔港跑马厅陆家宅一带附近，昨下午四时有日军三百人，将农民捕去三百余名，及牲口甚多，并向各户搜查，现该处居民，已逃避一空。

二十二日上海电： 日飞机多架，二十一日飞至华军后方各处侦察掷弹，炸毁民房甚多。民众受伤亦无数。

猛攻江灣又被擊退

二十日下十九時四十分—海電：二十日晨狄思威路方面日軍先以大炮機關槍向華方面陣地轟擊，華軍還擊，日方即增援接應，下午一時，江灣廟竹向華方面，日軍用猛烈炮火向華方陣線射擊，至四時未停止，雙軍仍守原防。

二十二日上午八時四十分上海電：昨日江灣之戰事，日軍植田，派三團作戰，派三團担任西北兩三方，向江灣鐵路攻之部隊，並有重砲及坦克車二十二輛相助，但中國軍隊分居戰壕及破坏之房屋內，向日軍抵抗，日軍不得逞。

上海二十二日下午九時十五分電：今晨五時，日兵二千餘人 在江灣體育場附近 向華軍衝鋒。雙方皆以刺刀實行肉搏，華方大刀隊數百人，亦增加作戰，

喊殺之聲，振天動地。下六時半，日軍退出。

二十三日下午九時三十分上海電：江灣日軍左翼，今日向華方陣地進攻，華軍即以大隊衝出，未及一小時，華軍已衝至戰壕，當奪取機關槍兩架，日軍被俘甚多。

二十三日下午十時四十五分電．二十二晨六時許，日軍竟將徒手華人六十餘名 其中婦女爲多，且多係學生模樣剝去衣服，迫之赴前線，以作日軍衝鋒之掩護，己有十餘次，華方士兵，目睹此種慘狀，憤火中燒，一聲喊殺 衝上前去．一二三小時炮戰後之江灣主力戰，頓入肉搏時期，血殷沙場，聲震數里，自晨迄午，江灣方面之前線，華軍大有進展。

日軍司令

植田電東京乞援

上海二十二日上午八時四十分路透電：日軍司令植田，已電東京乞援，請迅速增派一師團來滬。

日領通告日僑歸國

上海二十三日下午九時五十分電：日總領村井，以滬事失利，虹口炮火猛烈 二十三晨八時，緊急通告在滬全體日僑，即日到黃浦碼頭乘輪回國。

日帝國主義

繼續增兵派將

決增調三師團兵　委派特別總司令

準備作更大進攻　達到將上海佔領

東京十九日路透電：日軍事當局，正以全力注視上海形勢之發展，至必要時，將增派援軍赴滬 如果更有必要時，日陸軍省，將派特別總司令赴滬指揮一切，現正在派兵增援，應付目前之緊急危勢云。

二十三日下午九時五十分上海電：日政府以植田繼野村鹽澤而慘敗，決增調二師團來援，以軍事參議官，前關東司令菱刈隆大將，任總司令，以指揮來滬各軍作戰。

日軍轟炸刦掠之殘暴

上海十七日上午十一時電：今日晨二時，閘北方面，火光又織起，黑烟與紅光直冒，遙遠可聞劈拍之聲，約在中華新路，寶山路附近，因該處房屋爲砲火所中，至遭焚燬 同時在北車站北首中興路，亦有一處起火，三時許，中華新路之火又熾，並有鋼炮聲大砲數響 嗣後火勢漸熄，砲聲亦稀。

上海十八日晨八時電：永安二紗廠之火，昨晨始熄，日軍又用大炮轟擊 該紗廠殘餘之房屋 昨午又成廢墟。

十八日上海電：吳淞口外日艦七艘 內有二艘 於十七日晨，駛出口外鼎與沙登岸，將多處民家米粮及菜蔬 盡載而去。

十八日上海電：日机三架晨在吳淞，擲彈十餘枚 焚燬民房數十間，鄉民死傷多人。

上海十八日下午三時電：十八日晨，日飛機在天通庵一帶擲彈，民房中彈起火，延燒甚廣。

上海十九日下午六時電：引翔港跑馬廳陸家宅一帶附近，昨下午四時有日軍三百人，將農民捕去三百餘名，及牲口甚多，并向各戶搜查，現該處居民，已逃避一空。

二十二日上海電：日飛機多架，二十一日飛至華軍後方各處偵察擲彈，炸燬民房甚多，民衆受傷亦無數。

日本强迫韓人當兵來滬

韓人表示準備逃槍跑

二十日下午四時三十分上海電．此一批日軍中之韓人與人云：青島之日軍中，有韓人甚多 均係被日人驅來，俟中國衣服做好，有槍即預逃走。

英美向日再提抗議

十八日上海電：各公使調和無進步， 藉租界作戰，英美兩使，已再提出抗議。

日軍總攻上海中

美領布告美僑遷避

英領亦有同樣布告

十九日下午八時五十分上海電：美總領克甯漢，以中日和議決裂，恐即將有大戰，十九晨，發布告勸令日下住在虹口楊樹浦蘇州河以北美僑，儘二十日午前遷避，英總領署亦發表同樣布告，勸令英僑，早爲預防。

駐滬美軍防線大擴展

萬國商团讓防

十八日下午六時電：萬國商團司令部十八晨佈告：西藏路界及北河南路一帶，均于十九日起，由美步兵第卅一團接防，此後美軍防線，將由梅白路擴展至西藏界路老靶子路一帶，其司令部設天后宮橋下。

美國哈佛大學主任

發起抵制日貨運動

日美衝突進一步之行動

波斯敦二十日路透電：哈佛大學商業科主任哈斯，發起抵制日貨運動。

帝國主義瓜分中國中

美國否認日本獨佔滿洲

不承認日本所統治之滿洲政府

華盛頓十九日電：美官方對近將成立之滿洲政府，不願批准，而據消息靈通者言，美政府對此之新政府，將不予以承認，因美曾照會日本謂：凡用武力造成之形勢或條約，美國决不承認其爲合法云。

大可尋味之

英國態度與活動

倫敦已成瓜分中國中心

爭奪中國又非積極不可

與美合作當有利害顧及

將來大戰形勢關鍵在英

倫頓十八日路透電：今日上院開會討論上海事件，工黨一議員。生貝起稱：多數日人完全不能了解世界真像，日本軍

日本强迫韓人當兵來滬
韓人表示準備遁槍跑

期
红色中华零零十一期
版
零三版
时间
一九三二年二月二十四日

日本强迫韩人当兵来沪

韩人表示准备遁枪跑

二十日下午四时三十分上海电：此一批日军中之韩人与人云：青岛之日军中，有韩人甚多□均系被日人骗来，俟中国衣服做好，有枪即预逃走。

一九三二年二月廿四日　紅色中華　第三版

猛攻江灣又被擊退

二十日下午十時四十分上海電：二十日晚狄思威路方面日軍先以大炮機關槍向華方部隊，華軍迎擊，日方即增援接應，下午一時，江灣廟竹方面，日軍用猛烈炮火向華方陣綫射擊，至四時來停止，華軍仍守原防。

二十二日上午八時四十分上海電：昨日江灣之戰事，日軍植田，派三團作戰，派三團担任西北南三方，向江灣鎮進攻之部隊，並有重砲及坦克車二十二輛相助，但中國軍隊分居戰壕及破坏之房屋內，向日軍抵抗，日軍不得逞。

上海二十二日下午九時十五分電：今晨五時，日兵二千餘人 在江灣體育場附近 向華軍衝鋒。雙方皆以刺刀實行肉搏，華方大刀隊數百人，亦增加作戰，喊殺之聲，振天動地。下六時半，日軍退出。

二十三日下午九時三十分上海電：江灣日軍左翼，今日向華方陣地進攻，華軍即以大隊衝出，未及一小時，華軍已衝毀戰壕，當奪取機關槍兩架，日軍被俘甚多。

二十三日下午十時四十五分電：二十二晨六時許，日軍竟將徒手華人六十餘名 其中婦女爲多，且多係學生模樣 剝去衣服，迫之赴前綫，以作日軍衝鋒之掩護，己有十餘次，華方士兵，目睹此種慘狀，憤火中燒，一聲喊殺 衝上前去，一二三小時炮戰後之江灣主力戰，頓入肉搏時期，血殷沙場，聲震數里，自晨迄午，江灣方面之前綫，華軍大有進展。

日軍司令 植田電東京乞援

上海二十二日上午八時四十分路透電：日軍司令植田，己電東京乞援，請迅速增派一師團來滬。

日領通告日僑歸國

上海二十三日下午九時五十分電：日總領村井，以滬事失利，虹口炮火猛烈 二十三晨八時，緊急通告在滬全體日僑，即日到黃浦碼頭乘輪回國。

日帝國主義 繼續增兵派將

決增調三師團兵 委派特別總司令
準備作更大進攻 達到將上海佔領

東京十九日路透電：日軍事當局，正以全力注視上海形勢之發展，至必要時，將增派援軍赴滬 如果更有必要時，日陸軍省，將派特別總司令赴滬指揮一切，現正在派兵增援，應付目前之緊急危勢云。

二十三日下午九時五十分上海電：日政府以植田繼野村鹽澤而慘敗，決增調二師團來援，以軍事參議官，前關東司令菱刈隆大將，任總司令，以指揮來滬各軍作戰。

日軍轟炸刼掠之殘暴

上海十七日上午十一時電：今日晨二時，閘北方面，火光又繼起，黑烟與紅光直冒，遙遠可聞劈拍之聲，約在中華新路，寶山路附近，因該處房屋爲砲火所中，至遭焚燬 同時在北車站北首中興路，亦有一處起火，三時許，中華新路之火又熾，並有鋼炮聲大砲數響 嗣後火勢漸熄，砲聲亦稀。

上海十八日晨八時電：永安二紗廠之火，昨晨始熄，日軍又用火炮轟擊 該紗廠殘餘之房屋 昨午又成廢墟。

十八日上海電：吳淞口外日艦七艘 內有二艘 於十七日晨，駛出口外鼎興沙登岸，將該處民家米粮及菜蔬 盡載而去。

十八日上海電：日机三架晨在吳淞，擲彈十餘枚 焚燬民房數十間，鄉民死傷多人。

上海十八日下午三時電：十八日晨，日飛機在天通庵一帶擲彈，民房中彈起火，延燒甚廣。

上海十九日下午六時電；引翔港跑馬廳陸家宅一帶附近，昨下午四時有日軍三百人，將農民捕去三百餘名，及牲口甚多，并向各戶搜查，現該處居民，己逃避一空。

二十二日上海電：日飛機多架，二十一日飛至華軍後方各處偵察擲彈，炸燬民房甚多。民衆受傷亦無數。

日本强迫韓人當兵來滬

韓人表示準備逦槍跑

二十日下午四時三十分上海電：此一批日軍中之韓人與人云：青島之日軍中，有韓人甚多 均係被日人驅來，俟中國衣服做好，有槍即預逃走。

英美向日再提抗議

十八日上海電：各公使調和無進步， 藉租界作戰，英美兩使，已再提出抗議。

日軍總攻上海中 美領布告美僑遷避

英領亦有同樣布告

十九日下午八時五十分上海電：美總領克甯漢，以中日和議決裂，恐即將有大戰，十九晨，發布告勸令日下住在虹口楊樹浦蘇州河以北美僑，儘二十日午前遷避，英總領署亦發表同樣布告，勸令英僑，早爲預防。

駐滬美軍防線大擴展

萬國商团讓防

十八日下午六時電：萬國商團司令部十八晨佈告：西藏路界及北河南路一帶，均于十九日起，由美步兵第卅一團接防，此後美軍防線，將由梅白路擴展至西藏界路老靶子路一帶，其司令部設天后滬宮橋下。

美國哈佛大學主任 發起抵制日貨運動

日美衝突進一步之行動

波斯敦二十日路透電：哈佛大學商業科主任哈斯，發起抵制日貨運動。

帝國主義瓜分中國中 美國否認日本獨佔滿洲

不承認日本所統治之滿洲政府

華盛頓十九日電：美官方對近將成立之滿洲政府，不願批准，而據消息靈通者言，美政府對此之新政府，將不予以承認，因美曾理會日本謂：凡用武力造成之形勢或條約，美國決不承認其爲合法云。

大可尋味之 英國態度與活動

倫敦已成瓜分中國中心
爭奪中國又非積極不可
與美合作當有利害顧及
將來大戰形勢關鍵在英

倫頓十八日路透電：今日上院開會討論上海事件，工黨一議員。生貝穆稱：多數日人完全不能了解世界真像，日本軍

日軍總攻上海中
美領布告美僑遷避
英領亦有同樣布告

期 红色中华零零十一期
版 零三版
时间 一九三二年二月二十四日

日军总攻上海中 美领布告美侨迁避

英领亦有同样布告

十九日下午八时五十分上海电：美总领克宁汉，以“中日和议”破裂，恐即将有大战，十九晨，发布告劝令日下住在虹口杨树浦苏州河以北美侨，尽二十日午前迁避，英总领署亦发表同样布告，劝令英侨，早为预防。

猛攻江灣又被擊退

二十日下午十九時四十分，海電：二十日晨狄思威路方面日軍先以大炮機關槍向華方轟擊，華軍亦還擊，日方即增援接應，下午一時，江灣廟竹巷向華方面，日軍用猛烈炮火向華方陣綫射擊，至四時來停止，華軍仍守原防。

二十二日上午八時四十分上海電：昨日江灣之戰事，日軍植田，派三團作戰，派三團担任西北南三方，向江灣鐵路攻之部隊，並有重砲及坦克車二十二輛相助，但中國軍隊分居戰壕及破坏之房屋內，向日軍抵抗，日軍不得逞。

上海二十二日下午九時十五分電：今晨五時，日兵二千餘人 在江灣體育場附近 向華軍衝鋒。雙方皆以刺刀實行肉搏，華方大刀隊數百人，亦增加作戰，喊殺之聲，振天動地。下六時半，日軍退出。

二十三日下午九時三十分上海電：江灣日軍左翼，今日向華方陣地進攻，華軍即以大隊衝出，未及一小時，華軍已衝至戰壕，當奪取機關槍兩架，日軍被俘甚多。

二十三日下午十時四十五分電：二十二晨六時許，日軍竟將徒手華人六十餘名 其中婦女爲多，且多係學生模樣剝去衣服，迫之赴前線，以作日軍衝鋒之掩護，已有十餘次，華方士兵，目睹此種慘狀，憤火中燒，一聲喊殺 衝上前去，一二三小時炮戰後之江灣主力戰，頓入肉搏時期，血殷沙場，聲震數里，自晨迄午，江灣方面之前線，華軍大有進展。

日軍司令 植田電東京乞援

上海二十二日上午八時四十分路透電：日軍司令植田，已電東京乞援，請迅速增派一師團來滬。

日領通告日僑歸國

上海二十三日下午九時五十分電：日總領村井，以滬事失利，虹口炮火猛烈 二十三晨八時，緊急通告在滬全體日僑，即日到黃浦碼頭乘輪回國。

日帝國主義 繼續增兵派將

決增調三師團兵 委派特別總司令 準備作更大進攻 達到將上海佔領

東京十九日路透電：日軍事當局，正以全力注視上海形勢之發展，至必要時，將增派援軍赴滬 如果更有必要時，日陸軍省，將派特別總司令赴滬指揮一切，現正在派兵增援，應付目前之緊急危勢云。

二十三日下午九時五十分上海電：日政府以植田繼野村鹽澤而慘敗，決增調二師團來援，以軍事參議官．前關東司令菱刈隆大將，任總司令，以指揮來滬各軍作戰。

日軍轟炸刼掠之殘暴

上海十七日上午十一時電：今日晨二時，閘北方面，火光又織起，黑烟與紅光直冒，遙遙可聞劈拍之聲，約在中華新路，寶山路附近，因該處房屋爲砲火所中，至遭焚燬 同時在北車站北首中興路，亦有一處起火，三時許，中華新路之火又熾，並有鋼炮聲大砲數響 嗣後火勢漸熄，砲聲亦稀。

上海十八日晨八時電：永安二紗廠之火，昨晨始熄，日軍又用炮轟擊 該紗廠殘餘之房屋 昨午又成廢墟。

十八日上海電：吳淞口外日艦七艘 內有二艘 於十七日晨，駛至口外鼎興沙登岸，將多處民家米糧及菜蔬 盡載而去。

十八日上海電：日机三架晨往吳淞，擲彈十餘枚 焚燬民房數十間，鄉民死傷多人。

上海十八日下午三時電：十八日晨，日飛機在天通庵一帶擲彈，民房中彈起火，延燒甚廣。

上海十九日下午六時電：引翔港跑馬廳陸家宅一帶附近，昨下午四時有日軍三百人，將農民捕去三百餘名，及牲口甚多，并向各戶搜查，現該處居民，已逃避一空。

二十二日上海電：日飛機多架，二十一日飛至華軍後方各處偵察擲彈，炸燬民房甚多。民衆受傷亦無數。

日本強迫韓人當兵來滬

韓人表示準備逃槍跑

二十日下午四時三十分上海電．此一批日軍中之韓人與人云：靑島之日軍中，有韓人甚多 均係被日人騙來，候中國衣服做好，有槍即預逃走。

英美向日再提抗議

十八日上海電：各公使調和無進步， 藉租界作戰，英美兩使，已再提出抗議。

日軍總攻上海中

美領布告美僑遷避

英領亦有同樣布告

十九日下午八時五十分上海電：美總領克甯漢，以中日和議決裂，恐即將有大戰，十九晨，發布告勸令日下住在虹口楊樹浦蘇州河以北美僑，儘二十日午前遷避，英總領署亦發表同樣布告，勸令英僑，早爲預防。

駐滬美軍防線大擴展

萬國商团讓防

十八日下午六時電：萬國商團司令部十八晨佈告：西藏路界及北河南路一帶，均于十九日起，由美步兵第卅一團接防，此後美軍防線，將由梅白路擴展至西藏界路老靶子路一帶，其司令部設天后宮橋下。

美國哈佛大學主任

發起抵制日貨運動

日美衝突進一步之行動

波斯敦二十日路透電：哈佛大學商業科主任哈斯，發起抵制日貨運動。

帝國主義瓜分中國中

美國否認日本獨佔滿洲

不承認日本所統治之滿洲政府

華盛頓十九日電：美官方對近將成立之滿洲政府，不願批准，而據消息靈通者言，美政府對此之新政府，將不予以承認，因美曾照會日本謂：凡用武力造成之形勢或條約，美國決不承認其爲合法云。

大可尋味之

英國態度與活動

倫敦已成瓜分中國中心 爭奪中國又非積極不可 與美合作當有利害顧及 將來大戰形勢關鍵在英

倫敦十八日路透電：今日上院開會討論上海事件，工黨議員。生貝總稱：多數日人完全不能了解世界輿論，日本軍

大可尋味之
英國態度與活動
倫敦已成瓜分中國中心
爭奪中國又非積極不可
與美合作當有利害顧及
將來大戰形勢關鍵在英

期
红色中华零零十一期
版
零三版
时间
一九三二年二月二十四日

大可寻味之英国态度与活动

伦敦已成瓜分中国中心
争夺中国又非积极不可
与美合作当有利害顾及
将来大战形势关键在英

伦顿［敦］十八日路透电：今日上院开会讨论上海事件，工党议员。生贝起称：多数日人完全不能了解世界真像［相］，日本军（编者按：下转第四版）

猛攻江灣又被擊退

二十日下午九時四十分上海電：二十日晨狄思威路方面日軍先以大炮機關槍向華方轟擊，華軍還擊，日方即增援接觸，下午一時，江灣廟行方面，日軍用猛烈炮火向華方陣綫射擊，至四時未停止，華軍仍守原防。

二十二日上午八時四十分上海電：昨日江灣之戰事，日軍植田，派三團作戰，派三團担任西北南三方，向江灣鎮進攻之部隊，並有重砲及坦克車二十二輛相助，但中國軍隊分居戰壕及破坯之房屋內，向日軍抵抗，日軍不得逞。

上海二十二日下午九時十五分電：今晨五時，日兵二千餘人 在江灣體育場附近 向華軍衝鋒。雙方皆以刺刀實行肉搏，華方大刀隊數百人，亦增加作戰，喊殺之聲，振天動地。十六時半，日軍退出。

二十三日下午九時三十分上海電：江灣日軍左翼，今日向華方陣地進攻，華軍即以大隊衝出，未及一小時，華軍已衝至戰壕，當奪取機關槍兩架，日軍被俘甚多。

二十三日下午十時四十五分電，二十二晨六時許，日軍竟將徒手華人六十餘名 其中婦女爲多，且多係學生模樣 剝去衣服，迫之赴前綫，以作日軍衝鋒之掩護，已有十餘次，華方士兵，目睹此種慘狀，憤火中燒，一聲喊殺 衝上前去，一二三小時炮戰後之江灣主力戰，頓入肉搏時期，血殷沙場，聲震數里，自晨迄午，江灣方面之前綫，華軍大有進展。

日軍司令　植田電東京乞援

上海二十二日上午八時四十分路透電：日軍司令植田，已電東京乞援，請迅速增派一師團來滬。

日領通告日僑歸國

上海二十三日下午九時五十分電：日總領村井，以滬事失利，虹口炮火猛烈 二十三晨八時，緊急通告在滬全體日僑，即日到黃浦碼頭乘輪回國。

日帝國主義　繼續增兵派將

決增調三師團兵　委派特別總司令

準備作更大進攻　達到將上海佔領

東京十九日路透電：日軍當局，正以全力注視上海形勢之發展，至必要時，將增派援軍赴滬 如果更有必要時，日陸軍省，將派特別總司令赴滬指揮一切，現正在派兵增援，應付目前之緊急危勢云。

二十三日下午九時五十分上海電：日政府以植田繼野村鹽澤而慘敗，決增調二師團來援，以軍事參議官，前關東司令菱刈隆大將，任總司令，以指揮來滬各軍作戰。

日軍轟炸刼掠之殘暴

上海十七日上午十一時電：今日晨二時，閘北方面，火光又織起，黑烟與紅光直冒，遙遙可聞劈拍之聲，約在中華新路，寶山路附近，因該處房屋爲砲火所中，至遭焚燬 同時在北車站北首中興路，亦有一處起火，三時許，中華新路之火又熾，並有鋼炮聲大砲數響 嗣後火勢漸熄，砲聲亦稀。

上海十八日晨八時電：永安二紗廠之火，昨晨始熄，日軍又用大炮轟擊 該紗廠殘餘之房屋 昨午又成廢墟。

十八日上海電：吳淞口外日艦七艘 內有二艘 於十七日晨，駛至口外鼎興沙登岸，將該處民家米糧及菜蔬 盡載而去。

十八日上海電：日机三架晨在吳淞，擲彈十餘枚 焚燬民房數十間，鄉民死傷多人。

上海十八日下午三時電：十八日晨，日飛機在天通庵一帶擲彈，民房中彈起火，延燒甚廣。

上海十九日下午六時電；引翔港跑馬廳陸家宅一帶附近，昨下午四時有日軍三百人，將農民捕去三百餘名，及牲口甚多，并向各戶搜查，現該處居民，已逃避一空。

二十二日上海電：日飛機多架，二十一日飛至華軍後方各處偵察擲彈，炸燬民房甚多。民衆受傷亦無數。

日本强廹韓人當兵來滬

韓人表示準備逃槍跑

二十日下午四時三十分上海電，此一批日軍中之韓人與人云：青島之日軍中，有韓人甚多 均係被日人驅來，俟中國衣服做好，即預逃走。

英美向日再提抗議

十八日上海電：各公使調和無進步， 藉租界作戰，英美兩使，已再提出抗議。

日軍總攻上海中　美領布告美僑遷避

英領亦有同樣布告

十九日下午八時五十分上海電：美總領克甯漢，以中日和議破裂，恐即將有大戰，十九晨，發布告勸令日下住在虹口楊樹浦蘇州河以北美僑，儘二十日午前遷避，英總領署亦發表同樣布告，勸令英僑，早爲預防。

駐滬美軍防線大擴展

萬國商团讓防

十八日下午六時電：萬國商團司令部十八晨佈告：西藏路界及北河南路一帶，均于十九日起，由美步兵第卅一團接防，此後美軍防綫，將由梅白路擴展至西藏界路老靶子路一帶，其司令部設天后滬宮橋下。

美國哈佛大學主任　發起抵制日貨運動

日美衝突進一步之行動

波斯敦二十日路透電：哈佛大學商業科主任哈斯，發起抵制日貨運動。

帝國主義瓜分中國中　美國否認日本獨佔滿洲

不承認日本所統治之滿洲政府

華盛頓十九日電：美官方對近將成立之滿洲政府，不願批准，而據消息靈通者言，美政府對此之新政府，將不予以承認，因美曾照會日本謂：凡用武力造成之形勢或條約，美國决不承認其爲合法云。

大可尋味之　英國態度與活動

倫敦已成瓜分中國中心

爭奪中國又非積極不可

與美合作當有利害顧及

將來大戰形勢關鍵在英

倫敦十八日路透電：今日上院開會討論上海事件，工黨一議員。生貝氏稱：多數日人完全不能了解世界輿像，日本軍

大可寻味之英国态度与活动

伦敦已成瓜分中国中心
争夺中国又非积极不可
与美合作当有利害顾及
将来大战形势关键在英

（编者按：上接第三版）阀因暂□握全国大权，但日人仍□稍加思索，以为□时不□与日谈交换条件，即令日军阀在东北自由行动，而以解决上海事件为条件□现英政府已在日内瓦首先提议惩罚破坏条约国家，陆军部长海尔山姆称：英政府对时局□非常关切，现关于上海事件，应付在上海各国代表、会采一致态度，同时也□常合作。彼谓英政府与美政府及国联各国现应密切合作□如此时英政府采或种行动，有与美政府及各国脱离，而采单独行动嫌疑，恐为非计，英国现与美国政府密切合作，但同时英政府也顾及英国对国联责任，国联各会员国，应采取一致态度，继有询上海战事范围□能否加以限制□海山尔姆称：如有必时要［必要时］，英政府将令在沪英侨退出，但此为最困难最有害之办法，且恐有多数英人不愿退出上海，故在现时状况下，采此办法为不可能，甚盼形势不致令英政府实现此办法。

十九日上海电： 今日英下院开会时，外长西门称：闻上海和平谈判□已告破裂、殊属不幸□但行政院对□□要求，已决定予以考虑，工党反对派领袖勒□渤莱问：如沪战事扩大，英在沪侨民，是否退出，西门称：此事正在英政府慎密考虑中，但此事有许多困难，须就□调查，故此时不能决定答覆。

伦敦十九日路透电： 中日纠纷调解裁判之中心，现在移至伦敦，英内阁现积极设法进行调解双方之意见时，顾及双方之意见及中国上海各国人士之安全，现英内阁全体阁员□已集中伦敦，若谈判再决裂，则行政院将采重要抗议，今日下午内阁阁员，在下院开会，讨论上海事件□本周末，将再开其他会议。

伦敦二十二日路透电： 英外部对日军于上海事变□虽然注意，但各界尚未感受十分恐慌，仅外交部异常忙碌而已、陆长海尔姆爵士与外长西门爵士，随时会晤，讨论上海事件，陆长称：若有事实之需要时、上海公共租界之英侨、将全部退出，现对于此事之准备，业已完毕，惟目前尚无此种危险云。

國與對擁護全國主權，但日人仍必稍加勒索，以為暫時不再與日議交換條件，即令日軍開在閘北自由行動，而以解決上海事件為條件，現美政府已在日內瓦首先提議懲罰破壞條約國家，陸軍部長海爾山姆稱：英政府對此局勢非常關切，現關於淞滬事件，應付在上海各國代表，須採一致態度，同時也需合作，彼謂英政府與美政府及國聯各國現應密切合作 **如此時英政府採或種行動，有與美政府及各國脫離而採單獨行動嫌疑，恐為非計**，英國現與美國政府密切合作，但同時英政府也顧及英國對國聯責任，國聯各會員國，應採取一致態度，雖有謂上海戰事範圍是否可以限制 海山爾姆稱：如有必時要，英政府將令在滬英僑退出，但此為最困難最有害之辦法，且恐有多數英人不願退出上海，故在現時狀況下，採此辦法為不可能．甚盼形勢不致令英政府實現此辦法。

十九日上海電：今日英下院開會時，外長西門稱：閘上海和平談判 已告破裂，殊屬不幸 但行政院對中國要求，已決定予以考慮。工黨反對派領袖勃[illegible]萊問：如滬戰擴大，英在滬僑民，是否退出，西門稱：**此事正在英政府慎密考慮中，但此事有許多困難**，須詳細調查，故此時不能決定答復。

倫敦十九日路透電：**中日糾紛調解裁判之中心，現在移至倫敦**， 英內閣現積極設法進行調解雙方之意見時，顧及雙方之意見及中國上海各國人士之安全，現英內閣全體閣員 已集中倫敦，若談判再決裂，則行政院將採重要抗議，今日下午內閣閣員，及下院開會，討論上海事件 本週末，將再開其他會議。

倫敦二十二日路透電：英外部對日軍於上海事變 雖然注意，但各界尚未感受十分恐慌，僅外交部異常忙碌而已、陸長海爾姆爵士與外長西門爵士，隨時會晤，討論上海事件，陸長稱：**若有事實之需要時、上海公共租界之英僑、將全部退出**，現對於此事之準備，業已完畢，惟目前尚無此種危險云。

英國各報之面面觀

倫敦十七日路透電：今晚國家和平促進會開會（是欺騙群衆掩飾戰爭的促進會），討論中日問題．懷特爵士，因病未出席，但彼之演說詞，則當場有人代為誦讀，大意謂：日軍之行動，無論如何，不能防礙中國之主權，和準備門戶開放主權（防礙中國主權是欺騙人，門戶開戶是中心，和平會就是這個和平道理），即令日軍獲得勝利，日終將無法應付，而被驅逐。（這是說各帝國主義必起來不讓日本獨佔之意）。

倫敦十七日路透電：各方對國聯已對日發出照會，當覺稍安，乃又聞日本已將提出哀的美敦書，各方乃復感不安，料國聯照會，將不能遏止日作戰準備，此間各報咸謂：國聯照會為歷來所未有之事，為國聯工作一大進步，美對國聯照會，也表贊同，認為國務卿致中日照會之意相同，至國聯在未採此行動前，是否已允徵求美政府同意 則不得而知，但自始至終 美國與國聯完全合作，惟僅保留單獨行使職權。

二十一日倫敦路透電：倫敦星期時報稱：為英國利益起見，採單獨行動，以維持在華之永久貿易，則此時英國最好，公然為中國張目，現時英國最好一方進行調解，同時有武裝準備，此為最智之辦法。

二十二日倫敦電：每日電報謂英國對此事採不干涉態度，只專注意保護英僑之生命財產，其後又稱：在中國訂有約通商之各國，現己決定無論上海形勢變至若何程度，決不撤退僑民云。

倫敦二十二日路透電：此間各報對於上海事件，皆極注意，每日新聞報稱：上海之事變，已將國聯之組織，摧殘無餘，國聯已告失敗，目前應即實行第十六條云云。

最後欺騙的

國聯之滑稽請求書

承認日本合法只求顧及國聯顏面
保全中土完整這不過反對日獨佔
與美合作開大會實際是共同分贓
國民黨藉國聯欺羣衆出賣全中國

日內瓦十七日路透電：國聯向日本提出請求書請以和平方法解決中國滬案一事，係英外長西門爵士所主動，彼認四國調解之努力既已失敗，最好由國聯出名，向日本提出要求，當行政院提出討論此事時，一部份會員，力主提強硬態度、但另一部份則較為和平，故結果議定起草委員會後，行政院即令其以不卑不抗之詞起草（這句話滑稽之至）、十二行政院會員國中，有 部份在請求書中，包含一種警告，根據規約第十條，措詞與美國照會之內容相仿，即國聯絕不承認中國領土之變更，聞國聯將召集國聯全體特別大會討論云。

日內瓦十八日路透電：國聯行政院致日本請求書，現已草舉，大意係屬警告性質，略謂：若日本用武力，則僅使形勢愈趨嚴重，全世界均將蒙不利之影響，上海發生紛擾，係危及外僑生命財產之安全，於軍縮會議之進行（極為不利（因為假面具要揭穿） **繼稱日本合法之苦衷，行政院自可予以承認，惟日本明令尚不能接受根據國聯盟約中規定之和平解決辦法， 而中國則己對國聯提議，全部接受**，（這是國民黨將整個中國出賣給各帝國主義的行為），根據盟約第十條之規定，應保會員國領土完整及行政獨立（這是欺騙話），故國聯對於任何違犯此項規定之行為，皆不能認為有效（即是說贓大家分，獨得就反對的意思）。

日內瓦十八日電：國聯行政院十二國會議，己向日本提出強硬照會，提醒日本在國聯盟約第十條下，所應負之責任，並申明行政院對于現在在華之形勢，不能認為既成事實，且同時向日本提醒日本為世界最強國家之一，必須採取光明之態度，始能適合全世界之顧求，該項照會，並提醒美國曾經抗議，謂凡以武力所得之土地，不能享有云。

日內瓦二十三日路透電：國聯約請美國，參加國聯特別全體會議事，現已不成問題，聞大會將設立之委員會，并將約請美國加入，預料大會僅開短期會議，由中日兩國報告一切，其後即將中日事件，交由各代表所組織之調查委員會解決云。

紅軍二軍團佔領潛江城

並在應城殲滅敵軍一旅

湘鄂西電：我第二軍團獨立第九師一月二十七日在應城附近殲殘敵軍第四師徐庭瑤逆部一旅活捉旅長團長參謀長各一級獲長槍二千餘支德造手提機關槍二十餘支 一月四日我第四師佔領潛江城。

紅軍九軍將佔領老河口

無線電十八日電：鄂豫邊赤區發展甚速我第九軍一部在鄧縣附近之孔庄另一部在老河口（湖北光化一個大市鎮）附近老河口有被我軍佔領模樣。

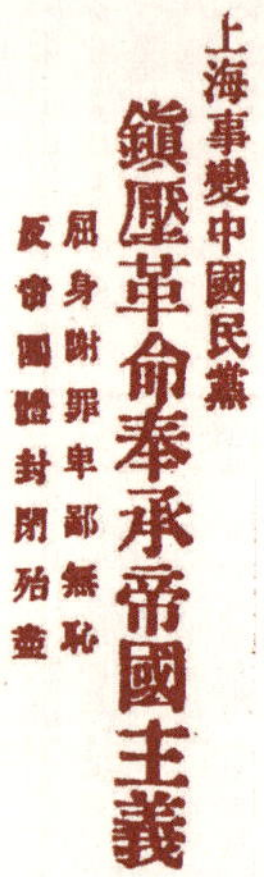
上海事變中國民黨
鎮壓革命奉承帝國主義
屈身謝罪卑鄙無恥
反帝團體封閉殆盡

期 红色中华零零十一期

版 零五版

时间 一九三二年二月二十四日

上海事变中国民党镇压革命奉承帝国主义

屈身谢罪卑鄙无耻
反帝团体封闭殆尽

关于反动国民党上海市政府之仰息帝国主义压迫革命，在前月二十日日帝国主义提出的最后通牒，除无耻地接受外，并即立［立即］将反目［日］的群众团体封闭，兹将其答覆日要求之公文摘录于下："日本僧侣大崎，水上，信徒后藤，黑岩，藤村等五名，于本月十八日下午，在马玉山路附近被殴伤，提出条件四项，请求接受寻因，准此。查本案发生，殊属不幸，本市长深表歉仄，当日据报后，以案关伤害，法有明文，当即严令公安局，限期缉凶归案法办。所有被害人等之医药及抚慰金，本市长亦可酌为给予，以示体恤，至来函所提，关于取缔抗日运动一项，现查本市各界抗日救国委员会，有越轨违法行为。业经令行主管局，将该会取消，以维法纪，关于类此之越轨违法行为，本市长仍当本法治精神，令行取缔，至其他各抗日团体，并已令公安局，予以取消。"

国民党上海市政府送出此答覆前，即于前月二十七晚十二时，令上海市公安局和社会局，查封各界抗日救国会，计被封闭的有：一，五区所属天后宫内各界抗日救国会执□委员会，闸北中兴路闸北检查分处及堆货栈，（放置被检查到的日货的地方）二，六区所属极司非而路曹家渡检查分处及白利南支路堆货栈，三，二区所属肇嘉南市检查分处，及两宜坊六号堆货栈，四，三区所属潭子湾堆货栈，六，七区所属吴淞检分处，及堆货栈，并将办事人员逐出，前后门锁闭，贴上"上海市公安局封条。"同时，群众决定于二十八日下午三时举行的群众大会，亦被国民党用极残酷的手段镇压下去，他们于十二时就派了很多武装警士，到公共体育场，把该处的办事员用强力驱逐出去。并且将方斜路大吉路口大门及大林路后门，一律紧闭，派武装队伍防守，禁止行人出入，群众无法入内，群众大会、终于被强力禁止而散云。

要聞

蘇聯第二個偉大的新五年計劃

第一個五年計劃三年半完成
蘇聯工業生產已居世界第二
第二個机器生產增至三倍半
電力增至一千萬萬啓羅瓦特
煤和煤油出產亦預增加三倍
五金出產增至足供需要額量
鐵路建築一萬五千哩之新路
雜糧出產增至一萬三千萬噸
第二個計劃一九三七年完成
證明左派右派理論完全破產

當目前世界資本主義極端恐慌和衰敗的時候，而苏聯的五年經濟計劃在聯邦共產黨的正確領導之下，與苏聯無產階級積極的努力之下，三年另八月就完全完成了。而且有的部門，不到三年半就完成了。致於集體農場的發展，更是二年，就超過了原來的計劃，現在蘇聯的工業生產已超德國英國之上乎世界第二，從前一切反動派的造謠誣蔑，都被事實在群衆面前打得粉碎 而使他們現在也不能不承認而嚇得驚慌失措了。據近來的消息：苏聯政府既將第一五年經濟計劃實施，收了全功，新的五年計劃，又以議案的形式公佈了，這個計劃的內容，首先說明現行的工業計劃已可稱完成，苏聯國家經濟的改造，安置下強固的基礎 農民已由小經濟的零星的生產，而轉變到大規模新式的集體生產了，生產量的增加，有非世界任何資本主義國家所能及的，同時更可直接答覆列寧提出的社會主義與私有經濟間的斗爭，誰勝誰利的問題了。苏聯自十月革命以後，特別是最近幾年來經濟迅速的發展，生產量的增加，最新技術的運用和進步，工人階級以及農民生活的改善，文化程度的提高，失業工人的滅跡，更是資本主義世界絕對沒有的事，其次，說到新五年經濟計劃的程序。共分三部：一、增加生產，說明苏聯机器的生產，第二個五年計劃的完成，必須較現有的增多三倍至三倍半。電力必須從一百七十萬萬啓羅瓦特增至一千萬萬，煤和煤油兩項的出產，亦須增多三倍，限一九三七年完成，鐵以外的五金出產，須增至充分的供給苏聯人民需要之額量，化學工業須與苏聯工業之進步相適應。運輸須徹底改造，建築 萬五千哩之新鐵路，航空線及航線，亦須加以注意，小工場及食物類必須加以整頓，應增至原有需要數量之三倍。雜糧出產在第二個五年經濟計劃終了時，即一九三七年，須增至一萬三千萬噸。二，提高技術知識和生產率的增高。說明技術提高的重要，且這種技術的提高，是與文化程度有密切的關係，同時亦是發展社會主義經濟的要素。三，詳細估量生產品的供給與分配，并指出左派關於廢除貨幣恢復直接交換的理論的錯誤及右派關於利用小規模的私人生產理論之不正確云。

日本向法國借大批軍欵

八萬萬佛郎專購軍用品
法國軍事工業特別興旺
日法締結同盟實際內容

前月二，五日巴黎消息：法國某銀行團以法蘭西銀行爲領袖的，近來以八萬萬佛郎借與日本，當東三省事件發生後，法日兩帝國主義訂結密約，法國盡量的供給日本所需要的各種軍用品，聞此款之大部份，是用在付給日本在法國所購買的軍用品的貨款，法國經濟恐慌的深入，各種工業都一天天的衰落蕭條，失業工人一天天的增加，獨軍火業則特別興旺，近數月來，有一著名的軍火廠，甚至新招工人五萬五千名。

法國積極製造大飛機

因爲戰爭緊迫加緊製造

法帝國主義因第二次世界大戰爆發的緊張，愈更瘋狂般的擴充軍備，改良殺人的利器，最近，法航空部向法國飛機廠，定購新式炸彈飛機四隊，每隊能夠容炸彈一噸（每噸合中國一千多斤）許，除能載機關槍手卜人外，還能載二十多個炮手和五磅的炮，砲的位置，裝在飛機、兩翼與机尾兩處，並能升高至一萬二千英尺，每小時平均速度能達二百英哩，（每英里合中國三里七），此種軍事利器，號爲天空坦克車，破毀建築物和屠殺工農群衆，最厲害的武器云。

上海事變中國民黨 鎮壓革命奉承帝國主義

屈身謝罪卑鄙無恥
反帝團體封閉殆盡

關於反日的國民黨上海市政府之仰日帝國主義鼻息壓迫革命，在前月二十日日帝國主義提出抗議後通牒，除無恥的接受外，并即立將反日的群衆團體封閉，茲將其答覆日要求之公文摘錄於下：『日本僧侶大崎、水上、信徒後藤、黑岩、藤村等五名，於本月十八月下午，在馬玉山路附近被毆傷，提出條件四項，請求接受等因，准此。查本案發生，殊屬不幸，本市長深表歉仄，當日據報後，以案關傷害，法有明文，當即嚴令公安局，限期緝兇歸案法辦，所有被害人等之醫藥及撫慰金，本市長亦可酌給予，以示體恤，至來函所提，關於取締抗日運動一項，現查本市各界抗日救國委員會，有越軌違法行爲。業經令行主管局，將該會取消，以維法紀，關於類此之越軌違法行爲，本市長仍當本法治精神，令行取締，至其他各抗日團體，并已令公安局，予以取消。』國民黨上海市政府送出此答覆書，即於前月廿七晚十二時，令上海市公安局和社會局，査封各界抗日救國會，計被封閉的有：一，五區所屬天后宮內各界抗日救國會執行委員會，閘北中興路閘北檢查分處及堆貨棧，（放置被檢查到的日貨的地方）二，六區所屬極司非而路曹家渡檢查分處及白利南支路堆貨棧，三，二區所屬肇嘉浜檢查分處，及兩宜坊六號堆貨棧，四，三區所屬潭子灣堆貨棧，六，七區所屬吳淞檢查分處，及堆貨棧，並將辦事人員逐出，前後門鎖閉，貼上『上海市公安局封條。』同時，群衆決定於二十八日下午三時舉行的群衆大會，亦被國民黨用極殘酷的手段鎮壓下去，他們於十二時就派了很多武裝警士，到公共體育場，把該處的辦事員用強力驅逐出去。並且將方斜路大吉路口大門及大林路後門，一律緊閉，派武裝隊伍防守，禁止行人出入，群衆無法入內，群衆大會、終於被強力禁止而散云。

日軍轟炸上海中 帝國主義對革命的鎮壓

國民黨更是極端壓迫

自日本帝國主義軍隊強佔上海轟炸吳淞閘北發生之後，各帝國主義在鈎心鬥角，爭奪瓜分上海和在全中國中，首先是鎮壓中國革命運動 國民黨更是在執行日帝國主義條件下而施行極殘暴的鎮壓和戒備。現在將他們戒嚴的情形略述如下：

上海公共租界工部局於一月二十八日下午四時起，即宣佈戒嚴，禁止行人出入和談話的自由，二月一日即發表佈告如下：一、自一九三二年二月一日即星期一起，除巡捕房防軍及工部局特許之人員外，

日軍轟炸上海中
帝國主義對革命的鎮壓
國民黨更是極端壓迫

期：红色中华零零十一期
版：零五版
时间：一九三二年二月二十四日

日军轰炸上海中帝国主义对革命的镇压

国民党更是极端压迫

自日本帝国主义军队强占上海轰炸吴淞闸北发生之后，各帝国主义在钩心斗角，争夺瓜分上海和在全中国中，首先是镇压中国革命运动□国民党更是在执行日帝国主义条件下而施行极残暴的镇压和戒备。现在将他们戒严的情形略述如下：

上海公共租界工部局于一月二十八日下午四时起，即宣布戒严，禁止行人出入和谈话的自由，二月一日即发表布告如下。一，自一九三二年二月一日即星期一起，除巡捕房防军及工部局特许之人员外，（编者按：下转第六版）

要聞

蘇聯第二個偉大的新五年計劃

第一個五年計劃三年半完成
蘇聯工業生產已居世界第二
第二個机器生產增至三倍半
電力增至一千萬萬啓羅瓦特
煤和煤油出產亦預增加三倍
五金出產增至足供需要額量
鐵路建築一萬五千哩之新路
雜糧出產增至一萬三千萬噸
第二個計劃一九三七年完成
證明左派右派理論完全破產

當目前世界資本主義極端恐慌和衰敗的時候，而苏聯的五年經濟計劃在聯邦共產黨的正確領導之下，與苏聯無產階級積極的努力之下，三年另八月就完全完成了，而且有些部門，不到三年半就完成了。致於集體農場的發展，更是二年就超過了原來的計劃，現在，蘇聯的工業生產已超德國英國之上，占世界第二，從前一切反動派的造謠誣蔑，都被事實在事實面前打得粉碎 而使他們現在也不能不承認而嚇得驚慌失措了。據近來的消息：蘇聯政府曾議第一五年經濟計劃實施，收了全功，新的五年計劃，又以議案的形式公佈了，這個計劃的內容，首先說明現行的工業計劃已可將完成，於蘇聯國家經濟的改造，安置下強固的基礎 農民已由小規經濟的零星的生產，而轉變到大規模的新式的集體生產了，生產量的增加，有非世界任何資本主義國家所能及的，同時更可直接答覆列寧提出的社會主義與私有經濟間的斗爭，誰勝誰利的問題了。苏聯自十月革命以後，特別是最近幾年來經濟的迅速的發展，生產量的增加，最新技術的運用和進步，工人增加以及農民生活的改善，文化程度的提高，失業工人的滅跡，這是資本主義世界絕對沒有的事。其次，說到新五年經濟計劃的程序。共分三部：一、增加生產，說明苏聯机器的生產，第二個五年計劃的完成，必須較現有的增多三倍至三倍半。電力必須從一百七十萬萬啓羅瓦特增至一千萬萬，煤和煤油兩項的出產，亦須增多三倍，限一九三七年完成，鐵以外的五金出產，須增至充分的供給苏聯人民需要之額數，化學工業須與苏聯工業之進步相適應。運輸須徹底改造，建築一萬五千哩之新鐵路，航空線及航線，亦須加以注意，小工場及食物類必須加以整頓，應增至原有需要數量之三倍。雜糧出產在第二個五年經濟計劃終了時，即一九三七年，須增至一萬三千萬噸。二，提高技術知識和生產率的增高，說明技術提高的重要，且這種技術的提高，是與文化程度的提高，有密切的關係，同時亦是發展社會主義經濟的要素。三，詳細估量生產品的供給與分配，并指出左派關於廢除貨幣恢復直接交換個理論的錯誤及右派關於利用小規模的私人生產理論之不正確云。

日本向法國借大批軍欵

八萬萬佛郎專購軍用品
法國軍事工業特別興旺
日法締結同盟實際內容

前月二十五日巴黎消息：法國某銀行團以法蘭西銀行爲領袖的、近來以八萬萬佛郎借與日本、當東三省事件發生後，法日兩帝國主義訂結密約，法國盡量的供給日本所需要的各種軍用品，聞此款之大部份，是用在付給日本在法國所購買的軍用品的貨款，法國經濟恐慌的深入，各種工業都一天天的衰落蕭條，失業工人一天天的增加，獨軍火業則特別興旺，近數月來，有一著名的軍火廠、甚至新招工人五萬五千名。

法國積極製造大飛機

因爲戰爭緊迫加緊製造

法帝國主義因第二次世界大戰爆發的緊張，而更瘋狂般的擴充軍備，改良殺人的利器，最近，法航空部向法國飛機廠，定購新式炸彈飛機四隊，每隊能夠容炸彈一噸（每噸合中國一千多斤）許，除能載機關槍手十人外，還能載二十多個炮手和五磅的炮，砲的位置，裝在飛機，兩翼與机尾兩處，並能升高至一萬二千英尺，每小時平均速度能達二百英哩，（每英里合中國三里七），此種軍事利器，號爲天空坦克車，破毀建築物和屠殺工農群衆，最厲害的武器云。

上海事變中國民黨鎮壓革命奉承帝國主義

屈身謝罪卑鄙無恥
反帝團體封閉殆盡

關於反帝國民黨上海市政府之仰息帝國主義壓迫革命，在前月二十日日帝國主義提出了最後通牒，除無恥的接受外，并即立將反日的群衆團體封閉，茲將其答覆日要求之公文摘錄於下：「日本僧侶大崎、水上，信徒後藤，黑岩，藤村等五名，於本月十八日下午，在馬玉山路附近被毆傷，提出條件四項，請求接受等因，准此。查本案發生，殊屬不幸，本市長深表歉仄，當日據報後，以案關僑害，法有明文，當即嚴令公安局，限期緝兇歸案依法辦，所有被害人等之醫藥及撫慰金，本市長亦可酌爲給予，以示體恤，至來函所提，關於取締抗日運動一項，現查本市各界抗日救國委員會，有越軌違法行爲。業經令行主管局，將該會取消，以維法紀，關於類此之越軌違法行爲，本市長仍當本法治精神，令行取締，至其他各抗日團體，并已令公安局，予以取消。」國民黨上海市政府送出此答覆後，即於前月廿七晚十二時，令上海市公安局和社會局，查封各界抗日救國會，計被封閉的有：一，五區所屬天后宮內各界抗日救國會執委員會，閘北中興路閘北檢查分處及堆貨棧，（放置被檢查日貨的地方）二，六區所屬極司非而路曹家渡檢查分處及白利南支路堆貨棧。三，二區所屬肇嘉南市檢查分處，及南宜坊六號堆貨棧。四，三區所屬漕子灣堆貨棧，六，七區所屬吳淞檢查分處，及堆貨棧，並將辦事人員逐出，關後門鎖閉，貼上「上海市公安局封條。」同時，群衆決定於二十八日下午三時舉行的群衆大會，亦被國民黨用極殘酷的手段鎮壓下去，他們於十二時就派了很多武裝警士，到公共體育場，把該處的辦事員用強力驅逐出去。並且將方斜路大吉路口大門及大林路後門，一律緊閉，派武裝隊伍防守，禁止行人出入，群衆無法入內，群衆大會、終於被強力禁止而散云。

日軍轟炸上海中

帝國主義對革命的鎮壓

國民黨更是極端壓迫

自日本帝國主義軍隊強佔上海轟炸吳淞閘北發生之後，各帝國主義在鈎心鬥角，爭奪瓜分上海和在全中國中，首先是鎮壓中國革命運動 國民黨更是在執行帝國主義條件下而施行極殘暴的鎮壓和戒備，現在將他們戒嚴的情形略述如下：

上海公共租界工部局於一月二十八日下午四時起，即宣佈戒嚴，禁止行人出入和談話的自由，二月一日即發表佈告如下：一、自一九三二年二月一日即星期一起，除巡捕房防軍及工部局特許之人員外，

日军轰炸上海中帝国主义对革命的镇压

国民党更是极端压迫

（编者按：上接第五版）凡属居民，自夜间十时起至次晨四时止、概须留居户内，不得外出，二，凡属居民，甲，不得在路上或公共处所逗留，乙，非经工部局之书面充［允］许，不得组织参加任何集会游行或有聚众于公共处所之行动，丙，不得在路上或公共处所演说，印刷或散布文字图书旗帜等件，或有希图引起公众惊惶或破坏治安之共勉行动，三，除巡捕房及防军人员外，非有工部局执照，不得携带任何枪械或武器，四倘敢故违本布告任何规定妨碍本局捕房及其他授与特权之人员，或篡夺其职权□或破坏界内治安秩序者，立即拘究不贷，五本局现在竭其全力以维持界内之安宁秩序，及生命财产之安全。

上海反动的国民党市政府，亦于二十八日晚调令市公安局，宣布特别戒严，群众的一切集会结社反帝游行以及其他种自由，一概严格禁止。

凡屬居民，自夜間十時起至六晨四時止、概須留居戶內，不得外出，二，凡屬居民，甲，不得在路上或公共處所逗留，乙，非經工部局之特而允許，不得組織參加任何集會遊行或有聚衆於公共處所之行動，丙，不得在路上或公共處所演說，印刷或散佈文字圖畫旗幟等件，或有希圖引起公衆驚惶或破壞治安之其他行動，三，除巡捕房及防軍人員外，非有工部局執照，不得攜帶任何槍械或武器，四倘敢故違本佈告任何規定妨碍本局捕房及其他授有特權之人員，或篡奪其職權或破壞界內治安秩序者，立即拘究不貸．五本局現在竭其全力以維持界內之安寧秩序，及生命財產之安全。

上海反動的國民黨市政府，亦於二十八日晚飭令市公安局，宣布特別戒嚴，群衆的一切集會結社反帝游行以及其他種自由，一概嚴格禁止。

河南忠縣 騎兵一旅暴動經過

殺死旅長成立紅軍 消滅追剿白軍一旅

白軍騎兵第一師劉鳳岐部第一旅第四團駐忠縣，一部駐息縣十里之張脂店吳家園一帶。受紅軍和蘇維埃革命影響甚大，在前月二十日紅軍四軍圍配合工農群衆，進攻息縣的時候，騎兵第一師第一旅士兵及下級軍官，即於拂夜大起暴動，投入紅軍，當暴動的時候，該旅旅長王春長聞訊，會圖率領傳令兵士及通訊排與暴動士兵頑抗，但該通訊排及傳令士兵不願與暴動士兵作戰 當時極力與暴動士兵抵抗的，只有極少數的反動軍官、不到數分鐘，即將他們繳械解決．王春長當場擊斃，該旅參謀長孔憲橋，指導員楊金閣，副官秦隆昌及他們的親戚七人均受傷被捕，國民黨聞訊，即派大隊與紅軍激戰，二十六日四軍圍將王東觀旅全部消滅，繳獲步槍及各種軍用品無算，旅長王東觀當場擊斃，息縣遂入紅軍之手。

日軍積極進攻熱河

錦西義勇軍血戰終夜

自日軍佔領了滿幫子，進逼錦州的時候，所有駐錦州及其附近的軍隊，俱奉國民黨政府及張學良的命令，紛紛自動退入山海關內，關外所留存的，係騎兵第二旅及群衆所組織的義勇軍，而日帝國主義則機續不斷的派大軍進擊，相持平令、雙方經過許多血戰，最近，在大凌河激戰，義勇軍戰線為日軍衝破，義勇軍後退，向錦西集中，忽有日機十八架，飛至紅羅山一帶轟炸，並以依田，室野二旅團為主力、取道大窰溝於二十日傍晚，開始向義勇軍直撲．并以大炮轟擊，機槍掃射，當時義勇軍處于孤立無援地位，個個只出死力應戰．雙方肉搏、激戰終夜，義勇軍死傷三百餘人，日軍死大佐古賀聯隊長及以下中少佐四人，下級軍官十五人，受傷日軍官五十餘名，斗松尾少尉所指揮的輜重隊和騎兵一大隊，於黑夜陷入亂山，為義勇軍包圍，死傷亦很多，二十四日日軍又派大批援軍，并飛機十餘架，在紅羅山筆架山一帶、連續轟炸，義勇軍又死傷三百多人．但因四面亂山，日軍不暗悉地勢，亦不敢深入。紙用飛機擲彈轟炸云。

中央蘇區消息

『二二八』的各地武裝總示威詳載

瑞金武裝總示威盛況

瑞金縣 來訊：二月十九日上午十時於瑞金城外大草場，舉行反帝反國民黨參加革命戰爭的武裝 總示威。（原定『二二八』，因天雨改期，）八時許各地土炮隆隆一隊隊的群衆手執武器，從四面向縣城外大草場集中至九時許、已將廣場擠滿，到會群衆約一萬二千餘人，未正式開會前，場中有募捐隊當場募捐，群衆均自動熱烈捐助：迨十時，忽聞土炮三響 全場秩序頓轉肅靜，旋即由瑞金縣『二二八』籌備處宣佈開會意義，繼由各機關群衆各團體演講，自由演說中有婦女多人登台演說，詞意致為激昂，其痛恨國民黨之黑暗，痛斥帝國主義國民黨壓迫中國工農之罪惡，和我們目前任務的重大，最後高呼打倒帝國主義，打倒國民黨，自動簽名當紅軍，一時當場簽名當紅軍者有四百餘人之多，場中熱烈的高呼『擴大紅軍，』『創造鐵的紅軍』『積極參加革命戰爭』『反對日帝國主義屠殺中國人民』『以革命戰爭推翻國民黨統治』『以民族革命戰爭消滅帝國主義戰爭』等口號．號聲震大動地，革命空氣異常緊張，會畢即整隊出發示威遊行，遊行時隊伍極為嚴整齊，有以木棒為武裝的，有以梭標土槍鳥槍土炮為武器的，有以犁鋤為武器的，也有以做工的刀斧為武器的，總之每人手中都持有武器。上掛紅旗。遊行至一時許．忽大雨淋漓，天忽轉冷，但遊行隊伍秩序仍非然有條．毫未擾動，沿途高呼口號及散發各種捷報傳單，遊行至目的地時，始各自率隊而歸云。

會昌縣反帝示威大會紀實

會昌縣原來是．個靖衛狗子把守的營壘，勞苦的群衆從領導飽受了他們反動的宣傳，自從被我英勇的戰士將這一個平素慣於壓迫剝削和屠殺勞苦工農的營壘擊破後，用廣大的宣傳鼓動．勞苦的工農群衆，對革命確實有了深刻的認識了，知道只有革命，才是唯一的出路．所以就很踴躍的接受了共產黨的正確領導、參加了革命，成立了階級工會和各種革命的機關，建立了蘇維埃政府。

這次反帝武裝示威大會、自從中共 中央局通令 號召二月十八日舉行示威之後，此地即組織化裝演講隊，分別到各鄉村中去宣傳，鼓動群衆，同時向城鄉各商店及鄉市群衆募捐，在宣傳隊宣講各帝國主義侵佔中國情形，日本最近佔領東三省，又進佔上海閘北等消息有許多工農份子，立刻表示憤慨，甚至有出眼淚的。

十八日的會那天，天氣非常冷，早晨又在落雨，一直至下午，還是天陰，但是——在下午一點鐘開會的時候，各團體的工農群衆，十三軍全體武裝同志，以及團總醫院全體工作人員傷病兵同志們，都攜帶了武器旗幟很踴躍的參加大會，在大會沒有開幕以前，鳴槍示威，雖在北風凜冽陰雲密佈，細雨霏霏，地泥淋濕。而到會的群衆們，都是精神飽滿英勇憤發的持着武器鵠立會場中，毫無畏縮和倦怠形容，秩序井然．很肅靜的聽台上各革命機關各群衆團體代表的演講。演講的人很多，詞長不錄了．演講完了之後建議打通電到上海去，依着次序一隊一隊的到城內外遊行，沿途高呼口號，聲音震動全城，數里之外都能聽到．革命空氣 非常緊張．真是空前熱烈的反帝示威大會！

上猶全縣成赤區

成立獨立第九師 贛州城不日可下

據前方紅軍十七日來訊：上猶全縣工農群衆，在共產黨領導之下．大家非常興奮的起來打土豪 分田地，參加紅軍．組織獨立師．發展蘇區，保護土地革命勝利。現已正式成立獨立第九師，人數已在千人以上，白軍聞訊，恐慌萬狀。又訊：圍攻贛城紅軍．現正在準備爆炸．贛城不日即可攻下．

紅軍擊潰梧桐土圍靖匪

繳獲步槍二十餘枝

據前方紅軍來訊：本月十五日．當我軍達新田圩時．梧桐土圍的靖匪，企圖搗亂 為我軍擊潰，繳獲步槍二十餘枝，活捉靖匪六人．餘匪紛紛逃竄我軍已進駐信豐城。

期 红色中华零零十二期

版 零一版

时间 一九三二年三月二日

上海完全被日軍佔領
國民黨軍隊全部撤退
吳淞江灣被日軍佔領
閘北由各國軍隊分據

专电
上海完全被日军占领

国民党军队全部撤退
吴淞江湾被日军占领
闸北由各国军队分据

上海二日晚紧急电：国民党军队在日军攻击下，全部军队从二日晨起，由江湾，吴淞，闸北，到晚九时退至真茹一带，日军已进占吴淞，江湾。

上海二日晚紧急电：国民党军队撤退后，上海各国领事在工部局会议，决定万国商团到闸北驻防云。

中華蘇維埃共和國臨時中央政府机關報

紅色中華

第十二期
一九三二年三月二日
本期二張
收報費銅元一枚

社論

紅軍十二軍佔領杭武的意義

周恩來

捷報傳來，紅軍十二軍配合着閩西廣大工農勞苦羣衆於二月下旬緊接着攻下了武平上杭兩個城市。紅軍戰士的英勇，廣大羣衆的威力 使鍾紹奎敵軍一旅於武平之戰敗後，不戰而退出上杭，我軍乘勝直追，己迫近巖前贫洞；一鼓作氣，將要驅逐這閩西最後的殘餘軍閥逃入廣東去了。

閩西地主豪紳所恃以支持的城堡，一下子便被攻破，將紅旗插到武平，上杭城上，這是革命戰爭的新勝利，這是閩西蘇區的新局面！

紅軍十二軍自從去年開到閩西以後，所向無敵，他開到什麼地方，什麼地方的軍閥團匪便「望風而逃」，這次攻下了武平上杭，更證明十二軍有鐵一般的堅固，火一般的威聲，他已成為鞏固閩西蘇區積極向外發展的一支主力隊伍，尤其是這次攻下杭武，不僅給閩西地方殘餘軍閥一個最有力的打擊，並且給廣東援助鍾紹奎的國民黨軍閥一個迎頭的痛擊，使他們要在上杭建築飛機場，來進攻閩西蘇區支撑點的計劃歸於失敗，同時也就是給增援贛州的廣東國民黨軍隊一個很大的威脅。西路范德星獨立旅失敗之後，接着就是東路鍾紹奎新編獨立旅的失敗，這在廣東國民黨軍閥看來，正是『剿共 的大不利啊』！陳濟棠胡漢民在廣東聲言「赤禍甚於日禍」「抗日必先剿共」，他們要繼着蔣介石三次「圍剿」蘇區的大失敗後，來為反革命做再度進攻蘇區的嘗試。我們英勇的紅軍與江西閩西廣大的工農勞苦羣衆現在正準備着，準備給繼着范德星鍾紹奎而來的廣東軍閥以個個擊破！

幾月來，閩西紅軍主力得着廣大羣衆的擁護，積極向北發展，已經收到很大成績，開擴了閩西蘇維埃疆土到連城寧化，清流各縣，祇以閩西地方殘餘軍閥與團匪沒有受到嚴重的打擊，邊境還常常藉杭武不時的向蘇區邊境騷擾，故向北發展遂不能鞏固。現在杭武攻下，整個局面不同了。杭永武汀連將要完全聯接一起，閩西與江西的蘇區，南自武平會昌，北達寧化石城，將要完全打成一片，這是鞏固閩西蘇區的初步，這是積極向外發展，尤其是向北發展的必要前提！閩西工農勞苦羣衆與紅軍十二軍獨立師及一切地方武裝應當認識這一意義的重大，迅速的加緊將杭武永的工作建立起來。要徹底的沒收地主豪紳的土地財產和實行平分土地。要堅決的實行工人八小時工作制與全蘇大會蘇維埃臨時中央政府的一切法令決議，要普遍的建立蘇維埃政權和摧毀地主豪紳國民黨鄉村政權，一切遺跡，要努力的肅清一切地主民團土匪的殘餘武裝，武裝地方上堅決鬥爭的工農羣衆，要正確的實施蘇維埃經濟政策 要堅決的發動群衆，徹底的肅清一切反革命派。只有這樣，杭武永的蘇區才能擴大和鞏固，羣衆的積極性才能提高，群衆參加戰爭與到紅軍中的熱情才能像潮水一般的增長起來！只有這樣，我們才能更進一步的奪取上杭北四區傅柏翠反革命所影響下的羣衆回到革命戰線上來。才能更有力的打擊廣東與張貞任何一方的敵人進攻而積極的向外發展 鞏固的勝利的向外發展！

并且杭武攻下，正在江西紅 主力軍積極攻取贛州和打通贛河兩岸蘇區的當兒，這將鼓勵着江西與廣大工農勞苦羣衆為着奪得贛州的勝利而更加興奮起來，而更要努力的去打擊敵人的增援部隊。贛州城的攻下當是繼着而來的捷報！

全江西閩西的工農勞苦羣衆們！革命戰爭的戰鼓，早已經在各處響起了。武平上杭的攻下，贛州城的奪取，給了全中國反日反帝反國民黨 運 動一個極大的影響和援助，給了各蘇區紅軍的勝利一個有力的響應和配合！全中國的反動統治要在這勝利面前發抖，帝國主義瓜分中國壓迫中國革命的進行，要遇到極大的打擊，我們要一致起來，到前方去，到紅軍中去，要繼着武平上杭攻下之後，攻下贛州，將紅旗插遍贛河兩岸，插遍閩西全境！

這樣。革命戰爭的繼續勝利和開展，將是江西及其鄰近省區革命首先勝利的局面的開始，將是全中國革命危机成熟的有力前提！

專電

上海完全被日軍佔領

國民黨軍隊全部撤退

吳淞江灣被日軍佔領

閘北由各國軍隊分據

上海二日晚緊急電：國民黨軍隊在日軍攻擊下，全部軍隊從二日晨起，由江灣，吳淞，閘北，到晚九時退至眞茹一帶，日軍已進佔吳淞，江灣。

上海二日晚緊急電：國民黨軍隊撤退後，上海各國領事在工部局會議，決定萬國商團到閘北駐防云。

國民黨又出賣上海
始而士兵自動與日作戰被打破
終了還是將上海奉送帝國主義
藉口和平還要來企圖欺騙羣衆

国民党又出卖上海

始而士兵自动与日作战被打破
终了还是将上海奉送帝国主义
借口和平还要来企图欺骗群众

二日晚上海电： 国民党政府外交部对于沪上中日代表会商和平事，二日发表宣言如下：兹鉴于日本援军，续到二师，并在浏河及吴淞复行总攻。特为重要之事实，声明如左：查中日代表，因英海军提督克莱爵士之斡［斡］旋，曾在甘特军舰会商，立即停止敌对之作战条件，当经获得谅解如下：（极无耻地出卖了上海，还说谅解。）一、双方同时撤退，二、不得提议永久卸除吴淞或狮子林炮台问题，三、双方兵撤退，由中日外交会会商，中立国视察团监视之，四、撤退区域照旧由中国官吏清理并由中国警察维持治安（傀儡）五、中国军队退至真茹，日本军队退至公共租界及越界筑路地段，俟双方上述撤退完毕后，中国军队再退至南翔。日本军队退回舰上，此最后一点，交由将来续开之会议讨论之，又议定如中日政府赞同此规定之谅解，则双方正式代表，当举行一正式会议。以完成此项办法，二月二十九日，中国代表通知克莱提督中国政府业经赞同、并请其转达日本当局，倘日本政府亦同样赞同，则正式代表，可以立即正式会议，但关于东京政府正式之决定。日方迄今尚未答覆，而在此期间，日本海陆空军复向中国军队全线总攻，且日本总领事并经通告中国市长，日军决意炸毁京沪京杭两路，此项和平（上海卖了还借口和平来骗人）中国方面，至为恳切，倘使仍归失败，则其责任当由日本再度负之。

一九三二年三月二日　紅色中華　第二版

國民黨又出賣上海

始而士兵自動與日作戰被打破　終了還是將上海奉送帝國主義　藉口和平還要來企圖欺騙羣衆

二日晚上海電：國民黨政府外交部對於滬上中日代表會商和平事，二日發表宣言如下：茲鑒於日本援軍，續到二師，幷在瀏河及吳淞復行總攻，特為重要之事實，聲明如左：查中日代表，因英海軍提督克蘭爵士之斡旋，曾在甘特軍艦會商，立即停止敵對之作戰條件，當經獲得諒解如下：（極無恥的出賣了上海，還說諒解。）一、雙方同時撤退，二、不得提議永久卸除吳淞或獅子林礮台問題，三、雙方兵撤退，由中日外交會會商，中立國視察團監視之，四、撤退區域照舊由中國官吏清理，並由中國警察維持治安（傀儡），五、中國軍隊退至眞茹，日本軍隊退至公共租界及越界築路地段，俟雙方上述撤退完畢後，中國軍隊再退至南翔，日本軍隊退回艦上，此最後一點，交由將來續開之會議討論之，又議定如中日政府贊同此規定之諒解，則雙方正式代表，當舉行一正式會議，以完成此項辦法，二月二十九日，中國代表通知英藍提督中國政府業經贊同、幷請其轉達日本當局，倘日本政府亦同樣贊同，則正式代表，可以立即正式會議，但關於東京政府正式之決定，日方迄今尚無答覆，而在此期間，日本海陸空軍復向中國軍隊繼續進攻，且日本總領事幷經通告中國市長，日軍決意炸燬京滬京杭兩路、此項和平（上海賣了還藉口和平來騙人？）中國方面，至為懇切，倘使仍歸失敗，則其責任當由日本再度負之。

日本以全力奪取上海

繼續加派陸軍六萬人　全國飛機大半數調滬

上海二十六日路透電：日軍已啓程來滬之兩師團，已定明日登陸，此外日本復有三師團已奉命動員，日本海軍航空隊，已有半數到滬，約二百架之多，現再有大批陸軍航空隊，首途來滬云。

上海二十八日下午九時三十分電：日方所派四師團，計第二第六第十一第十四等師團，除十四師團一部份已抵滬外，其餘正在途中，今明日可運到，其總攻之期間，在三月二日前，以佔得淞滬為目的。

上海一日下午三時四十分電：現日軍除加派菱刈總指揮率第十一師團到滬外，第十四師團，亦總開來滬，日政府所派遣之上海日軍海空陸軍總司令白川大將，亦于二十九日晚八時，乘艦駛抵吳淞口，當換小輪至張華濱登陸，到司令部會同日方各要人密議在上海之日軍，已達四萬五千人，二十四小時內，將再有第十四師團來滬，屆時日軍總數將近達六萬人，吳淞江灣閘北戰事，聞一日晚二日晨即將實行總攻云。

上海日僑全部歸國

日本猛攻上海前之準備

上海二十八日上午四時二十分電：日僑奉命全數離滬　陸續回國者約有萬餘人，二十八日第三批約一千人，乘上海丸回國，四川路三井洋行，也將大批行李搬運回國。

日軍佔領上海前之 猛烈攻擊與激戰之狀況

雙方爭奪戰地得失幾次

英勇中國士兵頑强抵抗　國民黨政府乘機賣上海　强迫士兵下令全部撤退

上海一日路透電：昨日閘北之戰事，異常激烈，日軍進攻三次，華軍亦反攻三次，故昨日戰事結果，雙方陣地，仍無變化，大戰之中心，仍在八字橋方面，日軍首先以大炮飛機轟擊陣地，雙方進退亦三次之多。

上海一日下午四時十分電：昨今兩日八字橋方面戰事激烈，二十九晨日軍在天通庵站集中六千餘人，向華方八字橋進攻，以鐵甲車前驅，幷藉炮火掩護，飛機助威，炮火飛機以華軍戰線為目標，華軍退却，復有大隊增援，下令反攻，激戰至二時三刻，日軍又退，至三時日軍反攻，其勢較前尤烈，一時槍炮喊殺聲，震動遠近，結果，華軍敗退，至四時一刻，華方生力軍到，再下令冲鋒，另分一部抄日方後路，八字橋又入華軍之手，但日方大調集大隊進攻，陣線變動，雙方肉搏至五時半，八字橋又為華軍克復，此後，雙方炮戰，直至一日午始停，在江灣路西北一帶，日軍於一日晨七時許，以大炮百餘門，向竹園墩水車頭華軍陣地攻擊，幷用飛机八架助戰，六時後，攻勢尤猛，大炮連續不斷，華軍亦以炮兵還擊，當日軍逼近華方前線時，雙方惡鬥，至下午二時，尚在激戰中。

上海三月一日下午三時五十分路透電：今晨八的三十分，日軍又開始全線總攻擊，沿虹口公園及商務印書館以西之區域進攻，同時在江灣方面，戰爭亦頗劇烈，日飛机大炮，現正在猛烈轟炸中云。

美海軍主力集中太平洋

軍艦二百餘艘　飛机千四百架　大隊陸軍增滬　大戰將要開幕

上海二十八日上午十一時電：據龍華司令部保安處報告，美艦二百餘艘，飛机千四百餘架、在檀香山集中。

華盛頓二十九日路透電：美國海軍已命令美國海軍主力艦隊，集中太平洋。

上海三月一日下午一時五十分電：外訊，美步兵卅一大隊另一部份將由馬尼拉乘運輸艦格蘭德號，來滬，人數未詳，但大致甚多，並有大宗運輸食品，亦將同時來滬。

期：红色中华零零十二期

版：零二版

时间：一九三二年三月二日

日本以全力奪取上海
繼續加派陸軍六萬人
全國飛機大半數調滬

日本以全力夺取上海

继续加派陆军六万人
全国飞机大半数调沪

上海二十六日路透电：日军已启程来沪之两师团，已定明日登陆。此外日本复有三师团已奉令动员，日本海军航空队，已有半数到沪，约二百架之多，现再有大批陆军航空队，首途来沪云。

上海二十八日下午九时三十分电：日方所派四师团，计第二第六第十一第十四等师团，除十四师团一部份已抵沪外，其余正在途中，今明日可运到，其总攻之期间，在三月二日前，以占得淞沪为目的。

上海一日下午三时四十分电：现日军除加派菱刈总指挥率第十一师团到沪外，第十四师团，亦总开来沪，日政府所派遣之上海日军海空陆军总司令白川大将，亦于二十九日晚八时，乘舰驶抵吴淞口，当换小轮至张华滨［浜］登陆，到司令部会同日方各要人密议在上海之日军，已达四万五千人，二十四小时内，将再有第十四师团来沪，届时日军总数将近达六万人，吴淞江湾闸北战事，闻一日晚二日晨即将实行总攻云。

國民黨又出賣上海

始而士兵自動與日作戰被打破 終了還是將上海奉送帝國主義 藉口和平還要來企圖欺騙羣衆

二日晚上海電：國民黨政府外交部對於滬上中日代表會商和平事，二日發表宣言如下：茲鑒於日本援軍，續到二師，并在瀏河及吳淞復行總攻，特爲重要之事實，聲明如左：查中日代表，因英海軍提督克萊爵士之斡旋，曾在甘特軍艦會商，立即停止敵對之作戰條件，當經獲得諒解如下：（極無恥的出賣了上海，還說諒解。）一，雙方同時撤退，二，不得提議永久卸除吳淞或獅子林礮台問題，三，雙方兵撤退，由中日外交會會商，中立國視察團監視之，四，撤退區域照（番）由中國官吏清理並由中國警察維持治安（傀儡），五，中國軍隊退至眞茹，（日本軍隊退至公共租界及越界築路地段，俟雙方上述撤退完畢後，）中國軍隊再退至南翔，（日本軍隊退回艦上）此段後一點，交由將來續開之會議討論之，又議定如中日政府贊同此規定之諒解，則雙方正式代表，當舉行一正式會議，以完成此項辦法，二月二十九日 中國代表通知克萊提督中國政府業經贊同、并請其轉達日本當局，倘日本政府亦同樣贊同，則正式代表，可以立即正式會議，但關於東京政府正式之決定，日方迄今尚無答覆，而在此期間，日本海陸空軍復向中國軍隊叠續轟攻，且日本總領事并經通告中國市長，日軍決意炸燬京滬京杭兩路，此項和平（上海賣了還藉口和平來騙人之）中國方面，至爲懇切，倘使仍歸失敗，則其責任當由日本再度負之。

日本以全力奪取上海

繼續加派陸軍六萬人 全國飛機大半數調滬

上海二十六日路透電：日軍已啓程來滬之兩師團，已定明日登陸，此外日本復有三師團已奉令動員，日本海軍航空隊，已有半數到滬，約二百架之多，現再有大批陸軍航空隊，首途來滬云。

上海二十八日下午九時三十分電：日方所派四師團，計第二第六第十一第十四等師團，除十四師團一部份已抵滬外，其餘正在途中，今明日可運到，其總攻之期間，在三月二日前，以佔得淞滬爲目的。

上海一日下午三時四十分電：現日軍除加派菱刈總指揮率第十一師團到滬外，第十四師團，亦總開來滬，（日政府所派遣之）上海日軍海空陸軍總司令白川大將，亦于二十九日晚八時，乘艦駛抵吳淞口，當換小輪至張華濱登陸，到司令部會同日方各要人密議在上海之日軍，已達四萬五千人，二十四小時內，將再有第十四師團來滬，屆時日軍總數將近達六萬人，吳淞江灣閘北戰事，聞一日晚二日晨即將實行總攻云。

上海日僑全部歸國

日本猛攻上海前之準備

上海二十八日上午四時二十分電；日僑奉命全數離滬陸續回國者約有萬餘人，二十八日第三批約一千人，乘上海丸回國，四川路三井洋行，也將大批行李箱籠搬運回國。

日軍佔領上海前之 猛烈攻擊與激戰之狀況

雙方爭奪戰地得失幾次

英勇中國士兵頑强抵抗

國民黨政府乘機賣上海 强迫士兵下令全部撤退

上海一日路透電：昨日閘北之戰事，異常激烈，日軍進攻三次，華軍亦反攻三次，故昨日戰事結果，雙方陣地，仍無變化，大戰之中心，仍在八字橋方面，日軍首先以大炮飛機轟擊陣地，雙方進退亦三次之多。

上海一日下午四時十分電：昨今兩日八字橋方面戰事激烈，二十九日日軍在天通庵站集中六千餘人，向華方八字橋進攻，以鐵甲車前驅，并藉炮火掩護，飛機助威，炮火飛機以華軍戰線爲目標，華軍退却，復有大隊增援，下令反攻，激戰至二時三刻，日軍又退，至三時日軍反攻，其勢較前尤烈，一時槍炮聲殺聲，震動遠近，結果，華軍敗退，至四時一刻，華方生力軍到，再下令沖鋒，另分一部抄日方後路，八字橋又入華軍之手，但日方大調集大隊進攻，陣線變動，雙方肉搏至五時半，八字橋又爲華軍克復，此後，雙方炮戰，直至一日午始停，在江灣路西北一帶，日軍於一日晨七時許，以大炮百餘門，向竹園墩水車頭華軍陣地攻擊，并用飛机八架助戰，六時後，攻勢尤猛，大炮連續不斷，華軍亦以炮兵還擊，當日軍逼近華方前線時，雙方惡鬬，至下午二時，尚在激戰中。

上海三月一日下午三時五十分路透電：今晨八的三十分，日軍又開始全線總攻擊，沿虹口公園及商務印書館以西之區域進攻，同時在江灣方面，戰爭亦頗劇烈，日飛机大炮，現正在猛烈轟炸中云。

美海軍主力集中太平洋

軍艦二百餘艘 大隊陸軍增滬。飛机千四百架 大戰將要開幕

上海二十八日上午十一時電：據龍華司令部保安處報告，美艦二百餘艘，飛机千四百餘架，在檀香山集中。

華盛頓二十九日路透電：美國海軍已命令美國海軍主力艦隊，集中太平洋。

上海三月一日下午一時五十分電：外訊，美步兵卅一大隊另一部份，將由馬尼拉乘運輸艦格蘭德號，運滬，人數未詳，但大致甚多，並有大宗運輸食品，亦將同時來滬。

期
红色中华零零十二期
版
零二版
时间
一九三二年三月二日

上海日侨全部归国

日本猛攻上海前之准备

上海二十八日上午四时二十分电： 日侨奉命全数离沪，陆续回国者约有万余人，二十八日第三批约一千人，乘上海丸回国，四川路三井洋行，也将大批行李簿据搬运回国。

國民黨又出賣上海

始而士兵自動與日作戰被打破
終了還是將上海奉送帝國主義
藉口和平還要來企圖欺騙羣衆

二日晚上海電：國民黨政府外交部對於滬上中日代表會商和平事，二日發表宣言如下：茲鑒於日本援軍，續到二師，并在瀏河及吳淞復行總攻，特爲重要之事實，聲明如左：查中日代表，因英海軍提督克萊爵士之斡旋，曾在甘特軍艦會商，立即停止敵對之作戰條件，當經獲得諒解如下：（極無恥的出賣了上海，還說諒解。）一，雙方同時撤退，二，不得提議永久卸除吳淞或獅子林礮台問題，三，雙方兵撤退，由中日外交會會商，中立國視察團監視之，四，撤退區域照舊由中國官吏清理，並由中國警察維持治安（傀儡）五，中國軍隊退至眞茹，（日本軍隊退至公共租界及越界築路地段，俟雙方上述撤退完畢）後，中國軍隊再退至南翔，（日本軍隊退回艦上）此段後一點，交由將來繼開之會議討論之，又議定如中日政府贊同此規定之諒解，則雙方正式代表，當舉行一正式會議，以完成此項辦法，二月二十九日，中國代表通知克萊提督中國政府業經贊同、并請其轉達日本當局，倘日本政府亦同樣贊同，則正式代表，可以立即正式會議，但關於東京政府正式之決定，日方迄今尚無答覆，而在此期間，日本海陸空軍復向中國軍隊叠綠轉攻，且日本總領事并經通告中國市長，日軍決意炸燬京滬京杭兩路，此項和平（上海賣了還藉口和平來騙人。）中國方面，至爲懇切，倘使仍歸失敗，則其責任當由日本再度負之。

日本以全力奪取上海

繼續加派陸軍六萬人
全國飛機大半數調滬

上海二十六日路透電：日軍已啓程來滬之兩師團，已定明日登陸，此外日本復有三師團已奉令動員，日本海軍航空隊，已有半數到滬，約一二百架之多，現再有大批陸軍航空隊，首途來滬云。

上海二十八日下午九時三十分電：日方所派四師團，計第二第六第十一第十四等師團，除十四師團一部份已抵滬外，其餘正在途中，今明日可運到，其總攻之期間，在三月二日前，以佔得淞滬爲目的。

上海一日下午三時四十分電：現日軍除加派菱刈總指揮率第十一師團到滬外，第十四師團，亦總開來滬，日政府所派遣之上海日軍海空陸軍總司令白川大將，亦于二十九日晚八時，乘艦駛抵吳淞口，當換小輪至張華濱登陸，到司令部會同日方各要人密議在上海之日軍，已達四萬五千人，二十四小時內，將再有第十四師團來滬，屆時日軍總數將近達六萬人，吳淞江灣閘北戰事，聞一日晚二日晨即將實行總攻云。

上海日僑全部歸國

日本猛攻上海前之準備

上海二十八日上午四時二十分電：日僑奉命全數離滬，陸續回國者約有萬餘人，二十八日第三批約一千人，乘上海丸回國，四川路三井洋行，也將大批行李簿据搬運回國。

日軍佔領上海前之
猛烈攻擊與激戰之狀況
雙方爭奪戰地得失幾次

英勇中國士兵頑强抵抗
國民黨政府乘機賣上海
强迫士兵下令全部撤退

上海一日路透電：昨日閘北之戰事，異常激烈，日軍進攻三次，華軍亦反攻三次，故昨日戰事結果，雙方陣地，仍無變化，大戰之中心，仍在八字橋方面，日軍首先以大炮飛機轟擊陣地，雙方進退亦三次之多。

上海一日下午四時十分電：昨今兩日八字橋方面戰事激烈，二十九晨日軍在天通庵站集中六千餘人，向華方八字橋進攻，以鐵甲車前驅，并藉炮火掩護，飛機助威，炮火飛機以華軍戰線爲目標，華軍退却，復有大隊增援，下令反攻，激戰至二時三刻，日軍又退，至三時日軍反攻，其勢較前尤烈，一時槍炮喊殺聲，震動遠近，結果，華軍敗退，至四時一刻，華方生力軍到，再下令冲鋒，另分一部抄日方後路，八字橋又入華軍之手，但日方大調集大隊進攻，陣線變動，雙方肉搏至五時半，八字橋又爲華軍克復，此後，雙方炮戰，直至一日午始停，在江灣路西北一帶，日軍於一日晨七時許，以大炮百餘門，向竹園墩水車頭華軍陣地攻擊，并用飛机八架助戰，六時後，攻勢尤猛，大炮連續不斷，華軍亦以炮兵還擊，當日軍逼近華方前線時，雙方惡鬬，至下午二時，尚在激戰中。

上海三月一日下午三時五十分路透電：今晨八的三十分，日軍又開始全線總攻擊，沿虹口公園及商務印書館以西之區域進攻，同時在江灣方面，戰爭亦頗劇烈，日飛机大炮，現正在猛烈轟炸中云。

美海軍主力集中太平洋

軍艦二百餘艘　飛机千四百架
大隊陸軍增滬　大戰將要開幕

上海二十八日上午十一時電：據龍華司令部保安處報告，美艦二百餘艘，飛机千四百餘架，在檀香山集中。

華盛頓二十九日路透電：美國海軍已命令美國海軍主力艦隊，集中太平洋。

上海三月一日下午一時五十分電：外訊，美步兵卅一大隊另一部份，將由馬尼拉乘運輸艦格蘭德號，過滬，人數未詳，但大致甚多，並有大宗運輸食品，亦將同時來滬。

期
红色中华零零十二期
版
零二版
时间
一九三二年三月二日

日军占领上海前之猛烈攻击与激战之状况

双方争夺战地得失几次
英勇中国士兵顽强抵抗
国民党政府乘机卖上海
强迫士兵下令全部撤退

上海一日路透电： 昨日闸北之战事，异常激烈，日军进攻三次，华军亦反攻三次，故昨日战事结果，双方阵地，仍无变化，大战之中心，仍在八字桥方面，日军首先以大炮飞机轰击阵地，双方进退亦三次之多。

上海一日下午四时十分电： 昨今两日八字桥方面战事激烈，二十九晨日军在天通庵站集中六千余人，向华方八字桥进攻。以铁甲车前驱，并借炮火掩护，飞机助威，炮火飞机以华军战线为目标，华军退却，复有大队增援，下令反攻，激战至二时三刻。日军又退，至三时日军反攻，其势较前尤烈，一时枪炮喊杀声，震动远近，结果，华军败退，至四时一刻，华方生力军到，再下令冲进，另分一部抄日方后路，八字桥又入华军之手。但日方大调集大队进攻，阵线变动，双方肉搏至五时半，八字桥又为华军克复，此后，双方炮战，直至一日午始停，在江湾路西北一带，日军于一日晨七时许，以大炮百余门，向竹园墩水车头华军阵地攻击，并用飞机八架助战。六时后，攻势尤猛，大炮连续不断，华军亦以炮兵还击，当日军逼近华方前线时，双方恶斗，至下午二时，尚在激战中。

上海三月一日下午三时五十分路透电： 今晨八的［时］三十分，日军又开始全线总攻击，沿虹口公园及商务印书馆以西之区域进攻，同时在江湾方面，战争亦颇剧烈，日飞机大炮，现正在猛烈轰炸中云。

國民黨又出賣上海

始而士兵自動與日作戰被打破
終了還是將上海奉送帝國主義
藉口和平還要來企圖欺騙羣衆

二日晚上海電：國民黨政府外交部對於滬上中日代表會商和平事，二日發表宣言如下：茲鑒於日本援軍，續到二師，幷在瀏河及吳淞復行總攻，特爲重要之事實，聲明如左：査中日代表，因英海軍提督克萊爵士之斡旋，曾在甘特軍艦會商，立卽停止敵對之作戰條件，當經獲得諒解如下：（極無恥的出賣了上海，還說諒解。）一．雙方同時撤退，二．不得提議永久卸除吳淞或獅子林礮台問題，三．雙方兵撤退，由中日外交會會商，中立國視察團監視之，四．撤退區域照舊由中國官吏清理，並由中國警察維持治安（傀儡），五．中國軍隊退至眞茹，日本軍隊退至公共租界及越界築路地段，俟雙方上述撤退完畢後，中國軍隊再退至南翔．日本其隊退回艦上，此爲最後一點，交由將來續開之會議討論之，又議定如中日政府贊同此規定之諒解，則雙方正式代表，當舉行一正式會議，以完成此項辦法，二月二十九日　中國代表通知克萊提督中國政府業經贊同、幷請其轉達日本當局，倘日本政府亦同樣贊同，則正式代表，可以立卽正式會議，但關於東京政府正式之決定，日方迄今尚無答覆，而在此期間，日本海陸空軍復向中國軍隊叠猛轟攻，且日本總領事幷經通告中國市長，日軍決意炸燬京滬京杭兩路，此項和平（上海賣了還藉口和平來騙人。）中國方面，至爲懇切，倘使仍歸失敗，則其責任當由日本再度負之。

日本以全力奪取上海

繼續加派陸軍六萬人
全國飛機大半數調滬

上海二十六日路透電：日軍已啓程來滬之兩師團，已定明日登陸．此外日本復有三師團已奉令動員，日本海軍航空隊，已有半數到滬，約二百架之多，現再有大批陸軍航空隊，首途來滬云。

上海二十八日下午九時三十分電：日方所派四師團、計第二第六第十一第十四等師團．除十四師團一部份已抵滬外，其餘正在途中，今明日可運到，其總攻之期間，在三月二日前，以佔得淞滬爲目的。

上海一日下午三時四十分電：現日軍除加派菱刈總指揮率第十一師團到滬外，第十四師團，亦總開來滬，日政府所派遣之上海日軍海空陸軍總司令白川大將，亦于二十九日晚八時，乘艦駛抵吳淞口，當換小輪至張華濱登陸，到司令部會同日方各要人密議在上海之日軍，已達四萬五千人，二十四小時內，將再有第十四師團來滬，屆時日軍總數將近達六萬人，吳淞江灣閘北戰事，即一日晚二日晨即將實行總攻云。

上海日僑全部歸國

日本猛攻上海前之準備

上海二十八日上午四時二十分電；日僑奉命全數離滬陸續回國者約有萬餘人，二十八日第三批約一千人，乘上海丸回國，四川路三井洋行，也將大批行李簿據搬運回國。

日軍佔領上海前之

猛烈攻擊與激戰之狀況

雙方爭奪戰地得失幾次

英勇中國士兵頑强抵抗

國民黨政府乘機賣上海
强迫士兵下令全部撤退

上海一日路透電：昨日閘北之戰事，異常激烈，日軍進攻三次，華軍亦反攻三次，故昨日戰事結果，雙方陣地，仍無變化，大戰之中心，仍在八字橋方面，日軍首先以大炮飛機轟擊陣地，雙方進退亦三次之多。

上海一日下午四時十分電：昨今兩日八字橋方面戰事激烈，二十九晨日軍在天通庵站集中六千餘人，向華方八字橋進攻，以鐵甲車前驅，幷藉炮火掩護，飛機助戰，炮火飛機以華軍戰線爲目標，華軍退却，復有大隊增援，下令反攻，激戰至二時三刻，日軍又退，至三時日軍反攻，其勢較前尤烈，一時槍炮喊殺聲，震動遠近，結果，華軍敗退，至四時一刻，華方生力軍到，再下令冲鋒，另分一部抄日方後路，八字橋又入華軍之手，但日方大調集大隊進攻，陣線動搖，雙方肉搏至五時半，八字橋又爲華軍克復，此後，雙方炮戰，直至一日午始停，在江灣路西北一帶，日軍於一日晨七時許，以大炮百餘門，向竹園墩水車頭華軍陣地攻擊，幷用飛机八架助戰，六時後，攻勢尤猛，大炮連續不斷，華軍亦以炮兵還擊，當日軍逼近華方前線時，雙方惡鬪，至下午二時，尙在激戰中。

上海三月一日下午三時五十分路透電：今晨八的三十分．日軍又開始全線總攻擊，沿虹口公園及商務印書館以西之區域進攻，同時在江灣方面，戰爭亦頗劇烈，日飛机大炮，現正在猛烈轟炸中云。

美海軍主力集中太平洋

軍艦二百餘艘　飛机千四百架
大隊陸軍增滬　大戰將要開幕

上海二十八日上午十一時電：據龍華司令部保安處報告，美艦二百餘艘，飛机千四百餘架，在檀香山集中。

華盛頓二十九日路透電：美國海軍已命令美國海軍主力艦隊，集中太平洋。

上海三月一日下午一時五十分電：外訊，美步兵卅一大隊另一部份，將由馬尼拉乘運輸艦格蘭德號，來滬，人數未詳，但大致甚多，並有大宗運輸食品，亦將同時來滬。

期 红色中华零零十二期

版 零三版

时间 一九三二年三月二日

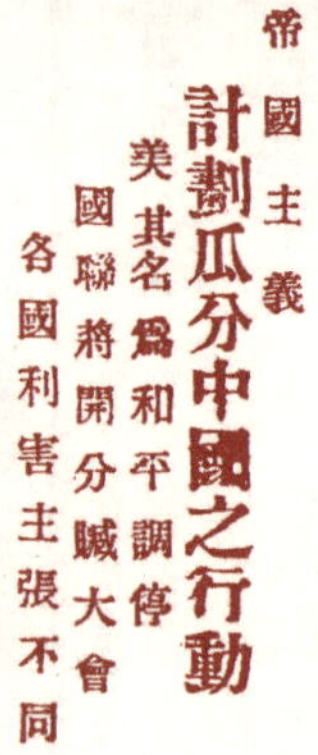
帝國主義
計劃瓜分中國之行動
美其名爲和平調停
國聯將開分贓大會
各國利害主張不同

帝国主义计划瓜分中国之行动

美其名为和平调停
国联将开分赃大会
各国利害主张不同

上海二十八日电：英美法等国公使，在沪调停，提出五项办法，以日本不赞成，现英美法三使，又各接政府训令，调停沪事，据闻各该国又拟定三项办法，希中日两国军队，各撤退原防，中间暂划为和平区（和平区就是瓜分区的变名）。由第三者军队驻扎，（各国军队来占领和管理上海的道理）避免两军再事接触，英使兰浦生，已于二十八晨到南京，谒外长罗文干，述英政府对沪事之意见，又法使韦礼德，昨由沪赴南京，约今晚可到，美使詹森，也有赴南京息。

日内瓦二十八日路透电：此间因国联特召集全体会议，日期已近（二月三号）国联秘书处及代表团，均纷纷活动，各方对于大会之结果，颇多揣测，有一部份代表，□国联之责任，在维持和平，故国联大会可将远东事件，交给与此事关系密切之国家处理。又一部份，谓大会唯一之办法，即实行盟约之规定，此外亦有人主张召集九国条约与约国会议，将远东事件，交由联会解决云。大会上午选主席，预料西门爵士可当选，下午会议，中日代表向大会报告，公开辩论后，大会即将指派委员会研究，最后讨论议决案之形式，大会期限，预定为十日，至于在大会开会期内，裁军会议，是否继续，尚未决定，因裁军会议之代表，亦将出席国联大会云。

日内瓦二十九日路透电：议长彭古尔今日在行政院公开会议时，对上海和会□以下列各条件为根据，一，日本无政治上及领土上之野心（日本大批兵到上海做什么就是□占上海）二，日本无在上海设日本租界或增进日本之独占势力权限！（这是各帝国主义主要的道路不准日本独立）三，中国承认上海公共租界及法租界之完全独立说，必须尊重，（这是永久将上海租界给帝国主义），四，会议之召集，努力迅速进行，并由各国在沪之代表在沪予以帮助，五，上海之停战，并□影响国联或任何国家对中日事件之态度，其后彭古尔即请各国一致合作。英外长西门爵士，谓英政府完全赞同，英政府即将训令在沪英使与各国代表，一致合作，促进停战，西门爵士，同时又谓美政府已托其代为表示美政府对于彭古尔所称之各点，亦完全予以赞助与实行，（当然赞成因为是共同瓜分上海）并谓上海之中日当局，对于同时撤兵事，均已表示赞同云。

美國爭奪瓜分中國之積極

堅持門戶開放反對日本獨佔

華盛頓二十五日路透電：據聞美國務卿，已準備坦白的再次表示美國對于遠東時局之態度，聞其最重要之點，爲注意門戶開放主義云。

上海二十八日上午十一時電：昨紐約一千五百人，對封鎖日原則，請求政府執行，此種主張，已引起各方注意。

華盛頓二十九日路透電：關於日本之和平提議，美國決不承認日本在上海或東三省獲得違反現在條約規定之一切權利。

美帝國主義引用蔡廷楷做新工具

因爲南京政府破產

上海二月二十五日專電：滬戰變中日美冲突更緊張，美覺南京政府更破產，準備十九路軍以蔡廷楷爲新工具云。

帝國主義計劃瓜分中國之行動

美其名爲和平調停　國聯將開分贓大會

各國利害主張不同

上海十二八日電：英美法三國公使，在滬調停　提出五項辦法，以日本不贊成，改英美法三使，又各接政府訓令，調停滬事，據聞各該國又擬定三項辦法，希中日兩國軍隊，各撤退原防，中間暫劃爲和平區（和平區就是瓜分區的變名），由第三者軍隊駐紮，（各國軍隊來佔領和管理上海的道理）避免兩軍再事接觸，英使藍浦生，已於二十八晨到南京，謁外長羅文幹，述英政府對滬事之意見，又法使韋禮德，昨由滬赴南京，約今晚可到，美使詹森，也有赴南京息。

日內瓦二十八日路透電：此間因國聯特召集全體會議，日期已近（二月三號）國聯秘書處及代表團，均紛紛活動，各方對於大會之結果，頗多揣測，有一部份代表　認國聯之責任，在維持和平，故國聯大會可將遠東事件，交給與此事關係密切之國家處理，又一部份，謂大會唯一之辦法，卽實行盟約之規定，此外亦有人主張召集九國條約與約國會議，將遠東事件，交由聯會解決云。大會上午選主席，預料西門爵士可當選，下午會議，中日代表向大會報告，公開辯論後，大會卽將指定委員會研究，最後討論議決案之形式，大會期限，預定爲十日，至於在大會開會期內，裁軍會議，是否繼續，尚未決定，因裁軍會議之代表，亦將出席國聯大會云。

日內瓦二十九日路透電：議長彭古爾今日在行政院公開會議時，對上海和會擬以下列各條件爲根據，一，日本無政治上及領土上之野心（日本大批兵到上海做什麼就是要佔上海）二，日本無意在上海設日本租界或增進日本之獨佔勢力權限！（這是各帝國主義主要的道路不准日本獨立）三，中國承認上海公共租界及法租界之完全獨立說，必須尊重，（這是永久將上海租界給帝國主義）四，會議之召集，努力迅速進行，并由各國在滬之代表在滬予以幫助，五，上海之停戰，并，影響國聯或任何國家對中日事件之態度，其後彭古爾卽請各國一致合作，英外長西門爵士，謂英政府完全贊同，英政府卽將訓令在滬英使與各國代表，一致合作，促進停戰，西門爵士，同時又謂美政府已託其代爲表示美政府對於彭古爾所稱之各點，亦完全予以贊助與實行，（當然贊成因爲是共同瓜分上海）并謂上海之中日當局，對於同時撤兵事，均已表示贊同云。

英國態度仍然遲疑不定

上海二十五日電：倫敦路透電：此間預料國際聯盟，最近將對日本提出嚴重警告，據倫敦泰晤士報稱：若日本再對此警告置之不理，卽是與全世界爲敵，若國聯警告不發生效力，則英國或將採相當舉動云，此間之自由黨及工黨方面，皆主張撤回駐日大使，及實行對日經濟制裁，但有一部人反對，謂英國應暫持穩健態度，因信國聯仍可設法不使事件擴大云。

倫敦二十七日路透電：西門爵士稱：國聯無論採取何種步驟，皆願與美國合作云。

歐洲各國對遠東之態度

華盛頓二十五日路透電：歐洲各國對遠東事件態度，似均與國聯合作，不願仿美國之有單獨表示，若史汀生二月七日致日之照會然。

意國又增調隊艦來滬

上海二十八日下午一時電：外訊，意海軍巡洋艦[illegible]涼吐[illegible]驅逐艦[illegible]號，二十七日晨，由新加坡開滬，日內可進口，內載有陸戰隊五百名。

法日締結密約之內幕

瓜分中國與進攻蘇聯

上海二十五日電：華盛頓電：法日兩國訂有密約之說，又有新聞報紙多家，甚致參議員麼塞斯亦宣言稱：據他看日本佔領滿洲之舉，法國實所願聞，蓋以蘇聯不得不在滿洲邊境，厚集兵力，而將在他處，足以威脅法國利益之兵額，予以減少云云。（帝國主義要[illegible]東西兩方進攻蘇聯陣線，才分散蘇聯防禦力量。）

日帝國主義組織白俄之積極行動

企圖利用進擾蘇聯

二月二十六莫斯科電：據一十四週年紀念節之宣言，卽可靠方面消息：日人現在擬組織白俄軍隊，以圖擾亂沿海省，（蘇聯地方）白俄秘密受日方之命，從事此項活動，二月中旬卽進行此事，最近蘇聯紅軍明言，白俄將依某帝國主義國家之助，進攻我蘇聯領土，殊非無因，至其招募之法，云係利用哈爾濱某報紙云。

蘇聯揭破帝國主義高談和平之欺騙

上海二十五日消：莫斯科訊：紅軍十四週年紀念日、革命軍事委員會總參謀部發佈宣言，稱資本主義之各國，現正竭力準備第二次世界大戰，但表面上則仍空談和平，此次日內瓦軍縮會議，乃伴以太平洋岸之戰爭，爲其開場之滑稽劇，各國代表在軍縮會議高談和平，而在遠東則飛機炸彈如雨，雙方遭殞性命者，每日恆以千百之多，及其家屬，莫不受累，無辜同歸於盡，甚爲可哀。

1932

红色中華

上海新闻整理汇编

意國又增調隊艦來滬

珍藏版

期

红色中华零零十二期

版

零三版

时间

一九三二年三月二日

意国又增调队舰来沪

上海二十八日下午一时电：外讯，意海军巡洋舰□凉吐□驱逐舰□□泼□号，二十七日晨，由新加坡开沪，日内可进口。内载有陆战队五百名。

美國爭奪瓜分中國之積極
堅持門戶開放反對日本獨佔

華盛頓二十五日路透電：據聞美國務卿，已准備坦白的再次表示美國對于遠東時局之態度，聞其最重要之點，爲注意門戶開放主義云。

上海二十八日上午十一時電：昨紐約一千五百人，對封鎖日原則，請求政府執行，此種主張，已引起各方注意。

華盛頓二十九日路透電：關於日本之和平提議，美國決不承認日本在上海或東三省獲得違反現在條約規定之一切權利。

美帝國主義 引用蔡廷楷做新工具
因爲南京政府破產

上海二月二十五日專電：滬戰變中日美冲突更緊張，美覺南京政府更破產，準授十九路軍以蔡廷楷爲新工具云。

帝國主義 計劃瓜分中國之行動
美其名爲和平調停 國聯將開分贓大會 各國利害主張不同

上海十二八日電：英美法駐滬公使，在滬開停提出五項辦法，以日本不贊成，現英美法三使，又各接政府訓令，調停滬事，據聞各該國又擬定三項辦法，希中日兩國軍隊，各撤退原防，中間暫劃爲和平區（和平區就是瓜分區的變名）・由第三者軍隊駐紮（各國軍隊來佔領和管理上海的道理）避免兩軍再事接觸，英使藍浦生，已於二十八晨到南京，謁外長羅文幹，遞英政府對滬事之意見，又法使韋禮德，昨由滬赴南京，約今晚可到，美使詹森，也有赴南京息。

日內瓦二十八日路透電：此間因國聯特召集全體會議，日期已近（二月三號）國聯秘書處及代表團，均紛紛活動，各方對於大會之結果，頗多揣測，有一部份代表，謂國聯之責任，在維持和平，故國聯大會可對遠東事件，交給與此事關係密切之國家處理，又一部份，謂大會唯一之辦法，即實行盟約之規定，此外亦有人主張召集九國條約與約國會議，將遠東事件，交由聯會解决云・大會上午選主席，預料西門爵士可當選，下午合議，中日代表向大會報告，公開辯論後，大會即將指派委員會研究，最後討論議决案之形式，大會期限，預定爲十日，至於在大會開會期內，裁軍會議，是否繼續，尚未决定，因裁軍會議之代表、亦將出席國聯大會云。

日內瓦二十九日路透電：議長彭古爾今日在行政院公開會議時，對上海和會提以下列各條件爲根據，一・日本無政治上及領土上之野心（日本大批兵到上海做什麼就是要佔上海）二，日本無在上海設日本租界或增進日本之獨佔勢力權限！（這是各帝國主義主要的道路不准日本獨立）三，中國承認上海公共租界及法租界之完全獨立說，必須尊重，（還是永久將上海租界給帝國主義）四，會議之召集，努力迅速進行，并由各國在滬之代表在滬予以幫助，五，上海之停戰，并影響國聯或任何國家對中日事件之態度，其時彭古爾即請各國一致合作，英外長西門爵士，謂英政府完全贊同，英政府即將訓令在滬英使與各國代表，一致合作，促進停戰，西門爵士，同時又謂美政府已託其代爲表示美政府對於彭古爾所稱之各點，亦完全予以贊助與實行，（當然贊成因爲是共同瓜分上海）并謂上海之中日當局，對於同時撤兵事，均已表示贊同云。

英國態度仍然遲疑不定

上海二十五日電：倫敦路透電：此間預料國際聯盟，最近將對日本提出嚴重警告，據倫敦泰晤士報稱：若日本再對此警告置之不理，即是與全世界爲敵，若國聯警告不發生效力，則英國或將採相當舉動云，此間之自由黨及工黨方面，皆主張撤回駐日大使，及實行對日經濟制裁，但有一部人反對，謂英國須暫持穩健態度，因信國聯仍可設法不使事件擴大云。

倫敦二十七日路透電：西門爵士稱：國聯無論採取何種步驟，皆將與美國合作云。

歐洲各國對遠東之態度

華盛頓二十五日路透電：歐洲各國對遠東事件態度，似均與美國聯合作，不願仿美國之有單獨表示，若史汀生二月七日致日之照會然。

意國又增調隊艦來滬

上海二十八日下午一時電：外訊，意海軍巡洋艦龍涼吐鷗驅逐艦強爆號，二十七日晨，由新加坡開滬，日內可進口，內載有陸戰隊五百名。

法日締結密約之內幕
瓜分中國與進攻蘇聯

上海二十五日電：華盛頓電：法日兩國訂有密約之說，又有新聞報紙多家，甚致參議員滕塞斯亦宣言稱：據他看日本佔領滿洲之舉，法國實所贊同，蓋以蘇聯不得不在滿洲邊境，厚集兵力，而將在他處，足以威脅法國利益之兵額，予以減少云云。（帝國主義者要鞏固東西兩方進攻蘇聯陣線，要分散蘇聯防禦力量。）

日帝國主義 組織白俄之積極行動
企圖利用進擾蘇聯

二月二十六莫斯科電：據十四週年紀念節之宣言，即曾可靠方面消息：日人現在擬組織白俄軍隊，以圖襲擊沿海省（蘇聯地方）白俄秘密受日方之命，從事此項活動，二月中旬即進行此事，最近滿洲紅軍明言，白俄將依某帝國主義國家之助，進攻我蘇聯領土，殊非無因，至其招募之法，云係利用哈爾濱某報紙云。

蘇聯揭破 帝國主義高談和平之欺騙

上海二十五日電：莫斯科電訊：紅軍十四週年紀念日，革命軍事委員會總參謀部發佈宣言，稱資本主義之各國，現正竭力準備第二次世界大戰，但表面上則仍空談和平，此次日內瓦軍縮會議，乃伴以太平洋岸之戰爭，爲其開場之滑稽劇，各國代表在軍縮會議高談和平，而在遠東則飛機炸彈如雨，雙方遺殞性命者，每日恆以千百之多，及其家屬，莫不受累，無辜同歸於盡，甚爲可哀。

國民黨軍隊
自己承認不敵紅軍
蔣蔡軍隊是親自嘗試過的

期：红色中华零零十二期

版：零四版

时间：一九三二年三月二日

国民党军队自己承认不敌红军

蒋蔡军队是亲自尝试过的

二月二十五日上海专电：蒋蔡十九路军对人云，任何军队易敌，红军不易敌，蒋鼎文部及四十师，已调上海作战。

日飛機又轟炸杭州

上海二十八日下午三時電：今晨有日機三架，飛至杭州飛机場擲彈，儲藏室被炸燬。

國民黨不忘對革命進攻

與廣東軍閥商訂條件　但內容複雜兵無戰意

二月二十五日上海電：國民黨政府在滬變中雖迄今未稍忘進攻蘇區，但其力已不可能，粵允派兵入贛，訂有經濟條件，許克祥請假回家論喪，毛炳文因扣餉，士兵極憤，各軍均欠餉數月，兵士無戰意，指揮不靈云。

國民黨軍隊

自己承認不敵紅軍

蔣蔡軍隊是親自嘗試過的

二月二十五日上海專電：蔣蔡十九路軍對人云，任何軍隊易敵，紅軍不易敵，蔣鼎文部及四十師，已調上海作戰。

中央蘇區消息

發展革命戰爭中

紅軍接連奪取杭武兩縣

上杭武平兩縣都成赤區　團匪鍾紹奎全部被擊潰　閩贛兩省聯系愈加鞏固　是革命戰爭勝利第一聲

十二軍二十八日來訊：工農紅軍十二軍，于前月二十三日晨，分三路猛攻武平，午前十時與團匪鍾紹奎部接火，激戰約二小時，我軍將其完全擊潰，分散逃竄，潰不成軍，此役，繳獲敵步槍七十餘枝，子彈萬餘發，軍用品無算，並俘擄敵官兵二十餘名，旅長兼第二團團長鍾冠勛，負傷脫逃，殺斃敵營長一名，傷一名，連長死一名，傷二名，俘擄一名，排班長及士兵死傷九十餘名，我軍僅傷亡十二名，聞此役前，鍾逆曾選擇所謂精銳的三營為敢死隊，每人發洋十五元，井加以反動的欺騙宣傳，所以衛鋒很兇，被包圍了，還死不繳槍，但經我軍英勇奮發的精神，將其所謂精壯的三營主力軍擊潰後，敵已聞風喪膽，我軍前進，勢如破竹，二十四二十五兩日，我軍在武平城附近，消滅零星團匪，搜捕土豪，二十六日我軍向上杭城前進，敵不戰而退，聞風而逃，上杭城即於是日為我軍佔領，聞鍾逆向廣東邊境奔竄，現我軍已進至象洞岩前之線云。

臨時中央政府

臨時最高法庭紀實

中華蘇維埃中央政府臨時最高法庭，奉中央執行委員會命令於一九三二年二月二十五、二十六兩日，第一次開庭審判重要反革命AB團，改組派及軍事犯，主審人為何叔衡，陪審人為梁柏台，萬永林，法庭設在中央政府大會場佈置得極為莊嚴張貼很多標語及法庭規則當開庭時各機關到庭旁聽者，計有百多人，庭內肅靜異常，第一天，於上午九時開庭，開始審判反革命AB團曹舒翔，孔繁樹，陳宗俊等三人，當時由國家原告人婁夢俠向法庭控訴紅軍醫院AB團份子之罪惡與事實證據特別將AB團破坏蘇維埃政府，破壞紅軍故意殘害英勇作戰而被傷之紅軍戰士，以及勾結白軍，企圖消滅革命等等陰謀，繼而宣佈曹舒翔等個別的在總醫院積極破壞紅軍拋掉傷病官兵，侵吞公款的反革命的事實和活動的罪狀，經主審人一一審問，被告人一一承認其罪狀後，時已十二時遂宣告停審，於下午二時又開庭審判，首先宣讀判定書，該判決書係根據中央政府所頒發的第六號訓令來判決的，主審人又問被告人是否同意，聞其中甚致有面露笑容者，繼之，審判軍事犯譚希林，龔惕辛二人，宣佈他們違反軍事紀律，放棄職責和超越職權的罪狀，譚希林，龔惕辛始而欲強詞狡辯，企圖推翻事實，經當時軍事委員會負責人項英同志證實後，才承認，停審，時已五時，第二天上午九時，繼續開庭審判主審人陪審人仍舊，參加審判的國家原告人為鄧發，各機關旁聽的代表，亦到百餘人，會場空氣，則更嚴肅，首先由主審人宣讀軍事犯判決書，繼之審判改組派郭先達，彭灣愚，黎心誠，魏伯岡等四人，先由國家原告人鄧發，宣告改組派各種反革命的事實，在蘇區及在七軍的陰謀，後即一一宣佈郭先達等個人罪狀，該四犯，有的滿口承認，有的不同強辯，推翻親供，否認事實，在法庭辯論甚久始經國家保衛局以各種事實證明，臨時最高法庭，堅決的站在階級的利益上，審度實情，給以明確判決，此次審判中對於過去在紅軍中有英勇斗爭的，雖然做了反革命，在判罪時均予以相當的減刑，從此以後，工農權利更可得到法庭的保障，一切反革命派以後再企圖陷害工農同志，以及企圖逃脫罪名，都不能逃脫蘇維埃法庭鐵別與制裁。

贛城附近的工農群衆通通起來

三軍團通訊員　翰文

贛城附近的工農群衆，是在蘇區環境中生活着，故早日就受了深長的革命洗禮，對我們一切宣傳，主張，不只是很表示接受，并且已有相當的了解了，惟因贛城尙被豪紳地主反動派所佔據，並常時受其欺騙，騷擾，壓迫，所以當地一般群衆，心裏是很迫切的志昂昂的急需革命，但又存着鞭長莫及的徘徊等待觀念，在我們到達未久時，沒有完全消除直到最近受了更深入的宣傳鼓動特別是看了紅軍攻贛的力量和決心，所以促起他們毅然決然風起云湧般的起來了，例如「二一八」武裝示威，當日雖是滿天白雪，遍地寒風，然區區梅林的一鄉，當有六七百的英勇群衆到會，他如附近的革命委員會都先後建立了，游擊隊，工會，貧農團亦將普遍的建立，並且發動了鬥爭如打土豪，反富農舉報和當捉反動派等等，一到贛城克攻後，當地群衆的革命積極性，更必然會潮水般的發動起來。

紅軍圍攻贛州中

馬崑恐慌萬狀贛城不日可下

馬崑還在孤軍死守贛州，意在待援，目下見南下的小軍閥陳誠公秉藩部，節節受我軍限制，致不敢明決行動，復加我三軍團于廿三日轟炸，爆裂很寬，更使得馬崑屎滾尿流恐慌萬狀，我軍當日(廿三)因爆炸不好，致未成功，現攻擊各部隊，更加堅決努力的進行作業，至個團長師長政委親自了手挖泥排水的，現在各部坑道都已很好成績，只待不日之總攻令一下，便可把贛州奪取來。

国民党军队一退再退

一退日军全部占领上海
再退失去浏河真茹等地
退为国民党卖国新方式

上海三日电：三日日军以上海方面，战事告一段落、即在真茹方面布置，三日并向华军第二道防线攻击，现两军相持于江桥镇，华军新防线自浏河起，向南翔至真茹之西，有数十里之长云。

上海八日电：国民党军队更由浏河真茹撤退至太苍［仓］，嘉定，南翔，黄渡一带，战事重心已移以上地点。

專電

國民黨賣國中

用機槍強迫士兵撤退

接受帝國主義條件自動撤兵
士兵堅拒撤退令被機槍掃射

上海三月四日電：國民黨政府接受各帝國主義調停辦法，卽日本最後通諜各條，華軍退二十基羅米突，設中立區等，而限定十九路軍一日退南翔一帶，閘北由中立國接防，日佔江灣及滬西，十九路軍士兵三次堅拒撤退令，主將以機槍掃射，威脅始退，但極憤懣，全滬商店未開市，上海戰事雖停，日軍攻瀏河，擾津漢，却反積極云。

國民黨軍隊一退再退

一退日軍全部佔領上海
再退失去瀏河眞茹等地
退爲國民黨賣國新方式

上海三日電：三日　日軍以上海方面，戰事告一段落、卽在眞茹方面佈置，三日並向華軍第二道防線攻擊，現兩軍相持於江橋鎭，華軍新防線自瀏河起，向南翔至眞茹之西，有數十里之長云。

上海八日電：國民黨軍隊更由瀏河眞茹撤退至太蒼，嘉定，南翔，黃渡一帶，戰事重心已移以上地點。

上海戰爭形勢圖

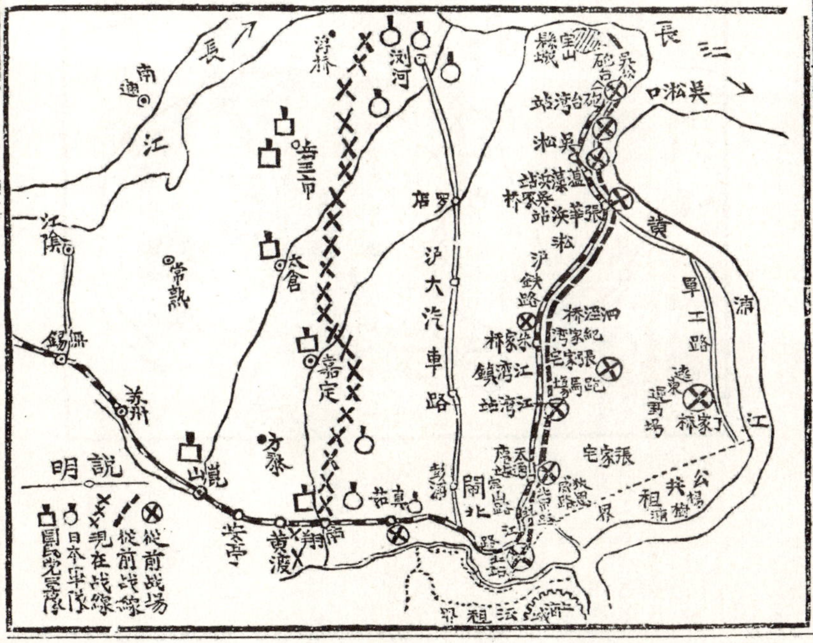

國民黨軍撤退中

日軍跟跡前進積極進攻

白川又發聲明書
總攻擊又要到來

上海九日電：日軍現已集中，擬圖進攻，現日司令官白川。已發一最後通諜之聲明書，原文如下：

爲求和平解決，於三日發一聲明書，自此書發出後，卽停止進攻，乃支那軍（華軍）依然在昆山附近配置，并集中軍隊於太倉附近，其一部已窺我日軍督備線，余（白川）深以爲憾，如支那軍（華軍）今後仍侵入左列地點，卽大濱口，浮橋鎭，岳王市，白鶴庵等地以東，蘇州河爲界或者與我軍哨兵難免發生衝突。如果事態再行發生引起糾紛時，其責任由支那軍（華軍）負之云，上述各地，現爲國民黨軍隊防地，白川此種聲明，卽係再行進攻之形勢。

期
红色中华零零十三期
版
零二版
时间
一九三二年三月九日

上海战争形势图

上海戰爭形勢圖

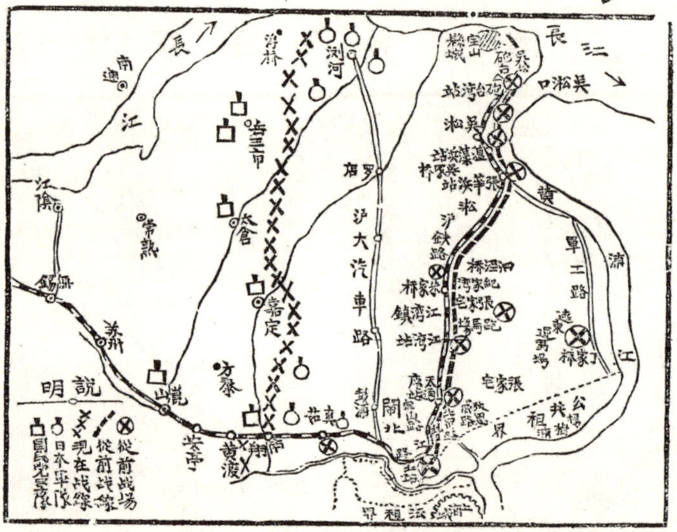

專電

國民黨賣國中

用機槍强迫士兵撤退

接受帝國主義條件自動撤兵
士兵堅拒撤退令被機槍掃射

上海三月四日電：國民黨政府接受各帝國主義調停辦法，即日本最後通諜各條，華軍退二十基羅米突，設中立區等，而限定十九路軍一日退南翔一帶，閘北由中立國接防，日佔江灣及滬西，十九路軍士兵三次堅拒撤退令，主將以機槍掃射，威脅始退，但極憤懣，全滬商店未開市，上海戰事雖停，日軍攻瀏河，擾津漢，却反積極云。

國民黨軍隊一退再退

一退日軍全部佔領上海
再退失去瀏河眞茹等地
退爲國民黨賣國新方式

上海三日電：三日 日軍以上海方面，戰事告一段落，即在眞茹方面佈置，三日並向華軍第二道防線攻擊，現兩軍相持於江橋鎮，華軍新防線自瀏河起，向南翔至眞茹之西，有數十里之長云。

上海八日電：國民黨軍隊更由瀏河眞茹撤退至太蒼，嘉定，南翔，黃渡一帶，戰事重心已移以上地點。

上海戰爭形勢圖

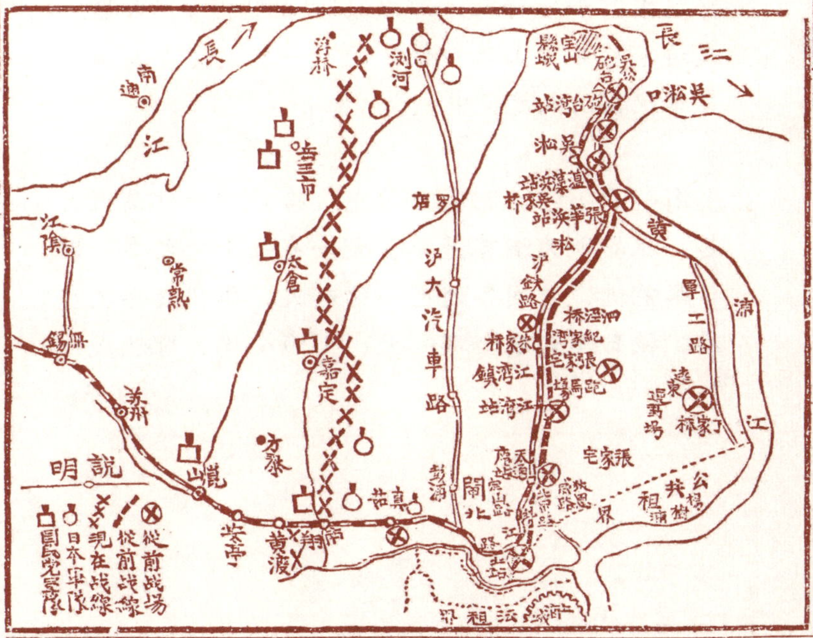

國民黨軍撤退中

日軍跟跡前進積極進攻

白川又發聲明書
總攻擊又要到來

上海九日電：日軍現已集中，擬圖進攻，現日司令官白川，已發一最後通諜之聲明書，原文如下：爲求和平解決，於三日發一聲明書，自此書發出後，即停止進攻，乃支那軍（華軍）依然在昆山附近配置，并集中軍隊於太倉附近，其一部已窺我日軍督備線，余（白川）深以爲憾，如支那軍（華軍）今後仍侵入左列地點，即大濱口，浮橋鎮，岳王市，白鶴庵等地以東，蘇州河爲界或者與我軍哨兵難免發生衝突，如果事態再行發生引起糾紛時，其責任由支那軍（華軍）來負之云，上述各地，現爲國民黨軍隊防地，白川此種聲明，即係再行進攻之形勢。

期
红色中华零零十三期
版
零三版
时间
一九三二年三月九日

日军占领上海中
纵火大烧闸北江湾

上海三日电：一日晚，闸北又复大火，蔓延数里，至三日晨仍未全熄，日军已在各处放哨，永兴路东有少数行人。过永兴路，即被日军扣留，或迫令响导宝山路一带，闻有一二间完全房屋，日军犹在用火焚烧中。

上海三日下午三时五十分电：今晨闸北江湾火大起，租界也为烟雾笼罩，火头有五十处之多，因日军前进，乡间各处也一律起火，华租交界之房屋，被日军炮击全部起火，上海全埠，皆映成红色云。

最近戰爭之新形勢

日軍猛烈進攻中

日軍大部開向前線

上海七日上午十時五十分電：嘉定南翔太倉中日兩軍，在對峙中，連日日軍準備軍，企圖大規模進攻，陸續調往前方部隊，不下八萬人之多，江灣閘北吳淞僅以少數步炮隊布防。

上海七日電：太倉城內，因受流彈，五日晚，有數處起火，同時日軍以一部襲黃渡，一部繞紀王廟西北，有進窺安亭模樣。

上海八日電：日軍於七日晚，一路進駐太倉，一路由瀏河西北部儀橋登岸，與禮涇方面日軍分向牌樓市，新塘市前進，目的是會合於岳王市，包抄太倉之後，又一面，由嘉定婁塘朱家橋，沿河西上，直攻太倉，但至八日晨未攻下後即退却。

崐山九日電：日軍二十四師團及十六師團一部，已由瀏河陸續登岸，意圖直衝華軍正面，又日運輸艦載十六師團一部份，向江陰方面進攻，有抄華軍後路之企圖云。

縱火大燒閘北江灣

日軍佔領上海中

上海三日電：一日晚，閘北又復大火，蔓延數里，至三日晨仍未全熄，日軍已在各處放哨，永興路東有少數行人，過永興路，即被日軍扣留，或迫令嚮導寶山路一帶，間有一二間完全房屋，日軍猶在用火焚燒中。

上海三日下午三時五十分電：今晨閘北江灣火大起，租界也為烟霧籠罩，火頭有五十處之多，因日軍前進，鄉間各處也一律起火，華租交界之房屋，被日軍炮擊全部起火，上海全埠，皆映成紅色云。

準備又由洛陽逃竄西安

國民黨政府

洛陽六日電：國民黨政府組織西京籌備委員會，準備奠都西京，以避免日帝國主義的襲擊，本日上午在洛陽河洛圖書館舉行第一次談話會，到覃振，劉守中，石青陽，黃吉宸，戴愧生等，討論結果，決定在西安（卽陝西長安城）設籌備處，在洛陽設通訊處云。

美國集中海軍之實質

第一次集中在日本獨佔山東

此次當然是與日奪搶全中國

集中力量準備在太平洋撕殺

上海三日電：美政府訓令海軍部將主隊集中太平洋之消息傳出後，已引起全世界之注意，美海軍在夏威夷（太平洋中許多小島）會操，原為每年常例，但本年會操時間，得更進為全部海軍集中，意味尤為重大，一九一九年，美日形勢因山東問題緊張，美海軍也曾在太平洋集中，日方受此威脅，卽被廹以山東歸還中國，同時美國會又通過議案，拒絕日本向美國移民，此次美海軍再度在遠東大集中，其意味之深，不言可喻。

國聯分贓大會情況

國民黨無恥又無聊

顏惠慶求美國來主張

日內瓦三日路透電：國聯今日下午開會時，國民黨代表顏惠慶在大會演說措辭，極為和平，已用無線電廣播至美國，其演辭既無恫嚇之語，亦未提及經濟制裁，僅云，望各方輿論道德上之勢力，能有所主張，但亦提及日飛機炸蘇杭二州事，致中國人民炸傷七千云云。顏演說畢，日代表松平卽起立答覆，幷申明日本之理由後，經西姆士之提議，決定將中日糾紛，交明日下午之大會委員會討論。

大會上盼美國合作

美國代表出席旁觀

日內瓦四日路透電：國聯大會，於接到各方關於中日事件之報告後，今日下午開始實際工作，現已組織委員會，以便討論，該委員會定四日午四時開會，英外長西門爵士，亦將參加討論，國民黨代表顏惠慶，請大會宣告日本違犯盟約，但國聯大會對此仍須加以考慮，此次開大會 非會員國皆未參加，但美國行政院與美國出席軍縮會議之代表團 確有密切聯絡，而美代表團人員，亦在旁觀席中，觀大會之進行，故各方皆盼美國能贊助國聯大會之任何決議案云。

決議停戰不過對外欺騙

日本表示合作實係瓜分

日內瓦四日路透電：今日下午四時，大會開會時，日代表佐藤及中代表顏惠慶辯論頗烈，其後大會卽議決，請中日雙方政府，立卽實

决議停戰不過對外欺騙
日本表示合作實係瓜分

期：红色中华零零十三期
版：零三版
时间：一九三二年三月九日

决议停战不过对外欺骗 日本表示合作实系瓜分

日内瓦四日路透电：今日下午四时，大会开会时，日代表佐藤及中代表颜惠庆辩论颇烈，其后大会即议决，请中日双方政府，立即实（编者按：下转第四版）

日軍猛烈進攻中

最近戰爭之新形勢

日軍大部開向前線

上海七日上午十時五十分電：嘉定南翔太倉中日兩軍，在對峙中，連日日軍準備軍，企圖大規模進攻，陸續調往前方部隊，不下八萬人之多，江灣閘北吳淞僅以少數步炮隊布防。

上海七日電：太倉城內．因受流彈，五日晚、有數處起火，同時日軍以一部襲黃渡，一部繞紀王廟西北，有進窺安亭模樣。

上海八日電：日軍於七日晚，一路進駐太倉，一路由瀏河西北部儀橋登岸，與禮涇方面日軍分向牌樓市，新塘市前進，目的是會合於岳王市，包抄太倉之後，又一面，由眞定婁塘朱家橋，沿河西上，直攻太倉，但至八日晨未攻下後卽退却。

崐山九日電：日軍二十四師團及十六師團一部，已由瀏河陸續登岸，意圖直衝華軍正面，又日運輸艦載十六師團一部份，向江陰方面進攻，有抄華軍後路之企圖云。

日軍佔領上海中

縱火大燒閘北江灣

上海三日電：一日晚，閘北又復大火，蔓延數里，至三日晨仍未全熄，日軍已在各處放哨，永興路東有少數行人・過永興路，即被日軍扣留，或浪令響導寶山路一帶，間有一二間完全房屋，日軍猶在用火焚燒中。

上海三日下午三時五十分電：今晨閘北江灣火大起，租界也為烟霧籠罩，火頭有五十處之多，因日軍前進，鄉間各處也一律起火，華租交界之房屋，被日軍炮擊全部起火，上海全埠，皆映成紅色云。

國民黨政府

準備又由洛陽逃竄西安

洛陽六日電：國民黨政府組織西京籌備委員會，準備奠都西京，以避免日帝國主義的襲擊，本日上午在洛陽河洛圖書館舉行第一次談話會，到覃振，劉守中，石青陽，黃吉宸，戴愧生等，討論結果，決定在西安（卽陝西長安城）設籌備處、在洛陽設通訊處云。

美國集中海軍之實質

第一次集中在日本獨佔山東

此次當然是與日奪搶全中國

集中力量準備在太平洋撕殺

上海三日電：美政府訓令海軍部將主隊集中太平洋之消息傳出後，已引起全世界之注意，美海軍在夏威夷（太平洋中許多小島）會操，原為每年常例，但本年會操時間，得更進為全部海軍集中，意味尤為重大、一九一九年，美日形勢因山東問題緊張，美海軍也曾在太平洋集中，日方受此威脅，卽被廹以山東歸還中國，同時美國會又通過議案，拒絕日本向美國移民、此次美海軍再度在遠東大集中，其意味之深，不言可喻。

國聯分贓大會情況

國民黨無恥又無聊

顏惠慶求美國來主張

日內瓦三日路透電：國聯今日下午開會時，國民黨代表顏惠慶在大會演說措辭，極為和平，已用無線電廣播至美國，其演辭既無恫嚇之語，亦未提及經濟制裁，僅云，望各方輿論道德上之勢力，能有所主張，但亦提及日飛機炸蘇杭二州事，致中國人民炸傷七千云云。顏演說畢，日代表松平即起立答覆，并申明日本之理由後，經西姆士之提議，決定將中日糾紛，交明日下午之大會委員會討論。

大會上盼美國合作

美國代表出席旁觀

日內瓦四日路透電：國聯大會，於接到各方關於中日事件之報告後，今日下午開始實際工作，現已組織委員會，以便討論，該委員會定四日午四時開會，英外長西門爵士，亦將參加討論，國民黨代表顏惠慶，請大會宣告日本違犯盟約，但國聯大會對此仍須加以考慮，此次開大會　非會員國皆未參加，但美國行政院與美國出席軍縮會議之代表團　確有密切聯絡，而美代表團人員，亦在旁觀席中，觀大會之進行，故各方皆盼美國能贊助國聯大會之任何決議案云。

決議停戰不過對外欺騙

日本表示合作實係瓜分

日內瓦四日路透電：今日下午四時，大會開會時，日代表佐藤及中代表顏惠慶辯論頗烈，其後大會卽議決，請中日雙方政府，立卽實

期
红色中华零零十三期
版
零四版
时间
一九三二年三月九日

决议停战不过对外欺骗
日本表示合作实系瓜分

（编者按：上接第三版）行停战，若破坏此种决议者，国联将认为严重事件云云。

日代表佐藤井谓：现时之问题，在将两军分隔，此时可由中日双方，自行解决，若能在上海就地调查真实消息，日本极为欢迎，日本极愿与各国合作，促成和平解决，并愿参加圆棹［桌］会议，关于日军撤兵事，佐藤称：一俟上海重趋平靖，日军即将撤退，并谓日本愿予圆掉［桌］会议以便利，便能将纠纷彻底解决，并能恢复上海区域内之安宁云。

行停戰，若破壞此種決議者，國聯將認為嚴重事件云云

日代表佐藤并謂：現時之問題，在將兩軍分隔，此時可由中日雙方，自行解決，若能在上海就地調查眞實消息，日本極為歡迎，日本極願與各國合作，促成和平解決，並願參加圓桌會議，關於日軍撤兵事，佐藤稱：一俟上海重趨平靖，日軍即將撤退，並謂日本願予圓掉會議以便利，便能將糾紛澈底解決，并能恢復上海區域內之安寧云。

正在起草決議宣言

英主張與美聲明大意相同

日內瓦八日路透電：國聯全體大會，討論中日糾紛之辯論，已告一段落：大會已將各決議案交起草委員會，成為一總的決議．交全體大會討論，起草委員會，定明日下午四時開會。至於西門爵士（英外長）所主張之宣言，其內容必與史汀生於一月八日提出之聲明，大致相同云。

國民黨又開

二中全會計劃賣國

賣國外交嚴守祕密不公布

導入憲政即是賣盡中國各地

洛陽四日電：國民黨四屆二中全會，於四日上午九時，在洛陽西宮開第一次正式會議，在席中委汪兆銘顧孟餘等約百人，蔣介石未出席，討論問題，係軍事外交及政治方面，對於軍事外交守祕密不公布．政治方面，一，實行財政公開，二，實行減政，三。成立財政委員會並得自由行使職權，四。現役軍人不得兼任政務長官之規定，應於最近期間次第施行，五。籌設各級民衆機關，以導入憲政時期云。

蔣介石正式重登台

軍委長還不是變相總司令

洛陽六日電：國民黨政府決定特任蔣中正為軍事委員會委員長，馮玉祥，閻錫山，張學良，陳銘樞，何應欽，李烈鈞，陳濟棠為軍事委員會委員云。

東北義勇軍準備總攻擊

北平四日電：確息，遼東義勇軍業在延吉牡丹嶺盤石伊通鉄嶺撫順鳳城安東等地附近，分別集中：日內即將實行總攻擊云。

日本統治下之

滿州獨立國宣佈成立

滿州已成韓國第二

上海三月四日電：滿洲獨立國已宣佈成立。

蘇聯防止帝國主義進攻

帝國主義轉向蘇聯之企圖積極

莫斯科八日路透電：蘇聯中央執行委員會委員長加李寧，今日宣稱，蘇聯對國聯「和平」及遠東政策基礎須聲明，任何資本主義國家之行動，危及蘇聯人民之利益，蘇聯決不坐視，全國人民將以願戰到底，故現在蘇聯應充分準備，以防外方對蘇聯開始攻擊云。

帝國主義

瓜分中國之調查團將來滬

東京八日電：七日晚中國使館，招待國聯調查团，苹委謂十三晚可抵滬，十四日登岸，抵滬後，視察上海畢，即赴南京與中國政府接洽，該団祕書哈斯並發表通知，稱該団擬在南京上海共住十天云。

要聞

天津華新紗廠罷工

華新紗廠工人，久受資本家剝削和壓迫。生活非常苦痛．特於前月十五日午一致罷工，並提出要求：一，每人每日加薪五分，二，每年年終發花紅四十天，三．春節假期內發雙薪．四，打倒指派工會理事王玉貴，張文良等，國民黨市黨部派人破壞，結果無效，該廠資本家恐慌萬狀云。

日本統治之下

滿洲傀儡政府之情形

馬占山參與籌備會

宣統皇帝做大總統

日帝國主義的公開走狗東三省各小軍閥，現正在日人支配之下，積極的籌備滿洲傀儡政府，張景惠已於前月十五日到了瀋陽，即因抵抗(?)日軍而名聞 時的馬占山將軍，亦在前月十六日下午到瀋陽參與十六夜所謂滿洲自治政府的籌備會議了，馬到瀋陽後，即與本莊繁(日關東司令 臧式毅張景惠及熙洽等會宴．聞熙洽極力主張擁護溥儀(宣統皇帝 就總統位。該滿洲自治政府將在長春行成立典禮云。

帝国主义瓜分中国之调查团将来沪

东京八日电：七日晚中国使馆，招待国联调查团，英委谓十三晚可抵沪，十四日登岸，抵沪后，视察上海毕，即赴南京与中国政府接洽，该团秘书哈斯并发表通知，称该团拟在南京上海共住十天云。

一九三二年三月九日　紅色中華　第四版

行停戰，若破壞此種決議者，國聯將認為嚴重事件云云

日代表佐藤井謂：現時之問題，在將兩軍分隔，此時可由中日雙方，自行解決，若能在上海就地調查真實消息，日本極為歡迎，日本極願與各國合作．促成和平解決，並願參加圓桌會議，關於日軍撤兵事，佐藤稱：一俟上海重趨平靖，日軍即將撤退，並謂日本願予圓掉會議以便利，便能將糾紛澈底解決，并能恢復上海區域內之安寧云。

正在起草決議宣言
英主張與美聲明大意相同

日內瓦八日路透電：國聯全體大會，討論中日糾紛之辯論，已告一段落：大會已將各決議案交起草委員會，成為一總的決議．交全體大會討論，起草委員會，定明日下午四時開會。至於西門爵士（英外長）所主張之宣言，其內容必與史汀生於一月八日提出之聲明．大致相同云。

國民黨又開
二中全會計劃賣國
賣國外交嚴守祕密不公布
導入憲政即是賣盡中國各地

洛陽四日電：國民黨四屆二中全會，於四日上午九時，在洛陽西宮開第一次正式會議，在席中委汪兆銘顧孟餘等約百人，蔣介石未出席，討論問題，係軍事外交及政治方面，對於軍事外交守祕密不公布．政治方面，一，實行財政公開，二，實行減政，三。成立財政委員會並得自由行使職權，四。現役軍人不得兼任政務長官之規定，應於最近期間次第施行，五。籌設各級民眾機關，以導入憲政時期云。

蔣介石正式重登台
軍委長還不是變相總司令

洛陽六日電：國民黨政府決定特任蔣中正為軍事委員會委員長，馮玉祥，閻錫山，張學良，陳銘樞，何應欽，李烈鈞，陳濟棠為軍事委員會委員云。

東北義勇軍準備總攻擊

北平四日電：確息，遼東義勇軍業在延吉牡丹嶺盤石伊通鉄嶺撫順鳳城安東等地附近，分別集中，日內即將實行總攻擊云。

日本統治下之
滿州獨立國宣佈成立
滿州已成韓國第二

上海三月四日電：滿洲獨立國已宣佈成立。

蘇聯防止帝國主義進攻
帝國主義轉向蘇聯之企圖積極

莫斯科八日路透電：蘇聯中央執行委員會委員長加李寧，今日宣稱，蘇聯對國聯「和平」及遠東政策基礎須聲明，任何資本主義國家之行動，危及蘇聯人民之利益，蘇聯決不坐視，全國人民將以願戰到底，故現在蘇聯應充分準備，以防外方對蘇聯開始攻擊云。

帝國主義
瓜分中國之調查團將來滬

東京八日電：七日晚中國使館，招待國聯調查团，並委謂十三晚可抵滬，十四日登岸，抵滬後，視察上海畢，即赴南京與中國政府接洽，該团祕書哈斯並發表通知，稱該团擬在南京上海共住十天云。

要聞

天津華新紗廠罷工

華新紗廠工人，久受資本家剝削和壓迫。生活非常苦痛．特於前月十五日午一致罷工，並提出要求：一，每人每日加薪五分，二，每年年終發花紅四十天，三．春節假期內發雙薪．四，打倒指派工會理事王玉貴，張文良等，國民黨市黨部派人破壞，結果無效，該廠資本家恐慌萬狀云。

滿洲傀儡政府之情形
馬占山參與籌備會
宣統皇帝做大總統

日本統治之下

日帝國主義的公開走狗東三省各小軍閥，現正在日人支配之下，積極的籌備滿洲傀儡政府，張景惠已於前月十五日到了瀋陽，即因抵抗(?)日軍而名聞時的馬占山將軍，亦在前月十六日下午到瀋陽參與十六夜所謂滿洲自治政府的籌備會議了，馬到瀋陽後，即與本莊繁（日關東司令）臧式毅張景惠及熙洽等會宴，聞熙洽極力主張擁護溥儀（宣統皇帝）就總統位。該滿洲自治政府將在長春行成立典禮云。

上海和平會議之內幕
要把上海變成帝國主義共管
和平會議實是瓜分會議變名
國民黨用爲遮蓋賣國的行爲

上海和平会议之内幕

要把上海变成帝国主义共管
和平会议实是瓜分会议变名
国民党用为遮盖卖国的行为

上海十二日下午一时三十分电：日使重光电日当局请示，十一日日方覆训到沪，内对撤兵一事，表示无政治条件，但有军事条件三项：一，撤兵区内，中国军队不能进驻，二，规定监视某军行动期间，三，撤兵区内之警备问题。拟定一照会，将于十二日晚，或十三日晨送出云。

上海十二日下午七时电：日政府回训重光，关于和平交涉三项消息抵沪后，和议前途，顿见黑暗。日方坚主日军撤退后，中国军队不得进驻，华方务使华军保持原阵线，现正由英使斡［斡］旋，交换意见，在双方态度未接近前，决无正式会议可能云。

上海十六日电：日来中日双方非正式之谈判，仍在进行，十四日午后，曾开第一次会议，到会者，除华方外，日使重光及英法意美四公使，均在座，第二次会议，已定十六十七两日举行，闻首次会议，仅讨论停止敌对之行为问题，俟后，尚待讨论者，为日军撤退后之警备问题等，日方提议设中立区（共管区）又华警在外人指挥之下，警卫地方之治安云，又一月二十八日，吴市长答覆日方总领事所要求四项覆牒，亦在会中提起，日方坚称，任何办法，倘违反该项覆牒者，均不能讨论云。

日本以武力永久統治滿洲

還要藉口和平維持治安

三月十一日東京路透電稱：日本官方，今日表示，日本已同意於國聯九月卅日所通過之決議案，然日本軍隊或仍不得不長期留駐於鉄道區域以外，其理由則因新滿州獨立國之和平秩序起見，有留駐軍隊之必要。最少限度，也須俟該新國家，已證明其有保障和平狀況之能力爲止云。

上海十一日路透電：日本官方表示滿州新國成立後，形勢已完全改變，在新國未能證明能獨立維持安寧之能力以前，日軍必須幫助新政府維持各地治安，故日軍不得撤退、將無期駐紮於南滿鐵路區域以外之地點云。

滿州國之一批新官

日帝國主義統治下

日本利用工具做招牌

一切實權操在日人手

這是呑併韓國老辦法

長春十日路透電：溥儀九日，就滿洲國執政職，禮節極爲簡單，參加僅四十八人，淸國要使亦在內，日本有十五人參加，南滿路總裁，則以該路代表資格出席，代表來賓演說，就職典禮情形，由長春廣播至日本，因新聞記者，一律不準參加云。

瀋陽十一日路透電：日本統治下滿洲政府之机關組織及官員表如下：遼寧省長臧式毅，顧問金井，(日人)諮議松職黑柳(日人)，府政府市長趙欣伯，顧問中野、(日人)諮議式籐，(日人)財政局局長，趙第顧問，色部三浦大屋間(日人)交通委員主任丁鑑修顧問日人，諮議，佐籐，古山門野，加賀瀧等(日人)省政府高等顧問爲喜金鐙，東北省銀行行長吳思培，顧問式籐(日人)諮議內福倉(日人)實業局局長梁玉書，顧問高井磯(日人)吉林省長熙治。黑龍江省長張景惠云。

上海和平會議之內幕

要把上海變成帝國主義共管

和平會議實是瓜分會議變名

國民黨用爲遮蓋賣國的行爲

上海十二日下午一時三十分電：日使重光電日當局請示，十一日日方覆訓到滬，內對撤兵一事，表示無政治條件，但有軍事條件三項：一，撤兵區內，中國軍隊不能進駐，二，規定監視某軍行動期間，三，撤兵區內之警備問題。擬定一照會，將於十二日晚，或十三日晨送出云。

上海十二日下午七時電：日政府回訓重光，關於和平交涉三項消息抵滬後，和議前途，頓見黑暗。日方堅主日軍撤退後，中國軍隊不得進駐，華方務使華軍保持原陣線，現正由英使斡旋，交換意見，在雙方態度未接近前，決無正式會議可能云。

上海十六日電：日來中日雙方非正式之談判，仍在進行，十四日午後，曾開第一次會議，到會者，除華方外，日使重光及英法意美四公使，均在座，第二次會議，已定十六十七兩日舉行，聞首次會議，僅討論停止敵對之行爲問題，俟後，尙待討論者，爲日軍撤退後之警備問題等，日方提議設中立區(共管區)又華警在外人指揮之下，警衛地方之治安云，又一月二十八日，吳市長答覆日方總領事所要求四項覆牒，亦在會中提起，日方堅稱，任何辦法，倘違反該項覆牒者，均不能討論云。

最近日軍之戰爭佈置

建築炮台　繼續增援

上海十日電：分配南翔瀏河嘉定等處日軍，現白川決根據聲明，已自鶴港，安平、外江，岳王市，浮橋 六邦口六地點，有華軍爲藉口，向華軍進攻，戰事不久又將繼起云。

上海十一日電：日軍在眞茹南翔同建築戰時炮台云。

上海十二日下午一時電：外訊，日軍刻仍積極準備大規目作戰，十一日有步兵六千餘及大批重炮軍需，陸續在吳淞登岸，聞十二日又將續到，十一日登陸軍火中，有八英寸大炮多具，均由炮軍轉送瀏河嘉定一帶，此外又有大批步槍，自行車，食物，軍用鴿，飛机，化學品炸樂等，駐滬日軍總額已逾七萬云。

日軍佔領上海後
積極修築防禦工程
在各處大築炮台
欲圖永久佔上海

日军占领上海后积极修筑防御工程

在各处大筑炮台
欲图永久占上海

上海十二日七时半电： 吴淞炮台要塞区域，日军正积极开始秘密修筑防御工程，并于各处安置重炮，闻达十余门之多，该处禁止任何人通过，以免窥破其军事之秘密行动云。

3月

日軍佔領上海後
積極修築防禦工程
在各處大築炮台
欲圖永久佔上海

上海十二日七時半電：吳淞炮台要塞區域，日軍正積極開始祕密修築防禦工程，並於各處安置重炮，聞達十餘門之多，該處禁止任何人通過，以免窺破其軍事之祕密行動云。

日軍之兇橫殘暴
對中國居民橫加壓迫
用火油大燒中國民房

昆山十一日上午十一時電：日軍佔嘉定後，對中國居民，橫加壓迫，慘暴不堪，居民不願屈服，日軍竟於十日午，用火油焚燒民屋，一時火光滿天，迄今晨，猶未熄。

國聯調查團在滬之行動
東北上海己成日地
調查不過掩耳盜鈴
參觀戰區更屬滑稽
調查团實是瓜分團

上海十五日電：國聯調查团在滬約有一星期或旬日之逗留，然後待南京，再轉道赴東北，大約在離滬前，尚須赴吳淞閘北等戰區，作一度之視察，至滬案和平運動，如雙方邀請，則願努力，但不自動參加云。

日軍向哈埠集中
强索中東路車輛
準備向蘇聯挑戰

哈爾濱十四日路透電：日軍總司令本莊，已於今日下午，由瀋陽乘飛機抵此，（哈爾濱）最近，日軍均向哈爾濱集中，現有日軍，已達一萬六千人之多，新政府（日人支配之下的政府）已令中東路管理處將運入俄境之車輛及鉄路材料之數目，提出報告，衆料此係準備向蘇聯强索車輛之第一步云。

日飛機侵犯蘇聯境地
被蘇聯飛机包圍下降

哈爾濱十五日路透電：今日有日飛机一架繞綏芬河東之蘇聯境界偵察，爲蘇聯飛机包圍而下降。

國聯議案之官樣文章
表面文章欺騙羣衆
內幕重重不言而喻
國民黨是正式接受

日內五十日電：起草總决議案之特別委員會，今晨復集會，所有關於該總決議案之文字，午間已一致決定，聞該總決議案內容，分四大點：一。將新近逝世法前外長白理安去歲十二月十日之宣言，及今歲二月二十六日國聯致日本之請求書，知照日本謂：凡一國對於中國領土完整主權，獨有所侵犯者，則不能爲國聯所承認或容許之各節予以申明，二，鄭重申明凡以威嚇武力等手段所獲得之解決，均將視爲不法，三，引用凱洛非戰公約之規定，謂凱洛非戰公約係和平重要之條文，且按該約規定，解決國際爭端，四，則申明對於解決中日爭端之詳細辦法，是否與國聯原則歷次決議相符合，國聯并保正將來決定之權。聞通過此決案後，國聯即閉會云。

日內五十一日路透電：國聯大會開會時，西姆士首先誦讀決議案草案原文，并請大會批評及修正，英代表西門爵士，謂國聯決議案中，應加入非戰公約一節，以增加決議之效力，西門之修正案，當即通過云。

日內五十四日路透電：中國主席代表顏惠慶，已函國聯大會主席西姆士表示中國政府正式接受國聯大會決議案云。

英美對日獨霸滿州之態度
美堅决否認日統治滿州國
英是含默贊時不表示態度

華盛頓十四日路透電：美國務院接到滿洲新國外交部長謝介石來電：要求與美國成立外交關係，國務院方面不願將原電發表，謂若將其發表，則不啻承認其爲正式公文云，將來是否答復來電：亦無表示云。

倫敦十四日路透電：西門爵士（英外長出席國聯代表，）今日出席下院，受全院之歡迎，西門稱，根據現時所得之報告，英國對於滿洲新國之態度，不能表示，彼稱國聯大會至五月一日再開，但現時由法律點言之，大會并未閉幕云。

紅色中華

期 红色中华零零十四期
版 零四版
时间 一九三二年三月十六日

國聯調查團在滬之行動
東北上海已成日地
調查不過掩耳盜鈴
參觀戰區更屬滑稽
調查团實是瓜分團

国联调查团在沪之行动

东北上海已成日地
调查不过掩耳盗铃
参观战区更属滑稽
调查团实是瓜分团

上海十五日电：国联调查团在沪约有一星期或旬日之逗留，然后待南京，再转道赴东北，大约在离沪前，尚须赴吴淞闸北等战区，作一度之视察，至沪案和平运动，如双方邀请，则愿努力，但不自动参加云。

日軍佔領上海後 積極修築防禦工程

在各處大築炮台

欲圖永久佔上海

上海十二日七時半電：吳淞炮台要塞區域，日軍正積極開始祕密修築防禦工程，並於各處安置重炮，聞達十餘門之多，該處禁止任何人通過，以免窺破其軍事之祕密行動云。

日軍之兇橫殘暴

對中國居民橫加壓迫

用火油大燒中國民房

昆山十一日上午十一時電：日軍佔嘉定後，對中國居民，橫加壓迫，慘暴不堪，居民不願屈服，日軍竟於十日午，用火油焚燒民屋，一時火光滿天，迄今晨，猶未熄。

國聯調查團在滬之行動

東北上海已成日地

調查不過掩耳盜鈴

參觀戰區更屬滑稽

調查团實是瓜分團

上海十五日電：國聯調查团在滬約有一星期或旬日之逗留，然後待南京，再轉道赴東北，大約在離滬前，尚須赴吳淞閘北等戰區，作一度之視察，至滬案和平運動，如雙方邀請，則願努力，但不自動參加云。

日軍向哈埠集中

强索中東路車輛

準備向蘇聯挑戰

哈爾濱十四日路透電：日軍總司令本莊，已於今日下午，由瀋陽乘飛機抵此，（哈爾濱）最近，日軍均向哈爾濱集中，現有日軍，已達一萬六千人之多，新政府（日人支配之下的政府）已令中東路管理處將運入俄境之車輛及鉄路材料之數目，提出報告，衆料此係準備向蘇聯强索車輛之第一步云云。

日飛機侵犯蘇聯境地

被蘇聯飛机包圍下降

哈爾濱十五日路透電：今日有日飛机一架繞綏芬河東之蘇聯境界偵察，爲蘇聯飛机包圍而下降。

國聯議案之官樣文章

表面文章欺騙羣衆

內幕重重不言而喻

國民黨是正式接受

日內瓦十日電：起草總決議案之特別委員會，今晨復集會，所有關於該總決議案之文字，午間已一致決定，聞該總決議案內容，分四大點：一。將新近逝世法前外長白理安去歲十二月十日之宣言，及今歲二月二十六日國聯致日本之請求書，知照日本謂：凡一國對於中國領土完整主權，獨有所侵犯者，則不能爲國聯所承認或容許之各節予以申明，二，鄭重申明凡以威嚇武力等手段所獲得之解決，均將視爲不法，三，引用凱洛非戰公約之規定，謂凱洛非戰公約係和平重要之條文，且按該約規定，解決國際爭端，四，則申明對於解決中日爭端之詳細辦法，是否與國聯原則歷次決議相符合，國聯并保正將來決定之權。聞通過此決案後，國聯即閉會云。

日內瓦十一日路透電：國聯大會開會時，西姆士首先誦讀決議案草案原文，并請大會批評及修正，英代表西門爵士，謂國聯決議案中，應加入非戰公約一節，以增加決議之效力，西門之修正案，當即通過云。

日內瓦十四日路透電：中國主席代表顏惠慶，已函國聯大會主席西姆士表示中國政府正式接受國聯大會決議案云。

英美對日獨霸滿州之態度

美堅决否認日統治滿州國

英是含默贊時不表示態度

華盛頓十四日路透電：美國務院接到滿洲新國外交部長謝介石來電：要求與美國成立外交關係，國務院方面不願將原電發表，謂若將其發表，則不啻承認其爲正式公文云，將來是否答復來電：亦無表示云。

倫敦十四日路透電：西門爵士（英外長出席國聯代表，）今日出席下院，受全院之歡迎，西門稱，根據現時所得之報告，英國對於滿洲新國之態度，不能表示，彼稱國聯大會至五月一日再開，但現時由法律點言之，大會并未閉幕云。

期
红色中华零零十五期
版
零三版
时间
一九三二年三月二十三日

骗人和会最近之举动

中立区是公管区
日军驻沪不撤退
又决定三项原则
国民党无所不从

上海十七日电：日要求扩充租界，美其名曰中立区，用华人为警察，以外人管理之。

上海十九日电：今日上海和平会议，日方曾在谈话中提出抗日运动问题，首先表示抗日运动，如不由政府有效取缔，则留沪日侨，仍有危险，东京政府，则未能即时撤兵云。

上海二十一日下午电：中日训令二十一日晨先后到沪，下午四时，仍在英领署继续举行非正式会议，中日仍由郭泰麒［祺］重光出席，法使未到，英美使及意代办均出席，讨论逾二小时，决定三项原则，（一）中国军队暂驻现防，（二）日本军队按照一定之程序，撤退至一月初八日以前之原防，（三）由参加各国代表证明第一二项之实行，由双方同意，依据上述之基本原则，进行正式会议云。

一九三二年三月廿三日　紅色中華　第三版

受到日本帝國主義更殘酷的屠殺。

福建省工農兵蘇維埃大會、完全擁護中華蘇維埃中央政府對日本作戰的決議，馬上號召全省工農勞苦羣衆和紅軍，一致動員起來參加民族的革命，消滅日本帝國主義在中國的海陸軍隊，沒收日本帝國主義在中國的一切企業銀行。消滅帝國主義的走狗國民黨軍閥，同時我們要以革命戰爭消滅帝國主義瓜分中國的戰爭，並武裝保護蘇聯。

福建的工農羣衆和紅軍在蘇維埃政府領導之下，要特別掃除日本帝國主義在福建一切特殊的勢力，望全國工農羣衆一致動員起來為中華蘇維埃共和國的勝利而戰鬪！

蔣介石在美大買軍火

美國武裝工具作用 大戰爆發可作前鋒 在國內來鎮壓革命

上海廿日電：蔣介石在美國定購之二萬萬元軍火，於十七日進口，計步槍十萬枝，自動槍一萬枝，机關槍五千架，高射礮二百礡，此外，子彈及短波無線電机無數，蔣用此項軍火，再編十個師，配置步槍一萬枝，步兵每團附礮兵一團，步兵每團附机關槍一連，每營附机關槍一連，大炮兩礡，高射炮一礡，每團有無線電一架，此十個師，將以南京中央學校學生及武漢分校編制，南京成立八師，武漢成立二師，但不公開，暗中進行云。

日佔上海後 繼續佔領漢口計劃

上海二十日電：日本自將華軍驅出上海後，并為和緩國際空氣計，已決定告一結束，以便實現漢口之軍事計劃，日本此次計劃，係自滿變至今有系統的進行的，日方現正積極佈置佔領漢口華界，如國際上無重大變化，事在必行云。

各國軍艦雲集漢口

漢口二十一日電：泊漢中外軍艦，計二十五艘，日本有桃號，檜號，艦號，栁號，勢號，隅田，保津，捕風等八艘，中國有咸寧，語勝，德勝等五艘，英國有卡大架，福如肯，甘蘭，滿鉄司等四艘，美國有麥乃本司，潘乃，路善等三艘，法國有六高羽，法啓西司，相言等三艘，意大利有坎木多，則建等二艘云。

民族革命戰爭開展

日統治滿州中 義勇軍蜂起 軍隊大暴動

東京十七日電：黑河軍對滿州政府已聲明反對開始反日運動云。

伊蔽二十日無綫電：滿站形勢，愈趨緊張，各部軍隊，紛起響應，苏炳文樹反馬占山旗幟，日方曾迭令馬占山率部往剿該項軍隊，馬因勢孤，趑趄不前，日方怒馬抗命，且見其已經失勢，無能為役，傳已於十九日由本莊（日關東司令），下令將馬扣留云。

北平二十三日電：長春訊：吉林各地，義勇軍蜂起，長春時有被包圍之勢云。

騙人和會最近之舉動

中立區是公管區　日軍駐滬不撤退　又決定三項原則　國民黨無所不從

上海十七日電：日要求擴充租界，美其名日中立區，用華人為警察，以外人管理之。

上海十九日電：今日上海和平會議，日方會在談話中提出抗日運動問題，首先表示抗日運動，如不由政府有効取締，則留滬日僑，仍有危險，東京政府，則未能即時撤兵云。

上海二十一日下午電：中日訓令二十一日晨先後到滬，下午四時，仍在英領署繼續舉行非正式會議，中日仍由郭泰祺重光出席，法使未列，英美使及意代辦均出席，討論逾二小時，決定三項原則，（一）中國軍隊暫駐現防，（二）日本軍隊按照一定之程序，撤退至一月初八日以前之原防，（三）由參加各國代表證明第一二項之實行，由雙方同意，依據上述之基本原則，進行正式會議云。

日本瓜分中國之步驟

首先佔領東三省

倫敦，八日路透電：日代表佐籐，關於中日問題，最近對記者談話，在言詞中，態度非常強硬，將東三省及上海問題，分為兩事，認日本情願對上海事件讓步，而對東三省問題，則不能放鬆一點，彼稱日本在東三省經『合法』（在帝國主義國家裏，強盜般的刼掠，就是他們所謂合法），手續，所獲得之權利，日本自當實行，日本不願國聯干涉東三省事件云。

近日日軍之行動

加緊佈置準備戰爭

昆山十九日電：嘉定日軍，連日調動甚忙，南，西，北三門，搜查甚嚴，已架炮位。

日軍佔領上海之損失

地方被佔四百餘方里　財產損失達十五萬萬　人民犧牲近八十二萬

上海十九日下午十一時電：最近淞滬事變調查，已編成上海市區內滬變損失估計，要點

期：红色中华零零十五期

版：零三版

时间：一九三二年三月二十三日

日軍佔領上海之損失
地方被佔四百餘方里
財產損失達十五萬萬
人民犧牲近八十二萬

日军占领上海之损失

地方被占四百余方里
财产损失达十五万万
人民牺牲近八十二万

上海十九日下午十一时电： 最近淞沪事变调查，已编成上海市区内沪变损失估计，要点（编者按：下转第四版）

受到日本帝國主義更殘酷的屠殺。

福建省工農兵蘇維埃大會、完全擁護中華蘇維埃中央政府對日本作戰的決議，馬上號召全省工農勞苦羣衆和紅軍，一致動員起來參加民族的革命，消滅日本帝國主義在中國的海陸軍隊，沒收日本帝國主義在中國的一切企業銀行。消滅帝國主義的走狗國民黨軍閥，同時我們要以革命戰爭消滅帝國主義瓜分中國的戰爭，並武裝保護蘇聯。

福建的工農羣衆和紅軍在蘇維埃政府領導之下，要特別掃除日本帝國主義在福建一切特殊的勢力，望全國工農羣衆一致動員起來爲中華蘇維埃共和國的勝利而戰鬥！

蔣介石在美大買軍火

美國武裝工具作用 大戰爆發可作前鋒 在國內來鎭壓革命

上海廿日電：蔣介石在美國定購之二萬萬元軍火，於十七日進口，計步槍十萬枝，自動槍一萬枝，机關槍五千架，高射礮二百礴，此外，子彈及短波無線電机無數，蔣用此項軍火，再編十個師，配置步槍一萬枝，步兵每團附礮兵一團，步兵每團附机關槍一連，每營附机關槍一連，大炮兩礴，高射炮一礴，每團有無線電一架，此十個師，將以南京中央學校學生及武漢分校編制，南京成立八師武漢成立二師，但不公開，暗中進行云。

日佔上海後

繼續佔領漢口計劃

上海二十日電：日本自將華軍驅出上海後，并爲和緩國際空氣計，已決定告一結束，以便實現漢口之軍事計劃，日本此次計劃，係自滿變至今有系統的進行的，日方現正積極佈置佔領漢口華界，如國際上無重大變化，事在必行云。

各國軍艦雲集漢口

漢口二十一日電：泊漢中外軍艦，計二十五艘，日本有桃號，檜號，艦號，栅號，勢號，隅田，保津，捕風等八艘，中國有咸寧，語勝，德勝等五艘，英國有卡大架，福如肯，甘蘭，滿鉄司等四艘，美國有麥乃本司，潘乃，路善等三艘，法國有六高羽，法蘭西司，相言等三艘，意大利有坎木多，則建等二艘云。

日統治滿州中

民族革命戰爭開展

義勇軍蜂起 軍隊大暴動

東京十七日電：黑河軍對滿州政府已聲明反對開始反日運動云。

伊蕨二十日無綫電：滿站形勢，愈趨緊張，各部軍隊，紛起響應，苏炳文樹反馬占山旗幟，日方曾迭令馬占山率部往剿該項軍隊，馬因勢孤，趦趄不前，日方怒馬抗命，且見其已經失勢，無能爲役，傳已於十九日由本莊（日關東司令），下令，將馬扣留云。

北平二十三日電：長春訊：吉林各地，義勇軍蜂起，長春時有被包圍之勢云。

騙人和會最近之舉動

中立區是公管區　日軍駐滬不撤退

又決定三項原則　國民黨無所不從

上海十七日電：日要求擴充租界，美其名日中立區，用華人爲警察，以外人管理之。

上海十九日電：今日上海和平會議，日方曾在談話中提出抗日運動問題，首先表示抗日運動，如不由政府有効取締，則留滬日僑，仍有危險，東京政府，則未能即時撤兵云。

上海二十一日下午電：中日訓令二十一日晨先後到滬，下午四時，仍在英領署繼續舉行非正式會議，中日仍由郭泰祺，重光出席，法使未到，英美使及意代辦均出席，討論逾二小時，決定三項原則，（一）中國軍隊暫駐現防，（二）日本軍隊按照一定之程序，撤退至一月初八日以前之原防，（三）由參加各國代表證明第一二項之實行，由雙方同意，依據上述之基本原則，進行正式會議云。

日本瓜分中國之步驟

首先佔領東三省

倫敦，八日路透電：日代表佐藤，關於中日問題，最近對記者談話，在言詞中，態度非常强硬，將東三省及上海問題，分爲兩事，認日本情願對上海事件讓步，而對東三省問題，則不能放鬆一點，彼稱日本在東三省經『合法』（在帝國主義國家裏，强盜般的刼掠，就是他們所謂合法；）手續，所獲得之權利，日本自當實行，日本不願國聯干涉東三省事件云。

近日日軍之行動

加緊佈置準備戰爭

昆山十九日電：嘉定日軍，連日調動甚忙，南，西，北三門，搜查甚嚴，已架炮位。

日軍佔領上海之損失

地方被佔四百餘方里

財產損失達十五萬萬

人民犧牲近八十二萬

上海十九日下午十一時電：最近淞滬事變調查，已編成上海市區內滬變損失估計，要點

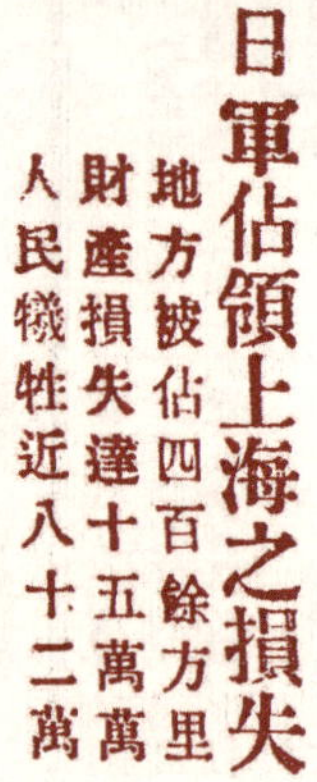
日軍佔領上海之損失
地方被佔四百餘方里
財產損失達十五萬萬
人民犧牲近八十二萬

日军占领上海之损失

地方被占四百余方里
财产损失达十五万万
人民牺牲近八十二万

（编者按：上接第三版）如下：（一）全沪损失，达十五万六千零四万七千八百七十一元，（二）全市被侵占面积约四百七十方里，受日军破坏而损失之人民，十八万零百十六户，八十一万四千零八十四人，占全市人口百分之四十五，其中死亡者六千零八十人，受伤者二千人，失踪者一万零四百人云。

如下：(一)全滬損失，達十五萬六千零四萬七千八百七十一元，(二)全市被侵佔面積約四百七十方里，受日軍破壞而損失之人民，十八萬零百十六戶，八十一萬四千零八十四人，佔全市人口百分之四十五，其中死亡者六千零八十人，受傷者二千人，失蹤者一萬零四百人云。

美藉九國公約反日獨佔

日美爭奪中國中

紐約十七日電：關于滿洲國要求承認事，紐約太晤士報華盛頓訪員稱，關於此事，美國仍注意保障中國領土完整之九國公約，滿洲為中國領土之一部，美國向已承認之，若任何九國公約與約國，有承認該滿洲國之傾向時，美國必嚴重喚起彼等對於九國公約之責任，若日本有承認該國之表示，美國也將為同樣之舉動云。

英國瓜分中國之政策

倫敦十七日路透電：今日下院繼續討論遠東問題時，外交次長愛教謂：英政府之政策，除有一部人士認為尚缺乏勇敢外，大多數人民都已漸加贊成，主張英政府應採取直接行動，但若實行，則英國勢將單獨進行云，關於東三省事件，愛教稱：英政府已注意該地英國之利益 現英政府正靜候國聯調查團報告 當張伯倫任外長時，實行新政策以來，即一方面保護既獲得之英國及其他各國之利益，但同時對中國合理之要求表示同情，中英關係，已大有進步，英政府已決定繼續採取此種政策云。

國聯大會之欺人決議

欺騙掩耳盜鈴

大會內幕還不只此

上海十九日電：本月十一日國聯大會所通過關於中日之決案大意：一，大會對於此次爭執，認為盟約各項規定，完全實用，尤以關於(二)嚴格尊重並保持所有各會員國領土之完整，及現有政治上之獨立。原　月十九日行政院決定國聯有實用盟約第十五條第三節規定『調解』手續之義務。並於必要時應負有實用同條第四節之義務。爰決定組織一十九會員之委員會，並大會主席為該會主席。執行職務：一，從速宣告關於一九三二年三月四日大會之決議，停止戰爭及締結協定，並規定日軍撤退各事項，二，注意一九三一年九月三十日及十二月十日行政院通過決議之實行，採用一九三一年十二月十日白里安宣言中所建立原則，及一九三二年二月十六日之聲請書中，凡輕視盟約第十條之規定　蹂躪聯合會會員國領土之完整及變更其政治之獨立者，聯合會各會員均不能承認為有効，此種原則與巴黎公約完全相符，其第二條規定，在本會會員未採取最後手段以解決爭執時，所取得之地位，依條約規定，國聯會員國均不能承認之，大會鄭重聲明，如有任何一方用武力壓迫以覓取中日爭端之解決，實於盟約精神相違背，回溯一九三一年九月三十日及十二月十日經當事雙方同意之行政院通過之決議，及一九三二年三月四日經當事雙方同意之關於確實停戰及日軍撤退事項，國聯會會員，在上海租界有特殊利益之國家，對於此項目的準備充分協助，并請求各該國於必要時武力合作，以維持撤退區域之安寧。三，於必要時　從事預備第十五條第四節所規定之報告書草案，建議一切似為必要之緊急辦法。四，於最近時期，應向大會提出第一次報告書，最遲不得過一九三二年五月一日云。

要聞

日軍準備進攻武漢

最近，漢口形勢更形嚴重。自滬戰爆發後，武漢群眾反日情緒，更加高漲而緊張　日租界的戒備，亦愈嚴密，內設飛機場　現停飛機三架，陸戰隊時常登陸，在沿江岸一帶放哨，又在各沙包堡壘，安設軍用電話，演習各種戰術，喊殺之聲，通夜不絕，日僑則紛紛回國，據聞即將全部束下，日租界警察署長，亦請假離漢，同時軍火炸藥，分批由上海運到，其數不少，一般工農群眾，又怕把武漢作戰場云。

汕頭形勢益趨嚴重

日艦大炮已卸炮衣

二日消息　近來汕頭形勢，又非常嚴重，日艦三艘，泊於港內　三艘在口外已卸炮衣，晚上則用探海燈照射，並提出條件，取締抗日等項，群眾異常憤慨　廣東軍隊張瑞貴師到潮汕路澄海，沿海岸佈防　大商人紛紛遷往香港及內地　秩序非常紊亂云。

天津自來水廠罷工

工人要公司履行承認條件　組織糾察隊

濟安自來水工人，因公司不履行去年承認的條件，醞釀罷工，前曾登載本報。工人因資本家態度崛强，憤激非常，又於前月廿五日晨一時提出條件　限公司廿四小時內答覆。否則全體罷工，公司於二十五晚開董事會，決定仍採取强硬手段，工人等遂於廿七晨七時起　全體罷工，並組織糾察隊，保護鬥爭　一面將水閘開放，使濾淨之水，流入髒水溝內，並將各馬路上消防水管開放，令市民隨便取用，公司方面損失，每日約在千元以上，法工部局派捕守門，工人出廠稍遲的，即被禁入廠內，資本家態度因此而更强硬，並謂工人無理要求，斷難承認，二十八日午將水廠電綫割斷，使水源斷絕，形勢十分嚴重云。

國聯大會之欺人決議
敷衍欺騙掩耳盜鈴
大會內幕還不只此

期 红色中华零零十五期
版 零四版
时间 一九三二年三月二十三日

国联大会之欺人决议

敷衍欺骗掩耳盗铃
大会内幕还不只此

上海十九日电：本月十一日国联大会所通过关于中日之决案大意：一，大会对于此次争执，认为盟约各项规定，完全实用，尤以关于（一）严格尊重并保持所有各会员国领土之完整，及现有政治上之独立。原□月十九日行政院决定国联有实用盟约第十五条第三节规定“调解”手续之义务。并于必要时应负有实用同条第四节之义务。爰决定组织一十九会员之委员会，并□大会主席为该会主席。执行职务：一，从速宣告关于一九三二年三月四日大会之决议，停止战争及缔结协定，并规定日军撤退各事项，二，注意一九三一年九月三十日及十二月十日行政院通过决议之实行，采用一九三一年十二月十日白里安宣言中所建立原则，及一九三二年二月十六日之声请书中，凡轻视盟约第十九条之规定，蹂躏联合会会员国领土之完整及变更其政治之独立者，联合会各会员均不能承认为有效，此种原则与巴黎公约完全相符，其第二条规定，在本会会员未采取最后手段以解决争执时，所取得之地位，依条约规定，国联会员国均不能承认之，大会郑重声明，如有任何一方用武力压迫以觅取中日争端之解决，实于盟约精神相违背，回溯一九三一年九月三十日及十二月十日经当事双方同意之行政院通过之决议，及一九三二年三月四日经当事双方同意之关于确实停战及日本撤退事项，国联会会员，在上海租界有特殊利益之国家，对于此项目的准备充分协助，并请求各该国于必要时武力合作，以维持撤退区域之安宁。三，于必要时，从事预备第十五条第四节所规定之报告书草案，建议一切似为必要之紧急办法。四，于最近时期，应向大会提出第一次报告书，最迟不得过一九三二年五月一日云。

如下：(一)全滬損失，達十五萬六千零四萬七千八百七十一元，(二)全市被侵佔面積約四百七十方里，受日軍破壞而損失之人民，十八萬零百十六戶，八十一萬四千零八十四人，佔全市人口百分之四十五，其中死亡者六千零八十人，受傷者二千人，失蹤者一萬零四百人云。

美藉九國公約反日獨佔

日美爭奪中國中

紐約十七日電：關于滿州國要求承認事，紐約太晤士報華盛頓訪員稱，關於此事、美國仍注意保障中國領土完整之九國公約，滿州為中國領土之一部，美國向已承認之，若任何九國公約與約國，有承認該滿州國之傾向時，美國必嚴重喚起彼等對於九國公約之責任，若日本有承認該國之表示，美國也將為同樣之舉動云。

英國瓜分中國之政策

倫敦十七日路透電：今日下院繼續討論遠東問題時，外交次長愛教謂：英政府之政策，除有一部人士認為尚缺乏勇敢外，大多數人民都已漸加贊成，主張英政府應採取直接行動，但若實行，則英國勢將單獨進行云，關於東三省事件，愛教稱：英政府已注意該地英國之利益 現英政府正靜候國聯調查團報告 當張伯倫任外長時，實行新政策以來，即一方面保護既獲得之英國及其他各國之利益，但同時對中國合理之要求表示同情，中英關係，已大有進步，英政府已決定繼續採取此種政策云。

國聯大會之欺人決議

敷衍欺騙　掩耳盜鈴

大會內幕還不只此

上海十九日電：本月十一日國聯大會所通過關於中日之決案大意：(一)，大會對於此次爭執，認為盟約各項規定，完全實用，尤以關於(一)嚴格尊重並保持所有各會員國領土之完整，及現有政治上之獨立。原 月十九日行政院決定國聯有實用盟約第十五條第三節規定『調解』手續之義務。並於必要時應負有實用同條第四節之義務。爰決定組織一十九會員之委員會，並 大會主席為該會主席。執行職務：一，從速宣告關於一九三二年三月四日大會之決議，停止戰爭及締結協定 並規定日軍撤退各事項，二，注意一九三一年九月三十日及十二月十日行政院通過決議之實行，採用一九三一年十二月十日白里安宣言中所建立原則，及一九三二年二月十六日之聲請書中，凡輕視盟約第十九條之規定 蹂躪聯合會會員國領土之完整及變更其政治之獨立者，聯合會各會員均不能承認為有效，此種原則與巴黎公約完全相符，其第二條規定，在本會會員未採取最後手段以解決爭執時，所取得之地位，依條約規定，國聯會員國均不能承認之，大會鄭重聲明，如有任何一方用武力壓迫以覓取中日爭端之解決，實於盟約精神相違背，回溯一九三一年九月三十日及十二月十日經當事雙方同意之行政院通過之決議，及一九三二年三月四日經當事雙方同意之關於確實停戰及日軍撤退事項，國聯會會員，在上海租界有特殊利益之國家，對於此項目的準備充分協助，并請求各該國於必要時武力合作，以維持撤退區域之安寧。三，於必要時 從事預備第十五條第四節所規定之報告書草案，建議一切似為必要之緊急辦法。四，於最近時期，應向大會提出第一次報告書，最遲不得過一九三二年五月一日云。

要聞

日軍準備進攻武漢

最近，漢口形勢更形嚴重。自滬戰爆發後，武漢群衆反日情緒，更加高漲而緊張 日租界的戒備，亦愈嚴密，內設飛機場 現停飛機三架，陸戰隊時常登陸，在沿江岸一帶放哨，又在各沙包堡壘，安設軍用電話，演習各種戰術，喊殺之聲，通夜不絕，日僑則紛紛回國，據聞即將全部東下，日租界警察署長，亦請假離漢，同時軍火炸藥，分批由上海運到，其數不少，一般工農群衆，又怕把武漢作戰場云。

汕頭形勢益趨嚴重

日艦大炮已卸炮衣

二日消息 近來汕頭形勢，又非常嚴重，日艦三艘，泊於港內 三艘在口外己卸炮衣，晚上則用探海燈照射，並提出條件，取締抗日等項，群衆異常憤慨 廣東軍隊張瑞貴師到潮汕路澄海，沿海岸佈防 大商人紛紛遷往香港及內地 秩序非常紊亂云。

天津自來水廠罷工

工人要公司履行承認條件　組織糾察隊

濟安自來水工人，因公司不履行去年承認的條件，醞釀罷工，前曾登載本報。工人因資本家態度崛強，憤激非常，又於前月廿五日晨 時提出條件 限公司廿四小時內答覆。否則全體罷工，公司於二十五晚開董事會，決定仍採取強硬手段，工人等遂於廿七晨七時起 全體罷工，並組織糾察隊，保護鬥爭 一面將水閘開放，使濾淨之水，流入髒水溝內，並將各馬路上消防水管開放，令市民隨便取用，公司方面損失，每日約在千元以上，法工部局派捕守門，工人出廠稍遲的，即被禁入廠內，資本家態度因此而更強硬，並謂工人無理要求，斷難承認，二十八日午將水廠電線割斷，使水源斷絕，形勢十分嚴重云。

期
红色中华零零十五期
版
零六版
时间
一九三二年三月二十三日

兴国城工人踊跃捐助上海工人

兴国城市工人，最近政治的积极性大大地提高，二月份募捐援助上海工人罢工基金，各业工人争先恐后，自动地募集起来，尤其是印刷工人干事长，自动地捐募元钱拾吊，并宣传工人募捐，其他工人也踊跃捐助，数天内竟有基金元钱壹伯［佰］多吊云。

春，藍興南，張仁標，郭滴人，傅源標，涂康元，李六如，鍾顯光，張必發，羅明，張福娣，王錦標，陳特生，高元芳，劉祥文，李明生，李明光，程朝遠，江鼎仁，趙發桂，張華先，劉永生，曾凡林，王海萍，傅才秀，游端軒，譚震林，羅炳輝，黃甦，賴芹香，鄧玉錫，沈德昌等二十五人為福建省蘇執行委員大會遂於二十一日閉幕。並於閉幕之次日開第一次執委會選舉張鼎丞，闕繼明，張思垣，范樂春，李六如，郭滴人，鍾顯光張華先，譚震林，等九人為福建省蘇主席团，張鼎丞同志為省蘇主席現已將選舉結果，報告中央政府請求批准。

杭武團匪將消滅乾淨

鍾紹奎老巢已被殲 工農羣衆與奮異常

上杭縣蘇二十日來訊：我英勇紅軍及獨立團，進攻象洞，擊潰了敵人，打開砲樓，繳得水機關一架，花機關四架，步槍二百餘枝，軍用品無算，活捉土豪三十餘人，俘擄士兵六七十人後，即跟蹤前進，於本月十七日晨，進攻岩前附近的團匪頭鍾紹奎部，由鍾匪親自率領七百餘人，在福佛庵（鍾匪的家）一帶，企圖頑抗，但戰爭不到一小時，即被我軍四面包圍，將其全部消滅，鍾匪本身只帶十餘人逃跑，此役，又繳獲敵人步槍三百餘枝，花機關五架，駁壳三四十枝，彈藥三萬餘發，手溜彈四箱，兵工廠，造幣廠的机器全部，俘擄敵官兵百餘人，擊斃百餘人，捉獲土豪一大批，馬四匹，並獲敵旅部營部連部旗各一面，我軍無一人傷亡。這為閩西空然的大勝利。他消滅了閩西豪紳地主最基本的武裝力量，消滅了閩西工農羣衆最頑固的敵人。過去，在鍾匪摧殘壓廹之下的工農羣衆，非常興奮，大家紛紛起來捉土豪，分田地，建立蘇維埃政權云。

石城北部團匪全部消滅

頃接石城縣革命委員會捷報！石城北半縣的靖衛團及大刀會，因受我工農羣衆及一部份地方武裝的力量威脅，久已喪膽寒心，但為要保證豪紳地主的利益，堅守石北之豐山凹頭一帶，摧殘該地工農羣衆，開發羣衆受其蹂躪，非常厲害，革命委員會，為要建立該地的政權及救出該區無數之勞苦工農，及打通石廣兩縣的連繫起見，故於本月十六號，着派本縣獨立團之第四連，並配合石北之游擊隊，於是日上午，向該匪進攻，結果不到一小時即將該匪全部解決，計共繳獲步槍五十餘枝，俘擄匪兵數十名，現在該地羣衆，正在轟轟烈烈的起來參加各種革命工作云。

興國城工人踴躍捐助上海工人

興國城市工人，最近政治的積極性大大的提高，二月份募捐援助上海工人罷工基金，各業工人爭先恐後，自動的募集起來，尤其是印刷工人幹事長，自動的捐募元錢拾吊，并宣傳工人募捐，其他工人也踴躍捐助，數天內竟有募金元錢壹伯多吊云。

中央印刷局工人 擁護紅軍的熱烈

本印刷局工會召集該局工人開會報告擁護紅軍意義的偉大和重要時，即有工人發表意見說：以我們做夜工的工資，來幫助紅軍，經全體工人的贊同和擁護，一致通過以一月份的夜工工資計算大洋二十九元，慰勞紅軍云。

少共福建省委及汀市委履行節省運動

榮光

在目前革命戰爭大大發展的當兒，對充實革命戰爭的經濟是一個重要的事件，小共福建省委為了此事，已履行節省運動；實行每人每月伙食費四元，減出半元送給前方為戰費，並決定每天吃一餐粥兩餐飯，省出米來幫助紅軍糧食。少共汀市委在省委領導下，也同樣熱烈的履行節省，已於前三天開該團市委工作人員會，報告和討論節省運動，決定除照少共省委的決定實行外，再增加兩點，（一）每天食粥兩餐一餐飯。（二）節省辦公費，自做信套用，並把這一工作，提到各支部報告與討論，各支部經過熱烈討論後，已召集机關團體的工作人員，討論節省運動，各机關團體都正在努力實行云。

工農通訊

信豐蘇區概況

耀山 三月八日於信豐城

信豐的羣衆鬥爭有三年之久可是沒有得着正確的領導，立三路線的執行以來更使蘇區相當縮小及羣衆受反動派摧殘，尤其是立三路線把所有地方武裝集中的惡果，更應覺得嚴重。

過去卅五軍在信豐就是執行了立三路線把地方武裝都集中編到卅五軍中去了，羣衆只剩得五枝單響土造槍，羣衆由這五枝槍配合梭標防衛赤區，時常和靖匪及白軍作戰，鬥爭直到現在繳得敵人的土造槍約有五百餘枝，這便證明此處羣衆鬥爭非常之勇敢，鬥爭的熱度異常之高。

因為有赤區羣衆總威脅信豐縣城，靖匪不敢駐紮在縣城內，而經常駐在鎮江圩及小河口一帶，靖匪每日上午派少數靖匪到縣城內收捐收稅，赤區羣衆常時打埋伏在城外，靖匪一出時他們就會冲出繳靖匪的槍，這樣不斷的繳了幾次槍靖匪皆不敢再來城內收捐收稅。

赤區有四區在信豐城西北大小宮一帶，去年（二次戰爭時）六八團到赤區來進攻該團駐紮在大小宮街上，羣衆夜中配合梭標來冲鋒來包圍他，繳得槍十幾枝，嚇得馬崽不敢駐紮該地，連夜就走，羣衆就跟踪追擊，同時山上又有許多竹釘退却時又吃了大虧。

去年廣東白軍一團來攻赤區，羣衆抵抗不住，即跑到山洞內去了，白軍一團困他們約有一月之久，無效退走了，這次我們九師到河秋背一連與敵人一營接觸時，赤區羣衆非常之勇敢，自動的配合紅軍作戰，敵軍後面的山頭，皆被羣衆佔領了，滿山是人，敵人一見不知紅軍有幾萬，因此我們只有一連人與敵人一營作戰，而敵人不敢冒冲，後羣衆帶路向敵人後面包抄去，消滅敵人一排之衆，繳得槍十餘枝，俘擄一大批白軍，羣衆一見白軍，即用梭標就殺，後被我們指揮員擋住，加以解釋才停止亂殺，白軍負傷的士兵我們羣衆替扭架，他們不願意，並說：『他們（指白軍）燒我們的房屋殺我們的人，我們不殺他們（指白軍）就算好事了，為什麼還要扛抬他』以後我們向他們加以解釋後，他們才扭走送後方醫治。

戰役後我們有一兩個負傷同志，並有許多白軍負傷士兵在醫院醫治中，赤區羣衆紛紛來慰勞負傷同志，其中有一個八十歲的老婆婆送米湯來慰勞紅軍，她已將米湯交給一個白軍負傷士兵吃着，她仔細看該吃米湯的人頭戴白軍帽時，她說『你是改組派（指白軍）我的米湯不給你吃』，雙手奪回米湯碗轉交紅軍士兵，可見信豐羣衆對於殘殺敵人——改組派認識非常之深刻及仇恨，對於紅軍愛戴得很，以上所說的都是一些優點，現在我們再來檢查出他們的缺點：

期：红色中华零零十六期
版：零二版
时间：一九三二年四月六日

毫無結果之停戰會議
遷延時日欺騙羣衆
戰爭再起已不可免

毫无结果之停战会议

迁延时日欺骗群众
战争再起已不可免

上海二十九日电：所谓上海和会开会谈判，至今并无结果，二十九日晨十时，又在英领署开会，内容仍系根据以前所拟定之三原则，并将以前会议上所讨论各点，综合归纳，约分五条：一、停止双方军事敌对行为。二、中国军队，仍驻扎原防。三、规定日军撤退时间及地点。四、共同委员会之组织。五、协定签字后生效日期。第一条第四条，双方均无异议，第二条第三条，争论甚烈，日方谓最低限度，只能撤退至吴淞线以东，华方则以该地包括吴淞，江湾，闸北等处在内，坚持不决。至于撤兵时间，日方仍表示不受限制。争执数小时，未能解决，第五条未讨论，即行休会云。

上海三十日下午十一时电：停战会议，军事小组会议，上午下午均开会。上午对日军撤退地点，双方争持甚久。毫无结果。下午三时续议，日方提出以下各地，为日军驻扎地点，一、吴淞方面，暂撤至吴淞镇蕴藻滨［浜］以南及张华滨［浜］一带，二、江湾方面，暂撤至淞沪铁路以东，万国体育场一带，三、闸北方面，暂撤至六三花园，日本公墓一带，四、杨树浦东部，暂撤南翔镇江边一带，华方仍以此项要求，与原则第二项不符，不能接受。日方则谓已是最后让步，会议重要各点，仍未得到结果云。

上海三十日电：上海停战会议开会多次是无法解决此次事件，战事重新开始恐不可免。日军前线人数，并未减少，其已撤回者，乃战疲之残部，而生力军则陆续增加，飞机坦克车继续运往前线，积极布置军事工作，较前愈为严密，丝毫无准备撤退情形，战线上小的冲突，时有发生。

上海五日路透电：停战会议，无任何结果，日本又提出要求，谓中国应保证在浦东及苏州河以南不驻兵云。

三十五里之遠，農安縣城城內原有駐軍，已全部加入自衛軍，採取一致行動，反對熙洽部，日軍皆向長春方面退，日方以該地形勢惡劣，時由長春調派飛机一大隊，出發偵察，聞將大舉進攻云。

山海關二十八日電：瀋陽綏中間，義勇軍近日活動益力，各路正向預定地點集中，以便聯合軍攻瀋陽錦州附近，民衆亦多加入義勇軍。參加破壞鐵軌電綫工作，以斷日方運輸與消息云。

北平三十日電：吉自衛軍及救国軍聲勢甚大，農安有已克復說。長春形勢危急，敦化扶餘一面坡等處義軍，刻集合兩克線，決於短期內，渡河進攻黑龍江省城云。

北平二日電：農安義勇軍，現與東南方面各軍聯合，取大包圍前進形勢。長春市面，更形恐慌，向鄉間遷避者，異常衆多，又於瀓深部，各旅在方正西方，與自衛軍馮宮楊姚各部，激戰兩晝夜云。

毫無結果之停戰會議

遷延時日欺騙羣衆　戰爭再起已不可免

上海二十九日電：所謂上海和會開會談判至今並無結果，二十九日晨十時，又在英領署開會，內容仍係根據以前所擬定之三原則並將以前會議上所討論各點，綜合歸納，約分五條：一、停止雙方軍事敵對行爲。二、中國軍隊，仍駐紮原防。三、規定日軍撤退時間及地點。四、共同委員會之組織。五、協定簽字後生效日期。第一條第四條，雙方均無異議，第二條第三條，爭論甚烈，日方謂最低限度，祇能撤退至吳淞線以東，華方則以該地包括吳淞、江灣，閘北等處在內，堅持不決。至於撤兵時間，日方仍表示不受限制。爭執數小時，未能解決，第五條未討論，即行休會云。

上海三十日下午十一時電：停戰會議，小組會議，上下午均開會。上午對日軍撤退地點，雙方爭持甚久。下午三時續議，日方提出以下各地點，爲日軍駐紮地點，一、吳淞方面，暫撤至吳淞鎮蘊藻濱以南及張華濱一帶。二、江灣方面，暫撤至淞滬鉄路以東，萬國體育場一帶，三、閘北方面，暫撤至六三花園，日本公墓一帶，四、楊樹浦東部，暫撤南翔鎮江邊一帶，華方仍以此項要求，與原則第二項不符，不能接受。日方則謂已是最後讓步，會議重要各點，仍未得到結果云。

上海三十日電：上海停戰會議開會多次是無法解決此次事件，戰事重新開始恐不可免。日軍前綫人數，並未減少，其已撤回者，乃戰疲之殘部，而生力軍則陸續增加，飛機坦克車繼續運往前綫，積極佈置軍事工作，較前愈爲嚴密，絲毫無準備撤退情形，戰線上小的衝突，時有發生。

上海五日路透電：停戰會議，無任何結果，日本又提出要求，謂中國應保證在浦東及蘇州河以南不駐兵云。

美國海軍大將鼓吹戰爭

代表美國對日本的態度

上海二日路透電：大陸報接美国紐約專電：前一九二七至一九二九年任美國艦隊司令韋萊海軍大將，最近演說稱，若美國不願放棄在遠東之地位　美日戰爭不可避免，謂彼之觀察遠東形勢，係完全從實際方面來講的，若美国不願退出太平洋西部，及將一切在遠東利益，移交日本　則必不能不準備不可避免之日美戰爭，最後又說，日本在上海及東三省所採之行動，已使美國在遠東行將途徑中非擇一不可云。

華盛頓發生反日大示威

美京華盛頓二十六日路透電：今日在日大使館門前，發生示威運動，多數激烈份子，皆手持旗幟，痛罵日本在華之帝国主義云。

英國教育界開會反日

只要英國不買軍火給日本　這是小資產階級和平幻想

倫敦二十六日路透電：近英國全國教育聯合會，在福爾克斯東開會，當即通過決議案一件，痛斥日本在華之行爲，並請英政府禁止軍火售給日本云。

要聞

天津華新紗廠二次罷工

工人力爭條件實現　與保安隊發生衝突　國民黨欺騙無效

華新紗廠工人罷工，前曾登載本報，該工人等因受國民黨誑騙和欺騙他們復工，而復工後，過去所提出的每人每日增加工資五分和分花紅等條件，仍得不到完滿結果，因此，近又積極準備重新罷工，前月四日晚六時，日工工人下班未散，夜班工人亦到廠，集合二千餘人，要求完全承認，國民黨見勢，再不能欺騙，即派保安隊趕來鎮壓，工人憤懣不散，保安隊遂開槍，雙方發生衝突，截至九時許，工人宣稱，如不完全承認，重新一致罷工，罷工後，國民黨仍一面盡力進行破壞，一面則準備採取鎮壓手段，拘捕工人首領云。

1932

红色中華

上海新闻整理汇编

日本瓜分上海之提議

珍藏版

期

红色中华零零十七期

版

零一版

时间

一九三二年四月十三日

日本瓜分上海之提议

上海十日电： 日本向各帝国主义提议将上海划为自由城市，实际是变为共管的地方，上海银行及其他资本家领袖，有多数赞成此提议说。

紅色中華

中華蘇維埃共和國臨時中央政府机關報

第十七期

一九三二年四月十三日

本期一張半
收報費銅元一枚

專電

紅軍攻下龍岩城

消滅張貞部隊兩團左右
繳獲的槍枝軍用品甚多

十一日無線專電：我紅軍於十日下午進攻佔據龍岩之福建軍閥張貞白軍，該教導團大部，獨立團完全被我紅軍殲滅，當即將龍岩城佔領，戰後俘獲統計：步槍千餘．駁壳三十五枝，三十一年式輕机關槍七挺，旱機關槍三枝，炮二門，俘擄營長一名，連排長數十名、無綫電機一全架，收音機一架，子彈十二萬餘發，修械機一架，製彈焇數大袋，汽油七十餘瓶，以及其他軍用品無算，此役敵原有兵力九團，且配合新式武器，自被我軍消滅大部後，即全退適中，我軍現正在追擊中。

日本瓜分上海之提議

上海十日電：日本向各帝國主義提議將上海劃為自由城市，實際是變為共管的地方，上海銀行及其他資本家領袖，有多數贊成此提議說。

日本襲用滿州辦法統治閘北

上海七日電：閘北發現市民維持會机關，并僱用百名徒手警察及清道夫二百名，清掃街道，勸市民回閘北及商店復業，查此組織純在日人指示之下，倣效東三省滿洲國之辦法，實行統治閘北，雖日領發表申明否認，實際是日人所指揮之机關。

擬人說夢之

上海停戰會議已停會

日本更强硬公開不撤兵
國民黨的欺騙更加暴露

上海九日電：中日停戰會議．日方又提出附件：一、日本一俟地方情形恢復，日軍希望可於大個月內，完全撤退，此點日政府認為地方情形是否恢復，須由日方決定，拒絕第三國干涉，如日方認為地方尚未恢復，得聲明延長其時間，二，日本認為六個月內撤兵，中国須同時承認於六個月內之某一確定日期召集圓棹會議，否則日方亦將不能履行撤兵之諾言云云。

上海十一日電：在上海所開的中日停戰會議，毫無結果已於十一日宣布暫停云。

上海十一日電：原定十一日下午三時第十五次會議停開，致於軍事小組會議，仍照預定開會，日方又提及浦東及蘇州河以南華軍應撤退．藉詞該處有日僑和日本工廠。雙方劇烈辯論。無法解決，五時廿分散會。

東北戰爭日趨擴大

民衆自衛軍大發展
朝鮮羣衆參加反日
日本增調軍隊赴滿

北平七日電：延吉一帶朝鮮民衆，已聯合東北民衆自衛軍抗日，形勢更形嚴重云。

北平八日路透電：日本當局發表官電：係藉詞汪清及其他各地日僑住宅被焚，有派第十九師團開往東三省之必要云。

又電：日本第十九師團，已奉命開往東三省云。

北平九日電：日軍部近以東北各地義軍勢力極雄厚，故又決議再向東省增兵，調駐鮮軍第八弟十兩師團及特務部等於日內動員赴東省。

國民黨欺騙羣衆的

國難會議在洛陽開幕

假借名義欺騙羣衆
反動分贓大鬧特鬧

上海八日電：国民黨所召集的國難會議，於七日在洛陽西宮園開幕，汪精衛主席，所鈅的人，都是全国新舊軍閥，官僚，資本家．地主等等。同時，另一部份如國家主義派，安福系等等。為分得反動政權．假言實行憲法．否認一黨專政，在津京上海大張旗鼓．別樹一幟，反動派之爭權奪利。煞是好看。

日本袭用满州办法统治闸北

上海七日电：闸北发现市民维持会机关，并雇用百名徒手警察及清道夫二百名，清扫街道，劝市民回闸北及商店复业，查此组织纯在日人指示之下，仿效东三省满洲国之办法，实行统治闸北，虽日领发表申明否认，实际是日人所指挥之机关。

一九三二年四月十三日　紅色中華　第一版

紅色中華

中華蘇維埃共和國臨時中央政府機關報

第十七期

一九三二年四月十三日

本期一張半

收報費銅元一枚

專電

紅軍攻下龍岩城

消滅張貞部隊兩團左右 繳獲的槍枝軍用品甚多

十一日無線專電：我紅軍於十日下午進攻佔據龍岩之福建軍閥張貞白軍，該教導團大部，獨立團完全被我紅軍殲滅，當即將龍岩城佔領，戰後俘獲統計：步槍千餘、駁壳三十五枝，三十一年式輕机關槍七挺，旱機關槍三枝，炮二門，俘擄營長一名，連排長數十名，無綫電機一全架，收音機一架，子彈十二萬餘發，修械機一架，製彈焇數大袋，汽油七十餘瓶，以及其他軍用品無算，此役敵原有兵力九團，且配合新式武器，自被我軍消滅大部後，即全退適中，我軍現正在追擊中。

日本瓜分上海之提議

上海十日電：日本向各帝國主義提議將上海劃為自由城市，實際是變為共管的地方，上海銀行及其他資本家領袖，有多數贊成此提議說。

日本襲用滿州辦法統治閘北

上海七日電：閘北發現市民維持會机關，并僱用百名徒手警察及清道夫二百名，清掃街道，勸市民回閘北及商店復業，查此組織純在日人指示之下，倣效東三省滿洲國之辦法，實行統治閘北，雖日領發表申明否認，實際是日人所指揮之机関。

癡人說夢之

上海停戰會議已停會

日本更强硬公開不撤兵 國民黨的欺騙更加暴露

上海九日電：中日停戰會議．日方又提出附件：一、日本一俟地方情形恢復，日軍希望可於六個月內，完全撤退，此點日政府認為地方情形是否恢復，須由日方決定，拒絕第三國干涉，如日方認為地方尚未恢復，得聲明延長其時間，二，日本認為六個月內撤兵，中国須同時承認於六個月內之某一確定日期召集圓棹會議，否則日方亦將不能履行撤兵之諾言云云。

上海十一日電：在上海所開的中日停戰會議，毫無結果已於十一日宣布暫停云。

上海十一日電：原定十一日下午三時第十五次會議停開，致於軍事小組會議，仍照預定開會，日方又提及浦東及蘇州河以南華軍應撤退藉詞該處省日僑和日本工廠。雙方劇烈辯論。無法解決，五時卄分散會。

東北戰爭日趨擴大

民衆自衛軍大發展 朝鮮羣衆參加反日 日本增調軍隊赴滿

北平七日電：延吉一帶朝鮮民衆，已聯合東北民衆自衛軍抗日，形勢更彩嚴重云。

北平八日路透電：日本當局發表官電：係藉詞汪清及其他各地日僑住宅被焚，有派第十九師團開往東三省之必要云。

又電：日本第十九師團，已奉命開往東三省云。

北平九日電：日軍部近以東北各地義軍勢力極雄厚，故又决議再向東省增兵，調駐鮮軍第八第十兩師團及特務部等於日內動員赴東省。

國民黨欺騙羣衆的

國難會議在洛陽開幕

假借名義欺騙羣衆 反動分贓大鬧特鬧

上海八日電：国民黨所召集的國難會議，於七日在洛陽西宮園開幕，汪精衛主席，所到的人，都是全国新舊軍閥，官僚，資本家．地主等等。同時，另一部份如國家主義派，安福系等等。為分得反動政權，假言實行憲法．否認一黨專政，在津京上海大張旗鼓．別樹一幟，反動派之爭權奪利。煞是好看。

痴人说梦之上海停战会议已停会

日本更强硬公开不撤兵
国民党的欺骗更加暴露

上海九日电：中日停战会议，日方又提出附件：一、日本一俟地方情形恢复，日军希望可于六个月内，完全撤退，此点日政府认为地方情形是否恢复，须由日方决定，拒绝第三国干涉，如日方认为地方尚未恢复，得声明延长其时间，二，日本认为六个月内撤兵，中国须同时承认于六个月之某一确定日期召集圆棹［桌］会议，否则日方亦将不能履行撤兵之诺言云云。

上海十一日电：在上海所开的中日停战会议，毫无结果已于十一日宣布暂停云。

上海十一日电：原定十一日下午三时第十五次会议停开，致于军事小组会议，仍照预定开会，日方又提及浦东及苏州河以南华军队撤退，借词该处有日侨和日本工厂。双方剧烈辩论。无法解决，五时二十分散会。

中華蘇維埃共和國臨時中央政府机關報

紅色中華

第十七期
一九三二年四月十三日
本期一張半
收報費銅元一枚

專電

紅軍攻下龍岩城

消滅張貞部隊兩團左右 繳獲的槍枝軍用品甚多

十一日無線專電：我紅軍於十日下午進攻佔據龍岩之福建軍閥張貞白軍，該教導團大部，獨立團完全被我紅軍殲滅，當即將龍岩城佔領，戰後俘獲統計：步槍千餘，駁壳三十五枝，三十一年式輕机關槍七挺，旱機關槍三枝，炮二門，俘擄營長一名，連排長數十名，無綫電機一全架，收音機一架，子彈十二萬餘發，修械機一架，製彈犅數大袋，汽油七十餘瓶，以及其他軍用品無算，此役敵原有兵力九團，且配合新式武器，自被我軍消滅大部後，即全退適中，我軍現正在追擊中。

日本瓜分上海之提議

上海十日電：日本向各帝國主義提議將上海劃爲自由城市，實際是變爲共管的地方，上海銀行及其他資本家領袖，有多數贊成此提議說。

日本襲用滿州辦法統治閘北

上海七日電：閘北發現市民維持會机關，并僱用百名徒手警察及清道夫二百名，淸掃街道，勸市民回閘北及商店復業，查此組織純在日人指示之下，倣效東三省滿洲國之辦法，實行統治閘北，雖日領發表申明否認，實際是日人所指揮之机關。

癡人說夢之

上海停戰會議已停會

日本更强硬公開不撤兵 國民黨的欺騙更加暴露

上海九日電：中日停戰會議，日方又提出附件：一、日本一俟地方情形恢復，日軍希望可於大個月內，完全撤退，此點日政府認爲地方情形是否恢復，須由日方決定，拒絕第三國干涉，如日方認爲地方尚未恢復，得聲明延長其時間，二、日本認爲六個月內撤兵，中国須同時承認於六個月內之某一確定日期召集圓棹會議，否則日方亦將不能履行撤兵之諾言云云。

上海十一日電：在上海所開的中日停戰會議，毫無結果已於十一日宣布暫停云。

上海十一日電：原定十一日下午三時第十五次會議停開，致於軍事小組會議，仍照預定開會，日方又提及浦東及蘇州河以南華軍照撤退藉詞該處有日僑和日本工廠。雙方劇烈辯論。無法解決，五時卄分散會。

東北戰爭日趨擴大

民衆自衛軍大發展 朝鮮羣衆參加反日 日本增調軍隊赴滿

北平七日電：延吉一帶朝鮮民衆，已聯合東北民衆自衛軍抗日，形勢更彩嚴重云。

北平八日路透電：日本當局發表官電：係藉詞汪清及其他各地日僑住宅被焚，有派第十九師團開往東三省之必要云。

又電：日本第十九師團，已奉命開往東三省云。

北平九日電：日軍部近以東北各地義軍勢力極雄厚，故又決議再向東省增兵，調駐鮮軍第八第十兩師團及特務部等於日內動員赴東省。

國難會議在洛陽開幕

國民黨欺騙羣衆的 假借名義欺騙羣衆 反動分贓大鬧特鬧

上海八日電：国民黨所召集的國難會議，於七日在洛陽西宮園開幕，汪精衛主席，所到的人，都是全国新舊軍閥，官僚，資本家．地主等等。同時，另一部份如國家主義派，安福系等等。爲分得反動政權．假言實行憲法．否認一黨專政，在津京上海大張旗鼓．別樹一幟，反動派之爭權奪利。煞是好看。

日本瓜分中國的新計劃
劃五大口岸爲國際自由港是進一步瓜分中國的舉動

期 红色中华零零十七期
版 零二版
时间 一九三二年四月十三日

日本瓜分中国的新计划

划五大口岸为国际自由港是进一步瓜分中国的举动

日本帝国主义近又派松冈到上海向各帝国主义提议，在中国划定五大通商口岸、为国际自由港，以掩闭日本帝国主义对满洲和淞沪的独占，转移各国的视线、实行共同瓜分中国，闻上海圆棹［桌］会议之说，即因此而起，松冈提议的内容。为在沪十国侨民、推定委员二十人，专门委员七人，专进行此事。首先由上海起将日军占领区实行共管，以眩人耳目，其具体办法，由日人一人及商务关系最大的国家一人为促进委员，计划大纲：一，划沪为中心，以距二十基罗米突面积为自由港，二，市长推有声望的华人充之（要比国民党更驯的走狗）三，自由港不受中国军阀支配，不准华军驻扎，四，特设行政机关，归工部局管辖、五，自由港定为无移区，假使上海圆棹［桌］会议通过此项计划后，即逐渐向其他江岸施行，一直达到中国五大商埠为国际共管自由港实现为止云。

美國不贊成日本自由城提議

實際因與美國不利　同時也是日美衝突

上海九日路透電：紐約專電：美國國務院藉口九國公約會保障中國領土政治及保理權之完整，已經拒絕了日本所提出之上海自由城的提議。

要聞

日本瓜分中國的新計劃

劃五大口岸爲國際自由港是進一步瓜分中國的舉動

日本帝国主義近又派松岡到上海向各帝國主義提議，在中國劃定五大通商口岸，爲国際自由港，以掩閉日本帝國主義對滿洲和淞滬的獨佔，轉移各国的視線、實行共同瓜分中[illegible]，聞上海圓棹會議之說，卽因此而起，松岡提議的內容。爲在滬十國僑民、推定委員二十人，專門委員七人，專進行此事，首先由上海段將日軍佔領區實行共管，以眩人耳目，其具體辦法，由日人一人及商務關係最大的國家一人爲促進委員，計劃大綱：一，劃滬爲中心，以距二十基羅米突面積爲自由港，二，市長推有聲望的華人充之（要比国民黨更馴的走狗）三，自由港不受中國軍閥支配，不准華軍駐紮，四，特設行政機關，歸工部局管轄、五，自由港定爲無移區．假使上海圓棹會議通過此項計劃後，卽逐漸向其他江岸施行，一直達到中國五大商埠爲国際共管自由港實現爲止云。

日謀獨佔長江流域

日本帝國主義自海相安保大將來滬視察後，對於加緊侵掠以致獨佔長江流域決心的表示，更加明白，安保大將同日本後，公開的發表意見：『中國富源以揚子江（即長江）爲最豐富，如求對華貿易發達，一定要取得揚子江運輸的優越地位，然後可以發展經濟上的策略，日本過去在揚子江雖取有地位，但尚在他[illegible]之下，此次上海一戰，殊有重大意義，以後揚子江流域的商業經濟等等，將藉此次的軍事力量，達到勢力獨佔的優越地位云』。

瓊崖蘇區大發展

豪紳赴廣州請兵

廣東瓊崖的蘇區，最近又有很大的發展，定安．陵水，萬寧．樂會，瓊東各縣縣城，均爲紅軍攻陷，聲勢異常的大，廣東軍閥令海軍陸戰隊率領該隊駐防，瓊崖的豪紳地主、於三月三十日又派代表至廣東白軍第一集團軍總部請願。請求調軍隊到瓊崖，謂「瓊崖危急，迫於眉睫，最近共黨猖獗，較前尤甚，連陸戰隊司令部會計主任，錄事，司令部政治訓練員，在軍隊林立的海口都被槍殺」，同時留在廣州豪紳百餘人，亦赴国民黨致委會請願，請求派兵云。

第五六兩獨立旅譁變

廣東白軍

廣東[illegible]隊第五第六兩獨立旅　自湘南撤退後、卽駐防砰石，從一月起到現在、完全沒有發[illegible]餉，士兵非常動搖，突於前月二十七晚譁變。搗毀該處一切機關，有向湘邊臨武前進模樣。廣東軍閥深怕他們投入紅軍，火速派第二獨立旅陳章部追隨。

上海工人失業狀况

日軍强佔上海後

失業人數二十四萬餘　工資損失一千萬以上

上海自日軍侵入後，失業工人的劇增，更是驚人，據上海國民黨社會局的調查　報告上海的產業工人　總計原有二十八萬五千一百七十八人，自上海戰事發生後，失業和罷工者，卽有二十四萬零三百九十六人，中國資本家開的工廠　閘北區失業人數有五萬四千九百五十七，南市區二萬二千三百九十五．浦東區五千零六十六，滬東區四萬五千五百零九，滬西區三萬八千一百零五，法租界二千九百五十七，共計十六萬九千零四人，日本資本家經營的工廠，失業和罷工者共計六萬一千三百九十二人，綿織業人數有五萬四千六百零六，織造業四千一八十五，機器業一千二百零三，化學工業八百四十六，玻璃業六百八十一，製革業　百六十伍，橡膠業三百，印刷業七百七十八，其他各業九百二十八，其他各国資本家經營的，共計八千人，紡織業有四千四百，蛋廠業八百，印刷業一千二百，製藥業一千二百，機械業四百，其他各業一千二百，該項失業和罷工的工人工資的損失，從一月二十九日起至三月十日止，只有四十二天，就達一千萬零九萬六千六百三十二元云。

工農羣衆反對大戰

蘇聯紅旗報號召

日美因爭奪瓜分中國的矛盾、緊張萬分，用戰爭的方法來解決，亦愈形嚴重，日來蘇聯軍事委員會之机關報紅旗報社論聲稱：日美奪

期：红色中华零零十七期

版：零二版

时间：一九三二年四月十三日

日軍强佔上海後
上海工人失業狀况
失業人數二十四萬餘
工資損失一千萬以上

日军强占上海后上海工人失业状况

失业人数二十四万余
工资损失一千万以上

上海自日军侵入后，失业工人的剧增，更是惊人，据上海国民党社会局的调查，报告上海的产业工人，总计原有二十八万五千一百七十八人，自上海战事发生后，失业和罢工者，即有二十四万零三百九十六人，中国资本家开的工厂，闸北区失业人数有五万四千九百五十七，南市区二万二千三百九十五，浦东区五千零六十六，沪东区四万五千五百零九，沪西区三万八千一百零五，法租界二千九百五十七，共计十六万九千零四人，日本资本家经营的工厂，失业和罢工者共计六万一千三百九十二人，绵织业人数有五万四千六百零六，织造业四千一八十五，机器业一千二百零三，化学工业八百四十六，玻璃业六百八十一，制革业□百六十伍［五］，橡胶业三百，印刷业七百七十八，其他各业□百二十八，其他各国资本家经营的，共计八千人，纺织业有四千四百，蛋厂业八百，印刷业一千二百，制药业一千二百，机械业四百，其他各业一千二百，该项失业和罢工的工人工资的损失，从一月二十九日起至三月十日止，只有四十二天，就达一千零九万六千六百三十二元云。

美國

不贊成日本自由城提議

實際因與美國不利

同時也是日美衝突

上海九日路透電：紐約專電：美國國務院藉口九國公約會保障中國領土政治及保理權之完整，已經拒絕了日本所提出之上海自由城的提議。

要聞

日本瓜分中國的新計劃

劃五大口岸爲國際自由港是進一步瓜分中國的舉動

日本帝国主義近又派松岡到上海向各帝國主義提議，在中國劃定五大通商口岸、爲国際自由港，以掩閉日本帝國主義對滿洲和淞滬的獨佔，轉移各国的視線、實行共同瓜分中，聞上海圓棹會議之說，即因此而起，松岡提議的內容。爲在滬中国僑民、推定委員二十人、專門委員七八人，專進行此事，首先由上海及將日軍佔領區實行共管，以眩人耳目，其具體辦法，由日人一人及商務關係最大的國家一人爲促進委員，計劃大綱：一，劃滬爲中心，以距二十基羅米突面積爲自由港，二，市長推有聲望的華人充之（要比国民黨更馴的走狗）三，自由港不受中國軍閥支配，不准華軍駐紮，四，特設行政機關，歸工部局管轄、五，自由港定爲無移區．假使上海圓棹會議通過此項計劃後，即逐漸向其他江岸施行，一直達到中國五大商埠爲国際共管自由港實現爲止云。

日謀獨佔長江流域

日本帝國主義自海相安保大將來滬視察後，對於加緊侵掠以致獨佔長江流域決心的表示，更加明白，安保大將回日本後，公開的發表意見：『中國富源以揚子江（即長江）爲最豐富，如求對華貿易發達，一定要取得揚子江運輸的優越地位，然後可以發展經濟上的策略，日本過去在揚子江雖取有地位，但尚在他國之下，此次上海一戰，殊有重大意義，以後揚子江流域的商業經濟等等，將藉此次的軍事力量，達到勢力獨佔的優越地位云』。

瓊崖蘇區大發展

豪紳赴廣州請兵

廣東瓊崖的蘇區，最近又有很大的發展，定安．陵水，萬寧．樂會，瓊東各縣縣城，均爲紅軍攻陷，聲勢異常的大，廣東軍閥令海軍陸戰隊率領該隊駐防，瓊崖的豪紳地主、於三月三十日又派代表至廣東白軍第一集團軍總部請願。請求調軍隊到瓊崖，謂「瓊崖危急，迫於眉睫，最近共黨猖獗，較前尤甚，連陸戰隊司令部會計主任，錄事，司令部政治訓練員，在軍隊林立的海口都被槍殺」，同時留在廣州豪紳百餘人，亦赴国民黨執委會請願，請求派兵云。

廣東白軍

第五六兩獨立旅譁變

廣東軍隊第五第六兩獨立旅　自湘南撤退後、即駐防砰石，從一月起到現在、完全沒有發餉，士兵非常動搖，突於前月二十七晚譁變。搗毀該處一切機關，有向湘邊臨武前進模樣。廣東軍閥深怕他們投入紅軍，火速派第二獨立旅陳章部追隨。

日軍强佔上海後

上海工人失業狀況

失業人數二十四萬餘

工資損失一千萬以上

上海自日軍侵入後，失業工人的劇增，更是驚人，據上海國民黨社會局的調查　報告上海的產業工人　總計原有二十八萬五千一百七十八人，自上海戰事發生後，失業和罷工者，即有二十四萬零三百九十六人，中國資本家開的工廠　閘北區失業人數有五萬四千九百五十七，南市區二萬二千三百九十五．浦東區五千零六十六，滬東區四萬五千五百零九，滬西區三萬八千一百零五，法租界二千九百五十七，共計十六萬九千零四人，日本資本家經營的工廠，失業和罷工者共計六萬一千三百九十二人，綿織業人數有五萬四千六百零六，織造業四千一八十五，機器業一千二百零三，化學工業八百四十六，玻璃業六百八十一，製革業　百六十伍，橡膠業三百六十伍，印刷業七百七十八，其他各業九百二十八，其他各国資本家經營的，共計八千人，紡織業有四千四百，蛋廠業八百，印刷業一千二百，製藥業一千二百，机械業四百，其他各業一千二百，該項失業和罷工的工人工資的損失，從一月二十九日起至三月十日止，只有四十二天，就達一千萬零九萬六千六百三十二元云。

工農羣衆反對大戰

蘇聯紅旗報號召

日美因爭奪瓜分中國的矛盾、緊張萬分，用戰爭的方法來解決，亦愈形嚴重，日來蘇聯軍事委員會之机關報紅旗報社論聲稱：日美奪

期：红色中华零零十八期

版：零二版

时间：一九三二年四月二十一日

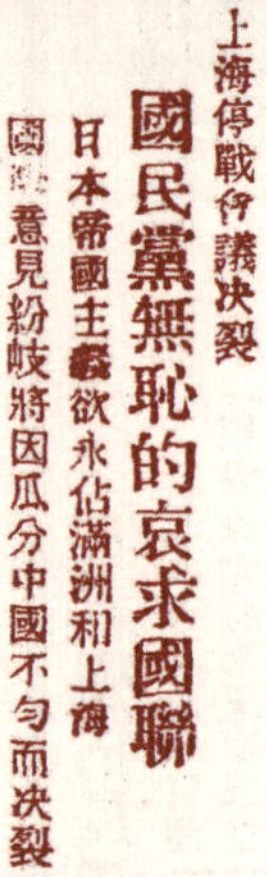

上海停战会议决裂 国民党无耻地哀求国联

日本帝国主义欲永占满洲和上海 国联意见纷岐将因瓜分中国不匀而决裂

日内瓦二十日急电：上海停战会议决裂（必然的），国民党即哀求国际联盟大会主席帆姆斯，召集十九人组织的特别委员会，国联内部，议论纷纷，形式异常严重并复杂，国民党以美国领导的九国公约，非战公约及国联决议案为护身符（靠不住）十八日国联特别委员会开秘密会议，讨论中日问题，（实际是讨论瓜分中国较妥当的办法）日本驻美大使松平曾古头，通知英外长西门爵士，称日本宁可退出国联，绝不容国联引用盟约第十五条处置东三省问题，同时特别委员会之决议案，认□海混合委员会可以确定日军撤退日期，亦坚决反对云。

的一切革命運動，上海的和平談判與國聯調查團的主要作用，便在於此。

中華蘇維埃共和国臨時中央政府特向全世界無產階級及一切被壓迫民衆宣言：本着中華工農兵蘇維埃第一次代表大會宣言的精神，正式決定對日本帝國主義，宣佈戰爭，領導全國紅軍與工農勞苦羣衆用民族革命戰爭來驅逐日帝國主義出中國，反對任何帝國主義一切瓜分中國進攻中國革命的嘗試與企圖，爭得中華民族的澈底解放與完全獨立。

中国国民黨軍閥及其政府早已成爲中国民族革命的敵人，他是帝国主義統治中国的工具，他不獨絕對不會以民族的戰爭去反抗日本和一切帝國主義的侵略，而且本其一貫的出賣中華民族利益的慣技，幫助帝國主義實施其瓜分中國的政策，順從帝國主義，努力於壓迫中國革命屠殺反帝羣衆、特別是積極進攻已經脫離並且反對帝國主義統治的蘇維埃區域與紅軍，因此推翻國民黨政府的統治就成爲順利發展民族革命戰爭，實行對日作戰的必要前提。

現在所有蘇區紅軍和工農羣衆在苏維埃臨時中央政府的領導之下，正在努力發展革命戰爭，首先推翻國民黨統治來匯合全中國工農勞苦羣衆和革命兵士的力量去驅逐日本帝國主義的軍隊及其統治中國的一切勢力。我們相信這是爲着中國幾萬萬工農勞苦羣衆和整個中華民族解放和獨立而戰，也就是與你們站在一條戰綫上爲反對我們共同敵人——資本帝國主義的統治而戰，我們希望你們一致起來援助我們這一艱苦的戰爭，反對日本帝國主義侵佔中國，要一切帝國主義滾出中国去，尤其是希望日本的工人農民士兵弟兄們，和我們一致來推翻日本帝國主義在中國和日本的統治。

一九三二年四月十五日

專電

紅軍繼續佔領漳州

消滅張貞陳國輝兩部白軍
活捉副旅長俘擄士兵數千
繳獲飛机二架兵工廠全部

前方二十日無線專電：我紅軍自佔領龍岩城後，即追擊前進，十九日與敵張貞全部及陳國輝部，戰於天寶、十二嶺，榕仔嶺及寶林一帶，白敵張貞師，大部消滅，小部潰散，俘副旅長一名，旅參謀長一名，兵士數千名，軍用品無算，我軍自佔領南靖天寶後，已於二十日佔領漳州。繳獲飛機二架並兵工廠全部云。

國民黨又要送槍給紅軍

洛陽十九日電：國民黨洛陽政府（即過去南京政府）於今日又下命令來進攻中央蘇區，任何應欽爲贛粵閩邊區「剿共」總司令，任陳濟棠爲贛粵閩邊「剿共」副司令。

侵略中國的日軍積極準備再戰

瀏河嘉定南翔一帶又將成焦土

上海十八日電：最近，中日兩方，前線哨兵，時常有小接觸，滬西蘇州河北一帶的日軍，備戰極忙，在該處增設鉄絲網及沙袋建築工事，日軍司令部增派日軍到前線，滬西中山路一帶 有日鐵甲車多輛，往來梭巡 瀏河附近，埋地雷甚多，新塘全鎮，正在佈電網挖掘戰壕 同時又劃定瀏河至嘉定爲第一防綫，有兵力五百，嘉定至南翔爲第二防綫，有兵力萬餘人，南翔至閘北爲第三防綫，兵力有兩萬人，各防線佈置緊張，積極備戰云。

國民黨無恥的哀求國聯

日本帝國主義欲永佔滿洲和上海
國民黨意見紛岐將因瓜分中國不勻而決裂
上海停戰會議決裂

日內瓦二十日急電：上海停戰會議決裂（必然的），國民黨哀求國際聯盟大會主席帆姆斯，召集十九人組織的特別委員會，國聯內部，議論紛紛，形勢異常嚴重并複雜，國民黨以美國領導的九國公約，非戰公約及國聯決議案爲護身符（靠不住）十八日國聯特別委員會開祕密會議 討論中日問題，（實際是討論瓜分中國較妥當的辦法）日本駐美大使松平向古頭，通知英外長西門與土，稱日本寧可退出國聯，決不容國聯引用盟約第十五條處置東三省問題，同時特別委員會之決議案，認 滬混合委員會可以確定日軍撤退日期，亦堅決反對云。

滿洲義勇軍大活躍

錦西八道溝均有戰事

瀋陽十九日路透電：義勇軍在洮南通遼，鄭家屯及瀋陽錦西各地頓形活動，日軍將瀋陽以南各地駐軍，調往錦西作戰，東三省與朝鮮交界之間島形勢．亦非常混亂．八道溝日軍與義勇軍：現正在混戰中，一面坡至綏芬河 沿中東路各處，人民內戰爭損失，達二千萬元，四年內難恢復原狀云。

東三省已成日本殖民地

積極移民排除華人
實行帝國主義政策

朝鮮十四日電訊：自滿洲傀儡政府成立後

1932
红色中華
上海新闻
整理汇编

上海
失業工人準備示威
反對国民黨無故拘人

珍藏版

期：红色中华零零十八期

版：零三版

时间：一九三二年四月二十一日

上海失业工人准备示威

反对国民党无故拘人

上海二十多万的失业工人，他们最近不但作经济上的斗争，而且作政治上的斗争，积极参加反日反国民党的革命运动，因此，国民党大加拘捕，但失业工人并不因此而害怕，他们更热烈地组织大规模的示威运动，并列队到特别法庭，要求释放被拘留的失业工人云。

，日人操縱一切，已爲朝鮮第二。最近，且積極移民，由朝鮮總督政府，派幹員前往東三省視察接洽，日本並有移民社社員，勞動團體，在野軍人團，學校教授青年團等，絡繹移往東三省，計近來日人赴東三省的，每日約在二三千以上云。

日本帝國主義

拒絕顧維鈞入東三省

作危害滿洲國治安論罪

國民黨出賣民族利益的結果

東京廿一日路透電：國聯調查團將到東三省調查，日本堅決拒絕顧維鈞等偕同赴滿，謂如顧維鈞及其他代表出南滿鉄路區時，立即逮捕，作侵害滿洲主權及危害地方治安論罪云。

日本帝國主義

籌劃二萬萬金元作瓜分中國的戰費

東京二十日電：日本陸軍部與財政部接洽，籌款　萬萬零五萬元，爲上海與東三省軍費，財政部決定於五月二十三日提出國會特別會議通過云。

中東路工人總罷工

武裝擁護蘇聯的先鋒

上海十九日路透電：四月十二日，日本兵車被炸後，中東路職工，被捕四十餘人。該路全體職工，極爲憤激，決於三十日全體總罷工。

日帝國主義

積極向蘇聯挑戰

利用東三省傀儡政府爲先鋒

無故拘捕蘇聯職員

莫斯科十五日路透電：日本駐哈爾濱軍事當局，極力設法向蘇聯挑釁，同時，又嗾使中國滿洲軍閥，搜查哈爾濱的蘇聯領事館，藉口中東路罷工事件，是蘇當局主謀，(?)企圖藉此作爲進攻蘇聯之導火線，聞日本工具的滿洲國政府，已令哈爾濱公安局長王瑞華執行日方指示云。

東京二十日路透電：日本當局，藉口日本兵車被炸事，故意向苏聯挑戰、謂該兵車被炸、係共產黨主謀(?)同時日本陸軍部、發表宣言，說遠東能否和平，要看日俄的關係如何而定云。

又電：日本軍事當局，將一面玻車站站長克斯考克基(蘇聯人)無故拘捕云。

美國海軍

決定長期駐太平洋

日美戰爭不可避免

華盛頓十五日電：美海軍當局稱：海部現正在考慮，將美國全部海岸，長期駐於太平洋方面。以保護美國在太平洋西岸利益。又美外部方面：聞已提議前次送往太平洋操演之偵察艦隊，應即令留泊太平洋乘機發動云。

英國自由黨主張平分中國

堅決反對日本獨佔

倫敦十六日路透電：自由黨全國協會開會時，哈布哈斯爵士主張發表一重要宣言，謂遠東的事變，是妨礙國聯和平發展的，利用暴力，違反國聯盟約，破壞九国公約及非戰公約的政策，英政府應該制止之，應該擁護國聯上月十一日之決議案、凡日前東三省狀況及其他名處，因違反国聯盟約非戰公約及九國公約（其實是進攻蘇聯重分　民地及中国的把戲）所造成的局勢，均不得承認爲合法，如抵制的政策無效時，自由黨全國協會，擁護一切聯合聯法，在最近期間內，恢復『国際和平』云。

要聞

滬新報館工人大罷工

在共產黨領導之下

時事新報館的工人于本月二日，全體實告罷工，該報亦即停刊，無法再從事反動宣傳，聞此次罷工，係受共產黨領導云。

上海

失業工人準備示威

反對国民黨無故拘人

上海二十多萬的失業工人，他們最近不但作經濟上的斗爭，而且作政治上的斗爭．積極參加反日反国民黨的革命運動，因此，国民黨大加拘捕，但失業工人並不因此而害怕　他們更熱烈的組織大規模的示威運動。並列隊到特別法庭，要求釋放被拘留的失業工人云。

日本帝國主義在上海

設立大日本政治事務所

收買走狗管理閘北

日本自武力强佔上海閘北後，更加緊建立其統治閘北之勢力，企圖沿用滿洲辦法，作長久統　閘北之計，於本月四日，勾結中國之出買民族利益和自由的買辦，資本家，在閘北設立大日本政治事務所，收買南京路飛龍沐浴店店主胡立夫爲所長，副所長則爲某日本銀行之買辦，並在政治事務所之下，設有公安局及警務，車務兩處，所設各机關之辦事人員，均爲日人指派與委任云。

廣東英德白軍譁變

軍閥的結果

駐英德縣警衛旅第二團第三營之第九第十

期
红色中华零零十八期
版
零三版
时间
一九三二年四月二十一日

日本帝国主义在上海设立大日本政治事务所

收买走狗管理闸北

日本自武力强占上海闸北后，更加紧建立其统治闸北之势力，企图沿用满洲办法，作长久统〈治〉闸北之计，于本月四日，勾结中国之出买［卖］民族利益和自由的买办，资本家，在闸北设立大日本政治事务所，收买南京路飞龙沐浴店店主胡立夫为所长，副所长则为某日本银行之买办，并在政治事务所之下，设有公安局及警务，车务两处，所设各机关之办事人员，均为日人指派与委任云。

一九三二年四月廿一日　紅色中華　第三版

，日人操縱一切，已爲朝鮮第二。最近，且積極移民，由朝鮮總督政府，派幹員前往東三省視察接洽，日本並有移民社社員，勞動團體，在野軍人團，學校教授青年團等，絡繹移往東三省，計近來日人赴東三省的，每日約在二三千以上云。

日本帝國主義

拒絕顧維鈞入東三省

作危害滿洲國治安論罪

國民黨出賣民族利益的結果

東京廿一日路透電：國聯調查團將到東三省調查，日本堅決拒絕顧維鈞等偕同赴滿，謂如顧維鈞及其他代表出南滿鉄路區時，立卽逮捕，作侵害滿洲主權及危害地方治安論罪云。

日本帝國主義

籌劃二萬萬金元作瓜分中國的戰費

東京二十日電：日本陸軍部與財政部接洽，籌款 萬萬零五萬元，爲上海與東三省軍費，財政部決定於五月二十三日提出國會特別會議通過云。

中東路工人總罷工

武裝擁護蘇聯的先鋒

上海十九日路透電：四月十二日，日本兵車被炸後，中東路職工，被捕四十餘人。該路全體職工，極爲憤激，決於三日全體總罷工。

日帝國主義

積極向蘇聯挑戰

利用東三省傀儡政府爲先鋒

無故拘捕蘇聯職員

莫斯科十五日路透電：日本駐哈爾濱軍事當局，極力設法向蘇聯挑釁，同時，又唆使中國滿洲軍閥，搜查哈爾濱的蘇聯領事館，藉口中東路罷工事件，是蘇聯主謀，(?)企圖藉此作爲進攻蘇聯之導火線，聞日本工具的滿洲國政府，已令哈爾濱公安局長王瑞華執行日方指示云。

東京二十日路透電：日本當局，藉口日本兵車被炸事，故意向苏聯挑戰，謂該兵車被炸、係共產黨主謀(?)同時日本陸軍部，發表宣言，說遠東能否和平，要看日俄的關係如何而定云。

又電：日本軍事當局，將一面坡車站站長克斯考克基(蘇聯人)無故拘捕云。

美國海軍

決定長期駐太平洋

日美戰爭不可避免

華盛頓十五日電：美海軍當局稱：海部現正在考慮，將美國全部海岸，長期駐於太平洋方面。以保護美國在太平洋西岸利益。又美外部方面：聞已提議前次送往大平洋操演之偵察艦隊，應即令留泊太平洋乘機發動云。

英國自由黨主張平分中國

堅決反對日本獨佔

倫敦十六日路透電：自由黨全國協會開會時，哈布哈斯爵士主張發表一重要宣言，謂遠東的事變，是妨礙國聯和平發展的，利用暴力，違反國聯盟約，破壞九国公約及非戰公約的政策，英政府應該制止之，應該擁護國聯上月十一日之決議案、凡目前東三省狀況及其他名處，因違反国聯盟約非戰公約及九國公約（其實是進攻蘇聯重分 民地及中国的把戲）所造成的局勢，均不得承認爲合法，如抵制的政策無效時，自由黨全國協會，擁護一切聯合辦法，在最近期間內，恢復『国際和平』云。

要聞

滬新報館工人大罷工

在共產黨領導之下

時事新報館的工人，于本月二日，全體宣告罷工，該報亦即停刊，無法再從事反動宣傳，聞此次罷工，係受共產黨領導云。

上海

失業工人準備示威

反對国民黨無故拘人

上海二十多萬的失業工人，他們最近不但作經濟上的斗爭，而且作政治上的斗爭．積極參加反日反国民黨的革命運動，因此，国民黨大加拘捕，但失業工人並不因此而害怕 他們更熱烈的組織大規模的示威運動。並列隊到特別法庭，要求釋放被拘留的失業工人云。

日本帝國主義在上海

設立大日本政治事務所

收買走狗管理閘北

日本自武力强佔上海閘北後，更加緊建立其統治閘北之勢力，企圖沿用滿洲辦法，作長久統 閘北之計，於本月四日，勾結中國之出買民族利益和自由的買辦，資本家，在閘北設立大日本政治事務所，收買南京路飛龍沐浴店店主胡立夫爲所長，副所長則爲某日本銀行之買辦，並在政治事務所之下，設有公安局及警務，車務兩處，所設各机關之辦事人員，均爲日人指派與委任云。

廣東英德白軍譁變

軍閥的結果

駐英德縣警衛旅第二團第三營之第九第十

红色中华

日帝國主義把上海殖民地化的計劃

期
红色中华零零十九期

版
零二版

时间
一九三二年四月二十八日

日帝国主义把上海殖民地化的计划

东京二十八日电：大陆报载，上海日本居留人会首领，最近迭次召集秘密会议，已拟就开放闸北，吴淞，江湾为日界之具体计划，闻该计划中拟以闸北为商业区、江湾为住宅区，张华滨［浜］为军事区，宝山为工业区，租界全部沿黄浦江延长至十英里战区建设计划均草就，已一并呈报日本当局核准，一俟核准，即将逐步进行云。

一九三二年四月廿八日　紅色中華　第二版

四年就完成了，第二個五年計劃又開始建設，因此帝國主義企圖武裝進攻蘇聯愈加迫緊，同時中国的統治階級地主豪紳資產階級國民黨軍閥，日在崩潰，走到死亡的道路上去，蘇維埃革命大大的向外發展，國民黨軍閥企圖最後掙扎，指使廣東国民黨軍隊向江西福建蘇區進攻的時候，江西省苏大會在這個時候開幕，對於中國的革命是有很大的意義的。江西是中国苏維埃運動的開發地，又是臨時中央政府所在的地方，在中國蘇維埃的革命史上佔有重要的地位。在江西省苏大會上一定能夠討論出發展革命戰爭，擴大江西蘇區，爭取江西一省和鄰近幾省的首先勝利的具體計劃，進而奪取全國的政權。

江西省苏大會又在中華蘇維埃共和國臨時中央政府宣佈對日本帝國主義宣戰的時候開幕，我們對日宣戰，首先要推翻無恥的投降帝國主義做帝國主義瓜分中國的工具、摧殘民族革命屢次進攻蘇區和紅軍的国民黨軍閥政府，才能夠達到推翻日本帝國主義及一切帝國主義國家在中國的統治，帝國主義者才能從中國滾出去！江西省蘇大會一定能夠號召全江西的人民，在臨時中央政府的領導之下，來完成對日宣戰的任務。

江西省蘇大會為江西全省的最高政權機關，對於蘇維埃過去的工作，大會將有一個大的檢閱，在蘇維埃工作上，勞動問題上，土地問題上，財政問題上，肅反問題上，以及其他一切問題上的錯誤和缺點，大會將嚴厲的指出來，給以正確的指示，使江西的各級蘇維埃政府成為健全而有工作能力的政府。大會又將通過各種重要的決議案，以為江西蘇區的發展，各級蘇維埃工作的建立之指針。同時大會將產生江西全省政權的領導機關——江西省執行委員會，來指導江西各級苏維埃政府正確的去執行大會的決議及全蘇大會的決議和臨時中央政府的一切指示，以完成目前的革命任務。

我們預祝江西省蘇大會一定能接受中國共產黨的領導，中華苏維埃共和國臨時中央政府的指示，很順利的很圓滿的完成大會的一切任務！

專電

鄂豫皖紅軍大獲勝利

擊潰白軍二十四團
繳獲步槍七千餘枝
佔領商城六安縣城

無線電廿八日專電：一月十九日鄂豫皖蘇區的工農紅軍四軍，在潢川北擊潰白軍第二師，第五師共五團，繼又擊潰第十二，第七十六師共十九團，復於三月廿日，在六霍擊潰安徽軍閥陳調元部隊，計共繳獲步槍七千餘枝以上，機關槍迫擊炮無數，并佔領河南商城及安徽六安縣城，白軍紛紛潰退。我四軍及十五軍打蹋安徽方面白敵後，即移師西向，打擊京漢路敵人，打通湘鄂西，鄂豫皖蘇區之聯繫云。

紅軍又佔領漳浦

張貞殘部狼狽不堪
永定靖衛團丁紛紛投入紅軍
寧都雲石寨已攻開

無綫電二十六日電：福建軍閥張貞師，自被我軍擊潰後，即向雲霄撤退，現仍在撤退中，漳浦已於二十四日，亦被我軍佔領，張貞只剩殘部約二千人，狼狽不堪云。

二十四日無綫電：粵敵已動員進攻杭，武，永，三縣，永定東北閘匪劉烈波等部，集合槍枝五六百，初有響應粵軍進攻龍岩模樣，自我軍攻克漳州漳浦後，該匪異常恐慌，且士兵因受革命影響而分化，紛紛拖槍投入紅軍，近數日已有五六十人之多云。

二十三日無線電：尋鄔蘇區近採用游擊戰術，向敵進攻，迭獲勝利，粵敵兵力約一團，於十三日早，進攻車頭圩，我獨立團配合羣衆武裝與之激戰，敵向牛斗光潰退，是役共斃敵三十餘名，傷敵四十餘，擊斃連長兩名，繳獲步槍四枝，子彈三千餘發，十四日又消滅靖匪於大同，繳槍十餘枝云。

二十四日無線電：寧都之雲石寨，已被我軍攻開，靖匪沖出逃亡，擊斃數名，活捉十餘名。

漳州紅軍勢力浩大

廈門豪紳紛紛逃避

廣州二十七日電：紅軍擊潰張貞，佔領漳州，勢力浩大、廈門豪紳，紛紛逃避，形勢非常混亂，二十五日陳濟棠派陳北新．道宅二人赴廈商辦空軍進攻赤區計劃，今日有轟炸機四架，飛往汕頭轉漳州轟炸云（漳州的群衆和他們的房屋，又將為國民黨軍閥飛機炸彈炸毀）

又要來蘇區送槍彈

國民黨軍閥何應欽

廣州二十七日電；粵贛閩三省『剿共』總司令何應欽，因各省紅軍活躍，迭次勝利，又擬於二十九日或三十日赴贛，預備集中白軍部隊，指揮白軍與紅軍作戰云。

把上海殖民地化的計劃

日帝國主義

東京廿八日電：大陸報載，上海日本居留人會首領，最近迭次召集秘密會議，已擬就開放閘北，吳淞，江灣為日界之具體計劃，聞該計劃中擬以閘北為商業區、江灣為住宅區，張華濱為軍事區，寶山為工業區，租界全部沿黃浦江延長至十英里戰區建設計劃均草就，已併呈報日本當局核准，一俟核准，即將逐步進行云。

1932

红色中華

上海新闻整理汇编

上海日軍仍在積極備戰

小接觸不斷發生

珍藏版

期

红色中华零零十九期

版

零三版

时间

一九三二年四月二十八日

上海日军仍在积极备战

小接触不断发生

上海二十六日电：前线仍时常发生小接触，日军积极布置各处防线，浏河陆渡桥等处，戒备极严，并断绝交通，黄渡一带，仍在不断增兵云。

東北義勇軍佔據敦彪城

該處日領署人員均被逮捕

東京二十八日路透電：東三省形勢嚴重，義勇軍已佔據敦彪城，該地日領署人員均被逮捕云。

上海日軍仍在積極備戰

小接觸不斷發生

上海二十六日電：前線仍時常發生小接觸，日軍積極佈置各處防線，瀏河陸渡橋等處，戒備極嚴，并斷絕交通，黃渡一帶，仍在不斷增兵云。

國聯舉行絕對秘密會議

計劃瓜分中國進攻蘇聯

日內瓦二十六日路透電：帝国主義的分贓公司国聯特別委員會．於今日下午二時三十分開會，討論約一小時。該會議不僅為不公開會議，且為從來未有的最秘密的會議，散會後，各委員均不談會議內容，不外是瓜分中國和進攻蘇聯的鬼計）据云，主席海門斯，將非正式接洽經過，作一極詳細之報告和他正努力於調停工作．實際如何，無從探悉云。

要聞

國民黨召集

國難會議的把戲

失職的軍閥官僚企圖分贓
國民黨包辦無效

反革命的國民黨所召集的「國難會議」他主要的目的、企圖藉此來集中全國的新舊軍閥，官僚，豪紳地主，資本家及一切反革命勢力，向革命進攻，他表面上的所謂「抗日」「救災」，「綏靖」三大任務，早已為工農羣衆及革命的學生看得清清楚楚，完全是欺人的了，所謂「抵日」，即是以東三省上海作禮物投降日本。所謂「救災」，却借這一名詞用來騙債騙錢，裝飽自己的荷包，所謂「綏靖」，卽進攻革命，這些都是他們最願意做的事情。但是這一動員，宣傳了半年，並沒有絲毫減輕統治階級內部的矛盾，而且爭權奪利，更明顯的表露出來，國民黨這一企圖，並沒有得到任何的成功！

國難會議於四月七日在洛陽西宮園開幕，國民黨所新請的五百多名會員，僅到百餘名，與國民黨經常開的中央會議無異，老軍閥吳佩孚孫傳芳王揖唐等新月派胡適之以及丁文江翁文灝國家主義派曾琦等因為國難會議無絲毫實權，不能在政治上分得多少贓物，不但不到會，而且紛紛拍電，痛罵國民黨一黨專政，國難會議就這樣號聲無臭的於四月十二號閉幕了。

福建白軍士兵譁變

福建軍閥錢玉光部，糧餉不發，已有數月之久，士兵生活十分痛苦，更加以反動官長殘酷肉刑之壓迫，聞六日有該部陳壽良團整團譁變云。

因搶米發生械斗

安徽災民

皖北災民，迫於飢餓，絕食數日，各地迭次發生搶糧食米的事情，前月七日在皖北盱眙縣境內，泊有米船數百隻，該地附近飢民，蜂擁至船倉，分搶穀米，致與保衞該船之武裝，發生械鬥，死傷甚衆云。

河南災民慘狀

爭食麥苗水藻草根
年輕婦女論斤出售
豪紳地主乘机賺錢
國民黨假名募款

國民黨向來借賑災為名，借債募捐，為數甚巨，實則將欺騙所得的大批款項，都用來購買屠殺工農的槍炮飛机子彈，進攻蘇區和紅軍的軍費，飢餓得快要死的災民，究竟得不着救濟，據開封通訊：河南遭受水災並不亞於湖北湖南，最近又值春荒，災民痛苦的慘狀，更不堪言譬，茲略述其概狀如下：

災民日食水藻過活

上蔡汝河與洪河地方，去歲大被水災，半餓死的災民，因糧食缺乏，爭食水藻，凡河，溪，池沼，均有豪紳地主以及富農派人晝夜看守，不准饑民偸採，市上水藻出售，每斤要一十八個銅子，其他糧食，價貴就可以想見，沿城各地，常因爭採水藻，以致發生械鬥。

青年婦女論斤出售

去歲水災以沙潁等河沿岸為最大，現在該河附近七八縣，餓死災民最多，起初則食豌豆苗及草根，近則紛紛拔大麥苗為食，麥苗已將食盡，在西華之東夏沈邱等處，均公開論斤出售青年婦女，聞每斤約值制錢一千左右。

無法謀生實行搶米

周家口地方，災民羣集該地，無法謀生，到處搶刼米糧，又在豫南各縣，搶米風潮，亦日有所聞，自紅軍佔領商城後，該處災民，紛紛跟隨紅軍，逃入赤區謀生云。

上海時事新報罷工影響

時事新報館工人自罷工後，風潮日益擴大，而反革命的黃色工會，極力從中破壞。同時申報，新聞報，時報等三報館的當局，深怕影響到他們，亦極力設法破壞。而時事新報館館主反封閉工場，態度更加强硬，罷工工人亦決斗爭到底。

自罷工以後申報新聞報時報郵務等工人，聽到時事新報工人，被捕受辱，不勝憤慨，紛紛派代表前去慰問，並發表宣言，反對時事新報當局無理行為，而各縣工人反日聯合會，則發散告時事新報全體工人書，鼓勵他們堅決斗爭。該會當領導各業工人反日分會三萬餘會員為後盾云。

上海时事新报罢工影响

时事新报馆工人自罢工后，风潮日益扩大，而反革命的黄色工会，极力从中破坏。同时申报，新闻报，时报等三报馆的当局，深怕影响到他们，亦极力设法破坏。而时事新报馆馆主反封闭工厂，态度更加强硬，罢工工人亦决斗争到底。

自罢工以后申报新闻报时报邮务等工人，听到时事新报工人，被捕受辱，不胜愤慨，纷纷派代表前去慰问，并发表宣言，反对时事新报当局无理行为，而各业工人反日联合会，则发散《告时事新报全体工人书》，鼓励他们坚决斗争。该会当领导各业工人反日分会三万余会员为后盾云。

東北義勇軍佔據敦彪城

該處日領署人員均被逮捕

東京二十八日路透電：東三省形勢嚴重，義勇軍已佔據敦彪城，該地日領署人員均被逮捕云。

上海日軍仍在積極備戰

小接觸不斷發生

上海二十六日電：前線仍時常發生小接觸，日軍積極佈置各處防線，瀏河陸渡橋等處，戒備極嚴，并斷絕交通，黃渡一帶，仍在不斷增兵云。

國聯舉行絕對祕密會議

計劃瓜分中國進攻蘇聯

日內瓦二十六日路透電：帝国主義的分贓公司国聯特別委員會．於今日下午三時三十分開會，討論約一小時。該會議不僅為不公開會議，且為從來未有的最祕密的會議，散會後，各委員均不談會議內容，不外是瓜分中國和進攻蘇聯的鬼計）据云，主席海門斯，將非正式接洽經過，作一極詳細之報告和他正努力於調停工作，實際如何，無從探悉云。

要聞

國難會議的把戲

國民黨召集

失職的軍閥官僚企圖分贓

國民黨包辦無效

反革命的國民黨所召集的『國難會議』他主要的目的、企圖藉此來集中全國的新舊軍閥，官僚，豪紳地主，資本家及一切反革命勢力，向革命進攻，他表面上的所謂『抗日』『救災』，『綏靖』三大任務，早已為工農群眾及革命的學生看得清清楚楚，完全是欺人的了，所謂「抵日」，即是以東三省上海作禮物投降日本。所謂『救災』，却借這一名詞用來騙債賭錢，裝飽自己的荷包，所謂「綏靖」，即進攻革命，這些都是他們最願意做的事情。但是這一勤員，宣傳了半年，並沒有絲毫減輕統治階級內部的矛盾，而且爭權奪利，更明顯的表露出來，國民黨這一企圖，並沒有得到任何的成功！國難會議於四月七日在洛陽西宮園開幕，國民黨所新請的五百多名會員，僅到百餘名，與國民黨經常開的中央會議無異，老軍閥吳佩孚孫傳芳王揖唐等新月派胡適之以及丁文江翁文灝國家主義派曾琦等因為國難會議無絲毫實權，不能在政治上分得多少贓物，不但不到會，而且紛紛拍電，痛罵國民黨一黨專政，國難會議就這樣號聲無臭的於四月十二號閉幕了。

福建白軍士兵譁變

福建軍閥錢玉光部，糧餉不發，已有數月之久，士兵生活十分痛苦，更加以反動官長殘酷肉刑之壓迫，聞六日有該部陳壽良團整團譁變云。

因搶米發生械斗

安徽災民

皖北災民，迫於飢餓，絕食數日，各地迭次發生搶糧食米的事情，前月七日在皖北盱眙境內，泊有米船數百隻，該地附近飢民，蜂擁至船倉，分搶穀米，致與保衛該船之武裝，發生械鬥，死傷甚衆云。

河南災民慘狀

爭食麥苗水藻草根

年輕婦女論斤出售

豪紳地主乘机賺錢

國民黨假名募款

國民黨向來借賑災為名，借債券捐，為數甚巨，實則將欺騙所得的大批款項，都用來賭買屠殺工農的槍炮飛机子彈，進攻蘇區和紅軍的軍費，飢餓得快要死的災民，究竟得不着救濟，據開封通訊：河南遭受水災並不亞於湖北湖南，最近又值春荒，災民痛苦的慘狀，更不堪言譬，茲略述其概狀如下：

災民日食水藻過活

上蔡汝河與洪河地方，去歲大被水災，半餓死的災民，因糧食缺乏，爭食水藻，凡河，溪，池沼，均有豪紳地主以及富農派人晝夜看守，不准饑民偷採，市上水藻出售，每斤要二十八個銅子，其他糧食，價貴就可以想見，沿城各地，常因爭採水藻，以致發生械鬥。

青年婦女論斤出售

去歲水災以沙潁等河沿岸為最大，現在該河附近七八縣，餓死災民最多，起初則食豌豆苗及草根，近則紛紛拔大麥苗為食，麥苗已將食盡，在西華之東夏沈邱等處，均公開論斤出售青年婦女，聞每斤約值制錢一千左右。

無法謀生實行搶米

周家口地方，災民羣集該地，無法謀生，到處搶刼米糧，又在豫南各縣，搶米風潮，亦日有所聞，自紅軍佔領商城後，該處災民，紛紛跟隨紅軍，逃入赤區謀生云。

上海時事新報罷工影響

時事新報館工人自罷工後，風潮日益擴大，而反革命的黃色工會，極力從中破壞。同時申報，新聞報，時報等三報館的當局，深怕影響到他們，亦極力設法破壞。而時事新報館館主反封閉工場，態度更加强硬，罷工工人亦決斗爭到底。

自罷工以後申報新聞報時報郵務等工人，聽到時事新報工人，被捕受辱，不勝憤慨，紛紛派代表前去慰問，並發表宣言，反對時事新報當局無理行為，而各業工人反日聯合會，則發散告時事新報全體工人書，鼓勵他們堅決斗爭。該會當領導各業工人反日分會三萬餘會員為後盾云。

国民党签订协定出卖上海

帝国主义组织共同委员会首先瓜分上海
日本主张召集圆棹[桌]会议讨论镇压中国革命
美国总领事充任委员长为瓜分上海主角

上海□日电： 上海停战会议续开，国民党军阀对于英帝国主义所提出瓜分上海的协定，已于今日签字成立，各国并组织共同委员会，监视执行云。

又电： 国民党停战协定签字后，日方即主张召集圆棹［桌］会议，讨论禁止抵制日货，使用仇日教科书，加紧进攻中国革命，保护日侨生命财产及营业，创设“自由区”，扩大租界，设立“缓冲区”，（国际帝国主义共管）为撤兵条件。

上海六日电： 停战会议签字后，共同委员会（首先瓜分上海帝国主义集团）决于七日晨九时，在英领署开第一次会，日英美法意各委员，均将出席讨论办法，（怎样来共同瓜分）并推举美总领事克银汉充任该会委员长云。

中央蘇區紅軍勝利

前方廿日專電：我紅軍在崇義屬之芰英圩，與白匪胡璋部接觸，將其全部擊潰，繳得步槍四百餘枝，水機關二架，俘擄六百餘人云。

湘鄂贛蘇區反帝大同盟十餘萬會員

將於五卅舉行反帝總示威

湘鄂贛十七日專電：湘鄂贛蘇區反帝大同盟，近年發展，現有會員十餘萬，五卅將全省反帝晉年第一次代表大會，並舉行反帝總示威云。

國民黨

簽訂協定出賣上海

帝國主義組織共同委員會首先瓜分上海

日本主張召集圓桌會議討論鎮壓中國革命

英國總領事充任委員長爲瓜分上海主角

上海五日電：上海停戰會議繼開，國民黨軍隊對於英帝國主義所提出瓜分上海的協定，已於今日簽字成立，各國並組織共同委員會，監視執行云。

又電：國民黨停戰協定簽字後，日方即主張召集圓桌會議，討論禁止抵制日貨，使用仇日教科書，加緊進攻中國革命，保護日僑生命財產及發展 創設『自由區』，擴大租界，設立『緩衝區』，（國際帝國主義共管）爲撤兵條件。

上海六日電：停戰會議簽字後，共同委員會（首先瓜分上海帝国主義集團）決於七日晨九時，在英領署開第一次會。日英美法意各委員，均將出席討論辦法。（怎樣來共同瓜分）並推舉美總領事克銀漢充任該會委員長云。

東北義軍發形活躍

搗毀通遼日軍羽山司令部

走狗于部士兵多投義勇軍

北平十一日電：通遼義勇軍首領，於本月初選敢死隊四百餘，與通遼一二路義勇軍會合，向通遼日軍羽山司令部進攻，當沖入司令部內，日軍以機槍爲戰，激戰四小時後，該司令部多被義勇軍搗毀云。

北平十三日電：日軍在通化受創後，乃派其走狗於芷山部，人數三千，超永陵向新淦分三路進攻義勇軍，義勇軍第七，十一各路，奮勇抵禦，并發散傳單，勸於部士兵抗日，一部士兵皆大感動，多倒戈相向，現投歸義勇軍者達六百餘人云。

日軍佈置佔領熱河

北平十二日電：日軍連日在榆關附近，調兵運械，倍極忙碌，其目的在圖佔據榆關，進東防，奪冷縠，以爲佔熱河之根據地，奉山路一百零五，一百零六，九十二，一百九十二家貨車均停，專供軍用，日軍復由南滿運來大批車輛，形勢嚴重云。

英帝國主義侵佔西康

成都十五日電：西川軍閥劉文輝，因西康戰事吃緊，派隊並撥大批械彈赴前方增援，又據西康電稱，藏兵在英帝国主義指使之下，積極侵入西康，集中大金白利兇喇嘛寺，日來戰事甚爲激烈云。

日軍慘殺東北群眾

焚毀民房　刼掠糧食

强佔農民土地

北平十一日電：日軍佔通遼後，屠殺民眾，被日軍殘殺者，計千五百餘人，死屍擯棄野外，惡臭逼人，情形極慘酷云。

日內瓦十四日路透電：日軍又侵入山海關東里城，放火焚毀民房，刼掠糧食，繳警察槍械，散布關內，殺害婦孺，並將難民避居之地洞封閉，放火屠殺，極其慘酷云。

北平十四日電：日關東軍在瀋西煙粉城及汪家河子收買土地，又昭和農業公司，包西北約十餘里土地，全部强租，不准農民耕種，又遼東張劉堡附近，約水田八千畝，被日大淳公司强佔，並派日警保護云。

日本帝國主義

進攻蘇聯的軍事準備

積極增兵東三省向苏聯邊境移動

中東路工人決反抗帝國主義挑撥

瀋陽四日路透電：蘇聯與日本邦交關係已趨於行將破裂之程度、連日日軍紛紛向苏聯邊境移動，此種情形不能指爲北滿土匪活動蔓延所致，瀋陽方面，日本主力部隊由哈爾濱向東移動，數日來駐守吉長路之日軍及飛機亦已奉令赴雙岔河，冀於敦化之日軍聯絡，又據中東路局傳出消息，中東路工人俱樂部自經五一勞動節日舉行大會後，已發電莫斯科，堅決反抗帝國主義向蘇聯挑撥之行爲云。

哈爾濱九日路透電：淞花江下游日軍激增，并決定在三姑設飛机場。（進攻苏聯）

東京十日路透電：日本政府正式公佈第十四師團大部軍隊，已由上海開抵大連，日本帝國主義最近調往東三省之軍隊，共約六萬餘人。

北平十二日電：由瀋調來日軍先頭部隊，於十一日午後抵哈，大隊繼來，日軍向淞花江下游開，絡繹不絕。

東京十二日路透電：上海日軍之第十四師團，全部均已開抵哈爾濱，該師團與第十師團換防，第十師團由中東路東段撤回哈爾濱，開往淞花江下游。

北平十二日電：日帝國主義極力改良軍事交通，現長春東京間實行通車，全綫縮短爲五十小時，日軍可朝發夕至。

世界經濟政治危机深入中

法總統杜墨被刺　日首相犬養毅連中二槍　上海日要人全體受傷

巴黎七日路透電：法總統杜墨被刺，於本

1932

红色中華

上海新闻整理汇编

世界經濟政治危机深入中

法總統杜墨被刺

日首相犬養毅連中二槍

上海日要人全體受傷

珍藏版

期

红色中华零零二十期

版

零二版

时间

一九三二年五月二十五日

世界经济政治危机深入中
法总统杜墨被刺
日首相犬养毅连中二枪
上海日要人全体受伤

（编者按：内容转第三版）

中央蘇區紅軍勝利

前方先日專電：我紅軍在崇義關之文英圩，與白軍胡璉部接觸，將其全部擊潰，繳得步槍四百餘枝，水機關二架，俘擄六百餘人云。

湘鄂贛蘇區反帝大同盟十餘萬會員

將於五卅舉行反帝總示威

湘鄂贛十七日專電：湘鄂贛蘇區反帝大同盟，正在發展，現有會員十餘萬，五卅開全省反帝會第一次代表大會，並舉行反帝總示威云。

國民黨

簽訂協定出賣上海

帝國主義組織共同委員會首先瓜分上海

日本主張召集圓棹會議討論鎮壓中國革命

美國總領事充任委員長爲瓜分上海主角

上海五日電：上海停戰會議續開，國民黨軍閥對於英帝國主義所提出瓜分上海的協定，已於今日簽字成立，各國並組織共同委員會，監視執行云。

又電：國民黨停戰協定簽字後，日方即主張召集圓棹會議，討論禁止抵制日貨，使用仇日教科書，加緊進攻中國革命，保護日僑生命財產及發表 創設『自由區』，擴大租界，設立『緩衝區』，（國際帝國主義共管）爲撤兵條件。

上海六日電：停戰會議簽字後，共同委員會（首先瓜分上海帝国主義集團）決於七日晨九時，在英領署開第一次會。日英美法意各委員，均將出席討論辦法。（怎樣來共同瓜分）並推舉美總領事克銀漢充任該會委員長云。

東北義軍益形活躍

搗毀通遼日軍羽山司令部

走狗于部士兵多投義勇軍

北平十一日電：通遼義勇軍首領，於本月初選敢死隊四百餘，與通遼一二路義勇軍會合，向通遼日軍羽山司令部進攻，當沖入司令部內，日軍以機槍鏖戰，激戰四小時後，該司令部多被義勇軍搗毀云。

北平十三日電：日軍在通化受創後，乃派其走狗於芷山部，人數三千，超永陵向新淦分三路進攻義勇軍，義勇軍第七，十一各路，奮勇抵禦，并發散傳單，勸於部士兵反日，一部士兵皆大感動，多倒戈相向，現投歸義勇軍者達六百餘人云。

日軍佈置佔領熱河

北平十二日電：日軍連日在榆關附近，調兵運械，倍極忙碌，其目的在圖佔據榆關，進東坊，奪冷毅，以爲佔熱河之根據地，奉山路一百零五，一百零六，九十二，一百九十二家貨車均停，專供軍用，日軍復由南滿運來大批車輛，形勢嚴重云。

英帝國主義侵佔西康

成都十五日電：四川軍閥劉文輝，因西康戰事吃緊，派隊並撥大批械彈赴前方增援，又據西康電稱，藏兵在英帝国主義指使之下，積極侵入西康，集中大金白利兒喇嘛寺，日來戰事甚爲激烈云。

日軍慘殺東北群衆

焚毀民房　刼掠糧食

强佔農民土地

北平十一日電：日軍佔通遼後，屠殺民衆，被日帝殘殺者，計千五百餘人，死屍擯棄野外，惡臭逼人，情形極慘酷云。

日內瓦十四日路透電：日軍又侵入山海關東里城，放火焚毀民房，刼掠糧食，繳警察槍械，散布關內，殺害婦孺，並將難民避居之地洞封閉，放火屠殺，極其慘酷云。

北平十四日電：日關東軍在瀋西煙粉城及汪家河子收買土地，又昭和農業公司，包西北約十餘里土地，全部强租，不准農民耕種，又遼東張劉堡附近，約水田八千畝，被日大淳公司强佔，並派日警保護云。

日本帝國主義

進攻蘇聯的軍事準備

積極增兵東三省向苏聯邊境移動

中東路工人决反抗帝國主義挑撥

瀋陽四日路透電：蘇聯與日本邦交關係已趨於行將破裂之程度、連日日軍紛紛向苏聯邊境移動，此種情形不能指爲北滿土匪活動之延所致，瀋陽方面，日本主力部隊由哈爾濱向東移動，數日來駐守吉長路之日軍及飛機亦已奉令赴雙岔河，冀於教化之日軍聯絡，又據中東路局傳出消息，中東路工人俱樂部自經五一勞動節日舉行大會後，已經電莫斯科，堅決反抗帝國主義向蘇聯挑撥之行爲云。

哈爾濱九日路透電：淞花江下游日軍激增，并決定在三姑設飛機場。（進攻苏聯）

東京十日路透電：日本政府正式公佈第十四師團大部軍隊，已由上海開抵大連，日本帝國主義最近調往東三省之軍隊，共約六萬餘人。

北平十二日電：由滬調來日軍先頭部隊，於十一日午後抵哈，大隊繼來，日軍向淞花江下游開，絡繹不絕。

東京十二日路透電：上海日軍之第十四師團，全部均已開抵哈爾濱，該師團與第十師團換防，第十師團由中東路東段撤回哈爾濱，開往淞花江下游。

北平十二日電：日帝國主義極力改良軍事交通，現長春東京間實行通車，全綫縮短爲五十小時，日軍可朝發夕至。

世界經濟政治危机深入中

法總統杜墨被刺　日首相犬養毅連中二槍　上海日要人全體受傷

巴黎七日路透電：法總統杜墨被刺，於本

世界经济政治危机深入中
法总统杜墨被刺
日首相犬养毅连中二枪
上海日要人全体受伤

（编者按：上接第二版）

上海三十日电：日本驻华公使重光葵，驻沪总领村井及各军政要人，于二十九日上午在虹口公园举行日皇生晨［辰］庆祝典礼，并举行阅兵，典礼举行后，军队即整队出场，村井尚在台上作反动讲演，场中突有一高丽独立党人，向台上掷一炸弹，爆发于台上之正中点，台上人均受重伤，尤以重光葵与村井为最重，日侨会长河端，已身死，白川，野村，植田亦在场受伤，当场即将该高丽人捉捕，并加以凶殴，消息传出后，在上海发生之紧张现象，有与一月二十五日中日战事爆发时之景象相同，虹口公园有出入要道，均为日军封闭，禁止出入，日本军队，将虹口界内数万游人按名严密搜察，建［逮］捕多人云。

清晨一時四十分逝世，帝国主義爲之震動云。

東京十五日路透急電：日本首相犬養毅今晚被刺，刺客身穿軍衣，以手槍向犬養毅開槍二次，中右太陽穴，傷勢極重，聞行刺者，共有十人，均着軍衣與海軍制服，犬養毅被刺後，隨即有人往日本銀行擲炸彈，今晚騷動案，共有五起云。

又電：東京今晚已有三次炸彈案。最初爲政友會總領部，被人投炸彈，再則爲東京市警察廳，第三處爲陸軍大臣之住宅，三處投炸彈者，均爲軍人。

東京十六日電：日首相犬養毅被刺後，於昨晚十一時逝世，日皇決定以藏相高橋代理首相云。

東京十六日電：日首相被刺及各處發生炸彈案時，全國電燈與自來水廠，都有警察嚴密防範，但仍遭受部份損失，東京外表雖平靜，只有賣報童子整夜間淌街賣報與號外，但實際十分紛亂云。

東京十六日路透電：東京大阪神戶之證卷及米糧交易場，十六日均因目前政變停市，大阪之棉花交易場亦停市。

上海三十日電：日本駐華公使重光葵，駐滬總領村井及各國政要人，於二十九日上午在虹口公園舉行日皇生晨慶祝典禮，並舉行閱兵，典禮舉行後，閱兵隊即將出場，村井尚在台上作反動講演，場中突有一高麗獨立黨人，向台上擲一炸彈，爆發於台之正中點，台上人均受重傷，尤以重光葵與村井爲最重，日僑會長河端，已身死，白川，野村，植田亦在場受傷，當場即將該高麗人捉捕，并加以兇毆，消息傳出後，在上海發生之緊張現象，有與一月廿五日中日戰事爆發時之景像相同，虹口公園有出入要道，均爲日軍封閉，禁止出入，日本軍隊，將虹口界內數萬遊人按名嚴密搜察，逮捕多人云。

要聞

閩北紅軍佔領崇安縣城

攻下反動中心五夫鎮
發展新蘇區二三百里
繳獲槍枝軍用品無算

閩北紅軍，佔領了崇安縣城，攻下該縣反動中心的五夫鎮，除完全恢復舊的蘇區外，再發展新的二三百里的赤色區城，共繳獲敵步槍三百餘枝，水機關五架，迫擊炮二門，輕机關槍二挺，手机槍二十餘架，手槍駁壳槍五六十枝，子彈及軍用品無算云。

攻下浙江廣豐縣城

贛東北紅

贛東北紅軍約七千人，最近攻下了浙江的廣豐，并建立了三個蘇區，在建陽蒲城間，亦建立了三個蘇區，現該處附近一帶的反動派，甚爲驚恐。

瓊崖紅軍擊潰文昌團匪

佔領軍閥陳策家鄉

瓊崖一部分紅軍，槍械齊全，而且銳利非常，於前月攻下蓬萊市後，四月十八日晚，又攻下了文昌縣南區之邁號，會文，新市及白延一帶地方，將該處團匪全部擊散，並繳獲步槍十餘枝，擊斃團匪多名，豪紳地主，紛紛避逃，聞該處向有租界的笑名，民團最多，槍枝子彈很充足，是瓊崖的豪紳地主反動派當中的均方，廣東軍閥陳策（廣東海軍司令）的老家，亦在那裏，自被紅軍攻下後，文昌縣城，亦大爲震動，豪紳地主，恐慌萬狀云。

廣州修路工人罷工

廣州市長庚路工務局修路工人，因該局長加緊對工人剝削和壓迫，每天入夜八時，即關廠門，不准許工人出入，工人開工的時刻，限制甚嚴，遲的即加嚴重處罰，而領竹木的器具，亦必須工務局科長有條子始能照發，工人受不住這種壓迫，遂於十五日晨全體宣佈罷工，並且齊集到廠前，斗爭情緒非常激烈，反動的國民黨聞訊，即派特警前去鎮壓云。

美國工人舉行示威

空拳肉搏擊傷武裝軍警。

美國自經濟恐慌深入，失業工人大增後，美國共產黨在無產階級中領導的力量，亦大大的加强，四月廿一日在紐約有男女工人數千，在共產黨領導之下，舉行大示威，美國統治階級即派軍警騎隊及步隊前去鎮壓，與群衆發生武裝衝突，結果，軍警受傷十餘名，兒童被馬蹄踐踏者數十名，聞此次群衆赤手空拳與軍警搏鬥，非常勇敢，特別是女工，更英勇非常，同日。在菲拉德爾亞城，亦有同樣事情發生。

日帝國主義 穩吞東三省計劃

大派日警駐防

日帝國主義有計劃的强佔東山省後，積極擴張其反動勢力之統治，企圖變東三省爲其進攻蘇聯戰爭可靠之根据地，利用滿洲的傀儡政府爲後盾實行派日人監督行政，獨攬一切經濟的及政治的利權，據吉林通訊，日人近更有步驟的殖民地化東北，其計劃大要如下：日人以保護日僑爲名，擴充其在東北的警察權，向其走狗張景惠提議：凡有日僑地方，都須設立警察，在日僑多的地方，且須設立領事分館，因此近

中华苏维埃临时中央政府宣言

反革命的国民党政府的投降帝国主义与出卖民族利益，是更加无耻与露骨的在进行，五月五日国民党政府与日本及一切帝国主义签订所谓停战协定，这个协定完完全全的出卖中国无产阶级的中心上海；在协定上允许日本长期屯集上海无数的海陆空军，而上海的周围永远不驻中国兵，实际上这是无限的扩大了上海的租界区域，这是实现将上海变为国际共管的自由市的具体的步骤。这种无耻的投降与公开的卖国，更明白地揭露了国民党政府是个帝国主义瓜分中国的内奸，帝国主义侵略中国的清道夫，而同时国民党在帝国主义指挥之下，集中一切力量来进攻早已得到了解放和脱离帝国主义羁绊的苏区与企图妨碍阻止工农红军的反帝国主义的民族革命战争的进行，在上海谈判与协定签订中间，更明白地揭露了国际联盟是瓜分中国的组织者而一切帝国主义者都同样是日本帝国主义的助手与瓜分中国的发起人，苏维埃临时中央政府在全中国劳动群众面前宣告，他代表全国的劳动群众否认反革命的国民党政府与日本及一切帝国主义的谈判与密约，否认五月五日卖国的国民党政府签订的停战协定，号召全国的劳动群众坚决地起来，进行革命的民族战争，反对帝国主义，反对帝国主义的走狗与清道夫国民党政府来保卫中国的领土完整，来求得中国的独立与解放。苏维埃临时中央政府号召全中国劳动群众斗争起来，武装起来，拥护中国工农红军的胜利进攻，推翻国民党的反革命政府，在苏维埃旗帜之下坚决彻底地进行民族革命战争，为着中国民族的解放与独立而争斗，为着独立自由的苏维埃中国而争斗。

一九三二年五月二十六日

中華蘇維埃共和國臨時中央政府機關報

紅色中華

第二十一期

一九三二年六月二日

本期一張半
收報費銅元二枚

專載

中華蘇維埃臨時中央政府宣言

反革命的國民黨政府的投降帝國主義與出賣民族利益，是更加無恥與露骨的在進行，五月五日國民黨政府與日本及一切帝國主義簽訂所謂停戰協定，這個協定完全的出賣中國無產階級的中心上海，在協定上允許日本長期屯集上海無數的海陸空軍，而上海的周圍永遠不駐中國兵，實際上這是無限的擴大了上海的租界區域，這是實現將上海變為國際共管的自由市的具體的步驟。這種無恥的投降與公開的賣國，更明白的揭露了國民黨政府是個帝國主義瓜分中國的內奸，帝國主義侵略中國的清道夫。而同時國民黨在帝國主義指揮之下，集中一切力量來進攻早已得到了解放和脫離帝國主義羈絆的蘇區與企圖妨礙阻止工農紅軍的反帝國主義的民族革命戰爭的進行。在上海談判與協定簽訂中間，更明白的揭露了國際聯盟是瓜分中國的組織者而一切帝國主義者都同樣是日本帝國主義的助手與瓜分中國的發起人。蘇維埃臨時中央政府在全中國勞動群眾面前宣告，他代表全國的勞動群眾否認反革命的國民黨政府與日本及一切帝國主義的談判協約，否認五月五日賣國的國民黨政府簽訂的停戰協定，號召全國的勞動群眾堅決的起來，進行革命的民族戰爭，反對帝國主義，反對帝國主義的走狗與清道夫國民黨政府來保衛中國的領土完整，來求得中國的獨立與解放。蘇維埃臨時中央政府號召全中國勞動群眾斗爭起來，武裝起來，擁護中國工農紅軍的勝利進攻，推翻國民黨的反革命政府，在蘇維埃旗幟之下堅決澈底地進行民族革命戰爭，為着中國民族的解放與獨立而爭斗，為着獨立自由的蘇維埃中國而爭斗。

一九三二年五月廿六日

全國郵務罷工工人電

中華蘇維埃共和國臨時中央政府致

中華全國總工會轉全國郵務罷工工人鑒：

英勇的郵務工友們：你們為着不能忍受國民黨政府的嚴厲剝削與壓迫，全國一致的舉行總同盟罷工以反對國民黨的剝削與壓迫和其出賣航空郵政，爭取本身的利益，這是極其偉大的英勇的階級鬥爭，國民黨政府一貫投降帝國主義替帝國主義當清道夫壓迫中國革命假借航空出賣中國郵政，最近簽定侮辱中國民族出賣中國之賣國條件，對於你們的總罷工實行殘酷的壓迫帝國主義更直接設立郵政，這是更公開的直接的來進攻你們的罷工這都證明要求得中國民族獨立與工人的解放要打倒帝國主義就要首先推翻國民黨統治，目前只有在蘇維埃政權下的工人已取得勞動法的保護不受帝國主義資本家的壓迫本政府對於你們偉大的罷工鬥爭深表同情與慰問除號召全國蘇區工農群眾予你們以經濟援助外我們正在領導全體紅軍戰士以積極發展革命戰爭響應你們共同向階級敵人進攻，同時希望你們本着無產階級的堅決精神並防止黃色領袖出賣罷工以與敵人作堅決的鬥爭直至最後的勝利

中華蘇維埃臨時中央政府

全國工農群眾和工農紅軍電

江西蘇區五十萬赤衛軍致

中華蘇維埃中央政府轉全國工農群眾，和工農紅軍鑒：日帝國主義佔領東三省上海後，帝國主義進攻蘇聯，瓜分中國，進攻中國革命的危險，已日亦緊張，國民黨無恥的投降帝國主義，出賣東三省上海，拚命鎮壓與屠殺反帝反國民黨的革命群眾，特別是調遣新的軍隊來進攻蘇區與紅軍，江西五十萬赤衛軍在五卅舉行全省總檢閱，堅決在蘇維埃中央政府領導之下，首先動員全省赤衛軍積極參加革命戰爭，爭取江西首先勝利，驅逐日本及一切帝國主義出中國，武裝擁護蘇聯，求得中國民族完全獨立與解放，打破國民黨軍閥對蘇聯和紅軍的進攻，

江西蘇區五十萬赤衛軍檢閱大會五月卅號。

期

红色中华零零二十一期

版

零二版

时间

一九三二年六月二日

上海报馆工人总罢工

上海一日路透电：上海报馆工人，因时事新报馆当局，拒绝对已被辞退之工人数十名复职，已宣告总罢工，申新两报馆工人，亦全体参加云。

一九三二年六月二日　紅色中華　第二版

專電

上海報館工人總罷工

上海一日路透電：上海報館工人，因時事新報館當局，拒絕對已被辭退之工人數十名復職，已宣告總罷工，申新兩報館工人，亦全體參加云。

全國郵務工人總同盟罷工

被黃色工會出賣

上海電：全國郵務工人，因要求規定津貼及反對動搖郵政基金和反對國民黨無恥出賣航空郵政，實行總同盟罷工，反動國民黨政府極力設法鎮壓，日本及其他帝國主義紛紛建立臨時郵局，公開威脅罷工工人，因罷工領導操在黃色工會之手從中破壞，盡其走狗作用，使罷工不能堅持到底，現該能工工人已復工云。

蔣介石又做鄂豫皖「剿赤」總司令

進攻鄂豫皖蘇維埃和紅軍

上海二十三日電：鄂豫皖紅軍大獲勝利，蘇區猛烈發展，反動國民黨政府軍委會委員長蔣介石親身出馬，調派並率領大隊白軍進攻鄂豫皖蘇區和紅軍，蔣介石爲鄂豫皖三省「剿赤」總司令，李濟深爲副司令。

日本積極增兵東省

主要目的是準備進攻蘇聯

上海三十一日電：在呼蘭縣東安遠一面玻樺川等處，義勇軍與日軍激戰，日軍藉此增兵至七萬九千多人，現正在不斷增加中，日山砲第八聯隊及第九聯隊二十六日離滬往東北與義勇軍作戰，尚有航空隊机槍隊等今日續往。

日帝國主義對滿洲殖民地化計劃

北平二十二日電：熙洽（日帝國主義公開走狗）部多反日，先後計有三旅，義軍勢力活躍，日本派大軍進攻，同時對東北計劃，分四步驟，一，分化間離傀儡政府裏各公開走狗，二，逐漸驅逐走狗出政權机關，添用更可靠的日本官吏，三，積極移民，藉政治軍事的勢力，侵佔土地所有權，四，積極移民，既有基礎，即將該處中國工農羣衆，逐於荒野偏僻之區。

上海工人擁護蘇維埃紅軍的熱烈

捐款買飛机送紅軍

購買物品慰勞紅軍

上海電：上海工人在帝國主義國民黨極殘酷的壓迫和剝削之下，極端窮困，對蘇維埃紅軍的勝利和發展，表示十二分的同情和擁護，最近，熱烈的募捐，準備購買飛機，取名爲『上海工人』號，幫助紅軍消滅敵人云。

又電：上海美亞棉織廠等十餘廠工人，舉行擁護紅軍慰勞紅軍運動並購買大批鞋子，襪子，汗衫、乾糧袋等慰勞紅軍，並拍有電報（文甚長）擁護蘇維埃和紅軍勝利云。

德國工人舉行反對帝國主義進攻蘇聯示威

搗毀日本大使館

柏林廿五日電：德國共產黨多名領導工人，於今日舉行反對帝國主義進攻蘇聯示威，路經日本大使館，投石擊毀窗戶，並大呼革命口號，德帝國主義當局，派警鎮壓，逮捕一人。

蘇聯報紙警告日帝國主義挑戰

莫斯科三十一日路透電：今日聯邦共產黨机關報及蘇聯政府新聞報，皆載有論文，因日本帝國主義公開宣傳日俄（蘇聯）戰爭，特對日提出警告，日本宣傳日俄戰事之目的，在佔領遠東及東西比利亞。新聞報謂軍閥上次在西比利亞已糜費不貲，流血無算，若日軍閥果又將日本引入對蘇聯作戰之一途，則日軍閥將失敗無疑。而實話報則指出日本國內一般陰謀，主張對蘇聯作戰者，皆重視日本之兵力，若果採直接行動，則日本必遭受打擊云。

英美會商上海問題

還是瓜分中國進攻蘇聯的討議

倫敦二十七日電：昨日美帝國主義國務總理麥克唐納與美帝国主義國務卿史汀生，就大西洋長途電話中談話，所談內容，爲最近日本帝国主義向他們所提出的在上海召集圓桌會議（更進一步的瓜分中國，鎮壓中国革命）事。

日本軍閥組織內閣

實行法西斯蒂專政

東京二十五日路透電：日本帝国主義國內經濟危机深入，革命運動發展，日軍閥覺得從前日政府無力，實行法西斯蒂專政首相犬養毅之被刺，其動机即由於此，現齋藤大將（日本軍閥領袖），已奉令正式組織新閣，各政黨均贊助遠東局面，險惡異常。

美國經濟危機深入

總統胡佛出席參院演講增稅

華盛頓一日路透電：美國經濟危机深入，國內狀態，愈形惡劣，美總統胡佛於卅一日破

期：红色中华零零二十一期

版：零二版

时间：一九三二年六月二日

上海工人
擁護蘇維埃紅軍的熱烈
捐款買飛机送紅軍
購買物品慰勞紅軍

上海工人拥护苏维埃红军的热烈

捐款买飞机送红军
购买物品慰劳红军

上海电：上海工人在帝国主义国民党极残酷的压迫和剥削之下，极端穷困，对苏维埃红军的胜利和发展，表示十二分的同情和拥护，最近，热烈的募捐，准备购买飞机，取名为“上海工人”号，帮助红军消灭敌人云。

又电：上海美亚棉机厂等十余厂工人，举行拥护红军慰劳红军运动并购买大批鞋子，袜子，汗衫，干粮袋等慰劳红军，并拍有电报（文甚长）拥护苏维埃和红军胜利云。

一九三二年六月二日　紅色中華　第二版

專電

上海報館工人總罷工

上海一日路透電：上海報館工人，因時事新報館當局，拒絕對已被辭退之工人數十名復職，已宣告總罷工，申新兩報館工人，亦全體參加云。

全國郵務工人總同盟罷工
被黃色工會出賣

上海電：全國郵務工人，因要求規定津貼及反對動搖郵政基金和反對國民黨無恥出賣航空郵政，實行總同盟罷工，反動國民黨政府極力設法鎮壓，日本及其他帝國主義紛紛建立臨時郵局，公開威脅罷工工人，因罷工領導操在黃色工會之手，從中破壞，盡其走狗作用，使罷工不能堅持到底，現該能工工人已復工云。

蔣介石又做鄂豫皖「剿赤」總司令
進攻鄂豫皖蘇維埃和紅軍

上海二十三日電：鄂豫皖紅軍大獲勝利，蘇區猛烈發展，反動國民黨政府軍委會委員長蔣介石親身出馬，調派並率領大隊白軍進攻鄂豫皖蘇區和紅軍，蔣介石爲鄂豫皖三省「剿赤」總司令，李濟深爲副司令。

日本積極增兵東省
主要目的是準備進攻蘇聯

上海三十一日電：在呼蘭縣東安遠一面坡樺川等處，義勇軍與日軍激戰，日軍藉此增兵至七萬九千多人，現正在不斷增加中，日山砲第八聯隊及第九聯隊二十六日離瀋往東北與義勇軍作戰，尚有航空隊機槍隊等今日續往。

日帝國主義

對滿洲殖民地化計劃

北平二十二日電：熙洽（日帝國主義公開走狗）部多反日，先後計有三旅，義軍勢力活躍，日本派大軍進攻，同時對東北計劃，分四步驟，一，分化間離傀儡政府裏各公開走狗，二，逐漸驅逐走狗出政權機關，添用更可靠的日本官吏，三，積極移民，藉政治軍事的勢力，侵佔土地所有權，四，積極移民，既有基礎，即將該處中國工農羣衆，逐於荒野偏僻之區。

上海工人

擁護蘇維埃紅軍的熱烈
捐款買飛机送紅軍
購買物品慰勞紅軍

上海電：上海工人在帝國主義國民黨極殘酷的壓迫和剝削之下，極端窮困，對蘇維埃紅軍的勝利和發展，表示十二分的同情和擁護，最近，熱烈的募捐，準備購買飛機，取名爲『上海工人』號，幫助紅軍消滅敵人云。

又電：上海美亞棉織廠等十餘廠工人，舉行擁護紅軍慰勞紅軍運動並購買大批鞋子，襪子，汗衫，乾糧袋等慰勞紅軍，並拍有電報（文長）擁護蘇維埃和紅軍勝利云。

德國工人舉行

反對帝國主義進攻蘇聯示威
搗毀日本大使館

柏林廿五日電：德國共產黨多名領導工人，於今日舉行反對帝國主義進攻蘇聯示威，路經日本大使館，投石擊毀窗戶，並大呼革命口號，德帝國主義當局，派警鎮壓，逮捕一人。

蘇聯報紙

警告日帝國主義挑戰

莫斯科三十一日路透電：今日聯邦共產黨機關報及蘇聯政府新聞報，皆載有論文，因日本帝國主義公開宣傳日俄（蘇聯）戰爭，特對日提出警告，日本宣傳日俄戰事之目的，在佔領遠東及東西比利亞。新聞報謂軍閥上次在西比利亞已靡費不貲，流血無算，若日軍閥果又將日本引入對蘇聯作戰之一途，則日軍閥將失敗無疑。而眞話報則指出日本國內一般陰謀，主張對蘇聯作戰者，皆重視日本之兵力，若果採直接行動，則日本必遭受打擊云。

英美會商上海問題
還是瓜分中國進攻蘇聯的計議

倫敦二十七日電：昨日美帝國主義國務總理麥克唐納與美帝国主義國務卿史汀生，就大西洋長途電話中談話，所談內容，爲最近日本帝国主義向他們所提出的在上海召集圓桌會議（更進一步的瓜分中國，鎭壓中国革命）事。

日本軍閥組織內閣
實行法西斯蒂專政

東京二十五日路透電：日本帝国主義國內經濟危机深入，革命運動發展，日軍閥覺得從前日政府無力，實行法西斯蒂專政首相犬養毅之被刺，其動机即由於此，現齋藤大將（日本軍閥領袖），已奉令正式組織新閣，各政黨均贊助遠東局面，險惡異常。

美國經濟危機深入
總統胡佛出席參院演講增稅

華盛頓一日路透電：美國經濟危机深入，國內狀態，愈形惡劣，美總統胡佛於卅一日破

期

红色中华零零二十一期

版

零二版

时间

一九三二年六月二日

英美会商上海问题

这是瓜分中国进攻苏联的计议

伦敦二十七日电：昨日美［英］帝国主义国务总理麦克唐纳与美帝国主义国务卿史汀生，就大西洋长途电话中谈话，所谈内容，为最近日本帝国主义向他们所提出的在上海召集圆桌会议（更进一步地瓜分中国，镇压中国革命）事。

一九三二年六月二日　紅色中華　第二版

專電

上海報館工人總罷工

上海一日路透電：上海報館工人，因時事新報館當局，拒絕對已被辭退之工人數十名復職，已宣告總罷工，申新兩報館工人，亦全體參加云。

全國郵務工人總同盟罷工

被黃色工會出賣

上海電：全國郵務工人，因要求規定津貼及反對動搖郵政基金和反對國民黨無恥出賣航空郵政，實行總同盟罷工，反動國民黨政府極力設法鎮壓，日本及其他帝國主義紛紛建立臨時郵局，公開威脅罷工工人，因罷工領導操在黃色工會之手從中破壞，盡其走狗作用，使罷工不能堅持到底，現該罷工工人已復工云。

蔣介石又做鄂豫皖「剿赤」總司令

進攻鄂豫皖蘇維埃和紅軍

上海二十三日電：鄂豫皖紅軍大獲勝利，蘇區猛烈發展，反動國民黨政府軍委會委員長蔣介石親身出馬，調派並率領大隊白軍進攻鄂豫皖蘇區和紅軍，蔣介石爲鄂豫皖三省「剿赤」總司令，李濟深爲副司令。

日本積極增兵東省

主要目的是準備進攻蘇聯

上海三十一日電：在呼蘭縣東安遠一面坡樺川等處，義勇軍與日軍激戰，日軍藉此增兵至七萬九千多人，現正在不斷增加中，日山砲第八聯隊及第九聯隊二十六日離瀋往東北與義勇軍作戰，尚有航空隊機槍隊等今已續往。

日帝國主義 對滿洲殖民地化計劃

北平二十二日電：熙洽（日帝國主義公開走狗）部多反日，先後計有三旅，義軍勢力活躍，日本派大軍進攻，同時對東北計劃，分四步驟，一，分化間離傀儡政府裏各公開走狗，二，逐漸驅逐走狗出政權機關，添用更可靠的日本官吏，三，積極移民，藉政治軍事的勢力，侵佔土地所有權，四，積極移民，既有基礎，即將該處中國工農羣衆，逐於荒野偏僻之區。

上海工人 擁護蘇維埃紅軍的熱烈

捐款買飛机送紅軍

購買物品慰勞紅軍

上海電：上海工人在帝國主義國民黨極殘酷的壓迫和剝削之下，極端窮困，對蘇維埃紅軍的勝利和發展，表示十二分的同情和擁護，最近，熱烈的募捐，準備購買飛機，取名爲『上海工人』號，幫助紅軍消滅敵人云。

又電：上海美亞棉織廠等十餘廠工人，舉行擁護紅軍慰勞紅軍運動並購買大批鞋子，襪子，汗衫、乾糧袋等慰勞紅軍，並拍有電報（文長）擁護蘇維埃和紅軍勝利云。

德國工人舉行 反對帝國主義進攻蘇聯示威

搗毀日本大使館

柏林廿五日電：德國共產黨多名領導工人，於今日舉行反對帝國主義進攻蘇聯示威，路經日本大使館，投石擊毀窗戶，並大呼革命口號，德帝國主義當局，派警鎮壓，逮捕一人。

蘇聯報紙 警告日帝國主義挑戰

莫斯科三十一日路透電：今日聯邦共產黨機關報及蘇聯政府新聞報，皆載有論文，因日本帝國主義公開宣傳日俄（蘇聯）戰爭，特向日提出警告，日本宣傳日俄戰事之目的，在佔領遠東及東西比利亞。新聞報謂軍閥上次在西比利亞已靡費不貲，流血無算，若日軍閥果又將日本引入對蘇聯作戰之一途，則日軍閥將失敗無疑。而實話報則指出日本國內一般陰謀，主張對蘇聯作戰者，皆重視日本之兵力，若果採直接行動，則日本必遭受打擊云。

英美會商上海問題

這是瓜分中國進攻蘇聯的討議

倫敦二十七日電：昨日美帝國主義國務總理麥克唐納與美帝国主義國務卿史汀生，就大西洋長途電話中談話，所談內容，爲最近日本帝国主義向他們所提出的在上海召集圓桌會議（更進一步的瓜分中國，鎮壓中国革命）事。

日本軍閥組織內閣

實行法西斯蒂專政

東京二十五日路透電：日本帝国主義國內經濟危機深入，革命運動發展，日軍閥覺得從前日政府無力，實行法西斯蒂專政首相犬養毅之被刺，其動机即由於此，現齋藤大將（日本軍閥領袖），已奉令正式組織新閣，各政黨均贊助遠東局面，險惡異常。

美國經濟危機深入

總統胡佛出席參院演講增稅

華盛頓一日路透電：美國經濟危机深入，國內狀態，愈形惡劣，美總統胡佛於卅一日破

上海电话工人全体罢工

上海八日专电：上海电话工人全体二千余，为要求增加工资，改良待遇。昨晚宣布罢工，全市电话均停。

一九三二年六月九日　紅色中華　第二版

專電

鄂豫皖紅軍又獲大勝利

消滅張鈁部一十三團
又繳獲步槍一萬餘枝
俘副師長一旅團長五
斃師參謀長團長多名

鄂豫皖四日專電：鄂豫皖紅四軍團，又獲偉大勝利：昨消滅白敵張鈁三團，今晨在下仁和集北亞江兩點，又消滅白敵四團，前日消滅鴿子舉新二十師全部，二日又消滅宋大才師一旅，河南軍閥張鈁所部宋天才等三師十七團，已為我軍消滅十三團，計繳獲步槍一萬餘枝，軍用品無算，俘擄副師長一名，旅團長五名，擊斃敵師參謀長團長等多名，潢川（河南南部一個城市）只餘白軍一營已在我軍包圍中。

上海電話工人全體罷工

上海八日專電：上海電話工人全體二千餘，為要求增加工資，改良待遇。昨晚宣佈罷工，全市電話均停。

上海報館罷工已復工

大流氓杜月笙從中破壞

上海三日電：上海中新時事新報工人罷工後，黃色工會與杜月笙，（上海大流氓）等極力從中破壞，動搖罷工戰線，時報已於三日出版，中報兩報工人，聞繼續已復工云。

上海八日專電：上海報界罷工，已為黃色工會用金錢收買，極力破壞，現已復工云

蔣介石又親赴漢

指揮進攻蘇維埃紅軍

上海八日電：鄂豫皖紅軍迭獲勝利，蘇區猛烈發展。蔣介石已正式就鄂豫皖三省『剿赤』總司令，并已動程赴漢，今日已過皖，聞蔣敵抵漢後，先召集各地軍閥開『剿赤』會議，然後赴豫皖等處指揮白軍進攻蘇維埃和紅軍云。

蔣光鼐任閩省「綏靖」主任

上海六日電：國民黨向日帝國主義簽訂賣國協約後，就來積極進攻蘇區和紅軍，現調遣十九路軍來閩，以備來進攻紅軍，委任軍閥蔣光鼐為閩省綏靖主任。

上海成為國際共管的自由市

日本主張各國資本家贊助
這是實際的進行瓜分中國

上海二日電：日帝國主義連日與英美法意等帝國主義會商，召集圓棹會議，討論更進一步的瓜分中國和進攻中國革命，並命名上海為自由市，實行國際帝國主義共管。滬外商總商會（英美日法意等國資本家銀行家的集團組織）一致函領袖領事美總領事，調查團及外交團，即日籌備召集圓棹會議，特別表示贊助，美法意日及各國商會，亦均贊同。聞該會議，日本極力主張在東京舉行云。

日本召集瓜分中國圓桌會議

國民黨贊成

上海三日電：反動國民黨完全同意日本所提出召集圓桌會議的主張，并要求帝國主義不僅討論上海問題而且要討論全中國問題。

東三省

完全成為日本殖民地

設置總督統一行政權
採取步驟與吞朝鮮同

上海七日電：日本帝國主義對東三省殖民地化步驟，與吞併朝鮮完全相同，據確息，日本在東三省行政權方面，決設置一總督，不久即提交閣議討論，聞陸軍省均原議，將日本在東三省的軍隊，南滿路各領事館及關東行政長官，完全置於監督之下，但以擴殖省提出反對，故關東行政長官，仍將獨立，但其他均將置於總督治下，至於總督之人選，是否是日本軍閥，尚未決定，但在東三省義勇軍及反日軍隊，未消滅以前（?）將由總督兼任在滿日軍總司令云。

日本革命運動迅速發展

農民飢餓紛紛起來示威

東京七日路透電：日本國內各農業區形勢極為惡劣，有多數農民將成餓殍，而尤以日本北部各農業區之情形為甚，時有不安現象，此事并已波及日本軍隊的士兵，因軍士中百分之八十二皆為農民，故軍事當局，對此亦極為關切，被災各區的農民，紛紛向國會請願示威。工廠要時有若干共產黨機關，秘密活動，並利用農民的困苦，與之聯合，積極鼓動推翻政府，日本當局，極感不安云。

要聞

天津和記廠女工罷工

天津英資本家所開辦的和記打蛋廠，有女工二千餘名，生活非常痛苦，工資甚微，工作時間，平均總在十小時以上，並且時常受該廠資本家及所僱用的走狗打罵，最近每天工作又增加一小時，僅加工資銅元二枚，工人精力不能支持，痛苦達到極點，忍無可忍，於是遂於前月七日全體罷工，要求改良生活，增加工資，減少工作時間，結果，資本家允許每天增加大洋三分，在黃色工會領導下復工。

上海報館罷工已復工
大流氓杜月笙從中破壞

期：红色中华零零二十二期

版：零二版

时间：一九三二年六月九日

上海报馆罢工已复工

大流氓杜月笙从中破坏

上海三日电： 上海申新时事新报工人罢工后，黄色工会与杜月笙，（上海大流氓）等极力从中破坏，动摇罢工战线，时报已于三日出版，申新两报工人，闻继续已复工云。

上海八日专电： 上海报界罢工，已为黄色工会用金钱收买，极力破坏，现已复工云。

專電

鄂豫皖紅軍又獲大勝利

消滅張鈁部一十三團
又繳獲步槍一萬餘枝
俘副師長一旅團長五
斃師參謀長團長多名

鄂豫皖四日專電：鄂豫皖紅四軍團，又獲偉大勝利：昨消滅白敵張鈁三團，今晨在下仁和集北亞江兩點，又消滅白敵四團。前日消滅鴿子舉新二十師全部，二日又消滅宋天才師一旅，河南電稱張鈁所部朱天才等三師十七團，已爲我軍消滅十三團，計繳獲步槍一萬餘枝，軍用品無算，俘擄副師長一名，旅團長五名，擊斃敵師參謀長團長等多名，潢川（河南南部一個城市）只餘白軍一營已在我軍包圍中。

上海電話工人全體罷工

上海八日專電：上海電話工人全體二千餘，爲要求增加工資，改良待遇。昨晚宣佈罷工，全市電話均停。

上海報館罷工已復工

大流氓杜月笙從中破壞

上海三日電：上海一，中報兩報工人，聞繼中新時事新報工人罷工後，黃色工會與杜月笙，（上海大流氓）等極力從中破壞，動搖罷工戰線，時報已於三日出版續已復工云。

上海八日專電：上海報界罷工，已爲黃色工會用金錢收買，極力破壞，現已復工云

蔣介石又親赴漢 指揮進攻蘇維埃紅軍

上海八日電：鄂豫皖紅軍迭獲勝利，蘇區猛烈發展。蔣介石已正式就鄂豫皖三省『剿赤』總司令，并已動程赴漢，今日已過皖，聞蔣抵漢後，先召集各地軍閥開『剿赤』會議，然後赴豫皖等處指揮白軍進攻蘇維埃和紅軍云。

蔣光鼐任閩省『綏靖』主任

上海六日電：國民黨向日帝國主義簽訂賣國協約後，就來積極進攻蘇區和紅軍，現調遣十九路軍來閩，以備來進攻紅軍，委任軍閥蔣光鼐爲閩省綏靖主任。

上海成爲國際共管的自由市

日本主張各國資本家贊助
這是實際的進行瓜分中國

上海二日電：日帝國主義運日與英美法意等帝國主義會商，召集圓棹會議，討論更進一步的瓜分中國和進攻中國革命，並命名上海爲自由市，實行國際帝國主義共管。滬外商總商會（英美日法意等國資本家銀行家的集團組織）致函領袖領事美總領事，調查團及外交團，即日籌備召集圓棹會議，特別表示贊助，美法意日及各國商會，亦均贊同。聞該會議，日本極力主張在東京舉行云。

日本召集瓜分中國圓桌會議

國民黨贊成

上海三日電：反動國民黨完全同意日本所提出召集圓桌會議的主張，并要求帝國主義不僅討論上海問題而且要討論全中國問題。

東三省完全成爲日本殖民地

設置總督統一行政權
採取步驟與吞朝鮮同

上海七日電：日本帝國主義對東三省殖民地化步驟，與吞併朝鮮完全相同，據確息，日本在東三省行政權方面，決設置一總督，即提交閣議討論，聞陸軍省均原意，將日本在東三省的軍隊，南滿路各領事館及關東行政長官，完全置於監督之下，但以擴殖省提出反對，故關東行政長官，仍將獨立，但其他均將置於總督治下，至於總督之人選，是否是日本軍閥，尚未決定，但在東三省義勇軍及反日軍隊，未消滅以前（？）將由總督兼任在滿日軍總司令云。

日本革命運動迅速發展

農民飢餓紛紛起來示威

東京七日路透電：日本國內各農業區形勢極爲惡劣，有多數農民將成餓殍，而尤以日本北部各農業區之情形爲甚，時有不安現象，此事并已波及日本軍隊的士兵，因軍士中百分之八十二皆爲農民，故軍事當局，對此亦極爲關切，被災各區的農民，紛紛向國會請願示威。工數裏時有若干共產黨機關，秘密活動，並利用農民的困苦，與之聯合，積極鼓動推翻政府，日本當局，極感不安云。

要聞

天津和記廠女工罷工

天津英資本家所開辦的和記打蛋廠，有女工二千餘名，生活非常痛苦，工資甚微，工作時間，平均總在十小時以上，並且時常受該廠資本家及所僱用的走狗打罵，最近每天工作又增加一小時，僅加工資銅元二枚，工人精力不能支持，痛苦達到極點，忍無可忍，於是遂於前月七日全體罷工，要求改良生活，增加工資，減少工作時間，結果，資本家允許每天增加大洋三分，在黃色工會領導下復工。

上海成為國際共管的自由市
日本主張各國資本家贊助
這是實際的進行瓜分中國

期 红色中华零零二十二期

版 零二版

时间 一九三二年六月九日

上海成为国际共管的自由市

日本主张各国资本家赞助
这是实际的进行瓜分中国

上海二日电：日帝国主义连日与英美法意等帝国主义会商，召集圆棹［桌］会议，讨论更进一步的瓜分中国和进攻中国革命，并命名上海为自由市，实行国际帝国主义共管。沪外商总商会（英美日法意等国资本家银行家的集团组织）致函领袖领事美总领事，调查团及外交团，即日筹备召集圆棹［桌］会议，特别表示赞助，美法意日及各国商会，亦均赞同。闻该会议，日本极力主张在东京举行云。

專電

鄂豫皖紅軍又獲大勝利

消滅張鈁部一十三團　又繳獲步槍一萬餘枝　俘副師長一旅團長五　斃師參謀長團長多名

鄂豫皖四日專電：鄂豫皖紅四軍團，又獲偉大勝利；昨消滅白敵張鈁三團，今晨在下仁和集北亞江兩點，又消滅白敵四團，前日消滅鵲子舉新二十師全部，二日又消滅宋大才師一旅，河南軍閥張鈁所部宋天才等三師十七團，已為我軍消滅十三團，計繳獲步槍一萬餘枝，軍用品無算，俘擄副師長一名，旅團長五名，擊斃敵師參謀長團長等多名，潢川（河南南部一個城市）只餘白軍一營已在我軍包圍中。

上海電話工人全體罷工

上海八日專電：上海電話工人全體二千餘，為要求增加工資，改良待遇。昨晚宣佈罷工，全市電話均停。

上海報館罷工已復工

大流氓杜月笙從中破壞

上海三日電：上海一，中兩報工人，聞繼中新時事新報工人罷工後，黃色工會與杜月笙，（上海大流氓等極力從中破壞，動搖罷工戰線，時報已於三日出版繼已復工云。

上海八日專電：上海報界罷工，已為黃色工會用金錢收買，極力破壞，現已復工云

蔣介石又親赴漢　指揮進攻蘇維埃紅軍

上海八日電：鄂豫皖紅軍迭獲勝利，蘇區猛烈發展。蔣介石已正式就鄂豫皖三省「剿赤」總司令，并已動程赴漢，今日已過皖，聞蔣敵抵漢後，先召集各地軍閥開「剿赤」會議，然後赴豫皖等處指揮白軍進攻蘇維埃和紅軍云。

蔣光鼐任閩省「綏靖」主任

上海六日電：國民黨向日帝國主義簽訂賣國協約後，就來積極進攻蘇區和紅軍，現調遣十九路軍來閩，以備來進攻紅軍，委任軍閥蔣光鼐為閩省綏靖主任。

上海成為國際共管的自由市

日本主張各國資本家贊助　這是實際的進行瓜分中國

上海二日電：日帝國主義連日與英美法意等帝國主義會商，召集圓桌會議，討論更進一步的瓜分中國和進攻中國革命，並命名上海為自由市，實行國際帝國主義共管。滬外商總商會（英美日法意等國資本家銀行家的集團組織）致函領袖領事美總領事，調查團及外交團，即日籌備召集圓桌會議，特別表示贊助，美法意日及各國商會，亦均贊同。聞該會議，日本極力主張在東京舉行云。

日本召集瓜分中國圓桌會議

國民黨贊成

上海三日電：反動國民黨完全同意日本所提出召集圓桌會議的主張，并要求帝國主義不僅討論上海問題而且要討論全中國問題。

東三省完全成為日本殖民地

設置總督統一行政權　採取步驟與吞朝鮮同

上海七日電：日本一地化步驟，與吞併朝鮮帝國主義對東三省殖民，完全相同，據確息，日本在東三省行政權方面，決設置一總督，不久即提交閣議討論。聞陸軍省的原意，將日本在東三省的軍隊，南滿路各領事館及關東行政長官，完全置於監督之下，但以擴殖省提出反對，故關東行政長官，仍將獨立，但其他均將置於總督治下，至於總督之人選，是否是日本軍閥，尚未決定，但在東三省義勇軍及反日軍隊，未消滅以前（？）將由總督兼任在滿日軍總司令云。

日本革命運動迅速發展

農民飢餓紛紛起來示威

東京七日路透電：日本國內各農業區形勢極為惡劣，有多數農民將成餓殍，而尤以日本北部各農業區之情形為甚，時有不安現象，此事并已波及日本軍隊的士兵，因軍士中百分之八十二皆為農民，故軍事當局，對此亦極為關切，被災各區的農民，紛紛向國會請願示威。工黨乘時有若干共產黨機關，祕密活動，並利用農民的困苦，與之聯合，積極鼓動推翻政府，日本當局，頗感不安云。

要聞

天津和記廠女工罷工

天津英資本家所開辦的和記打蛋廠，有女工二千餘名，生活非常痛苦，工資甚微，工作時間，平均總在十小時以上，並且時常受該廠資本家及所僱用的走狗打罵，最近每天工作又增加一小時，僅加工資銅元二枚，工人精力不能支持，痛苦達到極點，忍無可忍，於是遂於前月七日全體罷工，要求改良生活，增加工資，減少工作時間，結果，資本家允許每天增加大洋三分，在黃色工會領導下復工。

國民黨贊成
日本召集瓜分中國圓桌會議

期
红色中华零零二十二期
版
零二版
时间
一九三二年六月九日

国民党赞成日本召集瓜分中国圆桌会议

上海三日电：反动国民党完全同意日本所提出召集圆桌会议的主张，并要求帝国主义不仅讨论上海问题而且要讨论全中国问题。

一九三二年六月九日　紅色中華　第二版

專電

鄂豫皖紅軍又獲大勝利

消滅張鈁部一十三團
又繳獲步槍一萬餘枝
俘副師長一旅團長五
斃師參謀長團長多名

鄂豫皖四日專電：鄂豫皖紅四軍團，又獲偉大勝利：昨消滅白敵張鈁三團，今晨在下仁和集北亞江兩點，又消滅白敵四團，前日消滅鵠子舉新二十師全部，二日又消滅宋大才師一旅，河南軍閥張鈁所部宋天才等三師十七團，已為我軍消滅十三團，計繳獲步槍一萬餘枝，軍用品無算，俘擄副師長一名，旅團長五名，擊斃敵師參謀長團長等多名，潢川（河南南部一個城市）只餘白軍一營已在我軍包圍中。

上海電話工人全體罷工

上海八日專電：上海電話工人全體二千餘，為要求增加工資，改良待遇。昨晚宣佈罷工，全市電話均停。

上海報館罷工已復工

大流氓杜月笙從中破壞

上海三日電：上海一，中新兩報工人，聞繼續已復工云。

中新時事新報工人罷工後，黃色工會與杜月笙，（上海大流氓）等極力從中破壞，動搖罷工戰線，時報已於三日出版

上海八日專電：上海報界罷工，已為黃色工會用金錢收買，極力破壞，現已復工云

蔣介石又親赴漢 指揮進攻蘇維埃紅軍

上海八日電：鄂豫皖紅軍迭獲勝利，蘇區猛烈發展。蔣介石已正式就鄂豫皖三省『剿赤』總司令，并已動程赴漢，今日已過皖，聞蔣抵漢後，先召集各地軍閥開『剿赤』會議，然後赴豫皖等處指揮白軍進攻蘇維埃和紅軍云。

蔣光鼐任閩省『綏靖』主任

上海六日電：國民黨向日帝國主義簽訂賣國協約後，就來積極進攻蘇區和紅軍，現調遣十九路軍來閩，以備來進攻紅軍，委任軍閥蔣光鼐為閩省綏靖主任。

上海成為國際共管的自由市

日本主張各國資本家贊助
這是實際的進行瓜分中國

上海二日電：日帝國主義運日與英美法意等帝國主義會商，召集圓棹會議，討論更進一步的瓜分中國和進攻中國革命，並命名上海為自由市，實行國際帝國主義共管。滬外商總商會（英美日法意等國資本家銀行家的集團組織）一致函領袖領事美總領事，調查團及外交團，即日籌備召集圓棹會議，特將表示贊助，美法意日及各國商會，亦均贊同。聞該會議，日本極力主張在東京舉行云。

國民黨贊成

日本召集瓜分中國圓桌會議

上海三日電：反動國民黨完全同意日本所提出召集圓桌會議的主張，并要求帝國主義不僅討論上海問題而且要討論全中國問題。

東三省完全成為日本殖民地

設置總督統一行政權
採取步驟與吞朝鮮同

上海七日電：日本帝國主義對東三省殖民地化步驟，與吞併朝鮮完全相同，據確息，日本在東三省行政權方面，決設置一總督，不久即提交閣議討論，聞陸軍省的原意，將日本在東三省的軍隊，南滿路各領事館及關東行政長官，完全置於監督之下，但以擴殖省提出反對，故關東行政長官，仍將獨立，但其他均將置於總督治下，至於總督之人選，是否是日本軍閥，尚未決定，但在東三省義勇軍及反日軍隊，未消滅以前（?）將由總督兼任在滿日軍總司令云。

日本革命運動迅速發展

農民飢餓紛紛起來示威

東京七日路透電：日本國內各農業區形勢極為惡劣，有多數農民將成餓殍，而尤以日本北部各農業區之情形為甚，時有不安現象，此事并已波及日本軍隊的士兵，因軍士中百分之八十二皆為農民，故軍事當局，對此亦極為關切，被災各區的農民，紛紛向國會請願示威。工廠裏時有若干共產黨機關，秘密活動，並利用農民的困苦，與之聯合，積極鼓動推翻政府，日本當局，極感不安云。

要聞

天津和記廠女工罷工

天津英資本家所開辦的和記打蛋廠，有女工二千餘名，生活非常痛苦，工資甚微，工作時間，平均總在十小時以上，並且時常受該廠資本家及所僱用的走狗打罵，最近每天工作又增加一小時，僅加工資銅元二枚，工人精力不能支持，痛苦達到極點，忍無可忍，於是遂於前月七日全體罷工，要求改良生活，增加工資，減少工作時間，結果，資本家允許每天增加大洋三分，在黃色工會領導下復工。

上海人力車夫鬥爭
要求減免新增車租

期 红色中华零零二十二期

版 零三版

时间 一九三二年六月九日

上海人力车夫斗争

要求减免新增车租

上海人力车夫，共有二万七千余人，生活极为痛苦，特别是上海事变后，甚致［至］最低限度的生活，都不能维持，交通时常断绝，市面热闹，较前大减，人力车夫的营业，更一落千丈，可是三鑫飞星等公司的资本家，反而加紧剥削，对最低限度的生活都不能维持的人力车夫，还要增加车租洋五分，连以前共洋八角五分，经大小中间人之手，至车夫时，须小洋十三角五分之多，（上海大洋一元，只兑小洋十一角左右）他们在这种残酷剥削之下，简直不能生活，愤激异常，坚决要求减免新增的车租云。

上海人力車夫鬥爭

要求減免新增車租

上海人力車夫，共有二萬七千餘人，生活極爲痛苦，特别是上海事變後，甚致最低限度的生活，都不能維持，交通時常斷絕，市面熱鬧，較前大減，人力車夫的營業，更一落千丈，可是三鑫飛星等公司的資本家，反而加緊剝削，對最低限度的生活都不能維持的人力車夫，還要增加車租洋五分，連以前共洋八角五分，經大小中間人之手，至車夫時，須小洋十三角五分之多，（上海大洋一元，只兌小洋十二角左右）他們在這種殘酷剝削之下，簡直不能生活，憤激異常，堅決要求減免新增的車租云。

鄂豫皖紅軍接連勝利

佔領安徽正陽關消滅宋世科部二團
與阜陽方面紅軍取得聯絡聲勢大振

鄂豫皖工農紅軍四軍團，自佔領六安後，聲勢大振，安徽西部的豪紳地主，紛紛逃竄，會肥蚌埠各地，並拍急電給國民黨政府叫救兵，但我軍自消滅六安一帶白敵後，即向長淮方面行動，順利的佔領了馬頭集，隱賢集，迎合集，於前月十二日晨，又攻陷壽縣南之大鎮正陽關，消滅白軍獨立四十旅宋世科部王程二團，該地民團警察大部亦爲我軍繳械，漏網無幾，打下正陽關後，更與阜陽方面紅軍取得密切聯繫，沿淮河東進，進逼壽縣縣城，該地及淮北各地災民，紛紛起來響應，並踴躍加入紅軍，霍邱正陽一帶，紅旗飄揚，壽縣已爲我軍包圍，蚌埠壽縣間，電綫已斷，交通已完全斷絕，鳳台，壽縣間的長途電話亦斷，同時蚌埠至鳳台，電報幾不通，鳳陽亦發現紅軍，該地地主豪紳反動派狼狽不堪云。

日帝國主義嗾使白俄搗毀中東路辦事處

公開向蘇聯挑釁

日本帝國主義進攻蘇聯，在各帝國主義贊助之下，更加積極，軍事的佈置，組織白俄，給予槍械嗾使其御用工具滿州政府搜查蘇聯領事館，及接連拘捕無辜蘇聯公民等挑釁行爲，有增無減，滿州傀儡政府在日帝國主義指使之下極力幫助白俄，侵擾中東路，前月十六日，白俄四百餘，身帶武裝，結隊游行示威，衝入中東路辦事處，打破各部門窗，毀破內部之門數道，手舉武器，向蘇聯職員威嚇，并闖入路局副理事柯茲尼佐夫的辦事室，幸柯氏不在，未遭他們毒手，但該室內所有一切文件，盡被撕碎，擲散滿地而去，當白俄搗亂時，中東路衛隊中國警察，袖手旁觀，不加阻止，亦不逮捕云。

國民黨統治下災民慘狀

爭食桐花柳葉水藻
出賣耕具易子爲食

去年國民黨軍閥所造成廣大災區，現在這些災區的饑民，因靑黃不接，所演成的慘狀，眞是不忍聽聞，安徽，河南，湖北論斤出賣兒女等事，成爲普通現象，聞淮陽，項城，西華一帶，在市上哭着叫賣子女，破箱，木櫃，犂耙等耕具的非常多，餓死路旁無人埋葬的，簡直是橫屍遍野，爭食桐花，榆葉，柳葉，豆油渣和水藻等而中毒死了的，更不知其數，田野的靑苗，亦早已吃得干干淨淨，此外，易子爲食的慘狀，亦是非常多，聞湖北沿江一帶，就有三十多萬災民，反動國民黨却藉救災名義，大大的募捐借債，發行公債，購買槍炮子彈飛机，進攻蘇維埃和紅軍及以裝飽他們私人的荷包，同時這些災民，也同樣慢慢的看清了他的敵人，參加革命，武漢反動派軍閥，正是爲此事而顧慮武漢兵力單薄，嚇得發抖。

爲保護無產階級祖國而奮鬥

蘇聯工農
加緊軍事訓練

日本帝國主義繼續不斷的向蘇聯挑釁，蘇聯的無產階級廣大的農民及一切勞動羣衆，在聯邦共產黨和蘇維埃政府的領導之下，爲要保護他們自己的利益和社會主義建設的勝利，決予企圖侵掠蘇聯領土，破壞第二個五年經濟計劃的建設和和平政策實行者，以極嚴厲打擊，航空化學會一千一百萬會員及各工廠工人，學校學生，非常熱烈的加入軍事訓練的組織，加緊軍事學習，提高軍事技術，鞏固無產階級的國防。

最近，蘇聯軍事委員會，因帝國主義進攻蘇聯緊張，頒發一告紅軍的訓令，內容：首先詳細的申述蘇聯的和平政策及帝國主義極力破壞其和平政策，企圖侵略蘇聯領土，破壞革命，破壞第二個五年經濟計劃的建設，其次，說及蘇聯的工農羣衆和紅軍，具有絕大決心，盡力抵抗任何侵略之企圖。

蘇聯遠東軍司令加倫在伯力紀念「五一」勞動節的祝詞中謂：戰爭的火焰，距蘇聯不遠，帝國主義國家，正在積極準備戰爭，而戰爭的目標，即是他所仇恨的蘇聯，但蘇聯的遠東軍及工農羣衆，已具備所有新式的武器，隨時可以起來守衛其邊疆，決不容敵人蹈入蘇聯國境一步。他的結尾，說得更加激昂，說明蘇聯決不欲戰爭，戰爭不是蘇聯的目的，蘇聯所喜歡的，是完成社會主義的經濟建設，而不容任何人干涉阻止云。

中华苏维埃共和国临时中央政府号召全国工农群众和红军战士援助上海罢工工人通电

全国各苏区工农群众红军战士和白区工农兵劳动群众们！

上海报馆电话等全体工人，为不能忍受国民党资本家，对时事新报工人与本身的残酷压迫和剥削，相继举行总同盟罢工，现在正在与帝国主义国民党资本家作残酷斗争，国民党和其政府，本其一惯投降帝国主义，最近出卖东三省和上海，替帝国主义当清道夫，积极向中国革命进攻，除新来进攻苏区和红军外，更积极压迫白区工人斗争，全国工人阶级正不断以英勇的斗争来回答国民党帝国主义的进攻，与我苏维埃红军的发展和胜利，遥相呼应，临时中央政府号召全国工农群众红军战士，一致起来，用革命的进攻去回答敌人的进攻，去推翻帝国主义国民党的统治，来解放中国，解放工农劳动群众，目前最紧迫的行动，就是积极援助和响应上海工人的同盟罢工，各级苏维埃政府各红军部队及苏区各群众团体，要举行大的募捐运动，来接济罢工，继续以前的白区罢工基金募捐运动，募集大批经济来帮助白区罢工斗争和一切革命运动，特别是积极发展革命斗争，摧毁国民党统治，争取湘鄂赣首先胜利，以与全国工人罢工，反帝运动及一切革命斗争汇合，实现以民族革命战争，来驱逐帝国主义，争取苏维埃在全中国的胜利。

紅色中華

中華蘇維埃共和國臨時中央政府機關報

第二十三期

一九三二年六月十六日

本期二張

收報費銀元二枚

專載

號召全國工農群衆和紅軍戰士援助上海罷工工人通電

中華蘇維埃共和國臨時中央政府

全國各蘇區工農羣衆紅軍戰士和白區工農兵勞動羣衆們！

上海報館電話等全體工人，爲不能忍受國民黨資本家，對時事新報工人與本身的殘酷壓迫和剝削，相繼舉行總同盟罷工，現在正在與帝國主義國民黨資本家作殘酷鬥爭．國民黨和其政府，本其一慣投降帝國主義，最近出賣東三省和上海，替帝國主義當淸道夫，積極向中國革命進攻，除新來進攻蘇區和紅軍外，更積極壓迫白區工人鬬爭，全國工人階級正不斷以英勇的斗爭來回答國民黨帝國主義的進攻，與我蘇維埃紅軍的發展和勝利，遙相呼應，臨時中央政府號召全國工農羣衆紅軍戰士，一致起來，用革命的進攻去回答敵人的進攻，去推翻帝國主義國民黨的統治，來解放中國，解放工農勞動羣衆．目前最緊迫的行動，就是積極援助和響應上海工人的同盟罷工，各級蘇維埃政府各紅軍部隊及蘇區各羣衆團體，要舉行大的募捐運動，來接濟罷工，繼續以前的白區罷工基金募捐運動，募集大批經濟來幫助白區罷工斗爭和一切革命運動，特別是積極發展革命斗爭，推毀國民黨統治，爭取湘鄂贛首先勝利，以與全國工人罷工，反帝運動及一切革命斗爭匯合，實現以民族革命戰爭，來驅逐帝國主義，爭取蘇維埃在全中國的勝利。

致上海報界罷工工友電

中華蘇維埃共和國臨時中央政府

中華全國總工會轉

上海全體報界工友鑒：

此次時事新報工友爲反對强迫加工而遭國民黨資本家以慘毒手段，驅逐全體工友，並在意拘捕蹂躪致使工友生活陷於絕境，同時黃色工會更爲虎作倀，極力破壞工友團結，最近更變本加厲節節進攻、你們全體報界工友，以總同盟罷工來反抗國民黨資本家，還是英勇偉大的階級鬬爭的一幕！国民黨的血腥統治，積極勾結帝國主義出賣民族利益，使中國的經濟破產，陷工農勞苦羣衆於絕境，近更簽訂帝國主義瓜分中國的條約，借帝國主義力量來壓迫工人和進攻中國革命，使中國永屈於帝國主義鐵蹄之下，只有蘇維埃政權底下的工農取得了政權，眞正得了解放，工人得了勞動法的保護，農民分得了土地。

英勇的報界工友們！階級鬬爭在全國正在殘酷的進行着，望你們堅決的頑强的與敵人奮鬬到底，並無情的揭破黃色工會的陰謀，驅逐其領袖，在赤色工會領導下，鞏固你們的戰線，以爭取最後的勝利。本政府對於你們這次英勇斗爭，深表同情與慰問，正號召全國工農羣衆及紅軍戰士，舉行募捐接濟你們的罷工經濟，并積極發展革命戰爭響應你們，望你們英勇向前奮斗！與蘇區工農羣衆和紅軍一致的來作推翻帝國主義國民黨的血腥統治，建立工農自己的蘇維埃政權，以達到工農階級的解放，英勇奮斗到底，最後勝利是你們的，慶祝你們罷工勝利！

致上海電話工人電

中華蘇維埃臨時中央政府

全國總工會轉全體上海電話工人鑒：

帝國主義國民黨慘酷剝削工人的結果，使廣大工人陷於無生的境地，你們此次爲着生活的窘但而舉行同盟罷工，以要求增加工資，改良待遇，本政府深表同情與慰問，現全蘇區正舉行大規模援助罷工的募捐運動，接濟全國的罷工，更動員全國工農羣衆和紅軍戰士以積極行動響應你們，望你們一致團結在赤色工會之下，堅決奮鬬，同時望你們嚴防黃色工會和工賊欺騙破壞，堅持到底，勝利終屬於你們的。　篠

中华苏维埃共和国临时中央政府致上海报界罢工工友电

中华全国总工会转上海全体报界工友鉴：

此次时事新报工友为反对强迫加工而遭国民党资本家以惨毒手段，驱逐全体工友，并任意拘捕蹂躏致使工友生活陷于绝境，同时黄色工会更为虎作伥，极力破坏工友团结，最近更变本加厉节节进攻，你们全体报界工友，以总同盟罢工来反抗国民党资本家。这是英勇伟大的阶级斗争的一幕！国民党的血腥统治，积极勾结帝国主义出卖民族利益，使中国的经济破产，陷工农劳苦群众于绝境，近更签订帝国主义瓜分中国的条约，借帝国主义力量来压迫工人和进攻中国革命，使中国永屈于帝国主义铁蹄之下，只有苏维埃政权底下的工农取得了政权，真正得了解放，工人得了劳动法的保护，农民分得了田地。

英勇的报界工友们！阶级斗争在全国正在残酷的进行着，望你们坚决的顽强的与敌人奋斗到底，并无情地揭破黄色工会的阴谋，驱逐其领袖，在赤色工会领导下，巩固你们的战线，以争取最后的胜利。本政府对于你们这次英勇斗争，深表同情与慰问，正号召全国工农群众及红军战士，举行募捐接济你们的罢工经济，并积极发展革命战争响应你们，望你们英勇向前奋斗！与苏区工农群众和红军一致的来作推翻帝国主义国民党的血腥统治，建立工农自己的苏维埃政权，以达到工农阶级的解放，英勇奋斗到底，最后胜利是你们的，庆祝你们罢工胜利！

紅色中華

中華蘇維埃共和國臨時中央政府機關報

第二十三期

一九三二年六月十六日

本期二張
收報費銅元二枚

專載

中華蘇維埃共和國臨時中央政府

號召全國工農群衆和紅軍戰士援助上海罷工工人通電

全國各蘇區工農羣衆紅軍戰士和白區工農兵勞動羣衆們！

上海報館電話等全體工人，為不能忍受國民黨資本家，對時事新報工人與本身的殘酷壓迫和剝削，相繼舉行總同盟罷工，現在正在與帝國主義國民黨資本家作殘酷鬥爭．國民黨和其政府，本其一慣投降帝國主義，最近出賣東三省和上海，替帝國主義當清道夫，積極向中國革命進攻，除新來進攻蘇區和紅軍外，更積極壓迫白區工人鬪爭，全國工人階級正不斷以英勇的斗爭來回答國民黨帝國主義的進攻，與我蘇維埃紅軍的發展和勝利，遙相呼應，臨時中央政府號召全國工農羣衆紅軍戰士，一致起來，用革命的進攻去回答敵人的進攻，去推翻帝國主義國民黨的統治，來解放中國，解放工農勞動羣衆，目前最緊迫的行動，就是積極援助和響應上海工人的同盟罷工，各級蘇維埃政府各紅軍部隊及蘇區各羣衆團體，要舉行大的募捐運動，來接濟罷工，繼續以前的白區罷工基金募捐運動，募集大批經濟來幫助白區罷工斗爭和一切革命運動，特別是積極發展革命斗爭，摧毀國民黨統治，爭取湘鄂贛首先勝利，以與全國工人罷工，反帝運動及一切革命斗爭匯合，實現以民族革命戰爭，來驅逐帝國主義，爭取蘇維埃在全中國的勝利。

中華蘇維埃共和國臨時中央政府

致上海報界罷工工友電

中華全國總工會轉

上海全體報界工友　鑒：

此次時事新報工友為反對强迫加工而遭國民黨資本家以慘毒手段，驅逐全體工友，並任意拘捕蹂躪致使工友生活陷於絕境，同時黃色工會更為虎作倀，極力破壞工友團結，最近更變本加厲節節進攻、你們全體報界工友，以總同盟罷工來反抗國民黨資本家，還是英勇偉大的階級鬪爭的一幕！国民黨的血腥統治，積極勾結帝國主義出賣民族利益，使中國的經濟破產，陷工農勞苦羣衆於絕境，近更簽訂帝國主義瓜分中國的條約，借帝國主義力量來壓迫工人和進攻中國革命，使中國永屈於帝國主義鐵蹄之下，只有蘇維埃政權底下的工農取得了政權，眞正得了解放，工人得了勞動法的保護，農民分得了土地。

英勇的報界工友們！階級鬪爭在全國正在殘酷的進行着，望你們堅決的頑强的與敵人奮鬬到底，並無情的揭破黃色工會的陰謀，驅逐其領袖，在赤色工會領導下，鞏固你們的戰線，以爭取最後的勝利。本政府對於你們這次英勇斗爭，深表同情與慰問，正號召全國工農羣衆及紅軍戰士，舉行募捐接濟你們的罷工經濟，并積極發展革命戰爭響應你們，望你們英勇向前奮斗！與蘇區工農羣衆和紅軍一致的來作推翻帝國主義國民黨的血腥統治，建立工農自已的蘇維埃政權，以達到工農階級的解放，英勇奮斗到底，最後勝利是你們的，慶祝你們罷工勝利！

中華蘇維埃臨時中央政府

致上海電話工人電

全國總工會轉全體上海電話工人鑒：

帝國主義國民黨慘酷剝削工人的結果，使廣大工人陷於無生的境地，你們此次為着生活的窘但而舉行同盟罷工，以要求增加工資，改良待遇，本政府深表同情與慰問，現全蘇區正舉行大規模援助罷工的募捐運動，接濟全國的罷工，更勵全國工農羣衆和紅軍戰士以積極行動響應你們，望你們一致團結在赤色工會之下，堅決奮鬪，同時望你們嚴防黃色工會和工賊欺騙破壞，堅持到底，勝利終屬於你們的。　篠

中华苏维埃临时中央政府致上海电话工人电

全国总工会转全体上海电话工人鉴：

帝国主义国民党惨酷剥削工人的结果，使广大工人陷于无生的境地，你们此次为着生活的窘迫而举行同盟罢工，以要求增加工资，改良待遇，本政府深表同情与慰问，现全苏区正举行大规模援助罢工的募捐运动，接济全国的罢工，更动员全国工农群众和红军战士以积极行动响应你们，望你们一致团结在赤色工会之下，坚决奋斗，同时望你们严防黄色工会和工贼欺骗破坏，坚持到底，胜利终属于你们的。

紅色中華

中華蘇維埃共和國臨時中央政府機關報

第二十三期

一九三二年六月十六日

本期二張　收報費銅元二枚

專載

號召全國工農群衆和紅軍戰士援助上海罷工工人通電

中華蘇維埃共和國臨時中央政府

全國各蘇區工農羣衆紅軍戰士和白區工農兵勞動羣衆們！

上海報館電話等全體工人，爲不能忍受國民黨資本家，對時事新報工人與本身的殘酷壓迫和剝削，相繼舉行總同盟罷工，現在正在與帝國主義國民黨資本家作殘酷鬥爭．國民黨和其政府，本其一慣投降帝國主義，最近出賣東三省和上海，替帝國主義當清道夫，積極向中國革命進攻，除新來進攻蘇區和紅軍外，更積極壓迫白區工人鬪爭，全國工人階級正不斷以英勇的斗爭來回答國民黨帝國主義的進攻，與我蘇維埃紅軍的發展和勝利，遙相呼應，臨時中央政府號召全國工農羣衆紅軍戰士，一致起來，用革命的進攻去回答敵人的進攻，去推翻帝國主義國民黨的統治，來解放中國，解放工農勞動羣衆，目前最緊迫的行動，就是積極援助和響應上海工人的同盟罷工，各級蘇維埃政府各紅軍部隊及蘇區各羣衆團體，要舉行大的募捐運動，來接濟罷工；繼續以前的白區罷工基金募捐運動，募集大批經濟來幫助白區罷工斗爭和一切革命運動，特別是積極發展革命斗爭，摧毀國民黨統治，爭取湘鄂贛首先勝利，以與全國工人罷工，反帝運動及一切革命斗爭匯合，實現以民族革命戰爭，來驅逐帝國主義，爭取蘇維埃在全中國的勝利。

致上海報界罷工工友電

中華蘇維埃共和國臨時中央政府

中華全國總工會轉

上海全體報界工友鑒：

此次時事新報工友爲反對强迫加工而遭國民黨資本家以慘毒手段，驅逐全體工友，並在意拘捕蹂躪致使工友生活陷於絕境，同時黃色工會更爲虎作倀，極力破壞工友團結，最近更變本加厲節節進攻，你們全體報界工友，以總同盟罷工來反抗國民黨資本家，還是英勇偉大的階級鬥爭的一幕！国民黨的血腥統治，積極勾結帝國主義出賣民族利益，使中國的經濟破產，陷工農勞苦羣衆於絕境，近更簽訂帝國主義瓜分中國的條約，借帝國主義力量來壓迫工人和進攻中國革命，使中國永屈於帝國主義鐵蹄之下，只有蘇維埃政權底下的工農取得了政權，眞正得了解放，工人得了勞動法的保護，農民分得了土地。

英勇的報界工友們！階級鬥爭在全國正在殘酷的進行着，望你們堅決的頑强的與敵人奮鬪到底，並無情的揭破黃色工會的陰謀，驅逐其領袖，在赤色工會領導下，鞏固你們的戰線，以爭取最後的勝利。本政府對於你們這次英勇斗爭，深表同情與慰問，正號召全國工農羣衆及紅軍戰士，舉行募捐接濟你們的罷工經濟，并積極發展革命戰爭響應你們，望你們英勇向前奮斗！與蘇區工農羣衆和紅軍一致的來作推翻帝國主義國民黨的血腥統治，建立工農自已的蘇維埃政權，以達到工農階級的解放，英勇奮斗到底，最後勝利是你們的，慶祝你們罷工勝利！

致上海電話工人電

中華蘇維埃臨時中央政府

全國總工會轉全體上海電話工人鑒：

帝國主義國民黨慘酷剝削工人的結果，使廣大工人陷於無生的境地，你們此次爲着生活的窘但而舉行同盟罷工，以要求增加工資，改良待遇，本政府深表同情與慰問，現全蘇區正舉行大規模援助罷工的募捐運動，接濟全國的罷工，更動員全國工農羣衆和紅軍戰士以積極行動響應你們，望你們一致團結在赤色工會之下，堅決奮鬪，同時望你們嚴防黃色工會和工賊欺騙破壞，堅持到底，勝利終屬於你們的。　條

上海電話工人繼續罷工
帝國主義國民黨利用白俄進攻工人

期：红色中华零零二十三期

版：零二版

时间：一九三二年六月十六日

上海电话工人继续罢工

帝国主义国民党利用白俄进攻工人

上海十二日专电：上海电话工人，在共产党领导下于七日罢工，罢工者计有八处分局及杨树浦制造厂，共有二千余工人，主要要求为：一，反对开除工人，加重工作，取消礼拜工，二，一律增加工资，从四月份起算，三，储蓄金要工人自己保管，四，调动工作，保障不得开除，五，反对雇用白俄，六，补充职工，应先用电话失业工人，七，恢复被开除工人工作等，帝国主义资本家还未答覆，工人仍继续罢工云。

一九三二年六月十六日　紅色中華　第二版

專電

上海電話工人繼續罷工

帝國主義國民黨利用白俄進攻工人

上海十三日專電：上海電話工人，在共產黨領導下於七日罷工．罷工者計有八處分局及楊樹浦製造廠，共有二千餘工人，主要要求爲：一，反對開除工人，加重工作，取消禮拜工．二，一律增加工資，從四月份起算，三，儲蓄金裝工人自己保管，四，調動工作．保障不得開除，五，反對僱用白俄，六，補充職工，應先用電話失業工人，七，恢復被開除工人工作等，帝國主義資本家還未答覆，工人仍繼續罷工云。

上海法電工人醞釀罷工

上海十二日專電：上海法電工人，醞釀罷工，銅匠間已提出加薪和增加米貼等要求，華電工人，已開始實行怠工。

鄂豫皖紅軍又進攻武穴

漢口十四日電：鄂豫皖一部份紅軍，由廣濟向武穴前進，武穴豪紳地主，十分恐慌，反動派飛机前往廣濟縣城毀炸云。

紅軍偉大勝利中

國民黨軍閥碰命掙扎

南京十日電：軍閥蔣光鼐不日將由香港赴閩就『綏靖』主任職，白軍六十一師及七八師卅日抵閩，由閩蔡廷楷鎮劉進攻福建蘇區和紅軍，聞俟蔣抵閩後，即大舉進攻。

上海十二日電：國民黨湖北省政府以四四師四八師四一師三四師八二師三八師等六師，包圍潛江監利一帶，以王陵基担任守備．等待國民黨中央軍到後．開始總攻．目前敵人以全

力進攻湘鄂西蘇區和紅軍，企圖擊破這一方後．再向紅四軍後方進方，現紅軍二軍團，正準備消滅進攻敵人，不久有劇戰。

上海十四日電：進攻鄂豫皖蘇區的國民黨總司令蔣石介出發後，『剿赤』副司令李濟深，即赴九江與蔣會商進攻革命計劃，聞此次會議後，即赴蚌埠指揮白軍與武漢方面白軍取聯絡，進攻鄂豫皖蘇區和紅軍云。

白軍葛雲龍部譁變

嚮應紅軍用槍打反動長官

上海十二日專電：白軍三十三師葛雲龍五月二十九日至拆水蔡家河，被其部下一部份嚮應紅軍．士兵用机槍掃射，葛涸水潛逃。

國民黨正式

出賣上海的越界築路

欺騙羣衆形式收回
實際外人指揮警察

上海十日電：日本駐滬總領事村井，現正向領袖領事，要求早日召集領團會議，討論越界築路案．關於此案，日前已由工部局與國民黨市政府成立草案，內容極爲祕密．此外，又將組織糾察隊，中帝國主義派人訓練，並巡視各路云。

上海滬西

又爲英帝國主義分佔

上海十一日電：當日本侵佔上海時．英帝國主義派大批軍隊至滬，越英租界藉口佈防，强佔滬西白利南路等處，國民黨出賣上海的協約簽訂後．英即準備永佔該處，現英軍全未撤退云。

哈爾濱附近之激烈戰爭

反日軍進攻哈埠

哈爾濱十三日路透電：昨夜反日軍與日軍在哈爾濱附近，發生惡戰，首先反日帝國主義軍隊向哈爾濱猛撲，日軍接戰敗退，後又向反日軍猛烈反攻，戰綫由哈爾濱東廿英哩延長至南卅英哩之長，兩軍同以全力作戰，炮聲與機槍聲，哈爾濱區域各處，俱可聽見．昨夜哈爾濱全城，整夜未睡，混亂異常，情形與日本侵佔上海時，十九路軍士兵自動抵抗最激烈時之租界情況相同．當反日軍向哈爾濱進攻時，滿洲軍多反日，加入反日軍，增加了反日軍的實力，與日軍激戰二小時後，日軍敗退，死傷百餘人，後增援反攻，至十三清早反日軍，始向後撤退云。

滿洲軍不敢招新兵

因工農羣衆不願當走狗軍隊的結果

哈爾濱十四日路透電：日本御用工具的滿洲軍隊，現已不敢招募新兵，因爲最近有數處軍隊，於戰事嚴重時，突然倒戈，投入反日軍。

日軍派大批便衣隊

積極向山海關內侵擾

收買流氓土匪爲侵佔華北內應

天津十三日電：東三省日軍，近來積極向山海關一帶侵擾，並派大批便衣隊，祕密入關分赴華北各地．收買流氓土匪爲侵佔華北時內應，天津日界，已到百五十餘人云。

美京退伍軍人示威

參加者五萬餘人

上海十二專電：美國退伍軍人萬餘．由各地齊集美京游行示威，高呼絕不爲飢餓所屈服，示威者很快增到五萬餘人云。

日本農民赴東京示威

反對法西斯蒂統治

東京十三日路透電：日本軍閥齋藤氏在首相後，農民對政府不滿情緒．更加激烈，紛紛赴東京請願示威，現東京已爲農民請願团所

上海法电工人酝酿罢工

上海十二日专电：上海法电工人，酝酿罢工，铜匠闻已提出加薪和增加米贴等要求，华电工人，已开始实行怠工。

專電

上海電話工人繼續罷工

帝國主義國民黨利用白俄進攻工人

上海十三日專電：上海電話工人，在共產黨領導下於七日罷工．罷工者計有八處分局及楊樹浦製造廠，共有二千餘工人，主要要求爲：一，反對開除工人，加重工作．取消禮拜工．二，一律增加工資，從四月份起算，三，儲蓄金要工人自已保管，四，調動工作．保障不得開除，五，反對僱用白俄，六，補充職工，應先用電話失業工人，七，恢復被開除工人工作等，帝國主義資本家還未答覆，工人仍繼續罷工云。

上海法電工人醞釀罷工

上海十二日專電：上海法電工人，醞釀罷工，銅匠間已提出加薪和增加米貼等要求，華電工人，已開始實行怠工。

鄂豫皖紅軍又進攻武穴

漢口十四日電：鄂豫皖一部份紅軍，由廣濟向武穴前進，武穴豪紳地主，十分恐慌，反動派飛机前往廣濟縣城毀炸云。

國民黨軍閥碰命掙扎

紅軍偉大勝利中

南京十日電：軍閥蔣光鼐不日將由香港赴閩就『綏靖』主任職，白軍六十一師及七八師卅日抵閩，由軍閥蔡廷楷策劃進攻福建蘇區和紅軍，聞侯蔣抵閩後，即大舉進攻。

上海十二日電：國民黨湖北省政府以四四師四八師四一師三四師八二師三八師等六師，包圍潛江監利一帶，以王陵基担任守備．等待國民黨中央軍到後．開始總攻．目前敵人以全力進攻湘鄂西蘇區和紅軍，企圖擊破這一方後．再向紅四軍後方進攻，現紅軍二軍團，正準備消滅進攻敵人，不久有劇戰。

上海十四日電：進攻鄂豫皖蘇區的國民黨總司令蔣石介出發後，『剿赤』副司令李濟深，即赴九江與蔣會商進攻革命計劃，聞此次會議後，即赴蚌埠指揮白軍與武漢方面白軍取聯絡，進攻鄂豫皖蘇區和紅軍云。

白軍葛雲龍部譁變

響應紅軍用槍打反動長官

上海十二日專電：白軍三十三師葛雲龍五月二十九日至坼水蔡家河，被其部下一部份響應紅軍，士兵用机槍掃射，葛洇水潛逃。

出賣上海的越界築路

國民黨正式

欺騙羣衆形式收回　實際外人指揮警察

上海十日電：日本駐滬總領事村井，現正向領袖領事，要求早日召集領團會議，討論越界築路案．關於此案，日前已由工部局與國民黨市政府成立草案，內容極爲祕密．此外，又將組織糾察隊，中帝國主義派人訓練，並巡視各路云。

又爲英帝國主義分佔

上海滬西

上海十一日電：當日本侵佔上海時．英帝國主義派大批軍隊至滬，越英租界藉口佈防，強佔滬西白利南路等處，國民黨出賣上海的協約簽訂後．英即準備永佔領處，現英軍全未撤退云。

哈爾濱附近之激烈戰爭

反日軍進攻哈埠

哈爾濱十三日路透電：昨夜反日軍與日軍在哈爾濱附近，發生惡戰，首先反日帝國主義軍隊向哈爾濱猛撲　日軍接戰敗退，後又向反日軍猛烈反攻，戰綫由哈爾濱東六英哩延長至南四英哩之長，兩軍同以全力作戰，炮聲與機槍聲，哈爾濱區域各處，俱可聽見．昨夜哈爾濱全城，整夜未睡，混亂異常，情形與日本侵佔上海時，十九路軍士兵自動抵抗最激烈時之租界情況相同，當反日軍向哈爾濱進攻時，滿洲軍多反日，加入反日軍，增加了反日軍的實力，與日軍激戰二小時後，日軍敗退，死傷百餘人，後增援反攻，至十六清早反日軍，始向後撤退云。

滿洲軍不敢招新兵

因工農羣衆不願當走狗軍隊的結果

哈爾濱十三日路透電：日本御用工具的滿洲軍隊，現已不敢招募新兵，因爲最近有數處軍隊，於戰事嚴重時，突然倒戈，投入反日軍。

積極向山海關內侵擾

日軍派大批便衣隊

收買流氓土匪爲侵佔華北內應

天津十三日電：東三省日軍，近來積極向山海關一帶侵擾，並派大批便衣隊，祕密入關分赴華北各地．收買流氓土匪爲侵佔華北時內應，天津日界，已到百五十餘人云。

美京退伍軍人示威

參加者五萬餘人

上海十二專電：美國退伍軍人萬餘．由各地齊集美京游行示威，高呼絕不爲飢餓所屈服，示威者很快增到五萬餘人云。

日本農民赴東京示威

反對法西斯蒂統治

東京十三日路透電：日本軍閥齋藤在首相後，農民對政府不滿情緒．更加激烈，紛紛赴東京請願示威，現東京已爲農民請願團所

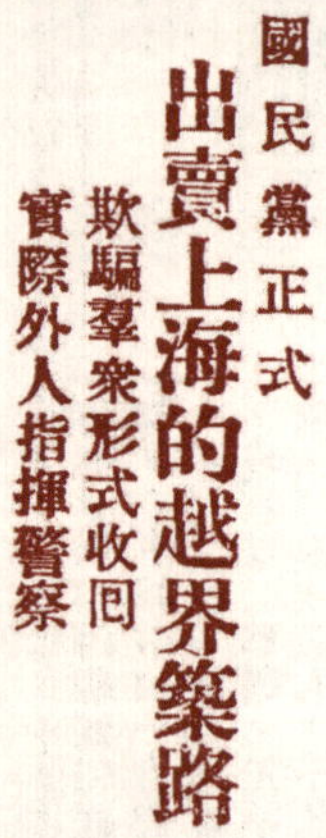
國民黨正式
出賣上海的越界築路
欺騙羣衆形式收回
實際外人指揮警察

期：红色中华零零二十三期

版：零二版

时间：一九三二年六月十六日

国民党正式出卖上海的越界筑路

欺骗群众形式收回
实际外人指挥警察

上海十日电：日本驻沪总领事村井，现正向领袖领事，要求早日召集领团会议，讨论越界筑路案，关于此案，日前已由工部局与国民党市政府成立草案，内容极为秘密，此外，又将组织纠察队，中帝国主义派人训练，并巡视各路云。

專電

上海電話工人繼續罷工

帝國主義國民黨利用白俄進攻工人

上海十三日專電：上海電話工人，在共產黨領導下於七日罷工．罷工者計有八處分局及楊樹浦製造廠，共有二千餘工人，主要要求為：一，反對開除工人，加重工作、取消禮拜工，二，一律增加工資，從四月份起算，三，儲蓄金交工人自己保管，四，調動工作．保障不得開除，五，反對僱用白俄，六，補充職工，應先用電話失業工人，七，恢復被開除工人工作等，帝國主義資本家還未答覆，工人仍繼續罷工云。

上海法電工人醞釀罷工

上海十二日專電：上海法電工人，醞釀罷工，銅匠聞已提出加薪和增加米貼等要求，華電工人，已開始實行怠工。

鄂豫皖紅軍又進攻武穴

漢口十四日電：鄂豫皖一部份紅軍，由廣濟向武穴前進，武穴豪紳地主，十分恐慌，反動派飛机前往廣濟縣城毀炸云。

國民黨軍閥碰命掙扎

紅軍偉大勝利中

南京十日電：軍閥蔣光鼐不日將由香港赴閩就『綏靖』主任職，白軍六十一師及七八師廿日抵閩，由軍閥蔡廷楷籌劃進攻福建蘇區和紅軍，聞俟蔣抵閩後，即大舉進攻。

上海十二日電：國民黨湖北省政府以四四師四八師四一師三四師八二師三八師等六師，包圍潛江監利一帶，以王陵基担任守備．等待國民黨中央軍到後．開始總攻．目前敵人以全

力進攻湘鄂西蘇區和紅軍，企圖擊破這一方後．再向紅四軍後方進方，現紅軍二軍團，正準備消滅進攻敵人，不久有劇戰。

上海十四日電：進攻鄂豫皖蘇區的國民黨總司令蔣石介出發後，『剿赤』副司令李濟深，即赴九江與蔣會商進攻革命計劃，聞此次會議後，即赴蚌埠指揮白軍與武漢方面白軍取聯絡，進攻鄂豫皖蘇區和紅軍云。

白軍葛雲龍部譁變

響應紅軍用槍打反動長官

上海十二日專電：白軍三十三師葛雲龍五月二十九日至圻水蔡家河，被其部下一部份響應紅軍，士兵用机槍掃射，葛泅水潛逃。

國民黨正式出賣上海的越界築路

欺騙群衆形式收回
實際外人指揮警察

上海十日電：日本駐滬總領事村井，現正向領袖領事，要求早日召集領團會議，討論越界築路案．關於此案，日前已由工部局與國民黨市政府成立草案，內容極為祕密，此外，又將組織糾察隊，中帝國主義派人訓練，並巡視各路云。

上海滬西又為英帝國主義分佔

上海十一日電：當日本侵佔上海時．英帝國主義派大批軍隊至滬，越英租界藉口佈防，強佔滬西白利南路等處，國民黨出賣上海的協約簽訂後．英即準備永佔該處，現英軍全未撤退云。

哈爾濱附近之激烈戰爭

反日軍進攻哈埠

哈爾濱十三日路透電：昨夜反日軍與日軍在哈爾濱附近，發生惡戰，首先反日帝國主義軍隊向哈爾濱猛撲，日軍接戰敗退，後又向反日軍猛烈反攻，戰綫由哈爾濱東約英哩延長至南約英哩之長，兩軍同以全力作戰，炮聲與機槍聲，哈爾濱區域各處，俱可聽見．昨夜哈爾濱全城，整夜未睡，混亂異常，情形與日本侵佔上海時，十九路軍士兵自動抵抗最激烈時之租界情況相同．當反日軍向哈爾濱進攻時，滿洲軍多反日，加入反日軍，增加了反日軍的實力，與日軍激戰二小時後，日軍敗退，死傷百餘人，後增援反攻，至十六清早反日軍，始向後撤退云。

滿洲軍不敢招新兵

因工農群衆不願當走狗軍隊的結果

哈爾濱十四日路透電：日本御用工具的滿洲軍隊，現已不敢招募新兵，因為最近有數處軍隊，於戰事嚴重時，突然倒戈，投入反日軍。

積極向山海關內侵擾

日軍派大批便衣隊
收買流氓土匪為侵佔華北內應

天津十三日電：東三省日軍，近來積極向山海關一帶侵擾，並派大批便衣隊，祕密入關分赴華北各地，收買流氓土匪為侵佔華北時內應，天津日界，已到百五十餘人云。

美京退伍軍人示威

參加者五萬餘人

上海十二專電：美國退伍軍人萬餘，由各地齊集美京游行示威，高呼絕不為飢餓所屈服，示威者很快增到五萬餘人云。

日本農民赴東京示威

反對法西斯蒂統治

東京十三日路透電：日本軍閥齋藤任首相後，農民對政府不滿的情緒，更加激烈，紛紛赴東京請願示威，現東京已為農民請願团所

期
红色中华零零二十三期
版
零二版
时间
一九三二年六月十六日

上海沪西又为英帝国主义分占

上海十一日电：当日本侵占上海时，英帝国主义派大批军队至沪，越英租界借口布防，强占沪西白利南路等处，国民党出卖上海的协约签订后，英即准备永占该处，现英军全未撤退云。

專電

上海電話工人繼續罷工

帝國主義國民黨利用白俄進攻工人

上海十三日專電：上海電話工人，在共產黨領導下於七日罷工．罷工者計有八處分局及楊樹浦製造廠，共有二千餘工人，主要要求爲：一，反對開除工人，加重工作，取消禮拜工．二，一律增加工資，從四月份起算，三、儲蓄金發工人自己保管，四，調動工作，保障不得開除，五，反對僱用白俄，六，補充職工，應先用電話失業工人，七，恢復被開除工人工作等，帝國主義資本家還未答覆，工人仍繼續罷工云。

上海法電工人醞釀罷工

上海十二日專電：上海法電工人，醞釀罷工，銅匠聞已提出加薪和增加米貼等要求，華電工人，已開始實行怠工。

鄂豫皖紅軍又進攻武穴

漢口十四日電：鄂豫皖一部份紅軍，由廣濟向武穴前進，武穴豪紳地主，十分恐慌，反動派飛机前往廣濟縣城毀炸云。

紅軍偉大勝利中

國民黨軍閥碰命掙扎

南京十日電：軍閥蔣光鼐不日將由香港赴閩就『綏靖』主任職，白軍六十一師及七八師卅日抵閩，由軍閥蔡廷楷策劃進攻福建蘇區和紅軍，聞侯蔣抵閩後，即大舉進攻。

上海十二日電：國民黨湖北省政府以四四師四八師四一師三四師八二師三八師等六師，包圍潛江監利一帶，以王陵基担任守備．等待國民黨中央軍到後．開始總攻．目前敵人以全

力進攻湘鄂西蘇區和紅軍，企圖擊破這一方後．再向紅四軍後方進方，現紅軍二軍團，正準備消滅進攻敵人，不久有劇戰。

上海十四日電：進攻鄂豫皖蘇區的國民黨總司令蔣石介出發後，『剿赤』副司令李濟深，即赴九江與蔣會商進攻革命計劃，聞此次會議後，即赴蚌埠指揮白軍與武漢方面白軍取聯絡，進攻鄂豫皖蘇區和紅軍云。

白軍葛雲龍部譁變

響應紅軍用槍打反動長官

上海十二日專電：白軍三十三師葛雲龍五月二十九日至圻水蔡家河，被其部下一部份響應紅軍．士兵用机槍掃射，葛泅水潛逃。

國民黨正式

出賣上海的越界築路

欺騙羣衆形式收回

實際外人指揮警察

上海十日電：日本駐滬總領事村井，現正向領袖領事，要求早日召集領團會議，討論越界築路案．關於此案，日前已由工部局與國民黨市政府成立草案，內容極爲祕密．此外，又將組織糾察隊，中帝國主義派人訓練，並巡視各路云。

上海滬西

又爲英帝國主義分佔

上海十一日電：當日本侵佔上海時．英帝國主義派大批軍隊至滬，越英租界藉口佈防，强佔滬西白利南路等處，國民黨出賣上海的協約簽訂後．英即準備永佔該處，現英軍全未撤退云。

哈爾濱附近之激烈戰爭

反日軍進攻哈埠

哈爾濱十三日路透電：昨夜反日軍與日軍在哈爾濱附近，發生惡戰，首先反日帝國主義軍隊向哈爾濱猛撲 日軍接戰敗退，後又向反日軍猛烈反攻，戰綫由哈爾濱東十英哩延長至南四十英哩之長，兩軍同以全力作戰，炮聲與機槍聲，哈爾濱區域各處，俱可聽見．昨夜哈爾濱全城，整夜未睡，混亂異常，情形與日本侵佔上海時，十九路軍士兵自動抵抗最激烈時之租界情況相同 當反日軍向哈爾濱進攻時，滿洲軍多反日，加入反日軍，增加了反日軍的實力，與日軍激戰二小時後，日軍敗退，死傷百餘人，後增援反攻，至十六清早反日軍，始向後撤退云。

滿洲軍不敢招新兵

因工農羣衆不願當走狗軍閥的結果

哈爾濱十三日路透電：日本御用工具的滿洲軍隊，現已不敢招募新兵，因爲最近有數處軍隊，於戰事嚴重時，突然倒戈，投入反日軍。

日軍派大批便衣隊

積極向山海關內侵擾

收買流氓土匪爲侵佔華北內應

天津十三日電：東三省日軍，近來積極向山海關一帶侵擾，並派大批便衣隊，祕密入關分赴華北各地，收買流氓土匪爲侵佔華北時內應，天津日界，已到百五十餘人云。

美京退伍軍人示威

參加者五萬餘人

上海十二專電：美國退伍軍人萬餘．由各地齊集美京游行示威，高呼絕不爲飢餓所屈服，示威者很快增到五萬餘人云。

日本農民赴東京示威

反對法西斯蒂統治

東京十三日路透電：日本軍閥齋藤也在首相後，農民對政府不滿的情緒．更加激烈，紛紛赴東京請願示威，現東京已爲農民請願团所

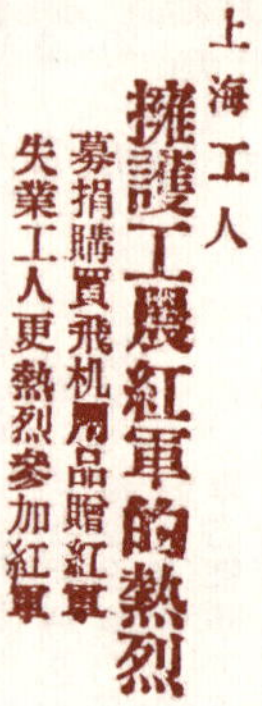
上海工人
擁護工農紅軍的熱烈
募捐購買飛机用品贈紅軍
失業工人更熱烈參加紅軍

期 红色中华零零二十四期

版 零二版

时间 一九三二年六月二十三日

上海工人拥护工农红军的热烈

募捐购买飞机用品赠红军
失业工人更热烈参加红军

上海十七日专电：各苏区工农红军，不断地获得伟大胜利，绝大的兴奋了上海工农劳苦群众斗争的积极性，提高了拥护苏维埃红军的热忱，除捐钱购买飞机，药棉花，药品，热水瓶，收到很大成绩外，还有女工们争与红军做衣服，帮［绑］腿，药袋等，许多老太婆都向儿子要钱，捐助出来购买飞机给红军，工人都愿意加入红军之友社，而且有许多失业工人，都要到红军中去，尤其是安徽与湖北的工人，都说红军已打到家中去了，还不回家吗？最近更影响了许多失业工人，一批一批的自动前往参加红军云。

一九三二年六月廿三日　紅色中華　第二版

大兵，盡所有的力量，進行四次大圍剿。北方各省工農擁護蘇維埃政府，在中共領導之下，已經創造了紅軍廿六軍與陝甘邊新蘇區。北方各省委代表聯席會議，在中共中央領導之下，更一致決定動員北方的千百萬的工農勞苦群衆，堅決創造北方的新蘇區，來響應你們的積極行動。我們堅決相信你們的英勇領導，一定能粉碎敵人的新進攻，爭取中國革命一省與數省的首先勝利，并且配合北方各省蘇維埃運動，以爭取全中國的蘇維埃勝利。

中國共產黨北方各省代表聯席會議

中國共產黨北方各省委代表聯席會議致

中國工農紅軍電：

親愛的紅軍兄弟們！你們正在前綫上與帝國主義國民黨軍閥們萬惡軍隊血戰着，你們英勇的戰鬪精神，打敗了敵人無數次的圍剿，奪取了許多城市，擴大與鞏固了蘇維埃政權，你們是保護與建立蘇維埃的唯一的武裝力量，你們是推翻帝國主義國民黨的組織者與領導者。你們英勇的戰績與勝利，獲得了千千萬萬所有中國工農勞苦群衆的熱烈擁護，北方的工農勞苦群衆，在極端的白色恐怖殘酷的屠殺與壓迫之下，與你們遙向呼應。他們在共產黨的領導之下，建立了北方的紅廿六軍，開闢了北方陝甘邊新的蘇區，正在以不折不撓的精神，推翻了帝國主義國民黨的統治，北方會議爲創製北方新的蘇區，號召北方所有的工農勞苦群衆和你們共同努力，爭取一省與數省政權的首先勝利，及蘇維埃政權在全中國的勝利。

中國共產黨北方各省委代表聯席會議

專電

全國紅軍繼續大勝利

鄂豫皖第五次大勝利 又活捉白師長葛雲龍
湘鄂西擊潰川軍全部 師長范紹增負傷逃跑

鄂豫皖十九日專電：鄂豫皖紅軍四軍團，消滅潢川敵張鈁三師，繳械七千餘後，現正向羅山前進，破壞京漢路，並消滅新入潢川之白軍第八十師馬鴻逵部十五路軍及第二師爲目的，河南白敵消滅後即沿京漢路南下，消滅宋埠黃陂一帶之敵，紅軍七十五師及英山獨立師，已先後攻下羅田圻水，消滅白軍卅三師大部，并活捉葛雲龍，現正進攻麻城宋埠之敵，紅軍已經獲過五次大勝利云。

湘鄂西二十日專電：四川軍閥張邦本郭勳旅，范紹增師之十一旅，及佟，楊等之獨立团，於六月三日分四路向湘鄂西蘇區進攻，我紅軍二軍團當卽開赴潛江與白軍第一路張邦本旅激戰，當給以迎頭痛擊，消滅其一部，繼於十三日以兩支隊夾擊其第三路范紹增師，於老新口一帶，將其全部消滅，十四日又擊潰白敵四路佟，楊等全團，其第二路郭勳部聞風逃走，潛江恢復，計此役，我軍繳獲步槍二千五百餘枝，輕机關槍三十八架，迫擊炮十五門，子彈輜重等甚多，俘擄一千三百餘人，擊斃白軍十一旅團長饒正鈃一名，活捉團長一名，敵師長范紹增負傷逃走，現正跟蹤追擊，以期澈底消滅川軍。

上海工人

擁護工農紅軍的熱烈

募捐購買飛机用品贈紅軍

失業工人更熱烈參加紅軍

上海十七日專電：各蘇區工農紅軍，不斷的獲得偉大勝利，絕大的興奮了上海工農勞苦群衆斗爭的積極性，提高了擁護蘇維埃紅軍的熱忱，除捐錢購買飛機，藥棉花，藥品，熱水瓶，收到很大成績外，還有女工們爭與紅軍做衣服，綁腿，藥袋等，許多老太婆都向兒子要錢，捐助出來購買飛机給紅軍，工人都願意加入紅軍之友社，而且有許多失業工人，都要到紅軍中去，尤其是安徽與湖北的工人，都說紅軍已打到家中去了，還不回家嗎？最近更影響了許多失業工人，一批一批的自動前往參加紅軍云。

東北義勇軍

總攻瀋陽錦州綏中

秦皇島十八日電：遼東義勇軍紛紛由遼陽東順方面向瀋陽移動，瀋陽東南駐軍于芷如連被繳械，義勇軍一部千餘名，進逼瀋坦與靖安游擊隊劇戰，該地豪紳紛紛遷避入城，瀋陽形勢極爲緊張。

北平十八日電：奉山線韓家溝一帶義勇軍，十五日晨與日軍激戰，義勇軍截擊日軍，與錦州義勇軍實行聯絡，鄭桂林部亦加入，準備總攻錦州綏中。

日又計劃侵佔華北

指使滿州軍隊進關

平津增日軍四師團

上海二十二日電：日本決令滿洲軍隊，進攻關內，指張學良暗助義軍，謀佔華北，派員崎祕密赴瀋，與楠莊商議進兵計劃。

又電：日本假名換防，增兵平津，聞共調第一，第四，第七，第十二等四師團，約於七月十日左右開到。

期
红色中华零零二十四期
版
零三版
时间
一九三二年六月二十三日

日军又轰炸上海群众

上海二十日电：反动国民党虽签了出卖上海的协约，但日军突又向华军攻击，特别是对徒手的工农劳苦群众，施以极猛烈地轰击，他们的房屋，亦被焚毁无数云。

日本又轟炸上海羣衆

上海二十日電：反動國民黨雖簽了出賣上海的協約，但日軍突又向華軍攻擊，特別是對徒手的工農勞苦羣衆、施以極猛烈的轟擊，他們的房屋，亦被焚燬無數云。

解散上海兵工廠工人

國民黨政府下令

上海二十日電：上海兵工廠，滬戰時遷杭，現已停辦，所有機器材料，分配到金陵，漢陽，鞏縣三廠，工人全體爲國民黨政府下令解散云。

出賣上海越界築路談判

反動國民黨積極進行

上海二十一日電：國民黨出賣越界築路事，現仍在積極進行 國民黨外交部派貴信悖與工部局作進一步會商，內容極爲祕密云。

上海電話工人已復工

工賊改組派取消派破壞結果

上海二十三日電：上海電話工人罷工，繼續兩星期之久，工賊取消派改組派等積極活動，從中破壞，企圖出賣罷工，但工人在共產黨領導下，開始時，斗爭情緒，非常堅決，組織罷工委員會和罷工法庭，嚴厲對付破壞罷工的工賊取消派改組派等，當他們在遠東飯店第四十一號工頭開祕密會議時，被工人糾察隊痛毆、結果，因少數罷工領導者的動搖，以致失敗，罷工工人，已於今日復工云。

日本繼續逮捕蘇聯公民

上海十九日電：日軍在朝鮮又逮捕蘇聯公民欽恩哈（譯音）等多名，加罪他們是共產黨潛入哈爾濱（譯音）目的在炸毀松花江鐵橋，向蘇聯挑釁云。

截留東北海關關稅

日指使滿洲政府

北平二十日電．日本帝國主義指使其御用工具滿洲政府，制止東北各海關向總稅務司匯款，哈爾濱海關自三月二十六日起，牛莊自四月十六日起、安東自四月十九日起 均已停止匯款 最近形勢更加嚴重，滿洲傀儡政府受日本指使，開始支配海關收入，且伸長勢力，干涉大連海關，同時令關稅關藏之銀欵，日本正金銀行及中國銀行，停止向總稅務司解款。根據關稅收入統計，總數爲三萬一千萬元、東三省佔一千九百萬元，因海關是中國所借外債擔保品 帥的實權，實際都是操在帝國主義手裏 日本指使其御用的滿州政府，扣留東省關稅收入後，英美各帝國主義．極爲注意云。

要聞

陸豐紅軍大獲勝利

擊潰廣東白軍張瑞貴部 佔領新田圩繳步槍多枝 警衛隊及警察全部消滅 活捉警察長及隊長多人

海陸豐蘇維埃紅軍，自一九二八年失利後，退出縣城，已經三年多了，在目前革命大發展，和全國蘇維埃紅軍獲得偉大勝利形勢下，海陸豐廣大工農羣衆同樣積極起來發展革命運動，海豐的情形，前曾登載本報，據最近消息，亦非常活躍，前月與張瑞貴師部之五團，激戰於深坑田仔等處，殺近，又進攻新田圩，駐該處之警衛隊二小隊及警察全部消滅，所有槍械，全部爲紅軍繳獲，擊斃小隊長陳漢鵬一名，隊兵死傷無數，活捉小隊長陳才一名，班長一名，警察長一名，隊兵十餘名，警察死傷十餘名。新田圩爲紅軍佔領，附近各地豪紳地主，紛紛逃避並請兵云。

惠來紅軍新的發展

廣東惠來地近海豐，最近紅軍亦有很迅速發展，前月由日襲擊駐惠來隆江之廣東白軍第[illegible]師所部第一營，激戰約一時許 葵潭各處白軍馳赴應援，於挑囘波鳥地方，又發生激戰，紅軍猛烈衝鋒，白軍不支敗退，計是役，擊斃白敵二十人，傷者無算，繳獲軍用品甚多云。

東北抗日自衛軍擊敗日軍

繳獲步槍三百餘枝機關槍七架

日本帝國主義佔領東三省後，不斷的強奪農民土地、焚燒農民房屋，同時，更極殘酷的實行屠殺政策，到處引起了工農羣衆極強有力反抗，最近，曹屯高麗屯及東山一帶的羣衆，不堪日人的壓迫，自動組織抗日自衛軍 人數在三千以上，以張維國爲司令，與日軍對抗，事爲日海軍知悉，當即由興貞堡調到日本巡捕隊九百餘，與抗日大刀隊激戰，結果，完全爲大刀隊包圍，短刃相接，又激戰六小時之久，至半夜方止，計是役，抗日軍大獲勝利，擊斃日巡捕隊三百餘名，繳獲三八式步槍三百餘枝，機關槍七架、手槍三十餘枝，子彈以及其他軍用品無算，抗日軍方面亦死傷七十餘人云。

日軍逼近蘇聯邊境

攜帶大批築壕器具 進攻蘇聯更見緊張

日本帝國主義在各帝國主義同情和擁護之

國民黨政府下令
解散上海兵工廠工人

期
红色中华零零二十四期
版
零三版
时间
一九三二年六月二十三日

国民党政府下令
解散上海兵工厂工人

上海二十日电：上海兵工厂，沪战时迁杭，现已停办，所有机器材料，分配到金陵，汉阳，巩县三厂，工人全体为国民党政府下令解散云。

一九三二年六月廿三日　紅色中華　第三版

日帝又轟炸上海群眾

上海二十日電：反動國民黨雖簽了出賣上海的協約，但日軍突又向華軍攻擊，特別是對徒手的工農勞苦群眾、施以極猛烈的轟擊，他們的房屋，亦被焚燬無數云。

國民黨政府下令

解散上海兵工廠工人

上海二十日電：上海兵工廠，滬戰時遷杭，現已停辦，所有機器材料，分配到金陵，漢陽，鞏縣三廠，工人全體爲國民黨政府下令解散云。

反動國民黨積極進行

出賣上海越界築路談判

上海二十一日電：國民黨出賣越界築路事，現仍在積極進行　國民黨外交部派費信惇與工部局作進一步會商，內容極爲祕密云。

上海電話工人已復工

工賊改組派取消派破壞結果

上海二十三日電：上海電話工人罷工，繼續兩星期之久，工賊取消派改組派等積極活動，從中破壞，企圖出賣罷工，但工人在共產黨領導下，開始時，斗爭情緒，非常堅決，組織罷工委員會和罷工法庭，嚴厲對付破壞罷工的工賊取消派改組派等，當他們在遠東飯店與四十一號工頭開祕密會議時，被工人糾察隊痛毆，結果，因少數罷工領導者的動搖，以致失敗，罷工工人，已於今日復工云。

日本繼續逮捕蘇聯公民

上海十九日電：日軍在朝鮮又逮捕蘇聯公民欽黑哈（譯音）等多名，加罪他們是共產黨潛入嘀新（譯音）目的在炸毀鴨綠江鐵橋，向蘇聯挑釁云。

日指使滿洲政府

截留東北海關關稅

北平二十日電：日本帝國主義指使其御用工具滿洲政府，制止東北各海關向總稅務司匯款，哈爾濱海關自三月二十六日起，牛莊自四月十六日起、安東自四月十九日起　均已停止匯款　最近形勢更加嚴重，滿洲傀儡政府受日本指使，開始支配海關收入，且伸長勢力，干涉大連海關，同時令關稅歸藏之銀款，日本正金銀行及中國銀行，停止向總稅務司解款。根據關稅收入統計，總數爲三萬一千萬元、東三省佔一千九百萬元，因海關是中國所借外債担保品　帥的實權，實際都是操在帝國主義手裏　日本指使其御用的滿州政府，扣留東省關稅收入後，英美各帝國主義，極爲注意云。

要聞

陸豐紅軍大獲勝利

擊潰廣東白軍張瑞貴部　佔領新田圩繳步槍多枝　警衛隊及警察全部消滅　活捉警察長及隊長多人

海陸豐蘇維埃紅軍，自一九二八年失利後，退出縣城，已經三年多了，在目前革命大發展，和全國蘇維埃紅軍獲得偉大勝利形勢下，海陸豐廣大工農群眾同樣積極起來發展革命運動，海豐的情形，前曾登載本報，據最近消息，亦非常活躍，前月與張瑞貴師部之五團，激戰於深坑田仔等處，最近，又進攻新田圩，駐該處之警衛隊二小隊及警察全部消滅，所有槍械，全部爲紅軍繳獲，擊斃小隊長陳漢鵠一名，隊兵死傷無數，活捉小隊長陳才一名，班長一名，警察長一名，隊兵十餘名，警察死傷十餘名。新田圩爲紅軍佔領，附近各地豪紳地主，紛紛逃避並請兵云。

惠來紅軍新的發展

廣東惠來地近海豐，最近紅軍亦有很迅速發展，前月廿日襲擊駐惠來隆江之廣東白軍第[illegible]師所部第四營，激戰約一時許　葵潭各處白軍馳赴應援，於挑回波島地方，又發生激戰，紅軍猛烈衝鋒，白軍不支敗退，計是役，擊斃白敵三十人，傷者無算，繳獲軍用品甚多云。

東北抗日自衛軍擊敗日軍

繳獲步槍三百餘枝机關槍七架

日本帝國主義佔領東三省後，不斷的強奪農民土地，焚燒農民房屋，同時，更極殘酷的實行屠殺政策，到處引起了工農群眾極強有力反抗，最近，曹屯高麗屯及東山一帶的群眾，不堪日人的壓迫，自動組織抗日自衛軍　人數在三千以上，以張維國爲司令，與日軍對抗，事爲日海軍知悉，當即由興京堡調到日本巡捕隊九百餘，與抗日大刀隊激戰，結果，完全爲大刀隊包圍，短刃相接，又激戰六小時之久，至半夜方止，計是役，抗日軍大獲勝利，擊斃日巡捕隊三百餘名，繳獲三八式步槍三百餘枝，機關槍七架，手槍三十餘枝，子彈以及其他軍用品無算，抗日軍方面亦死傷七十餘人云。

日軍逼近蘇聯邊境

攜帶大批築壕器具　進攻蘇聯更見緊張

日本帝國主義在各帝國主義同情和擁護之

反動國民黨積極進行
出賣上海越界築路談判

期：红色中华零零二十四期
版：零三版
时间：一九三二年六月二十三日

反动国民党积极进行出卖上海越界筑路谈判

上海二十一日电：国民党出卖越界筑路事，现仍在积极进行，国民党外交部派费信惇与工部局作进一步会商，内容极为秘密云。

一九三二年六月廿三日　紅色中華　第三版

日軍又轟炸上海群衆

上海二十日電：反動國民黨雖簽了出賣上海的協約，但日軍突又向華軍攻擊，特別是對徒手的工農勞苦群衆、施以極猛烈的轟擊，他們的房屋，亦被焚燬無數云。

解散上海兵工廠工人

國民黨政府下令

上海二十日電：上海兵工廠，滬戰時遷杭，現已停辦，所有機器材料、分配到金陵，漢陽，鞏縣三廠，工人全體爲國民黨政府下令解散云。

出賣上海越界築路談判

反動國民黨積極進行

上海二十一日電：國民黨出賣越界築路事，現仍在積極進行 國民黨外交部派員信惇與工部局作進一步會商，內容極爲祕密云。

上海電話工人已復工

工賊改組派取消派破壞結果

上海二十三日電：上海電話工人罷工，繼續兩星期之久，工賊取消派改組派等積極活動，從中破壞，企圖出賣罷工，但工人在共產黨領導下，開始時，斗爭情緒，非常堅決，組織罷工委員會和罷工法庭，嚴厲對付破壞罷工的工賊取消派改組派等，當他們在遠東飯店與四十一號工頭開祕密會議時，被工人糾察隊痛毆·結果，因少數罷工領導者的動搖，以致失敗，罷工工人，已於今日復工云。

日本繼續逮捕蘇聯公民

上海十九日電：日軍在朝鮮又逮捕蘇聯公民欽恩哈（譯音）等多名，加罪他們是共產黨潛入嗎新（譯音）目的在炸毀鴨綠江鐵橋，向蘇聯挑釁云。

截留東北海關關稅

日指使滿洲政府

北平二十日電．日本帝國主義指使其御用工具滿洲政府，制止東北各海關向總稅務司匯款，哈爾濱海關自三月二十六日起，牛莊自四月十六日起，安東自四月十九日起 均已停止匯款 最近形勢更加嚴重，滿洲傀儡政府受日本指使，開始支配海關收入，且伸長勢力，干涉大連海關，同時令關稅儲藏之銀款，日本正金銀行及中國銀行，停止向總稅務司解款。根據關稅收入統計，總數爲三萬一千萬元、東三省佔一千九百萬元，因海關是中國所借外債擔保品 他的管權，實際都是操在帝國主義手裏 日本指使其御用的滿州政府，扣留東省關稅收入後，英美各帝國主義．極爲注意云。

要聞

陸豐紅軍大獲勝利

擊潰廣東白軍張瑞貴部
佔領新田圩繳步槍多枝
警衛隊及警察全部消滅
活捉警察長及隊長多人

海陸豐蘇維埃紅軍，自一九二八年失利後，退出縣城，已經三年多了，在目前革命大發展，和全國蘇維埃紅軍獲得偉大勝利形勢下，海陸豐廣大工農群衆同樣積極起來發展革命運動，海豐的情形，前曾登載本報，據最近消息，亦非常活躍，前月與張瑞貴師部之五團，激戰於深坑田仔等處，最近，又進攻新田圩，駐該處之警衛隊二小隊及警察全部消滅，所有槍械，全部爲紅軍繳獲，擊斃小隊長陳漢鵠一名，隊兵死傷無數，活捉小隊長陳才一名，班長一名，警察長一名，隊兵十餘名，警察死傷十餘名。新田圩爲紅軍佔領，附近各地豪紳地主，紛紛逃避並請兵云。

惠來紅軍新的發展

廣東惠來地近海豐

最近紅軍亦有很迅速發展，前月廿日襲擊駐惠來隆江之廣東白軍第六師所部第四營，激戰約一時許 葵潭各處白軍馳赴應援，於挑回波島地方，又發生激戰，紅軍猛烈衝鋒，白軍不支敗退，計是役，擊斃白敵三十人，傷者無算，繳獲軍用品甚多云。

東北抗日自衛軍擊敗日軍

繳獲步槍三百餘枝机關槍七架

日本帝國主義佔領東三省後，不斷的強奪農民土地，焚燒農民房屋，同時，更極殘酷的實行屠殺政策，到處引起了工農群衆極強有力反抗，最近，曹屯高麗屯及東山一帶的群衆，不堪日人的壓迫，自動組織抗日自衛軍，人數在三千以上，以張維國爲司令，與日軍對抗，事爲日海軍知悉，當即由興貞堡調到日本巡捕隊九百餘，與抗日大刀隊激戰，結果，完全爲大刀隊包圍，短刃相接，又激戰六小時之久，至半夜方止，計是役，抗日軍大獲勝利，擊斃日巡捕隊三百餘名，繳獲三八式步槍三百餘枝，機關槍七架，手槍三十餘枝，子彈以及其他軍用品無算，抗日軍方面亦死傷七十餘人云。

日軍逼近蘇聯邊境

攜帶大批築壕器具
進攻蘇聯更見緊張

日本帝國主義在各帝國主義同情和擁護之

上海電話工人已復工
工賊改組派取消派破壞結果

期：红色中华零零二十四期

版：零三版

时间：一九三二年六月二十三日

上海电话工人已复工

工贼改组派取消派破坏结果

上海二十三日电：上海电话工人罢工，继续两星期之久，工贼取消派改组派等积极活动，从中破坏，企图出卖罢工，但工人在共产党领导下，开始时，斗争情绪，非常坚决，组织罢工委员会和罢工法庭，严厉对付破坏罢工的工贼取消派改组派等，当他们在远东饭店与四十一号工头开秘密会议时，被工人纠察队痛殴，结果，因少数罢工领导者的动摇，以致失败，罢工工人，已于今日复工云。

日軍又轟炸上海羣衆

上海二十日電：反動國民黨雖簽了出賣上海的協約，但日軍突又向華軍攻擊，特別是對徒手的工農勞苦羣衆，施以極猛烈的轟擊，他們的房屋，亦被焚燬無數云。

解散上海兵工廠工人

國民黨政府下令

上海二十日電：上海兵工廠，滬戰時遷杭，現已停辦，所有機器材料，分配到金陵，漢陽，鞏縣三廠，工人全體爲國民黨政府下令解散云。

出賣上海越界築路談判

反動國民黨積極進行

上海二十一日電：國民黨出賣越界築路事，現仍在積極進行 國民黨外交部派費信惇與工部局作進一步會商，內容極爲祕密云。

上海電話工人已復工

工賊改組派取消派破壞結果

上海二十三日電：上海電話工人罷工，繼續兩星期之久，工賊取消派改組派等積極活動，從中破壞，企圖出賣罷工，但工人在共產黨領導下，開始時，斗爭情緒，非常堅決，組織罷工委員會和罷工法庭，嚴厲對付破壞罷工的工賊取消派改組派等，當他們在遠東飯店與四十一號工頭開祕密會議時，被工人糾察隊痛毆，結果，因少數罷工領導者的動搖，以致失敗，罷工工人，已於今日復工云。

日本繼續逮捕蘇聯公民

上海十九日電：日軍在朝鮮又逮捕蘇聯公民欽累哈(譯音)等多名，加罪他們是共產黨潛入哈爾濱(譯音)目的在炸毀鴨綠江鐵橋，向蘇聯挑戰云。

截留東北海關關稅

日指使滿洲政府

北平二十日電．日本帝國主義指使其御用工具滿洲政府，制止東北各海關向總稅務司匯款，哈爾濱海關自三月二十六日起，牛莊自四月十六日起，安東自四月十九日起 均已停止匯款 最近形勢更加嚴重，滿洲傀儡政府受日本指使，開始支配海關收入，且伸長勢力，干涉大連海關，同時命關稅關藏之銀款，日本正金銀行及中國銀行，停止向總稅務司解款。根據關稅收入統計，總數爲三萬一千萬元、東三省佔一千九百萬元，因海關是中國所借外債担保品 他的管權，實際都是操在帝國主義手裏 日本指使其御用的滿州政府，扣留東省關稅收入後，英美各帝國主義，極爲注意云。

要聞

陸豐紅軍大獲勝利

擊潰廣東白軍張瑞貴部
佔領新田圩繳步槍多枝
醫衛隊及警察全部消滅
活捉警察長及隊長多人

海陸豐蘇維埃紅軍，自一九二八年失利後，退出縣城，已經三年多了，在目前革命大發展，和全國蘇維埃紅軍獲得偉大勝利形勢下，海陸豐廣大工農羣衆同樣積極起來發展革命運動，海豐的情形，前曾登載本報，據最近消息，亦非常活躍，前月與張瑞貴師部之五團，激戰於深坑田仔等處，最近，又進攻新田圩，駐該處之醫衛隊二小隊及警察全部消滅，所有槍械，全部爲紅軍繳獲，擊斃小隊長陳漢鵠一名，隊兵死傷無數，活捉小隊長陳才一名，班長一名，警察長一名，隊兵十餘名，警察死傷十餘名。新田圩爲紅軍佔領，附近各地豪紳地主，紛紛逃避並請兵云。

惠來紅軍新的發展

廣東惠來地近陸豐最近紅軍亦有很迅速發展，前月二日襲擊駐惠來隆江之廣東白軍第六師所部第四營，繳槍約一時許 葵潭各處白軍馳赴增援，於挑囘波鳥地方，又發生激戰，紅軍猛烈衝鋒，白軍不支敗退，計是役，擊斃白敵三十人，傷者無算，繳獲軍用品甚多云。

東北抗日自衛軍擊敗日軍

繳獲步槍三百餘枝机關槍七架

日本帝國主義佔領東三省後，不斷的強奪農民土地，焚燒農民房屋，同時，更極殘酷的實行屠殺政策，到處引起了工農羣衆極強有力反抗，最近，曹屯高麗屯及東山一帶的羣衆，不堪日人的壓迫，自動組織抗日自衛軍 人數在三千以上，以張耀國爲司令，與日軍對抗，事爲日海軍知悉，當即由興貞堡調到日本巡捕隊九百餘，與抗日大刀隊繳戰，結果，完全爲大刀隊包圍，短刃相接，又繳戰六小時之久，至半夜方止，計是役，抗日軍大獲勝利，擊斃日巡捕隊三百餘名，繳獲三八式步槍三百餘枝，機關槍七架，手槍三十餘枝，子彈以及其他軍用品無算，抗日軍方面亦死傷七十餘人云。

日軍逼近蘇聯邊境

攜帶大批築壕器具
進攻蘇聯更見緊張

日本帝國主義在各帝國主義同情和擁護之

期　红色中华零零二十四期

版　零四版

时间　一九三二年六月二十三日

上海資產階級銀行家發起
組織廢止內戰大同盟
欺騙羣衆模糊認識
藉日廢戰進攻革命
企圖挽救反動統治

上海资产阶级银行家发起组织废止内战大同盟

欺骗群众模糊认识
借日废战进攻革命
企图挽救反动统治

革命运动猛烈的发展，反动国民党的统治，日益走向死亡崩溃的道路。而民族资产阶级及银行家大商人等因此忧虑而惶恐，极力设法维持代表豪绅地主资产阶级的国民党统治。最近，由上海全国商会联合会，上海市商会，上海银行等同业工会及上海钱业同业工会等发起，组织“废止内战大同盟会”，征求南京北平天津汉口杭州等商会及资产阶级各种组织等同意，现武汉各地俱有覆电谓“与国民党宗旨吻合”，除同意外，还要求扩大组织，征求航业界及各铁路参加，这显然是资本家等来欺骗群众，将革命战争与军阀混战混合一起好借口反对内战来反对革命战争，一致进攻革命的企图。

一九三二年六月廿三日　紅色中華　第四版

下，向蘇聯挑釁的行動，近更公開積極，除組織並武裝白俄和指使其御用工具——滿洲政府搜查蘇聯在滿各重要機關等挑釁行動外，更集中大量軍隊於北滿，借追擊反日軍和義勇軍爲名，向北推進，逼近蘇聯邊境，並攜帶各種建築防禦工事的器具及材料等甚多。但此種材料，絕對不是對付義勇軍或反日軍之用的。很明顯的，是要進攻蘇聯，蘇聯紅軍及蘇聯工農羣衆，甚致全世界工農羣衆，對於此事，都非常關切和注意云

英帝國主義指使

藏兵大舉進攻西康青海

英帝國主義瓜分中國的行動，近來更加積極，在西藏西康青海一帶，表現出更加明顯，屢次指使藏兵，進攻西康青海，前曾迭誌本報。最近，這種行動，更加積極了，前月十六日，向西康青海侵掠的藏兵，忽又增加五萬，集中大金白利兩喇嘛寺，增兵前進，槍械極爲銳利云（當然是英國主義供給的）

上海資產階級銀行家發起

組織廢止內戰大同盟

欺騙羣衆模糊認識
藉口廢戰進攻革命
企圖挽救反動統治

革命潮流猛烈的發展，反動國民黨的統治，日益走向死亡崩潰的道路。而民族資產階級及銀行家大商人等因此憂慮而憧恐，極力設法維持代表豪紳地主資產階級的國民黨統治。最近，由上海全國商會聯合會，上海市商會，上海銀行等同業公會及上海錢業同業公會等發起，組織「廢止內戰大同盟會」，徵求南京北平天津漢口杭州等商會及資產階級各種組織等同意，現武漢各地俱有覆電，認「與國民黨宗旨吻合」，除同意外，還要求擴大組織，徵求航業界及各鐵路參加，這顯然是資本家等來欺騙羣衆，將革命戰爭與軍閥混戰混合一起好藉口反對內戰來反對革命戰爭，一致進攻革命的企圖。

江浙各埠絲廠大倒閉

上海絲廠百十三家只二家開工
滬錫二埠失業工人達二十餘萬
新繭上市無銷路農民加速破產

在資本主義世界的經濟危機深入，而中國加以帝國主義國民黨軍閥殘酷剝削之下，全國國民經濟已到總崩潰，絲業本來是中國出口大宗，特別是江浙兩省，更是出產絲最主要的地方。近年來，受日本絲，意大利絲，和印度絲的排擠，更因世界經濟危机，失敗破產得更加悲慘，據最近調查，江浙各地絲廠，截至現在止，上海雙宮絲廠一百十三家，差不多全部倒閉，勉強開工的，祇有兩廠，而且這開工的兩廠，亦僅製造該廠所積存下的陳繭，失業工人的人數，祇上海與無錫二埠，就有二十多萬人，以每人工資按日平均四角計算，工人損失的總數，每天就在八萬元以上，每年新繭上市時，農民賣繭所得的，以無錫一縣論，其總額即有千萬餘元，杭州湖州各地計算在內，更不知道幾多，這筆收入，大部份農民，均藉此爲生活，在這種大部絲廠倒閉，不收新繭的條件下，不僅工人失業而無法生活，而多數農民亦更因此而破產。

中央蘇區消息

蘇區第一次反帝代表大會

蘇區反帝第一次代表大會，已於六月廿三日在瑞金城正式開幕，此次大會的召集，給蘇區反帝工作開一新紀元。

一。籌備的經過——此次大會召集由蘇區黨團中央局、中國工農紅軍總政治部，蘇區全總執行局於一月前組織了大會籌備會，發動閩贛兩省蘇區代表的選舉，並籌備大會的各種決議草案等等。

二。大會代表的人數——開會前一日閩贛各地反帝代表已陸續到齊，計共粵閩贛正式代表一百一十八人，其中多數縣區兩級反帝同盟負責同志，省、縣、區各級代表均隨身帶有反帝工作書面報告，大會前，即交大會籌備處總整理，供大會討論蘇區反帝工作參考。

三。羣衆團體對大會擁護的熱烈——正舉行大會開幕典禮時，瑞金縣少隊及城區兒童團打鑼打鼓的參加入會場，贈送慶祝大會的錦幛，對聯等物；一時會場擠滿，少隊及兒童團均高呼各種反帝的口號，兒童團唱少年先鋒歌，均極有秩序的整隊繞會場而過。代表們則謝以熱烈的掌聲。

四、大會經過及主要決議——大會及預備會共三天，大會程序爲：一、政治報告。二、兩省工作報告。三、反帝青年部工作報告。四、成立決議案。五、討論鬥爭綱領及章程。六、選舉。大會重要決議的精神是指出過去蘇區反帝工作忽視的嚴重的錯誤，明確的指出反帝鬥爭與土地革命關係。並經各代表，作詳細及熱烈的討論中，無情的揭發了過去工作中的錯誤和缺點，成立了鬥爭方案——斗爭綱領，通過了反帝大同盟的章程。

五、蘇區反帝總同盟的成立——大會選舉了二十五個執行委員，十個候補委員，成立蘇區反帝總同盟，監督和領導各級反帝大同盟對大會決議的執行，聞已於大會閉幕後即開第一次執委會，討論具體工作計劃，今後蘇區反帝工作，當有一大轉變云。

閩西紅軍大獲勝利

坎市團匪大部消滅

閩西工農紅軍，最近在坎市與該處民團六百餘人激戰，當場消滅團匪三百餘人，繳獲槍枝軍用品甚多，殘匪狼狽不堪，退入炮樓，我軍即向其炮樓攻擊，不久，炮樓亦爲我軍焚燬，殘匪又大部消滅，僅百餘人，漏網逃竄云。

裁判部長聯席會議的經過

臨時中央政府司法人民委員部爲建立和加強各級裁判部的工作，於今年六月二十日在瑞金召集了江西福建兩省縣以上的裁判部長及瑞金中央直屬縣區以上的裁判部長聯席會議，以檢閱裁判部過去的工作，討論將來裁判部的工作方針。這次裁判部長聯席會議，到會者共三十九人，計福建八人，江西十四人，瑞金直屬縣十三人。江西祗有會昌縣未派人來，福建祗有寧化縣未派人來，瑞金祗有兩區未派人來。開會日期共三天，本定從六月二十日起，後因人未到齊，所以二十一日開始，至二十三日下午結束。廿四日全體到會者去參觀瑞金縣裁判部的審判工作。

期：红色中华零零二十四期
版：零四版
时间：一九三二年六月二十三日

江浙各埠絲廠大倒閉
上海絲廠百十三家只二家開工
滬錫二埠失業工人達二十餘萬
新繭上市無消路農民加速破產

江浙各埠丝厂大倒闭

上海丝厂百十三家只二家开工
沪锡二埠失业工人达二十余万
新蚕上市无消路农民加速破产

在资本主义世界的经济危机深入，而中国加以帝国主义国民党军阀残酷剥削之下，全国国民经济已到总崩溃，丝业本来是中国出口大宗，特别是江浙两省，更是出产丝最主要的地方。近年来，受日本丝，意大利丝，和印度丝的排挤，更因世界经济危机，失败破产得更加悲惨，据最近调查，江浙各地丝厂，截至现在止，上海双宫丝厂一百十三家，差不多全部倒闭，勉强开工的，只有两厂，而且这开工的两厂，亦仅制造该厂所积存下的陈茧，失业工人的人数，只上海与无锡二埠，就有二十多万人，以每人工资按日平均四角计算，工人损失的总数，每天就在八万元以上，每年新茧上市时，农民卖茧所得的，以无锡一县论，其总额即有千万余元，杭州湖州各地计算在内，更不知道几多，这笔收入，大部份农民，均借此为生活，在这种大部丝厂倒闭，不收新茧的条件下，不仅工人失业而无法生活，而多数农民亦更因此而破产。

下，向蘇聯挑釁的行動。近更公開積極，除組織並武裝白俄和指使其御用工具——滿洲政府搜查蘇聯在滿各重要機關等挑釁行動外，更集中大量軍隊於北滿，借追擊反日軍和義勇軍爲名，向北推進，逼近蘇聯邊境，並攜帶各種建築防禦工事的器具及材料等甚多。但此種材料，絕對不是對付義勇軍或反日軍之用的。很明顯的，是要進攻蘇聯，蘇聯紅軍及蘇聯工農群衆，甚致全世界工農群衆，對於此事，都非常關切和注意云

藏兵大舉進攻西康青海

英帝國主義指使

英帝國主義瓜分中國的行動，近來更加積極，在西藏西康青海一帶，表現出更加明顯，屢次指使藏兵，進攻西康青海，前曾迭誌本報。最近，這種行動，更加積極！、前月十六日，向西康青海侵掠的藏兵，忽又增加五萬，集中大金白利兩喇嘛寺，增援前進，槍械極爲銳利云（當然是英國主義供給的）

組織廢止內戰大同盟

上海資產階級銀行家發起

欺騙群衆模糊認識

掩護進攻革命

企圖挽救反動統治

革命運動猛烈的發展，反動國民黨的統治，日益走向死亡崩潰的道路。而民族資產階級及銀行家大商人等因此憂慮而恐懼，極力設法維持代表豪紳地主資產階級的國民黨統治。最近，由上海全國商會聯合會，上海市商會，上海銀行等同業公會及上海錢業同業公會等發起，組織『廢止內戰大同盟會』，徵求南京北平天津漢口杭州等商會及資產階級各種組織等同意，現武漢各地俱有覆電謂『與國民黨宗旨吻合』，除同意外，還要求擴大組織，徵求航業界及各鐵路參加，這顯然是資本家等來欺騙群衆，將革命戰爭與軍閥混戰混合一起好藉口反對內戰來反對革命戰爭，一致進攻革命的企圖。

江浙各埠絲廠大倒閉

上海絲廠百十三家只七家開工

滬錫二埠失業工人達二十餘萬

新繭上市無銷路農民加速破產

在資本主義世界的經濟危机深入，而中國加以帝國主義國民黨軍閥殘酷剝削之下，全國國民經濟已到總崩潰，絲業本來是中國出口大宗，特別是江浙兩省，更是出產絲最主要的地方。近年來，受日本絲，意大利絲，和印度絲的排擠，更因世界經濟危机，失敗破產得更加悲慘，據最近調查，江浙各地絲廠，截至現在止，上海雙宮絲廠一百十三家，差不多全部倒閉，勉强開工的，祇有兩廠，而且這開工的兩廠，亦僅製造該廠所積存下的陳繭，失業工人的人數，祇上海與無錫二埠 就有二十多萬人，以每人工資按日平均四角計算，工人損失的總數，每天就在八萬元以上，每年新繭上市時，農民賣繭所得的，以無錫一縣論，其總額即有千萬餘元，杭州湖州各地計算在內，更不知道幾多，這筆收入，大部份農民，均藉此爲生活，在這種大部絲廠倒閉，不收新繭的條件下，不僅工人失業而無法生活，而多數農民亦更因此而破產。

中央蘇區消息

蘇區第一次反帝代表大會

蘇區反帝第一次代表大會，已於六月廿三日在瑞金城正式開幕，此次大會的召集，給蘇區反帝工作開一新紀元。

一。籌備的經過——此次大會召集由蘇區黨團中央局，中國工農紅軍總政治部，蘇區全總執行局於一月前組織了大會籌備會，發動閩贛兩省蘇區代表的選舉，并準備大會的各種決議草案等等。

二。大會代表的人數——開會前一日閩贛各地反帝代表已陸續到會，計共到會正式代表一百一十八人。其中多係縣區兩級反帝組織負責同志，省、縣、區各級代表均隨身代有反帝工作書面報告，大會前，即交大會籌備處秘書處整理，供大會討論蘇區反帝工作參考。

三。群衆團體對大會擁護的熱烈——正舉行大會開幕典禮時，瑞金縣少隊及城市兒童團打鑼打鼓的歡送入會場，贈送慶祝大會的錦幛，對聯等物：一時會場擠滿，少隊及兒童團均高呼各種反帝的口號，兒童團唱少年先鋒隊，均極有秩序的整隊繞會場而過。代表們則謝以熱烈的掌聲。

四，大會經過及主要決議——大會及預備會共三天，大會程序爲：一，政治報告。二，兩省工作報告。三，反帝青年工作報告。四，成立決議案。五，討論鬥爭綱領及章程。六，選舉。大會通過決議的精神是指出過去蘇區對反帝工作忽視的嚴重的錯誤，明確的指出反帝鬥爭與土地革命關係。并號召各代表，作深刻熱烈的討論中，無情的揭發了過去工作中的錯誤和缺點。成立了鬥爭方案——斗爭綱領，通過了反帝大同盟的章程。

五。蘇區反帝總同盟的成立——大會選舉了二十五個執行委員，十個候補委員，成立蘇區反帝總同盟，當選和選出各級反帝大同盟對大會決議的執行，開已於大會閉幕後即開第一次執委會，討論具體工作計劃，今後蘇區反帝工作，當有一大轉變云。

閩西紅軍大獲勝利

坎市團匪大部消滅

閩西工農紅軍，最近在坎市與該處民團六百餘人激戰，當場消滅團匪三百餘人，繳獲槍枝軍用品甚多，殘匪狼狽不堪，退入炮樓，我軍即向其炮樓攻擊，不久，炮樓亦爲我軍佔領，殘匪又大部消滅，僅百餘人，漏網逃竄云。

裁判部長聯席會議的經過

臨時中央政府司法人民委員部爲建立和加強各級裁判部的工作，於今年六月二十日在瑞金召集了江西福建兩省縣以上的裁判部長及瑞金中央直屬縣區以上的裁判部長聯席會議，以檢閱裁判部過去的工作，討論將來裁判部的工作方針。這次裁判部長聯席會議，到會者共三十五人，計福建八人，江西十四人，瑞金直屬縣十三人。江西祇有會昌縣未派人來，福建祇有寧化縣未派人來，瑞金祇有兩區未派人來。開會日期共三天，本定從六月二十日起，後因人未到齊，所以二十一日開始，至二十三日下午結束。廿四日全體到會者去參觀瑞金縣裁判部的審判工作。

期
红色中华零零二十五期
版
零二版
时间
一九三二年六月三十日

上海电力公司工人酝酿罢工

上海二十八日电：上海电力公司，无故开除工作已十余年的老工人百二十人，并将储蓄金等扣留不发，引起全体二千五百工人大愤怒，群起反对，向公司提出严重交涉，公司允星期一答覆，以目前情形看来，很有发生罢工可能。

一九三二年六月三十日　紅色中華　第二期

日美英瓜分東北海關

北平二十七日電：東北各埠海關，實際上大部爲日人佔領，哈埠海關以英人吉比爾爲稅務司、安東海關以美人爲稅務司云。

上海電力公司工人醞釀罷工

上海二十八日電：上海電力公司，無故開除工作已十餘年的老工人百二十八，並將儲蓄金等扣留不發，引起全體二千五百工人大憤怒，羣起反對，向公司提出嚴重交涉，公司允星期一答覆，以目前情形看來，很有發生罷工可能。

津浦路浦鎮

机廠工人英勇鬭爭

搗毀黃色工會理事會

上海二十五日電：津浦路浦鎮機廠工人千餘，因反對黃色工會吞款，搗毀理事會，理事會威嚇工人，謂要取消他們會員資格，工人答覆：『本來不要當會員，取消何妨』，斗爭情緒極高漲。

日將增兵十二團至山海關

準備侵佔熱河及平津各地

『滿洲政府』抽丁編練『國防軍』

上海二十八日電：日帝國主義因東北義勇軍抗日之積極，又將增十二團兵力至山海關，并將重新進攻平津、重演上海一二八之舉。

北平二十六日電：日指使其御用工具滿洲政府組織編練國防軍，預定兵額爲二十五萬，所有東北境內十八歲至四十歲之壯丁，一律廹令服從，由日軍官訓練，俟計劃成功，即做日軍侵佔熱河及山海關內各地的先鋒隊云。

東北抗日民族戰爭再接再厲

進攻龍江又攻瀋陽撫順

佔領榆樹龍江城大混亂

北平二十六日電：東北抗日軍，以綏化龍江（黑龍江省城），等都市爲目標，分數縱隊各路猛進，近更向龍江進擊，龍江城內外潛伏之義勇軍，亦準備響應，連日城內發生火警多起，城外昨聞槍聲，城內極其混亂云。

秦皇島十六日電：東北自衛軍與日軍及滿洲軍連日在瀋陽東陵激戰，同時通化金川各地自衛軍大刀會二萬餘，進攻撫順，千金寨有激戰，駐瀋日軍大部往援。

哈爾濱二十八日電：馮佔海部義勇軍五千人，已將榆樹之滿洲守衛軍擊敗，於城佔領．守衛軍約一千人由西門逃出，退往泰來莊，現日軍一大隊由鐵路開往榆樹，該地大戰，卽在目前。

北平卄日電：遼西一帶義勇軍已取得聯絡，採用游擊戰術，距鐵路綫十里以外之地帶，均爲義勇軍勢力範圍，日軍大部集中打虎山溝幫子間，警戒極嚴，恐受義勇軍襲擊，專用飛机轟炸，民房被炸甚多，日軍並以搜義勇軍爲名，到處搶掠，狀極慘酷。

日机又在轟炸東北

民房被燬無數

哈爾濱二十五日電：日飛机結隊，二十二日至青岡望奎間，擬炸反日軍．投撒多量炸彈，民房被燬無數云。

國民黨公賣鴉片煙

汪精衛親口宣佈

上海二十八日電：國民黨政府財政窘蹶，搜括殆盡，今又公開實行鴉片公賣，汪精衛公開宣佈年來各地鴉片既成公開祕密，値此政府財政萬分竭乏之時，不得不實行公賣，得一大筆進款云。

希臘農民暴動進逼京城

統治階級大調軍隊鎭壓

上海二十八日電：希臘農民暴動，勢力浩大，當地軍隊無力制止，現農民集隊向京城進發，統治階級調動大批軍隊，圍剿全鎭，挨戶搜查。

日本工人與警察冲突

被捕二百餘人

上海廿八日電：日本工人，佔據劇場開會，與警察發生嚴重衝突，傷數人，被捕二百餘人。

軍縮提案實際增艦

日本主張無限制造艦

理由是對蘇聯和中國

美總統胡佛

東京三十日電：美國胡佛總統之軍縮提案，日本反對，因該軍縮提案內容，日本要廢除航空母艦一艘，而美國不但可保留現有之新築軍艦，且可再增造一艘，日本卽公開說：各國處境不同，日本與蘇聯及中國爲鄰之特殊情形，不能減縮。

要聞

上海電話工人罷工詳述

上海電話公司全體工人約三千人，於六月七日下午七時，一致宣告罷工，其詳情如次：

……罷工原因……

電話公司工人，在美帝國主義電氣『脫拉斯』殘酷壓迫和剝削之下，生活非常痛苦，但該公司的資本家，却不以此爲滿足，還要拚命的實行生產合理化，增加他們的利潤，改造自動机，加强工人工作速度，加緊剝削，同時他們的生活，更痛苦到萬分，且最近數月來，因生產合理化的剝削結

期

红色中华零零二十五期

版

零二版

时间

一九三二年六月三十日

上海电话工人罢工详述

上海电话公司全体工人约三千人，于六月七日下午七时，一致宣告罢工，其详情如次：

罢工原因

电话公司工人在美帝国主义电气“脱拉斯”残酷压迫和剥削之下，生活非常痛苦，但该公司的资本家，却不以此为满足，还要拼命的实行生产合理化，增加他们的利润，改造自动机，加强工人工作速度，加紧剥削，同时他们的生活，更痛苦到万分，且最近数月来，因生产合理化的剥削结（编者按：下转第三版）

日美英瓜分東北海關

北平二十七日電：東北各埠海關，實際上大部爲日人佔領，哈埠海關以英人吉比爾爲稅務司、安東海關以美人爲稅務司云。

上海電力公司工人醞釀罷工

上海二十八日電：上海電力公司，無故開除工作已十餘年的老工人百二十人，並將儲蓄金等扣留不發，引起全體二千五百工人大憤怒，羣起反對，向公司提出嚴重交涉，公司允星期一答覆，以目前情形看來，很有發生罷工可能。

津浦路浦鎮

机廠工人英勇鬭爭

搗毀黃色工會理事會

上海二十五日電：津浦路浦鎮機廠工人千餘，因反對黃色工會吞款，搗毀理事會，理事會威嚇工人，謂要取消他們會員資格，工人答覆：『本來不要當會員，取消何妨』，斗爭情緒極高漲。

日將增兵十二團至山海關

準備侵佔熱河及平津各地

『滿洲政府』抽丁編練『國防軍』

上海二十八日電：日帝國主義因東北義勇軍抗日之積極，又將增十二團兵力至山海關，并將重新進攻平津、重演上海一二八之舉。

北平二十六日電：日指使其御用工具滿洲政府組織編練國防軍，預定兵額爲二十五萬，所有東北境內十八歲至四十歲之壯丁，一律迫令服從，由日軍官訓練，俟計劃成功，即做日軍侵佔熱河及山海關內各地的先鋒隊云。

東北抗日民族戰爭再接再厲

進攻龍江又攻瀋陽撫順

佔領榆樹龍江城大混亂

北平二十六日電：東北抗日軍，以綏化龍江(黑龍江省城)，等都市爲目標，分數縱隊各路猛進，近更向龍江進擊，龍江城內外潛伏之義勇軍，亦準備響應，連日城內發生火警多起，城外昨聞槍聲，城內極其混亂云。

秦皇島十六日電：東北自衛軍與日軍及滿洲軍連日在瀋陽東段激戰，同時通化金川各地自衛軍大刀會二萬餘，進攻撫順，千金賽有激戰，駐瀋日軍大部往援。

哈爾濱二十八日電：馮佔海部義勇軍五千人，已將榆樹之滿洲守衛軍擊敗，將城佔領，守衛軍約一千人由西門逃出，退往泰來莊，現日軍一大隊 由鐵路開往榆樹，該地大戰，即在目前。

北平卅日電：遼西一帶義勇軍已取得聯絡，採用游擊戰術，距鐵路綫十里以外之地帶，均爲義勇軍勢力範圍，日軍大部集中打虎山溝幫子間，警戒極嚴，恐受義勇軍襲擊，專用飛机轟炸，民房被炸甚多，日軍並以搜義勇軍爲名，到處搶掠，狀極慘酷。

日机又在轟炸東北

民房被燬無數

哈爾濱二十五日電：日飛机結隊，二十二日至青岡望奎間，擬炸反日軍，投撒多量炸彈，民房被燬無數云。

國民黨公賣鴉片煙

汪精衛親口宣佈

上海二十八日電：國民黨政府財政窘蹶，搜括殆盡，今又公開實行鴉片公賣，汪精衛公開宣佈年來各地鴉片既成公開祕密，値此政府財政萬分竭乏之時，不得不實行公賣，得一大筆進款云。

希臘農民暴動進逼京城

統治階級大調軍隊鎮壓

上海二十八日電：希臘農民暴動，勢力浩大，富地軍隊無力制止，現農民集隊向京城進發，統治階級調動大批軍隊，圍剿全鎮，挨戶搜查。

日本工人與警察冲突

被捕二百餘人

上海廿八日電：日本工人，佔據劇場開會，與警察發生嚴重衝突，傷數人，被捕二百餘人。

美總統胡佛

軍縮提案實際增艦

日本主張無限制造艦

理由是對蘇聯和中國

東京三十日電：美國胡佛總統之軍縮提案，日本反對，因該軍縮提案內容，日本要廢除航空母艦一艘，而美國不但可保留現有之新築軍艦，且可再增造一艘，日本即公開說：各國處境不同，日本與蘇聯及中國爲鄰之特殊情形，不能減縮。

要聞

上海電話工人罷工詳述

上海電話公司全體工人約三千人，於六月七日下午七時，一致宣告罷工，其詳情如次：

。……電話公司工人罷工原因……。

在美帝國主義電氣『脫拉斯』殘酷壓迫和剝削之下，生活非常痛苦，但該公司的資本家，卻不以此爲滿足，還要拚命的實行生產合理化，增加他們的利潤，改造自動机，加强工人工作速度，加緊剝削，同時他們的生活，更痛苦到萬分，且最近數月來，因生產合理化的剝削結

要闻
上海电话工人罢工详述

（编者按：上接第二版）果，先后开除工人在数百以上，抛弃在马路上无人过问而挨冻受饿的非常多，在今年一月间，曾一度酝酿罢工，后上海战事发生，无形停顿，直至六月份，资本家更准备再开除三百人，以白俄来代替中国工人的工作，不仅这样大批开除工人，加重工作，并且把每年四月增加工资的惯例取消了，又取消礼拜工等，许多很老的工人，在公司做十年二十年，工资还是非常低，逐年逐月拿血汗所积蓄下来的储蓄金，时常被资本家毫无理由地克扣充公，炉子间工人，工作时间，在十二小时以上，以上这些，形成了此次大罢工的原因。

罢工经过

工人自七日宣告罢工后，斗争情绪，非常高涨，组织罢工委员会，领导罢工，并组织有工人纠察队，专门对付工贼及各种破坏罢工的反革命派，曾经几次的剧烈斗争。

罢工条件

罢工条件：一，反对开除工人，反对加重工作，被开除的工人恢复工作，二，不分老新工人一律增加工资，从本年四月起算，三，反对取消礼拜工，休假期内工作工资加倍，四，储蓄金退给职工自己保管，五，调动工作，保障不开除，六，病假期内，工资照给，病好之后，不得开除，七，炉子间工人工作时间，与普通工人工作时间一律，八，不得调自动机试线各间工人，去做小工工作，如扫地等，九，公司如需补充职工时，应先由电话失业工人补充，十，反对雇用白俄，十一，反对电话公司对用户增加电话费，罢工以后的情形，再续告。

果，先後開除工人在數百以上，拋棄在馬路上無人過問而挨凍受餓的非常多，在今年一月間，曾一度醞釀罷工，後上海戰事發生，無形停頓，直至六月分，資本家更準備再開除三百人，以白俄來代替中國工人的工作，不僅這樣大批開除工人，加重工作，並且把每年四月增加工資的慣例取消了，又取消禮拜工等，許多很老的工人，在公司做十年廿年，工資還是非常低，逐年逐月拿血汗所積蓄下來的儲蓄金，時常被資本家毫無理由的剋扣充公，爐子間工人，工作時間，在十二小時以上，以上這些，形成了此次大罷工的原因。

罷工經過

工人自七日宣告罷工後，鬥爭情緒非常高漲，組織罷工委員會，領導罷工，並組織有工人糾察隊，專門對付工賊及各種破壞罷工的反革命派，曾經幾次的劇烈鬥爭。

要求條件

罷工條件：一，反對開除工人，反對加重工作，被開除的工人恢復工作，二，不分老新工人一律增加工資，從本年四月起算，三，反對取消禮拜工，休假期內工作工資加倍，四，儲蓄金退給職工自己保管，五，調動工作，保障不開除，六，病假期內，工資照給，病好之後，不得開除，七，爐子間工人工作時間，與普通工人工作時間一律，八，不得調自動机試綫各間工人，去做小工工作，如掃地等，九，公司如需補充職工時，應先由電話失業工人補充，十，反對僱用白俄，十一，反對電話公司對用戶增加電話費。罷工以後的情形，再續告。

反動國民黨

鎮壓和記洋行工潮

南京英國資本家所開辦的和記洋行，無故開除工人一百二十九人，全體工人，憤慨非常，廠內空氣，異常緊張，大有全體罷工之勢，國民黨市黨部市政府及社會局，竭力破壞威脅，可是工人鬥爭更加堅決，英資本家無可奈何，允許其中九十三人，每人發給十六元，國民黨即將此醞釀着的罷工潮，鎮壓下去。

日本全國農民破產

革命運動迅速發展

統治階級設法鎮壓

日本全國農民在資本主義世界經濟危机和其統治階級殘酷剝削之下，飛快的破產，農民的窮困和痛苦，不可言狀，特別是北方，農民生活，簡直不能維持下去，現在將要餓死的，已有數萬人之多，佃戶提出澈底救濟辦法，這種聲勢，遍及全國，且大有請願示威等運動，轉入直接的暴動，日內部省已下令全日本地方長官，『嚴密調查，是否有共產份子參加在內，如有越軌行動，應立即拘留處分』，同時，日陸軍省謂此事極危險，將影響士氣，因日陸軍百分之八十八，是農村裏來的。國會的下院及上院，都在極力討論欺騙的緩和方法，以及準備鎮壓的實行雙管齊下，想把這一偉大的運動，強壓下去。

中央蘇區消息

中央機關工作人員

購買「革命戰爭」公債的熱烈

中央政府工作人員及中央印刷局於六月廿八日開全體反帝大同盟的支部大會，討論全蘇反帝代表大會總結報告，一致的熱烈擁護大會決議，並立即討論對大會決議的執行辦法，關於大會號召工農積極參加革命戰爭，購買革命戰爭公債一項，大會一致的通過，實行革命競賽。中央印刷局工人，自動提議最低限度是每個工人拿出半月的工資來購買公債票，甚致有的願將全月的工資全數購買，此外，中央政府工作人員及印刷局工人，又決定每日抽出伙食費一分，幫助革命戰爭，決議，一致通過，於二十八日開始實行。由此可見蘇區工人及工作同志對革命的熱烈云。

紅軍擊潰塘江團匪

繳獲步槍五六十枝

贛縣通訊：紅軍配合群衆，廿二日進攻塘江團匪，該匪企頑抗，被我軍將其全部擊潰，繳獲步槍五六十枝，駐贛白軍第三團，聞風前往援助，又為我軍擊潰，繳械一連，餘敗退。

福建黃泥步團匪全部消滅

汀州通訊：福建黃泥步團匪，素為該地工農群衆所痛恨，廿九日拂曉，紅軍一部，與當地工農群衆配合進攻，衝進匪巢，該匪不及防，聞風逃散，所有十九枝步槍，子彈二担，以及其他軍用品，全部被我紅軍繳獲云。

坎市團匪消滅後

該地群衆擁護紅軍更熱烈

閩西通訊：永定太平區，撫市溪口塘背各處團匪，滋擾坎市，為我紅軍配合獨立第一團及游擊隊等將其全部消滅後，該地工農群衆，非常興奮，擁護紅軍和鬥爭的情緒，大大提高，聞最近群衆熱烈的起來送慰勞品如草鞋蔬菜等給紅軍的，每天都有很多云。

福建新泉「六二三」紀念大會

北四區逃回群衆熱烈講演

詳述社會民主黨慘殺工農

福建新泉，於『六二三』沙基慘案紀念日，召集群衆大會，紀念沙基慘案，同時并歡迎從北四五區（社會民主黨的巢穴）逃回來的群衆，到會群衆約六七百人，會場非常熱烈，群衆自動募捐，計有大洋十多元，準備救濟他們，蘇維埃政府並決定分田給他們，逃回來的十

上海工人擁護紅軍的熱烈
新華紙廠工人自願加入紅軍的四十人

期：红色中华零零二十六期
版：零二版
时间：一九三二年七月七日

上海工人拥护红军的热烈

新华纸厂工人自愿加入红军的四十人

上海六日电： 上海工人拥护红军运动，仍在热烈进行，计此次募捐总结，出一铜元者，达五千人，上海工人号飞机，亦已募得八百元，内海员捐助的，达一百五十元左右，自愿到红军中去的，计新华纸厂工人约四十人，日华纱厂工人亦有许多要自愿加入红军，致于其他慰劳品及赠旗等无数。

一九三二年七月七日　紅色中華　第二版

梅關佔領，其扼守之粵軍，完全擊潰、同時將南雄之敵約一團，完全繳械，現正在消滅被擊潰之葉李二師白軍云。

全國反帝大會

將於紅色八一開幕

上海六日電：全國反帝大會，定八月一日開幕，現各地反帝大同盟，正在積極籌備。俾使反帝大會，得到完滿成功云。

上海工人擁護紅軍的熱烈

新華紙廠工人自願加入紅軍的四十人

上海六日電：上海工人擁護紅軍運動，仍在熱烈進行，計此次募捐總結，出一銅元者，達五千人，上海工人號飛机，亦已募得八百元，內海員捐助的，達一百五十元左右，自願到紅軍中去的，計新華紙廠工人約四十人，日華紗廠工人亦有許多要自願加入紅軍，致於其他慰勞品及贈旗等無數。

國民黨軍閥進攻蘇區中

强迫和嚴防士兵的辦法

違反者依連坐法治罪

漢口三日電：國民黨軍閥因白軍不斷譁變，投入紅軍，認爲非常危險現象，持通令三省『剿赤』部隊注意二點，一，對營長以上升遷撤職，須呈軍部核准，二，不得任意招兵購械，三，出發『剿赤』不得臨陣退却，違一二兩條者，軍法治罪，違第三條者，依連坐法治罪。

國民黨在湖北

組織豪紳地主進攻蘇區計劃

分爲五大區各設委員會

派人混入蘇區企圖破壞

漢口三日電：湖北民廳根據國民黨軍閥巨頭的廬山會議的決定。分別密送豪紳地主一人或二人到赤區搗亂，並將湖北全省赤區劃爲五大區：鄂東羅田，圻春，圻水，廣濟等四縣爲一區，鄂東北孝感，黃安，黃岡，黃陂等縣爲一區，鄂中天門，潛江，沔陽等縣爲一區，應城，漢陽，漢川等縣爲一區，鄂南大冶，陽新成寧等縣爲一區，每區組織一委員會，設立正副委員長各一人，每縣設委員一人，以張難先等十人爲正副委員長，以陸德澤等五十二人爲委員云。

紅軍擊潰粵敵葉肇李振球二師

日軍又增兵山海關

華北形勢嚴重

上海二日電：華北日不斷的增兵山海關，形勢，日趨嚴重，日軍連該處情形，極形混亂。

要聞

贛東北紅軍猛攻上饒城

擊潰敵軍王錦文師

連佔羅家橋殷家坊

贛東北紅軍二萬，槍炮齊全，且很銳利，於攻陷橫峯後，勢力更大，六月初又圍攻德興，白軍李師憑城守死，圍攻五日後，即自動撤圍，軍閥何應欽大調援軍，令蔣鼎文部由浙江向玉山前進，周渾元師由金溪向貴溪進，與李王兩師配合進攻蘇區紅軍，紅軍即乘白軍尚未到齊的時候，給以嚴厲打擊，首先擊潰王錦文師，後與鉛山紅軍聯合，向上饒猛攻，於六月六日連佔羅家橋殷家坊一帶，一面將上饒至何口之電報電話綫割斷，以斷絕白軍間聯絡及接濟，一方分三面由龍潭株溪橋等處，猛衝上饒城，與敵王錦文師激戰五六小時，斃敵無數，因他們增援，故未將其消滅，七八兩日，戰爭更加急烈，白敵總部亦派飛機隊助戰，同時鉛山縣方面紅軍，則圍攻該縣一二區团匪，繳獲無算云。

上海電話工人罷工續誌

反動武裝壓迫

工賊極力破壞

領導机關動搖

罷工現已失敗

上海電話工人罷工，前曾登載本報，該罷工工人，已於廿三日復工，其經過情形如下。

工人大會

罷工工人，因前所提條件，遭爲資本家拒絕，罷委會於十日召集全體工人大會，到會二千餘人，一致決議擁護罷委會，反對任何調解，并提出新條件。

新提條件

罷委會因公司

上海電話工人罷工續誌

反動武裝壓迫
工賊極力破壞
領導机關動搖
罷工現已失敗

期：红色中华零零二十六期

版：零二版

时间：一九三二年七月七日

上海电话工人罢工续志

反动武装压迫
工贼极力破坏
领导机关动摇
罢工现已失败

上海电话工人罢工，前曾登载本报，该罢工工人，已于二十三日复工，其经过情形如下。

工人大会

罢工工人，因前所提条件，尽为资本家拒绝，罢委会于十日召集全体工人大会，到会二千余人，一致决议拥护罢委会，反对任何调解，并提出新条件。

新提条件

罢委会因公司（编者按：下转第三版）

梅關佔領，其扼守之粵軍，完全擊潰、同時將南雄之敵約一團，完全繳械，現正在消滅被擊潰之葉李二師白軍云。

全國反帝大會

將於紅色"八一"開幕

上海六日電：全國反帝大會，定八月一日開幕，現各地反帝大同盟，正在積極籌備。俾使反帝大會，得到完滿成功云。

上海工人擁護紅軍的熱烈

新華紙廠工人自願加入紅軍的四十人

上海六日電：上海工人擁護紅軍運動，仍在熱烈進行，計此次募捐總結，出一銅元者，達五千人，上海工人號飛机，亦已募得八百元，內海員捐助的，達一百五十元左右，自願到紅軍中去的，計新華紙廠工人約四十人，日華紗廠工人亦有許多要自願加入紅軍，致於其他慰勞品及贈旗等無數。

國民黨軍閥進攻蘇區中

强迫和嚴防士兵的辦法

違反者依連坐法治罪

漢口三日電：國民黨軍閥因白軍不斷譁變，投入紅軍，認爲非常危險現象，持通令三省『剿赤』部隊注意二點，一，對營長以上升遷撤職，須呈軍部核准，二，不得任意招兵購械，三，出發『剿赤』不得臨陣退却，違一二兩條者，軍法治罪，違第三條者，依連坐法治罪。

國民黨在湖北

組織豪紳地主進攻蘇區計劃

分爲五大區各設委員會

派人混入蘇區企圖破壞

漢口三日電：湖北民廳根據國民黨軍閥巨頭的廬山會議的決定，分別密送豪紳地主一人或二人到赤區搗亂，並將湖北全省赤區劃爲五大區：鄂東羅田，圻春，圻水，廣濟等四縣爲一區，鄂東北孝感，黃安，黃岡，黃陂等縣爲一區，鄂中天門，潛江，沔陽等縣爲一區，應城，漢陽，漢川等縣爲一區，鄂南大冶，陽新成寧等縣爲一區，每區組織一委員會，設立正副委員長各一人，每縣設委員一人，以張難先等十人爲正副委員長，以陸德澤等五十二人爲委員云。

紅軍擊潰粵敵葉肇李振球二師

日軍又增兵山海關

華北形勢嚴重

上海二日電：華北日不斷的增兵山海關，形勢，日趨嚴重，日軍連該處情形，極形混亂。

要聞

贛東北紅軍猛攻上饒城

擊潰敵軍王錦文師

連佔羅家橋殷家坊

贛東北紅軍二萬，槍炮齊全，且很銳利，於攻陷橫峯後，勢力更大，六月初又圍攻德興．白軍李師憑城守死，圍攻五日後，即自動撤圍，軍閥何應欽大調援軍，令蔣鼎文部由浙江向玉山前進，周渾元師由金溪向貴溪進，與李王兩師配合進攻蘇區紅軍，紅軍即乘白軍尚未到齊的時候，給以嚴厲打擊，首先擊潰王錦文師，後與鉛山紅軍聯合，向上饒猛攻，於六月六日連佔羅家橋殷家坊一帶，一面將上饒至何口之電報電話綫割斷，以斷絕白軍間聯絡及接濟，一方分三面由龍潭株溪橋等處．猛衝上饒城，與敵王錦文部激戰五六小時，斃敵無數，因他們增援，故未將其消滅，七八兩日，戰爭更加急烈，白敵總部亦派飛機隊助戰，同時鉛山縣方面紅軍，則圍攻該縣一二區团匪，繳獲無算云。

上海電話工人罷工續誌

反動武裝壓迫

工賊極力破壞

領導机關動搖

罷工現已失敗

上海電話工人罷工，前曾登載本報，該罷工工人，已於廿三日復工，其經過情形如下．

工人大會

罷工工人，因前所提條件，爲資本家拒絕．罷委會於十日召集全體工人大會，到會二千餘人，一致決議擁護罷委會，反對任何調解，并提出新條件。

新提條件

罷委會因公司

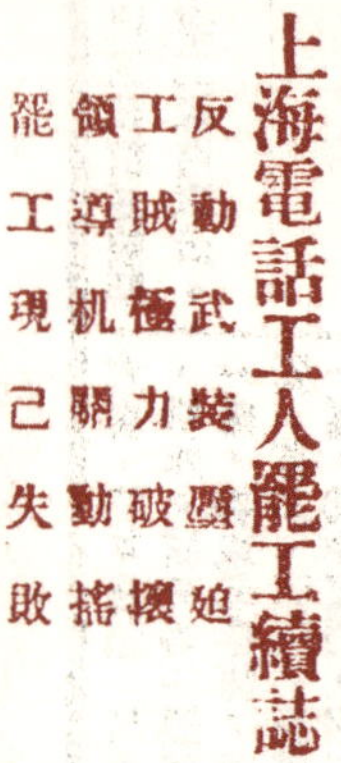

上海电话工人罢工续志

反动武装压迫
工贼极力破坏
领导机关动摇
罢工现已失败

（编者按：上接第二版）拒绝工人要求，特再提出下列条件，限十八小时内完满答覆，一，罢工期间工资照给，二，承认工会完全代表工人，公司每月津贴六百元用费，三，女工生产前后休息二月，工资照给，并发生产费五十元，四，实行女工七小时，青工六小时工作制，五，要求按照物价房价变□增加工资外，并给予受伤残废者一年工资及恤金，五十岁以上不做工需给养老金，六，内外工每月一律津贴车费四元，外工发给雨衣，七，冷气间工人应有吃饭时间。

公司拒绝

全体工人见公司对所提条件不答覆，乃派代表叶公照等，向公司严重交涉，结果为公司拒绝。

紧急戒严

公共租界当局听到电话公司罢工扩大，情势严重，即宣布戒严，并派大批警察及武装探捕四处巡逻，福建路电话分□附近，集中武装探捕百余人，但工人却陆续向该公司门前集合，达千余人，探捕驱逐无效。

代表被捕

当工人站在公司门前等候答覆消息时，代表等退出，宣布公司答覆，全体工人甚为愤激，大呼口号：

拒絕工人要求，特再提出下列條件，限十八小時內完滿答覆，一，罷工期間工資照給，二，承認罷工會完全代表工人，公司每月津貼六百元用費，三　女工生產前後休息二月，工資照給，並發生產費五十元，四，實行女工七小時，青工六小時工作制，五，要求按照物價房價變更增加工資外，並給予受傷殘廢者一年工資及撫恤金　五十歲以上不做工需給養老金，六，內外工每月一律津貼車費四元，外工發給雨衣，七，冷氣間工人應有吃飯時間

公司拒絕

全體工人見公司對所提條件不答覆，乃派代表葉公照等向公司嚴重交涉，結果爲公司拒絕。

緊急戒嚴

公共租界當局聽到罷工擴大情形嚴重，即宣佈戒嚴　並派大批警察及武裝探捕四出巡邏，福建路電話分局附近，集中武裝探捕百餘人，但工人却陸續向該公司門前集合，達千餘人，探捕驅逐無效。

代表被捕

當工人站在公司門前等候答覆消息時，公司答覆，代表等退出，宣佈公司答覆，全體工人甚爲憤激，大呼口號：『反對公司開除工人』『不達目的誓不復工』，『擁護罷委會』等，中西探捕即將代表拘捕，并用武裝驅散工人、全體工人奉罷委臨時緊急命令，開群衆大會反對。

罷工擴大

江西路中央行及各區分行棧房工人罷工後，楊樹浦修理廠，定盤路接路間，福熙路打樣間等工人一致加入罷工，同時，中國電汽公司承辦租界電話公司自動機工人，亦宣佈加入罷工。

工賊挨打

工賊唐亮之等及四十一號工頭，受資本家收買　在遠東飯店秘密開會，討論恢復黃色工會　召集工人私自上工　工人聞訊，十分憤激　將唐等痛打一頓，並決定以後將採取更嚴厲手段對付　并要工賊等立即停止一切造謠等破壞行爲。

罷工法庭

罷委會除組織糾察隊，宣傳隊，募捐隊，嚴防破壞罷工紀律，設立罷工法庭　專門對付工賊，同時，罷委會有不良份子混入，召集臨時緊急會議改組。

罷工失敗

罷工斗爭，直至二十三日，結果，因工賊不斷的破壞，各種反革命派的搗亂，國民黨的鎮壓　時引起領導者動搖，以致斗爭兩星期多的罷工　遭受失敗云。

上海三友工人要求恢復工作

不接受一月工資的退職金

上海三友廠停閉，已經四個多月了　該廠工人，在這四個月當中，無法維持生活　受盡了酸辛苦辣　屢次向資本家交涉，總無好的結果，六月十三日工人等又派代表嚴重交涉，要公司馬上開廠　資本家則稱沒有資本　願發一月工資，退職金　工人等認爲資本家有意與工人爲難，存心壓迫工人，堅決要求恢復工作　該廠工人與資本家的衝突　日益擴大云。

蘇聯工農生活改善

波蘭反動報紙無法否認
工農群衆防禦帝國主義侵掠決心

蘇聯社會主義建設的偉大勝利，第一個五年經濟計劃的順利完成，工農物質生活空前改善，加深了資本主義各國對蘇聯的仇恨，而同時亦無法遮瞞或否認蘇聯近年來所得的偉大成績　最近、被認爲波蘭政府機關報的波爾斯日報登載一文，題爲一九二二年來蘇聯各方面的驚人發展，謂『蘇聯想不到的發展　在蘇聯到處可以看見　紅軍服裝的整齊，莫斯科街道的清潔　工人生活的改善，他們家庭的豐富，以至大規模工業的發展，均與我們向來所「知道」的蘇聯國情形，大不相同，如荒野麥田之上，數年來已建立如孟格尼高斯克及柯次尼茲脫來之大城市了』、這里雖然沒有說到故意不說蘇聯的偉大成功的地方，但是用資產階級的眼光看同樣不能否認蘇聯的發展，又有一次該報登載莫斯科紅軍操演及民衆的感，有一段說『蘇聯紅軍的表演　是以擲帽歡呼的熱誠，予人印象甚深　永遠不能忘掉　當飛機在空中表演絕技，或某些軍士操演出衆，或有巨型之鐵甲車出現於街頭時，民衆常歡躍忘形，充分表示出蘇聯人民對于防禦侵略的決心云。

蘇聯報紙
揭穿日本反蘇聯陰謀

日本進攻蘇聯的企圖
由宣傳進到行動時期

日本帝國主義與各帝國主義協同行動之下，積極向蘇聯挑釁，最近蘇聯政府揭穿日本帝國主義的陰謀　同時并痛斥日本報紙，公開主張佔領海參崴　謂其對蘇聯挑戰的態度，顯然可見　蘇聯新聞報（政府機關報）社論謂，『日本當局對於此種言論，不加取締，同時不願與蘇聯締結互不侵犯條約，其用意可見』。又共產黨機關報稱，『日本滿信自己軍備的充實，一味挑釁，已經到了決定命的決策』。同時　指出日本帝國主義，日由宣傳而進到行動時期了，號召工農紅軍準備，據最近消息　哈爾濱與海參崴間的交通，完全斷絕，戰爭空氣很濃厚。

日本拚命購買軍火

原因爲進攻蘇聯和中國革命
各帝國主義努力製造供給

日本帝國主義除在本國加緊製造軍人器外，並積極向各國購買機械火藥，茲調查所得如下：

本年二月間，日本向德國軍火製造廠買得大批軍火，由恩布號運赴日，同時又向捷克斯拉夫的史可德製造廠，訂購火藥，分二批裝運，由德國漢堡運出共七百箱，一月後陸續裝運的有四千箱，其後差輪裝運的，亦非常多。當上每次最激烈的時候　日本特派一軍事委員到捷克斯拉夫各製造廠接洽購械。買了炸彈一千枚，煤氣炸彈二千二百枚　又到德國，向德國某製造廠定購一大批。此外，向法國美三國訂購的軍火，其數字亦非常驚人，計在法國與利次廠訂購的，有大坦克車二十部，在迪德法國西汽車廠訂造的，共飛机炸彈四千枚，向美購得的數目，據美國衆議院宣布，其總數爲一萬萬八千金元（每一金元合中國大洋四元多），在英國所購的數目爲四萬二千金磅，向波蘭購運的，在三百萬元以外，以上都是二月已經做成的交易，爲本所知道的，至於現在的數目，尚不知道，並且也無從調查，因爲各國購買軍械，事情極爲秘密，總之，日本帝國主義瘋狂購買軍械，各國資本家極供給日本軍火，却證明日本既佔領三省猛攻上海　向蘇聯準備進攻中國革命，是帝國主義的行動，日本不過是帝國主義在東方的先鋒隊。

上海電話工人罷工續誌

反動武裝壓迫
工賊極力破壞
領導機關動搖
罷工現已失敗

“反对公司开除工人”不达目的誓不复工，“拥护罢委会”等，中西探捕即将代表拘捕，并用武装驱散工人，全体工人奉罢委临时紧急命令，开群众大会反对。

罢工扩大

江西路中央行及各区分行栈房工人罢工后，杨树浦修理厂，定盘路接路间，福建路打样间等工人一致加入罢工，同时，中国电汽公司承装租界电话公司自动机工人，亦宣布加入罢工。

工贼挨打

工贼唐亮之等及四十一号工头，受资本家收买，在远东饭店秘密开会，讨论恢复黄色工会，召集工人私自上工，工人闻讯，十分愤激，将唐等痛打一顿，并决定以后将采取更严厉手段对付，并要工贼等立即停止一切造谣等破坏行为。

罢工法庭

罢委会除组织纠察队，宣传队，募捐队，严防破坏罢工纪律，设立罢工法庭，专门对付工贼，同时，罢委会有不良份子混入，召集临时紧急会议改组。

罢工失败

罢工斗争，直至二十三日，结果，因工贼不断的破坏，各种反革命派的捣乱，国民党的镇压，特别是领导者动摇，以致斗争两星期多的罢工，遭受失败云。

拒絕工人要求，特再提出下列條件，限十八小時內完滿答覆，一，罷工期間工資照給，二，承認工會完全代表工人，公司每年津貼六百元用費，三，女工生產前後休息二月，工資照給，並發生產費五十元，四，實行女工七小時，青工六小時工作制，五，要求按照物價房價變增加薪資外，並給予受傷殘廢者一年工資及恤金，五十歲以上不做工需給養老金，六，內外工每月一律津貼車費四元，外工發給雨衣，七，冷氣間工人應有吃飯時間。

公司拒絕

全體工人見公司對所提條件不答覆，乃派代表與葉公照等向公司鄭重交涉，結果為公司拒絕。

緊急戒嚴

公共租界當局聽到電話公司罷工擴大情形嚴重，即宣佈戒嚴，並派大批警察及武裝探捕四出巡邏，福建路電話分局附近，集中武裝探捕百餘人，但工人卻陸續向該公司門前集合，達千餘人，探捕驅逐無效。

代表被捕

當工人站在公司門前等候答覆消息時，代表等退出，宣佈公司答覆，全體工人甚為憤激，大呼口號：『反對公司開除工人』『不達目的誓不復工』『擁護罷委會』等，中西探捕即將代表拘捕，并用武裝驅散工人、全體工人奉罷委臨時緊急命令，開群衆大會反對。

罷工擴大

江西路中央行及各區分行棧房工人罷工後，楊樹浦修理廠，定盤路接路間，福建路打樣間等工人一致加入罷工，同時，中國電汽公司承辦租界電話公司自動機工人，亦宣佈加入罷工。

工賊挨打

工賊唐亮之等及四十一號工頭，受資本家收買，在遠東飯店祕密集會，討論恢復黃色工會，召集工人私自上工，工人聞訊，十分憤激，將唐等痛打一頓，並決定以後將採取更嚴厲手段對付，并要工賊等立即停止一切造謠破壞行為。

罷工法庭

罷委會除組織糾察隊，宣傳隊，募捐隊，嚴防破壞罷工紀律，設立罷工法庭，專門對付工賊，同時，罷委會有不良份子混入，召集臨時緊急會議改組。

罷工失敗

罷工鬥爭，直至二十三日，結果，因工賊不斷的破壞，各種反革命派的搗亂，國民黨的鎮壓，特別是領導者動搖，以致鬥爭兩星期多的罷工，遭受失敗云。

上海三友工人要求恢復工作

不接受一月工資的退職金

上海三友廠停閉，已經四個多月了，該廠工人，在這四个月當中，無法維持生活，受盡了酸辛苦辣，屢次向資本家交涉，總無好的結果，六月十三日，工人等又派代表嚴重交涉，要公司馬上開廠，資本家則稱沒有資本，願發一月工資，退職金，工人等認為資本家有意與工人為難，存心壓迫工人，堅決要求恢復工作，該廠工人與資本家的衝突，日益擴大云。

波蘭反動報紙無法否認

蘇聯工農生活改善

工農羣衆防禦帝國主義侵掠決心

蘇聯社會主義建設的偉大勝利，第一個五年經濟計劃的順利完成，工農物質生活空前改善，加深了資本主義各國對蘇聯的仇恨，而同時亦無法遮瞞或否認蘇聯近年來所得的偉大成績，最近、被認為波蘭政府機關的波爾斯卡日報登載一文，題為一九二二年來蘇聯各方面的驚人發展，謂『意想不到的發展，在蘇聯到處可以看見，紅軍服裝的整齊，莫斯科街道的清潔，工人生活的改善，他們家庭的豐富，以至大規模工業的發展，均與我們向來所「知道」的蘇聯情形，大不相同，如荒野麥田之上，數年來已建立如孟格尼高斯克及柯次尼玆脫樂之城市了』，這裏雖然沒有說到故意不說蘇聯的偉大成功的地方，但是用資產階級的眼光同樣不能否認蘇聯的發展，又有一次該報登載莫斯科紅軍操演及觀衆不感，有一段說『蘇聯紅軍的表演，是以鄉帽呼的熱誠，予人印象甚深，永遠不能忘掉，當飛機在空中表演絕技，或某些軍士操演出來，或有巨型之鐵甲車出現於街頭時，民衆常歡躍忘形，充分表示出蘇聯人民對于防禦侵略的決心云。

蘇聯報紙

揭穿日本反蘇聯陰謀

日本進攻蘇聯的企圖　由宣傳進到行動時期

日本帝國主義在各帝國主義協同行動之下，積極向蘇聯挑釁，最近蘇聯報紙揭穿日本帝國主義的陰謀，同時并痛斥日本報紙，公開主張佔領海參崴，謂其對蘇聯挑戰的態度，顯然暴露，蘇聯新聞報（政府機關報）社論謂，『日本當局對於此種言論，不加取締，同時不願與蘇聯締結不侵犯條約，其用意可見』。又共產黨機關報謂，『日本滿信自己軍備的充實，一味挑撥，以致發動反革命的政策』。同時，指出日本帝國主義，日由宣傳而進到行動時期了，號召全體工農羣衆準備，據最近消息，哈爾濱與海參崴間的交通，完全斷絕，戰爭空氣很濃厚。

日本碰命購買軍火

原因為準備進攻蘇聯和中國革命　各帝國主義努力製造供給

日本帝國主義除在本國加緊製造殺人的武器外，並積極向各國購買軍械火藥，茲將調查所得如下：

本年二月間，日本向德國軍火製造廠買得大批軍火，由恩布爾澤赴日，同時又向捷克斯拉夫的史可德製造廠，訂購火藥，分二批裝運，由德國漢堡運出，共七百箱，一批由威差，輸裝運的有四千箱，此後陸續裝運的，更非常多。當上海戰事激烈的時候，日本特派一軍事委員到捷克斯拉夫各製造廠接洽購械。買了炸彈一千枚，煤氣炸彈二千一百枚，又派員到德國，向德國某製造廠定購一大批。此外，向法國美三國訂購的軍火，其數字亦非常嚇人。計在法國與利茨廠訂購的，有大坦克車二十部，又迪爾拉狄西汽車廠訂造的，北飛机炸彈四千枚，又美國購洋的數目，據美國參議院宣布，其總數為一萬萬八千萬金元（每一金元合中國大洋四元多），在英國所購買的數目為四萬二千金磅，向波蘭購運的在三百萬元以外，以上都是二月已經做成的交易，為我所知道的，其以後到現在的數目，我不知道，並且也無從調查，因為各國購買軍械，事情極為秘密，總之，日本從積極狂熱購買軍械，各國資本家積極供給日本軍火，卻證明日本既佔領東三省猛攻上海，向蘇聯準備進攻中國革命，表示帝國主義的行動，日本不過是帝國主義在東方的先鋒隊。

上海三友工人要求恢復工作
不接受一月工資的退職金

期 红色中华零零二十六期
版 零三版
时间 一九三二年七月七日

上海三友工人要求恢复工作

不接受一月工资的退职金

上海三友厂停闭，已经四个多月了，该厂工人在这四个月当中，无法维持生活，受尽了酸辛苦辣，屡次向资本家交涉，总无好的结果，六月十三日，工人等又派代表严重交涉，要公司马上开厂，资本家则称没有资本，愿发一月工资，退职金，工人等认为资本家有意与工人为难，存心压迫工人，坚决要求恢复工作，该厂工人与资本家的冲突，日益扩大云。

拒絕工人要求，特再提出下列條件，限十八小時內完滿答覆，一，罷工期間工資照給，二，承認罷工會完全代表工人，公司每月津貼六百元用費，三，女工生產前後休息二月，工資照給，並發生產費五十元，四，實行女工七小時，青工六小時工作制，五，要求按照物價房價變增加薪外，並給予受傷殘廢者一年工資及恤金 五十歲以上不做工需給養老金，六，內外工每月一律津貼車費四元，外工發給雨衣，七，冷氣間工人應有吃飯時間

公司拒絕

全體工人見公司對所提條件不答覆，乃派代表葉公照等向公司鄭重交涉，結果為公司拒絕。

緊急戒嚴

公共租界當局聽到罷工擴大，情勢嚴重，即宣佈戒嚴，並派大批警察及武裝探捕四出巡邏，福建路電話分局附近，集中武裝探捕百餘人，但工人却陸續向該公司門前集合，達千餘人，探捕驅逐無效。

代表被捕

當工人站在公司門前等候答覆消息時，代表等退出，宣佈公司答覆，全體工人甚為憤激，大呼口號：『反對公司開除工人』不達目的誓不復工，『擁護罷委會』等，中西探捕即將代表拘捕，并用武裝驅散工人，全體工人奉罷委臨時緊急命令，開羣衆大會反對。

罷工擴大

江西路中央行及各區分行棧房工人罷工後，楊樹浦修理廠，定盤路接路間，福建路打樣間等工人一致加入罷工，同時，中國電汽公司承裝租界電話公司自動機工人，亦宣佈加入罷工。

工賊挨打

工賊唐亮之等及四十一號工頭，受資本家收買，在遠東飯店祕密開會，討論恢復黃色工會，召集工人私自上工，工人聞訊，十分憤激，將唐等痛打一頓，並決定以後將採取更嚴厲手段對付，并要工賊等立即停止一切造謠等破壞行為。

罷工法庭

罷委會除組織糾察隊，宣傳隊，募捐隊，嚴防破壞罷工紀律，設立罷工法庭專門對付工賊，同時罷委會有不良份子混入，召集臨時緊急會議改組。

罷工失敗

罷工鬥爭，直至二十三日，結果，因工賊不斷的破壞，各種反革命派的搗亂，國民黨的鎮壓 及領導者動搖，以致鬥爭兩星期多的罷工 遭受失敗云。

上海三友工人要求恢復工作

不接受一月工資的退職金

上海三友廠停閉，已經四個多月了 該廠工人，在這四個月當中．無法維持生活 受盡了酸辛苦辣 屢次向資本家交涉，總無好的結果，六月十三日工人等又派代表嚴重交涉，要公司馬上開廠 資本家則稱沒有資本 願發一月工資，退職金 工人等認為資本家有意與工人為難，存心壓迫工人，堅決要求恢復工作 該廠工人與資本家的衝突 日益擴大云．

波蘭反動報紙無法否認

蘇聯工農生活改善

工農羣衆防禦帝國主義侵掠決心

蘇聯社會主義建設的偉大勝利，第一個五年經濟計劃的順利完成，工農物質生活空前改善，加深了資本主義各國對蘇聯的仇恨，而同時亦無法遮瞞或否認蘇聯在近年來所得的偉大成績 最近、被認為波蘭政府機關的波爾斯日報登載一文，題為一九二二年來蘇聯各方面的驚人發展，謂『我想不到的發展 在蘇聯到處可以看見 紅軍服裝的整齊，莫斯科街道的清潔 工人生活的改善，他們家庭的豐富，以至大規模工業的發展，均與我們向來所『知道』的舊俄國情形，大不相同，在荒野麥田之上，數年來已建立如孟格尼高斯克及柯次尼茲脫來之大城市了』、這裡雖然沒有說到或故意不說蘇聯的偉大成功的地方，但是用資產階級的眼光同樣不能否認蘇聯的發展，又有一次該報登載莫斯科紅軍操演及民衆的感，有一段說『蘇聯紅軍的表演 民衆揮帽歡呼的熱誠，予人印象甚深 永遠不能忘掉 當飛機在空中表演絕技，或某些軍士操演出來，或有巨型之鐵甲車出現於街頭時，民衆熱歡騰忘形，充分表示出蘇聯人民對于防禦侵略的決心云。

蘇聯報紙

揭穿日本反蘇聯陰謀

日本進攻蘇聯的企圖 由宣傳進到行動時期

日本帝國主義與各帝國主義協同行動之下，積極向蘇聯挑釁，最近蘇聯報紙揭穿日本帝國主義的陰謀 同時并痛斥本報氏，公開主張佔領海參崴 謂其對蘇聯挑戰的態度，顯然蘇聯新聞報（政府機關報）社論謂『日本當局對於此中言論，不加取締，同時不願與蘇聯締結不侵犯條約，其用意可見』。又共產黨機關報謂，『日本滿信自已軍備的充實，一味挑戰，在尋求革命的失策』。同時 指出日本帝國主義，日由宣傳而進到行動時期了，號召民衆準備，據最近消息 哈爾濱海參崴間的交通，完全斷絕，戰爭空氣很濃厚。

日本碰命購買軍火

原因為準攻蘇聯和中國革命 各帝國主義努力製造供給

日本帝國主義除在本國加緊製造軍火器外，並積極向各國購買軍械火藥，茲將調查所得如下：

本年二月間，日本向德國軍火製造廠購得大批軍火，由恩布號運赴日，同時又向捷克斯拉夫的史可德製造廠，訂購火藥，分二批裝運，由德國漢堡運出共七百箱，一批由威差輪裝運的有四千箱，其後陸續裝運的，更非常多。當上海戰事激烈的時候 日本時派一軍事委員到捷克斯拉夫各製造廠接洽購械。買的炸彈一萬千枚，煤氣炸彈二千二百枚 又到德國，向德國某製造廠定購一大批。此外，向法美三國訂購的軍火，其數字亦非常嚇人，計在法國與利茨廠訂購的，有大坦克車二十部，在迪爾法蘭西汽車廠訂造的，共飛機炸彈四千枚，向美國購彈的數目，據美國衆議院宣布，其總數為一萬萬八千五百金元（每一金元合中國大洋四元多。）在英國所購的數目為四萬二千金磅，向波蘭購運的在三百萬元以外，以上都是二月已經做成的交易，為人所知道的，至於現在的數目，尚不知道，並且也無從調查，因為各國購買軍械，事情極為秘密，總之，日本積極狂熱購買軍械 各國資本家極供給日本軍火，却證明日本既佔東三省猛攻上海 向蘇聯準備進攻中國革命，帝國主義的行動，日本不過是帝國主義在東方的先鋒隊。

中央苏区反帝总同盟致国民党统治下工农及反帝群众电

上海反帝同盟并转国民党统治下工人农民学生及反帝的革命群众们！

今天我们在红色的中央苏区举行反帝第一次代表大会成立总同盟号召并热望你们团结在反帝旗帜之下，实行罢工，罢课，罢市，不纳租税，自动武装起来，回答帝国主义对中国革命与苏联的武装进攻，粉碎国民党统治，反对国民党出卖中国，为自由独立中国而斗争，发展新的苏区，组织新的游击战争，积极努力的从各方面来瓦解国民党对苏区新的全线全进攻以实际的行动来配合与援助苏区与红军的向外发展，一致我们的战线，拥护苏维埃中央政府对日作战的宣言，扩大民族革命战争，猛烈扩大反帝斗争，驱逐帝国主义出中国，推翻国民党的统治，争取与完成江西及邻省革命的首先胜利，也正是拥护苏联，保护中国革命的武装斗争的实际行动，我们号召苏区千百万工农群众及英勇的红军随时准备着直接与帝国主义作殊死战，为苏维埃中国而斗争，愿与你们和我们共同完成这光荣的任务。

中央苏区反帝总同盟第一次代表大会

會應即決定一定時間內的具體而切實的工作大綱，迅速督促下級政府成立婦女生活改善委員會，尤其要注意對重要縣的督促指導與工作的建立，在七月十五號以前要向中央政府作一工作報告。此令

主席　毛澤東
副主席　項英　張國燾

公歷一九三二年六月二十日

蘇維埃法庭

臨時最高法庭批示　第五十號

江西省蘇裁判部判決書省字第二號關於反革命溫良，余遠深，刁詩周，刁秀山，丘衍洪，丘祥孜等六犯併案分別判處一案，溫良一犯判決死刑照准。余遠深判處死刑暫時不能批准，因余遠深一名的罪狀不很明白，須把全部案卷詳細報告前來才能批准。刁詩周，刁秀山，丘衍洪，丘祥孜等四犯的分別判決均照准。原判發還，着即將溫良一犯執行死刑。余遠深一名暫作懸案，待接到你們詳細報告之後再決定。刁詩周，刁秀山，丘衍洪，邱祥孜等四犯照原判分別執行。並將全案執行情形報告前來。此批

江西省蘇裁判部。

主席　何叔衡

一九三二．七．七．

江西省蘇裁判部判決書　第二號

一九三二年六月　十四日江西省蘇維埃政府裁判法庭的主審古柏，陪審張鶴齡鍾聲湖，書記鍾學相，同時參加審判的國家原告人吳德峯，審判A．B．團反革命案件的被告人溫良，余遠深，刁詩周，刁秀山，邱衍洪，邱祥孜。根據國家原告機關的材料及法庭審判的結果，被告人等的反革命事實，已經證明，茲將被告人等的履歷及罪狀列舉如下：

一．溫良，男性，三十八歲，流氓出身，雩都人，AB團撲殺隊長。其罪狀是：(一)加入AB團任撲殺隊長，混入肅反機關，不經審訊，私自撲殺多人。(二)參加AB團的秘相組織——工作團，以反對凌開招為名，藉以保持AB團的秘密活動。又復在肅反機關當權，把AB團要犯劉如美，劉秀堂，杜子光等准予自新，編入自新隊，在該隊內發展反革命的組織，後又將劉如美，劉秀堂，杜子光等，縱令逃跑。AB團要犯徐復祖得以逃跑謝芳湖，王錦文等之得以自縊，被告均有關係。(三)被告去年九月在古梓區政府充當主席，分配土地時，以送東西給被告為決定成份的標準，送東西多的，富農亦為貧農，並包庇靖衛團總張炳勳（地主），因被告與張炳勳有師弟之誼，故不沒收其土地財產，反分給他土地，這更足以證明被告在意識行為上略，故意破壞蘇維埃政府威信。

二．余遠深，男性，二十一歲，興國人，裁縫，AB團自新隊的小組長，他的罪狀是：(一)加入AB團的秘相組織——工作團做反革命活動，去年十月在七坊破獲，送雩都肅反委員會，准予自新，編入自新隊訓練，被告不知醒悟，又復在自新隊組織反革命AB團，担任組長，多方造謠，破壞自新條例，與劉如美，劉秀堂，杜子光等同謀，放走AB團要犯徐復祖，藉以保持雩都AB團組織，實行反革命陰謀。

三。刁詩周，男性，三十五歲，雩都人，貧農，AB團，雩都西區團部的組織。他的罪狀是：(一)去年由劉名珂介紹加入AB團，曾担任雩都工作團書記，和雩都上西區七團部組織，在劉名珂指使之下，進行反對凌開招保持AB團秘密活動之陰謀。(二)與AB團劉如美同謀，企圖推翻雩都西區蘇維埃政府，把經費完全集中到劉如美手裏，有意的不分田給農民，使農民對於革命和蘇維埃懷疑失望企圖恢復反動統治，并似篡竊肅反機關，打擊革命份子，造成群衆恐怖，更用種種封建思想來反對婚姻自由。

四．刁秀山，男性，二十八歲，雩都人、中農、AB團，雩都縣團部宣傳，他的罪狀是：(一)一九三十年由劉名珂介紹加入AB團，去年曾到雩都縣蘇自首，承認加入AB團，沒有担任什麼工作，後來又與劉如美，劉秀堂，余遠深等發生關係，任AB團縣團部破壞科長及雩都西區七團部宣傳。

五．邱衍洪，男性，四十九歲，雩都人，貧農，AB團雩都上西區七團部團長，他的罪狀是：(一)一九三一年由吳子喜介紹加入AB團，參加反革命活動　又於同年十一月在古梓區蘇自首，編入自新隊訓練，有企圖作反革命的活動，并接受溫良的指使、隱蔽反革命的會議。(二)被告担任村蘇府主席時盜手有大洋二百元，金戒指一個，把這些公款賭博輸去壹百八十元。

六．邱祥孜，男性，四十九歲，雩都人、貧農，AB團雩都上西區團部團長，他的罪狀是：一九三十年加入AB團，充當上西區團部團長，受人指使，企圖作反革命活動，後自行覺悟到雩都縣政府保衛局自首，並收AB團組織完全供出、以上六犯的罪狀根據中央執行委員會第六號及第十一號訓令判決如下：

一．溫良，處以死刑。

二．余遠深，處以死刑。

三．刁詩周，罰苦工一年。

四．刁秀山罰苦工半年。

五．丘衍洪，罰苦工半年，過去濫用公款的數目，照如數繳還政府。

六．丘祥孜罰苦工兩個月。

以上判決原告或被告有不服時，准予在一天之內可向臨時最高法庭提起上訴。

主審　古柏

陪審　張鶴齡　鍾聲湖

來件

中央蘇區反帝總同盟致

國民黨統治下工農及反帝群衆電

上海反帝同盟并轉

國民黨統治下工人農民學生及反帝的革命群衆們！

今天我們在紅色的中央蘇區舉行反帝第一次代表大會成立總同盟，號召并熱望你們團結在反帝旗幟之下，實行罷工，罷課，罷市，不納租稅，自動武裝起來，回答帝國主義對中國革命與蘇聯的武裝進攻，粉碎國民黨統治，反對國民黨出賣中國，為自由獨立中國而鬥爭，發展新的蘇區，組織新的游擊戰爭，積極努力的從各方面來瓦解國民黨對蘇區新的全線全進攻以國際的行動來配合與援助蘇區與紅軍的向外發展，一致我們的戰線，擁護蘇維埃中央政府對日作戰的宣言，擴大民族革命戰爭，猛烈擴大反帝斗爭，驅逐帝國主義出中國，推翻國民黨的統治，爭取與完成江西及鄰省革命的首先勝利，也正是擁護蘇聯，保護中國革命的武裝鬥爭的實際行動，我們號召蘇區千百萬工農群衆及英勇的紅軍隨時準備着直接與帝國主義作殊死戰，為蘇維埃中國而鬥爭，願與你們和我們共同完成這光榮的任務。

中央蘇區反帝總同盟第一次代表大會

中央蘇區反帝總同盟致

全世界工農反帝群衆電

全世界反帝同盟并轉

全世界的工人農民及反帝的革命戰士們！

本代表大會六月廿三日在中國紅色的中央蘇區開幕成立總同盟，號召與動員白區及蘇區的千百萬的工農勞苦群衆和英勇的紅色戰士們起來團結我們的力量，擴大我們的戰線，堅決的實行民族革命戰爭爭取和完成江西及鄰省的革命首先勝利來粉碎帝國主義一致向中國革命與蘇區的武裝進攻陣線，反對瓜分中國，反對國民黨出賣中國，消滅國民黨對蘇區與紅軍的新進攻，隨時準備着直接與帝國主義作決死戰，熱望你們和我們站在同一戰線，擴大反帝鬥爭，給我們有力的援助，打倒我們共同的敵人——帝國主義。這就是武裝保護蘇聯　保護中國革命的國際鬥爭，以完成我們和你們最光榮的任務。

中央蘇區反帝總同盟第一次代表大會

期
红色中华零零二十七期
版
零一版
时间
一九三二年七月十四日

上海丝厂工人大罢工

参加者一万数千工人

上海十四日工农电讯：虹口，闸北丝厂二十余家，约一万数千工人罢工，要求月工加五角八分（即去年劳资协定）及礼拜偿［赏］等。

中華蘇維埃共和國臨時中央政府機關報

紅色中華

第二十七期
一九三二年七月十四日
本期二張
定價　大洋七厘　零售銅元二枚

專載

致前方紅軍戰士電

英勇的紅軍戰士們：捷電傳來，欣悉我英勇果敢的紅軍戰士自西進以來，奮勇殺敵，迭獲偉大勝利，在庾信雄之間，與粵敵血戰數次，尤其是最近一役，竟肉搏三晝夜，先後擊敗素稱頑强的粵敵十七八團之衆，予帝國主義國民黨軍閥對蘇區和紅軍的圍攻以迎頭痛擊，使廣東軍閥聞風喪胆，並震撼全國的反動統治，使爭取江西及鄰省首先勝利的實現，就在面前，蘇維埃中央對我前方紅軍指揮員戰斗員的英勇決斗，致以熱烈的欽敬與慰勞，對傷亡戰士，致無限的嘉慰和敬意，尤望我全體紅軍戰士繼續勝利，堅決進攻，澈底消滅粵贛軍閥的武力，奪取沿贛江的中心城市，實現江西及鄰省首先勝利，我們更信在廣大工農群衆熱烈擁護及互相呼應之下，將因你們的勝利而匯合全國的革命力量更加擴大民族的革命戰爭，去推翻國民黨政府的統治，驅逐帝國主義，爭取全中國革命的勝利，紅軍戰士們：中央政府正領導全蘇區工農群衆擁護和配合你們的勝利舉行向敵人的總攻擊，望繼續猛進，衝鋒復衝鋒，掀起中國蘇維埃革命的洪濤洶湧澎湃，淹沒帝國主義國民黨的血腥統治：使蘇維埃的紅旗隨着你們的勝利，插遍全中國。

中華蘇維埃臨時中央政府眞

專電

紅軍第二次偉大勝利

激戰三日三夜　擊潰粵敵十三團

前方十日急電：自我軍在大庾之新城池江間，將粵敵李振球葉肇二師完全击潰後，粵敵張枚新師四團李漢魂三團陳章二團張達一團香翰屏余漢謀之各教導團獨立團一共十三團之衆，企圖拒抗我軍，於八日在南雄、之水口圩南岸與我軍接觸激戰三天三夜，于十日該敵全部被我軍擊潰，敵死傷萬衆向南雄潰竄，此次我主力軍西向進攻粵敵以來，連獲二次偉大勝利，計击潰素稱頑强之粵敵十七八團之衆。

湘鄂贛紅軍大獲勝利

消滅敵謝彬部二團　佔領湖北通山縣城

湘鄂贛十一日來電：我紅十六軍於十日在湖北通山與白軍謝彬部激戰，當即消滅該敵兩團，繳械甚多，並佔領通山縣城。

鄂豫皖紅軍六次大勝利

擊潰白敵七團俘擄并擊斃千餘人　繳獲山炮五机槍三十餘步槍千餘　湖北麻城及宋埠均不日卽可攻下

鄂豫皖來電：鄂豫皖紅軍主力軍於六號進逼湖北之麻城，七號掃清麻城野外的敵人，擊潰敵人七團，計繳獲山炮五門，機關槍三十餘架，長槍千餘，俘擄與當場擊斃的亦達千餘人，八日晨我軍進逼麻城城下，麻城宋埠均不日可下。

上海絲廠工人大罷工

參加者一萬數千工人

上海十四日工農電訊：虹口，閘北絲廠二十餘家，約一萬數千工人罷工，要求月工加五角八分（卽去年勞資協定）及禮拜償等。

葯業工人罷工

國民黨設法鎮壓

上海十四日工農電訊：藥業工人因資方破壞勞資條件，拒絕外場替工，一部份已罷工，國民黨市黨部積力設法鎮壓云。

國民黨設法鎮壓
藥業工人罷工

药业工人罢工

国民党设法镇压

上海十四日工农电讯：药业工人因资方破坏劳资条件，拒绝外场替工，一部份已罢工，国民党市党部极力设法镇压云。

紅色中華

中華蘇維埃共和國臨時中央政府機關報

第二十七期

一九三二年七月十四日

本期二張

定價　大洋七厘　零售銅元二枚

專載

致前方紅軍戰士電

英勇的紅軍戰士們：捷電傳來，欣悉我英勇果敢的紅軍戰士自西進以來，奮勇殺敵，迭獲偉大勝利，在庾信雄之間，與粵敵血戰數次，尤其是最近一役，竟肉搏三晝夜，先後擊敗素稱頑强的粵敵十七八團之衆，予帝國主義國民黨軍閥對蘇區和紅軍的圍攻以迎頭痛擊，使廣東軍閥聞風喪胆，並震撼全國的反動統治，使爭取江西及鄰省首先勝利的實現，就在面前，蘇維埃中央對我前方紅軍指揮員戰斗員的英勇決斗，致以熱烈的欽敬與慰勞，對傷亡戰士，致無限的嘉慰和敬意，尤望我全體紅軍戰士繼續勝利，堅決進攻，澈底消滅粵贛軍閥的武力，奪取沿贛江的中心城市，實現江西及鄰省首先勝利，我們更信在廣大工農羣衆熱烈擁護及互相呼應之下，將因你們的勝利而匯合全國的革命力量更加擴大民族的革命戰爭，去推翻國民黨政府的統治，驅逐帝國主義，爭取全中國革命的勝利，紅軍戰士們：中央政府正領導全蘇區工農羣衆擁護和配合你們的勝利舉行向敵人的總攻擊，望繼續猛進，衝鋒復衝鋒，掀起中國蘇維埃革命的洪濤洶湧澎湃，淹沒帝國主義國民黨的血腥統治：使蘇維埃的紅旗隨着你們的勝利，插遍全中國。

中華蘇維埃臨時中央政府

專電

紅軍第二次偉大勝利

激戰三日三夜

擊潰粵敵十三團

前方十日急電：自我軍在大庾之新城池江間，將粵敵李振球葉肇二師殲全部潰後，粵敵張枚新師四團李漢魂三團陳章二團張達一團香翰屏余漢謀之各教導團獨立團一共十三團之衆，企圖拒抗我軍，於八日在南雄．之水口圩南岸與我軍接觸激戰三天三夜，于十日該敵全部被我軍擊潰．敵死傷萬衆向南雄潰竄，此次我主力軍西向進攻粵敵以來．連獲二次偉大勝利．計共潰素稱頑强之粵敵十七八團之衆。

湘鄂贛紅軍大獲勝利

消滅敵謝彬部二團

佔領湖北通山縣城

湘鄂贛十一日來電：我紅十六軍於十日在湖北通山與白軍謝彬部激戰，當即消滅該敵兩團，繳械甚多，並佔領通山縣城。

鄂豫皖紅軍六次大勝利

擊潰白敵七團俘擄幷擊斃千餘人

繳獲山炮五机槍三十餘步槍千餘

湖北麻城及宋埠均不日即可攻下

鄂豫皖來電：鄂豫皖紅軍主力軍於六號進逼湖北之麻城，七號掃清麻城野外的敵人，擊潰敵人七團，計繳獲山炮五門，機關槍三十餘架，長槍千餘，俘擄與當場擊斃的亦達千餘人，八日晨我軍進逼麻城城下，麻城宋埠均不日可下。

上海絲廠工人大罷工

參加者一萬數千工人

上海十四日工農電訊：虹口，閘北絲廠二十餘家，約一萬數千工人罷工，要求月工加五角八分（即去年勞資協定）及禮拜償等。

葯業工人罷工

國民黨設法鎮壓

上海十四日工農電訊：藥業工人因資方破壞勞資條件，拒絕外場替工，一部份已罷工．國民黨市黨部積力設法鎮壓[illegible]

期：红色中华零零二十七期

版：零二版

时间：一九三二年七月十四日

牛蘭絕食
對抗反動國民黨的殘暴
上海羣衆示威要求釋放

牛兰绝食，对抗反动国民党的残暴

上海群众示威要求释放

上海十三日电： 太平洋职工运动积极参加者牛兰等，去年在上海为帝国主义国民党拘捕监禁，受尽各种惨无人道的虐待，已一年多了，最近，牛兰等以国民党在帝国主义指使下，实行无理审判决以绝食对抗，闻绝食至今已第十天了，上海的工农群众及一部份同情于牛兰的学生，成群结队游行，向帝国主义及国民党示威云。

牛蘭絕食

對抗反動國民黨的殘暴

上海群衆示威要求釋放

上海十三日電：太平洋職工運動積極參加者牛蘭等，去年在上海為帝國主義國民黨拘捕監禁，受盡各種慘無人道的虐待，已一年多了，最近，牛蘭等以國民黨在帝國主義指使下，實行無理審判決以絕食對抗，聞絕食至今已第十天了，上海的工農群衆及一部份同情於牛蘭的學生，成群結隊遊行，向帝國主義及國民黨示威云。

國民黨軍閥

大調白軍佈置進攻蘇區

工農電社十四日上海電：蔣介石到漢，衛立煌部蔣（伏生）李（默庵）兩師暫駐武漢。張遂三部移防襄陽（湘北）以東。六十五師劉茂恩之刁長清，馬祺璨兩旅即赴均鄖（湘北襄陽之西北二縣）填防。三十四師張萬信電蔣介石要編入追擊部隊，國民黨現在正大調軍隊，佈置進攻蘇區和紅軍云。

蔣介石

在湖北召集縣長會議

團結反動勢力計劃進攻革命

漢口十四日電：蔣介石派夏斗寅召集湖北各縣縣長，討論動員反革命力量，領導並組織豪紳地主，企圖從各方面破壞瀏進攻蘇維埃和紅軍。十二日上午九時，有湖北各縣縣長四十餘人，由夏斗寅率往見蔣，蔣指示三點「組織豪紳地主，訓練團防，不要專靠軍隊『剿共』，夏斗寅等受蔣指使後，聞即討論，決定：一，組織各種民團保甲，清查戶口，不實行清查者，輕監禁，重槍決，二，『剿共』時期，強迫民衆軍事化，三，辦理團防。

日法帝國主義

同謀奪據中東鐵路

實為進攻蘇聯毒計

上海十四日工農電訊：法亞銀行經理梅舍兒由東京來哈，與日方謀合買租中東鐵路十五年，每年付三百五十四萬，由滿俄平分，又梅舍兒除此任務外，尚有整理法國在東北權利之任務云。

日本「公開」承認滿洲國

東北完全成為日本殖民地

東京十四日電：日本首相齋藤，公開發表關於承認滿洲國事，謂『日本全國一致（?）』，主張皆同，且此種主張，決永遠不改，目前日本政府正設法早日承認滿洲國』。外相內田康哉向國聯調查團表示，日本永遠不能承認將東三省歸還中國，等滿洲地位穩固後，日本即正式承認滿洲國，那時，日本將拒絕與國聯或中國商談東三省事，並提出下列數點：一，滿洲國問題，應謀根本解決，二，滿洲問題解決方法 應將以後所有之糾紛完全掃除，三，日本決早日承認滿洲為獨立國，四，日本以為承認滿洲國與九國公約無抵觸，五，滿洲國既已成立，現時再與中國政府交涉決無意義云。

日本繼續增兵東北

目的是進攻蘇聯

東京十一日路透電：日帝國主義又增派日軍赴滿洲，聞吉崗之獨立騎兵旅，已開赴東省。該旅計有騎兵八隊，機關槍隊兩隊，餘不明。目的為進攻蘇聯。

川康形勢緊張萬分

英帝國主義又指使藏兵節節前進

南京十四日電：七月一日起，藏兵進迫雪山頂，分路前進，川康形勢緊張，防務嚴重。

菲島共產黨大會

通過擁護蘇聯決議

上海工農十四日電訊：菲律濱共產黨開全體大會，一致通過盡其力量保護蘇聯，抵抗全世界帝國主義攻擊的決議云。

期：红色中华零零二十七期
版：零三版
时间：一九三二年七月十四日

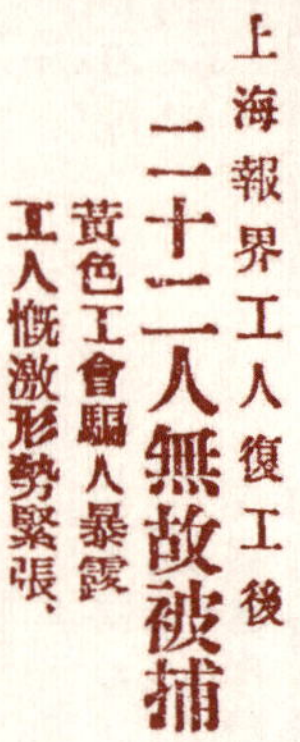
上海報界工人復工後
二十二人無故被捕
黃色工會騙人暴露
工人慨激形勢緊張、

上海报界工人复工后二十二人无故被捕

黄色工会骗人暴露
工人慨激形势紧张

上海申新及时事各报罢工，为黄色工会及上海大流氓杜月笙等破坏，前曾登载本报。当时所说被开除的罢工工人二十二人，全由杜月笙负责担保，但申新时三报工人复工后，被开除的工人，不但遭受失业痛苦，而且于八日下午六时，二十二人立为捕房捕去，公安局并派大批武装探警，到处搜查。工人等愤激异常，形势十分严重，大有立即再行罢工之势，黄色工会于当夜召集紧急会议，以缓和工人斗争情绪。

日本普羅文化同盟示威

與軍警發生巷戰 被捕者達數百人

上海十四日工農電訊：日本普羅（無產階級）文化同盟，於十九日召集大會，在警察干涉中游行示威，并與軍警肉搏，被捕者達數百云。

要聞

英帝國主義指使

藏兵繼續侵佔西康青海

佔領大小蘇莽及囊謙各地 彭古已被包圍且有失守說 駐軍馬步芳所部不戰而退 青南西藏已爲英國附屬地

藏兵在英帝國主義指使之下，進攻西康青海，更加積極，青海大小蘇莽及囊謙兩地，爲西藏窺西康的要道，已爲藏兵佔領，駐守該地防軍馬步芳部，聞風敗退，藏兵已侵入玉樹，槍械非常精良銳利，分三路前進，并有七千人，繞分水河包抄彭古已被包圍，且有失守說，西康青海一帶，形勢十分險惡 藏兵所侵佔的青海南部各縣，英帝國主義積極籌畫建設，大有永久佔據之意，前藏各都市，英人正在極力經營．藏地各都市正在籌設電燈公司，及各種交通事業，青海省主席電反動國民黨軍委會請求援軍，謂「馬步芳部已退守玉樹後方，藏兵軍械精良，馬部不敵，速調援軍，倘玉樹不保，藏兵可長驅直入，青海全省不得安全，且勢將危到其他各省」等語，民衆則派代表至反動國民黨政府請願云。

但國民黨政府和其軍閥並不理答——因爲他的是幫助帝國主義瓜分中國的清道夫。

上海報界工人復工後 二十二人無故被捕

黃色工會驅人暴露 工人憤激形勢緊張、

上海申新及時事各報館罷工，黃色工會及上海大流氓杜月笙爭持破壞，前曾登載本報。當時所說被開除的罷工工人二十二人，全由杜月笙負責担保，但申新時三報工人復工後，被開除的工人，不但遭受失業痛苦，而且於八日下午六時，二十二人並爲捕房捕去。公安局並派大批武裝探警，到處搜查。工人憤激異常 形勢十分嚴重，大有立即再行罷工之勢，黃色工會於當夜召集緊急會議，以緩和工人鬥爭情緒。

蘇聯宏大木工場完成

工場各種設備非常完美 生產品價值七百萬盧布

蘇联本係木料最豐富的國家，同時蘇联的漁業亦佔世界重要地位，因此，蘇聯除極度的發展輕重工業外、對漁業的振興亦大加注意，今年特在堪察加島設立一宏大的木工場，該工場主要目的爲製造木桶，專供蘇聯遠東海岸漁業之需要，已於今年夏季開工，此大規模之聯合木工場，全部價值五百萬金盧布，內部組織分三大部，鋸木部，桶工部——每年能造三十萬隻大木桶，製箱部——每年能造二百萬隻木箱，該工場純係採用最新式，最進步的機器，故全場工人只六百名，政府特爲該場工人，造成在社會主義國家纔享得的優越條件，附設一醫院，一公共浴堂，一洗滌所，一公共食堂及一製麵包所，設備極其完備，並適合於衛生。聞今年全工場的生產品價值，達七百萬金盧布云。

德國

青年工人保護蘇聯熱情

闖入日人俱樂部搗毀各室器具 大書反對帝國主義向蘇聯挑釁

日本帝國主義積極向蘇聯挑釁，已爲全世界無產階級及被壓迫民衆所痛恨，他們早已舉起保護無產階級的祖國——蘇聯的旗幟，在各帝國主義面前示威，這種運動，最近仍是繼續向前發展着，前月十五日，德国柏林有青年工人一隊，着前爲德政府解散的赤色先鋒同盟制服，突衝入日本在柏林的俱樂部，他們正在吃晚飯，青年等大呼打倒日本帝國主義，拿出手槍向日人開放，並搗毀各室器物，最後至彈子房，在黑板上大寫「倘各日本帝國主義在遠東向蘇联挑戰，定將盡送日本帝國主義者往見魔鬼」等語而去，事後，德當局大派軍警，挨戶徹夜搜索云。

德政府頒布緊急命令

增加苛捐減少失業津貼向工人進攻 撤消反動挺進隊禁令允許公開存在

德国革命運動迅速發展，階級鬥爭日益劇烈，共產黨所領導下的工人，經常與法西斯蒂肉搏，最近，國家社會黨（法西斯蒂黨）在選舉中取得了優勢，因此，向工人階級進攻，更加厲害，一天天走上赤裸裸的資產階級專政的道路。六月十四日德政府頒佈了緊急命令三道：一、失業工人津貼金，由減一成加減至二成三成，而且只津貼六星期，就是還沒有找到工作也不管。過去爲資產階級帶砲灰參加大戰的受傷士兵等所謂「戰役恩給金」，孤兒撫育金等亦大大的裁減。二、凡工人所得的工資等，都將按照他們的收入納稅百分之一．五至六，五。食鹽亦大大的加稅，任何營業甚致極小的小販，亦須交稅，加緊剝削工農群衆。三、德政府公開承認法西斯蒂半武裝組織的挺進隊，撤消過去解散挺進隊的禁令云。

中央蘇區消息

各縣工農群衆

熱烈參加革命戰爭

自願到前方去的已有千餘名 實行義務勞動不取任何代價

江西軍區來訊：在中央政府正確領導和號召之下，中區蘇區的紅軍主力，已在實際執行消滅入閩入贛的粵軍，和奪取干江的中心城市的戰斗任務，江西各區各鄉各縣的工農群衆爲着配合紅軍增強戰斗力量，已紛紛自動到政府報名，參加運輸隊，担架隊，且還自願當三個月伕子，不要任何代價的，計興國，勝利，干縣，雩都等縣已集中了一千多名送到前方去了，現各縣仍在繼續一大批一大批送往前方，并在最近，特別加緊赤衛軍，模範營，和模範少隊的軍事訓練，將在不久，即集中出發參加革命戰爭云。

紅軍佔領甯化縣城

擊潰馬鴻興部繳獲步槍百餘枝

福建軍區八日來訊：我紅軍配合工農武裝，進攻甯化城，再消滅馬鴻興部，繳獲步槍百餘枝，佔領甯化縣城，殘餘白匪潰退，閩北閩匪．非常恐慌云。

福建紅軍及獨立團

接連攻破砲樓十餘個

群衆熱烈的慰勞紅軍 永定圍匪不日可消滅

紅軍一部及獨立團英勇的消滅了坎市圍樓後，攻破大小堅固土樓十餘个，並[illegible]鑼坪文砲樓十个，龍潭與大砲樓亦爲我軍攻入，在火燄中活捉土匪大頭目「貓子」，釋放被

1932

红色中華

上海新闻整理汇编

四都医院募捐援助上海罷工的熱烈

珍藏版

期

红色中华零零二十七期

版

零四版

时间

一九三二年七月十四日

四都医院募捐援助上海罢工的热烈

四都医院于六月二十六日举行募捐，援助上海罢工工人，在革命互济会开会员大会时，报告了目前上海罢工运动剧烈的发展，和赤区工农募捐援助罢工工人的意义，当场即组织募捐队，宣传队向伤病红色战士及工作人员宣传，并由募捐队发起募捐，全体工作人员，及伤病战士，都热烈的捐助，特别是有许多看护生，在平时非常节省经济，在这次募捐当中，将节省来的经济全数捐出，这次募捐总数共大洋四十三元五角八分云。

園匪綑縛在樓房內就要燒死的群衆百餘，并把頑抗土豪數名通通捉到，除燒毀的槍枝以外又繳得步槍十餘枝，現正在包圍龍潭最堅固的獅子樓，龍潭最大的豪紳地主頭子有槍八九十枝，駁壳很不少，不日即可消滅。

培風工農群衆，特別是勞動婦女異常熱烈，在前線的擧行運負傷戰士，送菜送東西，洗衣服，唱戰斗山歌，慰勞紅軍戰士。更有亢陂，坎市，培風，游擊隊，配合紅軍及獨立一團三營，來消滅龍擬塘背湖雷全豐各股團匪云。

中央工作人員合作社

籌款幫助革命戰爭經費

中央工作人員消費合作社社員，於本月十一日開全體社員大會，報告過去幾个月來的營業狀況，及討論處置營業紅利的辦法，經過社員詳細討論的結果，一致通過除將按股分息及留一部紅利作基金外，提出大洋二十元捐作發展革命戰爭經費。會場對發展革命戰爭熱烈捐助空氣甚高，散會時，高呼，『奪取江西及鄰近省區的首先勝利，革命戰爭勝利萬歲』云。

四都醫院

募捐援助上海罷工的熱烈

四都醫院於六月廿六日擧行募捐，援助上海罷工工人，在革命互濟會開會員大會時，報告了目前上海罷工運動劇烈的發展和赤色工會募捐幫助罷工工人的意義，當場即組織募捐隊，宣傳隊向傷病紅色戰士及工作人員宣傳，并由募捐隊發起募捐，全體工作人員，及傷病戰士，都熱烈的捐助，特別是有許多看護生，在平時非常節省經濟，在這次募捐當中，將節省來的經濟全數捐出。這次募捐總數共大洋四十三元五角八分云。

福建省互濟總會

慰勞一五軍團傷病兵的熱鬧

工農紅軍一五軍團克復了龍岩政權，攻下了漳州，在這偉大的英勇戰爭中，紅色的戰士爲了蘇維埃政權的鞏固和擴大，爲着工農群衆謀利益，解除痛苦，與敵人冲鋒肉搏而致受傷得病了，這是很光榮的，同時也是值得我們工農群衆熱烈慰勞的，這次一五軍團醫院由龍岩搬到汀州駐紮，福建省互濟會集中各群衆團體的慰勞品，共計有猪肉二伯餘觔、鷄蛋，牛乳，白糖各一担，青菜數籮，於七月五日送去慰勞傷病兵，市少隊沿途打銅鼓吹洋號，苦力工人自動挑慰勞品，沿途熱鬧非常，送到醫院，並召集了傷病戰士開慰勞大會，先由醫院總政委報告慰勞會的意義，省互濟會報告政治消息，後由各機關代表演說，散會後各代表繼續到各傷病兵同志居住地方去慰問云。

上杭才溪區各校總檢閱

上杭才溪區文化工作檢閱，經過相當的籌備工作，已於七月六日擧行正式檢閱，首先由文化部長宣佈檢閱意義及檢閱時的紀律，到場學生，精神很好，六七兩日爲兩個高級學校學生檢閱，出席者共一百零一人，檢閱的課目，有政治，地理，政黨與派別，社會進化史，共產主義，名詞釋義等科目。繼則爲全區初級學校學生檢閱，共一百四十四人，最後爲婦女夜校學生檢閱，共有女學生一百二十三人。全區各黨政機關及群衆革命團體都熱烈的贈送很多的獎品，以下才溪鄉爲最多，由此可見全區各機關對提高蘇維埃新文化的熱忱。檢閱結果，高初夜校最優等學生各十名。完畢後，在馬道場發給獎品。當時銅鼓喧天，炮聲震耳，號音不絕，確係才溪區文化工作最有進步的之新現象云。

人民委員會

第十九次常會

人民委員會於本月十三日開第十九次常會，主要討論的事項，爲修改稅則問題。玆略紀如下：

一、爲充實國家的財政收入，以利革命戰爭之進行起見，特決議修改稅則。

二、審查并通過商業稅的內容

三、審查並通過土地稅的內容

四、通過修改稅則的命令

五、通過土地稅徵收細則

臨時中央政府文告

中華蘇維埃共和國

中央執行委員會訓令

第十四號

……關於戰爭動員與後方工作……

目前國內戰爭正在更大的範圍內進行，帝國主義除了指揮和組織國民黨軍閥，調動了八十師以上的兵力，來進行對於全國七八省蘇區與紅軍的大『圍剿』以外，更隨時都在準備直接的公開的來進攻中國蘇維埃與紅軍。日本帝國主義之以武力侵佔東三省與進攻上海，已經是武力瓜分中國，直接干涉中國革命之最具體的表演，各帝國主義強盜在一致的同意和贊助之下，締結了所謂上海和會的『休戰協定』。爲的越快越好的共同瓜分上海，瓜分中國，以便集其全力來對付中國革命，對付蘇联。國民黨軍閥政府在這一協定面前，更加暴露了牠出賣中國，替帝國主義當清道夫的作用，所以牠一面簽字於出賣上海出賣中國的條約，一面便從滬寧鐵路線上，調走英勇抗日的十九路軍的與第五軍的士兵，開到福建武漢，來進攻已經脫離了帝國主義羈絆的蘇區。與真正反帝國主義的武裝力量——工農紅軍。蘇維埃中央政府早就宣佈了對日的民族革命戰爭，動員和領導全國工農勞苦群衆與工農紅軍，在反帝國主義鬥爭的戰線上、否認國民黨革命出賣中國給帝國主義的一切協定與密約，廣大的發展抗日的民衆武裝力量，積極的準備與帝國主義直接作戰，來爭取中國的獨立，解放與統一。

現在蘇維埃中央政府正在領導蘇區廣大群衆與全國工農紅軍，實行全線出擊，以革命的進攻，來回答帝國主義國民黨的新進攻，來擊潰和消滅國民黨的進攻部隊，來摧毀國民黨的統治，來爭取江西及其鄰近省區革命的首先勝利：這樣，來給帝國主義以直接打擊，來造成民族革命戰爭的勝利條件。鄂豫皖湘鄂西兩蘇區新的不斷的勝利，已經造成了威脅和包圍武漢又更有利的形勢，中央區紅軍從漳州回師西向，紅十軍十六軍的積極行動，與三軍團在河西的勝利，都便消滅粵贛敵人，奪取贛河流域的中心城市，以實現江西首先勝利的戰鬪任務，更加迫切的放在面前。贛江流域的決戰，已經在這幾天內開始，全蘇區的戰爭動員與後方工作，也就比過去任何時候都更重要，都更急迫。戰爭動員的寬廣與深入，後方工作的鞏固與得力，對於前綫上革命戰爭的勝利，是有決定的意義。因此中央政府特訓令各級蘇維埃政府與一切工農武裝組織，迅速的執行下列各項工作而蘇維埃政權之下每一个工農分子，不但從階級的政治立場上，要了解這一戰爭關於本身前途的意義，而且要在這個階級戰爭過程中、有本身實際動作的表現以保證革命戰爭勝利的開展和繼續——這樣，才可轉變以前『前線打仗，後方無關』的得過且過的苟安現象：

一．爲着紅軍在戰爭的開展中能得到充分的軍役的補充，并且還能繼續的有組織的輸送到前方，在目前自願軍役的時期，中央政府認有立即成立紅軍補充團的必要。現特規定成立紅軍補充團的具體辦法如下：

一。在現有蘇區內，各縣成幾縣成立一個紅軍補充團，凡是擴大到主力紅軍中去的工農戰士，統要經過這一補充團的集中訓練、以便整隊的送往前方。只有在前線上或新發展區域中的補充，與補充獨立師獨立團去的新戰士，可以不必經過補充團。

二。每個補充團，每月多則成立五連，至少亦須二連，其每月不能擴大紅軍到兩連的地方，則應與鄰近縣份聯合成立一個補充團。每个軍區應成立多少補充團，各個補充團每月可擴大紅軍幾連，中央區由各軍區指揮部依照中央革命軍委會規定每月所分配給軍區的總數，自己規定。其他蘇區則由軍委分會規定每個補充團，每月或每半月須向前方輸送牠已經訓練了的新戰士一次，並繼續訓練新擴大來的工農戰士。

三．紅軍補充團的直接指揮者，是當地縣蘇及其軍事部

期
红色中华零零二十八期
版
零一版
时间
一九三二年七月二十一日

上海法电工人罢工

组织罢委会及纠察队

上海十七日电：上海法电工人，因资本家拒绝与工人代表谈判，已由怠工而转入了罢工，且已组织罢工委员会，颁布罢工法令，扩大纠察队，坚决斗争。

中華蘇維埃共和國臨時中央政府機關報

紅色中華

第二十八期

一九三二年七月廿一日

本期一張半

專載

致紅十六軍電

孔軍長轉紅十六軍全體指揮員戰鬥員鑒：你們以堅决英勇的戰斗，最近消滅了軍閥謝彬二團之衆，佔領了通山縣城，與全國紅軍的空前勝利，緊相呼應，全國紅軍自實行全綫出擊以來，疊獲大的勝利使帝國主義國民黨軍閥對蘇區和紅軍總圍攻的企圖，開始就遭受全綫的失敗，蘇維埃中央對你們奮勇殺敵的精神，極表嘉慰，現在第一方面軍已擊潰粵敵十六七團之衆，正在繼續消滅粵贛敵人，更望你們繼續光榮的勝利積極進攻與中央區湘鄂西鄂豫皖紅軍配合更去消滅全綫進攻的敵人，實現湘鄂贛省首先勝利。

中華蘇維埃臨時中央政府　十二日

致紅十六軍電

中共蘇區中央局

紅十六軍全體戰士們，親愛的同志們，捷電傳來知我湘鄂贛紅軍因全體戰士的英勇果敢與廣大羣衆熱烈參加和擁護在一星期內擊潰敵人五團之衆，這的確給了帝國主義國民黨新的四次大「圍剿」尤其是對鄂豫皖湘鄂西的進攻以有力的打擊，這證明我工農紅軍永遠是鞏固和發展蘇維埃政權的鐵拳，是帝國主義國民黨不能戰勝的力量。伴着你們勝利的有鄂豫皖紅軍在五次大勝利後本月七八兩日擊潰麻城宋埠的敵人七團以上，和江西紅軍本月二號到十號電擊潰廣東最强頑敵人十八团之衆，這正是全國紅軍全綫出擊以來的互相呼應的勝利行動，以革命的全綫進攻，回答了帝國主義國民黨對革命的全綫新進攻。中央蘇區中央局堅信從土地革命與歷次戰爭中鍛鍊出的鐵的紅軍必能不疲倦的乘着這一勝利的開展更鼓起勇氣繼續與敵決戰，來徹底粉碎帝國主義國民黨的新進攻，擴大民族革命戰爭實現江西和鄰近省區的首先勝利并且準備隨時與帝國主義直接作戰　在此全國革命危機更加成熟，尤其是在全國工人罷工與反帝運動的高漲下全國全蘇區的工農勞苦羣衆正在以斗爭和戰爭的配合來慶祝你們的勝利，慰問你們受傷的戰士，熱烈的期望你們的新勝利。

中央蘇區中央局七月二十日

專電

湘鄂贛紅軍二次大勝利

擊潰白敵袁英三團消滅二營
繳獲步槍七百餘机槍十餘架
活捉營長二名俘擄五百餘名
武長路亦為我軍截斷十餘丈

湘鄂贛十九日專電：湘鄂贛紅軍，于七月十五十六兩日，在鄂南的咸寧官埠一帶，又擊潰白敵袁英部三團，并消滅其二營，計繳獲步槍七百餘枝，機關槍三架，花機關槍十餘架，駁壳二十餘枝，俘擄五百餘名　並活捉營長二名，武長路為我軍截斷十數丈云。

上海法電工人罷工

組織罷委會及糾察隊

上海十七日電：上海法電工人，因資本家拒絕與工人代表談判，己由怠工而轉入了罷工，且己組織罷工委員會，頒布罷工法令，擴大糾察隊，堅決斗爭。

1932

红色中華

上海新闻整理汇编

上海華電工人鬭爭

將與法電一致行動

珍藏版

期 红色中华零零二十八期

版 零二版

时间 一九三二年七月二十一日

上海华电工人斗争

将与法电一致行动

上海十七日电：上海华电车工人，前日所提条件，限公司四十八小时内答覆，公司已将原信退回，拒绝工人一切要求，工人非常愤慨，斗争形势，更形扩大，闻将与法电一致行动。

上海華電工人鬥爭

將與法電一致行動

上海十七日電：上海華電車工人，前日所提條件，限公司四十八小時內答覆，公司已將原信退回，拒絕工人一切要求，工人非常憤慨，鬥爭形勢，更形擴大，聞將與法電一致行動。

上海中藥業工潮擴大

將要釀成全市總罷工

上海十五日電：中藥業工潮擴大，工人堅決表示，如資本家再不答覆，將全市發動總罷工云。

上海滬西

中華工業工人包圍工廠

反對停業

上海十七日電：在工潮澎湃中，上海滬西中華工業工人五百名，又將廠包圍，反對停業，要求在停業時期內，津貼工資。

進攻蘇區中之欺騙政策

帝國主義國民黨

漢口十八日電：蘇維埃運動猛烈發展，紅軍迭獲大勝利，國民黨軍閥在帝國主義指使下進行四次大『圍剿』。在軍事方面，沒有把握，企圖在政治方面實行大欺騙，所決定的欺騙方法，以豫鄂皖贛等省，赤化深入的地方，如地主與農民糾紛不能調解，應以耕者有其田為原則，赤化較輕的地方，則應改良土地法』，聞劃區分派視察組，每組七個視察員，混入蘇區，實行欺騙云。

蔣介石

進攻鄂豫皖蘇區新計劃

自任中路司令並派飛機協剿

紅軍已有準備　大戰即在目前

上海十五日電：蔣介石頒布進攻鄂豫皖蘇區的新計劃．蔣自任中，路司令，劉峙副，左路何成濬，徐源泉副，右路李濟深，王均副，三師李玉棠由洛陽調羅山潢川一帶，十一軍移鄂之光化　蔣又調第六隊飛機到漢助剿．聞該處紅軍，已有充份準備，大戰即在目前。

軍閥進攻蘇區行動

上海十七日電：徐源泉已赴隧城，進攻湘鄂西蘇區，何成濬亦將前往，黃光銳七日派飛機六架協助，二十一架入贛，轟炸江西蘇區工農羣衆和紅軍。

廣東軍閥戰爭暫妥協

因為紅軍的積極進攻和勝利

上海十七日電：廣東軍閥冲突，已在紅軍積極進攻發展與勝利的威脅之下，暫行妥協辦法是中山三艦海軍陸戰隊與瓊崖之飛機歸十九路軍指揮，入閩「剿共」，瓊艦及其他淺水艦，則由軍閥陳濟棠改編，每月增加軍費十萬，以三月為限。

日軍又侵入熱河形勢緊張

軍閥張學良湯玉麟又採取不抵抗

無恥國民黨電乞國聯主持公道

內蒙又將成為滿洲第二

北平十九日電：日軍藉口石本事，進窺熱河益急，形勢十分緊張。由錦州派鐵甲車及陸空軍向朝陽急進，詳情不明。

東京十九日電：本日日內閣會議，陸相荒本報告熱河方面軍事狀況，掘切內務官報告政情，直至十一時半散會。

北平二十日電：日本以石本在北票地方被土匪擄去　為日軍進攻熱河的藉口，昨日有日机六架，轟擊朝陽，最近在朝陽與日軍作戰的只有義勇軍，軍閥張學良及湯玉麟所部軍隊，並未參加作戰，現計在錦州朝陽間的日軍，約六千至八千人左右，同時在上星期，又有蒙人起事，始受日軍官的收買和鼓勵，現日軍進攻熱河甚急云。

北平二十一日電：日軍已侵入熱河境內，沿錦州至北票之鐵路線前進，在朝陽與北票之間激戰。國民黨一方面竭力遮掩形勢的嚴重，謂可和平解決，另方面又電國聯告急　請求國聯「主持公道」云。

東北義勇軍聲勢浩大

哈爾濱形勢緊張日僑紛紛逃避

北平十七日電：東北農安扶餘等處義勇軍，聲勢浩大，已達萬餘人，日軍及滿洲軍熙洽部擬向該處進攻，日內有大戰。吉反日自衛軍八千餘人，向蜚克圖進攻，日機三架往炸，被抗日軍擊落一架，機師被擄。現哈埠形勢極緊，日僑多準備遷移云。

東北農民

武裝反抗日本走狗「抽丁」

消滅滿軍五百人

北平十七日電：日本公開走狗張海鵬，近在黑山北鎮一帶招兵，無人應募，並限令各縣長十日交齊，指定大村十名，中村五名，小村三名，農民反抗，張即派兵包圍，劉王家屯及李家莊農民，被殺的多名，並燒燬民房十餘處，二十五路義勇軍及附近農民聞訊，紛紛持械應援，與張海鵬部血戰一晝夜，結果，張部被義勇軍及農民重重包圍，五百餘名完全消滅，無一生還。

上海中藥業工潮擴大
將要釀成全市總罷工

期：红色中华零零二十八期

版：零二版

时间：一九三二年七月二十一日

上海中药业工潮扩大

将要酿成全市总罢工

上海十五日电：中药业工潮扩大，工人坚决表示，如资本家再不答覆，将全市发动总罢工云。

上海華電工人鬪爭

將與法電一致行動

上海十七日電：上海華電車工人，前日所提條件，限公司四十八小時內答覆，公司已將原信退回，拒絕工人一切要求，工人非常憤慨，鬪爭形勢，更形擴大，即將與法電一致行動。

上海中葯業工潮擴大

將要釀成全市總罷工

上海十五日電：中藥業工潮擴大，工人堅決表示，如資本家再不答覆，將全市發動總罷工云。

中華工業工人包圍工廠

反對停業

上海滬西

上海十七日電：在工潮澎湃中，上海滬西中華工業工人五百名，又將廠包圍，反對停業，要求在停業時期內，津貼工資。

進攻蘇區中之欺騙政策

帝國主義國民黨

漢口十八日電：蘇維埃運動猛烈發展，紅軍迭獲大勝利，國民黨軍閥在帝國主義指使下進行四次大『圍剿』。在軍事方面，沒有把握，企圖在政治方面實行大欺騙，所決定的欺騙方法，以豫鄂皖贛等省，赤化深入的地方，如地主與農民糾紛不能調解，應以耕者有其田為原則，赤化較輕的地方，則應改良土地法』，即劃區分派視察組，每組七個視察員，混入蘇區，實行欺騙云。

蔣介石進攻鄂豫皖蘇區新計劃

自任中路司令並派飛機協剿

紅軍已有準備大戰即在目前

上海十五日電：蔣介石頒布進攻鄂豫皖蘇區的新計劃，蔣自任中路司令，劉峙副，左路何成濬，徐源泉副，右路李濟深，王均副，三師李玉棠中洛陽調羅山潢川一帶，十一軍移鄂之光化。蔣又調第六隊飛機到漢助剿，聞該處紅軍，已有充份準備，大戰即在目前。

軍閥進攻蘇區行動

上海十七日電：徐源泉已赴隨城，進攻湘鄂西蘇區，何成濬亦將前往，黃光銳七日派飛機六架協助，二十一架入贛，轟炸江西蘇區工農羣衆和紅軍。

廣東軍閥戰爭暫妥協

因為紅軍的積極進攻和勝利

上海十七日電：廣東軍閥冲突，已在紅軍積極進攻發展與勝利的威脅之下，暫行妥協辦法是中山三艦海軍陸戰隊與瓊崖之飛機歸十九路軍指揮，入閩「剿共」，瓊州及其他淺水艦，則由軍閥陳濟棠改編，每月增加軍費十萬，以三月為限。

日軍又侵入熱河形勢緊張

軍閥張學良湯玉麟又採取不抵抗

無恥國民黨電乞國聯主持公道

內蒙又將成為滿洲第二

北平十九日電：日軍藉口石本事，進窺熱河益急，形勢十分緊張。由錦州派鐵甲車及陸空軍向朝陽急進，詳情不明。

東京十九日電：本日日內閣會議，陸相荒本報告熱河方面軍事狀況，掘切內務官報告政情，直至十一時半散會。

北平二十日電：日本以石本在北票地方被土匪擄去，為日軍進攻熱河的藉口，昨日有日机六架，轟擊朝陽，最近在朝陽與日軍作戰的只有義勇軍，軍閥張學良及湯玉麟所部軍隊，並未參加作戰，現計在錦州朝陽間的日軍，約六千至八千人左右，同時在上星期，又有蒙人起事，均受日軍官的收買和鼓勵，現日軍進攻熱河甚急云。

北平二十一日電：日軍已侵入熱河境內，沿錦州至北票之鐵路線前進，在朝陽與北票之間激戰。國民黨一方面竭力遮掩形勢的嚴重，謂可和平解決，另方面又電國聯告急，請求國聯一主持公道』云。

東北義勇軍聲勢浩大

哈爾濱形勢緊張日僑紛紛逃避

北平十七日電：東北農安扶餘等處義勇軍，聲勢浩大，已達萬餘人，日軍及滿洲軍熙洽部擬向該處進攻，日內有大戰。吉反日自衛軍八千餘人，向蜚克圖進攻，日機三架往炸，被抗日軍擊落一架，機師被擄。現哈埠形勢極緊，日僑多準備遷移云。

武裝反抗日本走狗「抽丁」

東北農民

消滅滿軍五百人

北平十七日電：日本公開走狗張海鵬，近在黑山北鎮一帶招兵，無人應募，並限令各縣長十日交齊，指定大村十名，中村五名，小村三名，農民反抗，張即派兵包圍，劉王家屯及李家莊農民，被殺的多名，並燒燬民房十餘處，二十五路義勇軍及附近農民聞訊，紛紛持械應援，與張海鵬部血戰一晝夜，結果，張部被義勇軍及農民重重包圍，五百餘名完全消滅，無一生還。

上海滬西
中華工業工人包圍工廠
反對停業

期 红色中华零零二十八期

版 零二版

时间 一九三二年七月二十一日

上海沪西中华工业工人包围工厂

反对停业

上海十七日电：在工潮澎湃中，上海沪西中华工业工人五百名，又将厂包围，反对停业，要求在停业时期内，津贴工资。

一九三二年七月廿一日　紅色中華　第二版

上海華電工人鬬爭

將與法電一致行動

上海十七日電：上海華電車工人，前日所提條件，限公司四十八小時內答覆。公司已將原信退回，拒絕工人一切要求，工人非常憤慨，鬬爭形勢，更形擴大，聞將與法電一致行動。

上海中葯業工潮擴大

將要釀成全市總罷工

上海十五日電：中葯業工潮擴大，工人堅決表示，如資本家再不答覆，將全市發動總罷工云。

上海滬西

中華工業工人包圍工廠

反對停業

上海十七日電：在工潮澎湃中，上海滬西中華工業工人五百名，又將廠包圍，反對停業，要求在停業時期內，津貼工資。

帝國主義國民黨

進攻蘇區中之欺騙政策

漢口十八日電：蘇維埃運動猛烈發展，紅軍迭獲大勝利，國民黨軍閥在帝國主義指使下進行四次大『圍剿』。在軍事方面，沒有把握，企圖在政治方面實行大欺騙。所決定的欺騙方法，以豫鄂皖贛等省，赤化深入的地方，如地主與農民糾紛不能調解，聽以耕者有其田為原則，赤化較輕的地方，則應改良土地法』，聞劃區分派視察組，每組七個視察員，混入蘇區，實行欺騙云。

蔣介石

進攻鄂豫皖蘇區新計劃

自任中路司令並派飛機協剿

紅軍已有準備大戰即在目前

上海十五日電：蔣介石頒布進攻鄂豫皖蘇區的新計劃，蔣自任中路司令，劉峙副，左路何成濬，徐源泉副，右路李濟深，王均副，三師李玉棠中洛陽調羅山潢川一帶，十一軍移鄂之光化 蔣又調第六隊飛機到漢助剿．聞該處紅軍，已有充份準備，大戰即在目前。

軍閥進攻蘇區行動

上海十七日電：徐源泉已赴恩城，進攻湘鄂西蘇區，何成濬亦將前往，黃光銳七日派飛機六架協助，二十一架入贛，轟炸江西蘇區工農群衆和紅軍。

廣東軍閥戰爭暫妥協

因為紅軍的積極進攻和勝利

上海十七日電：廣東軍閥沖突，已在紅軍積極進攻發展與勝利的威脅之下，暫行妥協辦法是中山三艦海軍陸戰隊與瓊崖之飛機歸十九路軍指揮，入閩「剿共」，瓊崖及其他淺水艦，則由軍閥陳濟棠改編，每月增加軍費十萬，以三月為限。

日軍又侵入熱河形勢緊張

軍閥張學良湯玉麟又採取不抵抗

無恥國民黨電乞國聯主持公道

內蒙又將成為滿洲第二

北平十九日電：日軍藉口石本事，進窺熱河益急，形勢十分緊張。由錦州派鐵甲車及陸空軍向朝陽急進，詳情不明。

東京十九日電：本日日內閣會議，陸相荒本報告熱河方面軍事狀況，掘切內務官報告政情，直至十一時半散會。

北平二十日電：日本以石本在北票地方被土匪擄去，為日軍進攻熱河的藉口，昨日有日机六架，轟擊朝陽，最近在朝陽與日軍作戰的只有義勇軍，軍閥張學良及湯玉麟所部軍隊，並未參加作戰，現計在錦州朝陽間的日軍，約六千至八千人左右，同時在上星期，又有蒙人起事，均受日軍官的收買和鼓勵，現日軍進攻熱河甚急云。

北平二十一日電：日軍已侵入熱河境內，沿錦州至北票之鐵路線前進，在朝陽與北票之間激戰。國民黨一方面竭力遮掩形勢的嚴重，謂可和平解決，另方面又電國聯告急 請求國聯「主持公道」云。

東北義勇軍聲勢浩大

哈爾濱形勢緊張日僑紛紛逃避

北平十七日電：東北農安扶餘等處義勇軍，聲勢浩大，已達萬餘人，日軍及滿洲軍照沿部擬向該處進攻，日內有大戰。吉反日自衛軍八千餘人，向甯克圖進攻，日機三架往炸，被抗日軍擊落一架，機師被擄。現哈埠形勢極緊，日僑多準備遷移云。

東北農民

武裝反抗日本走狗「抽丁」

消滅滿軍五百人

北平十七日電：日本公開走狗張海鵬，近在黑山北鎮一帶招兵，無人應募，並限令各縣長十日交齊，指定大村十名，中村五名，小村三名，農民反抗，張即派兵包圍，劉王家屯及李家莊農民，被殺的多名，並燒燬民房十餘處，二十五路義勇軍及附近農民聞訊，紛紛持械應援，與張海鵬部血戰一晝夜，結果，張部被義勇軍及農民重重包圍，五百餘名完全消滅，無一生還。

學生反對國民黨政府
撥校費做軍費

期
红色中华零零二十八期
版
零三版
时间
一九三二年七月二十一日

学生反对国民党政府拨校费做军费

国民党政府在财政破产中，无法维持进攻红军与苏区的军费，除不断地向对民众增加苛捐杂税外，又把劳动大学校的经费移做军费，六日二十日上海各大学学生抗日救国会联合起来援助劳动大学，坚决反对停办劳动大学，将校费移做军费。□□达到目的为止。

保定二師學生被圍五日

反對國民黨法西斯蒂教育

與軍警奮勇衝突死傷多人

上海十五日電：最近南北學生反對國民黨運動，非常普遍，保定學生因反對法西斯蒂教育，被開除數百人，二師被圍已五日，學生已絕食三天，殺狗剝樹皮充飢，狀極慘酷云。

上海十七日電：保定二師反對法西斯蒂教育而被圍之學生，挨餓不過，與軍警衝突，死學生八人，重傷三人，被捕三十餘人云。

國民黨統治下

大水災又不可免

長江水已增四十英尺以上

上海十五日電：去年的大水災，又將重見於今年，長江水已增至四十英尺以上，長沙大水入城，陸地可行舟，蕪湖附近已在水中，且錢江，永定河，運河統在暴漲，水災更加嚴重，羣衆擴大災荒斗爭，已由示威搶糧到武裝反抗與土地革命。

蘇聯共產青年團全國代表大會

將於紅色「八一」開幕

上海十五日電：偉大的蘇聯共產青年團全國代表大會，將於紅色八月一號宣佈開幕，由聯邦共產黨總書記斯太林致開會詞，少共書記報告，閒討論議事日程爲批評五年計劃本年度的成績，及來年的預測和青年團的任務，此外又規定自十六歲至廿三歲的青年男女，均須受軍事訓練，以保護無產階級祖國——蘇聯云。

帝國主義

進攻蘇聯萬分緊張

日本繼續增兵逼近蘇聯邊境

中東路南西段已入日人掌握

指使『滿洲政府』再捕蘇聯公民

法派財政家活動共謀中東路

上海十五日電：日本繼續增兵東北，並向蘇聯邊境逼近，現中東路南段西段，均爲日人强奪，已在他的掌握中，蘇聯的人民，非有日本的通行證，不能通過云。

上海十七日電：進攻蘇聯的危險，已箭在弦上，各帝國主義進行益急，在日本帝國主義指使下的哈爾濱當局，又不宣佈理由，大捕蘇聯在哈各机關職員三十餘人，並搜查他們的住宅，更無恥的造謠，謂已查獲『反動』文件，同時法帝國主義所派遣的財政家，在哈爾濱亦積極活動，貸與日本二千五百萬現金，陰謀共同奪取中東路，以便更進一步的進攻蘇聯。

洛桑會議已經妥協

帝國主義企圖共同進攻蘇聯

上海十七日電：洛桑會議，已成立一種妥協，即謂一九三二年洛桑公約，德已允付三十萬萬馬克，放棄一切政治要求，英美表示戰債，仍不可取消，但可整理。

比利時煤礦大罷工

在共產黨領導之下

上海十七日電：比利時煤礦大罷工，在共產黨領導之下，已發展成爲暴動的趨勢，又巴西亦發生革命，詳情未悉。

美國經濟恐慌深入

華盛頓十六日路透電：美國六月份現金輸出額爲二萬二千六百萬美金，進入爲一千八百萬美金　又六月份美國貿易較過去大減，計該月內輸入額爲二萬二千一百萬元，輸出爲一萬一千五百萬元，與去年同時期相比較，減少一萬六千四百萬金元，經濟恐慌，日益深入。

要聞

蔣介石令地主豪紳辦團防

以期擾亂蘇區

蔣介石六月二十二日令鄂豫皖的各省地主豪紳在蘇區與白區交界地帶，一律舉辦團防，以擾亂蘇維埃區域。

國民黨軍閥

强佔農民土地築飛機場

連縣農民紛起反對

連縣北山寺前連樂公路一帶二千餘畝禾田，爲國民黨軍閥强圈做飛機場，農民大奮怒，遂圍集三四百人，包圍国民黨黨部及縣政府，要求免圈。

惠州機器工人罷工

回答資本家進攻

惠州機器工會所屬各電船機器工人，原規定有拖船續尾費一項，每次將收入拖費項下提出一成爲車房各工人補助費，又夜間開行工作者則補給消夜費一元，經雙方妥定成例，現在資本家藉口生意困難，實行向工友步步進攻，除核減月薪外，對於續尾費一項，由一成減至二元，復由二元減至一元，夜餐費則由一元減至五毫，各工人受其猛烈進攻無路可走，乃於七月六日實行罷工，以回答資本家進攻。

學生反對國民黨政府

撥校費做軍費

國民黨政府在財政破產中，無法維持進攻紅軍與蘇區的軍費，除不斷的向對民衆增加苛捐雜稅外，又把勞動大學校[illegible]經費移做軍費，六月廿日上海各大學學生抗日救國會联合起來援助勞動大學，堅決反對停辦勞動大學，將校費移做軍費，以[illegible]達[illegible]目的爲止。

上海
電力公司工人醞釀罷工
黃色工會從中破壞

期：红色中华零零二十九期

版：零一版

时间：一九三二年七月二十八日

上海电力公司工人酝酿罢工

黄色工会从中破坏

上海二十二日电：上海电力公司，继续开除工人，全体工人非常愤恨，召集大会，决定要求条件，一，承认工会，二，不得无故开除工人，解雇时须发退职金六个月，养老金照百分之五发给，三，雇用工人，须先用本厂失业工人，四，公司每月津贴工会五百元，本定十一日罢工，因黄色工会的破坏及国民党资本家的严厉戒备，因此，工人未能取得一致行动，但罢工形势，仍在继续发展中。

中華蘇維埃共和國臨時中央政府機關報

紅色中華

第二十九期
一九三二年七月廿八日
本期一張半
定價 大洋七厘 零售銅元二枚

專載

中國共產黨中央委員會致

全體赤色戰鬥員指揮員電

中央革命軍事委員會轉全體赤色戰斗員與指揮員，中共中央熱烈的慶祝你們偉大的勝利，這次勝利給粵軍以重創，最大的鞏固了蘇區，並造成了爭取贛江流域中心城市的順利條件。這無疑的是全國勞苦羣衆的勝利，並望再以布爾塞維克的堅決與努力來獲得新的勝利，爭取江西省的首先勝利。

常勝的紅軍萬歲！

蘇維埃中央萬歲！

七月二十七日

專電

國民黨進攻蘇區紅軍之新戰略

三次戰爭的故技又重演

漢口二十五日電：國民黨『剿赤』總部現又頒布律令四則：一，步步爲營，抱慎重持久態度，二，實行經濟封鎖，赤白交界處，准出不準入，潛入者殺。三，各處駐軍，遇到友軍有急時，應以一部應援，一部扼守要道，四，繳獲槍炮者重賞，反之重罰。

蔣介石大調飛机 轟炸蘇區之佈置

上海二十二日電：蔣介石電鄂，豫皖等省國民黨政府和政廳，注意蘇區豪紳地主等組織及政治上欺騙的工作，『以利作戰』。更重新分配航空隊的工作，四隊任鄂南，九隊任鄂東，六隊任平漢南段，川軍的飛机任鄂西，轟炸和偵察蘇區的工農羣衆及紅軍的行動云。

粵軍被紅軍擊潰後 陳濟棠將親往韶督戰

任香翰屏爲北路總指揮

上海二十二日電：陳濟棠因其最親信的主力軍，在粵北遭受慘敗以後，將親往韶關督戰，并調回攻瓊的陳光漢部，轉往北江助戰，委任香翰屏爲北路總指揮，十九路軍之譚啓秀旅，即開韶助戰，張貞殘部，亦被調閩西，集中南靖漳浦一帶云。

國民黨軍閥籌備擴充空軍

榨取工農血汗來進攻蘇維埃和紅軍

上海二十四日電：國民黨政府財政雖極端恐慌，最近，又決定加緊榨取工農血汗，擬以一千一百萬元爲發展空軍軍費，來進攻蘇維埃和紅軍。

上海電力公司工人醞釀罷工

黃色工會從中破壞

上海二十二日電：上海電力公司，繼續開除工人，全體工人非常憤恨，召集大會，決定要求條件，一，承認工會，二，不得無故開除工人，解僱時須發退職金六個月，贍養老金照百分之五發給，三，雇用工人，須先用本廠失業工人，四，公司每月津貼工會五百元，本定十一日罷工，因黃色工會的破壞及國民黨資本家的嚴厲戒備，因此，工人未能取得一致行動，但罷工形勢，仍在繼續發展中。

上海華電鬭爭擴大

上海二十二日電：上海華電鬥爭，仍在擴大，有總罷工趨勢。

期
红色中华零零二十九期
版
零一版
时间
一九三二年七月二十八日

上海华电斗争扩大

上海二十二日电：上海华电斗争，仍在扩大，有总罢工趋势。

中華蘇維埃共和國臨時中央政府機關報
紅色中華
第二十九期
一九三二年七月廿八日
本期一張半
定價 大洋七厘 零售銅元二枚

專載

中國共產黨中央委員會致

全體赤色戰鬥員指揮員電

中央革命軍事委員會轉全體赤色戰斗員與指揮員，中共中央熱烈的慶祝你們偉大的勝利，這次勝利給粵軍以重創，最大的鞏固了蘇區，並造成了爭取贛江流域中心城市的順利條件。這無疑的是全國勞苦羣衆的勝利，並望再以布爾塞維克的堅決與努力來獲得新的勝利，爭取江西省的首先勝利。

常勝的紅軍萬歲！

蘇維埃中央萬歲！

七月二十七日

專電

國民黨進攻蘇區紅軍之新戰略

三次戰爭的故技又重演

漢口二十五日電：國民黨『剿赤』總部現又頒布律令四則：一，步步為營，抱慎重持久態度，二，實行經濟封鎖，赤白交界處，准出不准入，潛入者殺。三，各處駐軍，遇到友軍有急時，應以一部應援，一部扼守要道，四，繳獲槍炮者重賞，反之重罰。

蔣介石大調飛机 轟炸蘇區之佈置

上海二十二日電：蔣介石電鄂豫皖等省國民黨政府和政廳，注意蘇區豪紳地主等組織及政治上欺騙的工作，『以利作戰』。更重新分配航空隊的工作，四隊任鄂南，九隊任鄂東，六隊任平漢南段，川軍的飛机任鄂西，轟炸和偵察蘇區的工農羣衆及紅軍的行動云。

粵軍被紅軍擊潰後 陳濟棠將親往韶督戰

任香翰屏為北路總指揮

上海二十二日電：陳濟棠因其最親信的主力軍，在粵北遭受慘敗以後，將親往韶關督戰，并調回攻瓊的陳光漢部，轉往北江助戰，委任香翰屏為北路總指揮。十九路軍之譚啟秀旅，即開韶助戰，張貞殘部，亦被調閩西，集中南靖漳浦一帶云。

國民黨軍閥籌備擴充空軍

榨取工農血汗來進攻蘇維埃和紅軍

上海二十四日電：國民黨政府財政雖極端恐慌，最近，又決定加緊榨取工農血汗，擬以一千一百萬元為發展空軍軍費，來進攻蘇維埃和紅軍。

上海 電力公司工人醞釀罷工

黃色工會從中破壞

上海二十二日電：上海電力公司，繼續開除工人，全體工人非常憤恨，召集大會，決定要求條件，一，承認工會，二，不得無故開除工人。解僱時須發退職金六個月，養老金照百分之五發給，三，雇用工人，須先用本廠失業工人，四，公司每月津貼工會五百元，本定十一日罷工，因黃色工會的破壞及國民黨資本家的嚴厲戒備，因此，工人未能取得一致行動，但罷工形勢，仍在繼續發展中。

上海華電鬬爭擴大

上海二十二日電：上海華電鬥爭，仍在擴大，有總罷工趨勢。

上海各区工人示威

要求释放牛兰被捕四五十人

上海二十二日电：上海各区工人苦力及革命群众举行大示威，要求释放牛兰，被捕者达四五十人。

一九三二年七月廿八日　紅色中華　第二版

天津電汽工人醞釀罷工

上海二十二日電：天津電汽工人，因資本家不履行條例，遂提出警告，限十日內答覆，否則決以罷工回答。

河南煤礦工人罷工

國民黨派兵鎮壓捕去多人

上海二十二日電：河南久河溝煤礦工人，在共產黨領導下，實行罷工，國民黨派兵鎮壓，捕去多人。

上海各區工人示威

要求釋放牛蘭被捕四五十人

上海二十二日電：上海各區工人若力及革命羣衆舉行大示威，要求釋放牛蘭，被捕者達四五十人。

日軍繼續侵佔熱河

調兵遣將極形忙碌

上海二十四日電：日帝國主義侵佔熱河，表面雖緩，但仍在不斷增兵，調遣極忙，待佈置完竣，再行進攻，正與泥戰發生役，要國民黨軍閥强迫士兵停戰三日，而大調日軍進攻情形相同云。

北平廿八日電：東省日軍，調動極忙，熱河形勢，日趨嚴重，飛機時在北票朝陽間盤旋，朝陽寺的日軍鐵甲車等仍未撤退。

日帝國主義計劃鞏固東省統治

設總司令兼日全權代表一人指揮一切 派財政軍事外交等顧問掌握滿洲實權

東京二十二日路透電：日本內田外相，荒木陸相，永井拓相及岡田海相等，今晨集議討論侵佔熱河及鞏固日本在滿洲勢力問題，統一日本在滿行政機案，亦會提出詳細討論云。

上海二十七日電：日內閣會議，昨通過在東三省設總司令兼全權代表一人，以統治滿洲。聞此人將於最近期內赴滿就任。

東京二十七日路透電：日政府因監視滿洲政府，特派財政軍事及外交等高等顧問，掌握滿洲政治軍事一切實權，已決推蘆水町袈裟六爲財政顧問，鎰紫熊七少將爲軍事顧問，同時又擬推薦現任駐德大使之小幡烏吉爲外交顧問云。

日軍拘捕東北郵工

無故被停工者三千餘人分批入關

北平二十六日電：東北郵務，自國民黨出賣和日人指使其工具『滿洲政府』佔領後，東北郵工，無故被停工者達三千人，將分批入關赴平。

北平二十七日電：二十六日由錦州入關赴北平的郵工一行七人，在途中被日軍捕去六人，生死莫卜，僅一人因匿車下，得免。

比利時煤礦工人繼續總罷工

全國工人響應反對統治階級派大兵鎮壓 革命形勢緊張國際號召全世界工人援助

上海二十二日電：比利時煤礦工人總罷工，統治階級派大兵鎮壓，引起全國工人的憤激，比京工人，亦起響應，革命形勢，更爲嚴重，工人據工廠礦場與軍隊抵抗，街上滿佈玻璃瓶，以阻止馬隊前進，統治階級恐士兵同情工人，與他們聯合，而特別派遣操佛蘭德語（不懂該處工人話）的軍隊前往，但工人更增加憤激，全國鐵路總罷工的呼聲，亦非常高，黃色工會雖極力破壞，但全國罷工工潮，仍不能解決，工人并提出三大要求：一。放棄提高小米價格議案：二。立即停止減工資：三。使願意工作者，都有工作做的機會，現被開除的已達三千，共產國際已發出通告，號召全世界無產階級及各革命團體，積極募捐，援助比國繼續罷工的工人。

美國礦工暴動

炸燬鐵橋進攻保安隊

上海二十二日電：美國倭海倭州紐沖寨地方，礦工生活非常痛苦，已起暴動，並將鐵路橋轟炸，武裝礦工向保安隊駐所進攻，大起沖突。

日本法西斯蒂新的明倫會產生

主張併吞全亞洲 軍閥爲該會骨幹

東京二十二日路透電：日本經濟恐慌的深入，政友會民政黨等先後倒台，最近新組織的明倫會，已發表他們的政綱，主要內容爲亞人治亞（就是主張以日本資本家來統治亞洲）。增加軍備，保障國防，反對倫敦海約等項，明倫會之首領爲前台灣總司令田中，會員大半爲退伍之海陸軍人，現正準備在各地設立分會云

要聞

鄂豫皖紅軍迭次偉大勝利

消滅敵人三四十團 國民黨是恐慌萬分 封輪徵車調兵遣將 弄得全國斷絕交通

鄂豫皖紅軍，在國民黨四次新圍攻中，得到數次偉大勝利，消滅敵軍三四十團，並佔領許多城市，長江一帶地方大部成爲蘇區，令帝國主義國民黨恐慌驚呼，手足無措，[illegible]會議呀，各[illegible]會議呀，發剿匪公債呀，乞求帝國主義呀，取消全國兵力呀，封閉商輪呀，鬧得驚天動地，人心不安，結果[illegible]也是照樣的吃敗仗，茲將六月間的情形，略

期
红色中华零零二十九期
版
零三版
时间
一九三二年七月二十八日

上海丝厂罢工详情

罢工原因

上海虹口区丝厂共二十余家，自去岁欧销顿挫，丝市骤落停业者居十分六七，沪战突发，未停业各厂，亦将倒闭，迨国民党与各帝国主义签订了出卖上海协定后，相继复业者，计有怡昌，通纬，裕经，仁记，云成，详［祥］成，统益，厚福，纬余，福纶恒，等十余家，该厂开工时，正当战后失业工人激增，工人要求复工者，非常拥挤，资本家遂利用这个机会，增加对工人剥削，乃将工作时间，由十一小时延长到十二小时，工资则由五角八分减至四角二分，蚕蛾升工等，全部取消，工资照原有折减至七成，并按日计算，但当时工人因肚饿迫紧，一再忍痛，至六月的时候，怡昌厂等工人，感觉生活太难过，向资本家严重交涉，要求恢复原有工资，但资本家的走狗黄色工会只叫工人勿妄动，而对于工人的要求置之不理，工人等至此，忍无可忍，乃于六月二十五日中午十二时起，一律宣告罢工，怡昌厂工人罢工后，全体工人复蜂拥至天同路云成，祥成，等工厂，要求该厂工人取一致行动，该厂工人，遂全体加入同盟罢工，总计三厂罢工工人约一千余名。

罢工扩大

虹口怡昌，云成，祥成，三厂罢工后，通纬，裕经，兴纶三厂，于二十六日亦相继加入同盟罢工，在怡昌等六厂工人罢工的热烈中，元丰，统益等六厂，资本家见工人罢工形势严重，知元丰等六厂工人势必加入罢工，恐其工人破坏机器和各物，故宣告停工，但是资本家对付工人罢工的一种方法，经十二个工厂继续罢工后，工人对付资本家的情绪愈加极烈，纷纷向全上海的丝厂工人宣传，号召全上海的丝厂工人同盟罢工来对付资本家，闸北各工厂资本家见势不佳，又采用先下手为强的办法，于是闸北区下十五厂中遂在七月三日宣布停工的有十五厂，其余的工人都相继加入罢工，至七月六日止，虹口区，闸北区相继罢工者有三四十厂其他各区丝厂亦在影响中，大概各丝厂总同盟罢工的时间是不远的了，按全上海丝厂分八区，共有一百二三十厂，工人有五六万人，现已有罢工数约有一万七八千人。

工人要求

工人要求条件：

（一）虹口区有一二丝厂于工资零数折合小洋支付，请与各厂一律照大洋核算，

（二）反对加强工作强度要求恢复原状，

（三）安插失业工友，

述於下：

紅軍最近發展

安徽北一帶，如宿松、太湖、潛山、英山等處，爲紅軍第四方面軍所佔領，而廣濟、黃梅等處又爲紅軍第十五軍所攻陷，國民黨軍隊紛紛向九江武穴逃竄，羅田、圻水所駐的白軍又譁變投入紅軍，在皖、贛、鄂沿江八十里以內之地，盡成紅軍佔領區，而蘄春又在紅軍威脅之下，上游內地之交通，幾盡爲紅軍所阻斷。

國民黨軍閥調兵遣將要在全綫紅軍出擊勝利中，給國民黨的恐慌驚狂，手足無措，大傾其一切部隊，來與紅軍作孤注一擲，計除原有駐防外，復調王鈞部，徐瑤庭之第四師，張印相之岳盛先之第四六師，三十一師，葛雲龍之三十三師，馬鴻逵之三十五師……等共十五師之多，其他如截民權，黃烈、曹萬鏡、……等師，亦均在動員中，又在廣濟爲紅軍攻下時，武穴十分吃緊，白軍各部隊都爲紅軍所牽制，不能調動去救武穴，況武穴又是武漢的重要門戶，武穴攻陷，武漢則危，在這時候蔣介石乃急電命在滬之上官雲相部，日夜不停的趕奔援救武穴。

徵調車輪運兵

蔣介石令軍政部向上海招商、三北、寧紹等船公司，徵調各部長江輪船，着令開往南京、鎮江、聽候差派運兵，計調長江輪有江天、江裕、江大、江安、建國、江新、江華、長安、德興、鳳浦、伏龍、寧靜等，又有通揚班內之小長江輪，亦派去數艘，當時擬將長江輪全部悉調，後經公司要求，始放回三艘，其鐵路車輛，亦多數調去運兵，差不多把全國交通停止，來做軍閥運兵之用呀！

上海絲廠罷工詳情

罷工原因

上海虹口區絲廠共二十餘家，自去歲歐銷頓挫，絲市驟落停業者居十分六七，滬戰突發，未停業各廠，亦將倒閉，迨国民黨與日帝國主義簽定了出賣上海協定後，相繼復業者，計有怡昌，經綸，裕經，仁記，雲成，詳成，統益，厚福，綸餘，福綸恆，等十餘家，該廠開工時，正當戰後失業工人激增，工人要求復工者，異常擁擠，資本家遂利用這個機會，增加對工人剝削，乃將工作時間，由十一小時延長到十二小時，工資則由五角八分減至四角二分，蠶蛾升工等，全部取消，工資照原有折減至七成，並按日計算，但當時工人因肚饑迫緊，一再忍痛，至六月的時候，怡昌廠等工人，感覺生活太難過，向資本家嚴重交涉，要求恢復原有工資，但資本家的走狗黃色工會只叫工人勿妄動，而對於工人的要求置之不理，工人等至此，忍無可忍，乃於六月二十五日中午十二時起，一律宣告罷工，怡昌廠工人罷工後，全體工人復蜂擁至天同路雲成，詳成，等工廠，要求該廠工人取一致行動，該廠工人，遂全體加入同盟罷工，總計三廠罷工工人約一千餘名，

罷工擴大

虹口怡昌，雲成，祥成，三廠罷工後，通緯，裕經，興綸三廠，於二十六日亦相繼加入同盟罷工，在怡昌等六廠工人罷工的熱烈中，元豐，統益等六廠，資本家見工人罷工形勢嚴重，知元豐等六廠工人勢必加入罷工，恐其工人破壞機器和各物，故宣告停工，但是資本家對付工人罷工的一種方法，經十二個工廠繼續罷工後，工人對付資本家的情緒愈加極烈，紛紛向全上海的絲廠工人宣傳，號召全上海的絲廠工人同盟罷工來對付資本家，閘北各工廠資本家見勢不佳，又採用先下手爲強的辦法，於是閘北區下十五廠中遂在七月三日宣布停工的有十五廠，其餘的工人都相繼加入罷工，至七月六日止，虹口區，閘北區相繼罷工者有三四十廠其他各區絲廠亦在影響中，大概各絲廠總同盟罷工的時間是不遠的了，按全上海絲廠分八區，共有一百二三十廠，工人有五六萬人，現已有罷工數約有一萬七八千人。

工人要求

工人要求條件：

(一)虹口區有一二絲廠於工資零數折合小洋支付，務與各廠一律照大洋核算，

(二)反對加強工作強度要求恢復原狀，

(三)安插失業工友，

(四)改良職工待遇，

(五)增貼工會會費每車一角，

(六)工資恢復原額五角八分，蠶蛾津貼亦照原額，星期工作加資，

(七)升工四工，

(八)工作時間，每日上午五時三十分至十二時，下午一時至五時三十分，

這八項要求已經雙方提出談判數次，因資方不肯答覆要求，談判遂破裂，現工人堅持要求堅決，形勢非常緊張。

黃色工會破壞罷工的手段

怡昌廠工人自動罷工後，資本家走狗黃色工會，即出通告『叫工人不要罷工，靜待工會與資方談判……如使方談判破裂，亦只有請黨政機關來判決而已，至於工友應當嚴守秩序，顧及治安，切勿妄動……』等語，黃色工會除了這種恐嚇與緩和手段外，還秘密去分化工人團結，和壓低工人斗爭情緒，等等的陰謀手段，但黃色工會的面孔已經給工人們認識了，知道他們是資本家的走狗，是同資本家在一起壓迫工人的，是出賣工人利益的机關，而不受其欺騙了。

資本家的恐嚇

資本家更假借欺騙和威嚇的話來恐嚇分化離間工人與領袖的關係，如造謠說『資本家與工人和廠方非常合作，這次突然罷工，是反動分子指使，如工人堅決罷工，廠方只有停辦而已』資本家這種挑撥恐嚇的伎倆，早經絲廠工人在歷年斗爭中所認識而不再受騙了。

國民黨的壓迫

絲廠工人罷工後，國民黨則派警察守廠，不准工人罷工和開會，並拘捕工人領袖和積極分子，這是國民黨對工人壓迫的殘酷手段

罷工情緒

絲廠工人在各種欺騙和壓迫手段下，反而愈提起他們的覺悟與團結，使斗爭更轉入到政治斗爭，如高叫打倒資本家，打倒國民黨，反對國民黨壓迫罷工工人等口號，并提出打倒黃色工會，組織真正代表工人利益的工會，組織罷工糾察隊防禦工賊破壞罷工，和抵抗國民黨資本家武力壓迫，曾於七月四日包圍恆豐路，鼎記，源和，光復路振興等廠，打毀一二進大門的鐵門，及一切玻璃窗等，這是工人回答國民黨資本家黃色工會的表示，這一罷工現正在與國民黨資本家黃色工會作無情的爭斗。

江蘇無錫農民搶米分糧

無錫一帶農民自己沒有田，就有的，也是很少，耕不夠食，所耕的田都是地主和土豪的田，所獲的要把十分之九送到地主或土豪的家裏，農民自己得還十分之一的微乎其微穀子，又要繳國民黨和地主的穀米稅，人口稅，屋稅，『剿匪』捐，保護地主土豪的民團捐，某某附加稅，壘米預徵稅，特種稅，保護地主土豪的槍捐，碉樓，等捐捐光了，不說能夠有剩餘的穀子留在吃，有的還要賣子典孫來完捐，這班勞苦的農民餓得肚子的皮皺了，出入氣短了，乃大家想法子來救自己將死的生命，於是這班農民就團結起來組織搶米分糧隊，在無錫七八等區的地主土豪的家裏，搶米分糧，打鄉長，土豪地主，此呼彼應，差不多遍及全縣，雖經國民黨土豪地主用武力壓迫，但他們的鬥爭更普遍着在發展。

國民黨統治下的武漢三鎮

△失業工人七十萬　餓死者日有數起

△災難農民十餘萬　無食無衣奄奄待斃

△錢莊商店工廠關門待盡

國民黨統治下的武漢三鎮，久稱工商業繁盛的地方，也是國民黨收括的一個主要地方，近一二年間，城市工商業倒閉，市面蕭條，儼若廢墟，農村產業無收，農民流離，荒地遍野失業工農民衆，受飢寒而死者，日有數起，這就是國民黨統治下人民的縮影，也是國民黨統治崩潰的表現，茲將其詳細情形分述於下：

一。城市方面掌握武漢金融之錢莊，原有一百餘家，因受世界和本國的經濟恐慌，破產者十分之七，其餘三分，亦皆停止營業，僅僅收款，絕不放出，貿易據江海關統計，去年二萬四千八百七十三萬兩，於[illegible]額外，純額爲二萬○[illegible]十五萬兩，表面看來，

（四）改良职工待遇，
（五）增贴工会会费每车一角，
（六）工资恢复原额五角八分，蚕蛾津贴亦照原额，星期工作加资，
（七）升工四工，
（八）工作时间，每日上午五时三十分至十二时，下午一时至五时三十分。

这八项要求已经双方提出谈判数次，因资方不肯答覆要求，谈判遂破裂，现工人坚持要求坚决，形势非常严重。

黄色工会破坏罢工的手段

怡昌厂工人自动罢工后，资本家走狗黄色工会，即出通告“叫工人不要罢工，静待工会与资方谈判……如双方谈判破裂，亦只有请党政机关来判决而已，至于工友应当严守秩序，顾及治安，切勿妄动……”等语，黄色工会除了这种恐吓与缓和手段外，还秘密去分化工人团结，和压低工人斗争情绪，等等的阴谋手段，但黄色工会的面孔已经给工人们认识了，知道他们是资本家的走狗，是同资本家在一起压迫工人的，是出卖工人利益的机关，而不受其欺骗了。

资本家的恐吓

资本家更假借欺骗和威吓的话来恐吓分予间离工人与领袖的关系如造谣说“□□工人和厂方非常合作，这次突然罢工显是反动分子指使，如工人坚强罢工，厂方只有停办而已”资本家这种挑拨恐吓的贯技，早被丝厂工人在历年斗争中所认识而不再受骗了。

国民党的压迫

丝厂工人罢工后，国民党则派警察守厂，不准工人罢工和开会，并拘捕工人领袖，和积极分子，这是国民党对工人压迫的残酷手段。

罢工情绪

丝厂工人在各种欺骗和压迫手段下，反而愈提起他们的觉悟与团结，使斗争更转入到政治斗争，如高叫打倒资本家，打倒国民党，反对国民党压迫罢工工人等口号，并提出打倒黄色工会，组织真正代表工人利益的工会，组织罢工纠察队防御工贼破坏罢工，和抵抗国民党资本家武力压迫，曾于七月四日包围恒丰路，鼎记，源和，光复路振兴等厂，打毁一二道大门的铁门，及一切玻璃窗等，这是工人回答国民党资本家黄色工会的表示，这一罢工现正在与国民党资本家黄色工会作无情的争斗。

述於下：

紅軍最近發展

安徽北部，如宿松、大湖、潛山、英山等處，爲紅軍第四方面軍所佔領，而廣濟、黃梅等處又爲紅軍第十五軍所攻陷，國民黨軍隊紛紛向九江武穴逃竄，羅田、圻水所駐的白軍又譁變投入紅軍，在皖、贛、鄂沿江八十里以內之地，盡成紅軍佔領區，而蘄春又在紅軍威脅之下，上游內地之交通，幾盡爲紅軍所阻斷。

國民黨軍閥調兵遣將要在全線紅軍出擊勝利中，給國民黨的恐慌驚狂，手足無措，大傾其一切部隊，來與紅軍作孤注一擲，計除原有駐防外，復調王鈞部，徐瑤庭之第四師，岳盛先之第四六師，張印相之三十一師，葛雲龍之三十三師，馬鴻逵之三十五師，……等共十五師之多，其他如戴民權，黃烈、曹萬鎮、……等師，亦均在動員中，又在廣濟爲紅軍攻下時，武穴十分吃緊，白軍各部隊都爲紅軍所牽制，不能調動來救武穴，況武穴又是武漢的重要門戶，武穴攻陷，武漢則危，在這時候蔣介石乃急電命在滬之上官雲相部，日夜不停的趨奔援救武穴。

徵調車輪運兵

蔣介石令軍政部向上海招商、三北、寧紹等船公司，徵調各部長江輪船，齊令開往南京、鎮江、聽候差派運兵，計調長江輪有江大、江裕、江天、建國、江新、江華、長安、德興、鳳浦、伏龍、寧靜等，又有通揚班內之小長江輪，亦派去艘，當時擬將長江輪全部悉調，後經公司要求，始放回三艘，其鐵路車輛，亦多數調去運兵，差不多把全國交通停止，來做軍閥運兵之用呀！

上海絲廠罷工詳情

罷工原因

上海虹口區絲廠共二十餘家，自去歲歐銷頓挫，絲市驟落停業者居十分六七，滬戰突發，未停業各廠，亦將倒閉，迨國民黨與帝國主義簽定了出賣上海協定後，相繼復業者，計有怡昌，通綸，裕經，仁記，雲成，詳成，統益，厚福，緯餘，福綸恆，等十餘家，該廠開工時，正當戰後失業工人激增，工人要求復工者，非常擁擠，資本家遂利用這個機會，增加對工人剝削，乃將工作時間，由十一小時延長到十二小時，工資則由五角八分減至四角二分，蠶蛾升工等，全部取消，工資照原有折減至七成，並按日計算，但當時工人因肚餓迫緊，一再忍痛，至六月的時候，怡昌廠等工人，感覺生活太難過，向資本家嚴重交涉，要求恢復原有工資，但資本家的走狗黃色工會只叫工人勿妄動，而對於工人的要求置之不理，工人等至此，忍無可忍，乃於六月二十五日中午十二時起，一律宣告罷工，怡昌廠工人罷工後，全體工人復蜂擁至天同路雲成，祥成，等工廠，要求該廠工人取一致行動，該廠工人，遂全體加入同盟罷工，總計三廠罷工工人約一千餘名，

罷工擴大

虹口怡昌，雲成，祥成，三廠罷工後，通綸，裕經，興綸三廠，於二十六日亦相繼加入同盟罷工，在怡昌等六廠工人罷工的熱烈中，元豐，統益等六廠，資本家見工人罷工形勢嚴重，知元豐等六廠工人勢必加入罷工，恐其工人破壞機器和各物，故宣告停工，但是資本家對付工人罷工的一種方法，經十二個工廠繼續罷工後，工人對付資本家的情緒愈加極烈，紛紛向全上海的絲廠工人宣傳，號召全上海的絲廠工人同盟罷工來對付資本家，閘北各工廠資本家見勢不佳，又採用先下手爲強的辦法，於是閘北區下十五廠中途在七月三日宣布停工的有十五廠，其餘的工人都相繼加入罷工，至七月六日止，虹口區，閘北區相繼罷工者有三四十廠，其他各區絲廠亦在影響中，大概各絲廠總同盟罷工的時間是不遠的了，按全上海絲廠分八區，共有一百二三十廠，工人有五六萬人，現已有罷工數約有一萬七八千人。

工人要求

工人要求條件：

(一)虹口區有一二絲廠於工資零數折合小洋支付，請與各廠一律照大洋核算，

(二)反對加強工作強度要求恢復原狀，

(三)安插失業工友，

(四)改良職工待遇，

(五)增貼工會會費每車一角，

(六)工資恢復原額五角八分，蠶蛾津貼亦照原額，星期工作加資，

(七)升工四工

(八)工作時間，每日上午五時三十分至十二時，下午一時至五時三十分，

這八項要求已經雙方提出談判數次，因資方不肯答覆要求，談判遂破裂，現工人堅持要求堅決，形勢非常緊張。

黃色工會破壞罷工的手段

怡昌廠工人自動罷工後，資本家走狗黃色工會，即出通告「叫工人不要罷工，靜待工會與資方談判，——如雙方談判破裂，亦只有請黨政機關來判決而已，至於工友應當嚴守秩序，顧及治安，切勿妄動！——」等語，黃色工會除了這種恐嚇與緩和手段外，還秘密去分化工人團結，和壓低工人斗爭情緒，等等的陰謀手段，但黃色工會的面孔已經給工人們認識了，知道他們是資本家的走狗，是同資本家在一起壓迫工人的，是出賣工人利益的机關，而不受其欺騙了。

資本家的恐嚇

資本家更假借欺騙和威嚇的話來恐嚇分子間離工人與領袖的關係，如造謠說「白黨工人和廠方非常合作，這次突然罷工是反動分子指使，如工人堅持罷工，廠方只有停辦而已」，資本家種種挑撥恐嚇的貫技，早使絲廠工人在歷年斗爭中所認識而不再受騙了。

國民黨的壓迫

絲廠工人罷工後，國民黨則派警察守廠，不准工人罷工和開會，並拘捕工人領袖，和積極分子，這是國民黨對工人壓迫的殘酷手段

罷工情緒

絲廠工人在各種欺騙和壓迫手段下，反而愈提起他們的覺悟與團結，使斗爭更轉入到政治斗爭，如高叫打倒資本家，打倒國民黨，反對國民黨壓迫罷工工人等口號，并提出打倒黃色工會，組織真正代表工人利益的工會，組織罷工糾察隊防禦工賊破壞罷工，和抵抗國民黨資本家武力壓迫，曾於七月四日包圍恆豐皓，鼎記，源和，光復等廠搗毀，打毀一二道大門的鐵門，及一切玻璃窗等，這是工人回答國民黨資本家黃色工會的表示，這一罷工現正在與國民黨資本家黃色工會作無情的爭斗。

江蘇無錫農民搶米分糧

無錫一帶農民自己沒有田，就有的，也是很少，耕不夠食，所耕的出租地主和土豪的田，收獲的要把十分之九送到地主或土豪的家裏，農民自己得還十分之一的微乎其微穀子又要繳國民黨和地主的穀米稅，人口稅，屋稅，『剿匪』捐，保護地主土豪的民團捐，某某附加稅，還米預徵稅，特種稅，保護地主土豪的槍捐，碉樓，等捐捐光了，不說能夠有剩餘的穀子留在吃，有的還要賣予典當來完捐，這班受苦的農民餓得肚子的皮皺了，出入氣短了，乃大家想法子來救自己將死的生命，於是這班農民就團結起來組織搶米分糧隊，在無錫七八等區的地主土豪的家裏，搶米分糧，打鄉長，土豪地主，此呼彼應，差不多遍及全縣，雖經國民黨土豪地主用武力壓迫，但他們的鬥爭更普遍着在發展。

國民黨統治下的武漢三鎮

△失業工人七十萬　餓死者日有數起

△災難農民十餘萬　無食無衣奄奄待斃

△錢莊商店工廠關門待盡

國民黨統治下的武漢三鎮，久稱工商業繁盛的地方，也是國民黨收括的一個主要地方，近一二年間，城市工商業倒閉，市面蕭條，儼若荒墟，農村產業無收，農民流離，荒地遍野失業工農民衆，受飢寒而死者，日有數起，這就是國民黨統治下人民的縮影，也是國民黨統治崩潰的表現，茲將其詳細情形分述於下：

一。城市方面掌握武漢金融之錢莊，原有一百餘家，因受世界和本國的經濟恐慌，破產者十分之七，其餘三分，亦皆停止放款，僅僅收款，絕不放出，貿易據江海關統計，去年[illegible]四千八百七十三萬兩，[illegible]額外，純額爲二萬〇〇十五萬兩，表面看來，

红色视域下的上海

中共中央早期机关报
上海新闻整理汇编

下册

红色中华

上海新闻整理汇编

贾翠玲 主编

1932.8—1937.1

上海科学技术文献出版社
Shanghai Scientific and Technological Literature Press

上海三友實業社
失業工人包圍門市部
鬭爭情緒非常激昂

期：红色中华零零三十期

版：零二版

时间：一九三二年八月四日

上海三友实业社失业工人包围门市部

斗争情绪非常激昂

上海二十九日电：上海三友实业社的失业工人，自要求资本家开厂维持生活无效后，斗争情绪更加激昂，纷纷前往包围门市部，现门市部营业已完全停顿。

一九三二年八月四日　紅色中華　第二版

倍努力、該土圍已於二十九日拂曉攻下了，寨內豪紳地主躋匿二百餘人，一網打盡，繳獲步槍二十餘枝，曲尺轉輪各一，子彈兩大箱，甯都城南梅江工農羣衆，興奮異常，黃竹寨亦面臨的豪紳地主，恐慌萬狀，甯都工農羣衆更熱烈的配合地方武裝去進攻，這二個寨子，不日亦可攻下云。

山東煤礦工人罷工

上海二十九日電：山東棗莊中興煤礦工人三千餘，因最低限度生活無法維持，已全體實行罷工。

上海三友實業社

失業工人包圍門市部

鬭爭情緒非常激昂

上海二十九日電：上海三友實業社的失業工人，自要求資本家開廠維持生活無效後，斗爭情緒更加激昂，紛紛前往包圍門市部，現門市部營業已完全停頓。

上海法電工人罷工情形

上海法界水電工人由怠工而轉入罷工的消息，已見載於本報第二十八期，現將其罷工的情形詳細的分誌於下：

罷工起因

法帝國主義利用上海失業工人激增的機會，來開除工人，以最低工資改雇失業工人補充，以增加工人的剝削，並指使國民黨拘捕工人，工人堅決起來反對，并提出三項要求，(一)接縣案停職之二十一工人復工，(二)照例津貼工會辦事費，每月二百元，(三)釋放工人代表，而公司將這三項要求完全不予答復。全體工人，憤激異常，至七月五日公司繼續開除工人，工人乃召集全體工人緊急會議，當場議決推出代表四人，向公司交涉，待至代表回來報告交涉經過，工人認爲公司無誠意答復，同時有一代表在交涉時候，勾結資本家，出賣工人利益更引起羣衆激憤，將代表陸麟宏及其子毆打，頭部受傷，血流滿面，工人始再繼續開會，當場議決，(一)今晨起，全體工人職員一律怠工，(二)組織糾察隊。

罷工情形

工人自昨晨宣布全體怠工後，復推舉代表六人，又提出四項要求，但資本家仍無答復。至下午一時全體工人乃決定由怠工適而罷工。

組織罷工委員會

下午三時全體工人舉行大會。議決，組織罷工委員會，頒布罷工命令，擴大組織糾察隊，并定八日開全體大會。

全體大會

八日下午三時，在愛班路大達里口馬路中，到工人八百餘人，大會通過要求四項并加(一)罷工期間長短工工資一律照給，(二)開除工賊陸關案，(三)增加房租津貼案，議決，每人每月六元，(四)六工小工一律增加工資一成半，(五)工作人員一律發給制服，(六)舊有勞資條件，繼續有效，(七)破壞罷工紀律者，一律開除，(八)每月工作不請假者、得申四工、致罷工後情形，下期續述。

棉織失業工人的鬭爭

資本家調巡捕壓迫
工人勇敢戰勝巡捕

上海岳州路安詠棉織廠的資本家，藉口上海的戰事宣告停廠，全廠工人四百餘人，完全失業，經過數次交涉，要求開工，並發給伙食費，資本家完全置之不理，至七月十一日全體工人衝入廠內，資本家得報，立即報告捕房當派大批武裝探捕，馳往驅逐捕拿，奈工人預先防禦，把廠門緊閉，巡捕無法竄進，只在廠門叱令工人開門，工人堅持不開，且用皮帶灌足漂粉水，在屋頂向巡捕注射，一時形勢非常嚴重，巡捕終無辦法而退，經這一鬭爭中充分表現工人斗爭的勇敢與堅決。

嘉興農民搶米運動

國民黨剝削結果　農民斗爭的發展

上海二十九日電：嘉興桐鄉又發生搶米，羣衆數百將商會包圍，繼又將國民黨市政府包圍，軍警無法鎮壓，羣衆斗爭情緒，非常高漲，尤以婦孺爲更勇敢堅決云。

德國階級鬭爭激烈

工人階級反對法西斯蒂
發生嚴重衝突死傷多人

上海二十九日電：德國漢堡與那西發地方，共產黨領導下之工人羣衆與法西斯蒂的國家社會黨發生衝突，雙方死傷近百，警察前往鎮壓，亦受傷多人。

美國失業工人要麵包運動

衝入施食所拿麵包吃
警察壓迫衝突一小時

芝加哥有鋼鐵失業工人二百餘人爲了飢餓所驅，七月五日衝入怡爲門汽車工廠附近「施食所，」搶麵包和肉，爲警察所阻，工人乃與警察大衝突一小時，後因大隊警察開到，工人遂大呼，「我們要麵包與肉」而散。帝國主義用來欺騙工人的施食所，被這次失業工人的鬥爭完全暴露出來了。

滿洲義勇軍大活動

奪獲日鉄甲車佔領通遼
包圍滿鐵沿綫斷絕交通

錦州一日電：錦州附近一帶義勇軍極爲活躍，山海關形勢異常緊張，日軍與義勇軍二千人，已在山海關北開始衝突。

北平四日電：義勇軍五百餘名，身穿青綠色制服，避日飛機偵察，進攻通遼，激戰三日夜，日鐵甲車一架，爲義勇軍擊燬毀，三日晨通遼完全爲義勇軍佔領。

秦皇島四日電：葫蘆島三日午開到日艦八艘，卽以大砲轟炸擊義勇軍鄭桂林部，同時日方又以另一部陸戰隊三百餘名登陸向義勇軍進擊，雙方激戰，槍炮聲一夜未停，四日晨尙在激戰中，義勇軍爲避免日軍炮火，均散於沿鐵道附近高粱地內繼戰，錦西義勇軍一部六百餘人亦開連山應援，日機五架向他們投擲炸彈，戰事劇烈，錦朝線及錦州檢查行人甚嚴。

東京五日路透電：今晨拂曉大隊義勇軍集中湍湯與海城間之南滿鐵路附近，襲攻南滿鐵路區域，反抗日帝國主義統治，與日軍發生激戰，現雙方仍在劇戰中。

又電：沿南滿鐵路區埠各處戰事甚烈，義勇軍仍在海城營口南台等處攻擊，晚車現已停止，義勇軍人數劇增，聲勢浩大，今日瀋陽方面，日軍閥舉行會議，討論保全鐵路和對付義勇軍辦法云。

又電：滿鐵沿線，全爲義勇軍包圍，不能過車，交通已斷絕。

日帝國主義繼續侵熱

大派飛机轟炸熱河遼寧
國民黨軍閥又準備出賣

錦州一日電：日帝國主義藉口熱河當局未交出石本、已開始大規模的軍事行動，七月三十日日飛機轟炸熱河遼甯交界二村莊，錦朝綫滿駐日軍，中國軍閥不敢作聲。

日帝國主義

派大批軍閥指揮侵掠戰爭

東京二十九日電：日帝國主義又派大批軍閥到滿洲，指揮日軍進行侵掠戰爭，日陸相荒木得日皇許可，委軍閥末多爲日本關東總司令之最高參議，委現任陸軍次長小磯爲日本關東軍之參謀長，委前侵佔上海的作戰軍參謀長岡本爲關東軍副參謀長，委前侵佔上海已死了的白川大將的高級參謀爲上校，并爲

上海法电工人罢工情形

上海法界水电工人由怠工而转入罢工的消息，已见载于本报第二十八期，现将其罢工的情形详细的分志于下：

罢工起因

法帝国主义利用上海失业工人激增的机会，来开除工人，以最低工资改雇失业工人补充，以增加工人的剥削，并指使国民军拘捕工人，工人坚决起来反对并提出三项要求，（一）接线案停职之二十一工人复工，（二）照例津贴工会办事费，每月二百元，（三）释放工人代表，而公司将这三项要求完全不予答复。全体工人，愤激异常，至七月五日公司继续开除工人，工人乃召集全体工人紧急会议，当场议决推出代表四人，向公司交涉，待至代表回来报告交涉经过，工人认为公司无诚意答复，同时有一代表在交涉时候，勾结资本家，出卖工人利益更引起群众激愤，将代表陆关宏及其子殴打，头部受伤，血流满面，工人始再继续开会，当场议决，（一）今晨起，全体工人职员一律怠工，（二）组织纠察队。

罢工情形

工人自昨晨宣布全体怠工后，复推举代表六人，又提出四项要求，但资本家仍无答复，至下午一时全体工人乃决定由怠工进而罢工。

组织罢工委员会

下午三时，全体工人举行大会，议决，组织罢工委员会，颁布罢工命令，扩大组织纠察队，并定八日开全体大会。

全体大会

八日下午三时，在鲁班路大达里口马路中，到工人八百余人，大会通过要求四项并加（一）罢工期间长短工工资一律照给。（二）开除工贼陆关宏，（三）增加房租津贴案，议决，每人每月六元，（四）大工小工一律增加工资一成半，（五）工作人员，一律发给制服，（六）旧有劳资条件，继续有效，（七）破坏罢工纪律者，一律开除，（八）每月工作不请假者，得申四工，致罢工后情形，下期续述。

一九三二年八月四日　紅色中華　第二版

倍努力，該土匪已於二十九日拂曉攻下了，寨內豪紳地主靖匪二百餘人，一網打盡，繳獲步槍二十餘枝，曲尺手槍各一，子彈兩大箱，雷都城市梅江工農羣衆，興奮異常，黃竹寨赤面寨的豪紳地主，恐慌萬狀，當都工農羣衆更熱烈的配合地方武裝去進攻，這二個寨子，不日亦可攻下云。

山東煤礦工人罷工

上海二十九日電，山東棗莊中興煤礦工人三千餘，因最低限度生活無法維持，已全體實行罷工。

上海三友實業社失業工人包圍門市部

鬭爭情緒非常激昂

上海二十九日電：上海三友實業社的失業工人，自要求資本家開廠維持生活無效後，斗爭情緒更加激昂，紛紛前往包圍門市部，現門市部營業已完全停頓。

上海法電工人罷工情形

上海法界水電工人由怠工而轉入罷工的消息，已見載於本報第二十八期，現將其罷工的情形詳細的分誌於下：

罷工起因

法帝國主義利用上海失業工人激增的機會，來開除工人，以最低工資改雇失業工人補充，以增加工人的剝削，並指使國民黨拘捕工人，工人堅決起來反對，並提出三項要求，（一）撤懲停職之二十一工人復工，（二）照例津貼工會辦事費，每月二百元，（三）釋放工人代表，而公司將這三項要求完全不予答復。全體工人，憤激異常，至七月五日公司繼續開除工人，工人乃召集全體工人緊急會議，當場議決推出代表四人，向公司交涉，待至代表回來報告交涉經過，工人認爲公司無誠意答復，同時有一代表在交涉時候，勾結資本家，出賣工人利益更引起羣衆激憤，將代表陸關宏及其子毆打，頭部受傷，血流滿面，工人始再繼續開會，當場議決，（一）今晨起，全體工人職員一律怠工，（二）組織糾察隊。

罷工情形

工人自昨晨宣布全體怠工後，復推舉代表六人，又提出四項要求，但資本家仍無答復，至下午一時全體工人乃決定由怠工進而罷工。

下午三時，全體工人舉行大會，議決，組織罷工委員會，頒布罷工命令，擴大組織糾察隊，並定八日開全體大會。

組織罷工委員會

全體大會

八日下午三時，在魯班路大達里口馬路中，到工人八百餘人，大會通過要求四項并加（一）罷工期間長短工工資一律照給，（二）開除工賊陸關宏，（三）增加房租津貼案，議決，每人每月六元，（四）大工小工一律增加工資一成半，（五）工作人員一律發給制服，（六）舊有勞資條件，繼續有效，（七）破壞罷工紀律者，一律開除，（八）每月工作不請假者，得申四工，致能工後情形，下期續述。

棉織失業工人的鬭爭

資本家調巡捕壓迫

工人勇敢戰勝巡捕

上海岳州路安蘇棉織廠的資本家，藉口上海的戰事宣告停廠，全廠工人四百餘人，完全失業，經過數次交涉，要求開工，並發給伙食費，資本家完全置之不理，至七月十一日全體工人衝入廠內，資本家得報，立即報告捕房當派大批武裝探捕，馳往驅逐捕拿，奈工人預先防備，把廠門緊閉，巡捕無法窺視，只在廠門叱令工人開門，工人堅持不開，且用皮帶灌足漂粉水，在屋頂向巡捕注射，一時形勢非常嚴重，巡捕終無辦法而退，樣這一鬥爭中充分表現工人斗爭的勇敢與堅決。

嘉興農民搶米運動

國民黨剝削結果　農民斗爭的發展

上海二十九日電：嘉興桐鄉又發生搶米，羣衆數百將商會包圍，撒又將國民黨市政府包圍，軍警無法鎮壓，羣衆斗爭，情緒，非常高漲，尤以婦孺爲更勇敢堅決云。

德國階級鬥爭激烈

工人階級反對法西斯蒂

發生嚴重衝突死傷多人

上海二十九日電：德國漢堡及那希替地方，共產黨領導下之工人羣衆與法西斯蒂的國家社會黨發生衝突，雙方死傷近百，警察前往鎮壓，亦受傷多人。

美國失業工人要麵包運動

衝入施食所拿麵包吃

警察壓迫衝突一小時

芝加哥有鋼鐵失業工人二百餘人爲了飢餓所驅，七月五日進入怡魚門汽車工廠附近「施食所，」搶麵包和肉，爲警察所阻，工人乃與警察大衝突一小時，後因大隊警察開到，工人逃大呼，「我們要麵包與肉」而散，帝國主義用來欺騙工人的施食所，被這次失業工人的鬥爭完全揭露出來了。

滿洲義勇軍大活動

奪獲日鉄甲車佔領通遼

包圍滿鉄沿綫斷絕交通

錦州一日電：錦州附近一帶義勇軍極爲活躍，山海關形勢異常緊張，日軍與義勇軍二千人，已在山海關北開始衝突。

北平四日電：義勇軍五百餘名，身穿青綠色制服，避日飛機偵察，進攻通遼，激戰三日夜，日鐵甲車一架，爲義勇軍擊獲燒毀，三日晨通遼完全爲義勇軍佔領。

秦皇島四日電：葫蘆島三日午駛到日艦八艘，即以大砲轟炸擊義勇軍鄭桂林部，同時日方又以另一部陸戰隊三百餘名登陸向義勇軍進擊，雙方激戰，槍炮聲一夜未停，四日晨尚在激戰中，義勇軍爲避免日軍炮火，均散於沿鐵道附近高粱地內應戰，錦西義勇軍一部六百餘人亦開連山應戰，日機五架向他們投擲炸彈，戰事劇烈，錦朝線及錦州檢查行人甚嚴。

東京五日路透電：今晨拂曉大隊義勇軍集中瀋陽與海城間之南達關附近，襲攻南滿鐵路區域，反抗日帝國主義統治，與日軍發生激戰，現雙方仍在劇戰中。

又電：沿南滿鐵路區埠各處戰爭甚烈，義勇軍仍在海城營口南台等處攻擊，晚車現已停止，義勇軍人數劇增，聲勢浩大，今日瀋陽方面，日軍開舉行會議，討論保全鐵路和對付義勇軍辦法云。

又電：滿鐵沿線，全爲義勇軍包圍，不能通車，交通已斷絕。

日帝國主義繼續侵熱

大派飛機轟炸熱河邊寧

國民黨軍閥又準備出賣

錦州一日電：日帝國主義藉口熱河當局未交出石本，已開始大規模的軍事行動，七月三十日日飛機轟炸熱河邊寧交界二村莊，錦朝線滿駐日軍，中國軍閥不敢作聲。

日帝國主義派大批軍閥指揮侵掠戰爭

東京二十九日電：日帝國主義又派大批軍閥至滿洲，指揮日軍進行侵掠戰爭，日陸相荒木得日皇許可，委軍務局末多爲日本關東總司令之最高參議，委現任陸軍次長小磯爲日本關東軍之參謀長，委前侵佔上海的作戰軍參謀長岡本爲關東軍副參謀長，委前侵佔上海已死了的白川大將的高級參謀爲上校，升爲

期

红色中华零零三十期

版

零二版

时间

一九三二年八月四日

棉織失業工人的鬭爭
資本家調巡捕壓迫
工人勇敢戰勝巡捕

棉织失业工人的斗争

资本家调巡捕压迫
工人勇敢战胜巡捕

上海岳州路安禄棉织厂的资本家，借口上海的战事宣告停厂，全厂工人四百余人，完全失业，经过数次交涉，要求开工，并发给伙食费，资本家完全置之不理，至七月十一日全体工人冲入厂内，资本家得报，立即报告捕房当派大批武装探捕，驰往驱逐捕拿。奈工人预先防御，把厂门紧闭，巡捕无法窜过，只在厂门外叱令工人开门，工人坚持不开，且用皮带灌足漂粉水，在屋顶向巡捕注射，一时形势非常严重，巡捕终无办法而退，据这一斗争中充分表现工人斗争的勇敢与坚决。

倍努力，該土圍已於二十九日拂曉攻下了，寨內豪紳地主靖匪二百餘人，一網打盡，繳獲步槍二十餘枝，曲尺轉輪各一，子彈兩大箱，寧都城前梅江工農群衆，興奮異常，黃竹寨赤面寨的豪紳地主，恐慌萬狀，寧都工農群衆更熱烈的配合地方武裝去進攻，這二個寨子，不日亦可攻下云。

山東煤礦工人罷工

上海二十九日電，山東棗莊中興煤礦工人三千餘，因最低限度生活無法維持，已全體實行罷工。

上海三友實業社失業工人包圍門市部

鬭爭情緒非常激昂

上海二十九日電：上海三友實業社的失業工人，自要求資本家開廠維持生活無效後，斗爭情緒更加激昂，紛紛前往包圍門市部，現門市部營業已完全停頓。

上海法電工人罷工情形

上海法界水電工人由怠工而轉入罷工的消息，已見載於本報第二十八期，現將其罷工的情形詳細的分誌於下：

罷工起因

法帝國主義利用上海失業工人激增的機會，來開除工人，以最低工資改雇失業工人補充，以增加工人的剝削，並指使國民黨拘捕工人，工人堅決起來反對，並提出三項要求，（一）撤懸案停職之二十一工人復工，（二）照例津貼工會辦事費，每月二百元，（三）釋放工人代表，而公司對這三項要求完全不予答復。全體工人，憤激異常，至七月五日公司繼續開除工人，工人乃召集全體工人緊急會議，當場議決推出代表四人，向公司交涉，待至代表回來報告交涉經過，工人認爲公司無誠意答復，同時有一代表在交涉時候，勾結資本家，出賣工人利益更引起群衆激憤，將代表陸雨宏及其子毆打，頭部受傷，血流滿面，工人始再繼續開會，當場議決，（一）今晨起，全體工人職員一律怠工，（二）組織糾察隊。

罷工情形

工人自昨晨宣布全體怠工後，復推舉代表六人，又提出四項要求，但資本家仍無答復，至下午一時全體工人乃決定由怠工遂而罷工。

組織罷工委員會

下午三時，全體工人舉行大會，議決，組織罷工委員會，頒布罷工命令，擴大組織糾察隊，并定八日開全體大會。

全體大會

八日下午三時，在魯班路大達里口馬路中，到工人八百餘人，大會通過要求四項并加（一）罷工期間長短工工資一律照給，（二）增加房租津貼案，議決，每人每月六元，（四）大工小工一律增加工資一成半，（五）工作人員一律發給制服，（六）舊有勞資條件，繼續有效，（七）破壞罷工紀律者，一律開除，（八）每月下作不請假者，得申四工，致罷工幾情形，下期續述。

棉織失業工人的鬭爭

資本家調巡捕壓迫

工人勇敢戰勝巡捕

上海岳州路安祿棉織廠的資本家，藉口上海的戰事宣告停廠，全廠工人四百餘人，完全失業，經過數次交涉，要求申工，並發給伙食費，資本家完全置之不理，至七月十一日全體工人衝入廠內，資本家得報，立即報告捕房當派大批武裝探捕，馳往驅逐捕拿，奈工人預先防禦，把廠門緊閉，巡捕無法窺過，只在廠門叱令工人開門，工人堅持不開，且用皮帶灌足漂粉水，在屋頂向巡捕注射，一時形勢非常嚴重，巡捕終無辦法而退，這一鬥爭中充分表現工人斗爭的勇敢與堅決。

嘉興農民搶米運動

國民黨剝削結果　農民斗爭的發展

上海二十九日電：嘉興桐鄉又發生搶米，群衆數百將商會包圍，繼又將國民黨市政府包圍，軍警無法鎮壓，群衆斗爭，情緒，非常高漲，尤以婦孺爲更勇敢堅決云。

德國階級鬥爭激烈

工人階級反對法西斯蒂　發生嚴重衝突死傷多人

上海二十九日電：德國漢堡與斯爾勞地方，共產黨領導下之工人群衆與法西斯蒂的國家社會黨發生衝突，雙方死傷近百，警察前往鎮壓，亦受傷多人。

美國失業工人要麵包運動

衝入施食所拿麵包吃　警察壓迫衝突一小時

芝加哥有鋼鐵失業工人二百餘人爲了飢餓所驅，七月五日衝入怕爾門汽車工廠附近「施食所，」搶麵包和肉，爲警察所阻，工人乃與警察大衝突一小時，後因大隊警察開到，工人遂大呼，「我們要麵包與肉」而散，帝國主義用來欺騙工人的施食所，被這次失業工人的鬥爭完全暴露出來了。

滿洲義勇軍大活動

奪獲日鉄甲車佔領通遼

包圍滿鉄沿綫斷絕交通

錦州一日電：錦州附近一帶義勇軍極爲活躍，山海關形勢異常緊張，日軍與義勇軍二千人，已在山海關北開始衝突。

北平四日電：義勇軍五百餘名，身穿青綠色制服，避日飛機偵察，進攻通遼，激戰三日夜，日鐵甲車一架，爲義勇軍奪獲燒毀，三日晨通遼完全爲義勇軍佔領。

秦皇島四日電：葫蘆島三日午開到日艦八艘，即以大砲轟炸擊義勇軍鄭桂林部，同時日方又以另一艦陸戰隊三百餘名登陸向義勇軍進擊，雙方激戰，槍炮聲一夜未停，四日晨尚在激戰中，義勇軍爲避免日軍炮火，均散於沿鐵道附近高梁地內應戰，錦西義勇軍一部六百餘人亦開連山關戰，日機五架向他們投擲炸彈，戰事劇烈，錦朝綫及錦州檢查行人甚嚴。

東京五日路透電：今晨拂曉大隊義勇軍集中瀋陽與海城間之南達關附近，猛攻南滿鐵路區域，反抗日帝國主義統治，與日軍發生激戰，現雙方仍在劇戰中。

又電：沿南滿鐵路區埠各處戰爭甚烈，義勇軍仍在海城營口南台等處攻擊，晚車現已停止，義勇軍人數劇增，聲勢浩大，今日瀋陽方面，日軍閥舉行會議，討論保全鐵路和對付義勇軍辦法云。

又電：滿鐵沿綫，全爲義勇軍包圍，不能通車，交通已斷絕。

日帝國主義繼續侵熱

大派飛机轟炸熱河邊寧

國民黨軍閥又準備出賣

錦州一日電：日帝國主義藉口熱河當局未交出石本，已開始大規模的軍事行動，七月三十日日飛機轟炸熱河邊甯交界二村莊，錦朝綫滿駐日軍，中國軍閥不敢作聲。

日帝國主義派大批軍閥指揮侵掠戰爭

東京二十九日電：日帝國主義又派大批軍閥至滿洲，指揮日軍進行侵掠戰爭，日陸相荒木得日皇許可，委軍閥末多爲日本關東總司令之最高參議，委現任陸軍次長小磯爲日本關東軍之參謀長，委前侵佔上海的作戰軍參謀長岡本爲關東軍副參謀長，委前侵佔上海已死了的白川大將的高級參謀爲上校，升爲

反动国民党大捕反帝革命群众

上海二日电：上海抗日反帝代表大会，在沪西共和大戏院开幕，国民党大派军警镇压，捕去八十八人。

高級參謀，東京五日電：日皇將於八日任軍閥武籐為日本關東軍總司令兼駐滿全權特使云。

蘇聯第三大飛船又造成

擬設廠大規模製造

蘇聯自第一個五年計劃完成後，第二個五年計劃，正在努力進行，社會主義經濟空前的迅速發展，因此，發展交通事業，也是經濟計劃最主要部份，航空建設一項，即將興辦大規模之飛船廠，預定明年落成，屆時商用軍用之飛船，均將製造。現在，第三大飛船已落成了，聞該落成之第三大飛船及其第一第二大飛船，主要作用，還是訓練大批幹部，從事造就更大批能技術人材，以供將來迅速發展之需要云。

日本帝國主義

進攻蘇聯更露骨

又指使「滿洲國」强佔中東路碼頭

上海二十九日電：日本對進攻蘇聯已更加露骨，形勢十分嚴重與緊張。最近又指使其工具「滿洲偽政府」，強佔中東路碼頭，並決定日軍與移民集中屯駐地點，為吉林與蘇聯接境一帶，即將下動員分　這一目的是專為進攻蘇聯之實際行動。

土耳其加入國聯

上海二十九日電：帝國主義在進行組織更大規模的反蘇聯戰爭中，極力拉攏土耳其，現土國已正式加入國際聯盟。

反動國民黨

大捕反帝革命群衆

上海二日電：上海抗日反帝代表大會，在滬西共和大戲院開幕　國民黨大派軍警鎮壓，捕去八十八人。

軍縮會議之備戰忙

軍縮會實是軍競會

上海二十九日電：在軍縮會議過程中，意大利陸軍舉行大演操兩星期，日本兵庫縣舉行防空大演習，美國又新造巨型兵艦，不久即將加入海軍，帝國主義假面具的西洋鏡，不折而自穿。

美國經濟恐慌日益深入

芝加哥銀行又停閉卅八家

據最近消息稱金元帝國的美國經濟恐慌深入愈大，就芝加哥一地，最近一個月內，共有五百餘萬元存款之商業銀行，閉門停業者不下三十八家，二十五日一天，就有三家倒閉。

甯都汀州八一武裝示威大會

盛況

（商）

今年紅色的「八一」節，甯都各革命團體，經過了相當的籌備，於八月一日上午九點鐘開「八一」示威和克復石寨的慶祝大會，計到城市梅江兩區群衆，約萬餘人，隊伍整齊，武裝嚴肅，手執各色小旗，一隊隊向會場集中，開會完畢後，即舉城市遊行示威，陸續向城裏開動，鑼鼓喧天，紅旗飄揚，沿途高呼口號，非常熱鬧，革命空氣，滿佈全城，使得甯都城附近正在消滅中的反動堡壘——黃竹寨，鄧面寨及一切反革命發抖。

汀州訊汀州市和長汀大埔區工農群衆，於紅色「八一」下午三點鐘，在汀州列甯公園舉行武裝總示威大會，到會群衆約八千人左右，全體武裝而且都是有組織的隊伍整齊，精神奮發，同時汀州市的貧民群衆亦熱烈的參加示威「八一」那天，雖然天氣很熱，但會場秩序很好，開會時首由各機關代表演說，其次，進行歡送紅軍由汀州市蘇維埃紅軍委員會代表報告，目前政治形勢和工農群衆的任務，說到擴大紅軍重要時，會場的群衆，繼續不斷自動報名當紅軍，當場報名加入紅軍的三十餘人，大多數是工人　當時全場群衆高呼「勇敢的工農群衆當紅軍去」「歡送自動報名的同志上前方去」「紅軍勝利萬歲」！全會場歡送當紅軍的空氣　震天動地，拍手歡送，鼓掌如雷，呼口號後即遊行示威。

會昌群衆踴躍購買公債票

按照中央政府的命令，會昌應推銷二萬七千元公債票。會昌縣政府為推銷公債票等問題，曾召集　各區主席聯席會議，各區再召集了各鄉的主席聯席會議，蘇維埃及蘇維埃的代表會議　并召集了各群衆團體會議，把公債票各區各鄉各群衆團體分配去推銷。一般群衆對於推銷公債票很踴躍，尤其是筠門嶺的工人群衆特別努力，現在推銷的結果　超過中央政府所規定的二萬七千元之外八千元，共推銷了　萬五千元，不能不算是推銷公債票工作中之好現象云。

熱烈買公債組織夏收隊的情形

江西軍區政治部直屬隊工作人員

江西軍區政　部及直屬隊原定　銷公債票五十元，自十

兵大會由工作人員提議，每人節省伙食尾子，繼續買公債券後，現在已銷足了二百元了，大家除將節省的錢拿來買公債券外，還在每次分伙食尾子時，號召響應傷病「借二百錢給我湊一吊五百錢買公債券」的聲音。政治部有一次分伙食時，竟買了卅多元公債券，特別是傳令兵公差最為熱烈，現在大家準備再銷五十元的公債券，湊足二百五十元（比原定數目超過五分之四）同時大家為充足革命戰爭經費還決定捐出一分錢伙食以幫助前方紅軍。

此外又在另一次士兵大會上，提議組織夏收隊，幫助紅軍家屬，紅軍公田及群衆割禾，翼十種什麼接着就有許多人自動人報名，參加夏收隊的工作，因為禾熟了，不能照以前的辦法，只做禮拜六一天的工作了，所以夏收隊天天都出發，總計經常出發的有七八十人，每人每日平均能割一擔谷，大家都用革命競賽的精神，積極工作，紅軍家屬開始表了稀飯提了酒　花生，米菓來給夏收隊喫，可是夏收隊的同志，都說「同志！我們是優待紅軍家屬呵！我們是不吃東西的呢；免得你們化錢」！紅軍家屬个个都極歡喜云。

盧屋工農群衆自動開圍

綑起反動首要

插起紅旗歡迎

安遠訊：自從紅軍配合地方武裝　打下南區八个反動土圍後　繼續團攻最頑強的盧屋土圍　約二十天左右　給圍內豪紳地主受幾次大的打擊，並斷絕他們糧食的接濟，被強迫入圍的勞苦群衆，乘紅軍的威勢，自動的綑起反動首要盧鼎和，對壓迫他們的豪紳地主，一般反動派看勢頭不好，星夜棄圍逃跑，圍內勞苦群衆，自動插起紅旗　歡迎紅軍入圍，將二十餘條槍枝及軍用品等送入革命群衆之手。

△

江西省蘇通令准許谷米出口

加緊農業生產，充裕糧食

江西省蘇區各地禾苗正當收割，新谷上市已經一日餘了年成很好，收割豐富，谷價頓時低落，節泰每擔谷只賣一吊八百文，興國有些區域，也是同樣低價。省蘇為了這一剪刀現象特通令各級地方政府，准許谷米流通出口，及做米粉米酒另一方面，發動各合作社拿出一部份資本比市價提高一點價錢收買新谷，以供農民經濟活動，和提高谷價，同時，又發動鼓勵群衆，多種雜糧，加緊農業生產，充裕糧食發展經濟云

興國縣各區第一期文化工作競賽檢閱

興國縣第一期文化工作競賽，經過相當準備，已於　月　五號乃由縣文化部長，縣少隊長，舉行第一次檢閱，到會者有區文化部長、六人　參加者江西少共　文化部　興國少共縣委　興國縣職工[illegible]

期
红色中华零零三十一期
版
零三版
时间
一九三二年八月三十日

汹涌澎湃罢工潮

六日上海电： 上海电报工人及国际无线电台工人因要求每月增加工资二元罢工半日后资本家恐慌答应工人要求遂胜利复工。

十八日上海电： 上海英商公共汽车，因将行增加工资，而开除工人，在共产党及全国总工会的领导下，于十五日宣布罢工，条件为：（一）不得开除一个工人，被开除的一律恢复工作；（二）增加工资到四十元，每年增加三元，恢复铜额偿，罢工期内工资照给，一律掉［调］换新米。关于查票，为增加工资到五十元，工作时间不得过八小时，恢复八十六号查票工作。（三）开除毕等，现资本家雇用大批白俄代开车，企图破坏罢工全体罢工工人起来打白俄。

十八日上海电： 三友实业社工人，因资本家减发火［伙］食费，将南京路门市部包围，与警查［察］冲突，伤工人三人，被捕二人，将拘捕□□又招全体工人随往，遂释放。商局内河机械厂工人，因要求发清欠薪而总罢工，后由资本家发清一部分遂复工。

二十一日上海电： 英商公共汽车斗争，形势更紧张，因公司拒绝谈判，工人遂决心驱逐白俄，阻止各路开车，罢工工人群众以强水装汽水瓶中，以西瓜壳装大粪掷入车中，白俄七人受伤，失业工人表现很好，拒绝公司的雇用及一切欺骗。

駁殼 枝，子彈千餘發，軍用品無算，同時又捉得土兵十餘名，現我軍正在追擊中，

又我軍並拾信烏浩，武平城內白匪團匪聞訊恐慌萬分，緊閉城門，八月二日到達田裹，與匪歐陽興遇，戰一時，打得該匪落花流水，匪兵不戰潰退，各自拖槍回家去，

北線游擊隊於七月卅一日進攻千家村代張元昌殘部包圍二小時，匪竟逃匪增加入作戰，結果，該匪完全被我軍擊潰，計斃匪六七人，傷八九人，我活捉一人，

駐連中之十九路軍一團人左右，於本月四日來進山馬區被我英勇的游擊隊與工農武裝向敵猛烈攻擊，結果，白軍被我擊斃九人，傷二人，餘敵向合溪三坑等處潰退。

福建各方面的勝利

紅軍一部配合地方武裝在武坊四堡一帶，接連的痛擊汀連土匪三次，消滅共繳槍三十餘枝，斃匪和俘擄共數十名。

七日我軍進攻吉胡，章譽等處團匪，鍾少奎殘部來救援，被我軍迎頭痛擊，繳槍十餘枝，子彈數百發，俘擄二十餘，斃敵三十餘人，打死連排長各一，傷三四十人，我軍獲得軍用品無算，匪向中坑塘潰退。

九日武東游擊隊攻千家村團匪，結果繳槍洋軍用品甚多，俘擄四人，斃匪十餘人。

十四日我軍進攻汀南南山下之劉教化二匪部，接觸一小時，該匪被我打得落花流水，繳獲槍三枝，旗一面俘擄一人斃匪三人，繳獲包裹軍用品無算。

滔湧澎湃罷工潮

六日上海電：上海電報工人及國際無線電台工人因要求每月增加工資二元罷工半日後資本家恐慌答應工人要求遂勝利復工。

十八日上海電：上海英商公共汽車，因將行增加工資，而開除工人，在共產黨及全總總工會的領導下，於十五日宣佈罷工，條件為：(一)不得無故開除一个工人，被開除的一律恢復工作；(二)售票工資到四十元，每年增加三元，恢復銅額償，罷工期內工資照給，一律掉換新米。臨於售票，為增加工資到五十元，工作時間不得過八小時，恢復八十六號查票工作。(三)開除學等。現資本家雇用大批白俄代開車、企圖破壞罷工全體罷工工人起來打白俄。

十八日上海電：三友實業社工人，因資本家減發火食費，將滬京路門市部包圍，與警查冲突，傷工人三人，被捕二人，將拘捕的，又招全體工人隨往，遂釋放。商務內河機器廠工人，因要求發清欠薪而總罷工，後由資本家發清一部分遂復工。

廿一日上海電：英商公共汽車，爭，形勢更緊張，因公司拒絕談判，工人遂決心驅逐白俄，阻止各路開車，罷工工人羣衆以强水裝汽水瓶中，以西瓜殼裝大糞擲入車中，白俄七人受傷 失業工人表現很好 拒絕公司的雇用及一切欺騙。

魯省煤礦工人鬪爭情形

淄博煤區罷工反對減資

中興公司怠工要求加資

山東之淄川，博山兩縣，為中國有名之煤礦區，每日可出煤六千餘噸，礦工人有二萬人上下，該礦區工人，每人每大班(每一晝夜為一大班)工資在一元□角上下，在去年工人因生活困苦，要求加資，遂在一元二角，增至二元上下，距本年七月間資本家們藉故營業衰落，卻攻工人，各公司一律減工資四分之一，以前工資二元者，減為一元五角，餘以此為標準 來減工資，工人在這種情形之下，迫不得已 遂於七月九日次第罷工反抗，而參加罷工者達一萬餘人，後因資本家走狗黃色工會從中破壞但至十七日大多數工人還在堅持罷工。

中興煤礦：魯南嶧縣棗莊之中興煤礦公司，六月間，因公司不發花紅，引起工人憤慨，至七月十日聯合各礦井工人一致罷工，終提出條件：一。即刻分發花紅，二。減輕工作，三，增加工資，因受國民黨黃色工會壓迫，而暫時復工，但工人的斗爭情緒還繼續着，採取怠工對付 每日每人減採煤一百餘公斤每一日共減少四十四萬公斤，現工人決定如資本家不肯答復，將以此方法繼續下去云。

上海達豐廠失業工人與警察衝突

在業工人怠工援助失業工人

上海滬西達豐染織廠，滬戰後，資本家藉故開除工人一百零八人，曾經工人要求復工，但為資本家所拒絕，至七月十四日被開除工人欲擁入廠工作，為門警所阻，工人遂與之衝突，資本家將廠門緊閉，失業工人即以石子擲打，後該市民黨派來大隊警察，施行武力壓迫 失業工人又通衝退 但至十五日全體失業，工人又擁至工廠門口，攔阻上工工人 要求援助，同時有二工人因失業工人認為是資本家的走狗，即拉去毆打，國民黨得訊，即派大批警察前往拘捕失業工人，當時在業與失業工人聯合一致即與警察包圍，當場打傷巡長，後又大隊警察來後，工人即與之大衝突，并追到六區警察署，結果，工人被捕去十五名，警察受傷四名，下午六時，工人集合一百人，向國民黨市政府包圍，要求(一)即日放出被捕工人，(二)恢復百零八人工作，(三)懲辦公安局長，當時國民黨當時受工人威協，即用欺騙方式，表面接受，待工人退去後，國民黨就不承認了，於是在業工人激憤異常，遂實行全廠怠工以為援助失業工人，十七日，全體在業失業工人，又將國民黨市政府包圍，但終無結果，斗爭仍在繼續。

上海香業工人總罷工

要求改良待遇

上海香業工人，受着資本家重重的剝削，工人最低生活都不能維持，遂於七月廿八日先由南市閘北區工人首先罷工，廿九浦東租界各店工人，一律加入罷，一致行動，資本家驚惶，工人提出條件，(一)工資照原一律增加四成 (二)紀念日放假工資照給 (三)職工包紮時間自上午八時至下午五時，(四)資方不得開除工友，(五)工人婚喪喜事及特別事故請假者，工資不得扣除，(六)工人疾病，資方担任醫藥費，工資照給，(七)工人年終節規堂菜，一律增加四成，(八)承認工會。

美國兩萬工人罷工

六日上海電 美國蓬萊絲廠工人因反對資本家減少工資百分之十二，而罷工，參加人數達兩萬，斗爭將有擴大到附近各廠的趨勢。

比國工人重行總罷工

罷工人員十七萬

十八日上海電 比國全國礦工大會決議重行罷工，今日各部礦工已實行罷工 人數達十七萬以上 統治階級派大軍前往。

比國煤礦工人總罷工記略

工人與軍隊武裝衝突

圍攻燒毀資本家住宅

比國煤礦工人在共產黨領導之下舉行大罷工現已擴展成為革命的趨勢，當罷工後，七月九日夜間，罷工工人建築障礙物，藉以抵擋軍隊，並毀斷電話，電線，電報，電

期：红色中华零零三十一期

版：零三版

时间：一九三二年八月三十日

上海達豐廠失業工人與警察衝突
在業工人怠工援助失業工人

上海达丰厂失业工人与警察冲突

在业工人怠工援助失业工人

上海沪西达丰染织厂，沪战后，资本家借故开除工人一百零八人，曾经工人要求复工，但为资本家所拒绝，至七月十四日，被开除工人欲□入厂工作，为门警所阻，工人遂与之冲突资本家将厂门紧闭，失业工人即以石子掷打，后□国民党派来大队警察，施行武力压迫，失业工人受迫撤退，但至十五日□全体失业工人又集合工厂门口，拦阻上工工人，要求援助，同时有二工人为失业工人认为是资本家的走狗，即拉去殴打，国民党得讯，即派大队警察前往拘捕失业工人，当时在业与失业工人联合起来即将警察包围，当场□□巡长，后又大队警察来援，工人即与之大□冲突，并追到六□警察暑［署］，结果，工人被捕去十五名，警察受伤四名，至十六日，工人集合二百人，将国民党市政府包围，要求（一）即日放出被捕工人，（二）恢复一百零八人工作，（三）惩办公安局长，国民党当时受工人威胁，即用欺骗方式，表面接受，待工人退□后，国民党就不承认了，于是在业工人激愤异常，遂实行全体怠工以为援助失业工人，十七日，全体在业失业工人，又将国民党市政府包围，但终无结果，斗争仍在继续。

殺亮枝，子彈千餘發，軍用品無算，同時又捉得士兵十餘名·現我軍正在追擊中，

又我軍攻拾信烏浩，武平城内白匪聞訊恐慌萬分，緊閉城門，八月二日到達出擊，與匪歐陽興遇，戰一時打得該匪落花流水，匪兵不戰潰逃，各自逃回老去，

北興游擊隊於七月卅一日進攻千家村代張元昌襲部包圍二小心，各鎗送匪的功加入作戰，結果該匪完全被我軍擊潰，計繳槍六七人，傷八九人被我活捉一人，

駐邊中之十九路軍一團人左右，於本月四日來進山馬家被我英勇的游擊與工農武裝向敵猛烈夾擊結果，白軍被我擊斃九人傷二人，餘敵向合溪三坑等處潰退。

福建各方面的勝利

紅軍一部配合地方武裝在貢坊四堡一帶，接連的向潰汀連土匪三次，前後共繳槍三十餘枝，斃匪和俘擄共數十名。

七日我軍進攻吉湖，章豐等處團匪，鍾少奎的部來救援，被我軍迎頭痛擊，繳槍十餘枝，子彈數百發，俘擄二十餘，斃敵三十餘人，打死連排長各一，傷三四十人，我軍獲得軍用品無算，匪向中坑塘潰退。

九日武東游擊隊攻干家村團匪，結果繳槍洋軍用品甚多，俘擄四人，斃匪十餘人。

十四日我軍進攻汀南南山下之劉教化二匪部，接觸一小時，該匪被我打得落花流水，繳獲槍三枝，旗一面俘擄一人斃匪三人，繳獲包裹軍用品無算。

洶湧澎湃罷工潮

六日上海電：上海電報工人及國際無線電台工人因要求每月增加工資二元罷工半日後資本家恐慌答應工人要求遂勝利復工。

十八日上海電：上海華商公共汽車，因將行增加工資，而開除工人，在共產黨及全國總工會的領導下，於十五日宣佈罷工，條件爲：（一）不得無故開除一個工人，被開除的一律恢復工作：（二）電車工資到四十元，每年增加三元，恢復銅額償，罷工期內工資照給，一律掉換新米。關於賣票，爲增加工資到五十元，工作時間不得過八小時，恢復八十六號查票工作。（三）開除學等。現資本家雇用大批白俄代開車、企圖破壞罷工全體罷工工人起來打白俄。

十八日上海電：三友實業社工人，因資本家減發火食費，將滬京路門市部包圍，與警查冲突，傷工人三人，被捕二人，將拘捕者，又招全體工人蹤往，遂釋放。商務內河機器廠工人，因要求發積欠薪而總罷工，後由資本家發清一部分遂復工。

廿一日上海電：英商公共汽車，爭，形勢更緊張，因公司拒絕談判，工人遂決心驅逐白俄，阻止各路開車，罷工工人羣衆以强水裝汽水瓶中，以西山殺裝大糞擲入車中，白俄七人受傷　失業工人表現很好　拒絕公司的雇用及一切欺騙。

魯省煤礦工人鬬爭情形

淄博煤區罷工反對減資

中興公司怠工要求加資

山東之淄川，博山兩縣，爲中國有名之煤礦區，每日可出煤六千噸，礦工人有二萬人上下，該礦區工人，每人每大班（每一晝夜爲一大班）工資在一元均上下，在去年工人因生活困苦，要求加資，遂在一元二角，增至二元上下，距本年七月間資本家們藉故營業衰落，向攻工人，各公司一律減工資四分之一，以前工資二元者，減爲一元五角，餘以此爲標準　來減工資工人在這種情形之下，迫不得已　遂於七月九日次第罷工反抗，而參加罷工者達一萬餘人，後因資本家走狗黃色工會從中破壞但至十七日大多數工人還在堅持罷工。

中興煤礦：魯省嶧縣棗莊之中興煤礦公司，六月間，因公司不發花紅，引起工人激憤，至七月十日联合各礦井工人一致罷工，條件提出條件：一。即刻分配花紅，二。減輕工作，三增加工資，因受國民黨黃色工會破壞，而暫爲復工，但工人的斗爭情緒還是很緊張，採取怠工對付　每日每人減採煤一百餘公斤每一日共減少四十四萬公斤，現工人決定如資本家不肯答復，將以此方法繼續下去云。

上海達豐廠失業工人與警察衝突

在業工人怠工援助失業工人

上海滬西達豐染織廠，滬戰後，資本家藉故開除工人一百零八人，曾經工人要求復工，但爲資本家所拒絕，在七月十四日被開除工人欲擁入廠工作，爲門警所阻，工人途與之衝突資本家將廠門緊閉，失業工人即以石子擲打，後資本家民黨派來大隊警察，施行武力壓迫　失業工人又退御退　但至十五日全體失業工人又鎮在工廠門口，擱阻上工工人　要求援助，同時有二工人爲失業工人盡爲資本家的走狗，即拉去毆打，國民黨警察即派大隊警察前往拘捕失業工人，當時在業與失業工人聯合即與警察包圍，當場打傷巡長，後又大隊警察來援，工人即與之大衝突　并追到六個警察局　結果，工人被捕去十五名　警察受傷四名，前十六日，工人集合一千一百人，向國民黨市政府請願，要求（一）即日放出被捕工人，（二）恢復百零八人工作，（三）懲辦公安局長，國民黨當時受工人威協，即用欺騙方式，表面接受，待工人退去後，國民黨就不承認了，於是在業工人激憤異常，遂實行全體怠工以援助失業工人，十七日，全體在業失業工人，又將國民黨市政府包圍，但終無結果，斗爭仍在繼續。

上海香業工人總罷工

要求改良待遇

上海香業工人，受着資本家重重的剝削，工人最低生活不能維持，遂於七月廿八日先由南市閘北區工人首先罷工，廿九浦東租界各店工人，一律加入罷，一致行動，資本家對工人提出條件，（一）工資照原一律增加四成（二）紀念日放假工資照給　（三）職工包繁時間自上午八時至下午五時，（四）資方不得無故開除工友，（五）工人婚喪喜事及特別事故請假者，工資不得扣除，（六）工人疾病，資方担任醫藥費，工資照給，（八）工人年時節規堂菜，一律增加四成，（八）承認工會。

美國兩萬工人罷工

六日上海電　美國蓬萊綿織廠工人因反對資本家減少工資百分之十二，而罷工，參加人數達兩萬，斗爭將有擴大到附近各廠的趨勢。

比國工人重行總罷工

罷工人員十七萬

十八日上海電　比國全國礦工大會決議重行罷工，今日各部礦已實行罷工　人數達十七萬以上　統治階級派大軍前往。

比國煤礦工人總罷工記略

工人與軍隊武裝衝突

圍攻燒毀資本家住宅

比國煤礦工人在共產黨領導之下舉行大罷工現已發展成爲革命的趨勢，罷工工人已數萬，七月九日夜間，罷工工人遂進除碼頭鐵路，橋梁，與主要的道路，電燈，電報，電

期
红色中华零零三十一期
版
零三版
时间
一九三二年八月三十日

上海香业工人总罢工

要求改良待遇

上海香业工人，受着资本家重重的剥削。工人最低生活竟不能维持，遂于七月二十八日先由南市闸北区工人首先罢工，二十九浦东租界各店工人，一律加入罢，一致行动同，资本家斗争，工人提出条件，（一）工资照原一律曾［增］□四成，（二）纪念日放假工资照给，（三）职工包扎时间自上午八时至下午五时，（四）资方不得开除工友，（五）工人婚丧喜事及特别事故请假者，工资不得扣除，（六）工人疾病，资方担任医药费，工资照给，（七）工人年费节规堂菜，一律增加四成，（八）承认工会。

駁殼　枝，子彈千餘發，軍用品無算，同時又捉得士兵十餘名．現我軍正在追擊中。

又我軍要拾倩烏浩，武平城內白匪團匪聞訊恐慌萬分，緊閉城門，八月二號到達出發，與匪歐陽興遇，戰一時打得該匪落花流水，匪兵不戰潰逃，各自拖槍回家去，

北線游擊隊於七月卅一日給上杭千家村代張元昌殘部包圍二小時，繳送匪部前加入作戰，結果該匪完全被我軍擊潰，計斃匪六七人，傷八九人，被我活捉一人，

駐連城中之十九路軍一團人左右，於本月四日來進山馬道被我英勇的游擊隊與工農武裝向敵猛烈突襲結果，白軍被我擊斃九人傷二人，餘敵向合溪三坑等處潰退。

福建各方面的勝利

紅軍一部配合地方武裝在貢坊四堡一帶，接連的蕩清汀連土匪三次，前後共繳槍三十餘枝，擊斃匪和俘擄共數十名。

七日我軍進攻吉湖，章豐等處團匪，鐘少奎部來救援，被我軍迎頭痛擊，繳槍十餘枝，子彈數百發，俘擄二十餘，擊斃三十餘人，打死連排長各一，傷三四十人，我軍獲得軍用品無算，匪向中坑塘潰退。

九日武東游擊隊攻干家村團匪，結果繳槍洋軍用品甚多，俘擄四人，擊斃匪十餘人。

十四日我軍進攻汀南南山下之劉教化二匪部，接觸一小時，該匪被我打得落花流水，繳獲槍三枝，旗一面俘擄一人擊斃三人，繳獲包裹軍用品無算。

洶湧澎湃罷工潮

六日上海電：上海電報工人及國際無線電台工人因要求每月增加工資二元罷工半日後資本家恐慌答應工人要求遂勝利復工。

十八日上海電：上海英商公共汽車，因蔣行增加工資，而開除工人，在共產黨及全國總工會的領導下，於十五日宣佈罷工，條件為：(一)不得無故開除一個工人，被開除的一律恢復工作：(二)每月工資到四十元，每年增加三元，恢復銅額償，罷工期內工資照給，一律掉換新米。關於查票，為增加工資到五十元，工作時間不得過八小時，恢復八十六號查票工作。(三)開除學等。現資本家雇用大批白俄代開車、企圖破壞罷工全體罷工工人起來打白俄。

十八日上海電：三友實業社工人，因資本家減發火食費，將滬京路門市部包圍，與警查沖突，傷工人三人，被捕二人，將拘捕者，又招全體工人隨往，遂釋放。商務內河機器廠工人，因要求發積欠薪而總罷工，從由資本家發清一部分遂復工。

廿一日上海電：英商公共汽車，爭，形勢更緊張，因公司拒絕談判，工人遂決心驅逐白俄，阻止各路開車，罷工工人羣眾以强水裝汽水瓶中，以西瓜殼裝大糞擲入車中，白俄七人受傷，失業工人表現很好，拒絕公司的雇用及一切欺騙。

魯省煤礦工人鬬爭情形

淄博煤區罷工反對減資
中興公司怠工要求加資

山東之淄川，博山兩縣，為中國有名之煤礦區，每日可出煤六千餘頓，礦工人有二萬八上下，該礦區工人，每人每大班(每一晝夜為一大班)工資在一元[illegible]角上下，在去年工人因生活困苦，要求加資，遂在一元二角，增至二元上下，距本年七月間資本家們藉故營業衰落，卻攻工人，各公司一律減工資四分之一，以前工資二元者，減為一元五角，餘以此為標準來減工資，工人在這種情形之下，迫不得已，遂於七月九日次第罷工反抗，而參加罷工者達一萬餘人，後因資本家走狗黃色工會從中破壞但至十七日大多數工人還在堅持罷工。

中興煤礦：魯省嶧縣棗莊之中興煤礦公司，六月間，因公司不發花紅，引起工人激憤，至七月十日联合各礦井工人一致罷工，條件提出條件：一。即刻分配花紅，二。減輕工作，三．增加工資．因受國民黨黃色工會壓迫，而暫時復工，但工人的斗爭情緒還是繼續着，採取怠工對付，每日每人減採煤一百餘公斤每一日共減少四十四萬公斤，現工人決定如資本家不肯答復，就以此方法繼續下去云。

上海達豐廠失業工人與警察衝突

在業工人怠工援助失業工人

上海滬西達豐染織廠，滬戰後，資本家藉故開除工人一百零八人，曾經工人要求復工，但為資本家所拒絕，至七月十四日被開除工人欲進入廠工作，為門警所阻，工人遂與之衝突，資本家將廠門緊閉，失業工人即以石子擲打，資本家勾結國民黨派大隊警察，施行武力壓迫，失業工人又返回退，但至十五日全體失業工人又集達豐工廠門口，樹旗上工工人要求援助，同時有二工人為失業工人罵為資本家的走狗，卻拉去毆打，國民黨得訊，卽派大隊警察前往拘捕失業工人，當時在業與失業工人聯合與警察衝突，當場打傷巡長，後又大隊警察來援，工人即與之大衝突，并追到六區警察署，結果，工人被捕去十五名，警察受傷四名，西十六日，工人集合一千一百人，到國民黨市政府請願，要求(一)即日放出被捕工人，(二)恢復百零八人工作，(三)懲辦公安局長，但國民黨當時受工人威脅，即用欺騙方式，及面接受，待工人退去後，國民黨就不承認了，於是在業工人激憤異常，遂實行全體怠工以為援助失業工人，十七日，全體在業失業工人，又再到國民黨市政府包圍，但終無結果，斗爭仍在繼續。

上海香業工人總罷工

要求改良待遇

上海香業工人，受着資本家殘酷的剝削，工人最低生活不能維持，遂於七月廿八日先由南市閘北區工人首先罷工，廿九浦東租界各店工人，一律加入罷，一致行動，資本家開會，工人提出條件，(一)工資照原一律增加四成　(二)紀念日放假工資照給　(三)職工包紮時間自上午八時至下午五時，(四)資方不得無故開除工友，(五)工人婚喪事及特別事故請假者，工資不得扣除。(六)工人疾病，資方担任醫藥費，工資照給。(七)工人年終節規堂菜，一律增加四成，(八)承認工會。

美國兩萬工人罷工

六日上海電　美國蓬萊綿織廠工人因反對資本家減少工資百分之十二，而罷工，參加人數達兩萬，斗爭將有擴大到附近各廠的趨勢。

比國工人重行總罷工

罷工人員十七萬

十八日上海電　比國全國礦工大會決議重行罷工，今日礦部礦工已實行罷工　人數達十七萬以上　統治階級派大軍前往。

比國煤礦工人總罷工記略

工人與軍隊武裝衝突
圍攻燒毀資本家住宅

比國煤礦工人在共產黨領導之下舉行大罷工現已發展成為革命示威運動。七月九日夜間，罷工工人建造障碍物以鐵物，雜以拉下的電線[illegible]，割斷電線，電燈，電報，電

日帝國主義積極進攻華北
並準備在上海再來一個「一二八」

期
红色中华零零三十一期
版
零四版
时间
一九三二年八月三十日

日帝国主义积极进攻华北
并准备在上海再来一个“一·二八”

六日上海电：日本军进攻热河平津益急并在北平操演上海方面风声亦甚紧急不难再造成第二个“一·二八”。

十一日上海电：日军派大批军舰到沪并在津准备大骚动。

力線，斷絕交通區全體陷於黑暗，比帝國主義派大隊兵警往協同警察彈壓，工人們與之衝突，計工人死一傷九，警察傷五人，罷工工人并放火燒毀資本家住宅，幾工人聯合會已命令總罷工，工人將在北京作大規模示威，現鐵路工人也決定召集鐵路工人全國大會，討論全國罷工問題。

各地農民鬥爭大發展

二十一日電　皖北靈璧縣民衆，因反對烟稅捐款，激起廣大的斗爭，人數達數千，該各鄉自衛槍械，已發動二十餘村，鬥爭擴大。

無錫搶米斗爭繼續發展

無錫農民近在第七，八區搶米斗爭非常發展，計在六月間發生十九次，七月十五晚又經橋東北紀家村地方，又有農民多人，各持木棍盛米器等，將地主土豪家的門打開，蜂擁而入，總共搶七家，計白米十餘石云。

湖州搶米鬥爭擴大

湖州的農民，近對於搶米斗爭非常激烈，在菱湖，雙林，練市，千金，南潯，烏鎮，等處，正在繼續不斷的斗爭着，現已發展到德清縣，七月十五日，有善連米商，運往練市白米百餘石，半途被農民搶去一空，國民黨兵到時，農民已攜米四散了。

平湖船民反對國民黨封船運兵

船民與水警衝突

駐平湖國民黨部隊三十六旅戴鍔部，開往嘉興，特派警察往東湖封船，做爲運兵之用，事爲船民所悉，均割斷纜繩，逃避，後警察駕船急追，爲船民各以船篙鍬打拒封，結果，船民盡在抵抗中大多數得逃脫，國民黨所得者只是數艘而已。

廣東五邑漁民反對漁業公司壓迫

廣東新，赤，中，陽，台，等五邑，田園土地多爲地主土豪所佔領，該地人民藉以維持生活的皆爲捕魚一業，詎知，那窮兇惡極的地主土豪佔了田地，竟又藉國民黨的武力保護，復組織漁業公司來佔九邑的海面爲自己的捕漁範圍，不准漁民自由捕魚，漁民如要捕魚，必須受其勒索巨款，并定大漁船每艘納一十五元，中船二十元五元十元不等，又如販賣海產者，亦須向其領照，以江門一邑漁民之剝削而論，則在超過十萬元以上，現五邑漁民受不過這重重的剝削壓迫乃召集全體漁民大會，討論反對漁業公司與國民黨的壓迫，同時並發出長篇宣言，以示反對該公司云。

濮院貧農搶米斗爭

嘉興桐鄉交界之濮院鎮，七月十五日有從西鄉來之貧農八九十人，湧入高公盛，鄭益昌，蔡恆昌，等米行，各自行取米，後因國民黨派武裝警察趕到壓迫，結果，只共搶得米七斗云。

東北義勇軍行動積極

十一日上海電：近日東北義勇軍因受了共產黨的影響，行動更加積極與活動，曾猛攻營口瀋陽包圍瀋陽。

北平廿五日電：義勇軍在南滿沿線，活動積極，出沒無常，日軍疲於應付，同時另一部義勇軍在錦州及北票一帶，經常襲擊巨流河及新民日軍。并有蒙古人之蒙古人義勇軍和敢死隊，與日軍肉搏，奪日唐克車一輛，日於深夜進佔錦州車站，白日因日機轟炸，遂復退出，鞍山南台均有劇戰，九河寺河一帶義軍亦甚活動，日軍集中飛机唐克車向義軍根據地攻擊，但反以爲遊均求對手，洮昂鐵軌一段被毀，附近義軍與日軍接觸，激戰四日夜，後因大雨不利野戰，義軍暫退。

白區大鬧水災

國民黨統治所造成

十八日上海電　北方各地大水而南方近又旱災已成農村經濟更加破產廣州大風雨全市被水淹房屋倒坍無數哈爾濱仍在水中水旱災荒是國民黨統治之結果。

十八日濟南電　濟南因大雨連綿，泗河水量暴漲一丈餘，以致燒窯口地方衝出，東南各鄉村莊盡成澤國，秋禾淹沒，房屋倒塌。

十八日哈爾濱電，松花江水暴漲，哈埠被水淹，鐵路橋樑均被衝毀，交通停止，傅家甸及村全被淹，農產物損失幾，頹，三姓附近村落，一望汪洋，農民溺斃者以千計，農民存穀秋收均被水衝！此次水災爲空前浩劫，生命及財產損失頗鉅。

八日太原電：太原連日大雨，城門西南半壁盡淹沒，八日晨熱何決堤，西南關淹沒數百里，現水勢甚險惡，正太路因大水停車。

廿五日北平電　山西虎疫猖獗，死亡枕藉，疫區內棺木供不應求，死者露尸橫陳，一致傳染更易，全省疫盛者，有二十五縣，死亡的八十人，但水災也大，與一永濟縣城溺斃日餘人，房屋大半被淹，損失約百萬元。

南京大水淹五百餘戶

這次江水大漲南京沿江一帶岸堤，遂於七月十九日爲大水衝破，下關英孚寶善等街，被大水淹沒者已有五百餘戶，二汶河一帶，亦在大水包圍中，農民工人無家可歸而流離失所者不可勝數。

日帝國主義積極進攻華北

並準備在上海再來一個「一二八」

六日上海電：日本軍進攻熱河平津危急并在北平操演上海方面風聲亦甚緊急不難再造成第二個「一二八」

十八日上海電：湯玉麟承日本帝國主義的意志，將各熱河之義勇軍扣留借此以博日本帝國主義之歡心因湯之財產三分之二在瀋陽惟恐抵觸帝國主義之怒而沒收。

十一日上海電：日軍派大批軍艦到滬並在津準備大騷動

日調大批軍隊與炮車來上海

準備第二次大屠殺

上海訊　日本帝國主義最近又調來批軍隊來上海，計第一批二百五十名，第二批百五十名，原在上海的，已有二三千名，共計約四千名，又由艦運來裝甲炮車輛並大批槍械彈藥等，準備在上海作第二次大屠殺。

牛蘭被國民黨判決無期徒刑

上海廿日電　國民黨在帝國主義指示之下，將中國革命之友牛蘭及其同伴二人，拘捕虐禁將近年餘，雖經世界很多文學家科學家和中國廣大工農羣衆多處反抗，但國民黨終於十九日晨對牛蘭等判決無期徒刑，上海廣大羣衆正在進行着廣大的反抗運動。

蔣介石積極進行法西斯蒂組織

上海十一日電：蔣介石專制，久欲效法意國之墨索里尼，實行「西斯蒂專制」，近因革命猛烈發展，遂假名藍衣社，積極進行法西斯蒂組織，除國結他的忠實走狗外，并搜羅一班反革命分子，密派於各軍隊各學校各機關中，以造成其個人的『狄克推多』，實行法西斯蒂的專政，來挽救他和其階級的崩潰沒落。

日調大批軍隊與炮車來上海
準備第二次大屠殺

期：红色中华零零三十一期

版：零四版

时间：一九三二年八月三十日

日调大批军队与炮车来上海

准备第二次大屠杀

上海讯： 日本帝国主义最近又调大批军队来上海，计第一批二百五十名，第二批□百五十名，原在上海的，已有二三千名，共计□三四千人又由舰运输装甲炮车□辆并大批枪械弹药等，准备在上海□第二次大屠杀。

一九三二年八月三十日　紅色中華　第四版

力線，斷絕交通區全縣陷於黑暗，比帝國主義派大隊兵前往協同警察彈壓　工人與警察之衝突，計工人死一傷九，警察傷五人，罷工工人并放火燒毀資本家住宅，燒工人聯合會已命令總罷工，工人將在比京作大規模示威，鐵路工人也決定召集鐵路工人全國大會，討論全國罷工問題。

各地農民鬥爭大發展

二十一日電　皖北靈壁縣民眾　因反對烟稅捐款激起廣大的斗爭，人數達數千，組各鄉自衛槍械，已發動二十餘村，鬭爭擴大。

無錫搶米斗爭續發展

無錫農民近在第七，八區搶米斗爭非常發展，計在六月間發生十九次，七月十五晚義經橋東北紀村地方　又有農民多人，各持木棍盛米器等，將地主土豪家的門打開，蜂擁而入總共搶七家，計白米十餘石云。

湖州搶米鬭爭擴大

湖州的農民，近對於搶米斗爭非常激烈，在菱湖，雙林，練市，千金，南潯，烏鎮，等處　正在繼續不斷的斗爭着，現已發展與德清隣合，七月十五日，有善連米商，運往練市白米百餘石，半途被農民搶劫一空，國民黨兵前到時，農民已攜米四散了。

平湖船民反對國民黨封船運兵

船民與水警衝突

駐平湖國民黨第[illegible]隊三十六旅載鍔部　開往嘉興　特派警察往東湖封船，從為運兵之用，事為船民所悉　均割斷繩纜，逃避，後警察駕船急追　為船民各用船篙揪打拒封　結果　船民竟在抵抗中大多數得逃脫　國民黨所得者只是數艘而已。

廣東五邑漁民　反對漁業公司壓迫

廣東新，赤，中，陽，台，等五邑，田園土地多為地主土豪所佔領，該地人民稍以維持生活的皆以捕魚一業，詎知，那窮兇惡極的地主土豪佔了田地　竟又勾結國民黨的武力保護　復組織漁業公司來佔五邑的海面為自己的捕漁範圍，不准漁民自由捕魚，漁民如要捕魚，必須受其勒索巨款，規定大漁船每艘納　十五元，中船二十元五元十元不等，又以販賣海產者，亦須向其領照，以江門一邑漁民之剝削而論　則在超過十萬元以上，現五邑漁民受不過這重重的剝削壓迫乃召集全體漁民大會，討論反對漁業公司與國民黨的壓迫，同時並發出長篇宣言，以示反對堅決云。

濮院貧農搶米斗爭

嘉興桐鄉交界之濮院鎮，七月十五日有往西鄉來之貧農八九十人，湧入高公盛，鄒益昌　裕恆昌，等米行，各自行取米後因國民黨派武裝警察壓迫，結果，只共搶得米七斗云。

東北義勇軍行動積極

十一日上海電：近日東北義勇軍因受了共產黨的影響，行動益加積極與活動，付海攻營口瀋陽包圍瀋陽

北平廿五日電：義勇軍在南滿沿線，活動積極，出沒無常，日軍疲於應付，同時另一部義勇軍在錦州及北寧路，一帶經常襲擊巨流河及新民日軍。并有蒙古人之蒙古人義勇軍和敢死隊，與日軍肉博，奪日唐克車一輛，日於深夜進佔錦州車站白日因日機轟炸，遂復退出。鞍山南台均有劇戰，尤河寺河一帶義軍亦甚活動，日軍集中飛机唐克車向義軍根據地攻擊，但反以為遊擊手，洮昂鐵軌　段被毀，附近義軍與日軍接觸，激戰四日夜，後因大雨不利野戰，義軍暫退。

白區大鬧水災

國民黨統治所造成

十八日上海電　北方各地大水而南方近又旱災已成農村經濟更加破產廣州大風雨全市被水淹房屋倒塌無數哈爾濱仍在水中水旱災荒是國民黨統治之結果。

十八日濟南電　濟南因大雨連綿，泗河水位暴漲一丈餘，沿岸堤潰，東南各鄉村莊盡成澤國　秋禾淹沒，房屋倒塌。

十八日哈爾濱電，松花江水暴漲，哈埠被水淹　鐵路橋樑均被衝毀，交通停止，傅家甸及村全被淹，農產物損失殆盡，頤三姓附近村落，一望汪洋，農民溺斃者以千計，農民存穀秋收均被水衝去，此次水災為空前浩劫，生命及財產損失頗鉅。

八日太原電：太原連日大雨，城門西南半被水淹沒，八日晨熱河決堤，西南關淹沒數百里，現水勢仍險惡，正太路因大水停車。

廿五日北平電　山西虎疫猖獗　死亡枕藉　疫區內棺木供不應求　死者露尸橫陳，一致傳染更易，全省蔓延，有二十五縣，死亡的八千人，但水災也大，與一永濟縣被溺斃者餘八，房屋大半被淹，損失約百萬元。

南京大水淹五百餘戶

這次江水大漲南京沿江一帶岸堤，遂於七月十九日為大水衝破，下關美孚寶善等街，被大水淹沒者已有五百餘戶，二汊河一帶，亦在大水包圍中，農民工人無以可歸而流離失所者不可勝數。

日帝國主義積極進攻華北

並準備在上海再來一個「一二八」

六日上海電：日本軍進攻熱河平津益急并在北平操演上海方面風聲亦甚緊急不難再造成第二個「一二八」

十八日上海電：湯玉麟承日本帝國主義的意志，將在熱河之義勇軍扣留借此以博日帝國主義之歡心，因湯之財產三分之二在瀋陽惟恐抵觸帝國主義之怒而沒收。

十一日上海電：日軍派大批軍艦到滬並在津準備大屠殺

日調大批軍隊與炮車來上海

準備第二次大屠殺

上海訊　日本帝國主義最近又調來大批軍隊來上海，計第一批二百五十名　第二批　百五十名，原在上海的，已有二三千名，共計[illegible]四千人，又由艦運來裝甲炮車　輛並大批械彈藥等，準備在上海實行第二次大屠殺。

牛蘭被國民黨判決無期徒刑

上海廿日電　國民黨在帝國主義指示之下，將中國革命之友牛蘭及其同伴二人，拘捕將近年餘，雖經世界很多文學家科學家和中國廣大工農群眾的激烈反抗，但國民黨終於十九日晨，對牛蘭等判決無期徒刑，上海廣大群眾正在進行着廣大的反抗運動。

蔣介石積極進行法西斯蒂組織

上海十一日電：蔣介石軍閥，久欲效法意國之墨索里尼，實行「法西斯蒂專政」，近因革命猛烈發展，遂假名藍衣，積極進行法西斯蒂組織，除團結他的忠實走狗外，并搜羅一切反革命份子，密布於各軍隊各學校各機關中，以造成他個人的「狄克推多」，實行法西斯蒂的專政，來挽救他和其將死的統治。

期

红色中华零零三十一期

版

零四版

时间

一九三二年八月三十日

牛兰被国民党判决无期徒刑

上海二十日电： 国民党在帝国主义指示之下，将中国革命之友牛兰及其同伴二人，拘捕虐禁将近年余，虽经世界很多文学家科学家和中国广大工农群众□严厉反抗，但国民党终于十九日晨，将牛兰等判决无期徒刑，上海广大群众正在进行着广大的反抗运动。

力線，斷絕交通區全無陷於黑暗，比帝國主義派大隊兵轉往協同警察彈壓，工人與員之衝突，計工人死一傷九，警察傷五人，罷工工人并放火燒毀資本家住宅，晚工人聯合會已命令總罷工，工人并在北京作大規模示威，現鐵路工人也決定召集鐵路工人全國大會，討論全國罷工問題。

各地農民鬥爭大發展

二十一日電　皖北靈璧縣民衆　因反對烟稅捐款激起廣大的斗爭，人數達數千，縣各鄉自衛槍械，已發動二千餘村，鬥爭擴大。

無錫搶米斗爭繼續發展

無錫農民近在第七，八區搶米斗爭非常發展，計在六月間發生十九次，七月十五晚該經橋東北紀家村地方又有農民多人，各持木棍盛米器等，將地主土豪家的門打開，蜂擁而入，總共搶七家，計白米十餘石云。

湖州搶米鬥爭擴大

湖州的農民，近對於搶米斗爭非常激烈，在菱湖，雙林，練市，千金，南潯，烏鎮，等處　正在繼續不斷的斗爭着，現已發展到德清縣境，七月十五日，有善連米商，運往練市白米百餘石，半途被農民搶去一空，國民黨兵到時，農民已攜米四散了。

平湖船民反對國民黨封船運兵

船民與水警衝突

駐平湖國民黨部隊三十六旅，藏鍔部　開往嘉興　特派警察往東湖封船，從爲運兵之用，事爲船民所悉　均割斷纜繩，逃避，後警察駕船急追　爲船民各將船篙揪打拒封　結果　船民竟在抵抗中大多數得逃脫，國民黨所得者只是數艘而已。

廣東五邑漁民反對漁業公司壓迫

廣東新，赤，中，陽，台，等五邑，田園土地多爲地主土豪所佔領，該地人民藉以維持生活的皆以捕魚一業，詎知，那窮兇惡極的地主土豪佔了田地　竟又將國民黨的武力保護　復組織漁業公司來佔五邑的海面爲自己的捕漁範圍，不准漁民自由捕魚，漁民如要捕魚，必須受其勒索巨款，規定大漁船每艘納一十五元，中船二十元五元十元不等，又如販賣海產者，亦須向其領照，以江斛一邑漁民所受剝削而論　則在超過十萬元以上，現五邑漁民受不過這重重的剝削壓迫乃召集全體漁民大會，討論反對漁業公司與國民黨的壓迫，同時並發出長篇宣言，以示反對堅決云。

濮院貧農搶米斗爭

嘉興桐鄉交界之濮院鎮，七月十五日有係西鄉中之貧農八九十人，進入高公盛，鄒益昌　蔡恆興，等米行，各自行取米後因國民黨派武裝前來彈壓迫，結果，只共搶得米七斗云。

東北義勇軍行動積極

十一日上海電：近日東北義勇軍因受了共產黨的影響，行動上加積極與活動，前進攻營口瀋陽包圍瀋陽

北平廿五日電：義勇軍在南滿活躍，活動積極，出沒無常，日軍疲於應付，同時另一部義勇軍在錦州及北寧路，一帶經常襲擊巨流河及新民日軍。并有蒙古人之蒙古人義勇軍和敢死隊，與日軍肉博，奪日唐克車一輛，日於深夜進佔錦州車站白日因日機轟炸，遂後退出。鞍山兩台均有劇戰，九河寺河一帶義軍亦甚活動，日軍集中飛机唐克車向義軍根據地攻擊，但反以損遊均未得手。洮昂鐵軌　段被毀，附近義軍與日軍接觸，激戰四日夜，後因大雨不利野戰，義軍暫退。

白區大鬧水災

國民黨統治所造成

十八日上海電　北方各地大水而南方近又旱災已成農村經濟更加破產廣州大風雨全市被水淹房屋倒坍無數哈爾濱仍在水中水旱災荒是國民黨統治之結果。

十八日濟南電　濟南因大雨連綿，四河水勢暴漲一丈餘，近魏寨以口地方衝出，東南各鄉村莊盡成澤國　秋禾淹沒，房屋倒坍。

十八日哈爾濱電，松花江水暴漲，哈埠被水淹　鐵路橋樑均被衝毀，交通停止，傅家甸各村全被淹，農產物損失甚鉅，頭三姓附近村落，一望汪洋，農民溺斃者以千計，農民存穀，秋收均被水衝！，此次水災爲空前浩劫，生命及財產損失甚鉅。

八日太原電：太原連日大雨，城門西南半被水淹沒，八日晨熱河決堤，西南關淹沒數百里，現水勢仍險惡，正太路因大水停車。

廿五日北平電　山西虎疫猖獗　死亡枕藉　疫區內棺木供不應求　死者露尸橫陳，一致傳染更易，全省已盛行，有二十五縣，死亡的八十八人，但水災也大，只一永濟縣城溺斃已餘八房屋大半被淹，損失約百萬元。

南京大水淹五百餘戶

這次江水大漲南京沿江一帶岸堤，遂於七月十九日爲大水衝破，下關美孚寶善等街，被大水淹沒者已有五百餘戶，二汲河一帶，亦在大水包圍中，貧苦工人無家可歸而至流離失所者不可勝數。

日帝國主義積極進攻華北

並準備在上海再來一個「一二八」

六日上海電：日本軍進攻熱河平津危急并在北平操演上海方面風聲亦甚緊急不難再造成第二個「一二八」

十八日上海電：湯玉麟承日本帝國主義的意志將全熱河之義勇軍扣留借此以博日本帝國主義之歡心因湯之財產三分之二在瀋陽惟恐抵觸帝國主義之怒而沒收。

十一日上海電：日軍派大批軍艦到滬並在津準備大騷動

日調大批軍隊與炮車來上海

準備第二次大屠殺

上海訊　日本帝國主義最近又調來批軍隊來上海，計第一批二百五十名　第二批　百五十名，原在上海的，已有二三千名，共計約四千，又由艦運來裝甲炮車　輛並大批槍械彈藥等，準備在上海作第二次大屠殺。

牛蘭被國民黨判決無期徒刑

上海廿日電　國民黨在帝國主義指示之下，將中國革命之友牛蘭及其同伴二人，拘捕虐禁將近年餘，雖經世界很多文學家科學家和中國廣大工農群衆的嚴厲反抗，但國民黨終於十九日晨，將牛蘭等判決無期徒刑，上海廣大群衆正在進行着廣大的反抗運動。

蔣介石積極進行法西斯蒂組織

上海十一日電　：蔣介石軍閥，久欲效法意國之與索里尼，實行　西斯蒂專政，近因革命猛烈發展，遂假名藍社，積極進行法西斯蒂組織，除團結他的忠實走狗外，并搜羅一切來反革命分子，密派於各軍及各學校各機關中，以造成其『個人的狄克推多』，實行法西斯蒂的專政，來挽救他和其階級的反動統治。

福建省互济会募捐援助和济救上海罢工和白区被难战士

上海工人罢工运动正在继续扩大和发展与苏维埃红军胜利遥相呼应，福建省互济会为了实际援助上海工人罢工，故号召全省会员群众热烈地募集大批款项，援助上海罢工工人斗争，兹计各县所募得数目于下：龙岩县大洋二百八十八元三角〇七厘，新泉县大洋二十五元〇二分七厘，永定县大洋八十五元三角九分三厘，上杭县大洋一百七十九元三角七分五厘，长汀县大洋九十三元七角一分，此款，已由福建省互济寄去上海。

又当福建省互济会第一次代表大会时有福州互济会代表参加大会，提议福州被难革命战士痛苦，应当救济，大会代表议决：号召全体会员群众募集基金寄去援助，计各县会员热烈募集数目计开于下：上杭县会募大洋二百四十一元四角一分四厘，长汀县会募大洋一百四十元零六角四分四厘，新泉县会募大洋三十七元六角六分二厘，永定县会募大洋三十三元二角七分四厘，汀州市市募大洋七元二角二分，总共募得大洋四百余元，已将大洋三百元转寄福州援助被难革命战士其余百余元则以来做慰劳伤病红军战士云。

，張貞的秘密通報上又有蕭世俊的名字，但是他還不肯承認，法庭把張貞的秘密通報叫他自己讀，讀完以後，問他感覺如何，他不說。在俘虜張貞的營長身上搜出來的秘密通報，口號是叫的蕭世俊，并且劉杜雲的代表劉佐華說出張貞的机關同與社之後，蕭家族在保衛局根據劉佐華的口供，即派人到同與社去搜查的時候，恰恰蕭世俊在同與社等候張貞的代表接頭，蕭世俊就在同與社被捕，當庭再由劉佐華說明同與社的內幕，張貞設立該機關的企圖，由這樣鐵般的事實，使蕭世俊無話可答。第六問張少宜，他對法庭祇承認打仗不好，不承認做反革命的事，法庭就叫蔡佩玉來對證張少宜同他所談的反革命話，說什麼季振同跑來跑去，混以一個光桿兒，革命革不下去了等話。并且在寧都暴動以前的「四多決議」：演講台多，標語多，無頂屋子多等等，張少宜不承認參加了九堡的會議，但是有高達夫的當面對證，終于不能否認。李聘卿奉季振同之命與閩設泰和祥，張少宜在法庭上祇承認知道這回事，當時法庭就把張少宜與李聘卿來往的通信，將其中陰謀當庭公布，使得他無辭可辯。第七問李聘卿，開始他不肯承認，與季黃的反革命活動，等到法庭把各種證據及與季振同，胡景陶，徐振三等來往信件宣布之後，他覺得無法狡辯，才承認泰和祥是他同徐振三同開的，貨本是徐振三從季振同那兒拿來的，季振同與白區的機關信件來往的人都經過泰和祥的，泰和祥是一個主要的機關。季振同確與外面有關係，企图把五軍團拖走。有一次劉頤從李一封信，李聘卿承認親自送到粵都給季振同的。季振同到汀州時，曾在泰和祥住過一夜，在泰和祥指示一切。把季黃的反革命活動說了一部分出來。第八問黃仲岳，他完全否認做反革命活動，祇承認在漳州做了便衣，準備脫小差。法庭就叫蔡佩玉來證明：他在瑞金與張少宜的樓上講：「我這次到前方去，能夠多少就多少，拖不動就算了」的話，高達夫證明了黃在九堡開會的情形。九堡會議的情形與黃的關係劉佐華證明與黃的代表載玉與會在廈門接頭的情形，并把張貞的秘密通報交給黃自己看。在該秘密通報上很明顯的說明黃仲岳勾結張貞的情形。法庭又將黃的代表蕭世俊在漳州與張貞的關係同與社被捕的情形說明。至此黃仲岳才無辭可答，最後即問季振同，法庭先問他有幾多名字？他說有：振同，瀛卿，異之，瑞祥，恭之，田共之，民俊，俊民和玉等名字。又問他白色區域的來信經過什麼地方？他說經過泰和祥。有這一根據，法庭進一步問他做些什麼反革命活動？他祇承認思想上的錯誤而影響到反革命。不承認有反革命活動，法庭就把他同胡景陶徐振三等用上級列寧化名所寫的來往信件三十多封讀給他聽，他沒有辦法，才承認了與瀛玉祥的代表長劉聯通過信，同胡景陶派來的代表在零部接過頭，但是沒有決心把隊伍拖走。李聘卿的泰和祥，承認是他給的錢，是為接頭的地方，并且承認徐振三，岳宗等是他要他們去的。徐振三之走，還有高達夫當庭證明，是季振同用電話硬要他去的，那末，徐振三岳宗等受季之命到白區去接頭已完全證明。并且來信，大部分是徐振三寫的，而且大都是從汕頭中華醫院，漳州閩南醫院，潮州，大浦等地方寄的，在那邊設立機關，很明顯。後由劉佐華證明在廈門要他來同季振同接頭的情形說了一遍。高達夫證明九堡會議的情形，王超證明季是勞動社會黨的負責人及他們的策略。物證人證，非常豐富，鐵一般的反革命事實，雖然善于狡辯的季振同，此時也祇好承認了反革命活動的一部分事實，要求法庭從輕辦理。至此審判宣告終結，開始辯論，原告人把被告人等在法庭上的狡辯，企圖卸罪的陰謀，赤裸裸的揭穿，用各種的事實來證明被告人的反革命事實。被告人俱無話可答，祇要求法庭減罪能了。

宣佈判決

原告，被告辯論終結之後，在未退庭商議判決書之前，法庭將兩天來各軍的來電及各群眾團體的決議，當庭宣讀。并有參加審判的許多代表發表意見，都堅決的要求法庭對季黃等叛徒處以死刑。此後法庭就宣告休息，退庭商議判決書。經過半點鐘之後，法庭宣布判決書：季振同，黃仲岳，蕭世俊，李聘卿，高達夫，劉佐華，朱冠甫，張少宜等八名宣布死刑，蔡佩玉一名監禁五年，監禁期滿後并剝奪公民權五年。該判決書送中央執行委員會批准執行。

群眾示威

當審判季黃反革命案件的時候，瑞金各地的群眾四五千人，手執各色小旗，高呼口號，列隊前赴臨時最高法庭。推選代表請願，堅決要求法庭嚴格的懲辦季黃等反革命份子。法庭即派代表向示威的群眾演說，并願接受群眾的要求，作為該案件的參考。群眾非常滿意，圍繞法庭的房子一週，高呼：「擁護臨時最高法庭。」「肅清一切反革命派別」等口號而散。這是臨時最高法庭審判季黃反革命案件的經過情形。

興國工農群眾慰勞紅軍熱烈

紅軍，在贛南獲大勝利後，興山全縣工農勞苦群眾非常熱烈的，自動到紅軍中去，及組織擔架隊，運輸隊等，此外，還有男的女的挑着許多慰勞品去慰紅軍。連日各處的慰勞隊絡繹來往，往往不絕於途，又八日由興國總工會發起舉行歡迎慰勞大會，下午四時左右城市及龍沙區群眾，打鑼鼓，擦燈，沿途高呼口號，興高彩烈的一隊一隊到會場來，這時與會群眾及紅軍部隊和各機關人員等約數萬人，一塊很大的曠地擠得滿滿了，旋即宣佈開會，首由主席團宣佈開會意義，繼由紅軍及各團體代表講話，詞意均甚激昂，群眾異常興奮，至晚八時，始高呼口號而散。（平）

江西福建少隊兒童團

慰勞紅軍的熱烈

紅軍在前方英勇作戰，消滅敵人，發展革命戰爭，鞏固和扩大蘇維埃政權，為着解除工農群眾的痛苦，江西省少隊兒童團，對於這點，有很好的了解，他們非常熱烈的起來，送慰勞品慰勞紅軍，最近，由各縣送到江西省少隊部及省兒童局轉送前方，現已集中了的，計有套鞋二千雙左右，其餘草鞋，手巾無數。此外，兒童局又省節買菓子吃的錢來慰勞紅軍，既已集中有一百吊錢左右，這都證明青年兒童參加革命戰爭和擁護紅軍的熱烈云。

又福建省兒童局發動全省兒童團節省零用錢來做擁護與慰勞紅軍，運動成績甚好現已交到省互濟會來的有大洋五十元，面巾二十條，還有許多正在繼續送交互濟會云。

河田區工作轉變後

擴大紅軍的良好成績

十天內自願加入紅軍三十餘名

勝利縣河田區，過去四五十天，沒有扩大一個紅軍，主要原因，是在政治上沒有很廣泛的鼓動，沒有堅決執行紅軍優待條例，近來有一個切實的轉變，擴展革命戰爭的空氣，較前濃厚得多，扩大紅軍的工作，革命亦非常熱烈，最近祇有十天光景，就有三十多個群眾，自願到前方去消滅敵人，加入紅軍，現已經縣補充團，不日即將被送到前方云。

福建省互濟會募捐

援助和濟救上海罷工和白區被難戰士

上海工人罷工運動正在繼續擴大和發展與蘇維埃紅軍勝利遙相呼應，福建省互濟會為了實際援助上海工人罷工，故號召全省會員及群眾熱烈的募集大批款項，援助上海罷工工人鬥爭，茲計各縣所募得數目於下：龍岩縣大洋二百八十八元三角[illegible]七厘，新泉縣大洋二十五元〇二分七厘，永定縣大洋八十五元三角九分三厘，上杭縣大洋一百七十九元三角七分五厘，長汀縣大洋九十三元七角一分，此款，已由福建省互濟寄去上海。

又當福建省互濟會第一次代表大會時有福州互濟會代表參加大會，提議福州被難革命戰士痛苦，應當救濟，大會代表議決：號召全體會員群眾募集基金寄去援助，計各縣會員熱烈募集數目計開於下：上杭縣會募大洋二百四十一元四角一分四厘，長汀縣會募大洋一百四十元零六角四分四厘，新泉縣會募大洋三十七元六角六分二厘，永定縣會募大洋三十三元二角七分四厘。汀州市市募大洋七元二角七分，總共募得大洋四百餘元，已將大洋三百元轉寄福州援助被難革命戰士其餘百餘元則以來做慰劳傷病紅軍戰士云。

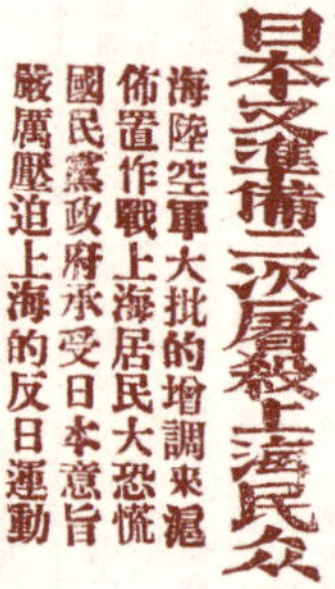

日本又准备二次屠杀上海民众

海陆空军大批的增调来沪
布置作战上海居民大恐慌
国民党政府承受日本意旨
严厉压迫上海的反日运动

上海三十日电：日本第十五驱逐舰队已奉海军省训令集中上海，该舰队共有战舰五艘，左近召为舰队司令，左近召刻在汉口，即将乘出云旗舰赶回上海，虹口一带日陆战队仍甚活动，军用电话现已装妥，闸北虹口及杨树浦三区华人居民，陆续迁走。

上海八月三十一日专电：日本帝国主义在沪虹口北四川路一带作战事布防，人民甚恐慌。

上海三十一日电，据调查日驻沪陆战队有五千余人，大小各炮一百余尊，另有飞机十四架，分置公大纱厂等处，长江上游有日舰四十余艘，陆战队二千余人。

上海一日电：上海日陆战队司令杉板，于三十乙［一］日上午向上海国民党市政府吴铁城提出严重抗议，要国民党政府，立即取缔华报之反日宣传，并要将报馆封闭云。

又电：上海日总领事村井于一日见国民党上海市长吴铁城要国民党取缔反日运动于指定时间内予日本满意之答覆云。

三日电：上海日领村井语人，关于除奸团行动之抗议，说吴铁城答覆如何，再定应付方法，必要时陆战队或将采取断然手段云。

上海三日电：又国民党上海市政府，又承受日帝国主义的意旨，积极进行压迫反日运动并大出布告禁止血魂除奸团对付运买日货的奸商行为，和反日运动并说“倘不遵守，自当执法以相绳”。

9月

婦人之判决，要立即釋放牛蘭及其同案婦人蘇維埃政府再正式宣言如南京國民黨政府悔悟承認以被扣留蘇維埃區域之牧師交換的辦法恢復牛蘭及其同案婦女的自由本政府當貫澈援救牛蘭和裏和達到全世界文學家科學家和勞動民衆之熱望仍照七月十九日宣言履行特此宣言

一九三二年八月二五日於瑞金

中央政府慰勉第四方面軍全體戰士電

張主席，徐總指揮，陳總政委，轉第四方面軍全體紅軍戰士：

你們堅決勇敢十次勝利的精神使帝國主義國民黨向蘇區四次圍攻的節環，一個個的擊破。你們堅決勇敢十次勝利的精神，使帝國主義國民黨反動統治的命運一天天的縮短，你們堅決勇敢十次勝利的精神，使蘇維埃革命一省和數省的首先勝利的實現，一步步逼近着，蘇維埃臨時中央政府對於你們堅決勇敢十次勝利的精神，致無窮的興奮與慰勞並正領導全國工農紅軍以積極的進攻來配合你們的行動澈底粉碎帝國主義國民黨的四次「圍剿」正動員全國蘇區千百萬工農羣衆配合你們十次勝利來爲開展全國蘇維埃勝利而鬥爭，正號召白色統治下的工農勞動羣衆配合你們堅決的勇敢十次勝利在紅旗之下去開展反帝反國民黨的民族革命戰爭中央蘇區紅軍在中央直接領導之下，自從消滅敵十七八團軍隊之後更徹底粉碎敵人的四次「圍剿」利配合你們的行動最近在一星期內連佔樂安宜黃南豐寧化四縣城開展新蘇區數百里消滅高樹勛全師繳獲毛許追近撫州，現正在繼續消滅敵人全力以奪取中心城市以實現江西首先勝利，希望你們繼續堅決勇敢十次勝利的精神，給帝國主義國民黨四次「圍剿」的壓毁與全消滅。希望充實光大你們堅決勇敢十次勝利的精神在最短期間實現湘鄂贛首先勝利。

國際青年節反帝示威中

中央区少先隊總檢閱

蘇區少年先鋒隊總檢閱，在偉大的國際青年節中，宣佈總檢閱的開幕。計出席檢閱的隊員會昌廿七人，萬太四十八人，興國四十一人，石城十六人，贛縣三十五人，勝利四十三人，寧都三十七人，公略四十一人，永豐三十四人，南廣十六人，安遠十二人，尋鄔二十一人，雩都六十一人，瑞金六十八人，宜黃十人，新泉二十八人，長汀四十三人，寧化十一人，汀州二十二人，中央政府青工少先隊二十三人，共六百九十二人，均於一日後陸續向籌備會報到，福建各縣亦於四日上午趕到。各種勝利品，以及組織統計，也早在陳列室陳佈，四日上午參加紅軍學校運動會，並舉行預演，下午參加國際青年節總示威，五日上午本要正式舉行檢閱，因天下霪雨，提前舉行政治測驗，下午特聘紅軍學校校長劉伯承同志，在紅校俱樂部講演軍事六日上午補行檢閱儀，式由贊禮員宣佈開始檢閱後，有中共中央局代表，少共中央局代表，中央政府代表，紅軍全總執行局代表，紅軍總政治部代表，及檢閱總指揮等相繼訓詞，均策勵隊員加入紅軍積極參加革命戰爭，隊員精神爲之大振。接着舉行軍事操演，特別是上杭和瑞金興國等縣更爲整齊出色！下午進行參觀比賽，由各縣作報告，擴大紅軍成績以瑞金爲最好，作戰行動以興國萬太最好，其餘各縣在兩省競賽總結會以後，亦有開始積極行動，七日上午舉行野外演習，下午往紅軍學校參觀，閉總檢閱將於八日結束，九日開拔！紅軍學校政治部已發起在結束後開歡送會云。詳情如何，容後續報。

日本又準備一次屠殺上海民衆

海陸空軍大批的增調來滬
佈置作戰上海居民大恐慌
國民黨政府承受日本意旨
嚴厲壓迫上海的反日運動

上海卅日電：日本第十五驅逐艦隊已奉海軍省訓令集中上海，該艦隊共有戰艦五艘，左近召爲艦隊司令，左近召刻在漢口，即將乘出雲旗艦趕同上海，虹口一帶日陸戰隊仍在活動，軍用電話現已裝安，閘北虹口及楊樹浦三區華人居民，陸續遷走。

上海八月卅一日專電：日本帝國主義在滬虹口北四川路一帶作戰事佈防，人民甚恐慌。

上海卅一日電，據調查日駐滬陸戰隊有五千餘人，大小各炮一百餘尊，另有飛機十四架，分置公大紗廠等處，長江上游有日艦四十餘艘，陸戰隊二千餘人。

上海一日電：上海日陸戰隊司令杉板，於卅乙日上午向上海國民黨市政府吳鐵城提出嚴重抗議，要國民黨政府，立即取締華報之反日宣傳，並要將報館封閉云。

又電：上海日總領事村井於一日見國民黨上海市長吳鐵城要國民黨取締反日運動於指定時間內予日本滿意之答覆云。

三日電：上海日領村井語人，關於除奸團行動之抗議，說吳鐵城答覆如何，再定應付方法，必要時陸戰隊或將採取斷然手段云。

上海三日電：又國民黨上海市政府，又承受日帝國主義的意旨，積極進行壓迫反日運動並大出佈告禁止血魂除奸團對付運買日貨的奸商行爲，和反日運動并說「倘不遵守，自當執法以相繩」。

紅色中華

再接再厉的罢工潮

上海罢工运动扩大

上海专电：英商公共汽车罢工在坚持中，现已有四十余罢工工人加入赤色工会，罢工工人都热烈的希望苏维埃政府的物质的精神的帮助，工人在向各方募捐。

上海电：三友实业社失业工人□□仍未解决，资本家更将厂校焚毁，使失业工人无栖身之所，现工人已觉悟积极找老工会（赤色工会领导）。

上海电：沪南公共汽车工人因反对资本家将工资减少，在酝酿罢工中。

上海电：太平洋，大东，大北，三电报局工人要求资本家增加工资被拒绝，工人准备罢工对付，资本家表示将以白俄代替。

上海二十一日专电：太平洋，大东，大北，电报工人加薪的斗争，工人胜利，沪南公共汽车工人反对将工资改减斗争，也胜利了，资本家在工人一致团结的威胁下，表示不强制实行。

上海电：上海双宫丝厂七家，因要求恢复工资四角八分而罢工。

日帝國主義第二次大舉攻熱河

國民黨扣留反日義勇軍

上海電：日軍二次進攻熱河，日海陸空軍奉令開赴東北助關東軍大舉出攻熱河，在滿之日軍已有十五萬人。

北平電：日本帝國主義最近令大批軍隊與飛机向熱河進攻，又想把熱河佔領，中國民衆不願做日帝國主義的奴隸，組織大隊義勇軍去救熱河，帝國主義走狗國民黨軍閥湯玉麟受日帝國主義的命令將往救熱河第一批義勇軍扣押，和驅逐退回天津熱河又將爲國民黨軍閥奉送日帝國主義了。

英帝國主義指揮藏兵六舉進攻玉樹

國民黨軍隊潰退

英帝國主義指揮下之藏兵，七月十六日，大舉猛攻玉樹國民黨軍隊馬步芳部潰退，玉樹兩鎮遂爲藏兵佔領，現西康全省爲藏兵所佔領者已在十分之八，青海南部，亦被佔去大部分，由此觀察，青，康兩省，在不久的將來，必又爲國民黨奉送給英帝國主義了。

東北義勇軍大舉攻瀋陽

三省義勇軍聯合同盟攻擊各重要城市
瀋陽市政工業飛機場兵工廠均被破壞
各路交通斷絕義軍聲勢浩大斗志堅决

北京卅日電：最近東三東民衆，因日本帝國主義將正式承認僞傀儡組織，極爲憤慨，義軍積極活動，於二十九日攻入瀋陽城，後以孤軍乏援，下午三時退出，分據千金寨，南台驛，十里河等處，全部約四千人，日援軍正向千金寨進發，義軍一面應戰，一面向皇姑島進攻，以防日軍搗亂後方，則瀋城仍在恐嚇混亂中，居民被日軍慘殺者極衆，並乘機搶刼，城內陷入大混亂狀態，全市商業，電燈，電話，自來水，郵政，無線電台，均已不通，奉山瀋海安奉三路交通亦斷絕，日飛機七架中彈炸燬，兵工廠損失甚鉅云。

瀋陽電：義勇軍攻擊瀋，係分隊進襲，每隊數百人，事前計劃甚周密，瀋陽城內有一部份警察加入義勇軍，充當內應云。

北京卅一日電：義勇軍現仍分據瀋陽近效，待援進攻，預定日內聯合各路義軍，一舉克復瀋陽及其他各重要市區，日援軍千餘人，由鐵嶺開到瀋陽，將向千金寨南台等處襲擊義軍根據地，瀋陽城內仍時有槍聲，謠言甚熾，人心極度不安，各叛逆眷屬，紛往大連逃避，城內汽車被徵調一空，飛機場兵工廠火皆熄滅，損失詳情，尚不明悉云。

一日路透電：義軍復於昨晨夜襲瀋陽，人數五千餘，機槍迫擊炮，均極充足云。

北京二日電：最近義勇軍因反對日本帝國主義承認僞滿洲國及表示東北民衆一致不甘屈服之意志，團結一氣，迭攻瀋陽，並聯絡奉吉黑三省義軍，大舉進攻，於一日曉二時，冲破瀋陽日軍東面的防線，襲擊大東邊門外之駐軍，雙方激戰，槍砲聲澈夜不絕，同時撫順亦被義軍襲擊，吉林義軍，正向長春包圍，北滿義軍亦甚活躍，黑坦恐慌，日帝國主義對義軍之應付，極感辣手云。

秦皇島電：僚西交通，因受義軍之襲擊與破壞，陷於大混亂狀態，奉山路幹綫，日軍兵力較厚，防備嚴密，故客貨車通行尚未發生長時間阻礙與中斷，通遼雖被日軍復佔，但洮遼彰武之間義軍仍堅守待机而動，義縣義軍與日軍日在戰斗中，溝營支綫時有緊急，不能按時開車，女兒河一帶義軍，前與日軍激戰數小時，日軍恐懼襲擊，每日由綏中派日機三五架，飛往該處西北山中轟炸云。

又電：義軍三千餘人，佔據安遠車站，車站兩邊的鐵綱均被折毀云。

上海電：東北義勇軍聲勢日益擴大，已有五十萬人，行動積極化，日軍之所以不能順利的進攻熱河。因義軍在後方牽掣。

再接再厲的罷工潮

上海罷工運動擴大

上海專電：英商公共汽車罷工在堅持中，現已有四十餘罷工工人加入赤色工會，罷工工人都熱烈的希望蘇維埃政府的物質的精神的幫助，工人在向各方募捐。

上海電：三友，實社失業工人問題仍未解決，資本家更將廠校焚燬，使失業工人無棲身之所，現工人已覺悟積極找老工會(赤色工會)領導。

上海電：滬南公共汽車工人因反對資本家將工資減少，在醞釀罷工中。

上海電：太平洋，大東，大北，三電報局工人要求資本家增加工資被拒絕，工人準備罷工對付，資本家表示將以白俄代替。

上海二十一日專電：太平洋，大東，大北，電報工人加薪的鬥爭，工人勝利，滬南公共汽車工人反對將工資改減斗爭，也勝利了，資本家在工人一致團結的威逼下，表示不強制實行。

上海電：上海雙宮絲廠七家，因要求恢復工資四角八分罷工。

海員工人反對船主虐待

鄰不勒斯二十七日電：英郵船消利迪斯號今日由波斯抵此，中國海員因受船主的惡劣待遇起而反對船主與資本家走狗職員衝突，在船上互相斗打，後被意國警察登輪壓迫，暫時停止，但海員已重傷一名。

英國棉工反對資本家減薪

五十萬工人將實行總罷工

倫敦廿七日電：英國棉業工人反對資本家減工資發生嚴重工潮，勞資兩方於二日前在孟却斯德談判，但會議至昨晚完全破裂，反對減資之工人五十萬人 將照預定時間實行總罷工云。

十九路軍士兵準備暴動失敗

蔡廷楷大施屠殺
七千人解除武裝

上海電 十九路軍士兵，這次在上海抗日被國民黨軍閥蔣蔡強迫撤退開到福建進攻蘇區和紅軍，士兵更加覺悟，誓不打紅軍，自到福建後，即受蘇維埃和紅軍影響很大 準備暴動投入紅軍，但因不愼密 被發覺，蔡廷楷在泉州即將暴動士兵領袖六十餘人槍決，并將新去兵六七千解除武裝，改編工程隊。

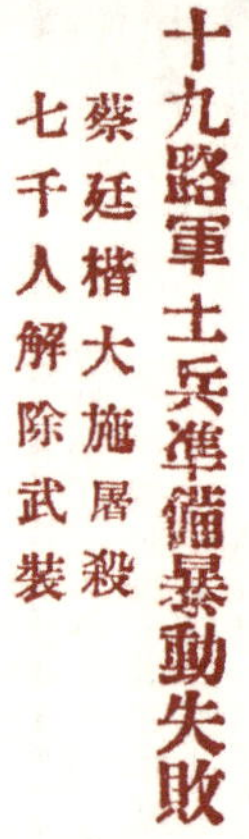
十九路軍士兵準備暴動失敗
蔡廷楷大施屠殺
七千人解除武裝

期：红色中华零零三十二期

版：零三版

时间：一九三二年九月六日

十九路军士兵准备暴动失败

蔡廷楷大施屠杀
七千人解除武装

上海电：十九路军士兵，这次在上海抗日被国民党军阀蒋蔡强迫撤退开到福建进攻苏区和红军，士兵更加觉悟，誓不打红军，自到福建后，即受苏维埃和红军影响最大，准备暴动投入红军，但因不秘密，被发觉，蔡廷楷［锴］在泉州即将暴动士兵领袖六十余人枪决，并将新去兵六七千解除武装，改编工程队。

一九三二年九月六日　紅色中華　第三版

日帝國主義第二次大舉攻熱河

國民黨扣留反日義勇軍

上海電：日軍二次進攻熱河，日海陸空軍奉令開赴東北助關東軍大舉進攻熱河，在滿之日軍已有十五萬人。

北平電：日本帝國主義最近令大批軍隊與飛机向熱河進攻，又想把熱河佔領，中國民衆不顧做日帝國主義的奴隸，組織大隊義勇軍去救熱河，帝國主義走狗國民黨軍閥湯玉麟受日帝國主義的命令將往救熱河第一批義勇軍扣押，和驅逐退回天津熱河又將爲國民黨軍閥奉送日帝國主義了。

英帝國主義指揮藏兵六舉進攻玉樹

國民黨軍隊潰退

英帝國主義指揮下之藏兵，七月十六日，大舉猛攻玉樹國民黨軍隊馬步芳部潰退，玉樹兩鎮遂爲藏兵佔領，現西康全省爲藏兵所佔領者已在十分之八，青海南部，亦被佔去大部分，由此觀察，青，康兩省，在不久的將來，必又爲國民黨奉送給英帝國主義了。

東北義勇軍大舉攻瀋陽

三省義勇軍聯合同盟攻擊各重要城市

瀋陽市政工業飛機場兵工廠均被破壞

各路交通斷絕義軍聲勢浩大斗志堅決

北京卅日電：最近東三東民衆，因日本帝國主義將正式承認僞傀儡組織，極爲憤慨，義軍積極活動，於二十九日攻入瀋陽城，後以孤軍乏援，下午三時退出，分據千金寨，南台驛，十里河等處，全部約四千人，日援軍正向千金寨進發，義軍一面備戰，一面向皇姑島進攻，以防日軍搗亂後方，刻瀋陽城仍在恐嚇混亂中，居民被日軍慘殺者極衆，並乘機搶掠，城內陷入大混亂狀態，全市停業，電燈，電話，自來水，郵政，無線電台，均已不通，奉山瀋海安奉三路交通亦斷絕，日飛機七架中彈炸燬．兵工廠損失甚鉅云。

瀋陽電：義勇軍攻擊瀋，係分隊進襲，每隊數百人，事前計劃甚周密，瀋陽城內有一部份警察加入義勇軍，充當內應云。

北京卅一日電：義勇軍現仍分駐瀋陽近效，待援進攻，預定日內聯合各地義軍，一舉克復瀋陽及其他各重要市區，日援軍千餘人，由鐵嶺開到瀋陽，將向千金寨南台等處襲擊義軍根據地，瀋陽城內仍時有槍聲，謠言甚熾，人心極度不安，各叛逆眷屬，紛往大連逃避城內汽車被徵調一空，飛機場兵工廠火皆熄滅，損失詳情，尚不明悉云。

一日路透電：義軍復於昨晨攻擊瀋陽，人數五千餘，機槍迫擊炮，均極充足云。

北京二日電：最近義勇軍因反對日本帝國主義承認僞滿洲國及表示東北民衆一致不甘屈服之意志，團結一氣，迭攻瀋陽，並聯絡奉吉黑三省義軍，大舉進攻，於一日曉二時，冲破瀋陽日軍東面的防線，襲擊大東邊門外之駐軍，雙方激戰，槍砲聲徹夜不絕，同時撫順亦被義軍襲擊，吉林義軍，正向長春包圍，北滿義軍亦甚活躍，黑垣恐慌，日帝國主義對義軍之應付，極感辣手云。

秦皇島電：遼西交通，因受義軍之襲擊與破壞，陷於大混亂狀態，奉山路幹綫，日軍兵力較厚，防備嚴密，故客貨車通行尚未發生長時間阻礙與中斷，通遼雖被日軍復佔，但滿遼彰武之間義軍仍堅守待机而動，義縣義軍與日軍日在戰斗中，溝營支綫時有緊急，不能按時開車，女兒河一帶義軍，前與日軍激戰數小時，日軍恐懼襲擊，每日由綏中派日機三五架，飛往該處西北山中偵炸云。

又電：義軍三千餘人，佔據安遠車站，車站兩邊的鐵綱均被折毀云。

上海電：東北義勇軍聲勢日益擴大，已有五十萬人，行動積極化，日軍之所以不能順利的進攻熱河。因義軍在後方牽掣。

再接再厲的罷工潮

上海罷工運動擴大

上海專電：英商公共汽車罷工在堅持中，現已有四十餘輛工工人加入赤色工會，罷工工人都熱烈的希望蘇維埃政府的物質的精神的幫助，工人在向各方募捐。

上海電：三友，[illegible]社失業工人[illegible]仍未解決　資本家走狗將廠校焚燬，使失業工人無棲身之所，現工人已覺悟稍稍找老工會(赤色工會)領導。

上海電：滬南公共汽車工人因反對資本家將工資減少，[illegible]罷工中。

上海電：太平洋，大東，大北，三電報局工人要求資本家增加工資被拒絕，工人準備罷工對付，資本家表示將以白俄代替。

上海二十一日專電：太平洋，大東，大北，電報工人加薪的鬥爭，工人勝利，滬南公共汽車工人反對將工資改減斗爭，也勝利了。資本家在工人一致團結的威逼下，表示不強制實行。

上海電：上海雙宮絲廠七家，因要求恢復工資四角八分罷工。

海員工人反對船主虐待

那不勒斯二十七日電：英郵船渤利迪斯號今日由波斯抵此，中國海員因受船主的惡劣待遇起而反對船主與資本家走狗職員衝突，在船上互相斗打，後被意國警察登輪壓迫，暫時停止，但海員已重傷一名。

英國棉工反對資本家減薪

五十萬工人將舉行總罷工

倫敦廿七日電：英國棉業工人反對資本家減工資發生嚴重工潮，勞資兩方於二日前在孟却斯德談判，但會議至昨晚完全破裂，反對減資之工人五十萬人　將照預定時間實行總罷工云。

十九路軍士兵準備暴動失敗

蔡廷楷大施屠殺

七千人解除武裝

上海電　十九路軍士兵，這次在上海抗日被國民黨軍閥蔣蔡強迫撤退開到福建進攻蘇區和紅軍，士兵更加覺悟，誓不打紅軍，自到福建後，即受蘇維埃和紅軍影響最大　準備暴動投入紅軍，但因不祕密　被發覺，蔡廷楷在泉州即將暴動士兵領袖六十餘人槍決，并將新去兵六七千解除武裝，改編工程隊。

上海租界
汽車工人罷工日益激烈
燬車打白俄

上海租界汽车工人罢工日益激烈

毁车打白俄

上海英商公共汽车罢工后，资本家利用白俄来开车，工人斗争情绪异常激烈，常以流磺［硫黄］溶之消［硝］镪水射入车中，焚毁车辆，大打白俄，现资本家白俄恐慌不得了。

一九三二年九月二十日　紅色中華　第五版

廣石地方武大敗一心會

廣豐地主富農所利用之一心會，最近乘帝國主義國民黨軍閥對蘇區紅軍的圍攻，在大株白水，塘坊，一帶活動，屠殺工農及蘇維埃人員，破壞革命，欺騙工農，廣石兩縣地方武裝及四方區指揮部特務連，聯合向一心會進攻，於十一日在大株，一心會即分三路來攻，我軍開排槍射擊，向敵衝鋒，結果，一心會死十餘名，在河中溺死幾十名，繳獲梭標十餘枝，迷旂十餘首，我軍乘勝向塘坊追擊云。

同日在城獨立團在干善寺與一心會激戰一日，結果，敵死傷甚多，剩下的一個團傳臂上帶花甚重，一心會潰退塘坊，正在圍剿中，即可消滅。

紅軍擊潰河西地主武裝

萬大訊：我軍於十四日渡河將敵人消滅，繳敵槍二十八枝駁殼槍三枝。

又萬安訊：我軍十三日游擊到水東敵人後方，捉獲土豪五名，吉安城聞我軍到達，恐慌萬分，夜間全城燈火均熄。

蘇聯五年計劃偉大成績

蘇聯百架飛机助冬耕

本年蘇聯民用飛机之參與農事者，較前益有增加，在本年冬耕中，將有飛机百架在空中播穀，又本年飛机在空中散布化學藥物，撲滅蝗害蟲，達三六，〇〇〇，〇〇〇公頃之廣。

蘇聯偉大五年計劃成功中　鍊鋼廠的偉大建設　開全世界的新記錄

（續）

蘇聯全國工廠，都爲麥尼篤廠定造機械物件，麥廠所需要的鋼，百分之八十五是蘇聯冶礦廠供給的，各廠對於麥尼篤廠定做的物件，都儘先趕做，各工廠和機工人特別委員會，加緊製造和輸運麥尼篤廠所需的材料，有許多委員會特別刊行傳紙，報告麥尼篤廠定貨的情形，以是證明麥鍊鋼廠的重要性，在各大工業中心，學校教員特在致兒童的父親勸告用餘力幫助建築鍊鋼廠，並且在學校裏設立競賽夜，表明各學生家長對於這種工作努力的鐘點，在尋常的貨運從列甯格勒到莫斯科，要一星期，但是從外國運到列甯格勒港埠的鍊廠機件，轉運到麥尼篤哥斯克，在一星期以內，也就趕到了，但是距離却超出列甯格勒到莫斯科五倍，總之蘇聯的工人羣衆對於麥尼篤廠的一切工作，都是特別的加緊工作。

麥尼篤廠的建設成功，大半是蘇聯青年工人們的成績，這些工人，是百分之六十在二十四歲以下，有六百萬的共產黨員把建築麥尼篤廠做他們的中心工作，有許多『奮勇隊』都是由他們供給，他們有一個口號『替國家製造鋼鐵』，這些青年工人，秉着一種犧牲克己的精神，戰勝建築上許多的困難，工作的時間，本來是規定七小時，但是那些「奮勇隊」雖然到了停工的時間，仍照繼續工作下去，一個人把自己的工作做完，還隨時幫助別人，或是起卸木料，或是在夜間澆澆水泥，或是教鄉下新來的工人識字。

辦事員和專家也抱着布爾塞維克的精神，簿記員，速記，書記，教員，庖丁和女侍全願意參加建築的工作，他們約有二千多人，組織一種『休沐工人隊』，從火車上搬運磚塊，或是堆砌木條，或是掘挖土地。麥尼篤廠雖然是一个大規模的現代鋼廠，但是他的建設，比較用機氣力的地方很少，總然借重人力，他在不用机器而能得到這樣超出全世界的偉大成績，使帝國主義者驚倒了，開掘幾百萬立方碼的土泥，澆灌幾萬噸水泥，卸運許多物料，幾一不用人工。

像美洲一般的精練工人麥尼篤廠簡直可以說沒有，木匠只會搭蓋板壁，他們只有一把斧頭，一把可製的鋼鋸，工人當中有四分之三是鄉下人，從來沒有過鍊工廠的經驗，他們是從農耕與游招募來的，這些初出的農民工人，是從蘇聯各地方集合來的，共計不下有三十五種民族，他們的習慣和言語，雖然不同，但是却能夠一處工作，國外的有美德兩國的建築和鋼鐵專家幾百人。

麥尼篤廠的工人有十分之一以上婦女，而且沒有一種工作沒他們參加，就是責任重要的工程師一項工作，也有她們充當的。

麥尼篤廠各鎔冶爐完全成功後，就需要最精練的工人二萬一千名，現在蘇聯政府爲要預先準備好這一大批的精練工人，正在加緊訓練，在各工人工作空閒的時候，叫他們進學校，補習專門技術，麥尼篤廠現在雖沒有完全成功，但是已經開鎔冶料，和工廠密切合作，第一鎔冶爐開工以前，已派了許多學生去烏拉爾鋼廠實習，限期四個月至六個月不等，便是叫學生在理論以外，得到經驗，那麥尼篤廠自己也有了實習的地方，明年其他鎔冶爐開工以後，那些學生便能夠和精練的工人一處工作了。

在麥尼篤哥斯克廠旁十里外，又建築一個供給工人們居住的城市，這城市約可容二十萬人，那裏的地址比較工廠高二百英尺，那裏荒原當中，因爲天氣燥熱，不生長植物，但是在麥尼篤廠的城市却有灌溉，叫那不毛的荒野，成爲一個綠洲，在那裏設立有公園，花圃，遊戲場，和散步的道路。

城市共分若干區，每區的碑房，可以容納九千六百人居住，房屋分成兩種，一種是單住式，有兩間三間和四間住房，迴帶廚房，浴室，另一種是公住式，裏面有小的住房但並沒廚房設備，因爲住在那裏的工人，都是去公共食堂就餐的，每一區裏面有售食品和雜物的店舖，一所大百貨店，其他設備學校，戲院，俱樂部，育嬰院，幼稚園，無不應有儘有，每區生活的中心是俱樂部，那裏有許多引人入勝的設備，可以叫人們在那裏度空閒的時光，可不必留戀一切，那裏有戲劇俱樂部，體育室，游泳池，台球房，壘球（在場上所打的球）房，弈棋室，圖書館，和演說廳，嬰兒所有育嬰院和幼稚園照顧，所以做母親的人，儘管可以自由活動。

麥尼篤廠可以供給烏拉爾和邊很一帶的許多新工業——像在尼茲涅之諾天哥羅德地方，一年可以出汽車十四萬輛的顆拖工廠，乞里亞賓斯克，司佛洛夫斯克的機器廠造托所，都要仰仗他的鋼鐵供給，第二個五年計劃當中，預定爲興築新路一萬六千英里，建設蘇聯的交通制度，更是非鋼鐵不可，在大戰以前，全俄羅斯的出品只有四百萬噸，一九三二年蘇聯計劃增加鐵鋼的出產到九百五十萬噸，這个計成功了，那麼蘇聯的鋼鐵出產，就要超出歐洲各國，產額僅次於美，不過蘇聯有這大的出產，還是不夠供給工業擴張的需求，按照蘇聯最近宣布的第二個五年計劃，一九三七年一定要出產鐵二千二百萬噸那末要達到這個的，麥尼篤四百萬噸的出品可以成爲需要貢獻的一部了。

（完）

上海租界　汽車工人罷工日益激烈

燬車打白俄

上海英商公共汽車罷工後，資本家利用白俄來開車，工人鬥爭情緒異常激烈，常以流質之硝鏹水射入車中，焚燬車輛，大打白俄，現資本家白俄恐慌不得了。

徐重道藥業聯合罷工

上海徐重道中藥號總分號十家，工人二百餘人，於八月三十日，全體工人宣告罷工，反對資本家藉詞工人竊盜，勾結帝國主義將工人監禁，要在一小時內，放出被捕工人，不達的目的誓不復工云。

碼頭工人包圍國民黨政府機關

南市臨時戒嚴

上海碼頭工人要求實行二八制，國民黨勾結工頭用威嚇欺騙等手段來阻止工人鬥爭，當被工人所識破，遂全體碼頭工一千五百餘名將國民黨市政府包圍，要其答覆三項要求。（一）實行二八制，（二）合佈三個碼頭，交出合同，（三）如不交出，就要強制執行。國民黨市政府故意欺誘工人又大家去包圍國民黨黨部，但終不得答覆，於是工人大憤，大呼口

徐重道药业联合罢工

上海徐〈重〉道中药号总分号十家，工人二百余人，于八月三十日，全体工人宣告总罢工，反对资本家借诬工人窃盗，勾结帝国主义将工人监禁，要在一小时内，放出被捕工人，不达的目［目的］誓不复工云。

廣石地方武大敗一心會

廣豐地主富農所利用之一心會，最近乘帝國主義國民黨軍閥對蘇區紅軍的圍攻，在大株白水、塘坊，一帶活動，屠殺工農及蘇維埃人員，破壞革命，歐擊工農，廣石兩縣獨方武裝及四方區指揮部特務連，聯合向一心會進攻，於十一日在大株，一心會即分三路來攻，我軍開排槍射擊，向敵冲鋒，結果，一心會死十餘名，在河中溺死幾十名，繳獲梭鏢十餘枝，迷旃十餘首，我軍乘勝向塘坊追擊云。

同日石城獨立團在于普寺與一心會激戰一日，結果，敵死傷甚多，剩下的一個團傳臂上帶花甚重，一心會潰退塘坊，正在圍剿中，即可消滅。

紅軍擊潰河西地主武裝

萬太訊：我軍於十四日渡河將敵人消滅，繳敵槍二十八枝駁殼槍三枝。

又萬安訊：我軍十三日游擊到水東敵人地方，捉獲土豪五名，吉安城聞我軍到達，恐慌萬分，夜間全城燈火均熄。

蘇聯五年計劃偉大成績

蘇聯百架飛机助冬耕

本年蘇聯民用飛机之參與農事者，較前益有增加，在本年冬耕中，將有飛机百架在空中播穀，又本年飛机在空中散布化學藥物，撲滅蝗害蟲，達三六，〇〇〇，〇〇〇公頃之廣。

蘇聯偉大五年計劃成功中

鍊鋼廠的偉大建設

開全世界的新記錄（續）

蘇聯全國工廠，都為麥尼篤廠定造建築物件，建築所需要的鋼，百分之八十五是蘇聯冶礦業供給的，各廠對於麥尼篤廠定做的物件，都儘先趕做，各工廠組織工人特別委員會，督促製造和運送麥尼篤廠所需的材料，有許多委員會特別刊行報紙，報告麥尼篤廠定貨的情形，說是證明鍊鋼廠的重要性，使各大工業中心，學校教員特為[illegible]向父親勸告用餘力幫助建築鋼廠，並且在學校裏設立競賽夜，號召各學生家長對於這種工作努力的鍾點，任尋常的貨運從列寧格勒到莫斯科，要一星期，但是從外國運到列寧格勒港岸的鋼廠材料，特運到麥尼篤哥斯克，在一星期以內，也就趕到了，這是距離却超出列寧格勒到莫斯科五倍，總之蘇聯的工人群衆對於麥尼篤廠的一切工作，都是特別的加緊工作。

麥尼篤廠的建設成功，大半是蘇聯青年工人們的成績，這些工人，是百分之六十在二十四歲以下，有六百萬的共產黨員把建築麥尼篤廠做他們的中心工作，有許多「突擊隊」都是由他們供給，他們有一個口號「替國家製造鋼鐵」，這些青年工人，秉着一種犧牲克己的精神，戰勝建築上許多的困難，工作的時間，本來是規定七小時，但是那些「突擊隊」雖然到了停工的時間，仍照繼續工作下去，一個人把自己的工作做完，還隨時幫助別人，或是起卸木料，或是在夜間澆灌水泥，或是教鄉下新來的工人識字。

辦事員和專家也抱着布爾塞維克的精神，簿記員，速記，書記，教員，庖丁和女侍全願意參加建築的工作，他們約有二千多人，組織一種「休沐工人隊」，從火車上搬運磚塊，或是堆砌木條，或是掘挖土地。麥尼篤廠雖然是一个大規模的現代鋼廠，但是他的建設，比較用機氣力的地方很少，總然借重人力，他在不用机器而能得到這樣超出全世界的偉大成績，使帝國主義者驚倒了，開掘幾百萬立方碼的土泥，澆灌幾萬噸水泥，卸運許多物料，幾一不用人工。

像美洲一般的精練工人麥尼篤廠簡直可以說沒有，木匠只會搭蓋板壁，他們只有一把斧頭，一把自製的鋼鋸，工人當中有四分之三是鄉下人，從來沒有進過工廠的經驗，他們多從農耕裏招募來的，這些初出的農民工人，是從蘇聯各地方集合來的，共計不下有三十五種民族，他們的習慣和言語，雖然不同，但是却能夠一處工作，國外的有美德兩國的建築和鋼鐵專家幾百人。

麥尼篤廠的工人有十分之一以上婦女，而且沒有一種工作沒他們參加，就是責任重要的工程師一項工作，也有她們充當的。

麥尼篤廠各鎔冶爐完全成功後，就需要最精練的工人二萬一千名，現在蘇聯政府為要預先準備好這一大批的精練工人，正在加緊訓練，在各工人工作空閒的時候，叫他們進學校，補習專門技術，麥尼篤廠現在雖沒有完全成功，但是已經開鎔冶科，和工廠密切合作，第一鎔冶爐開工以前，已派了許多學生去烏拉爾鋼廠實習，限期四個月至六個月不等，便是叫學生在理論以外，得到經驗，麥尼篤廠自己也有了實習的地方，明年其他鎔冶爐開工以後，那些學生便能夠和精練的工人一處工作了。

在麥尼篤哥斯克廠幾十里外，又建築一個供給工人們居住的城市，這城市約可容二十萬人，那裏的建址比較工廠高二百英尺，那裏漠原當中，因為天氣燥熱，不生長植物，但是在麥尼篤廠的城市却有灌溉網，叫那不毛的曠野，成為一個綠洲，在那裏設立有公園，花圃，遊戲場，和散步的道路。

城市共分若干區，每區的磚房，可以容納九千六百人居住，房屋分成兩種，一種是單住式，有兩間三間和四間住房，還帶廚房，浴室，另一種是公住式，裏面有小的住房，並沒廚房設備，因為住在那裏的工人，都是去公共食堂就餐的，每一區裏面有售食品和雜物的店鋪，一所大百貨店，其他像學校，幼稚園，戲院，俱樂部，育嬰院，無不應有儘有，每區生活的中心是俱樂部，那裏有許多引人入勝的設備，可以叫人們在那裏度空閑的時光，可不必留戀一切，那裏有戲劇俱樂部，體育室，游泳池，台球房，地球（在地上所打的球）房，奕棋室，圖書館和演戲廳，嬰兒所育嬰院和幼稚園照顧，所以做母親的人，儘管可以自由活動。

麥尼篤廠預備以供給烏拉爾和邊俄一帶的許多新工業——像在尼茲涅之諾夫哥羅德地方，一年可以出汽車十四萬輛的福特工廠，乞里亞賓斯克，司佛洛夫斯克的機器廠造托所，烏發的製馬達透平工廠，都要仰仗他的鋼鐵供給，第二個五年計劃當中，預定建築新路一萬六千公里，建設蘇聯的交通制度，更是非鋼鐵不可，在大戰以前，全俄羅斯的出品只有四百萬噸，一九三二年蘇聯計劃增加鋼鐵的出產到九百五十萬噸，這個計劃成功了，那麼蘇聯的鋼鐵出產，就要超出歐洲各國，產額僅次於美，不過蘇聯需有這大的出產，還是不能供給工業擴張的需求，按照蘇聯最近宣布的第二個五年計劃，一九三七年一定要出產鐵二千二百萬噸那末要達到這個目的，麥尼篤四百萬噸的出品可以成為重要貢獻的一部了。

（完）

上海租界汽車工人罷工日益激烈

燬車打白俄

上海英商公共汽車罷工後，資本家利用白俄來開車，工人鬥爭情緒異常激烈，常以流磺溶之消鏹水射入車中，焚燬車輛，大打白俄，現資本家白俄恐慌不得了。

徐重道藥業聯合罷工

上海徐重道中藥號總分號十家，工人二百餘人，於八月三十日，為全體工人宣告罷工，反對資本家辭退工人[illegible]，勾結帝國主義將工人監禁，要在一小時內，放出被捕工人，不達的目的誓不復工云。

碼頭工人包圍國民黨政府機關

南市臨時戒嚴

上海碼頭工人要求實行二八制，國民黨勾結工頭用威嚇欺騙等手段來阻止工人斗爭，當為工人所識破，遂全體碼頭工一千五百餘名將國民黨市政府包圍，要其答覆三項要求，（一）實行二八制，（二）令佈三個碼頭，交出合同，（三）如不交出，就要強制執行。國民黨市政府故意拖延工人又大家去包圍國民黨黨部，但終不得答覆，於是工人大憤，大呼口

碼頭工人包圍國民黨政府機關
南市臨時戒嚴

期：红色中华零零三十四期

版：零五版

时间：一九三二年九月二十日

码头工人包围国民党政府机关

南市临时戒严

上海码头工人要求实行二八制斗争，国民党勾结工头用威吓欺骗等手段来阻止工人斗争，当为工人所识破，这全体码头工一千五百余名将国民党市政府包围，要其答覆三项要求，（一）实行二八制，（二）令布三个码头，交出合同，（三）如不交出，就要强制执行，国民党市政府故意推诿工人又大队去包围国民党党部仍终不得答覆，于是工人大愤，大呼口（编者按：下转第六版）

一九三二年九月二十日　紅色中華　第五版

廣石地方武大敗一心會

廣石地主富農所利用之一心會，最近乘帝國主義國民黨軍閥對蘇區紅軍的圍攻，在大株白水・塘坊，一帶活動，屠殺工農及蘇維埃人員，破壞革命，毆辱工農，廣石兩縣地方武裝及四方區指揮部特務連，聯合向一心會進攻，於十一日在大株，一心會即分三路來攻，我軍開排槍射擊，向敵冲鋒，結果，一心會死十餘名，在河中溺死幾十名，繳獲梭標十餘枝，迷旂十餘首，我軍乘勝向塘坊追擊云。

同日石城獨立團在千善寺與一心會激戰一日，結果，敵死傷甚多，剩下的一個團傳臂上帶花甚重，一心會潰退塘坊，正在圍剿中，即可消滅。

紅軍擊潰河西地主武裝

萬太訊：我軍於十四日渡河將敵人消滅，繳敵槍二十八枝駁殼槍三枝。

又萬安訊：我軍十三日游擊到水東敵人地方，俘獲土豪五名，吉安城聞我軍到達，恐慌萬分，夜間全城燈火均熄。

蘇聯五年計劃偉大成績

蘇聯百架飛机助冬耕

本年蘇聯民用飛机之參與農事者，較前益有增加，在本年冬耕中，將有飛机百架在空中播穀，又本年飛机在空中散布化學藥物，撲滅蝗害蟲，達三六，〇〇〇，〇〇〇公頃之廣。

蘇聯偉大五年計劃成功中
鍊鋼廠的偉大建設
開全世界的新記錄

（續）

蘇聯全國工廠，都爲麥尼篤廠定造建築物件，建築所需要的鋼，百分之八十五是蘇聯冶礦廠供給的，各廠對於麥尼篤廠定做的物件，都儘先趕做，各工廠和機工人特別委員會，加緊製造和輸送麥尼篤廠所需的材料，有許多委員會特別刊行壁報，報告麥尼篤廠定貨的情形，與建設鍊鋼廠的重要性，各大工業中心，學校教員特意發起向父親勸告用餘力幫助建築鋼廠，並且在學校裏設立競賽夜，鼓勵各學生家長對於這種工作努力的鐘點，在尋常的貨運從列甯格勒到莫斯科，要一星期，但是從外國運到列甯格勒港埠的貨，轉運到麥尼篤哥斯克廠址，在一星期以內，也就提到了，但是距離却超出列甯格勒到莫斯科五倍，總之蘇聯的工人群衆對於麥尼篤廠的一切工作，都是特別的加緊工作。

麥尼篤廠的建設成功，大半是蘇聯青年工人們的成績，這些工人，是百分之六十在二十四歲以下，有六百萬的共產黨員把建築麥尼篤廠做他們的中心工作，有許多『突擊隊』都是由他們供給，他們有一個口號『替國家製造鋼鐵』，這些青年工人，秉着一種犧牲克己的精神，戰勝建築上許多的困難，工作的時間，本來是規定七小時，但是那些『奮勇隊』雖然到了停工的時間，仍照繼續工作下去，一個人把自己的工作做完，還隨時幫助別人，或是起卸木料，或是在夜間澆澆水泥，或是教鄉下新來的工人識字。

辦事員和專家也抱着布爾塞維克的精神，簿記員，速記，書記，教員，庖丁和女侍全願意參加建築的工作，他們約有二千多人，組織一種『休沐工人隊』，從火車上搬運磚塊，或是堆砌木條，或是掘挖土地，麥尼篤廠雖然是一个大規模的現代鋼廠，但是他的建設，比較用機氣力的地方很少，雖然借重人力，他在不用机器而能得到這樣超出全世界的偉大成績，使帝國主義者驚倒了，開掘幾百萬立方碼的土泥，澆灌幾萬噸水泥，卸運許多物料，幾一不用人工。

像美洲一般的精練工人麥尼篤廠簡直可以說沒有，木匠只會搭蓋板壁，他們只有一把斧頭，一把自製的鋼鋸，工人當中有四分之三是鄉下人，，從來沒有建築工廠的經驗，他們是從農耕上新招來的，這些初出的農民工人，是從蘇聯各地方集合攏的，共計不下有三十五種民族，他們的習慣和言語，雖然不同，但是却能夠一處工作，國外的有美德兩國的建築和鋼鐵專家幾百人。

麥尼篤廠的工人有十分之一以上婦女，而且沒有一種工作沒他們參加，就是責任重要的工程師一項工作，也有她們充當的。

麥尼篤廠各鎔冶爐完全成功後，就需要最精練的工人二萬一千名，現在蘇聯政府爲要預先準備好這一大批的精練工人，正在加緊訓練，在各工人工作空閒的時候，叫他們進學校，補習專門技術，麥尼篤廠現在雖沒有完全成功，但是已經開鎔冶科，和工廠密切合作，第一鎔冶爐開工以前，已派了許多學生去烏拉爾鋼廠實習，限期四個月至六個月不等，便是叫學生在理論以外，得到經驗，再麥尼篤廠自己也有了實習的地方，明年其他鎔冶爐開工以後，那些學生便能夠和精練的工人一處工作了。

在麥尼篤哥斯克廠幾十里外，又建築一個供給工人們居住的城市，這城市約可容二十萬人，那裏的遺址比較工廠高二百英尺，那裏原當中，因爲天氣燥熱，不生長植物，但是在在麥尼篤斯的城市却有灌溉，叫那不毛的濱野，成爲一個綠洲，在那裏設立有公園，花圃，遊戲場，和散步的道路。

城市共分若干區，每區的磚房，可以容納九千六百人居住，房屋分成兩種，一種是單住式，有兩間三間和四間住房，連帶廚房，浴室，另一種是公住式，裏面有小的住房僅是並沒廚房設備，因爲住在那裏的工人，都是去公共食堂就餐的，每一區裏面有售食品和雜物的店鋪，一所大百貨店，其他設學校，戲院，俱樂部，育嬰院，幼稚園，無不應有儘有，每區生活的中心是俱樂部，那裏有許多引人入勝的設備，可以叫人們在那裏度空閒的時光，可不必留戀一切，那裏有戲劇俱樂部，體育室，游泳池，台球房，墻球（在墻上所打的球）房，弈棋室，圖書館，和演說廳，嬰兒所有育嬰院和幼稚園照顧，所以做母親的人，儘管可以自由活動。

麥尼篤廠還可以供給烏拉爾和邊俄一帶的許多新工業——像在尼茲涅之諾夫哥羅德城方，一年可以出汽車十四萬輛的汽車工廠，乞里亞賓斯克，司佛洛夫斯克的機器廠造托所，烏拉爾的製馬達透平工廠，都要仰仗他的鋼鐵供給，第二個五年計劃當中，規定要建築新路一萬六千英里，建設蘇聯的交通制度，更是非鋼鐵不可，在大戰以前，全俄鑄鋼的出品只有四百萬噸，一九三二年蘇聯計劃增爲鋼鐵的出產到九百五十萬噸，這個計劃成功了，那麼蘇聯的鋼鐵出產，就要超出歐洲各國，產額僅次於美，但是不能供應有這大的出產，還是不能供給工業擴張的需求，按照蘇聯最近宣布的第二個五年計劃，一九三七年一定要出產鋼二千二百萬噸那末要達到這個目的，麥尼篤廠四百萬噸的出品以成爲重要貢獻的一部了。

（完）

上海租界
汽車工人罷工日益激烈
燬車打白俄

上海英商公共汽車罷工後，資本家利用白俄來開車，工人斗爭情緒異常激烈，常以流質溶之消鏹水射入車中，燬車輛，大打白俄，現資本家白俄恐慌不得了。

徐重道藥業聯合罷工

上海徐重道中藥號總分號十家，工人二百餘人，於八月三十日，各號工人宣告罷工，反對資本家辭退工人羅盛，勾結帝國主義將工人壓禁一小時餘，放出該捕工人，不達的目的不復工云。

碼頭工人包圍國民黨政府機關
南市臨時戒嚴

上海碼頭工人要求實行二八個斗爭，國民黨勾結工頭用欺騙恐嚇等手段來阻止工人斗爭，當給工人所識破，遂全體碼頭工一千五百餘名將國民黨市政府包圍，要其答覆三項要求：（一）實行二八制，（二）合併三個碼頭，交出合同，（三）如不交出，就要強制執行。國民黨市政府被逼答覆工人又大隊去包圍國民黨部但終不得答覆，於是工人大憤，大呼口

碼頭工人包圍國民黨政府機關
南市臨時戒嚴

期
红色中华零零三十四期
版
零六版
时间
一九三二年九月二十日

码头工人包围国民党政府机关

南市临时戒严

（编者按：上接第五版）号，声震天地，国民党见势不佳，即派大队□警将工人驱散，并宣布临时戒严云。

說，聲震天地，國民黨見勢不佳，即派大隊軍警將工人驅散，遂宣布臨時戒嚴云。

上海南市公共汽車停業斗爭

工人包圍工廠

上海南市公共汽車資本家藉故營業虧本，於八月三十日實行停止營業，解散工人，工人受此壓迫，憤激異常，當即召集緊急會，討論對付辦法，當場議決（一）如公司停業，須發給相當退職金，（二）戰事期內所欠工資，一律補發（三）將復業時，須先錄用舊工人，會議後當即要資本家答復，而資本家對於工人此種最低要求，竟拒絕不答，於是工人更加憤怒，即刻全體住宿廠中，藉以包圍，不准廠內一切東西遷出一點，聲言條件未有完滿答復以前，資本家不能將廠內所有物件遷出。

荷蘭海員與輸運工人總罷工

荷蘭海員近因資本家實行新工資制，激起工人大憤，實行罷工反對，於八月三十日，由海員與運輸工人兩工會宣佈總罷工。

美國失業工人千萬以上

二千五百萬人生活無着

據各方調查稱，今冬美國將有二千五百萬人，因生活不能維持，將陷於饑餓之地步，目下失業工人已在一千一百萬人以上，形勢殊屬嚴重云。

合肥游擊戰爭聲勢浩大

已發展到數千人

合肥將軍嶺長崗店高劉集一帶，自發動游擊戰爭以來日見擴大，最近該地農民受着地主豪紳國民黨極度的剝削，遂大覺悟，該地全體農民起來暴動，參加游擊戰爭者已達數千人。驅逐地主土豪，沒收地主土豪的財產，佔領鄉村市鎮，行動勇猛，聲勢浩大，不久就可與鄂豫皖的紅軍連絡一氣，以爭取全皖革命勝利云。

山東青州農民暴動

共產黨領導的

山東青州農民在共產黨領導下於秋收暴動，聚衆八十餘人，繳獲鄭母鎮區公所槍械，益都國民黨縣長率隊前往援救，亦爲擊退。八月二十八日國民黨軍韓復渠派鋼甲車及大批軍隊前往，形勢非常恐慌，聞該處農民學校等，均在共產黨領導下整個赤化了。

靈璧農民暴動已發展爲游擊戰爭

靈璧農民自暴動後，即提出三個條件：（一）豁免捐稅，（二）取消公所，（三）改散警察。國民黨拒絕不答，於是復向警察大隊進攻，大戰於游集一帶。後因國民黨派來大批軍隊，農民恐其一時難抵抗，遂退改爲游擊戰爭，攻打圩寨，將土豪地主的槍械完全繳去，并捕殺豪紳地主多人。二十二日復將申集佔領，漁溝農協，現召正與土豪所組織之武裝千餘相持激戰，農民每隊游擊隊，都有共產黨在裏面領導云。

七百餘人聚集國民黨部

北平東郊農民反對苛捐雜稅

八月二十六日北平東郊各村農民七百餘人，到北平國民黨市黨部宣言反對自治區舉辦之『公益捐』，要求國民黨答復，國民黨則用欺騙手段來和緩農民，說下星期一答。這一斗爭將要繼續發展起來云。

太倉大隊農民包圍國民黨縣政府

八月二十七日太倉新塘市大隊饑餓農民，步行至大倉國民黨縣政府要求救濟，擠擁於縣政府門口，大叫「救濟」，後由國民黨第一科長接見，而該科長當即向農民斥罵，謂此種舉動，實是非法已極，農民當即激憤異常，大聲呼「打」，該科長見勢不佳，即逃回去，後派出大隊警察，武力驅散農民，并將農民中五名捕去云。

抗日義勇軍再接再厲

進攻雙城堡包圍錦州城

長哈吉之形勢均緊張

日机將錦東轟成瓦礫場

北京十二路透電：東北抗日義勇軍，三隊聯合，圍攻哈爾濱，沿哈長鐵路推進，現已接近雙城堡，距哈爾濱僅三十英里。另一隊義軍沿中東路東段前進，聞已達哈爾濱東廿三里之阿城，日援軍現由哈爾濱馳赴雙城堡及阿城，抗禦義軍。

北平十四日路透電：錦州日機，在錦東一帶村落，施行殘酷的轟炸，錦州以東之農區，幾成瓦礫之場，僅有數人倖免於難云。

北平十六日電：東北抗日義勇軍，因收互相策動之效，再接再厲，日有進展，長春哈爾濱吉林三都市，形勢均極緊張，東路東西兩幹線，已被截成數段，哈長線近亦發生窒礙，數日不能通車。某部義勇軍再撲雙陽，橫亙長春吉林之間，分途進逼。嶺邊之滿洲軍團及吉省滿洲騎兵三旅，分三路猛攻，義勇軍勇敢抗擊，形勢優勢，日軍二十九聯隊，現已開抵吉林增防。

又電：哈爾濱全市實行戒嚴，水災後的四十萬飢民，隨時有暴動可能，危機四伏，市面已呈動搖之現象。

北京十七日路透電：東北義軍於中東路西段，佔領數站，將該地日軍包圍。日方現由齊齊哈爾派兵往援，務解重圍云。

北京十九日電：秦皇島遼西義勇軍，十八日動員與城綏中錦西錦縣附近各部隊，分向錦州移動，一俟集中，即大舉進攻。連日紅獅峴女兒河渠孝溝一帶均有戰事，日軍因形勢不利，已增調第三十七旅團步兵一營馳往增援，現正劇戰中。錦縣城四週已爲義軍所包圍，形勢緊張，日軍恐義軍進襲，連日在錦城外實彈演習，藉施示威。又電：營溝線義軍連日攻襲盤山，沿路橋梁均被炸毀，車已不通。

又電：瀋陽日軍大增兵力，約爲一個旅團。瀋陽情況仍緊張，謠言甚盛，大東大西小南小北四城門，現均閉守，義軍將變更戰略，待機進攻云。

上海十九日電：雙城堡十九晚八時，義勇軍一千人襲擊，吉林守備隊逃散，義勇軍進至車站附近，日營備隊應戰。

哈爾濱十九日電：最近三日內義軍每夜攻擊雙城堡，華人逃哈被難者，絡繹不斷云。

日帝國主義正式承認滿洲國

日滿條約在長春簽字

今後滿洲爲日殖民地

東京十三日路透電：日皇今日下午批准承認滿洲辦法，內田外相擬即電令武藤赴長春簽訂日滿條約。

上海十五日電：日本駐滬當局，探悉日本承認滿洲後，發生事故，特召集駐滬全體使領館海陸軍要員開緊急會議，內容秘密，惟停泊滬各日本軍艦已奉令準備隨時舉動。

東京十四日電：長春電稱簽訂日滿草約之籌備，現已完畢，武藤今日下午由瀋抵長春，日滿官局熱烈歡迎備至，且特別戒備保護，明晨鄭孝胥及武藤將在執政公署簽訂草約，溥儀將設午宴款待武藤。

滬十五日路透電：今日下午日本承認滿洲消息傳抵上海後，並無若何意外事件發生，今日清晨日本海軍陸戰隊及裝甲汽車，即四出巡遊，駐滬日領署及其他日本機關，均有日軍嚴密巡捕防範，駐滬日本後備隊員亦奉令集中待命，以備萬一，並昇宣佈戒嚴，以防共產黨示威。

長春十五日路透電：日滿草約，今晨在此簽字，日本代表武藤，滿洲代表鄭孝胥，儀式節極爲簡單，溥儀亦親自蒞場。茲譯議約全文如次：（日本認滿洲國不失人民自由意旨，業已組織成立獨立國家，滿洲國且聲稱中國國際上之一切義務，凡可適用於滿洲國者，均願遵守。日本及滿洲國政府，茲爲成立兩國間之永久親善關保，彼此尊重互相領土主權，并爲鞏固遠東和平起見，同意於下列各點：（一）凡日本或日人依照條約協定，或

上海南市公共汽车停业斗争

工人包围工厂

上海南市公共汽车资本家借故营业亏本，于八月三十日实行停止营业，解散工人，工人受此压迫，愤激异常，当即召集开会，讨论对付办法，当场议决（一）如公司停业，须发给相当退职金，（二）战事期间，所欠工资，一律清发（三）将复业时，须先录用原工人，会议后当即要资本家答覆，而资本家对于工人此种最低要求，竟拒绝不答，于是工人更加愤怒，即刻全体住宿厂中，加以包围，不准厂内一切东西迁出一点，声言条件未有完满答覆以前，资本家不能将厂内所有物件迁出。

說，聲震天地，國民黨見勢不佳，即派大隊軍警將工人驅散，並宣布臨時戒嚴云。

上海南市公共汽車停業斗爭

工人包圍工廠

上海南市公共汽車資本家藉故營業虧本，於八月三十日實行停止營業，解散工人，工人受此壓迫，憤激異常，當即召集緊急會，討論對付辦法，當場議決(一)如公司停業，須發給相當退職金，(二)戰事期間所欠工資，一律補發(三)將復業時，須先錄用舊工人，會議後當即要資本家答復，而資本家對於工人此種最低要求，竟拒絕不答，於是工人更加憤怒，即刻全體住宿廠中，加以包圍，不准廠內一切東西運出一點，結果條件未有完滿答復以前，資本家不能將廠內所有物件運出。

荷蘭海員與輸運工人總罷工

荷蘭海員近因資本家實行新工資制，激起工人大憤，當行罷工反對，於八月三十日，由海員與運輸工人兩工會宣佈總罷工。

美國失業工人千萬以上

二千五百萬人生活無着

據各方面報稱，今冬美國將有二千五百萬人，因生活不能維持，將陷於饑餓之地步，目下失業工人已在一千一百萬人以上，形勢殊屬嚴重云。

合肥游擊戰爭聲勢浩大

已發展到數千人

合肥將軍嶺長崗店高劉集一帶，自發動游擊戰爭以來日見擴大，蓋該地農民受着地主豪紳國民黨極度的剝削，遂大覺悟，該地全體農民起來暴動，參加游擊戰爭者已達數千人，驅逐地主土豪，沒收地主土豪的財產，佔領鄉村市鎮，行動積極，聲勢浩大，不久就可同鄂豫皖的紅軍連絡一氣，以爭取全皖革命勝利云。

山東青州農民暴動

共產黨領導的

山東青州農民在共產黨領導，於秋收前暴動，聚集八十餘人，攜械圍攻鄉區公所槍械，並將國民黨縣長率隊前往援救，亦為擊退，八月二十八日國民黨軍閥韓復榘派鐵甲車及大批軍隊前往，形勢非常恐慌，聞該處農民學校等，均在共產黨領導下整個赤化了。

靈壁農民暴動已發展為游擊戰爭

靈璧農民自暴動後，即提出三個條件，(一)豁免煙稅，(二)取消公所，(三)改散警察，國民黨拒絕不答，於是復與警察大隊進攻，大戰於游集一帶，後因國民黨調來大批軍隊，農民恐其一時難抵抗，遂退改為游擊戰爭，攻打圩寨，將土豪地主的槍械完全繳去，并捕殺豪紳地主多人，二十二日復將申集佔領，漁溝農民，現正與土豪所組織之武裝千餘相持激戰，農民每隊游擊隊，都有共產黨在裏面領導云。

北平東郊農民反對苛捐雜稅

七百餘人聚集國民黨部

八月二十六日北平東郊各村農民七百餘人，至北平國民黨市黨部宣言反對自治區舉辦之『公益捐』，要其圓滿答復，國民黨則用欺騙手段來和緩農民，說下星期一答，這一斗爭將要繼續發展起來云。

太倉大隊農民包圍國民黨縣政府

八月二十七日太倉新塘市大隊饑餓農民，步行至太倉國民黨縣政府要求救濟，擁擠於縣政府門口，大呼「救濟」後由國民黨第一科長接見，而該科長當即向農民斥罵，謂此種舉動，實屬非法已極，農民當即激憤異常，大聲呼「打」，該科長見勢不佳，即逃回去，後派出大隊警察，武力驅散農民，并將農民中五名捕去云。

抗日義勇軍再接再厲

進攻雙城堡包圍錦州城

長哈吉之形勢均極緊張

日机將錦東轟成瓦礫場

北京十二日路透電：東北抗日義勇軍，三隊聯合，圍攻哈爾濱，沿哈長鐵路推進，現已接近雙城堡，距哈爾濱僅三十英里。另一隊義軍沿中東路東段前進，聞已達哈爾濱東廿三里之阿城，日偽軍現由哈爾濱馳赴雙城堡及河城，抗禦義勇軍。

北平十四日路透電：錦州日機，在錦東一帶村落，施行殘酷的轟炸，錦州以東之農區，幾成瓦礫之場，僅有數人倖免於難云。

北平十六日電：東北抗日義勇軍，因收互相策動之效，再接再厲，日有進展，長春哈爾濱吉林三都市，形勢均極緊張，東路東西兩幹線，已被截成數段，哈長線近亦發生窒礙，數日不能通車。某部義勇軍再擾雙陽，橫亙長春吉林之間，分途進逼。嶺邊之滿洲軍團及吉省滿洲騎兵三旅，分三路猛攻，義勇軍勇敢抗戰，形勢優勢，日軍二十九聯隊，現已開抵吉林增防。

又電：哈爾濱全市實行戒嚴，水災後約四十萬飢民，隨時有暴動可能，危機四伏，市面已呈動搖之現象。

北京十七日路透電：東北義軍於中東路西綫，佔領數站，將該地日軍包圍。日方現由齊齊哈爾派兵往援，難解重圍云。

北京十九日電：秦皇島遼西義勇軍，十八日動員興城綏中錦西錦縣附近各部隊，分向錦州移動，一俟集中，即大舉進攻。連日紅獅峴女兒河渠孝溝一帶均有戰事，日軍因形勢不利，已增調第三十七旅團步兵一營馳往增援，現正劇戰中。錦縣城周圍已為義軍所包圍，形勢緊張，日軍恐義軍襲擊，連日在各城外實彈演習，藉資示威。又電：錦滿線義軍連日攻襲盤山，沿路橋樑均被炸燬，車已不通。

又電：瀋陽日軍大增兵力，約有一個旅團。瀋陽情況仍緊張，謠言甚盛，大東大西小南小北四城門，現均閉守，該處將變更戰略，待機進攻云。

上海十九日電：雙城堡十九晚八時，義勇軍一千八百擊，吉林守備隊逃散，義勇軍進至車站附近，日警備隊應戰。

哈爾濱十九日電：最近三日內義軍每夜攻擊雙城堡，華人逃哈被難者，絡繹不斷云。

日帝國主義正式承認滿洲國

日滿條約在長春簽字

今後滿洲為日殖民地

東京十三日路透電：日皇今日下午批准承認滿洲辦法，內田外相擬即電令武藤赴長春簽訂日滿條約。

上海十五日電：日本駐滬當局，探悉日本承認滿洲後，發生事故，特召集駐滬全體使館海陸軍要員舉行會議，內容秘密，停泊滬各日本軍艦已奉令準備隨時舉動。

東京十四日電：長春電稱，簽訂日滿草約之籌備，現已完畢，武藤今日下午由瀋抵長春，日滿當局歡迎備至，且特別戒備保護，明晨鄭孝胥及武藤將在執政公署簽訂草約，溥儀將設午宴款待武藤。

滬十五日路透電：今日下午日本承認滿洲消息傳抵上海後，並無若何意外事件發生，今日清晨日本海軍陸戰隊及裝甲汽車，即四出巡遊，駐滬日領署及其他日本機關，均有日軍與巡捕防護。駐滬日本後備隊員亦奉令集中待命，以備萬一。華界宣佈戒嚴，防範共產黨示威。

長春十五日路透電：日滿草約，今晨在此簽字，日本代表武藤，滿洲代表鄭孝胥，儀節極為簡單，溥儀亦親自蒞場。茲譯該約全文如次：(日本)鑒於滿洲國不失人民自由意旨，業已組織成立獨立國家，滿洲國且聲稱中國國際上之一切義務，凡可適用於滿洲國者，均願遵守。日本及滿洲國政府，茲為確立兩國間之永久親善關係，彼此尊重各方互相遵守對於土地之權，并為鞏固遠東和平起見，同意於下列各點：(一)凡日本或日人依照條約協定，或

上海紗廠赤色工會聯合大會之盛況
到卅四个工廠代表六萬餘工人
有共產黨代表當場公開致詞

期：红色中华零零三十五期

版：零二版

时间：一九三二年九月二十七日

上海纱厂赤色工会联合大会之盛况

到三十四个工厂代表六万余工人
有共产党代表当场公开致词

上海二十二日专电：上海纱厂赤色工会联合会，在共产党及赤色工会有准备的领导下于前日开幕了，有三十四个纱厂的代表八十余人代表六万余工人，每个代表都是由工人自己选出来的，其中女工代表十六人，青工女工□份共占全体代表之半数，会中讨论并通过各种重要决议，及致电苏维埃政府及全国红军，更通过募集罢工基金援助三友的失业工友，讨论时各代表发言极踊跃，这是空前未有的盛况，并有党的代表公开致词，受到全体工人热烈欢迎，当即有一工人起立，谓他很愿意加入共产党，正发言时，全体工人都要求加入共产党，最后选举执行委员三十七人，常委十九人，这次会议获得了绝大的成功。

一九三二年九月廿七日　紅色中華　（第二版）

上海紗廠赤色工會聯合大會之盛況

到卅四个工廠代表六萬餘工人
有共產黨代表當場公開致詞

上海二十二日專電：上海紗廠赤色工會聯合會，在共產黨及赤色工會有準備的領導下於前日開幕了，有三十四個紗廠的代表八十餘人代表六萬餘工人，每个代表都是由工人自己選出來的，其中女工代表十六人，青工女工代表份共佔全體代表之半數，會中討論並通過各種重要決議，及致電蘇維埃政府及全國紅軍，要通過募集罷工基金援助三友的失業工友，討論時各代表發言極踴躍，這是空前未有的盛況，并有黨的代表公開致詞，受到全體工人熱烈歡迎，當場有一工人起立，謂他很願意加入共產黨，正發言時，全體工人都要求加入共產黨，最後選舉執行委員三十七人，常委十九人，這次會議獲得了絕大的成功。

蘇聯全國電氣化的大成績

上海二十一日電：蘇聯五年計劃之成功，社會主義建設猛進，全國電氣事業已達驚人的成績，本年蘇聯發電總量爲一百五十萬華脫，而美國今年的發電總量尚不足八十萬華特。

蘇聯國外貿易之激增

大批汽油運日
實行對美通商

東京二十五路透電：此次蘇聯與日本簽訂汽油協定後，日商松方幸六郎與蘇聯汽油出口當局所簽協定內容如下：一，蘇聯運廿萬噸汽油至日本，二，日本五大商業中心點每埠設一大儲油塔，三，一切運費及進口稅由蘇聯負擔，四，日方以現金付款，聞蘇聯現正與日本麵粉公司接洽，擬蘇聯黑海區之麥麵至日本云。

又電：蘇聯與美國現已實行通商，第一批交易已開始運美，這是在帝國主義進攻蘇聯緊張中，蘇聯外交政策的莫大成功云。

白色區域游擊戰爭大發展

徐海蚌已成立紅軍

上海二十日電：在共產黨領導下北方游擊的戰爭，都有大的發展，特別是徐(徐州即銅山)海(海州即東海)蚌(蚌埠)成立了紅軍游擊隊，並且積極活動，河南之濟源，安徽北部之靈璧宿縣 四川之梁山，開江，綏定，鄷都，營山，岳池，涪陵，瀘縣都廣泛的發展了游擊戰爭。

又電：徐海蚌游擊隊近來甚發展，山東博興也發生了游擊戰爭，有三百人，繳槍百餘枝，机關槍六架 但因領導者犯了右傾機會主義的錯誤，自動解散了。但在日帝國主義積極進攻中國，全國紅軍勝利，東北義勇軍發展條件下，白區特別是北方游擊運動，必定會走入更加普遍與廣大發展的局面。

蘇聯對美外交之成功

蘇聯內國公債可在美自由發賣

民國社巴黎電：據蘇聯與美國雙方傳出消息，關於蘇聯與美國恢復邦交問題，經兩國數次交涉，已呈具體化，現蘇聯駐華盛頓之半官式代表史維爾斯基氏，已向美政府提議簽訂條約，其中條件爲美國正式承認蘇聯，蘇聯之內國公債券可在美國市場自由發賣，同時蘇聯承認償還舊俄國在美發行債券之一部分，但以一九一七年蘇聯政府宣佈取銷外債時美國銀行所執之債券爲限，蘇聯並允許美國在堪察加半島建築軍港——按該島之南端，與日本之千葉島相御接，兩者相距不過七英哩，……此項消息，復加以其他種種證據，如蘇聯證券之加入美國交易所及蘇聯期票之得在美國銀行兌現等等，證明蘇美邦交，確已日益接近，實蘇聯外交上之又一成功云。

◎長汀剿匪大勝利

▲繳槍百餘枝，斃匪八九十名
▲群衆奮勇搜山，俘匪二十餘人
▲活捉土匪偽指揮官及連排長數名

福建專訊：自九月一日動員長汀各區工農群衆，及地方武裝，圍剿汀連團匪土匪以來，連獲幾次勝利 前後繳槍數十枝，因匪窠多是流蕩性質，不易集合消滅，九月十九日，探報團匪土匪聚合十餘股，企圖乘虛擾亂汀東蘇區，我們警衛連及汀東游擊支隊，配合大浦赤衛模範赤衛營，星夜奔赴彭坊(童坊區屬)迎擊，翌(廿日)日上午九時遇匪首李七孜、羅賢仁等匪衆四百餘人，槍近二百枝，由長項分三路來犯，當被我警衛連 游擊隊及工農武裝痛擊，當場斃匪四五十名，各股匪衆，如鳥獸散，大部潛匿山中 汀東各區工農群衆及模範赤衛營奮勇搜山，捕土匪偽指揮官李遠昌一名，(係李七孜之弟)及團匪偽代總隊長羅炳仁一名(係羅賢仁之弟)並搜獲偽連排長五六名，俘匪兵廿餘人 計共繳獲步槍百餘枝，駁殼曲尺各一枝，李七孜羅賢仁兩股，自此次被我擊殆盡，其餘各小股匪衆 均受重創，汀東南邊區，自此次剿匪之後，群衆熱烈要求深入匪區搜剿，并實行匪區工農暴動加革命

期

红色中华零零三十五期

版

零六版

时间

一九三二年九月二十七日

上海纱厂工人罢工

上海二十三路透电：虹口纱厂工人九百余人，今日罢工要求改善待遇，缩短工作时间，并恢复一·二八前之工资，资本家对于工人要求，全不答覆，形势严重，关系纱厂十二家，帝国主义国民党对这一罢工非常重视，现正在从事压迫云。

上海紗廠工人罷工

上海二十三路透電：虹日紗廠工人九百餘人，今日罷工要求改善待遇，縮短工作時間，並恢復一二八前之工資，資本家對於工人要求，全不答覆，形勢嚴重，關係紗廠十二家，帝國主義國民黨對這一罷工非常重視，現正在從事壓迫云。

上海絲織廠失業工人大示威

包圍資本家　與警察衝突

上海濂記雲裳兩絲織廠，滬變後，資本家藉口不能開工，遂將全體工人遣散，近來資本家另設分廠兩處，爲工人所悉，曾經一度向資本家交涉無效，近來全體工人爲生活逼迫，忍無可忍，遂於二日全體工人在天寶路集合向岳州路臨平路雲裳絲織廠進發，要求復工，資本家一見工人即嚴厲表示拒絕，一言不答，後乘汽車出廠，工人看此情狀，憤怒異常，即將資本家包圍，要其即刻答覆，正當雙方衝突緊張時，國民黨的大隊警察趕到，衝入重圍，救護資本家，工人見警察如此行爲，更加憤怒，羣衆向警察衝去，雙方激斗，其後工人，暫時退去，準備下次再舉云。

上海電力工人醞釀罷工

條件已被資本家拒絕

上海電力公司工人要求改良待遇，提出六項條件，資本家完全拒絕，代表回來向工人報告後，全體工人甚爲憤激，聞將開全體工人會議討論對付方法，形勢頗爲嚴重，有罷工趨勢云。

徐重道藥業工人鬥爭積極

從新提出加資要求　拒絕國民黨復工令

上海徐重道藥業工人自罷工反對資本家勾結帝國主義捕禁工友後，工人鬥爭情緒，愈見激昂，近更拒絕國民黨復工

命令・提出新條件，準備長期抵抗・茲將其斗爭情形誌述於下：

組織罷委會：自被拘工人放出後，工人即推代表向資本家交涉，要賠償損失，資本家拒絕，工人激憤　復召集全體大會，議決繼續罷工，並當場推舉罷工委員二十一人，糾察隊二十一人，交通隊五人，又通過條件四項，(一)開除屈民(第一支店經理)及第七支店經理樓鶴鳥，(二)賠償被捕工友的損失(三)保證各工友今後安全，(四)罷工期內工資照給，并由資方負担一切損失，不達目的，決不復工。

提出新條件：罷工第四日，工人召開緊急會議，報告一切工作和討論對付辦法，并又總出新的條件六項，要資本家一究滿答覆，(一)在徐東道總棧內職工待遇一律平等，(二)總分店各職工每人一律按月增加工資三元，(三)練習生做工人工作者，一律爲職工　在練習期內，不能長發餉，四　老司務工資一律每日十六元，(五)學徒津貼，第一年每月一元，第二年每月二元，第三年每月三元　紅利第一年五元，第二年十元，第三年十五元，飯菜每少每桌二角四分　恢復原有放假日期，端陽節十天，中秋節十天，年節二十天。

拒絕國民黨復工命令：閘北民黨藉口工人罷工有礙社會治安，命令工人於五日前一律復工，如有違誤，必當嚴辦，并令資本家在工人罷工期間，工資不得照給，工人得到這種壓迫的復工命令後，全體工人激憤異常，反國民黨的情緒愈加濃厚，均謂不管任何命令，如條件未完滿答覆，誓不復工。

計劃長期斗爭：工人爲要爭取這一次罷工的完全勝利起見，正計劃長期抵抗的方法，決定，向商業各工友募捐和要求全上海各工友在物質上精神上援助，並將所募得之數十元，租房屋開大鍋飯，與國民黨資本做長期的鬥爭。

上海英美煙廠工人醞釀罷工

上海英美烟廠全體工人反對工廠管理規則，久已醞釀罷工，目下形勢極爲嚴重，工人提出三項要求，(一)廠方實行工廠法，(二)勞資契約各項己訂定辦法，要求修改(三)條改廠方訂定之管理規則，此項要求資本家未給答覆，工人情緒激昂，有實行罷工對付之趨勢，可國民黨多方欺騙工人，意存阻止罷工云。

上海電報局工人罷工勝利

反對國民黨不履行加資

上海電報局工人曾於八月二日罷工要求改良待遇及增加工資，當時得到勝利訂定每人加薪二元，故即復工，其後國民黨政府竟不履行條約，工人屢派代表向當局質問，而該電報局局長多方拖委，於是工人大憤怒，復于八月卅一日實行罷工對付，國民黨見工人來勢堅決，知不可侮，遂承認工人的條件，工人得了勝利，始行復工云。

國民黨幫助日本帝國主義

壓迫東北義勇軍

真正是帝國主義的清道夫

北平訊：日本帝國主義因遭受東北義勇軍的大打擊，自覺無法對付，特向南京國民黨政府提出覺書并警告張學良，一要立即阻止義勇軍活動・否則嚴厲處置國民黨政府在全國的反日高潮中，不敢公開承認日本有此覺書，但對阻止東北義勇軍活動的執行已正在秘密計劃中云。

國民黨嚴禁反帝運動

南京國民黨政府接受日帝國主義的意旨，於四日再發令嚴禁民衆反日的一切集會游行示威，及其他有礙帝國主義利益的羣衆運動。

國民黨軍閥伙併之又一幕

韓復渠驅逐劉珍年　何應欽圍繳張英部

上海二十七日電，魯軍閥韓復渠與劉珍年的衝突，經長久醞釀而爆發，己在魯東北正式開火，戰綫延長六十里。

煙台二十七日電，韓劉軍開混戰，戰事已擴大，劉珍年敗困於掖縣，劉率部下約八千人，同守掖縣城，韓復渠派隊將該地包圍，劉珍年在該處屯有可供六個月之用的糧食軍火，準備長久抗戰，韓部五千人，十七日已佔龍口，韓軍主力部隊約一萬人，現沿烟台濰縣汽車路，向烟台進發，大有牽引其他軍隊加入戰團之勢。

吉安訊：川軍張英之五十九師此次調來江西參剿，駐共山駐防吉水永豐，何應欽於九月十二日電中十八軍之五十二師，四十三師，十一師，十四師接替吉水永豐城防，并免致遭換英部改編，張英部不肯，遂激戰終日，聞十八軍已解決其部，餘向吉安支持中云。

上海絲織廠失業工人大示威
包圍資本家
與警察衝突

期
红色中华零零三十五期
版
零六版
时间
一九三二年九月二十七日

上海丝织厂失业工人大示威

包围资本家
与警察冲突

上海涛记云裳两丝织厂，沪变后，资本家借口不能开工，遂将全体工人遣散，近来资本家另设分厂两处，为工人所悉，曾经一度向资本家交涉无效，近来全体工人为生活逼迫，忍无可忍，遂于二日全体工人在天宝路集合向岳州路临平路云裳丝织厂进发，要求复工，资本家一见工人即严厉表示拒绝，一言不答，后乘汽车出厂，工人看此情状，愤怒异常，即将资本家包围，要其即刻答覆，正当双方冲突紧张时，国民党的大队警察赶到，冲入重围，救护资本家，工人见警察如此行为，更加愤怒，群众向警察冲去，双方激斗，其后工人，暂时退去，准备下次再举云。

一九三二年九月廿七日　紅色中華　第六版

上海紗廠工人罷工

上海二十三路透電：虹口紗廠工人九百餘人，今日罷工要求改善待遇，縮短工作時間，並恢復一二八前之工資，資本家對於工人要求，全不答覆，形勢嚴重，關係紗廠十二家，帝國主義國民黨對這一罷工非常重視，現正在從事壓迫云。

上海絲織廠失業工人大示威

包圍資本家 與警察衝突

上海濂記雲裳兩絲織廠，滬變後，資本家藉口不能開工，遂將全體工人遣散，近來資本家另設分廠兩處，為工人所悉，曾經一度向資本家交涉無效，近來全體工人為生活逼迫，忍無可忍，遂於二日全體工人在天寶路集合向岳州路臨平路雲裳絲織廠進發，要求復工，資本家一見工人即嚴厲表示拒絕，一言不答，後乘汽車出廠，工人看此情狀，憤怒異常，即將資本家包圍，要其即刻答覆，正當雙方衝突緊張時，國民黨的大隊警察趕到，衝入重圍，救護資本家，工人見警察如此行為，更加憤怒，羣衆向警察衝去，雙方激斗，其後工人，暫時退去，準備下次再舉云。

上海電力工人醞釀罷工

條件已被資本家拒絕

上海電力公司工人要求改良待遇，提出六項條件，資本家完全拒絕，代表回來向工人報告後，全體工人甚為憤激，聞將開全體工人會議討論對付方法，形勢頗為嚴重，有罷工趨勢云。

徐重道藥業工人鬥爭積極

從新提出加資要求
拒絕國民黨復工令

上海徐重道藥業工人自罷工反對資本家勾結帝國主義捕禁工友後，工人鬥爭情緒，愈見激揚，近更拒絕國民黨復工命令，提出新的經濟條件，準備長期抵抗，茲將其鬥爭情形詳述於下：

組織罷委會：自被拘工人放出後，工人即推代表向資本家交涉，要賠償損失，資本家拒絕，工人激憤，復召集全體大會，議決繼續罷工，並當場推舉罷工委員二十一人，糾察隊二十一人，交通隊五人，又通過條件四項，(一)開除屈民(第一支店經理)及第七支店經理楊鶴鳥，(二)賠償被捕工友的損失(三)保證各工友今後安全，(四)罷工期內工資照給，並由資方負擔一切損失，不達目的，決不復工。

提出新條件：罷工第四日，工人召開緊急會議，報告一切工作和討論對付辦法，並又議出新的條件六項，要資本家完滿答覆，(一)在徐重道總櫃內職工待遇一律平等，(二)總分店各職工每人一律按月增加工資三元，(三)練習生做工人工作者，一律算職工，在練習期內，不值長夜班，四 老司務工資一律每月十六元，(五)學徒津貼，第一年每月一元，第二年每月二元，第三年每月三元，紅利第一年五元，第二年十元，第三年十五元，飯菜至少每桌二角四分，恢復原有放假日期，端陽節十天，中秋節十天，年節二十天。

拒絕國民黨復工命令：國民黨藉口工人罷工有擾亂社會治安，命令工人於五日前一律復工，如有違誤，必嚴究辦，並令資本家在工人罷工期間，工資不得照給，工人獲得這種壓迫的復工命令後，全體工人激憤異常，反國民黨的情緒更加濃厚，均謂不管任何命令，如條件未完滿答覆，誓不復工。

計劃長期斗爭：工人為要爭取這一罷工的完全勝利起見，正計劃長期抵抗的方法，決定，向藥業各工友募捐和要求全上海各工友在物質上精神上援助，並將所募得之數十元，租房屋開大鍋飯，與國民黨資本做長期的鬥爭。

上海英美煙廠工人醞釀罷工

上海英美烟廠全體工人反對工廠管理規則，久已醞釀罷工，目下形勢極為嚴重，工人提出三項要求，(一)廠方實行工廠法，(二)勞資契約各項己訂定辦法，要求修改(三)修改廠方訂定之管理規則，此項要求資本家未給答覆，工人情緒激昂，有實行罷工對付之趨勢，現國民黨多方欺騙工人，意存阻止罷工云。

上海電報局工人罷工勝利

反對國民黨不履行加資

上海電報局工人曾於八月二日罷工要求改良待遇及增加工資，當時得到勝利，訂定每人加薪二元，故即復工，其後國民黨政府竟不履行條約，工人屢派代表向當局長質問，而該電報局局長多方搪委，於是工人大憤怒，復于八月卅一日實行罷工對付，國民黨見工人來勢堅決，知不可侮，遂承認工人的條件，工人得了勝利，始行復工云。

國民黨幫助日本帝國主義

壓迫東北義勇軍

真正是帝國主義的清道夫

北平訊：日本帝國主義因遭受東北義勇軍的大打擊，自覺無法對付，特向南京國民黨政府提出覺書并警告張學良，一要立即阻止義勇軍活動，否則嚴厲處置國民黨政府在全國的反日高潮中，不敢公開承認日本有此覺書，但對阻止東北義勇軍活動的執行已正在祕密計劃中云。

國民黨嚴禁反帝運動

南京國民黨政府接受帝國主義的意旨，於四日再發令嚴禁羣衆反日的一切集會游行示威，及其他有礙帝國主義在華利益的羣衆運動。

國民黨軍閥伙併之又一幕

韓復渠驅逐劉珍年
何應欽圍繳張英部

上海二十七日電，魯軍閥韓復渠與劉珍年的衝突，經長久醞釀而爆發，已在膠東北正式開火，戰線延長六十里。

煙台二十七日電，韓劉軍閥混戰，現已擴大，劉珍年被困於牟平縣，尚率部下約八千人，固守孤城，韓復渠派飛機轟炸該地，劉珍年在該處屯有可供六個月之用的糧食軍火，準備長久抗戰，韓部五千人，十七日攻佔龍口，韓軍主力部隊約一萬人，現沿烟台濰縣汽車路，向烟台進發，大有將其繳械驅逐之勢。

吉安訊：川軍張英之五十九師此次調來江西參加剿共，駐防吉水永豐，何應欽於九月十二日集中十八軍之五十二師，四十三師，十一師，十四師將吉水永豐包圍，強迫繳械改編，張英部不肯，遂激戰終日，聞十八軍已解決其部，餘尚在堅持中云。

上海電力工人醞釀罷工
條件已被資本家拒絕

期
红色中华零零三十五期
版
零六版
时间
一九三二年九月二十七日

上海电力工人酝酿罢工

条件已被资本家拒绝

上海电力公司工人，要求改良待遇，提出六项条件，为资本家完全拒绝，代表回来向工人报告后，全体工人甚为愤激，闻将开全体工人会议讨论对付方法，形势颇为严重，有罢工趋势云。

上海紗廠工人罷工

上海二十三路透電：虹日紗廠工人九百餘人，今日罷工要求改善待遇，縮短工作時間，並恢復一二八前之工資，資本家對於工人要求，全不答覆，形勢嚴重，關係紗廠十二家，帝國主義國民黨對這一罷工非常重視，現正在從事鎮壓云。

上海絲織廠失業工人大示威

包圍資本家　與警察衝突

上海濂記雲裳兩絲織廠，滬變後，資本家藉口不能開工，遂將全體工人遣散，近來資本家另設分廠兩處，爲工人所悉，曾經一度向資本家交涉無效，近來全體工人爲生活逼迫，忍無可忍，遂於二日全體工人在天寶路集合向岳州路臨平路雲裳絲織廠進發，要求復工，資本家一見工人即嚴厲表示拒絕，一言不答，後乘汽車出廠，工人看此情狀，憤怒異常，即將資本家包圍，要其即刻答覆，正當雙方衝突緊張時，國民黨的大隊警察趕到，衝入重圍，救護資本家，工人見警察如此行爲，更加憤怒，羣衆向警察衝去，雙方激斗，其後工人，暫時退去，準備下次再舉云·

上海電力工人醞釀罷工

條件已被資本家拒絕

上海電力公司工人要求改良待遇，提出六項條件，資本家完全拒絕，代表回來向工人報告後，全體工人甚爲憤激，即將開全體工人會議討論對付方法，形勢頗爲嚴重，有罷工趨勢云。

徐重道藥業工人鬥爭積極

從新提出加資要求　拒絕國民黨復工令

上海徐重道藥業工人自罷工反對資本家勾結帝國主義捕禁工友後，工人鬥爭情緒，愈見激烈，近更拒絕國民黨復工命令，提出新條件，準備長期抵抗，茲將其鬥爭情形誌述於下：

組織罷委會：自被拘工人放出後，工人即推代表向資本家交涉，要賠償損失，資本家拒絕，工人極憤　復召集全體大會，議決繼續罷工，並當場推舉罷工委員二十一人，糾察隊二十一人，交通隊五人，又通過條件四項，(一)開除屈民(第一支店經理)及第七支店經理樓鶴鳥，(二)賠償被捕工友的損失(三)保證各工友今後安全，(四)罷工期內工資照給，并由資方負担一切損失，不達目的，決不復工。

提出新條件：罷工第四日，工人召開緊急會議，報告一切工作和討論對付辦法，并又議出新的條件六項，要資本家完滿答覆，(一)在徐重道總號內職工待遇一律平等，(二)總分店各職工每人一律按月增加工資三元，(三)練習生做工人工作者，一律爲職工　在練習期內，不做長夜班，四　老司務工資一律每日十六元，(五)學徒津貼，第一年每月一元，第二年每月二元，第三年每月三元　紅利第一年五元，第二年十元，第三年十五元，飯菜至少每桌二角四分　恢復原有放假日期，端陽節十天，中秋節十天，年節二十天。

拒絕國民黨復工命令：國民黨藉口工人罷工有礙社會治安，命令工人於五日前，要一律復工，如有違誤，必當嚴辦，并令資本家在工人罷工期間，工資不得照給，工人得到這種壓迫的復工命令後，全體工人激憤異常，反對國民黨的情緒更加濃厚，均謂不管任何命令，如條件未完滿答覆，誓不復工。

計劃長期斗爭：工人爲要爭取最後的完全勝利起見，正計劃長期抵抗的方法，決定，向藥業各工友募捐和要求全上海各工友在物質上精神上援助，並將所募得之數十元，租房屋開大鍋飯，與國民黨資本做長期的鬥爭。

上海英美煙廠工人醞釀罷工

上海英美烟廠全體工人反對工廠管理規則，久已醞釀罷工，目下形勢極爲嚴重，工人提出三項要求，(一)廠方實行工廠法，(二)勞資契約各項己訂定辦法，要求修改(三)修故廠方訂定之管理規則，此項要求資本家未給答覆，工人情緒激昂，有實行罷工對付之趨勢，該國民黨多方欺騙工人，意存阻止罷工云。

上海電報局工人罷工勝利

反對國民黨不履行加資

上海電報局工人曾於八月二日罷工要求改良待遇及增加工資　當時得到勝利訂定每人加薪二元，故即復工，其後國民黨政府竟不履行條約，工人屢派代表向局長質問，而該電報局局長多方推委，於是工人大憤怒，復于八月卅一日實行罷工對付，國民黨見工人來勢堅決，知不可侮，遂承認工人的條件，工人得了勝利，始行復工云。

國民黨幫助日本帝國主義壓迫東北義勇軍

真正是帝國主義的清道夫

北平訊：日本帝國主義因遭受東北義勇軍的大打擊，自覺無法對付，特向南京國民黨政府提出覺書并警告張學良，一要立即阻止義勇軍活動，否則嚴厲處置國民黨政府在全國的反日高潮中，不敢公開承認日本有此覺書，但對阻止東北義勇軍活動的執行已正在祕密計劃中云。

國民黨嚴禁反帝運動

南京國民黨政府接受帝國主義的意旨，於國日再發令嚴禁群衆反日的一切集會游行示威，及其他有礙帝國主義在華利益的羣衆運動。

國民黨軍閥伙併之又一幕

韓復渠驅逐劉珍年　何應欽圍繳張英部

上海二十七日電，魯軍閥韓復渠與劉珍年的衝突，經長久醞釀而爆發，已在膠東正式開火，戰線延長六十里。

煙台二十七日電，韓劉軍開混戰，現已擴大，劉珍年被困於掖縣，向率部下約八千人，固守掖縣城，韓復渠部隊現將該地包圍，劉珍年在該處屯有可供六個月之用的糧食軍火，準備長久抗戰，韓部五千人，十七日夜佔龍口，韓部主力部隊約一萬人，現沿烟台濰縣汽車路，向烟台進發，大有牽引其他軍隊加入戰團之勢。

吉安訊：川軍張英之五十九師此次調來江西參加剿共，駐防吉水永豐，何應欽於九月十二日集中十八軍之五十二師，四十三師，十一師，十四師將吉水永豐包圍，并先強迫張英部改編，張英部不肯，遂激戰終日，聞十八軍已解決其部，餘尚在支持中云。

期
红色中华零零三十五期
版
零六版
时间
一九三二年九月二十七日

徐重道藥業工人鬥爭積極
從新提出加資要求
拒絕國民黨復工令

徐重道药业工人斗争积极

从新提出加资要求，拒绝国民党复工令

上海徐重道药业工人自罢工反对资本家勾结帝国主义捕禁工友后，工人斗争情绪，愈见积极，近更拒绝国民党复工命令，提出新的经济条件，准备长期抵抗，兹将其斗争情形志述于下：

组织罢委会：自被拘工人放出后，工人即推代表向资本家交涉，要赔赏［偿］损失，资本家拒绝，工人激愤，复召集全体大会，议决继续罢工，并当场推举罢工委员二十一人，纠察队二十一人，交通队五人，又通过条件四项，（一）开除屈民（第一支店经理）及第七支店经理楼鹤鸟。（二）赔赏［偿］被捕工友的损失（三）保证各工友今后安全，（四）罢工期内工资照给，并由资方负担一切损失，不达目的，决不复工。

提出新条件：罢工第四日，工人召开紧急会议，报告一切工作和讨论对付办法，并又提出新的条件六项，资本家完满答覆，（一）在徐重道范围内职工待遇一律平等，（二）总分店各职工每人一律按月增加工资三元，（三）练习生做工人工作者，一律为职工，在练习期内，不值长夜班，（四）老司务工资一律每月十六元，（五）学徒津贴，第一年每月一元，第二年每月二元，第三年每月三元，红利第一年五元，第二年十元，第三年十五元，饭菜至少每桌二角四分，恢复原有放假日期，端阳节十天，中秋节十天，年节二十天。

拒绝国民党复工命令：国民党借口工人罢工有碍社会治安，命令工人于五日前，要一律复工，如有违误，必当究办，并令资本家在工人罢工期间，工资不得照给，工人得到这种压迫的复工命令后，全体工人激愤异常，反国民党的情绪骤加浓厚，均谓不管任何命令，如条件未完满答覆，暂不复工。

计划长期斗争：工人为要争取这一罢工的完全胜利起见，正计划长期抵抗的方法，决定，为药业各工友募捐和要求全上海各工友在物质上精神上援助，并将所募得之数十元，租房屋开大锅饭，与民国党资本做长期的斗争。

上海紗廠工人罷工

上海二十三路透電：虹口紗廠工人九百餘人，今日罷工要求改善待遇，縮短工作時間，並恢復一二八前之工資，資本家對於工人要求，全不答覆，形勢嚴重，關係紗廠十二家，帝國主義國民黨對這一罷工非常重視，現正在從事鎮壓云。

上海絲織廠失業工人大示威

包圍資本家 與警察衝突

上海濂記雲裳兩絲織廠，滬變後，資本家藉口不能開工，遂將全體工人遣散，近來資本家另設分廠兩處，為工人所悉，曾經一度向資本家交涉無效，近來全體工人為生活逼迫，忍無可忍，遂於二日全體工人在天寶路集合向岳州路臨平路雲裳絲織廠進發，要求復工，資本家一見工人即嚴厲表示拒絕，一言不答，後乘汽車出廠，工人看此情狀，憤怒異常，即將資本家包圍，要其即刻答覆，正當雙方衝突緊張時，國民黨的大隊警察趕到，衝入重圍，救護資本家，工人見警察如此行為，更加憤怒，羣眾向警察衝去，雙方激斗，其後工人，暫時退去，準備下次再舉云。

上海電力工人醞釀罷工

條件已被資本家拒絕

上海電力公司工人要求改良待遇，提出六項條件，被資本家完全拒絕，代表回來向工人報告後，全體工人甚為憤激，即將開全體工人會議討論對付方法，形勢頗為嚴重，有罷工趨勢云。

徐重道藥業工人鬥爭積極

從新提出加資要求 拒絕國民黨復工令

上海徐重道藥業工人自罷工反對資本家勾結帝國主義捕禁工友後，工人鬥爭情緒，愈見激昂，近更拒絕國民黨復工命令，提出新的經濟條件，準備長期抵抗，茲將其鬥爭情形詳述於下：

組織罷委會：自被拘工人放出後，工人即推代表向資本家交涉，要賠償損失，資本家拒絕，工人激憤，復召集全體大會，議決繼續罷工，並當場推舉罷工委員二十一人，糾察隊二十一人，交通隊五人，又通過條件四項，(一)開除屈民(第一支店經理)及第七支店經理楊翰烏，(二)賠償被捕工友的損失(三)保障各工友今後安全，(四)罷工期內工資照給，并由資方負擔一切損失，不達目的，決不復工。

提出新條件：罷工第四日，工人召開緊急會議，報告一切工作和討論對付辦法，并又議出新的條件六項，要資本家完滿答覆，(一)在徐重道藥號內職工待遇一律平等，(二)總分店各職工每人一律按月增加工資三元，(三)練習生做工人工作者，一律改職工 在練習期內，不做長夜班，四 老司務工資一律每日十六元，(五)學徒津貼，第一年每月一元，第一年每月二元，第三年每月三元 紅利第一年五元，第二年十元，第三年十五元，飯菜每少每桌二角四分 恢復原有放假日期，端陽節十天，中秋節十天，年節二十天。

拒絕國民黨復工命令：國民黨藉口工人罷工有礙社會治安，命令工人於五日前，要一律復工，如有違誤，必嚴究辦，并令資本家在工人罷工期間，工資不得照給，工人得到這種壓迫的復工命令後，全體工人激憤異常，反對國民黨的情緒緊加濃厚，均謂不管任何命令，如條件未完滿答覆，誓不復工。

計劃長期斗爭：工人為要爭取這一罷工的完全勝利起見，正計劃長期抵抗的方法，決定，向藥業各工友募捐和要求全上海各工友在物質上精神上援助，並將所募得之數十元，租房屋開大鍋飯，與國民黨資本做長期的鬥爭。

上海英美煙廠工人醞釀罷工

上海英美烟廠全體工人反對工廠管理規則，久已醞釀罷工，目下形勢極為嚴重，工人提出三項要求，(一)廠方實行工廠法，(二)勞資契約各項已訂定辦法，要求修改(三)修改廠方訂定之管理規則，此項要求資本家未給答覆，工人情緒激昂，有實行罷工對付之趨勢，現國民黨多方欺騙工人，意存阻止罷工云。

上海電報局工人罷工勝利

反對國民黨不履行加資

上海電報工人曾於八月二日罷工要求改良待遇及增加工資 當時得到勝利訂定每人加薪二元，故即復工，其後國民黨政府竟不履行條約，工人屢派代表向當局質問，而該電報局局長多方推委，於是工人大憤怒，復于八月廿一日實行罷工對付，國民黨見工人來勢堅決，知不可侮，遂承認工人的條件，工人得了勝利，始行復工云。

國民黨幫助日本帝國主義壓迫東北義勇軍

真正是帝國主義的清道夫

北平訊：日本帝國主義因遭受東北義勇軍的大打擊，自覺無法對付，特向南京國民黨政府提出覺書并警告張學良，一要立即阻止義勇軍活動，否則嚴厲處置。國民黨政府在全國的反日高潮中，不敢公開承認日本有此覺書，但對阻止東北義勇軍活動的執行已正在秘密計劃中云。

國民黨嚴禁反帝運動

南京國民黨政府接受日帝國主義的意旨，於四日再發令嚴禁群眾反日的一切集會游行示威，及其他有碍帝國主義在華利益的群眾運動。

國民黨軍閥伙併之又一幕

韓復渠驅逐劉珍年 何應欽圍攻張英部

上海二十七日電，魯軍閥韓復渠與劉珍年的衝突，經長久醞釀而爆發，已表面化正式開火，戰線延長六十里。

煙台二十七日電，韓劉軍閥混戰，業已擴大，劉珍年被困於掖縣，僅率部下約八千人，固守掖縣城，韓復渠部隊現將該地包圍，劉珍年在該處屯有可供六個月之用的糧食軍火，準備長久抗戰，韓部五千人，十七日業佔龍口，韓軍主力部隊約一萬人，現沿烟台濰縣汽車路，向烟台推進，大有牽引其他軍閥加入戰爭之勢。

吉安訊：川軍張英之五十九師此次調來江西參加剿共，現駐防吉水永豐，何應欽於九月十二日集中十八軍之五十二師，四十三師，十一師，十四師將吉水永豐包圍，并先強迫張英部改編，張英部不肯，遂激戰終日，聞十八軍已解決其部，餘尚在相持中云。

期
红色中华零零三十五期
版
零六版
时间
一九三二年九月二十七日

上海英美烟厂工人酝酿罢工

上海英美烟厂全体工人反对工厂管理规则，久已酝酿罢工，目下形势极为严重。工人提出三项要求，（一）厂方实行工厂法，（二）劳资契约各项已订定办法，要求修改（三）修改厂方订定之管理规则，此项要求资本家未给答覆，工人情绪激昂，有实行罢工对付之趋势，□国民党多方欺骗工人，意在阻止罢工云。

上海紗廠工人罷工

上海二十三路透電：虹口紗廠工人九百餘人，今日罷工要求改善待遇，縮短工作時間，並恢復一二八前之工資，資本家對於工人要求，全不答覆，形勢嚴重，關係紗廠十二家，帝國主義國民黨對這一罷工非常重視，現正在從事壓迫云。

上海絲織廠失業工人大示威

包圍資本家　與警察衝突

上海濠記雲裳兩絲織廠，滬變後，資本家藉口不能開工，遂將全體工人遣散，近來資本家另設分廠兩處，爲工人所悉，曾經一度向資本家交涉無效，近來全體工人爲生活逼迫，忍無可忍，遂於二日全體工人在天寶路集合向岳州路臨平路雲裳絲織廠進發，要求復工，資本家一見工人即嚴厲表示拒絕，一言不答，後乘汽車出廠，工人看此情狀，憤怒異常，即將資本家包圍，要其即刻答覆，正當雙方衝突緊張時，國民黨的大隊警察趕到，衝入重圍，救護資本家，工人見警察如此行爲，更加憤怒，羣衆向警察衝去，雙方激斗，其後工人，暫時退去，準備下次再舉云。

上海電力工人醞釀罷工

條件已被資本家拒絕

上海電力公司工人要求改良待遇，提出六項條件，資本家完全拒絕，代表回來向工人報告後，全體工人甚爲憤激，聞將開全體工人會議討論對付方法，形勢頗爲嚴重，有罷工趨勢云。

徐重道藥業工人鬥爭積極

從新提出加資要求　拒絕國民黨復工令

上海徐重道藥業工人自罷工反對資本家勾結帝國主義捕禁工友後，工人鬥爭情緒，愈見激昂，近更拒絕國民黨復工命令，提出新經濟條件，準備長期抵抗，茲將其鬥爭情形詳述於下：

組織罷委會：自被拘工人放出後，工人即推代表向資本家交涉，要賠償損失，資本家拒絕，工人激憤，復召集全體大會，議決繼續罷工，並當場推舉罷工委員二十一人，糾察隊二十一人，交通隊五人，又通過條件四項，(一)開除屈民（第一支店經理）及第七支店經理傅鶴鳥，(二)賠償被捕工友的損失(三)保障各工友今後安全，(四)罷工期內工資照給，并由資方負担一切損失，不達目的，決不復工。

提出新條件：罷工第四日，工人召開緊急會議，報告一切工作和討論對付辦法，并又提出新的條件六項，要資本家完滿答覆，(一)在徐重道總團內職工待遇一律平等，(二)總分店各職工每人一律按月增加工資三元，(三)練習生做工人工作者，一律改爲職工，在練習期內，不做長役事，四 老司務工資一律每月十六元，(五)學徒津貼，第一年每月一元，第二年每月二元，第三年每月三元 紅利第一年五元，第二年十元，第三年十五元，飯菜至少每桌二角四分 恢復原有放假日期，端陽節十天，中秋節十天，年節二十天。

拒絕國民黨復工命令：國民黨藉口工人罷工有礙社會治安，命令工人於五日前，要一律復工，如有違誤，必嚴究辦，并令資本家在工人罷工期間，工資不得照給，工人得到這個壓迫的復工命令後，全體工人激憤異常，反國民黨的情緒驟加濃厚，均謂不管任何命令，如條件未完滿答覆，誓不復工。

計劃長期鬥爭：工人爲要爭取這一次罷工的完全勝利起見，正計劃長期抵抗的方法，決定，向藥業各工友募捐和要求全上海各工友在物質上精神上援助，並將所募之款十元，租房屋開大鍋飯，與國民黨資本做長期的鬥爭。

上海英美煙廠工人醞釀罷工

上海英美烟廠全體工人反對工廠管理規則，久已醞釀罷工，目下形勢極爲嚴重，工人提出三項要求，(一)廠方實行工廠法，(二)勞資契約各項己訂定辦法，要求修改(三)修改廠方訂定之管理規則，此項要求資本家未給答覆，工人情緒激昂，有實行罷工對付之趨勢，現國民黨多方欺騙工人，意存阻止罷工云。

上海電報局工人罷工勝利

反對國民黨不履行加資

上海電報局工人曾於八月二日罷工要求改良待遇及增加工資，當時得到勝利訂定每人加薪一二元，故即復工，其後國民黨政府竟不履行條約，工人屢派代表向局長質問，而該電報局局長多方推委，於是工人大憤怒，復于八月卅一日實行罷工對付，國民黨見工人來勢堅決，知不可侮，遂承認工人的條件，工人得了勝利，始行復工云。

國民黨幫助日本帝國主義壓迫東北義勇軍

真正是帝國主義的清道夫

北平訊：日本帝國主義因遭受東北義勇軍的大打擊，自覺無法對付，特向南京國民黨政府提出覺書并警告張學良，一要立即阻止義勇軍活動，否則嚴厲處置國民黨政府在全國的反日高潮中，不敢公開承認日本有此覺書，但對阻止東北義勇軍活動的執行已正在秘密計劃中云。

國民黨嚴禁反帝運動

南京國民黨政府接受帝國主義的意旨，於四日再發令嚴禁羣衆反日的一切集會游行示威，及其他有礙帝國主義在華利益的羣衆運動。

國民黨軍閥火併之又一幕

韓復渠驅逐劉珍年　何應欽圍繳張英部

上海二十七日電，魯軍閥韓復渠與劉珍年的衝突，經長久醞釀而爆發，已在膠東北正式開火，戰線延長六十里。

煙台二十七日電，韓劉軍開混戰，戰已擴大，劉珍年被困於棲霞，尚率部下約八千人，固守棲霞縣城，韓復渠部隊現將該地包圍，劉珍年在該處屯有可供六個月之用的糧食軍火，準備長久抗戰，韓部五千人，十七日已佔龍口，韓軍主力部隊約一萬人，現沿烟台濰縣汽車路，向烟台進發，大有牽引其他軍閥加入戰團之勢。

吉安訊：川軍張英之五十九師此次調赴江西參加剿共，已駐防吉水永豐，何應欽於九月十二日調集十八軍之五十二師，四十三師，十一師，十四師將吉水永豐包圍，首先強迫張英部改編，張英部不肯，遂激戰終日，聞十八軍已解決其部，餘尚在相持中云。

上海電報局工人罷工勝利
反對國民黨不履行加資

期：红色中华零零三十五期

版：零六版

时间：一九三二年九月二十七日

上海电报局工人罢工胜利

反对国民党不履行加资

上海电报工人曾于八月二日罢工要求改良待遇及增加工资，当时得到胜利订定每人加薪二元，故即复工，其后国民党政府竟不履行条约，工人屡派代表向局长质问，而该电报局局长多方推委［诿］，于是工人大愤怒，复于八月三十一日实行罢工对付，国民党见工人来势坚决，知不可侮，遂承认工人的条件，工人得了胜利，始行复工云。

一九三二年九月廿七日　紅色中華　第六版

上海紗廠工人罷工

上海二十三路透電：虹口紗廠工人九百餘人，今日罷工要求改善待遇，縮短工作時間，並恢復一二八前之工資，資本家對於工人要求，全不答覆，形勢嚴重，關係紗廠十二家，帝國主義國民黨對這一罷工非常重視，現正在從事壓迫云。

上海絲織廠失業工人大示威

包圍資本家 與警察衝突

上海滌記雲裳兩絲織廠，滬戰後，資本家藉口不能開工，遂將全體工人遣散，近來資本家另設分廠兩處，爲工人所悉，曾經一度向資本家交涉無效，近來全體工人爲生活逼迫，忍無可忍，遂於二日全體工人在天寶路集合向岳州路臨平路雲裳絲織廠進發，要求復工，資本家一見工人即嚴厲表示拒絕，一言不答，後乘汽車出廠，工人看此情狀，憤怒異常，即將資本家包圍，要其即刻答覆，正當雙方衝突緊張時，國民黨的大隊警察趕到，衝入重圍，救護資本家，工人見警察如此行爲，更加憤怒，羣衆向警察衝去，雙方激斗，其後工人，暫時退去，準備下次再舉云。

上海電力工人醞釀罷工

條件已被資本家拒絕

上海電力公司工人要求改良待遇，提出六項條件，資本家完全拒絕，代表回來向工人報告後，全體工人甚爲憤激，聞將開全體工人會議討論對付方法，形勢頗爲嚴重，有罷工趨勢云。

徐重道藥業工人鬥爭積極

從新提出加資要求 拒絕國民黨復工令

上海徐重道藥業工人自罷工反對資本家勾結帝國主義捕禁工友後，工人鬥爭情緒，愈見激憤，近更拒絕國民黨復工命令，提出新的經濟條件，準備長期抵抗，茲將其鬥爭情形詳述於下：

組織罷委會：自被拘工人放出後，工人即推代表向資本家交涉，要賠償損失，資本家拒絕，工人激憤 復召集全體大會，議決總罷工，並當場推舉罷工委員二十一人，糾察隊二十一人，交通隊五人，又通過條件四項，（一）開除屆民（第一支店經理）及第七支店經理標鶴鳥，（二）賠償被捕工友的損失（三）保證各工友今後安全，（四）罷工期內工資照給，并由資方負擔一切損失，不達目的，決不復工。

提出新條件：罷工第四日，工人召開緊急會議，報告一周工作和討論對付辦法，并又提出新的條件六項，要資本家完滿答覆，（一）在徐重道總棧內職工待遇一律平等，（二）總分店各職工每人一律按月增加工資三元，（三）練習生做工人工作者，一律爲職工 在練習期內，不做長夜班，四 老司務工資一律每日十六元，（五）學徒津貼，第一年每月一元，第二年每月二元，第三年每月三元 紅利第一年五元，第二年十元，第三年十五元，飯菜至少每桌二葷四分 恢復原有放假日期，端陽節十天，中秋節十天，年節二十天。

拒絕國民黨復工命令：國民黨藉口工人罷工有礙社會治安，命令工人於五日前，要一律復工，如有違誤，必嚴究辦，并令資本家在工人罷工期間，工資不得照給，工人得到這種壓迫的復工命令後，全體工人激憤異常，反對國民黨的情緒愈加濃厚，均謂不管任何命令，如條件未完滿答覆，誓不復工。

計劃長期斗爭：工人爲要爭取這一罷工的完全勝利起見，正計劃長期抵抗的方法，決定，向藥業各工友募捐和要求全上海各工友在物質上精神上援助，並將所募得之數十元，租房屋開大鍋飯，與國民黨資本做長期的鬥爭。

上海英美煙廠工人醞釀罷工

上海英美烟廠全體工人反對工廠管理規則，久已醞釀罷工，目下形勢極爲嚴重，工人提出三項要求，（一）廠方實行工廠法，（二）勞資契約各項已訂定辦法，要求修改（三）修改廠方訂定之管理規則，此項要求資本家未給答覆，工人情緒激昂，有實行罷工對付之趨勢，而國民黨多方欺騙工人，意存阻止罷工云。

上海電報局工人罷工勝利

反對國民黨不履行加資

上海電報工人曾於八月二日罷工要求改良待遇及增加工資 當時得到勝利訂定每人加薪二元，故即復工，其後國民黨政府竟不履行條約，工人屢派代表向當局長質問，而該電報局局長多方推委，於是工人大憤怒，復于八月廿一日實行罷工對付，國民黨見工人來勢堅決，知不可侮，遂承認工人的條件，工人得了勝利，始行復工云。

國民黨幫助日本帝國主義 壓迫東北義勇軍

真正是帝國主義的清道夫

北平訊：日本帝國主義因遭受東北義勇軍的大打擊，自覺無法對付，特向南京國民黨政府提出覺書并警告張學良，一要立即阻止義勇軍活動。否則嚴厲處置，國民黨政府在全國的反日高潮中，不敢公開承認日本有此覺書，但對阻止東北義勇軍活動的執行已正在秘密計劃中云。

國民黨嚴禁反帝運動

南京國民黨政府接受帝國主義的意旨，於四日再發令嚴禁民衆反日的一切集會游行示威，及其他有碍帝國主義在華利益的羣衆活動。

國民黨軍閥伙併之又一幕

韓復渠驅逐劉珍年 何應欽圍繳張英部

上海二十七日電，魯軍韓復渠與劉珍年的衝突，經長久醞釀而爆發，已在膠東北正式開火，戰線延長六十里。

煙台二十七日電，韓劉軍開混戰，韓已打大，劉珍年被困於夜縣，尚率部下約八千人，固守夜縣城，韓樹琪部隊現將該地包圍，劉珍年在該處屯有可供六個月之用的糧食軍火，準備長久抗戰，韓部五千人，十七日佔龍口，韓部主力部隊約一萬人，現沿烟台濰縣汽車路，向烟台進攻，大有牽引其他軍隊加入戰團之勢。

吉安訊：川軍張英之五十九師此次調來江西參加剿共，駐防吉水永豐，何應欽於九月十二日集中十八軍之五十二師，四十三師，十一師，十四師將吉水永豐包圍，首先繳張英部改編，張英部不肯，遂激戰終日，聞十八軍已解決其部，餘尚在相持中云。

上海英商公共汽車工人鬬爭激烈
共產黨起領導作用

期：红色中华零零三十六期

版：零五版

时间：一九三二年十月十六日

上海英商公共汽车工人斗争激烈

共产党起领导作用

上海英商公共汽车公司在九月二十三日答覆了卖票工人的五项要求，允许加薪给假等，工人因此认为满意，就大家都上工，但实在是资本家的把戏。

四日沪电：资本家更加紧对新工人压迫，发给白俄查票员每人皮带一根以便随时鞭打工人，全体工人即召集大会组织罢工委员会，准备再罢工来答覆资本家的压迫，现这一斗争已得到一部份的胜利，工人已经终止罢工，这次斗争完全是共产党支部领导的，当支部同志在群众大会上演说时，外国巡捕要想逮捕他，但中国巡捕对罢工工人极表同情，并对外国巡捕说，你要逮捕他，看我对付你。

名，俘擄七八名，繳獲槍十餘枝，子彈百餘發，敵人至此已大都消滅。

上海英商公共汽車工人鬪爭激烈

共產黨起領導作用

上海英商公共汽車公司在九月二十三日答復了賣票工人的舊項要求，允許加薪給假等，工人因此認爲滿意，就大家都上工，但實在是資本家的把戲。

四日滬電：資本家更加緊對新工人壓迫，發給白俄賣票員每人皮帶一根以便隨時鞭打工人，全體工人即召集全會組織罷工委員會，準備再罷工來答覆資本家的壓迫。現在這一鬪爭已得到一部份的勝利，工人已經終止罷工，這次鬪爭完全是共產黨支部領導的，當支部同志在羣衆大會上演說時，外國巡捕要想逮捕他，但中國巡捕對罷工工人極表同情，並對外國巡捕說，你要逮捕他，看我對付你。

上海絲廠女工罷工

參加者有一萬二千多人

要求加資減時　毀廠包圍黃色工會

上海二日電：上海虹口絲廠女工一萬二千人全體罷工，要求減少時間及增加工資。並將廠內各物搗毀，和包圍繅絲業的黃色工會，提出(一)每日工資六角，(二)恢復禮拜賞月拜，(三)工作時間不能超過十一小時等條件，工人斗爭情緒堅決。

上海求新船廠罷工

反對開除工人　反對剋扣工資　斗爭情緒積極

上海求新造船廠資本家開除工人十二名和剋扣工資，激起全體工人憤怒，宣告罷工，九月九日起所有該廠的鉗床部，車床部，銅匠部，打鐵部，翻砂部，冷作部，電燈部，電焊部，湊匠部，起重部，水作部，水輪部，各部全體工人，一致罷工，並發罷工宣言。宣言內容暴露資本家壓迫工人的真象，和述說工人被剝削的痛苦，最後表示決與資本家鬪爭到底。全體工人罷工總的要求共四項，(一)被開除工人一律復工，(二)罷工期間工資照給，(三)重行修訂契約，(四)派廠工作照例津貼車資。船廠資本家在全體工人團結和鬪爭的積極威脅下，對工人的四件要求完全應許了，工人就在這個團結與堅決的斗爭中得到勝利了。

上海英美烟廠罷工勝利

條件完滿答覆　赤色工會發展

上海二日電：英美烟廠工人因要求改良待遇，被資本家將工人領袖開除，由醞釀罷工而舉行罷工，並將烟葉搗毀，又四日電：上項罷工，在共產黨與赤色工會三方統一領導下，完全勝利，工人要求爲（一）增加工資五分，（二）反對大磅稱（三）反對新廠規二十三條，（四）恢復被開除工人的工作，在工人一致團結與堅決的威嚇下，資本家終于答應了工人一切的要求。這次勝利後，工人對斗爭情緒與積極性大爲提高，已有八百多工人加入赤色工會。

上海醬業工人反對資本家剝削

罷工對付正在醞釀

上海醬業工人以資本家破壞以前訂立好的條件，增加向工人剝削（前勞資契約規定，每月最低工資爲十四元，目前資本家則剝削到有一個月五元者），全體工人受此種剝削，憤激異常，曾推出代表向資本家交涉，要求依照以前所訂立的勞資契約的規定，每月最低工資爲十四元，但資本家拒絕談判，不肯答覆，現在全體醬業工人斗爭情緒更加積極，皆稱，任何壓迫，任何摧殘，誓與資本家奮斗到底。現工人準備拿出斗爭的武器──罷工──來對付資本家云。

廣州海員斗爭勝利

上海四日電：廣州海員因軍需輪公司開除工人，要求復工未遂，準備罷工，並提出要求十項，結果完全勝利，并付萬元賠償工人損失。

勝利平安區擴大紅軍成績

十五天自願加入紅軍六十名

勝利通訊：勝利縣平安區前數月因對擴大紅軍消極怠工，沒有廣泛宣傳鼓動，沒有堅決執行優待紅軍條例，所以擴大紅軍的成績得到很少，甚至爲零。最近平安區因將工作轉變了，發展革命戰爭的空氣也就較前濃厚，在十五天的時間，就有六十多個羣衆自願踴躍方去加入紅軍，積極安宿[illegible]平是安區擴大紅軍的一點成績了。

記者按：關於擴大紅軍的成績，我們得到的是興國的最好了，但是勝利平安區能夠注意到工作方法的轉變，使擴大紅軍的數量增加起來，這是值得提出來給大家作一種模範和興奮的，雖然還僅數量的增加還很微弱，還不能滿意。

十月十六日

義勇軍行動愈積極

恢復突泉等縣力攻彰武

佔領飲馬河大舉襲長春

滿軍紛紛投入實力益厚

上海工農專電：攻瀋義勇軍在瀋陽郊外將「滿洲國」軍隊繳械數百，由於義軍行動的積極化，已使日帝國主義十分恐慌。

北京二十七日電：長春北部之義勇軍近已取得聯絡，實力約三萬餘人，現佔領長春附近之飲馬河末港子一帶，向長春取大包圍形勢，俟佈置完竣，定期進攻。日滿軍警異常驚恐，下令長春郊外嚴密佈防。

北平二十八日電：義軍一部於二十四日攻克吉長路之下久合車站，當將站焚毀，日滿軍協同迎擊，雙方戰爭甚烈，吉長路已數日不通。又駐瀋日軍子之日鐵甲車，二十六夜由錦開赴義縣一列，以作進攻熱河之準備。

長春二十八日路透電：今晨拂曉遭大隊義勇軍襲擊，與遼交通斷絕，該處日僑之生死，毫無消息。

北平二十九日電：彰武義勇遼日前經失陷後，義軍復集合全部萬餘，猛攻大通路沿線，逐日激戰。通遼兩路路軌，各毀二十餘里，斃敵百餘人，日軍司令岩田負重傷。義軍現仍力攻彰武。並向鄭通線推進中。女兒河義軍近擊落日機一架。燕順義軍千餘人二十五日攻千金寨，激戰一晝夜，互有傷亡。瀋義軍向騎攻瀋，敵二百餘被繳械，四郊義軍距城約十餘里，異常活動。

實力增厚，續向洮昂四洮兩路發展，滿洲軍紛紛投入義勇軍，勢如破竹，突泉開通洮安鎮東泰來等縣，相繼恢復聯成一片，正向洮南進攻，洮南滿軍實力有六團，未能一時攻破。日軍近在洮南洮昂一帶積極佈防，調兵固守，圖與鄭軍[illegible]進云。

哈爾濱三日路透電：近來齊齊哈爾至滿洲里一帶，幾完全陷入無政府狀態。據蘇聯報載：義軍業已佔領橫道河子，日軍退一面坡。北滿方面之呼蘭，亦被義軍佔領，現巳證實。

哈爾濱四日電：九月二十七日，日本飛機一架在博克圖西二十七英里降落，原因未詳，但該機旋由義軍從西行火車載去，日飛機及偵察員之生死未明。

北平七日電：攻瀋陽各路義勇軍已逼近瀋陽三英里，現暫取戰時防守方略，對付日軍與滿洲國軍，一俟聯絡完成，即總攻，以便一致佔領瀋陽。

又電：義軍克復廣安後，加猛烈攻鎮東井界，開七日晨與日一度將鎮東佔領，旋日軍以優兵逼迫義軍，義軍因勢孤力薄，爲避免重大犧牲起見，暫退守昂化靖化靖安等處云。

北平七日電：總攻瀋陽之各路義勇軍，於六日拂曉先後進抵目的地，日軍已與義軍各部發生交擊，雙方戰爭甚烈，義軍聲勢極猛，瀋陽指日可下。

北平一日路透電：近義軍開日帝國主義將用毒瓦斯彈

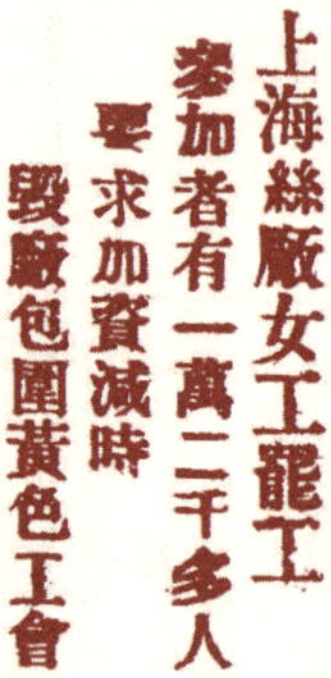
上海絲廠女工罷工
參加者有一萬二千多人
要求加資減時
毀廠包圍黃色工會

期：红色中华零零三十六期

版：零五版

时间：一九三二年十月十六日

上海丝厂女工罢工

参加者有一万二千多人
要求加资减时
毁厂包围黄色工会

上海二日电：上海虹口丝厂女工一万二千人全体罢工，要求减少时间及增加工资。并将厂内各物捣毁，和包围缫丝业的黄色工会，提出（一）每日工资六角；（二）恢复礼拜赏月拜，（三）工作时间不能超过十一小时等条件，工人斗争情绪坚决。

名，俘擄七八名，繳獲槍十餘枝，子彈百餘發，敵人至此已大部消滅。

上海英商公共汽車工人鬥爭激烈

共產黨起領導作用

上海英商公共汽車公司在九月二十三日答覆了賣票工人的幾項要求，允許加薪給假等，工人因此認爲滿意，就大家都上工，但實在是資本家的把戲。

四日滬電：資本家更加緊對新工人壓迫，發給白做賣票員每人皮帶一根以便隨時鞭打工人，全體工人即召集大會組織罷工委員會，準備再罷工來答覆資本家的壓迫，現在這一鬥爭已得到一部份的勝利，工人已經終止罷工，這次鬥爭完全是共產黨支部領導的，當支部同志在羣衆大會上演說時，外國巡捕要想逮捕他，但中國巡捕對罷工工人極表同情，並對外國巡捕說，你要逮捕他，看我對付你。

上海絲廠女工罷工

參加者有一萬二千多人

要求加資減時

毀廠包圍黃色工會

上海二日電：上海虹口絲廠女工一萬二千人全體罷工，要求減少時間及增加工資。並將廠內各物搗毀，和包圍繅絲業黃色工會，提出（一）每日工資六角，（二）恢復禮拜賞月拜，（三）工作時間不能超過十一小時等條件。工人斗爭情緒堅決。

上海求新船廠罷工

反對開除工人

反對剋扣工資

斗爭情緒積極

上海求新消息：資本家開除工人十二名和剋扣工資，激起全體工人憤怒，宣告罷工。九月九日起所有該廠的鉗床部，車床部，銅匠部，打鐵部，翻砂部，冷作部，電燈部，電焊部，湊匠部，起重部，水作部，水輪部，各部全體工人，一致罷工，並發罷工宣言，宣言內容暴露資本家壓迫工人的真象，和述說工人被剝削的痛苦，最後表示決與資本家鬥爭到底。全體工人罷工總部的要求共四項，（一）被開除工人一律復工，（二）罷工期間工資照給、（三）實行修訂契約，（四）派到廠工作照例津貼車費。船廠資本家在全體工人團結和鬥爭的積極威脅下，對工人的四件要求完全應許了，工人就在這個團結與堅決的斗爭中得到勝利了。

上海英美烟廠罷工勝利

條件完滿答覆

赤色工會發展

上海二日電：英美烟廠工人因要求改良待遇，被資本家將工人領袖開除，於是醞釀罷工而實行罷工。並將烟葉搗毀，又四日電：上項罷工，在共產黨與赤色工會三方統一領導下，完全勝利，工人要求爲（一）增加工資五分，（二）反對大磅秤（三）反對新廠規二十三條，（四）恢復被開除工人的工作，在工人一致團結與堅決的威嚇下，資本家終于答應了工人一切的要求，這次勝利後，工人的斗爭情緒與積極性大爲提高，已有八百多工人加入赤色工會。

上海醬業工人反對資本家剝削

罷工對付正在醞釀

上海醬業工人以資本家破壞以前訂立好的條件，增加向工人剝削（前勞資契約規定，每月最低工資爲十四元，目前資本家則剝削到有一個月五元者），全體工人受此剝削，憤激異常，曾推出代表向資本家交涉，要求依照以前所訂立的勞資契約的規定，每月最低工資爲十四元，但資本家拒絕談判，不肯答覆，現在全體醬業工人斗爭情緒更加積極，皆稱，任何壓迫，任何摧殘，誓與資本家拚斗到底。現工人準拿出斗爭的武器——罷工——來對付資本家云。

廣州海員斗爭勝利

上海四日電：廣州海員因東安輪公司開除工人，要求復工未遂，準備罷工，並提出要求十項，結果完全勝利，並付萬元賠償工人損失。

勝利平安區擴大紅軍成績

十五天自願加入紅軍六十名

勝利通訊：勝利縣平安區前幾月因對擴大紅軍消極怠工，沒有廣泛宣傳鼓動，沒有堅決執行優待紅軍條例，所以擴大紅軍的成績得到很少，甚至幾十天才擴大得十餘個。最近平安區因將工作轉變了，發展革命戰爭的空氣也就較前濃厚，在十五天的時間，就有六十多個群衆自願到前方去加入紅軍，積極去消滅敵人。平安安區擴大紅軍的一點成績了。

記者按：關於擴大紅軍的成績，我們得到的是與興國的最好了，但是勝利平安區能夠注意到工作方法的轉變，使擴大紅軍的數量增加起來，這是值得提出來給大家作一種模範和興奮的，雖然這個數量的增加是很微弱，還不能滿意。

十月十六日

義勇軍行動愈積極

恢復突泉等縣力攻彰武

佔領飲馬河大舉襲長春

滿軍紛紛投入實力益厚

上海工農專電：攻瀋義勇軍在瀋陽郊外將「滿洲國」軍隊繳械數百，由於義軍行動的積極化，已使日帝國主義十分恐慌。

北京二十七日電：長春北部之義勇軍近已取得聯絡，實力約三萬餘人，現佔領長春附近之飲馬河末[illegible]子一帶，向長春取大包圍形勢，俟佈置完竣，定期進攻。日滿軍警異常驚恐，下令長春郊外嚴密佈防。

北平二十八日電：義軍一部於二十四日攻克吉長路之下九台車站，當將站焚毀，日滿軍協同迎擊，雙方戰爭甚烈，吉長路已斷日不通。又駐溝幫子之日鐵甲車，二十六夜由錦開赴綏縣一列，以作進攻熱河之準備。

長春二十八日路透電：今晨拂曉遭大隊義軍襲擊，與遼交通斷絕，該處日僑之生死，毫無消息。

北平二十九日電：彰武通遼日前相繼失陷後，義軍復集合全部萬餘，猛攻大通路沿線，逐日激戰。通遼兩路軌，各毀二十餘里，斃敵百餘人，日軍司令岩田負重傷，義軍現仍力攻彰武，並向鄭通線推進中。女兒河義軍近擊落日機一架，撫順義軍千餘人二十五日夜千金寨，激戰一晝夜，互有傷亡。瀋義軍同時攻瀋，敵二百餘被繳械，四郊義軍距城約十餘里，異常活動。

北平一日路透電：近義軍實力增厚，續向洮昂四洮兩路發展，滿洲軍紛紛投入義勇軍，勢如破竹，突泉開通洮安鎮東泰來等縣，相繼恢復聯成一片，正向洮南猛攻，洮南滿軍實力有六團，未能一時攻破。日軍近在洮南洮昂一帶積極佈防，增兵固守，圖與義軍鏖戰云。

哈爾濱三日路透電：近來齊齊哈爾至滿洲里一帶，幾完全陷入無政府狀態。據蘇聯報載：義軍業已佔領横道河子，日軍退一面坡。北滿方面之呼蘭，亦被義軍佔領，現已將實。

哈爾濱四日電：九月二十七日，日本飛機一架在博克圖西二十七英里降落，原因未詳。但該機旋由義軍從西行火車載去，日飛機及偵察員之生死未明。

北平七日電：攻瀋陽各路義勇軍　已逼近瀋陽三英里，現暫取戰時防守方略，俟付日軍與滿洲國軍，一俟聯絡完成，即施總攻，以便一致佔領瀋陽。

又電：義軍克復廣安後，更加猛烈的攻鎮東井界。聞七日晚義軍一度將鎮東佔領，旋日軍以優兵逼迫義軍，義軍因勢孤力薄，為避免重大犧牲起見，暫退守昂化靖化靖安等處云。

北平七日電：總攻瀋陽之各路義勇軍，於六日拂曉先後進抵目的地，日軍已與義軍各部發生攻擊，雙方戰爭甚烈，義軍聲勢極猛，瀋陽指日可下。聞日帝國主義將用毒瓦斯彈

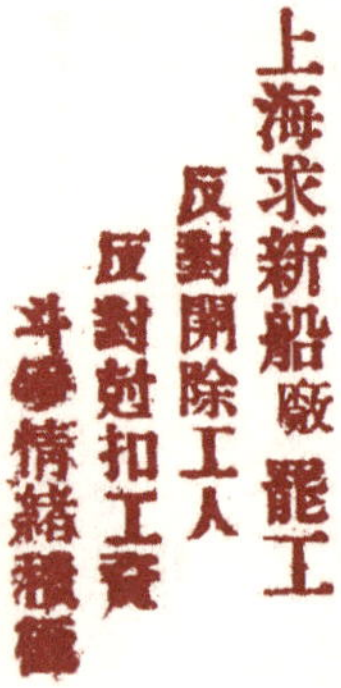
上海求新船廠罷工
反對開除工人
反對剋扣工資
斗爭情緒積極

期：红色中华零零三十六期
版：零五版
时间：一九三二年十月十六日

上海求新船厂罢工

反对开除工人
反对克扣工资
斗争情绪积极

上海求新造船厂资本家开除工人十二名和克扣工资，激起全体工人愤怒，宣告罢工，九月九日起所有该厂的钳床部，车床部，铜匠部，打铁部，翻砂部，冷作部，电灯部，电旱［焊］部，凑匠部，起重部，水作部，水轮部，各部全体工人，一致罢工，并发罢工宣言，宣言内容暴露资本家压迫工人的真象［相］，和述说工人被剥削的痛苦，最后表示决与资本家斗争到底。全体工人罢工提出的要求共四项，（一）被开除工人一律复工，（二）罢工期间工资照给。（三）重新修订契约，（四）派出厂工作照例津贴车资。船厂资本家在全体工人团结和斗争的积极威胁下，对工人的四件要求完全应许了，工人就在这个团结与坚决的斗争中得到胜利了。

一九三二年十月十六日　紅色中華　第五版

名，俘擄七八名，繳獲槍十餘枝，子彈百餘發，敵人至此已大部消滅。

上海英商公共汽車工人鬥爭激烈

共產黨起領導作用

上海英商公共汽車公司在九月二十三日答復了賣票工人的五項要求，允許加薪給假等，工人因此認為滿意，就大家部上工，但實在是資本家的把戲。

四日滬電：資本家更加緊對新工人壓迫，發給白衣賣票員每人皮帶一根以便隨時鞭打工人，全體工人即召集會議組織罷工委員會，準備再罷工來答覆資本家的壓迫，要進一步鬥爭已得到一部份的勝利，工人已經終止罷工，這次鬥爭完全是共產黨支部領導的，當支部同志在罷工大會上演說時，外國巡捕要想逮捕他，但中國巡捕對罷工工人極表同情，並對外國巡捕說，你要逮捕他，看我對付你。

上海絲廠女工罷工

參加者有一萬二千多人

要求加資減時

毀廠包圍黃色工會

上海二日電：上海虹口絲廠女工一萬二千人全體罷工，要求減少時間及增加工資，並將廠內各物搗毀，和包圍絲業的黃色工會，提出（一）每日工資六角，（二）恢復禮拜賞月拜，（三）工作時間不能超過十一小時等條件，工人斗爭情緒堅決。

上海求新船廠罷工

反對開除工人

反對剋扣工資

斗爭情緒積極

上海求新船廠，資本家開除工人十二名和剋扣工資，激起全體工人憤怒，宣告罷工，九月九日起所有該廠的鉗床部，車床部，銅匠部，打鐵部，翻砂部，冷作部，電燈部，電旱部，漆匠部，起重部，水作部，水輪部，各部全體工人，一致罷工，並發罷工宣言，宣言內容暴露資本家壓迫工人的真象，和述說工人被剝削的痛苦，最後表示決與資本家鬥爭到底。全體工人罷工提出的要求共四項，（一）被開除工人一律復工，（二）罷工期間工資照給，（三）實行修訂契約，（四）派出廠工作照例津貼車資。船廠資本家在全體工人團結和鬥爭的積極威脅下，對工人的四件要求完全應許了，工人就在這個團結與堅決的斗爭中得到勝利了。

上海英美烟廠罷工勝利

條件完滿答覆

赤色工會發展

上海二日電：英美烟廠工人因要求改良待遇，被資本家將工人領袖開除，乃醞釀罷工而實行罷工，並將烟葉搗毀，又四日電：上項罷工，在共產黨與赤色工會三方統一領導下，完全勝利，工人要求為（一）增加工資五分，（二）反對大磅秤（三）反對新廠規二十三條，（四）恢復被開除工人的工作，在工人一致團結與堅決的威嚇下，資本家終于答應了工人一切的要求，這次勝利後，工人的斗爭情緒更積極性大為提高，已有八百多工人加入赤色工會。

上海醬業工人反對資本家剝削

罷工對付正在醞釀

上海醬業工人以資本家破壞以前訂立好的條件，增加向工人剝削（前勞資契約規定，每月最低工資為十四元，目前資本家既剝削到有一个月五元者），全體工人受此種剝削，憤激異常，曾推出代表向資本家交涉，要求依照以前所訂立的勞資契約的規定，每月最低工資為十四元，但資本家拒絕談判，不肯答覆，現在全體醬業工人斗爭情緒更加積極，皆稱，任何壓迫，任何摧殘，誓與資本家奮斗到底。現工人們拿出斗爭的武器—罷工！來對付資本家云。

廣州海員斗爭勝利

上海四日電：廣州海員因東亞輪公司開除工人，要求復工未遂，準備罷工，並提出要求十項，結果完全勝利，並付萬元賠償工人損失。

勝利平安區擴大紅軍成績

十五天自願加入紅軍六十名

勝利通訊：勝利縣平安區前數月因擴大紅軍消極怠工，沒有廣泛宣傳鼓動，沒有堅決執行優待紅軍條例，所以擴大紅軍的成績得到很少，甚至兩十天才擴大得十餘個。最近平安區因將工作轉變了，發展革命戰爭的空氣也就較前濃厚，在十五天的時間，就有六十多個群眾自願踴躍方去加入紅軍，積極去消滅敵人，這就是平安區擴大紅軍的一點成績了。

記者按：關於擴大紅軍的成績，我們得到的是興國的最好了，但是勝利平安區能夠注意到工作方法的轉變，使擴大紅軍的數量增加起來，這是值得提出來給大家作一種模範和興奮的，雖然還係數量的增加是很微弱，還不能滿意。

十月十六日

義勇軍行動愈積極

恢復突泉等縣力攻彰武

佔領飲馬河大舉襲長春

滿軍紛紛投入實力益厚

上海工農專電：攻瀋義勇軍在瀋陽郊外將「滿洲國」軍隊繳械數百，由於義軍行動的積極化，已使日帝國主義十分恐慌。

北京二十七日電：長春北部之義勇軍近已取得聯絡，實力約三萬餘人，現佔領長春附近之飲馬河末港子一帶，向長春取大包圍形勢，俟偽當完竣，定期進攻。日滿軍警異常震恐，于長春郊外嚴密佈防。

北平二十八日電：義軍一部於二十四日攻克吉長路之下久台車站，當將站焚毀，日滿軍協同迎擊，雙方戰爭甚烈，吉長路已數日不通。又駐瀋賊子之日鐵甲車，二十六夜由錦開赴義縣一列，以作進攻熱河之準備。

長春二十八日路透電：今晨拂曉遭大隊義軍襲擊，與遼交通斷絕，該處日僑之生死，毫無消息。

北平二十九日電：彰武通遼日前經陷後，義軍復集合全部萬餘，猛攻大通路沿線，逐日激戰，通遼兩路軌，各毀二十餘里，斃敵百餘人，日軍司令岩田負重傷，義軍現仍力攻彰武，並向鄭通線推進中。女兒河義軍近擊落日机一架，撫順義軍千餘人二十五日夜千金寨，激戰一晝夜 互有傷亡。瀋義軍圍攻瀋 敵二百餘被繳械，四郊義軍距城約十餘里，異常活動。

北平一日路透電：近義軍實力增厚，積向洮昂四洮兩路發展，滿洲軍紛紛投入義勇軍，勢如破竹，突泉開通洮安鎮東泰來等縣，相繼恢復聯成一片，正向洮南進攻，洮南滿軍實力有六團，未能一時攻破。日軍近在洮南洮昂一帶積極佈防，重兵固守，圖與義軍激戰云。

哈爾濱三日路透電：近來齊齊哈爾至滿洲里一帶，幾完全陷入無政府狀態。據蘇聯報載：義軍業已佔領礬河子，日軍退一面坡，北滿方面之呼蘭，亦被義軍佔領，現已證實。

哈爾濱四日電：九月二十七日，日本飛機一架在博克圖西二十七英里降落，原因未詳，但該機旋由義軍從西行火車截去，日飛駛及偵察員之生死未明。

北平七日電：攻瀋陽各路義勇軍 已逼近瀋陽三英里，現暫取戰時防守方略，對付日軍與滿洲國軍，一俟聯絡完成，即續總攻，以便一致佔領瀋陽。

又電：義軍克復廣安後，返加猛烈向攻鎮東井五界，開七日晚義軍一度將鎮東佔領，旋日軍以重兵逼迫義軍，義軍因勢孤力薄，為避免重大犧牲起見，暫退守昴化靖安等處云。

北平七日電：總攻瀋陽之各路義勇軍，於六日拂曉先後進抵目的地，日軍已與義軍各部發生衝突，雙方戰爭甚烈，義軍聲勢極猛，瀋陽旦夕可下，聞日帝國主義將用毒瓦斯彈

上海英美烟廠罷工勝利
條件完滿答覆
赤色工會發展

期：红色中华零零三十六期

版：零五版

时间：一九三二年十月十六日

上海英美烟厂罢工胜利

条件完满答覆
赤色工会发展

上海二日电：英美烟厂工人因要求改良待遇，被资本家将工人领袖开除，由酝酿罢工而进行罢工，并将烟叶捣毁，又四日电：上项罢工，在共产党团与赤色工会三方统一领导下，完全胜利，工人要求为（一）增加工资五分，（二）反对大磅称［秤］（三）反对新厂规二十三条，（四）恢复被开除工人的工作，在工人一致团结与坚决的威吓下，资本家终于答应了工人一切的要求，这次胜利后，工人的斗争情绪与积极性大为提高，已有八百多工人加入赤色工会。

一九三二年十月十六日　紅色中華　第五號

名，俘擄七八名，繳獲槍十餘枝，子彈百餘發，敵人至此已大部消滅。

上海英商公共汽車工人鬥爭激烈
共產黨起領導作用

上海英商公共汽車公司在九月二十三日答覆了賣票工人的茲項要求，允許加薪給假等，工人因此認爲滿意，就大家都上工，但實在是資本家的把戲。

四日滬電：資本家更加緊對新工人壓迫，發給白俄賣票員每人皮帶一根以便隨時鞭打工人，全體工人即召集大會組織罷工委員會，準備再罷工來答覆資本家的壓迫。現在一鬥爭已得到一部份的勝利，工人已經終止罷工，這次鬥爭完全是共產黨支部領導的。當支部同志在群衆大會上演說時，外國巡捕要想逮捕他，但中國巡捕對罷工工人極表同情，並對外國巡捕說，你要逮捕他，看我對付你。

上海絲廠女工罷工
參加者有一萬二千多人
要求加資減時
毀廠包圍黃色工會

上海二日電：上海虹口絲廠女工一萬二千人全體罷工，要求減少時間及增加工資，並將廠內各物搗毀，和包圍絲業黃色工會，提出（一）每日工資六角，（二）恢復禮拜賞月拜，（三）工作時間不能超過十一小時等條件，工人斗爭情緒堅決。

上海求新船廠罷工
反對開除工人
反對剋扣工資
斗爭情緒積極

上海求新船廠資本家開除工人十二名和剋扣工資，激起全體工人憤怒，宣告罷工，九月九日起所有該廠的鉗床間，車床部，銅匠部，打鐵部，翻砂部，冷作部，電燈部，電旱部，漆匠部，起重部，水作部，水輪部，各部全體工人，一致罷工，並發罷工宣言。宣言內容暴露資本家壓迫工人的真象，和減低工人被剝削的痛苦，最後表示決與資本家鬥爭到底。全體工人罷工總部的要求共四項，（一）被開除工人一律復工，（二）罷工期間工資照給，（三）重行修訂契約，（四）派出廠工作照例津貼車費。船廠資本家在全體工人團結和鬥爭的積極威脅下，對工人的四件要求完全應許了，工人就在這個團結與堅決的斗爭中得到勝利了。

上海英美烟廠罷工勝利
條件完滿答覆
赤色工會發展

上海二日電：英美烟廠工人因要求改良待遇，被資本家將工人領袖開除，於是釀成罷工，並將州棧搗毀，又四日電：上項罷工，在共產黨團與赤色工會三方統一領導下，完全勝利，工人要求爲（一）增加工資五分，（二）反對大磅秤，（三）反對新廠規二十三條，（四）恢復被開除工人的工作，在工人一致團結與堅決的威嚇下，資本家終于答應了工人一切的要求。這次勝利後，工人的斗爭情緒與積極性大爲提高，已有八百多工人加入赤色工會。

上海醬業工人反對資本家剝削
罷工對付正在醞釀

上海醬業工人以資本家破壞以前訂立好的條件，增加向工人剝削（前勞資契約規定，每月最低工資爲十四元，目前資本家則剝削到有一个月五元者），全體工人受此種剝削，憤激異常，曾推出代表向資本家交涉，要求依照以前所訂立的勞資契約的規定，每月最低工資爲十四元，但資本家拒絕談判，不肯答覆，現在全體醬業工人斗爭情緒更加積極，皆稱，任何壓迫，任何摧殘，誓與資本家奮斗到底。現工人準拿出斗爭的武器—罷工—來對付資本家云。

廣州海員斗爭勝利

上海四日電：廣州海員因東亞輪公司開除工人，要求復工未遂，準備罷工，並提出要求十項，結果完全勝利，并付萬元賠償了工人損失。

勝利平安區擴大紅軍成績
十五天自願加入紅軍六十名

勝利通訊：勝利縣平安區前數月因爲擴大紅軍消極怠工，沒有廣泛宣傳鼓動，沒有堅決執行優待紅軍條例，所以擴大紅軍的成績得到很少，甚至幾十天才擴大得十餘個。最近平安區因將工作轉變了，發展革命戰爭的空氣也就較前濃厚，在十五天的時間，就有六十多個群衆自願到前方去加入紅軍，積極去消滅敵人，這是平安區擴大紅軍的一點成績了。

記者按：關於擴大紅軍的成績，我們得到的是興國的最好了，但是勝利平安區能夠注意到工作方法的轉變，使擴大紅軍的數量增加起來，還是值得提出來給大家作一種模範和興奮的，雖然這個數量的增加還很微弱，還不能滿意。

十月十六日

義勇軍行動愈積極
恢復突泉等縣力攻彰武
佔領飲馬河大舉襲長春
滿軍紛紛投入實力益厚

上海工農專電：攻瀋義勇軍在瀋陽郊外將「滿洲國」軍隊繳械數百，由於義軍行動的積極化，已使日帝國主義十分恐慌。

北京二十七日電：長春北部之義勇軍近已取得聯絡，實力約三萬餘人，現佔領長春附近之飲馬河末港子一帶，向長春取大包圍形勢，俟佈置完竣，定期總攻。日滿軍警異常驚恐，下令長春郊外嚴密佈防。

北平二十八日電：義軍一部於二十四日攻克吉長路之下久台車站，當將站焚毀，日滿軍協同迎擊，雙方戰爭甚烈，吉長路已斷日不通。又駐溝幫子之日鐵甲車，二十六夜由錦開赴義縣一列，以作進攻熱河之準備。

長春二十八日路透電：今晨拂曉遭大隊義軍襲擊，與遼交通斷絕，該處日僑之生死，毫無消息。

北平二十九日電：彰武通遼日前相繼失陷後，義軍復集合全部萬餘，猛攻大通路沿線，逐日激戰。通遼兩路軌，各毀二十餘里，斃敵百餘人，日軍司令岩田負重傷。義軍現仍力攻彰武，並向鄭通線推進中。女兒河義軍近擊落日機一架。撫順義軍千餘人二十五日攻千金寨，激戰一晝夜，互有傷亡。瀋義軍同時攻瀋，敵二百餘被繳械，四郊義軍距城約十餘里，異常活動。

北平一日路透電：近義軍實力增厚，續向洮昂四洮兩路發展，滿洲軍紛紛投入義勇軍，勢如破竹，突泉開通洮安鎮東泰來等縣，相繼恢復，聯成一片，正向洮南猛攻，洮南滿軍實力有六團，未能一時攻下。日軍近在洮南洮昂一帶積極佈防，重兵固守，關東軍續派軍前進云。

哈爾濱三日路透電：近來齊齊哈爾至滿洲里一帶，幾完全陷入無政府狀態，據蘇聯報載：義軍業已佔領橫道河子，日軍退一面坡。北滿方面之呼蘭，亦被義軍佔領，現已將寶。

哈爾濱四日電：九月二十七日，日本飛機一架在博克圖西二十七英里降落，原因未詳。但該機旋由義軍從西行火車載去，日飛機及偵察員之生死未明。

北平七日電：攻瀋陽各路義勇軍已逼近瀋陽三英里，現暫取戰時防守方略，對付日軍與滿洲國軍，一俟聯絡完成，即施總攻，以便一致佔領瀋陽。

又電：義軍克復廣安後，更加猛烈攻鎮東井子界。聞七日晚義軍一度將營口佔領，旋日軍以重兵逼迫撤退，義軍因勢孤力薄，爲避免重大犧牲起見，暫退守鼎化靖化靖安等處云。

北平七日路透電：總攻瀋陽之各路義勇軍，於六日拂曉先後進抵目的地，日軍已與義軍各部發生攻擊，雙方戰爭甚烈，義軍聲勢極猛，瀋陽指日可下，聞日帝國主義將用毒瓦斯彈

上海醬業工人反對資本家剝削
罷工對付正在醞釀

期：红色中华零零三十六期
版：零五版
时间：一九三二年十月十六日

上海酱业工人反对资本家剥削罢工对付正在酝酿

上海酱业工人以资本家破坏以前订立好的条件，增加向工人剥削（前劳资契约规定，每月最低工资为十四元，目前资本家则剥削到有一个月五元者），全体工人受此种剥削，愤激异常，曾推出代表向资本家交涉，要求依照以前所订立的劳资契约的规定，每月最低工资为十四元，但资本家拒绝谈判，不肯答覆，现在全体酱业工人斗争情绪更加积极，皆称，任何压迫，任何摧残，誓与资本家奋斗到底。现工人将拿出斗争的武器——罢工！来对付资本家云。

一九三二年十月十六日　紅色中華　第五號

名，俘擄七八名，繳獲槍十餘枝，子彈百餘發，敵人至此已大部消滅。

上海英商公共汽車工人鬥爭激烈

共產黨起領導作用

上海英商公共汽車公司在九月二十三日答覆了賣票工人的五項要求，允許加薪給假等，工人因此認爲滿意，就大家都上工，但實在是資本家的把戲。

四日滬電：資本家更加緊對於工人壓迫，發給白色賣票員每人皮帶一根以便隨時檢們工人，全體工人即召集食會租織罷工委員會，準備再罷工來答覆資本家的壓迫，現在一鬥爭已得到一部份的勝利，工人已經終止罷工，這次鬥爭完全是共產黨支部領導的，當支部同志在群衆大會上演說時，外國巡捕要想逮捕他，但中國巡捕對罷工工人極表同情，並對外國巡捕說，你要逮捕他，看我對付你。

上海絲廠女工罷工

參加者有一萬二千多人

要求加資減時

毀廠包圍黃色工會

上海二日電：上海虹口絲廠女工一萬二千人全體罷工，要求減少時間及增加工資，並將廠內各物搗毀，和包圍繅絲業的黃色工會，提出（一）每日工資六角，（二）恢復禮拜賞月拜，（三）工作時間不能超過十一小時等條件，工人斗爭情緒堅決。

上海求新船廠罷工

反對開除工人

反對剋扣工資

斗爭情緒積極

上海求新造船廠資本家開除工人十二名和剋扣工資，激起全體工人憤怒，宣告罷工，九月九日起所有該廠的鉗床部，車床部，銅匠部，打鐵部，翻砂部，冷作部，電燈部，電旱部，湊匠部，起重部，水作部，水輪部，各部全體工人，一致罷工，並發罷工宣言，宣言內容暴露資本家壓迫工人的異象，和述說工人被剝削的痛苦，最後表示決與資本家鬥爭到底，全體工人罷工提出的要求共四項，（一）被開除工人一律復工，（二）罷工期間工資照給，（三）重新修訂契約，（四）派該廠工作照例津貼車費，船廠資本家在全體工人團結和鬥爭的積極威協下，對工人的四件要求完全應許了，工人就在這個團結與堅決的斗爭中得到勝利了。

上海英美烟廠罷工勝利

條件完滿答覆

赤色工會發展

上海二日電：英美烟廠工人因要求改良待遇，被資本家將工人領袖開除，於是該廠罷工而實行怠工，並將烟葉搗毀，又四日電：上項罷工，在共產黨與赤色工會三方統一領導下，完全勝利，工人要求爲（一）增加工資五分，（二）反對大磅秤，（三）反對新廠規二十三條，（四）恢復被開除工人的工作，在工人一致團結與堅決的威嚇下，資本家終于答應了工人一切的要求，這次勝利後，工人的斗爭情緒與積極性大爲提高，已有八百多工人加入赤色工會。

上海醬業工人反對資本家剝削

罷工對付正在醞釀

上海醬業工人以資本家破壞以前訂立好的條件，增加向工人剝削（前勞資契約規定，每月最低工資爲十四元，目前資本家剝削到有一个月五元者），全體工人受此種剝削，憤激異常，曾推出代表向資本家交涉，要求依照以前所訂立的勞資契約的規定，每月最低工資爲十四元，但資本家拒絕談判，不肯答覆，現在全體醬業工人斗爭情緒更加積極，皆將，任何壓迫，任何推殘，誓與資本家奮斗到底，現工人准拿出斗爭的武器——罷工——來對付資本家云。

廣州海員斗爭勝利

上海四日電：廣州海員因東華輪公司開除工人，要求復工未遂，准備罷工，並提出要求十項，結果完全勝利，並付萬元賠償工人損失。

勝利平安區擴大紅軍成績

十五天自願加入紅軍六十名

勝利通訊：勝利縣平安區前數月因爲擴大紅軍消極怠工，沒有廣泛宣傳鼓動，沒有堅決執行優待紅軍條例，所以擴大紅軍的成績得到很少，甚至幾十天才擴大得十餘個。最近平安區因將工作轉變了，發展革命戰爭的空氣也就較前濃厚，在十五天的時間，就有六十多個群衆自願到前方去加入紅軍，積極去消[illegible]敵[illegible]。[illegible]平是安區擴大紅軍的一點成績了。

記者按：關於擴大紅軍的成績，我們得到的是勇踴的最好了，但是勝利平安區能夠注重到工作方法的轉變，使擴大紅軍的數量增加起來，這是值得提出來給大家作一種模範和與獎的，雖然還僅數量的增加還很微弱，還不能滿意。

十月十六日

義勇軍行動愈積極

恢復突泉等縣力攻彰武

佔領飲馬河大舉襲長春

滿軍紛紛投入實力益厚

上海工農專電：攻瀋義軍在瀋陽郊外將「滿洲國」軍隊繳械數百，由於義軍行動的積極化，已使日帝國主義十分恐慌。

北京二十七日電：長春北部之義勇軍近已取得聯絡，實力約三萬餘人，現佔領長春附近之飲馬河末港子一帶，與長春取大包圍形勢，俟佈置完竣，定期進攻。日滿軍警異常驚恐，下令長春郊外嚴密佈防。

北平二十八日電：義軍一部於二十四日攻克吉長路之下九台車站，當將站焚毀，日滿軍協同迎擊，雙方戰爭甚烈，吉長路已斷日不通。又駐溝幫子之日鐵甲車，二十六夜由錦開赴義縣一列，以作進攻熱河之準備。

長春二十八日路透電：今晨拂曉遭大隊義軍襲擊，與遼交通斷絕，該處日僑之生死毫無消息。

北平二十九日電：彰武通遼日前相繼失陷後，義軍復集合全部萬餘，猛攻大通路沿線，逐日激戰，通遼兩路軌，各毀二十餘里，斃敵百餘人，日軍司令岩田負重傷，義軍現仍力攻彰武，並向鄭通綫推進中。女兒河義軍近擊落日機一架。撫順義軍千餘人二十五日攻千金寨，激戰一晝夜，互有傷亡。瀋義軍同時攻瀋，敵二百餘被繳械，四郊義軍距城約十餘里，異常活動。

北平一日路透電：近義軍實力增厚，續向洮昂四洮兩路發展，滿洲軍紛紛投入義勇軍，勢如破竹，突泉開通洮安鎮東泰來等縣，相繼恢復聯成一片，正向洮南進攻，洮南滿軍實力有六團，未能一時攻破。日軍近在洮南洮昂一帶積極佈防，憲兵團守，圖禦義軍前進云。

哈爾濱三日路透電：近來齊齊哈爾至滿洲里一帶，幾完全陷入無政府狀態。據蘇聯報載：義軍業已佔領橫道河子，日軍退一面坡。北滿方面之呼蘭，亦被義軍佔領，現已證實。

哈爾濱四日電：九月二十七日，日本飛機一架在博克圖西二十七英里降落，原因未詳。但該機旋由義軍從西行火車截去，日飛機師及偵察員之生死未明。

北平七日電：攻瀋陽各路義勇軍，已逼近瀋陽三英里，現暫取戰時防守方略，對付日軍與滿洲國軍，一俟聯絡完成，即總攻，以便一致佔領瀋陽。

又電：義軍克復遼安後，更加猛烈攻鎮東井界，開七日曉與日一度將其佔領，旋日軍以優兵逼迫，義軍因勢孤力薄，爲避免重大犧牲起見，暫退守昂化靖化靖安等處云。

北平七日電：總攻瀋陽之各路義勇軍，於六日拂曉先後進抵目的地，日軍已與義軍各部發生衝突，雙方戰爭甚烈，義軍聲勢極猛，瀋陽指日可下。聞日帝國主義將用毒瓦斯彈

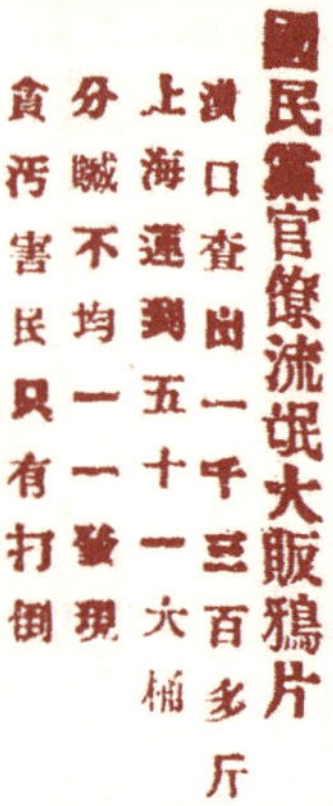
國民黨官僚流氓大販鴉片
漢口查出一千三百多斤
上海運到五十一大桶
分贓不均一一發現
貪污害民只有打倒

国民党官僚流氓大贩鸦片

汉口查出一千三百多斤
上海运到五十一大桶
分赃不均一一发现
贪污害民只有打倒

九月十一日航行四川汉口的永年轮船开到汉口，汉口特税处（即国民党鸦片公卖处）上船查烟，抄出王伯群（做过国民党政府的交通部长）及双清（王伯群的秘书长）的老婆由重庆带来大小皮箱二十五只，共带吗啡三百六十包，烟土五百九十四包，因为他们同汉口的特税局分赃不均，所以就被抄出来了。双清在重庆被四川军阀刘湘放走，现在蒋介石军阀独得了这笔大买卖。又九月二十三日的江大轮船，由汉口开到上海，船上载有糖桶五十三只，里面有五十一只完全是装的烟土吗啡，被海关上检查出来了。上海流氓黄金荣杜月笙等，专门以贩卖鸦片烟为生，这次当然又是他们的，价值一百多万元，只有他们才有这个资本。国民党这批官僚流氓，实在该打倒。我们苏区里面，已经完全禁烟——禁种，禁买卖，禁吃，这证明苏维埃是反帝国主义国民党的真正我们工农劳苦群众的政权。

一九三二年十月十六日　紅色中華　第七期

現上項護路軍已與義勇軍領袖聯絡，向齊齊哈爾進攻，此本為預定計劃，事前祕密進行，故使日方不及防備。現護路軍已迫近齊齊哈爾，即日可攻下云。又據日陸軍部二十八接哈爾濱電報，謂「滿洲國」警備隊與護路軍於二十七上午十一時交戰，警備隊遂被護路軍解除武裝，日領事館及城內各機關概被護路軍監視，日領事要求蘇聯領事發給護照，以備日僑避難於蘇聯境內，市內實施戒嚴令，電報通訊之機關殊為嚴密，現護路軍正逮捕日本官吏，搜查家宅，日當局擬派大軍增援，向護路軍攻擊云。又據上海一日電、蘇聯領事對於滿洲里事件原因之觀察，係護路軍因未發餉，不滿意折扣發給，並與警備隊發生誤解，遂起衝突，北京二日電，滿洲里護路軍已於卅日成立總司令部，並在滿洲里舉行誓師典禮，實行總動員，以與日帝國主義抗戰，一日開始向黑省推進，前鋒在富拉爾基與日軍隔嫩江對峙，前哨已有接觸。護路軍主力一部已越過嫩江鐵橋，擬與黑省之義勇軍同時反攻，誓死抗日云

日本赤化運動猛烈發展

上海二日電：日本赤化運動有極猛烈的發展，特別在軍隊及軍事企業方面。現日帝國主義大施白色恐怖，在航空方面捕去多人皆日本共產黨軍事委員會之中心人物，飛行學校的校長亦在其中。并最近日本革命份子，在軍械工廠、憲兵隊，陸軍造兵廠等處，皆大活動，各種的革命團體組織，都有大大的發展，於九四紀念日，在各處散發許多傳單，和從郵局分送種種宣傳品，內容是叫起日本的工農軍兵，徹底的反對日本帝國主義侵佔中國進攻蘇聯。又在鄉軍人團基層的革命團體組織也非常發展。又日本大阪在「九一八」舉行占領瀋陽週年紀念大游行時，只有軍人參加，各學校學生教員都沒有去，工人農民更沒有一個去了，由此可見日本国內反帝潮流的高漲。

德國要求軍備平等

以不出席軍縮會為抵制　有將強行實施軍備之勢

柏林電：在各帝國主義瘋狂的備戰中，德國要求軍備平等，表示甚為堅決，德外長牛賴脅聲言，軍備平等問題，如不能先作根本解決，則德國再不參集軍縮會議，又致軍縮會主席團之函略稱，「軍縮問題解決方案，必須與德國亦能適用，德方可參加軍縮會議，如條件一日不適德國，則一日不能要求德國參加」云云，又德國國防部長施萊赫氏在東普魯士演說，謂凡國防所必要者，德國在任何環境之下，必採行之，再亦不能受二等國之待遇，德國必須有建設軍備，與鄰國同，藉以防禦聯邦，東普魯士邦有被侵佔危險，德政府準備防禦之，至不剩一卒而後已云。

巴黎電：德國有將強行實施軍備之勢，在德國的国防宜言，和致法政府之節略，皆可表現，德國想扩充軍隊至戰前實力數達三十萬人，和組織國民軍，略全國青年施以軍事訓練，並建築各種軍械工廠云。

倫敦電：德國之要求軍備平等問題，英國之態度，表示與法國相同，英致德之文告，大意說，德國當在經濟恐慌中，發生政治經團中之爭點，對軍備要求是不應當的，英國是與法國相同不容許蔑視條約義務之舉動」云云。而美國對英致德之文告，則表示贊同。意國對德國的要求則又表示同意。現軍縮會主幹會已於日前開會，德國首未參加，蘇聯代表李維諾夫於開會時發一簡單演說，指德代表之缺席，申言軍縮會應容納德國之要求，使會議不缺此席為是，亦表示同情德國。

意圖將東省即行變成朝鮮

駐滿日軍改為駐屯軍　并成立正義團

北平二十八日電：日本帝國主義承認「滿洲國」後，積極採用以前佔領朝鮮的辦法統治佔據東北的日軍，實行改為駐屯軍。關東軍部近又成立一所謂「正義團」，壓迫和欺騙朝鮮中国的流亡人民當士兵，以日本在鄉軍人充下級幹部，現役軍人為高級官佐，預定軍額一萬名，現已有二千餘人，正在積極訓練中，武藤近計劃於最短期間，肅清東北義勇軍，以鞏固滿洲的既得政權更便利於進攻蘇聯，前項的「正義團」即為對義勇軍作戰之組織，瀋陽近又新調到日軍多名，並駐屯日軍計劃添築一飛机廠，建築費二百萬元，期於今年底完成。

日帝國主義武裝移民北滿

上海二十七日電：日本東北北陸各縣在鄉軍人組織滿洲武裝移民團，已在岩〇，山形，舊城，三縣分班訓練，定十月初在東京集齊後赴滿洲，此移民團由預備陸軍中佐市川及在鄉將校四人指導，借用陸軍省步槍机槍手槍及步兵槍彈軍械，編成軍式集團，在哈爾濱北方三姓開始墾殖。

國民黨官僚流氓大販鴉片

漢口查出一千三百多斤　上海運到五十一大桶　分贓不均一一發現　貪污害民只有打倒

九月十一日航行四川漢口一帶的永年輪船開到漢口，漢口特稅處(即國民黨鴉片公賣處)上船查煙，抄出王伯羣(做過國民黨政府的交通部長)及雙清(王伯羣的秘書長)的老婆由重慶帶來大小皮箱二十五只，共藏嗎啡三百六十包，煙土千百九十四包，因為他們同漢口的特稅局分贓不均，所以就被抄出來了。雙清在重慶被四川軍閥劉湘放了，現在蔣介石曾關獨得了這筆大買賣。又九月二十三日的江大輪船，由漢口開到上海，船上載有糖桶五十三只，裏面有五十一只完全是裝的烟十嗎啡，被海關上檢查出來了。上海流氓黃金榮杜月笙等，專門以販賣鴉片煙為生，這次當然又是他們的，價值一百多萬元，只有他們才有這樣資本。國民黨這批官僚流氓，實在該打倒。我們蘇區裏面，已經完全禁烟——禁種，禁賣，禁吃，這證明蘇維埃是反帝國主義國民黨的真正我們工農勞苦群衆的政權。

國民黨軍閥混戰一團

上海十二日工農專電：四川劉鄧軍閥混戰形勢，已醞釀成熟，只是大家都不肯首先發難，但最近必將爆發，日已有爆發之訊，劉湘亦調動甚忙，駐宜昌沙市的郭勳范紹增兩部已向重慶方面調回。

又山東省韓復渠軍閥和劉珍年小軍閥的內鬨，為的是爭地盤，爭軍餉，在烟台劉雞縣的區域中，打來打去，現在已停戰講條件，如其講不好，還是要再打的了。

突擊隊

保護白軍反動營長利益的幾個鄉蘇主席

國寶

長汀縣大埔區東街鄉，有一名林少化子者，係軍閥郭鳳鳴部的一營長，也任過團副職，本人是郭鳳鳴的妹夫，去年紅軍攻下汀州時，他因無路可逃，仍潛伏着不走，至去年九月間，該營長養的婢女跑出來到保衛局來詳報該反動營長之事實，保衛局接到報告後，去密查確實，即派武裝去拘捕他未遂，給他逃跑了，其妻也暗伏到老百姓家中未捉到，結果祇將其家產田地概行經蘇維埃政府沒收了。(還有一根曲尺槍未查到)

至今年九月間，保衛局又接該營長婢女來局稱謂該林營長又回來東街鄉住了許久，並分到有田，經本局調查確實，即派武裝去捕拿，結果該營長預先將訊而打埋伏去了，因此而又未捕獲到，只捉到其妻歸案，一根典尺也未曾查到，保衛局負責同志就吩咐該鄉蘇主席加緊調查，拿獲歸案。

然而至九月廿九號本局忽然接得一張有東街，大埔，東山三个鄉圓印的具保狀，一問知道該鄉東街鄉蘇主席不但不將該林營長去查獲，反而大膽的了三鄉蘇主席來具保軍閥營長的妻子，並謂該營長婢女是誣告營長的妻，同時還提出要求懲辦該婢女。

蘇維埃區內還存有如上的鄉蘇主席，明明冒犯營長妻本人承認閥樣有在，還要用了三鄉蘇維埃的圓印來保而控告婢女，這樣投機份子「紅來迎白來接」的與軍閥官僚妥協的富農階級的份子，存留着在蘇維埃機關內，還不迅速撤職查辦，而滾出去嗎？

道士烟鬼也當紅軍？

陳子球

黃陂區第四鄉，有個沒有分出的吃鴉片煙道士，在家裏找不到出路，這次該鄉政府吸收他來當紅軍，一來不能吃苦，沒

期：红色中华零零三十七期

版：零二版

时间：一九三二年十月二十三日

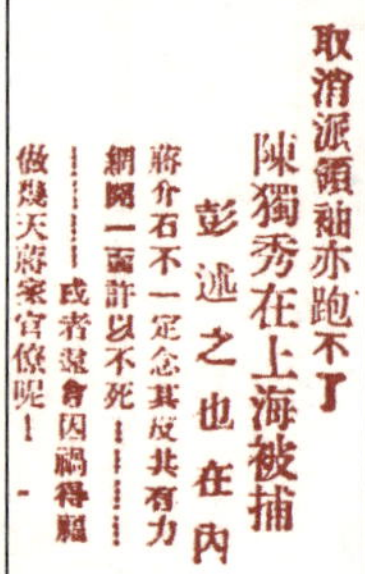
取消派領袖亦跑不了
陳獨秀在上海被捕
彭述之也在內
蔣介石不一定念其反共有力
網開一面許以不死……
……或者還會因禍得福
做幾天蔣家官僚呢！

取消派领袖亦跑不了
陈独秀在上海被捕
彭述之也在内

蒋介石不一定念其反共有力网开一面许以不死
或者还会因祸得福
做几天蒋家官僚呢！

上海十七电：公共租界在十五日晨破获虹口东有恒路春阳里某号取消派机关，当场捕去谢某等五人，由谢某供出彼等是取消派陈独秀的党徒，陈现匿岳州路永兴里十号，捕房下午按时往捕，陈独秀正在年老多病，卧在床上，带入捕房后，略加讯问，即送工部局医院治疗（大为优待！）。连日取消派机关因牵连而被破获者，有数处，但取消派则未捕得一个，可算侥天之幸。中国地界的公安局，现派人向租界要求引渡。查此次共被捕去十一人，供出姓名，皆不真实，除陈独秀外，仅知尚有彭述之一人，其余九人皆供词支吾。同时国民党公安局要求法院禁止旁听，所以详情不悉。仅十七日开侦察庭一次。

新的勝利的消息將是連續不斷的一天一天的自前綫由天空中的電浪傳到後方來，全蘇區工農勞苦羣衆在這些新的勝利的面前，爲着自己的階級利益，只有加倍的努力，充實和擴大革命戰爭的核心動力的『軍事的財政經濟』，以適應前綫的需要，使前綫不感覺到一顆米，一文錢的缺乏，這就是後方革命工農勞苦羣衆的當前的日常的階級義務。

『一切服從於戰爭』（列寧）。

特約工農電訊

，十八號上海電：一，報載劉湘表示川戰極有把握，最近即可解決，劉文輝現連日調重兵攻江津永川。

二，太平洋日美的關係緊張，美帝國主義的海軍艦隊將留駐太平洋至明春並又將舉行冬季大操演。日帝國主義則亦將舉行冬操，與美對峙。

三，十九路軍士兵自被蔣蔡壓迫，大批活埋，餓斃，掃射槍殺後，其餘數千人即被繳械，並解散來滬。復被國民黨政府多方的壓迫，強迫回家。現還許多士兵正準備並組織向國民黨要求發給槍械，到東北參加義勇軍與日作戰。

十九日上海電：一，四川軍閥已在成都附近，順慶等處開始激戰　雙方死傷甚重劉湘派軍用飛機至江津永川等處準備轟炸，人民恐慌已極。福建自陳國輝被十九路軍拘捕後，閩土著軍閥盧興邦何顯祖等皆露骨的表示反對十九路軍。現雙方已準備大規模的混戰。

二，蘇聯報紙對李頓報告書有長篇論文批評，主要內容謂報告書對日本帝國主義侵略中國不置一詞，不提及遠東糾紛中帝國主義之敵視，復鼓動日本進攻蘇聯。暗示滿洲僅能作爲進攻蘇聯之根據地。并滿心希望消滅帝國主義間之冲突，轉向爲進攻蘇聯之共同戰線。又述中國統治階級數次進攻紅軍之無結果，暗示必須假國際帝國主義之助力，迫使中國接受國際共管之建議，證明此報告書不過爲一交易之贓物耳。

三，英帝國主義利用四川軍閥混戰之際，指使藏軍積極進攻西康。

北線大勝利

連克三城

江西黎川　福建建甯　泰甯

敵軍許克祥周志羣聞風逃遁

我前線紅軍以極敏捷的行動在十月十八日佔領黎川建甯兩縣，駐黎川敵軍許克祥部聞風先逃南城，駐建甯敵軍周志羣部向泰甯退卻，我英勇紅軍遂乘勝跟蹤追擊，在梅口鋪擊斃建甯縣長一名，並擒獲敵軍眷屬多人（有周部第二團團長胡廷揚妻子）及截得敵軍輜重無算。

十月十九日十二時，我紅軍又攻克泰甯，敵周志羣部分向歸化將樂兩縣境（福建）潰退，敵軍因退不及溺斃河中者約數百人。這一大勝利將使中央蘇區與閩東北蘇區打成一片。

鄂豫皖紅軍

再接再厲日夜酣戰

擊潰敵人三師

鄂豫皖紅軍於攻克黃陂新洲後向黃安進發，在河口（距黃安四十里）與敵第一師第八十八師第二十三師相遇，酣戰兩晝夜，將敵完全擊潰，奪獲無數。現正同敵第一軍第十四軍第十八軍作戰，並派出多數游擊隊向隨縣方面抄敵。現紅軍已與鄂西區鄂豫邊區取得聯絡。

布國共產黨的地方選舉大得勝利

以三十二席占大多數

布加利亞國京城蘇菲亞的地方選舉，在本屆中，共產黨得到絕大勝利。蘇菲亞市議會共四十四席，共產黨得三十二席，其餘十二席爲政府黨所得，桑可夫社會民主黨完全失敗。這次選舉中共產黨的勝利，對於布國的國內政治有極大影響。布國政界於選舉結果宣布後，皆大爲失色。惟在國會中共產黨只佔四十餘席，國會之總席數約三百。

牛蘭夫婦執行無期徒刑了

帝國主義國民黨的暴行

國民黨南京江甯地方法院接到高等法院的命令於十四日對牛蘭夫婦移提到南京大石橋第一監獄，執行永遠監禁。事先警察所派武裝警察十六名，警官四名，乘汽車押，於上午七時抵第一監獄。牛蘭住病室九號，汪得利曾（牛蘭夫人）住女監。每天由獄吏強迫牛蘭夫婦運動兩次。

牛蘭夫婦這次沒有提起上訴，因爲明知道提出來也是無益，帝國主義國民黨必然不會有甚麼人道的。我們現在只有從蘇維埃運動的擴大，紅軍的勝利，推翻帝國主義國民黨來救我們的被難同志們出獄。

取消派領袖亦跑不了

陳獨秀在上海被捕

彭述之也在內

蔣介石不一定念其反共有力網開一面許以不死！——或者還會因禍得福做幾天蔣家官僚呢！—

上海十七電：公共租界在十五日晨破獲虹口東有恆路春陽里某號取消派機關，當場捕去謝某等五人，由謝某供出取消派陳獨秀的黨徒，陳現匿岳州路永興里十號，捕房下午按時往捕，陳獨秀正在年老多病，臥在床上，當入捕房後，略加訊問，即送工部局醫院治療（大爲優待！）。連日取消派組織因此遭到破壞者，有數處，但取消派則未捕得一個，可算僥天之倖。中國地界的公安局，現派人向租界要求引渡。查此次共被捕去十一人，除陳獨秀外，僅知尚有彭述之一人，供出姓名，皆不真實，其餘九人皆供詞支吾。同時國民黨公安局要求法院禁止旁聽，所以詳情不悉。僅十七日開偵察庭一次。

蘇聯積極增加農業生產

耕地又多三千萬公頃

莫斯科電：蘇聯政府及共產黨中央委員會發表一由摩洛托夫與斯達林共同簽字之通告，喚起農民以某種方法，增加每公頃之產量，並說，目前蘇聯之耕地，較前已增加三千萬公頃，蘇聯的農業發展的第一期，是成功了，現時所應努力者，是在田畝產量之增加，蘇聯目前的基本農業區之百分之八十

上海碼頭工人的英勇鬥爭
大打國民黨狗

期：红色中华零零三十七期

版：零三版

时间：一九三二年十月二十三日

上海码头工人的英勇斗争
大打国民党狗

上海通讯：码头工人因国民党强派新委员会整理码头工会，激起工人愤怒，将国民党所委派之委员刘德甫，徐建业二名，用斧头砍伤，并包围国民党党部，将其捣毁，后工人被捕七人，遂又大批到南京去要求释放工人的运动。这一次的斗争完全是反国民党的表示，是国民党压迫工人的回答，兹将其详细情形分述于下：

砍伤新委员：九月二十三日，国民党强派刘德富，徐建业二走狗会同国民党市党部监事员钟□张昇等，前去接收码头工会，谁知进门时，该工会内工人已预先埋伏以待，等国民党狗过来，即将门关闭，四面伏兵齐起，用预储铁棍斧头向国民党狗猛砍，并加以乱殴，致全被打伤，但工人也有四人带花的。

打毁市党部：码头工人将国民党所委派的新委员和市党部办事员殴打后，复全体去包围上海国民党市党部，并将被殴伤之工人四名用车送去随即将大门关闭，四周密围，水泄不通，布置好了，即冲入办事室，见人即殴，所有市党部办事人都饱尝工人拳头脚板，守门警察，上前援救，又被工人监视起来。工人□这班万恶的国民党狗痛打一场之后，非常称快，很得意的说："这就是给你们国民党猪猡吃的生活"。后国民党市政府派来大队军警及街战车，并宣布临时戒严，准备同工人大战，但工人早已退去，但也捕去武明福，周汉卿，吴□孙，陈保弟，冯炳洪，浦林卿，王广才，等七人。

到南京示威：码头七工人被捕后，工人大愤怒，复集三千人由上海乘轮到南京，向国民党中央党部要求释放被捕工人，国民党知到［道］工人来了，恐怕又吃拳头，即戒备森严，如临大敌，工人知有戒备，所以莫有甚么举动，只是向国民党提出条件五项，（一）撤消指派工会的委员，（二）惩办祸官，（三）电沪释放被捕工人，（四）实行二八制，（五）取消通缉工人令。国民党对工人此项要求，则用压迫和欺骗手段来对付，工人受其压迫不得要□而归，但这一争斗自然要继续发展下去的。

一九三二年十月廿三日　紅色中華　第三版

至九十的土地，已經集體化，有農業與引機十萬輛。通告中又具體指明工業用農產品之耕地，暫時不再開拓，惟種穀之地，則為例外，一九三三年種穀之計劃，已定為九千七百五十萬公頃，即較今年春耕增加一百萬公頃，至於農業之機械化及用机械生產之方法，通告中亦有述及，尤其注意於化學肥料出產之增加與積極款改良穀種二事云。

蘇聯海軍大演習

準備給帝國主義進攻的打擊

列寧格勒電：在帝國主義緊迫的準備進攻蘇聯中，蘇聯為要鞏固防禦，準備給帝國主義進攻時的迎頭痛擊起見，於九月十九日的那一星期中，在波羅的海大舉海軍操演，在操演前蘇聯軍事人民委員伏羅希諾夫同志在克朗斯泰特向各艦隊兵士致會操前訓辭，力言蘇聯海軍有研究之需要，致辭畢，立刻有海軍士兵四百八十人加入共產黨，又有二百十三名表示願延長服務海軍年限。

蘇聯軍事人民委員

對於李頓報告書的評論

——帝國主義合謀進攻蘇聯——

蘇俄軍事人民委員應蘇聯新聞報之請，特著論文一篇，評論李頓報告，其大意謂明李頓報告，暗圖將蘇俄牽入漩渦。完全不顧滿洲事實，對於帝國主義者在遠東之爭執，竟然不提，蘇俄在滿並非日本競爭之對方，但李頓報告對於蘇俄極為注意，乃欲聯合各國對俄，冀圖免去帝國主義自身的糾紛，李頓報告，一方欲利用日本帝國主義制止蘇俄，一方復留餘地，冀于必要時使蘇俄與各國聯合對日。簡括言之，李頓報告，乃世界帝國主義與日本帝國主義之妥協以圖合謀進攻蘇聯及中國云。

汪契弟（精衛）又要出洋

汪契弟自從和張學良做一套慣紗帽的把戲後，上南京，跑廬山，跟在蔣介石的屁股後面伺候他的『介公』，但是蔣介石并不高興他，蔣介石竟自身做軍事委員會委員長的名義，在東南幾省，發號施令，做他的迪克推多夢。汪契弟在南京，實際於一個廢人，於是又撥民衙廠，裝病，進諸留醫院。上莫干山休養。甚麼花樣都翻過了，蔣介石還是不理他。汪契弟在國民黨混亂的政治舞臺上，連跑龍套的飯碗都抓不穩一個，於是只好唱老調，又要到法國，出洋去了。這樣無恥的政客，還是趕緊到巴黎去罷，要不然紅軍打到上海來了逃跑不及呢。滾你的蛋！

新泉武平紅軍各有進展

活捉匪首李克明

新泉通訊：新泉紅軍於十一日，澆勦營溪團匪，擊傷團匪四五名，活捉匪首李克明，並繳獲手鎗一枝，子彈四十餘發，現我軍繼續向高地進攻，要同梅村紅軍取得聯絡。

又訊：武平紅軍與地方工農武裝於十日進攻猶村龍坑（離六木五里）團匪，斃匪一名，繳槍一枝，子彈百發，捉獲土豪十餘名云。

江西慶祝十月革命節的準備

與國通訊：偉大的十月革命節轉眼就要到來了，同時也是中華蘇維埃中央政府成立的一週年，江西省一級機關及軍區直屬隊聯合與國城附近各區舉行大規模的慶祝典禮，並舉行運動大會，現由省職工聯合會等机關發起召集各机關開始籌備，現已正式成立籌備委員會，正在積極進行一切籌備工作，籌備委員會決定於十一月六，七，八三天提燈做遊藝，與國城市各區各机關一律張燈結彩，並於七日上午舉行聯合運動會，運動項目：田徑賽（跳高跳遠賽跑）劈，刺，擲鐵球，遊戲體操，兵式操，政治文化測驗，足球籃球等。參加比賽者：紅縣各机關部門及各區列寧小學，屆時當有一場熱鬧云。

上海碼頭工人的英勇鬥爭

大打國民黨狗

上海通訊：碼頭工人因國民黨強派新委員會整理碼頭工會，激起工人憤怒，將國民黨所委派之委員劉德市，徐建業二名，用斧頭砍傷，並包圍國民黨黨部，將其搗毀，後工人被捕七人，遂又大批到南京去要求釋放工人的運動。這一次的斗爭完全是反國民黨的表示，與國民黨壓迫工人的回答，茲將其詳細情形分述於下：

▲砍傷新委員：九月二十三日，國民黨強派劉德富，徐建業二走狗會同國民黨市黨部監事員繆樹張昇等，前去接收碼頭工會，詎知進門時，該工會內工人已預先埋伏以待，等國民黨狗來，即將門關閉，四面伏兵齊起，用預諸鐵棍斧頭向國民黨狗猛砍，并加以亂毆，致全被打傷，但工人也有四人帶花的。

▲打毀市黨部：碼頭工人將國民黨所委派的新委員和市執委辦事員毆打後，復全體去包圍上海國民黨市黨部，並將被毆傷之工人四名用車送去隨即將大門關閉，四週密圍，水洩不通，佈置好了，即衝入辦事室，見人即毆，所有市黨部辦事人都飽嘗工人拳頭脚板，守門警察，上前援救，又被工人監視起來。工人把這班兇惡的國民黨狗痛打一場之後，非常稱快，很得意的說：『這就是給你們國民黨豬猡吃的生活』。後國民黨市政府派來大隊軍警及街警車，並宣佈臨時戒嚴，準備同工人大戰，但工人早已退去，但也捕去武明福，周漢卿，吳聚孫，陳保弟，馮炳洪，浦林卿，王廣才，等七人。

▲到南京示威：碼頭七工人被捕後，工人大憤怒，復糾三千人由上海乘輪到南京，向國民黨中央黨部要求釋放被捕工人，國民黨知到工人怒了，恐怕又吃拳頭，即戒備森嚴，如臨大敵，工人知有戒備，所以沒有甚麼舉動，只是向國民黨提出條件五項，（一）撤消整理工會的委員，（二）懲辦禍首，（三）[illegible]釋放被捕工人，（四）實行二八制，（五）取消透耕工人介。國民黨對工人此項要求，則用壓迫和欺騙手段來對付，工人受其壓迫不得要領而歸，但這一爭斗自然要繼續發展下去的。

東北災民三千萬

受着飢寒交迫奄奄待斃

日帝國主義佔領東三省後吞下的炸彈

上海七日電：自從『九一八』事變，帝國主義國民黨出賣東三省以來，東北工農勞苦群衆，受日本帝國主義鐵蹄的蹂躪，以致工人沒有工作，農民不能耕種，所受痛苦已到極點。近又加上廣大範圍的水災，使工人農民的房子田地，被損無餘。現在東北無衣無食無房子住的奄奄待斃的災難工農，已達三千萬人，避水災後的哈爾濱市中聚有數十萬人。他們激於飢寒的痛苦和受日帝國主義的壓迫，斗爭甚為激烈，如哈市形勢，非常緊張，日夜戒嚴，防備災民暴動。日本帝國主義佔領東三省後，誠有義勇的游擊戰爭，復受災民的威脅，實不能安睡宵，無異吞下一顆炸彈。

美帝國主義大平洋航輪

中國海員五千人被停工

安插美國失業工人

上海訊：美國經濟恐慌，國內失業工人激增，同時太平洋內日美帝國主義近年競爭航權甚烈，各建新輪船，互相爭奪航業，一二八滬戰以後，美國太平洋航業尤覺船多貨少，噸位過剩，萬噸巨輪，每次出口，常祇載二三百噸，所入運費，甚有不敷燃料用者，日船營業更衰，所裝載不過一二十噸，今以營業之不振，美輪實行緊縮，並因美帝國主義爲安插國內失業工人起見，將太平洋內各美國輪船中之五千餘中國海員完全斥退，改用美失業工人，並將工資八折扣，以謀補救同日本競爭所受之損失。這完全是美國資本家犧牲工人利益來維持自己的利潤的辦法。

上海丝厂的罢工斗争

上海丝厂女工罢工消息，曾见前报，现得有更详细斗争通讯，特简述于下：

罢工起因：

丝厂女工因受资本家极度剥削，痛苦不堪，于九月二十三晨，首由祥成丝厂数十女工发起，向全厂女工宣传对付资本家，于是祥成厂全体女工就宣布罢工。祥成厂罢工后，全体女工随即拥至云成，元丰，仁记，通纬，裕经，怡昌等厂，要求同盟罢工，并将厂内竹笆玻璃等物捣毁，而该厂等女工也即加入，虹口其他各厂女工闻讯，均纷纷罢工，在是日八时以后，虹口一带就有十二个丝厂同盟罢工了。二十四日，各女工又复向裕源，楚信，绪祥，经纬，润昌等厂女工宣传，全体女工也即自动停工出厂，加入罢工。该各厂加入罢工后。租界及闸北各厂遂相继宣告加入。罢工的厂数，遂达数十，罢工女工人数为一万五六千人。

要求条件：

（一）恢复工资六角，（二）工作时间不得超过十一小时，（三）补发以前克扣之大洋贴水。（四）恢复月赏礼拜赏。女工罢工后，全市丝厂开工的男工，也召集开会，合女工要求提出附带条件，（一）恢复每元四角五分之茧蛾，（二）恢复每月四工申工。

打黄色工会：

资本家走狗黄色工会，素来代表资本家欺骗压迫工人，极为工人所愤恨，这次女工罢工前，曾叫黄色工会向资本家交涉，要求加资和减少工作时间，而黄色工会，竟代资本家辩护，反对工人的要求，于是女工们忍无可忍，遂自动罢工。罢工后，全体女工跑到黄色工会，去把它包围起来。要它马上提出上四项条件，向资本家交涉。那知黄色工会对女工的要求，不特不理，反而向国民党社会局请愿，要求武力压迫工人复工，以维持他妈的所谓“治安”，并在罢工的女工中，用各种恐吓欺骗的手段，来破坏罢工的团结。女工们在此斗争激烈中，气愤不过，遂将黄色工会捣毁，欧［殴］打黄色工会的委员，而黄色工会的丑态遂完全在工人的面前暴露出来了。

与巡捕冲突：

丝厂女工罢工后，遂经帝国主义国民党的武装压迫，但此种压迫，不但不能阻止罢工，且更加惹高工人的斗争情绪和觉悟，行动愈趋积极。十月三日，万千的大队女工，由租界甘肃路祥丰丝厂出发，示威到阿拉白脱路经纬丝厂，要求该厂女工联合罢工，该厂女工当即宣布罢工，并全体参加示威。大队的示威女工复继续向同路进发，到隆元，润昌，绪祥等厂示威，一到该处，五厂女工也就全体加入罢工，并正当大联合的继续示威时，帝国主义已派出大队武装巡捕，对示威女工加以压迫，女工正当示威紧张的时候，遇着帝国主义的武装巡捕来挑衅，全体愤怒异常，遂向大队巡捕冲去，当即互相混战，结果女工阿毛一名受重伤，轻伤许多。

现在这个罢工尚在相持中，女工宣言不胜利不复工，那势必将继续罢下去的了。

第三版　紅色中華　一九三二年十一月一日

社論

以宣傳鼓動，革命競賽來

推銷公債

我們又得了新的勝利，在二十二日，擊潰國民黨軍閥周志羣部，佔領卲武了。這種勝利進攻的開展，將每日從前線傳來，我們有堅決的信心，『這次戰爭，當然是我們勝利的。』，現在粉碎帝國主義國民黨的四次『圍攻』已不是宣傳鼓動的口號了。我們正在實現這個口號，爭取進一步完成江西及其鄰近省區的革命首先勝利。但是充實紅軍軍需是這次進攻的主要決勝條件之一。我們要使沒有充分的對前方給養的供給，我們休想勝利。

所以中央政府再發行第二次革命戰爭公債一百二十萬元，在一個月之內，分五期收齊。所有關於這一次的發行，已有中央執行委員會的訓令及發行條例　登載於本報本期中了。

我們的公債券，除了對大商人與他約定推銷數目外，對於一般工農羣衆都要用宣傳鼓動的方法，動員他們踴躍購買，一點不加以勉強。只有每个工農勞苦羣衆從政治的階級的自覺上，了解這次戰爭的目的，認識軍費供給在戰爭上的重要，他才會願意買，不只願意買，而且願意多買，一加勉強，他就買了，也不會多買的　反而限制了我們的推銷，各地方政府，革命團體，在推銷這次公債上，不惟可以看出他們推銷的成績、并可以考察他們宣傳鼓動的方法。誰推銷得多，誰的宣傳鼓動方法就好。這正是宣傳鼓動的實際——沒有內容的喊口號，貼標語才是空洞的，

在無可奈何才做到中央政府所規定的推銷數目，只能算是『盡了責』，還不能算是『努了力』，至於那些不能達到中央政府所規定的數目的。簡直是對革命怠工，間接的在幫助敵人。所以我們還要以革命競賽，地方政府與地方政府，革命團體與革命團體，看誰能推銷得多，看推誰推銷得快。規定推銷一萬元的，要推銷到一萬五千元，規定十天推銷完的，要五天就推銷完。我們提議財政部於本屆公債推銷完畢以後，作一個統計出來，宣佈給全蘇區工農勞苦羣衆看，誰的成績頂好，可列名紅版，誰的成績頂壞，可打入黑籍。

粉碎敵人的四次『圍攻』，以勝利的進攻，進攻敵人，這并不是大家唸著玩的，要以最大的努力去完成這一任務。要完成這一任務，尤其是在後方的同志們，沒有比推銷公債，還要更緊迫的了。寧肯少吃一頓飯，寧肯少穿一件衣服，寧衣袋裏不剩一个銅板　購買第二次革命戰爭公債。

不是敵人消滅我們，就是我們消滅敵人，目前是你死我活的殘酷戰爭。全蘇區工農羣衆要爲爭取戰爭的全部勝利而努力奮斗爭！

十月十六日

……傢伙！）。好當時申述過去組織托洛斯基派在中國活動的情形。托派在中國的活動，直接間接都是幫助豪紳地主資產階級來破壞革命的，蘇區中發現的許多托派搗亂陰謀，就是鐵證，那麼陳獨秀先生報告之結果，只有證明他對國民黨效勞的功積了，蔣介石安得而不拍手稱善也哉！於是乎陳獨秀的國民黨官對手矣——（記者）

上海絲廠的罷工鬥爭

上海絲廠女工罷工消息。曾見前報，現得有更詳細斗爭通訊，特簡述於下：

▲罷工起因：

絲廠女工因受資本家極度剝削，痛苦不堪，於九月二十三晨，貞必祥成絲廠數十女工發起，向全廠女工宣傳對付資本家，於是祥成廠全體女工就宣佈罷工。祥成廠罷工後，全體女工隨即擁至雲成、元豐、仁記、通緯、裕經、怡昌等廠，要求同盟罷工，並將廠內竹笆玻璃等物搗毀，而該廠等女工也即加入。虹口其他各廠女工聞訊，均紛紛罷工。在是日八時以後，虹口一帶就有十二個絲廠同盟罷工了。二十四日，各女工又復向裕源、楚信、緒祥、綸緯，潤昌等廠女工宣傳，全體女工也即自動停工出廠，加入罷工。該各廠加入罷工後，租界及閘北各廠遂相繼宣告加入。罷工的廠數，遂達數十，罷工女工人數爲一萬五六千人。

▲要求條件：

（一）恢復工資六角，（二）工作時間不得超過十一小時，（三）補發以前姓扣之大洋貼水。（四）恢復月賞禮拜賞。女工罷工後，全市絲廠開工的男工，也召集開會，令女工要求提出附帶條件，（一）恢復每元四角五分之繭蝦，（二）恢復每月四工中工

▲打黃色工會：

資本家走狗黃色工會，素來代表資本家欺騙壓迫工人，極爲工人所憤恨。這次女工罷工前，曾叫黃色工會向資本家交涉，要求加資和減少工作時間，而黃色工會，竟代資本家辯護，反對工人的要求。於是女工們忍無可忍，遂自動罷工。罷工後，全體女工跑到黃色工會，去把牠包圍起來，要牠馬上提出上四項條件，向資本家交涉。那知黃色工會對女工的要求，不特不理，反而向國民黨社會局請願，要求武力壓迫工人復工，以維持他媽的所謂『治安』，並在罷工的女工中，用各種恐嚇欺騙的手段，來破壞罷工的團結。女工們在此斗爭激烈中，氣憤不過，遂將黃色工會搗毀，歐打黃色工會的委員，而黃色工會的醜態遂完全在工人的面前暴露出來了。

▲與巡捕衝突：

絲廠女工罷工後，遂遭帝國主義國民黨的武裝壓迫，但此種壓迫，不但不能阻止罷工、且更加惹高工人的斗爭情緒和覺悟，行動愈趨積極。十月三日，萬千的大隊女工，由租界甘肅路祥豐絲廠出發，示威到阿拉白脫路經緯絲廠，要求該廠女工聯合罷工，該廠女工當即宣佈罷工，并全體參加示威。大隊的示威女工復繼續向同路進發，到隆元，潤昌，緒祥等廠示威，一到該處，五廠女工也就全體加入罷工，并正當大聯合的熱烈示威時，帝國主義已派出大隊武裝巡捕，對示威女工加以壓迫，女工正當示威緊張的時候，遇着帝國主義的武裝巡捕來挑釁，全體憤怒異常，遂向大隊巡捕衝去，當即互相混戰，結果女工阿毛一名受重傷，輕傷許多。現在這個罷工尚在相持中，女工宣言不勝利不復工，罷工勢必繼續罷下去的了。

『上海工人』號飛機

捐款消息

上海通訊：上海工人號飛機的募款消息，很少傳到蘇區來。現八月份截至九月一日，又捐得大洋一千二百五十二元八角，小洋一百六十一角，銅板四百四十四枚。現在募捐委員會，正在催索承募各同志，迅速將已募得款目繳來並繼續擴大這一募捐，要使牠深入到上海全部工人羣衆中去。我們願意同『少共國際』號的募捐比賽一下，究竟誰能先完成這個目的。

日帝國主義在江灣大建兵營

第二次上海屠殺的準備

上海通訊：自國民黨出賣十九路軍士兵血肉，無恥的投降日本帝國主義簽訂上海停戰協定後，日本帝國主義依然不能滿意，非武力佔據全上海，親自出馬來鎮壓中國革命不可，所以在上海踏實準備再來一次屠殺。現在日帝國主義在上海大建兵營，以實圖在上海爲二次武裝侵略的根據地。查日本海軍陸戰隊司令部，原駐紮江灣路大通庵附近，該處房屋，原係一住宅洋房，一切建築，不適應用，與日本海軍。由於一二

「上海工人」號飛机捐款消息

“上海工人”号飞机捐款消息

上海通讯：上海工人号飞机的募款消息。很少传到苏区来，现八月份截至九月一日，又捐得大洋一千二百五十二元八角，小洋一百六十一角，铜板四百四十四枚，现在募捐委员会，正在催索承募各同志，迅速将已募得数目缴来并继续扩大这一募捐，要使它深入到上海全部工人群众中去。我们愿意同“少共国际”号的募捐比赛一下，究竟谁能先完成这个目的。

一九三二年十一月一日　紅色中華　第三期

社論

以宣傳鼓動，革命競賽來推銷公債

我們又得了新的勝利，在二十二日，擊潰國民黨軍周志羣部，佔領卻武了。這種勝利進攻的開展，將每日從前線傳來，我們有堅決的信心，『這次戰爭，當然是我們勝利的。』，與在粉碎帝國主義國民黨的四次『圍攻』已不是宣傳鼓動的口號了。我們正在實現這個口號，與進一步完成江西及其鄰近省區的革命首先勝利。但是充實紅軍軍需是這次進攻的主要決勝條件之一。我們要使沒有充分的對前方給養的供給，我們休想勝利。

所以中央政府再發行第二次革命戰爭公債一百二十萬元，在一個月之內，分五期收齊。所有關於這一次的發行，已有中央執行委員會的訓令及發行條例，登載於本報本期中了。

我們的公債券，除了對大商人與富農約定推銷數目外，對於一般工農群衆都要用宣傳鼓動的方法，動員他們踴躍購買，一點不加以勉強。只有每个工農勞苦群衆從政治的階級的自覺上，了解這次戰爭的目的，認識軍費供給在戰爭上的重要，他才會願意買，不只願意買，而且願意多買，一加勉強，他就買了，也不會多買的，反而限制了我們的推銷。各地方政府，革命團體，在推銷這次公債上，不惟可以看出他們推銷的成績，并可以考察他們宣傳鼓動的方法。誰推銷得多，誰的宣傳鼓動方法就好。這正是宣傳鼓動的實際——沒有內容的喊口號，貼標語才是空洞的。

在無可奈何中做到中央政府所規定的推銷數目，只能算是『盡了責』，還不能算是『努了力』，至於那些不能達到中央政府所規定的數目的，簡直是對革命怠工，間接的在幫助敵人，所以我們還要以革命競賽，地方政府與地方政府，革命團體與革命團體，看誰能推銷得多，看誰能推銷得快。規定推銷一萬元的，要推銷到一萬五千元，規定十天推銷完的，要五天就推銷完。我們建議財政部於本屆公債推銷完畢以後，作一個統計出來，宣佈給全蘇區工農勞苦群衆看，誰的成績頂好，可列名光榮版，誰的成績頂壞，可打入黑藉。

粉碎敵人的四次『圍攻』，以勝利的進攻，進攻敵人，這并不是大家唸着玩的，要以最大的努力去完成這一任務。要完成這一任務，尤其是在後方的同志們，沒有比推銷公債，還要更緊迫的了。寧肯少吃一頓飯，寧肯少穿一件衣服，要衣袋裏不剩一个銅板，購買第二次革命戰爭公債。

不是敵人消滅我們，就是我們壓倒敵人，面前是你死我活的最後戰爭。全體工農群衆要為爭取戰爭的全部勝利而努力奮斗爭！

十月十六日

隊伙！）好當時中述過去組織托洛斯基派在中國活動的情形。托派在中國的活動，直接間接都是幫助豪紳地主資產階級來破壞革命的，蘇區中發現的許多托派搗亂陰謀，就是鐵證，那麼陳獨秀先生報告之結果，只有證明他對國民黨效勞的功績了，蔣介石安得而不拍手稱善也哉！於是乎陳獨秀的國民黨官到手矣！——記者）

上海絲廠的罷工鬥爭

上海絲廠女工罷工消息，曾見簡報，現得有更詳細斗爭通訊，特簡述於下：

▲罷工起因：

絲廠女工因受資本家極度剝削，痛苦不堪，於九月二十三晨，首由群成絲廠數十女工發起，向全廠女工宣傳對付資本家，於是群成廠全體女工就宣佈罷工。群成廠罷工後，全體女工隨即擁至雲成，元豐，仁記，通緯，裕經，怡昌等廠，要求同盟罷工，並將廠內竹筐玻璃等物搗毀，而該廠等女工也即加入。虹口其他各廠女工聞訊，均紛紛罷工。在是日八時以後，虹口一帶就有十二個絲廠同盟罷工了。二十四日，各女工又復向裕源，楚信，緒祥，經緯，潤昌等廠女工宣傳，全體女工也即自動停工出廠，加入罷工。該各廠加入罷工後，租界及閘北各廠遂相繼宣告加入罷工。罷工的廠數，遂達數十，罷工女工人數爲一萬五六千人。

▲要求條件：

(一)恢復工資六角，(二)工作時間不得超過十一小時，(三)補發以前尅扣之大洋貼水。(四)恢復月賞禮拜賞。女工罷工後，全市絲廠開工的男工，也召集開會，令女工要求提出附帶條件，(一)恢復每元四角五分之繭蛾，(二)恢復每月四工中工

▲打黃色工會：

資本家走狗黃色工會，素來代表資本家欺騙壓迫工人，爲工人所憤恨。這次女工罷工前，曾叫黃色工會向資本家交涉，要求加資和減少工作時間，而黃色工會，竟代資本家辯護，反對工人的要求。於是女工們忍無可忍，遂自動罷工。罷工後，全體女工跑到黃色工會，去把牠包圍起來，要牠馬上提出上四項條件，向資本家交涉。那知黃色工會對女工的要求，不特不理，反而向國民黨社會局請願，要求武力壓迫工人復工，以維持他媽的所謂『治安』，並在罷工的女工中，用各種恐嚇欺騙的手段，來破壞罷工的團結。女工們在此斗爭激烈中，氣憤不過，遂將黃色工會搗毀，毆打黃色工會的委員，將黃色工會的醜態遂完全在工人的面前暴露出來了。

▲與巡捕衝突：

絲廠女工罷工後，受帝國主義國民黨的武裝壓迫。但此種壓迫，不但不能阻止罷工，且更加惹高工人的斗爭情緒和覺悟，行動愈趨積極。十月三日，萬千的大隊女工，由租界甘肅路祥豐絲廠出發，示威到阿拉白脫路經緯絲廠，要求該廠女工聯合罷工。該廠女工當即宣佈罷工，并全體參加示威。大隊的示威女工復繼續向閘路進發，到隆元，潤昌，緒祥等廠示威，一到該處，五廠女工也就全體加入罷工，并正當大聯合的繼續示威時，帝國主義已派出大隊武裝巡捕，對示威女工加以壓迫，女工正當示威緊張的時候，遇着帝國主義的武裝巡捕來挑釁，全體憤怒異常，遂向大隊巡捕衝去，當即互相混鬪，結果女工阿毛一名受重傷，輕傷許多。現在這個罷工尚在相持中，女工宣言不勝利不復工，那勢必堅持罷工下去的了。

捐款消息

『上海工人』號飛机

上海通訊：上海工人號飛机的募款消息，以少傳到蘇區來。現八月份截至九月一日，又捐得大洋一千二百五十二元八角，小洋一百六十一角，銅板四百四十四枚。現在募捐委員會，正在催索承募各同志，迅速將已募得款目繳來並繼續擴大這一募捐，要使牠深入到上海全部工人群衆中去。我們願意同『少共國際』號的募捐比賽一下，究竟誰能先完成這個目的。

日帝國主義在江灣大建兵營

第二次上海屠殺的準備

上海通訊：自國民黨出賣十九路軍士兵血肉，無耻的投降日本帝國主義簽訂上海停戰協定後，日本帝國主義依然不能滿意，非武力佔據全上海，親自出馬來鎮壓中國革命不可，所以在上海駐軍準備再來一次屠殺。現在日帝國主義在上海大建兵營，以軍閥在上海第二次武裝侵略的根據地。查日本海軍陸戰隊司令部，原駐紮江灣路大通庵附近，該處房屋，原係一住宅洋房，一切建築，不適軍用，與日本海軍，由於一二

期
红色中华零零三十八期
版
零三版
时间
一九三二年十一月一日

日帝国主义在江湾大建兵营

第二次上海屠杀的准备

上海通讯：自国民党出卖十九路军士兵血肉，无耻的投降日本帝国主义签订上海停战协定后，日本帝国主义依然不能满意，非武力占据全上海，亲自出马来镇压中国革命不可，所以在上海经常准备再来一次屠杀。现在日帝国主义在上海大建兵营，以巩固在上海第二次武装侵略的根据地。查日本海军陆战队司令部，原驻扎江湾路天通庵附近，该处房屋，原系一住宅洋房，一切建筑，不适军用，闻日本海军，由于一·二（编者按：下转第四版）

一九三二年十一月一日　　紅色中華　　第三期

社論

以宣傳鼓動，革命競賽來

推銷公債

我們又得了新的勝利，在二十二日，擊潰國民黨軍閥周志群部，佔了邵武了。這種勝利進攻的開展，將每日從前線傳來，我們有堅決的信心，「這次戰爭，當然是我們勝利的。」，現在粉碎帝國主義國民黨的四次「圍攻」已不是宣傳鼓動的口號了。我們正在實現這個口號，爭取進一步完成江西及其鄰近省區的革命首先勝利。但是充實紅軍軍需是這次進攻的主要決勝條件之一。我們要使沒有充分的對讀方給養的供給，我們休想勝利。

所以中央政府再發行第二次革命戰爭公債一百二十萬元，在一個月之內，分五期收齊。所有關於這一次的發行，已有中央執行委員會的訓令及發行條例，登載於本報本期中了。

我們的公債券，除了對大商人與他約定推銷數目外，對於一般工農群衆都要用宣傳鼓動的方法，動員他們踴躍購買，一點不加以强迫。只有每个工農勞苦群衆從政治的階級的自覺上，了解這次戰爭的目的，認識軍費供給在戰爭上的重要，他才會願意買，不只願意買，而且願意多買。一加强迫，他就買了，也不會多買的，反而限制了我們的推銷。各地方政府，革命團體，在推銷這次公債上，不惟可以看出他們推銷的成績，并可以考察他們宣傳鼓動的方法。誰推銷得多，誰的宣傳鼓動方法就好。這正是宣傳鼓動的實際——沒有內容的喊口號，貼標語，是空洞的。

在無可奈何中做到中央政府所規定的推銷數目，只能算是「盡了責」，還不能算是「努了力」，至於那些不能達到中央政府所規定的數目的，簡直是對革命怠工，間接的在幫助敵人，所以我們還要以革命競賽，地方政府與地方政府，革命團體與革命團體，看誰能推銷得多，看誰能推銷得快。規定推銷一萬元的，要推銷到一萬五千元，規定十天推銷完的，要五天就推銷完。我們提議財政部於本屆公債推銷完畢以後，作一個統計出來，宣佈給全蘇區工農勞苦群衆看，誰的成績頂好，可列名紅版，誰的成績頂壞，可打入黑籍。

粉碎敵人的四次「圍攻」，以勝利的進攻，進攻敵人，這并不是大家唸着玩的，要以最大的努力去完成這一任務。要完成這一任務，尤其是在後方的同志們，沒有比推銷公債，還要更緊迫的了。寧肯少吃一頓飯，寧肯少穿一件衣服，要衣袋裏不剩一个銅板，購買第二次革命戰爭公債。

不是敵人消滅我們，就是我們壓倒敵人，面前是你死我活的殘酷戰爭。全蘇區工農群衆要為爭取戰爭的全部勝利而努力來斗爭！

十月十六日

傢伙！）。好會議中述過去組織托洛斯基派在中國活動的情形。托派在中國的活動，直接間接都是幫助豪紳地主資產階級來破壞革命的，蘇區中發現的許多托派搗亂陰謀，就是鐵證，那麼陳獨秀先生報告之結果，只有證明他對國民黨效勞的功績了，蔣介石安得而不拍手稱善也哉！於是乎陳獨秀的國民黨官到手矣——記者）

上海絲廠的罷工鬥爭

上海絲廠女工罷工消息，曾見前報，現得有更詳細斗爭通訊，特簡述於下：

▲罷工起因：

絲廠女工因受資本家極度剝削，痛苦不堪，於九月二十三晨，首由祥成絲廠數十女工發起，向全廠女工宣傳對付資本家，於是祥成廠全體女工就宣佈罷工。祥成廠罷工後，全體女工隨即擁至雲成、元豐、仁記、通緯、裕經、怡昌等廠，要求同盟罷工，並將廠內竹笆玻璃等物搗毀，而該廠等女工也即加入。虹口其他各廠女工聞訊，均紛紛罷工。在是日八時以後，虹口一帶就有十二個絲廠同盟罷工了。二十四日，各女工又復向裕源、楚信、緒祥、經緯、潤昌等廠女工宣傳，全體女工也即自動停工出廠，加入罷工。該各廠加入罷工後，租界及閘北各廠遂相繼宣告加入。罷工的廠數，遂達數十，罷工女工人數為一萬五六千人。

▲要求條件：

（一）恢復工資六角，（二）工作時間不得超過十一小時，（三）補發以前剋扣之大洋貼水，（四）恢復月賞禮拜賞。女工罷工後，全市絲廠開工的男工也召集開會，令女工要求提出附罰條件，（一）恢復每元四角五分之繭蛾，（二）恢復每月四工中工

▲打黃色工會：

資本家走狗黃色工會，素來代表資本家欺騙壓迫工人，極為工人所憤恨。這次女工罷工前，曾叫黃色工會向資本家交涉，要求加資和減少工作時間，而黃色工會，竟代資本家辯護，反對工人的要求，於是女工們忍無可忍，遂自動罷工。罷工後，全體女工跑到黃色工會，去把牠包圍起來。要牠馬上提出上四項條件，向資本家交涉。那知黃色工會對女工的要求，不特不理，反而向國民黨社會局請願，要求武力壓迫工人復工，以維持他媽的所謂「治安」，並在罷工的女工中，用各種恐嚇欺騙的手段，來破壞罷工的團結。女工們在此斗爭激烈中，氣憤不過，遂將黃色工會搗毀，毆打黃色工會的委員，而黃色工會的醜態遂完全在工人面前暴露出來了。

▲與巡捕衝突：

絲廠女工罷工後，遂遭帝國主義國民黨的武裝壓迫，但此種壓迫，不但不能阻止罷工，且更加惹高工人的斗爭情緒和覺悟，行動愈趨積極。十月三日，萬千的大隊女工，由租界甘肅路祥豐絲廠出發，示威到阿拉白脫路經緯絲廠，要求該廠女工聯合罷工，該廠女工當即宣佈罷工，并全體參加示威。大隊的示威女工復繼續向同路進發，到隆元，潤昌，緒祥等廠示威，一到該處，五廠女工也就全體加入罷工，并正當大聯合的繼續示威時，帝國主義已派出大隊武裝巡捕，對示威女工加以壓迫，女工正當示威緊張的時候，遇着帝國主義的武裝巡捕來挑釁，全體憤怒異常，遂向大隊巡捕衝去，當即互相混戰，結果女工阿毛一名受重傷，輕傷許多。

現在這個罷工尚在相持中，女工宣言不勝利不復工，那勢必繼續罷下去的了。

「上海工人」號飛机捐款消息

上海通訊：上海工人號飛機的募款消息，以少傳到蘇區來。現八月份截至九月一日，又捐得大洋一千二百五十二元八角，小洋一百六十一角，銅板四百四十四枚，現在募捐委員會，正在催索承募各同志，迅速將已募得數目繳來並繼續擴大這一募捐，要使牠深入到上海全部工人群衆中去。我們願意同『少共國際』號的募捐比賽一下，究竟誰能先完成這個目的。

日帝國主義在江灣大建兵營

第二次上海屠殺的準備

上海通訊：自國民黨出賣十九路軍士兵血肉，無恥的投降日本帝國主義簽訂上海停戰協定後，日本帝國主義依然不能滿意，非武力佔據全上海，親自出馬來鎮壓中國革命不可，所以在上海爲着準備再來一次屠殺，現在日帝國主義在上海大建兵營，以鞏固在上海第二次武裝侵略的根據地。查日本海軍陸戰隊司令部，原駐紮江灣路大通庵附近，該處房屋，原係一住宅洋房，一切建築，不適要用，與日本海軍。由於一二

日帝國主義在江灣大建兵營
第二次上海屠殺的準備

日帝国主义在江湾大建兵营

第二次上海屠杀的准备

（编者按：上接第三版）八事变所得的经验，特在江湾路美国小学对面及虹口公园正面附近，将原有民房一律折去，重行翻造，建筑最新式的军营及海军医院等。江湾路天通庵旧司令部地址，亦决折去重建。一切设计，均采用最新式建筑法，全由佐世保海军建筑课技师及军事建筑专家等六人共同设计，建筑经费定二百万元，这一建筑完成后，则该地区完全成为日本海军陆战队的根据地，并与虹口公园取得联络，一旦第二次屠杀开始时，即可利用为飞机场，或其它扎军之用，可见日本帝国主义的奸毒了。

第三十八期　紅色中華　第四版

八事變所得的經驗，特在江灣路美國小學舊址及虹口公園正面附近，將原有民房一律拆去，重行翻造，建築最新式的兵營及海軍醫院等。江灣路天通庵舊司令部地址，亦決折去重建。一切設計，均採用最新式建築法，全由佐世保海軍建築課技師及軍事建築專家等六人共同設計，建築經費定二百萬元。這一線築完成後，則該地區完全成為日本海軍陸戰隊的根據地，並與虹口公園取得聯絡，一旦第二次滬戰開始時，即可利用為飛機場，或其他紮軍之用，可見日本帝國主義的奸毒了。

上杭才溪區的擴大紅軍

上杭通訊：上杭才溪區，為了動員參加革命戰爭的任務，與實現中央政府關於廿大紅軍的決議，各鄉蘇主席以及各機關團體的負責同志，都一致動員，深入到群衆中去，作廣泛的政治宣傳鼓動工作，領導群衆踴躍加入紅軍，造成了一種當紅軍的熱潮，這一次動員了一百二十幾个新戰士，自動到前方去，充實紅軍力量，尤其是下才溪鄉有林某四兄弟，及王某三兄弟，都一致參加紅軍，這是在廿大紅軍中一个特別熱烈的現像。同時更引起了廣大群衆的熱烈擁護，大家都自動贈送菜蔬及各種禮物。（約二十担）於十月十三日，召集全區歡送新戰士大會，各鄉群衆，都熱烈有組織的排列整齊，歡送新戰士，到會群衆計達七百餘人。登時，鼓樂，喧天歌聲炮聲，口號，相與并至，高呼震動全場，晚間繼續表演革命新劇。十四日又召集了二處列甯高級小學校學生，俱樂部，少先隊，兒童團，歡送新戰士到前方去，又由群衆贈送的菜蔬及禮物一十四担。各新戰士，生力軍，於沿途群衆熱烈歡送中，表現得異常高興，誓要在衝破敵人圍攻中，一顯男兒好身手！（念文）

上杭定遠鄉的擴大紅軍

上杭通訊：城郊區定遠鄉蘇因為要執行擴大紅軍的號令，於十月七號晚，號召全鄉勞苦群衆，在田背村列甯小學校，開全鄉遊藝晚會，到會群衆二百餘人，參加大會的，尚有縣職工會，縣互濟會，少共區委，區蘇代表等，先唱國際歌，續由主席致開會詞，繼有縣互濟會的政治報告，城郊區少共代表，縣職工會代表的致詞，鼓動到會群衆去當紅軍，演詞精神百倍。到會群衆即當大會報名願當紅軍者十五名內有青年九名，報名當紅軍的同志，也推出代表致詞表示與們當紅軍的堅決意志，說：『要為無產階級謀利益而犧牲而奮鬥，』『要和敵人作拚命斗爭。』最後表演新劇，唱革命山歌，再來演新劇，至晚十二時方散。（耕仁）

國民黨軍閥內部恐慌

十九路軍解散大批新兵

國民黨蔣蔡軍閥的十九路軍，前次在福建適中明塞暗裏的搶殺了約三四百个革命士兵。蔣蔡反動軍閥，因為發覺十九路軍的士兵革命運動，就恐慌極了，簡直看見士兵就害怕，怕他們要起來革軍閥的命。尤其是在上海補充的新入伍的士兵，都是久受帝國主義軍閥的壓迫，有同帝國主義直接作戰的發勇，政治自覺自然就很高，所以十九路軍蔣蔡軍閥耽心極了，一旦同紅軍打仗時候，十九路軍立卽會瓦解。所以一批一批的把這些革命士兵遣散，由福建押回上海。十月十六又解到上海三四百人，這批革命士兵，心不甘服，十七日自動向浙江松江開拔，要求槍枝，到東三省去打日本帝國主義。後來淞滬警備司令部曉得了，趕忙調大隊武裝去追回來，十八日備車送到南京去遣散了。革命的兵士應當要紅軍中來，我們有槍枝有子彈發給你們去打日本帝國主義，打蔣蔡軍閥。

汪契弟滾蛋大吉！

汪契弟稱病裝病撒嬌的，鬧了這麼久，終覺得不對一個鬼的可憐，於是乎自覺沒趣，只好滾蛋大吉。現汪契弟已偕同他的侍從文官曾仲鳴由上海溜往香港，再由香港到法國的馬賽，轉往巴黎。這位汪契弟二害單相思，捨不得她的蔣郎介石，還臨去秋波，發表一篇鬼話叫甚麼『臨別書』，要國民黨大小黨狗一致共赴國難。我們看見這些鬼話，真要連隔夜飯都要嘔出來，明明是老蔣把你擠起走的，還有什麼膀子好吊。那篇『臨別書』後面，又對李頓報告書大放其屁，說現在只有兩條路，一是始終向國際聯盟要求主張正義，一是武力收回東北，但自己估量是不能同日本打的，所以還是第一個辦法為有把握云云。國民黨在全國廣大群衆面前，更證實其為賣國賊了。

東北義勇軍活動靈速

日軍疲於奔命

數日連克數城

北平十二日電：開原，鐵嶺，遼陽等處，發現大批義勇軍，將南滿鐵路線截斷，列車不通，日帝國主義已派重兵前往應戰。

北平十三日電：反日的義勇軍現已同黑省義勇軍聯絡完成，刻向黑垣取大包圍形勢，大舉進攻。又『滿洲國』軍張海鵬部，經數次襲擊後，已潰不成軍，張乃派員向義軍遊說，表示接納，義軍沒有一個答覆，並擬一致進攻，將張部完全消滅云。

哈爾濱十四日電：據日軍所公布情報，滿洲最近之戰爭中，義勇軍使用小鋼炮甚為得力，日軍自認富拉爾附近日軍，被義勇軍用炮轟擊，九十兩日死日兵一百十一人，傷二百四十四人，倘義軍軍火充足，日軍更較為不利云。

北平十五日電：義勇軍三路攻擊錦州縣城與日軍步騎炮等兵數百人激戰，甚為猛烈，義軍一部襲擊鐵路，并潛入城內擾亂，日軍不支而退，錦州縣城十三日為義勇軍克復。

北平十六日電：錦朝線日軍十日進攻縣西面劉龍台附近，與義勇軍激戰終日，雙方死傷二十餘人，至晚日軍不得手退回錦縣，是役劉龍台村民房，被日軍炮毀甚重。又電：義勇軍襲擊鎮東，敵軍拒絕，張海鵬部一營譁變投入義勇軍，十五日早鎮東完全為義勇軍克復。

哈爾濱十七日電：中東路局消息，義勇軍克復石頭河子一面坡以西交通完全斷絕。

又電：義軍十六日安達，附近鐵軌被炸斷者四處，昂齊以西交通斷絕。

北平十七日電：義勇軍二千餘人，十五日拂曉佔領朝陽鎮，并將車站郵局電報局焚毀，日軍千餘名由海龍調往援救，激戰一日夜，日軍敗退，義軍追擊，即將朝陽縣城佔領，瀋海路完全不通，日軍以全力猛攻，義軍乃向輝南退卻，是役日軍死重要長官一人，士兵死傷無算，損失甚重云。

北平十七日電：日軍中山支隊十四日向富拉爾反攻，義軍七部聯合迎戰，義軍佯敗至南鄰湖千長勝寺，乃將日軍四面包圍，日軍途中伏於叢山中，中山支隊幾全數被殲滅，日軍派飛機偵查該中山支隊蹤跡，欲設法救援，但已無及，義勇軍現仍整守扎蘭屯、富拉爾等處。

北平二十一日電：義勇軍五千餘人，二十日夜襲義縣，日軍松本部應戰，移師向李台上齊台潰退，義軍遂佔領義縣，并派隊向日軍尾追，二十一晨日鐵甲車一列開赴義縣車站，與城義軍激戰，人民及建築物毀傷甚多，北票朝陽一帶，連日時有日机偵炸，朝陽車僅通泥河子。

北平二十三日電：義軍佔領通遼線上之辣遇台車站，并即向彰武縣進攻，同時克復通遼之義軍，亦派隊向彰武縣會攻，日方則由溝幫子派軍往援云。

期 红色中华零零三十八期
版 零四版
时间 一九三二年十一月一日

国民党军阀内部恐慌

十九路军解散大批新兵

国民党蒋蔡军阀的十九路军，前次在福建适中明里暗里的抢［枪］杀了约三四百个革命士兵。蒋蔡反动军阀，因为发觉十九路军的士兵革命运动，就恐慌极了，简直看见士兵就害怕，怕他们要起来革军阀的命。尤其是在上海补充的新入伍的士兵，都是久受帝国主义军阀的压迫，有同帝国主义直接作战的豪勇，政治自觉自然就很高，所以十九路军蒋蔡军阀耽心极了，一旦同红军打仗的时候，十九路军立刻会瓦解，所以一批一批的把这些革命士兵遣散，由福建押回上海。十月十六又解封上海三四百人，这批革命士兵，心不甘服，十七日自动向浙江松江开拔，要求枪枝，到东三省去打日本帝国主义，后来淞沪警备司令部晓得了，赶忙以大队武装去追回来，十八日备车送到南京去遣散了，革命的兵士应当到红军中来，我们有枪枝有子弹发给你们去打日本帝国主义，打蒋蔡军阀。

第三十八期　紅色中華　第四版

八事變所得的經驗，特在江灣路樊國小學對面及虹口公園正面附近，將原有民房一律折去，重行翻造，建築最新式的軍營及海軍醫院等。江灣路天通庵舊司令部舊址，亦決折去重建。一切設計，均採用最新式建築法，全由佐世保海軍建築課技師及軍事建築專家等六人共同設計，建築經費定二百萬元。這一建築完成後，則該地區定全成爲日本海軍陸戰隊的根據地，並與虹口公園取得聯絡，一旦第二次滬戰開始時，即可利用爲飛機場，或其他緊軍之用，可見日本帝國主義的奸毒了。

上杭才溪區的擴大紅軍

上杭通訊：上杭才溪區，爲了動員參加革命戰爭的任務，與實現中央政府關於擴大紅軍的決議，各鄉蘇主席以及各機關團體的負責同志，都一致動員，深入到群衆中去，作廣泛的政治宣傳鼓動工作，領導群衆踴躍加入紅軍，造成了一種當紅軍的熱潮，這一次動員了一百二十幾個新戰士，自動到前方去，充實紅軍力量，尤其是下才溪鄉有林某四兄弟，及王某三兄弟，都一致參加紅軍，這是在擴大紅軍中一个特別熱烈的現像，同時更引起了廣大群衆的熱烈擁護，大家都自動贈送菜蔬及各種禮物，（約二十担）於十月十三日，召集全區歡送新戰士大會，各鄉群衆，都熱烈有組織的排列整齊，歡送新戰士，到會群衆計達七百餘人，登時，鼓樂，喧天歌聲炮聲，口號，相與并作，高呼震動全場，晚間繼續表演革命新劇，十四日又召集了二處列甯高級小學校學生，俱樂部，少先隊，兒童團，歡送新戰士到前方去，又由群衆贈送的菜蔬及禮物一十四担，各新戰士，生力軍，於沿途群衆熱烈歡送中，表現爲異常高興，誓要在衝破敵人圍攻中，一顯男兒好身手！（念文）

上杭定遠鄉的擴大紅軍

上杭通訊：城郊區定遠鄉蘇因爲要執行擴大紅軍的訓令，於十月七號晚，號召全鄉勞苦群衆，在田背村列甯小學校，開全鄉游藝晚會，到會群衆二百餘人，參加大會的，尚有縣職工會，縣互濟會，中共區委，區蘇代表等，先唱國際歌，續由主席致開會詞，繼有縣互濟會的政治報告，城郊區少共代表，縣職工會代表的致詞，鼓動到會群衆去當紅軍，演詞精神百倍。到會群衆即當大會報名願當紅軍者十五名內有青年九名，報名當紅軍的同志，也推出代表致詞表示他們當紅軍的堅決意志，說：『要爲無產階級謀利益而犧牲而奮鬥，』『要和敵人作拼命斗爭，』最後表演新劇，唱革命山歌，再後演新劇，至晚十二時方散。（赫仁）

國民黨軍閥內部恐慌

十九路軍解散大批新兵

國民黨蔣蔡軍閥的十九路軍，前次在福建適中明處暗裏的搶殺了約三四百个革命士兵，蔣蔡反動軍閥，因爲發覺十九路軍的士兵革命運動，就恐慌極了，簡直看見士兵就害怕，怕他們要起來革軍閥的命。尤其是在上海補充的新入伍的士兵，都是久受帝國主義直接作戰的壓迫，有同帝國主義軍閥戰的勇氣，政治自覺自然就很高，所以十九路軍蔣蔡軍閥耽心極了，一旦同紅軍打仗的時候，十九路軍立刻會瓦解，所以一批一批的把這些革命士兵遣散，由福建押回上海。十月十六又解繳上海三四百人，這批革命士兵，心不甘服，十七日自動向浙江松江開拔，要求槍枝，到東三省去打日本帝國主義，後來淞滬警備司令部曉得了，趕忙派大隊武裝去追回來，十八日備車送到南京去遣散了。革命的兵士應當擁紅軍中來，我們有槍枝有子彈給你們去打日本帝國主義，打蔣蔡軍閥。

汪契弟滾蛋大吉！

汪契弟精衛裝病撒嬌的，鬧了這麼久，終覺得不到一個鬼的可憐，於是乎自覺沒趣，只好滾蛋大吉。現汪契弟已偕同他的侍從文官曾仲鳴由上海溜往香港，再由香港到法國的馬賽，轉往巴黎。這位汪契弟二害單相思，捨不得她的蔣郎介石，還臨去秋波，發表一篇鬼話叫甚麼『臨別書』，要國民黨大小黨狗一致共赴國難。我們看見這些鬼話，真要連隔夜飯都要嘔出來，明明是老蔣把你擠起走的，還有什麼勝子好吊。那篇『臨別書』後面，又對李頓報告書大放其屁，說現在只有兩條路，一是始終向國際聯盟要求主張正義，一是武力收回東北，但自己估量是不能同日本打的，所以還是第一個辦法爲有把握云云。國民黨在全國廣大群衆面前，更證實其爲賣國賊了。

東北義勇軍活動靈速

日軍疲於奔命　數日連克數城

北平十二日電：瀋原，鐵嶺，遼陽等處，發現大批義勇軍，將南滿鐵路綫截斷，列車不通，日帝國主義已派重兵前往應戰。

北平十三日電：反日的義勇軍現已同黑省義勇軍聯絡完成，對向黑垣取大包圍形勢，大舉進攻。又『滿洲國』軍張海鵬部，經數次襲擊後，已潰不成軍，張乃派員向義軍遊說，表示接納，義軍沒有一個答覆，並擬一致進攻，將張部完全消滅云。

哈爾濱十四日電：據日軍所公布情報，滿洲最近之戰爭中，義勇軍使用小鋼炮甚爲得力，日軍自認富拉爾附近日軍，被義勇軍用炮轟擊，九十兩日死日兵一百十一人，傷二百四十四人，倘義軍軍火充足，日軍更較爲不利云。

北平十五日電：義勇軍三路攻擊錦州縣城與日軍步騎炮等兵數百人激戰，甚爲猛烈，義軍一部襲斷鐵路，潛入城內擾亂，日軍不支而退，錦州縣城十三日爲義勇軍克復。

北平十六日電：錦朝線日軍十日進攻縣西面劉龍台附近，與義勇軍激戰終日，雙方死傷二十餘人，至晚日軍不得手退回錦縣，是役劉龍台村民房，被日軍炮毀甚重。又電：義勇軍襲擊鎮東，敵軍電話已絕，張海鵬部一營譁變投入義勇軍，十五日早鎮東完全爲義勇軍克復。

哈爾濱十七日電：中東路局消息，義勇軍克復石頭河子，一面坡以西交通完全斷絕。

又電：義軍十六日，安達，附近鉄軌炸斷者四處，想草以西交通斷絕。

北平十七日電：義勇軍二千餘人，十五日拂曉佔領朝陽鎮，并將車站郵局電報局焚毀，日軍千餘名由海龍調往援救，激戰一日夜，日軍敗退，義軍追擊，即轉朝陽縣城佔領，瀋海路完全不通，日軍以全力猛攻，義軍乃向輝南退却，是役日軍死官長官一人，士兵死傷無算，損失甚重云。

平十七日電：日軍中山支隊十四日向富拉爾反攻，義軍七部聯合迎戰，義軍佯敗至南鄉崗子長勝寺，乃將日軍四面包圍，日軍遂中伏於叢山中，中山支隊幾全數被殲滅，日軍飛機偵查該中山支隊蹤跡，欲設法救援，但已無及，義勇軍現仍堅守扎蘭屯，富拉爾等處。

北平二十一日電：義勇軍五千餘人，二十日夜襲義縣，日軍松本部應戰，移時即向李台上將台潰退，義軍遂佔領義縣，并派隊向日軍尾追，二十一晨日鐵甲車一列開赴義縣車站，與城區轟擊，人民及建築物毀傷甚多，北票朝陽一帶，連日時有日機偵炸，朝陽車僅通泥河子。

北平二十三日電：義軍佔領通遼線上之錬邁台車站，并即向彰武縣進攻，同時克復通遼之義軍，亦派隊向彰武縣會攻，日方則由滿鐵子調軍往援云。

日本军舰在中国，泊长江者二十艘，水兵数三千余人

上海：出云号（第三舰队旗舰）水兵八百人。
安宅号（第一外遣舰队旗舰）水兵八十人。
藤号，水兵一百人。
荻号，水兵一百人。
天安号，水兵四百人。
宇治号，水兵八十人。
镇江：伏见号，水兵六百人。
南京：榆号，水兵一百人。
柳号，水兵一百人。
芜湖：浦风号，水兵一百人。
九江：对马号：水兵四百人。
保津号，水兵六百人。
汉口：桧号，水兵一百人。
桃号，水兵一百人。
坚田号，水兵六百人。
二见号，水兵五百人。
长沙：偶田号，水兵五百人。
宜昌：比良号，水兵六百人。
沙市：势多号，水兵六百人。
重庆：热海号，水兵五百人。

日本帝国主义把它这二十只军舰，三千多水兵，在长江上，从上海一直布置到重爱［庆］（四川）；镇压中国革命，它镇压得了吗！驱逐帝国主义滚出中国。

行閉幕禮，由主席致詞，各代表演說，執委致詞後唱國際歌——高呼口號散會。

工農紅軍學校

歡送新戰士到前方，歡迎十九路軍革命士兵拖槍過來

十五日晚，在紅軍學校大會場，舉行了歡送新編師補充團和紅軍學校上級幹部隊政治班畢業學生到前方去，並歡迎十九路軍拖槍過來的革命士兵大會。

先由紅軍學校代表致開會詞，繼由中，少共中央局代表，全總執行局代表，紅軍學校政治部主任及各機關團體代表演說，滿場熱烈興奮，表現很英勇的精神要到前方去激戰粉碎帝國主義國民黨四次『圍攻』，以勝利的進攻進攻敵人。繼有各代表答詞，都是熱烈的一致表示接受一切指示。特別是十九路軍拖槍過來的士兵代表，他說得更好，親切描寫他們在上海怎樣與日本帝國主義作戰，國民黨軍閥怎樣壓迫他們退却，以及他們到福建後怎樣受長官殘酷壓殺與士兵羣衆的革命情緒等情形，尤使全場感動。

答詞畢後由工農戲社表演描寫十九路軍士兵痛苦的新劇，上級幹部隊學生表演『畢業』新劇。至深夜始散。

陳獨秀——取消派 叛黨！反共！、

且聽蔣夢麟道來……

蔣系的所謂教育名流，現任北京大學校長的蔣夢麟，對某報記者發表對陳獨秀案意見。謂陳過去對國民革命，曾有極大努力。五四運動時，尤爲中國思想界之先驅。渠以年來不滿中國共黨幹部派之暴動政策，致被該黨排斥，遂退而領導反（反得好！記者）幹部派竭力攻擊，致幹部派所受打擊頗大（假如是有打擊的話，那陳獨秀甚好向國民黨獻醜表功，但是打擊了甚麼呢？——記者），故站在反共立場上言，陳如無危害民國證據，自當予以寬宥。現全國學術界領袖，正在設法營救，中央之意亦主寬大，當不至有生命之虞。

陳獨秀叛黨以後，投降到資產階級去作走狗，充「反共」先鋒，這個我們并沒有誣蔑的他，他的老同事蔡元培（見本報前期蔡電）蔣夢麟都替他老實不客氣的說出來了。這就叫取消派。

揚州農民反對清查田賦 打毀國民黨黨部縣政府 農民被捕的約三百餘人

揚州訊：國民黨軍閥官僚，在揚州剝削農民還不稱夠，又與出新花樣，要進行什麼清查田賦，第二區農民羣衆首先起來反對，於十月二十一日早，四鄉鄉民，大鳴鑼聲，召集男女多人，各持農具，齊集合於徐凝門決口，東關城外對河之渡口，阻止柴挑糞擔入城，並將糞桶搗毀，傾倒糞菜入河內，並呼打倒國民黨的各種口號。後經國民黨省保安隊趕到壓迫，農民不服，即與衝突，結果農民被捕去婦女四十七名。農民被國民黨的武裝壓迫驅散并捕去大批人後，農民更加激憤，遂於二十二日下午二時，更廣大的動員千萬的婦女去包圍縣城，將城門打毀，衝入城內，國民黨部，國民黨縣政府及警隊部皆被農民男婦將其搗毀，無有一物幸免。此時城門店門皆關閉，情形極爲嚴重。

鎮江電：揚州農民反對清查田賦風潮，日益擴大，江都國民黨地主豪紳的武裝於二十一日捕去農民五十餘人，二十二農正在審問吊打之時，四鄉農民突聚衆數千人，持香擔械，蜂擁入城，午刻衝開城門，直趨國民黨縣政府，入縣政府後，用火焚燬卷宗，貪官縣長，早嚇得向後門洮脫，沒有捉來飽以一頓老拳，國民黨援兵趕到，農民始漸驅散，并被捕去二百餘人。

鎮江電：揚州農民反對清理田賦，幾次大鬧揚州城，國民黨縣市黨部及縣政府，均被搗毀。農民被白色武裝捕去約三百人，反動國民黨江蘇省政府，已將被捕農民，提出六人槍決，說是鼓動風潮的要犯，其餘多人，仍未釋放。揚州農民如不達到停止清查田賦目的，當繼續反對，絕不怕國民黨的白色恐怖。

天津電車電燈工人怠工 反對資本家不履行條件

天津訊：此間電車工人因資本家不履行前允許的條件，激起全體憤怒，於十月二十日決定怠工對付，二十一日即組織怠工委員會，並發出怠工宣言，組糾察隊三十隊，交通隊二十隊，從二十一起，全體二千餘工人按時上班下班，惟不做工，電車照常開駛，均不賣票，工人怠工後資本家每日損失五千元，國民黨多次壓迫工人，都爲工人所拒絕，現資本家威嚇國民黨及政府（因是外國資本家），謂倘若怠工延至一星期，則本月份要受大量損失，務要馬上嚴厲制止，並懲辦主動工人，否則一切因怠工損失，由國民黨及其政府負責。但工人這一斗爭非常堅決，雖經國民黨資本家的強迫復工，而工人堅持不承認條件誓不復工的宣言，且有能爲正式罷工之勢。

英帝國主義企圖吞併西藏

莫斯科電：今日蘇聯各報皆載一消息，內容爲英帝國主義陰謀擴張達賴喇嘛勢力，準備仿日本帝國主義在滿先例，成立了一廣大之西藏國。又日帝國主義向來暗助達賴喇嘛之敵，今則放棄此種政策，希望英帝國主義默允其侵佔滿洲。蘇聯報紙對此未加評論，只稱其可爲『李頓報告書之注腳』。

日本軍艦在中國 泊長江者二十艘 水兵數三千餘人

上海：出雲號（第三艦隊旗艦）水兵八百人。

安宅號（第一外遣艦隊旗艦）水兵八十人。

藤號，水兵一百人。

獲號，水兵一百人。

天安號，水兵四百人。

宇治號，水兵八十人。

鎮江：伏見號，水兵六百人。

南京：檢號，水兵一百人。

柳號，水兵一百人。

蕪湖：浦風號，水兵一百人。

九江：對馬號：水兵四百人。

保津號，水兵六百人。

漢口：榆號，水兵一百人。

栂號，水兵一百人。

堅田號，水兵六百人。

二見號，水兵五百人。

長沙：偶田號，水兵五百人。

宜昌：比良號，水兵六百人。

沙市：勢多號，水兵六百人。

重慶：熱海號：水兵五百人。

★ ★ ★

日本帝國主義把他這些[illegible]軍艦，三千多水兵，在長江上，從上海一直布置到重慶（四川）；鎮壓中國革命，他鎮壓得了嗎！驅逐帝國主義滾出中國。

蘇維埃法庭

臨時最高法庭批示法字第一六三號

江西省蘇裁判部刑事法庭第二十九號判決書，關於反革命AB團要犯李振萍夏鳳生第判處死刑，周能文判處監禁五年，監禁期滿後剝奪選舉權三年，批准。匡吉志一名，原判「姑念年幼無知，應准其自新，」未免失當。查匡吉志年已十八歲，超過蘇維埃選舉年限十六歲已二歲，不能算年幼；且他由AB團自首後又加入AB團，不能說無知，應處監禁三年，監禁期滿後剝奪選舉權三年。上官穊情一名，任總醫院文書，執行AB團種種破壞醫院陰謀，應處監禁三年，監禁期滿後剝奪選舉權三年。戴月英供招提二名，要是在未逮捕之先自覺的自首，或被逮捕之後誠實的盡量供出AB團組織與其陰謀活動，方能免予自新或釋放。該二犯乃不出此，戴月英應處監禁一年，監禁期滿後剝奪選舉權一年；但招提他的老公反水，到醫院又與AB團夏鳳生結婚，鬧過一次會，也不是偶然的，應處監禁一年，監禁期滿後剝奪選舉權一年，希均照批示執行。此令

江西省蘇裁判部

主席何叔衡　十一月十六日

期：红色中华零零四十二期

版：零二版

时间：一九三二年十一月二十八日

十月革命的上海

標語滿貼——紅旗飛揚

鞭炮連天響

工人，士兵，警察聯合大示威

嚇壞了統治階級

十月革命的上海

标语满贴——红旗飞扬，鞭炮连天响，工人、士兵、警察联合大示威，吓坏了统治阶级

十月革命节在上海盛况：由于日帝国主义的侵略与李顿报告书的发表，红军与苏区的□□，国民党统治阶级更加投降帝国主义，出卖中国，加紧对革命进攻。对群众的压迫，以及群众生活的日益贫困，失业，与饥饿，使群众反帝反国民党的情绪，更加高涨，斗争是更加尖锐与剧烈，具体的表现在十月革命节前后的行动。主要的是四日的标语运动，六日的鞭炮运动，七日的示威运动。数日共发散了数万份的传单标语，同时在工作进行中，并说服感动了警察，因此引起了他们的同情，而释放被捕的示威群众，在沪东共挂了一千多红旗，在电杆上工厂内到处都飘扬着红旗，在沪西的某厂中有四个车间中挂起了红旗，给予群众很大的影响，造成了紧张的空气。特别是铁路上的同志，在路旁电杆上高悬了一面大红旗，致使沪宁车在真茹附近停车，（以为是阻车前进的红旗），所有乘客都跳下车来，才知道是庆祝十月革命节与中华苏维埃政府成立周年纪念的红旗，这次影响更大。在六日，沪东放了许多鞭炮，聚集了群众，并散发了大批宣传品，支持了一小时之久，并在（编者按：下转第三版）

第四十二期　紅色中華　第二版

特約工農電訊

廿一日上海電：一，在國聯開會的前夜，日內瓦廣大的羣衆在共產黨領導下，舉行反戰爭的示威．同時與戰爭的倡導者和擁護者的國家主義派衝突，大批軍警與來援的步兵，均爲羣衆所毆打，並繳奪其槍械向之追擊　羣衆愈集愈衆，軍隊後復爲羣衆所包圍，帝國主義大起恐慌，由洛桑飛調大軍來壓迫，并以機關槍向羣衆掃射，死傷百人，以和平假面具爲號召的國聯門前，竟演下了流血大慘劇，還更引起了羣衆反帝反戰的怒情。共產黨正集議施行全市總罷工，來回答統治階級的屠殺。

二，日本又將於大坂舉行大操，日帝國主義又利用安福系等北洋軍閥政客在華北獨立，現此計劃已將近成熟，故日本將於十一月廿一日國聯會期前，在平津烟等埠發動軍事行動，並以佔領爲目的。

三，張學良飛漢與蔣晤面，並開重要會議，主要爲商決華北的政局，以便利於日本的進攻蘇聯以及國民黨三中全會上爭取領導權的問題，並聞陳果夫擬在三中全會上提議以陳獨秀爲中央宣傳部　，及文化設計委員會會長。

廿二日上海電：一，日內瓦的形勢，更趨緊張，全市已宣佈總罷工一日，爲被屠殺之示威羣衆十二人舉殯。統治階級恐慌殊甚　已調數萬大軍來日內瓦。軍隊剛到時，羣衆羣起大罵，並加以襲擊，軍隊以自來水向群衆射擊，羣衆則奪水管抵抗。同時有一營士兵同情於示威者，高唱國際歌，與示威者羣衆相合。現日內瓦的革命斗爭，走上更高階段，羣衆鬥爭情緒，更爲劇烈。到處發生數千的羣衆示威，統治階級恐慌失措，軍縮會議則在軍隊武裝保護下舉行。

二，斯達林同志妻，突於前日得心臟病逝世，舉殯時蘇聯千萬羣衆爲之執拂，殯儀達數里之長。

三，汪精衛赴歐，表面上雖做出種種消極表示，實際內幕則是爲了與各帝國主義商議出賣整個中國與請求各帝國主義者共管中國的把戲，據諜報息顧維均使法後，即與赫里歐商與美法共管中國事，赫里歐表示須有一政治領袖前來商洽，故蔣得顧電後，即決由汪赴歐。

前方捷電

紅軍擊潰白軍三師
傷敵團長一營長三
繳獲步槍六百餘枝
机槍十餘俘擄數百

二十四日前方電：我紅軍於廿二日在南城許灣鎮一帶線上，向敵二十三師，二十四師，二十七師共三師人猛攻，烈戰數小時，即將敵全部擊潰。計是役我軍繳獲，步槍六百餘枝，机關槍十餘挺，俘擄六七百人；敵軍除全部潰散外，傷亡極重，傷團長一，營長三，連排長無數。

這一次大勝利使我們已經有「收撫州南城如反掌」的決定條件了！

廿三日上海電：一，資本主義總危機和羣衆的飢餓貧困的驚人增長，覺醒了廣大階層的被剝削被壓迫者，同時也教育了千百萬的無產階級，起來參加政治斗爭。資本主義的穩定已經過去了，現在正是進到戰爭和革命的時期的過程中。具體的表現在日內瓦羣衆反帝反戰爭斗爭的擴大，西班牙礦工因反對資本家開除數个工人而宣佈大罷工，罷工人數達三萬，英國失業工人不斷的大示威，美國退伍兵士的不斷的請願　前後被驅逐之退伍兵士，又集齊數千人已抵華盛頓，準備於十二月五日國會開會時舉行示威。

二　由於蘇聯社會主義建設驚人的發展、與資本主義總危机的日益尖銳，使各帝國主義只有積極的準備反蘇聯戰爭，在反蘇聯戰爭中找絕望的出路。英政府之廢除英俄商約，努力阻撓俄綏不侵犯條約之訂結，破壞俄德關係，造謠說英國的失業運動與印度的革命鬪爭，是蘇聯的指使，最近英國更從事於僞造文件，準備開始一更大的反蘇聯運動。

三，最近四川軍閥混戰，劉湘軍由水陸空三方面進攻瀘州，戰爭之激烈，空前未有，劉湘軍更以硫磺彈向城中亂擲，整个瀘城已成一片焦土，民衆死亡枕籍，情形慘極，現兩軍仍在激戰中。

十月革命的上海

標語滿貼——紅旗飛揚
鞭炮連天響
工人，士兵，警察聯合大示威
嚇壞了統治階級

十月革命節在上海盛况。由於日帝國主義的侵略與李頓報告書的發表，紅軍與蘇區的發展，國民黨統治階級更加投降帝國主義，出賣中國，加緊對革命進攻．對羣衆的壓迫，以及羣衆生活的日益貧困，失業．與飢餓．使羣衆反帝反國民黨的情緒，更加高漲，斗爭是更加尖銳與劇烈。具體的表現在十月革命節前後的行動．主要的是四日的標語運動，六日的鞭炮運動，七日的示威運動．數日共發散了數萬份的傳單標語，同時在工作進行中，並說服感動了警察，因此引起了他們的同情，而釋放被捕的示威羣衆．在滬東共掛了一千多紅旗，在電桿上工廠內到處都飄揚着紅旗，在滬西的某廠中有四個車間中掛起了紅旗，給予羣衆很大的影響．造成了緊張的空氣．特別是鐵路上的同志，在路旁電桿上高懸了一面大紅旗，致使滬甯車在吳淞附近停車，（以爲是阻車前進的紅旗）；所有乘客都跳下車來，才知道是慶祝十月革命節與中華蘇維埃政府成立週年紀念的紅旗，這次影響更大．在六日，滬東放了許多鞭炮，聚集了羣衆，並散發了大批宣傳品，支持了一小時之久．并在

十月革命的上海
標語滿貼——紅旗飛揚
鞭炮連天響
工人，士兵，警察聯合大示威
嚇壞了統治階級

期：红色中华零零四十二期
版：零三版
时间：一九三二年十一月二十八日

十月革命的上海

标语满贴——红旗飞扬，鞭炮连天响，工人、士兵、警察联合大示威，吓坏了统治阶级

（编者按：上接第二版）素日被称为小莫斯科的地方，召集了群众大会，举行了反对李顿报告书的化装表演，在闸北也召集了数百人的庆祝大会。在沪西更放了孔明灯。特别是在南市，中国军队一面很早就已宣布了特别戒严，并禁止士兵出外，在六号晚八时，即强迫士兵睡觉。但中夜，营内忽然发生大批鞭炮声，吓得统治阶级，当吹紧急集合号后，更发现壁上贴满了标语，口号及红旗。搜查结果，一无所得，遂解除全体士兵武装，及锁于库中，并罚了全体士兵一小时的跑步，第二日更不许一个士兵出外，连出外放哨站岗都免了，统治阶级本用来镇压群众行动的军警，结果只有禁在营内不让他们出来了。在巡捕房中，同样发现了鞭炮声，造成很大骚扰，外国一道头（即外国巡捕），吓得到处乱跑，英国兵营也发生了同样骚扰，而施行紧急集合。打白俄的运动也到处做起来，平日压迫工人鞭打工人的白俄。也自知七号是他们最倒霉的一天，所以一任群众打他，他不还手，吐痰在他脸上，他也不□，打急了他便抱头而逃。七日的示威，在英美厂关了一半以上的车，来庆贺十月革命。在沪西有几个厂关了十五到二十分的车，并在车间中举行了群众纪念会。在申一召集了公开的五分钟演讲会，在江湾动员了千人，包围政府，要求救济。这次动员的进步与成功，主要是共产党在工人内的活动加强了，新的方式的采用，特别是群众自动创造了新的方法。党的新的党员的增加，领导的具体。

專論

德國總選舉後的政治情形（續）

慧素

總選舉之這種結果，自然使德國及全世界的金融資本統治，感覺到自己力量的崩潰，自然使社會民主黨及第二國際的英雄們，更加在工人階級的眼前，暴露了其叛背階級利益的面目，自然使希特拉之徒，更加憎惡德國共產黨而要求立刻禁止其合法的存在性・

無疑的，這次的總選舉運動，是更加堅定了德國工人階級爲革命的出路而斗爭的決心，是更加擴大了德國黨的政治影響，是更加推進了革命危機的前進・正因爲如此，所以巴本內閣對工人階級及其先鋒隊之鎮壓，是更加瘋狂而兇暴了，德國金融資本之依靠其最後的法寶——法西斯蒂的希特拉——的期望，也愈見逼切了・名爲取締暴行之兩道緊急命令，而設立『各邦特別法庭，專審一切暴行案件，和凡犯有暴動，叛逆，縱火，唆使轟炸及造成火災與破壞鐵路材料等事情者，概處死刑』・（見八月十日晨報），實際上就是國民黨之危害民國治罪法！

但是直到現在：德國金融資本家不將政權交給最忠實的希特拉，而使各方揚言：

『巴本內閣，確無屈服於希特拉黨之意，總統及友邦政府・大約將主張聯邦內閣，想保持「總統」內閣之性質，易言之，即希黨即使能參加內閣，然此等閣員，并不視爲希黨之代表（？），不過因其个人有相當材能，聯邦政府加以信任而已』・（八月五日上海晨報載『當地指導報』）

『德國大資業家的機關報，今日警告希黨衝鋒隊若干首領，謂不宜效法西黨，向羅馬進行之故智，以謀取得政權，該報謂各首領如因讀意大利歷史，而過於衝動，則惟有用德國舊軍隊之箴言以規勸之・即爲指導者，固應有熱烈之精神，亦不可無冷靜之理智』（八月一日晨）

很明顯的，這種揚言，不是反對法西斯蒂的統治方法，而是爲實行法西斯蒂的統治與避免名義上的希特拉專政而已・這爲的是什麼？爲的是使社會民主黨容易騙騙工人羣衆，爲的是使社會民主黨利用『不代表希黨』的口實來參加實際上法西專政的內閣而造成所謂國家社會黨——基督教中央黨——社會民主黨的所以舉國一致內閣或「總統」內閣而已！在無產階級在政治舞台上佔有決定意義的德國，金融資本統治不願眼睜睜的坐視自己社會的支柱的崩潰，使工人階級不得不脫離社會民主黨而奔向共產黨，那是再明顯沒有的道理，尤其是在這次的選舉斗爭中，無產階級之頑強的反對法西斯蒂的希特拉的經驗，是夠多給金融資本以教訓了。

實際上，國家社會黨與中央黨的妥協運動，已在進行中，而希特拉修來希（即巴本內閣之國防部長，是巴本內閣之最重要人物）在排擠白魯甯內閣時之密約，亦可窺見這一前途・該密約中曾有『希特拉容許修來希籌軍組閣，希特拉允即在七月選舉以後，亦不取得聯邦政權，希特拉並云組織內閣以修來希爲總理一層，渠能贊同，且修來希如有意者，則希特拉尚可派黨員數人參加組閣，并預先容許此種內閣，至少存在兩年・至於交換條件，則修來希將軍，聽憑希特拉取得聯邦總統，而七月三十一日選舉，如希黨勝利，則排除巴本及蓋爾內閣中之傀儡人物，而以希黨代之，如此組成之內閣，將保持其超政黨之態度，德國各邦中，亦放任希黨自由行動，各邦會議中之多數黨問題，由聯邦直接干涉以解決之，例如將共產黨排斥於邦議會之外，即爲直接解決之一道……』（八月六日晨報載希特拉機關報『黑色陣線報』所揭希修密約）・

這樣，希特拉不能單獨組織內閣，在目前的情勢上，是非常明瞭的・但是，無論巴本內閣繼續存在，或多少加以改組而造成所謂參加希特拉或中央黨份子的所謂超然內閣，其不能解決德國資本主義的根本危机，是沒有兩樣的！在德國現今有着六百萬無衣無食的失業工人，全國到處，已經燃燒着革命的烽火，而且到處還發生着市街戰爭，德國金融統治之瘋狂的鎮壓革命與掀起反蘇聯戰爭來找求資本主義的出路的政策，必將受到德國共產黨所領導的廣大工農羣衆爲革命戰爭的出路而斗爭的鐵拳之致命的打擊，這是毫無問題的！　　八，十二・

上面的一篇東西，討論的是七月間的德選舉，選舉後因爲希特拉相當德國內閣總理未成，這次的議會當被解散，而有十一月的第二次選舉・本報上期，已將此項消息登出賓可與上面這篇文章對讀・因爲這一次選舉結果的法西斯蒂國家社會黨的慘敗，與共產黨的進步，更加證明上面這篇文章的推斷的正確・

（記者）　　十一月二十一日

素日被稱爲小莫斯科的地方，召集了羣衆大會，舉行了反對李頓報告書的化裝表演，在閘北也召集了數百人的慶祝大會・在滬西更放了孔明燈・特別是在南市，中國軍隊一面很早就已宣佈了特別戒嚴，并禁止士兵出外，在六號晚八時，即强迫士兵睡覺・但中夜，營內忽然發生大批鞭炮聲，嚇得統治階級，當吹緊急集合號後，更發現壁上貼滿了標語，口號及紅旗・搜查結果，一無所得，遂解除全體士兵武裝，及鎖於庫中，并罰了全體士兵一小時的跑步・第二日更不許一个士兵出外，連出外放哨站崗都免了，統治階級本用來鎮壓羣衆行動的軍警，結果只有禁在營內不讓他們出來了。在巡捕房中，同樣發現了鞭砲聲，叠成很大騷擾・外國一道頭（即外國巡捕），嚇得到處亂跑，英國兵營也發生同樣騷擾・而施行緊急集合・打白俄的運動也到處做起來，平日壓迫工人鞭打工人的白俄・也自知七號是他們最倒霉的一天，所以一任羣衆打他，他不還手，吐痰在他臉上，他也不[illegible]，打急了他便抱頭而逃・七日的示威，在英美廠關了一半以上的車，來慶祝十月革命・在滬西有幾個廠關了十五到卅分的車，并在車間中舉行了羣衆紀念會・在申一召集了公開的五分鐘演講會、在江灣動員了千人，包圍政府，要求救濟・這次動員的進步與成功，主要是共產黨在工人內的活動加强了，新的方式的採用，特別是羣衆自動創造了新的方法・黨的新的黨員的增加，領導的具體・

十月革命的莫斯科

紅軍大檢閱

伏羅希洛夫同志演說

——蘇聯爲和平而奮斗……

——全國一致擁護五年計劃……

莫斯科電，蘇聯於七日舉行革命十五週年紀念，蘇聯一紅軍在紅場舉行大檢閱，各地偏貼用俄德英法各文字印刷之標語，對此重要紀念，計參加者，計有一百萬人，遊行歷十數小時・紀念之熱烈，實際使全體民衆興奮，達於極點・全國各地舉行示威，各地方蘇維埃及共產黨各級黨部準備舉行空前之慶祝，天方破曉，莫斯科各街市各馬路滿坑滿谷皆放假之羣衆，男女皆持旗幟，標語，紅場週圍，排列步，騎，砲各兵等候前進之號令，鐵甲車，坦克車及其他軍備，舉行異常大規模之檢閱。大檢閱中，數百架戰斗機翱翔空中，紅場中步騎預備兵，向軍事委員長伏羅希洛夫宣誓，有特權參觀閱兵之數千人，皆倚多宮墻壁而立，斯達林，軍事委員長伏羅希洛夫，執行委員長莫洛托夫，主席加列寧等同志降臨時，全體歡聲雷動・由伏羅希洛夫演說，以數百播音機，傳達全市・慶祝典禮開始，伏羅希洛夫同志鄭重聲述，蘇聯切迫爲和平而奮斗，但具有決心，如受人攻擊時，不能不事戒備，彼呼籲全國擁護此艱難締造五年計劃之勝利・在監視補充兵

上海华界电车全体罢工

上海电：上海南市华界电车工人，因受资本家剥削不堪，久已发生经济斗争，但皆为资本家所拒绝，工人遂酝酿罢工对付，卒至十一月十八日遂开始实行罢工，工人将电车完全封锁，不准一辆车开出去，罢工后，全体工人七八百人去将公司包围，要求答覆增加工资条件。工厂报告了国民党市党部，就派员来欺骗工人，一方面以大批警察向工人压迫。但工人斗争情绪极高，虽经国民党用各种欺骗手段，和武装警察的威吓，工人不为动摇，直相持到午后，工人至此只有直接冲突，向警察抛掷手溜［榴］弹，警察向工人开枪，遂起肉搏，结果，警察伤排长一人，警兵三人，工人伤多名（数目未详），工厂老板陆伯鸿在办事室中为工人所困，不敢出来，包围到深夜渐次散去。现国民党限工人二十日前复工，不然，将用更惨更新式的强度压迫，但工人也正在准备给以更有力的回答。

三一年，則較一九三〇年突增百分之二九。蘇聯方面，對德貿易，亦佔蘇聯對外貿易的首位，參看蘇聯對外貿易統計，可以證明（單位一百萬金盧布）。

	一九三一年	一九三〇年
對德貿易額	五三九	四五五
對英貿易額	三三九	三五九
對美貿易額	二五一	三〇四
對日貿易額	一〇一	三二
總額	一，九六	二〇九五

蘇聯對德進口貿易，一九二五年以來，逐漸增加，至一九三一年，達七萬六千二百萬馬克，由德輸入貨品，以全製為最多，佔總額之什九，至由蘇聯出口至德國的貨品則以原料品及半製品居多，茲將俄德貿易數額列下，以示俄德貿易之關係，（單位一百萬馬克）

	出口（自俄輸德）	進口（自德輸俄）
一九二八	三七九	四〇三
一九二九	四二六	三五四
一九三〇	四三六	四三一
一九三一	三〇三	七五七
一九三二一月至六月	一四八	三五七

蘇聯社會主義建設所需要的工業品，尤其是機器，因為俄英商約停頓，俄美外交關係的沒有正式成立，對德的入口貿易，自然更要增加起來，同時德國國家經濟會議，在原則上決定蘇聯商品，特別是農產品的對德輸出，可以作為現款抵償蘇聯應付給德國國家的貨價。這樣，俄德的貿易關係，是有進展的前途的。

美國在太平洋上海空大操

定明年一月舉行

紐約電：美帝國主義海軍當局發表，美國的主力艦隊一百七十六艘，飛機二百六十七架，將於明年一月下旬至三月中旬七十日間，集合歡卑多羅港與檀香山，舉行太平洋海空攻防大操，今次大操，先由偵察隊出動，次由全海軍總動員，演習新式武器與新式戰略，這一會操的準備，無疑義是美日帝國主義衝突的一種示威行動。

轉變中的石城擴大紅軍

過去石城擴大紅軍的工作，是無聲無臭，沒有一個月總到了一百名，而且在八月份以前，別人說開小差，但石城還要開大差。這些工作中的錯誤和缺點，以及負責同志的消極怠工，現在是堅決糾正過來了，并打擊了消極怠工的份子，十月份才得到相當的進步。橫江一百零七名，洋地七十四名，大歙五十四名、珠江二十四名、古樟二十二名、新村二十一名，城市十八名，及其他合共三百餘名，內計有黨團員七十一人，雇農一百人貧農一百八十六人。在這一成績中以橫江區為頂好，其他小松、屏山，圩口等區為最糟糕。這一轉變還是初步，不夠得很，應當更要積極的，加緊起來，這才能夠完成第二次革命競賽條約規定的二千五百名的數目。

工農紅軍學校

歡迎張發奎（改組派）九十師暴動來當紅軍的白軍革命士兵

國民黨張發奎九十師暴動來當紅軍的革命士兵，到了瑞金，廿八日紅軍學校熱烈地歡迎他們。上午在紅校俱樂部開了茶話會，激厲和興奮他們的革命情緒，他們更把張發奎吳奇偉等改組派的欺騙徹底揭穿！隨後他們即去參觀紅軍學校，下午六時舉行晚會，到會者全校各部隊，各機關，各團體的代表。

開幕時即請從白軍暴動來的新戰士登台，全場鼓掌歡呼：『歡迎白軍暴動來的新戰士！白軍士兵暴動勝利萬歲！』會場情緒非常高漲！隨後由紅校代校長政委致歡迎詞，繼即中少共中央局，全總執行局，少先隊總隊部等代表演說，新戰士皆高呼『粉碎國民黨改組派的欺騙！擁護中國共產黨！擁護蘇維埃中央政府！擁護工農紅軍！』十九路軍暴動來的新戰士，亦推出代表演說。最後由暴動來的新戰士致答詞。明白暴露國民黨改組派的壓迫屠殺和欺騙的一切罪惡，并堅決表示他們要為蘇維埃政權鬥爭到底。繼由紅校俱樂部舉行游藝散會。

上海華界電車全體罷工

上海電：上海南市華界電車工人，因受資本家剝削不堪，久已發生經濟鬥爭，但皆為資本家所拒絕，工人遂醞釀罷工對付，卒至十一月十八日遂開始實行罷工。工人將電車完全封鎖，不准一輛車開出去，罷工後，全體工人七八百人去將公司包圍，要求答覆增加工資條件。工廠報告了國民黨市黨部，就派員來欺騙工人，一方面以大批警察向工人壓迫。但工人斗爭情緒極高，雖經國民黨用各種欺騙手段，和武裝警察的威嚇，工人不為動搖，直相持到午後。工人至此只有直接衝突，向警察拋擲手溜彈，警察向工人開槍，遂起肉搏。結果，警察傷排長一人，警兵三人．工人傷多名（數目未詳），工廠老板陸伯鴻在辦事室中為工人所困，不敢出來。包圍到深夜漸次散去。現國民黨限工人二十日前復工，不然，將用更慘更新式的强度壓迫。但工人也正在準備給以更有力的回答。

上海工人學生熱烈反對李頓報告書

國民黨嚴厲壓迫

上海電：帝國主義的偵探隊——國聯調查團，發表共管滿洲，瓜分中國的報告書後，上海工人和革命學生皆熱烈的起來反對，帝國主義清道夫國民黨為要切實執行帝國主義的命令起見，大施白色恐怖。上海工人和學生有對李頓報告書不滿而表示反對者，則皆被捕去監禁屠殺，現國民黨派大批走狗去各工廠各學校，偵探工人和學生對報告書的示表，如有反對者，即遭拘捕。

軍閥混戰的新形勢

山東——四川——貴州

山東韓劉的混戰，已告一段落，蔣系的劉珍年部，先擬議開往湖北安徽省，現在亦決定改駐浙東溫州一帶，以防備我閩北紅軍的向前進攻。劉部由烟台海行至溫州登岸，到浙東者還祇一部分，尚未全部離山東。

四川兩劉的混戰，日趨激烈，不管國民黨那些有兩個省籍的戴委陶，張羣輩，是怎樣的今天請客，明天通電，但是軍閥爭地盤的戰爭在瀘州內江一帶，渝（重慶）劉（湘）以海陸空的全力，向西驅進，省劉（文輝）雖在瀘州防守得勝，但於最近轍退至內江資中之線，以鞏固成守成都。這是國民黨蔣介石系對四川改組派（劉文輝）的伙伴，把一種沒有意義的國民黨軍閥的私鬥，犧牲了幾萬千的工農出身的士兵的生命，軍閥混戰的罪惡沒有大於這個的了。

蔣系因為國民黨內部的私鬥，要求打破廣東派（陳濟棠）西南團結的對抗，除了在四川以劉湘進攻劉文輝之外，又鼓動貴州小軍閥猶在珍倒貴州省政府的王家烈，由遵義向黔西進攻，現王家烈已被趕走，猶國才師入駐貴陽，但兩方對峙形勢，依然存在。這種雞蟲得失，只暴露完了國民黨內部的罪形罪狀擺在全體工農勞苦群衆的面前，只有反軍閥的革命戰爭，才可以根本消滅軍閥混戰及軍閥制度。

國民黨製造的失業

南京——北平

中國農民遭受帝國主義及地主豪紳的兩重剝削，農村經濟，完全破產，農村人口就只有到城市來謀生活。城市人口大量增加，工業并不發展，工人的需要并不增加，反之，更由於經濟恐慌的影響和資本家的壓迫，只有失業。這都是國民黨投降帝國主義投降資本家的結果。南京市九月底的戶口統計，計失業者六十三萬餘人；在北平，北方的大城市，據十月份統計，失業者九十餘萬人。中國的失業人口的性質，雖不能和歐美資本主義國家的產業工人的失業，一樣的看待，但是這種每個大城市有六十萬人以上的失業現象，是極為嚴重的。只有推翻國民黨才能消滅失業。

期
红色中华零零四十三期
版
零四版
时间
一九三二年十二月五日

上海工人学生热烈反对李顿报告书国民党严厉压迫

上海电：帝国主义的侦探队——国联调查团，发表共管满洲，瓜分中国的报告书后，上海工人和革命学生皆热烈地起来反对，帝国主义清道夫国民党为要切实执行帝国主义的命令起见，大施白色恐怖，上海工人和学生有对李顿报告书不满而表示反对者，则皆被捕去监禁屠杀，现国民党派大批走狗去各工厂各学校，侦探工人和学生对报告书的示表，如有反对者，即遭拘捕。

三一年，則較一九三〇年突增百分之二九●蘇聯方面，對德貿易，亦佔蘇聯對外貿易的首位，參看蘇聯對外貿易統計，可以證明（單位一百萬金盧布）●

	一九三一年	一九三〇年
對德貿易額	五三九	四五五
對英貿易額	三三九	三五九
對美貿易額	二五一	三〇四
對日貿易額	一〇一	三二
總額	一，九六	二〇九五

蘇聯對德進口貿易，一九二五年以來，逐漸增加，至一九三一年，達七萬六千二百萬馬克，由德輸入貨品，以全製爲最多，佔總額之什九，至由蘇聯出口至德國的貨品則以原料品及半製品居多，茲將俄德貿易數額列下，以示俄德貿易之關係，（單位一百萬馬克）

	出口（自俄輸德）	進口（自德輸俄）
一九二八	三七九	四〇三
一九二九	四二六	三五四
一九三〇	四三六	四三一
一九三一	三〇三	七五七
一九三二一月至六月	一四八	三五七

蘇聯社會主義建設所需要的工業品，尤其是機器，因爲俄英商約停頓，俄美外交關係的沒有正式成立，對德的入口貿易，自然更要增加起來，同時德國國家經濟會議，在原則上決定蘇聯商品，特別是農產品的對德輸出，可以作爲現款抵償蘇聯應付給德國廠家的貨價●這樣，俄德的貿易關係，是有進展的前途的●

美國在太平洋上海空大操
定明年一月舉行

紐約電：美帝國主義海軍當局發表，美國的主力艦隊一百七十六艘，飛機二百六十七架，將於明年一月下旬至三月中旬七十日間，集合歡卑多羅港與檀香山，舉行太平洋海空攻防大操，今次大操，先由偵察隊出動，次由全海軍總動員，演習新式武器與新式戰略，這一會操的準備，無疑義是美日帝國主義衝突的一種示威行動●

轉變中的石城擴大紅軍

過去石城擴大紅軍的工作，是無聲無臭，沒有一個月超到了一百名，而且在八月份以前，別人說開小差，但石城還要開大差。這些工作中的錯誤和缺點，以及負責同志的消極怠工，現在是堅決糾正過來了，幷打擊了消極怠工的份子，十月份才得到相當的進步●橫江一百零七名，洋地七十四名，大獻五十四名、珠江二十四名、古樟二十二名、新村二十一名，城市十八名，及其他合共三百餘名，內計有黨團員七十一人，雇農一百人貧農一百八十六人，在這一成績中以橫江區爲頂好，其他小松、屏山、圩口等區爲最糟糕●這一轉變還是初步，不夠得很，應當更要積極的，加緊起來，這才能夠完成第二次革命競賽條約規定的二千五百名的數目●

工農紅軍學校
歡迎張發奎（改組派）九十師暴動來當紅軍的白軍革命士兵

國民黨張發奎九十師暴動來當紅軍的革命士兵，到了瑞金，廿八日紅軍學校熱烈地歡迎他們●上午在紅校俱樂部開了茶話會，激厲和興奮他們的革命情緒，他們更把張發奎吳奇偉等改組派的欺騙徹底揭穿！隨後他們即去參觀紅軍學校，下午六時舉行晚會，到會者全校各部隊，各機關，各團體的代表●

開幕時即請從白軍暴動來的新戰士登台，全場鼓掌歡呼：『歡迎白軍暴動來的新戰士！白軍士兵暴動勝利萬歲！』會場情緒非常高漲！隨後由紅校代校長政委致歡迎詞，繼即中少共中央局，全總執行局，少先隊總隊部等代表演說，新戰士皆高呼『粉碎國民黨改組派的欺騙！擁護中國共產黨！擁護蘇維埃中央政府！擁護工農紅軍！』十九路軍暴動來的新戰士，亦推出代表演說。最後由暴動來的新戰士致答詞●明白暴露國民黨改組派的壓迫屠殺和欺騙的一切罪惡，并堅決表示他們要爲蘇維埃政權鬥爭到底●續由紅校俱樂部舉行游藝散會●

上海華界電車全體罷工

上海電：上海南市華界電車工人，因受資本家剝削不堪，久已發生經濟鬥爭，但皆爲資本家所拒絕，工人遂醞釀罷工對付，卒至十一月十八日遂開始實行罷工●工人將電車完全封鎖，不準一輛車開出去，罷工後，全體工人七八百人去將公司包圍，要求答覆增加工資條件。工廠報告了國民黨市黨部，就派員來欺騙工人，一方面以大批警察向工人壓迫●但工人斗爭情緒極高，雖經國民黨用各種欺騙手段，和武裝警察的威嚇，工人不爲動搖，直相持到午後●工人至此只有直接衝突，向警察拋擲手溜彈，警察向工人開槍，遂起肉搏●結果，警察傷排長一人，警兵三人．工人傷多名（數目未詳），工廠老板陸伯鴻在辦事室中爲工人所困，不敢出來●工人包圍到深夜漸次散去●現國民黨限工人二十日前復工，不然，將用更慘更新式的強度壓迫●但工人也正在準備給以更有力的回答。

上海工人學生熱烈反對李頓報告書
國民黨嚴厲壓迫

上海電：帝國主義的偵探隊——國聯調查團，發表共管滿洲，瓜分中國的報告書後，上海工人和革命學生皆熱烈的起來反對，帝國主義清道夫國民黨爲要切實執行帝國主義的命令起見，大施白色恐怖，上海工人和學生有對李頓報告書不滿而表示反對者，則皆被捕去監禁屠殺，現國民黨派大批走狗去各工廠各學校，偵探工人和學生對報告書的示表，如有反對者，即遭拘捕。

軍閥混戰的新形勢
山東——四川——貴州

山東韓劉的混戰，已告一段落，蔣系的劉珍年部，先擬議開往湖北安徽省，現在亦決定改駐浙東溫州一帶，以防備我閩北紅軍的向前進攻。劉部由烟台海行至溫州登岸，到浙東者還祇一部分，尚未全部離山東。

四川兩劉的混戰，日趨激烈，不管國民黨那些有兩個省籍的戴季陶，張羣輩，是怎樣的今天請客，明天通電，但是軍閥爭地盤的戰爭在瀘州內江一帶，渝（重慶）劉（湘）以海陸空的全力，向西驅進，省劉（文輝）雖在瀘州防守得勝，但於最近轍退至內江資中之線，以圖固成守成都。這是國民黨蔣介石系對四川改組派（劉文輝）的伙伴，把一種沒有意義的國民黨軍閥的私鬥，犧牲了幾萬千的工農出身的士兵的生命，軍閥混戰的罪惡沒有大於這個的了。

蔣系因爲國民黨內部的私鬥，要求打破廣東派（陳濟棠）西南團結的對抗，除了在四川以劉湘進攻劉文輝之外，又鼓動貴州小軍閥府在珍倒貴州省政府的王家烈，由遵義向黔西進攻，現王家烈已被趕走，猶國才師入駐貴陽，但兩方對峙形勢，依然存在。這種離奇得失，只暴露完了國民黨內部的惡形惡狀擺在全體工農勞苦群衆的面前，只有反軍閥的革命戰爭，才可以根本消滅軍閥混戰及軍閥制度。

國民黨製造的失業
南京——北平

中國農民遭受帝國主義及地主豪紳的兩重剝削，農村經濟，完全破產，農村人口就只有到城市來謀生活●城市人口大量增加，工業幷不發展，工人的需要幷不增加，反之，更由於經濟恐慌的影響和資本家的壓迫，只有失業●這都是國民黨投降帝國主義投降資本家的結果。南京市九月底的戶口統計，計失業者六十三萬餘人；在北平，北方的大城市，據十月份統計，失業者九十餘萬人。中國的失業人口的性質，雖不能和歐美資本主義國家的產業工人的失業，一樣的看待，但是這種每個大城市有六十萬人以上的失業現象，是極爲嚴重的。只有推翻國民黨才能消滅失業。

上海華商電車罷工
再接再厲反對黃色工會
國民黨資本家重重壓迫

上海华商电车罢工

再接再厉反对黄色工会
国民党资本家重重压迫

上海华商电车罢工，已志前报。查公司关于罢工工人提出增加工资条件，故意留难，迄无答覆，反借国民党公安局保安队及流氓势力（杜月笙），向工人压迫。所谓上海“党政”机关，曾限令工人于十一月二十日复工，但罢工工人极为坚决，非增加资条件有圆满答覆，决不上工，所以二十那天，没有一个工人进厂去。华电车全部停驰，只有法商电车之三路五路六路当在华界开行。国民党公安局保安队电车公司，流氓势力等看见工人二十日真不上工，命令等于狗屁，并且罢工工人要第一区水电业工会召开全体工人大会，组织罢工委员会，黄色工会一听，真吓得来，立刻向国民党去报告，禁工人集会，并欺骗恐吓的劝告工人复工，现在国民党及，市政府（所请［谓］“党政”机关），又会衔布告，限令罢工工人要在二十三日下午六时以前复工，如届时不复工，就准公司（资本家）解雇工人，另招新工，并要严捕罢工首要及捣乱分子，说得“像杀［煞］有介事”！二十三日，究竟工人是否以环境恶劣而上工，或是坚持到底的罢工下去，尚无所闻，下期当有消息，罢工要求增加工资反对黄色工会，打倒国民“党政”机关，罢工工人，一定坚决的！

援助義勇軍之組織，以便根本肅清東北義勇軍。是項計劃，未能實現，因㊀現在東省義軍各佔有相當地盤，雖佔領熱河斷後方之聯絡，而吉黑及遼東之各義軍，並不能自然消滅，如此則戰區擴大而無實效，故決取漸次肅清之新計劃，現其主力，已着手向東邊道之義軍進攻，卽瀋海路鴨綠江安奉路以內之三角地帶。㊁前次津滬二次事變，徒糜金錢，增國際惡感，無實際利益，且爲預算經濟所困，故改爲招雇偵察中國內容之漢奸，分佈各處，相機行事，且多用南方人，取其腦筋活動。㊂『滿洲國』軍事當局近派遣大批間諜及暗殺團，潛來平津及甯漢各埠，秘密刺探中國軍政情形，該員均屬收買我國青年學生，假藉投考求學或投充義勇軍及向機關謀事爲詞，已於本月初分別出發，由大連入中國內地工作，并收買流氓土匪，編成八旅，旅長已內定，名單未發表，期解決東邊各地義軍。

上海華商電車罷工

再接再厲反對黃色工會

國民黨資本家重重壓迫

上海華商電車罷工，已誌前報。查公司關於罷工工人提出增加工資條件，故意留難，迄無答覆，反藉國民黨公安局保安隊及流氓勢力(杜月笙)，向工人壓迫。所謂上海『黨政』機關，曾限令工人於十一月二十日復工，但罷工工人極爲堅決，非增加資條件有圓滿答覆，決不上工，所以二十那天，沒有一個工人進廠去。華電車全部停駛，只有法商電車之三路五路六路當在華界開行。國民黨公安局保安隊電車公司，流氓勢力等看見工人二十日真不上工，命令等於狗屁，并且罷工工人要第一區水電業工會召開全體工人大會，組織罷工委員會，黃色工會一聽，異嚇得來，立刻向國民黨去報告，禁工人集會，并欺騙恐嚇的勸告工人復工。現在國民黨及－市政府(所謂『黨政』機關)，又會衔布告，限令罷工工人要在二十三日下午六時以前復工，如屆時不復工，就辭公司(資本家)解雇工人，另招新工，并要嚴捕罷工首要及搗亂分子，說得『像殺有介事』－二十三日，究竟工人是否以環境惡劣而上工，或是堅持到底的罷工下去，尚無所聞，下期當有消息。罷工要求增加工資反對黃色工會，打倒國民『黨政』機關，罷工工人，一定堅決的！

日本帝國主義進攻上海 十九路軍士兵犧牲 國民黨軍閥不抵抗主義的——損失數字

上海事變直接間接所造成損失，調查戰事損失聯合辦事處登記，共收到登記表二萬六千二百五十一份，分類整種，由會計師審核完竣，編製統計，據談：此次滬變，本市被佔面積，約有一百八十五方公里之譜，受損失房數，當在十萬間以上，收到表格，僅及六分之一，故此項統計，勢難代表損失總額。茲將該表刊登於下，這都是日本帝國主義的侵略和國民黨的賣國所合成的結果

滬變損失統計表

類別	住戶	商號	工廠	房產	學校	公園	寺庵	政府機關	總計
登記戶數	一九〇五七	五七一九	九六六	三六二	五七	六一	五	二五	二六二五一
死亡	一三七〇	二六四	五六	三一	六	十二			一七三九
傷害	四八二	一六三	四一	二七	三	三			七一九
失踪	五〇〇	三九二	七一	一	十三	二			九八五
其他	二二二五	一二七四九	一〇一一二	一〇	三				二五〇九九
直接損失	四八三〇一四四七·四	三三五三五九八四·六〇	五五五八九七七七·八二	六一五一七〇〇·二〇	六〇四八八三·九〇	一八八五一八四·〇二	一五四四三〇·〇〇	一五六六六三〇六·二二一	一六四〇八八七〇三·九六
間接損失	二六六七八四六·九六	一五九五六五二三·七二	四二二四九四二·五〇	三三四六二九·二〇	六九七四六·六〇	六〇二五六·三〇	三〇〇〇〇	六九六二四一一六·五	三〇五一六〇五八·九一
合計	九〇九八九二九六·〇	四九四九二五〇八·三二	五九八一四七二〇·三二	六四八六三二九·四〇	三〇九四六三〇·五〇	一九四五四四〇·三二	一五四七二〇·〇〇	二二六二八七一七·八五	一九四六〇六三六二〇八一

廣暴甯暴紀念大會

在紅校砲兵操場

到會羣衆兩萬餘

由下午二時至晚九時——……爲蘇維埃政權鬥爭到底……發展白軍士兵運動——……

一九二七年十二月十一日的廣州暴動，首先豎起蘇維埃的紅旗，雖然經過三天就被帝國主義鎮壓下去了，成爲『退兵時的一戰』，但是這五年來繼續廣州暴動的蘇維埃運動，已經建了臨時中央政府，今年是廣州暴動的五週年紀念，一九三一年十二月十四日的甯都暴動，革命士兵一致的在共產黨的政治影響之下，暴動起來，趕走反革命的國民黨軍閥，成立中國工農紅軍第五軍團，今年是甯都兵暴的一週年紀念

這兩個紀念，於十二月十一日午後二時在中國工農紅軍學校炮兵操場，合併舉行。到會部隊機關團體計工農紅軍學校，新編師，瑞汀衞戍司令部，警衞連，紅校看護連，第一方面軍司號連，國家政治保衞局保衞隊，瑞金赤衞隊，瑞金保衞分局保衞隊，瑞金縣政府，民警局，中共瑞金縣委，城區區委，少共瑞金縣委，城區區委，少先隊，兒童團等。全場共到約二萬餘人，二時半開會，推中共縣委，少共縣委，縣蘇，縣職工會，紅校政治部等爲主席團；首由主席團宣佈開會理由。繼由參加廣州暴動之紅校葉校長報告廣暴經過：略述廣州暴動以前之廣州政治形勢，中國共產黨領導廣州工人和近郊農民佈置暴動的計劃，暴動起來後三天中的血的鬥爭，暴動領袖周文勇張太雷爲蘇維埃犧牲之壯烈，廣州公社失敗後國民黨改組派之殘酷的屠殺——會場羣衆聞之，無不激昂，誓要打倒國民黨，打倒改組派，粉碎國民黨對蘇區紅軍的大舉進攻，爲蘇維埃政權鬥爭到底。葉校長報告後，續由參加甯都暴動的盧壽春同志報告甯都兵暴的經過，盧同志除歷叙去年十二月十四日國民黨軍隊第二十六路軍的革命士兵如何在甯都爆發士兵暴動，成立工農紅軍第五軍團，這一年來如何英勇的爲蘇維埃政權而鬥爭之外，并注重的說，今年紀念中，爲粉碎敵人的大舉進攻，發展白軍士兵運動，擴大兵變，兵暴，拖槍過來當紅軍，尤爲重要。

這兩個報告完了過後，中共少共職工會縣蘇都有代表演說，盡量發揮廣州暴動，甯都兵暴的意義。至此巳畢下午六時，大會卽宣告散會。由紅校俱樂部繼續表演紀念游藝，『廣州暴動』新劇，尤能使全場觀衆感動；游藝至晚九時始畢。

期：红色中华零零四十五期
版：零六版
时间：一九三二年十二月十九日

日本帝国主義進攻上海
十九路軍士兵犧牲
國民黨軍閥不抵抗主義
的———損失數字

日本帝国主义进攻上海，十九路军士兵牺牲，国民党军阀不抵抗主义的——损失数字

上海事变直接间接所造成损失，调查战事损失联合办事处登记，将收到登记表二万六千二百五十一份，分类整种，由会计师审核完竣，编制统计，据谈；此次沪变，本市被占面积，约有一百八十五万公里之谱，受损失房数，当在十万间以上，收到表格，仅及六分之一，故此项统计，势难代表损失总额。兹将该表刊登于下，这都是日本帝国主义的侵略和国民党的卖国所合成的结果

沪变损失统计表

类别	登记户数	死亡	伤害	失踪	其他	直接损失	间接损失	合计
住户	一九〇五七	一三七〇	四八二	五〇〇	二二二五	四八三〇一四四七点一四	二六六七八四六点九六	九〇九八九二九六点一〇

援助義勇軍之組織，以便根本肅清東北義勇軍。是項計劃，未能實現，因㈠現在東省義軍各佔有相當地盤，雖佔領熱河斷後方之聯絡，而吉黑及遼東之各義軍，並不能自然消滅，如此則戰區擴大而無實效，故決取漸次肅清之新計劃，現其主力，已着手向東邊道之義軍進攻，即瀋海路鴨綠江安奉路以內之三角地帶。㈡前次津滬二次事變，徒靡金錢，增國際惡感，無實際利益，且為預算經濟所困，故改為招雇偵察中國內容之漢奸，分佈各處，相機行事，且多用南方人，取其腦筋活動。㈢「滿洲國」軍事當局近派遣大批間諜及暗殺團，潛來平津及甯漢各埠，祕密刺探中國軍政情形，該員均屬收買我國青年學生，假藉投考求學或投充義勇軍及向機關謀事為詞，已於本月初分別出發，由大連入中國內地工作，并收買流氓土匪，編成八旅，旅長已內定，名單未發表，期解決東邊各地義軍。

上海華商電車罷工

再接再厲反對黃色工會

國民黨資本家重重壓迫

上海華商電車罷工，已誌前報。查公司關於罷工工人提出增加工資條件，故意留難，迄無答覆，反藉國民黨公安局保安隊及流氓勢力(杜月笙)，向工人壓迫。所謂上海『黨政』機關，曾限令工人於十一月二十日復工，但罷工工人極為堅決，非增加資條件有圓滿答覆，決不上工，所以二十那天，沒有一個工人進廠去。華電車全部停駛，只有法商電車之三路五路六路當在華界開行。國民黨公安局保安隊電車公司，流氓勢力等看見工人二十日真不上工，命令等於狗屁，并且罷工工人要第一區水電業工會召開全體工人大會，組織罷工委員會，黃色工會一聽，真嚇得來，立刻向國民黨去報告，禁工人集會，并欺騙恐嚇的勸告工人復工。現在國民黨及上市政府(所謂『黨政』機關)，又會銜布告，限令罷工工人要在二十三日下午六時以前復工，如屆時不復工，就草公司(資本家)解雇工人，另招新工，并要嚴捕罷工首要及搗亂分子，說得『像殺有介事』！二十三日，究竟工人是否以環境惡劣而上工，或是堅持到底的罷工下去，尚無所聞，下期當有消息。罷工要求增加工資反對黃色工會，打倒國民『黨政』機關，罷工工人，一定堅決的！

日本帝國主義進攻上海 十九路軍士兵犧牲 國民黨軍閥不抵抗主義的——損失數字

上海事變直接間接所造成損失，調查戰事損失聯合辦事處登記，舄收到登記表二萬六千二百五十一份，分類整理，由會計師審核完竣，編製統計，據談：此次滬變，本市被佔面積，約有一百八十五方公里之譜，受損失房數，當在十萬間以上，收到表格，僅及六分之一，故此項統計，勢難代表損失總額。茲將該表刊登於下，這都是日本帝國主義的侵略和國民黨的賣國所合成的結果

滬變損失統計表

類別	登記戶數	死亡	傷害	失踪	其他	直接損失	間接損失	合計
住戶	一九〇五七	一三七〇	四八二	五〇〇	二二二五	四八三〇一四四七・四	二六六七八四六・九六	九〇九八九二九六・一〇
商號	五七一九	二六四	一六三	三九二	一二七四九	三三五三五九八四・六〇	一五九五六五二三七二	四九四九二五〇八・三二
工廠	九六六	五六	四一	七一	一〇一一二	五五五八九七七七・八二	四二二四九四二・五〇	五九八一四七二〇・三二
房產	三六二	三一	二七	一	一〇	六一五一七〇〇・二〇	三三四六二九・二〇	六四八六三二九・四〇
學校	五七	六	三	十三	三	六〇四八八三・九〇	六九七四六・六〇	三〇九四六三〇・五〇
公園	六一	十二	三	二		一八八五一八四・〇二	六〇二五六・三〇	一九四五四四〇・三二
寺庵	五					一五四四三〇・〇〇	三〇〇〇〇	一五四七二〇・〇〇
政府機關	二五					一五六六六三〇六・二二一	六九六二四一一六・五	二二六二八七一七・八五
總計	二六二五一	一七三九	七一九	九八五	二五〇九九	一六四〇八八七〇三・九六	三〇五一六〇五八・九一	一九四六〇六三六二〇八一

廣暴甯暴紀念大會

在紅校砲兵操場

到會羣衆兩萬餘

由下午二時至晚九時——為蘇維埃政權鬥爭到底……發展白軍士兵運動……

一九二七年十二月十一日的廣州暴動，首先豎起蘇維埃的紅旗，雖然經過三天就被帝國主義鎮壓下去了，成為「退兵時的一戰」，但是這五年來繼續廣州暴動的蘇維埃運動，已經建了臨時中央政府，今年是廣州暴動的五週年紀念，一九三一年十二月十四日的甯都暴動，革命士兵一致的在共產黨的政治影響之下，暴動起來，趕走反革命的國民黨軍閥，成立中國工農紅軍第五軍團，今年是甯都兵暴的一週年紀念●

這兩個紀念，於十二月十一日午後二時在中國工農紅軍學校炮兵操場，合併舉行。到會部隊機關團體計工農紅軍學校，新編師，瑞汀衛戍司令部警衛連，紅校看護連，第一方面軍司號連，國家政治保衛局保衛隊，瑞金保衛分局保衛隊，瑞金赤衛隊，瑞金職工會，瑞金縣政府，民警局，中共瑞金縣委，城區區委，少共瑞金縣委，城區區委，少先隊，兒童團等。全場共到約二萬餘人，二時半開會，推中共縣委，少共縣委，縣蘇，縣職工會，紅校政治部等為主席團；首由主席團宣佈開會理由。繼由參加廣州暴動之紅校葉校長報告廣暴經過；略述廣州暴動以前之廣州政治形勢，中國共產黨領導廣州工人和近郊農民佈置暴動的計劃，暴動起來後三天中的血的鬥爭，暴動領袖周文雍張太雷為蘇維埃犧牲之壯烈，廣州公社失敗後國民黨改組派之殘酷的屠殺——會場羣衆聞之，無不激昂，誓要打倒國民黨，打倒改組派，粉碎國民黨對蘇區紅軍的大舉進攻，為蘇維埃政權鬥爭到底。葉校長報告後，繼由參加甯都暴動的盧壽春同志報告甯都兵暴的經過，盧同志除歷叙去年十二月十四日國民黨軍隊第二十六路軍的革命士兵如何在甯都爆發士兵暴動，成立工農紅軍第五軍團，這一年來如何英勇的為蘇維埃政權而鬥爭之外，并注重的說，今年紀念中，為粉碎敵人的大舉進攻，發展白軍士兵運動，擴大兵變，兵暴，拖槍過來當紅軍，尤為重要。

這兩個報告完了過後，中共少共職工會縣蘇都有代表演說，盡量發揮廣州暴動，甯都兵暴的意義。至此已至下午六時，大會即宣告散會。由紅校俱樂部繼續表演紀念游藝，「廣州暴動」新劇，尤能使全場觀衆感動；游藝至晚九時始畢●

1932

红色中華

上海新闻
整理汇编

日本帝國主義進攻上海 十九路軍士兵犧牲 國民黨軍閥不抵抗主義的——損失數字

珍藏版

期	红色中华零零四十五期
版	零六版
时间	一九三二年十二月十九日

类别	登记户数	死亡	伤害	失踪	其他	直接损失	间接损失	合计
商号	五七一九	二六四	一六三	三九二	一二七四九	三三五三五九八四点六〇	一五九五六五二三七二	四九四九二五〇八点三二
工厂	九六六	五六	四一	七一	一〇一一二	五五五八九七七七点八二	四二二四九四二点五〇	五九八一四七二〇点三二
房产	三六二	三一	二七	一	一〇	六一五一七〇〇点二〇	三三四六二九点二〇	六四八六三二九点四〇
学校	五七	六	三	十三	三	六〇四八八三点九〇	六九七四六点六〇	三〇九四六三〇点五〇
公园	六一	十二	三	二		一八八五一八四点〇二	六〇二五六点三〇	一九四五四四〇点.三二
寺庵	五					一五四四三〇点〇〇	三〇〇〇〇	一五四七二〇点〇〇
政府机关	二五					一五六六六三〇六点二二一	六九六二四一一六点五	二二六二八七一七点八五
总计	二六二五一	一七三九	七一九	九八五	二五〇九九	一六四〇八八七〇三点九六	三〇五一六〇五八点九一	一九四六〇六三六二〇八一

第四十五期　紅色中華　第六版

援助義勇軍之組織，以便根本肅淸東北義勇軍。是項計劃，未能實現，因㈠現在東省義軍各佔有相當地盤，雖佔領熱河斷後方之聯絡，而吉黑及遼東之各義軍，並不能自然消滅，如此則戰區擴大而無實效，故決取轉次肅淸之新計劃，現其主力，己着手向東邊道之義軍進攻，卽瀋海路鴨綠江安奉路以內之三角地帶。㈡前次津滬二次事變，徒糜金錢，增國際惡感，無實際利益，且爲預算經濟所困，故改爲招雇偵察中國內容之漢奸，分佈各處，相機行事，且多用南方人，取其腦筋活動。㈢「滿洲國」軍事當局近派遣大批間諜及暗殺團，潛來平津及甯滬各埠，秘密刺探中國軍政情形，該員均用收買我國青年學生，假藉投考求學或投充義勇軍及向機關謀事爲詞，已於本月初分別出發，由大連入中國內地工作，并收買流氓土匪，編成八旅，於長已內定，名單未發表，期解決東邊各地義軍。

上海華商電車罷工

再接再厲反對黃色工會

國民黨資本家重重壓迫

上海華商電車罷工，己誌前報。查公司關於罷工工人提出增加工資條件，故意留難，迄無答覆，反藉國民黨公安局保安隊及流氓勢力(杜月笙)，向工人壓迫。所謂上海「黨政」機關，會限令工人於十一月二十日復工，但罷工工人極爲堅決，非增加資條件有圓滿答覆，決不上工，所以二十那天，沒有一個工人進廠去。華電車全部停駛，只有法商電車之三路五路六路當在華界開行。國民黨公安局保安隊電車公司，流氓勢力等看見工人二十日眞不上工，命令等於狗屁，并且罷工工人要第一區水電業工會召開全體工人大會，組織罷工委員會，黃色工會一聽，眞嚇得來，立刻向國民黨去報告，禁工人集會，并欺騙恐嚇的勸告工人復工。現在國民黨及「市政府(所謂「黨政」機關)，又會銜布告，限令罷工工人要在二十三日下午六時以前復工，如屆時不復工，就算公司（資本家）解雇工人，另招新工，并要嚴捕罷工首要及搗亂分子，說得「像殺有介事」！二十三日，究竟工人是否以環境惡劣而上工，或是堅持到底的罷工下去，尙無所聞，下期當有消息。罷工要求增加工資反對黃色工會，打倒國民「黨政」機關，罷工工人，一定堅決的！

日本帝國主義進攻上海

十九路軍士兵犧牲

國民黨軍閥不抵抗主義的———損失數字

上海事變直接間接所造成損失，調查戰事損失聯合辦事處登記，𥚃收到登記表二萬六千二百五十一份，分類整理，由會計師審核完竣，編製統計，據談：此次滬變，本市被佔面積，約有一百八十五方公里之譜，受損失房數，當在十萬間以上，收到表格，僅及六分之一，故此項統計，勢難代表損失總額。茲將該表刊登於下，這都是日本帝國主義的侵略和國民黨的賣國所合成的結果

滬變損失統計表

類別	住戶	商號	工廠	房產	學校	公園	寺庵	政府機關	總計
登記戶數	一九〇五七	五七一九	九六六	三六二	五七	六一	五	二五	二六二五一
死亡	一三七〇	二六四	五六	三一	六	十二			一七三九
傷害	四八二	一六三	四一	二七	三	三			七一九
失踪	五〇〇	三九二	七一	一	十三	二			九八五
其他	二三二五	一二七四九	一〇一一二	一〇	三				二五〇九九
直接損失	四八三〇一四四七·四	三三五三五九八四·六〇	五五五八九七七七·八二	六一五一七〇〇·二〇	六〇四八八三·九〇	一八八五一八四·〇二	一五四四三〇·〇〇	一五六六六三〇六·二二一	一六四〇八八七〇三·九六
間接損失	二六六七八四六·九六	一五九五六五二三七二	四二二四九四二·五〇	三三四六二九·二〇	六九七四六·六〇	六〇二五六·三〇	三〇〇〇〇	六九六二四一一六·五	三〇五一六〇五八·九一
合計	九〇九八九二九六·〇	四九四九二五〇八·三二	五九八一四七二〇·三二	六四八六三二九·四〇	三〇九四六三〇·五〇	一九四五四四〇·三二	一五四七二〇·〇〇	二二六二八七一七·八五	一九四六〇六三六二〇八一

廣暴甯暴紀念大會

在紅校砲兵操場

到會羣衆兩萬餘

由下午二時至晚九時——……爲蘇維埃政權鬥爭到底……發展白軍士兵運動……

一九二七年十二月十一日的廣州暴動，首先豎起蘇維埃的紅旗，雖然經過三天就被帝國主義鎭壓下去了，成爲「退兵時的一戰」，但是這五年來繼續廣州暴動的蘇維埃運動，已經建了臨時中央政府，今年是廣州暴動的五週年紀念。一九三一年十二月十四日的甯都暴動，革命士兵一致的在共產黨的政治影響之下，暴動起來，趕走反革命的國民黨軍閥，成立中國工農紅軍第五軍團，今年是甯都兵暴的一週年紀念

這兩個紀念，於十二月十一日午後二時在中國工農紅軍學校炮兵操場，合併舉行。到會部隊機關團體計工農紅軍學校，新編師，瑞汀衛戍司令部警衛連，紅校看護連，第一方面軍司號連，國家政治保衛局保衛隊，瑞金保衛分局保衛隊，瑞金赤衛隊，瑞金職工會，瑞金縣政府，民發局，中共瑞金縣委，城區區委，少共瑞金縣委，城區區委，少先隊，兒童團等。全場共到約二萬餘人，二時半開會，推中共縣委，少共縣委，縣蘇，縣職工會，紅校政治部等爲主席團；首由主席團宣佈開會理由。繼由參加廣州暴動之紅校葉校長報告廣暴經過；略述廣州暴動以前之廣州政治形勢，中國共產黨領導廣州工人和近郊農民佈置暴動的計劃，暴動起來後三天中的血的鬥爭，暴動領袖周文雍張太雷爲蘇維埃犧牲之壯烈，廣州公社失敗後國民黨改組派之殘酷的屠殺——會場羣衆聞之，無不激昂，誓要打倒國民黨，打倒改組派，粉碎國民黨對蘇區紅軍的大舉進攻，爲蘇維埃政權鬥爭到底。葉校長報告後，繼由參加甯都暴動的盧壽春同志報告甯都兵暴的經過。盧同志除歷敘去年十二月十四日國民黨軍隊第二十六路軍的革命士兵如何在甯都爆發士兵暴動，成立工農紅軍第五軍團，這一年來如何英勇的爲蘇維埃政權而鬥爭之外，并注重的說，今年紀念中，爲粉碎敵人的大舉進攻，發展白軍士兵運動，擴大兵變，兵暴，拖槍過來當紅軍，尤爲重要。

這兩個報告完了過後，中共少共職工會縣蘇都有代表演說，盡量發揮廣州暴動，甯都兵暴的意義。至此已重下午六時，大會即宣告散會。由紅校俱樂部繼續表演紀念游藝，「廣州暴動」新劇，尤能使全場觀衆感動；游藝至晚九時始畢。

一九三三

紅色中華

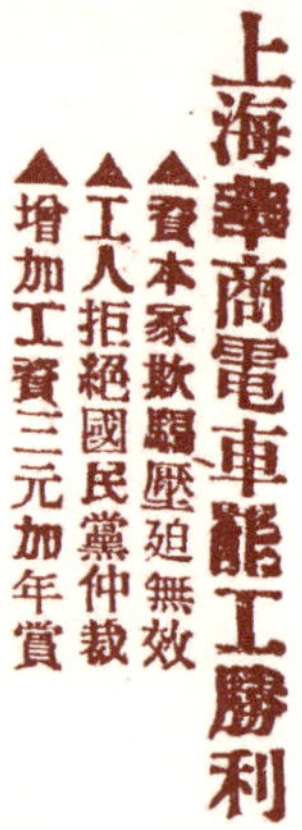
上海華商電車罷工勝利
▲資本家欺騙壓廹無效
▲工人拒絕國民黨仲裁
▲增加工資三元加年賞

期：红色中华零零四十六期
版：零六版
时间：一九三三年一月七日

上海华商电车罢工胜利

资本家欺骗压迫无效
工人拒绝国民党仲裁
增加工资三元加年赏

上海华商电气公司全体工人为要求增加工资，实行罢工以来，详情已志前报，虽经国民党资本家使用种种威逼欺骗，黄色工会及流氓的破坏，但工人绝对不为之丝毫动摇，斗争情绪反更坚决。资本家曾请国民党社会局调解未成，复求市政府仲裁，企图凭借政府力量强迫工人屈服。罢工工人严行拒绝，非达到增加工资的条件，任何办法，均不接受，资本家一切伎俩用尽，无法可施，不得不进行直接与工人谈判，确定每工人自本年十月份起，普加工资三元，并年赏五天之原则，公司（资本家）当局，特经董事会议决通过，并推定陆伯鸿，张效良，顾馨一等三董事为签字代表，工会方面，亦召集临时代表大会，到各部负责代表五十余人，当经办理加薪之出席代表报告谈判经过情形后，即开始讨论，一、公司已允各部工人，一律于本年十月份起，普加工资三元，及年赏一律增加五天；二、在工潮期间，被公安局拘捕之工人四人，释放；三、推定签字代表胡义大，傅崇德，谭鸣霖，为签字代表。

利。此外復有國社黨全國雄辯家方利爾博士，已正式致函黨魁希特勒氏辭去黨內一切職務，并聲言彼已覓得確實證據，指明國社黨受柯爾尼奧託胡爾夫製造家之津貼，并要求希氏徹查此事云。國社黨之內部崩裂，實已成不可諱之事實，但國社黨之報紙，仍竭力否認外間所傳之消息。

這種國家社會黨內部的腐擾，其實本來就是資產階級的政黨，將引起他的更加崩潰。

上海華商電車罷工勝利

▲資本家欺騙壓迫無效
▲工人拒絕國民黨仲裁
▲增加工資三元加年賞

上海華商電氣公司全體工人為要求增加工資，實行罷工以來，詳情已誌前報，雖經國民黨資本家使用種種威逼欺騙，黃色工會及流氓的破壞，但工人絕對不為之絲毫動搖，鬥爭情緒反更堅決。資本家曾請國民黨社會局調解未成，復求市政府仲裁，企圖憑藉政府力量強迫工人屈服。罷工工人嚴行拒絕，非達到增加工資的條件，任何辦法，均不接受，資本家一切伎倆用盡，無法可施，不得不進行直接與工人談判，確定每工人自本年十月份起，普加工資三元，并年賞五天之原則，公司（資本家）當局，特經董事會議決通過，并推定陸伯鴻，張效良，顧馨一等三董事為簽字代表。工會方面，亦召集臨時代表大會，到各部負責代表五十餘人，當經辦理加薪之出席代表報告談判經過情形後，即開始討論，㈠公司已允各部工人，一律於本年十月份起，普加工資三元，及年賞一律增加五天㈡在工潮期間，被公安局拘捕之工人四人，釋放㈢推定簽字代表胡義大，傅崇德，譚鳴霖，為簽字代表。

日貨巨萬湧到中國

▲貨價值共一百五十萬元
▲日輪恢復九一八前原狀
▲國民黨鎮壓反日反帝運動的結果

自去年九一八事變後，中國群眾反日反帝運動普遍的高漲起來，各地實行抵制日貨，給日本帝國主義在經濟上以一嚴重的打擊。但國民黨在上海與日本帝國主義簽訂出賣東三省和上海的和約，完全接受帝國主義的旨意，極力鎮壓群衆的反日反帝運動，[illegible]抵制日貨，藉以維持他的『滑道伕』地位。因此日本帝國主義在中國的市場，較前更為暢銷。據日使署傳出：近來各地抵貨運動，已遠不如昔，故日商在華貿易，已逐漸恢復。至日政府對於在華日商，因受戰事影響而蒙重大損失者，決計設法補助，[illegible]百萬日金，以供在華日僑借貸之用，滬地計得三百五十萬，其餘則分配於各地。因此最近日貨輸入已恢復九一八前之原狀，滬上日本輪社，紛紛增班，表示樂觀，長江南北洋之日貨四通八達。如長江一路，日清原有九輪，中流上游，更有十一艘，滬戰以後祇留三船行走空班，今則日清公司鑒於日貨上水之多，已將長江船添派四船，月行十二次，尚有岳陽丸等船，則將在三個月中復航。此外上江方面，決定添加一船。南洋方面，日輪雖受排貨之打擊，但并未停航，十月下旬，滬上即有日貨轉運到南華，但不如長江之多。今行駛之日輪，除大阪營業清衰外，日清兩輪則已起色。華北一路，以大連客船生意最佳，駛行青島大連天津營口安東，船數甚多，尚有臨時船數艘往來東北上海間。烟津線內日清有二輪，川崎有二輪。近來運載日貨極多，生意最佳。

日貨之來滬者，近日更擁擠，日郵社之六甲丸筑波丸及生駒丸三船，兩天中運到日貨四萬二千五百噸，貨價值一百五十萬元。其中以捲紙疋頭海味皮革品等居多，已各卸碼頭。又有一部即晚轉運到長江。

國民黨的投降政策，至此已在全中國工農群衆面前完全表白出來了。

緊急戰爭動員中的「紅板」名單

『紅板』上是革命競賽上用的一種鼓勵方法，譬如在一個競賽中，那些同志的成績最好，在一個紅板上就把這些同志的姓名登出來。反之，有種成績不好的，或者頂壞的，我們就把他們登在『黑板』上來教大家以這些同志為戒，這就和『突擊隊』一樣。現在我們發表幾件可以在戰爭動員中鼓勵，興奮我們的事情。

蔡汶醫生是三次戰爭時在老營盤從白軍蔣鼎文師俘虜來的，先在紅三軍工作，後調總軍醫處直屬醫務所，這個時期的蔡同志確實是消極頹廢的，後來加緊對他的教育，覺悟過來，調到第二醫院任外科主任兼藥局主任的，最近，工作很有進步，抽空就看革命書報，并且自動請求減少津貼。（由六十[illegible]極多。總衛生部已經予以嘉獎了。

兵工廠工友全體開會，有位青工提議在修理槍砲製造彈藥當中，一定要當心做，不准胡亂花材料，并且通過除每做應做的八小時外，自動每日增加義務工作一小時來增加生產，以應前方的需要。兵工廠的工友同志們，對於革命戰爭，確實有了深切的認識。

國家政治保衛局保衛隊的軍械上士彭珍卿同志，他是江西上高人，他的家還是白區，這次紅軍公田的穀兩萬担，分配給紅軍的白區來的同志，彭同志應得的五元大洋，他堅決不要，勸他買公債，他說買了公債政府還要加利息來還他，這更不好，願意全捐作軍費，現在這五元錢已經送到財[illegible]

這些同志們，有的願意減少津貼，有的願意增加勞動時間，有的願意把應分得的公田的一份捐作紅軍軍費，這都是對於革命有了深切認識才能這樣做的，列名『紅板』，用示模範。

五年計劃故事

（四）

七，一個電氣化的國家

在上邊已經叙述過我們費了好多工夫開煤礦，冲土煤，抽石油等等工作。但僅僅如此還不夠，因為如把煤開出來而存起來不用，則一點好處也沒有。開出煤來是為的燃燒的，是為的造蒸氣的。有了蒸汽，機器才可以轉動，所以我們必須建造轉動機器的蒸汽廠，也許在每個工廠裏造一個，也許造一個總廠可以供給一百個或二百個工廠之需要，你以為建總廠好呢？還是多造小廠好呢？我個人的意見以為造一個總廠比較有利些。

因為造總廠可以把一切材料集中在一處，可以使一切材料都節省，如造許多小廠，則每樣東西都得預備許多份。例如運煤的鐵路罷，如造總廠，則需要一條，如造許多小廠，則每一廠需要一條。小廠只能造在工廠裏，而總廠則可造在煤礦區，因此可以省掉運煤的手續。只要在總廠發出電來，可以通到五百基羅米特遠的地方。以後我們還要把電流通得更遠。

每週圍五百基羅米特以內的一切工廠都由一個總發電廠供給電力。因此這個區域的工廠成了個聯合而拱衛着在其中心的總發電廠。按着五年計劃，我們要造四十二個這樣的總發電廠，其中將以拱衛着尼蒲若斯柴發電廠的尼培區的工廠聯合為最大。在發電的週圍有冶金廠，瓷器廠，水門汀廠，造船廠，化學廠，製船廠及其他的工廠。這一切的工廠都由這總廠供給電流。根據我們的計劃，這個區域的電力，等於我們一千八百萬機械工人的力量。平均每一個工人有七百個機械工人的輔助。

不久我們還要把這些總發電廠速接起來，互相幫助。某一廠如缺少電力時，可以由另一廠送來，而且還要把鄉村區也要電氣化了，使每一個鄉村都能使用電力。在十五年或二十年中，電簡直變得像空氣或水那樣平常，我們的國家就成了一個電氣化的國家了。

（[illegible]完）

上海英美烟公司工人全体四千余人罢工

上海电：英美烟公司工人，前曾因资本家不履行劳动合同，发生工潮，当由国民党压迫欺骗了事，及至去年十二月间，资本家对于工人要求增加工资问题，借故迁延，工人遂大起激愤，六日工人怠工警告资本家，但资本家态度强硬，不理工人要求，至七日晨起各间工人宣告罢工，总数有四千余人，现国民党正在用他的压迫欺骗手段镇迫这一罢工云。

九三三年尚須增至五百家。軍事工業之突然膨脹，極堪注目，其他與軍事工業最有關係金屬工業，機械器具工業，化學工業三種亦呈相併的活躍，帝國主義對於中國土地人民的以武力來瓜分的狂熱，暴露無遺了！

日帝國主義海陸空軍的示威演習

東京電：日帝國主義海軍當局計劃在今年秋間，舉行大規模演習，由六月中旬起至七月爲止，操演地域，即南洋諸島，小笠原羣島亦包括在內。參加部隊爲聯合艦隊及特種編制艦隊。演習終了後，全艦隊集合東京灣，舉行大觀艦式，由日皇檢閱各艦。同時，陸軍部亦決定陸軍秋季大演習，地點指定金澤一帶地方。陸軍航空本部，則計劃作日本航空隊創始以來的第一次大規模航空演習，參加部隊計有各務原飛第一二兩聯隊，四日市飛行第三聯隊，太刀洗第四聯隊，立川第五聯隊，濱松第七聯隊，台灣東同第八聯隊，所澤飛行學校，下志津飛行學校，明野飛行學校，千葉氣球隊等。全國飛行七聯隊三學校與一氣球隊，出動精銳飛機四百架，以靜岡岐阜，愛知三縣爲中心，分紅白兩軍，時期提前於今年春季舉行，展開日本領空的大爭霸戰。

日本帝國主義要進行反蘇聯的戰爭，向美帝國主義示威，瓜分中國，是迫不及待了！

日帝國主義進攻平津之準備

運到大批軍械——布置電網沙袋——收買白俄流氓

天津電：日本帝國主義佔領山海關後，企圖進攻平津，以期使華北與滿蒙打成一片，實現他的大陸政策。近日津日軍運到步槍三百枝，子彈十五萬發，又製有旗號二十面，內十面有定國第一路司令及華北總司令趙宋李等字樣，均運入海光寺日兵營。并收買旅津白俄流氓百餘人，以爲擾亂平津之用。日本租界，則除佈置電網沙袋外，并將交界各胡同鐵門封鎖不許通過。義租界亦預備電網沙袋，中國地居民已通向英法租界遷移，市面蕭條，晚十時後，即無人跑路。日本帝國主義對於擾亂平津大有躍躍欲動之勢。

上海英美烟公司工人 全體四千餘人罷工

上海電：英美烟公司工人，前曾因資本家不履行勞動和同，發生工潮，當由國民黨壓迫欺騙了事，及至去年十二月間，資本家對於工人要求附加工資問題，藉故遲延，工人遂大起激憤，六日工人怠工警告資本家，但資本家態度强硬，不理工人要求，至七日晨起各間工人宣告罷工，總數有四千餘人，現國民黨正在用他的壓迫欺騙手段鎮迫這一罷工云。

湘鄂贛紅軍勝利

消滅鄂城團匪——佔領毛家舖

漢口訊：湘鄂贛紅軍，去年十二月十四日，向鄂城縣金牛附近之靈馬鄉毛家舖進攻，該處民團第一第三兩中隊，完全爲我紅軍消滅，計是役，擊斃團匪第一中隊分隊長二名，活捉匪第三中隊長，其餘團匪除被擊斃外，全部俘獲，槍械子彈軍用品全部繳得無算，當即佔領毛家舖。

瑞金縣模範營的戰績和弱點

瑞金縣開往南廣蘇區的模範營第一連，在南廣蘇區工作了幾個月。在這幾個月中很有成績：很英勇的，積極的把葛火生團匪消滅了十分之九，繳獲了步槍五十多枝，軍用品金銀等很多，並擊潰了大刀匪一心會等殘餘的地主武裝。這個給了大舉進攻中央蘇區的敵人以嚴重打擊，破壞了敵人的搗亂陰謀，鞏固了蘇維埃政府。可是農民意識還充滿在這個部隊中，脫離不了地方觀念過年觀念，全連堅決要求回家。南廣縣蘇沒有法了挽留他們，並且爲得避免發生鬧小差的現象，已歡送這一連同志回瑞金了。

現南廣蘇區是我們向北發展粉碎敵人大舉進攻的主要根據地，該縣的地方武裝和游擊戰爭還需要別縣地方武裝部隊來幫同增强，爭取在粉碎敵人對中央蘇區的大舉進攻中，幫助主力紅軍，消滅更多敵人，發展游擊戰爭，破壞敵人的交通線，截敵，擾敵，封敵。所以瑞金縣地方武裝要加倍的勇敢，以十二萬分的努力去克服那些不好傾向，來完成我們的戰鬥任務。

南廣縣工人鬭爭勝利

南廣縣城市資本家把資本縮小停業關門，使工人失業，來企圖破壞蘇維埃經濟，反抗勞動法令的執行。有家藥店老板，把資本隱藏，藥材運往曾都，關門逃跑。工人首先注意老板走的時候，工人扯住老板，全體工人起來把老板扣留，由工會召集全體工人大會，要他清算資本把藥材運回，不得關閉不得開除工人，有家雜貨店工人因病回家，今年回來，雜貨店老板對工人說，我店沒有資本了，此店要關門，你做的工資沒有錢給你。老板把門一關，又私自逃跑。全市工人起來援助這個工人，集合工人去捉老板，開會檢查資本賬目一算，還存款百餘元。有家豆腐店老板，違犯勞動法工人要求發過年三天雙薪，老板不答應，全體工人起來反對老板破壞勞動法宣佈罷工，遊行示威，要求條件老板派出代表與工人代表接洽條件一概答應。城市工農羣衆赤少隊婦女兒童都來援助罷工工人，得着偉大勝利，因此從前沒有加入工會的，受老板欺騙的，都覺悟起來了，紛紛到工會報名，加入工會，并指破了老板的欺騙宣傳。又從早開除的工人，一概恢復入店，而且增加了一部失業工人，入店做工。

紅板

幫助戰費

被服廠工人同志捐出工資

被服廠半殘廢工人同志捐出撫卹金

國家保衛局保衛隊捐出第一期公債．

中華軍委會被服廠工人同志在緊急動員令的號召下，爲要粉碎敵人大舉進攻，完成江西革命首先勝利，他們除加强工作速度外，有又自動的將自己十二月份工資全部或部份捐出，幫助戰費的，這是由於他們對革命認識的深刻，表示他們對戰爭動員的積極，特將其姓名及捐款數目宣布。

李振清同志	五元四角五	肖克學同志	五元九角
林　初同志	二元	羅　典同志	二元四角
周發志同志	二元四角	曾邦桐同志	二元
謝忠仁同志	二元	陳甫逵同志	一元
況炳云同志	一元	王秀桃同志	一元
陳仁里同志	一元	劉新堂同志	一元
譚友燦同志	二元	江　伍同志	一元
郭冬梅同志	八角		

又該廠半殘廢（原在前方負傷而致）工人同志，又有自動的將撫卹金捐出幫助戰費的，這更難能可貴，應該宣布出來作爲爲革命受犧牲的殘廢半殘廢的同志們的模範：

劉　華同志	四元	甘草古同志	拾元
黃屋米同志	拾元	張又廷同志	六元

國家政治保衛局及保衛隊的同志，在去年中央政府發行第一期革命戰爭公債的時候，把伙食尾子集合買來一條豬喂大賣得了十八元大洋，就來買了第一期公債券，現在開軍人大會一致議決把這十八元大洋連同公債利息九角，捐助前方充裕戰費來粉碎敵人的大舉進攻，現在這個款已送往財政部了。

各級郵局自十一月十一起遵照與郵政總局訂立勞働合同，每逢星期日和各革命紀念日，做了工作，工資就要加倍發給。總局各郵務員同志，對於這項加倍工資完全不取，各遞信員同志，對於這項加倍工資，止接受一半。又永豐縣郵局對於每日超過八小時之加遞費，完全不取。俱是自動的節省，充裕戰費。這是值得同志們贊敬的，大家應當以爲模範。

中蘇復交後
蘇聯紅旗飄揚於黃浦江
油輪一艘已到上海

期：红色中华零零四十九期

版：零三版

时间：一九三三年二月四日

中苏复交后苏联红旗飘扬于黄浦江

油轮一艘已到上海

上海讯： 苏联轮船洛□斯基号，载苏联出产杂货，连同大宗木材，将于下星期内到上海，该轮船现正在海参崴装货。又有油轮一艘，从黑海装煤油等一万吨，已于本月九日到上海，现忙着卸货云。

（續）共產黨和青年團與及一切革命團體都受到空前的大破壞，自去年十月卅日開始，因敵人預知全國代表大會，在靜岡縣開會，而將會場包圍；全體被捕，此後各地陸續破獲共達十餘縣之多，在各學校學生教授司法部，農林部，工商部，財政部，鉄道部，交通部，內閣印刷所，銀行，軍需品工廠，在伍軍中的組織皆受到破壞，日人更發現了謀炸橫濱軍港破壞軍需品工廠，佔據飛機學校，侵入軍隊，反對帝國主義戰爭與侵略中國的軍事行動等計劃，在兩月內共被捕黨員二千餘人團員七千人，如河上肇大塚金之助等教授多被捕，在日本強盜的非刑毒打的拷問之下，已有六十餘人死於獄中，而統治階級宣佈只死一人。

國民黨積極出賣華北

—段祺瑞南下—

三十日上海工農電訊：日軍近以大兵集結綏中與城并將一部東北日軍開赴熱河，攻佔平津的企圖，是在多方促其實現中，段祺瑞由平來京，就是應蔣之召，為了商量怎樣將華北奉送給日本，故與蔣談甚洽，國民黨在積極出賣華北，蔣介石申明，他願意專心的去進攻紅軍，昨日國民黨罵為北洋軍閥的段祺瑞，今日已成為國民黨的貴客了。

在全國蘇維埃運動勝利面前

蔣介石的窮途末路

蘇維埃革命運動的日益發展與蔣閻使帝國主義國民黨的統治更加動搖與崩潰，而屠殺工農群衆的劊子手蔣介石也日漸走上了窮途末路。在最近蔣介石給『剿赤』將領的命令中，他自己也不得不『痛心地』承認他垂死的命運：『特急各師，查限期肅清殘匪已三个五年，各部兵力十倍於匪，其中努力清勦者有之，因循望誤者亦有之，以致此勦彼竄，殘匪猖獗如故，言之痛心，現限期已滿，望各將領！……』

四川軍閥混戰中的大搜括

只劉湘剝削一萬一千萬

重慶訊：四川軍閥劉湘與劉文輝混戰以來，四川民衆受其屠殺剝削眞是到了極度，在去年只劉湘軍閥勒派臨時戰費五六次，因戰爭影響而原有的剝削收入日見減少，各縣糧稅，已征至民國五十一年，軍閥們為要應付他的戰爭起見，又發粮契稅券，强迫人民使用，現已發出十三次，每次三百萬，計已達三千九百萬元，連同其他强借債款，共計一萬一千餘萬。劉文輝和其他軍閥搜括，更不知有多少。

不許侵犯中國

芝加哥羣衆大示威包圍日本領事署

用石頭與警察冲突被捕百八十餘人

美國芝加哥電：一二八日此間有工農勞苦群衆千餘人，包圍日本領事署，反對日本帝國主義侵略中國，屠殺中國工農勞苦群衆，示威群衆并與壓迫的否堡登拋盃警察激烈衝突多時，市中心區交通完全斷絕，一小時以上，示威群衆被捕一百八十四名，內有婦女二十二人，全國失業者委員會委員雷未森，和前任芝加哥市市立學校女教員之斐嗾爾等亦在示威時被捕，當示威群衆持『不許侵犯中國』的旗幟，遊擁到圖形區時，警察即急發暴動訊，統治階級，即增派預備隊及二十五名騎巡，約共二百餘人，前往壓迫，其時示威群衆已增至數千，以石頭為武器，向警察拋擲，與警察抵抗，并拋擲紅椒粉三包。然又有示威群衆數百人，從兩旁小路衝出，衝突區域更廣，沿芝加哥講場歸館高塔四周，旋進旋退，當雙方衝突正激烈時，日本領事武籐也曾在署前偷窺看，但因示威群衆正忙於抵抗警察，未曾注意，否則日領定遭群衆痛打，結果示威群衆被警察包圍，驅過運河橋至湖街，因該地車輛較少，為警察所乘，遂被解散，被捕群衆身上被警察搜出反日標語及旗幟約數百面。

蘇聯第二個五年計劃的開始

聯共中執監委全會開幕

莫斯科電：蘇聯第二個五一員會及中央監察委員會全體會年計劃，已於本年一月一日開始。在這次計劃中，要在北冰洋里那河口，建築一實業中心，而成巨港，并預計建一旱船塢，成為開闢，太平洋與大西洋間北冰洋航路計劃之一部份。又全蘇聯共產黨中央執行委議，於七日開幕，大會議事日程如下：(一)第一個五年計劃總結、及一九三三年國家經濟計劃；(二)關於機械曳引機及國營農場之政策；(三)黨的內部狀況。

中蘇復交後

蘇聯紅旗飄揚於黃浦江

油輪一艘已到上海

上海訊：蘇聯輪船洛，從基號，載蘇聯出產雜貨，連同大宗木材，將於下星期內到上海，該輪船現正在海參威裝貨。又有油輪一艘，從黑海裝煤油等一萬噸，已於本月九日到上海，現忙在卸貨云。

莫洛托夫同志對中日問題的演說

莫斯科電：在聯共中央執委全會上，莫洛托夫對于中日問題說，蘇聯從未希望國聯或其任何大會能夠解決中日問題，國聯一切措施，只是減少他自己的威信云。

蘇聯向日軍部提抗議

莫斯科電：一月十日，日軍部在各報發表一文造作蘇聯將來在華使館之謠言以盡其挑撥離間之能事，該消息中謂第三國際即將成立蘇聯在華使館接濟中國紅軍以最大幫助，又誣稱蘇聯與中國間所成立之發展兩國商務協定，目的在排擠中國市場之他國貨物，因此蘇聯駐日大使已向日外部提出抗議。

日帝國主義備戰狂

全國總動員竟擴大及犬馬

海陸空軍籌備大示威演習

目的在進攻蘇聯奴役中國

東京訊：日本帝國主義日一定除朝鮮平壤第六聯隊外，用六飛機隊，六飛機學校，一高射炮隊，四百架飛機，在靜岡愛知一帶中部北方舉行，同時海軍面方，各種新式艦船航空母艦等現己完成，決定在本年六月約一個月間，在南洋諸島小笠原諸島一帶，作空前大規模的海上演習。主要活動武器為海軍航空機，新式巡洋艦，潛水艇等。這個海軍大演習，其目的在於窺視蘇聯，進一步瓜分中國，同時也是向美帝國主義示威。而美帝國主義集中其艦隊於太平洋，舉行海上大操後，并不將艦隊遣散，仍依然集中一處，很明顯的看出日美兩帝國主義戰爭的危險是非常迫緊了。日本陸軍方面，為要進攻蘇聯和更進一步瓜分中國，奴役中國起見，於去年十二日十九日至二十二日召集全國步騎炮飛行隊聯隊長工輜重前準備戰爭，己表現到高度熱狂了，去年海陸空軍曾舉行數次空前未有之大演習，到了今年，在戰爭危機日益切迫中日本陸軍當局更準備作種種更重要的特別大操。每年照例舉行的特別大操，決定本澤第九師團，善通寺第十一師團及混成一個旅團參加，在羈井一帶舉行，石川羈井富山一帶北山陰地方，隔日本海與蘇聯相對，當然這次大操對於進攻蘇聯是有特別重要的作用。在這個大操之前，決定舉行空軍特別空中大操，這種空軍隊是日帝國主義以愛國的欺騙名詞，向廣汎勞苦群衆剝削金錢來造成的殺人利器，日本帝國主義利用剝削得來的款子來擴大和改良其殺人新式航空武器，準備把日本的勞苦群衆多量的血汗，去攻擊屠殺他國的勞苦群衆。此次空軍特別大操參加部隊決

英法日密約 共同瓜分中國

期：红色中华零零五十期
版：零二版
时间：一九三三年二月七日

英法日密约，共同瓜分中国

日内瓦电讯：帝国主义对进攻苏联镇压中国革命本为一致，日本帝国主义强占东三省血洗上海，积极进攻苏联和屠杀中国劳苦群众，尤为各帝国主义强盗所赞同，英法日三国间，早有密约，一致瓜分中国。今据最可靠之消息，一·二八日军占领上海时，英法帝国主义曾要求日本撤兵，因英法在沪均有巨大的利益，日本对上海之强占，将使英法利益遭受损失，故曾秘密允许日本，若日军退出上海，则英法帝国主义对日在满之一切行动，均可不加干涉。

開展民族革命戰爭以反對帝國主義瓜分中國！

日軍大舉西進

兵力數萬攻開魯 義勇軍積極抵抗 日機投彈轟炸 工農慘遭屠殺

一月二日上海工農電訊：榆關日軍連日大舉西犯，以數萬兵力，猛攻開魯，日機數架，繼續投擲巨大炸彈轟炸開魯，炸斃羣衆，不可數計，其狀悽慘，不亞於一二八事變之上海閘北。

北平一日電：武藤在錦州會議畢，已往綏中視察，指揮進攻熱河一二路進兵計劃。

又電：南嶺方面，日軍以鐵甲車隊以重砲向抗日軍陣地轟擊，但以該地多山，炮火効力微弱，義縣昨日又開到駐朝鮮的日軍五百餘名，日軍有將繞襲朝陽勢。

秦皇島卅一日電：榆關駐有大批日軍，鼓樓四駐有機關槍及工兵各一隊，舊都統署有重砲迫擊砲隊各一，西等學校內駐有步兵一隊，野砲隊一。日軍糧秣處設在車站天聚棧內，西關土城上有日軍步哨，并設山砲一門，日軍任意屠殺勞苦羣衆，强迫羣衆終日站崗。

北平卅一日電：熱河邊界激烈戰爭已開始，廿九日日騎兵及蒙古兵約千人，由通遼進攻開魯，雙方現在大榆樹一帶相持。

又電：日飛機連日在開魯綏中一帶，用極大之炸彈，轟炸當地勞苦羣衆與自動抗日的兵士。義勇軍李海靑部卅一日晨，在刺麻洞與日軍激戰。

北平廿九日電：日軍進攻熱河總指揮部設在通遼，近又將移駐哈爾濱，人見支隊調赴通遼，刻已由通遼開至距開魯七十餘里之鷄冠嶺，日軍在熱北佈置軍事，極爲緊張，開魯二次大戰，不日卽將爆發。

又電：二十九日晨，九門口內仍有槍聲。

北平電訊：連日日軍飛機又飛偵石門寨，并飛海陽鎭投彈。

又電：日軍集中錦榆打通兩線之兵力約四萬，錦榆線爲第八師團，打通線爲第六師團，九門口梨樹溝間爲茂木騎兵旅，錦瀋線爲十二師團之一部，担任各線策應。

又訊：日軍大部開抵呼喀營子，將進攻新阜。奉山路、連日絡繹運輸大批軍用品到榆。

秦皇島卅一日電：榆關日軍在東站南之董莊附近，積極構築工事，并在榆强拉民夫數百人，武裝押往萬家屯一帶，從事修築工事。連日由錦榆開來之火車，載到大批鐵條及山砲彈，槍械甚夥。

義勇軍積極抗日

北平一日電：義勇軍三十一日晚攻入興城縣暖池塘，包抄興城綏中日軍後路，現該義勇軍正向錦西推進。

承德一日電：義軍與日軍三堅正部，連日在金教寺一帶，猛烈激戰，日軍又由綏中開來步兵四十九聯隊，約七百餘人，攜坦克車兩輛，鋼砲四門，向金教寺推進，協同三堅正部作戰。朝陽縣城，每日均被日機轟炸，損失極重，凌南每夜皆有日軍來攻，均被義軍擊退，熱河，開魯方面，因地屬平原，義軍日前與日軍激戰，略受損失，現開魯形勢甚危。

北平一日電：九門口外義軍與日軍激戰至昨日止，長城內可聞砲聲，義軍中有長城沿與民參加聲勢頗盛。又電：熱邊朝陽日軍被義軍擊退，現仍在相持中，阜新一帶義軍亦同日軍在苦戰中。

秦皇島電：卅夜至昨晨九時，九門口李家堡一帶，義軍與日軍激戰。

秦皇島電：三十一日晨十一時，日機二架飛九門口石門偵查，晨二時餘九門口外之日軍與義勇軍已發生激戰，秦皇島方面已聞砲聲，歷三時餘始漸平靜。

北平電：九門口外李家堡又增至四百餘，日軍千名於廿九日晨向長城內侵擾，與義勇軍發生激烈戰爭。

國聯將承認滿州國

英法力主承認 提議共管滿州 瓜分中國計劃日益實現

二日日內瓦電：國聯十九國委員會，因英法極力主張，將承認滿州國，同時對滿州主共管，以實現瓜分計劃。

上海電：日本政府接日內瓦代表團請示電後，即由內田外相召集重要會議，結果決定對於代表團發如下之訓令，政府始終不變既定方針，但在此範圍內，擬適應國聯一般情形，可以採用伸縮之方策，故代表團若希望照盟約第十五條第三項進攻折衝，則須攷慮十九國委員會決議草案中之下列三點，（一）國聯小委員會之任務，須在援助中日直接交涉，（二）爲縮小十委員會之權限起見，不採用李頓報告書第九章中十項原則，（三）不可否認滿州國之存在。

日內瓦卅日電：國聯報告書草案，尙未脫稿，卅一日午後即將開會討論，已成極困難之事，故特委會在星期四以前恐難舉行。英法代表主張承認「滿州國」，并謂若不承認此「已成的事實」，則等於長久自加束縛，由此更可證明英法日之間，曾確有諒解。

英法日密約★共同瓜分中國

日內瓦電訊：帝國主義對進攻蘇聯鎭壓中國革命本爲一致，日本帝國主義强佔東三省血洗上海，積極進攻蘇聯和屠殺中國勞苦羣衆，尤爲各帝國主義强盜所贊同，英法日三國間，早有密約，一致瓜分中國。今據最可靠之消息，一二八日軍占領上海時，英法帝國主義曾要求日本撤兵，因英法在滬均有巨大的利益，日本對上海之强占，將使英法利益遭受損失，故曾秘密允許日本，若日軍退出上海，則英法帝國主義對日在滿之一切行動，均可不加干涉。

英帝國主義擁護日本

主張共管滿洲

倫敦電：英國保守黨對中日糾紛，仍保持原有態度，希望中日事件，不至擴大，對於日本武力强佔東三省表示擁護，保守黨表示：對滿洲問題，不應該再問何者合乎公理，何者不合公理。日本軍人主張設立中立區域之主張，由多方觀察，甚爲可採，蓋中立區域之法，固可推行於世界其他地方，日本此種計劃，可認爲妥協精神之表現。

法國會贊成日本佔領滿洲

始終對日諒解

巴黎電訊：法帝國主義一貫袒負日本，對日維持其所謂親善政策。今日在法衆議院中，右派議員德達斯氏說，國聯會章與各種盟約，只適用於有組織的國家，而中國可視爲國家者，不止一處，如南京，廣州均是。至於日本在經濟上經營滿洲，所投金錢不下數十萬萬，日本之特權本約條約所承認，而日本爲『遠東和平之警衛』，法政府對日之諒解政策，不能改變云。

英日秘密會商

討論瓜分中國 卽將承認滿洲

巴黎訊：英駐日大使庫德來（譯音）日前在東京與日外相內田會商，詳細情形此間雖尙未得正式報告，但據確實消息，其內容爲如何瓜分中國之具體計劃，對滿洲國亦將與以認

日內瓦電：日代表團向國聯申述：（一）滿洲國在東三省之地位，已日趨鞏固，（二）黑龍江戰爭已平，安靜如常，（三）哈爾濱發生英僑被綁案後，哈爾濱之警察已有行整理，故該地已無傷害外僑等事。

蘇聯貨物輸入中國
貨品精良價值極廉
勞苦羣衆樂於購買

期：红色中华零零五十期

版：零三版

时间：一九三三年二月七日

苏联货物输入中国

货品精良价值极廉，劳苦群众乐于购买

一日上海电： 苏联第四批货物，已于昨抵沪，约值四十余万元，以咸鱼为大宗，为东铁公司所购办。第五批亦将于日内运到云。

上海电讯： 自中苏复交后，苏联货物陆续运入中国，海道以海参崴为出发点，向广州，上海，天津，厦门，汉口等处输送，陆路以外蒙为集中运输点，向绥远，张家口及华北各地运输，苏联货物以木材煤油毛织品五金为大宗，价值甚廉，若与日货比较，约差三分之一，在东三省内，日货一元者，苏联货物可以六角得之。（较）日货物更好，极为群众所欢迎，闻苏联政府已训令驻华商务人员，与中国各大公司及各商店，开始订立商务合同，沪汉两处已订商约者共有八家，其余均在谈判中，苏联货物已数万吨入口。

創造一百萬鐵的紅軍來粉碎國民黨的大舉進攻！

紅軍勝利南昌恐慌

豪紳地主請國民黨增援

南昌電：自從我紅軍向北發展，佔領滸灣後，直逼撫州，南昌大震，資本家豪紳地主恐慌萬分，各反動團體連日召開緊急會議，決定急電南京政府并竭蔣介石，要求迅速調遣大軍，增援江西。

蔣在南昌召集軍事會議

各軍閥齊集南昌
討論進攻紅軍
廣東軍閥亦有會議
黃紹雄已返南京

南昌三十一日電：蔣介石鑒於進攻蘇區，屢次失敗，吳奇偉周士達部上月四日至八日間，在黃獅渡被我紅軍迎頭痛擊，損失不支，近日決定再調大軍來贛，對中央蘇區大舉進攻，並決定在南昌召集軍事會議討論一切佈置，日期尚未確定，蔣亦暫不離贛。

同日又電：李默庵昨由臨川防次赴南昌竭蔣，駐省各軍師旅，駐省辦事處主任及各代表等，今日竭蔣報告各軍師旅駐防「清勦」情形，並請示機宜。

又電：聞陳誠，孫連仲亦將來南昌，與蔣介石討論進攻紅軍事宜。

一日南昌電：蔣介石於三十一日下午召集軍事會議，陳誠孫連仲，李韞珩，李默庵均出席。

漢口電：何成濬將於三十一日由西安返漢，二日可到，並聞何將赴南昌竭蔣，報告進攻紅軍情形。

廣州電：國民政府內政部長黃紹雄奉命南下，與西南軍閥及蔡廷楷等會商進攻紅軍及出賣中國等事宜，當經擬訂整個計劃，由黃帶回南京與蔣介石等商洽，現黃已來粵接洽，甚為完滿，黃已於三十一日赴港搭輪轉京。

三十日又電：廣東軍閥在廣州舉行之軍事會議已告結束，內容不外討論實國與進攻紅軍二大問題，聞已有具體結果，各軍閥即將回防，黃紹雄今日下午赴港北上，向南京報告一切。

三十一日電：黃紹雄二十日已離此赴港返京，西南軍閥領袖如蔡廷楷等，請黃轉達南京，西南軍閥對「抗日勦共」已有決心(一)云。

二日廣州電：廣東一集團軍第一軍軍長余漢謀，本在江西指揮進攻紅軍，現經紅軍連獲勝利，軍事急需重新佈置，昨日已由韶關乘車抵此，將與各總司令總指揮會商今後圍攻紅軍之計劃云。

蘇聯大使將來華

定廿五由俄起程
大使館決設南京

上海電訊：蘇聯駐華大使鮑格莫夫，定二月二十五日由莫斯科啓程來華就任，大使館決設南京，現正覓適當地址。

紅軍必能盡責

蘇聯國防鞏固

一月二日莫斯科電：蘇聯軍事委員會主席伏洛希洛夫同志，在莫斯科警衛軍黨員大會演說，報告第一個五年計劃的成功，及紅軍地位之發展。伏洛希洛夫同志說：蘇聯是處於帝國主義的仇視和包圍中，若是沒有強有力的紅軍，則不能保持其生存。現在紅軍在政治道德及革命意識上均已提高，紅軍已成極强大不可戰勝的力量，紅軍必能盡其責任，決不許敵人侵入蘇聯疆境一步。

又電：蘇聯人民委員長莫洛托夫同志今日在中央執行委員會閉幕時演說，謂蘇聯第一個五年計劃已於四年內完成，國防計劃亦已完成準備之一部，蘇聯需要和平以建設社會主義，故目前蘇聯必須警覺戒備，努力保持和平。

蘇聯貨物輸入中國

貨品精良價值極廉
勞苦羣衆樂於購買

一日上海電：蘇聯第四批貨物，已於昨抵滬，約值四十餘萬元，以鹹魚為大宗，為東鐵公司所購辦。第五批亦將於日內運到云。

上海電訊：自中蘇復交後，蘇聯貨物陸續運入中國，海道以海參崴為出發點，向廣州、上海，天津，廈門，漢口等處輸送，陸路以外蒙為集中運輸點，向綏遠，張家口及華北各地運輸。蘇聯貨物以木材煤油毛織品五金為大宗，價值甚廉，若與日貨比較，約勢三分之一，在東三省內，日貨一元者，蘇聯貨物可以六角得之。日貨物更好，極為羣衆所歡迎。聞蘇聯政府已訓令駐華商務人員，與中國各大公司及各商店，開始訂立商務合同，滬漢兩處已訂商約者共有八家，其餘均在談判中。蘇聯貨物已數萬噸入口。

蘇聯各報論中日問題

日軍佔領山海關是進攻熱河平津的開始——是瓜分中國的實現

莫斯科電：蘇聯政府公報『伊士凡斯太』於一月六日發表一社論，表示其對於華北嚴重局勢之意見，據該報觀察，日軍佔得山海關後，已居有利之地位，可不費困難而直達天津，於三小時內抵北平，而侵佔山海關實為久在預料中之進攻熱河之開端。『真理報』指出國聯於討論李頓報告書後，又已擱起解決滿洲問題之企圖，而授日本以再作軍事行動之機會，同時日本帝國主義深察美國於政治過渡期間，對遠東問題之政策，必示弛懈之態度，關於進攻山海關是否為侵略華北及熱河開端之問題，該報謂攻擊張學良及湯玉麟軍隊之日軍，尚未完全把定此一步，日軍人深知進攻華北及熱河，非一單純之軍事行動而已，此舉可使去年滬變之情形重現一次，且必然增加國際之糾紛，而激動中國之民族革命運動，繼續及反日之勢力，該報指出熱河之義勇軍及南北滿未盡消滅之義勇軍部隊，均尚活躍，惟最後謂日帝國主義方準備侵略熱河及華北，且在猛烈準備中，目前雖未入『正題』，惟日帝國主義已信國際形勢有利於彼之新冒險云，紅軍機關報『紅星報』對外間都要否認日軍侵山海關，為實現『田中計劃』(即侵佔整個中國，將中國變為日本殖民地——的新大陸政策——記者)之又一步，非無意義，此計劃早經日人否認，但觀日本對華之政策，則日在證實之也，該報指出國聯之虛偽態度，及法國之公然贊許日本行動，皆於日本有利，而日本亦知目前美國外交之麻痺狀態，決不取嚴厲手段以阻止其對熱河之行為，惟最後謂，日本已侵及英美及其他帝國主義之重要利益，故目前雖未發生公開之衝突，將來必至一大爆發之時期云。

國民黨出賣榆關後

日軍屠殺工農羣衆

天津通訊：臨榆縣城失陷後，城內外大火，焚燒三日三夜，直至五日下午始行熄滅，殘垣焦土，不忍目睹，據逃津

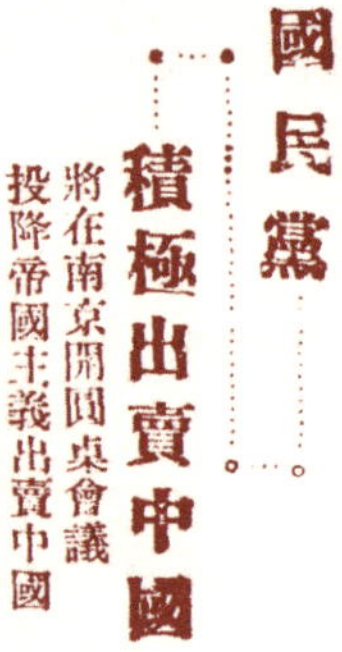

期：红色中华零零五十二期

版：零三版

时间：一九三三年二月十三日

国民党积极出卖中国

将在南京开圆桌会议
投降帝国主义出卖中国

上海电： 英日帝国主义对瓜分中国，早有密约，故英代表在国联积极帮助日本，力主中日直接交涉，驻华英公使蓝浦森，连日与国民党外交部长罗文干密商，在南京或上海举行圆桌会议，进一步瓜分中国和镇压中国革命。

龍岩通訊

十九路軍閥在龍岩搶殺的眞相

十九路軍閥在將到龍岩前，也曾經用很大力量來，散佈欺騙，宣傳什麽「耕者有其田」「不許搶掠東西」「反對豪紳地主復辟」「取消苛捐雜稅」「優待自首自新份子」等。這些無恥的欺騙，很快的在羣衆面前拆穿了：

所謂「耕者有其田」是什麽呢？十九路軍閥一到龍岩馬上就逼行收晚租，因爲當時地主尚未全部回來，這晚租由十九路軍閥及民團收去。晚租收完後，又把農民所剩餘的谷子，全部搶去，屬於革命家屬是首先沒收，其餘的是藉口提防「赤匪」回來搶谷，搬到白色腹地去寄存，每人每月只能向十九路軍閥領一桶米。這些谷子，大小地的多搬往龍岩城內，隔龍岩城附近的，就搬往適中。這樣廣大羣衆『絕糧』沒有米吃，而土豪劣紳又在回來逼收老租老利。

所謂「不許搶掠東西」實際上就是普遍的搶殺羣衆的雞鴨猪牛雜物。初到時還是搶掠革命家屬的，現在是一般的工農羣衆家屬也就搶了。在官長帶隊督促之下，已搶得十室九空，羣衆的雞鴨猪牛早已搶盡殺絕，連狗都殺去吃掉了。

所謂「取消苛捐雜稅」現在各種各式的捐稅都恢復起來了什麽猪捐，牛捐，雞捐，馬路捐，人頭捐等等無奇不有，團匪帶槍收捐收稅催迫得非常利害。現在鹽一毛錢三兩，而裝面子稅一半，猪肉一毛錢一兩半，米是三塊大洋一斗，而且十九路軍閥自己印出很多紙票，強迫使用。

所謂「優待自首自新份子」是最殘酷的屠殺。有些群衆及動搖份子被他的欺騙宣傳所迷惑，不想逃出，或逃到半路，發生動搖同敵人妥協，苟且偷安，結果都被十九路軍隊殺了。如石堡一二個少先隊，被公開殺死六人，其餘祕密處决，十九路軍閥在龍岩一個月內，工農被殺的有三千以上，他的屠殺比從前張貞軍閥的殘酷，并不減少，而且更用祕密屠殺槍决，活埋，等來掩屍滅跡。

四角大洋一個良民證，每人都須領取，並蓋上左右手印，出入沒有良民證的，就一律槍殺。舊歷十二月初三那天，強迫羣衆開全縣大會，不到的罰大洋五元，并要把良民證帶回，一個月前在城區中曾發生了這樣一回事，傳說：打城到了七天七夜的紅軍，恐慌異常，準備逃跑，并要將革命家屬帶走，最近幾天（七八號左右正當紅軍在江西大勝利）每天發生二三次的恐慌逃跑，疑的一聲說紅軍到，大家就拚命的跑？

最後我們要說，十九路軍閥在龍岩這一殘酷的搶殺行爲不是偶然的，不是十九路軍閥的特點，而是帝國主義國民黨在拚死的四次『圍剿』中的整個屠殺計劃，大家看看蔣介石給『剿匪』閩粵皖白軍的命令吧！

「——匪共不保存已得的田地，堅决抵抗，剿滅難期，遵照總司令蔣（介石）江（三日）電，捐除麻煩，切惜姑息，凡匪區壯丁，一律處决，匪區房屋一律焚燒，其糧食如搬運未完，亦一律焚燬，絕領焚窟，斷其精壯，希飭屬遵照以期肅清，此令」

同志們！蔣介石這一命令，完全揭露國民黨的所謂『七分政治』的欺騙宣傳已完全破產，而使用出最後的最殘酷的血腥的屠殺政策，對中央蘇區舉行絕望的進攻，十九路軍閥在龍岩的搶殺，是遵照蔣介石這一命令執行的！一切動搖，妥協，對敵人的欺騙宣傳發生幻想的都等於自殺！我們唯一的出路，只有堅决鬥爭到底，全體緊急動員起來，粉碎敵人的大舉進攻　【完】

一月廿三日

日軍三路攻熱河

大批軍隊輸送來華　屠殺熱河將更慘酷　中國沿海亦將被擾

秦皇島六日電：通遼方面又開到日兵車三列，載有步騎砲混合部隊共約二千餘人；並有各種汽車八十餘輛，各種過山砲及迫擊砲百餘門，開爾方面形勢極嚴重，日帝國主義侵熱途徑似將分開魯，凌南，朝陽三路并進，同時灤東方面亦將以强力壓迫，又在距檢關約三里許之五眼城，饅頭山及萬家屯附近，積極趕築陣地工事。

北平六日電：檢關瀋陽間之客車，完全停止，全線專運日軍，通遼日飛機場已完成，該處停有飛機二十餘架，每日向熱河偵察投彈。

北平五日電：日兵車十九列二三兩日由瀋開錦，共載日軍一萬一千四百人，熱戰日內即將發動，秦皇島日艦陸戰隊五百餘人，前擬登陸宿營經開灤礦局英人阻止。

東京五日電：日軍部方面因要避免國內國際工農羣衆之反對，未敢增派整個師團，而以留守部隊補充駐滿兵力爲名，此項補充部隊最近運華者，據朝鮮司令部一月廿一日發表，除第八第十第十四師團留守部隊外乘廿四列車過鮮前往東省外，人數迄未提及，其實該項部隊，并今年一月內入伍之新兵在內，不下三萬餘人，其積極侵華從可知矣，又最近日軍部決定在滿各部隊積極補充新兵，以期任何小部隊均有獨立作戰之能力云。

平五日電：日軍三宅騎兵第八聯隊一部七百餘人，攜迫擊炮四門，大砲十門三日開抵綏中，與北票「滿洲國」軍李際春部聯合，將大舉攻朝陽，金山寺義軍耿繼周部仍在激戰中，聞日軍先實行第三路攻熱河計劃，由朝陽進攻南嶺，并以李際春部爭熱司令部。

朝陽五日電：朝陽寺方面現增日兵千餘名，并附有重砲、日寇吉鋼參謀廿九日在朝陽寺開軍事會議，分路攻北票，一由下府，一由南嶺，一沿鐵路推進，敵機日來朝陽偵察。

北平七日電：日軍連日在通遼及打通路沿線之黑嶺方挨物等處軍隊，調動極忙現在遼熱邊境有日騎，步，砲三萬餘人，攜有各種砲百餘門，唐克車四五十輛，飛機數十架，連日日機派出大批間諜，潛入熱邊偵探，日機時飛綏綏方面偵察。

又電：通遼日軍陸續增加，錦朝線日第八旅團由檢綏撤回，故由日軍新到部隊接防，日第八第十第十四各師團留守部隊約三萬餘人自一日起至六日止，已開赴東北向前方輸送。

東京六日電：日本海軍部現擬派驅逐艦二艘潛水艇六艘，將於二月底由佐世保軍港出發由海軍少將山樾督率駛，以擾亂中國沿海云。

平八日電：今午日軍開到魚雷艦及驅逐艦各一艘，停泊開灤碼頭外，又到日商船一艘，裝載水上划子二十餘架，聞日軍將以原駐南滿瀋海吉敦等路之部隊西調担任攻擊灤東，第八師團向熱推進，故連日僞奉山路路日軍移動很忙。

天津八日電：日機連日飛開魯等處偵察投彈，并散發傳單，謂總攻熱河即將開始，熱河居民懸日旗者免屠殺，附近鄉村皆被瓦礫，難民密集之處，日機則低飛以機關槍掃射，人民死傷不知其數，慘酷已極。

日帝國主義準備在漢口大屠殺

漢口七日電：漢口日本租界，日帝國主義軍隊準備把「一二八」的大屠殺，拿在漢口重演，現全日租界加緊佈防沙包鐵網，到處皆是，關限即見，在漢口江面日艦五艘，皆已除去砲衣，作預備放勢，漢口大屠殺危險，已到極點，中國居民異常恐慌，國民黨軍閥對此，只是調軍隊離開漢口（怕士兵自動抵抗），去做進攻蘇維埃紅軍（表示他是帝國主義的最盡職的清道夫），和命令人民鎮靜，不准移動，（好給日帝國主義更多的屠殺）。

國民黨積極出賣中國

將在南京開圓桌會議　投降帝國主義出賣中國

上海電：英日帝國主義對瓜分中國，早有密約，故英代表在國聯積極幫助日本，力主中日直接交涉，駐華英公使藍浦森，連日與國民黨外交部長羅文幹密商，在南京或上海舉行圓桌會議，進一步瓜分中國和鎮壓中國革命。

一二八事變各國損失
帝國主義要中國賠償

期 红色中华零零五十三期

版 零三版

时间 一九三三年二月十六日

一·二八事变各国损失 帝国主义要中国赔偿

上海九日电：“一·二八”日帝国主义在上海的血腥屠杀，致使各帝国主义掠夺中国民众的收入减少，驻上海各帝国主义领事，曾将损失的数目开单要求中国赔偿。现国民党政府，已调查完竣，准备加倍剥削中国人民赔偿帝国主义，以求得他的主人的欢心和表示其勤劳尽职。

一九三三年二月十六日　紅色中華　第三版

英的海軍已不能與英國處於平等地位，較日海軍亦不能維持三分之一優勢，（根據倫敦海軍協定之比例）若到一九三六年，美海軍將降至第三位，一九三六年十二月三十日海軍協定期滿時，則美國可用之驅逐艦噸數，將僅逮英四分之一弱，及日本六分之一屆時日本的潛水艇時將較美國强大三倍，英國潛水艇之噸數，亦將優於美國，美國航空母艦雖多於日本，但較英則少三萬六千噸，故在此種情形之下，美國對建造艦是應急起直追云。

一二八事變各國損失

帝國主義要中國賠償

上海九日電：『一二八』日帝國主義在上海的血腥屠殺，致使各帝國主義掠奪中國民衆的收入減少，駐上海各帝國主義領事，曾將損失的數目開單要求中國賠償，現國民黨政府，已調查完竣，準備加倍剝削中國人民賠償帝國主義，以求得他的主人的歡心和表示其勤勞盡職。

帝國主義積極備戰

美海軍大會操　兵艦一百餘艘　飛機三百餘架

聖彼德羅電：美大西洋太平洋艦隊聯合大操演，二十三日開幕，試驗美國西海岸的防備能力，參加艦艇一百餘艘，飛機三百五十架，在以敵軍佔領夏威夷，與亞夫兩島的假想之下，實行美國空前的大示威操演，演期凡七十日。

美國太西洋艦隊

第二次展期開回　全部仍留太平洋

華盛頓十日電：美帝國主義海軍已於今日決定將大西洋艦隊留駐太平洋內，至少至明年七月一日爲止，當美海軍總指揮指頼德正式發表此令時，并加說明，謂此舉純爲節省軍費起見，因欲遣該艦隊開回大西洋，將多耗四十萬元以上，際此海軍預算大事核減之後，似不宜有此耗費

蘇聯社會主義建設

是列寧主義的勝利！

莫斯科電：廿一日爲蘇聯革命領袖、甯逝世之第九週紀念，列甯於一九二四年一月廿一日病歿於距莫斯科不遠之高爾基村，此間廿一日於最大之莫斯科歌舞樂院舉行一紀念會，黨政領袖及工廠代表均出席，中央委員斯端次基演說九年來之社會主義建設，指五年計劃四年成功之事蹟，爲列甯理想逐步實現之證明，斯同志又謂五年計劃全賴斯大林之領導而成功，故在紀念黨中之英雄時，應不忘斯大林同志之功云

又電：此間各報均發表關於列甯逝世第九週紀念文字，多數爲列甯舊友及同志對於列甯之回憶，『真理報』於社論中宣稱，蘇聯之社會主義建設，係遵照列甯所指示之路途而前進，第一屆五年計劃之成功，即一證明云

借二十萬担谷子給紅軍

（甫）

爲了革命戰爭的勝利，我們全蘇區的工農勞苦民衆，不但需要把我們隊伍中最好最積極勇敢的分子，送到紅軍中去，而且應該在經濟上用一切力量幫助紅軍。

借二十萬担谷子給紅軍，是目前我們所要立刻完成的戰鬥任務。

各地方的黨團工會以及各種羣衆團體，從現在起必須立刻開始這一借谷運動，發動廣大的羣衆爲了爭取革命戰爭的勝利借二十萬担谷子給紅軍！

應該根據於廣大工農羣衆對於革命戰爭的熱烈擁護，來發動這一運動。一切擁護革命戰爭的工農革命分子，應該在他們的大會上通過請求中華蘇維埃共和國中央政府立刻印發這類借谷的借劵，而且在這些借劵沒有發下以前立刻開始預借運動。

在這一借谷運動中必須盡量發展羣衆的積極性與創造性。革命競賽的方法，應該最廣泛的採用起來。我們必須使這一鄉與那一鄉，這一區與那一區，這一縣與那一縣舉行借谷競賽。先發動的地方應該挑撥未發動的地方參加競賽，先進的地方應該幫助落後的地方跑到前面來。在這裏我們的報紙願意登載一切這些材料，爲這種布爾塞維克的速度而鬥爭。

借二十萬擔谷子給紅軍！在二個月內完全這一運動，并且超過我們所預計的數目字！

法革命作家

要求釋放牛蘭

柏林電：國際反對帝國主義戰爭委員會，向國民黨政府日內瓦代表顏惠慶要求轉達國民黨政府，立即釋放被終身監禁的牛蘭及其夫人，該要求係由法國革命作家巴比賽及日內瓦律師文生脫代表云。

國民黨軍閥壓迫士兵築馬路

南昌十一日電：國民黨軍閥在進攻蘇區紅軍中，正積極築路，現在白十八軍實行兵工築路，泰吉路線已壓迫士兵築成惟饒家坊一段，因係石山，兵士不能鑿開，現擬用砲轟，被壓迫築路的士兵非常憤怒。

國民黨進攻紅軍

實行縱橫聯坐法

南昌十二日電：蔣介石軍閥這次對中央蘇區大舉進攻的計劃，已有決定，聞十二日蔣介石令各白軍部隊，須互相聯絡，同進同退，除縱的聯坐法照舊施行外，并施行橫的連坐法以使積極向紅軍進攻。

各地二七紀念盛况

石城

閱兵誓師成立赤衛軍部　羣衆熱烈積極加入紅軍

石城的工農羣衆，爲要檢閱自己的武裝力量，加緊粉碎敵人大舉進攻的工作，在『二七』紀念節舉行閱兵，誓師，檢閱，并成立赤衛軍軍部及模範赤衛師師部。六日下午，各區赤衛軍一團　團的齊集石城，計各區來參加檢閱的共有五千餘人。大會共進行了二天的工作。七日的日程是：（一）鳴炮開會；（二）奏軍樂；（三）行升旗禮（舉槍和槍標）；（四）唱國際歌；（五）致開會詞；（六）宣佈赤衛軍軍部及模範師師部成立；（七）軍長軍政委及模範師師長政委就職；（八）誓師；（九）各機關的代表致詞。在大會上表現出非常熱烈的革命精神，尤其是誓師時會場的革命空氣更加緊張，表現出個個有殺敵的決心。

八日的日程：（一）閱兵；（二）臨時總指揮及檢閱委員會代表致詞；（三）檢閱：（甲）軍事：一，前進；二，散開；三，刺槍標。（乙）政治檢閱，用講演式，題爲：一，赤衛軍的組織及其任務。二，赤衛軍與革命戰爭。（丙）參戰工作。（四）公開征求當紅軍。（五）報告評判總結。（六）給獎。（七）唱擁護蘇維埃歌。（八）呼口號。（九）鳴炮閉會。檢閱的結果，在軍事政治參戰等三項工作的總結以小松區爲第一，橫江區第二，獻區第三。在八號最值得記載的是征求當紅軍，報名的非常踴躍，在大會上計共報名的有五十八名，以小松、大獻兩區爲最多。最後從前方解來一個白軍旅長周士逵及團長排長等四名　內有三个是石城的暴山和秋溪八，要他們講述國民黨軍閥對付革命的殘酷手段，燒殺政策，欺騙宣傳等等。到會羣衆聽了他們的報告，大家表現出對國民黨軍閥的階級仇恨更加加深，認爲非消滅國民黨軍閥不能保護土地革命的利益！

響應蘇維埃紅軍的偉大勝利！
上海共產黨的猛烈的發展
「一二八」紀念徵收黨員二千零六十五人
各區各羣衆團體熱烈舉行革命競賽

期　红色中华零零五十六期
版　零一版
时间　一九三三年二月二十五日

响应苏维埃红军的伟大胜利！上海共产党的猛烈的发展

“一·二八”纪念征收党员二千零六十五人，各区各群众团体热烈举行革命竞赛

工农红军的伟大胜利，与中央政府，中革军委关于反对日本帝国主义进攻热河华北的战斗号召，给予上海工人和劳苦群众以极大的兴奋，上海共产党为团结广大的工人群众在无产阶级自己的政党的领导之下，特于“一·二八”纪念（日本帝国主义去年攻占上海的纪念日）作热烈号召，使先进工人大批涌进共产党来。上海各区委回答这一号召的，是最热烈的，超过省委所定标准数字的欢迎计划。同志们！看呵：

各区欢迎计划

法南区	三百五十人	省委原定标准数字	二三五人
闸北区	三百人	省委原定标准数字	一九五人
沪西区	一百四十人	省委原定标准数字	一二〇人
特　区	一百二十人	省委原定标准数字	九十人

群众团体的热烈响应

工联党团决定介绍新党员	五百人
上海反帝同盟	二百人
共产青年团	四百人
文化委员会	四十人
真话报社	十五人

这一欢迎计划提出后，各区委与各群众团体又互相举行革命竞赛：法南区自告奋勇，愿做模范区，号召别的区来同她竞赛，决定要大大的超过预定计划。

苏区各级党部的同志们哟，上海党在帝国主义国民党的残酷的白色恐怖之下，是多么热烈的为发展党而斗争着！我们应该学习他们的工作作风，也来定出具体计划，猛烈的发展党的组织！

一九三三年二月廿五日 紅色中華 第一版

紅色中華

第五十六期
一九三三年二月廿五日
本期一張
定價大洋三厘 零售銅元一枚

開展生產戰線上的勝利！

開墾荒地荒田辦法

——中央政府訓令摘要——

一，縣區土地部鄉政府要馬上調查統計本地所有荒田荒地，切實計劃，發動羣衆去開荒。

二，今年開墾的土地，免收土地稅三年，富農開墾的，免收土地稅一年，地主開墾的，今年就要收稅。

三，荒田已經分配了的，要督促本人去開，如本人不開，則發動別人去開，每年交租多少，耕種幾年，由雙方自行訂定，但交租至多不能超過收穫量五分之一，期限至少五年不收回。（富農地主例外）

四，過去未分配的荒田荒地，鄉政府應發動羣衆來領取開墾，或有計劃的按勞動力多少分配給羣衆去開，新開墾的土地，歸開墾人所有不收回，貧農中農及一切有選舉權的勞動羣衆有先開之權。

五，凡有荒田荒地的地方，該鄉政府應發動羣衆，組織開荒隊，有計劃的指定地點與人數去開荒，各開荒隊，可以互訂競賽條約，進行競賽，優勝者，由區鄉政府特別給獎，以提高羣衆的勞動熱忱，如果還開墾不完，可要求勞動力充足的鄰區鄰鄉來開，所開如是公地，以後即歸該開荒人所有，所開如是私地，則照上邊第三項辦法辦理，本鄉本區開不完的荒地，亦可容許別地移來的富農開墾。

六，人多田少的地方，可將當地富農，移到荒田很多的地方去居住，利用他們開荒。

七，各級政府，特別是區鄉政府，對於這個開荒運動，必須積極的去領導，從羣衆的切身利益上去宣傳鼓動，發動他們熱烈的開荒，一直做到沒有一坵荒田爲止。

響應蘇維埃紅軍的偉大勝利！

上海共產黨的猛烈的發展

「一二八」紀念徵收黨員二千零六十五人

各區各羣衆團體熱烈舉行革命競賽

工農紅軍的偉大勝利，與中央政府，中革軍委關於反對日本帝國主義進攻熱河華北的戰鬥號召，給予上海工人和勞苦羣衆以極大的興奮，上海共產黨爲團結廣大的工人羣衆在無產階級自己的政黨的領導之下，特於「一二八」紀念（日本帝國主義去年攻佔上海的紀念日）作熱烈號召，使先進工人大批湧進共產黨來。上海各區委回答這一號召的，是最熱烈的，超過省委所定標準數字的歡迎計劃。同志們！看啊：——

各區歡迎計劃

區	歡迎計劃	省委原定標準數字
法南區	三百五十人	二三五人
閘北區	三百人	一九五人
滬西區	一百四十人	一二〇人
特區	一百二十人	九十人

羣衆團體的熱烈響應

團體	人數
工聯黨團決定介紹新黨員	五百人
上海反帝同盟	二百人
共產青年團	四百人
文化委員會	四十人
眞話報社	十五人

這一歡迎計劃提出後，各區委與各羣衆團體又互相舉行革命競賽；法南區自告奮勇，願做模範區，號召別的區來同他競賽，決定要大大的超過預定計劃。

蘇區各級黨部的同志們喲，上海黨在帝國主義國民黨的殘酷的白色恐怖之下，是多麼熱烈的爲發展黨而鬥爭着！我們應該學習他們的工作作風，也來定出具體計劃，猛烈的發展黨的組織！

日帝國主義大舉攻熱聲中

紅五軍團積極奪取南豐城

消滅白軍兩團以上

掃除反動堡壘

紅五軍團最近圍攻南豐，消滅了毛炳文部一地固守堡壘的敵人，奪取了南豐城外敵人的大
二團以上，掃除了裡塔圩，新豐街，鵝真塘谷一部堡壘。

江西地方武裝挺進隊

再佔崇仁

在新淦樟樹一帶游擊

截獲敵輪船一隻

獲軍用品無算

我江西地方武裝紅色挺進隊，最近又抄到敵人後方，佔領崇仁。并到新淦樟樹一帶游擊，截獲敵輪船一隻，繳獲軍用品無算。

江西紅色挺進隊這一英勇行動，給敵人以極大威嚇，大大的調動了敵人，在目前敵人四次「圍剿」的決戰中，有極大意義。

各軍區的地方紅色武裝和游擊隊，學習江西挺進隊的英勇行動，積極挺進到敵人後方去，游擊，粉碎敵人的大舉進攻！

白軍八十二師

一團士兵暴動

湘鄂贛電：最近白軍八十二師有一團士兵，反對長官强迫進攻紅軍，發生暴動，聞領導者爲該師之副旅長，刻與白軍三十四師苦戰中。

甯清紅軍擊潰泉上刀匪

十日前方捷電：甯化清流大刀會黨子軍，集中千餘人，企圖進攻我紅軍，以援助泉上土圍內的豪紳地主反動武裝。激戰二小時，敵全部潰散，斃匪十餘，傷匪數十，繳獲步槍數枝，子彈千餘發，軍用品無算。我方毫無損失，當時土圍內地主及反動武裝，欲乘機冲出，給予迎頭痛擊，斃匪數名。餘匪仍退守土圍，現正圍攻中。

上海顺泰橡皮廠工人慘死
資本家潛逃置之不理

期：红色中华零零五十七期

版：零二版

时间：一九三三年三月三日

上海顺泰橡皮厂工人惨死

资本家潜逃置之不理

上海二十一日电： 上海顺泰橡皮厂昨日气锅爆炸，炸死工人八十一人，重伤五十名，轻伤五十人，失踪十人，重伤的工人多数有性命危险，现资本家潜逃，使死者无钱埋葬，伤者无钱医治，不死不伤的没有饭吃，这就是白区工人受资本家压迫下的惨状，只有打倒万恶的资本家，工人的生命才能得到安全和保障！

第五十七期　紅色中華　第二版

八，非站員的基本農民羣衆，如要求加入犂牛站願出相當的入站基金，應可加入，富農及一切階級異己份子則不讓他們加入。（廣澗）

帝國主義加緊準備進攻蘇聯聲中

史達林同志勉勵紅軍

千百萬工人準備犧牲　粉碎帝國主義的襲擊

莫斯科廿四日電：蘇聯機關報稱：日帝國主義的行動，將激起中國民衆正式的反日戰爭，日希望美民主黨當權後，對滿洲減少注意，但事實不是這樣，日美關係漸尖銳化，目前事態將引起重大問題，即美能否應許日本封鎖中國口岸。蘇聯秉着和平政策，不欲干涉帝國主義國家的戰爭。但帝國主義若襲擊蘇聯，則數百萬的武裝工人準備一切犧牲，與帝國主義作一決鬥，必使帝國主義國從此不敢干涉社會主義的國家蘇聯云。又電：第三國際機關報，在紅軍十五週年特刊內，特別注重帝國主義國家進攻蘇聯的危險，及遠東的戰爭危險。最近蘇聯共產黨中央委員會以帝國主義加緊進攻蘇聯的準備，警告全國工農勞動羣衆，謂蘇聯的大敵——帝國主義正在積極加緊備戰，企圖伸其殺人的手於蘇聯境內了。又聞斯達林同志勉勵紅軍練習最新戰鬥法，準備消滅帝國主義者對於蘇聯的武裝干涉。

蘇聯社會主義建設成功……

保障蘇聯和平政策的勝利

莫斯科電：蘇聯共產黨中央執委加干諾維支同志十八日對集體農場的衝鋒隊員，有長篇的演說，其內容：首述蘇聯第一個偉大的五年計劃，在蘇聯工農羣衆的衝鋒突擊的努力之中，已於四年內完成了，使蘇聯社會主義建設愈益鞏固，更加向前猛進，而取得蘇聯主張和平的保障，但各個帝國主義者，正虎視眈眈，有隨時進攻蘇聯的危險，蘇聯爲眞正和平而奮鬥，已同許多國家訂立不侵犯條約，但日本拒絕訂立，蘇聯爲要維持和平起見，必須充實軍備，加强紅軍的力量，最後說，集體農場在黨的正確領導之下，已得到了偉大的成功。繼有伏洛希洛夫同志也發表同樣言論，謂在遠東方面有特別要增加防衛的必要，深信我英勇的紅軍，配合工農的努力，使任何帝國主義者武裝干涉蘇聯的企圖，成爲不可能。

國民黨軍閥的暴行

奸淫擄掠　無惡不作

安徽南□鶴子圩駐有白軍王贊彬部一團，平日除積極壓迫剝削苛捐外，這次在鶴子圩過舊曆年時，把羣衆的黃板米菓亂搶亂吃。同時肆意奸淫勞苦婦女，不管老幼，每晚夜深，闖入工農羣衆家裏，把其男子趕走，强迫奸汚婦女、殘忍慘酷，不可言狀，該地羣衆恨之刺骨，天天準備起暴動，響應紅軍的進攻。

上海

順泰橡皮廠工人慘死

資本家潛逃置之不理

上海二十一日電：上海順泰橡皮廠昨日氣鍋爆炸，炸死工人八十一人，重傷五十名，輕傷五十人、失踪十人，重傷的工人多有性命危險，現資本家潛逃，使死者無錢埋葬、傷者無錢醫治，不死不傷的沒有飯吃，這就是白區工人受資本家壓迫下的慘狀，只有打倒萬惡的資本家，工人的生命才能得到安全和保障！

津紗廠資本家

拘捕工人

天津電：由於蘇維埃紅軍勝利與發展，更給了白區工人鬥爭的興奮和積極，最近天津寶成紗廠工人，在二月五晚，夜班工作時，即開會演說，討論『二七』紀念鬥爭，同時散發宣言貼標語，非常熱烈，後此事爲資本家所知道，即令廠警施行警戒，並報告國民黨政府，派警將工人賈樹和等人捕去監禁。

社論

勞働婦女們！武裝起來擁護蘇維埃！

月華

「三八」節快要到了。「三八」節就是國際婦女節，他和勞動節，青年節一樣的有着偉大的意義。全世界的勞動婦女在這一天要起來游行示威，反對資本家地主的剝削和壓迫，反對舊社會舊家庭的封建束縛。但我們勞動婦女要求得徹底解放，只有在無產階級的領導之下，推翻帝國主義國民黨的統治，武裝擁護蘇維埃，參加民族革命戰爭，才能達到最後的目的。

我們看一看、那已經解放了的蘇聯婦女的生活怎樣呢？她們現在沒有地主資產階級的剝削和壓迫了，她們已經得到了獨立和自由，並且從冗重的家務的煩累中解放了出來，度着愉快的政治文化生活了。在偉大的社會主義建設中，她們更踴躍地參加生產，組織生產突擊隊，爲完成社會主義建設而鬥爭着。不論在政府裏面，工廠裏面，或是集體農莊裏面，婦女都佔着極重要的地位，總之，蘇聯的婦女在政治上，法律上，教育上，和生活上，都已得到了澈底的解放。她們眞是新時代的女英雄呵！

但是她們能夠得到今日的解放，絕對不是一回容易的事情，她們是經過了長期艱苦的奮鬥的，在蘇聯國內革命戰爭時期，勞動婦女曾經大批大批的開往前方，與地主資產階級的白軍作了拚死的戰爭。同時她們又在後方參加地方武裝，竭力負起全部生產的勞動，供給紅軍的糧食，以一切力量來幫助戰爭，終於獲得了最後的勝利！

我們蘇區的勞動婦女，在蘇維埃政權之下，法律上已經完全和男子平等，婚姻條例保障了我們結婚離婚的自由；政治上也同樣的獲得了選舉與被選舉權，蘇維埃政府裏面都有婦女的工作同志，至於經濟上，也和男子同樣的得到了獨立和自由，在蘇區裏面，女工和男工一樣，都做同樣的工作時間，獲得同樣的工資，分田的時候，女子和男子是完全平等的。假如女子出嫁時，她有自由處置分得的田地的權利。

正因爲蘇維埃把我們勞動婦女，從兩重壓迫之下解放了出來，使我們得到政治上經濟上的絕對自由和平等，所以我們要用盡一切力量爲擁護蘇維埃的勝利奮鬥到底。我們蘇區的勞動婦女過去在慰勞紅軍，擴大紅軍，參加地方武裝和執行緊急動員令上面，是曾經表現了極大的積極性的，但是仍然做得不夠，我們勞動婦女並沒有充分動員起來，眞正完成了目前戰爭緊急動員的戰鬥任務。

現在是帝國主義國民黨對中央蘇區和紅軍大舉進攻的時候，我們每個勞動婦女必須理解目前我們所得到的政治上經濟上的自由平等，也還是初步的解放，最後的澈底的解放是要在消滅了帝國主義國民黨統治之後。因之，現在我們必須執行下列幾個任務：——

（一）每個工農婦女應當武裝起來，積極的加入赤衛軍，加入少先隊去！

（二）鼓勵自己的丈夫，兄弟，和兒子去當紅軍，完成共產黨所提出的創造一百萬鐵的紅軍的戰鬥任務！

（三）自動募捐，購買「三八」號飛機送給紅軍！

（四）每個女工以一天工資，來幫助紅軍的戰費；每個農婦以三升谷子，捐給紅軍，并且都來做草鞋襪子去慰勞紅軍。

（五）趕早春耕，多種雜糧，把田園家室好好處理，使前方紅色戰士，安心的去消滅敵人。

只有完成這些任務，我們才能配合前方戰士，粉碎帝國主義國民黨的四次『圍剿』，完成蘇維埃的一省，數省，以至在全中國的勝利！蘇區勞動婦女們！武裝起來擁護蘇維埃，爲自己切身的利益而鬥爭！爲蘇維埃的勝利而鬥爭！

期
红色中华零零五十八期
版
零四版
时间
一九三三年三月六日

上海工厂空前大惨案

二十八日上海专电：上海浦东正满橡皮第一厂于二十一日锅炉爆炸，全部房屋震塌，全场男女工人多葬身火屈［窟］，逃出者只有数十人，炸死者共计二百余人，伤者百余，造成上海工厂中空前的大惨案，特别是女工，尸身尽成焦灰，更有几个孕妇，腹破胎出凄惨万状，简直无可形容。这一惨案形成的原因，完全由于资本家只知道剥削工人，不顾工人的生命安全所致。上海共产党现正动员各群众团体，成立惨案后援会，并召集被难家属与其余工人，向工厂提出具体要求，把该厂保险费十三万五千两完全作为抚恤金。上海共产党并以这一惨案发动广大的工人斗争，组织工人检查委员会，以检查各工厂的设备，提出改良待遇，推动上海工人为社会保险而斗争，同时特别注重开展女工工作，提出特殊要求，并且反对巡捕的武装干涉罢工，上海党正广大地发动各地对这一惨案的援助运动。

全苏区的工农群众们，积极起来援助这次惨案的受难的工友家属，加紧革命互济会的工作，坚决地为了完全粉碎敌人四次“围剿”与大举进攻而斗争，来实际的回答资本家对工人的剥削与压迫！

第五十八期　　紅色中華　　第四版

創造一百萬鉄的紅軍來爭取戰爭的全部勝利！

十二天內擴大紅軍四百廿四名

勝利縣在中央局中央政府創造一百萬鐵的紅軍口號之下，十二天當中擴大紅軍肆百廿四名，全縣十二區中車頭區擴大最多有七十餘名；第二算橋頭區，有六十多名；而車頭的工作從此開始轉變。尤其在二月廿五那天，各鄉模範赤少隊和婦女，都排隊整齊，鑼鼓聲與歡呼聲不斷於耳，一時鬧熱非常；特别是該區之拱腦鄉的婦女同志，表示親愛非常，個個幫新戰士背着包袱，沿途唱革命歌曲來歡迎；集中時，每個女同志送新戰士茶餞來鼓勵戰士勇氣。

同志們，大家來學習這個好榜樣擴大比這次更多鉄的紅軍呵。

擴大紅軍的模範

瑞金砂心區的少先隊員，在中央總部的號召之下，積極參加革命戰爭，踴躍地加入紅軍。在二月六日至十三日七天中，自動報名當紅軍的九十六名。這是擴大紅軍的模範，其他地方的少隊員們！趕上前去！不要落後呵！

博生青塘區少模隊開赴前方

博生青塘區 少先隊 模範隊，在最近中央總隊動員四十三連模範隊到前方配合紅軍作戰的動員令之下，已於四日全體出發到前方了。他們表現非常英勇，當羣衆歡送他們的時候，他們對羣衆高呼：「我們要全體加入紅軍來回答你們的歡送！在他們出發赴前方時又高呼：「全體加入紅軍去！回答帝國主義國民黨的大舉進攻！」

各蘇區的少先隊員們！英勇的湧到前方去，配合紅軍作戰，完全粉碎敵人大舉進攻！！（萍）

武裝游行示威 開到前方作戰

勝利工農羣衆為要爭取粉碎敵人四次圍剿決戰的全部勝利，都一致的緊急動員起來了，特别是馬安石區工農羣衆，於十五號集合全體赤少隊攜帶武器，到橋頭圩根抗圩作反對帝國主義國民黨大舉進攻的武裝示威游行，尤其是模範赤少隊，都帶了行李，準備開到前方作戰。這一示威激起了平安橋頭的工農羣衆自動向區蘇提議也要來一次武裝示威。

廿二號平安區軍事部即下命令全區鳴砲傳警，各鄉爭先恐後的紛紛到達集合地點，參加武裝檢閱。計到二千餘赤少隊，個個都有武器，每連都有婦女排，也拿了武器，并且各連都有宣傳隊。廿三號清早即整隊出發，由平安寨到橋頭圩，經馬安石圩，該圩參觀羣衆鼓掌放砲歡迎，都說平安區老革命真威嚴！像紅軍一樣的威嚴！婦女同志也都熱烈，的沿路高呼：「打倒帝國主義國民黨！」「粉碎敵人大舉進攻」！「猛力擴大紅軍」，「努力春耕！」等口號，下午到根坑圩集合，檢閱時沒有一個開小差，真不愧為模範區。後由縣蘇區蘇負責同志演說，并評判給獎。給果比巴弄鄉第一，洋河鄉第二，平安鄉第三，其餘都差不多。直到傍晚始歡呼而散。

橋頭區在廿三號舉行全區緊急集合，檢閱各鄉的軍事訓練成績，各鄉都將平時學習的作戰動作演習一過，并後方政治部參加指導檢閱，特別是模範少隊，都準備到前方去消滅敵人。羣衆情緒的熱烈達到了最高限度！

那個來同他競賽

瑞金踏崗區積極進行提早春耕

自中央政府的提早春耕的訓令發出後，瑞金踏崗區的羣衆熱烈的進行提早春耕運動，現在田已耕了三分之二了！紅軍公田也同樣耕了三分之二。

瑞林區的羅村亚在那裏努力進行開墾荒地的工作。其他各地的提早春耕運動，為什麼還沒有消息呢？那個地方來同踏崗區競賽？（萍）

開展文化戰線上的突擊

少共中央局徵調團員組織藍衫劇團

少共中央局在為發展文化運動，提高蘇區羣衆文化水平，以及運用活的宣傳鼓動方式，決定徵調：（一）年齡在十五歲以上，十八歲以下；（二）身體健壯，能走路，沒有疾病；（三）活潑；（四）願受調動的團員四十名加入工農劇社準備組織『藍衫團』。被徵調的各團員將受長期訓練，科目有識字，讀書，以及各種歌舞，遊藝，音樂，新劇，活報……等，將來到各地表演、發展文化運動。

計被徵調的有：興國五人；瑞金五人；博生四人；公略三人；贛縣二人；永豐三人；勝利三人；汀州二人；上杭五人；長汀四人；新泉二人；武平二人；共計四十八人——其中男的佔三分之二：女的佔三分之一。（萍）

國民黨軍閥的殘暴行為

國民黨軍閥在南豐附近剝削殘工農，真是無所不至，所有工農家裏的門板，都被搬去做工事，晒席被架，則被拿去蓋砲樓。每家都要挑沙子修馬路，少挑一點，即要坐監牢，每人要出一角大洋買一個白布徽章，但經過哨口時，又教哨兵故意將此徽章撕破，強迫羣衆再買，簡直把羣衆嚇得不敢跨出門限。

但羣衆最感受痛苦的，就是食鹽問題，因為國民黨不僅封鎖蘇區食鹽，同樣也封鎖白區的，對於工農勞苦羣衆每人只准買四兩鹽，多買一點即要打屁股而商人又從中操縱，抬高市價，或是故意多賣一點給羣衆，又向國民黨軍閥告密，使買者吃苦，有時軍閥衙門使人秘密賣鹽，羣衆因無鹽吃，自然要買，但買了後，軍閥即派人來嚇詐罰錢或拉去坐監獄，因此南豐附近一帶民衆，現在有很多吃淡食的，因為買四兩鹽，往往要吃更很大的虧。所以這一帶羣衆都把國民黨恨之刺骨，隨時準備暴動起來，響應紅軍的勝利的進攻，

上海工廠空前大慘案

共產黨積極援助

二十八日上海專電：上海浦東正泰橡皮第一廠於二十一日鍋爐爆炸，全部房屋震塌，全場男女工人多葬身火屈，逃出者只有數十人，炸死者共計二百餘人，傷者百餘，造成上海工廠中空前的大慘案，特别是女工，屍身盡成焦灰，更有幾個孕婦，腹破胎出慘慘萬狀，簡直無可形容。這一慘案形成的原因，完全由於資本家只知道剝削工人，不顧工人的生命安全所致。上海共產黨現正動員各羣衆團體，成立慘案後援會，并召集被難家屬與其餘工人，向工廠提出具體要求，把該廠保險費十三萬五千兩完全作為撫恤金。上海共產黨并以這一慘案發動廣大的工人鬥爭，組織工人檢查委員會，以檢查各工廠的設備，提出改良待遇，推動上海工人為社會保險而鬥爭，同時特別注重開展女工工作，提出特殊要求，并且反對巡捕的武裝干涉罷工，上海黨正廣大的發動各地對這一慘案的援助運動。

全蘇區的工農羣衆們，積極起來援助這次慘案的受難的工友家屬，加緊革命互濟會的工作，堅決的為了完全粉碎敵人四次「圍剿」與大舉進攻而鬥爭，來實際的回答資本家對工人的剝削與壓迫！

國民黨積極進行出賣熱河

▲國民黨出賣朝陽

平二十六日電：國民黨軍閥聲稱因戰略關係已於二十六日把朝陽送給日帝國主義了，臨退時，強迫抗日士兵退出朝陽以西至凌南間的地方，現日軍三萬正在向前挺進。義軍仍固守開魯西十餘里的塔什塔拉。該地為戈壁沙漠的一部，氣候極冷，北風吹起時，戰壕便被沙石填滿，防守極難，但義軍決死守該處，以阻日軍的進展。

▲國民黨軍閥不打自招

上海二十八日電：國民黨軍閥湯玉麟今日宣稱：「今前線之退守新防線皆係預定計劃，且將續有撤退，以期完全使熱地與鐵路相近」（記者按：國民黨軍閥不打自招，原來出賣熱河是他們的「原定計劃」，而且將「繼續撤退」，把中國完全出賣呢。）

期
红色中华零零五十九期
版
零四版
时间
一九三三年三月九日

红校援助上海被难工友

红军学校革命互济会对于最近上海橡皮工厂大惨案，积极进行援助运动，现已捐助一百吊钱来援助上海被难工人，并号召全苏区工农劳苦群众，提起我们的阶级同情与阶级友爱，一致起来援助，来团结广大的革命群众，来争取战争的全部胜利，推翻帝国主义国民党的血腥统治。

第五十九期　紅色中華　第四版

閩浙贛省閩北分區

第四次工農兵代表大會開幕

自中央蘇區紅軍積極向北發展，猛烈擴大蘇區，與贛東北蘇區取得聯絡後，雙方均互派參觀團，交換工作經驗，加強階級團結。最近閩北分區開第四次工農兵代表會議，通電全國蘇區，誓願堅決執行中央政府的緊急動員令，與各蘇區配合行動，一致爭取戰爭的全部勝利。茲錄其電文如下：

中少共中央局轉各級黨部，蘇維埃中央政府轉各級政府，中革軍委轉各級紅軍，全總執行局轉各級工會及各羣衆團體：中央紅軍北上，閩浙贛蘇區已與中央蘇區取得聯系，同時閩北蘇區猛烈擴大，因此閩北第四次工農兵代表大會，也就在閩浙贛省蘇政府領導之下，於五日正式開幕。計到會的有崇安，鉛山，上饒，廣豐，建陽，邵武，光澤等總代表，目前正當着敵人大舉進攻我中央蘇區的關頭，我們普當號召全閩北工農兵勞苦羣衆，堅決執行中央政府緊急動員令，與各蘇區行動配合，粉粹敵人的大舉進攻與四次『圍剿』爭取江西及鄰近省區的首先勝利！閩浙贛省閩北分區第四次工農兵代表大會三月五日」

羣衆熱烈的自動要求

——中央政府頒布借谷條例

「借二十萬担谷子給紅軍！」這是一個多麼有力的號召，自從這一號召傳達到廣大羣衆中間後，各方面紛紛起來，給以最熱烈最懇切的回答。羣衆說，目前是兩個政權的殘酷的決鬥時期，要爭取戰爭的全部勝利，首先就要充實紅軍的給養，所以羣衆熱烈節省谷米，願意盡量借給紅軍吃，現在有很多羣衆已經把谷子挑到鄉蘇，要求中央政府頒布借谷條例。舉例來說，如：——

甯化縣禾口區實坑鄉蘇與該地的貧農團，赤衛軍，少先隊和互濟會聯名要求迅速頒佈借谷條例，因爲有很多羣衆已經向他們詢問借谷的手續來了。

其次，瑞金黄柏區院坑鄉的工農羣衆，前幾天送了五十担早谷到鄉蘇，自願作爲幫助戰爭的糧食。

另據黄柏區給中央政府的報告，該區已有十二個鄉的工農羣衆把谷子都準備好了。只等借谷條例頒佈下去，幾百担谷子隨時可以挑來的。

像這樣熱烈的援助紅軍糧食的運動，已經在羣衆自動的要求之下開始了。現在我們應該使這一運動立刻在全蘇區內普遍的實行起來，百分之百的完成中央局所提出的借二十萬担谷子給紅軍的戰鬥任務！

反帝擁蘇總同盟號召

猛烈擴大紅軍

加緊經濟動員

英勇的紅軍正在前線上獲得空前的光榮偉大勝利，給了敵人大舉進攻以迎頭的痛擊，是給了日本帝國主義進攻熱河華北以有力的回答，但是更殘酷更大規模的戰鬥是在目前。因此反帝擁蘇總同盟，爲了擴大蘇區反帝擁蘇運動，配合目前勝利形勢的開展，爭取四次戰爭的全部勝利，特在常會中議決當前緊急工作，號召各級同盟全體盟員在三月廿號以前完成其中規定擴大紅軍每鄉同盟最少二人，幷號召全體盟員加入赤衛軍少先隊以及加緊努力春耕運動。

反帝擁蘇同盟的同志們！起來，擁護這個號召集中一切力量爲爭取四次戰爭全部勝利而鬥爭！（飄）

紅校援助上海被難工友

紅軍學校革命互濟會對於最近上海橡皮工廠大慘案，積極進行援助運動，現已捐助一百吊錢來援助上海被難工人，幷號召全蘇區工農勞苦羣衆，提起我們的階級同情與階級友愛，一致起來援助，來團結廣大的革命羣衆，來爭取戰爭的全部勝利，推翻帝國主義國民黨的血腥統治。

工農劇社四次大會

創造工農大衆藝術的開始

工農劇社於三月五日召集全體社員大會，到社員八十餘人，首先檢閱過去工作，繼即討論今後進行工作方針，社員均踴躍發言。幷且熱烈的提出了戲劇的內容與形式問題，會上對於設立第一屆訓練班問題，亦有討論，現已由少共中央局與全總執行局徵調青年同志，組成藍衫劇團，受相當訓練後，出發往各地公演。最後大會一致通過，今後接受全總執行局的領導，幷舉行改選，成立編審委員會，及導演，舞台，音樂，歌舞等各部。工農劇社今後除積極轉變本身工作外，幷決定與各地俱樂部發生關係，經常供給劇本歌曲，幷予以指示。望各地俱樂部的同志，迅速把所有劇本歌曲等材料供給工農劇社，以便積極開展蘇區的戲劇運動，創造工農大衆藝術。

更正

上期（五十八期）一部分本報的第六版第一欄第三節的第六行中『如邊區則應若曾否受……』下面失落一個『反』字，應更正爲『……曾否受反革命……』。

蘇聯社會主義經濟建設

——實際材料——

（明　明）

無線電工業建設

在蘇聯科學偉大成功中，無線電工業是成績最大之一，各項無線電機器，如通訊機，高力放送機，電視放送機，及接受機等，製造都很充分完備。

電台建築　蘇聯無線電台在一九三二年最後四月間，新建築成功的有三所，其一在莫斯科，電力五百啓羅瓦特，（全世界最强），其二在洛斯託夫（計二十啓羅瓦特，其三在孟徐夫斯克，計四啓羅瓦特，連此三處在內，蘇聯共有廣播電台五十九處，總力有一四九八四啓羅瓦特，在廣播電台的力量上，蘇聯是佔世界第一位。依照五年計劃，今年在阿萊替亞，麥克斯基，凱米次基，馬陀夫斯基，加拉九爾配克斯基，耶星塔，及寇希徐亞等各地都要建造放送台，門斯克及基夫兩處要建造一百啓羅華特的廣播音台各一所。莫斯科還要造短波放送台一所。蘇聯國內每日無線電傳達的音訊達二萬萬字。

收音網　蘇聯全國無算的收音機，密布如網，數萬萬工農，每日可聽從莫斯科，列甯格拉，哈可夫及門斯克等地發出的播音。蘇聯大規模無線電網之一特色，是任何人都可自由收音，俱樂部，商業組合會所，工廠的紅角，礦場，鋸木廠，操場，紅軍兵營，學校，醫院，蘇維埃及集體農場，科學院，及其他無數文化與科學機關等到處都有。工人與機關工作人員，都能從收音機傾聽有趣味的節目，並學習各項科目。此外各大工人住宅區，均設置總電台，除把大電臺的播音加以總電轉放外，並放送本臺的節目。

播音節目　廣播電臺每日播送的節目是：報告工農羣衆的生活，鬥爭，及其成功，與合奏音樂歌劇，專門家演說等等，文學家，製曲家，音樂家及歌者的作品，都經廣播電臺播送，又節目中包括有『兒童播音』，『紅軍播音』，『各科學習播音』，『點名播音』（即藉播音器與收音器召集散在各地的人，參加遠在數千里的會議）。

電會組織　蘇聯有全聯邦無線電友聯合大會的組織，會員有五十餘萬人，約分有一萬組，參加者皆爲工業與集體農場工人紅軍兵士，學生及無線電專家，該會設有實驗室十四所，工廠六十所，無線電顧問室一百餘所。

蘇聯無線電的成功，不僅關於消遣與玩耍，實爲工農羣衆的政治與文化教育的重要工具，蘇聯的無線電，是握在社會主義建設者無產階級集體農民的手裏，每一工人與每一集體農人，都知道無線電是社會主義建設中極重要的一部份，所以蘇聯工人對於無線電的研究非常熱烈而得到猛飛猛進的發展。

（本小節完，全部

紅色中華

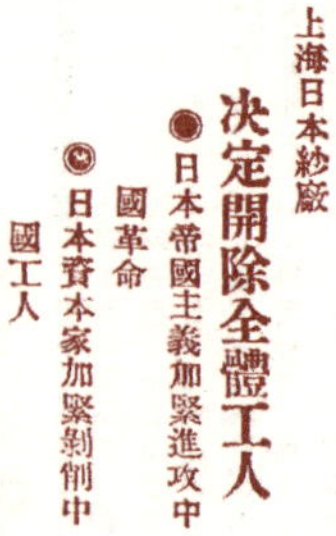
上海日本紗廠
決定開除全體工人
●日本帝國主義加緊進攻中國革命
◎日本資本家加緊剝削中國工人

上海日本纱厂决定开除全体工人

日本帝国主义加紧进攻中国革命
日本资本家加紧剥削中国工人

上海日本纱厂资本家因有国民党替他们压迫抵制日货运动，日纱在中国销路一天好一天，最近上海各日本纱厂积极准备扩充，东华，公大，内外棉各添置纺织机一千七百架，同兴大康裕丰等厂现正在计划扩充办法，在扩充计划中，各厂资本家一致决定将各厂原有工人一律开除，另招新工代替旧工人，全体工人闻之非常愤激，已在共产党领导之下，进行坚决反抗，不准开除一个工人，不准减少一个铜板的工钱。

反對帝國主義的走狗國民黨出賣華北出賣中國！

贛南紅軍勝利

▲攻克反動保壘——項山，南山寨

我贛南紅軍一部於四號上午五時圍攻尋平武三縣交界之最刁頑的反動據點項山，幷同時攻克南門山土圍，把尋武會瑞一帶之大小土豪，悉數捕獲，繳獲步槍三四十枝，現款千元，鹽五十餘擔及子彈軍用品甚夥，我軍全無損傷，餘匪四散潛伏，我軍正在搜山中，該地勞苦工農羣衆，自動起來幫助紅軍，赤色政權，可在最短時期內建立。

在主力紅軍偉大勝利的後面，我贛南紅軍的此次勝利，成就了東南戰線有力配合。

抗日紅軍偉大勝利中　蔣介石溜往北方　去進行出賣平津

鄭州電，在眞眞抗日的工農紅軍的空前偉大勝利面前，反革命頭子蔣介石大大發抖，恐怕被活捉，正想逃走，同時因爲最近替天國民黨出賣全部熱河，全國民衆，尤其是北方的民衆與抗日士兵的反帝運動更加百倍高漲。蔣介石爲了武力鎭壓反帝羣衆，幷且進一步的把天津北平也出賣給日本帝國主義，所以決定溜往北方，親日去接洽。他於五日離南昌，七日到了鄭州，準備即往石家莊或保定，與張學良會面，共商出賣平津與制止反帝運動的計劃。

又據上海九日電訊，宋子文於那天早晨七時，也乘着飛機到北方去，參與反動國民黨首領的這個大舉出賣中國的會議。

又訊，「失意」軍閥馮玉祥閻錫山，看到蔣（介石）宋（子文）張（學良）出賣華北的勾當，不免眼紅，聞亦已由幷趕赴石家莊，與蔣宋晤面，會商分贓。

日軍積極進逼平津　全部佔領熱河後

▲古北口戰事劇烈

北平電：八日晨三時，日軍川原瀨田兩部及滿軍共萬餘人，以重砲二十餘門，集中火力，猛攻古北口，九時左右，日機十餘架凌空助戰，猛烈轟炸，戰爭非常劇烈，算是承德失陷後最慘酷的戰爭。

▲喜峯口繼續激戰

北平電：喜峯口乾溝鎭一帶八日續有戰事，日軍以砲火猛轟義勇軍及抗日士兵的陣地，同時以飛機低飛掃射，鐵甲車數十輛猛烈衝鋒，故義軍方面頗受損失。聞日軍此次進攻中心，將側重喜峯口了。

平津早不保夕

北平八日電：日帝國主義駐華公使七日向各帝國主義駐華公使表示，日軍於「不得已」時，即將以非常手段發與平津，希望各帝國主義一致行動，予以援助。所以目前平津形勢，已經到了最危急的時候，在各帝國主義互相勾結共同瓜分中國的局面之下，平津已經早不保夕了。

日本退出國聯

▲帝國主義間矛盾加深▼

▲强盜們分贓分不均勻▼

東京電：日本帝國主義的內閣政府，八日晚正式通過退出國際聯盟及通知書的草案，這草案是由外相（即外交□□）內田所提出的，現在已提交樞密院審查，大約於三月二十日左右可以送到國際聯盟——瓜分中國的强盜□□。至於日本所以退出國聯的原因，就在於日本帝國主義企圖獨佔滿洲及華北，不願其他帝國主義者來『利益均沾』。這充分的表示帝國主義間利害衝突的加劇，尤其是日美帝國主義間的矛盾。自然，他們在進攻蘇聯，進攻中國革命的戰線上、仍然是完全一致的。

蘇聯拒絕參加　國聯顧問委員會

反對帝國主義瓜分中國

莫斯科八日電：蘇聯已決定拒絕國際聯盟的懇求，堅決不參加國聯的顧問委員會。蘇聯人民外交委員長李維諾夫同志今日正式通知國際聯盟，說：蘇聯的和平政策是主張各國獨立自由，反對任何國進攻別國，强佔別國領土，提出種種賠款割地的無理要求；蘇聯主張尊重別國的領土完整，以及社會，政治，經濟和行政的獨立，絕對反對以武力侵略別國的强盜行爲。但是國際聯盟的主張和政策與蘇聯的恰正完全相反，所以蘇聯爲了保障和平政策的勝利，反對帝國主義强盜的侵略行爲，堅決拒絕參加帝國主義瓜分中國的國際顧問委員會這一個强盜機關。

到處開展着游擊戰爭

▲平漢路中斷

鄂州訊：平漢鐵路南段，在明港至確山間，忽發現武裝隊伍五六千餘人，傳說是鄂豫皖蘇區的地方武裝，現在平漢路南下火車已暫時停止，國民□手忙脚亂，□□驚惶失措。

▲明光東北發現紅旗

南京訊　近□津浦鐵路南端，明光東北驛[illegible]，游擊隊積極活動。而臨[illegible]東海一帶也發現武裝農民活動，與國民黨軍附四十四旅張華堂部接火，現正在繼續冲突中。

河北　河南　民衆自動武裝起來

——聯合紅軍一致抗日

河北省各縣，眼見平津將被國民黨送到日本手裏，一聞紅軍出兵抗日，都非常興奮，在共產黨領導之下，成立各種武裝組織，準備和紅軍訂立反日作戰協定，聯合進行民族革命戰爭，嚇得河北國民黨省政府通令各縣，嚴禁民衆一切集會，連燒香老太婆也不準成羣『拜佛』——

河南虎山港川二縣城，自被白軍佔領後，地主豪紳趕辦「民團」，苛徵勒索，說是「恢復農村經濟」，兩縣工農憤怒國民黨不抗日，反來壓迫民衆，到處起來包繳地主民團砲械武裝，自己響應紅軍出兵抗日。

上海日本紗廠　決定開除全體工人

●日本帝國主義加緊進攻中國革命

●日本資本家加緊剝削中國工人

上海日本紗廠資本家因有國民黨替他們壓迫抵制日貨運動，日紗在中國銷路一天好一天，最近上海各日本紗廠積極準備擴充，東華、公大、內外棉各添置紡織機一千七百架，同興大康裕豐等廠現正在計劃擴充辦法，在擴充計劃中，各廠資本家一致決定將各廠原有工人一律開除，另招新工代替舊工人，全體工人聞之非常憤激，已在共產黨領導之下，進行堅決反抗，不准開除一個工人，不准減少一個銅板的工錢。

開展民族革命戰爭反對日本帝國主義佔領熱河進攻平津！

期 红色中华零零六十期
版 零四版
时间 一九三三年三月十二日

上海国民党黄色工会出卖招商局五码头工友

上海国民党黄色工会出卖招商局五码头被开除工友一百多人的无耻行为。现在明明白白地摆在全国工友的眼前，招商局被开除工友要求全体无条件复工，黄色工贼最初叫工友不要斗争，等到理事会没有切实答覆，再来决定“对付办法”，他们一面在装着替工友出力，一面就同理事会来商量对付工人的办法，隔了两三个礼拜，这批黄色工贼对于工友提出的全体恢复工作地要求不提，对工友说理事会答应发退职金六个月，来进一步欺骗工友，现在连六个月退职金都没有，理事会只肯发一个月，黄色工会出卖了工人，还要装腔作势地说甚么要招商局添招新工时先用被开除的工友的漂亮话，来遮掩他们帮助国民党进攻工友的无耻行为，码头工友现在已经揭穿了黄色工贼的把戏，坚决反对他们的出卖，誓与资本家作顽强斗争，直到全体恢复工作为止。

陝西空前災禍

餓死凍死幾十萬人

國民黨統治的惡果

陝西訊：陝西農民在國民黨軍閥豪紳地主殘酷壓迫的統治下，生活比牛馬還不如。他們整年勞耕苦作，逢着豐收，谷物都給豪紳地主拿去，自己仍是不得飽吃一餐，如果是荒年，那就不得了，就要賣兒女，賣房屋，甚至餓死、凍死。去年因旱災，全省九十餘縣，沒有一縣農民不處在死亡流離的慘狀下，單只蒲城一個地方，就餓死了十餘萬人，咸陽水壽三原等縣一帶，數日不見烟火（當然豪紳地主除外），臨潼一帶，農民家中甚至一粒谷也沒有了。藍田、寶鷄，商縣也已絕粒，農民老弱的多已死亡，壯健的亦皆變成餓殍。總之，全陝中到處可見餓屍白骨，悽慘的狀態，真是令人不敢聽聞，而土豪地主則乘此機會以低廉的價值大批收買農民的房屋子女和農具等。但這種悲慘的災禍，不僅僅是陝西一省而已，其他的在國民黨統治下的地方，都普遍的發生着。

日本大地震

東京四日電：三日日本大地震，災情慘重，三日半夜止，據報告，計死一千五百三十五人，失踪九百四十八人，受傷三百三十八人，但各地詳細報告現在尚未全收到，預料死傷人數將超過三千人。有兩村莊完全冲洗入海，房屋被燬壞的五千餘間，被水淹沒的有六千餘間。而那天又是大風暴雨，受災的勞苦工農極形悽慘。據說，這些被難者，都是日本帝國主義強迫派來侵略中國的士兵的家屬，現在日政府完全置之不理。

上海國民黨黃色工會

出賣招商局五碼頭工友

上海國民黨黃色工會出賣招商局五碼頭被開除工友一百多人的無耻行爲。現在明明白白的擺在全國工友的眼前，招商局被開除工友要求全體無條件復工，黃色工賊起初叫工友不要鬥爭，等到理事會沒有切實答復，再來決定「對付辦法」，他們一面在裝着替工友出力，一面就同理事會來商量對付工人的辦法，隔了兩三個禮拜，這批黃色工賊對於工友提出的全體恢復工作的要求不提，對工友說理事會答應發退職金六個月，來進一步欺騙工友，現在連六個月退職金都沒有，理事會只肯發一個月，黃色工會出賣了工人，還要裝腔作勢的說甚麼要招商局添招新工時先用被開除的工友的漂亮話，來遮掩他們幫助國民黨進攻工友的無恥行爲，碼頭工友現在已經揭穿了黃色工賊的把戲，堅決反對他們的出賣，誓與資本家作頑强鬥爭，直到全體恢復工作爲止。

紀念科學社會主義之父！

馬克斯共產主義學校

三月十三日開學

今年是馬克斯逝世的五十週年，中央局爲了紀念我們的科學社會主義的鼻祖，廣泛的有系統的來傳播馬克斯所創造的共產主義，故集中了黨團政府工會的力量，創辦一個大規模的蘇維埃黨校，大批訓練新的工農幹部，以適應目前革命與戰爭的需要，澈底改造和加强黨團政府工會的工作，爭取戰爭的全部勝利。現在這一黨校經過長期的準備，就要在三月十三日開學了。

黨校共分三班：（一）新蘇區工作人員訓練班，學額原定八十人，主要的是造就新蘇區與白區的工作人員，學習時間定兩月畢業；（二）四月的訓練，分黨，團，蘇維埃，工會工作四班，每班五十人；（三）高級訓練班，以六月爲限，學額四十人。由各省委，省蘇及省工會派送。

黨校科目，各班不同，主要的是馬克斯列甯主義的基本原理，與黨的建設蘇維埃的建設，工人運動，歷史，地理和自然科學常識等等。

閩贛两省裁判部會議總結

中央司法人民委員部爲要健全各級裁判部的工作，使各級裁判部迅速的解决案件，加緊審判，特別是要各級裁判部認識敵人用三分軍事七分政治的大舉進攻當中反革命在蘇區內活動的嚴重性及肅反工作的重要，以加緊肅反的工作，特於三月八日召集了閩贛兩省瑞金直屬縣及附近各縣的裁判部長聯席會議，到會者共十四人。八日上午開會，九日下午四時散會，共開了兩天會議。討論的問題如下：（一）檢閱過去閩贛及各縣裁判部半年來的工作；（二）討論：（甲）裁判部以後的任務和工作；（乙）起草蘇維埃刑法問題；（丙）看守所及勞動感化院的工作問題。（丁）解釋裁判部工作的各種條例和表册的應用；（戊）提拔幹部問題。在兩天的會議中，到會的同志，都熱烈的發表意見，對於裁判部的工作供獻了許多意見，集合了各地的工作經驗，對於以後裁判部的工作必有一个大的進步。

蘇聯社會主義經濟建設

——實際材料——

（續五十九期——明明）

電氣機器工業建設

車頭廠　蘇聯的魯甘斯克車頭廠，已於一月一日動工了，這個工廠規模的宏大，是歐洲第一個的偉大車頭廠，這個廠每年可出蘇聯式車頭一千零八十部。魯甘斯克車頭廠的建設，費時四年，用費約一萬萬五千萬盧布，廠址甚廣，只是造輪廠一項，已佔地五萬六千方米突，機械器具均是最新式的，今年就已可出車頭二百五十部了。

汽車機關車　蘇聯一月份汽車和機關車的產生，比較去年同月的生產增加極大，今年一月份莫斯科汽車製造廠共出汽車一千九百三十八部，比較去年同月（七百五十部）增多二倍半。高爾基汽車製造廠共出汽車一千二百部，比較去年同月（一百十七部）增多八倍餘，喀可夫機關車廠共造機關車一千七百六十七部，（去年同月出一千零九十四部），斯大林格拉共造機關車二千六百十四部。

狄士爾引擎　沙皇時代，狄士爾引擎亦已產生，一九一三年，爲此項引擎產額最高的一年，總馬力祗達三萬五千匹。同時，燃油引擎產額，達六萬五千匹馬力。在國內戰爭時期，此項生產完全停頓。至一九三一年重經恢復。一九二七年起，始對於此項引擎的發展，加以注意。一九三一年，狄士爾引擎產額，已達十二萬五千匹馬力，燃油引擎達十六萬五千匹馬力，一九三二年狄士爾引擎產額達四十五萬匹馬力，燃油引擎達二十萬匹馬力，較一九三一年增加四倍半。若與戰前比較，狄士爾引擎生產量已增加了十幾倍。在第一屆五年計劃期間，所有狄士爾引擎製造廠，均經改造，新廠亦增設不少。總計此項工業之投資，達五千萬盧布，而且戰前狄士爾引擎生產，都是小馬力，目前三千二百匹馬力以上的狄士爾引擎，也已能製造成功。此項引擎的製造，採用最新式方法，因蘇聯科學家與工程師之共同努力，此項引擎的構造，獲得重要的改進，但生產雖大大增加，尚不夠應用，預計額產要增加到四五倍，目前才能夠用。

尼泊水電　蘇聯的尼泊水電廠工程的建築完成，除了解決原動力問題外，又解決了尼泊河中段的航運問題，使尼泊河的急流變成平流。尼泊河與其八百支流，此後更能便利的灌溉烏克蘭，俄羅斯，及白俄羅斯等三個蘇維埃共和國的數百萬公頃農場。尼泊水電工程這一偉大建設，對於蘇聯全國國民經濟問題，尤其是工業化問題有極端重大的關係，故蘇聯無產階級以最大的布爾什維克的工作速度與生產熱忱在最短的期間中完成了。

（關於這一尼泊水電工程的詳情可參閱本報第四十五期第五版「特耳聶泊水電廠落成」一文）。

（未完待續）

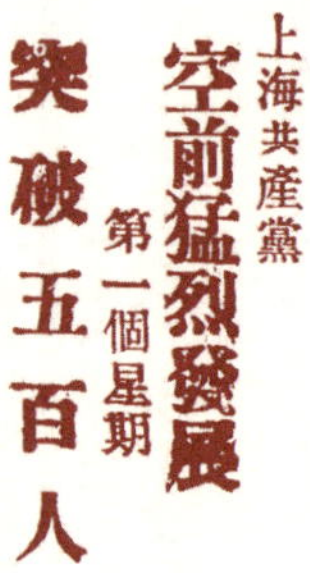
上海共產黨
空前猛烈發展
第一個星期
突破五百人

期：红色中华零零六十期

版：零五版

时间：一九三三年三月十二日

上海共产党空前猛烈发展

第一个星期突破五百人

上海共产党“一·二八”入党号召，在同志们的热烈回答与顽强的革命竞赛中，第一个星期突破了五百人，党增加了五百多个英勇的革命战士。

看罢，这些热烈的回答！

法南区跑得最快，发展了一百八十一个新同志，群众工作做得比别的要好，革命竞赛继续在战斗的开展着。其次是特区发展了七十六人，闸北四十九人，沪西八十六人，沪中四十五人，齐西二十三人，吴淞十五人，海委十一人。

就是这样，一个星期的努力，党增加了五百多个战斗员！

可是这些光荣的成绩，决不是容易做到的呵。上海的同志们都是磨［摩］拳擦掌的竞赛着，谁也不让谁的奋斗着；支部和支部，个人和个人都是混（浑）身大汗的忙着，突击着来争取光荣的布尔塞维克的红板。

现在苏区广大的工农劳苦群众都在敲党门，同志们听到吗？我们应该立即面向支部，面向群众，把门打开，让工人雇农苦力大批涌进共产党来！

上海共產黨

空前猛烈發展

第一個星期

突破五百人

上海共產黨「一二八」入黨號召，在同志們的熱烈回答與頑强的革命競賽中，第一個星期突破了五百人，黨增加了五百多個英勇的革命戰士。

看罷，這些熱烈的回答！佉爾區跑得最快，發展了一百八十一個新同志；群衆工作做得比别的要好，革命競賽繼續在戰鬥的開展着。其次是特區發展了七十六人，閘北四十九人，滬西八十六人，滬中四十五人，齊西二十三人，吳淞十五人，浦東十一人。

就是這樣，一個星期的努力，黨增加了五百多個戰鬥員！

可是這些光榮的成績，决不是容易做到的呵。上海的同志們都是摩拳擦掌的競賽着、誰也不讓誰的奮鬥着；支部和支部，個人和個人都是混身大汗的忙着，突擊着爭取光榮的布爾塞維克的紅旗。

現在蘇區廣大的工農勞苦群衆都在敲黨門，同志們聽到嗎？我們應該立刻面向支部，面向群衆，把門打開，讓工人僱農苦力大批湧進共產黨來！

日本共產黨

積極恢復組織

東京訊：日本共產黨，在反對日帝國主義侵略中國的强盜戰爭的鬥爭中，組織愈益發展；日政府雖然以最野蠻的白色恐怖，大舉捕殺共產黨員，并且大吹牛皮，宣布共產黨已被根本擊破。可是實際上，赤化運動仍蔓延於全國，甚至貴族及高級軍事長官中亦發現共產黨員。現在日本共產黨正在努力恢復各地工作，積極重行建立新的黨中央。但敵人最近又偵知我們在三月中將召集全國黨團大會，準備再行大施檢舉運動，日本黨也已經嚴密戒備了。

德國法西斯帝黨

厲行殘酷白色恐怖

大捕共產黨員

柏林訊：德國反革命頭子希特勒執政後，德國法西斯蒂獨裁日益加厲。二月廿七日德京柏林國會大樓失火，德國政府藉口此事，即於次日下令逮捕共產黨員及革命群衆，被捕者已達二千餘人，其中有許多是德國黨的領袖，據傳說，台爾曼同志亦已被捕。實際上，國會失火是統治階級預定的陰謀，欲藉此來打擊共產黨。同時德國總統興登堡下令廢止魏瑪憲法所載之人民言論，出版，集會，結社等自由。現德國所有革命報紙皆被封閉，全國厲行白色恐怖，德國共產黨已經被迫而走入『地下』了。

三月三日，希特勒用無線電廣播講演，痛罵布爾什維克是世界的大敵，并且竭力攻擊蘇聯。看呵！這隻狗已經感到他自己的末運，在瘋狂的亂吠着！

金圓帝國主義坍台了

美國銀行停止兌換現金

全世界金市空前的暴跌

上海電：號稱金圓帝國主義的美國，最近金融發生根本動搖；現金的空虛，使銀行大失信仰，美政府已禁運金銀出口，同時各銀行也停止兌換現金。因此影響全世界的金融市場，金市遂空前暴跌，三月七日日本金票自一百〇三元跌至九十一元，上海金市自八百餘兩跌至六百七十九兩。

美國政府決定發行二十萬萬緊急幣券，并且收押一切現金和金幣，搜查私藏現金。但這些都是臨時救急的辦法，實際上，資本主義的穩定已經達到終結，必然的要完全崩潰，走上最後的滅亡的道上了。

到了新的階段的

資本主義總危機

—世界工業生產衰落的材料—

（明明）

▲祇有蘇聯一國生產激增

就拿德國景氣研究所發表的來看，去年世界工業生產的衰退，爲近十年來所僅見，其數額轉落至與歐戰前相等，或更低，即以一九一三年爲一〇〇時、去年則爲一〇一、現在世界人口，已較戰前增加百分之十三，如此比例，則去年工業生產額，實較戰前尤減少百分之十一，這顯然表示世界資本主義經濟恐慌深刻化。

因世界經濟恐慌而呈衰退的工業生產，其減退程度，各國各有不同，從一九二九年後，首先是中歐工業地域及美國捲人恐慌之漩渦，接着經濟危機便蔓延到了全世界。但蘇聯社會主義的工業生產却有極大的增進。這裏很明白地告訴我們，社會主義經濟對於資本主義經濟的優勢，在這兩種經濟間有不可超越的鴻溝，必然的結局，便是社會主義的生長繁榮，與資本主義的末落，死滅。下面是一九二八年及一九三二年各國生產額的變遷，及其對世界生產總額的比率表，以供參考。

▲一九二八及一九三二年世界各大工業國地位的變遷：

順位	一九二八年	一九三二年
一	美國	美國
二	德國	蘇聯
三	英國	英國
四	法國	德國
五	蘇聯	法國
六	意國	日本
七	日本	意國

▲世界各工業國對生產總額（重量）的比率：

國名	一九二八年	一九三二年（估計）
德國	一一，六	八，九
英國	九，三	一一，二
奧國	〇，六	〇，六
波蘭	〇，八	〇、六
匈牙利	〇，四	〇，四
法國	七，〇	七，〇
比國	一，一	一，一
意國	三，二	三，四
瑞典	〇，九	一，二
智利	〇，二	〇，二
坎拿大	二，二	二，〇
美國	四四，八	三四，五
日本	二，四	三，七
印度	一，三	二，一
蘇聯	四，七	一四，九

△一九三二年各工業各生產額重量指數

國名	指數以（一九一三年爲一〇〇）
波蘭	四七
德國	五八
匈牙利	八〇
英國	八三
奧國	八四
美國	九〇
法國	九四
比國	九七
智利	一〇三
意國	一二四
瑞典	一二八
坎拿大	一二九
印度	一九〇
日本	三〇八
蘇聯	三三四
世界	一〇一

（本節完全部待續）

“航空救国”的黑幕
国民党骗钱妙计

上海专电： 国民党借着“救国”名义，利用狭隘的民族主义的武断欺骗宣传，骗诈民众的血汗钱，说是“航空救国”，实际上，他们骗了钱去买飞机，一方面扩大各个军阀自己的航空实力，一方面则加紧对红军的进攻和轰炸。现在上海共产党，正在领导群众揭破国民党这一阴谋，主张航空募捐运动来开展反帝运动与群众武装自己的斗争，组织民众的航空协会，要求群众自己的飞机管理权与驾驶权，直接送交义勇军，并且反对国民党以飞机进攻红军，要求所有飞机开赴华北，反对国民党大举进攻苏区与出卖中国。

「航空救國」的黑幕
國民黨騙錢妙計

上海專電：國民黨藉着「救國」名義，利用狹隘的民族主義的武斷欺騙宣傳，騙詐民衆的血汗錢，說是「航空救國」，實際上，他們騙了錢去買飛機，一方面擴大各个軍閥自已的航空實力，一方面則加緊對紅軍的進攻和轟炸。現在上海共產黨，正在領導群衆揭破國民黨這一陰謀，主張航空募捐運動來開展反帝運動與群衆武裝自己的鬥爭，組織民衆的航空協會，要求群衆自己的飛機管理權與駕駛權，直接送交義勇軍，并且反對國民黨以飛機進攻紅軍，要求所有飛機開赴華北，反對國民黨大舉進攻蘇區與出賣中國。

英國著名文豪
蕭伯納來中國

蕭伯納是英國著名的諷刺文學家，他寫得最多是戲劇。他的作品，大半是打着反對舊道德和一切虛僞的幌子，却并不是革命的文學作品、他時常自名爲一个社會主義者。誰也知道這只是一個改良主義者、一个自由資產階級費邊派社會民主主義者、他雖然在有些地方譏刺資產階級，與資本主義社會，但總是站在資產階級方面說話的，企圖來維持垂死的資本制度的。前年他跑到蘇聯去參觀了一趟，受到很大刺激，他也覺得社會主義是優於資本主義，最後的勝利必然的是屬於蘇聯的。今年二月十七日他到了上海，中途經過香港時，曾對學生作一講演．他說，一個青年如果二十歲時不信仰共產主義那末到了五十歲便會變成殭石，這似乎說，年輕時不信仰共產主義，老年就會變成思想上落伍者。果然，這些話似乎是很漂亮的，但他决不是一個站在革命方面的作家，相反的，他是反對革命的資產階級所豢養的一个代言人。上面他說的話，意思是向香港的英國政府暗示：『我二十歲時沒有赤化，現今年紀已經七十七歲了，已成了一塊殭石，對於你是沒有什麽危害的』這顯然是向英皇投誠；據申報載、他在上海對新聞記者說、英帝國主義對付中國根本沒有什麽政策，很明顯的，這是掩飾英帝國主義勾結日本及其他帝國主義奴役和瓜分中國的强盜行爲，據超然報所載，他又說進攻中國『共匪』應該從『政治上求解决』，這更明顯的證明他是一個帝國主義者的代言人，他把錦囊妙計獻給了國民黨，指揮他怎樣來進攻紅軍。蔣介石的『三分軍事七分政治』也就是從蕭那裏學來的吧！

總之，蕭伯納是資產階級作家中比較『敏感』的一個，所以在他的一切談話中，表明他一方面看到社會主義的成功與必然的勝利、使他不得不驚奇讚嘆；另一方面，他看到他本身階級的日暮窮途，必將無可挽救的走向滅亡，使他不得不害怕革命，反對革命的力量。

蕭伯納對於英皇决不是一塊無害的『殭石』而是一頭很敏感的『獵犬』

上海又發生工人慘死案

上海訊：上海閘北永和廠於日前（三月五日）又發生工人慘死案，也是因爲汽缸爆發，炸死三四十人，傷心慘目，不忍一睹。原來，永和廠是經過國民黨社會局檢查過，而認爲是「設備周到」的工廠，這次慘案的發生，充分證明國民黨勾結資本家，只知道一味剝削和壓迫工人，把工人的生命完全看做兒戲。所以國民黨實在是這一慘案的主要造成者。

鐵棍

△大夢沉沉的區蘇主席

革命戰爭一天天緊張和開展起來，會昌中少共縣委，縣蘇，縣少隊部，爲要更充分的佈置戰爭動員工作，特於二月十日召集全縣各區中少共區委書記，區蘇主席和軍事部長，區少隊長的聯席會議，召集這一會議的通知，是星夜派人趕送的，各區的到會人也都連夜趕路赴會，只有亂石區蘇的主席劉經波同志不到會，據說是因爲「冒睡醒」，但實際上，這不是簡單的「冒睡醒」的問題，而是他一貫的消極怠工的表現，在戰爭緊急動員中，還是在做夢的區蘇主席，應該把他趕出蘇維埃機關去讓他睡個「不亦樂乎」吧！以後他總可以睡得醒了罷，聽說縣蘇已决定把他撤職。

△剝削群衆的妙計

（謝金修）

零都羅江區前村鄉的主席梁官廷同志是一個青年團員，在工作上表現着一貫消極怠工。最近他自己家裏做了一副新棺材，并且砌了一個新灶，他覺得非常高興，自己就寫貼子去請群衆吃酒，每人至少要送八毛至一元的賀禮。結果賺到了不少錢。這位梁主席想出這種剝削群衆的妙計，真是頂括括的貪污腐化份子！

紅板
退還公債

…會昌工會…

朱遜，丘日中，呂雲，各五元，張雪六元，呂生四元，黃帶仁，鄔柳根，杜子涵，蔡鐵堅，序錦清，廖省三，黃仁，杜順新，朱禮喬，張志才，朱善良各三元，毛觸，余在貴，黃修竹，毛炳，順生各二元半，劉錫支，闕事元，黃明和，呂繼富、易稱兒，劉永生，李來發，劉玉樓，呂道儒，傅重根各二元，黎清明，丘台發各一元五角，謝林妹，陳漢平，朱華古，謝樂生，朱順志，張蕃元何爲有，陳安甫，藍東長，易福元宋如心，鄧善粦各一元

…興國縣堡壘工會…

曾招代三元，鍾達銘，黃衍誠，謝毓玳，殷達學，劉勝東各一元，甘華滑，胡萬和，劉昌棠，溫祿生，賴以和，巫從洋，胡興森各

五角。

紅板
節省經濟幫助戰費

…勝利縣職工聯合會…

鍾鳳元，鍾朋元，鍾國璇各四元，謝振產，張紀有各二元，劉求珍，易封梧，鍾定瑞，方功成，方德任各一元，陳宗璉，李清漢，賴昌茂、謝運桂，張煒祥，林守恩各五角。

…瑞金藥業工會…

羅文炳五元，彭斧邦，關忠彩，家俊，楊林春，楊家坛，關彩廷，劉勝峯，范賤發、賴九青胡德標，劉岱輝各一元。

…興國城市總業工人…

蕭以位二元，鍾國峯一元五角，徐煥彩，黃家頃，黃衍棠，劉必浪，玉建綵，黃玉昌，徐遠宜，中家玉，中心元，黃衍材各一元，徐正明，黃玉昆，陳遠顧各五角。

…瑞金縣苦力工會…

楊加念，楊世岳，方賢德，賴士宜，朱良鄰，胡運榜，楊祥梅，肖運生，橡祥根，賴占陀，陳上元，胡運海、楊遠漢，賴士華，劉遠准，劉克浪，劉繩彩，劉聲棠，楊世桂，胡定洪，楊衍發，鄧興福，羅志方，劉克梅，胡定蔚，楊道才，楊家信，鍾章沐，鍾繩湖，鍾光德，劉遠春，劉芳沂，楊會才，鄧光林，郭仍初，張家其各二角五分，劉聲維，楊會學，劉繩彬，賴士油，鍾騰禮，曾以梯，危運陀，楊青生，劉立朱，楊世春，鍾蔚洪，歐水生各五角。

…中華軍委被服廠…

饒海清、譚永華各一元，蕭克學節省二元四角，謝忠仁二元，李振濤將全部工資以及自己購買的公債票大洋二元。

…紅軍休養所…

陳勝，左得才，夏云飛，各伍元，張明達三元，曹瑞傑二元，潘國慶黃祝峯黃桂峯，張林宗賀記先，張春生晏邦桂，朱正學，各一元，彭國臣、鄧金山，黃桂崇、張永順，各五角，合共節省大洋叁拾壹元。

…總醫院…

院部二百四十一元五角七分（內醫生李治等五名捐二百三十五元），二所二十三元一角，三所四十五元，四所二十七毫，特務隊一元一角

工農劇社啓事

本社編審委員會現已開始工作，除編著劇本，歌曲，朗誦詩等外，并須審查各地俱樂部現有劇本與歌曲，以便甄別好壞，決定取捨，望前後方俱樂部同志迅以現有劇本歌曲郵寄紅色中華社沙可夫同志收。再，如有劇本題材或創作，也望多多惠寄本社無任歡迎。

上海又发生工人惨死案

上海讯：上海闸北永和厂于日前（三月五日）又发生工人惨死案，也是因为汽缸爆发，炸死三四十人，伤心惨目，不忍一睹。原来，永和厂是经过国民党社会局检查过，而认为是“设备周到”的工厂，这次惨案的发生，充分证明国民党勾结资本家，只知道一味剥削和压迫工人，把工人的生命完全看做［作］儿戏。所以国民党实在是这一惨案的主要造成者。

「航空救國」的黑幕
國民黨騙錢妙計

上海專電：國民黨藉着「航空救國」名義，利用狹隘的民族主義的武斷欺騙宣傳，騙詐民衆的血汗錢，說是『航空救國』，實際上，他們騙了錢去買飛機，一方面擴大各个軍閥自已的航空實力，一方面則加緊對紅軍的進攻和轟炸。現在上海共產黨，正在領導群衆揭破國民黨這一陰謀，主張航空募捐運動來開展反帝運動與群衆武裝自己的鬥爭，組織民衆的航空協會，要求群衆自已的飛機管理權與駕駛權，直接送交義勇軍，并且反對國民黨以飛機進攻紅軍，要求所有飛機開赴華北，反對國民黨大舉進攻蘇區與出賣中國。

英國著名文豪
蕭伯納來中國

蕭伯納是英國著名的諷刺文學家，他寫得最多是戲劇。他的作品，大半是打着反對舊道德和一切虛僞的幌子，却并不是革命的文學作品、他時常自名爲一个社會主義者。誰也知道這只是一個改良主義者、一个自由資產階級費邊派社會民主主義者、他雖然在有些地方譏刺資產階級，與資本主義社會，但總是站在資產階級方面說話的，企圖來維持垂死的資本制度的。前年他跑到蘇聯去參觀了一趟，受到很大刺激，他也覺得社會主義是優於資本主義，最後的勝利必然的『屬於蘇聯的。今年二月十七日他到了上海，中途經過香港時，曾對學生作一講演．他說，一個青年如果二十歲時不信仰共產主義那末到了五十歲便會變成殭石，這似乎說，年輕時不信仰共產主義，老年就會變成思想上落伍者。果然，這些話似乎是很漂亮的，但他決不是一個站在革命方面的作家，相反的，他是反對革命的資產階級所豢養的一个代言人。上面他說的話，意思是向香港的英國政府暗示：『我二十歲時沒有赤化，現今年紀已經七十七歲了，已成了一塊殭石，對於你是沒有什麽危害的』這顯然是向英皇投誠；據申報載、他在上海對新聞記者說、英帝國主義對付中國根本沒有什麽政策，很明顯的，這是掩飾英帝國主義勾結日本及其他帝國主義奴役和瓜分中國的强盜行爲，據超然報所載，他又說進攻中國『共匪』應該從『政治上來解決』，這更明顯的證明他是一個帝國主義者的代言人，他把錦囊妙計獻給了國民黨，指揮他怎樣來進攻紅軍。蔣介石的『三分軍事七分政治』也就是從這那裏學來的吧！

總之，蕭伯納是資產階級作家中比較『敏感』的一個，所以在他的一切談話中，表明他一方面看到社會主義的成功與必然的勝利、使他不得不驚奇讚嘆；另一方面，他看到他本身階級的日暮窮途，必將無可挽救的走向滅亡，使他不得不害怕革命，反對革命的力量。

蕭伯納對於英皇决不是一塊無害的『殭石』而是一頭很敏感的『獵犬』

上海又發生工人慘死案

上海訊：上海閘北永和廠於日前（三月五日）又發生工人慘死案，也是因爲汽缸爆發，炸死三四十人，傷心慘目，不忍一睹。原來，永和廠是經過國民黨社會局檢查過，而認爲是「設備周到」的工廠，這次慘案的發生，充分證明國民黨勾結資本家，只知道一味剝削和壓迫工人，把工人的生命完全看做兒戲。所以國民黨實在是這一慘案的主要造成者。

鉄棍

△大夢沉沉的區蘇主席

革命戰爭一天天緊張和開展起來，會昌中少共縣委，縣蘇，縣少隊部，爲要更充分的佈置戰爭動員工作，特於二月十日召集全縣各區中少共區委書記，區蘇主席和軍事部長，區少隊長的聯席會議，召集這一會議的通知，是星夜派人趕送的，各區的到會人也都連夜趕路赴會，只有亂石區蘇的主席劉經波同志不到會，據說是因爲「冒睡醒」，但實際上，這不是簡單的「冒睡醒」的問題，而是他一貫的消極怠工的表現，在戰爭緊急動員中，還是在做夢的區蘇主席，應該把他趕出蘇維埃機關去讓他睡個「不亦樂乎」吧！以後他總可以睡得醒了罷，聽說縣蘇已決定把他撤職。

△剝削群衆的妙計

（謝金修）

雩都羅江區前村鄉的主席梁官廷同志是一個青年團員，在工作上表現着一貫消極怠工。最近他自己家裏做了一副新棺材，并且砌了一個新灶，他覺得非常高興，自己就寫貼子去請群衆吃酒，每人至少要送八毛至一元的賀禮。結果賺到了不少錢。這位梁主席想出這種剝削群衆的妙計，真是頂括括的貪污腐化份子！

紅板

退還公債

●…會昌工會…○朱邉，丘日中，呂雲，各五元，張雪六元，呂生四元，賁帶仁，郞柳根，杜子涵，蔡鐵堅，序錦清，廖省三，黃仁，杜順新，朱禮蓉，張志才，朱善良各三元，毛蜀，余在貴，黃修竹，毛炳，順生各二元半，劉錫支，闕事元，黃開和，呂機富、易稱兒，劉永生，李來發，劉玉樓，呂道循傅直根各二元，黎清明，丘台發各一元五角，謝林妹，陳漢平，朱華古，謝樂生，朱順志，張藝元何爲有，陳安甫，藍東長，易福元宋如心，鄧善龔各一元。

●…興國縣保衛工會…○會招代三元，錢達銘，黃衍誠，謝毓玳，毆達學，劉勝東各一元，甘華清，胡萬和，劉昌榮，溫祿生，賴以和，巫從泮，胡興森各五角。

○…勝利縣職工聯合會…●鍾鳳元，鍾朋元，鍾國璇各四元，謝振產，張紀有各二元，劉求珍，易封梧，鍾定瑞，方功成，方德任各一元，陳宗璉，李清濩，賴昌茂、謝連桂，張煒祥，林守恩各五角。

●…瑞金藥業工會…●羅文炳五元，彭脊邦，關忠彩，家俊，楊林春，楊家坛，關彩廷，劉路峯，范賤發，賴九青胡德樑，劉岱輝各一元。

○…興國城市雜業工人…●蕭以位二元，鍾國峯一元五角，徐煥彩，黃家頃，黃衍榮，劉必浪，玉建綠，黃玉昌，徐遠宜，中家玉，中心元，黃衍材各一元，徐正朋，黃玉昆，陳遠麒各五角。

○…瑞金縣苦力工會…●楊加念，楊世岳，方賢德，賴士宜，朱良榔，胡運榜，楊祥梅，肖運生，橡祥根，賴占陀，陳上元，胡運濤、楊遠濩，賴士華，劉遠淮，劉克浪，劉繩彩，劉磐棠，楊世桂，胡定洪，楊衍發，鄧與福，羅志方，劉克梅，胡定蔚，楊道才，楊家信，鍾章沐，鐘繩湖，鐘光德，劉遠春，劉芳沂，楊會才，鄧光林，郭仍初，張家其各二角五分，劉璧維，楊曾學，劉繩彬，賴士油，鐘騰禮，曾以梯，危運陀，楊青生，劉立朱，楊世春，鐘蔚洪，歐水生各五角。

紅板

節省經濟幫助戰費

●…中革軍委被服廠…●饒海清，譚永華各一元，蕭克學節省二元四角，謝忠仁二元，李振清將全部工資以及自己購買的公債票大洋二元。

○…紅軍休養所…○陳勝，左得才，夏云飛，各伍元，張明達三元，曹瑞保二元，潘國慶黃祝峯黃桂峯，張林宗賀記先，張春生晏邦桂，朱正學，各一元，彭國臣、鄧金山，黃桂崇、張永順，各五角，合共節省大洋叁拾叁元。

●…總醫院…●院部二百四十一元五角七分（內醫生李治等五名捐二百三十五元），二所二十三元一角，三所四十五元，四所二十七元，特務隊一元一角

工農劇社啓事

本社編審委員會現已開始工作，除編著劇本，歌曲，朗誦劇詩等外，并須審查各地俱樂部現有劇本與歌曲，以便甄別好壞，決定取捨，望前後方俱樂部同志迅以現有劇本歌曲郵寄紅色中華社沙可夫同志收。再，如有劇本題材或創作，也望多多惠寄本社無任歡迎。

两次武装暴动的教训

一八七一年三月十八日巴黎公社的成立，与一九二七［年］三月二十一日上海工人的建立革命政府，都是工人阶级以武装暴动来推翻剥削阶级的统治，夺取政权的伟大的斗争，在暴动中，下了决心的无产阶级用自己的手段，斩断统治阶级束缚我们的铁链，建立了工人自己的政权。

巴黎公社，从历史的意义上来说，它是全世界无产阶级第一次起来夺取政权的斗争。巴黎工人，在马克思所创造的第一国际的直接领导之下，举行暴动，占领巴黎，建立无产阶级自己的政权——巴黎公社。虽然，巴黎公社后来在国内统治阶级与国外敌人的联合进攻之下，只存在了两个半月就失败了，但它实开辟了全世界无产阶级革命的道路，直接地影响着苏联十月革命的胜利与中国苏维埃运动的发展。

三月二十一日的上海暴动，是中国一九二五—［一九］二七年大革命时期，上海工人为响应革命势力伸展到上海来，为打倒军阀建立自己的政权而接连举行的第三次武装暴动。

上海工人在中国共产党的领导之下，建立了革命政府——市民政府，在这里，充分表现着中国无产阶级和它的政党——共产党——伟大的革命力量。上海暴动胜利后，资产阶级立即叛变革命，投降帝国主义与封建势力，用残酷的屠杀手段，来压迫革命工人，于是上海暴动的胜利，终于因为资产阶级的叛变而失败了。但是上海暴动最初地教给中国工人以夺取政权的斗争武器，使工人阶级利用“三二一”的经验和教训，领导了以后的南昌暴动与广州暴动，直接地加强了无产阶级在中国革命运动中的领导权。

这两个伟大的武装暴动，一个在西方，一个在东方，同样地唤醒了千百万工农群众，起来为夺取政权而斗争。我们苏区工农应该学习他们的英勇和坚决的斗争精神，记取这两次武装暴动的教训，来粉碎帝国主义国民党的大举进攻，争取革命战争的全部胜利！（然）

一九三三年三月十八日　紅色中華　第三版

紅色中華

光榮例子——一個又一個！

兩星期以前，瑞金砂心區砂排鄉的少共支部的團員全體加入了紅軍，現在，該區碰塘鄉的少共支部（女團員除外）也繼續着砂排鄉的光榮例子，整個支部加入紅軍了，同時他們還領導了一些青年工農一起去加入紅軍，共計五十餘人。砂心區，繼續不斷地產生出光榮的例子來，別的區怎樣呢？

两次武裝暴動的教訓

一八七一年三月十八日巴黎公社的成立，與一九二七三月二十一日上海工人的建立革命政府，都是工人階級以武裝暴動來推翻剝削階級的統治，奪取政權的偉大的鬥爭。在暴動中，下了決心的無產階級用自己的手段，斬斷統治階級束縛我們的鐵鍊，建立了工人自己的政權。

巴黎公社，從歷史的意義上來說，她是全世界無產階級第一次起來奪取政權的鬥爭。巴黎工人，在馬克思所創造的第一國際的直接領導之下，舉行暴動，佔領巴黎，建立無產階級自己的政權——巴黎公社。雖然，巴黎公社後來在國內統治階級與國外敵人的聯合進攻之下，只存在了兩個半月就失敗了，但牠實開闢了全世界無產階級革命的道路，直接的影響着蘇聯十月革命的勝利與中國蘇維埃運動的發展。

三月二十一日的上海暴動，是中國一九二五——二七年大革命時期，上海工人爲擁護革命勢力伸展到上海來，爲打倒軍閥建立自己的政權而接連舉行的第三次武裝暴動。

上海工人在中國共產黨的領導之下，建立了革命政府——市民政府，在這裏，充分表現着中國無產階級和牠的政黨——共產黨——偉大的革命力量。上海暴動勝利後，資產階級立即叛變革命，投降帝國主義與封建勢力，用殘酷的屠殺手段，來壓迫革命工人，於是上海暴動的勝利，終於因爲資產階級的叛變而失敗了。但是上海暴動是最初地教給中國工人以奪取政權的鬥爭武器，使工人階級利用「三二一」的經驗和教訓，領導了以後的南昌暴動與廣州暴動，直接的加强了無產階級在中國革命運動中的領導權。

這兩個偉大的武裝暴動，一個在西方，一個在東方，同樣的喚醒了千百萬工農羣衆，起來爲奪取政權而鬥爭。我們蘇區工農應該學習他們的英勇和堅決的鬥爭精神，記取這兩次武裝暴動的教訓，來粉碎帝國主義國民黨的大舉進攻，爭取革命戰爭的全部勝利！（慈）

整運——加入紅軍！

▲福建少隊偉大的轉變

在前方少先隊模範隊第一團第二團，以及博生滿田區完全加入紅軍的兩連少模隊的有力號召之下，上杭的模範隊也有一連完全自動的加入工農紅軍第十九軍第十團了！

這雖只有一連，比不得江西省的多，但，在福建省是開端的第一聲！這是福建，尤其是上杭少先隊的無上光榮呵！長汀的模範隊！你們來和上杭的比一比吧！趕上它的前面去！上杭的少先隊！努力吧！你們還沒有趕上江西的模範隊呢！

擴大紅軍的模範支部

勝利縣梅窖區的三個支部書記廖道垣同志，努力執行戰爭緊急動員令，參加革命戰爭，五天內（二月二十號起廿五號止）領導了廿九名新戰士到紅軍中去，其中工人僱農佔十份之三，貧農內黨團員佔三份之一，這真是爲了粉碎敵人四次『圍剿』和大舉進攻爭取革命戰爭勝利而鬥爭的，光榮的模範支部！

（鄧閱文）

慰勞紅軍　送了五千雙草鞋　五百元的慰勞品

瑞金縣互濟會，接到省互濟會對前方戰士舉行大規模慰勞的通令後，馬上集中了羣衆慰勞紅軍的草鞋五千餘雙，和帶到前方買慰勞品的大洋五百元，現已由慰勞隊十餘人，攜送這些物品，於前幾天歡欣鼓舞的到前方去了。而各機關團體也都在進行熱烈的慰勞紅軍，每天集中的草鞋多極了，都準備陸續送到前方去，這表現了羣衆對於擁護紅軍的熱烈。

送草鞋到前方去！

在中央總隊部號召每個隊員做一雙草鞋一雙套鞋送去前方，慰勞我們紅軍的緊急命令下，各地的布草鞋，麻草鞋紛紛集中省隊部與互濟會。

這裏，特別值得我們稱讚的光輝的模範，是：中央政府工作人員青工少先隊員們，在中央總隊部的號召之下，將他們自己節省下來的錢買了麻草鞋八十七雙，現已送到中央總隊部轉送前方。

全蘇區的隊員們！熱烈的做草鞋到前方慰勞紅軍！積極地到前方去消滅敵人！

對紅色中華的號召　響應來了！

中革軍委後方辦事處無線電隊工作人員，自看到紅色中華五十八期後，即有經濟主任陳十吾同志自動要求每月減少津貼十元，並將所買的第二期公債票三十二元全部退回，不要國家還本。同時張可棟同志也退回公債票十元，又捐大洋四元；陳大和同志退回公債票二十六元五角；劉玉亭同志退回三元五角；蔣咸同志捐大洋一元，張禮同志退回公債一元，朱忠椿同志退回一元；歐陽林同志退回五角。這充分表現着國家技術工作人員，對於經濟動員的熱烈，同志們，大家起來比賽吧！

（高自立）

響應又來了！

中局電台退還公債

中央局無線電隊反帝擁蘇同盟於三月十四日開盟員大會，提出節省經濟和退還第二期公債票以響應紅色中華的號召。當場，就有大多數同志自動把公債票拿出來，退還政府，共收爲大洋二十二元五角，達全數百分之七十五云。

殘廢院二月份節省成績

殘廢院的全體休養及工作同志自熱烈自動的實行一個銅片的節省運動後，已節省了很大的數目，茲分錄於下：——第一所大洋四十三元三角九分五厘，第二所大洋六十一元四角三分五厘，訓練隊大洋二十五元五角四分四厘，療養所大洋十三元九角五分，院部大洋十一元二角二分八厘，總共大洋一百五十六元五角五分二厘，現在還在繼續熱烈的節省。

（吳茂[illegible]）

四個醫生同志捐了八十元

五軍團通訊：紅五軍團衞生部部長陳義厚 野戰醫院院長張堯階，醫生趙勳臣李培敍等四同志 曾經自動要求各減少其津貼二十元以幫助戰爭，中革命軍委爲了優待技術人員，沒有批准，因此，這四個同志，便自動各捐二十元。這足見他們對於參加革命戰爭的熱烈。

馬克斯共產主義學校　募捐慰勞紅軍

馬克思共產主義學校的臨時黨團支部，爲慰勞英勇的常勝的紅軍，發動全校學生熱烈的起來捐募，在捐募時，全體學生都熱烈的參加這一運動，有的捐二角，有的捐一角，都是自動的來參加，總計捐到了大洋四元一角二分。

熱烈援助上海被難工友
後方政治部幹部訓練隊

期
红色中华零零六十四期
版
零四版
时间
一九三三年三月二十七日

后方政治部干部训练队热烈援助上海被难工友

自从上海正满橡皮第一厂锅炉爆炸，死伤工人二百余名，这个惨案消息传来以后，后方政治部干部训练队的每个队员，无不切齿痛恨，资本家的残酷，有几个几乎因为悲痛被难工人而流泪了，这就是我们最真挚的阶级的同情。

因此一方面除了加紧一切工作来完成革命任务而外，即有全体队员自动地在互济会领导之下，将自己剩余的钱完全拿出来（共计大洋四元钱二百文）已交后方政治部设法寄至上海，援助上海被难工人，他们的钱虽然不多，但他们的热诚是十分值得敬佩的。（薛理堂）

蘇聯破獲反革命陰謀

莫斯科電：三月五日，蘇聯國家政治保衛局破獲七十個反革命份子的險惡陰謀，在他們的口供中，他們自己承認圖謀破壞蘇聯農產，造成災荒。同時各地政治保衛局也破獲許多反革命組織，他們多半潛伏於農業委員會及國營農場委員會的一部分機關中，特別是在烏克蘭，北高加索及白俄等農業區域的爲最多，這些反革命份子多半是國營機關的雇員，都是地主出身的階級異己份子。他們所採用的破壞手段，就是損壞機關車，及其他農業機械，在機關車場及紡麻廠中實行怠工，放火燒屋。并且在農田上留蓄蕪草，以減少生產。往往也刼奪偷竊集體農場的穀物，破壞種植和收割運動，并且謀害牲口。對於這些反革命份子，蘇聯政府決予以最嚴厲的處置。

法西斯蒂是「蠢貨」

▲蘇聯黨報對希特勒的回答▼

莫斯科電：德國法西斯蒂頭目希特勒攻擊蘇聯的演說，（本報曾有紀載——編者）引起蘇聯的强烈反響，蘇聯黨報及政府公報，都發表了極尖銳的社論，給這個反革命頭目以一個最嚴厲的打擊。在『蠢貨』這一標題之下，蘇聯政府公報說：德國法西斯蒂黨，在總選舉中，雖然用盡一切恐嚇和蹂躪，猶恐未能盡操勝算，所以除鐵棍與機關槍對付羣衆外，他們在

三月三日又發表了宣言與演說，大罵共產主義與布爾什維克，竭力的攻擊蘇聯，以爲這樣可以證明共產主義的悲慘結果。但是實際上，這正是以表明法西斯蒂的愚蠢和拙笨。蘇聯五年計劃的成功，國家經濟的發展和文化的進步，不僅以事實證明了社會主義的優勝，資本主義的必然崩潰；而且已經引起了一部分資產階級學者的驚奇，和全世界帝國主義的恐慌。所以希特勒對於蘇聯的攻擊，眞是比狗仔的亂吠還要愚蠢些啦。

『眞理報』上也有一篇社論，題爲『丑角登台了』，大略說：希特勒的登台，雖然僅只一個月，但在這短時期中，法西斯蒂黨對德國工農的壓迫，已經無所不用其極了。所以法西斯蒂勢力的挑動內戰，結果必然的要引起德國國內大革命，葬送資產階級的統治，而法西斯蒂的對外政策，他一定會引起悲慘的結果。

美國金融恐慌愈演愈烈

紐約訊：美帝國主義的金融恐慌愈演愈烈，自全國四十八州銀行全部停閉後，存戶大起恐慌，紛紛向銀行索款，政府已派軍隊保護銀行，實行武力彈壓。同時自政府下令禁止現金出口後，全歐洲也停止對美匯兌，歐洲各地銀行都拒絕兌付美金匯票或匯信。因爲美國放棄金本位，各國所受損失已達數千萬金元了。

在革命與戰爭面前

▲德法意法衝突加劇

▲英國竭力設法緩和

倫敦十九電：法意兩國因軍火案而引起的衝突，在歐洲早已成了嚴重問題，而最近德法間的關係却又陡然緊張化。德國自法西斯蒂執政後，一方面向國內無產階級和革命羣衆厲行殘酷的白色恐怖；另一方面，對國外則採取强硬的外交政策，積極的向外發展。最近德國法西斯蒂黨準備侵入萊茵河的中立區（該處歐戰前是德國的領土，戰後歸法國管理。——編者），這樣便引起了法德之間的極大衝突。

因爲法意法德間的冲突一天天尖銳化起來，歐洲的帝國主義戰爭正在加緊醞釀着；在這裏，德國與意大利是聯合戰線的，所以最近德國法西斯蒂首領希特勒有赴羅馬會晤意國首相墨索利尼的傳說。

可是帝國主義間因爲蘇聯的存在與世界革命運動的發展，絕對不願他們自己之間發生戰爭，所以英帝國主義正在竭力設法緩和法意法德的衝突。三月十七日英國首相麥克唐納與外相西門由日內瓦乘車赴羅馬會晤墨索里尼，討論三個問題：（一）關於軍縮會議的提議（二）關於德國侵入萊茵河的中立區（三）關於波蘭邊境的危機，及互哥斯拉夫與奧國（歐洲兩個小國——編者）的衝突。

他們談話的結果尚未探悉，但其主要目的，就在企圖消弭他們中間的矛盾。

熱烈援助上海被難工友

後方政治部幹部訓練隊

自從上海正泰橡皮第一廠鍋爐爆炸，死傷工人二百餘名，這個慘案消息傳來以後，後方政治部幹部訓練隊的每個隊員，無不切齒痛恨資本家的殘酷，有幾個幾乎因爲悲痛被難工人而流淚了，這就是我們最眞摯的階級的同情。

因此一方面除了加緊一切工作來完成革命任務而外，即有全體隊員自動的在互濟會領導之下，將自己剩餘的錢完全拿出來（共計大洋四元錢二百文）已交後方政治部設法寄至上海，援助上海被難工人，他們的錢雖然不多，但他們的熱誠是十分值得敬佩的。（薛理堂）

泰順白軍兵變

溫州訊：國民黨第二十一師第一團第二營在泰順全部譁變，搗毀國民黨縣黨部，并拘捕土豪劣紳。譁變原因，主要的是因爲士兵全體反對國民黨軍閥把他們調至江西來進攻紅軍，并反對長官扣尅幾個月的軍餉，要求立即關餉，因爲國民黨軍閥的堅決拒絕，遂發生武裝暴動。暴動後，士兵佔據了九天縣城，終於因爲沒有好的領導，在國民黨軍閥的重兵包圍之下失敗了。

從火綫上來

——紅色戰士通訊——

英勇頑强艱苦耐勞的五軍團戰士

跑步上火線

勇敢打衝鋒

去時繳槍械

回來抬傷兵

紅五軍團在歷次作戰中，一仗比一仗英勇。黃陂蛟湖之役、將要打火那天，五軍團的同志都一氣跑步四五十里到火線上，沒有吊隊，接着便是繼續不斷的向敵衝鋒連奪許多山頭，雖然在敵人猛烈砲火下，但戰士們仍然奮勇前進，沒有一個人感覺疲勞。有幾個同志，身上帶了幾處傷，仍說：『非和敵人拚命不可』堅決不肯下火線。敵人當不過這種勇敢衝鋒，便不斷的大批繳械。戰鬥結束後，有些帶花的同志還沒有人抬下來，於是沒帶花的同志在兩天兩夜的惡戰之後，在黑天路滑的雨夜，又去熱烈的抬傷兵。這種英勇頑强，艱苦耐勞的精神，自然使紅軍成爲戰無不勝的鐵軍了！

『早知如此，我老早當紅軍了！』

我們紅軍在這次宜樂一帶擊潰敵人之後，剛繳槍的白軍兄弟從戰場上下山來，遇着當地自動幫助紅軍抬担架的羣衆，都是非常熱烈愉快，對紅軍表現着無限的親愛和敬仰，白軍士兵覺得很奇異，問羣衆對紅軍爲什麽這樣好，但是對白軍爲什麽那樣仇恨？羣衆說：『紅軍是我們自己的軍隊，你們呢，你們是白鬼子，是國民黨軍閥的走狗，專門殺人放火，所以你們來了，我們就會跑呵！』

白軍弟兄聽罷，很慚愧的又很懊悔的回答道：『難怪紅軍總是打勝仗，早知如此，我老早當紅軍了！』

（鐃人）

▲紅軍鬆了羣衆一千五百斤的重擔

南豐在國民黨統治之下，工農羣衆受盡一切剝削和壓迫。敵人爲着大舉進攻中央蘇區，壓迫南豐工農凡在十六歲以上，五十歲以下的壯丁，全體拉去修築馬路，每家要挑石頭一千五百斤。可是正當毛炳文派數十名士兵下鄉壓迫羣衆出發去挑石頭的時候，紅軍到了。白軍遂全被俘獲，紅軍直逼城下，圍得南豐城水洩不通。因此，築馬路的勞苦工作就被紅軍取消了。這樣，紅軍便鬆了羣衆一千五百斤的重担。南豐羣衆對紅軍表示無限的感謝和擁護。

期：红色中华零零六十五期

版：零六版

时间：一九三三年三月三十日

又是一笔大买卖

北平故宫古物南运，一〇五四箱到上海

上海讯：国民党军阀官僚为着弥补其不可收拾的财政破产，挽救其不可避免的统治崩溃，最近又做了一笔大买卖，把前清北平故宫的古物全部陆续搬运南下，一部已到南京，一部已到上海，运沪的约计一千零五十四箱。就这一件事已很清楚告诉民众：国民党早已下了出卖华北，断送平津的决心；另方面，国民党实在已到了穷途末路财政的危机，竟迫得他连他的老祖宗——清朝皇帝——的遗产也拿来拍卖了。

不讓敵人侵入蘇聯一寸土！

「第二滿洲國」

——日軍指使白黨侵佔蘇聯邊境——

北平廿七電：近來日軍竭力組織與指使沙俄白黨，供給金錢，補充槍械彈藥，刻下竟遝合有五六萬人，集中黑龍江沿邊一帶，大肆活動，幷遣派許多退伍軍官充指揮員，企圖擾亂蘇聯邊境，使其進佔蘇聯之東海濱省，以便將來成立「第二滿洲國」。因此，現蘇聯對於國境沿邊竭力佈防，不使日軍白黨侵入蘇聯領土一寸。

反對帝國主義強盜戰爭！

哥祕兩國開戰

國外廿八電：哥倫比亞海陸空軍於今日攻擊祕魯，戰事發生在哥祕糾紛區域。祕魯當局認此次哥倫比亞軍的攻擊等於正式宣戰，故祕軍亦已積極行動，哥祕兩國的惡戰便又開始了。

日美冲突的加劇

北平廿八電：日飛機於廿四日炸燬關內各鎮，損壞美國教會一所，幷危及美僑生命，當即通知日方促其注意。是日上午九時日機一架飛越長城內六英里昌黎正北之大道內擲彈，落在美教士高某住宅附近，相距僅二十餘尺，園墻房屋皆受損壞，後日機復連擲數彈，因此美僑對日極爲憤慨，將引起嚴重糾紛云。

帝國主義分贓機關

國聯行政院有改組說

世界帝國主義內部矛盾加劇的表徵

日內瓦電：日本退出國聯將促使國聯在組織上起重大變化，聞各國當局已着手計劃改組國聯行政院。本來各小國對於國聯行政院均素有怨聲，此次中日糾紛及軍縮會議的進行更爲各小國所不滿，一種憤懣不平的氣象顯然有發

為公然反抗之可能云。

一尊尊炮口對着長江沿岸的民衆

▲停泊了二十餘艘兵艦

漢口廿六電：爲了鎮壓屠殺長江一帶反帝反國民黨的革

帝國主義奴役中國民衆

命民衆，停泊在長江沿岸的帝國主義國民黨兵艦已有二十餘艘之多，計：日本的六艘（對跳，宅安，二見，隅田，小鷹，堅田），英國的三艘（魚雷朵，魁克，吳攬，）美國的三艘（抱維斯，路山，潘安，）法國的兩艘，（刼大，愛對耳，）意大利的一艘（卞洛朵），及中國的五艘（順勝，永綏，楚有等）。

又是一筆大買賣

——北平故宮古物南運一〇五四箱到上海——

上海訊：國民黨軍閥官僚爲着彌補其不可收拾的財政破產，挽救其不可避免的統治崩潰，最近又做了一筆大買賣，把前清北平故宮的古物全部陸續搬運南下，一部已到南京，一部已到上海，運滬的約計一千零五十四箱。就這一件事已很清楚告訴民衆：國民黨早己下了出賣華北，斷送平津的決心；另方面，國民黨實在已到了窮途末路財政的危機竟迫得他連他的老祖宗——清朝皇帝——的遺產也拿來拍賣了。

> 蘇聯社會主義的勝利逐漸變爲一更偉大的力量幫助革命高漲促成資本主義國家和殖民地國家中革命危機的成熟　（共產國際）

三個蘇維埃農場

『凡爾勃呂特』第一個蘇維埃農場

在今日的蘇聯，其社會化的農業進展之最高形態，要算是蘇維埃農場，或國家農場了。那兒大面積的土地爲國家用貨銀勞動直接地耕種着。

在我未敘述這種形態之史的發展以前，我得先把這個這類農場的生命與情況，作一描繪

『凡爾勃呂特』，這爲我在那高加索北部所考察的第一個蘇維埃穀物農場，爲了它的實驗的性質，是特別地夠味兒。這農場的主要目的，幷不是大量的穀物的生產，而祗是作爲一個一等專科訓練學校的試驗場，使農藝機械師和科學家，可有機會把他們的一切計劃完全見之實施，以及對於大規模工業化之穀物農場之一切問題，加以研究和解答，

凡爾勃呂特（意即駱駝）意爲一駱駝區，而且那兒現在還可看到一些駱駝，只是在那兒閒着，因他們舊時工作已被農業曳引機所奪取了。這農業曳引機，現時在凡爾勃呂特已有六十三架，耕種面積，在這一季節裏是一〇〇，〇〇〇英畝，年來當可增至二八七，〇〇〇英畝，凡爾勃呂特的指導者，乃一靈活的青年

英語說得很是流利，在莫斯科農業專科學校畢業，幷在美國和加拿大費了一年的工夫學習大規模耕作方法。他告訴我們；那農場雖只是成立了十八個月，但他們在那訓練專科學校內已有了五二五學生。來年還可增至一〇〇〇人。那些學生幾乎全部是工廠工人，知道些少的實用機器，但於機械的理論及農業科學則知道得極少。在二個年頭的課程中，學生們須得做一個農場所有的實際工作，在夏天　他們的時間的一半是花費在田間農業販賣處或是機器修理場，其一半是花費在理論上，在冬天，有四分之一的他們的時間是花費在工廠裏，其餘的時間便花費在理論的訓練和科學的工作。現時那裏的學生百分之八六是共產黨黨員，有百分之四是共產主義青年團員。

凡爾勃呂特試驗區是有趣極了。七，二五〇英畝是劃開來試驗種子及各種農作物和耕種方法等的。這種工作還是在初期，但已認爲很是重要。將來須得加以發展和擴張，植物化學實驗室，現今在一個單房子裡，秋天裏將移往於二層建築的洋房內。

機器方面：農業曳引機，連合器，播種機耕耘機等等所有各國的出品，形形色色，都拿來試驗着，看到底那一種最適合於俄國的情形，幷在使用上最爲經濟。今年夏天有二十種農業曳引機盡量地試驗過了。利用 Diesel 機械於農業曳引機中之實驗，如其成功將可對於燃料的耗費上減省百分之八十。

大規模農場的管理，也在研究着——比方簿記的方法農業曳引機之效率燃料之消耗，谷物之從連合器牽曳到上升機等。要如何把一個大農場裏的工作，加以最適當的組織，使所有農業曳引機以及其他的機器可以日夜不斷地工作着，而損壞與遲滯又減至最低限度要如何才能使每個男女工之工作以至每架機器之生產總量及效能　都有一個精確的紀錄；要如何才能使每個工作單位得着充分的食料　汽油煤油的供給，而無遲延或浪費。——所有這些問題都在研究着解答着。在凡爾勃呂特進行着的實驗工作的結果，已經應用在其他國家農場的組織和改進上了。　（未完）

国民党加紧出卖华北中
日帝国主义代表来华

上海电：国民党无耻地出卖整个华北，在蒋介石到了北方以后，已经大告成功，所谓“中日直接交涉”，现在就在上海开始进行了。日本帝国主义的代表芳泽谦吉于三十日到了上海，正与国民党的代表罗文干在磋商之中。四月一日上海国民党市政府陪奉芳泽去参观“一·二八”战场的遗迹，在主人面前，颂扬帝国主义屠杀中国劳苦群众与士兵的丰功伟绩，真是无耻已极！

第六版　紅色中華　第六十六期

日本共產黨的任務，在使反對戰爭和反對佔領中國領土的鬥爭成爲工農之眞實的羣衆運動，而把這一鬥爭密切的與羣衆的日常迫切需要的鬥爭聯繫起來。　（共產國際）

日本共產黨報「赤旗」給中共黨報「紅旗」的信

中國共產黨中央機關報紅旗週報的同志和讀者們，中國共產黨及其領導下戰鬥的全中國被壓迫勞動大衆們！

日本共產黨中央機關報「赤旗」編輯局，當「赤旗」一百號發行的時候，代表赤旗讀者和日本工人農民，爲着革命的連系向諸君致詞：

同志們！由於去年「九一八」開始的軍事行動，日本帝國主義實行瓜分中國，侵害中國國民獨立，和猛烈進攻中國民族革命運動。

同志們！日本帝國主義對中國國民的這一掠奪戰爭，也就是對於日本勞動者的進攻。從戰爭爆發以前，因爲日本帝國主義的有系統的侵略準備，對勞動大衆榨取已經加强，政治的社會的壓制和剝奪，愈益加甚，而對於本黨和革命的工人農民的壓迫也更加激烈了。戰爭的開始，擴大和延長，將這一情勢更推進到無限。他們想要把勞動大衆中日益成熟的階級仇恨，用對你們的戰爭去煽動和排外的感情。在屠殺你們的領袖者，中共中央委員會書記向忠發同志和宣告牛蘭同志無期徒刑上積極參加的日本帝國主義，就是在山東出兵前鎮壓本黨的在三一五事件，殺害渡邊政之輔同志，判決本黨二百同志死刑無期徒刑及一年盡刑，而更於最近祕密槍決本黨中央委員上田茂樹的日本天皇制。日本的天皇制帝國主義，正是你們和我們的共同敵人。正因此，我們爲中國獨立的鬥爭，就是爲打倒天皇制的鬥爭，而反對天皇制的鬥爭，也就是我們爲擁護中國革命的鬥爭、幷且，從自開始佔領滿州至現在，在中國共產黨領導下戰鬥的勞動大衆的英勇反抗，上海無產階級和革命士兵的鬥爭，日益高漲的滿洲工農的游擊隊的鬥爭，去年十二月七日成立的中華蘇維埃臨時中央政府對日本帝國主義宣戰底布告（今年四月）這不論蘇區非蘇區，都得到中國全勞動大衆的革命行動的回答與擁護，我們知道這些是多麼削弱天皇制帝國主義日本的力量。當一九二八年四月出兵山東的時候，中日共產黨的共同反對的宣言，光榮的記錄在你們和我們的革命的連帶鬥爭的歷史上。國際共產黨執行委員會在給本黨的提綱中，認爲「反對天皇制，爲食物和土地與自由，爲建立工農政府的人民革命」，同時是爲擁護中國獨立的「反對帝國主義戰爭的人民革命」，這也就是指出了有更加加强我們和你們的這一連帶鬥爭的必要。

同志們！在羣衆中宣傳只有和你們協力，才能解放自巳的惡勢，鼓動日本勞動大衆必須起來擁護你們的鬥爭及其他具體方法，同時組織羣衆的鬥爭的我們「赤旗」，在過去三個月中，走向了眞正羣衆的黨機關報的轉變的第一步，使成爲適於負担最困難而光榮的任務的日本共產黨的機關報而鬥爭。當前的目標是在革命紀念日實現三日刊。「赤旗」第一百號發行必然成爲爲這目標的躍「十月」進點。

紅旗週報的同志和一切讀者們，我們知道你們的活動。我們知道在派到中國去的日本士兵中，建立了革命影響的紅旗週報的力量。

你們和我們，正在世界革命的發展上，在劃時代的打倒日本天皇鬥爭中，在中國打倒帝國主義國民黨統治的鬥爭中，成爲革命的大武器。前進呀！爲着中日兩國共產黨及其機關報紅旗週報和「赤旗」的提攜！爲着中國的完全獨立！爲着中國和日本的革命的勝利！

日本共產黨中央機關報「赤旗」編輯局

一九三二、十，五，

日軍積極進攻平津中
多倫形勢緊張

北平卅電：日軍自在長城各口受挫後，連日積極向察東灤東方面企圖進犯，近日多倫方面、形勢突現緊張。廿九日又到日飛機三架，低飛轟炸，投彈三十餘枚，損失不明。

又電：湯占海甘由多倫一電平報告戰況：日滿聯合軍約二萬有餘，攜有裝甲車山砲等分兩路來犯多倫，一路已抵經棚南龍家營子地方，一路已抵錐子山附近，天寶山堤均有衝進擊壞樣。

數十架日機
猛攻石門寨等地

北平電：日軍自三月廿一日起，又增調遼吉黑三省留守部隊，開集遼西綏中一帶，於三十一晨，突向沙河寨猛攻，接着又增加主力，企圖包圍石門寨。同時日軍以二十餘架飛機，掩護轟炸，低飛投彈，勞苦羣衆死傷甚多，房屋被燒的，觸目都是，一眼望去，盡成焦土，使人感到無限的痛心慘目！

日軍慘殺華北居民

[illegible]廿八日電：羅文峪方面日軍一部撤退後，華軍派隊掃除陣地時，由陣亡日軍官三十一隊佐藤喜男分隊長身上日記本中載有三月二日日記：由朝陽赴凌源途中宿營，因居民有反宣傳消息，遂將該處居民無論男女老幼，一律殺盡無餘等語。這足證，日軍慘殺華北民衆的殘暴行爲。

平二十九日電：廿八午後日機二架到多倫擲彈二枚，炸斃人民二十餘人，傷四十餘人。

國联和日本耍的把戲

國民黨加緊出賣華北中
日帝國主義代表來華

上海電：國民黨無恥的出賣整個華北，在蔣介石到了北方以後，已經大告成功，所謂「中日直接交涉」，現在就在上海開始進行了。日本帝國主義的代表芳澤謙吉於三十日到了上海，正與國民黨的代表羅文幹在磋商之中。四月一日上海國民黨市政府陪芳澤去參觀「一二八」戰場的遺跡，在主人面前，頌揚帝國主義屠殺中國勞苦羣衆與士兵的豐功偉績，眞是無恥已極！

黨校第二次學術講演

講題：中國蘇維埃政權的現在與未來

講員：洛甫同志

日期：四月九日上午九時

地點：洋溪馬克思共黨主義學校

歡迎各機關同志自由參加，但最好預先閱讀參考書籍，以幫助理解。

上海民众的反日运动

沪讯：上海真正民众的抗日组织，御侮自救会，于三月八日招待各界，到会五十余人，代表三十个团体，除各厂代表外，尚有影片公司华侨青年会民权保障同盟等团体，宋庆龄与杨杏佛亦到会演说，在宋氏的演讲中，提出要求百分之八十的军队北上抗日，释放一切政治犯，群众要求武装自己，宋更宣称，工农苏维埃是唯一的出路，在这一会议上，通过抗日决议数起。

4月

華北民衆日夜在飛机炸彈炮火下

△喜峯口

北平電：據喜峯口方面電告，一日午十一時，日機兩架來我撤河橋一帶擲彈，幸未傷人。午後六時，日又以騎兵數十人向潘家口附近擾亂，被固守陣地之華兵發覺，將其擊退。連日有日飛機數架到馬蘭關至喜峯口沿路偵察轟炸。

▲冷口

北平電：冷口方面日軍連日激戰，因受重大打擊，不敢再攻。卅日晚只有少數兵力時向華軍方面擾亂。

▲石門寨

北平電：二日石門寨尚有戰事，惟不如一日之激烈。一日午日機三架飛到潘陽鎮擲彈約一小時卽飛去。二日午六時又來十九架向華軍防地大施轟炸，燬傷民房及居民甚多，逾兩小時始成羣東飛秦皇島。此次日軍進犯沙河石門寨係以由潘陽調來之十四師團松本部隊爲主力，人數約有七千名左右，并有坦克車卅餘輛，飛機一大隊約二十五架。

上海民衆的反日運動

滬訊：上海眞正民衆的抗日組織，如海自救會，於三月八日招待各界，到會五十餘人，代表三十個團體，除各廠代表外，尚有影片公司華僑青年會民權保障同盟等團體，宋慶齡與楊杏佛亦到會演說，在宋氏的演講中，提出要求百分之八十的軍隊北上抗日，釋放一切政治犯，羣衆要求武裝自己，宋更宣稱，工農蘇維埃是唯一的出路，在這一會議上，通過抗日決議數起。

德法萊茵問題的眞相

特約電訊：法國抗議德國法西斯黨武裝隊伍佔據萊茵附近地域的問題，因英國不久採取共同行動，譏此舉爲德國內政問題并無嫌疑，同時也不贊成抗議，故已漸趨緩和。德國法西斯黨武裝隊侵入萊茵，實際上是爲了壓迫羣衆革命運動，這也就是德法萊茵問題將暫時解決的眞相。

軍縮會議的僵局

瘋狂般擴充軍備聲浪中

特約電訊：麥克唐納爾赴法商議軍縮問題，與此同時，軍縮會議中的日本代表忽通知主席漢德森氏，謂日因遠東事件不能不將軍備加以擴充。美國海軍總長史璜生氏聲稱，彼將在條約範圍以內擴充美國海軍。德國輿論亦多要求德國軍備平等等。凡此，均使軍縮會情形暗澹，日趨彊局。現各國政客都聚集在日內瓦，企圖打開軍縮會議的僵局及德波糾紛問題。麥克唐納爾聲稱，歐洲局勢甚混亂，前途悲觀，并發表一軍縮五年公約，內容主張根據過去洛克弈戰公約，排斥以武力解決爭端，并建議將各國軍力減去三分之一，禁止化學空軍戰爭。軍縮會主席漢氏與麥氏聲稱，在軍縮問題上非予德國以自由與公道，則歐洲和平有破壞的危險，法國對該公約表示反對。

軍縮會議的末運

新疆回民暴動

北平訊：新疆阿克蘇舊城發生回民暴動，并爲暴動回民所佔據。阿克蘇新城的華員聞已逃往喀什噶爾。按新城離舊城約數里。新疆近藏邊的哥丹地方暴動也在發展中。中國的塔布及其他華員（按卽中國的官僚）均爲暴動民衆所殺死。其里亞回民亦有暴動訊。暴動回民與華軍於本月初惡戰於阿克蘇附近，將華軍擊敗，形勢嚴重。

鄭州工廠失火慘案

警察阻止工人逃避　焚斃重傷七十餘人

鄭州一日電：鄭州豫申打包廠，一日早九時廿分，第一號打包房憤起火，因太平門及水龍總柩未開，出入大門，左扇關閉，右扇爲辦公桌以堵塞，工人爭奪外跑，被警察所阻，房內工人欲逃不得，死傷數目極大，幸經該廠內居住之第十二傷兵醫院全部人員營救，將門擊破，工人始得逃生，太平門水龍總柩方開。延燒半小時始止，該房內工人約百人，除男工安全逃出外，被焚燒重傷者七十餘人以女工佔多數，輕微傷者當未計入，火止後，分送同仁等醫院醫治，截至此時，先後死者約十餘人，坐斃者尚多，焚去棉花九十五包，約值萬元，起火原因不明。

紅板

退還二期公債票

管才淡六元半，王章忠

…永豐縣沙溪區店員手藝工人…

六元，石朝宗，紅色客棧，曾持柱各五元劉裕盛三元胡有田，溫德光，黃树貴，周育文，劉施東，王章儒，梁成業，張鵬珍，徐煥來，江孔般，孫冢煌，各二元梁成燊三元李忠保二元半黃達遠，袁何元，甯啓發，劉熊保，丘本慶各一元半郭光美，劉管化，張忠鑑，蕭良怪，黃居文，曾慶達，張翠館，郭世發，羅洪福，黃春林，李月樓，周傳佑，陳代賢，各一元劉金鳳，王文秀，張守榮，孫運蕃，王章炳，韋生顯各五角李國茂，葉智光，江爲審三人共二元。

…永豐縣工聯…

鄧耀昌一元許永居三元梁德金一元李秀榮二元李趾炳一元五角鄧綿貴二元羅標一元五角鍾興臨五角。

…閩贛軍區後方醫院第一分院…

丘夢碩，李良標各五元●李錦芬四元彭萬勝陳漢明各三元五角●黃治平三元●羅成林二元五角。王賢忠，余秀章，王德貴各二元。張淨相一元五角●陳明，蔡天講，楊計忠，陳裕泉，鄒榮章，文天才，湯鶴輝，陳萬森，羅炳山，黃紹珍，廖定升，張明山各壹元。張景和，丘汴昌，丘位高，鍾林照，林金根，陳濟和，伍德安，曾添祥，李忠秀，曾太順，劉庚堂，鄧玉輝，溫新輝，賴勝端，丘七老，李良福，朱三茂，李先達，張逸興，雷永炳，陳木紹，劉才士，劉善有各五角●林玉生，曾業生，張榮裕，饒美昌，林金根各壹元●

…興國城市鋼鐵工人支部…

鍾倫亭，羅與俊，王南林，廖定崇，劉群輝，李嘉識，曾榮明，方德宜，鍾完林各一元。李旭玉，廖思元，鍾效俊，李家黃，曾榮審各二元。李相玉五元●廖慶玉，饒常濤各三元，呂宜斌，呂宜烟，鍾長南，曾昭賓各五角●

…會昌泥水工人…

劉多斗，鍾考秀二人共一元●沈福長，長發，劉木發，三人共一元，池李長，許肯子，黃運有三人共一元●張興遠，林成生，曾李發三人共一元。

更正：

紅軍學校醫院前次退還公債票有五十八元。本報六十二期載僅五元屬誤，於此更正。

本報五十八期中繼退還公債的紅板上，登載「汀洲市工會——郭昌其……」屬誤，應更正爲馬安石鋼烟工友——郭昌其……」

紅色中華

蘇區互濟總會
召開第一次代表大會

期
红色中华零零六十八期

版
零二版

时间
一九三三年四月十一日

苏区互济总会召开第一次代表大会

中央苏区革命互济总会筹备会，自成立以来，工作上很有开展，对于救济边区被摧残的群众及白区失业和被难的工农，都有不少成绩，尤其在参加慰劳红军工作中，起了极大的领导作用。最近为着健全本身组织，开展各方面的工作，加强总会对分会的领导，决定于四月十二日正式召开第一次代表大会，同时举行“反对帝国主义国民党的白色恐怖运动”，大会开幕那天，正是国民党背叛革命，反革命刽子［手］蒋介石在上海屠杀工人的流血纪念日。大会的开幕，对于帝国主义国民党在全中国，尤其在苏区边境的血腥屠杀，是一个极有力的回答。

以全部粉碎敵人的大舉進攻來回答殘酷的白色恐怖

蘇區互濟總會召開第一次代表大會

中央蘇區革命互濟總會籌備會，自成立以來，工作上很有開展，對於救濟邊區被摧殘的群衆及白區失業和被難的工農，都有不少成績，尤其在參加慰勞紅軍工作中，起了極大的領導作用。最近爲着健全本身組織，開展各方面的工作，加强總會對分會的領導，決定於四月十二日正式召開第一次代表大會，同時舉行『反對帝國主義國民黨的白色恐怖運動』。大會開幕那天，正是國民黨背叛革命，反革命劊子手蔣介石在上海屠殺工人的流血紀念日。大會的開幕，對於帝國主義國民黨在全中國，尤其在蘇區邊境的血腥屠殺，是一個極有力的回答。

反帝拥蘇總同盟通電

反對帝國主義國民黨投射毒瓦斯

全世界反帝大同盟并轉全世界工農群衆及反帝戰士們：

由於中國蘇維埃運動的劇烈開展，民族革命戰爭的猛烈擴大，以及我英勇的工農紅軍的不斷偉大勝利，震撼了帝國主義在中國的統治，無情地打擊了帝國主義的走狗國民黨，屢次粉碎了他們對蘇維埃區域和紅軍的進攻，直接的給帝國主義所時刻加緊準備着的反蘇聯戰爭，與日本帝國主義佔領熱河猛攻華北的强盜行爲，以最有力的回答！

因此帝國主義乃更瘋狂地指揮與組織國民黨軍閥，在軍事財政各方面給以最實際的幇助，使他向蘇維埃區域作大舉進攻。可是敵人的這一大舉進攻，在戰無不勝的紅軍的鐵鏈下，又遭到了可憐的慘敗，這次國民黨軍有三個師被我們紅軍的火力完全消滅了，三個師全部繳潰了，我們活捉了兩隻師長，打死了一隻，獲得了空前光榮偉大勝利。

帝國主義國民黨在嚴重慘敗之後，更加恐慌發抖，因爲他們感覺到死亡的末日已經迫在目前了，所以毫無顧忌地撕破了資產階級的國際公法禁例，把帝國主義供給國民黨的最殘酷的殺人毒具——毒瓦斯炸彈，丟到我中央蘇區，企圖這樣來殘害我工農和紅軍！

同志們！帝國主義國民黨的白色恐怖絕對不能阻止革命的發展，現在我們是更堅決，更勇敢地準備着犧牲一切，和敵人作一決死戰鬥，以達到完全推翻帝國主義國民黨的統治，爭取與帝國主義直接作戰，同時我們要求你們配合着我們的民族革命戰爭，來開展和擴大反帝運動，反對帝國主義强盜的侵略爲行！反對你們本國的資產階級供給國民黨軍火！反對你們本國的軍隊，兵艦開到中國來屠殺中國的勞苦群衆！反對帝國主義瓜分中國，進攻中國革命！爲打倒帝國主義武裝保護蘇聯，爲蘇維埃在全世界的勝利而鬥爭！

中央蘇區反帝拥蘇總同盟

一九三三·四月五日

來同區白鑓

——尋鄔難民自述——

當去年尋鄔事變的時候，我們受廣東軍閥及團匪的蹂躪，眞是難以形容的慘酷！

後來我地方武裝配合着英勇的紅軍把國民黨軍閥擊潰，當這些軍閥團匪們敗退時，便强暴地將群衆綁的綁，打的打，壓迫到白區去，堅決不去的便當場被殺斃。這些壓迫去白區的群衆怎樣呢？唉！苦得形容不出，天天替他們挑泥，担石築馬路工事，規定每人要担多少擔，如果較弱的少挑半斤就受到『媽拉的屁偷閒罷！』的叱罵，說話說得大聲一點，在『媽拉的屁稱蘇維埃。』一聲怒斥之後，跟着就是一棒。他們時常持槍監視我們，對付犯人沒差別！同時利用豪紳地主走狗流氓等，限制每人每天買米半升，燒的柴只準買乾柴，不準撿松枝雜木等，挑的吃水不準我們在水橋上挑，要下河裏去挑，種種苦況與壓迫，實在一時難以說盡！我們在過着那種萬難千辛的日子，牛馬般的生活，無不把國民黨恨之刺骨！

可是，啊，現在已經到了自已的家裏來了，又分到了房屋，田地山林等等。生活好，言論也自由，一切權利都能享受，眞眞快樂呀！不過爲了要保障我們所得的利益，所以我要當紅軍去，積極上前線去攻擊敵人。

全蘇區的工農勞苦群衆們！上面的敘述眞使我們認識得清清楚楚就是要求得我們的解放，保持我們所得的利益，只有大家緊急動員起來，反對帝國主義國民黨的改良欺騙和白色恐怖，徹底粉碎敵人的四次『圍剿』與大舉進攻，爭取與帝國主義直接作戰！這才是我們唯一的出路！

向全蘇革命互濟會第一次代表大會致詞

全蘇革命互濟會第一次代表大會，在反動國民黨背叛革命，屠殺上海工人的『四一二』紀念日開幕了，這是給予帝國主義國民黨白色恐怖的一個最有力的回答。革命互濟會在已往的工作成績中，證明他曾經領導了全蘇區的廣大工農群衆，堅決爲反對帝國主義國民黨的白色恐怖而鬥爭着，并且以階級互助的親愛精神，在物質和精神上，給了白色區域和蘇區邊境的被摧殘的工農弟兄，以極大的援助。我們深信大會將能更其强健互濟會的組織以及對各地分會的領導，更其普遍的發揚階級互助精神，團結廣大群衆，來慰勞紅軍，救濟白區邊區的兄弟們，反對帝國主義國民黨的血腥統治！在目前，本報希望大會對於救濟邊區受國民黨軍閥慘酷摧殘的難民的工作，加以特別注意。這裏本報對大會，表示無限熱烈並致無產階級的革命敬禮！

紅色中華編輯委員會

四月十日

紅色戰士熱烈援助

上海工友和閩西被難群衆

由於世界經濟恐怖的加劇，資本家，對工人的剝削是更加殘酷了，在上海有數十萬的失業工人，天天都在過着無衣無食，飢寒交迫的生活，前方的紅色戰士，爲幇助上海工人的鬥爭，并予以物質上的救濟，以表示階級的親愛，特募集大洋七百元，同時爲救濟閩西被白匪摧殘的群衆，又捐來了大洋三百元，這些款子，都由全總執行局和互濟總會分別轉交了。

工農群衆們，前方的紅色戰士，天天拚熱血的頭顱，去殺我們的階級敵人，同時又節省衣食來援助白區工人和蘇區的被難群衆，我們只有動員一切力量，準備一切犧牲來幇助戰爭，爭取戰爭的全部勝利。

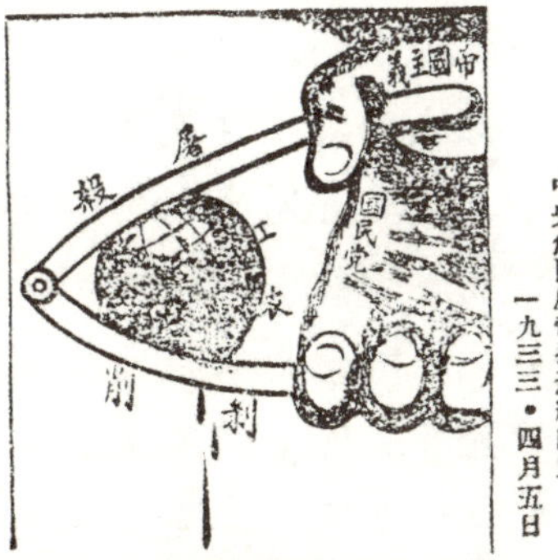

十九路軍閥在龍岩抽人頭捐並屠殺群衆

龍岩通訊：十九路軍閥在龍岩抽人頭捐，每人每月要捐大洋一角，又每日要派米四合，對大小池每日要派群衆挑夫各二十名，挑米到古田（即上杭北四五區傅逆伯羿所在地）去。而所有過去爲着工農階級利益而在區鄉負責過工作的同志的家屬一律被他們沒收，而且被屠殺很多。

向全苏革命互济会第一次代表大会致词

全苏革命互济会第一次代表大会，在反动国民党背叛革命，屠杀上海工人的“四二”纪念日开幕了，这是给予帝国主义国民党白色恐怖的一个最有力的回答。革命互济会在已（以）往的工作成绩中，证明他曾经领导了全苏区的广大工农群众，坚决为反对帝国主义国民党的白色恐怖而斗争着，并且以阶级互助的亲爱精神，在物质和精神上，给了白色区域和苏区边境的被摧残的工农弟兄，以极大的援助。我们深信大会将能更其强健互济会的组织以及对各地分会的领导，更其普遍的发扬阶级互助精神，团结广大群众，来慰劳红军，救济白区边区的兄弟们，反对帝国主义国民党的血腥统治！在目前，本报希望大会对于救济边区受国民党军阀惨酷摧残的难民的工作，加以特别注意。这里本报对大会，表示无限热望并致无产阶级的革命敬礼！

《红色中华》编辑委员会

四月十日

第六十八期　紅色中華　第三版

以全部粉碎敵人的大舉進攻來回答殘酷的白色恐怖

蘇區互濟總會召開第一次代表大會

中央蘇區革命互濟總會籌備會，自成立以來，工作上很有開展，對於救濟邊區被摧殘的群衆及白區失業和被難的工農，都有不少成績，尤其在參加慰勞紅軍工作中，起了極大的領導作用。最近爲着健全本身組織，開展各方面的工作，加强總會對分會的領導，決定於四月十二日正式召開第一次代表大會，同時舉行「反對帝國主義國民黨的白色恐怖運動」。大會開幕那天，正是國民黨背叛革命，反革命劊子蔣介石在上海屠殺工人的流血紀念日。大會的開幕，對於帝國主義國民黨在全中國，尤其在蘇區邊境的血腥屠殺，是一個極有力的回答。

反帝擁蘇總同盟通電

反對帝國主義國民黨投射毒瓦斯

全世界反帝大同盟并轉全世界工農群衆及反帝戰士們：

由於中國蘇維埃運動的劇烈開展，民族革命戰爭的猛烈擴大，以及我英勇的工農紅軍的不斷偉大勝利，震撼了帝國主義在中國的統治，無情地打擊了帝國主義的走狗國民黨，屢次粉碎了他們對蘇維埃區域和紅軍的進攻，直接的給帝國主義所時刻加緊準備着的反蘇聯戰爭，與日本帝國主義佔領熱河猛攻華北的强盜行爲，以最有力的回答！

因此帝國主義乃更瘋狂地指揮與組織國民黨軍閥，在軍事財政各方面給以最實際的幫助，使他向蘇維埃區域作大舉進攻。可是敵人的這一大舉進攻，在戰無不勝的紅軍的鐵鎚下，又遭到了可憐的慘敗，這次國民黨軍有三個師，被我們紅軍的火力完全消滅了，三個師全部擊潰了，我們活捉了兩隻師長，打死了一隻，獲得了空前光榮偉大勝利。

帝國主義國民黨在嚴重慘敗之後，更加恐慌發抖，因爲他們感覺到死亡的末日已經迫在目前了，所以毫無顧忌地撕破了資產階級的國際公法禁例，把帝國主義供給國民黨的最殘酷的殺人毒具——毒瓦斯炸彈，丟到我中央蘇區，企圖這樣來殘害我工農和紅軍！

同志們！帝國主義國民黨的白色恐怖絕對不能阻止革命的發展，現在我們是更堅決，更勇敢地準備着犧牲一切，和敵人作一決死戰鬥，以達到完全推翻帝國主義國民黨的統治，爭取與帝國主義直接作戰，同時我們要求你們配合着我們的民族革命戰爭，來開展和擴大反帝運動，反對帝國主義强盜的侵略爲行！反對你們本國的資產階級供給國民黨軍火！反對你們本國的軍隊，兵艦開到中國來屠殺中國的勞苦群衆！反對帝國主義瓜分中國，進攻中國革命！爲打倒帝國主義武裝保護蘇聯，爲蘇維埃在全世界的勝利而鬥爭！

中央蘇區反帝擁蘇總同盟

一九三三・四月五日

從白區回來

——尋鄔難民自述——

當去冬尋鄔事變的時候，我們受廣東軍閥及團匪的蹂躪，眞是難的形容的慘酷！

後來我地方武裝聯合着英勇的紅軍把國民黨軍閥擊潰，當這些軍閥團匪們敗退時，便殘暴地將群衆綁的綁，打的打，壓迫到白區去，堅決不去的便當場被殺斃。這些壓迫去白區的群衆怎樣呢？唉！苦得形容不出，天天替他們挑泥，抬石築馬路工事，規定每人要担多少擔，如果較弱的少挑半斤就受到『嗎拉的屁偷懶罷！』的叱罵，說話說得大聲一點，在『嗎拉的屁稱造謠。』一聲怒斥之後；跟着就是一棒。他們時常持槍監視我們，對付犯人沒差別！同時利用豪紳地主走狗流氓等，限制每人每天買米半升，燒的柴只準買雜柴，不準撿松枝雜木等，挑的吃水不準我們在水橋上挑，要下河裏去挑，種種苦况與壓迫，實在一時難以說盡！我們在過着那種萬難千辯的日子，牛馬般的生活，無不把國民黨恨之刺骨！

可是，啊，現在已經到了自已的家裏來了，又分到了房屋，田地山林等等。生活好，言論也自由，一切權利都能享受，眞眞快樂呀！不過爲了要保障我們所得的利益，所以我要當紅軍去，積極上前綫去攻擊敵人。

全蘇區的工農勞苦群衆們！上面的敘述與使我們認識得清清楚楚就是要求得我們的解放，保持我們所得的利益，只有大家緊急動員起來，反對帝國主義國民黨的改良欺騙和白色恐怖，徹底粉碎敵人的四次『圍剿』與大舉進攻，爭取與帝國主義直接作戰！這才是我們唯一的出路！

向全蘇革命互濟會第一次代表大會致詞

全蘇革命互濟會第一次代表大會，在反動國民黨背叛革命，屠殺上海工人的「四一二」紀念日開幕了，這是給予帝國主義國民黨白色恐怖的一個最有力的回答。革命互濟會在已往的工作成績中，證明他曾經領導了全蘇區的廣大工農群衆，堅決爲反對帝國主義國民黨的白色恐怖而鬥爭者，并且以階級互助的親愛精神，在物質和精神上，給了白色區域和蘇區邊境的被摧殘的工農弟兄，以極大的援助。我們深信大會將能更其强健互濟會的組織以及對各地分會的領導，更其普遍的發揚階級互助精神，團結廣大群衆，來慰勞紅軍，救濟白區邊區的兄弟們，反對帝國主義國民黨的血腥統治！在目前，本報希望大會對於救濟邊區受國民黨軍閥慘酷摧殘的難民的工作，加以特別注意。這裏本報對大會，表示無限熱望並致無產階級的革命敬禮！

紅色中華編輯委員會

四月十日

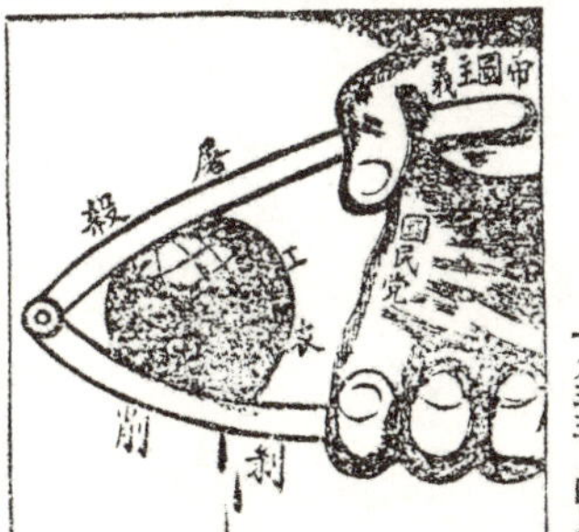

十九路軍閥在龍岩 抽人頭捐並屠殺群衆

龍岩通訊：十九路軍閥在龍岩抽人頭捐，每人每月要捐大洋一角，又每日要派四合，對大小池每日要派群衆挑夫廿二十名，挑米到古田（即上杭北四五區傅逆伯羿所在地）去。而所有過去爲着工農階級利益而在區鄉負責過工作的同志的家屬一律沒收，而且被屠殺很多。

紅色戰士熱烈援助

上海工友和閩西被難群衆

由於世界經濟恐怖的加劇，資本家，對工人的剝削是更加殘酷了，在上海有數十萬的失業工人，天天都在過着無衣無食，飢寒交迫的生活，前方的紅色戰士，爲幫助上海工人的鬥爭，并予以物質上的救濟，以表示階級的親愛，特募集大洋七百元，同時爲救濟閩西被白匪摧殘的群衆，又捐來了大洋三百元，這些數子，都由全總執行局和互濟總會分別轉交了。

工農群衆們，前方的紅色戰士，天天拚熱血頭顱，去殺我們的階級敵人，同時又節省衣食來援助白區工人和蘇區的被難群衆，我們只有動員一切力量，準備一切犧牲來幫助戰爭，爭取戰爭的全部勝利。

红色战士热烈援助

上海工友和闽西被难群众

由于世界经济恐怖的加剧，资本家，对工人的剥削是更加残酷了，在上海有数十万的失业工人，天天都在过着无衣无食，饥寒交迫的生活，前方的红色战士，为帮助上海工人的斗争，并予以物质上的救济，以表示阶级的亲爱，特募集大洋七百元，同时为救济闽西被白匪摧残的群众，又捐集了大洋三百元，这些款子，都由全总执行局和互济总会分别转交了。

工农群众们，前方的红色战士，天天拼热血头颅，去杀我们的阶级敌人，同时又节省衣食来援助白区工人和苏区的被难群众，我们只有动员一切力量，准备一切牺牲来帮助战争，争取战争的全部胜利。

第六十八期　紅色中華　第[illegible]版

以全部粉碎敵人的大舉進攻來回答殘酷的白色恐怖

蘇區互濟總會召開第一次代表大會

中央蘇區革命互濟總會籌備會，自成立以來，工作上很有開展，對於救濟邊區被摧殘的群衆及白區失業和被難的工農，都有不少成績，尤其在參加慰勞紅軍工作中，起了極大的領導作用。最近爲着健全本身組織，開展各方面的工作，加强總會對分會的領導，決定於四月十二日正式召開第一次代表大會，同時舉行『反對帝國主義國民黨的白色恐怖運動』。大會開幕那天，正是國民黨背叛革命，反革命劊子蔣介石在上海屠殺工人的流血紀念日。大會的開幕，對於帝國主義國民黨在全中國，尤其在蘇區邊境的血腥屠殺，是一個極有力的回答。

反帝擁蘇總同盟通電

反對帝國主義國民黨投射毒瓦斯

全世界反帝大同盟并轉全世界工農群衆及反帝戰士們：

由於中國蘇維埃運動的劇烈開展，民族革命戰爭的猛烈擴大，以及我英勇的工農紅軍的不斷偉大勝利，震撼了帝國主義在中國的統治，無情地打擊了帝國主義的走狗國民黨，屢次粉碎了他們對蘇維埃區域和紅軍的進攻，直接的給帝國主義所時刻加緊準備着的反蘇聯戰爭，與日本帝國主義佔領熱河猛攻華北的强盜行爲，以最有力的回答！

因此帝國主義乃更瘋狂地指揮與組織國民黨軍閥，在軍事財政各方面給以最實際的幫助，使他向蘇維埃區域作大舉進攻。可是敵人的這一大舉進攻，在戰無不勝的紅軍的鐵鏈下，又遭到了可憐的慘敗，這次國民黨軍有三個師，被我們紅軍的火力完全消滅了，三個師全部繳潰了，我們活捉了兩隻師長，打死了一隻，獲得了空前光榮偉大勝利。

帝國主義國民黨在嚴重慘敗之後，更加恐慌發抖，因爲他們感覺到死亡的末日已經迫在目前了，所以毫無顧忌地撕破了資產階級的國際公法禁例，把帝國主義供給國民黨的最殘酷的殺人毒具——毒瓦斯炸彈，丟到我中央蘇區，企圖這樣來殘害我工農和紅軍！

同志們！帝國主義國民黨的白色恐怖絕對不能阻止革命的發展，現在我們是更堅決，更勇敢地準備着犧牲一切，和敵人作一決死戰鬥，以達到完全推翻帝國主義國民黨的統治，爭取與帝國主義直接作戰，同時我們要求你們配合着我們的民族革命戰爭，來開展和擴大反帝運動，反對帝國主義强盜的侵略行爲！反對你們本國的資產階級供給國民黨軍火！反對你們本國的軍隊，兵艦開到中國來屠殺中國的勞苦群衆！反對帝國主義瓜分中國，進攻中國革命！爲打倒帝國主義武裝保護蘇聯，爲蘇維埃在全世界的勝利而鬥爭！

中央蘇區反帝擁蘇總同盟

一九三三·四月五日

向全蘇革命互濟會第一次代表大會致詞

全蘇革命互濟會第一次代表大會，在反動國民黨背叛革命，屠殺上海工人的『四二』紀念日開幕了，這是給予帝國主義國民黨白色恐怖的一個最有力的回答。革命互濟會在已往的工作成績中，證明他曾經領導了全蘇區的廣大工農群衆，堅決爲反對帝國主義國民黨的白色恐怖而鬥爭着，并且以階級互助的親愛精神，在物質和精神上，給了白色區域和蘇區邊境的被摧殘的工農弟兄，以極大的援助。我們深信大會將能更其强健互濟會的組織以及對各地分會的領導，更其普遍的發揚階級互助精神，團結廣大群衆，來慰勞紅軍，救濟白區邊區的兄弟們，反對帝國主義國民黨的血腥統治！在目前，本報希望大會對於救濟邊區受國民黨軍閥慘酷摧殘的難民的工作，加以特別注意。這裏本報對大會，表示無限熱望並致無產階級的革命敬禮！

紅色中華編輯委員會

四月十日

從白區回來

——尋鄔難民自述——

當去冬尋鄔事變的時候，我們受廣東軍閥及團匪的蹂躪，眞是難以形容的慘酷！

後來我地方武裝配合着英勇的紅軍把國民黨軍閥擊潰，當這些軍閥團匪們敗退時，便殘暴地將群衆綁的綁，打的打，壓迫到白區去，堅決不去的便當場被殺斃。這些壓迫去白區的群衆怎樣呢？唉！苦得形容不出，天天替他們挑泥，担石築馬路工事，規定每人要担多少重，如果較弱的少挑半斤就受到『媽拉的屁偷閒罷！』的叱罵，說話說得大聲一點，在『媽拉的屁稍響罷，』一聲怒斥之後，跟着就是一棒，他們時常持槍監視我們，對付犯人沒差別！同時利用豪紳地主走狗流氓等，限制每人每天買米半升，燒的柴只准買稻柴，不准檢松枝雜木等，挑的吃水不准我們在水橋上挑，要下河裏去挑，種種苦況與壓迫，實在一時難以說盡！我們在過着那種萬難千辛的日子，牛馬般的生活，無不把國民黨恨之刺骨！

可是，啊，現在已經到了自己的家裏來了，又分到了房屋，田地山林等等，生活好，言論也自由，一切權利都能享受，眞眞快樂呀！不過爲了要保障我們所得的利益，所以我要當紅軍去，積極上前線去攻擊敵人。

全蘇區的工農勞苦群衆們！上面的敘述與使我們認識得淸淸楚楚就是要求得我們的解放，保持我們所得的利益，只有大家緊急動員起來，反對帝國主義國民黨的改良欺騙和白色恐怖，澈底粉碎敵人的四次「圍剿」與大舉進攻，爭取與帝國主義直接作戰！這才是我們唯一的出路！

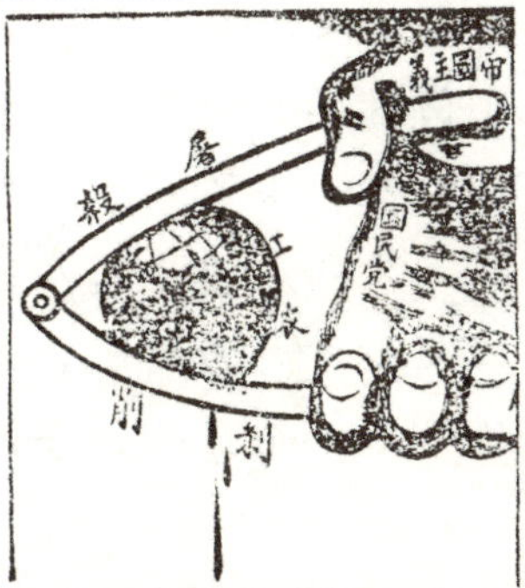

十九路軍閥在龍岩 抽人頭捐並屠殺群衆

龍岩通訊：十九路軍閥在龍岩抽人頭捐，每人每月要捐大洋一角，又每日要派群衆四合，對大小池每日要派群衆挑夫二十名，挑米到古田（即上杭北四五區傳逆伯羿所在地）去。而所有過去爲着工農階級利益而在區鄉負責過工作的同志的家屬一律被他們沒收，而且被屠殺很多。

紅色戰士熱烈援助

上海工友和閩西被難群衆

由於世界經濟恐怖的加劇，資本家，對工人的剝削是更加殘酷了，在上海有數十萬的失業工人，天天都在過着無衣無食，飢寒交迫的生活，前方的紅色戰士，爲幫助上海工人的鬥爭，并予以物質上的救濟，以表示階級的親愛，特募集大洋七百元，同時爲救濟閩西被白匪摧殘的群衆，又捐來了大洋三百元，這些款子，都由全總執行局和互濟總會分別轉交了。

工農群衆們，前方的紅色戰士，天天拚熱血頭顱，去殺我們的階級敵人，同時又節省衣食來援助白區工人和蘇區的被難群衆，我們只有動員一切力量，準備一切犧牲來幫助戰爭，爭取戰爭的全部勝利。

期：红色中华零零六十八期

版：零六版

时间：一九三三年四月十一日

上海申新一廠
巡丁對工人開槍
失足墮河者十餘人
槍傷工人三十餘名
全廠一萬工人怠工

上海申新一厂巡丁对工人开枪

失足堕河者十余人
枪伤工人三十余名
全厂一万工人怠工

上海讯： 沪西周家桥申新一厂，于前晚六时放工时，厂方资本家所雇用的走狗巡丁搜查工人，对工人百般凌辱，因之发生冲突，巡丁即对工人开枪，工人见巡丁和［如］疯狗般的开枪屠杀，有的在狂奔逃避，争向苏州河摆渡过岸，因失足坠河者约十余人，因人众轧伤者二十余人，去枪弹重伤者十一人，造成极大惨案。惨案发生后，厂方资本家就派到大批警察武装到厂镇压工人，企图大屠杀。因此，全厂工人对之大为愤激，新老厂共约一万工人，即自动怠工，而开枪凶手的巡丁已远逃他处了。

中國農業工人

第一次代表大會閉幕

七日上午大會通過并討論了組織章程，因為組織問題的繁雜，僅僅討論半天，下午討論提拔幹部問題，及白區工作，并在大會上選舉了二十個同志到中央政府工作。晚上討論文化教育工作，因為時間關係，這些問題都未得詳細討論，由大會委託執行委員會具體討論。繼有中央政府勞動部及紅色中華編委會代表演說，勞動部要求全體代表幫助各級勞動部的工作，紅色中華要求代表們為紅色中華關於節省及春耕號召而鬥爭，同時在各地建立通訊網。大會代表都很滿意的回答。這次當選的中央委員會委員，除江西福建閩浙贛等處共選出正式委員三十六人，候補八人外，其餘不足的人數，由南各蘇區及白區選出之。中央委員選出後，即舉行就職典禮宣讀就職誓詞，（全場代表鼓掌）繼有大會代表向中央委員會致祝詞，在口號聲，鼓掌聲中，在熱烈的擁護大會成功中央委員會成立的口號聲中，大會閉幕了。

中央委員會的成立，必能為這次大會的全部決議，大會所託付的戰鬥任務，領導全中國農業工人堅決鬥爭到底！（郭南薰）

江西郵務工人

熱烈節省經濟的總結

江西全省郵務工會，在一月十五號召集了各縣郵工支部長聯席會議，討論自一月廿五號起至三月廿五號止的二個月節省，募捐，慰勞紅軍等工作。關於革命競賽的成績，各縣支部長都有詳細報告，這次全省郵務工人自動起來節省和募捐的總結，以興國的郵路工人為最有成績，石城廣昌等縣比較落後，無疑的各縣郵務工人都很熱烈的參加了節省經濟運動，把火食費減少，把所得的工資拿出來幫助戰費，慰勞紅軍。總計：——

節省：——公略一三六元四角。雩都一三五元二角。安遠合二元一角八分。永豐八十八元。尋鄔五元九角餘。會昌四二元五角。博生九二元六角六分。樂安十五元。總局廿元。瑞金四十六元六角三分。宜黃廿五元。興國八六元六角六分。贛縣五七元九角五分。興國二百十元。石城十五元。廣昌廿四元四角。萬太九九元五角。信豐五元四角。

募捐：——公略六元餘。雩都七元餘。安遠廿八元餘。尋鄔四元餘。樂安廿五元。萬太十三元餘。信豐一元五角

第五分區軍醫處

熱烈進行節省運動

第五分區軍醫處的傷病兵同志和工作人員，知道目前經濟動員工作的極端重要，因此他們除了每天只吃一角五分的火食外，還自動的發起每人每天節省一個銅板運動，計五天工夫就節省了六吊多錢。傷病同志有這樣的熱忱我們每个工農羣衆更應該學他們的模樣呵！

本報號召在紅軍中

紅十九軍五十五師有大部份同志，深刻了解節省經濟重大意義，已熱烈的把第二期公債券退回公家，以充裕戰爭經費，一元以上的有五十餘人，半元的有數十人共退還了二百十二元。

經濟動員的戰線上

▲不祇熱烈退回公債票▼

▲還要踴躍自動募捐▼

紅軍後方醫院第七院全體紅色戰士，在參加經濟動員的戰線上，最近熱烈的自動退回公債票二百二十六元，又自動捐助大洋十五元八角，小洋二元，銅元二十枚，自動退回公債票，以第一所招呼員羅天明同志的十七元。傳令員鄧元成同志的十七元五角為最多，共餘八元九角十一元七元六元不等。在這一經濟動員下，充分表現了全體戰士對擁護革命戰爭勝利的熱心與積極性。

△又退還了二十八元餘

紅軍後方醫院第三院，前次在全後方的節省經費的競賽總結成績上，曾奪取了光榮的第三名，現在又自動退回公債二十八元五角，第三院全體戰士節省經費幫助革命戰爭的熱烈性，真是再接再勵啊。

△兩個熱情的工友

某工廠派到後方政治部工作的兩个工友，為要節省經費幫助革命戰爭，將他們所有的公債票全部退回，計曾乃同志十六元，江亞慎同志三元，這兩位工友的革命熱情，真值得我們欣佩的。

借谷不要收據

興國永豐區社背鄉羣衆，最近自動的借六十担谷子供給紅軍，而且不要中央政府的收據，現在，谷子存於興國支金庫，正待舂成白米送往前方。興國其他各區，在社背鄉的光榮例子之下，許多羣衆都要求把所借的谷子供給紅軍，不要公家交還。

殘廢院幫助春耕的熱忱

戰鬥的春天，正是種谷下田的時候，殘廢院的工作人員和殘廢同志一排排，一隊隊，大的小的，男的，女的，大家都經過鄉蘇的介紹，到各紅軍家屬的田裏去了，犂田呀！挑糞呀！割草呀！開荒田等都是自動的很熱烈的不倦的工作着。特別是殘廢同志更高興做這一工作。統計在三月份做了一千多工，在前方幾次獲得偉大勝利，活捉兩個師長的當兒，同志們更加興奮，高呼着：「勞苦青年工農上前方去消滅敵人，」「大家動員到紅軍家屬的田裏，來幫助春耕！」（蘭林）

上海申新一廠

巡丁對工人開槍

失足墮河者十餘人

槍傷工人三十餘名

全廠一萬工人怠工

上海訊：滬西周家橋申新一廠，於前晚六時放工時，廠方資本家所僱用的走狗巡丁搜查工人，對工人百般凌辱，因之發生冲突，巡丁即對工人開槍，工人見巡丁和瘋狗般的開槍屠殺，有的狂奔逃避，爭向蘇州河擺渡過岸，因失足墮河者約十餘人，因人衆亂傷者二十餘人，去槍彈重傷者十一人，造成極大慘案。慘案發生後，廠方資本家就派到大批警察武裝到廠鎮壓工人，企圖大屠殺。因此，全廠工人對之大為憤激，新老廠共約一萬工人，即自動怠工，而開槍兇手的巡丁已遠逃他處了。

儀徵農民暴動

鎮江訊：江蘇儀徵農民約三千餘人，因受不住豪紳地主的武裝，保衛團的壓迫與剝削，於十七日起來暴動，燒毀了蘇湖，巴祠，新民，三官，馬壩等鄉鎮長（土豪劣紳官僚）的住屋，并要求停止舉辦保衛團。該縣國民黨官僚極形恐慌，宣佈特別戒嚴，并遣派軍隊與兵艦前去，準備來一個大屠殺，以鎮壓暴動農民羣衆。

紅板

退還公債

……尋鄔城市店員手藝工人……

曾傅福，朱秀章，彭芳記，賴盛傳各四元。丁有奏三元。羅萬壽，廖石章各二元。鄒芹山，劉雲品，劉維岳，廖世文各一元。彭華英，劉岡文各一元。理髮合作社共五元。

……會昌城市商店……

永春和布號一百元。廣天昌布號六十元。合吉昌號四元。瑞慶祥號九元。廣隆號十五元。任萬太號二十元。瑞昌祥號十四元。樊興隆號十元。秀發號五元。郭仲仁號九元。張雲山號二元。鵬盛祥（店員）六元。臨記號三十元。源發祥號三十四元。曾義興號二十元。老文華號七十元。吳茂興號一百元。

……勝利縣……

賴文太四元。丘應春一元五角。張家亨，何道福，張膺甫，張棠評，彭紹桂，鄧藍文，魯永行各一元。金維映二元。謝榮林二元五角。何齊佚一元五角。鍾士榜九角。吳付興，劉輔仁，李芳桂，何遠豐，劉明山各一元。宋倪，洪立基各一元五角。李廷庠，陳祖榮，蕭明貴，謝先賢，劉列珠，劉祝托各一元。王秀忠，李廷庠各五角。朱巧發一元五角。徐英宜，何青傅各一元。魯紀禧，李明輝，凌要盛各五角。羅為紅二元五角，鄧智深，蕭章才，彭玉泰，鍾長才，陳因才各一元。羅全華，謝梅貞各五角。魯傳作二元。

期
红色中华零零七十一期
版
零二版
时间
一九三三年四月二十日

三星期　党的组织增加了两倍超过原定计划一倍半

上海共产党在今年"一·二八"征收运动中，得到了最光荣的成绩。首先由江苏省委提出，为增加一倍党员而斗争的号召，马上就得到各区区委和每个支部的热烈拥护，他们各自定出具体进展计划，决定为增加一倍半，两倍以至于三倍而斗争。各区区委都谁也不让谁地来争取上海模范区的光荣地位，几个中心支部也都争先恐后的来争取上海模范支部的地位，不但是在数量方面，而且也在质量方面。不少的区委同志；为着这个号召，真真生活到支部中去，和支部同志们一同睡，紧张到睡不着觉吃不下饭，为争取计划的完成和超过，整个党员在沸腾般的积极的活跃着。

在这样的紧急动员之下，上海党在重工业中创造了十个支部，一个单位；在市政工人中创造了六个支部，两个单位；在纱厂中创造了十五个支部，恢复了许多重要的旧的支部；而且党又创造了两个一百个同志以上的大支部，上海共产党有史的来的新纪录！

上海党的这一伟大发展，是由于党的政治影响的扩大和同志们工作作风的极大转变。他们在征收运动中，做到了：（一）支部做了很好的群众工作；（二）动员了支部，组织了支部同志的积极性和创造性，支部同志都有完成计划的信心；（三）组织了区委的积极性，不断地向区委敲着警钟；（四）耐心的具体的领导，不是官僚主义的命令方式；（五）抓住了牢牢不放的中心支部；（六）宣传工作的普遍和群众化，发行工作的改善；（七）支部秘密工作的改善。

苏区党团员同志们！耐心地学习上海党伟大发展中的经验和教训，为中央局五一节征收党员运动的号召而斗争，我们不但要发展一倍，而且要像他们那样的发展两倍，三倍，甚至四倍，来雄厚地加强党在苏区内的领导力量！

不讓一個先進的工人僱農苦力紅色戰士站在共產黨外面！

社論　踴躍加入中國共產黨

（弼時）

中國共產黨蘇區中央局決定在紅五月舉行徵收新黨員的號召，號召各級黨部為擴大一倍新黨員而鬥爭。號召蘇區的工人僱農和勞動群衆先進覺悟的積極份子，大批的加入中國共產黨。

在中國共產黨的正確領導之下，蘇維埃紅軍在各個戰線上獲得了不斷的偉大勝利，這些勝利的獲得，是由於紅色戰士和廣大工農勞動民衆積極堅決英勇奮斗的結果。

在現在革命戰爭日益開展的當中，我們更加接近與帝國主義直接作戰的時期了，為着徹底粉碎敵人的四次『圍剿』，奪取中心城市完成一省幾省革命的首先勝利，準備着同帝國主義軍隊作戰，擴大共產黨的組織更加鞏固黨和無產階級在革命中的領導和組織力量，是一個最先決重要的條件。

中國共產黨是中國革命的唯一領導者，在他的領導之下建立了廣大的蘇維埃區域，幾千萬工農勞動民衆已經是獲得了解放，我們相信紅五月徵收新黨員的號召必定能夠獲得廣大工農群衆的擁護。

我們希望各個工會在共產黨的這一號召之下鼓勵工人中先進覺悟的份子大批的加入共產黨，使共產黨成為包括廣大工人成份的無產階級先鋒隊。

我們希望各個紅軍部隊在共產黨的這一號召之下將紅色戰士中最堅決勇敢的覺悟份子送到共產黨裏來，更加鞏固黨在紅軍中的領導。

我們希望在貧農團和紅五月各種群衆會議中熱烈討論共產黨的這一號召，歡迎一切先進的工人僱農苦力紅色戰士以及一切最覺悟的勞動民衆勞動婦女們踴躍的加入共產黨。

在每一個新發展和老蘇區的工廠作坊，街道和鄉村中建立起共產黨的支部和小組！并且把共產黨的組織發展到白色區域和白軍中去！

我們歡迎一切先進的工人和最覺悟的勞動份子加入共產黨，但我們要防止一切階級異已投機份子混入我們的黨裏來。

三星期　黨的組織增加了兩倍　超過原定計劃一倍半

上海共產黨在今年『一二八』徵收運動中，得到了最光榮的成績。首先由江蘇省委提出，為增加一倍黨員而鬥爭的號召，馬上就得到各區區委和每個支部的熱烈擁護，他們各自定出具體進展計劃，決定為增加一倍半，兩倍以至於三倍而鬥爭。各區區委都誰也不讓誰的來爭取上海模範區的光榮地位，幾個中心支部也都爭先恐後的來爭取上海模範支部的地位，不但是在數量方面，而且也在質量方面。不少的區委同志，為着這個號召，真真生活到支部中去，和支部同志們一同睡，緊張到睡不着覺吃不下飯，為爭取計劃的完成和超過，整個黨員在沸騰般的積極的活躍着。

在這樣的緊急動員之下，上海黨在重工業中創造了十個支部，一個單位；在市政工人中創造了六個支部兩個單位；在紗廠中創造了十五個支部，恢復了許多重要的舊的支部；而且黨又創造了兩個一百個同志以上的大支部，上海共產黨有史的來的新紀錄！

上海黨偉大發展的經驗和教訓

上海黨的這一偉大發展，是由於黨的政治影響的擴大和同志們工作作風的極大轉變。他們在徵收運動中，做到了：（一）支部做了很好的群衆工作；（二）動員了支部，組織了支部同志的積極性和創造性，支部同志都有完成計劃的信心；（三）組織了區委的積極性，不斷的向區委敲着警鐘；（四）耐心的具體的領導，不是官僚主義的命令方式：（五）抓住了牢牢不放的中心支部；（六）宣傳工作的普遍和群衆化，發行工作的改善；（七）支部秘密工作的改善。

蘇區黨團員同志們！耐心的學習上海黨偉大發展中的經驗和教訓，為中央局五一節徵收黨員運動的號召而鬥爭，我們不但要發展一倍，而且要像他們那樣的發展兩倍，三倍，甚至四倍，來雄厚的加強黨在蘇區內的領導力量！

從火線上來

——前線紅色戰士通訊——

△三個月來勝利的總結

中央蘇區主力紅軍，在一九三三年開始的粉碎敵人四次圍攻中，連續的取得了空前偉大勝利，一月間在金谿縣境內，擊潰敵軍第五師，第廿七師，第十四師，及自稱鐵軍第九十師城共消滅敵軍九團兵力，并嚴厲的打擊了南豐，之敵人。二月在摩羅嶂殲滅白軍第五十二師全部，五十八師大部，在光澤縣消滅周志群一團，共消滅敵人十二團兵力。三月東陂之役，消滅敵人中心部隊第十一師全部，第九師一部及第五十九師殘部，共消滅敵九團人。總計一二三三個月中共消滅敵人至三十團之衆。

這些偉大勝利的結果，極大的興奮了全國各地廣大的工農群衆，同時加強了紅軍本身的戰鬥力量。在這些不斷的勝利面前，英勇紅軍一天天加緊着全部粉碎敵人的大舉進攻，更迅速的達到江西革命首先勝利的建立！

△英勇殺敵的銳氣

紅色戰士們殺敵的英勇，在每次戰役中都是驚人的，尤其是在摩羅嶂消滅敵五二、五九師以後，更提高了紅軍殺敵的勇氣和決心，當我軍結束摩羅嶂戰役向東陂前進時，紅色戰士聽到要打蔣介石『剿赤』中心部隊第十一師，個個都磨拳擦掌的恨不得把白軍第十一師一口吞下去，戰鬥員中有的說：『白軍第十一師師長是汀州人，要捉到來送到汀州游行示衆！』有的說：『捉到羅卓英來要一場大把戲』有的說『我們打羅卓英爬了山，要捉到羅卓英來修平這些不好走的道路』。這在未作戰以前，戰士們殺敵的勇氣和決心，便已經那樣鋒說了。我們再來看看戰士們在戰場上英勇的表演罷！

> **黨門向着群衆開！**
>
> 廣大的工人農民站在共產黨門前，
> 他們潮水般的湧進來，狂呼着：
> 「領導中國革命走向勝利的道上，
> 唯一的只有中國共產黨！
> 領導中國取得社會與民族的解放，
> 唯一的只有中國共產黨！」
>
> ✕　✕　✕
>
> 同志們！記着「五一」徵收運動的號召，
> 要為發展一倍數倍而鬥爭不睡覺！
> 向蘇區的工農和紅軍作五分鐘報告：
> 「黨團是我們的家、小組是我們的爸！」
> 向先進的工人僱農苦力把黨門打開，
> 在千百萬群衆中創造共產黨的堡壘！
>
> 稚穎四•二〇•

△為蘇維埃政權流最後一滴血

當我們與敵人肉搏的時候，很多戰士都是拿着馬刀奮勇冲鋒而殺退敵人的。

尤其是那些受了傷的同志，還能繼續鼓勵其他戰士前進，有的甚至自已仍繼續與敵作戰，不肯下火線。有一個某師的排長周明同志，他在衝鋒時負了傷但仍領導紅色戰士繼續衝鋒，不久頭急又負重傷，仍向敵人打槍，很多戰鬥員勸他下火線上藥，周明同志不肯下火線，他說：『消滅了敵人才下火線！』更有一個政治指導員譚仲生同志負了重傷，仰臥地上，仍鼓勵全連衝鋒，不要退却，并高呼『為蘇維埃流最後一滴血！』一直到他沒有呼吸為止，其他光榮的例子還很多呢！同志們！死守黃柏嶺上與我頑抗的敵人，經過半天的殘酷血戰結果敵全部覆滅了，這是紅色戰士英勇犧牲堅決奮斗的結果，這種英勇殺敵的精神，多麼值得我們學習和表揚呵！

▲敵人的喪鐘已在狂響着

同時，在我們這些偉大勝利的面前，敵人更加恐慌動搖了。催促他們死亡的喪鐘已在狂亂地撞響着。官長在收集殘部時竟公開的嚷着：『我們九十師都被繳槍，真不得了！』白軍五十二師五十九師被覆滅後，蔣介石問訊給陳誠的手諭其中寫道：『……惟此次挫失慘悽異常，實有生以來唯一之隱痛！……』陳誠則於手諭之後寫道：『……誠雖不敏獨生為羞！……』羅卓英則更在其給白軍第十一師，蕭乾函中寫道：『……昨今兩日撫視負傷回來之官兵，每忍淚不敢外流者，恐傷部下之心，墮部下之氣耳！……英在今日已成黨國之大罪人……』同志們，我們的勝利給了敵人多麼嚴重的打擊呵！

我們的勝利：就是敵人的死亡，現在敵人還沒有完全消滅還要竭其最後力量，拚死向革命進攻。我們要加倍努力，繼續勝利的進攻，乘勝消滅快要死亡的敵人，取得我們最後勝利！

（一九三三•三•廿六）

期 红色中华零零七十一期
版 零四版
时间 一九三三年四月二十日

日本工人募捐
救濟中國失業工人
中國和日本的工農聯合起來
打倒日本及一切帝國主義

日本工人募捐救济中国失业工人

中国和日本的工农联合起来，打倒日本及一切帝国主义

日本工人最近发起救济上海的中国失业工人募捐运动，第一批捐款上海洋钱二百五十元，已由留日学生某君转交沪西失业工人委员会接收，某君说：自从日本帝国主义占领东三省后，日本工人不断地起来示威反对日本帝国主义进攻中国和屠杀中国民众，日本的铁路码头和兵工厂工人屡次拒绝同日本帝国主义搬运和制造军火来攻打中国。日本的工人劳苦群众这样热烈地反对他们国内的资产阶级军阀屠杀中国劳苦民众，中国的工农和红军应该更加英勇地迅速地粉碎帝国主义国民党的四次“围剿”，中国和日本的工农联合起来，打倒日本及一切帝国主义。

貴溪白軍又被我打垮

前方來電：我紅軍一部在貴溪冷水坑一帶，又擊潰白軍劉珍年部一營，繳獲步槍三十四枝，駁壳手提機槍各數枝，子彈及其他軍用品甚多，俘敵三十餘名，擊斃亦在五十以上。我軍正乘勝搜索前進中。

建黎太地方武裝全部佔領安遠市

我建黎太地方紅軍配合石城獨立團，於本月三日將進擾安遠市之團匪及大刀會四百餘人全部擊潰，斃匪甚多，傷三十餘名，敵狼狽向甯都逃竄，我軍乘勝追擊，活捉團匪司務長等數名，現安遠市已被我完全佔領。

又我模範少先隊之一部將進犯均口之團匪大刀會三百餘人，完全擊退，斃匪甚多，均口附近的羣衆歡喜非常。

給江西羅明路綫的回答

△公路猛烈擴大紅軍

公路縣過去犯了防禦路線的錯誤，以致擴大紅軍工作陷了泥坑中，簡直沒有成績。

最近自黨團縣委開擴大會改組以來，在七天的冲鋒工作裏面全縣擴大了紅軍二百三十二名，地方武裝一百十四名。特別值得注意的是兩個光榮的例子！一個是羅家區模範營整排加入紅軍，另一個是中鵠龍田鄉，（邊區邊鄉）全支部（卅餘人）除女子以外一致表决全體加入紅軍。雖然這樣還不是什麽驚人的成績，但這是給與江西羅明路線的一個最有力的回答。公路縣將繼續這一冲鋒精神，再努力的擴大紅軍，以實際工作中來徹底轉變單純防禦路線，為實現擴大一百萬鐵的紅軍而鬥爭！（錢思龍）

「要為蘇維埃戰鬥到死」

閩西難民熱烈加入紅軍

最近永定被白軍摧殘的革命羣衆有一部份到達汀州，在福建省互濟會領導之下，整批整批的加入紅軍，就在十天內，自動報名的有九十餘名，其他還有繼續自動來報名的。在這影響之下，同時龍岩被難革命羣衆也英勇的自動報名參加紅軍，組織游擊隊，配合我們英勇紅軍作戰。他們要為蘇維埃政權奮鬥到死，為自已的政府流最後一滴血，這是給予不相信杭永岩羣衆的鬥爭而逃跑退却的羅明路線的最有力的回答。全閩西被摧殘革命羣衆們！一致熱烈的武裝起來，開到前方當紅軍去，粉碎敵人對中央區的大舉進攻！

長汀地方武裝出擊勝利

連城方面的團匪殘部百餘人，於四月十四日進攻長埧胡嶺一帶，我地方武裝即沉着應戰，與敵接火以迎頭痛擊，結果，把該殘匪全部擊潰，敵狼狽向水頭一帶逃去。現我方正在加緊動員地方武裝，發展遊擊戰爭出擊敵人。（李中）

嚴密偵察奸商的毒謀！

▲茶油裏放桐油▼

最近紅校有一部份火食單位買來的茶油裏面，雜有桐油，吃了後全連病了（如嘔吐）大半數。查這油是由合作社買來的，我們相信合作社是蘇維埃的合作社，是為工農和紅軍的物質的利益而設立的，當然絕對不會舞自己的弊，無疑的，這是奸商的毒謀。因為合作社的建立，給了商人的剝削以有力的抵抗，因此引起了商人的嫉妬與仇恨，他們企圖從各方面來破壞合作社的信仰，同時也就是陰謀毒害工農紅軍，來響應帝國主義國民黨對中央蘇區的大舉進攻。

對於奸商的這種毒謀，我們應該嚴密偵察和揭發，給以最嚴厲的制裁。同時，各合作社辦貨時，也應該極端加以留意，隨時揭發奸商的陰謀。但這次紅校發現茶油內攙桐油後，立即向糧食調劑局交涉時，該局某負責人反置之不理，說是「不要緊」！這簡直和奸商同樣的陰險，對於這種官僚主義者，我們也要嚴厲反對！

寧願餓死不願沒有工會

△南洋烟草廠大罷工
△反對非法拘捕工人
△組織工會團結一致

上海訊：南洋烟草公司工人，平日在重重壓迫之下，生活既苦，工資又少，在生活昂貴的都市裏，所入實不敷出，時時刻刻要受凍餓的危險，所以該廠工友為要改善生活，團結一致，與廠方資本家作鬥爭。發起組織工會，并提條件，要求廠方圓滿答復。那知只知剝削工人的廠方資本家，積極進行其破壞工會的陰謀，不僅拒絕工友組織工會，又密派二三工賊走狗，無端挑釁，以致造成冲突事件。廠方就藉口此次冲突，指使捕房實行武裝鎮壓，非法拘捕了工友七人，來破壞工會組織。并且，利用了工廠的常年法律顧問與驎坤律師為代表，率領捕探四出抓人。全廠工人對廠方此種兇狠險毒的壓迫工友，忍無可忍，故宣佈全體罷工，反對非法拘捕工友，要求立刻釋放被捕工友、不許公司干涉組織工會，并堅決表示，「抱定主張，寧願餓死，不願沒有工會，非達到目的不可」云。

爭取獨立和統一
愛爾蘭路工總罷工

（北愛爾蘭首都電）此間工農要求脫離英帝統治完全獨立共和國的運動，近來異常猛烈，三十日半夜起，北愛爾蘭鐵路工人已開始罷工，鐵路鐵道工人聯合會之公共汽車工人也將響應罷工，形勢極嚴重。

日本工人募捐救濟中國失業工人

中國和日本的工農聯合起來 打倒日本及一切帝國主義

日本工人最近發起救濟上海的中國失業工人募捐運動，第一批捐款上海洋錢二百五十元，已由留日學生某君轉交滬西失業工人委員會接收，某君說：自從日本帝國主義佔領東三省後，日本工人不斷的起來示威反對日本帝國主義進攻中國和屠殺中國民衆，日本的鐵路碼頭和兵工廠工人屢次拒絕同日本帝國主義搬運和製造軍火來攻打中國。日本的工人勞苦羣衆這樣熱烈的反對他們國內的資產階級軍閥屠殺中國勞苦民衆，中國的工農和紅軍應該更加英勇的迅速的粉碎帝國主義國民黨的四次「圍剿」，中國和日本的工農聯合起來，打倒日本及一切帝國主義。

紅角

「五三」「五四」「五七」「五九」

從「五三」到「五九」的四個節日，都是反對日本帝國主義侵略中國的紀念日。

「五三」是濟南慘案紀念日。國民黨於一九二七年反動之後，革命受到了暫時挫折，中國民族資產階級完全投入封建勢力與帝國主義的反革命懷抱裏。一九二八年五月日本帝國主義，藉口國民黨軍閥的混戰，進兵山東，於五月三日砲轟濟南屠殺中國人民與兵士。國民黨那時也是完全不抵抗，對於這個慘案連一個屁也不敢放，反而更進一步的承認日本在山東的權利。

「五四」運動，發生於一九一九年。中國民衆因感於帝國主義侵略，和軍閥的壓迫以及帝國主義第一次世界大戰，把帝國主義的真面目完全暴露，同時蘇聯革命的成功給中國思想界以極大的革命影響，革命的思想在中國開始萌芽。北京的學生就在這些條件之下爆發了「五四」運動，「五四」運動是反對帝國主義的，同時，提出了反對軍閥政府的口號。

「五七」與「五九」，是日本帝國主義向中國北洋軍閥政府提出二十一條件和北洋軍閥的袁世凱政府簽字於這個賣國條約日子。那時正當帝國主義世界大戰爆發的時候。日本帝國主義趁着這個機會，想一口併吞中國，就於一九一五年五月七日向北洋軍閥的袁世凱政府提出有名的二十一條，限四十八小時內答覆。這個消息激起了全國民衆的劇烈的反日運動。但是袁世凱政府竟於五月九日在這個斷送中國的條約上簽了字。

這些紀念節，都是中國工農羣衆在日本帝國主義與北洋軍閥國民黨軍閥的鐵蹄下，所印着的慘痛創痕。這些過去的事實，已經清楚告訴我們，日本帝國主義是瓜分中國最積極的帝國主義的急先鋒。同時更告訴我們，豪紳地主資產階級的國民黨，與袁世凱，北洋軍閥，是完全一樣的帝國主義忠實走狗，帝國主義瓜分中國的清道夫。

（本節完，全篇未完）

怒吼呀，勞動大衆！——上海「五一」示威進行曲—— 然之

怒吼呀，劳动大众！上海“五一”示威进行曲

然之

全苏区工农劳苦民众向前方英勇的红色战士致“五一”的革命敬礼！

上海黎明冷清清，街头上万籁无声，只有那昏暗的电灯，映着星［惺］忪的眼睛；只有那稀疏的晨星，闪耀着微小的光明。幽静静，幽静静——上海的黎明。

今天可不那么幽静，街头上很早就有人影。对啦——是我们，三二成群的工人，急撞撞走过街心。我们穿着褴褛的衣衫，揉着充血的火眼，腋下夹着人包传单。

在墙壁边头，在电杆背后，那儿没有“狗”。

我们站住了，写上斗大的标语，贴上一张张“文句”。

呜呜呜……工厂汽笛吹得那么紧，他妈的资本家，又要我们工人命！我们一天工作十二小时零，所得工资少得很，一家几口活不成，一辈子精光精。今天可不干啦，我们要举行盛大的示威游行。

在六分之一的地球表面上，在四分之一的中国领域内，我们已经有了自己的军队，政权——苏维埃！

我们今天示威，反对国民党出卖华北，拥护领导民族革命战争的苏维埃！

我们今天示威，要团结广大群众在我们周围，领导他们加入工农红军——我们自己的军队，把帝

第一期　紅色中華副刊　第四版

這時躺着坐着站着徘徊着談話着在這月台上的有八個白軍士兵，他們都有武裝，槍枝子彈帶都放在一邊。

士兵一：他媽的，不知搞的，又停下來了！

士兵二：我看前面就是共匪罷。

士兵三：共匪說不定就在我們的四周圍，你看，那個小橋都給共匪拆斷了。

士兵四：那里的事，那個橋聽說是給這个車站上的工人拆掉的。

士兵一：那末那幾個工人抓住了沒有？

士兵四：誰知道!?

士兵二：好好的工人又爲什麽搗我們的蛋，幫共匪的忙？

士兵三：是呵，工人幹嗎要做犯法的事，逮住了還不是連性命也沒有。

士兵四：你們都是新兵不知道，告訴你們，共匪並不是匪，他們都是工人農民呵！

士兵三：是工人農民？不是匪？

士兵四：對啦！我和他們打過幾次仗知道很淸楚。

士兵二：那末我們幹嗎要去打他們呢？

士兵三：是呵，我們也都是工農出身的人，爲什麼要去打自己的人。

士兵四：我本來早就想投紅軍了，都因爲給官長監視着沒有機會逃不過去。

士兵一：說話小心點，不要把腦袋一下子掉了。

士兵四：怕什麽，現在又沒有狗官長在這裏！

士兵一：在路上車子裏，不是爲了幾個人在一塊講了話，就打了靶?!

士兵二：打靶就打靶，反正開上去一樣是送死，聽說紅軍厲害得很，隨便什麽陳繼承的李默庵的，那個的部隊都打了敗仗，是不是的(向士兵四)？

士兵四：是的，就是在雞公山保護洋鬼子的馬鴻逵的精幹隊伍，一碰到紅軍就坍台了，聽說雞公山上歐羹的洋鬼子也給紅軍抓了好幾個去。

士兵三：那我們眞是白白送死去了。

士兵四：可不是嗎？弟兄們，爲了我們自己的事，還是找出路罷！

士兵一：馬上就有人來了，不要再講了！

(官僚夫婦上場)

婦：啊，這些兵就是昨夜開到的嗎？

官僚：是的。

婦：這裏弄得更髒了，臭氣難聞，槍斃人有什麽好看呵！

官僚：不，我要看看槍斃的到底是那些人，槍斃共匪，我從來沒有看見過啦！

婦：站長說，昨夜拆路抓住的就是這個車站上的幾个工人呢！

官僚：是呵，工人很多是共產黨！

(吹哨聲，士兵都站起，官僚夫婦避在一邊，一軍官上場，隨着站長女查票員警長警士甲乙押着路工甲乙丙丁上場）

軍官：(向士兵)站隊，快！（士兵排成一排）立正！報數，稍息！（士兵依着動作）站長先生(向站長)，就執行嗎？

站長：（與官僚夫婦招呼作耳語，回頭軍官）是的，還要問幾句話以後，馬上執行槍决。（警長）拉過來！（警長與警士甲乙把犯人推過來）。你們破壞路軌，阻止行軍，犯了軍法的死罪，所以就地槍决！(向警長)綁過去！（警士們把犯人推走，遠遠的綁在幾根電桿木上。

路工甲：（向士兵）弟兄們！你們都是工農出身，爲什麽要打死你們自己的兄弟呵?!

軍官：（向士兵）立正，對着四個犯人，預備放！

路工丁：弟兄們，你們不要把槍頭對着你們自己的人喲！

路工丙：掉轉槍頭去打國民黨軍閥，帝國主義的走狗呵！

軍官：（陣陣催促）瞄準放！瞄準，放！（士兵們雖舉起了槍，槍頭總是垂下，不… 舉起來，士兵四突然站出來，對着其餘的 … 兵們）

士兵四：弟兄們，爲了我們自己的事 … 體向後轉！殺死國民黨軍閥！大家當紅 … ！（路工甲乙丙丁怒吼着革命口號，槍 … 來了，軍官倒地了，有的準備奔逃，有 … 序大亂，這時路工甲乙丙丁已被釋，跑 … 前來，甲站在羣衆面前）

路工甲：（大聲喊）同志們，團結起來 … 動起來，迎接紅軍，打到武漢去！

（幕下，全劇終）

全蘇區工農勞苦民衆向前方英勇的紅色戰士致「五一」的革命敬禮！

怒吼呀，勞動大衆！

——上海「五一」示威進行曲——

然之

上海黎明冷淸淸，街頭上寥寂無聲，只有那昏暗的電燈，映着星忪的眼睛；只有那稀疏的晨星　閃耀着微小的光明，幽靜靜　幽靜靜——上海的黎明。

今天可不那麽幽靜，街頭上很早就有人影。對啦——是我們，三二成羣的工人，急撞撞走過街心。我們穿着襤褸的衣衫，揉着充血的火眼，腋下夾着大包傳單。

在牆壁邊頭，在電桿背後，那兒沒有「狗」。

我們站住了，寫上斗大的標語，貼上一張張「文句」。

嗚嗚嗚……工廠汽笛吹得那麽緊，他媽的資本家，又要我們工人命！我們一天工作十二小時零，所得工資少得很，一家幾口活不成，一甕子精光精。今天可不干啦，我們要舉行驚人的示威游行。

在六分之一的地球表面上，在四分之一的中國領域內，我們已經有了自己的軍隊，政權—蘇維埃！

我們今天示威，反對國民黨出賣華北，擁護領導民族革命戰爭的蘇維埃！

我們今天示威，要團結廣大羣衆在我們周圍，領導他們加入工農紅軍——我們自己的軍隊，把帝國主義國民黨的四次「圍勦」徹底粉碎！

大時鳴鐘的長針，正走到九點時分，上海大馬路上出現了一幅不平常的街景。不知從那兒來的那麽多我們的人，塞住了店門，站滿了街心。

我們閉住着呼吸，凝住着血液。

我們共同跳躍着一顆偉大的心，我們等待着偉大事變的來臨，多麽緊張呵，我們周圍的氣氛。

畢剝一聲，炸竹傳達了命令。現在開始了，偉大的鬥爭！紅的綠的傳單，飛滿了空間。海浪般的人頭，竹林般的粗手，從我們嗓子裏冒出震天撼地的怒喊。

電車停了，汽車停了。統治階級在發抖，巡警探子縮着頭，我們在馬路上怒吼！

一會兒開來了黑色的囚車，從裏面跳下來一羣羣走狗。

我們有什麽怕的，沒有斷頭台能夠絞得死革命，沒有黑牢能夠阻止歷史的前進。

我們排成了準備冲鋒的行列，在馬路上開始猛烈的襲擊，這是年年都有的街市戰，可是今年尤其劇烈。

正在冲鋒肉搏的時候，橫馬路上又湧來了巨大的人流。我們匯合了，結成一個無敵的鐵流。

怒吼呀，勞動大衆！我們要向前奔流，讓統治階級在我們面前發抖！

国主义国民党的四次“围剿”彻底粉碎！

大时［自］鸣钟的指针，正走到九点时分，上海大马路上出现了一幅不平常的街景。不知从那儿来的那么多我们的人，塞住了店门，站满了街心。

我们闭住着呼吸，凝住着血液。

我们共同跳跃着一颗□大的心，我们等待着伟大事变的来临，多么紧张呵，我们周围的气氛。

毕剥一声，爆竹传达了命令。现在开始了，伟大的斗争！红的绿的传单，飞满了空间。海浪般的人头，竹林般的粗手，从我们嗓子里，冒出震天撼地的怒喊。

电车停了，汽车停了。统治阶级在发抖，巡警探子缩着头，我们在马路上怒吼！

一会儿开来了黑色的囚车，从里面跳下来一群群走狗。

我们有什么怕的，没有断头台能够绞得死革命，没有黑牢能够阻止历史的前进。

我们排成了准备冲锋的行列，在马路上开始猛烈的袭击。这是年年都有的街市战，可是今年尤其剧烈。

正在冲锋肉搏的时候，横马路上又涌来了巨大的人流。我们汇合了，结成一个无敌的铁流。

怒吼呀，劳动大众！我们要向前奔流，让统治阶级在我们面前发抖！

第四版　紅色中華副刊　第一期

這時躺着坐着站着徘徊着談話着在這月台上的有八個白軍士兵，他們都有武裝，槍枝子彈帶都放在一邊。

士兵一：他媽的，不知怎的，又停下來了！

士兵二：我看前面就是共匪罷。

士兵三：共匪說不定就在我們的四周圍，你看，那個小橋都給共匪拆斷了。

士兵四：那里的事，那個橋聽說是給這个車站上的工人拆掉的。

士兵一：那末那幾個工人抓住了沒有？

士兵四：誰知道！？

士兵二：好好的工人又為什麽搗我們的蛋，幫共匪的忙？

士兵三：是呵，工人幹嗎要做犯法的事，逮住了還不是連性命也沒有。

士兵四：你們都是新兵不知道，告訴你們，共匪並不是匪，他們都是工人農民呵！

士兵三：是工人農民？不是匪？

士兵四：對啦！我和他們打過幾次仗知道很清楚。

士兵二：那末我們幹嗎要去打他們呢？

士兵三：是呵，我們也都是工農出身的人，為什麽要去打自己的人。

士兵四：我本來早就想投紅軍了，都因為給官長監視着沒有機會逃不過去。

士兵一：說話小心點，不要把腦袋一下子掉了。

士兵四：怕什麽，現在又沒有狗官長在這裏！

士兵一：在路上車子裏，不是為了幾個人在一塊講了話，就打了靶?!

士兵二：打靶就打靶，反正開上去一樣是送死，聽說紅軍厲害得很，隨便什麽陳繼承的李默庵的，那個的部隊都打了敗仗，是不是的(向士兵四)？

士兵四：是的，就是在雞公山保護洋鬼子的馬鴻逵的精幹隊伍，一碰到紅軍就坍台了，聽說雞公山上歇夏的洋鬼子也給紅軍抓了好幾個去。

士兵三：那我們真是白白送死去了。

士兵四：可不是嗎？弟兄們，為了我們自己的事，還是找出路罷！

士兵一：馬上就有人來了，不要再講了！

(官僚夫婦上場)

婦：啊，這些兵就是昨夜開到的嗎？

官僚：是的。

婦：這裏弄得更髒了，臭氣難聞，槍斃人有什麽好看呵！

官僚：不，我要看看槍斃的到底是那些人，槍斃共匪，我從來沒有看見過啦！

婦：站長說，昨夜拆路抓住的就是這個車站上的幾个工人呢！

官僚：是呵，工人很多是共產黨！

(吹哨聲，士兵都站起，官僚夫婦避在一邊，一軍官上場，隨着站長女查票員警長警士甲乙押着路工甲乙丙丁上場)

軍官：(向士兵)站隊，快！(士兵排成一排)立正！報數，稍息！(士兵依着動作)站長先生(向站長)，就執行嗎？

站長：(與官僚夫婦招呼作耳語，回顧軍官)是的，還要問幾句話以後，馬上執行槍決。(警長)拉過來！(警長與警士甲乙把犯人推過來)。你們破壞路軌，阻止行軍，犯了軍法的死罪，所以就地槍決！(向警長)綁過去！(警士們把犯人推走，遠遠的綁在幾根電桿木上。

路工甲：(向士兵)弟兄們！你們都是工農出身，為什麽要打死你們自己的兄弟呵?!

軍官：(向士兵)立正，對着四個犯人，預備放！

路工丁：弟兄們，你們不要把槍頭對着你們自己的人喲！

路工丙：掉轉槍頭去打國民黨軍閥，帝國主義的走狗呵！

軍官：(陣陣催促)瞄準放！瞄準，放！(士兵們雖舉起了槍，槍頭總是垂下，不肯舉起來，士兵四突然站出來，對着其餘的士兵們)

士兵四：弟兄們，為了我們自己的事，全體向後轉！殺死國民黨軍閥！大家當紅軍去！(路工甲乙丙丁怒吼着革命口號，槍□□來了，軍官倒地了，有的準備奔逃，台□秩序大亂，這時路工甲乙丙丁已被釋，跑□前來，甲站在群衆面前)

路工甲：(大聲喊)同志們，團結起來，□□動起來，迎接紅軍，打到武漢去！

(幕下，全劇終)

全蘇區工農勞苦民衆向前方英勇的紅色戰士致「五一」的革命敬禮！

怒吼呀，勞動大衆！
——上海「五一」示威進行曲——

然之

上海黎明冷清清，街頭上寂靜無聲，只有那昏暗的電燈，映着星忪的眼睛；只有那稀疏的晨星　閃耀着微小的光明。幽靜靜　幽靜靜——上海的黎明。

今天可不那麽幽靜，街頭上很早就有人影。對啦——是我們，三二成群的工人，急撞撞走過街心。我們穿着襤褸的衣衫，揉着充血的火眼，腋下夾着入包傳單。

在牆壁邊頭，在電桿背後，那兒沒有「狗」。

我們站住了，寫上斗大的標語，貼上一張張「文句」。

嗚嗚嗚……工廠汽笛吹得那麽緊，他媽的資本家，又要我們工人命！我們一天工作十二小時零，所得工資少得很，一家幾口活不成，一輩子精光精。今天可不干啦，我們要舉行驚人的示威游行。

在六分之一的地球表面上，在四分之一的中國領域內，我們已經有了自己的軍隊，政權——蘇維埃！

我們今天示威，反對國民黨出賣華北，擁護領導民族革命戰爭的蘇維埃！

我們今天示威，要團結廣大群衆在我們周圍，領導他們加入工農紅軍——我們自己的軍隊，把帝國主義國民黨的四次「圍勦」澈底粉碎！

大時鳴鐘的長針，正走到九點時分，上海大馬路上出現了一幅不平常的街景。不知從那兒來的那麽多我們的人，塞住了店門，站滿了街心。

我們閉住着呼吸，凝住着血液。

我們共同跳躍着一顆偉大的心，我們等待着偉大事變的到臨，多麽緊張呵，我們周圍的氣氛。

畢剝一聲，炮竹傳達了命令。現在開始了，偉大的鬥爭！紅的綠的傳單，飛滿了空間。海浪般的人頭，竹林般的粗手，從我們嗓子裏冒出震天撼地的怒喊。

電車停了，汽車停了。統治階級在發抖，巡警探子縮着頭，我們在馬路上怒吼！

一會兒開來了黑色的囚車，從裏面跳下來一群群走狗。

我們有什麽怕的，沒有斷頭台能夠絞得死革命，沒有黑牢能夠阻止歷史的前進。

我們排成了準備冲鋒的行列，在馬路上開始猛烈的襲擊。這是年年都有的街市戰，可是今年尤其劇烈。

正在冲鋒肉搏的時候，橫馬路上又湧來了巨大的人流。我們匯合了，結成一個無敵的鐵流。

怒吼呀，勞動大衆！我們要向前奔流，讓統治階級在我們面前發抖！

期

红色中华零零七十三期

版

零四版

时间

一九三三年四月二十六日

上海求新船厂工人怠工反对开除工友

上海南市有一法国资本家所办的求新造船厂，共有工人三百余人，近以钳床间工头任文星勾结外国资本家，雇用私人，开除旧有工人孙嘉岳等三人，引起全厂各部工人的反对，全体工人实行怠工，要求厂方立即恢复被开除工人的工作，□□□□□□□。

第七十三期　紅色中華　第四版

日本截斷中東路 反蘇聯戰爭危險增長

日本帝國主義累次唆使滿洲國截斷中東路聯絡，於十一日開始封鎖綏芬河與滿洲里中東鐵路兩終站的轉轍器，並拆去中東路西端一帶的扳機，此外又拆毀路軌若干丈。

日本一月來積極運輸大批軍用品往綏芬河及滿洲里一帶的主要軍事地點，積極準備向蘇聯進攻，滿洲國軍隊現駐滿洲里鐵路事務所附近的廣場也準備出發應付事變。據某方消息，日本軍隊現已自齊齊哈爾向西進發準備向蘇聯挑釁。

「五一」示威武裝保護蘇聯

中東路工人一部罷工後，現全路工人準備總罷工，日帝國主義將以本國員役維持中東路車務，并聞滿洲國外交部已致諜蘇聯總領事史拉夫斯基同志，謂滿洲國將強迫滿洲里與綏芬河的蘇聯稅關人員全體離職。

日暮途窮 歐美帝國主義召集世界經濟會議

在世界經濟恐慌深入到了極度的今天，資本主義經濟制度，完全走到日暮途窮的境況了。歐美帝國主義爲着苟延喘息，暫時維持世界經濟局面，首先就得解決國際貿易，戰債及軍縮這三個大問題。因之他們要召集所謂世界經濟會議。

世界經濟會議原定五月二十五日在倫敦開幕，可是事實上帝國主義間內部還有許多很難解決的矛盾，要順利的召集大會，決不是一回容易的事。所以，在沒有召集大會之前，他們不得不先商量一下。這樣，英國的首相，在接受美國總統的邀請之後，便於四月十五日到華盛頓去了。同時，美國也很早派代表到歐洲與法德意等國接洽，邀請他們參加華盛頓會議，對於世界經濟，戰債軍縮問題作一統盤的討論，以便順利進行世界經濟會議。

對於戰債問題，美國雖然允許盡可能的減少，可是歐洲各國，特別是德法，是不是願意付淸，尚有很大疑問。關稅問題比較的容易解決，但市場不夠分配，也還是同樣的難題，至於軍縮。德法正在猛烈競爭，其他各國都各自積極擴充軍備。所以，世界經濟會議的前途，暗礁正多着哩。

正因爲這些重大問題沒有解決，大會日期已決定展延三星期了。

不抵抗將軍 張學良出洋

—斷送了東北熱河— —拍賣了海軍醫院—

滬訊：不抵抗將軍張學良自從和其他國民黨軍閥（蔣介石湯玉麟等）把東北三省與熱河先後出賣給了日本帝國主義，最近又把天津海軍醫院將校全部地產房屋私售給了法國後，因爲一方面在民衆劇烈反抗下，另方面在國民黨軍閥內部衝突中，國民黨爲了緩和民衆的反抗來欺騙民衆，爲了把出賣華北的勾當完全握在南京政府手裏，所以把不抵抗將軍張學良撤了職，他也正好趁此機會溜到外國，和巴兒小狗一樣去投入帝國主義『洋婦』的懷抱裏，過他一輩子的『吞雲吐霧』與『六〇六』的生活，但不抵抗將軍『不幸』將很，在他放洋前，碰了好幾個大釘子，第一便是上海民衆對他的反對聲；第二是揭發了他私售海軍醫院的『隱吏』；第三是給英國政府來電擋了他一回『駕』，說是他身患不治的『隱疾』。不抵抗將軍把東北熱河斷送了，可以『一走了事』，而千百萬民衆卻日夜在日本帝國主義的鐵蹄下受到殘酷的慘殺。

上海求新船廠工人 怠工反對開除工友

上海南市有一法國資本家所辦的求新造船廠，共有工人三百餘人，近以鉗床間工頭任文昇勾結外國資本家，僱用私人，開除舊有工人孫嘉岳等三人，引起全廠各部工人的反對，全體工人實行怠工，要求廠方立即恢復被開除工人的工作[illegible]

紅角

紅五月的紀念節

（續七十一期本報）

「五五」

五月五日是世界革命導師馬克思的生日，馬克思是猶太人，他是一八一八年五月五日生於德國的一個小城市，一八八三年三月十三日死的。馬克思主義是世界無產階級革命鬥爭的武器，他是科學的社會主義的始祖，是無產階級的哲學——辯證的唯物論的創造者，他指出資本主義死亡和無產階級革命勝利的必然性，他和恩格斯起草了共產黨宣言，他創造了第一國際，指導了當時無產階級革命運動。

「五卅」

一九二五年發生於上海的五卅慘案是中國革命第一個高潮的標識到如今已八週年了。

這個慘案的發生，是起原於上海日本紗廠的罷工，日本的資本家爲要破壞罷工，就利用浪人（日本流氓）慘殺罷工領袖顧正紅，全上海的工人和革命學生，爲追悼顧正紅，援助工人罷工，和反對帝國主義，就於五月三十日，在上海最熱鬧的南京路舉行大示威，英國帝國主義者，就唆使巡捕，屠殺示威羣衆，釀成五卅慘案．這個慘案引起了全國的反響，上海發生了總罷工與罷課，延長三個月之久，各地方紛紛起來罷工罷課，特別是廣州，（那時是革命根據地）更是熱烈。英國帝主義，就先後在廣州，漢口，長沙，九江，重慶，萬縣等地，到處舉行大屠殺，越是英帝國主屠殺得利害，中國的反帝運動日漸高漲，直到國民黨於一九二七反叛革命，中國豪紳地主資產階級的屠刀，把這個偉大的反帝運動淹沒在工農羣衆與共產主義者的血泊中；但中國的革命却進入一個新的蘇維埃階段，而勝利地前進着。

上海時裝工人罷工

上海時裝成衣工人，因爲反對資本家歷次減低工資，工潮醞釀已久。最近華美等十餘家時裝公司老板，對於剝削工人，得寸進尺，竟欲繼續再減，工人忍無可忍，遂於四月三日宣佈罷工。這次罷工工人計有二百餘人，首先由上海四馬路一帶時裝公司工人發動，現已波及全上海時裝工人。工人罷工時提出了增加工資，減縮工作時間等條件，資本家態度强硬，置之不理，罷工工人已自動離店，堅持罷工到底。

創造新的蘇維埃區域

南豐成立縣革委會

在紅軍不斷的獲得光榮偉大勝利中，蘇區的版圖日益擴大，一省與數省的革命首先勝利的實現，更迫在目前了，南豐蘇區是中央蘇區北面的門戶，在粉碎敵人大舉進攻的決戰中，佔着極重要的地位，在最近第四次大戰中紅軍於南豐附近，給了進攻的敵人以迎頭痛擊，蔣介石的主力部隊都遭了空前的慘敗。所以近來南豐蘇區已得到很大的開拓，爲力有了[illegible]鞏固的向前發展，南豐縣現已成立縣革命委員會。全縣共轄長陂千善傅坊白舍店前廿坊六區，正在進行沒收和分配土地，建立赤色武裝，肅清地主武裝，肅清反革命，實行勞動法等重要工作，廣大的工農羣衆正熱烈起來參加鬥爭。

（黃達）

建甯肅反勝利

建甯來電：廿三日，建甯國家政治保衛局分局，破獲國民黨與社會民主黨的秘密組織，拘捕首要犯數名。反革命秘密活動的陰謀，至此已全暴露。據供，他們是企圖，搗亂赤色後方，來配合帝國主義國民黨軍閥的大舉進攻，可是在沒有發動之前 陰謀已經敗露了。關於肅反勝利詳情，容後續誌。

博生粮食調劑分局開幕

爲了調劑蘇區糧食，平衡糧食價格，防止富農奸商操縱，改善羣衆生活，中央蘇區糧食調劑總局決定在博生縣城，設立分局。該分局經過很久的籌備，已於本月十五日正式開幕，各機關各羣衆團體贈送很多彩匾，城郊附近的羣衆亦極熱烈參加。現聞該局爲求轉運靈便，擬在附近幾個中心圩市設立分站。

期
红色中华零零七十三期
版
零四版
时间
一九三三年四月二十六日

红角　红五月的纪念节（续七十一期本报）

“五五”

五月五日是世界革命导师马克思的生日，马克思是犹太人，他是一八一八年五月五日生于德国的一个小城市，一八八三年三月十三日死的。马克思主义是世界无产阶级革命斗争的武器，他是科学的社会主义的始祖，是无产阶级的哲学——辩证的唯物论的创造者，他指出资本主义死亡和无产阶级革命胜利的必然性，他和昂［恩］格斯起草了《共产党宣言》，他创造了第一国际，指导了当时无产阶级革命运动。

“五卅”

一九二五年发生于上海的五卅惨案是中国革命第一个高潮的标识到如今已八周年了。

这个惨案的发生，是起原［源］于上海日本纱厂的罢工，日本的资本家为要破坏罢工，就利用浪人（日本流氓）惨杀罢工领袖顾正红，全上海的工人和革命学生，为追悼顾正红，援助工人罢工，和反对帝国主义，就于五月三十日，在上海最热闹的南京路举行大示威，英国帝国主义者，就嗾［唆］使巡捕，屠杀示威群众，酿成五卅惨案，这个惨案引起了全国的反响，上海发生了总罢工与罢课，延长三个月之久，各地方纷纷起来罢工罢课，特别是广州，（那时是革命根据地）更是热烈。英国帝国主义，就先后在广州，汉口，长沙，九江，重庆，万县等地，到处举行大屠杀，越是英帝国主（义）屠杀得利［厉］害，中国的反帝运动日渐高涨，直到国民党于一九二七反叛革命，中国豪绅地主资产阶级的屠刀，把这个伟大的反帝运动淹没在工农群众与共产主义者的血泊中；但中国的革命却进入一个新的苏维埃阶段，而胜利地前进着。

第七十三期　紅色中華　第四版

日本截斷中東路 反蘇聯戰爭危險增長

日本帝國主義累次嗾使滿洲國截斷中東路聯絡，於十一日開始封鎖綏芬河與滿洲里中東鐵路兩終站的轉轍器，並拆去中東路西端一帶的扳機，此外又拆毀路軌若干丈。

日本一月來積極運輸大批軍用品往綏芬河及滿洲里一帶的主要軍事地點，積極準備向蘇聯進攻，滿洲國軍隊現駐滿洲里鐵路事務所附近的廣場也準備出發應付事變。據某方消息，日本軍隊現已自齊齊哈爾向西進發準備向蘇聯挑釁。

「五一」示威武裝保護蘇聯

中東路工人一部罷工後，現全路工人準備總罷工，日帝國主義將以本國員役維持中東路車務，並聞滿洲國外交部已致諜蘇聯總領事史拉夫斯基同志，謂滿洲國將強迫滿洲里與綏芬河的蘇聯稅關人員全體離職。

日暮途窮 歐美帝國主義 召集世界經濟會議

在世界經濟恐慌深入到了極度的今天，資本主義經濟制度，完全走到日暮途窮的境況了。歐美帝國主義爲着苟延喘息，暫時維持世界經濟局面，首先就得解決國際貿易，戰債及軍縮這三個大問題。因之他們要召集所謂世界經濟會議。

世界經濟會議原定五月二十五日在倫敦開幕，可是事實上帝國主義間內部還有許多很難解決的矛盾，要順利的召集大會，決不是一回容易的事。所以，在沒有召集大會之前，他們不得不先商量一下。這樣，英國的首相，在接受美國總統的邀請之後，便於四月十五日到華盛頓去了。同時，美國也很早派代表到歐洲與法德意等國接洽，邀請他們參加華盛頓會議，對於世界經濟，戰債軍縮問題作一統盤的討論，以便順利進行世界經濟會議。

對於戰債問題，美國雖然允許盡可能的減少，可是歐洲各國，特別是德法，是不是願意付還，尚有很大疑問。關稅問題比較的容易解決，但市場不夠分配，也還是同樣的難題，至於軍縮。德法正在猛烈競爭，其他各國都各自積極擴充軍備。所以，世界經濟會議的前途，暗礁正多着里。

正因爲這些重大問題沒有解決，大會日期已決定展延三星期了。

不抵抗將軍 張學良出洋

—斷送了東北熱河— —拍賣了海軍醫院—

滬訊：不抵抗將軍張學良自從和其他國民黨軍閥（蔣介石湯玉麟等）把東北三省與熱河先後出賣給了日本帝國主義，最近又把天津海軍醫院醫校全部地產房屋私售給了法國後，因爲一方面在民衆劇烈反抗下，另方面在國民黨軍閥內部衝突中，國民黨爲了緩和民衆的反抗來欺騙民衆，爲了把出賣華北的勾當完全握在南京政府手裏，所以把不抵抗將軍張學良撤了職，他也正好趁此機會溜到外國，和巴兒小狗一樣去投入帝國主義「洋婦」的懷抱裏，過他一輩子的「吞雲吐霧」與「六〇六」的生活，但不抵抗將軍『不幸』將很，在他放洋前，碰了好幾個大釘子，第一便是上海民衆對他的反擊；第二是揭發了他私售海軍醫院的『隱衷』；第三是給英國政府來電擋了他一回『駕』，說是他身患不治的『隱疾』。不抵抗將軍把東北熱河斷送了，可以『一走了事』，而千百萬民衆却日夜在日本帝國主義的鐵蹄下受到殘酷的慘殺。

上海求新船廠工人 怠工反對開除工友

上海南市有一法國資本家所辦的求新造船廠，共有工人三百餘人，近以鉗床間工頭任文是勾結外國資本家，僱用私人，開除舊有工人孫嘉岳等三人，引起全廠各部工人的反對，全體工人實行怠工，要求[illegible]開除工人[illegible]

上海時裝工人罷工

上海時裝成衣工人，因爲反對資本家歷次減低工資，工潮醞釀已久。最近華美等十餘家時裝公司老板，對於剝削工人，得寸進尺，竟欲繼續再減，工人忍無可忍，遂於四月三日宣佈罷工。這次罷工工人計有二百餘人，首先由上海四馬路一帶時裝公司工人發動，現已波及全上海時裝工人。工人罷工時提出了增加工資，減縮工作時間等條件，資本家態度強硬，置之不理，罷工工人已自動離店，堅持罷工到底。

創造新的蘇維埃區域

南豐成立縣革委會

在紅軍不斷的獲得光榮偉大勝利中，蘇區的版圖日益擴大，一省與數省的革命首先勝利的實現，更迫在目前了，南豐蘇區是中央蘇區北面的門戶，在粉碎敵人大舉進攻的決戰中，佔着極重要的地位，在最近幾次大戰中紅軍於南豐附近，給了進攻的敵人以迎頭痛擊，蔣介石的主力部隊都遭了空前的慘敗。所以近來南豐蘇區已得到很大的開拓，爲力有了[illegible]的向前發展，南豐縣現已成立縣革命委員會。全縣共轄長陂千善傅坊白舍店前廿坊六區，正在進行沒收和分配土地，建立赤色武裝，肅清地主武裝，肅清反革命，實行勞動法等重要工作，廣大的工農群衆正熱烈起來參加鬥爭。（黃達）

建甯肅反勝利

建甯來電：廿三日，建甯國家政治保衛局分局，破獲國民黨與社會民主黨的秘密組織，拘獲首要犯數名。反革命秘密活動的陰謀，至此已全暴露。據供，他們是企圖，搗亂赤色後方，來配合帝國主義國民黨軍閥的大舉進攻，可是在沒有發動之前 陰謀已經敗露了。關於肅反勝利詳情，容後續誌。

博生糧食調劑分局開幕

爲了調劑蘇區糧食，平衡糧食價格，防止富農奸商操縱，改善群衆生活，中央蘇區糧食調劑總局決定在博生縣城，設立分局。該分局經過很久的籌備，已於本月十五日正式開幕，各機關各群衆團體贈送很多彩匾，城郊附近的群衆亦極熱烈參加。現聞該局爲求轉運便利，擬在附近幾個中心圩市設立分站。

紅　角

紅五月的紀念節

（續本報七十一期）

「五五」

五月五日是世界革命導師馬克思的生日，馬克思是猶太人，他是一八一八年五月五日生於德國的一個小城市，一八八三年三月十三日死的。馬克思主義是世界無產階級革命鬥爭的武器，他是科學的社會主義的始祖，是無產階級的哲學——辯證的唯物論的創造者，他指出資本主義死亡和無產階級革命勝利的必然性，他和昂格斯起草了共產黨宣言，他創造了第一國際，指導了當時無產階級革命運動。

「五卅」

一九二五年發生於上海的五卅慘案是中國革命第一個高潮的標識到如今已八週年了。

這個慘案的發生，是起原於上海日本紗廠的罷工，日本的資本家爲要破壞罷工，就利用浪人（日本流氓）慘殺罷工領袖顧正紅，全上海的工人和革命學生，爲追悼顧正紅，援助工人罷工，和反對帝國主義，就於五月三十日，在上海最熱鬧的南京路舉行大示威，英國帝國主義者，就嗾使巡捕，屠殺示威群衆，釀成五卅慘案。這個慘案引起了全國的反響，上海發生了總罷工與罷課，延長三個月之久，各地方紛紛起來罷工罷課，特別是廣州，（那時是革命根據地）更是熱烈。英國帝主義，就先後在廣州，漢口，長沙，九江，重慶，萬縣等地，到處舉行大屠殺，越是英帝國主屠殺得利害，中國的反帝運動日漸高漲，直到國民黨於一九二七反叛革命，中國豪紳地主資產階級的屠刀，把這個偉大的反帝運動淹沒在工農群衆與共產主義者的血泊中；但中國的革命却進入一個新的蘇維埃階段，而勝利地前進着。

期
红色中华零零七十三期
版
零四版
时间
一九三三年四月二十六日

上海时装工人罢工

上海时装成衣工人，因为反对资本家屡次减低工资，工潮酝酿已久，最近华美等十余家时装公司老板，对于剥削工人，得寸进尺，竟欲继续再减，工人忍无可忍，遂于四月三日宣布罢工。这次罢工工人计有二百余人，首先由上海四马路一带时装公司工人发动，现已波及全上海时装工人。工人罢工后提出了增加工资，减缩工作时间等条件，资本家态度强硬，置之不理，罢工工人已自动离店，坚持罢工到底。

日本截斷中東路 反蘇聯戰爭危險增長

日本帝國主義累次唆使滿洲國截斷中東路聯絡，於十一日開始封鎖綏芬河與滿洲里中東鐵路兩終站的轉轍器，並拆去中東路西端一帶的扳機，此外又拆毀路軌若干丈。

日本一月來積極運輸大批軍用品往綏芬河及滿洲里一帶的主要軍事地點，積極準備向蘇聯進攻，滿洲國軍隊現駐滿洲里鐵路事務所附近的廣場也準備出發應付事變。據某方消息，日本軍隊現已自齊齊哈爾向西進發準備向蘇聯挑釁。

「五一」示威武裝保護蘇聯

中東路工人一部罷工後，現全路工人準備總罷工，日帝國主義將以本國員役維持中東路車務，幷聞滿洲國外交部已致牒蘇聯總領事史拉夫斯基同志，謂滿洲國將強迫滿洲里與綏芬河的蘇聯稅關人員全體離職。

日暮途窮 歐美帝國主義 召集世界經濟會議

在世界經濟恐慌深入到了極度的今天，資本主義經濟制度，完全走到日暮途窮的境況了。歐美帝國主義爲着苟延喘息，暫時維持世界經濟局面，首先就得解決國際貿易，戰債及軍縮這三個大問題。因之他們要召集所謂世界經濟會議。

世界經濟會議原定五月二十五日在倫敦開幕，可是事實上帝國主義間內部還有許多很難解決的矛盾，要順利的召集大會，決不是一回容易的事。所以，在沒有召集大會之前，他們不得不先商量一下。這樣，英國的首相，在接受美國總統的邀請之後，便於四月十五日到華盛頓去了。同時，美國也很早派代表到歐洲與法德意等國接洽，邀請他們參加華盛頓會議，對於世界經濟，戰債軍縮問題作一統盤的討論，以便順利進行世界經濟會議。

對於戰債問題，美國雖然允許盡可能的減少，可是歐洲各國，特別是德法，是不是願意付還，尚有很大疑問。關稅問題比較的容易解決，但市場不夠分配，也還是同樣的難題，至於軍縮。德法正在猛烈競爭，其他各國都各自積極擴充軍備。所以，世界經濟會議的前途，暗礁正多着里。

正因爲這些重大問題沒有解決，大會日期已決定展延三星期了。

不抵抗將軍 張學良出洋

——斷送了東北熱河——拍賣了海軍醫院——

滬訊：不抵抗將軍張學良自從和其他國民黨軍閥（蔣介石湯玉麟等）把東北三省與熱河先後出賣給了日本帝國主義，最近又把天津海軍醫院醫校全部地產房屋私售給了法國後，因爲一方面在民衆劇烈反抗下，另方面在國民黨軍閥內部衝突中，國民黨爲了緩和民衆的反抗來欺騙民衆，爲了把出賣華北的勾當完全握在南京政府手裏，所以把不抵抗將軍張學良撤了職，他也正好趁此機會溜到外國，和巴兒小狗一樣去投入帝國主義『洋婦』的懷抱裏，過他一輩子的『吞雲吐霧』與『六〇六』的生活，但不抵抗將軍『不幸』將很，在他放洋前，碰了好幾個大釘子，第一便是上海民衆對他的反對聲；第二是揭發了他私售海軍醫院的『隱事』；第三是給英國政府來電擋了他一回『駕』，說是他身患不治的『隱疾』。不抵抗將軍把東北熱河斷送了，可以『一走了事』，而千百萬民衆却日夜在日本帝國主義的鐵蹄下受到殘酷的慘殺。

上海求新船廠工人 怠工反對開除工友

上海南市有一法國資本家所辦的求新造船廠，共有工人三百餘人，近以鉗床間工頭任文星勾結外國資本家，僱用私人，開除舊有工人孫嘉岳等三人，引起全廠各部工人的反對，全轉工人舉行怠工，要求[illegible]恢復被開除工[illegible]

紅角

紅五月的紀念節

（續七十一期本報）

「五五」

五月五日是世界革命導師馬克思的生日，馬克思是猶太人，他是一八一八年五月五日生於德國的一個小城市，一八八三年三月十三日死的。馬克思主義是世界無產階級革命鬥爭的武器，他是科學的社會主義的始祖，是無產階級的哲學——辯證的唯物論的創造者，他指出資本主義死亡和無產階級革命勝利的必然性，他和恩格斯起草了共產黨宣言，他創造了第一國際，指導了當時無產階級革命運動。

「五卅」

一九二五年發生於上海的五卅慘案是中國革命第一個高潮的標誌到如今已八週年了。

這個慘案的發生，是起原於上海日本紗廠的罷工，日本的資本家爲要破壞罷工，就利用浪人（日本流氓）慘殺罷工領袖顧正紅，全上海的工人和革命學生，爲追悼顧正紅，援助工人罷工，和反對帝國主義，就於五月三十日，在上海最熱鬧的南京路舉行大示威，英國帝國主義者，就唆使巡捕，屠殺示威羣衆，釀成五卅慘案。這個慘案引起了全國的反響，上海發生了總罷工與罷課，延長三個月之久，各地方紛紛起來罷工罷課，特別是廣州，（那時是革命根據地）更是熱烈。英國帝主義，就先後在廣州，漢口，長沙，九江，重慶，萬縣等地，到處舉行大屠殺，越是英帝國主屠殺得利害，中國的反帝運動日漸高漲，直到國民黨於一九二七反叛革命，中國豪紳地主資產階級的屠刀，把這個偉大的反帝運動淹沒在工農羣衆與共產主義者的血泊中；但中國的革命却進入一個新的蘇維埃階段，而勝利地前進着。

上海時裝工人罷工

上海時裝成衣工人，因爲反對資本家歷次減低工資，工潮醞釀已久。最近華美等十餘家時裝公司老板，對於剝削工人，得寸進尺，竟欲繼續再減，工人忍無可忍，遂於四月三日宣佈罷工。這次罷工工人計有二百餘人，首先由上海四馬路一帶時裝公司工人發動，現已波及全上海時裝工人。工人罷工後提出了增加工資，減縮工作時間等條件，資本家態度強硬，置之不理，罷工工人已自動離店，堅持罷工到底。

創造新的蘇維埃區域

南豐成立縣革委會

在紅軍不斷的獲得光榮偉大勝利中，蘇區的版圖日益擴大，一省與數省的革命首先勝利的實現，更迫在目前了，南豐蘇區是中央蘇區北面的門戶，在粉碎敵人大舉進攻的決戰中，佔着極重要的地位，在最近幾次大戰中紅軍於南豐附近，給了進攻的敵人以迎頭痛擊，蔣介石的主力部隊都遭了空前的慘敗。所以最近來南豐蘇區已得到很大的開拓，爲力有了[illegible]蘇區的向前發展，南豐縣現已成立縣革命委員會。全縣共轄長陵千善傅坊白舍店前甘坊六區，正在進行沒收和分配土地，建立赤色武裝，肅清地主武裝，肅清反革命，實行勞動法等重要工作，廣大的工農羣衆正熱烈起來參加鬥爭。（黃達）

建甯肅反勝利

建甯來電：廿三日，建甯國家政治保衛分局，破獲國民黨與社會民主黨的秘密組織；拘獲首要犯數名。反革命秘密活動的陰謀，至此已全暴露。據供，他們是企圖，搗亂赤色後方，來配合帝國主義國民黨軍閥的大舉進攻，可是在沒有發動之前 陰謀已經敗露了。關於肅反勝利詳情，容後續誌。

博生粮食調劑分局開幕

爲了調劑蘇區糧食，平衡糧食價格，防止富農奸商操縱，改善羣衆生活，中央蘇區糧食調劑總局決定在博生縣城，設立分局。該分局經過很久的籌備，已於本月十五日正式開幕，各機關各羣衆團體贈送很多彩匾，城郊附近的羣衆亦極熱烈參加。現聞該局爲求轉運便利，擬在附近幾個中心圩市設立分站。

苏联大使来中国

上海民众热烈欢迎，黄浦江边红旗招展

上海专电：自中苏复交后，全中国民众热烈购买苏联货物，谈论苏联社会主义建设的成功，尤其希望着苏联公使到来中国。现苏联大使鲍格莫洛夫同志已于二十三日到达上海，备受广大群众的热烈欢迎，很多中外记者向他拜访，并且争着为他拍照，上海国民自救会也集合了几百个群众前往码头欢迎，在码头上轮流讲演五年计划的伟大胜利，并散发大批传单，宣传苏联是中国民族解放运动的唯一赞助者，是中国反帝斗争的兄弟联盟者，是第一个放弃沙皇时代在中国的一切特权的友爱国家，并高呼各种革命口号，整队游行至爱多亚路，才被巡捕所阻止，同时有反动白俄一队，想猛扑苏联大使所乘汽车，但为群众所阻止，卒未得逞。苏联大使抵沪后，上海黄浦江边的那所苏联领事馆屋顶上，又有红旗在招展着，这和上海各帝国主义的国旗，正是一幅最显明的两个世界对立的图画呵。

第七十四期　　紅色中華　　第四版

爲夏耕運動給各級蘇維埃負責人的信

省蘇縣蘇區蘇的主席團及土地部長鄉蘇的主席及全體代表同志們：

春耕已過去了。有些地方雖然得到了好的成績，但許多地方的成績是非常之差的。嚴重的情形是政府主席團忽視春耕，土地部對春耕怠工，尤其是動員的方式脫離了羣衆。現在夏耕已到，轉眼就是秋收，如果你們再不努力，不立即改變春耕中所犯錯誤，不大家拿出戰鬥精神來對付夏耕，那麽，爲了羣衆利益爲了革命戰爭，[illegible]加二成收穫的計劃，就要受到極嚴重的[illegible]。因此中央土地部特爲編了一個夏耕運[illegible]綱（即紅色中華發表的怎樣領導夏耕運動）發給你們，在這個大綱中指出了夏耕的嚴重意義，夏耕的目的，夏耕的中心工作，與夏耕中動員羣衆的方式，其中特別指出瑞金武陽區的實例——在這裏真正做到了『有組織的動員』激發了農民羣衆空前高度的勞動熱忱，得到了春耕的偉大成績。你們接到這個大綱之後，要立即召集各種必要的會議（縣蘇主席土地部長召集各區主席土地部長開會，區蘇及其土地部召集鄉蘇主席及貧農團主任開會，鄉蘇分別召集代表會，貧農團，婦女代表會，赤衛軍，少先隊，兒童團，及鄉村羣衆開會），解釋大綱的要點，討論本地的進行辦法，立即將革命的夏耕戰鬥開展到所有紅色農村中去。省蘇不必召集縣蘇開會，但要根據此大綱而有具體活潑的指導。省對縣縣對區均要每月檢查他們的工作一次。區對鄉則每半月檢查一次。中央土地部當於五月內派人分往各縣對你們的夏耕成績作第一次檢查。夏耕任務的完成首先靠了你們正確而有力量的領導。同志們大家爲了夏耕的全部勝利而奮鬥呵！

臨時中央政府主席　毛澤東

副主席　項英　張國燾

代土地人民委員　胡海

公歷一九三三年四月二十二日

婦女帮助春耕的熱烈

興國城岡區委，在四月間派巡視員去各鄉巡視工作，各鄉的英勇男同志多數已加入了紅軍，或是參加了地方工作，所以在家的一般婦女黨團員便來領導廣大的工農婦女踴躍參加春耕。特別對於優待紅軍家屬，大家實行共產黨禮拜六工作。在協助春耕運動中，許多婦女學習了犂田耙田播種插秧等工作。她們熱烈興奮，確信是真正能夠增加兩成生產的。（游胡）

德法西斯帝政府非法逮捕蘇聯僑民

莫斯科電：德國警察於四月一日搜查蘇聯駐德煤油公司辦事處，將室內雇員十三人一律拘捕，並未宣佈任何理由。蘇聯外交人民委員長李維諾夫同志於二日向駐莫斯科德國公使，對於蘇聯人民在德國境內所受種種被捕及虐待等情事，尤其是對於德國警察搜查蘇聯商業代表住宅事，提出嚴重抗議。

日本加緊掠奪中東路

莫斯科電：日本帝國主義，對於掠奪中東路的陰謀，現在益形陰險化。據伯力廿七日電，日政府決令北滿軍官以激烈手段，排除中東路蘇聯職員，并乘機攫奪中東路。且日前在中東路東段綏芬河一帶，日軍竟以武力强制扣留蘇聯的機車，并向烏蘇里鐵道上的機車開槍射擊，這一切證明日軍在中東路上，正用盡一切方法向蘇聯挑釁，以引起反蘇聯戰爭。

蘇聯大使來中國

上海民衆熱烈歡迎　黃浦江邊紅旗招展

上海專電：自中蘇復交後，全中國民衆熱烈購買蘇聯貨物，談論蘇聯社會主義建設的成功，尤其希望着蘇聯公使到來中國。現蘇聯大使鮑格莫洛夫同志已於廿三日到達上海，備受廣大羣衆的熱烈歡迎，很多中外記者向他拜訪，并且爭着爲他拍照。上海國民自救會也集合了幾百個羣衆前往碼頭歡迎，在碼頭上輪流講演五年計劃的偉大勝利，并散發大批傳單，宣傳蘇聯是中國民族解放運動的唯一贊助者，是中國反帝鬥爭的兄弟聯盟者，是第一個放棄沙皇時代在中國的一切特權的友愛國家，并高呼各種革命口號，整隊游行至愛多亞路，才被巡捕所阻止。同時有反動白俄一隊，想猛撲蘇聯大使所乘汽車，但爲羣衆所阻止，卒未得逞。蘇聯大使抵滬後，上海黃浦江邊的那所蘇聯領事館屋頂上，又有紅旗在招展着，這和上海各帝國主義的國旗，正是一幅最顯明的兩個世界對立的圖畫呵。

新疆回民暴動擴大

新疆回民暴動，日益擴大；哈密，鄯善，庫車，烏蘇溫及省城迪化都已相繼失陷。據莫斯科來電，該省反動國民黨政府主席金樹仁，已由迪化逃到塔城了。這次事變發生的原因，主要的有兩個：（一）國民黨爲要殘酷剝削民衆，平日挑撥漢族與回民之間的感情，以致釀成回民對於漢族的仇視；（二）回民對於反動國民黨政府主席金樹仁的苛捐雜稅以及其他的種種壓迫，已經忍無可忍，所以起而暴動。又據某方消息，金樹仁逃出迪化後，省垣秩序現由剛從蘇聯回來的義勇軍蘇炳文部在維持，確否待證。并聞國民黨政府自聽到新疆回民暴動後，極形恐慌，有派兵前去鎮壓訊。

在帝國主義面前爭寵　國民黨軍閥又興醋波

南京國民黨軍閥蔣介石與西南廣東軍閥，最近又起衝突，互相辱罵得很起勁。其原因首先就在於蔣介石把平津出賣給日本帝國主義，得到了華北的很多地盤和利益，獲得了日本及其他帝國主義的『撫愛』，西南國民黨軍閥看了因爭寵而未免眼紅，大大的出了蔣介石的醜，揭穿了南京政府的對日不抵抗而與日本妥協的陰謀，并且佯說要把廣東軍隊開到北方去。廣東軍閥是很『聰明』的，因爲這樣他們一方面可以欺騙民衆，一方面可以討好其他帝國主義（英）也來參加出賣中國的好生意經。其次，廣東軍閥屢次恥笑蔣介石對於進攻紅軍的失敗，在帝國主義面前，暴露蔣介石的無能，并向帝國主義作『毛遂自荐』，願意當進攻紅軍的急先鋒。

因爲這些關係國民黨軍閥內部正在劇烈的衝突着。他們爭持的目的，簡單說，就是在帝國主義面前誇耀他們誰最能夠出賣中國？誰是最忠信的走狗。

全國紗廠資本家聯合向工人階級進攻

在中國國民經濟總崩潰的時候，工人的生活狀况已經降到快要餓死的水平線了。可是資本家窮兇極惡，爲着他們自己的利潤，要榨取工人階級的最後一滴血。最近全國華商紗廠聯合會決議實行再減工資，并決定減工百分之二十三，就是說要停止星期六與星期日夜工，這樣將使很多工人沒有工做，這無異把工人推進飢餓和失業的深淵裏而去。上海黨中央決定發表宣言，反對紗廠資本家對於工人階級的新的進攻，同時組織羣衆的反抗。

插秧曲

一，二，三，………

　綠映映，綠映映，………

插得整齊又好看。

　同志哥伴着同志嫂，

唱着歌兒插着秧，

×　×　×

『我們是蘇維埃公民，

　都得參加革命戰爭；

俘擄「陳誠」驍爭明，

　還要活捉蔣介石陳誠！』

×　×　×

歌聲夾着笑聲，

　手臂忙着往田土裏伸；

同志哥唱罷一曲，

　同志嫂接着唱得更好聽。

×　×　×

『紅軍是工農自己人，

　幫助紅軍是千該萬該應；

那就得先耕紅軍公田，

　優待紅軍家庭！』

×　×

他和她的壯麗歌音，

　興奮了遠近灣着背兒的同志們

大家便同聲合唱一曲

　『趕緊插秧，增加生產二成！』

×　×　×

一，二，三，………

　綠映映，綠映映，………

插得整齊又好看。

　同志哥伴着同志嫂，

唱着歌兒插着秧。

　思九，一九三三，四，二七，

期
红色中华零零七十五期
版
零一版
时间
一九三三年五月二日

“五一”示威进行曲

上海工人与巡警肉搏

上海五一专电：全沪工人今日一律不上厂，分沪西沪东，闸北南市，浦东，与中区分头集中，在共产党领导之下开群众大会，并往马路上示威游行，吓得统治阶级刮刮发抖，使他们忙调巡警，施行紧急戒严，断绝租界与华界的交通。虽在这样严重的白色恐怖下，上海工人仍然怒潮般地涌到马路上去，高呼口号，散发传单，向资本家举行盛大示威。今日上午十一时左右，南京路与东新桥等地均有大批群众蜂集示威。巡警出面干涉，与群众发生冲突，群众即以石子与棍棒对付巡警的手枪，互相肉搏数小时，始散，并闻有一部［分］群众被巡警捕去。

一九三三年五月二日　紅色中華　第一版

紅色中華

第七十五期
一九三三年五月二日
本期一張半
定價　大洋三厘　零售銅元一枚

『五一』示威進行曲

蘇聯紅場上

莫斯科五月一日電：今日為國際勞動節，蘇聯全國分區示威遊行，莫斯科城區及附近四郊羣衆於上午九時始，分隊向紅場集中，在克里林宮前徐徐通過，到下午六時後方才走完。示威羣衆中最英武的有全副武裝參加閱兵典禮的紅軍，有工人糾察隊，及集體農莊的生產突擊隊。此外還有化裝宣傳隊與活報隊，都很引人注目。紅場上人山人海，喧聲沸騰，并有無線電的廣播，作各種演講，高呼「五一」口號。數百架飛機在空中飛成各種陣勢，散下雪片一般的傳單。斯達林，莫洛托夫與伏洛希洛夫幾個同志，都有警惕的講演，對於英國工程師破壞列甯水電廠與日本帝國主義侵吞中東路等事件，特別嚴重的提出來，最後說：「我們要準備一切來保護無產階級的祖國」！全體羣衆高呼：「時刻準備着」，當隊伍通過講台時，羣衆高呼：「斯達林同志萬歲」！「蘇聯社會主義建設成功萬歲」！等口號，熱烈雄壯可說達到了極點。

上海工人與巡警肉搏

上海五一專電：全滬工人今日一律不上廠，分滬西滬東，閘北南市，浦東，與中區分頭集中，在共產黨領導之下開羣衆大會，并往馬路上示威遊行，嚇得統治階級刮刮抖，使他們忙調巡警，施行緊急戒嚴，斷絕租界與華界的交通。雖在這樣嚴重的白色恐怖下，上海工人仍然怒潮般的湧到馬路上去，高呼口號，散發傳單，向資本家舉行盛大示威。今日上午十一時左右，南京路與東新橋等地均有大批羣衆遙集示威。巡警出而干涉，與羣衆發生冲突，羣衆即以石子與棍棒對付巡警的手槍，互相肉搏數小時，始散，并聞有一部羣衆被巡警捕去。

四千巡警襲擊東京工人

東京五一電：本日東京各區工人，於上午九時前集中日比野公園，開羣衆大會，共到十餘萬人，當被日本東京警廳偵知，即派出四千幹警，包圍工人，施行猛烈襲擊。工人們突圍而出，冲至馬路上，高舉紅旗，怒吼着國際歌，以傳單投到馬路兩旁。同時神田町與戸塚町工人均有盛大示威遊行。

赤色首都的「五一」

中華蘇維埃赤色首都的「五一」，在千百萬羣衆熱烈參加示威檢閱中，雄壯的過去了。在「五一」籌備委員會的領導之下，首都中央一級機關，各羣衆團體及直屬縣一級機關與四鄉羣衆，均於九時左右趕到飛機場集合，計到羣衆四五萬人，紅軍部隊亦列隊參加，舉行閱兵典禮。大會於八時餘宣佈開會，由中少中央局，中央政府及各機關團體代表相繼演說，都是激昂的指出了今年紀念「五一」的意義和任務。會場上設有「擴大紅軍報名處」及「共產黨徵收黨員報名處」，去報名的非常擁擠。會場人山人海，喧聲騰天，有化裝宣傳隊，有兒童賣報叫賣隊，滿場都是人和旗幟，遍處都有傳單彩紙。大會完畢後，即有各機關工作同志舉行球類比賽，晚上舉行晚會。今年紅「五一」，便這樣熱烈地過去了。

◎火把示威大遊行

▲紅一軍團「五一」紀念電訊▼

紅色中華社：我們處在戰鬥的環境中，整日與敵人飛機不斷的戰鬥着；因此，我英勇紅軍配合此處圍繞在蘇維埃週圍的勞苦羣衆，召集晚間羣衆大會，舉行「五一」火把示威大遊行。一片火光紅遍了半個天空，熱烈的呼聲震動了十里外，一般紅色戰士與此地羣衆的熱血都沸騰了。從五一起到七日將每日舉行晚會遊藝，與廣大反帝運動，深入蘇維埃和戰爭的宣傳并徵收黨團員工作，一軍團通訊。

五月一日

中國店員手業工人第一次代表大會開幕日

在悠揚的軍樂和國際歌聲中，中國店員手藝工人第一次代表大會於國際勞動節在赤色首都開幕了。大會代表三百餘人，在共產黨和全總執行局領導下，選出了斯達林同志等為名譽主席團，通過了給前方紅軍的以及大會開幕的通電。接着由中少共中央委員會，中央政府及各機關團體代表相繼致詞。在黨中央委員會代表致詞後，即由執行局黨團書記徵求全體代表加入共產黨，不到半分鐘，全體代表便一致舉手願意加入共產黨。接着在中央政府代表致詞後，會場中忽有一代表站起動議，以大會名義要求中央政府延期歸還第二期公債票，也得到全場代表的擁護而通過了。在各機關代表致詞完畢後，大會代表即起立致答詞，并由主席宣讀前方紅軍各軍團的賀電。最後，大會通過了議事日程，遂宣佈休會。

大會通電兩則

◀在紅色的「五一」開幕了

中國店員手藝工人臨時全國代表大會，在紅色的「五一」開幕了，代表大會要團結百萬店員手藝工人於自己的工會之內，用工人階級團結的力量來澈底改善我們自己的生活。

正當着代表大會開幕的時候，帝國主義正在瘋狂般的準備進攻蘇聯與帝國主義的世界大戰；日本與一切帝國主義正在加緊瓜分中國，蹂躪華北的勞苦工農，在日本帝國主義的飛機大砲屠殺之下。國民黨是最無恥的出賣了華北，正在帝國主義指使下拼命進攻蘇區的勞苦工農。

中國工農紅軍光榮偉大的勝利，給帝國主義國民黨的進攻以迎頭痛擊，全國勞苦羣衆正在與帝國主義國民黨拼命的作戰。

大會號召全中國百萬店員手藝工人，團結起來，武裝擁護蘇聯，反對帝國主義大戰，反對帝國主義瓜分中國，反對出賣民族的國民黨，號召全蘇區的工農勞苦羣衆參加與幫助自己的工農紅軍，團結全中國的勞苦工農與英勇戰鬥的義勇軍的士兵，堅決的對日本與一切帝國主義，為爭取蘇維埃在全中國勝利而鬥爭

五月　日

◀和我們一塊消滅敵人去

全體英勇的紅色戰士同志們：

正當着日本帝國主義砲火連天的佔領熱河進攻平津積極瓜分中國和瘋狂的準備進攻蘇聯的時候，正當着帝國主義國民黨積極進攻蘇區，在各個戰線上遭受到嚴重的失敗，尤其是北面蔣介石中路軍隊的慘敗，潰退，英勇的工農紅軍獲得了空前偉大勝利的時候，中國店員手藝工人第一次代表大會在中華全國總工會領導之下，偉大的「五一」開幕了！大會以無限的熱忱和敬意，慶祝你們英勇的戰鬥和各方面最近偉大光榮的勝利！我們相信只有中國共產黨與蘇維埃領導下的工農紅軍，才是反帝反國民黨和澈底實行土地革命的唯一武裝力量。大會號召所有會員加緊武裝的動員，完成店員手藝工人師，到前方加入紅軍，和你們一塊去消滅敵人，同時繼續節省經濟退還二期公債票和各方面來慰勞你們，優待你們的家屬和幫助你們家屬的耕田，希望你們繼續英勇的戰斗，拼着我們工農勞苦羣衆的熱血！磨快我們的刺刀對準着敵人倒鋒！前進！！

風起雲湧的罷工停工潮
△成緯織綢廠罷工醞釀

期：红色中华零零七十五期
版：零四版
时间：一九三三年五月二日

风起云涌的罢工停工潮

成纬织绸厂罢工酝酿

沪讯：上海纬成［成纬］织绸厂资本家一向对待工人非常残酷，想尽各种方法来加紧剥削工人，今年二月间因厂方减削工资，曾一度发生罢工，最近该厂借口销路滞呆，工作减少，开除了工人两名。遂激起全厂工友，向厂方要求即刻恢复该两工人工作，否则即行罢工。

义源橡胶厂罢工

上海北成都路义源橡胶厂，近因开除擦鞋部及绒底部工人四名，全体工友群起反对，被裁工友曾向社会局请愿复工，但社会局置之不理，于是套鞋部擦鞋部绒底部工人先后罢工。闻厂方态度凶恶强硬，发出布告谓：限罢工工人，在五天内报到，否则作解雇论云。

阳伞业十一厂停工

上海阳伞业华利时等十一厂，因资方借口反对同业组设联合营业所，不顾工人生计，一律宣告停工，使十一厂全体工人失业，无以生活，资本家对付工人，手段的恶毒，于此可见一斑。

第七十五期　紅色中華　第四版

南天門又告陷落

△國民黨繼續出賣投降

△『新陣線』一道又一道

留云廿九日電：古北口一帶的日軍第八師團全部，連日向南天門陣地不斷的施行猛攻，同時以飛機十餘架協同重砲七十餘門集中轟炸，南天門義軍陣地全被燬滅，數百人以身殉難，國民黨軍閥於廿七晨即强制士兵放棄南天門，追令退入所謂「新陣線」，現日軍已全部佔領南天門，正在猛進中。無疑的，國民黨將繼續投降，所謂「新陣線」，從『九一八退出』瀋陽，直至最近秦皇島與南天門的陷落，一道又一道，眞不知建立了多少道『新陣線』了。

灤東繼續有戰事

▲昌黎一帶時有小衝突

▲義軍一部進抵留守營

北平廿九日電：灤東日滿軍隊，自停止渡河西進後，即固守灤河東岸，與抗日義勇軍時時發生小衝突，義勇軍最近極形活動，頗圖反攻，聽說一部已進抵留守營，一部則直趨款甯。據某方消息，義勇軍的奮勇反攻，使日滿軍很受威脅，有開始撤退北戴河訊，所以，最近北甯路，於廿九日起已由昌黎展至留守營附近，日內定可直通留守營等。

風起雲湧的罷工停工潮

△成緯織綢廠罷工醞釀

滬訊：上海緯成織綢廠資本家一向對待工人非常殘酷，想盡各種方法來加緊剝削工人，今年二月間因廠方減削工資，曾一度發生罷工，最近該廠借口銷路滯呆、工作減少，開除了工人兩名，遂激起全廠工友，向廠方要求即刻恢復該兩工人工作，否則即行罷工。

△義源橡膠廠罷工

上海北成都路義源橡膠廠，近因開除擦鞋部『絨底』工人四名，全體工友羣起反對，被我工友會向社會局請願復工，但社會局置之不理，於是套鞋部擦鞋部絨底部工人先後罷工。聞廠方態度凶惡强硬，發出佈告謂：限罷工工人，在五天內報到，否則作解雇論云。

△陽傘業十一廠停工

上海陽傘業華利時等十一廠，因資本家「藉口」反對同業組設聯合營業所，不顧工人生計，一律宣告停工，使十一廠全體工人失業，無以生活，資本家對付工人，手段的惡毒，於此可見一斑。

臨安農民大暴動

反對取締土製蠶種

打倒國民黨的官僚

杭州訊：自從杭農民爲反對取締土製蠶種，反對改用洋種蠶，發生極大風潮以來，浙江各地農民亦羣起反對，最近臨安縣又發生大暴動。暴動羣衆千餘人將製種場搗毀焚燒，迫令縣府頒發不取締土製蠶種的佈告，并提出幾項要求，後因得不到圓滿答復，羣衆又擁進城去，將文關蠶具完全焚燬。國民黨黨部政府即派大隊軍警前往彈壓，大肆其屠殺手段，對準羣衆開槍，當場擊斃槍傷羣衆數名，但臨安縣各鄉農民爲了維持自己的生活，反對國民黨官僚與奸商的剝削，將繼續鬥爭。暴動風潮勢必日益擴大云。

蘇區民衆禦侮自救會議

反帝擁蘇總同盟發起召集

由於國民黨對帝國主義一貫的無恥投降和不抵抗，在中國民衆面前提出了挽救中國的不是國民黨政府而是民衆自己，因此白區的廣大民衆最近已經自動地發起了全國民衆禦侮救國會議（見本報第六十七號）來商定挽救中國的具體方針，中央蘇區反帝擁蘇總同盟自從得到這個消息後便積極地籌備着在蘇區內也舉行一次蘇區民衆禦侮自救會議，來響應白區羣衆的這一行動，並舉會選舉到白區去出席全國代表大會的代表。現在總同盟已經正式地發起召集這個會議了，會期決定是在反帝紀念日的「五卅」，大會的代表決定的是三百人。（每區選代表一人）關於這一會議的通告，報告大綱，傳單，宣言，都已印發下去了，寫給各機關各團體要求響應的信也都發了，要閩浙贛，湘鄂贛，湘贛派代表前來出席的通電也拍發了。很明顯地，這一個會議將得到偉大的成功的。

告通訊員同志

由於你們的努力和幫助，紅色中華的內容與形式，比較從前，已經有了很大的進步。「紅中」上已經相當的反映了全蘇區各地的戰爭緊急動員工作，尤其是對於經濟動員，起了積極的領導作用。這裏，實際的成績，說明「紅中」是向着成爲眞正羣衆的報紙，就是說成爲「集體的宣傳鼓勵者和組織者」這個方向走去了。

但是我們這點通訊工作的成績，還是不能令人滿意的，首先我們就可以指出下列幾個缺點：對於各地春耕運動的反映很少，同志們沒有去注意下層怎樣在進行春耕，也沒有考察春耕運動中的各種問題（如生產突擊隊耕田隊犂牛合作社等情形），（二）對於各地工農羣衆實際生活與日常鬥爭的反映太少，例如黨和政府怎樣領導反對開小差，歸隊運動，擴大紅軍的具體宣傳鼓動工作（單說人數是不夠的）和土地斗爭的實際情形，以及工人斗爭等等，都沒有很多稿子寫來。（三）紅軍中的通訊員同志沒有反映紅軍生活的各方面，便是對戰鬥經過的記述也還是很少的，至於行軍中所得到的材料，簡直沒有寫。

其次我們的通信員還沒有做到（一）去組織和採訪消息，（現在通信員只能寫些眼前的或本機關內的消息，對於自己週圍所發生的事件，是沒有注意到的），（二）去組織和教育紅色中華的讀者，發展讀報小組，推廣「紅中」銷路，（三）爲本報的各種號召，去動員羣衆爲每個號召而鬥爭。

最後，我們的通訊工作，做得最壞的是：（一）通訊員與本社的關係不密切，很多通訊員只填了登記表，但寫得很少或者甚至沒有寫稿來，（二）同一地方或同一部屬的通訊員關係不密切，以致稿件常常重複，不能有計劃的來分工合作，把當地情形分別做成通訊。

現在我們應該立刻糾正一切缺點，轉變我們的通訊工作!!

目前我們最急迫要做的幾點工作是：

第一緊緊抓住目前黨的「五一」徵收黨員運動，把各地發展黨的實際情形（如各地工會貧農團紅軍中黨團內發展黨員的突擊隊如何活動如何舉行革命競賽等與關於發展的數目也需要。）

第二立刻開始組織各地夏耕運動。把各地進行夏耕的各種問題寫來。（如羣衆的勞動熱忱，消滅荒田，施肥改種組織犂牛站等等）

第三，今後本社與各通訊員應該建立密切關係，通訊員隨時把各地情形，以及通訊中的各種困難問題告訴我們，以便我們經常寫信商洽。其次各地同一處的通訊員要經常開會或接頭，討論當地通信工作。

同志們，把通信工作健全起來，使我們的通訊員成爲一支有力軍隊，在各地參加和領導實際鬥爭，把各地消息像電一樣快的反映到紅色中華上面來！

革命敬禮！

紅中通訊社　四月廿六日

紅角

還有三十二天（大山）

△不打緊，儘可多多增設

「新陣線」

國民黨『抗日』的新名詞眞是層出不窮，做他欺騙民衆的拿手好戲。

『九一八』事件明明是國民黨軍閥毫不抵抗地把東三省奉送給日本帝國主義，他偏說是『長期抵抗』；『一二八』上海的戰役，明明是國民黨軍閥强迫十九路軍抗日士兵與民衆義勇軍撤退，爲了好簽訂出賣上海的停戰協定，他偏說是『戰略關係』。後來，國民黨又陸續把山海關熱河長城各要塞及秦皇島都斷送掉，這當然，又都是爲了『長期抵抗』與『戰略關係』罷?!

這兩天的消息，南天門又失守了，國民黨耍變了新花樣，說是『爲了設立新陣線』。『新陣線』，這倒是怪巧妙的新名詞！可不知道，這是怎樣的一種陣線，想不過是一種迷魂陣罷！

在某種報紙上看到有幾段妙語，我想拿來寫在這裏，倒是很確當的：

『孫猴子大鬧天宮，好在玉皇大帝有三十三天，可以步步退讓。

倭鬼子猛攻中國，好在偌大中華有二十二省，可以『長期抵抗』

對啦，如今南天門失守了，不是三十三天只丟了一天，還有三十二天嗎？那末儘可多多增設『新陣線』（迷魂陣）來『長期抵抗』呢！

期

红色中华零零七十七期

版

零四版

时间

一九三三年五月八日

红军援助上海被难工友

红色战士自得悉上海永和厂因汽炉爆炸，四百余工人惨遭死伤的消息后，群情愤激，莫不痛恨资本家只知无穷地剥削工人，毫不顾及工人生命保障的残酷，为了实际的予被难工友及其家属以物质上精神上的援助，由红军互济总会趁“四一二”纪念日，同时又是互济会代表大会开幕时，分别召集会员大会，并号召募捐救济永和厂被难工友及其家属。捐款已在陆续集中，单只总直属队即有百余元之多。俟全数集中后，即将送全总执行局转寄上海。

（湘潮）

革命互濟會響應蘇區民衆禦侮自救會

自從中央蘇區反帝擁蘇總同盟發起在「五卅」舉行全蘇區民衆禦侮自救會議後，互濟會即在「四一二」舉行的全蘇代表大會中，號召全體代表來擁護與幫助這一大會。最近互濟總會又再一次的發出通告，號召全體互濟會盟員來參加和擁護這一大會。

其餘的團體（如工會等）也正號召他們所有的會員來響應這一會議。

看罷！這樣熱烈的擁護，我們相信這一會議對於開展民族革命戰爭一定有很大幫助，而且能夠得到偉大的成功。

擁護禦侮自救會！擴大民族革命戰爭！

反帝擁蘇總同盟徵收盟員運動

加入反帝擁蘇同盟來回答日本進攻平津！

正當着日本帝國主義猛烈地向華北進攻的時候，反帝擁蘇總同盟爲要加強本身的戰斗力量，準備與帝國主義直接作戰，武裝保護蘇聯。因此決定在紅五月一個月中，在全中央蘇區要徵收十萬的盟員，現在已經採用了各種的方法來開始徵收了，

同志們！大批的加入到反帝擁蘇裏來，團結我們的力量，來回答日帝國主義對華北的進攻，驅逐帝國主義滾出中國去，爭取中國民族徹底的解放！

（飄萍）

「一切都準備了！」

▲蘇聯加倫將軍的「五一」講演▼

海參威電：蘇聯遠東紅軍總司令加倫將軍（他曾經來過中國，於一九二五至二七年大革命時任北伐軍最高軍事顧問。）於今年「五一」節，在伯力示威大會上，向參加閱兵典禮的遠東紅軍，作激烈講演。他首先敘述目前國際政治形勢，與帝國主義反蘇聯戰爭危險的增長，接着就談到紅軍的偉大的歷史任務，——保護無產階級祖國與完成世界革命。最後，他說：「一切都準備了，我們的鐵拳等待着任何敵人的襲擊，不讓他們踏進蘇聯寸土！」全場羣衆均高呼口號，熱烈擁護。

帝國主義耀武揚威　大隊兵艦開來中國

華盛頓四日電：此間盛傳日本亞洲艦隊正向烟台，秦皇島，和其他中國口岸駛去，行動詭秘，大有企圖，據傀儡滿洲國當局宣稱，是爲着「保護中國海岸」，由這句話可以推測日本艦隊的移動是有着很大用意的，當然與往年的操演完全不同，這次他們是要配合着進攻華北的陸空軍的行動，準備於相當時機，佔領中國重要口岸。

美帝國主義看到日艦的活動，甚感眼紅，已決定令太平洋艦隊相機出動。該艦隊包括，一旗艦，二巡洋艦，二驅逐艦，一航空母艦及五潛水艇，將於最近駛往青島，塘沽，烟台，秦皇島等地。

英國取消印日商約

▲防止日貨傾銷印度

▲日棉織業大起恐慌

倫敦電：英外首最近通知日本公使，要取消一九〇四年所訂立日印通商條約，蓋欲使印度與日本脫離最惠國約款，以防止日貨傾銷印度，英國這一行動，其原因在於日本自「九一八」以來，爲着日貨在華遭受抵制，故求其出路於南洋印度等地，實行傾銷政策，在印度與英貨競爭，使英國的棉紗布及雜貨一敗塗地，英國爲挽救本國工業起見，所以竟取消印日通商條約，把關稅增高，防止日貨的傾銷，日本棉織業因此大起恐慌，正謀對策中。

汪精衛的「抗日」談

滬訊：汪精衛幾月前到歐洲去與各帝國主義國家接洽出賣中國事宜完結以後，回到中國來與蔣介石等國民黨軍閥共同實現賣國條約，最近又發表了對中日和戰解釋的「高談闊論」，大要謂：「因爲不能戰，所以抵抗；因爲不能和，所以交涉，因此要抵抗與交涉并行」。并說，「要咬定牙不要叫苦，人民不要爲個家蕩產，顚沛流離而叫苦，士兵不要因爲飢餓，救濟不周而叫苦；因爲中國是苦命的中國，人民是苦命的中國人，苦命注定了，不要隨便叫苦，只安排吃苦就是了」。

托陳取消派向國民黨法庭討饒饒饒

上海訊：托陳取消派首領陳獨秀彭述之等十一人自去年十一月間被捕後，頗得國民黨當局的青睞，在獄中備受優待，生活舒適，因之，陳彭等不禁「銘感肺腑」，對國民黨更願表示「五體投地」，以爲「報德」。聞最近陳彭案經過公審後，已宣判結束，均判以文學叛國宣傳罪，陳彭判十三年徒刑，其餘則判七年至二年不等。開庭審訊時，陳彭等都服服貼貼，自認是托落斯基派，一再聲明與第三國際無關，并痛斥他們所謂「斯太林派」的主張，駡紅軍爲「土匪」，最後極力否認他們有任何危害民國之罪，托陳取消派跪在國民黨法庭面前如此討饒，所以保住了性命，而且很快便可在國民黨的「皇恩浩蕩」下得到大赦，以至起用，大做其官咧！

宋子文放洋赴美

▲勾結美帝國主義

▲接洽借款軍火

上海電：反動國民黨政府的財政部長宋子文近日放洋赴美，假說去出席華盛頓會議，實際上和汪精衛的赴歐有同樣任務，他一面勾結美帝國主義來共同瓜分中國，討美國的歡心，一面去接洽巨量借款與軍火，用來進攻紅軍。

紅軍援助上海被難工友

紅色戰士自得悉上海永和廠因汽爐爆炸，四百餘工人慘遭死傷的消息後，群情憤激，莫不痛恨資本家只知無窮的剝削工人，毫不顧及工人生命保障的殘酷，爲了實際的予被難工友及其家屬以物質上精神上的援助，由紅軍互濟總會趁「四一二」紀念日，同時又是互濟會代表大會開幕時，分別召集會員大會，并號召募捐救濟永和廠被難工友及其家屬。捐款已在陸續集中，單只總直屬隊即有百餘元之多。俟全數集中後，即將送全總執行局轉寄上海。

（湘潮）

紅角

鐵拳等待着

呵，同志們！那是十多年前，
帝國主義武裝干涉蘇聯，
在黑海邊頭泊着列強兵艦，
日本帝國主義的鐵蹄——
蹂躪於西伯利亞的原野間。
嗨，蘇聯紅軍真是忙於應戰！
但是無產階級祖國工人的鐵拳，
終於粉碎了強盜們的軍事冒險，
給了他們最慘酷的教訓和經驗！

★　★　★　★

健忘的強盜們竟記不起已往事件，
現在又在蘇聯邊境伸首探腦地
企圖嘗試再一度的軍事冒險：
法西斯蒂組織着西歐的聯合陣線，
日本帝國主義在滿洲北部積極備戰，
英國工程師陰謀破壞且聶泊的水電。
可是我們已經有了一切準備，
任何敵人休想半步跨進蘇聯，
鐵拳等待着！那個強盜敢……

五，七，涅維洛甫。

期
红色中华零零八十二期
版
零四版
时间
一九三三年五月三十日

红军援救上海被难工友

自上海永和橡胶厂因锅炉爆炸，惨死伤工人数百的消息传到红军后，所有红色战士，莫不痛恨资本家只知残酷剥削工人，毫不顾虑工人的生命。当即由红军互济会发起募捐援助，总计募集：

一军团	四百余元
三军团	二百八十余元
总宣传队	一百五十余元

五军团二十二军尚未送来，现共计八百余元，其中尤以一军团战士当大会中宣布后，更为激昂，故捐得特别多，不久即可将此款设法寄去上海救济工友。

為發展一倍黨員而鬥爭

▲會昌城市縣發展黨的模範

加入共產黨紀念「五一」「五卅」同答國民黨出賣平津

擴大黨的組織，發展一倍新黨員，是黨目前組織工作中的戰鬥任務。會昌各區的黨，在中央局的號召與領導之下，積極的動員，為實現這一任務，在這一運動中成績最好的要算是城市中心區和門岑區。城市在「五一」示威大會中征收了黨員八十三名，其中工人四十五，婦女十二名；門岑示威大會中征收了八十名新黨員。

他們對這次公開征收運動中，是糾正了過去的官僚主義的工作方式，他們在這次運動中是動員了支部小組及黨員群衆，擴大黨的政治影響。在「五一」運動中有充分的準備工作，支部小組會上討論了征收黨員的具體辦法，并分配了工作。各人去找好對象，準備鼓動他們到「五一」示威大會中報名加入黨，同時「五一」示威大會區委及工會支部組織了征收黨員的宣傳隊，到群衆中去做充分的宣傳鼓動工作。會到中央局征收黨員五分鐘報告大綱，向群衆解釋黨的組織 黨的主張，政綱，策略，使工農群衆了解。這可說是發展黨的新的工作方式，是會昌各區發展黨的模範。（漢）

▲公略工農自動加入黨來

公略縣白沙區，征收黨員，數量，現在已經很多，自願要求加入黨來的工農，有幾十個人。他們入黨以來，不僅加強了黨的力量，并且自動對黨提出許多意見，指出以前隱藏在黨內的幾個階級異己份子。這證明机會主義者，所謂群衆怕加入黨，完全是鬼話。

只有蘇聯才真能主張和平

▲帝國主義者口是心非

▲空談軍縮與互不侵犯

塔斯社莫斯科二十一日電：由於經濟恐慌的深入，和帝國主義間矛盾的更加尖銳化，美帝國主義想從這個危機中，找一條出路。因之，再一度的提出關於軍縮與互不侵犯的方案，并且致函蘇聯政府，徵求意見，蘇聯政府公報發表社論，認為：（一）美國統一而提出裁量減縮軍備，而一面却接受英國首相的相對而有差別的減縮軍備的提案，這與蘇聯所提出的完全而且普遍的免除軍備的提案，相差尚遠；（二）關於互不侵犯，蘇聯代表早曾在世界軍縮會上提出過，而且實際上已與許多鄰國訂立了互不侵犯條約；然而帝國主義者，尤其是日本，公開的以武力蹂躪他國領土，其他國家却毫無異議，可見帝國主義所謂互不侵犯，完全是鬼話；（三）美總統提議停止經濟侵略蘇聯當然是絕對贊同的，蘇聯全國正以一切力量從事於社會主義的經濟建設，所以隨時隨刻，都努力着增進國際間經濟上的密切關係，使世界各國獲得經濟的互助，提高物質生活的幸福，然而不幸的很，帝國主義者却處處與蘇聯為難，阻止社會主義經濟建設，最後該報認為美國這個提議，現在實際上已為英法等國所不贊同，故前途頗為黯淡。

蘇聯人民踴躍購買第二五年計劃公債

塔斯社莫斯科廿四日電：蘇聯自第二個五年計劃開始實行以來，即受到了廣大民衆的熱烈的擁護。本月十五日至廿日為第二個五年計劃第一年度國內公債三分之二的發行期，在此期間，全國民衆興奮已極，爭相購買該項公債。據今日財政人民委員會之公佈，五天內共銷售了一、九九一、〇〇〇、〇〇〇盧布。這與第一個五年計劃中第四第五年度同一時期之一、八〇〇、〇〇〇、〇〇〇相較，已有極大的增加了。

蘇區民衆禦侮自救會

▲展期至「六二三」開幕▼

中央蘇區反帝擁蘇總同盟發起召集的蘇區民衆禦侮自救會議，原定於「五卅」舉行，但近因籌備工作還十分不夠，決定展期「六二三」「沙基慘案紀念日正式開幕，現正在加緊這一會議的籌備工作。

蘇區的民衆們！[illegible]務你們反帝反國民黨的熱情，加緊擁護蘇區民衆禦侮自救會議的工作，我們要擁護這一會議勝利的成功，我們要使帝國主義國民黨在我們面前發抖！

國民黨壓迫漢口反日運動

漢口二十四日電：漢口民衆以日本帝國主義進逼平津，群起自動組織各種抗日團體，其中有叫做鐵血團，是專以投擲炸彈威嚇奸商的。武漢衛戍司令部認為非法已極，向該團下一緊急警告，并通令其附屬機關，嚴厲防範該團行動。

廣東軍閥爭賣國「領導權」

香港電：此次西南國民黨政府，派陳友仁來港，名義上說是為了和胡漢民商洽要事，但實際上是來與日方密商妥協條件。本月七日陳友仁抵港，即住哥羅士達酒店五樓四零九號，署假名為林某，至九日晚，駐粵日本領事吉田亦即跟蹤赴港，同住哥羅士達五樓四一七號房，十日上午十時吉田即與陳氏密談約一點半鐘，當其會商之際，所有酒店之職員及什役均不准擅入房內，房之機密無以復加。無疑地，廣東軍閥的這種行動，是為了要和南京方面的軍閥爭奪賣國的「領導權」，以便取得日帝國主義的信任，而穩固其走狗地位。

英資本家槍殺鄭州工人

工人罷工組織五一三後援會提出十項要求

鄭州二十五日電：英帝國主義資本家所開設之福公司，於五月十三槍殺工人多名，工人已大罷工，并組織五一三後援會，向英資本家提出了十項要求：一。英政府向工人道歉；二。福公司向全體工人道歉；三。嚴懲兇手蔡克士，張志剛；四。撫卹已死工友及其家屬；五。如數償給罷工期間的工資；六。切實保障今後不再發生壓迫及槍殺工人等事件；七。實行三八制；八。取消包工制；九。工友因操勞致疾者，公司方面應予以醫治，在抱病期間工資照給，倘因公殘廢者，公司應予終身瞻養費；十。嗣後如遇工友提出合理要求 公司不得拒絕。現在福公司方面雖在用盡各種手段，收買各方，以圖復工，然工人方面堅決鬥爭到底，不達目的誓不休止。

紅軍援救上海被難工友

自上海永和橡膠廠因鍋爐爆炸，慘死傷工人數百的消息傳到紅軍後，所有紅色戰士，莫不痛恨資本家只知殘酷剝削工人，毫不顧慮工人的生命。當即由紅軍互濟會發起募捐援助總計募集：

一軍團　四百餘元

三軍團　二百八十餘元

總宣傳隊　一百五十餘元

五軍團二十二軍尚未送來，現共計八百餘元，其中尤以一軍團戰士當大會中宣佈後，更為激昂，故捐得特別多，不久即可將此款設法寄去上海救濟工友。

武昌三千餘工人失業

漢口電：武昌震旦紗廠的資本家為了要減少廠中工人，使所有工人接受他的減少工資，延長工作時間的條件。最近藉口所謂貨物滯銷，金融不靈，突於本月二十二起改行停工歇業，清理賬目，因此該工廠工人三千餘人全體均告失業。

福建失業木船工人獲得社會保險的救濟

反對資本家老板造成工人失業

在敵人大舉進攻中央蘇區當中，他們實行了嚴密的經濟封鎖，企圖餓死蘇區工農；同時蘇區內的資本家，配合蘇區以外的階級敵人，乘機怠工休業，不想辦法把蘇區的烟，帋，木……等運出白區去銷售，把白區的油鹽……等購入蘇區來供給工農的需要，反而企圖破壞蘇維埃經濟政策，積極向工人進攻，造成工人失業，即如福建木船工人便已經失業半年多了。在這半年多當中，他們過着貧困的生活，最近有些甚至上山挖山牛蹄充饑，這完全是國民黨所造成的痛苦。

福建省職工聯合會，為着解除工人痛苦，在全總執行局同意之下，給以社會保險費一千五百圓，救濟六七百失業工人，一般工人欣慰異常，鬥爭的積極性也更加提高了。現工會正在領導工人，以工人力量來打通河道，為着保衛蘇維埃政權，恢復職業而鬥爭到底。

上海商人罷市
反對帝國主義的苛捐雜稅

期：红色中华零零八十九期

版：零四版

时间：一九三三年六月二十九日

上海商人罢市

反对帝国主义的苛捐杂税

沪二十二日电：本埠工部局对于英租界内的中国商店，经常抽剥各种苛捐杂税，昨四川路越界筑路各商店一致起来反对，派代表四人去交涉，而英帝国主义不仅不允取消各种苛捐什税，反将该四代表监禁，现在已引起该路全体商人大罢市。

第二塘沽協定在醞釀中

▲國民黨將更進一步賣國▼

北平二十四日電：自出賣華北平津的第一個塘沽協定簽字以後，國民黨已完全將該項條約履行，現在日本帝國主義爲要更進一步的奴役中國民衆，故又向國民黨要求締結第二個塘沽協定，現正在會商中。

唐山漢奸宣佈獨立

▲又是一幕傀儡戲

北平二十四日電：前擾亂天津的便衣隊首領郝鵬，馬廷福，白堅武，楊殿云等漢奸近又齊集唐山，宣佈獨立，號稱河北國民自治聯軍，郝鵬自稱總司令。唐山一帶滿貼郝等佈告，謂灤河東西各縣皆自即日起脫離河北獨立，并發宣言，以重建五族共和，反對一黨專政爲號召。這又是日本帝國主義導演的一幕傀儡戲呵！

國民黨又密借外債

……爲了進攻蘇區和紅軍……

滬二十二日電：據此間所接密報，國民黨在剛剛向美國借了五千萬元美金的外債後，現在又派其財政部長宋子文向某國秘密進行四千七百萬磅（合華幣一萬萬元）的大借款。

滿軍蹂躪華北各縣

北平二十三日電：李際春部受日軍接濟，最近極力擴充，收編土匪潰兵現已號稱有十萬之衆。盤據中立區內組織政府征收賦稅，當地民衆，不堪其擾擾，四處逃避，國民黨對滿軍行動絲毫不敢干涉。故現在華北二十四縣名雖爲中立區，實際已入滿洲國勢力範圍。

白區水災日益嚴重

▲湖南各縣又鬧水災▼

長沙二十二日電：月來霪雨，湘，資，沅，澧各水猛漲，各縣呈報水災的已達九十五六處之多。

▲武昌金水新堤崩潰▼

漢口二十二日電：武昌金水新堤建築時即被國民黨軍閥一再中飽，以致此次江水大漲，立被沖潰，附近四週俱遭淹沒，災情目不忍覩。

▲錢塘江水位日漲▼

杭州二十二日電：此間昨午四時後原有放晴希望，詎入晚又雨，錢塘江水位日漲，上游沿江各縣山洪橫溢，洶湧奔騰，形勢險惡之至。

▲國民黨統治下水災的原因▼

滬二十四日電：漢口來電，長江水勢益急，去年大水情況又再現於今日，前軍政府及鄂省當局所籌善後堤工費不下八百餘萬元，江漢局每年經費二百餘萬元，年來修理堤工成績毫無，其原因在於大部堤款均被軍委會提去，何成濬又從中分肥，致使築堤工程，有名無實，稍有水漲，即成災患。

吳淞輪海員大罷工

▲廣東海員工人羣起響應▼

香港二十四日電：英帝國主義在中國所開辦之太古輪船公司，對於海員工人的剝削和壓迫，眞是無所不用其極！最近吳淞輪的海員工人已正式宣告罷工。同時，廣東海員工人亦羣起響應罷工，并派員分赴汕頭，海口，北海聯絡，預備長期封鎖太古碼頭的貨倉，準備長期封鎖太古倉，并設飯堂招待罷工工友。

上海商人罷市

▲反對帝國主義的苛捐雜稅▼

滬二十二日電：本埠工部局對於英租界內的中國商店，經常抽剝各種苛捐雜稅，昨四川路越界築路各商店一致起來反對，派代表四人去交涉，而英帝國主義不僅不允取消各種苛捐什稅，反將該四代表監禁，現在已引起該路全體商人大罷市。

蘇聯向經濟會議提議

▲締結經濟互不侵犯條約▼

倫敦美聯社六月二十日電：蘇聯代表團今日向世界經濟會議提出締結經濟互不侵犯條約的問題，內容主張每个簽字國不得以特殊稅則專門對付某國，或訂特別運貨條例或船價以及各種抵貨政策打擊他國貿易，但此約前途恐甚少希望，正如日內瓦所提之互不侵犯條約一樣，將遭受各帝國主義的激烈反對，因爲蘇聯的提案將使他們的一切侵略行爲受到極大限制。

世界經濟會議擱淺了

▲帝國主義進坟墓去罷▼

倫敦美聯社六月二十三日電：自美國代表團反對立即穩定幣價後，各國頗形恐慌，紛紛提出異議，大會前途頗爲黯淡。麥克唐諾對記者談此刻確爲大會之危險時期，但彼必竭力設法以謀最後之解救云。

軍縮會議延期召集

倫敦美聯社六月二十三日電：參加世界經濟會議的國聯主要的負責人員今日正式公佈軍縮會議延至十月召集。該會秘書局將於七月三日召集，討論延期問題，聞此次延期係該會主席韓德森見世界經濟會議之僵局而決定的。

英日的棉紗戰爭

倫敦塔斯社六月十九日電：因爲世界經濟危機的日益深入，各帝國主義間的矛盾更加尖銳起來，最近英國棉業製造家堅決要求政府採取壓倒政策，以遏制日商之競爭，尤以蘭治廠廠主在棉業協會上之演說爲最激烈，他說「日商已採取一定的政策，即以任何低價（甚至虧本）出售棉織物亦所情願，其目的不僅在維持舊有市場，且爲奪取新市場，這一個極兒的傾銷政策　故我政府應即採取遏止政策」云。

全蘇大會在籌備中

▲成立準備委員會▼

中央政府執行委員會發佈今年暴節召集第二次全蘇大會決議後，即成立全蘇大會準備委員會積極進行關於大會的各項準備，爲重新劃分行政區域，改造各級蘇維埃，修改各項法令等　當指定梁柏台趙寶成謝覺哉成等同志爲委員，已經開了兩次會，進行各項工作了。

▲召開內務部長聯席會議▼

在第二次全國蘇維埃代表大會之前，必須進行重新劃分行政區域及改選各級蘇維埃政府等工作。現中央執行委員會已將這兩部份工作，責令各級內務部長來負責。因此中央內務人民委員部特決定七月十五日在中央政府召集中區各省蘇及中心縣內務部長聯席會議，以討論進行這個工作的具體辦法。（覺）

雩都在紅五月中發展黨員一千五百餘

雩都在紅五月中發展黨員的工作得到了偉大的成績，一個月發展了二千五百五十六人。成份工人雇農佔百分之三十，勞動婦女佔百分之二十，其他都是貧農中農。這樣的一個月中實在當得以前雩都一年的成績，這真是算得雩都發展黨員的一個破天荒的成績呵！（國盤）

馬克斯主義研究會江西分會成立了

自赤色首都的馬克斯主義研究會成立，以來，普遍地引起了蘇區的同志一種研究馬克斯主義的熱潮。六月十六日馬克斯主義研究會江西分會又宣告成立了。該會採取的辦法與首都馬克斯主義研究會的大致相同。即（一）組織委員會管理并計劃該會一切工作；（二）以機關爲單位劃分小組，會前或會後分組討論；（三）每月開全體會員討論會兩次；（四）請名人演講；（五）每人每月收會費一枚……等。現加入該會者已數十人，繼續報名的還異常踴躍。聞他們將於七月二號開第一次討論會云。（良）

工友熱烈幫助戰爭

中央農具生產合作社

中央農具生產合作社（駐勝利縣古龍崗區寨上）在此粉碎敵人大舉進攻，爭取戰爭全部勝利，充裕蘇區農具當中，該社工友在星期日也不休息，盡量做工，實行競賽。并且又很熱烈的募捐，送給該地困難些的紅軍家屬。這社的工友同志，眞眞算得很熱烈的幫助革命戰爭呵！（鍾世榜）

更正

本報上一期第四版「李維諾夫同志論世界經濟的復興」一條內「蘇聯代表絕對贊同經濟作戰決議的成立」一語，「作」字係「休」字之誤，應即更正。

期

红色中华零零九十五期

版

零四版

时间

一九三三年七月二十三日

上海丝厂工人大罢工

上海十四日电：源和等四丝厂工人要求加工资，因资本家不答应，十三日晨举行罢工，下午，资本家方面只得答应工人部分要求，将工资每日改为五角，但工人尚未允许复工。

第九十五期　紅色中華　第四版

國民黨正式承認滿洲國

——泰晤士報論大連協定——

上海十二日電：大連協定已簽字，協定祕密內容甚複雜，惟國民黨政府不肯公佈，此間英帝國主義辦的泰晤士報社論題為滿洲國之發展，內述塘沽，大連兩協定後，中國在事實上已承認滿洲國之獨立，並謂中國當局（係指國民黨政府）已允滿方要求，在最近期內恢復滿洲之郵匯，取消自海參威轉道西比利亞赴歐郵件之辦法云。

國民黨收編滿洲國軍

△用工農的血汗供養傀儡——

北平十一日電：自大連協定簽字後，國民黨對於該協定各條，都竭力實行，對於收編滿洲國軍隊，已決定將李際春部改編為保安警察兩大隊，駐豐潤盧龍等地，軍餉由中國方面供給。現已派薛之珩，雷壽榮赴唐山商點驗程序。

編者按：國民黨收編滿洲國軍隊是欺騙中國民衆的把戲，所謂收編者，不過是一個假面具而已，實際上便是國民黨容應了滿洲國軍隊駐紮關內（即電稿中所說的盧龍豐潤一帶），以便隨時進攻平津以南。同時，國民黨還把從民衆身上剝削來的血汗供給日本帝國主義的傀儡滿洲國——國民黨的走狗弟兄，真是該死！

世界經濟會議上 蘇聯代表團的新提案

倫敦塔斯社十日電：蘇聯代表團副主席於今日世界經濟會議上要求在議事日程上增加兩條：即（一）關於訂立經濟互不侵犯條約，因為這是防止經濟戰爭的安全保障；（二）各國入口限制的撤廢，（因為這種限制已使全球造成不幸結果）看！事實證明只有蘇聯才是唯一主張和平的！

英日將開商業會議

△為緩和彼此的棉紗戰爭△

東京十二日電：英日兩帝國主義的經濟利益的衝突，特別是棉紗事業，最近益加劇烈了，因此，現在他們已經正式決定于不久即開一個商業會議來解決這些沖突。（這當然還是為了謀一致的進攻蘇聯）日政府已決定派十餘代表（均為棉織界之主角）出席。據聞所討論的問題都是兩國間的實業問題，和印度日本的商業關係云。

蔣介石厲行白色恐怖

△密令藍衫社實行大規模暗殺
△竭力鎮壓禦侮救國會的活動

廣東十三日電：蔣介石及其同派的國民黨軍閥，為了挽救他們的垂死的統治，最近極力厲行白色恐怖，密令其法西斯蒂組織——藍衫社各地的社員，實行暗殺政策。暗殺的對象計有左翼作家同盟五人，民權保障同盟二人，反對蔣介石獨裁之學術家六人，還有與他們的利益沖突的廣東軍閥，十九路軍閥，西北軍閥等全體云。

紀念「八一」反對法西斯蒂—

中華蘇維埃共和國臨時中央政府反對最近國民黨賣國的大連會議通電

全國革命民衆們！

地主資產階級的國民黨政府，帝國主義的千忠萬順的走狗，於最近一星期以前，比先前更陰險更無恥地進行着大連會議，在七月五日的午後於大連日本憲兵司令部簽訂了一個新的大連協定，這一協定比之五月卅日所簽訂的華北停戰協定更甚具體更甚無恥了！在日本帝國主義的關東軍副司令的熱烈祝賀聲中，在杯盤狼藉的慶祝賣國成功的歡宴會中，國民黨政府的賣國代表雷壽榮之流竟舉着香檳酒杯和國民黨似乎曾經稱為「傀儡」的滿洲國代表們互相握手了。一面慶祝他們新同盟國的成立，一面在出賣中華民族利益的杜絕契約上，最後的簽了字。這一新的賣國協定的主要內容就是：（一）國民黨政府正式承認滿洲國並且在名義上收編滿洲國駐在灤榆一帶的軍隊；（二）日本在華北各縣如密雲灤州等地設立監視兵；（三）把北甯路灤榆段作為共管。

在這一協定中，國民黨不但於事實上已經正式承認了滿洲國，並且是更無恥的與滿洲國訂立了傀儡同盟，誓死効忠於他們的共同主人日本帝國主義。最近的事實告訴我們，國民黨政府已經允許滿洲國的要求，在最近期內恢復滿洲國的郵匯，改變赴歐郵件由海參威轉道西伯利亞的辦法。這些鐵的事實指明國民黨在民衆面前所謂「滿洲國是一傀儡」的假話，完全是無恥的欺騙宣傳，事實上國民黨自身也正是日本帝國主義的忠實傀儡，與滿洲國完全是走狗弟兄啊！

中華蘇維埃臨時中央政府代表全國民衆堅決反對國民黨在大連會議中所訂的無恥的賣國協定，絕對否認賣國協定中的半句條文！並且號召全國工人農人士兵和一切革命者一致起來反對最近國民黨賣國的大連會議，以堅決的革命鬥爭：罷工，罷市，罷課，罷操，組織羣衆示威與武裝隊伍起來反對與阻止大連協定的實行。全國民衆必須認清在國民黨與滿洲國的傀儡同盟之下，日本帝國主義強盜將必然的更大規模的擴大他在華的侵略行為，從積極進攻察綏以至掠取東南沿海各省，與國際帝國主義共同瓜分中國！同時日本強盜——國際帝國主義的東方憲兵繼續着他最近反蘇聯的瘋狂的挑釁行為，將必然的公開向中國民衆的兄弟聯盟——蘇聯進行武裝干涉的軍事冒險！

全國革命民衆們！只有蘇維埃才能救中國，只有正在加速粉碎帝國主義國民黨四次「圍剿」的抗日紅軍：才是全國革命民衆的自己武裝！為着爭取中國民族的獨立解放與領土的完整，中華蘇維埃共和國臨時中央政府號召全國民衆和白軍中的革命士兵一致團結在蘇維埃旗幟之下，開展革命的民族戰爭，打倒帝國主義國民黨，把他們葬送到歷史的墳墓裏去！

中華蘇維埃共和國臨時中央政府
主　席　毛澤東
副主席　項　英
　　　　張國燾

上海絲廠工人大罷工

上海十四日電：源和等四絲廠工人要求加工資，因資本家不答應，十三日晨舉行罷工，下午，資本家方面只得答應工人部份要求，將工資每日改為五角。但工人尚未允許復工。

蔣馮軍閥準備武裝冲突

廣東十四日電：據天津消息，蔣派軍閥對馮玉祥決用武力解決，雙方均積極準備一切，戰事勢難避免。青龍橋，南口等處均有蔣派軍閥的鐵甲車駐守，形勢日益緊張，馮玉祥也派遣吉鴻昌方振武等部佈防張家口，形勢突然緊張、馮玉祥方面已加緊戒備。

紅角

寫給通訊員

（二）怎樣寫通訊？

首先怎樣搜集材料？

假使你要成為一個有希望的蘇維埃通訊員，那末你單單知道寫些什麼是不夠的，你必須更進一步的去研究怎樣來寫通訊，就是說怎樣用你的文字把你要寫的東西　傳達給讀者，不僅要使他們讀得懂，而且要使他們讀得喜歡，讀了能夠發生深刻的印象，而起宣傳鼓動的作用。

你要寫通訊，首先你得搜集材料。搜集材料可以用各種方法去做，最主要是採訪和談話：你應該跑到田野裏，找幾個農民同志來談話，實際的考察他們怎樣進行秋收秋耕，或是關於他們的日常生活；你應該跑到村子裏去，找鄉代表找紅軍家屬或是一個普通的雇農，貧農和中農，從他們的談話裏面，知道他們的實際生活以及他們的戰爭動員工作；你應該跑到各個機關和部隊裏，找負責的或其他的同志，談談他們最近的工作情形，在每一次戰役之後，你更應該找一個政治員或普通的戰鬥員談談他們怎樣與敵人肉搏，怎樣繳了敵人的槍彈等等，總之，你只有從實際的採訪和談話中，你才能搜集豐富的材料，給你來寫通訊呀！

搜集材料除了談話和採訪之外，你還可以從文件中去找。在某些地方你應該運用統計法，把具體的數字（如擴大紅軍，紅軍慰勞品與經濟動員等）搜集起來，以地方或以日期為單位，作成比較表。

在這裏我們通訊員應該養成一個新聞記者，應該具有活潑，敏捷和實際的工作作風。我們要搜集材料，便必須時常參加羣衆大會或各種可能參加的會議，拉住每個參加實際鬥爭的同志問長問短，要不怕疲倦，不憚煩瑣地想盡一切方法去找材料。

每個通訊員最好有一本記事冊，把談話的要點或大綱寫下來，然後回到家裏，再加以整理和補充，每個通訊員最好做幾個紙袋，把各種材料有系統的收藏起來；每個通訊員應該有他的工作計劃，規定他自己的經常的通訊工作，在一星期中間去採訪一次或數次，並且規定經常寫多少通訊給紅色中華。

以上是關於怎樣搜集材料。

（本節完，本章未完。）

国际反帝非战同盟代表团启程来华

马赛外洋社十五日电：国际反帝非战同盟决定今年九月初在中国上海举行代表大会，他们的代表团俱系世界著名之文学家，科学家，艺术家，如巴比塞，高尔基，罗素等。现他们的代表团已乘今日邮船“来邦”号启程赴华。

纪念八一欢迎国际反帝非战同盟！

第九十六期　紅色中華　第四版

國民黨準備五次「圍剿」

▲調遣大批華北軍隊南下▼

南京專電：國民黨軍閥自東黃陂戰役慘敗以後，全軍動搖，蔣介石屢遭反攻，終于無能為力，故決暫取守勢，一面積極借外債練新兵，準備對蘇區紅軍進行五次「圍剿」。最近已開始調遣大批華北軍隊南下，除留中之二五師，八七師，八十三師各一部外，其餘一律調赴南昌，所有檢彈完全集中南昌，八月中候蔣介石親自檢閱後，開始五次「圍剿」，一律用新式武器及飛機轟炸。

▲蔣介石大舉招募新兵▼

上海特電：蔣介石今委派錢大鈞為保定訓練處長，蔣鼎文為漢口訓練處長，大舉招募新兵，現已招到三萬五千人，分調漢口九江訓練，歸德現正趕造大規模營房，準備最近成立新十五師，完全配備新式兵器及化學武器，由德國顧問指導訓練之。

又蔣介石在廬山成立兩個軍官訓練隊，專門練習爬山，以準備進攻紅軍。

▲又向英法意購買大批軍火▼

上海特電：國民黨自向美帝國主義借得巨款以後，現在又向英國借到金磅五百萬，向法國，意大利的借款也正在由宋子文簽字中，這些借款將完全用到購買軍火和擴充軍實上，用以對蘇區作更殘酷的屠殺。現汪精衛對此筆借款已擬出分贓計劃，將分與各派軍閥以擴充實力，（蔣介石四師，陳濟棠三師，廣西李白二師，蔡廷楷，劉湘，胡宗南，何鍵各二師）但必須以各部隊進攻紅軍為條件云。

▲南京兵工廠趕造毒瓦斯彈▼

南京專電：國民黨南京兵工廠所造的一百五十磅的毒瓦斯彈，現已運往江西，將介石為準備五次「圍剿」又限令再於短時期內趕造一千個，以備更大規模的轟炸蘇區之用。

社會主義的農業科學化

▲蘇聯用飛機播種和殺虫▼

莫斯科十四日電：近幾年來蘇聯春耕運動的播種有許多地方都是利用飛機來播種，今年用飛機播種的面積比去年又大了四倍，飛機每小時能播五十海克脫（公頃）比電耕機要快十倍（比犁耙當然要快百倍了——記者）。除了播種以外，飛機又參加了消滅害虫的鬪爭，其播種面積今年竟達二六六、〇〇〇海克脫之廣云。

蘇聯工人生活的大改善

海參威塔斯社十日電：蘇聯遠東部分今年用於城市建設的已有一千萬盧布，這筆款主要的是用於建築新的和修理舊的工人住宅及休養所。而這些住宅大部份是要分配給海參威地方的海員工人居住，其價值預計為一千零五十萬盧布，其他城市經理組織的房屋預定為七百萬盧布云。

日本帝國主義又向蘇聯挑釁

東京十五日電：日本帝國主義的反蘇聯行動是更加厲害了，對於蘇聯的挑釁也日益加緊，自從前次造謠說在塔察加島附近的蘇聯海防隊員，把三個日本漁人謀殺了以後，最近又造了一個新的謠言說：七月七日塔察加島附近四海里地方有一日本汽船Hotichin丸為蘇聯艦俱旅客所困住截獲，現在已連水手一起被扣而押到彼得保洛斯克去了。顯然這是完全虛造的無稽的事實，造謠挑釁是日本帝國主義的慣技呵！

紀念八一武裝擁護蘇聯！

國際反帝非戰同盟代表團啓程來華

馬賽外洋社十五日電，國際反帝非戰同盟決定今年九月初在中國上海舉行代表大會，他們的代表團俱係世界著名之文學家，科學家，藝術家，如巴比塞，高爾基，羅素等。現他們的代表團已乘今日郵船「來邦」號啓程赴華。

紀念八一歡迎國際反帝非戰同盟！

國民黨膜拜法西斯蒂

▲宋子文向墨索里尼無恥獻媚

羅馬十四日專電：國民黨財政部長宋子文已抵羅馬數日，墨索里尼今午設宴款待，席中有墨索里尼致歡迎詞，後又由宋子文致答詞。在宋子文的答詞中，充滿了向墨索里尼獻媚的字句，他說意大利在墨索里尼的領導下，在國內獲得了上下和睦，在國外獲得了尊敬。法西斯蒂的經驗，是中國的鼓舞者（！？）將使中國獲得世界上之正當地位（！？）云云。看！宋子文多麼無恥地代表國民黨向法西斯蒂在膜拜呢！

國民黨飛機又來轟炸蘇區

▲在博生瑞金連天亂丟炸彈

▲散下叛徒們的無恥欺騙宣言

帝國主義國民黨在屢次「圍剿」都遭慘敗以後，為了作再一次垂死的掙扎，因此他對於蘇區正積極準備着五次「圍剿」同時更加深殘酷的白色恐怖。

本月十四日上午七點多鐘在博生又發現了四隻國民黨的飛機，在天空盤旋着亂丟炸彈，最初所丟的是普通的炸彈，後來却連丟硫磺彈，直至八點多鐘以後才飛走，結果共丟了卅二個炸彈，死傷群衆數名，燒毀群衆房屋數間。

反對帝國主義國民黨的白色恐怖！一致擊破叛徒們無恥的武斷宣傳！

廿一日上午，也是七點多鐘的時候，在瑞金也飛來了國民黨的飛機四隻，到處轟炸起來，同時又散下了許多反動傳單與小冊子與叛徒們向國民黨自首的無恥宣言，而國民黨便企圖以這些臭東西來欺騙群衆，但是，很明顯地，廣大群衆不但不會受了他的欺騙，相反地，倒因為國民黨那廿個炸彈炸毀了他們的房屋，豬，牛，而更加激起了階級的仇恨了。像的事實完全粉碎了國民黨與叛徒們的武斷欺騙宣傳。

吳淞輪罷工案仍未解決

廣東十四日電：太古海員罷工案仍未解決，廣東商人，上海廣肇公所及各團體昨電促太古行迅速解決，但太古行資本家毫無誠意，罷工的海員工人決堅持到底云。

長江水勢又大漲

▲距岸已僅一尺▼

漢口十三日電：此間水勢又高漲，今日情長已漲至四十五呎七吋，現水面距岸已僅一尺，上游水勢更旺，市面人心大為浮動。但國民黨却仍未設法防禦。

關於中東路談判會議

▲蘇聯為着貫澈偉大的和平政策▼

中東路原是中國與蘇聯共同經營的鐵道，「九一八」事變以後，日本帝國主義掠奪中東路屢次向蘇聯挑釁，為了保持無產階級的利益，蘇聯決定在一定的條件下，把中東路中屬於自己的一部出讓給滿洲國。

不管國民黨是如何造謠說蘇聯沒有權利出讓中東路，不管托洛茨基派，社會民主黨是如何地汚蔑蘇聯對於日本帝國主義示弱，但是，在中國的廣大民衆面前，這些造謠和汚蔑完全失掉了效用。

中東路會議畢竟於六月廿七日在日本的東京開幕了。

▲法帝國主義企圖趁火打劫▼

正當着中東路剛剛開始談判的時候，駐日本的法國公使突然跑到日本外務省說法國以前在帝俄時代對於中東路曾經有過偉大的投資，希望日本予以援助和幫助收回這一筆款項來，看！多麼無恥，他想趁火打劫呢！

▲造謠汚蔑遭到鐵錘痛擊！▼

日本帝國主義和滿洲國為了抑低中東路的價格，於是他們御用的報紙上便造謠說蘇聯將出賣海參威，北樺太島，以及其他蘇聯領土，但是，這種無恥的造謠，即立刻遭受到蘇聯報紙的打擊，「伊士維斯」報上說，「對於這種希圖收買蘇聯領土的傳說，我們只能幽默地當做無聊的謠言。」（未完）

軍用品趕快送到政府去

雲集區

謝桂彬同志的熱烈

當幾年前軍閥賴世璜 瑞金的時候，架設有電報線，因為匪賊逃走時，來不及拆收，就通通被地方群衆拿來做繩索了。昨有謝桂彬老同志自動把他所收藏的十 斤波稜線全數送交通信學校，這真是一個很好的模範，希望各縣所有收藏電話線的同志，趕快都送到政府轉送軍事委員會，以充實軍用。

（瑞鵬）

紅色中華

吴淞轮罢工案仍未解决

广东十四日电： 太古海员罢工案仍未解决，广东商人，上海广肇公所及各团体昨电促太古行迅速解决，但太古行资本家毫无诚意，罢工的海员工人决坚持到底云。

第九十六期　紅色中華　第四版

國民黨準備五次圍剿

▲調遣大批華北軍隊南下▼

南京專電：國民黨軍閥自東黃陂戰役慘敗以後，全軍動搖，蔣介石屢遭反攻，終于無能爲力。故決暫取守勢，一面積極借外債練新兵，準備對蘇區紅軍進行五次「圍剿」。最近已開始調遣大批華北軍隊南下，除留中之二五師，八七師，八十三師各一部外，其餘一概調赣。所有槍彈完全集中南昌，八月候蔣介石親自檢閱後，開始五次「圍剿」，一律用新式武器及飛機轟炸。

▲蔣介石大舉招募新兵▼

上海特電：蔣介石今委派錢大鈞爲保定訓練處長，蔣鼎文爲漢口訓練處長，大舉招募新兵，現已招到三萬五千人，分調漢口九江訓練，歸德現正趕造大規模營房，準備最近成立新十五師，完全配備新式兵器及化學武器，由德國顧問指導訓練之。

又蔣介石在廬山成立附個軍官訓練隊，專門練習爬山，以準備進攻紅軍。

▲又向英法意購買大批軍火▼

上海特電：國民黨自向美帝國主義借得巨款以後，現在又向英國借到金磅五百萬，向法國，意大利的借款也正在由宋子文簽字中，這些借款將完全用到購買軍火和擴充軍實上，用以對蘇區作更殘酷的屠殺。現汪精衛對此筆借款已擬出分贓計劃，將分與各派軍閥以擴充實力，（蔣介石四師，陳濟棠三師，廣西李白二師，蔡廷楷，劉湘，胡宗南，何鍵各二師）但必須以各部隊進攻紅軍爲條件云。

▲南京兵工廠趕造毒瓦斯彈▼

南京專電：國民黨南京兵工廠所造的一百五十磅的毒瓦斯彈，現已運往江西，蔣介石爲準備五次「圍剿」又限令再於短時期內趕造一千個，以備更入規模的轟炸蘇區之用。

社會主義的農業科學化

▲蘇聯用飛機播種和殺虫▼

莫斯科十四日電：近幾年來蘇聯春耕運動的播種有許多地方都是利用飛機來播種，今年用飛機播種的面積比去年又大了四倍，飛機每小時能播五十海克脫（公頃）比電耕機要快十倍（比犂耙當然要快白倍了——記者）。除了播種以外，飛機又參加了消滅害虫的鬭爭，其播種面積今年竟達二六六、〇〇〇海克脫之廣云。

蘇聯工人生活的大改善

海參威塔斯社十日電：蘇聯遠東部分今年用於城市建設的已有一千萬盧布，這筆款主要的是用於建築新的和修理舊的工人住宅及休養所。而這些住宅大部份是要分配給海參威地方的海員工人居住，其價值預計爲一千零五十萬盧布，其他城市經理組織的房屋預定爲七百萬盧布云。

日本帝國主義又向蘇聯挑釁

東京十五日電：日本帝國主義的反蘇聯行動是更加厲害了，對於蘇聯的挑釁也日益加緊，自從前次造謠說在堪察加島附近的蘇聯海防隊員，把三個日本漁人誤殺了以後，最近又造了一個新的謠言說：七月七日堪察加島附近四海里地方有一日本汽船 Hotichira 九爲蘇聯警備艇所圍住截獲，現在已連水手一起被扣而押到彼得保洛斯克去了。顯然這是完全虛造的無稽的事實，造謠挑釁是日本帝國主義的慣技呵！

紀念八一武裝擁護蘇聯！

國際反帝非戰同盟代表團啓程來華

馬賽外洋社十五日電：國際反帝非戰同盟決定今年九月初在中國上海舉行代表大會，他們的代表團俱係世界著名之文學家，科學家，藝術家，如巴比塞，高爾基，羅素等。現他們的代表團已乘今日郵船「來邦」號啓程赴華。

紀念八一歡迎國際反帝非戰同盟！

國民黨膜拜法西斯蒂

△宋子文向墨索里尼無恥獻媚

羅馬十四日專電：國民黨財政部長宋子文已抵羅馬數日，墨索里尼今午設宴款待，席中有墨索里尼致歡迎詞，後又由宋子文致答詞。在宋子文的答詞中，充滿了向墨索里尼獻媚的字句，他說意，利在墨索里尼的領導下內獲得了上下和睦，在國外獲得了尊敬。法西斯蒂的經驗，是中國的鼓舞者（!?）將使中國獲得世界上之正當地位（!?）云云。看！宋子文多麼無恥地代表國民黨向法西斯蒂在膜拜呢！

國民黨飛機又來轟炸蘇區

△在博生瑞金連天亂丟炸彈

△散下叛徒們的無恥欺騙宣言

帝國主義國民黨在屢次「圍剿」都遭慘敗以後，爲了作再一次垂死的掙扎，因此他對於蘇區正積極準備着五次「圍剿」同時更加深殘酷的白色恐怖。

本月十四日上午七點多鐘在博生又發現了四架國民黨的飛機，在天空盤旋着，亂丟炸彈，最初所丟的是普通的炸彈，後來却連丟硫磺彈，直至八點多鐘以後才飛走，結果共丟了卅二個炸彈，死傷群衆數名，燒毀群衆房屋數間。

反對帝國主義國民黨的白色恐怖！擊破叛徒們無恥的武斷欺騙宣傳！

廿一日上午，也是七點多鐘的時候，在瑞金也飛來了國民黨的飛機四架，到處轟炸起來，同時又散下了許多反動傳單與小册子，與叛徒們向國民黨自首的無恥宣言，而國民黨便企圖以這些臭東西來欺騙群衆，但是，很明顯地，廣大群衆不但不會受了他的欺騙，相反地，倒因爲國民黨那廿個炸彈炸毀了他們的房屋，豬，牛，而更加激起了階級的仇恨了。鐵的事實完全粉碎了國民黨與叛徒們的武斷欺騙宣傳。

吳淞輪罷工案仍未解決

廣東十四日電：太古海員罷工案仍未解決，廣東商人，上海廣肇公所及各團體昨電促太古行迅速解決，但太古行資本家毫無誠意，罷工的海員工人決堅持到底云。

長江水勢又大漲

△距岸已僅一尺▼

漢口十三日電：此間水勢又高漲，今日情形已漲至四十五呎七吋，現水面距岸已僅一尺，上游水勢更旺，市面人心大爲浮動。但國民黨却仍未設法防禦。

關於中東路談判會議

△蘇聯爲着貫澈偉大的和平政策▼

中東路原是中國與蘇聯共同經營的鐵道，「九一八」事變以後，日本帝國主義掠奪中東路屢次向蘇聯挑釁，爲了保持無產階級的利益，蘇聯決定在一定的條件下，把中東路中屬於自己的一部出讓給滿洲國。

不管國民黨是如何造謠說蘇聯沒有權利出讓中東路，不管托洛次基派，社會民主黨是如何地汚蔑蘇聯對於日本帝國主義示弱，但是，在中國的廣大民衆面前，這些造謠和汚蔑完全失掉了效用。

中東路會議是竟於六月廿七日在日本的東京開幕了。

△法帝國主義企圖趁火打刼▼

正當着中東路剛剛開始談判的時候，駐日本的法國公使突然跑到日本外務省說法國以前在帝俄時代對於中東路，曾經有過偉大的投資，現在他希望日本予以協助和的收回這一筆款項來，看！多麼無恥，他想趁火打刼呢！

△造謠汚蔑遭到鐵錘痛擊！▼

日本帝國主義和滿洲國爲了抑低中東路的價格，於是他們御用的報紙，便造謠說蘇聯將出賣海參威，庫頁島，以及其他蘇聯領土，但是，這種無恥的造謠，即立刻遭受到蘇聯報紙的打擊，「伊士維斯」報上說，「對於這種希圖收買蘇聯領土的傳說，我們只能幽默地當做無聊的謠言。」（未完）

軍用品趕快送到政府去

雲集區

謝桂彬同志的熱烈

當幾年前軍閥賴世璜 瑞金的時候，架設有電報線，因爲敵賊逃走時 來不及拆收，就通通由地方群衆 拆取來做綑索了。昨有謝桂彬老同志自動把他所收藏的十 斤波覆線全數送交通信學校 這眞是一個 好的模範 希各縣所有收藏電話線的同志，趕快都送到政府轉送軍事委員會 以充實軍用。

（堪劇）

期

红色中华零零九十七期

版

零四版

时间

一九三三年七月二十九日

反帝拥苏总同盟
拥护国际反帝非战大会

国际反帝大同盟与国际非战大同盟决定于今年九月间在上海召集代表大会，这个大会在帝国主义世界大战武装进攻苏联危险紧迫到万分的时候来举行，这是具有非常之伟大的意义的。特别是正当着日本帝国主义积极武力侵略中国，进攻中国革命，国民党更无耻出卖中国的时候，在中国的上海，举行对中国更有特殊的意义。

因此反帝拥苏总同盟决定号召全体盟员，用战斗的动员——实行全体武装起来加入红军，迅速完成创造一百万铁的红军，加入粮食合作社，踊跃购买经济建设公债，加紧经济动员，迅速完成扩大六十万盟员，加紧募捐援助东北义勇军等工作，来欢迎与拥护国际反帝非战大会云。

（牧）

第九十七期　紅色中華　第四版

國際帝國主義瓜分中國的新組織

東京七月二十日電：國際帝國主義強盜在國際聯盟下面又新設了一個對華技術合作聯協委員會，這一強盜組織的目的便是企圖完全實現瓜分中國，而這一組織的成立是因為國民黨政府代表表示熱烈歡迎倫敦經濟會議中各國共同開發中國利源，分割中國市場所致。但日本帝國主義却因為這將破壞了他的獨吞中國的計劃，而正在反對云。

反對帝國主義瓜分中國！

日本强盜謠傳蘇聯備戰

瀋陽二十日電：此間日本領事竟公然造謠說蘇聯紅軍之二十二游擊隊即將襲擊滿洲里等地，并謂七月十三日已有二十架偵探機離赤塔飛往道里亞，廿四日又有八輛軍用火車載了二十九輛鐵甲車與兩營駐兵前往道里亞云。現蘇聯外交部對於此項謠言已加以嚴厲駁斥與否認，故日本帝國主義者亦不得不聲明此項謠言完全無稽云。

紀念「八一」反對帝國主義造謠中傷蘇聯！

蔣介石召開廬山會議

▲討論第五次「圍剿」蘇區紅軍▼

滬二十二日電：蔣介石現正在積極佈置對蘇維埃和紅軍的五次「圍剿」，最近將召集廬山會議討論這一陰謀的進行，現汪精衛已於二十一日晨乘輪前往，何應欽，黃郛，于學忠，韓復榘等亦將即日動身啓程前去赴會。

瑞金城市下肖熱烈準備「八一」盛大的示威大會

「八一」反戰爭鬥爭及工農紅軍成立紀念日很快就到了，因為今年的「八一」有了這樣偉大意義 所以在本月二十四日由中革軍委會總動員武裝部隊，召集兩區籌備會主任及中央一級和縣一級機關代表聯席會討論「八一」示威大會的一切工作，當會組織了大會總指揮委員會（以九人組織之）在總指揮委員會底下組織三個指揮部（下肖一個，城市一個，軍委、中央直屬机關，紅校，縣一級机關共一個）這三個指揮部以七人組織之，其次還討論了三項中心工作：（一）到會人數要達到二萬以上名人（二）到會的人每人都要有一樣武器（如梭鏢，土砲，鳥銃，手旗，花燈）（三）到會的群衆要整齊森嚴，呼口號，唱歌等等。

為了要完成上列三項工作，因此必須立即進行下列幾個動員工作：

（一）各區立即召集各鄉赤少隊班長以上和小隊長以上及鄉蘇代表聯席會議來達到這一紀念大會動員工作，更具體的討論一切準備工作。

（二）以鄉為單位組織指揮員以村為單位指定負責人以指揮該鄉村的群衆及到會時報告人數。

（三）以區為單位收集土砲，以便示威時放土炮。

（四）每五人要準備火把一把，打一砲吃午飯，打二砲集中去大會場。

（五）會場在大埠橋，會場的佈置由下肖負責。

（六）各區限每三天檢查各鄉準備工作一次。

（七）二十九日由總指揮委員會總檢查一次。

同志們！這一次的準備確實是很充分的，我相信這一盛大的示威大會是一定能夠得到圓滿勝利啊！（汝甯）

熱烈推銷經濟建設公債！

自中央執行委員會正式決定發行三百萬元經濟建設公債以來，各地群衆聞訊後，都非常踴躍，都表示願意熱烈地來購買，現瑞金的紅軍學校，馬克思共產主義學校，以及各機關各團體的工作人員都向着中央政府要求將已經印好了的公債券迅速發下，以便推銷。

全蘇區工農群衆們！大家熱烈購買經濟建設公債呵！每一個工農都來買公債券！為了發展與鞏固蘇區經濟，改善我們的生活而鬥爭呵！

反帝擁蘇總同盟擁護國際反帝非戰大會

國際反帝大同盟與國際非戰大同盟決定於今年九月間在上海召集代表大會，這個大會在帝國主義世界大戰武裝進攻蘇聯危險緊迫到萬分的時候來舉行，這是具有非常之偉大的意義的。特別是正當着日本帝國主義積極武力侵略中國，進攻中國革命，國民黨更無恥出賣中國的時候，在中國的上海，舉行對中國更有特殊的意義。

因此反帝擁蘇總同盟決定號召全體盟員，用戰鬥的動員——實行全體武裝起來加入紅軍，迅速完成創造一百萬鐵的紅軍，加入糧食合作社，踴躍購買經濟建設公債，加緊經濟動員，迅速完成擴大六十萬盟員，加緊募捐援助東北義勇軍等工作，來歡迎與擁護國際反帝非戰大會云。（牧）

歡迎國際反帝非戰大同盟代表團來中國

國際反帝非戰大同盟，是反對帝國主義強盜戰爭的國際組織，是國際工人階級和一切勞苦群衆團結起來反對帝國主義的最有力的武器。

正當着今年的「八一」反帝戰爭鬥爭日，國際反帝非戰大同盟的代表團已經快要到達上海，為準備在九月間開世界反帝大會來了。這次他們來中國開會的任務，主要的是為了集中國際無產階級的力量，開展反帝戰爭鬥爭的國際統一戰線，採取具體的步驟來反對不宣而戰的企圖把中國完全殖民地化的遠東戰爭，反對正如火燒眉毛一般危急的國際帝國主義的反蘇聯戰爭。

對於他們，我們不僅要致以無產階級的歡迎與敬禮，尤其應該加緊反對帝國主義戰爭的宣傳鼓勵工作，號召并組織最廣大的工農勞苦群衆來歡迎他們。把他們的來中國與過去國際帝國主義強盜瓜分中國的國聯李頓調查團尖銳的對立起來，在廣大群衆中間嚴重的指出中國民族危機的繼續加深與帝國主義瓜分中國的緊逼，集中火力，反對最近國際聯盟新設的瓜分中國的強盜組織——「對華技術合作調協委員會」，反對日本帝國主義最近反蘇聯的一切造謠污衊與挑撥，反對帝國主義國民黨對蘇區紅軍的第五次「圍剿」！

為着熱烈擁護世界反帝大會，應該立刻開始宣傳這一大會的重要及其任務，爭取最廣大的群衆上反帝火線來，堅決執行黨中央決定的建立廣大的反帝的下層統一戰線，因為只有這一戰線才能夠拯救中國才能反抗帝國主義的一切侵略！

戰鬥的歡迎國際反帝非戰大同盟的代表團，派代表去參加世界反帝大會呵！我們的主要任務是領導工人農民及一切勞苦群衆保護中國和中國革命，保護工人祖國的蘇聯，反對帝國主義的強盜侵略，反對日益逼近的武裝干涉，反對新的帝國主義大戰！

擁護國民經濟部發展糧食合作社的決定

同志們！看呵！中央國民經濟部為了調濟蘇區的糧食為了改善工農群衆的生活，現在已經決定在八月十五日以前全蘇區每鄉都要建立一個糧食合作社了！同志們熱烈擁護中央國民經濟部的這一個決定呵！大家都加入合社呵！每個蘇維埃下面的工農群衆都要作成糧食合作社的社員呵！

反對國民黨白色恐怖

贛縣通信，最近尋安閆去的群衆，給廣東國民黨軍閥大批捕捉大批屠殺，安遠城在六月二十五二十六兩天，共捉去群衆五百餘人，二十七日殺五十餘人，二十八日殺十餘人，其餘壯丁送白區修馬路，少年婦女小孩，送到白區去發賣，殘忍極地在邊區破壞秋收，贛縣群衆在國民黨軍閥這些殘酷白色恐怖之下，階級的仇恨更加深了，更英勇的反國民黨軍閥的鬥爭正在普遍的爆發着！（賀堅）

武裝保護秋收

工農劇社紀念「八一」卅晚舉行盛大晚會

工農劇社定三十日下午，時起舉行盛大晚會，并邀請中央一級機關同志參加，那天除表演二個劇本兩個活報以外 并有毛主席或項主席報告中國工農紅軍的歷史，屆時必有一番極大盛況。該社為維持劇場秩序，已發有入場券，觀衆必須憑券而入，

一百萬示威的工農羣衆
熱烈擁護國際反帝非戰同盟

一百万示威的工农群众
热烈拥护国际反帝非战同盟

在党团领导之下，苏区各群众团体，在今年“八一”，动员了最广大的工农群众来参加向帝国主义国民党的示威游行。这是空前伟大的示威，比“五一”“五卅”都要更盛大些呢。

因着宣传鼓励工作的开展，这次“八一”示威的意义更深入到了群众中间。一切动员工作也比较的有好的成绩。首先我们是完成了工人师与少共国际师——给予“八一”的光荣礼物。

在示威大会中，一百万工农群众一致通过了拥护国际反帝非战同盟的电文，热烈欢迎他们来中国开会，这是有着非常重大的意义。据上海来电，国际反帝非战大同盟代表团，将于八月十五日左右到上海，并拟于九月初开世界反帝代表大会。所以我们除了通电以外，应该有更实际的表示呵！

抗日紅軍的「八一」贈品

把那賣國的十九路軍閥打得落花流水

東方戰線來電：我東方軍之一部，於七月三十一日正午，在朋口莒溪附近，消滅了出賣淞滬的白匪十九路軍閥七十八師一旅，（三個團）計活捉團長一隻，打傷團長一隻，營長以下，全部俘擄，繳獲自動步槍四十二枝，機槍二十挺，花机關六十枝，步槍六百枝，其他軍用品無數。

南方紅軍擊潰粵敵四營

南方戰線來電：我南方軍之一部，於二十九日在安遠城附近，擊潰粵敵王賛斌部四營，俘擄繳獲甚多云。

「八一」紀念中佔領連城

東方戰線來電 我東方作戰軍之一部，於朋口獲得大勝後 當即猛追獻十九路軍，於八月二日完全佔領連城，白匪連夜逃竄，我軍正跟蹤猛追中。自稱「鐵軍」的十九路軍閥，曾經假名抗日，欺騙士兵進攻紅軍，企圖牽制眞眞抗日的紅軍的赤色後方，但是由於英勇紅軍的善戰與白軍士兵動搖，賣國的十九路軍閥終覺被我們眞眞抗日的紅軍打坍了。

鄂豫皖紅軍的偉大勝利

漢口電：國民黨五十四師郭旅，在豫南皖西之蓮花山，被紅軍包圍，現已擊斃其旅長，并繳械兩團，鄂豫皖境白軍甚形搖動云。

漢口電：白軍卅三師梁冠英部，在信陽被蔣介石派隊繳械，梁本人被扣，一部士兵攜械投入紅軍。

湘贛蘇區「八一」動員成績

▲永新模範師全部加入紅軍▼

在黨中央局布爾塞維克的領導之下，在河西紅軍迭次偉大的勝利之下，大大的興奮了湘贛蘇區勞苦羣衆，成千成萬的革命工農湧進紅軍來，回答中央局創造一百萬鐵的紅軍的號召，特別是永新模範師，由黨團員領導全體指戰員，於「八一」紀念日整師加入紅軍，茲覓得永新模範師致中央局的來電錄下：

中少共中央局：

在八一示威和慶祝紅軍成立紀念日，我們永新模範師全體黨團員大會，在中央局擴大一百萬鐵的紅軍號召之下，爲着粉碎帝國主義國民黨新的第五次「圍勦」，全體一致學習興國瑞金等縣光榮例子，通過加入紅軍，并領導全師戰鬥員指揮員加入紅軍。我們相信在黨的積極進攻路線的領導之下，一定能夠迅速將敵人五次「圍勦」完全粉碎，來實現革命在江西首先勝利！

永新模範師全體黨團員。

一百萬示威的工農羣衆 熱烈擁護國際反帝非戰同盟

在黨團領導之下，蘇區各羣衆團體，在今年「八一」，動員了最廣大的工農羣衆來參加向帝國主義國民黨的示威游行。這是空前偉大的示威 比「五一」「五卅」都要更盛大些呢。

因着宣傳鼓動工作的開展，這次「八一」示威的意義更深入到了羣衆中間。一切動員工作也比較的有好的成績。首先我們是完成了工人師與少共國際師——給予「八一」的光榮禮物。

在示威大會中，一百萬工農羣衆一致通過了擁護國際反帝非戰同盟的電文，熱烈歡迎他們來中國開會，這是有着非常重大的意義。據上海來電、國際反帝非戰大同盟代表團，將於八月十五日左右到上海，并擬於九月初開世界反帝代表大會。所以我們除了通電以外，應該有更實際的表示呵！

「八一」示威的壯曲

偉大的夜閱兵

到處都是火把。一塊盆地一一我們的炮兵場上，燦爛的照耀着無數的幾千燭光那樣明亮的火把。

從四面，沿着河邊，依着田阡，靜悄悄開來了我們的隊伍。雖然在黑夜，依然走得很迅速，很沉著，彷彿坦克車似的無堅不摧的技術，正是我們紅色戰士夜行軍的特長。

大約還祗上午四點鐘，東方僅僅顯着魚肚色的時候，我們的閱兵式便開始了。今天我們要檢閱我們自己的武裝 舉行壯偉的示威 向着帝國主義國民黨！

在震天撼地的禮砲聲中，在悠揚激昂的軍樂聲中，閱兵傳令員請中革軍委的閱兵員舉行閱兵式。三個閱兵員騎着馬兒英武的通過了六百多米米達長的行列。歡呼聲，口號聲從那行着注目禮的紅色戰士的口裏吶喊着。

接着是閱兵員的致詞，和紅色戰士們的誓詞 主席讀一句，成千累萬的紅色戰士呼應着，像一個人一樣 ——

一。我們是工農的兒子，自願來當紅軍，完成蘇維埃給我們光榮任務，爲着工農解放奮鬥到底。

二。我們是紅色軍人，要保證自己和同志們絕對遵守和服從蘇維埃的一切法令 并以自己的思想和行動做模範，努力學習政治軍事 愛護工農的利益和自己的武器，使他不遭損害和竊奪。

三。我們是蘇維埃柱石 誓以我們血與肉發展民族革命戰爭，實行土地革命，推翻國民黨，保護蘇維埃，打倒帝國主義 爭取中國解放，武裝擁護蘇聯，完成民主革命，爲社會主義前途鬬爭。

四。現在敵人正在大舉進攻 我們要團結一致，拿我們刺刀和槍砲與敵决一死戰，拿我們頭顱與熱血換得蘇維埃新中國。

五。我們爲着階級利益遵守革命紀律，服從上級命令 如若違犯和不忠實甘受革命紀律制裁願聽同志指斥。謹誓。

✶　✶　✶　✶　✶

爲着今年「八一」的閱兵，正是工人師（中央警衛師）的成立日，中革軍委特向工人師授了光榮的軍旗 拿着這軍旗，工人師將英勇的開往前方消滅敵人。同時又向紅軍學校授了 面光榮的校旗，勉勵紅校創造大批的鐵的紅軍的幹部 領導紅色戰鬥員澈底消滅階級敵人 接着又向紅軍中有特別戰績的指揮員授了紅星章。

這時太陽已經從地平線上升起來了，當黨團政府工會的各代表 作了簡短的激昂的訓詞以後，參加閱兵式的隊伍便舉行分列式，浩大的隊伍一行行的在閱兵台前面通過 大砲，機關槍，花機關，自動步槍發着黑漆的口正是準對着帝國主義國民黨的，紅色戰士一面呼着口號，一面向閱兵員行着注目禮，他們的目光彷彿十分懇切的宣着誓：「我們願意爲蘇維埃流最後一滴血！」

整整走了一個多鐘點還沒有走盡呀，後面的隊伍幾乎奔似在閱兵台面前通過着，他們沉重的脚步，揚起了泥塵，急促步聲，像潮水一般的澎湃奔騰。

一會兒，紅光已經照遍大地，新戰士已經像潮水一般的湧進紅軍中去了。

紅校「八一」軍事體育競賽

紅校對於提高軍事技術與實行體育軍事化的運動，在政治部熱烈的號召與具體的領導之下，的確是發動 全體學生工作人員對於這一運動的積極的參加，而且事實上在這短短的一月（七月）中都獲得了很大的進步與許多光榮的成績，現在讓我們分開來說吧：

（一）提高軍事技術是全校「八一」競賽的一個重要部門，在這一競賽的結果，雖然還不能百分之百的完成政治部所給予我們的任務，但實際上已經創造了三發三中在廿碼以上的特等射手一百五十名（上幹隊除外），能拋四十米達以外的手榴彈手一百八十名（上幹隊特科營在外）。這裏應該指出的，是八，一，三各連的學生同志們特別的熱烈與努力，如八連的六班，一連的四班，竟各個創造了六個特等射手，這眞是最光榮的頂呱呱的值得我們每個同志來學習與欽佩的。

（二）在卅一日的下午，舉行了一個全校軍事體育的競賽，這個大會是由俱樂部臨時軍事體育幹事會佈置與主持的。競賽的項目首先是鐵球，手榴彈與通過障礙物。

一，鐵球，重十二磅），第一名何滌宙丟三四尺六寸之遠，第二名蔣耀德亦丟三二尺之遠。

二，手榴彈，第一名王均華，扣英齋（政治營二連）均投五八米達之遠，第二名王懷德，陳文寶亦均投五五米達之遠。原以五十米達爲標準，結果竟超過原定數目八米達，而且所投的目標都很準確。

三，通過障礙物，也比從前進步了。如「五卅」全蘇運動大會時，最快是二十九秒，最慢是三五秒；而此次如鍾生順楊紹山二同志竟以二十七秒便通過了。最慢的也只費了三一秒的時間。

（三）在此次軍事體育競賽大會當中，不但國家保衛局，縣蘇組織的足球隊（六七十人）都很熱烈的來參加我們球類運動，縣蘇並發動了好些羣衆來參觀，并贈給了我們一面最光榮的旗幟。在這裏是說明着「提高軍事技術」與「體育軍事化」的口號，不但在紅軍中而且在一般的工農勞苦羣衆中也會成爲當前的與普遍的一個戰鬥的行動呵！

（莫非）

国际反帝运动的活跃

反帝非战同盟发表申明书

路透社上海七月二十八日电：国际反帝非战大同盟发表申明书，决于九月间在上海召集大会，该会宋庆龄女士最近宣称，各帝国主义正准备着第二次世界大战，同时工人阶级的痛苦更其加深，现在全世界工人阶级必须联合起来反对帝国主义。宋女士又谓此次大会的召集，是去年八月间在亚姆斯丹决定的，到会代表将达二千人，他们代表三十个国家的三万万工人。宋女士最后鼓动工人，失业者，学生，作家，艺术家及抗日义勇军等来参加大会。

苏区工农劳苦群众们，为着拥护这一国际反帝战争斗争的唯一领导旗帜，我们应该加紧宣传鼓动，反对帝国主义瓜分中国，反对帝国主义国民党疯狂地组织着的五次“围剿”！

拥护国际反帝非战同盟！

國際反帝運動的活躍

▲反帝非戰同盟發表申明書▼

路透社上海七月二十八日電：國際反帝非戰大同盟發表申明書，決於九月間在上海召集大會，該會宋慶齡女士最近宣稱，各帝國主義正準備着第二次世界大戰，同時工人階級的痛苦更其加深，現在全世界工人階級必須聯合起來反對帝國主義。宋女士又謂此次大會的召集，是於本年八月間在亞姆斯丹決定的，到會代表將達二千人，他們代表三十個國家的三萬萬工人。宋女士最後戰勵工人，失業者，學生，作家，藝術家及抗日義勇軍等來參加大會。

擁護國際反帝非戰同盟

蘇區工農勞苦羣衆們，為着擁護這一國際反帝戰爭鬥爭的唯一的領導機關，我們應該加緊宣傳鼓動，反對帝國主義瓜分中國，反對帝國主義國民黨瘋狂地組織着的五次「圍剿」！

話，和胡寧健的備忘錄，同樣的表示帝國主義在迫切地從戰爭中找出路，雖然重心似乎在反對法國這一點，可是隱約地表示出法西斯蒂反蘇聯的陰謀詭計，反對武裝干涉的任務，是更迫切地擺在全世界無產階級及勞苦羣衆面前了！

帝國主義積極準備戰爭

▲日本擴充軍事工業▼

東京日聯社七月廿六日電：日帝國主義為擴大製造殺人器具，東京兵工廠將於十二月停止工作，而遷移到〇〇[illegible]，大事擴充，俾成為遠東第一等兵工廠云。

▲日軍閥計擬增加軍費▼

東京日聯社七月廿七日電：日陸軍省下年度預算案，今月將本部相當要大議相討論，並經遞海。其大數如下：經常費二二六、〇〇〇、〇〇〇元，特別費一〇〇、〇〇〇、〇〇〇元，軍備費一二五、〇〇〇、〇〇〇元，軍事教育六三、〇〇〇、〇〇〇元，撫卹費三〇、〇〇〇、〇〇〇元，軍事研查五、〇〇〇、〇〇〇元，並外費一〇、〇〇〇、〇〇〇元。

反對帝國主義強盜戰爭

武裝保護蘇聯

▲德國法西斯蒂建造飛船▼

柏林電：某記者對英國政界談，德國製造飛船，對於英國是有益的，將為領對於全歐洲和法國的競爭有重要意義云云。編者按，這個記者的談

華北義軍大暴動

前鄭桂林部義勇軍暴動四次反對賣國

天津通信：前鄭桂林部抗日義勇軍，在「九一八」以後對日軍艱苦奮鬥，曾著有英勇的戰績，後被鄭桂林出賣，致編為偽滿洲國軍隊，兵士即大部轉投其他抗日義軍。此次國民黨與日帝國主義簽訂賣國的華北協定以後，卽把鄭部改編為國民黨軍隊，因此大部兵士不願收編，來再替國民黨當炮灰，最近在馬廠暴動，反對國民黨的無恥賣國。鄭氏本人行動不明，這些暴動兵士正在向灤榆方面進行，準備衝破出關抗日，國民黨軍閥于學忠與何柱國等，深恐得罪了日帝國主義，已派大兵追剿，以盡走狗責任。

◀蘇維埃的新發明▶

毛邊紙可以當做蠟紙用

通信學校劉校長　隨便對於甚麼東西，總是用科學的頭腦去研究他。比如無線電學生用的蜂音機，因為他的研究精神貫注不倦的結果，達到了一個最省而最有效力的成績。他自從看到蘇區蠟紙來源困難，經常研究代用的東西。據最近試驗的結果，可以將比較細而光的毛邊紙在鋼板上寫，不必塗上任何東西，即可代替蠟紙，竟能印到二百份而絕無磨壞。還對於敵人的經濟封鎖，給了一個最實際的回答。對於提高工農勞苦羣衆的文化，有着不可磨滅的功績。這證明在革命戰爭環境中，我們能發揚一切天才來打破敵人的圍攻與封鎖。

國民黨又購買大批飛机

準備向蘇區和工農紅軍作殘酷的絕望的五次「圍剿」

滬電：蔣介石最近派宋子文周游歐美各國，購買大批飛機及軍火，準備大肆轟炸紅軍與蘇區革命羣衆，計在美國訂購五十架，在意國訂購三十六架，在德國訂購轟炸机三十架，德國因凡爾賽和約限制，決在愛沙尼亞設廠製造此三十架飛机，此僅為訂購之第一批云。

工農劇社舉行紀念「八一」的晚會

▲觀衆人山人海

七月三十一晚，工農劇社舉行紀念「八一」的晚會。事先相當的準備了兩個劇本，兩個活報，和唱歌跳舞等，并且特別邀請毛主席講演中國工農紅軍的歷史。因為預料觀衆必然很多，工農劇社就發了入場劵，藉以維持會場秩序。果真到了那天下午五時，便從各机關來了許多同志，有劵的擠了大門便在人山人海中擠進去，沒有劵的那就只有乾淨與嘆了。有的甚至從花窗洞裏和用後門入場劵偷進出去，可見觀衆的踴躍了。

▲毛主席講紅軍故事

首先毛主席講紅軍的歷史，毛主席與所謂歷史，是說如故事。他用着講故事一般的神氣，滔滔如瓶瀉的說下去，使本似全場同志感覺到無限的興趣。他從南昌暴動與秋收暴動說到蘇維埃與偉大的發展，又說到井岡山的戰爭，怎樣沖破了當時三省敵人的五次圍攻，會議一致從勝利的第一次戰爭，說到今年發現了敵人的四次「圍剿」，就談到了快要到來的更殘酷劇烈的第五次「圍剿」的動員工作。在敘述紅軍歷史中，毛主席很明確的指出了工農紅軍的勝利，是共產黨的正確路線，克服了一切左右傾的機會主義的動搖與企謀。

▲「誰的罪惡」的失敗

這次晚會除活報歌舞外，主要的劇本便是「誰的罪惡」，這一劇本是取材於非洲黑人被捲入於世界大戰的旋渦，為帝國主義強盜戰爭而犧牲的悲慘的故事。本來這樣富於異國情調的題材，對於蘇區的觀衆，是比較陌生的，可是因為劇本的結構與那晚演員的表演失當，這一劇本便不能不更帶着許多缺點而失敗了。

首先第一幕，當演出的時候，黑人被迫而從軍，亞瑪多與他的兒子似乎并沒有很明顯的抵抗和反對「戰爭」，當然是指帝國主義戰爭。這樣會先使觀衆的印象中發生有殖民地反叉的對帝國主義戰爭（不是一概而論的戰爭）的概念。在第二幕裏面，提克回來時，受了四年殘酷的無代價的犧牲的教訓，是不應該那麼高興的，同時偽善提那樣對於同一階級的謀財害命的「葛徐」，也未免給觀衆以不好的暗示，雖然我們是不講超階級的道德的。最後一幕，演出的時候，可以說是最大的失敗。當時飾陸連的演員喊出了「反對戰爭」的口號，這是要不得的，我們實際上決不會籠統的反對戰爭，相反的，也不會陷入和平主義的咒詛戰爭的殘酷的。歷史決定我們必然的要有殘酷的國內戰爭，而我們，是主觀以戰爭來消滅戰爭的。如果單獨的提出「反對戰爭」，那是妨礙了目前的戰爭緊急動員，而是離開了階級的立場，而陷入於和平主義的泥坑中去了。同時亞瑪多燒死的旅客，這主義恰正是自己的兒子提克，這在部分封建意識尚未完全「揚棄」的落後的觀念中，也未免會引起「以惡殺惡」的因果觀念。最後飾演悲梯的演員，因她的個性和愛演得大些分，致不免把觀衆的注意力更吸引到「反對戰爭」的殘酷上面上去，因此她的效果使會使一般母親只要兒子，而忘記了蘇聯自己的兒子去為本階級的利益而戰爭了。由於這些缺點，「誰的罪惡」是失敗了。固然主要的缺點，我們認為是沒有顯明的指出資本帝國主義戰爭與階級鬥爭又對戰爭的實際鬥爭，當然這是作者受了題材的限制。因之我們便覺與其取材於落後的非洲殖民地，倒不如用更多精力來描寫歐戰時工人階級以及士兵羣衆的暴動，和反對強盜戰爭的鬥爭了，那樣豈非更好嗎？

蘇聯和平政策的大成功

▲西班牙正式承認蘇聯

馬德里七月廿七日美聯社電：西班牙政府今日正式通過在外交上正式承認蘇聯，開始決定即日與莫斯科發生關係。又電西班牙政府為鎮壓法西斯蒂的騷擾，已於廿五晚檢舉法西斯蒂幹部百餘名，不日將加以審判云。

期：红色中华零一百零三期

版：零四版

时间：一九三三年八月十九日

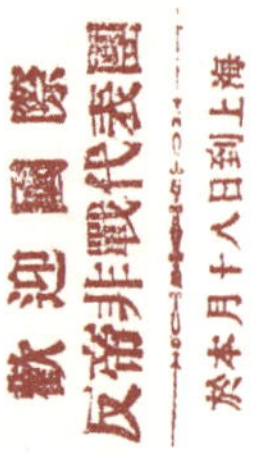
歡迎國際反帝非戰代表團
於本月十八日到上海

欢迎国际反帝非战代表团于本月十八日到上海

上海十三日电：国际反帝非战代表团准于本月十八日来沪，并准于九月间在上海举行国际反帝非战大会，现上海各反帝团体，广大反帝群众，俱极力准备于十八日这一天盛大的热烈的前往码头欢迎这一代表团云。

苏区的广大群众们！大家也都来以最实际的行动来欢迎反帝非战代表团来华呵！

活躍的蘇聯

伯力國際電訊社七月三十一日電：尺里亞

耕種機工廠的大量出產

賓斯克（蘇聯烏拉山脈Ｄ側的大城市）本月新設的尺里亞賓斯克耕種机廠，每日能產耕机七十二架，摩托車八十五輛。

伯力國際電訊社七月三十一日電：最近蘇

收棉機的新發明

聯又發明了一種新的收穫棉花的机器，名叫「冒束」，每十小時能收穫四至五海克脫，每機只需三十人轉運之。至美國收棉機　名曰透明異空机）至少需要六工人，并且在同樣的十小時中僅可收穫三海克脫。

汽車事業的發展

高爾基城塔斯社訊：此間現設一工廠，能把汽車改為搭車，此項車能有六汽缸，在一分內能立刻停下，一點鐘之速率為二百基羅米突（約合華里一百六七十里）於年內可開始出貨云。

莫斯科塔斯社八月二日電：……（上略）

幾年來產紙業的發展

由於五年計劃的成功的結果，蘇聯紙料已由一九二七年的八萬四千噸增到一九二九年的二十五萬六千噸了，正正增加了二倍半，這一進步使蘇聯紙產由三十二萬噸增至五十四萬噸了。這樣，從外國輸入紙張的事情完全沒有了。第二年五年計劃中紙廠與林場有了更大的發展　所以雖然由於文化革命與普及教育的原因紙張的需要亦有增加，然亦供數於求）。此後當實行有計劃的出口纖維素（造紙原料之一——記者）云。

擁護國際反帝非戰代表大會

△中央蘇區反帝擁蘇總同盟▽

國際反帝非戰代表大會全體代表們！

我們代表蘇維埃一百餘萬盟員向你們致以反帝的敬禮！

帝國主義經濟總崩潰的今天，在蘇聯社會主義建設偉大的勝利面前，重新分割世界的強盜戰爭到了直接危机的階段，企圖犧牲蘇聯來解决他們內部矛盾的危險亦緊迫起來　在各帝國主義贊助下的日本，以武力掠奪中國東北五省同時是直接進攻中國革命和造成進攻蘇聯的東方根據地，我們相信大會一定能號召和動員全世界無產階級和反帝民衆給帝國主義強盜們以鐵拳的回答；特別是給中國民衆反日反帝運動更有力的幇助！

這裏我們向大會嚴重表明：中國地主資產階級的國民黨是帝國主義瓜分中國進攻中國革命，進攻蘇聯的清道夫！中華蘇維埃中央政府全部否認國民黨與日本簽訂的賣國條約，早已對日宣戰，這裏鐵一般證明；中國民族的徹底解放　只有推翻國民黨的統治建立蘇維埃！

我們準備着一切犧牲，奉献給反帝民族戰爭，要粉碎帝國主義國民黨對我們新的進攻！我們熱烈盼望大會號召全世界無產階級　弱小民族用最實際的行動來保衛革命。我們高呼：

國際反帝非戰代表大會成功萬歲！　中國民族獨立解放萬歲！　反帝國主義的蘇維埃中國萬歲！

中央蘇區反帝擁蘇總同盟印

△一百萬全副武裝的示威羣衆▽

上海國際反帝非戰大會主席團轉全體代表：

我們已經脫離了帝國主義國民黨統治的中央蘇區民衆，於「八一」斗爭日，一百萬的全副武裝，舉行反帝擁蘇的大示威！同時擁護你們大會的召集！大會的開幕與成功，是世界無產階級解放各民族解放的信號！我們歡呼，大會成功萬歲！同時，我們堅信，蘇維埃是我們中國民族解放的唯一組織者與領導者。國民黨是出賣中國的罪魁，我們誓為發展民族革命戰爭，冲破帝國主義國民黨新的五次「圍勦」，完全推翻國民黨統治，驅逐帝國主義出中國，武裝保護蘇聯，保衛並建立全中國的蘇維埃政權，流到最後一滴血！我們高呼蘇維埃新中國萬歲！

中華蘇維埃中央蘇區「八一」示威大會主席團印

紅角

「誰的罪惡」的演出及其脚本

「誰的罪惡」演出的失敗原因之一，雖不能認為是主要的，是劇本方面主要的存在着不少的缺點。我以為劇本主要的缺點并不在乎結構上，也不是在乎取材上（不錯「富於異國情調」，如劇本不易於排演而且不易使廣大羣衆領受　而是在乎：

（一）沒有有力的描寫出非洲黑人對法帝國主義者的壓迫的反抗。在劇本的第一幕當柯可比與巴娜被法國軍官與商人壓迫着去做奴隸時，只表示了這兩個小孩子無能為力的抵抗，和亞馬多及其妻子呼喚「柯可比」的哭聲，而沒有充分的把非洲殖民地反對帝國主義的革命精神去揭出來　把黑人描寫成綿羊一般馴服在法帝國主義的「皮鞭」下面，只聽到悽慘的「哀鳴」。

（二）沒有把反對帝國主義的戰爭這一劇本的主題，不僅在「對話」上　而且在「動作」上來執行，因之這一劇本主題的執行的結果是非常薄弱的。

這是「誰的罪惡」的劇本中最大的缺點，我們在劇本中（特別是第三幕　只看到從陸連角的口裏說出關於反對帝國主義戰爭的對話　而表示這一鬥爭的實際行動的「動作」是絲毫沒有的。在劇本上有這　個大的缺點，使得在演出時容易遭到失敗，因為遇到這些對話被演員忘記說出時（這次在工農劇社晚會上的公演中是個活的例子），劇本的主題便不能正確地來執行，而得到相反的或歪曲的「戲劇效果」。

這是我們對於「誰的罪惡」的演出及其劇本的一點意見，最後　我要說　這一個劇本應加以大大的修改，糾正上面的主要的缺點；同時，我們要堅决反對一切敵對階級思想在戲劇運動中的偷運，為了要完成在粉碎五次「圍勦」中文化戰線上的戰鬥任務。

明，一九三三，八，七。

編者附記　徵明同志對於「誰的罪惡」的自我批評，一般上說是正確的，但我們覺得，徵明同志對於脚本缺點的指出，還不及批評演出的效果那樣深刻，因之　我們希望其他同志也能夠熱烈的參加這一討論，使我們對於「誰的罪惡」有更確切的批評。

歡迎國際反帝非戰代表團

於本月十八日到上海

上海十三日電！國際反帝非戰代表團準於本月十八日來滬，并準於九月間在上海舉行國際反帝非戰大會，現上海各反帝團體，廣大反帝羣衆　俱極力籌備於十八日這一天盛大的熱烈的前往碼頭歡迎這一代表團云。

蘇區的廣大羣衆們！大家也都來以最實際的行動來歡迎反帝非戰代表團來華呵！

西伯利亞之新的建設計劃

蘇聯克拉斯納耶城，在西伯利亞——記者）塔斯社八月三日電：重工業人民委員會派特別委員會於今日抵此間計劃分配第二五年計劃中西比利亞之新的工業建設計劃，特委工作首先是我一個建築通過葉尼塞河的第二鐵道橋，其他建設計劃則為建立一個中央風電站，一造紙纖維素　，木材廠，一內河造船廠，及其他公用物品廠。

日本抗議法國佔南海九島

△帝國主義衝突之又一幕

東京六日電：自法帝國主義佔領了中國南海九島後，日本帝國主義覺得非常不利於己（因為這樣會使日本在太平洋上又多了一個敵者），故決定正式向法國提出抗議，在這抗議中，日本將根據於日人在五十年以前已在經營之理由證明這九个小島的所有權應屬於日本云。

又，東京電通社九日電：日本外務省昨日接得法國覆牒，即為答覆日本關於法國佔領九島之詢問，法國覆牒說明該九島無疑屬於法國。蓋一九三〇年法國在該島造燈塔時，除英國有詢問公文外，其餘各國均無表示。直至今日乃始得日本之抗議。但法國政府亟欲聲明者，即佔領諸島絕無軍事與海軍之企圖，徒為便利商船之航行耳。末謂對日本請在島之經濟利益，法國表示尊重之意。

上海工人反法西斯蒂的英勇斗争

援助德国革命政治犯并向德法西斯蒂提出抗议

上海专电：援助德国政治犯在恒丰厂已开了十一人的群众会，通过反法西斯蒂的通电，并游行募捐，十二日在申新七厂也开过到［场］九人，上海反帝大同盟到［场］六人，都通过了通电，在十二日更举行东区反法西斯蒂代表会，共到十八人，代表十一个厂。连日这一向德法西斯蒂抗议的运动是在继续的普遍到各个工厂内，在十四日又举行了一个八人的会，通过了通电，进行了募捐。十三日海关巡船召集了一个二十三人的群众会议，通过了抗议和通电，沪东的三星厂亦于十四日举行了一个飞行集会，到二十二人，当报告人报告了法西斯蒂刽子手在德压迫屠杀革命群众的暴行后，即一致地通过了通电，全体二十二人都踊跃捐助，在闸北又募了十个人共二十枚，并且都署了名，他们都是丝厂工人，木厂的一个三人的会议也有通电发出，该三人并都在上面签了名。

沪东区反法西斯蒂后援代表大会致德法西斯政府的抗议

上海专电：在我们上海党的领导下，已经成立了反法西（斯）后援代表大会，日前沪东区反法西（斯）后援代表大会，致电驻沪德领转告德国法西斯蒂政府，德国的工农无产阶级为反对德帝国主义的血腥统治，争取自身解放，为反对帝国主义强盗战争，武装保卫苏联社会主义彻底胜利，为反对德帝国主义借贷款项，输送军火，派遣军事顾问，到中国援助国民党进攻中国工农红军。德国工人为保护中国革命，表示剧烈反对，即惨遭法西斯蒂的德国政府的逮捕暗杀，我们沪东区十多万工人劳苦群众通电全世界工人无产阶级一致地坚决地反对德国法西斯蒂的这种惨恶行为。我们决定以暴力战斗，回答德国法西斯蒂的恐怖政策等语。

國民黨把借來的美國棉麥

全部大廉價賣給日本

上海廿一日電：國民黨向美國所借的價值二萬萬元的棉花與小麥現已起運來華，但國民黨對英美德法等國借貨借款的這一行動，頗引起了日本帝國主義的嫉妬與不滿（參看上期本報第四版——編者），因此，國民黨為了要使日本也分一些利益起見，現在又將從美國借來的棉麥全部大廉價地賣給日本了。但是國民黨的這種行動無疑地使中國的棉紗業更形破產，使廣大農　群眾益陷於貧困的苦海中。

滿洲國竟圖戲弄蘇聯

▲把廿五錢兌換一個盧布▼

東京廿日電：在中東路的談判中，日本帝國主義的傀儡滿洲國，始終是一點誠意都沒有的。雖然蘇聯已經自動地將路價由二萬五千萬盧布減到二萬萬盧布了，而傀儡國卻終是採取戲弄的態度，在十七日舉行的第三次會議時，傀儡國代表竟提出假若蘇聯把中東路的路價定為二萬萬盧布時，那末滿洲國就只願以日金廿五錢作為一個盧布計算來償付給蘇聯（按平日匯兌價格二元餘日金才能兌一個盧布——記者）。這是多麼無賴呵！

西南軍閥的賣國陰謀

廣東訊：西南政委會（即廣東軍閥的最高机關）最近與日本帝國主義十分接近，現正派陳友仁等秘密與日本接洽倒蔣及「中日合作」等問題，接洽的詳細內容尚未得而知，其主要的有以下三點：（一）日本幫助西南軍閥推倒蔣介石南京政府并奪取政權；（二）西南軍閥上台後，即由日本帝國主義和西南軍閥的政府發起召集亞細亞經濟會議以確立與歐美帝國主義對抗的大亞細亞主義的基礎；（三）西南軍閥所成立的政府明確承認日本對於「滿洲國」施行委任統治權的繼續三十年。據聞西南軍閥和日本帝國主義的這種接洽，不久即可成功了。

虎林一帶共產軍的活動

瀋陽八月廿一日電：吉林省虎林一帶之共產軍甚活動，并很受群眾擁護，四週群眾加入其中者頗多，因為群眾都知道了他們是真正抗日的軍隊，因此現在該軍人數已數千，槍數相等。現日本帝國主義正派大軍前往進攻云。

大連會議的祕密條約

上海電：上海有新聞界某記者最近從日本領事署方面探知國民黨和日本帝國主義在大連會議中的秘密協定主要的又有以下三點：（一）李際春永駐灤東緩衝區，中國不得侵佔；（二）北甯路由中日滿共同經營；（三）國民黨允許日本用築造計劃開闢青島商港。

革命風暴中的察哈爾

——察哈爾通訊——

在日本帝國主義瘋狂的侵略與屠殺下面，在國民黨的一貫地不抵抗與出賣下面，特別是自從今年四五月間日本帝國主義攻陷了多倫以後，察哈爾的幾百萬的民眾都捲入反帝的浪潮中了。

五月廿七日上午十時，在長城的要塞，內蒙三省交通中心的張垣，在黨的『以民眾的民族革命戰爭反對日本及一切帝國主義』，『武裝保衛察哈爾』，『反對停戰協定』等口號下，召集了群眾的救亡大會，到三千人，包括士兵，貧民，工人，學生。在大會上提出了『民眾自動武裝起來保衛察哈爾』，『民眾與士兵聯合』，『爭取言論，出版，集會，結社的絕對自由』，『剷除苛捐雜稅』等口號。會後更組織了群眾的示威遊行，搗毀了國民黨省黨部，并佔了做為御用自救會的辦事處，更逮捕了法西斯蒂藍衫社的份子與漢奸。群眾革命情緒的高漲達於極點。

張垣無產階級主要部份的平綏路工人與机器廠工人，更首先表現出了他們的鬥爭性，在六月八日召集了全體一千一百多人的大會，提出了自己的經濟的政治的要求，自動的解散黃色工會，逮捕與毆打了黃色工會的領袖與工賊，摧毀了國民黨的辦事机關，成立『平綏鐵路工人自己的工會』，更組織了工人糾察隊，用自造的鐵棍大刀武裝了自己，他們參加了各種反日反國民黨的行動，又發起進行張垣工人大聯合的組織。

正因為群眾革命鬥爭的急劇的開展，國民黨的各大報都窮愁嗟歎的說：『張垣附近已成立了蘇維埃政府，將要變成江西第二。』

看呵，察哈爾的廣大的群眾已經起來了，他們要有一個大的行動呢。（完）

編者附記：這一通訊是從上海黨報『鬥爭』四十八期中節錄的，發表於七月間，最近察局又有變動，察省工農的鬥爭更尖銳化了。

反對德國法西斯蒂野獸行為！

上海工人反法西斯蒂的英勇鬥爭

△援助德國革命政治犯並向德法西斯蒂提出抗議

上海專電：援助德國政治犯在恆豐廠已開了十一人的群眾會，通過反法西斯蒂的通電，并遊行募捐，十二日在申新七廠也開過到九人，上海反帝大同盟到六人，都通過了通電，在十二日更舉行東區反法西斯蒂代表會，共到十八人，代表十一個廠。連日這一向德法西斯蒂抗議的運動是在繼續的普遍到各個工廠內，在十四日又舉行了一個八人的會，通過了通電，進行募捐。十三日海關巡船召集了一個廿三人的群眾會議，通過了抗議和通電。滬東的三星廠亦於十四日舉行了一個飛行集會，到二十二人，當報告人報告了法西斯蒂劊子手在德國壓迫屠殺革命群眾的暴行後，即一致的通過了通電，全體二十二人都踴躍捐助，在閘北又募了十個人共二十枚，并且都署了名，他們都是絲廠工人，木廠的一個三人的會議也有通電發出，該三人并都在上面簽了名。

△滬東區反法西斯蒂後援代表大會致德法西政府的抗議

上海專電：在我們上海黨的領導下，已經成立了反法西後援代表大會，日前滬東區反法西後援代表大會，致電駐滬德領轉告德國法西斯蒂政府，德國的工農無產階級為反對德帝國主義的血腥統治，爭取自身解放，為反對帝國主義強盜戰爭，武裝保衛蘇聯社會主義成勝利，為反對德帝國主義借貸款項，輸送軍火，派遣軍事顧問，幫中國援助國民黨進攻中國工農紅軍。德國工人為保護中國革命，表示劇烈反對，並慘遭法西斯蒂的德國政府的逮捕暗殺一，我們滬東區十多萬工人勞苦群眾通電全世界工人無產階級一致的堅決反對德國法西斯蒂的這種慘惡行為。我們決定以暴力戰鬥，回答德國法西斯蒂的恐怖政策等語。

德國法西斯蒂的橫行

柏林廿四日電：德國自希特拉專政以來，舉行空前的白色恐怖，兩月內共檢舉了二百五十八，其中有六十人已判徒刑五十五年。同時希特拉又下令禁止共產黨員及一切反國家主義者入學讀書，由法西斯蒂學生會負責肅清一切反政府反法西斯蒂之學生，凡有參加和平運動的，就被指為叛逆，立即開除其學籍。被捕者都被推出地窖後，強迫他們做不休止的苦工，任意鞭打，更施以極端的污辱如文學家繆塞識後腦面髮被剃成卍形，社會主義黨人被羅曼竟被毆後更用火燒他的腳，冷水澆他的身，在他流血的面上便溺，使人看見會嚇得狂叫，當法西斯蒂黨賊希特拉萬歲時，如果有人不喊，便要遭到痛毆，誰要是猶太人的商店便有被打的危險，全德國現在已完全陷於白色恐怖中。

但是，不管白色恐怖是如何的猖獗，而德國共產黨仍積極活動，每日都以無線電播音宣傳，并在德國全境內散發大批傳單。同時又正隨時準備着以更大的更實際的行動來回答法西斯蒂的橫行。

蘇維埃大學的創立

◀建築新的大學校舍▶

◀招收一千五百學生▶

中央人民委員會最近於四十八次會議上決定創辦一蘇維埃大學，為着吸收與爭取新的力量，創造大批新的蘇維埃工作幹部，來完成粉碎五次『圍剿』的新任務，爭取戰爭的全部勝利。人民委員會已委任毛澤東沙可夫兩同志為正副校長及其他許多同志組織大學委員會來領導這一大學工作，現大學委員會已約本月二十一日開第一次會議，決定招收一千五百餘學生，暫分普通班與特別工作班（土地，國民經濟，財政，工農檢察，教育，內務，勞動，司法等八班），并決定在中央政府附近建築新校舍，以作學生住宿上課之用。於九月初該校大學將定，適當時舉行盛大的成立開學典禮。這一蘇維埃大學的創立是蘇維埃運動中新的勝利，是值得我們歡呼慶祝的。

一九三三年五月份白区工人斗争

上海工农通讯

工人斗争统计表

日期	地点	厂名	参加工人	原因，要求，及斗争方式	结果
四月三十至五月廿九日	南通	大生纱厂第一厂	一〇.〇〇〇（10,000）	反对减工及大批开除，因厂方要女工剪发和自备制服引起大罢工，曾包围县政府二次，与警察冲突，死一伤六，被捕十七。	被裁工人每人发解雇费二个半月工资
四月三十日至五月七日	汉口	民生纱厂	三.〇〇〇（3,000）	反对减工三分之一，军警弹压工人开会，开枪击死工人一伤三人，巡官亦受伤，工厂一部被捣毁。	失败
五月一日至五月七日	上海	福利橡胶厂		无故开除九人，社会局调解	部分胜利
五月一日至五月六日	上海	电力公司		□职员，无故逮捕四工人，一致开会要求（一）释放，（二）撤职（三）赔偿损害。	（一）（三）胜利
五月五日至五月卅一日	天津	恒源纱厂	二.七五〇（2,750）	借口亏本武力锁闭工场，工人要工资，全体向国民党请愿都无结果。	未结束
五月十日至五月十九日	上海	英美烟公司三厂联会	一二.〇〇〇（12,000）	借口滞销，减工为三日班，但增加工作强度，出货反增，工人只得原工资之半，第三厂首先罢工，并号召一二厂一致行动成功，公安局捕领袖四人，指为共产党。	恢复四日班被捕代表待侦查

一九三三年五月份白區工人斗爭

上海工農通訊

工人斗爭統計表

日期	地點	廠名	參加工人	原因，要求，及斗爭方式	結果
四月三十至五月廿九日	南通	大生紗廠第一廠	一〇、〇〇〇	反對減工及大批開除，因廠方要女工剪髮和自備制服引起大罷工，會包圍縣政府二次，與警察冲突，死一傷六，被捕十七。	被裁工人每人發解雇費二个半月工資
四月三十日至五月七日	漢口	民生紗廠	三、〇〇〇	反對減工三分之一，軍警彈壓工人開會，開槍擊死工人一傷三人，巡官亦受傷，工廠一部被搗毀。	失敗
五月一日五月七日	上海	福利橡膠廠		無故開除九人，社會局調解	部份勝利
五月一日至五月六日	上海	電力公司		西職員，無故毆捕四工人，一致開會要求(一)釋放，(二)撤職(三)賠償損害。	(一)(三)勝利
五月五日至五月卅一日	天津	恆源紗廠	二、七五〇	藉口虧本武力鎖閉工場，工人要工資，全體向國民黨請願都無結果。	未結束
五月十日至五月十九日	上海	英美烟公司三廠聯會	一二、〇〇〇	藉口滯銷，減工爲三日班，但增加工作强度，出貨反增，工人只得原工資之半，第三廠首先罷工，幷號召一二廠廠一致行動成功，公安局捕領袖四人，指爲共產黨。	恢復四日班被捕[illegible]尚待偵查。
五月十一至五月廿五日	河南焦作	福公司煤礦	四〇〇	工人要求(一)增加工資(二)煤貼照舊(三)反對包工制，代表被資方拘捕，幷調巡警開槍壓迫工人下井工作，工人反抗，起冲突工人死三傷一。	
五月十三至五月卅一日	上海	大中橡膠廠	四五〇	資方反對組織工會而關廠，工人一面交涉，幷有八十工人臥廠絕食要求。	未結束
五月十四日	江蘇如皋	開河工人	一、五〇〇	監工以馬鞭抽打飢餓而休息之工人，引起公憤，打監工，包圍保衛團部，以泥磚打區長。	完全勝利
五月十三日	上海	協豐絲織廠	二四	資方反對組織工會關廠，市府調解。	不詳
五月十七日	上海	碼頭工人	代表	要求實行二八制。	無結果
五月十八日	上海	新龍綢廠	三五	資方反對組織工會關廠，求調解。	不詳
五月十八日	上海	日營房小工	一四〇	日包工頭吞沒工資，一致包圍工頭坐索	勝利
五月十九日	上海	永祥綢廠	七五	工廠關門不發工資，代表向市府請願	不詳
五月二十日	開封	硝鹽工人	一、五〇〇	鹽稅警緝私鹽，槍傷二人，捕四十五人，全體工人及家屬包圍省政府要求(一)釋放(二)傷者的藥費卹金。	勝利
五月三十至五月卅一日	漢口	震寰紗廠	三、五〇〇	藉口滯銷閉廠，代表交涉，	一月後開工，暫發四成伙食。
五月二十四至二十六日	嘉定	人力車夫	二〇〇	減輕車租，一致罷工。	勝利
五月二十三	上海	三星蚊香廠	三〇	工頭剋扣工資，工人反對。	打傷工頭
五月二十四	上海	天章紙廠	三〇〇	資方藉口滯銷原料缺乏而關廠，社會局出而調解。	工資減低
五月廿五至廿九日	上海	申新紗廠一廠	九、五〇〇	資方以取消賞工代替減工，工人罷工反對，要求：(一)賞工照舊(二)分派紅利(三)罷工期內工資照給	七部勝利
五月廿八日至卅一日	上海	製帽店聯會	三五〇	反對工資打八折，社會局出而調解。	未結束
五月廿九日	嘉定	嘉定平湖公路	一〇〇	公安局禁止路工要黃魚，分局長保衛團長，水警巡長被工人包圍痛擊。	未結束
五月廿九日	上海	泰山橡膠廠	七五	要求復工。	部份勝利
五月廿九	上海	南貨業被裁工友	八五	無故被開除，要求復工。	不詳
五月廿九至卅日	上海	溥益紗廠第一廠	一、四〇〇	資方取消賞工四天，一致罷工，要求照發。	勝利
五月廿九	上海	華商公共汽車		因警察拘捕開車，三路汽車工人將汽車全體開至警署前宣告罷工，要求釋放工人。	勝利

這個月的工人斗爭，比上月的有顯著的增加。

因爲在國民黨的黃色工會幫助之下，資本家向工人作全線的進攻，華商紗廠聯合會所屬的六十二家紗廠，一致宣佈於四月廿二起減工百分之廿三，受到這減工影響的在三十萬人以上，紗廠工人的工資平均不過十四元左右，本來就很難維持生活，再減去四分之一　更陷於貧困。

有許多工廠借口週轉不靈，關廠去壓迫工人　獲得減低工資，或者以永遠取銷賞工代替減工，來加緊剝削工人，或用增加工作强度，來增資本家的利潤　一切恐慌的責任加到工人身上，在這樣的壓榨之下，工人的痛苦就是無以復加，工人的斗爭，也遍到廣大的範圍。

這個月的罷工，波及到中國紡織業的主要中心，上海，漢口，天津，南通，在漢口，一切罷工是被禁止的，武漢警備司令部在三月一日佈告：「任何勞資間未能解决之正當問題，應請求有關之政府機關，代爲解决，或予以救濟，决不允許彼等與資方直接談判，任何違反此法者，必須逮捕懲罰，如任何人受人指使，意圖藉此造成嚴重局面者，處死！」但不管國民黨怎樣壓迫，漢口的工潮接連的發生，民生紗廠工人，且宣告罷工，而與干涉的武裝軍警搏鬪！

本月共發生斗爭廿九次，其中罷工者十三起，而在這十三起中，有七起發生工人與軍警或工頭起冲突，工人因此受傷身死者四人，受傷廿四人，被捕者七十七人之多。斗爭參加人數，在一萬以上者二起，五千以上者一起，四千以上的六起，一百以上七起，百人以下的七起，不明的三起，而千人以上的鬥爭，只有一起不是用罷工的方式，那一家是漢口震寰紗廠，因爲在嚴密的武裝高壓之下，工人已失了集會罷工的自由。

赤色工會領導斗爭的作用相當的加强了，上海英美烟三廠一萬二千餘人的同盟罷工，是在上海赤色工會領導之下進行的，但毫無疑義的，赤色工會沒有把握着許多重要的工人階級的斗爭，給他們以革命的領導，在這方面，實須得全黨和赤色工會，劃，來努力執行「不使一個斗爭得不到我們的領導」

最後，這一統計幷不能包括五月中中國工人斗爭之全部，（按照我們根據各報的這一統計，五月份的罷的人數約四七、四一四人。）實際上當較統計表更多，而六月份的鬥爭，已經又超過了五月份的紀錄。

中國工人階級的斗爭是往前開展着！

（轉載上海「鬥爭」四十八期——七月廿日出版）

（续表）

工人斗争统计表

日期	地点	厂名	参加工人	原因，要求，及斗争方式	结果
五月十一至五月廿五日	河南焦作	福公司煤矿	四〇〇（400）	工人要求（一）增加工资（二）煤贴照旧（三）反对包工制，代表被资方拘捕，并调巡警开枪压迫工人下井工作，工人反抗，起冲突工人死三伤一。	
五月十三至五月卅一日	上海	大中橡胶厂	四五〇（450）	资方反对组织工会而关厂，工人一面交涉，并有八十工人卧厂绝食要求。	未结束
五月十四日	江苏如皋	开河工人	一.五〇〇（1,500）	监工以马鞭抽打饥饿而休息之工人，引起公愤，打监工，包围保卫团部，以泥砖打区长。	完全胜利
五月十三日	上海	协丰丝织厂	二四（24）	资方反对组织工会关厂，市府调解。	不详
五月十七日	上海	码头工人	代表	要求实行二八制。	无结果
五月十八日	上海	新龙绸厂	三五（35）	资方反对组织工会关厂，求调解。	不详
五月十八日	上海	日营房小工	一四〇（140）	日包工头吞没工资，一致包围工头坐案	胜利
五月十九日	上海	永祥绸厂	七五（75）	工厂关门不发工资，代表向市府请愿	不详
五月二十日	开封	硝盐工人	一.五〇〇（1,500）	盐税警缉私盐，枪伤二人，捕四十五人，全体工人及家属包围省政府要求（一）释放（二）伤者的药费恤金。	胜利
五月三十至五月卅一日	汉口	震泰纱厂	三.五〇〇（3,500）	借口滞销闭厂，代表交涉，	一月后开工，暂发四成伙食

第八版　紅色中華　第一〇六期

一九三三年五月份白區工人斗爭

上海工農通訊

工人斗爭統計表

日期	地點	廠名	參加工人	原因，要求，及斗爭方式	結果
四月三十至五月廿九日	南通	大生紗廠第一廠	一〇、〇〇〇	反對減工及大批開除，因廠方要女工剪髮和自備制服引起大罷工，曾包圍縣政府二次，與警察冲突，死一傷六，被捕十七。	被裁工人每人發解雇費二个半月工資
四月三十日至五月七日	漢口	民生紗廠	三、〇〇〇	反對減工三分之一，軍警彈壓工人開會，開槍擊死工人一傷三人，巡官亦受傷，工廠一部被搗毀。	失敗
五月一日五月七日	上海	福利橡膠廠		無故開除九人，社會局調解	部份勝利
五月一日至五月六日	上海	電力公司		西職員，無故毆傷四工人，一致開會要求（一）釋放，（二）撤職（三）賠償損害。	（一）（三）勝利
五月五日至五月卅一日	天津	恆源紗廠	二、七五〇	藉口虧本武力鎖閉工場，工人要工資，全體向國民黨請願都無結果。	未結束
五月十日至五月十九日	上海	英美烟公司三廠聯會	一二、〇〇〇	藉口滯銷，減工為三日班，但增加工作强度，出貨反增，工人只得原工資之半，第三廠首先罷工，并號召一二廠廠一致行動成功，公安局捕領袖四人，指為共產黨。	恢復四日班被捕工友待偵查。
五月十一至五月廿五日	河南焦作	福公司煤礦	四〇〇	工人要求（一）增加工資（二）煤貼照舊（三）反對包工制，代表被資方拘捕，并調巡警開槍壓迫工人下井工作，工人反抗，起冲突工人死三傷一。	
五月十三至五月卅一日	上海	大中橡膠廠	四五〇	資方反對組織工會而關廠，工人一面交涉，并有八十工人臥廠絕食要求。	未結束
五月十四日	江蘇如皋	開河工人	一、五〇〇	監工以馬鞭抽打飢餓而休息之工人，引起公憤，打監工，包圍保衛團部，以泥磚打區長。	完全勝利
五月十三日	上海	協豐絲織廠	二四	資方反對組織工會關廠，市府調解。	不詳
五月十七日	上海	碼頭工人	代表	要求實行二八制。	無結果
五月十八日	上海	新龍綢廠	三五	資方反對組織工會關廠，求調解。	不詳
五月十八日	上海	日營房小工	一四〇	日包工頭吞沒工資，一致包圍工頭坐索	勝利
五月十九日	上海	永祥綢廠	七五	工廠關門不發工資，代表向市府請願	不詳
五月二十日	開封	硝鹽工人	一、五〇〇	鹽稅警緝私鹽，槍傷二人，捕去十五人，全體工人及家屬包圍省政府要求（一）釋放（二）傷者的藥費卹金。	勝利
五月三十至五月卅一日	漢口	震寰紗廠	三、五〇〇	藉口滯銷閉廠，代表交涉，	一月後開工，暫發四成伙食。
五月二十四至二十六日	嘉定	人力車夫	二〇〇	減輕車租，一致罷工。	勝利
五月二十三	上海	三星蚊香廠	三〇	工頭剋扣工資，工人反對。	打傷工頭
五月二十四	上海	天章紙廠	三〇〇	資方藉口滯銷原料缺乏而關廠，社會局出面調解。	工資減低
五月廿五至廿九日	上海	申新紗廠一廠	九、五〇〇	資方以取消賞工代替減工，工人罷工反對，要求：（一）賞工照舊（二）分派紅利（三）罷工期內工資照給	七部勝利
五月廿八日至卅一日	上海	製帽店聯會	三五〇	反對工資打八折，社會局出而調解。	未結束
五月廿九日	嘉定	嘉定平湖公路	一〇〇	公安局禁止路工summary黃魚，分局長保衛團長，水警巡長被工人包圍痛擊。	未結束
五月廿九日	上海	泰山橡膠廠	七五	要求復工。	部份勝利
五月廿九	上海	南貨業被裁工友	八五	無故被開除，要求復工。	不詳
五月廿九至卅日	上海	溥益紗廠第一廠	一、四〇〇	資方取消賞工四天，一致罷工，要求照發。	勝利
五月廿九	上海	華商公共汽車		因警察拘捕開車，三路汽車工人將汽車全體開至警署前宣告罷工，要求釋放工人。	勝利

這個月的工人斗爭，比上月的有顯著的增加。

因為在國民黨的黃色工會幫助之下，資本家向工人作全線的進攻，華商紗廠聯合會所屬的六十二家紗廠，一致宣佈於四月廿二起減工百分之廿三，受到這減工影響的在三十萬人以上，紗廠工人的工資平均不過十四元左右，本來就很難維持生活，再減去四分之一，更陷於貧困。

有許多工廠借口週轉不靈，關廠去壓迫工人，獲得減低工資，或者以永遠取銷賞工代替減工，來加緊剝削工人，或用增加工作强度，來增資本家的利潤，一切恐慌的責任加到工人身上，在這樣的壓榨之下，工人的痛苦眞是無以復加，工人的斗爭，也達到廣大的範圍。

這個月的罷工，波及到中國紡織業的主要中心，上海，漢口，天津，南通，在漢口，一切罷工是被禁止的，武漢警備司令部在三月一日佈告：「任何勞資間未能解决之正當問題，應請求有關之政府機關，代為解决，或予以救濟，决不允許彼等與資方直接談判，任何違反此法者，必須逮捕懲罰，如任何人受人指使，意圖藉此造成嚴重局面者，處死！」但不管國民黨怎樣壓迫，漢口的工潮接連的發生，民生紗廠工人，且宣告罷工，而與干涉的武裝軍警搏鬥！

本月共發生斗爭廿九次，其中罷工者十三起，而在這十三起中，有七起發生工人與軍警或工頭起冲突，工人因此受傷身死者四人，受傷廿四人，被捕者七十七人之多。斗爭參加人數，在一萬以上者二起，五千以上者一起，四千以上的六起，一百以上七起，百人以下的七起，不明的三起，而千人以上的鬥爭，只有一起不是用罷工的方式，那一家是漢口震寰紗廠，因為在嚴密的武裝高壓之下，工人已失了集會罷工的自由。

赤色工會領導斗爭的作用相當的加强了，上海英美烟三廠一萬二千餘人的同盟罷工，是在上海赤色工會領導之下進行的，但毫無疑義的，赤色工會沒有把握着許多重要的工人階級的斗爭，給他們以革命的領導，在這方面，實須得全黨和赤色工會，劃，來努力執行「不使一個斗爭得不到我們的領導」

最後，這一統計并不能包括五月中中國工人斗爭之全部，（按照我們根據各報的這一統計，五月份的罷工人數約四七、四一四人。）實際上當較統計表更多，而六月份的鬥爭，已經又超過了五月份的紀錄，

中國工人階級的斗爭是在前開展着！

（轉載上海「鬥爭」四十八期——七月廿日出版）

（续表）

工人斗争统计表					
日期	地点	厂名	参加工人	原因，要求，及斗争方式	结果
五月二十四至二十六日	嘉定	人力车夫	二〇〇（200）	减轻车租，一致罢工。	胜利
五月二十三	上海	三星蚊香厂	三〇（30）	工头克扣工资，工人反对。	打伤工头
五月二十四	上海	天章纸厂	三〇〇（300）	资方借口滞销原料缺乏而关厂，社会局出面调解。	工资减低
五月廿五至廿九日	上海	申新纱厂一厂	九.五〇〇（9,500）	资方已取消赏工代替减工，工人罢工反对，要求：（一）赏工照旧（二）分派红利（三）罢工期内工资照给	七部胜利
五月廿八日至卅一日	上海	制帽店联会	三五〇（350）	反对工资打八折，社会局出面调解。	未结束
五月廿九日	嘉定	嘉定平湖公路	一〇〇（100）	公安局禁止路工要黄鱼，分局长保卫团长，水警巡长被工人包围痛击。	未结束
五月廿九日	上海	泰山橡胶厂	七五（75）	要求复工。	部分胜利
五月廿九	上海	南货业被裁工友	八五（85）	无故被开除，要求复工。	不详
五月廿九至卅日	上海	溥鑫纱厂第一厂	一.四〇〇（1,400）	资方取消赏工四天，一致罢工，要求照发。	胜利
五月廿九	上海	华商公共汽车		因警察拘捕开车（工），三路汽车工人将汽车全体开至警署前宣告罢工，要求释放工人。	胜利

这个月的工人斗争，比上个月的有显著的增加。

因为在国民党的黄色工会帮助之下，资本家向工人作全线的进攻，华商

第八版　紅色中華　第一〇六期

一九三三年五月份白區工人斗爭

上海工農通訊

工人斗爭統計表

日期	地點	廠名	參加工人	原因，要求，及斗爭方式	結果
四月三十至五月廿九日	南通	大生紗廠第一廠	一〇、〇〇〇	反對減工及大批開除，因廠方要女工剪髮和自備制服引起大罷工，曾包圍縣政府二次，與警察沖突，死一傷六，被捕十七。	被裁工人每人發解雇費二个半月工資
四月三十日至五月七日	漢口	民生紗廠	三、〇〇〇	反對減工三分之一，軍警彈壓工人開會，開槍擊死工人一傷三人，巡官亦受傷，工廠一部被搗毀。	失敗
五月一日五月七日	上海	福利橡膠廠		無故開除九人，社會局調解	部份勝利
五月一日至五月六日	上海	電力公司		西職員，無故逮捕四工人，一致開會要求（一）釋放，（二）撤職（三）賠償損害。	（一）（三）勝利
五月五日至五月卅一日	天津	恆源紗廠	二、七五〇	藉口虧本武力鎖閉工場，工人要工資，全體向國民黨請願都無結果。	未結束
五月十日至五月十九日	上海	英美烟公司三廠聯會	一二、〇〇〇	藉口滯銷，減工爲三日班，但增加工作强度，出貨反增，工人只得原工資之半，第三廠首先罷工，并號召一二廠廠一致行動成功，公安局捕領袖四人，指爲共產黨。	恢復四日班被捕工人交待偵查。
五月十一至五月廿五日	河南焦作	福公司煤礦	四〇〇	工人要求（一）增加工資（二）煤貼照舊（三）反對包工制，代表被資方拘捕，并調巡警開槍壓迫工人下井工作，工人反抗，起冲突工人死三傷一。	
五月十三至五月卅一日	上海	大中橡膠廠	四五〇	資方反對組織工會而關廠，工人一面交涉，并有八十工人臥廠絕食要求。	未結束
五月十四日	江蘇如皋	開河工人	一、五〇〇	監工以馬鞭抽打飢餓而休息之工人，引起公憤，打監工，包圍保衛團部，以泥磚打區長。	完全勝利
五月十三日	上海	協豐絲織廠	二四	資方反對組織工會關廠，市府調解。	不詳
五月十七日	上海	碼頭工人	代表	要求實行二八制。	無結果
五月十八日	上海	新龍綢廠	三五	資方反對組織工會關廠，求調解。	不詳
五月十八日	上海	日晉房小工	一四〇	日包工頭吞沒工資，一致包圍工頭坐索	勝利
五月十九日	上海	永祥綢廠	七五	工廠關門不發工資，代表向市府請願	不詳
五月二十日	開封	硝鹽工人	一、五〇〇	鹽稅警緝私鹽，槍傷二人，捕四十五人，全體工人及家屬包圍省政府要求（一）釋放（二）傷者的醫藥卹金。	勝利
五月三十至五月卅一日	漢口	震寰紗廠	三、五〇〇	藉口滯銷閉廠，代表交涉，	一月後開工，暫發四成伙食。
五月二十四至二十六日	嘉定	人力車夫	二〇〇	減輕車租，一致罷工。	勝利
五月二十三	上海	三星蚊香廠	三〇	工頭尅扣工資，工人反對。	打傷工頭
五月二十四	上海	天章紙廠	三〇〇	資方藉口滯銷原料缺乏而關廠，社會局出面調解。	工資減低
五月廿五至廿九日	上海	申新紗廠一廠	九、五〇〇	資方以取消賞工代替減工，工人罷工反對，要求：（一）賞工照舊（二）分派紅利（三）罷工期內工資照給	七部勝利
五月廿八日至卅一日	上海	製帽店聯會	三五〇	反對工資打八折，社會局出面調解。	未結束
五月廿九日	嘉定	嘉定平湖公路	一〇〇	公安局禁止路工要黃魚，分局長保衛團長，水警巡長被工人包圍痛毆。	未結束
五月廿九日	上海	泰山橡膠廠	七五	要求復工。	部份勝利
五月廿九	上海	南貨業被裁工友	八五	無故被開除，要求復工。	不詳
五月廿九至卅日	上海	溥益紗廠第一廠	一、四〇〇	資方取消賞工四天，一致罷工，要求照發。	勝利
五月廿九	上海	華商公共汽車		因警察拘捕開車，三路汽車工人將汽車全體開至警署前宣告罷工，要求釋放工人。	勝利

這個月的工人斗爭，比上月的有顯著的增加。

因爲在國民黨的黃色工會幫助之下，資本家向工人作全線的進攻，華商紗廠聯合會所屬的六十二家紗廠，一致宣佈於四月廿二起減工百分之廿三，受到這減工影響的在三十萬人以上，紗廠工人的工資平均不過十四元左右，本來就很難維持生活，再減去四分之一　更陷於貧困。

有許多工廠借口週轉不靈，關廠去壓迫工人　獲得減低工資，或者以永遠取銷賞工代替減工，來加緊剝削工人，或是增加工作强度，來增資本家的利潤　一切恐慌的責任加到工人身上，在這樣的壓榨之下，工人的痛苦真是無以復加，工人的斗爭，也達到廣大的範圍。

這個月的罷工，波及到中國紡織業的主要中心，上海，漢口，天津，南通，在漢口，一切罷工是被禁止的，武漢警備司令部在三月一日佈告：「任何勞資間未能解決之正當問題，應請求有關之政府機關，代爲解決，或予以救濟，决不允許彼等與資方直接談判，任何違反此法者，必須逮捕懲罰，如任何人受人指使，意圖藉此造成嚴重局面者，處死！」但不管國民黨怎樣壓迫，漢口的工潮接連的發生，民生紗廠工人，且宣告罷工，而與干涉的武裝軍警搏戰！

本月共發生斗爭廿九次，其中罷工者十三起，而在這十三起中，有七起發生工人與軍警或工頭起冲突，工人因此受傷身死者四人，受傷廿四人，被捕者七十七人之多。斗爭參加人數，在一萬以上者二起，五千以上者一起，四千以上的六起，一百以上七起，百人以下的七起，不明的三起，而千人以上的鬥爭，只有一起不是用罷工的方式，那一家是漢口震泰紗廠，因爲在嚴密的武裝高壓之下，工人已失了集會罷工的自由。

赤色工會領導斗爭的作用相當的加强了，上海英美烟三廠一萬二千餘人的同盟罷工，是在上海赤色工會領導之下進行的，但毫無疑義的，赤色工會沒有把握着許多重要的工人階級的斗爭，給他們以革命的領導，在這方面，實須得全黨和赤色工會，heightened，來努力執行「不使一個斗爭得不到我們的領導」

最後，這一統計并不能包括五月中中國工人斗爭之全部，（按照我們根據各報的這一統計，五月份的罷工人數約四七、四一四人。）實際上當較統計表更多，而六月份的鬥爭，已經又超過了五月份的紀錄。

中國工人階級的斗爭是往前開展着！

（轉載上海『鬥爭』四十八期——七月廿日出版）

纱厂联合会所属的六十二家纱厂，一致宣布于四月二十二起减工百分之二十三，受到这减工影响的在三十万人以上，纱厂工人的工资平均不过十四元左右，本来就很难维持生活，再减去四分之一，更陷于贫困。

有许多工厂借口周转不灵，关厂去压迫工人，获得减低工资，或者以永远取消赏工代替减工，来加紧剥削工人，或则增加工作强度，来增资本家的利润。一□恐慌的责任加到工人身上，在这样的压榨之下，工人的痛苦真是无以复加，工人的斗争，也进到广大的范围。

这个月的罢工，波及到中区纺织业的主要中心，上海，汉口，天津，南通，在汉口，一切罢工是被禁止的，武汉警备司令部在三月一日布告："任何劳资间未能解决之正当问题，应请求有关之政府机关，代为解决，或予以救济，决不允许彼等与资方直接谈判，任何违反此法者，必须逮捕惩罚，如任何人受人指使，意图借此造成严重局面者，处死！"但不管国民党怎样压迫，汉口的工潮接连的发生，民生纱厂工人：且宣告罢工，而与干涉的武装军警搏战！

本月共发生斗争二十九次，其中罢工者十三起，而在这十三起中，有七起发生工人与军警或工头起冲突，工人因此受伤身死者四人，受伤二十四人，被捕者七十七人之多。斗争参加人数，在一万以上者二起，五千以上者一起，四千以上的六起，一百以上七起，百人以下的七起，不明的三起，而千人以上的斗争，只有一起不是用罢工的方式，那一家是汉口震泰纱厂，因为在严密的武装高压之下，工人已失了集会罢工的自由。

赤色工会领导斗争的作用相当的加强了，上海英美烟三厂一万二千余人的同盟罢工，是在上海赤色工会领导之下进行的，但毫无疑义的，赤色工会没有把握着许多重要的工人阶级的斗争，给他们以革命的领导□在这方面，实须得全党和赤色工会□团，来努力执行"不使一个斗争得不到我们的领导"。

最后，这一统计并不能包括五月中中国工人斗争之全部，（按照我们根据各报的这一统计，五月份的罢的人数约四七、四一四人［47,414］。）实际上当较统计表更多，而六月份的斗争，已经又超过了五月份的纪录。

中国工人阶级的斗争是往前开展着！

（转载上海《斗争》四十八期——七月二十日出版）

一九三三年五月份白區工人斗爭

上海工農通訊

工人斗爭統計表

日期	地點	廠名	參加工人	原因，要求，及斗爭方式	結果
四月三十至五月廿九日	南通	大生紗廠第一廠	一〇、〇〇〇	反對減工及大批開除，因廠方要女工翦髮和自備制服引起大罷工，會包圍縣政府二次，與警察冲突，死一傷六，被捕十七。	被裁工人每人發解雇費二个半月工資
四月三十日至五月七日	漢口	民生紗廠	三、〇〇〇	反對減工三分之一，軍警彈壓工人開會，開槍擊死工人一傷三人，巡官亦受傷，工廠一部被搗毀。	失敗
五月一日五月七日	上海	福利橡膠廠		無故開除九人，社會局調解	部份勝利
五月一日至五月六日	上海	電力公司		西職員，無故違捕四工人，一致開會要求（一）釋放，（二）撤職（三）賠償損害。	（一）（三）勝利
五月五日至五月卅一日	天津	恆源紗廠	二、七五〇	藉口虧本武力鎖閉工場，工人要工資，全體向國民黨請願都無結果。	未結束
五月十日至五月十九日	上海	英美烟公司三廠聯會	一二、〇〇〇	藉口滯銷，減工為三日班，但增加工作强度，出貨反增，工人只得原工資之半，第三廠首先罷工，并號召一二廠廠一致行動成功，公安局捕領袖四人，指為共產黨。	恢復四日班被捕代表待偵查。
五月十一至五月廿五日	河南焦作	福公司煤礦	四〇〇	工人要求（一）增加工資（二）煤貼照舊（三）反對包工制，代表被資方拘捕，并調巡警開槍壓迫工人下井工作，工人反抗，起冲突工人死三傷一。	
五月十三至五月卅一日	上海	大中橡膠廠	四五〇	資方反對組織工會而關廠，工人一面交涉，并有八十工人臥廠絕食要求。	未結束
五月十四日	江蘇如皋	開河工人	一、五〇〇	監工以馬鞭抽打飢餓而休息之工人，引起公憤，打監工，包圍保衛團部，以泥磚打區長。	完全勝利
五月十三日	上海	協豐絲織廠	二四	資方反對組織工會關廠，市府調解。	不詳
五月十七日	上海	碼頭工人	代表	要求實行二八制。	無結果
五月十八日	上海	新龍綢廠	三五	資方反對組織工會關廠，求調解。	不詳
五月十八日	上海	日營房小工	一四〇	日包工頭吞沒工資，一致包圍工頭坐索	勝利
五月十九日	上海	永祥綢廠	七五	工廠關門不發工資，代表向市府請願	不詳
五月二十日	開封	硝鹽工人	一、五〇〇	鹽稅警緝私鹽，槍傷二人，捕去十五人，全體工人及家屬包圍省政府要求（一）釋放（二）傷者的醫費郵金。	勝利
五月三十至五月卅一日	漢口	震寰紗廠	三、五〇〇	藉口滯銷閉廠，代表交涉，	一月後開工，暫發四成伙食。
五月二十四至二十六日	嘉定	人力車夫	二〇〇	減輕車租，一致罷工。	勝利
五月二十三	上海	三星蚊香廠	三〇	工頭剋扣工資，工人反對。	打傷工頭
五月二十四	上海	天章紙廠	三〇〇	資方藉口滯銷原料缺乏而關廠，社會局出面調解。	工資減低
五月廿五至廿九日	上海	申新紗廠一廠	九、五〇〇	資方以取消賞工代替減工，工人罷工反對，要求：（一）賞工照舊（二）分派紅利（三）罷工期內工資照給	七部勝利
五月廿八日至卅一日	上海	製帽店聯會	三五〇	反對工資打八折，社會局出面調解。	未結束
五月廿九日	嘉定	嘉定平湖公路	一〇〇	公安局禁止路工要黃魚，分局長保衛團長，水警巡長被工人包圍痛擊。	未結束
五月廿九日	上海	泰山橡膠廠	七五	要求復工。	部份勝利
五月廿九	上海	南貨業被裁工友	八五	無故被開除，要求復工。	不詳
五月廿九至卅日	上海	溥益紗廠第一廠	一、四〇〇	資方取消賞工四天，一致罷工，要求照發。	勝利
五月廿九	上海	華商公共汽車		因警察拘捕開車，三路汽車工人將汽車全體開至警署前宣告罷工，要求釋放工人。	勝利

這個月的工人斗爭，比上月的有顯著的增加。

因為在國民黨的黃色工會幫助之下，資本家向工人作全線的進攻，華商紗廠聯合會所屬的六十二家紗廠，一致宣佈於四月廿二起減工百分之廿三，受到這減工影響的在三十萬人以上，紗廠工人的工資平均不過十四元左右，本來就很難維持生活，再減去四分之一　更陷於貧困。

有許多工廠借口週轉不靈，關廠去壓迫工人　獲得減低工資，或者以永遠取銷賞工代替減工，來加緊剝削工人，或則增加工作强度，來增資本家的利潤　一切恐慌的責任加到工人身上，在這樣的壓榨之下，工人的痛苦真是無以復加，工人的斗爭，也達到廣大的範圍。

這個月的罷工，波及到中國紡織業的全要中心，上海，漢口，天津，南通，在漢口，一切罷工是被禁止的，武漢警備司令部在三月一日佈告：「任何勞資間未能解決之正當問題，應請求有關之政府機關，代為解決，或予以救濟，決不允許彼等與資方直接談判，任何違反此法者，必須逮捕懲罰，如任何人受人指使，意圖藉此造成嚴重局面者，處死！」但不管國民黨怎樣壓迫，漢口的工潮接連的發生，民生紗廠工人，且宣告罷工，面與干涉的武裝軍警搏戰！

本月共發生斗爭廿九次，其中罷工者十三起，而在這十三起中，有七起發生工人與軍警或工頭起冲突，工人因此受傷身死者四人，受傷廿四人，被捕者七十七人之多。斗爭參加人數，在一萬以上者二起，五千以上者一起，四千以上的六起，一百以上七起，百人以下的七起，不明的三起，而千人以上的鬥爭，只有一起不是用罷工的方式，那一家是漢口震寰紗廠，因為在嚴密的武裝高壓之下，工人已失了集會罷工的自由。

赤色工會領導斗爭的作用相當的加强了，上海英美烟三廠一萬二千餘人的同盟罷工，是在上海赤色工會領導之下進行的，但毫無疑義的，赤色工會沒有把握着許多重要的工人階級的斗爭，給他們以革命的領導，在這方面，實須得全黨和赤色工會，團，來努力執行「不使一個斗爭得不到我們的領導」

最後，這一統計并不能包括五月中中國工人斗爭之全部，（按照我們根據各報的這一統計，五月份的罷的人數約四七、四一四人。）實際上當較統計表更多，而六月份的鬥爭，已經又超過了五月份的紀錄。

中國工人階級的斗爭是往前開展着！

（轉載上海「鬥爭」四十八期——七月廿?出版）

1933

紅色中華

上海新闻整理汇编

上海英美煙廠工人大罷工

珍藏版

期

红色中华零一百零七期

版

零四版

时间

一九三三年九月三日

上海英美烟厂工人大罢工

上海电：英美烟厂浦东老厂叶子间因资方打磅不平，工人甚愤激，而资本家不仅不让步，反将某工人领袖开除，致引起全叶子间工人的大罢工，其后资本家遂允恢复被开除工人的工作，但罢工期间工资却未允照给，因此罢工又起，工友们斗争情绪非常高涨，日前一二两厂工友八千余人亦已宣布总罢工。

第一〇七期　紅色中華　第四版

朝鮮共產黨的英勇鬥爭

瀋陽電：朝鮮共產黨雖在日本帝國主義的白色恐怖的壓迫之下，但仍不斷與日本帝國主義作英勇的鬥爭，最近他們在遼東諸省十分活躍。八月十九日為朝鮮被日本帝國主義合併的紀念日，故他們近來特別活動，日前曾定於八月二十九日暗炸鴨綠江鐵橋，但不幸已被日本帝國主義破獲。

汕頭發現共產黨傳單

△國民黨大起恐慌△

汕頭電：本市近日發現共產黨傳單甚多，國民黨大起恐慌，疑為這是紅軍派去活動的，故本市已宣佈戒嚴。

上海英美煙廠工人大罷工

上海電：英美烟廠浦東老廠葉子間因資方打磅不平，工人甚憤激，而資本家不但不讓步，反將某工人領袖開除，致引起全葉子間工人的大罷工，其後資本家遂允恢復被開除工人的工作，但罷工期間工資却未允照給，因此罷工又起，工友鬥爭情緒非常高漲，日前一二兩廠工友八千餘人亦已宣佈總罷工。

滿洲國不斷向蘇聯挑釁

長春八月廿三日電：日本的傀儡國，在日本帝國主義的指使之下，不斷的向蘇聯造謠挑釁，最近他們又造謠傳滿洲邊境的蘇聯農民，最近又侵入滿洲國領土，其中并有士兵多名，把滿洲國某處之房屋森林焚燬，搗毀木船數艘云云。

又，瀋陽八月二十五日電：蘇聯的遠東國家保衛局的領袖古拉芝前往哈爾濱，現被滿洲國無理扣留。

蔣系軍隊的法西斯蒂訓練

南昌電：蔣介石為欲在九月中間大舉進攻蘇區，正竭力統一其部下將領的意志，實行法西斯蒂訓練，每團挑排連長二十八分期受訓練，每次三星期，現已訓練了兩星期，第三星期亦已開始，月底可完成。團以上將領採取會議性質，已於二十號開始，團旅長及各級參謀均加入，預定九月初完畢，蔣介石每日到訓練班講演，課後藍衣社即大施活動，拉受訓練者加入藍衣社：團以上則由個人勸告，如王以哲，龐炳勳等亦已加入云。

太平洋會議中國民黨又訂祕密賣國協定

班甫美聯社八月二十七日電：今日太平洋大會的職員謂中日代表曾開了幾次祕密會議，以解決中日間之糾紛，內容秘不宣布，外間僅知在此協定中，中國方面將大大讓步，

中央政府慶祝

◁國際反帝非戰大會開幕電▷

國際反帝非戰大會代表們：

中華蘇維埃共和國臨時中央政府，代表全中國工農勞苦群衆，向大會全體代表致以無產階級的革命敬禮！英勇的反帝戰線的前衛們，你們不顧帝國主義國民黨的白色恐怖，不顧法西斯蒂與巡捕探子的恐嚇阻止，毅然在國際帝國主義共管下的被日本強盜所炮燬過的上海，來召開全世界反帝非戰大會，我們表示無限的欽佩與熱望！

大會的開幕是國際工人階級和一切勞苦群衆在反帝的國際下層統一戰線上獲得了空前偉大的成功。我們深信大會一定能夠領導全世界反帝戰士採取具體的步驟來反對不宣而戰的企圖把中國完全殖民地化的遠東戰爭，反對正如火燒眉毛一般危急的國際帝國主義的反蘇聯的戰爭！

全中國勞苦民衆完全深刻的理解李頓調查團與國際反帝非戰代表團這兩個組織的尖銳的對立。政治的經驗告訴我們：前者是國際帝國主義強盜瓜分中國的計劃者與組織者，而後者，就是你們啊，你們是全中國民衆反對帝國主義的強盜侵略，爭取中國的獨立自由和解放的最有力的幫助者。我們希望你們把一切帝國主義在中國所造下的獸行，罪惡和陰謀的實情，披露在全世界工農兄弟的面前，同時熱烈的歡迎你們來參觀蘇維埃區域，把蘇區內工農的革命熱情和他們生活的改善，以及蘇維埃政府的一切建設，和你們在帝國主義國民黨統治區域內所見到飢餓，死亡，失業和災荒作一成一個顯著的對照表，傳播到全世界工人農人與兵士中間去，激起他們的興奮與同情！

現在中國是在兩條道路——殖民地的道路與蘇維埃的道路——的劇烈戰爭中。帝國主義國民黨瘋狂的進行對蘇維埃紅軍的五次「圍剿」，正是要使中國走上完全的殖民地的道路，而我們也正集中一切力量來粉碎敵人的死命的大舉進攻，竭力阻止帝國主義殖民地的道路，為爭取獨立自由的蘇維埃中國的道路而鬥爭。我們相信大會是完全關切於我們，因此，大會的成功即是我們的成功，大會的勝利即是我們的勝利。我們領導全國工農和紅軍，一致擁護大會的順利進行，為大會的偉大的前途，表示熱誠的祝賀！

中華蘇維埃共和國臨時中央政府

主席　毛澤東

副主席　項英　張國燾

國民黨向日大借債

△又是一萬萬元！△

上海電：國民黨在準備五次「圍剿」中，近又向日本帝國主義接洽一批大借款，據聞此項借款數目為一萬萬元，以貨物交互抵款，宋子文現在已赴日本，準備親自簽字該項借款條約。

宋子文將實行財政獨裁

南京電：據國民黨財政部私人透出消息，謂宋子文回國後將實現全國經濟獨裁計劃，其民營擬與財政合併為經濟部，凡交通郵政鐵路新事業及一切生產事業均由經濟部主管，而仍以宋長該部，但宋氏出國前蔣中正所預定之軍事經濟獨裁計劃，其第一步在借得一筆巨款以為推動，故當宋在英美借款未到手前，此事只得稍緩，近來以借款事已成功，故有實行組財政部為經濟部之議云。（西南電訊）

蔣介石準備長期進攻紅軍

擴充軍力的三年計劃

南京專電：國民黨南京政府自宋子文在歐美借得巨款後，復得國聯技術合作調協委員會之助，故蔣介石決定長期進攻紅軍，已祕密製定擴張軍備的三年計劃，內容分四要點：（一）在三年內成立十師新式隊，即法西黨軍，全以蔣系黃埔生為幹部；（二）全國分六個編區，每區附屬三招兵處，江浙皖贛湘鄂已開始招兵；（三）蔣現已有直屬部隊十五師，因戰爭損失實僅十二師，故蔣預定年底必須完成十五個師，約十五萬人；（四）在三年內完成五千架飛機，由美顧問主持完成，由德顧問主持訓練，蔣分布於新成立軍隊中，現洛陽已有七十三團間，蔣介石最近已調新購飛機三十六架赴贛。此外并擬在江浙皖贛豫鄂十省擴充地主武裝的民團，以一部雜牌軍隊改充之，幹部則以蔣系軍官充任。

北平歡迎反帝非戰大會被禁

北平專電：北平藝術學校因籌備歡迎反戰代表團，而開會議時被軍警包圍，當時學生即以武力拒抗，結果有九人被捕。

漳州豪紳地主大起恐慌

東方紅軍偉大勝利中

白沙專電：據從漳州歸來者談，漳州的地豪紳地主自聽到紅軍消滅了歸化清流寧化一帶匪兵，又繼續消滅了十九路軍駐連城朋口姑田小桃等處的將近全部後，大起恐慌，原來他們視十九路軍閥為天兵天將，倚為靠山，不料現在十九路軍不但不能「剿滅」紅軍，反為紅軍消滅，未被消滅的毛維壽沈光漢兩師，也手忙腳亂，急謀退路，他們自知末日臨頭，難可挽救，因此紛紛逃往廈門企圖苟延殘喘云。

廣東軍閥的「七分政治」

△天天派飛機到會昌散傳單△

廣東軍閥，最近天天派飛機飛到會昌，丟了很多的欺騙宣傳品，裏面包著些銅板，毛子，以引誘工農群衆來受他的欺騙宣傳，我們必須指出：廣東軍閥飛機雖然還沒有丟過炸彈，第一是改組派要進行他的欺騙宣傳；第二是廣東軍閥的軍事力量趕不上蔣系軍閥，不能消耗大量的炸彈；第三是要用這種麻醉的和平辦法，鬆懈我們的防空的準備，將來在戰爭進一步開展的時候，無疑的廣東軍閥會用大批炸彈來轟炸蘇區革命群衆，會昌各地政府必需抓住這一事實，用博生瑞金永豐等地的血的教訓去向群衆作廣大深入的宣傳，建築飛機洞以及進行一切防空準備，加緊揭破改組派的改良欺騙，用這些實際行動去動員廣大群衆參加革命戰爭，是目前的重要任務之一。

揭破敵人欺騙宣傳！積極進行防空！

（李才蓮）

黃河水災災情慘重

濟南電：黃河南岸東阿，平陰，肥城，長清等縣之築堤款項全被當地國民黨官吏及豪紳地主吞蝕，故均未築堤，現值黃河大水，皆被河水淹沒，變為一片汪洋，房屋牲畜，已順流而下，淹死的人口不計其數，逃出來的都在山腳高坡上哀號，慘不忍聞！

上海絲廠工人大罷工
罷工工人已達八千餘人

期：红色中华零一百一十期

版：零四版

时间：一九三三年九月十八日

上海丝厂工人大罢工

罢工工人已达八千余人

上海闸北丝厂工人，近因资本家将实行产量制，□□反对，于九月一日实行大罢工，扩大至三十六厂，工人达八千余人，后资本家允暂缓一月实行，有十七家复工，但旋又罢工，这次斗争党有些影响在内，闻已组织丝厂工会筹备会了。

西班牙革命運動的開展

▲工人罷工與農民鬥爭匯合着▼

馬德里電：西班牙革命從一九三一年五月十日焚燒教堂和寺院開始，兩年來是受了共和派和社會黨聯合政府有力的壓迫，被殺者計一千三百人，受傷者六千六百又四人。但革命是在繼續發展着；一九三三年上半年五個月內有四百次大罷工，小的尚不在內，今年五月九日到三十日三十萬工人總罷工，包括全國許多中心城市的工人，六月十一日在八馬爾發生總罷工，反對失業，在幸勞爾發生同情罷工工人的團罷工；塊列多的總罷工起於五月十日，繼續到二十天之久，在赤色工會的領導下工人勝利了，取消奴役的個人合同，訂立了集體合同。在西班牙農民中佔領土地與抗租鬥爭也普遍發生，歷農因失業威脅反抗採用機器，並燬壞機器，亞吉拉爾的佃農把收穫分配了，不交地主，魯辛窩亞的美羅斯有一千四百人農民佔領了地主的土地，索維利亞省六月五日有五萬農民的大罷工，牧人也同情罷工，以致地主的牲畜無人照管。農民罷工成為西班牙工農鬥爭中間的聯絡媒介，在莫郎及其他地方商業工人也作同情罷工，歷農的要更勇敢不怕恐怖的罷工，[illegible]地區逃出來。

上海綿廠工人大罷工

▲罷工工人已達八千餘人▼

上海閘北綿織廠工人，近因資本家將實行減產，減低工資，於九月一日實行大罷工，擴大至三十六廠，工人達八千餘人，後資本家允發一月貨錢，有十七家復工，但旋又罷工，現大門紗廠有罷工者在內，現已組織綿織廠工會籌備會了。

國民黨十九路軍一團譁變

閩西通訊：據[illegible]十九路軍[illegible]，最近由龍巖通過[illegible]兵說：十九路軍第七十八師駐在朋口姑田[illegible]，有駐紮一團（該隊只有一千多人）由龍巖出發，[illegible]通過[illegible]山[illegible]，該團官兵[illegible]十九路軍[illegible]特別[illegible]，因之[illegible]譁變，[illegible]長[illegible]，[illegible]款，雖十九路軍追趕，不知該向何方，另有[illegible]二連，因未能[illegible]，即被十九路[illegible]。（民瑞）

上海青工招待反帝非戰大會代表

上海十三日電：日前上海青年工人招待反帝代表法國人道報主筆，及「中國論壇」主筆，計到青工代表三十餘人，最先由反帝代表們演講，略謂久聞中國白色恐怖的嚴重，現在是親眼看見了，中國工人們在這樣嚴重的白色恐怖下，進行英勇的鬥爭，實在令人欽佩。他們又說「中國唯一的出路是蘇維埃與紅軍」—這引起羣衆大鼓掌。後來工人代表又將各意見書授與法代表，正在茶點時，巡捕來了，問開會為何不報告，答非開會，是請外國朋友吃茶點，此時法代表早將意見書納入袋中，故巡捕一無所獲，亦未捕人云。

列強海軍備大競賽

美國——英國——日本的瘋狂

東京十四日電：美帝國主義海軍明年預算為兩億六千萬元美金，較一九三一年突超過三億八千萬元。英帝國主義亦極力擴大海軍，每年造艦十八隻，擴充艦廿九隻，[illegible]驅逐艦所屬之航空母艦，增加海軍一萬人，增加驅逐艦及潛水艇。日本帝國主義亦乘機欲實現擴充計劃，但日農村困苦已達極點，全國廿餘縣因旱災饑荒者，達三百六十萬畝，受害之農家三十萬戶，一百五十萬人，饑荒與搶米的慘狀慘不忍睹。

獨出心裁的宣傳方式

上海十三日電：本市滬中區為援入非戰大會的宣傳，特組織標語運動宣傳隊，有一藥業同志獨出心裁，將紅布大書打倒帝國主義走狗國民黨等標語，縛於狗身上，使狗招搖過市時，尋衆爭相圍觀，影響極大。

反對帝國主義強盜戰爭

日本帝國主義強迫熱河人民種鴉片

承德電：日本帝國主義為了麻醉熱河民衆的民族意識，消滅熱河人民的反日情緒，強迫人民種植鴉片，全省煙田已達四十萬畝，預收煙土萬斤（東三省煙苗可收廿萬斤）強迫人民吸烟，大量毒害熱河及全中國的民衆，其所[illegible]，[illegible]反抗的熱河民衆隨時有爆發的可能。

半年來中國的對外貿易

▲入超三萬萬元啦！▼

上海電：根據上海海關的報告自一月至七月中國對外貿易入超約三萬萬元，計出口一八六、二四一、二六四元，而進口為四七五、八二七、〇六六元，穀食類為輸入第一位云。看啊，這不是中國國民經濟總崩潰的證明麼？

蔣介石企圖撤換東北艦隊

青島電：自從沈鴻烈表示辭職後，蔣介石對東北艦隊疑嫉叢生，特密令海軍派曾以鼎等以整頓為名，派大批艦隊北上，欲相機解除東北艦隊的武裝，因事機不密，東北艦隊已嚴密防備，沈鴻烈亦電何應欽質問海軍何以派艦北上，而不先通知。

蔣介石積極擴充軍隊中 華北又醞釀反蔣運動

滄州十一日電：平電：此間某機關武人私人談，自蔣介石前次廬山會議決定積極擴充軍隊消息傳出後，華北一般非蔣系軍隊大起恐慌，各人皆知蔣練兵一百零八團計劃實現後，彼輩將無立足之地，故華北反蔣運動由醞釀而至於爆發，已成為不可免之事實，據一般觀察，因蔣現有嫡系軍隊僅十七個師，除駐紮[illegible]外，華北現駐有五師，沿海五省僅有十師，且大部在贛，不易撤調；非蔣系軍隊則較之多過七倍有餘，故反蔣軍事爆發，蔣必難維持其地位，故蔣現在一面利用擴大軍隊之空氣以增大其個人之地位，一面[illegible]之西上[illegible]實行擴充其實力，不過華北反蔣運動已如箭在弦上，而蔣因美債及英國借款又未全到手，雖急欲擴充實力以應付，恐已來不及了。

廣東軍閥慘殺邊區羣衆

▲為了布袋子不知殺了好多▼

平遠通訊：最近該縣東[illegible]，加緊蘇區經濟封鎖，實行嚴密檢查，[illegible]檢查戶口行人，如在邊區的人家要或途中行人查出有布袋子，他們隨便說這一個布袋子，原來你是運過蘇區的罷？「你這袋子，給共匪吃了呀！」於是馬上便將他殺死，因此有許許多多的勞苦羣衆被殺，總計[illegible]，現邊區一帶羣衆都恐慌異常，每遇運布袋子都不敢存有云。（貿堅）

反對法西斯蒂白色恐怖！

提高戲劇運動到列寧的階段

在紅色中華上新聞欄的一段通訊中，雖一般的指出了「誰的罪惡」的失敗，可是記者的分析，僅僅指示我們是「因為劇本的結構與那晚的演員的配合失當」。這點批評是絕對不深刻的。在劇本的作者與有關同志的一種意見中，則把劇團演員和導演的責任，卸在演者的身上，對於劇本本身的責任，卻輕輕地擱在一邊，甚至，對劇本本身的自我檢討是沒有的。

和平主義只是統治階級的麻醉群衆的東西而已，[illegible]和平主義的面目，是非常必要的。在[illegible]正在[illegible]一切的戰爭[illegible]「[illegible]」的時候，必須[illegible]列寧的「以革命戰爭消滅帝國主義戰爭」的武器，[illegible]對階級的和平主義的思想。

我覺得有極大的必要，[illegible]「誰的罪惡」的作者，更深刻的來揭發自己的錯誤，我們應該從這一事件中教訓我們自己，在戲劇運動中開展思想鬥爭，把戲劇運動提高到列寧的階段。（[illegible]）

編者按記：對於「誰的罪惡」的批判，[illegible]出了許多正確的意見，我們覺得應該引起大家的注意。直到現在，文化戰線（特別是文藝戰線）上的思想鬥爭，還是我們最弱的一環。[illegible]藝術這一武器應用到階級鬥爭上面來，用馬克思主義的見地去理解藝術，建設馬克思主義的文藝批評，我們覺得是十分必需的。至於我們布爾什維克地對於目前階段上文藝運動的確定，尤其是很重要的。我們只有從開展文藝上的思想鬥爭中，提出正確的馬克思主義的文藝理論，方能把我們的文藝（包括戲劇運動）提高到列寧的階段。所以，我們願意隨時提供一部分篇幅來討論這一類的問題。最後關於阿僞同志對記者的解析與批評，我們是同意的。雖然我們也提到了「那是妨害了目前戰爭緊急動員，那是離開了階級的立場……」，但總的來說，那篇記述還是缺乏尖銳的批判性的。不過講到劇本的結構與演出的效果，那在馬克思主義的文藝批評中，也決不是可以忽略的；但這個，留交這稍稍懂戲劇原理的，也可以了然的罷。

上海青工招待反帝非战大会代表

上海十三日电：日前上海青年工人招待反帝代表《法国人道报》主笔，及《中国论坛》主笔，计到青工代表三十余人，最先由反帝代表们演讲，略谓久闻中国白色恐怖的严重，现在是亲眼看见了，中国工人们在这样严重的白色恐怖下进行英勇的斗争，实在令人钦佩。他们又说“中国唯一的出路是苏维埃与红军”这引起群众大鼓掌，后来工人代表又将各意见书授与法代表，正在茶点时，巡捕来了，问开会为何不报告，群众即答非开会，是请外国朋友吃茶点，此时法代表□将意见书纳入袋中，故巡捕一无所获，亦未捕人云。

第一〇一期　紅色中華　第四版

西班牙革命運動的開展

▲工人罷工與農民鬥爭匯合着▼

馬德里電：西班牙革命從一九三一年五月十日燒教堂和寺院開始，兩年來是受了共和派和社會黨聯合政府有力的壓迫，被殺者計一千三百人，受傷者六千六百又四人，但革命是在繼續發展着；一九三三年上半年五個月內有四十次大罷工，小的尚不在內，今年五月九日到三十日三十萬工人總罷工，包括全國許多中心城市的工人，六月十一日在八馬爾發生總罷工，反對失業，在季爾賓發生同情罷工工人的團了罷工；壞到多的總罷工起於五月十日，繼續到二十天之久，在赤色工會的領導下工人勝利了。取消奴役的個人合同，訂立了集體合同。

在西班牙農民中佔領土地與抗租鬥爭也普遍發生，廣農因失業或聯反抗採用機器，共燬其機器，亞吉拉爾牌佃農拒收穫分配丁，不交地主，如季爾亞的美羅斯有一千四百人農民佔領了地主的土地，寮維利亞省六月五日有五萬雇農的大罷工，牧人也同情罷工，以致地主的牲畜都被飢餓。農民成爲西班牙工農鬥爭中的引導燃媒介，在某部及其他地方產業工人也同情罷工，雇農的要更勇敢不怕去爲罷工而由兩地區退出。

上海絲廠工人大罷工

▲罷工工人已達八千餘人▼

上海閘北絲廠工人，近因資本家將資產抵押，藉故減資，於九月一日實行大罷工，擴大至三十六廠，工人達八千餘人，捲資本家允將緩一月實行，有十七家復工，但旋又罷工，現資本家門爭意有被影響在內，與已組織絲廠工會籌備會了。

國民黨十九路軍一團變節

閩西通訊：據閩民黨十九路軍來，隔遊擊[illegible]步說：十九路軍七十八師的在[illegible]有發起一團（兵隊只有一千多人）由前線[illegible]，亦經過[illegible]，[illegible]參加[illegible]九路[illegible]，因之[illegible]，路團長[illegible]，不知[illegible]向何方，[illegible]下二連，因未能[illegible]，即被十九路[illegible]。（閩民）

上海青工招待反帝非戰大會代表

上海十三日電：日前上海青年工人招待反帝代表法國人道報主筆，及「中國論壇」主筆，計到青工代表三十餘人，最先由反帝代表們演講，略謂「入閘中國白色恐怖的嚴重，現在是親眼看見了，中國工人們在這樣嚴重的白色恐怖下，進行英勇的鬥爭，實在令人欽佩。」他們又說「中國唯一的出路是蘇維埃與紅軍」，這引起熱烈的大鼓掌。後來工人代表又將各意見書授與法代表，並在茶點時，巡捕來了，問開會爲何不報告，是時茶點答非開會，是請外國朋友吃茶點，乃此時法代表學將意見書納入袋中，故巡捕一時無所獲，亦未捕人云。

列強海軍備大競爭

美國——英國——日本的瘋狂

東京十四日電：美帝國主義海軍明年預算爲四億六千萬元美金，較一九三一年突超過三億八千萬元。英帝國主義亦盡力擴大海軍，今計劃造艦廿九隻，每年造艦十八隻，擴充艦隊所需之航空母艦，增加海軍一萬人，增加艦隊燃料及設備。日本帝國主義亦乘機欲實現擴充計劃，但日農村困苦已達極點，全國廿之綠因華北農村破產者，達三百六十萬畝，農家三十萬戶，一百五十萬人，秋收無望，受害與損失的慘狀慘不忍睹。

獨出心裁的宣傳方式

上海十三日電：本市滬中區爲擁護反帝非戰大會的宣傳，特組織標語運動宣傳隊，有一藥業同志獨出心裁，將紅布大書打倒帝國主義走狗國民黨等標語，縛於狗身上，當狗招搖過市時，群眾爭相圍觀，影響極大。

反對帝國主義強盜戰爭

日本帝國主義強迫熱河種鴉片

承德通訊：日本帝國主義爲了麻醉熱河民眾，用盡種種方法，並強迫熱河民眾種植鴉片，全省種植煙苗已達十萬畝，年可收煙十萬斤，（東三省煙苗可收廿萬斤）除大量毒害熱河及全中國民眾外，並可售得巨款，俾其供給軍費，熱河現在日本的殘酷壓迫之下，民眾是有爆發反抗的可能。

中年來中國的對外貿易

▲入超三萬萬元啦！▼

上海電：根據上海海關的報告自一月至七月中國對外貿易入超約三萬萬元，計出口一八六、二四一、二六四元，而進口爲四七五、八八二七、〇六六元，谷食類爲輸入第一位云。看呵，這不是中國國民經濟總崩潰的證明麼？

蔣介石調撤東北艦隊

青島電：自從沈鴻烈表示辭職後，蔣中正對東北艦隊疑嫉叢生，特密令海部派督以巡視爲名，派大批艦隊北上，欲相機解除東北艦隊的武裝，因事機不密，東北艦隊已嚴密防備，沈鴻烈並電何應欽質問海部何以派艦北上，而不先通知。

蔣介石擴充軍隊中華北又醞釀反蔣運動

滄州十一日電：平電：此間某機關武人私人談，自蔣介石前次廬山會議決定積極擴充軍隊消息傳出後，華北一般非蔣系軍隊大起恐慌，各人皆知蔣練兵一百零八團計劃實現後，彼輩將無立足之地，故華北反蔣運動由醞釀而至於爆發，已成爲不可免之事實，據一般觀察，國民黨軍事一起，蔣將根本失敗至不可收拾，因蔣現有嫡系軍隊僅十七個師，除陳誠部在贛已損失兩師外，華北現駐有五師，沿海五省僅有十師，且大部在贛，不易撤回；非蔣系軍隊則較之多過七倍有餘，倘反蔣事爆發，蔣必難維持其地位，故蔣現在一面利用擴大軍隊之空氣以增大其個人之地位，一面搶先與西南上海實行擴充其實力，不過華北反蔣運動已如箭在弦上，而蔣因美債及英借款械又未全到手，雖急欲擴充實力以應付，恐已來不及了。

廣東軍閥壓迫邊區群眾

▲爲了布袋子不知殺了好多▼

平遠通訊：粵軍陳濟棠軍閥，加緊對蘇區經濟封鎖，實行割區蠶食，嚴厲檢查戶口行人，如在通路的人家要或途中行人查出有布袋子，他們隨便借這一個布袋子，嘍囉說：「你這個袋子，放過有鹽呢，原來你是運鹽給共匪吃了呀！」於是馬上便將捉者出布袋子來的群眾殺死，因此有許許多多的勞苦群眾被殺，確實數目無法統計。現邊區一帶群眾恐慌異常，每家連布袋子都不敢存有云。（賀堅）

反對法西斯帝國主義白色恐怖！

提高戲劇運動到列寧的階段

在紅色中華上新聞欄的一段通訊中，雖一般的指出了「誰的罪惡」的失敗，可是記者的分析，僅告訴我們是「因爲劇本的結構和那晚的演員體驗太失當」。這點批評，雖然是不深刻的。且卻在作者顧問同志的一種意見中，則把難題說過和平主義的責任，卸在演員的身上，對於劇本本身的責任，却輕輕地推在一邊，甚至連對劇本本身的自我檢討是沒有的。

和平主義思想是小資產階級的政治觀點的表現而已，[illegible]現在是和平主義的面目，是非常必要的。在這階級矛盾正在尖銳化，一切都在着戰爭，全體勞動群眾在要求「勝利」的時候，必須高舉列寧的「以革命戰爭消滅帝國主義戰爭」的武器，粉碎反對階級的和平主義的思想。

我覺得有極大的必要，要求「誰的罪惡」的作者，更深刻的來揭發自己的錯誤，我們應該從這一事件中認識我們自己，在戲劇運動中開展思想鬥爭，把戲劇運動提高到列寧的階段。（阿偉）

編者按記：對於「誰的罪惡」的批判，阿偉同志提出了許多正確的意見，我們覺得應該引起大家的注意。直到現在，文化戰線（特別是文藝戰線）上的思想鬥爭，還是我們最弱的一環。爲了使文藝這一武器應用到階級鬥爭上面來，用馬克思主義的見地來理解藝術，建設馬克思主義的文藝批評，我們覺得是十分必需的。至於我們有什麼見解對於目前階段上文藝發展的確定，尤其是很重要的。我們只有從開展文藝上的思想鬥爭中，提出正確的馬克思主義的文藝理論，方能把我們的文藝（包括戲劇運動）提高到列寧的階段。所以，我們願意隨時提供一部分篇幅來討論這一類的問題。最後關於阿偉同志對記者的分析的批評，我們是同意的。雖然我們也提到了「那是妨礙了目前戰爭緊急動員，那是離開了階級的立場……」，但整個來說，那段記述還是缺乏尖銳的批判性的。不過，說到劇本的結構與演出的效果，那在馬克思主義的文藝批評中，也決不是可以忽略的；但這個，即使是稍微偏重到原理的，也可以了然的罷。

獨出心裁□宣傳方式

期：红色中华零一百一十期

版：零四版

时间：一九三三年九月十八日

独出心裁□宣传方式

上海十三日电：本市沪中区为深入非战大会的宣传，特组织标语运动宣传队，有一药业同志独出心裁，将红布大书打倒帝国主义走狗国民党等标语，系于到狗身上，当狗招摇过市时，群众争相围观，影响极大。

西班牙革命運動的開展

▲工人罷工與農民鬥爭匯合着▼

馬德里電：西班牙革命從一九三一年五月十日焚毀教堂和寺院開始，兩年來是受了共和派和社會黨聯合政府有力的壓迫，被殺者計一千三百人，受傷者六千六百又四人，但革命是在繼續發展着；一九三三年上半年五個月內有四百次大罷工，小的尚不在內，今年五月九日到三十日三十萬工人總罷工，包括全國許多中心城市的工人，並月十一日在八馬爾發生總罷工，反對失業，在李敦而發生同情罷工工人的罷工；據列多的總罷工起於五月十日，繼續到二十天之久，在赤色工會的領導下工人勝利了，取消奴役的個人合同，訂立了集體合同。在西班牙農民中佔領土地與抗租鬥爭也普遍發生，農民因失業或是反抗採用機器，並燬壞機器，亞吉拉爾鎮的農民招收穫分配了，不交地主，加李西亞的美羅斯有一千四百人農民佔領了地主的土地，塞維利亞省六月五日有五萬農民的大罷工，牧人也同情罷工，以致地主的牲畜無人看管。嚴厲的罷工成為西班牙工農鬥爭中間的聯絡媒介，在英部及其他地方產業工人也作同情罷工，罷工的群衆更勇敢不怕為飛工，路由國而地逃出去。

上海絲廠工人大罷工

▲罷工工人已達八千餘人▼

上海閘北絲廠工人，近因資本家將實行減薪，擬總罷工對，決於九月一日實行大罷工，擴大至三十六廠，工人達八千餘人，後資本家允將緩一月實行，有十七家復工，但旋又罷工，另外有些影響在內，現已組織絲廠工會籌備會了。

國民第十九路軍　一團譁變

閩西通訊：據閩民為十九路軍六，陣從由龍岩過來的兵士說：十九路軍第七十八師駐在朋口姑田整數後，有該部一團（只有一營多人）由龍岩邊境調出，中途經過蘇區附近長汀縣境，該營二百餘人，因受十九路軍長官特別壓迫，因之乘機譁變，將營長副營長綁起，帶同槍械，逃走十九路軍追趕，不知投向何方，另有一部到下二遂，因未能逃走，被十九路軍攔截，即被十九路軍繳械遣散云。（民潤）

上海青工招待反帝非戰大會代表

上海十三日電：日前上海青年工人招待反帝代表法國人道報主筆，及一中國論壇主筆，計到青工代表三十餘人，最先由反帝代表們演講，略謂入關中國白色恐怖的嚴重，現在是親眼看見了，中國工人們在這樣嚴重的白色恐怖下進行英勇的鬥爭，實在令人欽佩。他們又說「中國唯一的出路是蘇維埃與紅軍」這引起華來大鼓掌，後來工人代表又將各意見書授與法代表，正在茶點時，巡捕來了，問開會為何，不得答，答非開會，是請外國朋友吃茶點，此時法代表早將意見書納入袋中，故巡捕一無所獲，亦未捕人云。

列強海軍備大競賽

美國——英國——日本的瘋狂

東京十四日電：美帝國主義海軍明年預算為四億六千萬元美金，較一九三一年支超過三億八千萬元。英帝國主義亦極力擴大海軍，今計劃造優秀艦廿九艘，每年造艦十八艘，擴充驅逐艦所屬之航空母艦，增加海軍一萬人，增加驅逐艦科學設備。日本帝國主義亦乘機欲實現擴充計劃，但日農村困苦已達極點，全國廿餘縣因旱災無法耕種者，達三百六十萬畝，受害之農家三十萬戶，一百五十萬人，秋收無望，流離失所的慘狀不忍睹。

反對帝國主義強盜戰爭

獨出心裁的宣傳方式

上海十三日電：本市滬中區為擴大非戰大會的宣傳，特組織標語運動宣傳隊，有一藥業同志獨出心裁，將紅布大書打倒帝國主義走狗國民黨等標語，縫於狗身上，當狗招搖過市時，觀者爭相圍觀，影響極大。

日本帝國主義強迫熱河民衆種鴉片

熱河通訊：日本帝國主義為了麻醉熱河民衆，繼續滅亡熱河，強迫熱河民衆種植鴉片，全熱河種鴉片已達四十萬畝，每畝可收煙土一百斤，共收煙土約四千萬斤（東三省煙苗尚未計），據日本人估計熱河鴉片之收入可達四千萬元，現在日本強迫種鴉片，使熱河民衆更陷於窮困，熱河民衆的反抗已極普遍，隨時有爆發的可能。

戲劇運動　提高到列寧的階段

在紅色中華上新開始的一段通訊中，對一般的劇團了「誰的罪惡」的失敗，有是記者的指析，僅僅指出我們是「因為劇本的結構與那晚的演員表演的失當」。這點批評，雖然是不深刻的。在那本劇作者顧有國志的一種意見中，則把這個國際運和平主義的責任，卸在演員們的身上，對於劇本本身的責任，却輕輕地推在一邊，甚至還，對劇本本身的自我檢討是沒有的。

和平主義只是帝國主義欺騙群衆麻痺群衆的武器而已，揭破它欺騙群衆眼睛的面具，這裸裸地暴露和平主義的面目，是非常必要的。在帝國主義正在瘋狂準備一切帝國主義戰爭，在勝利的蘇聯被敵人包圍「困」的時候，必需高舉列寧的「以革命戰爭消滅帝國主義戰爭」的武器，粉碎敵對階級的和平主義的思想。

我覺得有極大的必要，還要「誰的罪惡」的作者，更深刻的來揭發自己的錯誤，我們應該從這一事件中教訓我們自己，在戲劇運動中開展思想鬥爭，把戲劇運動提高到列寧的階段。（阿偉）

編者按記：對於「誰的罪惡」的批判，阿偉同志提出了許多正確的意見，我們覺得應該引起大家的注意。直到現在，文化戰線（特別是文藝戰線）上的思想鬥爭，還是我們最弱的一環。我們要把藝術這一武器應用到階級鬥爭上面來，用馬克思主義的見解來理解藝術，建設馬克思主義的文藝批評，我們覺得是十分必要的。尤於我們布爾什維克黨對於目前階段上文藝全部的確定，尤其是很重要的。我們只有從開展文藝上的思想鬥爭中，提出正確的馬克思主義的文藝理論，方能把我們的文藝（包括戲劇運動）提高到列寧的階段。所以，我們願意隨時提供一部分篇幅來討論這一類的問題。最後關於阿偉同志對於記者的解析的批評，我們是同意的。雖然我們也提到了「那是妨害了目前戰爭緊急動員，那是離開了階級的立場……」，但總的來說，那篇記述還是缺乏尖銳的批判性的。不過該劇本的結構與演出的效果，在馬克思主義的文藝批評中，也決不是可以忽略的；但這個，留待是稍微深入原理的，也可以了較的能。

半年來中國的對外貿易

▲入超三萬萬元啦！▼

上海電：根據上海海關的報告自一月至七月中國對外貿易入超約三萬萬元，計出口一八六、二四一、二六四元，而進口為四七五、八二七、〇六六元，谷食類為輸入第一位云。看呵，這不是中國國民經濟總崩潰的證明麼！

蔣介石調撤東北艦隊

青島電：自從沈鴻烈表示辭職後，蔣介石對東北艦隊疑嫉叢生，特密令海軍派員以剿共為名，派大批艦隊北上，欲相機解除東北艦隊的武裝，因事機不密，東北艦隊已嚴密防備，沈鴻烈並電何應欽質問海部何以派艦北上而不先通知。

蔣介石積極擴充軍隊中　華北又醞釀反蔣運動

濟州十一日電：平電：此間某要人私人談，自蔣介石前次廬山會議決定積極擴充軍隊消息傳出後，華北一般非蔣系軍隊大起恐慌，各人皆知蔣練兵一百零八團計劃實現後，彼輩將無立足之地，故華北反蔣運動由醞釀而至於爆發，已成為不可免之事實，據一般觀察，反蔣軍事一起，蔣將根本失敗至不可收拾，因蔣現有嫡系軍隊僅十七個師，除陳誠部在贛已損失兩師外，華北現駐有五師，沿海五省僅有十師，且大部在贛，不易撤調；非蔣系軍隊則較之多至七倍有餘，倘反蔣軍事爆發，蔣必難維持其地位，故蔣現在一面利用擴大軍隊之宣傳空氣以增大其個人之地位，一面拚其個百分之四十以實行擴充其實力，不過華北反蔣運動已如箭在弦上，而蔣因美債及英德械又未全到手，雖急欲擴充實力以應付，恐已來不及了。

廣東軍閥慘殺邊區群衆

▲為了布袋子不知殺了好多▼

反對法西斯蒂白色恐怖！

平遠通訊：粵廣東軍閥，實行湘粵邊區經濟封鎖，緊對邊區行人，嚴厲檢查戶口行人，如在邊區的人家或途中行人查出有布袋子，就硬說他們隨便帶這一個布袋子，「你這個布袋子，原來你是逃走到共匪那邊吃了飯呀！」於是馬上便將他捉出布袋子來的群衆殺死，因此有許許多多的勞苦群衆被殺，確實的數目無法統計，現邊區一帶群衆恐慌異常，每家連布袋子都不敢存有云。（賀堅）

半年來中國的對外貿易
入超三萬萬元啦!

期：红色中华零一百一十期

版：零四版

时间：一九三三年九月十八日

半年来中国的对外贸易

入超三万万元啦!

上海电：根据上海海关的报告自一月至七月中国对外贸易入超约三万万元，计出口一八六、二四一、二六四元（186,241,264），而进口为四七五、八二七、〇六六元（475,827,066），谷食则为输入第一位云。看呵，这不是中国国民经济总崩溃的证明么？

西班牙革命運動的開展

▲工人罷工與農民鬥爭匯合着▼

馬德里電：西班牙革命從一九三一年五月十日燒教堂和寺院開始，兩年來是受了共和派和社會黨聯合政府有力的壓迫，被殺者計一千三百人，受傷者共千六百又四人，但革命是在繼續發展着；一九三三年上半年五個月內有四百次大罷工，[illegible]尚不在內，今年五月九日到三十日三十萬工人總罷工，包括全國許多中心城市的工人，五月十一日塞[illegible]馬爾發生總罷工工人的團，反對失業，在[illegible]發生同情罷工工人的團了罷工；堅持多的總罷工起於五月十日，繼續到二十天之久，在赤色工會的領導下工人勝利了，取消奴役的個人合同，訂立了集體合同。

在西班牙農民中佔領土地與抗租鬥爭也普遍發生，[illegible]因失業或[illegible]反對採用機器，並燬其機器，亞吉拉爾[illegible]農[illegible]收穫分配了，[illegible]地主，例如安達路西亞的美[illegible]斯有一千四百人農民佔領了地主的土地，[illegible]維利亞省六月五日有五萬農民的大罷工，牧人也同情罷工，以致地主的牲畜[illegible]人[illegible]管。[illegible]次[illegible]罷工成為西班牙工農鬥爭中間的聯絡媒介，在莫郎及其他地方[illegible]業工人也[illegible]同情罷工，[illegible]的[illegible]更勇敢不怕[illegible]罷工[illegible]地[illegible]出來。

上海綠廠工人大罷工

▲罷工工人已達八千餘人▼

上海閘北綠廠工人，近因資本家將[illegible]風潮，[illegible]反對，於九月一日實行大罷工，擴大至三十[illegible]廠，工人達八千餘人，[illegible]資本家允[illegible]一月[illegible]，有十七家復工，但[illegible]文[illegible]上，[illegible]次鬥爭[illegible]有[illegible]在內，[illegible]已組織[illegible]廠工會[illegible]了。

國民黨十九路軍

閩一變辯

閩西通訊：[illegible]國民黨十九路軍[illegible]，[illegible]由[illegible]說：十九路軍七十八師[illegible]在[illegible]發後，有[illegible]一團（[illegible]只有一[illegible]人）由[illegible]線[illegible]山[illegible]，[illegible]十九路[illegible]別[illegible]，因之[illegible]，[illegible]長[illegible]，[illegible]十九路[illegible]逃跑，不知[illegible]向何方，[illegible]下二[illegible]，因未能[illegible]，卻被十九路[illegible]。（[illegible]民）

上海青工招待反帝非戰大會代表

上海十三日電：日前上海青年工人招待反帝代表法國人道報主筆，及「中國論壇」主筆，計到青工代表三十餘人，最先由反帝代表們演講，略謂「國白色恐怖的嚴重，現在是親眼看見了，中國工人們在這樣嚴重的白色恐怖下進行英勇的鬥爭，實在令人欽佩。他們又說「中國唯一的出路是蘇維埃與紅軍」[illegible]引起熱烈大鼓掌，後來工人代表又將各意見書授與法代表，正在茶點時，巡捕來了，[illegible]可不[illegible]，幸[illegible]答非[illegible]，是[illegible]外國朋友吃茶點，此時法代表單將意見書納入袋中，故巡捕一無所獲，亦未捕人云。

列強海軍準備大戰

東方十四日電：美帝國主義海軍明年預算美國——英國——日本的瘋狂[illegible]

獨出心裁的宣傳方式

上海十三日電：本市滬中區[illegible]入非戰大會的宣傳，特組織標語運動宣傳隊，有一藥業同志獨出心裁，將紅布大書打倒帝國主義走狗國民黨等標語，縛於狗身上，當狗招搖過市時，[illegible]相[illegible]說，影響極大。

反帝國主義戰爭

反對帝國主義強盜戰爭

[illegible]國[illegible]六千萬元美金，較一九三一年[illegible]超過二億八千萬元。英帝國主義[illegible]大海軍，今計劃[illegible]九艘，每年造艦十八艘，擴充[illegible]驅逐艦所屬之航空母艦，增加海軍一萬人，增加[illegible]。日本帝國主義亦乘機欲實現擴充計劃，但日農村困苦已達極點，全國廿餘之[illegible]三十餘戶，[illegible]三百六十萬畝，[illegible]一百五十萬人，秋收[illegible]荒與[illegible]來的[illegible]不[illegible]。

日本帝國主義強迫熱河人民種鴉片

[illegible]：日本帝國主義為了麻醉熱河人民[illegible]，[illegible]滅亡[illegible]熱河人民[illegible]，[illegible]種植鴉片，全省[illegible]十萬[illegible]，每[illegible]十萬斤，東三省[illegible]收[illegible]萬斤，[illegible]大[illegible]毒[illegible]來[illegible]害[illegible]河[illegible]現[illegible]之至[illegible]，[illegible]其[illegible]毒[illegible]，熱河[illegible]民有爆發的可能。反抗[illegible]。

牛年來中國的對外貿易

▲入超三萬萬元啦！▼

上海電：根據上海海關的報告自一月至七月中國對外貿易入超約三萬萬元，計出口一八六、二四一、二六四元，而進口為四七五、八八二七、〇六六元，谷食類為輸入第一位云。看啊，這不是中國國民經濟總崩潰的證明麼！

蔣介石調充東北艦隊

青島電：自從沈鴻烈表示辭職後，蔣介正以[illegible]為名，派[illegible]海部[illegible]以[illegible]等對東北艦隊發生，[illegible]，欲相[illegible]除東北艦隊的武裝，國軍[illegible]，東北艦隊已嚴密防備，沈鴻烈[illegible]閩海部何以派艦北上，而不先通知。

蔣介石積極擴充軍隊中

華北又醞釀反蔣運動

[illegible]州十一日電：平電：此間某[illegible]武人私人談，自蔣介石前次廬山會議決定積極擴充軍隊消息傳出後，華北一般[illegible]軍隊大起恐慌，各人皆知蔣練兵一百零八團計劃實現後，彼輩將無立足之地，故華北反蔣運動由[illegible]。

動運劇戲高提

段階的甯列到

在紅色中華上新開[illegible]的一段消息中，[illegible]一般的[illegible]了「[illegible]的[illegible]」的失敗，可是記者的分析，僅說我們是「[illegible]劇本的[illegible]與[illegible]的演員[illegible]失當」。[illegible]是不[illegible]的。[illegible]本[illegible]作者[illegible]同志的一種意見中，則把[illegible]和平[illegible]的責任，卸[illegible]的身上[illegible]劇本本身的責任，[illegible]一邊，甚至[illegible]，對劇本本身的自我檢討是沒有的。

和平[illegible]是[illegible]的[illegible]而已，[illegible]主義的面目，[illegible]常必要的。在[illegible]正在[illegible]一切[illegible]爭[illegible]「[illegible]」的時候，必須[illegible]列寧的「以革命戰爭消滅帝國主義戰爭」的武器，[illegible]對階級的和平主義的思想。

[illegible]的必要[illegible]「[illegible]」的作者，[illegible]來[illegible]自己的錯誤，我們[illegible]一事件中[illegible]我們自己，在戲劇運動中[illegible]思想鬥爭，把戲劇運動提高到列甯的階段。（[illegible]）

編者按記：對於「[illegible]」的批判，[illegible]出了許多正確的意見，我們覺得[illegible]引起大家的注意。在現在，文化戰線（特別是文藝戰線）上[illegible]思想鬥爭，[illegible]我們[illegible]的一[illegible]。[illegible]藝術這一武器[illegible]階級鬥爭上面來，用馬克思主義的見[illegible]理解[illegible]，[illegible]馬克思主義的文藝批評，我們覺得是十分[illegible]的。[illegible]於我們[illegible]什麼[illegible]對於目前階段上文藝[illegible]的[illegible]定，尤其是[illegible]重要的。我們只有從[illegible]文學上的思想鬥爭中，提出正確的馬克思主義的文學理論，方能把我們的文藝（包括戲劇運動）提高到列甯的階段。所以，我們[illegible]提供[illegible]來討論這一類的問題。最後關於[illegible]同志[illegible]記者[illegible]解析[illegible]批評，我們是同意的。[illegible]我們也提到了「[illegible]是妨礙了目前戰爭[illegible]動員，[illegible]了階級的立場……」，但[illegible]來說，[illegible]還是缺乏[illegible]的[illegible]的。不過[illegible]劇本的結構與演出的效果，[illegible]馬克思主義[illegible]文藝[illegible]中，也決不是可以忽略的；[illegible]是[illegible]的，也可以了[illegible]的。

廣東軍閥擴充邊[illegible]

▲為了布袋子不知殺了好多▼

平遠通訊：[illegible]東[illegible]，加緊[illegible]，實行[illegible]，[illegible]戶口行人，如在[illegible]的人家裏或途中行人[illegible]出布袋子，[illegible]他們隨[illegible]這一個布袋子[illegible]說：「你這[illegible]袋子，[illegible]有[illegible]，原來你是[illegible]匪[illegible]吃了呀！」於是馬上便將[illegible]出布袋子來[illegible]殺死，因此有許許多多[illegible]被殺，[illegible]現[illegible]一[illegible]恐慌異常，[illegible]布袋子都不敢存有云。（[illegible]堅）

反對法西斯蒂白色恐怖！

[illegible]於爆發，已成為不可免之事實，[illegible]一般觀察，國[illegible]汪將軍事一起，將[illegible]根本失敗至不可收拾，將現有嫡系軍隊僅十七個師，除[illegible]部在[illegible]已損失[illegible]師外，華北現駐有五師，沿海五省僅有十師，且大部在[illegible]，不易撤調；非蔣系軍隊則較之多過七倍有餘，[illegible]反蔣[illegible]爆發，蔣必難維持其地位，故蔣現在一面利用[illegible]大[illegible]之[illegible]傳空氣以增大[illegible]偶[illegible]之地位，一面[illegible]百分之[illegible]上[illegible]擴充其實力，不[illegible]華北反蔣運動已如箭在弦上，而蔣因美[illegible]及英[illegible]又未至到手，[illegible]欲擴充實力以應付，恐已來不及了。

上海日军的耀武扬威

上海电讯：日本在华海军于九月十五日，在吴淞口外举行大检阅，同时日军在上海北四川路底新建之大兵营亦已完工，占地一万余亩，建筑费二百万以上，前控租界，后压闸北，左俯北站右扼江湾，屋高四层，可容二千六百人，屋顶有防空设备，及炮垒式建筑多座，更有瞭望台，内有电话及无线电话，及无线电藏匿机并有机枪随时可以扫射，更有种种特殊秘密设备。

第四版　紅色中華　第一一三期

蘇聯偉大的工業建設

又一大冶金廠開工了

伯力國際電訊電：隨着馬格尼托哥斯克與庫尼次兩大冶金廠之後，現在第三個冶金廠——阿索夫斯格爾廠——不久亦將開工了，阿索夫斯格爾廠其第一部分有四個強有力的鎔礦爐，每個之容積為九三八立方米突，又有卅一個鎔液爐，每爐可容量為二百五十噸。此外尚有鑄錠部沙爾勞部門　鏡鋼化學部。每年能產焦煤一，三〇〇，〇〇〇噸。阿索夫斯格爾廠據精確之估計，每年能產生鐵九二四，〇〇〇噸　熟鐵一三一，五〇〇噸；鋼鐵六六〇，〇〇〇噸，塊鐵一八〇，〇〇〇噸；阿索夫斯格爾廠的建立將必然的給予第二五年計劃以最豐富的材料。

西伯利亞又開採金礦

諾伏西伯利斯克塔斯社電，最近在西伯利亞西部發現金礦以後，即準備進行開採，其工作團（有五百礦工）已開始工作，其他部門亦將迅速同往。

煤鐵生產的猛烈進展

伯力國際電訊電：據郭爾巴斯消息，最近蘇聯煤鐵的生產頗有進展，平均每日的產量如下：鎔煉的生鐵二一，五〇〇噸，（去年同一時期為一六，七〇〇噸）煤為二〇二，〇〇〇噸（去年則為一五七，〇〇〇噸。

鐵道電氣化的偉大計劃

莫斯科塔斯社電：在第一五年計劃中，用於火車電氣化的投資總額，原定為二〇〇，〇〇〇，〇〇〇盧布，實電氣化之鐵道線運輸貨物方面有五〇一五基羅米達，運送旅客的有七二九基羅米達。其他電氣化的本頓河流域的二〇〇〇米達，烏拉爾及西部西伯利亞的有二千基羅米達，外高加索則有五百基羅米達。

莫斯科地下鐵道的建築

莫斯科塔斯社八月廿七日電：莫斯科的地下鐵道已在開始建設中，計有工人及專門家數萬人，其實際赤色首都的第一支線（長約十二基羅米達）定於明年十一月七日十月革命十七週年紀念時完成，至於貫通全城的總長則為八十九基羅米達云。

南京國民政府實行親日

南京電：蔣介石現日益親日，在黃郛參加廬山會議後，國民黨遂決定對日政策為暫將對日「長期抵抗」緩和三年，期滿後再繼續「抗日」（？），最近黃郛對日記者談：現南京政府對日空氣日益轉佳，汪蔣皆十分認識素來「抗日」政策之失敗，今後將竭力與日本合作云。

歐美軍縮代表的奔走忙

▲軍縮會議又將開幕了▼

巴黎外洋社九月十四日電，軍縮會議又將於十月初開幕，法報載英法對於控縮軍縮大會，將有協定，並料下星期一英海軍副大臣愛爾彭古之會晤將有具體結果，聞愛爾彭尚欲由自巴黎赴羅馬，與意大利政府交換意見，而明日台維斯「將軍」（美代表），與韓得孫（英代表）談的會議，亦頗重要，惟據觀察軍縮會，雖經此番奔走，其結果亦殊難預測。痛快的說罷，其結果仍將是一場不歡而散的趣劇呢！——編者）

日本軍閥首領囑助蔣介石造成法西統治

上海電：日本陸相荒木代表阪西晤蔣介石會談兩事：（一）在短期內收束訓政取消黨治，實行法西斯蒂統治與日本之法西斯蒂政治同一趨向，共存共榮；（二）如第一項能接納，日認蔣可合作，當助蔣為中國獨裁；同時蔣介石藍衣社的首領之黃郛，從旁贊助，蔣已表示採納，故藍衣社的親日活動更加赤裸了。

日本帝國主義的備戰狂

▲第二步增加海軍軍備▼

東京十三日電：日本帝國主義又大增加海軍軍備，前所擬定之第二次增加海軍軍備計劃已將完全實現，日本的廣大的工農群衆因此更加了一層負擔，生活更加惡劣云。

▲舉行空戰大演習▼

東京十五日電：日本帝國主義定下月十日起又發動全國飛機一千八百餘架，在尹灣實行大演習空戰五日，演習時其假想之敵人即蘇聯與美國云。

△又發行巨項公債▽

東京電：日本帝國主義自近幾年來竭力擴充軍備，因此收付不抵，只得加緊對民衆的剝削，經常發行大批公債。日前又決定發行公債三萬萬圓，年息百分之四，發行時在市上以百分之九十六出售。據聞於本月四日已發行了一萬萬圓了。

宋子文將實行經濟獨裁

南京十六日電：宋子文之經濟獨裁計劃已在廬山會議通過，現將完全實現。全國經濟委員會擴大組織，決定由宋子文，汪精衛，孫科為常務委員，宋子文為主席。該會總攬國民黨中國的經濟權，而財政，交通、鐵道、實業各部僅掌行政虛名，一切均須聽經濟委員會之指揮。

國民黨南京政府決定裁減華北軍費

北平九月十三日電：據可靠消息，平軍分會為了壓迫華北各部隊來進攻紅軍，決定裁減華北軍費，每月現定四百八十萬元，二百八十萬由華北收入支付，其餘由南京發補，因此若東北各部隊不願南來進攻紅軍時，則每個軍隊均須裁兵以便適應裁減後之軍費云。

綏遠又鬧大水災

◁包頭甯夏電線被衝斷▷

南京十七日電：黃河水近來又大漲，綏遠又有數縣被淹，水勢甚猛，甚至包頭甯夏間之電線都被衝斷。災區慘狀，目不忍睹，但國民黨對該地難民絲毫不管，難民無法生活。

上海日軍的耀武揚威

上海電訊：日本在滬海軍於九月十五日，在吳淞口外舉行大檢閱。同時日軍在上海北四川路底新建之大兵營亦已完工，佔地一萬餘畝，建築費二百萬以上，前控租界，後扼閘北，左倚北站右扼江灣，屋高四層，可容二千六百人，屋頂有防空設備，及砲壘式建築多座，更有瞭望台，內有電話及無線電話，及無線電截匯机，并有机槍隨時可以掃射，更有種種特殊秘密設備。

廣東軍閥的白色恐怖

◁滋溪鄉慘遭蹂躪▷

前次廣東國民黨軍閥於六月間在安遠城將當地勞苦群衆大批捕捉大批屠殺後，最近更繼續其殘酷手段於八月十一日帶同着豪紳地主的武裝進攻我滋溪鄉，施行其大燒，大殺，大搶的獸行，把滋溪勞苦群衆血汗換來的谷子，及牛，猪，鷄，鴨，犂耙，脚車，衣衫，被包等，搶得光光淨淨，連鍋頭，水缸，門板，桌，櫈，碗，筷，一概打得粉碎。

◁所謂『拯救匪區民衆』▷

在尋安邊界一帶，廣東軍閥又利用搜山名義將群衆壓迫回家後，即於夜晚捕殺我勞苦青年群衆，連屍亦收不回，前次在安遠城一夜殺死四十七名，其佈告上只說殺了七名，自粵敵進佔尋鄔安遠以來，所屠殺的簡直不計其數，這就是國民黨的『拯救匪區民衆』！

●壓迫羣衆還老租老債●

尋鄔安遠二縣所被廣東軍閥佔領的地方，最近廣東軍閥，正在壓迫群衆還老租老債，自該地建立蘇維埃政權後幾年群衆所不曾納的苛稅，都必須一律向廣東軍閥及豪紳地主還清，迫得群衆上天無路入地無門，只得把小孩子，少年婦女給他們抵押。

（陳瑞蘭）

◁亂砍樹木強迫羣衆做工事▷

在尋安二城廣東軍閥又壓迫群衆做工事，并把群衆家裏的門板，器具，拾來做工事用，附近小林的樹木，砍得一個精光。當地群衆憤恨不已。

◀派工修路又抽收馬路捐▶

在廣東的興寧，和平一帶，廣東軍閥也正在壓迫當地群衆修馬路，十六歲以上，五十四歲以下，都要派工，如有病或身體衰弱，無力勞動，仍要強制雇他人工錢，并抽收馬路捐，挖毀群衆房屋，田土，填平魚塘，群衆的生活痛苦之極！

◀假冒紅軍混入蘇區搗鬼▶

廣東軍閥近來還有一個大的陰謀，就是他們造了不少的紅軍衣服，帽子，紅旗等，企圖假冒紅軍混入蘇區，以便一方面可以大規模的屠殺工農群衆，另一方面可以破壞群衆對紅軍的擁護和信仰，這是如何狠毒的詭計啊！

（賀堅）

上海女工歡迎反戰大會代表

期：红色中华零一百一十二期
版：零四版
时间：一九三三年九月二十四日

上海女工欢迎反战大会代表

上海报：九月十六上海团领导的妇女协进会招待反战代表马莱等。共到妇女代表一百四十余人，有许多丝厂女工代表发表欢迎各反战代表等的演说并集资六元买汽水等给马莱等，当时大家都异常兴奋。

蘇聯中央執委會批准八國互不侵犯條約

莫斯科外洋社九月十八日電：在世界經濟會議開會時，蘇聯於倫敦與阿富汗，愛沙尼亞，拉脫維亞，波斯，波蘭，羅馬尼亞與土耳其等八國所訂的確定「侵略」界說的條約今日由聯邦中央執委會正式批准云。

美國干涉巴古內政

▲帝國主義侵略小國的真面目▼

華盛頓美聯社九月十七日電：美國國務卿胡爾宣稱：美國雖欲竭力避免(?)干涉古巴內政，但近因形勢頗為險惡，據美國公使的報告，古巴激烈份子仍舊活動，且反美情緒高漲，迫使美國不得不(?)採取積極行動。美國現有十一艘軍艦，泊於該島之周圍，但於必要時行將登陸，以控制局勢之變革。

英美戰債談判的糾葛

華盛頓美聯社九月十六日電：羅斯福及其顧問今日完畢了關於戰債之全部的研究自世界經濟會議閉幕以來羅斯福曾向國會諸領袖徵求關意是否允許英國能有極大的裁減據某數首領談最高限度僅能減少百分之七十五，雖然美國所要求的是減少百分之九十，當然這是不能許可的，因為英原先已經減少百分之三十，即此數亦已比當國所減低更其大了。

日本的航空擴張計劃

▲與歐美各國爭奪遠東的霸權

東京日聯社九月十八日電：日本有一極大的計劃，以防止歐美各國特別是英德美諸國，在遠東的航空勢力的伸張。日本外交部曾嚴厲批評各部對西方各國伸張商業航空線採取袖手旁觀的態度。據廣田的意見，西方各國幾乎已經完成了或是正在完成着他們的計劃。比如英國的商業航空線已由香港延至中國與美國則將橫渡太平洋以至中國與歐亞航空公司的發展更使日本感覺許多憂慮。日本必須急圖建立與各國之航空關係，故日政府現在計劃：在短期內與中，美，與德及其他歐洲各國發生商業的航線關係，並且連接台灣與南海諸島等地域。

日本帝國主義在關東收編大批土匪

北平電：日本帝國主義現積極收編關東三省一帶之土匪，預定在一年內編為十五萬人，其下級軍官由日華人分任，中上級軍官日人七，華人三。準備將來作為進攻蘇聯和侵略中國內地的先鋒云。

日滿日軍的軍費預算

東京電通社九月十七日電：日本參謀本部與陸軍省商定關於駐紮滿洲的軍事計劃其下年度軍費為一萬六千萬元，同時並決定此後駐滿軍隊並非常駐制度，而是由日本國內派遣隊伍時時調換之。

英法日的海軍軍備競賽

巴黎電：英艦造轟炸機十四架，於十月一日交付海軍部，專供海戰時轟炸魚雷軍艦之用；法國新造之海軍大飛機關於九月十三日在白萊斯下水；日軍又秘密籌設三大飛機場予擴大，千島北海道，作空軍根據地。當此軍備會議不久就開幕的時候，而英法日都做了這樣的一個海軍軍備的大競賽可謂有味的兒呀！

國民黨最近的廬山會議

▲改組南京政府實行政客分贓

▲積極籌款作大規模進攻紅軍

南昌電：國民黨軍閥在此次廬山會議中所討論者均為上級未決定之問題，因宋子文回國諸案略有變更，故重行召開。國黨五中全會決延期召開，改組政治會三常委為主席制，由汪任主席，宋任行政院，孔任財部，黃郛回北平任原職，外交部宋擬仍召羅回留，由蔣顏二人中擇一，常委會職權決擴大，以宋汪孫三人任常委。海陸空及訓練各部統歸軍委會節制主席仍為蔣。並決定九月間下總攻令總攻紅軍。在棉麥借款大撥一千六百萬元，為實進攻紅軍之費，不敷時再發公債補充，預定今年內肅清(!?)江西。

湖南軍閥加緊剝削民眾

▲決定發行公債一千萬元

湖南九月一日通訊：湖南歷年以來受盡了國民黨的剝削與壓迫，在農村中，貧農中農因受租稅剝削大批破產，在長沙，沙市等都市中，亦有整批整批的工人失業。但本省國民黨軍閥為了更加緊的剝削工農群眾的血汗，最近又藉口將建築鐵路決定發行公債一千萬元，現本省群眾異常反對，都盼望湘鄂西紅軍迅速發展到全省去。

國民黨新的欺騙政策

永豐通訊：在帝國主義國民黨佈置新五次「圍剿」當中，不但是調遣更多的白軍來向蘇區進攻，並且還要用新的欺騙方法來欺騙蘇區裏的工農群眾，最近他們派一架飛機飛到永豐苻田一帶，散落了許多欺騙群眾的反動標語，並丟了一隻雞子及許多香烟下來。

無疑的國民黨反動標語，是欺騙工農的，苻田區的群眾丟下來的食物，多是放有毒藥的，群眾完全以滅的事實證明了國民黨的殘酷獸行，因為當時飛機打死了許多工農群眾，炸破了許多房屋，國民黨這個屠殺工農的劊子手的面目，在群眾的心目是更其顯明了。（楊正元）

蘇聯今年冬收的面積

莫斯科九月十二日電：今年冬天收穫的面積為七三，二〇〇，〇〇〇海斯格爾即一四，九〇〇，〇〇〇海克脫，至於去年同一時期則僅一一，〇〇〇，〇〇〇海克脫。

（註三個海克脫約合一百公畝）

廣東軍閥的白色恐怖

▲廣東北部白色恐怖日益嚴重

廣東興甯訊：近來廣東軍閥更加緊的進行着法西斯蒂的白色恐怖，在潮汕梅縣各地每天晚上不准夜行，會尋遍屬的地方前有農民二人在田中割禾晚上回家，途中被捕即被廣東軍閥用刑拷打，誣為通「匪」(?)，罰每人罰款五百元，該二農民因家庭貧苦不能答應，但又受苦不過，當晚雙雙自殺了！又訊，最近在潮汕各地廣東軍閥限制每人每天只買四錢鹽，每家鋪商俱受限制，不准多賣，只與買一份，每天每人亦只限四錢鹽，多餘的概行沒收，如若有半個不字，即認為有意通「匪」，斬殺無赦，有以肩挑為生活的四個婦女，二個男子，在很遠的市上挑鹽回家，途中被團匪捕去，施以最殘暴的肉刑，並誣為通「匪」之罪，當即施行槍決云。（劉文彬）

反對國民黨的白色恐怖

上海女工歡迎反戰大會代表

上海報：九月十六上海團領導的婦女協進會招待反戰代表馬萊等。共到婦女代表一百四十餘人，有許多絲廠女工代表關於反對後又和歡迎各代表等的演說並集資大元買汽水等給馬萊等、當時大家都異常興奮。

紅角

日本帝國主義的車

提醒，提醒，「大日本帝國主義」的車飛快的向前跑着。

加速度呀！加速度！發行公債三萬萬圓，增加陸軍軍費到五萬萬圓，增加海軍軍費到六百萬七千萬圓，實現第一步的海軍擴充計劃與提倡第二步的海軍擴充計劃，舉行太平洋的大會操，舉行全國陸軍的大檢閱，舉行空戰的演習，加緊對於國內外工農的剝削，加緊對於中國的侵略……加速度呀！加速度！「大日本帝國的車飛快的跑着車頭上站着日本的天皇，天皇的鬍子一一不，天皇沒有鬍子，天皇的牙齒！捻着了榴彈。

加速度呀！加速度！　起欠了一百萬萬圓，鈔票發到了十一萬萬圓，二百萬的失業工人軍，全國廿餘縣的大旱災，全國的大風災，幾百萬的農民沒有飯吃咧！全滿洲義勇軍還在活躍，中國反帝的怒潮冲破了天空……加速度呀！加速度！但是天皇的眼睛不向這邊看。

加速度呀！加速度！日本帝國主義的車飛快的向前跑着。但是最後的目的地就要到了咧！那裏——埋藏着一顆炸彈，要毀滅整個「大日本帝國主義」的車呵！　（平）

期：红色中华零一百一十四期

版：零四版

时间：一九三三年九月三十日

上海群众热烈欢迎
反帝代表团

上海群众热烈欢迎反帝代表团

上海电：自国际反帝非战代表团来沪后，本地的广大劳苦群众都表示了热烈的欢迎，最近九月十七日在上海码头方面有一个三百多人的群众大会，请反战代表去演讲；在复旦大学同日也开了一个群众大会，请了反战代表团的主席马来去讲演，到会群众六百多人，情形极热烈，特别是十五日下午在沪东草棚（工人苦力的集会所）开了一个四千多人的群众大会，国际代表全体被请到会，均轮流讲演，群众亦自动热烈参加演讲，鼓掌声，鞭炮声，口号声，震天动地，传达数里，马来兴奋得讲演两次，与群众一起欢呼，并与群众的大旗接吻。

日本強盜 反蘇聯的又一陰謀

九月十一日上海通訊：日本帝國主義在反蘇聯這一戰線上，曾經用過各種不少的方法，最近他又有一種反蘇聯的陰謀，就是：他企圖利用帝俄時代的舊幣來鼓動東三省的少數投機家更加劇烈地反對蘇聯。因為在一九一七年蘇聯十月革命以後，日本和歐美各帝國主義曾聯合出兵西比利亞，當時有一些投機家以為蘇聯革命一定會失敗，所以他們便以低價收買帝俄時代之舊盧布，以為將來俄國恢復帝俄舊幣還能重見天日，據日本方面的調查，共計日本發行二萬萬六千萬盧布。日本積存的舊幣不少，[illegible]提倡以這種舊幣收買中東路，雖然他們知道一點合法根據也沒有，但是多少可以利用一般中國投機家的利慾心，而可以掀起他們反蘇聯的行動呢。

紀念十月革命，發動擁護蘇聯！

日軍又有新企圖

▲突自喜峯口開往遵化▼

天津廿四日電：日軍百餘名，前日突自喜峯口，越關開往遵化，分駐城內各客棧，城中居民大為震恐，一夜數驚。

蔣介石在最後掙扎中

▲招攏豪紳地主充任嚮導▼

南昌廿四日電：蔣介石今擬了一個「告匪區被難鄉鄰逃匪（？）賢良（？）士民書」勸告這些豪紳地主（隨軍前進，自救救人，滅匪（？）根株，救經救民。」并說「他日剿赤成功當上開中央褒嘉」看！這是多麼無恥的誇大！

上海羣衆熱烈歡迎 反帝代表團

上海電：自國際反帝非戰代表團來滬後，本地的廣大勞苦羣衆都表示了熱烈的歡迎，最近九月十七日在[illegible]浦碼頭方面有一個三百多人的羣衆大會，請反戰代表去演講；在復旦大學同日也開了一個羣衆大會，請了反戰代表團的主席馬來去講演，到會羣衆六百多人，情形極熱烈，特別是十五日下午在滬東草棚（工人苦力的集會所）開了一個四千多人的羣衆大會，反戰代表全體被請到會，共輪流講演，羣衆亦自動熱烈參加演講，鼓掌聲，鞭炮聲，口號聲，震天動地，傳遍數里，馬來興奮得講演兩次，與羣衆一起歡呼，并與羣衆的大旗接吻。

國際反戰代表團 五代表的略歷

八月廿五日上海通訊：這次國際反戰代表團到滬的第一批，計其五人，這五人的略歷如下：

馬萊——英國反戰的代表，國際反戰代表團主席。以前他曾加入過英國工黨。

哈密爾登——英國代表。他以前曾當過倫敦泰晤士報駐德國的記者。他是在上海生長的，十九歲時又來過中國。

柯殿利亞——法國代表。法國一個著名報紙的主筆。

巴比賽——法國有名的左翼文學家，國際革命文學協會的委員。

馬遂克斯——比國代表，以前當過比國京城白魯薩爾的市長。

慶祝中央政府成立二週年紀念粉碎敵人五次圍剿！

限期完成南昌飛機場

南昌廿四日電：蔣介石限令三日內完成南昌飛機場，以利「清剿」，并嚴禁羣衆私售彈殼。

下令月內完成各棧橋樑

南昌廿二日電：蔣介石今又下令「江西公路處」，限月內完成各棧橋樑，并將最近工程狀況報告備核。

借着賑災為名 國民黨又將發行公債

南京電：國民黨在準備對蘇維埃和紅軍的五次「圍剿」中，他想盡一切方法想使他的軍費能夠十分充裕，因此，他最近又決定藉賑災名義發行公債若干萬，以便更殘酷的向蘇區和紅軍進攻，同時更可以欺騙一部份落後羣衆以為國民黨還注意到救濟災民呢。

國民黨 擬借英庚款八百萬

滬訊：國民黨最近又以黃河委員會名義與中英庚款董事會擬借八百萬元，該項借款合同內容現已接洽就緒，并由宋子文親自簽字云。

馮玉祥又登泰山

八月廿日濟南通訊：馮玉祥自完成了他的任務——把日本帝國主義引進了內蒙古後，於本月十四日由張垣坐着廿三輛專車動身，沿途經過北平而到濟南。最近於十七日又會到泰山了。他的這番用意是在於要將他出賣綏遠及整個內蒙古的無恥行為遮掩一下，據說不久南京政府就要給他一個名義呢。

粵商反對太古洋行

▲按貨抽捐援助吳淞輪船工人▼

廣州廿四日電：廣東商人最近仍堅持反對英國資本家所開設的太古洋行，并決定了下列具體辦法：一、限太古洋行即將貨物交回，三日內完滿答復，否則存倉貨物應由該行負責賠償，并通電全國一致與太古洋行永遠絕交；二、吳淞輪會案未解決前按貨抽捐援助。

黃河大水泛濫五省記

工農通訊：由於帝國主義國民黨的黑暗統治的惡果，中國今年又有三分之一的地域遭受水災的蹂躪了，湖南，湖北，江蘇，浙江，江西，這一些省份都受到了洪水的淹沒，而特別是最近黃河的大泛濫，又造成了北方的驚人的大水災。

黃河今年的泛濫是從夏天開始的，淹沒了陝西山西以後又波及了三四千里，吞沒了幾百萬家房屋，淹斃了幾千萬人口，把失業，飢餓發給了每一個災區，災民。

▲陝西省哀鴻遍野▼

下面這是上海申報上的一則通信：「陝省自民十七（一九二八年）迄今，荒旱頻仍，哀鴻遍野，本年自入夏以來，復經霜雹之災，一般災民感無以為生，近來則大雨連綿普降，以致山洪爆發，水勢猛湧，大小河流，泛濫成災，沖毀田廬不計其數，人畜流屍，不知凡幾，僅涇陽之橋底鎮，發現流屍一千餘具，而三原東北樓底村一帶，近更發現屍首達四五千之多，遭災者[illegible]，三原等三十餘縣（據縣電報中說災區有四十多縣，三百餘萬人口）……」

▲山西省災情嚴重▼

一般的講起來，山西的水災是比較陝西，河南輕一些的，但這并不是說山西的災情并不重大，相反地，山西也和那幾省一樣，在滹沱河和汾河兩岸的幾縣也都或多或少的受到了水災，也有幾十萬甚至幾百萬的災民，甚至省城的太原也都鬧過大水。保德柳林一帶更因為黃河堤防潰決而數百里間盡成澤國。

▲河南省洪水橫流▼

黃河大水從陝西，山西，浩浩蕩蕩的流進了河南境內，水勢更加猛烈了，加之陝州一帶又連日大雨，山洪爆發，沿黃河南岸的縣份都成了一片汪洋，災區面積約有二千方里，居民有一百五十萬，被淹死的也致少在五萬人左右，洛陽，鄭州，開封，等地的道街，都被水淹沒過，而平漢隴海的路軌和鐵橋也都被冲毀了。特別是八月中旬蘭封和考城的長堤的決口，更使得這瘋狂了的洪水一瀉千里，捲着幾百萬的生命冲入了河北，山東，江蘇，使全國都感到了一個大的震恐……

（未完）

在國民黨的蹂躪下 永定羣衆的堅決鬥爭

永定蘇區邊境，自從南京軍閥及十九路軍摧殘以來，當地工農羣衆都向山上逃避，沒有逃脫的，多被軍閥團匪屠殺活埋，數目簡直無法統計，且尚會溪有少數羣衆被搜羅回去，結果在黑夜裏被活埋十餘家，現在上下溪南一帶的山崗上，挖了許多幾丈深的坑子，準備隨時活埋革命羣衆。對於逃往山上的羣衆，極力包圍，搜索，致山中羣衆的生活，受到異常的艱苦，多以野菜草葉充飢，有病亦無藥醫治。同時，更在各地大燒大搶，金沙西溪一帶的房屋，已被燒盡，谷子被搶去壹萬餘擔，經常派大批軍隊，分駐各鄉各村，強迫羣衆組織守望隊，五家聯保，購買「良民證」，搜括敲詐，弄得十室九空。該地的工農羣衆，在敵人這種殘酷的白色恐怖之下，階級的仇恨，到了極點，一個個都堅決為蘇維埃而艱苦奮鬥，經常不斷的破壞敵人的工事，斷絕敵人的交通線，拆毀敵人的電柱及各種擾亂工作，精壯的工農，大批加入獨立團地方武裝，開展游擊運動，羣衆經常做草鞋慕捐，秘密送到蘇區內地來慰勞紅軍。他們被軍閥強買的「良民證」，紛紛送到蘇區來繳給蘇維埃政府，他們擁護蘇維埃的熱情，真似火一般的熱烈呀！

（克弃投）

期

红色中华零一百一十六期

版

零一版

时间

一九三三年十月六日

上海电力公司工人罢工

上海专电：上海电力公司工人最近因反对公司无故开除三工人，又不发养老金，全体工友一千余人，已于九月二十九日起宣布罢工。资本家遂将他们禁锢于饭厅内，不准出入、并出布告将全体工人开除，残暴之极！

紅色中華

中華蘇維埃共和國臨時中央政府機關報

第一一六期

一九三三年十月六日

本期一張　定價大洋三厘　零售銅元一枚

紅四方面軍又獲大勝利

■大敗白匪楊森部屬■

■佔領馬深溪繳槍二千枝■

紅四方面軍來電：白匪楊森部自鼎尾一戰被我紅四方面軍大敗後，我軍即乘勝猛追。於上月廿五日又佔領馬深溪，擊潰其一旅，當繳獲短槍約二千枝，俘擄甚多。

德國法西斯蒂搜捕蘇聯記者

伯力電訊：莫斯科九月廿七日電：最近德國利補慈格舉行公審，各國新聞記者都去參觀，蘇聯真理報新聞記者也從柏林前往，然為德警所阻，強行搜索，并加以無理的逮捕。蘇聯政府除提出抗議外，特限令德國駐莫記者三日內（自九月廿六日起）出境。當日下午德代表晉謁外長李維諾夫，要求取消出境令，李維諾夫答此事實由德政府自己所決定，德國外交部不能阻止德警逮捕蘇聯記者，反加重其罪，故蘇聯政府實任其難容忍。嗣後李維諾夫同志并表示甚為遺憾。莫斯科各報除揭發德國法西斯蒂凌辱蘇聯記者的消息外，并著論加以痛斥。真理報說：一蘇聯政府不容許外國記者參加，各種組織又公審，法西斯蒂恐自暴其醜態，所以努力阻止蘇聯記者前去。

反對帝國主義[illegible]蘇聯工農

上海電力公司工人罷工

上海專電：上海電力公司工人最近因反對公司無故開除三工人，又不發養老金，全體工友一千餘人，已於九月廿九日起宣佈罷工。資本家遂將他們禁錮於廠內，不准出入，并出佈告將全體工人開除，殘暴之極！

社論

擁護江西全省第二次黨代表大會

江西黨的第二次代表大會在廿七日開幕了。

大會開幕的時候，正是處在粉碎帝國主義國民黨的五次「圍剿」，爭取獨立自由的蘇維埃中國的鬥爭勝利最緊急的時期，無疑的的確當如博古同志所指示的：「江西黨第二次代表大會應該成為動員與武裝江西黨及千百萬勞苦群眾迎接行將到來的決戰，并取得其勝利的大會。」

因此，明確估計目前革命發展有利於我們的形勢，開展黨內反機會主義的思想鬥爭，動員全黨團緊得像一個人一樣，為中央的進攻路線而堅決鬥爭，這是代表大會第一個任務。

針對着江西黨在工作中最大的弱點，即是針對着還不善於領導和組織群眾的藝術的弱點，在大會中進行充分的自我批評：學習領導群眾的藝術，徹底肅清一切強迫命令脫離群眾的方式，建立布爾什維克的工作作風，使江西黨更能成為領導和組織廣大群眾的黨，使黨更能去動員與武裝全黨及千百萬工農勞苦群眾去迎接行將到來的決戰并取得其勝利，這是大會最要具體解決的戰鬥任務！

從轉變我們領導群眾的方式中，在一切為着國內戰爭前線的勝利的口號之下，更來動員群眾一切力量，完成中央所給蘇區黨的緊急任務，特別是擴大紅軍的任務，在代表大會閉幕的短時期中，完成全省三個月擴大紅軍的計劃！

我們相信從反羅明路線鬥爭勝利中所強大起來的江西的黨必能以布爾什維克的鬥爭精神，完成全省第二次代表大會的歷史的偉大作用！

江西省第二次黨代表大會熱烈討論擴大紅軍工作

◀各縣代表紛紛承認動員數目▶

特約通訊：江西省第二次黨代表大會已經開幕四五天了，在這四五天中，對於擴大紅軍工作已經有了很熱烈的討論，并且有了相當的結果，茲將各縣代表在這幾天在會場上的提議及他們自動承認在十月革命節前擴大和慰勞紅軍的數目統計如下：

◀各縣代表的提議

（一）擴大紅軍及慰勞品數目在十月節前完成

（二）擴大紅軍要有百分之廿五的工人百分之四十的黨團員。

（三）沒有一個害的小腿病的，都要強壯的。

（四）建立衛生局的工作，保障沒有異己份子混入及沒有一個開小差的。

（五）要動員一千新幹部，到紅校受訓練。

（六）代表大會組織代表團到前方要建立聯系制度傳達這次大會擴大紅軍動員的熱烈。

（七）打一電報要求中革軍委會轉前方各軍團要求立即派軍事政治幹部迎接新戰士及參加擴大紅軍動員。

（八）草鞋要做得好，做得長大，并在草鞋綁上各縣縣名。

（九）新戰士要做到每人各帶衣服被毯碗筷。

（十）開小差的要百分之百的鼓動歸隊來。

（十一）省委及縣委之下設立擴大紅軍動員委員會專門計劃動員工作。

各縣擴大與慰勞紅軍的競賽

縣別	擴大紅軍的數目	婦女擴大紅軍數目	動員少先隊加入紅軍	做草鞋慰勞紅軍
興國	三千	一千	八百	三萬雙
博生	二千	一千	一千（三天完成）	一萬五千雙
勝利	二千	五百	三百	二萬雙
瑞金	三千	五百	一千	三萬雙另少隊一千
公略	一千	二百五十名繼續婦女增加五十	五百	三萬五千雙
永豐	二千	二百	五百	一萬五千雙
萬太	一千	五百	五百	一萬雙
新淦	五百	二百	三百	五千雙
崇仁	二百五十名			二千雙
宜黃	五百	一百		六千雙
樂安	八百	二百	三百	九千雙
楊殷	一千	五百	一千	一萬雙
南豐	五百			五千雙
廣昌	一千	一百	七百	二萬雙
石城	一千五百			五千雙
雩都	二千	二百	一千	二萬雙
洛口	八百	一百五十名		五千雙
長勝	一千五百	四百	五百	五千雙
贛縣	一千五百	二百	五百	三萬五千雙
龍岡	一千	二百	五百	一萬五千雙
赤水	一千		一千二百	一千雙
信豐	五百			一千雙
太雷	五百			一千雙
統計	二萬八千八百五十名	六千二百五十名	一萬〇六百名（在總數內）	三十萬〇一十雙

國民黨將公開
與日本「直接交涉」

期：红色中华零一百一十六期

版：零四版

时间：一九三三年十月六日

国民党将公开与日本“直接交涉”

沪九月二十九日电： 国民党官僚蒋作宾最近在上海发表谈话，公开承认不久国民党便将和日本“直接交涉”，凡国民党与日本在上海协定，塘沽协定，大连会议所还没彻底解决的卖国条件，届时都将提出讨论云。

在日本帝國主義指揮下 胡匪在華北大肆騷擾

北平九月廿七日電：在日本帝國主義的指揮下，胡匪與耗子部乘攻陷後，最近又將騷擾薊縣遷安，該兩縣原有小股土匪出沒，現更與耗子聯絡，同進行騷擾至於昌黎，豐潤土匪亦甚多，玉田一帶則有石友三部正在大肆活動，用與該地群衆日夜不得安寧，生活痛苦之至！

國民黨軍閥方振武等 由察省南下的走狗作用

▲要把日本帝國主義引到平津去

國民黨華北軍閥方振武等，爲要與蔣介石汪精衛爭奪賣國的利權，特別是爲要把日本帝國主義引到平津去，所以最近由察省張北等地南下，企圖奪取平津。九月廿六日該部由牛欄山出發，午後滋擾高麗營，并與當地蔣系的軍隊接觸。廿七日又有一小部份攻到離北平三十餘里之立水橋地方。蔣系軍閥商震恐云

國民黨將公開 與日本「直接交涉」

滬九月廿九日電：國民黨官僚蔣作賓於近在上海發表談話，公開承認不久國民黨便將和日本「直接交涉」，凡國民黨與日本在上海協定，塘沽協定，大連會議所遺沒澈底解決的賣國條件，屆時都將提出討論云。

汽車競賽 蘇聯獲優勝

莫斯科電：最近在古拉岡荒原有一個最大規模的汽車競賽，蘇聯派廿三輛汽車參加競賽選車，全程總長一萬某羅米達，蘇聯汽車沿途無一落選，亦無意外發生，僅有二輛福特汽車（即美國汽車）則於中途落選了。

國民黨油鹽公賣詳情

南昌廿七日電：國民黨南昌行營食鹽火油管理局長最近對白區新聞記者談油鹽公賣的情形很詳細，茲錄於下，以供參考：（一）公賣性質：用官督商辦，各縣設立公賣委員會及分會，按全縣或各區所需食鹽火油之數量召集鹽商油商繳足價款，并監督其收支，限制其售賣數量。（二）公賣機關：各縣公賣委員會由各縣政府，縣商會，及其他公共團體共同派員組織之，各區各重要市鎮設公賣委員會，由區公所及重要市鎮商會各派保主任保長組織之。（三）公賣方法：縣委員會購買油鹽用管理局製定之護照發交商人採辦，分會購買乃向區分所請領購買許可證往縣公賣委員會提辦；人民購買則用各分會縣政府所指定之購買證憑單，向各分會購買，食鹽數量每人每日限額至五錢爲止，火油以戶計算，十口以上之家爲上戶，每戶每月不得超過[illegible]斤；五口以上爲中戶，每日不得買過[illegible]兩；五口以下爲下戶，每戶每日不得過二兩；至在店工廠亦可照此每額加倍購買。

衝破敵人經濟封鎖！

黃河大水泛濫五省記

▲水流故道直灌江蘇▼

黃河的水流在灌入山東境內以後，除一面由荷澤向東門東平一帶長[illegible]山入外，就又決口由荷澤曹縣經單縣而向南泛濫，水勢洶湧，水頭高約丈餘，向江蘇境內撲來，并流入了黃河故道，沿河的堤，國民黨早已失修，所以一旦洪流撲來，毫無抵禦，結果洪流首先吞沒了碭山縣的東部，接着又以每日七十里的速度入了蕭縣，豐縣，沛縣，當時徐州起了一個極大的恐慌，以爲水流將直接沿循故道逼進徐州境內，但後來河水却轉入了運河，并且會西上游的水流的來勢比較輕了些（但這時魯西各縣的水災却正是非常嚴重的時候），所以漸漸的脫險了。但是，最近雖然是已經脫險，，而幾千數縣區，幾十萬人口却都已被水衝走了。[illegible]苦，構成了一片悲慘的災區，

▲這是誰造成的災禍▼

最後，在敘述完了這次黃河大水災的經過之後，還要附帶提起一點：即誰是這個大水災的製造者的問題。

當然，水災確實是一種所謂「天災」，但是「天災」是不是可以用人力防預的呢？是的，是可以的。

但是國民黨軍閥們是不顧及到這些事的，幾百萬幾千萬民衆的死亡，對於他，并不覺得是一件重大的事，他寧肯把老百姓繳納的修堤費用挪用了來進攻蘇維埃和紅軍，甚至於去吃大煙，討姨太太，而他却不肯用去築堤疏河的！因此，很清楚的擺在我們面前：國民黨是這次水災！不僅只這次大水災，而且是一切災荒的製造者。只有蘇維埃才能救中國呵！　質誠

赤色戰士通訊

——東線上的新蘇區——

▲版圖——數百里

▲政權——三縣已建立

▲地方武裝——二千餘人

特約通訊：閩西北太寧，將樂，順昌，延平等縣，在國民黨小軍閥劉和鼎，周志群[illegible]敲骨吸髓的剝削下，并加以保衛團的欺詐勒索，與十九路軍匪的壓迫，廣大工農群衆都是過着求生不得的牛馬生活。最近在東方軍偉大勝利下，消滅和驅逐了國民黨軍隊與保衛團大刀會等走狗後，於是這些廣大工農群衆的桎梏便完全解脫了，於是數百里內的革命烈焰便如火山爆發的爆發燃燒起來了。紅軍所到之處，工農群衆的熱烈擁護，是不亞於老蘇區；在沒收分配地主豪紳財產的鬥爭中，很快的都建立了臨時革命政權（革命委員會）建立了工農自己的武裝——游擊隊，而分配土地，亦正在群衆的猛烈動員下，開始澈底的進行着。

群衆的桎梏解脫了

勃發起來的鬥爭熱情

現根據東方軍全部收集的材料，我們已有了以下的勝利統計——

新建立革命政權的：

太寧：余坊，梅口，麻岑，深坊，[illegible]區（太寧原有五個老蘇區）

將樂：[illegible]：高南，[illegible]灘，萬安寨，新官口，等區。

順昌：大幹，儀頭，（尚有未詳）

延平：峽口，峽洋，（尚有未詳）

武裝的建立：

將，順，延，泰太寧的東部已集中成立「閩中獨立團」人約二千餘，各區的游擊隊尚在擴大與[illegible]成立中。

分配土地：

余坊，大幹，橋頭已分田，其餘未詳。

群衆團體組織：

各區都成立了工會和貧農團，會員由十餘人至百餘人。

革命烈火，正在燎原的蔓延燃燒着，在最近的將來，在廣大工農群衆一致而不可遏抑的極高度的革命積極性下，這廣大新蘇區，將更見鞏固開展而鞏固。

將更見鞏固而開展

擴大了廣濶的蘇維埃版圖，鞏固了中央區的側翼，這是粉碎敵人五次「圍剿」的勝利開端。

紅軍特約通訊員（廖秋）九，二五，

紅角

開展反宗教迷信鬥爭

紅校舉行盛大晚會

紅校於九月廿四日開了一個盛大的全校幹部的晚會，在這個大會上首先由政治部張如心同志作了一個反迷信反宗教運動的報告。他具體地抓着紅校中一小部份學生同志信鬼及住在紅校周圍的群衆拜鬼的一些實際材料，說明了紅校對於這個工作還沒引起十分的注意，雖然過去各個負責的幹部及政治文化教員在某些問題當中附帶的多多少少的講了一些破除迷信的話語。他繼而根據着馬克斯列寧主義的立場分析了宗教產生的根源及剝削階級如何利用這個東西以麻醉一般群衆來維持他們自己的血腥的統治；末後并舉出許多實際的辦法來開展這一反迷信反宗教的群衆運動，務要使得紅校每一個紅色戰士的以至於蘇區一般工農群衆的頭腦裏不要殘存着這些信鬼信宗教的封建意識。等他報告完畢之後，台下就有幾個同志熱烈的起來提出兩條的具體的意見：（一）建議總政治部在其機關報（紅星報）上領導并號召紅軍中一致的來開展反宗教運動；（二）建議少共中央局直接領導建立一個「反宗教同盟」的組織，以便有系統的有計劃的來發動全蘇區的反宗教的廣泛的群衆運動。這兩個建議立即得到了全場的鼓掌與一致贊成。接着便開始表演「破除迷信」這一話劇，更引起群衆的反宗教迷信的熱情。

（莫非）

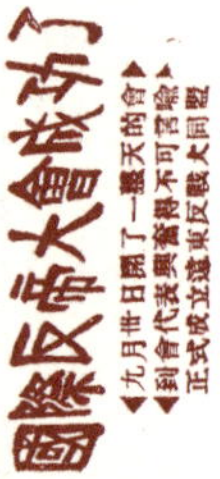

国际反帝大会成功了

九月三十日开了一整天的会，到会代表兴奋得不可言喻，正式成立远东反战大同盟

上海专电： 国际反帝非战大会虽经帝国主义国民党用尽严厉的白色恐怖来禁止，但由于上海各群众团体的积极准备，与广大劳苦群众的热烈拥护，已于九月三十日胜利地开成了。

在大会未开以前，各地已经选举了八百多代表，并开了很多次群众会议，请西欧代表去演讲，上海较大的会议有沪东的四千人的大会，复旦的六百人大会，闸北丝厂女工二百人的各会议等。三十日的大会，因租界禁止不能大规模来开，所以就从代表当中复选出六十余人，加上外国代表共七十余人，开了一整天。到会的代表有满洲，张家口，厦门，广东，福州，苏区，上海等地，其中工人占百分之八十以上，此外有农民，士兵，义勇军，学生，及科学家，还有女工童工，共产党员与团员占约十余人。大会会场的空气极热烈，欧美各大国代表完全到齐，宋庆龄与《中国论坛》主笔亦到席。各代表均有激烈之演说，尤其是中国工农红军代表说了□点钟，最受大会欢迎，结果通过宣言，决议，及拥护苏联与中国苏区决议书。并正式成立远东反战大同盟，选举了全体的出席代表为执行委员，所有代表兴奋不可言喻互相握手不忍分离。

散会后昨日即有女工铁工向群众报□，举行募捐援助红军，现外国代表已于三日离沪，上海各革命团体开了欢送大会，这次大会无论在政治上组织上均有很大的成功，因此反动的帝国主义的《大美晚报》亦不能不表示惊讶，大会决定巩固和扩大这一运动，不日即将大会经过编成专刊发到各地。大会并□在苏区中亦发动群众组织苏区的反战分盟云。

紅色中華
中華蘇維埃共和國臨時中央政府機關報
第一一七期
一九三三年十月九號
本期一張
定價 大洋三厘 零售銅元一枚

以勝利的進攻紀念光榮偉大的十月革命節！

我紅軍又獲光榮偉大勝利

▲消滅敵第五，六，九十六三師共六團
俘獲槍械輜重無算正繼續消滅黎川殘匪
粉碎敵人五次「圍剿」中初步的偉大勝利

東北戰線來電：本月六日我紅軍之一部在黎川又大獲勝利。首先消滅敵第六師之一團，後來又於七日在石硤洵口滑繼續消滅了敵人第五，六，九十六三師共六個團，俘獲槍械及軍用品無算我紅軍正在乘勝猛追，敵殘部亦完全消滅。

全蘇區的工農群衆們「這一光榮偉大勝利造成了粉碎敵人五次「圍剿」的順利的條件，慶祝英勇紅軍的光榮勝利，潮水一般地湧到紅軍中去！爲繼續消滅敵人主力，澈底粉碎敵人五次「圍剿」而鬥爭啊！

新橋團匪又遭慘敗

紅×軍團保衛分局於九月廿四日派隊進攻住新橋之太甯靖衛團匪，一接觸即將其擊潰，計擊斃團匪六名，傷四五名，俘擄二名，繳獲洋造步槍八枝子彈四百餘發，手溜彈一顆，食鹽數百斤。餘匪四散逃命，我軍毫無損傷。該團匪盤據新橋專門攔刼食鹽（買一斤鹽即被沒收），群衆恨之刺骨，現聞該團匪被驅散非常高興。（野）

江西省黨大會
第二天—第四天的經過

學習興國擴大紅軍的經驗

江西省黨大會的第二天——廿八日到卅日的議事日程是政治報告和省委工作報告的討論大會第二天的下午是擴大紅軍地方武裝工作報告，興國模範縣代表將擴大紅軍的模範經驗向大會作了一個很詳細具體的報告，這一報告受了大會的發揚熱歡迎，大會主席團提議以大會名義給興國以一面擴大紅軍模範的獎旗，全體代表異常熱烈的一致通過了。

開展反機會主義的鬥爭

大[illegible]中央局代表胡佳賓爲昭良的發言對於自己所犯的機會主義的錯誤及兩面派是沒有以自我批評的精神來澈底揭發：胡佳賓是羅明路線的執行者是兩面派的標本。蕭昭良對石城教育部認爲是充滿了階級異己份子，石城教育工作被他們斷送了；認爲公略教育部從縣到鄉充滿了與戰爭脫離種種機會主義，這完全是污蔑蘇維埃，客觀上是庇護了羅明路線。大會對於他們給了嚴重打擊。

不放鬆一個機會主義的份子

第三天繼續討論，大會又給了洪與同志的機會主義以嚴重的打擊，洪與同志在大會上居然這樣發言「在一九二八年時東江游擊隊是專門打土豪打了土豪打富農，結果打中農變成了「土匪」（？）」「游擊游擊隊在去年也是這樣」。這種說法完全是污蔑蘇維埃政權，污蔑蘇區及游擊隊的機會主義！。

中央局代表的結論

第四天繼續討論了半天，下午是中央局代表參加選舉同志的結論，首先指出江西黨大會各代表在三天討論中所討論的熱烈，開展了反傾向的鬥爭，其次說到江西省目前的主要任務——擴大紅軍，發展游擊戰爭，學習領導群衆的藝術等問題，然後他又指出了胡佳賓，洪與等的錯誤。最後選舉同志又提出了最好的幹部到紅軍中去的口號號召，到會各代表自動加入紅軍，在這一號召下，立刻就有許多代表來紛紛報名加入了紅軍。

（未完）

給與國模範縣以列甯的獎品

最後中央局代表羅邁同志以「我們的模範縣」一面大鏡，獎給興國模範縣，興國代表團全體代表在全場熱烈鼓掌中登台接受獎品，中央局代表說：「興國是我們的模範縣，中央贈給你們以列甯的獎品，希望興國要發揚模範精神繼續前進，不驕傲，不疲倦的前進，各縣代表要學習興國模範，趕上興國」，興國代表們立刻給中央局以布爾什維克的回答，他們說：「我們還不以現在的工作滿足，我們要克服我們模範縣還存在的個別的工作弱點，在中央局省委布爾什維克領導下，完成一個月擴大紅軍三個月計劃，完成黨在五次「圍剿」面前的戰鬥任務，使興國黨完全布爾什維克化」—大會即在雷鳴的鼓掌聲中宣告休會了。

特約通訊員（鍾□）

國際反帝大會成功了

◀九月卅日開了一整天的會▶
◀到會代表興奮得不可言喻▶
正式成立遠東反戰大同盟

上海專電：國際反帝非戰大會雖經帝國主義國民黨用盡嚴厲的白色恐怖來禁止，但由於上海各群衆團體的積極準備，與廣大勞苦群衆的熱烈擁護，已於九月卅日勝利的開成了。

在大會未開以前，各地已經選舉了八百多代表，并開了很多的群衆會議，請西歐代表去演講，上海較大的會議有滬東的四千人的大會，復旦大學六百人大會，閘北絲廠女工二百人的各會議等。卅日的大會，因租界禁止不能大規模來開，所以就從代表當中復選出六十餘人，加上外國代表共七十餘人，開了一整天。到會的代表有滿洲，張家口，廈門，廣東，福州，蘇區，上海等地，其中工人佔百分之八十以上，此外有農民，士兵，義勇軍，學生，及科學家，還有女工童工，共產黨員與團員佔約十餘人。大會會場的空氣極熱烈，歐美各大國代表完全到齊，宋慶齡與中國論壇主筆亦到席。各代表均有激烈之演說，尤其是中國工農紅軍代表說了　話後，最受大會歡迎。結果通過宣言，決議，及擁護蘇聯與中國蘇區決議書。并正式成立遠東反戰大同盟，選舉了全體的出席代表爲執行委員，所有代表興奮不可言喻互相握手不忍分離。

散會後昨日即有女工鐵工等群衆報告，舉行募捐援助紅軍，現外國代表已於三日離滬，上海各革命團體開了歡送大會，這次大會無論在政治上組織上均有很大的成功，因此反動的帝國主義的大美晚報亦不能不表示驚訝，大會決定鞏固和擴大這一運動，不日即將大會經過編成專刊發到各地。大會并號召在蘇區中亦發動群衆組織蘇區的反戰分盟云。

1933

红色中華

上海新闻整理汇编

瓜分中國的劊子手

拉西曼到上海了

珍藏版

期

红色中华零一百一十七期

版

零四版

时间

一九三三年十月九日

瓜分中国的刽子手拉西曼到上海了

上海电：国际强盗瓜分中国的组织——国联对华技术合作会主任拉西曼已于本月二日来沪，国民党财政部长宋子文特亲身前来接他到南京。

蘇聯航空界的新創造

▲汽球上升至一九〇〇〇米突

國際電訊伯力四日電：九月三十日莫斯科舉行氣層測驗，首由汽球於上午八時四十一分上升，至四十五分接得球中無線電已升至三千米突的高處，至最後乃飛至一萬九千米突的高處，舉行各種測驗，大獲成功。加列寧同志與伏洛希洛夫同志等均有祝詞祝賀，世界各大報認為蘇聯氣球的飛航紀錄為科學上一種偉大的事件。法報以顯著的地位刊佈這一消息，并對蘇聯之光輝的成功表示無限欽佩。德國報紙稱蘇聯的航空事業實際顯示新五年計劃的[illegible]功。波蘭報紙稱蘇聯氣球航空為世界上最偉大的紀錄，義報亦甚注意，特別稱贊其高度的紀錄。

蘇聯電召駐德記者回國

柏林四日電：前在德國科隆被捕之蘇聯駐德記者係凱慈夫人與伯斯納洛夫，被捕後備受虐待，并被德國警察施以裸體檢查，現蘇聯除限德國記者於三日內一律離蘇外，同時呈電召蘇聯駐德各記者於三日內回國。

法西斯蒂在瑞典

共產黨報的編輯被判徒刑

斯德哥爾摩洋社五日電：瑞典共產黨新聞報——「紅五月」的編輯約翰森因為曾寫過一篇要譏普魯士的法西斯蒂內閣總理的文章，被地方法院判處徒刑四月。

蘇聯駐哈總領 抗議日滿軍警的暴行

伯力塔斯社三日電：日滿軍警於九月二十四日晚在寬城子無理搜查該地蘇聯職員的辦公處，并搶奪商業性質的文件等，現蘇聯駐哈爾濱總領事斯拉夫斯基向日滿當局提出嚴重抗議，要求立即將所搶去的商業文件退回，并採取讓步辦法制止這種橫暴行為今後再發生。

瓜分中國的劊子手 拉西曼到上海了

上海電：國際強盜瓜分中國的組織——國聯對華技術合作會主任拉西曼已於本月二日來滬，國民黨財政部長宋子文特親身前來接他到南京。

方振武南下反蔣之內幕

北平十月四日電：國民黨軍閥方振武前率部進佔懷柔後，以討逆聯軍總司令名義發動討伐蔣介石，其內幕實全由日本帝國主義所計劃，日軍與方約是限方於兩星期內攻下北平城，否則本月就撤消一切預定辦法，於軍實上不負責任云——同時日軍又由古北口等部侵入非武裝區各村大捕兵，并在順義高麗營等處到處投炸彈，炸毀房屋，炸死人民甚多。

日本在塘沽挑釁續誌

天津電：上月二十六日日軍強佔塘沽公安局，將國民黨警察繳械後，即使之在街上亂跑亂[illegible]，侮辱人，[illegible]後，日軍又迫國民黨與之道歉及賠償，國民黨竟然不敢違反其主人之意，於是除向日軍道歉認罪外，又賠償受傷的二日兵各若干百元。而中國方面之受傷的三個警察反只得到[illegible]賠償[illegible]百元云。

灤東土匪勒索民衆

天津五日電：在日本帝國主義卵翼下的秦皇島一帶的土匪前向昌黎縣民衆勒索十三萬元，昌黎民衆因無法籌出，再三請求減為二萬，現匪又投函恐嚇，聲言即將攻城，昌黎民衆恐慌異常，附近農民逃往昌黎城內的非常的多，匪部在四鄉大綁肉票，綁得後即送往榆關監視。

國民黨又向上海銀行界借款

滬五日電：國民黨財政部長宋子文偕拉西曼五日晨八時乘塞可斯基飛機離京，八時許抵滬，……（電碼不清）……聞宋擬將此次中央通過發行之關稅庫券[illegible]萬萬元向銀行界借五（？）千萬元，日前所借之四千五百萬并未算在內……。

蔣介石加緊封鎖蘇區經濟

▲召集各省糧食會議

南昌五日電：蔣介石為更加緊的封鎖各蘇維埃區域的經濟，最近已決定召集江西，湖南，湖北，河南，安徽，江蘇，浙江等省於本月二十日齊到南昌舉行糧食會議云。

國民黨荼毒蘇區民衆的陰謀

食鹽當中放毒藥

宜黃通信：反動的國民黨軍閥，在五次「圍剿」中，用其極殘酷的手段：在食鹽中和以毒藥，企圖荼毒蘇區工農群衆，該縣四都區神崗鄉，於八月三十，三十一號兩天內已中毒三十餘人，（皆爛喉）江西省政治保衛局，已通知各縣局嚴格渡口食鹽檢查，如有毒鹽發現，除將鹽沒收外，并將鹽主扣留追究其鹽之來源，并轉知蘇區勞苦工農群衆注意，使國民黨這一陰謀不得逞。

寧化模範團 是這樣動員的

紅中通訊部：

你來信收到，茲將所問及的各項，大概的簡單的答覆如下：

。寧化從前年（一九三一）建立了自己的政權——蘇維埃以來，對領導擴大紅軍，到今年一月的統計，還不到二千名的數目，而質量上更談不到（如富農，豪紳地主流氓投機加入紅軍）這些缺點表現在：

（一）縣蘇區至鄉蘇對領導擴大紅軍的工作。雖然形式上列在議事日程上第一位，但是只在政府中講一講，或召集幾個會議談一談的形式會議罷了，沒有實際以組織上的動員到下層去深入群衆中去宣傳鼓動，同時更沒有幫他組織擴大紅軍衝鋒隊的領導作用，因此，雖然動員了[illegible]大紅軍的，只是隨他們一個一個的去罷了。

（二）領導執行優待紅軍條例不充分，特別是紅屬的勞動力問題，沒有相當的幫他解決，以致紅屬發生困難，而逃小差的現象非常嚴重，同時思想鬥爭和反對弱點路線鬥爭更沒有大大開展起來。

（三）應得的一切利益，特別是土地利益，沒有完全落在工農自己的手裏，有不少的利益還是給豪紳地主富農偷去了，因此自然難以最高限度的提高廣大工農群衆的積極性。

（四）群衆的實際生活困難亦沒有給予相當解決。

（五）領導擴大紅軍，常常是採取「命令」與強迫的方式。

（六）沒有領導整批的模範營，模範少隊去配合紅軍作戰，沒有有計劃的動員，特別沒有與可靠的幹部去起領導作用。

以上幾點都是對領導擴大紅軍的缺點與弱點，直到今年的突擊月（五月）才轉變這一工作：

（一）首先是把領導這一工作的官僚主義機會主義的份子給予嚴厲的打擊與批評，特別是開展了大規模的查田查階級運動，更提高了群衆的參戰的熱烈與覺悟性，用了大批對工作積極的幹部在組織上起了領導作用。

（二）有組織的動員幹部到下層去和深入群衆中宣傳鼓動和組織若干的衝鋒隊起領導作用，

（三）充分的執行了優待紅軍條例，特別是組織耕田隊幫助紅軍（如禾口淮土）每季的田事都要把紅軍家屬先做好，其次經常召集紅軍家屬會議（如淮土禾口）實際的幫助紅軍家屬解決困難，特別是今春的糧食困難，使得每個群衆都認識當紅軍為最光榮與有價值。

（四）同時動員大批模範營及模範少隊到前方配合紅軍作戰，在作戰當中以好的幹部去鼓動與領導他們加入紅軍。

五．實際的慰勞紅軍，如做布草鞋（如大丁坊寨 鄉婦女做六雙布草鞋給紅軍）送菜，特別是家鄉的群衆自動募大洋三元慰勞帶花的戰士（如淮土以才同志帶花）陳埠鄉一個婦女自動煮二桶稀飯給東方軍吃。就是造成以上這五點是這次動員模範團全體加入紅軍的工作中的優點，（完了！）

国民党又向上海银行界借款

期：红色中华零一百一十七期

版：零四版

时间：一九三三年十月九日

国民党又向上海银行界借款

沪五日电：国民党财政部长宋子文偕拉西曼五日晨八时乘塞可斯号飞机离南京八时许抵沪，……（电码不清）……闻宋拟□将此次中央通过发行之关税库□□万万□向银行界借五（？）千万元，日前所借之四千五百万并不算在内云。

甯化模範團是這樣動員的

紅中通訊部：

你來信收到，茲將所問及的各項，大概的簡單的答覆如下：

。甯化從前年（一九三一）建立了自己的政權——蘇維埃以來，對領導擴大紅軍，到今年一月的統計，還不到二千名的數目，而質量上更談不到（如富農，豪紳地主流氓投机加入紅軍）這些缺點表現在：

（一）縣蘇區至鄉蘇對領導擴大紅軍的工作。雖然形式上列在議事日程上第一位，但是只在政府中講一講；或召集幾個會議談一談的形式會議罷了，沒有實際以組織上的動員到下層去深入群衆中去宣傳鼓動，同時更沒有幫他組織擴大紅軍衝鋒隊的領導作用，因此，雖然有擴大紅軍的，只是隨他們一個一個的去罷了。

（二）領導執行優待紅軍條例不充分，特別是他的勞動力問題，沒有相當的幫他解決，以致他發生困難，而逃小差的現象非常嚴重，同時思想鬥爭和反對錯誤路線鬥爭更沒有大大開展起來。

（三）應得的一切利益，特別是土地利益，沒有完全落在工農自己的手裏，有不少的利益還是給豪紳地主富農偷去了，因此自然難以提高廣度的發動廣大工農群衆的積極性。

（四）群衆的實際生活困難亦沒有給予相解決。

（五）領導擴大紅軍，常常是採取「命令」強迫的方式。

（六）沒有領導整批的模範營，模範少隊去配合紅軍作戰，沒有有計劃的動員，特別沒有與赤衛軍等去起領導作用。

以上幾點都是對領導擴大紅軍的缺點與弱點，直到今年的突擊月（五月）才轉變這一工作：

（一）首先是把領導這一工作的官僚主義機會主義的份子給予嚴厲的打擊與洗刷，特別是自開展了大規模的查田查階級運動，更提高了群衆的參戰的熱烈與覺悟性，用了大批對工作積極的幹部在模範團起了領導作用。

（二）有組織的動員到下層去和深入群衆中宣傳鼓動，組織若干的冲鋒隊起領導作用，

（三）充分的執行了優待紅軍條例，特別是組織冲鋒勞動隊（如泉口淮土）每季的田事都要把紅軍家屬先做好，其次經常召集紅軍家屬會議（如淮土泉口）實際的幫助紅軍家屬解決困難，特別是今春的糧食困難，使得每個群衆都認得當紅軍是光榮與有價值。

（四）是對動員大批模範營及模範少隊到前線配合紅軍作戰，在作戰當中以好的幹部去鼓動與領導他們加入紅軍。

五、實際的慰勞紅軍，如做布草鞋（如大王坊鄉婦女做六雙布草鞋給紅軍）送菜，特別是城市的群衆自動募大洋三元慰勞模範營戰士（如胡以才同志帶花）陳埠鄉一個婦女自動煮二桶稀飯給東方軍吃。就是造成以上這五點是這次動員模範團全體加入紅軍的工作中的優點。　　（完了！）

蘇聯航空界的新創造

▲汽球上升至一九〇〇〇米突

國際社訊伯力四日電：九月三十日莫斯科舉行氣球測驗，首由汽球於上午八時四十一分上升，至四十五分接得球中無線電已升至三千米突的高處，至最後乃飛至一萬九千米突的高處，舉行各種測驗，大獲成功。加列甯同志與伏洛希洛夫同志等均有祝詞祝賀，世界各大報認為蘇聯氣球的飛航紀錄為科學上一種最偉大的事件，法報以顯著的地位刊佈這一消息，并對蘇聯之光榮的成功表示無限欽佩。德報稱蘇聯的航空事業實際顯示着五年計劃的成功，波蘭報紙稱蘇聯氣球航空為世界上最偉大的紀錄，英報亦甚注意，特別稱重其高度的紀錄。

蘇聯駐哈總領抗議日滿軍警的暴行

伯力塔斯社三日電：日滿軍警於九月二十四日晚在寬城子無理搜查該地蘇聯職員的辦公處，并搶劫商業性質的文件稿，現蘇聯駐哈爾濱總領事斯拉夫斯基向日滿當局提出嚴重抗議，要求立即將所搶去的商業文件退回，并採取積極步驟制止這種橫暴行為今後再發生。

蘇聯電召駐德記者回國

柏林四日電：自在德國利浦錫格被捕之蘇聯駐德記者係凱慈夫人與伯斯洛夫，被捕後備受虐待，并被德國警察施以裸體檢查，現蘇聯除限德國記者於三日內一律離蘇外，同時又電召蘇聯駐德各記者於三日內回國。

法西斯蒂在瑞典

共產黨報的編輯被判徒刑

斯德哥爾摩　洋社五日電：瑞典共產黨新聞報——「紅五月」的編輯約翰森因為曾寫過一篇暴露普魯士的法西斯蒂內閣總理的文章，被地方法院判處徒刑四月。

瓜分中國的劊子手

拉西曼到上海了

上海電：國際強盜瓜分中國的組織——國聯對華技術合作會主任拉西曼已於本月二日來滬，國民黨財政部長宋子文特親身前來接他到南京。

方振武南下反蔣之內幕

北平十月四日電：國民黨軍閥方振武日前所部進佔懷柔後，以討逆聯軍總司令名義發動討伐蔣介石，其內幕完全由日本帝國主義所計劃，日軍與方約是限方於兩星期內攻下北平城，否則本月就撤消一切預決辦法，於帶貿上本負責任云！——同時日軍又由古北口方部侵入非武裝區實行大増兵，并在順義高麗營等處到處投炸彈，毀房屋，炸死人民甚多。

日本在塘沽挑釁續誌

天津電：上月二十六日日軍强佔塘沽茶（？）、局，論國民黨警察因侍從等於便衣街上亂闖，偶然發生衝突後，日軍又向國民黨興之道歉及賠償，國民黨當然不敢違反其主人之意，於是除向日軍道歉認罪外，又賠償受傷的二日兵五百元。而中國方面之受傷的三個警察反只得到些許賠償百元云。

灤東土匪勒索民衆

天津五日電：在日本帝國主義卵翼下的秦皇島一帶的土匪，向昌黎民衆勒索十三萬元，昌黎民衆因無法籌措，再三請求減爲二萬，現匪又投函恐嚇，聲言即將攻城，昌黎民衆恐慌異常，附近難民逃往昌黎城者的非常的多，匪部在四鄉大綁肉票，綁得後即送往檢察監視。

國民黨又向上海銀行界借款

滬五日電：國民黨財政部長宋子文借拉西曼五日晨八時乘塞可斯飛機離滬赴京入時許抵滬，……（電碼不清）……開宋擬將此次中央通過發行之關稅庫券　萬萬，向銀行界借五（？）千萬元，日前所借之四千五百萬并入第　次內一。

蔣介石加緊封鎖蘇區經濟

▲召集各省糧食會議

南昌五日電：蔣介石爲更加緊的封鎖各蘇維埃區域的經濟，最近已決定召集江西，湖南，湖北，河南，安徽，江蘇，浙江等省於本月二十日齊集南昌舉行糧食會議云。

國民黨茶毒民衆的陰謀

食鹽當中放毒藥

宜黃通信：反動的國民黨軍閥，在五次「圍剿」中，用其極殘酷的手段：在食鹽中和以毒藥，企圖茶毒蘇區工農群衆，該縣四都區碑崗鄉，於八月三十，三十一號兩天內已中毒三十餘人，（皆爛喉）江西省政治保衛局，已通知各縣局嚴格還口食鹽檢查，如有毒鹽發現，除將鹽沒收外，并將鹽主扣留追究其鹽之來源，并轉知蘇維埃知蘇區勞苦工農群衆注意，使國民黨這一陰謀不得逞。

期
红色中华零一百二十二期
版
零四版
时间
一九三三年十月二十七日

上海工人的英勇斗争

电力公司工人的斗争

上海专电：上海电力公司的斗争现仍顽强地坚持着，老厂亦于十月二日加入罢工，援助阵线突扩大，发电工人则被资本家禁于厂内，并以武装监视其工作。另一方面雇大批白俄代替，后资本家因白俄仍不敷分配，与慎昌洋行商□汽部华工代替，但该行工人对电力工人的罢工深表同情，不肯破坏，已坚决拒绝，现职员亦于九日加入怠工，并向资本家提出自身要求，但资本家态度仍顽强，同时黄色工会极活动，资本家对发电工人，一方借保护名义实行监视，一方则示以小惠以缓和收买云。

丝厂工人的罢工斗争

上海专电：最近丝业工会又借市况不佳，决定自十月份起取消赏工升工，工，蚕蛾津贴，工资亦减为四角二分，并实行产量制，故虹口福伦厂工人又于五日宣布罢工反对资本家进攻，现在斗争仍继续着。

英美烟公司工人又怠工

上海专电：上海英美烟公司三厂十三日又怠工，因资本家不承认工会办事处，（黄色工会）及不准在厂内收会费，一二厂也因此问题酝酿着斗争云。

第一二二期　紅色中華　第四版

日本陰謀掠奪中東路的四個祕密文件的內容

東京專電：日本帝國主義以武力掠奪中東路的行動更形急進露骨，不斷逮捕蘇聯站長職員，故蘇聯政府於九日宣佈日強佔中東路秘密文件四種。一爲日領致其大使吉田報告，餘三件爲關東軍菱刈司令致日外務省報告。在菱刈報告中，有利用中東路審計或搜集蘇聯職員之非法行動，必要時加以逮捕。對一九二九年所拘捕白俄應即釋放。及計劃查抄蘇聯職員辦公室與召集中東路債權人索債，借滿洲國的名義佔據東鐵之種種陰謀。此文件發表後，日本否認暴露，謂係假造，要求蘇聯取消并道歉。但對驅逐塔斯社記者事，則謂尚待考慮。并且一方向蘇聯邊境大大增兵，積極備戰。蘇聯在日本帝國主義這種瘋狂挑釁的局勢下，正努力加強遠東國防，故情形十分緊急云。

日本停止

向蘇聯輸出水門汀

東京電：日本帝國主義反蘇聯行動近益積極，最近日本政府又令本國各大水門汀商家停止對蘇聯的輸出，并造謠謂蘇聯正利用水門汀在海參威周圍構築大規模的軍壘及破壞，并謂以前日本所賣與蘇聯的水門汀，蘇聯都用了做這個工程了。

日滿建立夜航綫

反蘇聯之又一軍事準備

大連電通社電：東京大連間的夜航行線即將於十一月間開始了，該線在日本航空公司之管理下造成日滿之航線聯絡，飛機於晚一時離東京，可於次日清晨四時抵大連云。

「微風敵不過明燭」

—法報對於中東路問題的評論—

巴黎塔斯社電：巴黎新聞報最近評論中東路問題有云：『我們不能不注意蘇聯與日本之間爲中東路問題所發生的衝突，因爲蘇聯在我們的政治問題上已佔了很重大的地位，當目前歐洲局勢非常緊急的時候他們這一冲突也許會引起嚴重的結果，該報後又織述日本自蘇滿談判會開幕以來的一貫的狡猾行爲，往後復稱，從塔斯所公佈的四個文件中更十足證明日本無疑的已經決定了應用强盜的手段來掠奪中東路，最初是貶價，逐漸的把他攫取去，雖然日本正在竭力否認文件的眞實性，并且咒詛蘇聯外交手段的潑辣，可是微風是敵不過光輝的明燭的呵——！

德國退出國聯以後

德法西斯蒂又解散國會

日內瓦電：德國於十四日正式宣佈退出國聯與軍縮會議以後，德總統興登堡又下令解散國會，定十一月十一日重新選舉。

日本同情德國法西斯蒂

東京電：日本政府對德國之退出國聯與軍縮大會極表同情，認爲這正足以使歐洲各國在德國擴充軍備的面前不敢高唱軍縮，并認爲今後世界的興趣將集中於各人解決各人自己的事，愛國主義的情調將無論在軍事上經濟上逐漸走向具體的姿態云云。

蘇聯主張眞正的軍縮

莫斯科電：莫洛托夫在德國退出軍縮大會後曾致電日內瓦軍縮大會重申蘇聯爲軍縮大會而努力之初衷，并謂蘇聯政府決不顧其一部鄰邦之不守和平政策而繼續努力云。又莫洛托夫在回答和平協會主席西塞爾的電文中則特別指出蘇聯一貫的主張眞正軍縮的勝利，蘇聯堅信如果世界要免除戰爭的恐怖，只有完全或最大限度的軍縮才能辦到。

匈牙利也要退出國聯

浦達甫斯脫電：匈國現正在計劃壓制國聯修改屈利安條約，否則也將步德國之後而退出國聯云。

日內瓦人去樓空

日內瓦電：法外長彭古及英外長西門等於本月十六日晚已離日內瓦，美國代表台維斯也將即日返國。

法國有表示讓步意

巴黎電：法國對於德國之要求軍備平等因德國之强烈行動已表示有讓步意，并表示願繼續進行談判，在一定之範內并可以暫時同意於締結某種協定云。

上海工人的英勇鬥爭

◀電力公司工人的鬥爭

上海專電：上海電力公司的鬥爭現仍頑强的堅持着，老廠亦於十月二日加入罷工，援助陣線突擴大，發電工人則被資本家禁於廠內，并以武裝監視其工作。另一方面雇大批白俄代替，後資本家因白俄仍不敷分配，與慎昌洋行商調汽部華工代替，但該行工人對電力工人的罷工深表同情，不肯破壞，已堅決拒絕，該職員亦於九日加入怠工，并向資本家提出自身要求，但資本家態度仍頑强，同時黃色工會極活動，資本家對發電工人，一方借保護名義實行監視，一方則示以小惠以緩和收買云。

◀絲廠工人的罷工鬥爭

上海專電：最近絲業工會又借市況不佳，決定自十月份起取消賞工升工，工，蠶蛾津貼，工資亦減爲四角二分，并實行產量制，故虹口福倫廠工人又於五日宣佈罷工反對資本家進攻現在鬥爭仍繼續着。

◀英美烟公司工人又怠工

上海專電：上海英美烟公司三廠十三日又怠工，因資本家不承認工會辦事處，（黃色工會）及不准在廠內收會費，一二廠也因此問題醞釀着鬥爭云。

紅二軍團最近的積極行動

現正三路向四川進攻中

上海專電：上海報載賀龍部紅軍之一部，於十月廿一日再陷桑植，現又分三路向四川進攻，一部千餘人由白福司大鄘陽，一部兩千餘由白家河大鈴江，另有三四千人則在沙道溝李家河等處，賀龍同志則親在李家坪指揮。

奧國法西斯蒂的騷動

在德意指揮下

維也納美聯社電：奧國自學潮發生後當局已封閉全奧大學校，但有此學生，舉着烟幕彈，擁着法西斯蒂的黨旗，造成校內外的大擾亂。

澳大利亞限制日貨進口

▲英日經濟利益衝突之尖銳化

東京日聯社電：自外務省向奧大利亞政府抗議增加日貨進口稅後，日本羊毛業會社亦決定電致奧大利亞政府對於奧政府增加進口稅表示十分遺憾，謂日奧貿易將因此大受影響，日本羊毛業商家要求奧政府重行考慮此事。

汪蔣再商賣國方針

國民黨賣國頭子

南京電：汪飛干晤蔣昨已返京。所晤情形，秘不告人，據曾仲鳴私人表示，汪此行與蔣商者爲：（一）解釋外間改組派反蔣之謠傳。（二）放棄外長兼職緩和歐美派攻擊。（三）對日直接交涉方針之決定。（四）應付華北辦法。（五）新省乞援之處置。（六）商酌內外借款及中央銀支問題。

國民黨將完全出賣華北

▲華北政整會召集大會▼

北平廿四日電：國民黨最近更加公開的投降日本帝國主義了，不久以前曾經陸續派遣了蔣作賓，殷同，李擇一等赴東京與日本直接交涉，同時黃郛所召集的華北政務會也於本月十八日開幕了，華北方面各大軍閥如宋哲元，楊虎城，于學忠，韓復渠等都親來赴會，在這大會上國民黨決定已將灤東一帶不設軍備區域完全公開的送給日本帝國主義并幫助日軍徹底消滅義勇軍云。

廣東軍閥的新剝削

廣東工農通訊，最近廣東軍閥又發明了一種很巧妙剝削的手段，不論大鄉小村，普遍的都剝削到了，怎麼樣剝削呢？就是他利用「修汽車路爲名，把修路的牌子隨意插到老百姓的屋邊或坟墓邊，那家老百姓就必須拆屋子掘坟墓，若要不拆不挖，就要暗施金錢賄買。較富裕的人要一千八百七百五百不定，最貧苦的都要三五十元。例如大埔縣同仁區長教鄉廖省三是個貧苦農民因修馬路的牌子插在他上祖的坟墓底下，而他的坟墓却是一種什麼金鷄孵卵的山龍口，四十年後可以發大財。（這當然是他的迷信）所以他只得把二十七歲的老婆賣了一百三十塊大洋來繳這種款子；還有一個高坡區巽門人賀瑞蘭，是一個木匠工人也是因爲修路的牌子插在他坟上，要他三百大洋可以不挖，唉！就是這個貧苦工人只得把他自的一個三歲的孩子賣了二百元來交納給該地軍閥以免掘挖坟墓。同志們，看！在國民黨統治下的民衆是如何痛苦呵！

期
红色中华零一百二十四期
版
零四版
时间
一九三三年十一月十一日

蓬蓬勃勃的白区工人斗争

上海电力工人的顽强斗争

上海五日电：坚持月余的电力工人斗争，资本态度始终强硬，以白俄代替，终不胜任。遂在住处街上强拉工人，车载入厂内，强迫其工作，现被拉去工人，达数十人，其余正谋对策。

上海丝厂工人反对资本家的进攻

上海五日电：上海丝厂工资，十一月起一等工资减为四角五分，蚕蛾津贴礼拜赏升工全取消。

擁護蘇聯和平政策的偉大勝利！

李維諾夫在赴美途上

巴黎美聯社十月卅日電：蘇聯外長李維諾夫今晨十時廿五分抵巴黎，即將首途赴華盛頓與羅斯福談判承認蘇聯問題，惟關李氏行蹤秘密，彼離柏林時實乘車於昨晚六二時半離境云。

又，哈爾達美聯社十一月一日電：蘇聯外長李維洛夫今日下午四時由令爾堡（法國諾爾曼半島北部之大軍港，——譯者）乘輪赴美了。

中俄互不侵犯約又將開始談判

北平電通社四日電：據可靠消息，中俄又將開始談判互不侵犯約，一俟羅文幹回抵南京，即可與鮑格莫洛夫商談云。據稱此項談判，七月間曾已開始，後因中國方面堅持須以蘇聯不承認滿洲國爲前提而中斷。然最近因蘇美開始後交談判，而南京方面又決定了對於某些國家的策略，并且因羅文幹游歷的結果，南京政府遂又敦促鮑格莫洛夫談判互不侵犯約，且不提蘇聯不承認滿洲國之條件矣。

蘇德記者糾紛解決

莫斯科五日電：蘇聯與德記者糾紛已解決，德外長與蘇聯大使已完成一種協定，雙方記者各恢復工作，與理與伊斯維士亞報記者，得德國參於火案審理時之入坐券。

蘇聯航空事業的活躍

法國飛機師讚嘆不已

巴黎諾斯社十月廿八日電：前此跟着法國航空部長游歷蘇聯的法著名飛機師賈責德氏近對巴黎之新聞記者談：『蘇聯航空事業的偉大成就可以作爲法國航空技術改造的師範。』又謂蘇聯領袖人物都十分理解航空事業非常重要，賈氏此次游歷蘇聯以後，證實蘇聯航空事業飛躍發展的偉大，似乎蘇聯每年從莫斯科航空學院畢業出的數千個民間與軍事的航空人才個個都有實際智識，已可發將能朗，現在蘇聯航空製造工程再也不需求國外之原料，一切飛机的機械與機身都能自造了。最近賈氏所參觀之一造機工廠的一切設備遠勝法國所有各廠，然而明年蘇聯還將建立幾個比這個更好的工廠云。

反對帝國主義的強盜戰爭！

日本帝國主義在毒瓦斯中談和平

東京電通社十月三十一日電：日政府以高度熱情希望荒木陸相最近在福岡所倡議的遠東和平會議在不久的將來能夠實現，但同時日政府認爲須視最近國際局勢的發展而採適當步驟云。惟聞日政界對此提議已引起很大興趣云。

法國猛增軍備

巴黎外洋社四日電：聯邦行政院要求國會通過經費二百萬法郎作爲製造新式武器，又以三萬六千五百萬法郎添製軍備云。

英日美的戰爭準備

伊斯維士亞報論

蘇聯政府機關報伊斯維士亞報，最近評英美兩國的追隨日本之例，大事擴充軍備，特發表論文，略謂英國各航空公司的資本，在近數月來已由百分之五十增至百分之百了。英帝國主義還須露骨的備戰措施，即是帝國主義內部矛盾加深，擴大與準備新的世界大戰的表現。在結論中，伊斯維士亞報特別着重的指出太平洋上的戰爭準備，就表現在最近幾次的大會操，在海空軍力的增加，在新的海空軍根據地的建築，以及軍事工業的發達上面。

東北義勇軍仍在艱苦的鬥爭中

廣州十一月二日電：東北義勇軍近來仍十分活躍，日本東宮少佐九月廿日督率吉林滿軍二營向寶清進發，至夾心子攔河間高梁地中，突受義軍陳東山部百餘名伏兵襲擊，結果大受損失，幾乎全軍覆沒。據滿洲國情報處統計，八月份在遼東一帶義軍曾活動了九百四十次，人數共三萬一千零五十五名云。

追悼片山潛同志

莫斯科塔斯社五日電：日本工人運動指導者，共產國際主席團之一員的片山潛同志，以患長期的大病，於今天逝世了，他享年七十有四，片山潛同志雖死！，他的精神永遠不死！

日軍侵佔黑省四粉廠

齊齊哈爾電：日本關東軍命令黑龍江省四大製粉廠，原在哈爾濱兩廠，海拉爾及綏芬河各一廠云。

華北國民黨又將發行庫券

北平一日電：國民黨華北黨務會今日召開第二次會議，決定發行所謂"華北政治庫券"，數目未詳。

古巴政府釋放工人領袖

在全國工人威脅下

哈凡那十月卅一日電：在古巴工人的威脅下，古巴政府宣佈於今日釋放最近所捕的大部份工人領袖，彼等曾號召全國的總罷工云。

蓬蓬勃勃的白區工人鬥爭

上海電力工人的頑強鬥爭

上海五日電：堅持月餘的電力工人鬥爭，資本家態度始終強硬，以白俄代替，尚不勝任。遂在住處街上強拉工人，車載入廠內，強迫其工作，現被拉去工人，達數十人，其餘正謀對策。

×　×　×

上海絲廠工人反對資本家的進攻

上海五日電：上海絲廠工資，十一月起一等工資減爲四角五分，繭蛾津貼膳費升工全取消。

×　×　×

浦口碼頭工人失業鬥爭

南京五日電：南京鐵路輪渡已落成，鐵路貨車實行聯運，以致大批裝卸工人完全失業，浦口裝卸工人遂奮起要求救濟，并阻止貨車通行，得到部份勝利。上海麥根路站及杭州閘口站，仍雇用裝卸工人裝卸進行。

×　×　×

灤礦工人抗議開除工友

唐山五日電：灤礦局裁減工人數百人，并每星期停工二日，工人已無法生活，現又宣佈每星期停工三日，是置工人於死地。現工人已提出抗議與要求。

×　×　×

廈門碼頭工人援助吳淞輪罷工工人

廈門六日電：廈門太古碼頭工人，爲援助吳淞輪水手船工人，決實行罷工，但被當局[illegible]止。

國民黨舉行大規模的
法西斯蒂武斷欺騙宣傳

期：红色中华零一百二十五期
版：零四版
时间：一九三三年十一月十四日

国民党举行大规模的法西斯蒂武断欺骗宣传

上海九日专电：法西斯蒂国民党不仅在上海举行所谓“剿匪”（？！）宣传周，并决定自十一月一日起，在各□依次举行。本月六日，是开始第一天。□上海市商会召集了各界大会，用飞机散传单，组织化装演讲队，宣讲队，脚踏车□□队，并强使各店橱窗上，张贴标语。各影戏院自六日起至十一日止，每日映演标语及反动影片，七日即为播音宣传日，分在上海华联友联中西大中华等处播音，八日为工业宣传日，各黄色工会派代表四人以上参加。九日为商界宣传日。十日令各学校举行演说竞赛，市教育局并规定竞赛办法，演说须以消灭红军为题，全校学生均须到场。第一名由国民党上海市党部发给优胜奖品。十日则举行游行，对于国民党这种法西斯蒂的武断欺骗宣传，上海党决加紧开展反对五次“围剿”的运动，以回答国民党政治上的进攻。同时进行广泛的拥护红军的宣传运动，召集庆祝红军胜利的群众大会，捣毁影戏院，在市商会前举行示威。

开展反对国民党武断欺骗宣传的群众运动！

蘇聯文化教育的發達

莫斯科塔斯社十一月二日電：十六年來，蘇聯文化教育發展極大進展，蘇聯現有三百五十所機械工程或科大學，可是沙皇政府在二百年中只辦了十六所，俄國革命前只有八百萬兒童進小學，但現在蘇聯入學兒童已達到二千五百六十萬人以了，同時今年有九百萬兒童參加夏季的野營生活。

造消文盲運動的巨大工程，也曾經完成了，在第一五年計劃中，教五千八百萬人掃除了文盲，一九三三年已經完全消滅文盲，至於教育經費，在第一五年計劃中共用去了一五，五○○，○○○，○○○盧云。

國民黨舉行大規模的法西斯蒂武斷欺騙宣傳

開展反對國民黨武斷欺騙宣傳的羣衆運動！

上海九日專電、法西斯蒂國民黨不但在上海舉行所謂「剿匪」（ ）宣傳週，并決定自十一月一日起，在各地依次舉行。本月六日，是開始第一天。在上海市商會召集了各界大會，用飛機散傳單，組織化裝宣講隊，宣傳隊，腳踏車隊，并強使各店櫥窗上，遍貼標語。各影戲院自六日起至十一日止，每日映演標語及反動影片。七日爲播音宣傳日，分在上海各電台友聯、中西大中華等廣播台。八日爲工業宣傳日，各黃色工會派代表四人以上參加。九日爲商界宣傳日。十日令各學校舉行演說競賽，市教育局規定競賽辦法，演說綱以消滅紅軍爲題，各校學生均須到場。第一名由國民黨上海市黨部發給優勝獎品。十日則舉行遊行，對於國民黨這種法西斯蒂的武斷欺騙宣傳，上海黨決加緊開展反對五次「圍剿」的運動，以回答國民黨政治上的進攻。同時進行廣泛的擁護紅軍的宣傳運動，發動慶祝紅軍勝利的羣衆大會，搗毀影戲院，在市商會前舉行示威。

英帝國主義在埃及

厲行白色恐怖大捕猶太與亞拉伯共產黨員

耶路撒冷外洋社三日電：此間罷工已停止，市面漸趨安定，戒嚴狀態即可休止。據半官消息，猶太及亞拉伯共產黨員，因此次事件被捕者不計其數。

荷蘭海軍發生兵暴

亞姆斯丹塔斯社二日電：此間成立荷蘭軍艦「奪文博維尼林」號海軍兵暴後援會，該會將組織國會宣傳隊，援助反對荷蘭帝國主義的革命海軍士兵。

巴黎失業示威進行曲

巴黎外洋社七日電：此間失業工人（多係共產黨員）將於十八日舉行大示威，法國北方工業區域的失業工人，將分配大批，來巴黎示威。

巴黎紡織工業及全國鋼鐵業工人亦願受困將云。

英帝國主義也將退出關稅休戰協定

倫敦美聯社七日電：英政府在日法退出關稅休戰協定之後，商部大臣在下院提議也要退出，并即日通告日內瓦云。

沒有氣節的「武士道」

◀國民黨將軍都是怕死鬼▶

南昌八日電：此次當白軍開往前線時，蔣介石發每一官佐each贈小刀一把，令其勇往直前，如戰敗，或被擄時，則以小刀自殺。但該軍此次被紅軍痛擊，潰敗而去，各人之小刀均在無自殺者，蔣介石見之亦無可奈何云。

贛州勞苦羣衆與國民黨密探肉搏

贛江通訊：贛城羣衆，因憤恨國民黨酷刑殘的壓迫工農羣衆與封鎖蘇區，累次與國民黨的密查武力衝突，共繳獲反動密查的駁殼二三十支，現又因爲有羣衆由贛州運鹽來蘇區，又被萬惡的密查截住，當即與羣衆發生武力衝突，打死了羣衆一名，羣衆更奮不顧身，一躍而把這三個反動密查緊緊圍住，直到把他打死，又繳到三支駁殼。（若可）

英國保守黨的末運

▲城市選舉完全失敗▼

莫斯科塔斯社五日電：英國保守黨在三百個城鎮中的選舉失敗後，聯共產黨報認爲這是一個非常顯著的徵象的發展，因爲保守黨過去允許羣衆的幾個主張，都未實現，同時英國積極擴充軍備，貧困與失業大大增加了，當使人民對於現統治的政策，發感不滿。幾乎四分之一的英國人民，已陷於飢餓了。因之，保守黨的一切武斷欺騙政策遂一一失敗了。

福建黨大會的火力

嚴厲打擊右傾機會主義

福建黨大會在中央局代表正確領導底下，以布爾塞維克的如炬的眼光，照澈機會主義者的醜態給以無情的痛擊：

大會大部份代表（三分之二以上）在中央局代表的「最好幹部到紅軍中去」號召之下，熱烈的報名加進紅軍，然而張鼎丞同志以爲這是「假報名」「空叫」以他的機會主義的眼光來污蔑布爾塞維克的大會的代表，這種對黨的力量不信任的右傾思想，是妨害了黨動員廣大羣衆粉碎敵人五次「圍剿」的戰爭任務。

張思垣同志以爲「現在福建農村工人沒有鬥爭，而且失業，受豪紳地主壓迫沒有得到蘇維埃的保障」，這種不相信土地革命、不相信自己政權，蔑視工農專政的蘇維埃來掩蓋張思垣同志所領導省蘇勞動部工作的弱點的右傾機會主義，在我們隊伍散佈對敵階級的反宣傳，將無從去動員羣衆爲蘇維埃奮斗到底。

雷們忠同志以爲「現在付百那有七連兵我們應組織八連兵才能消滅付百那」，這種純粹軍事力量對比的等待主義根本忘記了階級力量，對比上我們力量的增加，忘記了我們廣大羣衆的力量，是我們正確動員廣大羣衆擊破敵人「圍剿」的最大敵人：

有的同志，然認爲中國革命形勢只有簡單的存在着而不能看出是更進一步的開展，這是對革命形勢的估計不足，有的同志以爲邊區游擊隊都是犯非階級路線分兵守口而忽視，我們轉變中的積極進攻，說永定二年來完全是機會主義逃跑退卻，抹煞了廣大羣衆的頑強鬥爭，說連城一貫機會主義，官僚主義，取消了省委對連城黨鬥爭的成績……這些都是右傾的不信任自己力量的估計。

大會集中火力，打擊了一切機會主義分子這是保障黨的正確的路線的執行，正是粉碎敵人五次「圍剿」的有力武器，正需要我們以深入的，爭取實際的勝利的大大的發揚。

江西團召集二次省大會

江西蘇區團的一年來在黨和團中央局領導之下，戰勝了黨團取消團的機會主義的領導，使團的組織強壯起來，使團的影響更廣大，在青年羣衆中廣大起來，在領導和深入青年工農勞苦羣衆鬥爭中爭取了千千萬萬的青年羣衆擴大和健全了少先隊兒童團的組織，建立了工會中青工工作和反帝擁蘇同盟中的青年部工作。爲着總結過去工作的經驗與教訓，開展嚴格的自我批評，提拔新的幹部，與確定今後的工作方向，決於最近召集全省團代表大會。現在各縣少共縣委已在積極活躍中。

兒童團先進的寧化縣

寧化兒童團自紅五月以來，在總的任務方面，能夠自己定出計劃，用競賽精神，保證完成。在領導方式上積極轉變，成爲蘇區兒童工作模範隊了。

在教育工作方面，禾口，樟上等區增加了十幾學校，有二個鄉實現了六七十，到一百多兒童入學，城市童工與積極讀書，自己成立了一個兒童訓練所。最近兒童俱樂部也建立了六個。童工的工作較注意了，有廿餘個童工加入兒童團與工會，特別是縣兒童局對城市童工領導，發動童工爲本身利益而鬥爭，在發展組織方面，寧化全縣是蘇區最多的地方，他們早已完成了一倍團員的增加，最近十區的統計徵收了一千三百三十六人。小同志男男女女都加入。在這二方面，寧化已是兒童的模範縣。（丕顯）

期：红色中华零一百二十八期
版：零一版
时间：一九三三年十一月二十三日

上海工农在反法西斗争中选举出席二苏大会代表

上海十七日电：本月六日国民党法西斯蒂上海市商会举行公开反动宣传，我们回答国民党政治上的进攻，组织了浦东群众数十人在福建路码头竖了一面大旗，散了传单，举行了短的演讲，在东海万国影戏院抢贴标语后，高呼口号，散传单，挂红旗，电灯一亮，群众竞看传单，此外在江湾闸北等电杆上挂了许多红旗，江湾并开了两次群众会，一次到二十五个农民，一次到二十四个马路工人，并各选了出席苏大会的代表，浦东开了三次群众会，选出六个代表，海员流星俱乐部亦举行了两次会议，选出三个代表。

11月

紅色中華

中華蘇維埃共和國臨時中央政府機關報

第一二八期

一九三三年十一月廿三日

本期一張

定價　大洋三厘　零售銅元一枚

上海工農在反法西鬥爭中 選舉出席二蘇大會代表

上海十七日電：本月六日國民黨法西斯蒂上海市商會舉行公開反動宣傳，我們回答國民黨政治上的進攻，組織了浦東群衆數十人在福建路碼頭豎了一面大旗，散了傳單，舉行了短的演講，在東海萬國影戲院搶貼標語後，高呼口號，散傳單，掛紅旗，電燈一亮，群衆競看傳單，此外在江灣閘北等電桿上都掛了許多紅旗，江灣并開了兩次群衆會，一次到二十五個農民，一次到二十四個馬路工人，并各選了出席蘇大會的代表、浦東開了三次群衆會，選出六個代表　海員洗衣俱樂部亦舉行了兩次會議，選出三個代表。

湘鄂贛省第三屆全省蘇大會成功了

中央政府湘鄂贛省蘇維埃第三屆大會已於十月三十日閉幕。經過了十二天的會議時間，遵照電示在粉碎敵人五次圍剿緊急動員令的精神之下，嚴格檢閱了省蘇幾年來的工作，作了一年來工作總結，并接授中央緊急動員令決議，蘇維埃建設，紅軍建設，經濟建設與財政計劃，肅反工作春耕各種工作決議；選舉了何振吾等二十一人為省蘇第三屆執委。其中成份工人二十四人，雇農十八人，貧農十一人，中農二人，勞動婦女一人，紅軍十五人。執委於三十一日開首屆會議，推定何振吾（貧農）張金樓、雇農）孔荷寵（紅軍）涂正坤（縫工）黃廷厚（木工）冷郭成（縫工）、汪敦福、（縫工）曹祥豐（貧農）張云仙、勞動婦女、等十一人組織主席團，并以何振吾為主席，張金樓孔荷寵為副主席。同時推定涂正坤為財政部長，汪敦福為國民經濟部長，李衛民（貧農）為土地部長，冷郭儀為勞動部長，黃廷厚為裁判部長，張金樓為工農檢查部長，金云龍（貧農）為內務部長，程時糯為教育部長　請壓核備案，并請轉各人民委員部批准。湘鄂贛省蘇主席何振吾　副主席張金樓孔荷寵　十一月十七日

致滿洲人民革命軍

中央政府和工農紅軍電

中華蘇維埃中央政府及中國工農紅軍革命軍事委員會及全體紅色戰士兄弟們！日本帝國主義佔領東北已經三年了，他天天在東北城市裏農村中成千成萬的屠殺活埋砲炸我勞苦民衆，幾千幾百里周圍的村莊每時常被燒成一片焦土，農民葬身火坑的不知幾多，本軍每天與日本强盜及其走狗滿洲國的軍隊作殘酷的戰爭，多次冲破日滿軍「圍剿」，得到偉大的勝利。自國民黨馬占山蘇炳文等投降逃跑以後，滿洲的反日民族鬥爭反而日益擴大和深入了，蘇維埃政府和紅軍雖已兩次對日宣戰，但賣國的國民黨及帝國主義却派大軍圍攻紅軍阻止紅軍去打日本，但紅軍四次冲破「圍剿」獲得偉大勝利，本軍全體戰士異常欣慰，更希望紅軍及蘇區工農群衆在蘇維埃領導之下根本消滅帝國主義國民黨「圍剿」直接和帝國主義作戰，本軍嚮應與擁護蘇維埃中央政府與紅軍的號召，願意與你們訂立反日作戰協定，共同來收復失地，為中國民族獨立與領土完整而鬥爭到底！此致革命敬禮！

滿洲人民革命軍全體戰士叩

法西斯蒂在上海的暴行

△摧殘文化搗毀書店印刷局 △實行上海全市的大檢舉

上海十七日專電：國民黨法西斯蒂近日開始實行上海全市大檢舉，積極進攻左翼革命文化團體及一切非法西蒂的刊物，本月十二日下午上海藝華影片公司被所謂「影界鏟共同志會」的法西斯蒂暴徒搗毀。次日又搗毀良友公司，十四日又搗毀承印中國論壇之勸佛爾印刷局，對光華書局也準備去進攻，其他聯華等影片公司亦接有警告。國民黨法西斯蒂正來行着希特勒的摧殘文化政策，他們的晨報社論又大談其文化統治。上海我黨決定組織統一戰線來反對法西斯蒂的暴行，剷除反動統治階級。十三日上海左翼文化界群衆在閘的領導與組織下，搗毀半曾社的新聞現代史及社會主義月刊（按當法西斯蒂機關刊物）之新光書店，先由七八人進去假作買書，餘則散在店外，由入內者大呼一聲將凳亂擲，并由另一人截斷電話，店外的群衆高呼口號發傳單，并將帶來之火油火種等擲於該店周圍，但因大批探捕到來故未起火云。

『中日直接交涉』的內容

◀國民黨賣國的大陰謀▶

北平十七日電：中日直接交涉正在進行中，據開華北方面之中日直接交涉議行者及頗廣，如關稅。陸路，空中，交通，郵務　電報，國境等均在其中，關於通商談判已告一段落，即華北與滿洲間商品輸出入不標明原產國名云。

蘇聯與美國正式復交

△紅旗飄揚在華盛頓的城上

華盛頓美聯社十一月十八日電：蘇美談判，自昨晚雙方換文，議定恢復正式外交關係後，兩國復交宣言，已於今晨發表。

但仍有許多關於經濟上的問題，雙方尚待磋商，故李維諾夫將再勾留美國三數天，以便與美當局　親切談。今日兩國復交後，待俄使館上第一次掛起了鐮刀斧頭的大紅旗，代替了舊俄的沙皇國旗，今日有一千多家的報館代表要見李維諾夫，李氏係簡述兩國友誼恢復之意義與其實質。又關於美國公使問題，美國總統宣布承認蘇聯後，可以直接任命，據白宮消息，以前國務顧問布立德充當駐蘇聯第一任大使為最有希望云。

英國計劃建築波埃鐵路

△又一個反蘇聯的戰爭準備

莫斯科外洋社十一月十八日電：英國建築波埃鐵路（該路貫通波斯，連接土耳其印度與埃及）的計劃，蘇聯紅軍机關報頗為重視。有長篇論文討論此問題，略謂這過去是英國與舊俄的爭斗之一，是英國陸路西進特别是向着波斯的一個問題。現在英國建築這條鐵路，由波斯向西北聯接西印度　可以使英國的軍隊與軍火輸至殖民地與保護國或自此等地域運至英國，可獲得很大便利。這樣對於進攻蘇聯，也增加了優勝的條件。雖然這計劃的實行，至今還有些困難，因為波斯不能毫無理由地再割讓一些土地給英國，同時英國也沒有那麼一筆巨款來建造此路。

日本反對監督軍縮

▲只有蘇聯真正主張軍縮▼

日內瓦塔斯社十一月十四日電：軍縮會議討論監督軍縮問題，當時日本代表即起立反對此項監督權應用於日本。蘇聯代表隨即宣稱軍縮大會必須建立監督軍縮的制度，否則軍縮毫無辦法，此項監督必須普遍的應用於世界各國，故任何國家（確近蘇聯的當然也包含在內）必須受軍縮會的監督，按此項提議蘇聯已屢次向大會提出，但日本代表却總是無恥的宣稱日本國有「特殊地位」不能受監督云。

南方戰線上出擊勝利

粵干通訊：我贛粵南地方部隊之一部，最近在離南康卅里之黃泥坑，將該地靖匪完全消滅，繳獲步槍甚多，當地豪紳地主非常恐慌紛紛逃竄。

法西斯蒂在上海的暴行
△摧殘文化搗毀書店印刷局
△實行上海全市的大檢舉

期：红色中华零一百二十八期
版：零一版
时间：一九三三年十一月二十三日

法西斯蒂在上海的暴行

摧残文化捣毁书店印刷局
实行上海全市的大检举

上海十七日专电： 国民党法西斯蒂近日开始实行上海全市大检举，积极进攻左翼革命文化团体及一切非法西蒂的团体，本月十二日下午上海艺华影片公司被所谓“影界铲共同志们会”的法西斯蒂暴徒捣毁，次日又捣毁良友公司，十四日又捣毁承印中国论坛之勒佛尔印刷局，对光华书局也准备去进攻，其他联华等影片公司亦接有警告。国民党法西斯蒂正举行着希特勒的摧残文化政策，他们的晨报社论又大谈其文化统治。上海我党决定组织统一战线来反对法西斯蒂的暴行，回答反动统治阶级。十三日上海左翼文化界群众在团的领导与组织下，捣毁专售社会新闻现代史及社会主义月□（按皆法西斯蒂机关刊物）之新光书店，先由七八人进去假作买书，余则散在店外，由入内者大呼一声将凳乱掷，并由另一人截断电话，店外的群众高呼口号发传单，并将□来之火油火种等藏于该店周围，但因大批探捕到来故未起火云。

紅色中華

中華蘇維埃共和國臨時中央政府機關報

第一二八期

一九三三年十一月廿三日

本期一張

定價　大洋三厘　零售銅元一枚

上海工農在反法西鬥爭中
選舉出席二蘇大會代表

上海十七日電：本月六日國民黨法西斯蒂上海市商會舉行公開反動宣傳，我們回答國民黨政治上的進攻，組織了浦東群衆數十人在福建路碼頭豎了一面大旗，散了傳單，舉行了短的演講，在東海萬國影戲院搶貼標語後，高呼口號，散傳單，掛紅旗，電燈一亮，群衆競看傳單，此外在江灣閘北等電桿上掛了許多紅旗，江灣并開了兩次群衆會，一次到二十五個農民，一次到二十四個馬路工人，并各選了出席蘇大會的代表，浦東開了三次群衆會，選出六個代表，海員滬東俱樂部亦舉行了兩次會議，選出三個代表。

湘鄂贛省第三屆
全省蘇大會成功了

中央政府湘鄂贛省蘇維埃第三屆大會已於十月三十日閉幕。經過了十二天的會議時間，遵照電示在粉碎敵人五次圍剿緊急動員令的精神之下，嚴格檢閱了省蘇幾年來的工作，作了一年來工作總結，并接授中央緊急動員令決議，蘇維埃建設，紅軍建設，經濟建設與財政計劃，肅反工作，春耕各種工作決議；選舉了何振吾等二十一人為省蘇第三屆執委。其中成份工人二十四人，雇農十人，貧農十一人，中農二人，勞動婦女一人，紅軍十五人。執委於三十一日開首屆會議，推定何振吾（貧農）張金樓（雇農）孔荷寵（紅軍）涂正坤（縫工）黃廷厚（木工）冷郭斌（縫工）汪敦福（縫工）曾祥豎（貧農）張云仙（勞動婦女）等十一人組織主席團，并以何振吾為主席，張金樓孔荷寵為副主席。同時推定涂正坤為財政部長，汪敦福為國民經濟部長，安衡民（貧農）為土地部長，冷郭儀為勞動部長，黃廷厚為裁判部長，張金樓為工農檢查部長，金云龍（貧農）為內務部長，程時福為教育部長　請鑒核備案，并請轉各人民委員部批准。湘鄂贛省蘇主席何振吾　副主席張金樓孔荷寵　十一月十七日

滿洲人民革命軍致
中央政府和工農紅軍電

中華蘇維埃中央政府及中國工農紅軍革命軍事委員會及全體紅色戰士兄弟們！日本帝國主義佔領東北已經三年了，他天天在東北城市與農村中成千成萬的屠殺活埋砲炸我勞苦民衆，幾千幾百里周圍的村莊隨時都被燒成一片焦土，農民葬身火坑的不知幾多，本軍每天與日本強盜及其走狗滿洲國的軍隊作殘酷的戰爭，多次冲破日滿軍「圍剿」：得到偉大的勝利。自國民黨馬占山蘇炳文等投降逃跑以後，滿洲的反日民族鬥爭反而日益擴大和深入了，蘇維埃政府和紅軍雖已兩次對日宣戰，但賣國的國民黨及帝國主義卻派大軍圍攻紅軍阻止紅軍去打日本，但紅軍四次冲破「圍剿」獲得偉大勝利，本軍全體戰士異常欣慰，更希望紅軍及蘇區工農群衆在蘇維埃領導之下根本消滅帝國主義國民黨「圍剿」直接和帝國主義作戰，本軍響應與擁護蘇維埃中央政府與紅軍的號召，願意與你們訂立反日作戰協定，共同來收復失地，為中國民族獨立與領土完整而鬥爭到底！此致革命敬禮！

滿洲人民革命軍全體戰士叩

法西斯蒂在上海的暴行
△摧殘文化搗毀書店印刷局
△實行上海全市的大檢舉

上海十七日專電：國民黨法西斯蒂近日開始實行上海全市大檢舉，積極進攻左翼革命文化團體及一切非法西蒂的言論，本月十二日下午上海藝華影片公司被所謂「影界鏟共同志會」的法西斯蒂暴徒搗毀，次日又搗毀良友公司，十四日又搗毀承印中國論壇之勒佛爾印刷局，對光華書局也準備去進攻，其他聯華等影片公司亦接有警告。國民黨法西斯蒂正在厲行着希特勒式摧殘文化政策，他們的晨報社論又大談其文化統治。上海我黨決定組織統一戰線來反對法西斯蒂的暴行，回答反動統治階級。十三日上海左翼文化界群衆在黨的領導與組織下，搗毀專售社會新聞現代史及社會主義月刊（按皆法西斯蒂機關刊物）之新光書店，先由七八人進去假作買書，餘則散在店外，由入內者大呼一聲將凳亂擲，并由另一人截斷電話，店外的群衆高呼口號發傳單，并將帶來之火油火種等擲於該店周圍，但因大批探捕到來故未起火云。

「中日直接交涉」的內容
◁國民黨賣國的大陰謀▷

北平十七日電：中日直接交涉正在進行中，據聞華北方面之中日直接交涉談判部份及頗廣，如關稅，陸路，空中，交通，郵務　電訊，國境等均在其中，關於通商談判已告一段落，即華北與滿洲間商品輸出入不標明原產國名云。

蘇聯與美國正式復交
▲紅旗飄揚在華盛頓的城上

華盛頓美聯社十一月十八日電：蘇美談判，自昨晚雙方換文，議定恢復正式外交關係後，兩國復交宣言，已於今晨發表。但仍有許多關於舊債上的問題，雙方尚待磋商，故李維諾夫再勾留美國三數天，以便與美當局　繼續談判。今日兩國復交後，舊俄使館上第一次掛起了鐮刀斧頭的大紅旗，代替了舊俄的沙皇國旗，今日有一千多家的報館代表晉見李維諾夫，李氏備稱兩國友誼恢復之意義與其實質。又關於美國公使問題，美國總統宣布承認蘇聯後，可以直接任命，據白宮消息，以蒲立德充當駐蘇聯第一任大使為最有希望云。

英國計劃建築波埃鐵路
△又一個反蘇聯的戰爭準備

莫斯科外洋社十一月十八日電：英國建築波埃鐵路（該路貫通波斯，連接土耳其印度與埃及）的計劃，蘇聯紅軍機關報頗為重視。有長篇論文討論此問題，略謂這過去是英國與俄的爭斗之一，是英國積極西進特別是向着波斯的一個問題。現在英國建築這條鐵路，由波斯向西北聯接西印度　可以使英國的軍隊與軍火輸至殖民地與保護國或自此等地域運至英國，可獲得很大便利。這樣對於進攻蘇聯，也增加了優勝的條件。雖然這計劃的實行，至今還有些困難，因為波斯不能毫無理由地再割讓一些土地給英國，同時英國也沒有那麼一筆巨款來建造此路。

日本反對監督軍縮
▲只有蘇聯真正主張軍縮▼

日內瓦塔斯社十一月十四日電：軍縮會會討論監督軍縮問題，當時日本代表即起立反對此項監督權應用於日本。蘇聯代表隨即宣稱軍縮大會必須建立監督軍縮的制度，否則軍縮毫無辦法，此永監督必須普遍的應用於世界各國，故任何國家（鄰近蘇聯的當然也包含在內）必須受軍縮會的監督，按此項提議蘇聯已屢次向大會提出，但日本代表卻總是無恥的宣稱日本因有「特殊地位」不能受監督云。

南方戰線上出擊勝利

粵干通訊：我贛粵兩地方部隊之一部，最近在離南康卅里之黃泥坑，將該地靖衞團完全消滅，繳獲步槍甚多，當地豪紳地主非常恐慌紛紛逃竄。

期
红色中华零一百二十八期
版
零四版
时间
一九三三年十一月二十三日

上海纸厂工人罢工

上海十七日专电：上海天章纸厂工人因反对老板不发工资正在斗争，而资本家却又开除工人三十余，激起工人更大的愤怒。已于前日起一致罢工了。

第四版　紅色中華　第一二八期

沙縣夏茂群衆鬥爭

勞苦群衆的地獄生活！

沙縣夏茂的勞苦群衆，過去在國民黨統治之下，受盡了豪紳地主及軍閥盧興邦的壓迫和剝削，什麼灶頭捐，門牌捐，公安捐，屠戶捐（殺一個豬要六元，一個牛要九元）。雞鴨捐（一個雞鴨兩角大洋）。甚至死一個人買個棺材也要貼幾元錢的印花。這眞是無奇不有的苛捐。

群衆痛恨深入骨髓，都望眼欲穿的要紅軍來解放他們。

解放的時機到了！

這次我東方軍在洋口勝利後，即到夏茂工作，該地的豪紳地主及靖衛團早已聞風逃竄，但是勞苦工農群衆，看見紅軍來了，都拿着歡迎旗子，立在街道上門板上笑嘻嘻的表現很高興的樣子。因為他們解放的時機到了。

群衆鬥爭的情緒！

紅軍到夏茂後，群衆圍繞着我們的隊伍，表示歡欣。尤其站在衙門口擠擠不開，紛紛來向我們報告土豪及土豪的隱藏地，并更勇敢的帶我們去捉。

所以不到幾天的光景，就捉了百多隻。并捉到前在廣東剝削壓迫群衆縣長鄧殿坡，第三天開了個群衆大會，到會的就有兩千餘人。當場成立夏茂革命委員會。通過執行委員時，群衆對選舉認眞得很。大會後我們號召群衆拆夏茂的圍牆，說明圍牆是保護豪紳地主的工具，當時一聲吶喊，不到廿分鐘，二千多群衆都背着鋤頭，將長約二千餘丈的圍牆，被群衆拆倒了。

群衆踴躍加入紅軍

我們在夏茂，每天都有二十人到三十人，一批批的踴躍報名加入紅軍，加入游擊隊。所以不到三天，就擴大了紅軍百三十四名。游擊隊成立了一個獨立營，三天內游擊隊并繳得當地靖衛團的槍三十餘枝。

動員成績

們我在夏茂工作雖只有三天，但是籌款有七千餘元擴大紅軍有百三十餘名，再拿我東方軍在洋口五天擴大紅軍的成績來說這些都證明機會主義者說「在白區無法擴大紅軍」的完全破產。（李雷山）

紅角

肅清一切敵對階級思想殘餘

西江縣蘇不去號召寫一些目前戰爭緊急動員的中心口號，而去張貼一些「佔萬國，得全球，一戰成功紅五洲」，以及「公正廉明」，「鐵面無私」一類封建的，全無階級意識的標語和對聯。

田心圩一個大屋子公開放着一兩本「三民主義淺說」，列寧小學仍舊採用過去的書着一個兒童揮着「五色旗」在那裏「活潑上的畫」。在西江街壁上反革命畫報仍然殘留着，九堡區對反革命標語只是刪改幾個字，而沒有完全去洗刷，這都是值得我們嚴重注意的呵！

尤其是九堡塔下山一個道士，好像是一個智識份子，在山上住了一二十年，他的弟弟有社黨嫌疑被殺了的，他的醫病法子是「吃空氣」，他也說「不要信神」？但是只要「信天」，據說他是一個「拜空教」。

在粉碎帝國主義國民黨五次「圍剿」決戰前面，我們不但要加緊肅反工作，同時應提高布爾什維克的警覺性，來肅清一切各色各樣及變相的敵對階級思想殘餘！（歐陽秋）

蘇法邦交的進展

▲法國會討論對蘇聯的國交

巴黎塔斯社電：法國國會下院蘇法外交組，近開討論會，據稱第一次討論的是繼續增進蘇法外交關係，第二次討論蘇法同約與商業代表的法律地位，以及如何使互不侵犯約應用於軍事上組織上，如取締一切反蘇聯的軍事組織等等。

蘇聯幫助土耳其進行工業建設

莫斯科塔斯社十一月十五日電：蘇聯工業部門派遣工作團以□哥夫斯基為領導者前往土耳其幫助工業建設，工作團中有著名建築師及機械工程師等多人，此行目的在介紹蘇聯社會主義工程建設的經驗與推廣土耳其的市場，蘇聯并有無線電裝置擬往安加拉去設置云。

印度群衆的覺悟

▲揭破甘地的欺騙政策

孟買十六日電：甘地在印度最近某次群衆會上被群衆以石卵擲之，甘地的欺騙已被群衆認清了。

上海紙廠工人罷工

上海十七日專電：上海天章紙廠工人因反對老板不發工資正在鬥爭，而資本家却又開除工人四十餘，激起工人更大的憤怒。已於前日起一致罷工了。

正太礦工的怠工鬥爭

天津電：正太煤礦工人因工資問題向資方交涉迄無答復，因之勞資雙方發生衝突，現該礦工人業已決如廠方再延不答復，工人決行怠工，停止向石莊順德一帶運煤，情勢緊張，該縣國民黨部十七日特召各機關會議討論調解辦法云。

日本的金融恐慌

▲濫發紙幣達十萬萬餘元▽

東京日聯社十四日電：據日本銀行公佈自十一月十日止流通於市上的紙幣已達二〇一〇六八〇〇〇〇日圓，但銀行兌換存金却只為四二五〇六九〇〇〇〇圓，保證金亦不過六七六〇七九〇〇〇〇圓云。

美國經濟復興運動失敗

紐約十六日哈瓦斯電：一般人意見羅斯福所倡導之貨幣統制辦法并未達到目的，反造成一般危機四伏形勢，蓋政府在國內所定金價尚未，但美元價值的跌價日甚，已非羅斯福所能控制。美國全體人民憂慮殊甚，實為前此所未見，美國經濟復興運動顯然已遭失敗了。

陳銘樞在福建宣布獨立

▲表示反蔣反南京政府

福州十一月十九日電：國民黨十九路軍首領陳銘樞，最近在福建宣布獨立，表示反對蔣介石及南京政府。并在第三黨的唆使下，召集所謂全國人民代表會議。南京國民黨政府亦通電斥責，雙方矛盾益趨尖銳化。

下肖區教育部對各鄉列小舉行秋季大檢閱

下肖區教育部，準備於最近各鄉列小舉行秋季大檢閱，現各鄉正在積極準備，下了最大決心為爭取模範學校而鬥爭，各校都充滿了布爾塞維克的競賽精神，鄉蘇人員和工作人員組成宣傳隊到每一家做普遍的宣傳，動員大批兒童婦女入校，列小教員則開始努力佈置校舍，俱樂部，開闢運動場，文化運動的開展於此可見一斑。

江西省工聯教育部熱烈進行教育工作

江西省工聯教育部，堅決執行中央教育部文化建設大會決議案，即行召集各縣工聯教育部長聯席會議，傳達大會的精神和討論，在會議中各縣同志熱烈的發言。興國的同志說：要創辦無數的日校來教育工人子弟，萬太與會昌的同志說：要在各業工廠和工人集中的地方，普遍建立夜校，來培養工人智識。勝利及石城同志說：大城市大市鎮各業工廠中要建立俱樂部，改造工人日常政治生活，提高工人文化水平，消滅工人中的文盲。聯席會議中的空氣，非常的熱烈。這次會議給江西工人文化教育的開展，是很有希望的呵。

工農美術社籌備會將舉行第一次展覽會

工農美術社籌備會，在黨中央局和中央教育部正確領導下，積極的進行工作。初次作品「蘇聯社會主義建築」，近日中可出版（由反帝擁蘇總同盟出版），在本月十二日第四次籌委會上，決定在寧州暴動六週年紀念日，舉行成立大會。并開第一次工農美術展覽會，這展覽會開闢了中國無產階級美術運動的新紀元。并且要號召白區的革命美術家來參加。

加強邊區新區工作

▲最好的幹部到邊區新區去！

江西省蘇為了供給全省各縣，特別是邊區新區幹部的需要：最近連續的開辦了幾次訓練班：「土地訓練班」，「財政訓練班」，「裁判訓練班」，「選舉運動訓練班」等，確實造就了不少的幹部，分配到各地工作。特別是在九月間開辦了較大規模的幹部學校，人數約二百人。內有勞動婦女十餘名。經過一個半月的訓練，現已畢業了。

省委即將徵調三十餘名優秀的幹部，分配到新區邊區工作，特別是南豐崇仁宜黃樂安新淦等縣。在未出發之先，詳細討論了目前邊區新區中心工作，特別是戰爭的緊急動員。我們相信邊區新區工作必定有很大的轉變了。

又一批国联强盗来上海

期：红色中华零一百二十九期
版：零四版
时间：一九三三年十一月二十六日

又一批国联强盗来上海

沪二十一日电：国联财政股长沙而太，前秘书莫讷，及前秘书长去子□纯蒙承氏，昨乘日本皇后号来华，已于今午五时抵沪，当即访谒宋子文，拟稍作休息即行赴京。无疑的，这些国际强盗来华还是为了共管中国的技术合作呢。

伊士維斯亞論蘇美復交

莫斯科美聯社十一月二十日電：蘇聯各大報對蘇美復交均有評論，伊斯維士亞則謂「蘇美建立國交，是一件歷史上極重要的事情，這一事件結束了資本主義世界不肯承認包容着兩個體系——資本主義的與社會主義的——的鬥爭，同時也結束了承認社會主義系統在法律上的平等的這一鬥爭，這主要的是由於蘇聯偉大的生產力，這使資本主義的代表國不得不考慮，假使再不和蘇聯發生關係他們能夠繼續下去嗎。這一個問題[illegible]來了。

蘇聯與美國建立國交就目前局勢看來是尤其重要的，因為目前整個世界有極重大的政治問題需要解決，祗有經過兩國的外交途徑求得協作才能保障全世界的和平，關於蘇美復交確實經過了極長久的時期，然而這都是好的現象，因為在這過程中，教訓了美國的輿論界就是為着互相的利益「幫助蘇聯」與蘇聯合作對於美國皆在是有利益的，所以即使兩國的社會制度完全不同，但是為着共同利益是有合作的可能的，尤其是在工業的建設方面，

蘇美復交續訊

▲加列寧致函美國民衆

莫斯科美聯社十一月二十日電：蘇聯中央執行委員會主席加列寧致函美國民衆內云：「我們堅信蘇聯與美國於此時復交必為全世界人人所歡幸，蓋今後世界的和平與安全已得進一步的保障」。

▲蘇聯發表駐美公使

華盛頓美聯社十一月十九日電：蘇聯政府對美提議任命托洛揚諾夫斯基（前駐日公使）為駐美第一任公使，美國務院答稱完全同意，托氏使美，該新托氏即將於十二月內赴美履新云

又一批國聯強盜來上海

滬二十一日電：國聯財政股長沙爾太，前秘書莫訥，及前秘書長去子魏純蒙承氏，昨乘日本皇后號來華，已於今午五時抵滬，當即訪謁宋子文，擬稍作休息即行赴京。無疑的，這些國際強盜來華還是為了要實施中國的技術合作呢。

軍縮會議前途黯淡

▲英政府反對再度軍縮▼

日內瓦電：自德國退出軍縮會議後，軍縮會即宣告延期，延期以來雖經麥克唐諾等各處奔走，但大會重開始終無望，現西門等又將赴羅馬企圖召集四強公約簽字國會議以打破軍縮會之僵局云。英國重要代表離國赴日內瓦後英政界聞人紛紛發出關於軍縮會議的意見，邱吉爾非常反對再度的軍縮，認為於英國有莫大害處，鮑爾溫則謂英國沒有責任保障洛凱諾條約的執行，也沒有再度軍縮的必要；現在陸相海爾山則認為英國軍備目下已減至最低限度，英國所有的軍隊比警察多不了多少，然而英國卻應該是保障世界和平的唯一武裝，航空部長倫頓爾則認為英國軍備應當增加才好，海相則認英海軍勢實在不足，無論如何應該增加一些，且鑒於日美大舉建造十大座六吋炮口的一萬噸的巡洋艦，頗為遺憾，故英國亦須完成一九三三之計劃，并建造九千噸的充分的武裝的巡洋艦二艘云。

印日商業會議將流會

△英日矛盾的加劇▽

東京電通社十一月二十日電：印日商業會議已開幕二月之久，但仍無進展，日代表團於十一月十八日接得本國政府訓示後，決定於下屆會議提出決斷的態度堅持日本原來立場，如印方無誠意，則會議無形延宕但此會究於何時召開尚未定云。

猶太人向英帝國主義示威

華爾沙外洋社十一月二十日電：今日有許多猶太復興運動者以石子打破了英國使館及領事館的玻璃，彼等示威目的都在反對英當局虐待耶路撒冷猶太人，聞今日有二人被捕云。

國民黨加緊搜括民衆

△發行華北戰區救濟庫券

平二十一日電：華北戰區救濟會委員長夏濟貽談，華北戰區救濟庫券四百萬十二月初發行，該券基金由長蘆鹽運使公署撥付加捐作抵基金云。

陳銘樞獨立以後

南京緊急處置閩變

南京電，陳銘樞等在閩獨立後，國民黨南京政府立即於昨晚六時召集三大國政中政會討論陳等在福州之行動，謂係實行叛亂，荼毒生民，危害國家為患不淺等語。

京滬平大戒嚴

南京電：自閩變發生，又局緊張國民黨南京政府已嚴令南京上海北平漢口各地軍警機關嚴爲防範，凡有違軌行為一律依法嚴辦，不寬宥云。

廣東軍閥的態度

廣州電：廣東軍閥頭子陳濟棠（恭）晚在燕塘軍校開召軍委，決定粵仍致力三年計劃），貫徹抗日「剿匪」主張，對任何一方，均不參加，如有侵犯粵省者實行以武力對付。

瑞京第一次教育大會紀盛

為要切實執行全蘇區教育建設大會的決議，瑞京縣教育部，協同團縣委，召集各區教育部長，團區委宣傳科長，區兒童書記，在縣蘇開教育建設大會，討論和解決了許多實際問題，如教員待遇，與教育經費等。并訂立了團對教育部的協助條約。特別對婦女教育。大會決定，不論大脚小脚與男人同等年齡，進同等學校。并決定各列小學生，女兒童須佔半數；各補習學校，婦女數量，要超過男子：從各面來發動婦與女男子競賽。從這一個大會，瑞京文化教育運動，將邁步進展，成為蘇區模範。同志們！努力罷！衝鋒罷！趕上興國！超過興國罷！（王昌期）

公略加緊文化教育運動

△創造大批工農幹部

自縣教育部於十月一日至三十一日止，舉行了一個月的列小教員訓練班。從農村中調來四十三多個教員，訓練了一月。在這一個月當中，他們雖然文化政治水平低落一點，但在訓練中實習中有學習精神與勞動紀律，是非常好的。所以，都獲得了相當的成績。結束之後，他們回去都負擔地方工作，這也就是公略第一次大批的提拔工農幹部，來開展文化教育的工作。

開展反宗教迷信鬥爭

興國崇賢區工農羣衆在共產黨領導之下，自革命後宣佈打破迷信以來，這四五年當中，多數羣衆，都知道迷信是封建殘餘的惡習，欺騙，削剝工農的東西，一致起來反對和剷除這種惡習，近數月來，疾病發生，迷信復燃，有些思想落後的份子，又發現了焚香秉燭和野外喊魂等的現象，教育部為即上這些現象，是召集各鄉俱樂部和教育委員主任聯席會議，組織了宣傳隊到各鄉村中用口頭作廣大的宣傳，而且又用化裝演講，結果甚為完滿云。

瑞京全縣俱樂部大檢閱

◁皮安尼兒特別活躍▷

俱樂部，是一種極廣泛的教育最能發動羣衆，和深入羣衆的組織。瑞京縣教育部，為要發揚和擴大這一組織，召集了全縣俱樂部大檢閱，檢閱了各區的成績，結果以城市為第一，云集區第二，下洲區第三，第一的獎[illegible]報衣服八套，棋子廿個，第二的，各贈大紅旗一面，其餘跳高跳遠，游戲等個別選手，獎給優勝小紅旗一面，紗手巾一幅，各區兒童的團體操，皆還獎給了毛筆六十支，筆記簿二十本。在檢閱中，特別兒童的精神可愛，茲寫在下面：

表演新劇

[illegible]戲劇。各區都抱着了競賽精神，所以越演越好。第一晚看的人少，表演的人只到附三個區，無甚熱鬧。到了第二晚，以至第三晚，就各區來參加檢閱的也多了，看的人也特別踴躍了，所以第三晚雖表演到兩點鐘之夜，而看的人還有二千多人，沒有走減一個，直到完畢，才熱熱鬧鬧地散會。每晚表演，都要算兒童所表演的最好。

艱苦耐勞

當着檢閱這幾天，早一夜，天氣都很寒冷。而這些艱苦耐勞的新後代，在每天早晨，毫不畏寒的，在那裏下操，裝子彈，上刺刀，樣樣皆能。特別城市區的刺殺法，更為純熟。

準備第二次大檢閱

這次檢閱，獨有云集區不很滿意。因為他自以為戲劇過人，必要全勝，那曉得一等檢閱，新劇也不算頂好，而運動方面，更遭慘敗。以至意氣洋洋以為必勝而來的云集兒童，垂頭喪氣的跑回。這是由於太驕傲，自認可恥。然而其餘各區，除城市第一以外，其餘都還落在云集後面。雖然如此，都大家都興高采烈的，準備第二次大檢閱，奪取錦標云！

（王昌期）

上海出版紅軍《捷報》
群衆非常愛讀

上海出版红军《捷报》

群众非常爱读

上海电：上海党最近出版一群众小报名叫《捷报》，专门介绍红军胜利及苏区生活，并揭露统治阶级的一切欺骗宣传等，每期可发行三千份，群众非常爱读。

和平政策勝利的蘇聯

多邊不侵犯條約已發生效力

莫斯科塔斯社四日電：今日愛沙尼亞與拉脫維亞兩國公使向外交人民委員會遞呈他們兩國已經批准的倫敦侵略界說條約，條約上已都經過他們的元首簽字。所以這項條約，卽蘇聯與波蘭，羅馬尼亞，波斯，阿富汗，愛沙尼亞及拉脫維亞等國的互不侵犯條約，已經完全發生效力了。

與拉脫維亞又訂商約

莫斯科塔斯社四日電：蘇聯與拉脫維亞所訂的商約今日已簽字，拉國是由代表團的主任（卽副外長）簽字的。

李維諾夫在羅馬大受歡迎

羅馬塔斯社四日電：今午李維諾夫與駐羅馬公使遊歷羅馬近郊，晚由莫索里尼招待宴，由國會主席及其他要員作陪。同日意[illegible]亦招待了李氏，各報仍熱烈論述李氏此行之[illegible]與蘇聯關係的改善，認爲李氏赴羅盛會後所受的歡迎。又，法國報紙對李氏赴羅馬都很注意，據稱意大利感於近年來經濟恐慌的威脅，又因日貨侵入巴爾幹市場，與日本發生經濟上的大冲突，爲求後層起見，所以對蘇聯表示無限好感云。

蘇聯駐美公使起程

莫斯科塔斯社四日電：美國駐莫斯科各報記者今日開聯合會歡送托洛揚洛夫基赴美履新，幷設宴餞行，外交人民委員會也派員參加，席間各記者都發表願託氏完成此行任務等語。

上海出版「紅軍捷報」

羣衆非常愛讀

上海電：上海黨最近出版一羣衆小報名叫捷報，專門介紹紅軍勝利及蘇區生活，並揭露統治階級的一切欺騙宣傳等，每期可發行三千份，羣衆非常愛讀。

「在新的世界大戰威脅之前」

——拉特克論軍縮問題——

莫斯科十二月二日電：蘇聯著名新聞記者拉特克，最近在眞理報發表文章，論國聯與軍縮大會的局勢，他說在歐洲目前卽使是最落後的羣衆也明了蘇聯所提出的軍縮政策是完全正確的。不然世界又將被資本主義驅迫人類走入新的戰爭中了。國聯與軍縮會議的坍台是露骨的證實了列强必須在軍縮會之外，找尋擴充軍備的道途。德國法西斯蒂要求增加新的軍備，法國英國，日本與美國當然很可以參加這種軍備大競賽，所以世界是在新的大戰的威脅之前。要免除這個危險，像德國法西斯蒂所提出的辦法是不行的。那只能引導世界走往加緊備戰的路上去，只有依照蘇聯所提出的路線，才是唯一的解決方法，那就是實行世界普遍的軍縮。

在英帝國主義指使下 西藏軍隊又侵犯西康

上海電：在帝國主義的嗾使下，駐西康金沙江西岸的西藏軍隊約萬餘人，最近又有奪取金沙江東岸的企圖，現在情勢已非常嚴重，駐該地之國民黨軍隊又要不戰而退。

莫索里尼提議改組國聯

△帝國主義矛盾更其尖銳化

倫敦美聯社電：據可靠消息，莫索里尼最近提議邀請美俄兩國加入國聯，使國聯擴大爲新的組織。據另一消息，李維諾夫在羅馬也才與墨索里尼討論此事云。

又巴黎哈瓦斯社十二月七日電：法國反對墨索里尼最近所提出的主張，幷且聲明如果德國不重入國聯時，法國將拒絕批准四强公約。

英法商戰日益激烈化

倫敦路透社十二月九日電：英法商戰最近日益激烈，英國最近要求法國將所徵收的英貨稅率減低百分之十五，與百分之六的上岸稅。假如不達此目的，英國也將建立關稅壁壘以抵抗法國的入口各貨。

西班牙革命運動的高漲

馬德里美聯社十二月二日電：在西班牙第二次總選舉的前夜，西班牙各大城市警務所都禁止人民集會遊行，因爲最近工會裏的左翼份子，企圖擾亂（？）社會秩序云。

法國工人的經濟鬥爭

……麵包！工作！迅速解決失業！……

巴黎外洋社十二月一日電：在新的內閣總理將在國會宣佈其金融整頓計劃的那一天，法國北部失業的礦工與紡織工人將派代表到國會提出救濟要求，幷由一部失業工人來京城示威，這些「飢餓者的行列」的口號就是：一，麵包，二，工作，三，迅速解決失業。

本報徵求讀者批評

爲要更實際的履行蘇維埃中央政府機關報的任務，順利地開展各方面的戰爭動員工作，本社敬向廣大的讀者，徵求對於本報的批評，徵求對於本報革新的具體意見，使本報能夠在集體的努力下實踐自己的使命！來信直寄瑞金本社。

紅色中華社啓

福建政府向日借款續訊

據廣東軍閥所傳的消息：福建人民革命政府向日進行日幣借款三千萬元，現已簽字，閩商聞訊紛紛反對。

國民黨在加速崩潰中

△廣東軍閥要蔣介石下野

廣州電：廣東軍閥所組織之西南國民對外協會總會九日通電全國將領請一致擁護西南當局的主張，嚴促蔣介石自動下野，幷勸告陳銘樞，李濟琛等迅速取消人民政府以弭戰禍，而維國脈云。

國民黨聘請德法西警官

上海電：德國前柏林警察所長洛來斯心斯基最近被國民黨聘任爲警察顧問。現已由法來華，和他同行的還有警察專家多人。無疑的，國民黨之所以聘任這些殺人的劊子手到中國來，這只爲了要更加緊他的白色恐怖！

克服對發行工作的怠工

△向博生各區發行站作嚴厲鬬爭！

中央局和總發行部再三提出，要建立和健全發行工作，保障黨的每一個決定和定期出版的刊物深入到廣大工農羣衆中去，使我們的刊物眞正成爲羣衆的集體宣傳者與組織者，使每個工農羣衆都了解政治上的任務，使我們提出的每一個戰鬥任務，更勝利的來完成！但博生湛田區新田鄉恰恰是相反的，刊物到了却堆在房子裏不散發到羣衆中去，有次區委規定他們執行工作，和整理報費，他就把堆積的刊物忙於喊着兒童去叫賣，把一份鬥爭拿來當幾份賣，還要賣四個銅片一張！又博生江口區桐林鄉支書接到的刊物拿來糊壁，但江口區委同樣有這種現象！又博生會同區委拿報費來當伙食開支，像這幾個傢伙樣是妨礙了我們刊物的作用，使羣衆來了解目前的戰鬥任務是有很大的阻礙，對報費方面又不能統一，各地如有發生這一現像同樣要警覺起來，像這幾個傢伙樣，應要與他們作無情的鬥爭！（劉參贊）

小常識

不要用顏料寫標語

我們過去有些同志用顏料寫標語，初貼上壁去雖然花花綠綠，但一經風吹，日晒，或者雨淋以後，便變成一張白紙，沒有一點作用了。

標語不一定顏色寫才好看，好看不好看在於寫的技術，顏色的關係是不大的，有用顏料寫的標語，因爲技術太差，也還是一塌糊塗呢！（明雲）

期
红色中华零一百三十五期
版
零三版
时间
一九三三年十二月十七日

最近时期的白区工人斗争

在帝国主义国民党法西斯蒂的统治下，广大的工人阶级的斗争是更加剧烈化与尖锐化了，在本年八月份，仍然继续以前向开展的斗形争势［斗争形势］，根据上海《斗争》的统计材料，共斗争三十一次，其中交通工人斗争九次，丝厂及织造厂六次，市政，□丝，橡胶，烟草等厂均有极猛烈的斗争，参加斗争者约十万人，特别是上海宝泰五兴等三十六厂反对资本家按产量给工资的斗争，英美烟一二厂的经济斗争，广州太古轮码头职工二万余人，援助吴淞轮斗争的同盟罢工，上海协丰纱厂的政治的经济的斗争，都采取极猛烈的攻势，得到了相当的胜利。

斗争的重心在丝厂工人和纱厂工人方面。丝厂女工为了保持七月间斗争的胜利，顽强地向资本家进攻，这一斗争充分表示女工的更坚固的团结。

在斗争中更明显的揭破了黄色工会的狰狞的面目，揭破了黄色工会的改良欺骗企图，如汉口的邮务工潮，被黄色工贼陆京士赵树森出卖了，这些工贼在南京和国民党政府的交通部长朱家骅商量好了，再到汉口去欺骗工人群众，把邮务苦力所迫切需要的大衣雨衣，以“函请——呈请发给”等□话中取消了。

斗争的开展，工人群众反帝情绪的高涨，也在本月中明显地反映出，上海工人贫农在九月中曾为欢迎国际反战代表开了群众大会，九月十五在沪东举行的大会有六千多人，帝国主义国民党的军警，囚车，□时完全失了动力，大会顺利地继续了四五个钟头，获得了圆满的成功。（录）

加強無產階級對革命戰爭的領導！澈底粉碎敵人五次「圍剿」！

加強地方工會聯合會工作與反傾向鬥爭

自從執行局討論加强地方工會聯合會工作以後，在上下級的工會中，最大部份同志是同意了這個意見的，但是還有個別同志直到現在還是表示懷疑的，或者口頭上同意了，但是執行的時候是懷疑的。這種現象，必須引起我們有詳細解釋執行局這個決定的必要。這裏，我們可以看見兩種不正確的傾向：

第一種傾向，他們以爲現在集中各業工會幹部於工聯的領導，因此所謂「轉變組織」或者把各業，會的組織與其必需的單獨工作，完全取消，這樣事實上等於取消各業工會。這種意見無疑義是錯誤的，非但群衆的工會，絕對不能「取消」而且加强工聯的領導以克服工作的弱點，正是要從工會工作徹底轉變中來鞏固各業工會，健全各業工會。所以勝利的克服工會工作的不健全的現象，本身也就包括着健全各業工會組織與工作的實際意義。同時在加强工聯的領導中，工聯必須在保護工人利益的工作上，各業工人本身的特殊要求上，只有經過各業工會的單獨工作與領導，才能更加團結各業工人。一切「取消」各業工會的企圖，必然是極端錯誤的企圖，所謂「轉變組織」「如果是說取消各業工會的意思，那就是極大錯誤。

另外一種錯誤的傾向，表現在「目前加强與集中人力於工聯領導之下是必需要的，但是各業自己工會的組織恐怕就沒有了。」這種「恐怕」是否必要的正確的？不必要的不正確的！這種意見本身就是矛盾的，因爲一方面不能抹煞事實，而必須承認要加强工聯，要首先抓住工聯這個環子來轉變工作，是目前工會轉變中的一個重要的步驟，但是真真要執行起來從實際上執行的時候，却又發生「恐怕」——那末我們對於這個「恐怕」的估計，總逃不出下列兩個觀念：或者他們沒有真真了解迅速的克服工作弱點，對於整個工會與革命工作的嚴重的意義，或者對於執行局的決定有着一種錯誤的估計，這種錯誤的估計，就是以爲執行局要「取消」各業工會了，但是這種對於執行局的估計是完全錯誤；執行局的意見，與這種錯誤的估計，完全沒有一點相同。

必須指出在個別幹部中「恐怕各業自己的工會就沒有了」的情緒，是建立在一種行會思想上面的，這種思想，不是從整個工會工作的利益出發的，不信工會工作轉變對於革命利益，對於整個工人階級的利益的觀點出發的，這種思想是束縛於狹小圈內，只求「一自己顧自己」的觀點出發的，無疑的，這種觀點不是無產階級的觀點，不是站在整個工人階級利益上的觀點，這種觀點也不是代表多數工人群衆的，這是不顧工人階級團結的行會的偏見。

決定，因此，我們要執行執行局加强工聯的決定，迅速爭取工會工作全部轉變，必須堅決反對以消各業工會組織的錯誤，同時必須反對不顧事實脫離整個工人階級的利益的行會思想。

一九三三，十一，十三。

最近時期的 白區工人鬥爭

在帝國主義國民黨法西斯蒂的統治下，廣大的工人階級的鬥爭是更加積極化與尖銳化了，在本年八月份，仍然繼續以前向前開展的鬥爭形勢，根據上海『鬥爭』的統計材料，鬥爭三十一次，其中交通工人鬥爭九次，絲廠及織造廠六次，市政，染絲，橡膠，烟草等廠均有極猛烈的鬥爭，參加鬥爭者約十萬人，特別是上海寶泰五廠等三十六廠反對資本家按產量給工資的鬥爭，英美烟一二廠的經濟鬥爭，廣州太古輪碼頭織工二萬餘人，援助與松輪鬥爭的同盟罷工，上海協章紗廠的政治的經濟的鬥爭，都採取極猛烈的攻勢，得到了相當的勝利。

鬥爭的重心在絲廠工人和紗廠工人方面。絲廠女工爲了保持七月間鬥爭的勝利，頑強地向資本家進攻，這一鬥爭充分表示女工的更堅固的團結。

在鬥爭中更明顯的揭破了黃色工會的猙獰的面目，揭破了黃色工會"改良"的欺騙，如漢口的郵務工潮，被黃色工賊陸京士趙樹森出賣了，這帮工賊在南京和國民黨政府的交通部長朱家驊商量好了，到漢口去欺騙工人群衆，把郵務工人所迫切需要的十項條件，以「面請一一呈請發給」等空話來取消了。

鬥爭的開展，工人群衆反帝情緒的高漲，也在本月中明顯地反映出，上海工人貧民在九月中曾爲歡迎國際反戰代表召了群衆大會，九月十五在滬東舉行的大會，六千多人，帝國主義國民黨的軍警，因車。臨時突然失了動力，大會順利的繼續了四五個鐘頭，獲得了完滿的成功。

（錄）

工廠通訊

軍委印刷廠工人的革命競賽

在發展蘇區經濟，打破敵人的封鎖的口號下，提高我們的技術，增加我們的生產，是蘇區工廠的主要任務。尤其是在國家企業的工廠裏。

軍委印刷所的工人，現在正更勇猛的向着這條路跑。就是用競賽的方法來進行的。

爲了這一工作，他們經過了好久的預備工作：

首先在工人大會中通過了競賽的意義，取得全體工人的同意後即選出各部的競賽委員，然後由各部分開去討論與訂定競賽的具體辦法，在各部討論時，都表示只有這樣，才算痛快！並且提出許多在工作中的實際辦法來[illegible]長競賽的效果。如在檢查部的討論中，即提出如下的方法。

○……充分利用時間……○ 如過去在主要時間內去做次要的工作，或工作上的手續不好而致浪費工作時間都要注意糾正。

○……加强分工合作制……○ 互相幫助，以前如大小機各分工作，如本機停了作即閒着，此後即規定互相幫助的辦法，誰有空，誰就要幫助別人（或另機）做。

○……提高技術……○ 在工作過程中，隨時注意研究工作上的缺點與錯誤的發現，因爲這是提高技術最的實際辦法。

○……節省材料……○ [illegible]上的注意：這也是節省經濟的重要工作，如過去有的需要用一數目，反而加減幾百，甚至浪費了，以致印好了的廢紙張成捆的送到廚房去燒火。

○……研究缺點……○ 預先去研究好做，然後工作時間內的停頓，在排字部即提出能夠對於應付所有機器的印刷不至於因排字來不及而停頓，其他如石印部、裝訂部都一樣提出供備的辦法。

各部所訂競賽的內容如下：

（一）鉛印部的增加生產數量：在十二月份，包打版即增加至百分之十五，不打版即增加至百分之三十。一月份包打版增加至百分之三十，不打版即四十。二月份包打版四十，不打版即五十。

（二）：十二月份（甲）印鉛版增加百份之八，（乙）如印地圖等增加百份之十，（丙）普通的增加百份之二十，（丁）簡單件百份之[illegible]。一月份（甲）須增加[illegible]（丙）[illegible]（丁）[illegible]

[illegible]

（明[illegible]）

開展中的蘇區工人鬥爭

[illegible]

（[illegible]）

在鬥爭中生長的赤水工會

赤水縣工會，召了第一次代表大會，成立正式縣工會，由李春年同志報告「改良」的生活與經濟鬥爭」，經過了三天的討論，並發動了工人的思想鬥爭，趕跑出二家反動商店，（該商店的老板於前五六年間跑出白色區域）已轉移三家商店[illegible]繼續接收，[illegible]

李春生

一九三四

紅色中華

期 红色中华零一百三十九期
版 零四版
时间 一九三四年一月一日

国民党厉行法西斯蒂白色恐怖

上海电：南京政府借口闽变在各地宣布戒严加紧白色恐怖，南京法西斯蒂与军警宪兵联合起来，时常用绑架手段于黑夜绑人，各机关各学校近来失踪的达百人以上。在上海借广暴也举行戒严两天，但十六日又临时戒严，法西斯蒂及叛徒大肆活动，在各马路上拉人，钉［盯］梢绑架，无所不为。

烏克蘭蘇維埃中央執委會開幕了

哈爾可夫二十二日電：烏克蘭十六屆中央執委會於今日開幕，主席巴拿夫斯基指出在十五屆與十六屆大會之間，烏克 的工廠勞苦羣衆及農民份子完成了許多偉大的社會主義建議。一九三三年是烏克蘭的豐年集體農場於測定期前完成了，谷物徵收計劃，耕種機已有五〇〇〇四馬力了，在工業方面數十家大工廠建立起來了，若機器與斯克火車機廠及其他機械裝置廠均在完工中，在少數民族中文化教育及國民經濟的建設，都得到很大的成功云。

列寧格勒完成大電力站

蘇聯的技術已經趕上了歐洲

莫斯科十二日電：蘇聯最大電力站之一在列寧格勒完成了，該站能供給五〇〇五五〇啟羅瓦特水渦的電力。該站有四架大透平機，每架凡三七五〇〇磅馬力，又有二架輔助機，共二六〇〇磅馬力，該站之建立，使蘇聯於二百基羅米突距離內能傳導二二〇〇〇〇之電壓，這已經完全趕上了歐洲的電壓量了。

蔣介石增編炮兵

△準備大規模轟擊蘇區

南昌訊：蔣介石新由德國購到新式大礮六十門，已運抵南京，現即行增編新式砲兵二團。合併以前的，蔣介石已共有最新式的砲兵四團了。

蔣介石拉攏胡漢民

南昌電：蔣介石對西南軍閥估計以爲只要在某一條件下，一招手就可以拉攏來，故南京張繼等四代表南下的任務即如此。據可靠消息，南京對西南方面所提條件不分作高價，用統一估價辦法，因明知西南在某一條件下是可全部出賣的。這一條件就是將南京主席的寶座讓給漢民，林森近日表示辭職就是爲謀勾結西南。

國民黨又發行公債

南京電：國民黨的財政最近已困難到極點，現又在華北，浙江等地大發公債：在華北已藉口救濟戰區發行庫券數百萬元，浙江，江西兩省又藉口建築玉萍鐵路發行公債三百萬元。在國民黨的這種不斷的剝削下白區民衆的生活更加痛苦了。

國民黨厲行法西斯蒂白色恐怖

上海電：南京政府藉口閩變在各地宣佈戒嚴加緊白色恐怖，南京法西斯蒂與軍警憲兵聯合起來，時常用綁架手段於黑夜綁人，各機關各學校近來失蹤的達百人以上。在上海雖廣暴也舉行戒嚴兩天，但十六日又臨時戒嚴，法西斯蒂及叛徒大肆活動，在各馬路上拉人，釘梢綁架，無所不爲。

中共中央宣傳部關於「青年實話」的決定

『紅色中華』於一三四期上登載了關於鄭茂德無恥的問題，內有『回來就與少共中央局的某些同志大吃館子』完全不是事實，這是紅中編輯部應該負責的。但『紅中』於一三五期已有『重要更正』。現在『青年實話』第三卷第四號竟以四號大字用『紅色中華的造謠』的標題，誣衊中央政府的機關報，企圖將少共中央局的『青年實話』與中央政府的『紅色中華』對立起來。中央宣傳部認爲這是絕不容許的現象，特給『青年實話』編輯部以嚴重警告。並於『紅色中華』與『青年實話』上公佈這一決定。

（十二月廿九日）

紅中編委附誌：我們堅決擁護黨中央宣傳部關於『青年實話』的決定。對我們印發革命詩畫集，我們自己已經而且繼續在實際工作中開展自我批評，至於『青實』編者說『紅中』節省號召是『空洞空號召』，我們不用申明，已經有各地熱烈響應的鐵的事實，證明了『青實』編者觀點的錯誤。

給那些消極怠工貪污腐化退却逃跑官僚主義的人們

會昌彭巡鄉主席

你鄉的公債谷裏面石子很多，而且又濕又重，請你特別注意這個問題，這樣的砂子谷送來只表現你們忽視經濟建設！（會長）

兆徵大埔鄉代表陳嗣幕

日前有一家紅軍家屬要求你派勞動工，你說：『別人家兒子去當紅軍，都曉得逃回來，難道你們的兒子不會託人去叫他回來？』又說：『又不是我叫你兒子去當紅軍！』這裏你犯了很大的錯誤，你破壞了戰爭動員，客觀地是國民黨的走狗，望你立刻改悔！

甯縣郵局李局長

你當郵局長，却派遞信員替你販鹽，販來之後，大做鹽買賣，在建甯一塊大洋賺一斤鹽，在得勝關一塊大洋賺二斤鹽，你們想發大財麼？（黃森林）

劉大文等四同志

你們在紅校畢業後，福建軍區分配你們的工作，已經給了你們的路費伙食，但你們在路上却無所不爲，在館前鄉蘇吃飯不給錢，在董坊冒領伙食，有這種欺騙貪污的現象，怎的可以充當軍隊幹部呢？望你們自己開展斗爭，糾正這些錯誤！

甯化鄧坊區土地部長徐高明

你那口大烟癮不肯戒絕，你的工作做得一踏糊塗，你對付巡視的話總是『我不識字』『我不會說話』『無辦法』，但你却介富農的賄賂，收他們的金錢和豬肉，和這些階級敵人妥協，鄧坊的土地到現在還沒徹底分好！你是要負責的！（馬維祺）

瑞金城市區東郊鄉蘇主席鍾騰貴

你的兒子當紅軍是很光榮的，你爲什麼叫他開小差，你這種行爲還能夠領導全鄉革命工農參加革命戰爭嗎？（紅軍山）

門嶺縣石螺區石螺鄉主席朱文盛文書王奇松：

你們床底下有一個大谷籮，全裝的是上級文件，文件一到，你們也不看也不討論就去在床下，有人指出你們這一錯誤，你們還說『我又不識字。』這是領導羣衆的負責人？（劉瑞鏡）

江西省互濟會巡視員尹陳二同志

你們到興國去巡視工作，路上想賺點錢，於是你們販了幾斤黃烟，帶回來送到各機關去銷，每斤賺四角大洋，你們眞是做生意的好手，可惜你們祇是爲了自私自利。

石城屏山區財政部

你們做蘇維埃政府工作，却自己破壞蘇維埃法令，要收工人們的土地稅，甚至還要收到去年的，國民黨預徵錢糧，是地主資產階級剝削羣衆的辦法，你們也要學學麼？糊塗！（郭南薰）

小常識

預防流行性腦脊髓膜炎

最近衛生學校附屬醫院收容病人中有流行性腦脊髓膜炎者，已死亡二人。福建軍區衛生部報告軍區後方醫院及連城亦發生該病，死十數人。該病傳染極烈。前幾年上海杭州等處發生死數千人。我們必須注意，防。預防法如下：

（一）該病是九大傳染病之一，症狀忽然發冷戰慄發大燒，頭痛極利害，頸強直，向後屈不能前後運動，牙關緊閉，全身抽筋，精神昏迷。

（二）本症由空氣傳染，多由鼻口吸入空氣而發生，所以要絕對使病人與健康人離開，不要同住一房，以免傳染。

（三）病人痰唾要吐入痰盂痰盆內，盂盆內要放石灰粉消毒。

（四）病人用具如盌筷手巾，用具要用熱開水洗或煮沸，別人不可使用。

（五）如發現本症招呼病人之人，要用乾淨白布二三層作口罩，把口鼻罩上，免病毒侵入口鼻內，接觸病人以後，要用熱水洗手。

上海法西斯蒂恐怖
△藍衣社大舉「圍剿」工廠學校

期	红色中华零一百四十期
版	零四版
时间	一九三四年一月四日

日益严重的上海法西斯蒂恐怖

蓝衣社大举“围剿”工厂学校

上海电：国民党法西斯蒂最近疯狂的绑人，举行“围剿”各学校各工厂。于去年十二月二十一晚十一时在暨南大学捕去学生二十三名，光华大学十二，法学院六名，其中有教员一名，复旦大学十八名，大夏八名，交通三名，大同三名，持志亦有数名，其中女生亦有许多。捕去者大半毫无证据，只是平日对南京政府不满而已，此次完全由上海市党部法西斯蒂吴醒亚所主使，名单共有二三百名之多。事后由各校长宣布逮捕理由，并将已捕未捕之名单张贴，准备把各大学之左倾份子肃清，同时更到各工厂“围剿”。以后各学校各工厂各团体各机关各报馆等凡说话行动有不利于南京政府的，均在被“剿”之例。

蘇聯中央執委會第四次大會開幕了

伯力國際電訊莫斯科電：明日（去年十二月二十五日）中央執委會開第四次大會，由莫洛托夫總結一九三三年的國民經濟建設計劃，由財政人民委員長格林科報告一九三四年的預算案，耶可夫里夫（農業人民委員長）報告一九三三年農業建設之成績及一九三四年的春耕運動。

日本帝國主義又在天津積極挑釁

天津電：自日本軍隊侵入察哈爾東部後，駐天津的日本軍隊也非常囂張，日本租界的各要塞都滿堆土袋，海光寺一帶不時斷絕行人。全市居民非常驚恐。

日益嚴重的上海法西斯的恐怖

△藍衣社大舉「圍剿」工廠學校

上海電：國民黨法西斯蒂最近瘋狂的綁人，舉行『圍剿』各學校各工廠。於去年十二月二十一晚十一時在暨南大學捕去學生二十三名，光華大學十二，法學院六名，其中有教員一名，復旦大學十八名，大夏八名，交通三名，大同三名，持志亦有數名，其中女生亦有許多。捕去者大半毫無證據，只是平日對南京政府不滿而已，此次完全由上海市黨部法西斯蒂與醒獅所主使，名單共有二三百名之多。事後由各校長宣佈逮捕理由，并將已捕未捕之名單張貼，準備把各大學之左傾份子肅清，同時更到各工廠『圍剿』。以後各學校各工廠各團體各機關各報館等凡說話行動有不利於南京政府的，均在被『剿』之例。

浙軍有攻入順昌訊

國民黨中央社南昌二十七日電：浙軍於二十五日收復福建順昌縣，閩軍已計劃先逃；現浙軍正向延平追擊中云。又國民黨杭州二十七日電：閩軍沿光澤部已退往水口，延平確已克復。（中央社）

開展廣泛而深入的消滅文盲運動來慶祝二蘇大會！

公，萬，瑞，博，勝，五縣入校運動的開展

在中央局與中央教育部聯席會後，提出實行「消滅文盲運動」「不識字的是瞎子」的口號發展廣泛的入校運動，做到每個兒童團員入校讀書，使每個兒童團員，識認五十至一百字的口號。對開展入校運動的口號的號召的回答，在公，萬，瑞，博，勝，五縣於二個半月來學校的進行得到了偉大的成績。如公略儒林區銀坑鄉的兒童團員自動的要求政府開辦列小學校，在開辦後幾天就增加學生幾百。萬太塘上區塘上鄉幾天工夫增加一百餘名。瑞金城市南交鄉幾天工夫增加學生一百名。背風區能夠做到全區兒童都識五十至一百個字。博生，江城市兩區十天冲鋒工作做到全區兒童到校讀書。勝利橋頭不安兩區亦能做到全區每個兒童團員認識。上面入校運動的進行成績，是由於我們對入校運動，掃除文盲工作運用了具體的**方法去進行，他們進行的方法是：**

一，把入校運動深入到廣大兒童團員中去宣傳與解釋，為什麼要進行這一運動？我們進行這一運動為的是提高兒童文化水平，教育工作是兒童團基本工作。提高兒童積極性到校讀書。

二，普遍的組織宣傳隊，鼓動兒童團員到校讀書，健全識字班組織，發動廣大兒童團去識字。

三，『把消滅文盲！』『不識字的是瞎子』的口號，深入到廣大兒童中去，使每個兒童都知道這兩句口號的目的。

四，在每個學校裏，利用各種好看的東西來引起每個兒童都有陳列到校讀書的熱忱。

五，發揚兒童活潑性，特別在兒童俱樂部內，利用晚會活報以及各種遊藝提高兒童入校的興趣。

六，在每個學校讀書的學生，組織了突擊隊到廣大兒童中突擊與恥笑未入校的兒童，具體表現着博生萬太對這一工作的優良。

七，發揚革命競賽，列小與列小的競賽，大隊與大隊競賽，以大隊的團員讀書的多者為優勝。（引誠）

各地列小學生的大檢閱

▲勝利仙霞貫區

……動員工作……

區教育部首先召集部務會，討論動員方法和檢閱的科目。并派人去各鄉列小校，以校為單位，召集學童大會的報告秋季檢閱的意義，并發動兒童競賽的精神。另方面以鄉為單位組織宣傳隊，去每家屋做宣傳，動員大批兒童入校。

在開始檢閱之先，組織大會的籌備委員會，佈置會場及用具。由籌備會組織大會臨時主席團及評判委員會，并決定去年十二月十四日上午十點鐘召集全區兒童舉行秋季大檢閱。

……檢閱經過……

大會的情形非常熱鬧，各鄉的兒童都能按時成群結隊，每人束紅領帶，扛着紅綠的旗子，及馬刀駁殼等的武器。口唱歌曲，呼口號，一路行來步法整齊，到會共計有五百左右，可以說沒一個打空手的，而且還帶回爸爸媽媽來參觀。特別吉村鄉的兒童站隊很整齊，沒有一個跑散。到中飯時，兒童的爸爸送飯菜吃。他們回答暫時不吃飯，要開大會中。這是證明吉村鄉的兒童有不疲勞的精神，來爭取大會的模範。在說話政治測驗，算術，跳高遠，遊戲等，每人都有熱烈的精神，想爭取優勝不願落後。

……檢閱成績……

大會檢閱的成績，總優勝是仙下干鄉仙市學校。他們特別在政治測驗，唱歌，遊戲等，做得頂呱呱。經六會的學童一致同意送給大紅旗一面，對富或鄉的學童，也來得很踴躍，學生人數有一百一十多名，跳高跳遠比較好，其他的科目也差不多。大會評判為第二優勝，獎給毛邊紙二十張。最落後的就是橋下鄉，連學童都不到會，因為他們的負責人犯着官僚主義的錯誤，經大會中給了他們的嚴重警告。評判完畢，每個兒童都興奮準備二次大檢閱時爭取優勝云。（黃經泉）

勝利橋頭區

去年十二月十五號，橋頭區教育部召集全區學生大檢閱，各鄉各校的學生都來得很整齊，共到人數二百六十一名，就是未加入列小校讀書的兒童都熱烈前來參觀，也有一百五十三人。於上午七句鐘進行檢閱：（一）國文（二）算術（三）政治（四）圖畫（五）手工（六）習字（七）音樂（八）認字（九）體育，至下午四句鐘就檢閱完畢。當時學生的成績由評委員檢閱了，及格的有一百八十名，不及格的有六十五名，成績最好的有十五名，每人獎鉛筆一枝。給獎之後，有區委的同志和教育部長對學生訓話，使每一個學生在檢閱以後，要更加熱烈到校讀書，來造成工農的智識者和反對家長阻止兒童讀書。經過這次檢閱後據各鄉教委主任報告，各校學生已有十分之八到校了。（謝榮賀）

興國崇賢區

崇賢教育部於崇市街上圩坪中心舉行檢閱，兩天到會的學生男三百人女一百人共有四百人。學生檢閱的佈置打好了兩個逢子，一個大一個小，設立檢閱場。首先舉行晚會，第二天開檢閱的大會，由評判委員會出政治測驗題，分甲乙丙三組，每個學生不到二十分鐘，就爭先恐後的送卷到評判委員會去，政治測驗完畢就是唱歌及算術。第三天舉行普通操比賽，與各學校選手的賽跑。結果由評判委員會做總結，把各學校比賽成績與平均的成績分五等給獎，并且特別獎給合溪模範學校一面旗，其餘的二三四五等各獎一本簿子。每個學生都很高興，大家說我們要堅心來去學習，明年爭取我們來做模範。（曾志群）

興國社富區

社富區這次大檢閱各校兒童共到二百餘名。兒童秩序井然，精神百倍，努力進行各種課目的考試。特別在閉幕散時，兒童提出今後的工作競賽條約，每人每天要認到一個字，提高兒童政治水平，每人每天節省一個銅元供給前方戰費，每逢星期日實行普通的幫助紅軍家屬檢狗糞，雖然檢閱時間只有二天，但大家都很熱烈。（林紹源）

興國縣文溪區

文溪區在秋季大檢閱中，各鄉的學生男女共到八百五十三人。於十二月十五日開始進行，檢閱跳高跳遠賽跑等，繼有政治算術唱歌，識字圖畫體操等科。這次檢閱中，以和木鄉的木鏡列小學校文溪鄉的城光列小為模範學校，其餘各鄉雖有成績尚未達到普遍。這次檢閱在全區已經引起了學生讀書的熱烈性與積極性。（邱子禎）

小常識

土紅與毛邊紙可做覆寫紙

各機關各部隊都需用一大批文具，有些文具是很貴的。就如覆寫紙這一類，我們應該設法自己來做，首先拿幾張毛邊紙裁好，另外把木油煎熟再晒幾天，然後拿些山上的土紅，研成細末，與木油相配，拿一點棉花去刷在紙上，晾乾後就能寫。大家試試看。（劉道桿）

期

红色中华零一百四十二期

版

零四版

时间

一九三四年一月十日

在国民党统治下中国丝业的破产

上海四日电： 上海六十五家丝厂，在近一月来已关门六十三家，其余二家也在风雨飘摇中准备关厂。六万丝厂工人已完全失业，赤色工会正在组织丝厂工人进行要求救济的斗争。

又□杭州电： 浙江全省丝厂以时局影响，外销几乎一点都没有，现丝价每担成本□九百三十元的，而卖价仅值成本的半数，情形非常恶劣，一般人预料在本年阴历年前将永无转机，全省各地所仅存的丝厂都已全部停闭了。

第一四二期　紅色中華　第四版

一九三四年

蘇聯的建築計劃

莫斯科一月一日電：蘇聯國家設計委員會副委員長梅耶盧克在中央執委員會報告，據稱一九三四年蘇聯的建築投資將達二五，三〇〇，〇〇〇，〇〇〇，〇〇〇盧布（一九三三年一七，九〇〇，〇〇〇，〇〇〇，〇〇〇盧布）其中以四〇〇，〇〇〇，〇〇〇，〇〇〇盧布，開墾伏爾加莫斯科運河，以三五〇，〇〇〇，〇〇〇，〇〇〇盧布用於莫斯科之市政建設，以一〇〇，〇〇〇，〇〇〇，〇〇〇盧布，建築蘇聯邦醫藥研究院，其他各種企業之建築資本預定爲二二，二五〇，〇〇〇，〇〇〇，〇〇〇盧布，（其中有幾個大的金屬工廠已經動工了，伯力第二庫尼茨廠也已設計了）。

在國民黨統治下

中國絲業的破產

上海四日電：上海六十五家絲廠，在近一月來已關門六十三家，其餘二家也在風雨飄搖中準備關廠。六萬絲廠工人已完全失業，赤色工會正在組織絲廠工人進行要求救濟的鬥爭。

又，杭州電：浙江全省絲廠以時局影響，外銷幾乎一點都沒有，現絲價每擔成本在九百三十元的，而售價僅值成本的半數，情形非常惡劣，一般人預料在本年陰曆年前將永無轉機，全省各處所僅存的絲廠都已全部倒閉了。

報務人員大罷工

上海國際電台

上海電：上海國際電台總台報務人員突於去年十二月二十八日總罷工，國民黨交通部聞訊後即電各地電局推調熟手前往接替工作，並電令國際電台局長，及滬台的工程師轉飭立即復工否則嚴予處置（？！）。

（編者：按國際電台爲國民黨的國際通訊機關，上海總台爲全國商報電台總樞紐，共有報務員二百餘人前曾因要求改良待遇罷工，這要求雖沒有成功，這次的罷工，當然是他們——報務員們——再接再厲的英勇行動。）

牛蘭同志在獄中絕食

去年十二月二十八日南京電：太平洋職工國際秘書長牛蘭同志及汪得利曾同志自被國民黨蠻橫的逮捕監禁以來，已一年多了，在這一年當中，國民黨不斷的壓迫和虐待他們。他們爲了反抗國民黨的壓迫，因此最近決定以絕食來抵抗。蘇區的工農群衆們！援救我們革命的同志——牛蘭同志與汪得利曾同志！

嚴厲打擊破壞文化教育的消極怠工官僚主義份子！

▲打擊文化戰線上的官僚主義者

兆徵縣大埔區教育部長張泰祥，他的工作一貫來是官僚主義工作方式，工作不深入群衆。在鄉蘇工作的時候，早是只跑到鄉蘇主席問一問有沒有會開，如果沒有會開馬上跑回來了。他很少下鄉，天天坐在他家裏，不管文化教育工作，只管回家。本來，在過去大埔區的教育工作是非常好的，自從他當教育部長以來，俱樂部，夜學校，識字組，都停止了工作。因爲被他的官僚主義所破壞了。

在大埔區全區工農兵代表大會上，要他來把全區文化教育工作，向代表作報告，結果他講了七句話。因之，全區的代表同志，很熱烈的站在無產階級的立場向他作了無情的鬥爭。（曾賢清）

開展反對破壞入學鬥爭

會昌城市列甯夜校，全校男女學生有一百零三名，教員三名。自十月二日開辦到現在，有了相當的進步，甲級學生平均認到一百餘字，乙級學生最低限度認得三四十個字，還是在識字上的進步。勞動紀律由學生自訂，除了有特別事請假外，經常到校的有十分之八，對於學生鬥爭的情緒日見開展，如鄙視地主富農等，對於擁護紅軍工作如歡送歡迎紅軍做布草鞋等經常如是。在學生開展鬥爭熱情之下，最近暴發了一隻破壞教育的壞東西，（即永和的小老板趙林書）他的陰謀，是破壞文化建設有一個女學生高送英同志被趙林書喊住，叫他不要讀書，後被學生調查出來，把這只趙林書壞蛋交市蘇裁判科裁制了。因此全校學生更興奮了，粉碎了反動派的陰謀，激起了全城羣衆反對破壞教育的壞蛋，開展了男女學生的鬥爭性，引起了全市兒童熱烈來參加列甯學校，這是會昌城市學生鬥爭開展的勝利。（劉敏強）

▲踏巡區教育工作爲什麼落後？

會昌之踏巡區，對於各項工作，都是得到了相當的成績，爲會昌的先進區。尤其是在查田運動，群衆熱烈進行查田查階級，擴大紅軍工作更有成績。但是在文化教育一項，在十月份據報告列小有三十餘校，到十一月份縣教育部巡視時，據說只有二十餘校了。到現在怎樣呢？教育部只有二人負責，天天坐到區教育部不聞不知，即或下鄉，又是，走馬看花的巡視一番。就在區附近的鄉來說，謝坊鄉下村的列小，教員學生沒有一個，猶爲冷廟一樣，教員郭滄浴同志說學生不來來塞責。在洛村山下的列小校，學生一個是沒有在校，據洛村鄉蘇說學生回去吃午飯去了，我們候到夜晚，一個沒有到。所有的只是幾張桌子，一塊黑板和一個教員的床舖，但未見教員。這樣看來，踏巡區教育工作在什麼地方呢?!在水南鄉的列小校學生教員也沒有一個在校，據鄉支書夏長發同志說：今天到謝坊圩趕圩去了。在附近天天有圩趕，想必趕圩就是爲教書罷？在這種嚴重現象之下，這教育部到底不曉得他在幹什麼?!

會昌縣教育部應該經常派人去檢查該區的工作，把區教育部的消極怠工份子洗刷出去，把不負責的教員，撤職，來健全我們的文化教育！（劉敏強）

▲興國永水鄉忽視文化教育

高興區永水鄉在舉行各列小秋季大檢閱時，該鄉蘇主席，和教育主任，置之不理。把上級所發下來的一切文件通知，都放在箱子裏去，當作廢物。同時在本月十四日，區教育部長派了員到鄉蘇巡視工作，沒有一點準備，而且是一般工農羣衆，和各學生，都不得[illegible]舉行秋季大檢閱的工作，尤其是把教員調到鄉蘇去做寫土地納稅證的工作，把學校關閉了很久，桌上的塵埃有幾尺厚，而一般兒童，竟致到放牧牛檢狗糞等。在那天他鄉蘇召集代表會議時，又是一句都不討論秋季大檢閱的工作，還說總是一個落後鄉了。這種觀點，真真是犯着了忽視文化教育的機會主義，我們應要向着這種觀點而開火而鬥爭啊。

▲挪扯合作社俱樂部公款？

西江縣城星區高屋鄉，有一個鄧昌香，在俱樂部工作，一貫貪污浪費，計挪扯了俱樂部公費七十毛，又吞沒了沒收買賣婚姻的款子十二元，這筆買賣婚姻的款子，還有楊茲棟得了十四元，鄧慶滿得了七十毛，他們都把買賣婚姻的罰款，來塞他們個人的腰包。該鄉又有一個合作社，開始籌辦以來，給欠，挪扯得一塌糊塗，致到有股了一百毛，楊期煥挪了七十毛，鍾良漢挪了三百毛，（最近還了一百毛，尚欠二百毛。）怪不得該合作社營業不發達，原來都被這些混蛋蝕了本。（楊斯桂）

▲破壞了五個列小的文書

長勝縣對區，坊共有列小二十一所，教育工作祇有六鄉經常進行。對坊鄉教委主任劉賢澄非常消極，時常說沒有辦法進行教育工作。特別是連塘鄉不但沒有把教育工作建立起來，而且公開把教育工作與戰爭動員分離開來，連塘鄉文書官志坦是一個公開的破壞者。當區教育部派了社會科長廖玉成同志到該鄉去巡視工作時，官志坦就提出意見，說何必要把教育工作一定做得實際呢？他以擴大紅軍工作來掩蓋他對教育工作的怠工。

在過去他已經破壞了該鄉原有的四列小，現在都停頓，沒有半點工作了。這樣看來這種文書真正要給以鐵錘的打擊，向他作無情鬥爭！（寧醒民）

開展反封建迷信鬥爭！

云集區
列甯小學教員拜老爺！
封建舊戲大演特演！

最近云集日夜都聽到鑼鼓喧天，怪腔震耳，云集區到處大表演封建舊戲，據我們所知道的有梓溪，下羅坑，大田圍，楊光下等地。

大田圍，已於上月十九，二十二日演過了，十九那一天演敬『南無慈悲大士』保佑平安（？）那一天全村人都吃齋，敬（？）二十一日那一天演的聽說是『勸封頭稱大老』（？）求他保佑平安，這一天全村又鬧滿了。

在這一天早上，這村列甯小學的教員，因怕人看見，很早的就起來拿着一只椅子跪在『勸封頭稱大老』神位面前大叩響頭，學誠向告奮，以後我們問他爲什麼要演封建的戲呢？他回得很干脆：『是羣衆大家要演的，沒有什麼辦法』？甚實他自己也就是其中的一個。嗣後我又問他『爲什麼這一村的兒童看封建戲很熱烈呢』？他答『兒童可借看戲向父母索取錢買果子吃』一類的胡說，他負列小教員，不時未肯作過反封建迷信的宣傳，像這樣的冬烘夫子，也配做列甯小學的教員嗎？

醫院政治部爲得加緊對羣衆作反封建迷信的宣傳，實際地與舊戲作殘酷的鬥爭，特表演有革命意義的新劇兩晚，給羣衆指出舊戲是過去剝削階級麻醉工農勞苦羣衆的思想，用以作剝削工具。當時羣衆大多數都了解了。尤是那些成年的人，看了新戲不化一個錢，演舊戲又白被剝削去了二十多元，因此他們都興奮得很。（漩白）

上海國際電台報務人員大罷工

期：红色中华零一百四十二期

版：零四版

时间：一九三四年一月十日

上海国际电台报务人员大罢工

上海电：上海国际电台总台报务人员突于去年十二月二十八日晨罢工，国民党交通部闻讯后即电各地电局抽调熟手前往接替工作，并电令国际电台局长，及沪台的工程师转饬立即复工否则严予处置（？！）。

（编者：按国际电台为国民党的国际通讯机关，上海总台为全国商报电台总□□，共有报务员二百余人，前曾因要求改良待遇酝酿罢工，遭受高压没有成功，这次的罢工，当然是他们——报务员们——再接再厉的英勇行动。）

蘇聯的建築計劃

一九三四年

莫斯科一月一日電：蘇聯國家設計委員會副委員長梅耶盧克在中央執委員會報告，據稱一九三四年蘇聯的建築投資將達二五，三，〇〇〇，〇〇〇，〇〇〇盧布（一九三三年一七，九，〇〇〇，〇〇〇，〇〇〇盧布）其中以四〇〇，〇〇〇，〇〇〇，〇〇〇盧布，開鑿伏爾加莫斯科運河，以三五〇，〇〇〇，〇〇〇，〇〇〇，〇〇〇盧布用於莫斯科之市政建設，以一〇〇，〇〇〇，〇〇〇，〇〇〇盧布作建築蘇聯邦醫藥研究院，其他各種企業之建築資本預定爲二二，二五〇，〇〇〇，〇〇〇，〇〇〇盧布，（其中有幾個大的金屬工廠已經動工了，伯力第二庫尼茨廠也已設計了）。

在國民黨統治下 中國絲業的破產

上海四日電：上海六十五家絲廠，在近一月來已關門六十三家，其餘二家也在風雨飄搖中準備關廠。六萬絲廠工人已完全失業，赤色工會正在組織絲廠工人進行要求救濟的鬥爭。

又，杭州電：浙江全省絲廠以時局影響外銷幾乎一點都沒有，現絲價每擔成本占九百三十元的，而售價僅值成本的半數，情形非常惡劣，一般人預料在本年除縣年前將永無轉機，全省各埠所僅存的絲廠都已全部停閉了。

上海國際電台 報務人員大能工

上海電：上海國際電台總台報務人員突於去年十二月二十八日晨罷工，國民黨交通部聞訊後即電令各地電局抽調熟手前往接替工作，並電令國際電台局長，及滬台的工程師轉飭立即復工否則嚴予懲處（?!）。

（編者：按國際電台爲國民黨的國際通訊機關，上海總台爲全國商報電台總樞紐，共有報務員二百餘人前曾因要求改良待遇醞釀罷工，遭受高壓沒有成功，這次的罷工，當然是他們——報務員們——再接再厲的英勇行動。）

牛蘭同志在獄中絕食

去年十二月二十八日南京電：太平洋職工國際秘書長牛蘭同志及汪得利曾同志自被國民黨蠻橫的逮捕監禁以來，已一年多了，在這一年當中，國民黨不斷的壓迫和虐待他們。他們爲了反抗國民黨的壓迫，因此最近決定以絕食來抵抗。蘇區的工農羣衆們！依救我們革命的同志——牛蘭同志與汪得利曾同志！

嚴厲打擊破壞文化教育的消極怠工官僚主義份子！

▲打擊文化戰線上的官僚主義者

兆徵縣大埔區教育部長邱泰祥，他的工作一貫來是官僚主義工作方式，工作不深入羣衆。在鄉蘇工作的時候，早是只跑到鄉蘇主席問一問有沒有會開，如果沒有會開馬上跑回來了。他很少下鄉，天天坐在他家裏，不管文化教育工作，只管回家。本來，在過去大埔區的教育工作是非常好的，自從他當教育部長以來，俱樂部，夜學校，識字組，都停止了工作。因爲被他的官僚主義所破壞了。

在大埔區全區工農兵代表大會上，要他來把全區文化教育工作，向代表作報告，結果他講了七句話。因之，全區的代表同志，很熱烈的站在無產階級的立場向他作了無情的鬥爭。（曾廣清）

▲開展反對破壞入學的鬥爭

會昌城市列甯夜校，全校男女學生有一百零三名，教員三名。自十月二日開辦到現在，有了相當的進步，甲級學生平均認到一百餘字，乙級學生最低限度認得三四十個字，還是在識字上的進步，勞動紀律由學生自訂，除了有特別事請，假外，經常到校的有十分之八，對於學生鬥爭的情緒日見開展，如監視地主富農等，對於擁護蘇維埃工作如歡送歡迎紅軍做布草鞋等經常如是。在學生開展鬥爭熱情之下，最近竟發了一夥破壞教育的壞東西，（即永和的小老板趙林壽——他的陰謀，是破壞文化建設，有一個女學生高送英同志被趙林壽喊住，時他不要讀書，後被學生調查出來，把這只趙林壽羣衆交市蘇裁判科裁制了。因此全校學生更興奮了，粉碎了反動派的陰謀，激起了全城羣衆反對破壞教育的壞蛋，開展了男女學生的鬥爭性，引起了全市兒童熱烈來參加列甯學校，這是會昌城市學生鬥爭開展的勝利。（劉敏強）

▲踏巡區教育工作爲什麼落後？

會昌之踏巡區，對於各項工作，都是得到了相當的成績，爲會昌的先進區。尤其是在查田運動，羣衆熱烈進行查田查階級，擴大紅軍工作更有成績。但是在文化教育方面，在十月份總報告知小有三十餘校，到十一月份縣教育部巡視時，據說只有二十餘校了。到現在怎樣呢？教育部只有二人負責，天天坐到區教育部不聞不知，即或下鄉，又是走馬看花的巡視一番。就在區附近的一個鄉來說，謝坊鄉下村的列小，教員學生沒有一個，猶爲冷廟一樣，教員郭滄淡同志說學生不來來塞責。在洛村山下的列小校，學生一個是沒有在校，據洛村鄉蘇說學生回去吃午飯去了，我們候到夜晚，一個沒有到。所有的只是幾張桌子，一塊黑板和一個教員的床鋪，但未見教員。這樣看來，踏巡區教育工作在什麼地方呢?!在水南鄉的列小校學生教員也沒有一個在校，據鄉支書夏長發同志說：今天到謝坊好趕圩去了。在附近天天有圩想，必趕圩，就是爲教書罷？在這種嚴重現象之下，這教育部到底不曉得他在幹什麼?!

會昌縣教育部應該經常派人去檢查該區的工作，把區教育部的消極怠工份子洗刷出去，把不負責的教員，撤職，來健全我們的文化教育！（劉敏強）

▲興國永水鄉忽視文化教育

高興區永水鄉在舉行各列小秋季大檢閱時，該鄉蘇主席，和教育主任，置之不理。把上級所發下來的一切文件通知，都放在箱子裏，當作廢物。同時在本月十四日，區教育部長派了一般員到鄉蘇巡視工作，沒有一點準備，而且是一般工農羣衆，和各學生，都不曉得日，而舉行秋季大檢閱的工作，尤其是把教員調到鄉蘇去做填寫土地稅證的工作，把學校關閉了很久。檯上的塵埃有幾尺厚，而一般兒童，竟致到放牧牛檢狗糞等。在那天他鄉蘇召集，代表會議時，又是一句都不討論秋季大檢閱的工作，這說總是一個落後鄉了。這種觀點，真真是犯着了忽視文化教育的機會主義，我們應要向着這種觀點而開火而鬥爭啊。

▲挪扯合作社俱樂部公款？

西江縣高星區高排鄉，有一個昌香，在俱樂部工作，一貫貪污浪費，計挪扯了俱樂部公費七十毛，又吞沒了沒收買賣婚姻的款子十二元，這筆買賣婚姻的款子，還有楊慈棟得了十四元，鄭慶璋得了七十毛，他們都把買賣婚姻的罰款，來塞個人的腰包。

該鄉又有一個合作社，開始營業以來，總是賒欠，挪扯得一塌糊塗，被鄭有院扯了一百毛，楊期煥挪了七十毛，鍾良漢挪了二百毛，（最近還了一百毛，尚欠二百毛。）怪不得該合作社營業不發達，原來都被這些混蛋蝕了本。（楊斯柱）

▲破壞了五個列小的文書

長勝縣新區，坊共有列小二十一所，教育工作祇有六鄉經常進行。對坊鄉教委主任劉賢澄非常消極，時常說沒有辦法進行教育工作。特別是逕塘鄉不但沒有把教育工作建立起來，而且公開把教育工作與戰爭動員分離開來，連塘鄉文書官志坤是一個公開的破壞者。當區教育部派了社會科長廖玉成同志到該鄉去巡視工作時，官志垣就提出意見，說何必要把教育工作一定做得實際呢？他以擴大紅軍工作來掩蓋他對教育工作的怠工。

在過去他已經破壞了該鄉原有的四列小，現在都停頓，沒有半點工作了。這樣看來這種文書真正要給以鐵錘的打擊，向他作無情鬥爭！（鄭醒民）

開展反封建迷信鬥爭！

云集區列甯小學教員拜老爺！ 封建舊戲大演特演！

最近云集日夜都聽到鑼鼓喧天，怪腔戲耳，云集區到處大演封建舊戲，使我們所知道的有樟溪，下羅坑，大田園，楊光下等地。

大田園，已於上月十九，二十二日演過了，十九那一天演敬「南無慈悲大士」保佑平安（？）那一天全村人都吃齋，敬奉（？）二十日那一天演的聽說是「勸封擁稱大老爺」（？）求他保佑平安，這一天全村又鬧熱了。

在這一天早上，這村列甯小學的教員，因怕人看見，很早的就起來拿着一只籃子裝在「勸封楊大老爺」神位面前大叩頭，虔誠的告禱，以後我們問他爲什麼要演封建的舊戲呢？他回得很下氣：「是羣衆大家要演的，沒有什麼辦法」？其實他自己也就是其中的一個。以後我又問他「爲什麼這一村的兒童看封建戲很熱烈呢」？他答「兒童可借看戲向父母索取錢買果子吃」一類的胡說，他負列小教員，不時未背作過反封建迷信的宣傳，像這樣的冬烘夫子，也配做列甯小學的教員嗎？

醫院政治部爲得加緊對羣衆作反封建迷信的宣傳，實際地與他作殘酷的鬥爭，特表演有革命意義的新劇兩晚，給羣衆指出舊戲是過去剝削階級麻醉工農勞苦羣衆的思想，用以作剝削工具。當時羣衆大多數都了解了。尤是那些數年的人，看了新戲不化一個錢，演舊戲又白被剝削去了二十多元，因此他們都興奮得很。（旋白）

国民党统治下的经济总崩溃

安徽银行倒闭

上海电：中国的银行钱庄等金融机关近年来因营业衰落，基金不□，和受大资本的并吞以致亏空而倒闭的真是数不胜数。本月十九日安徽银行在上海设立的分行接到芜湖总行十八日电，两地同时宣告停业。据该行的通告说：停业的原因是往来账款停滞四十余万，以致周转不灵云。

國民黨統治下的經濟總崩潰

驚人的對外貿易入超！

◉去年入超七萬萬元
◉本年一月入超四千餘萬元

上海電：帝國主義因爲沒有辦法克服他本身的經濟恐慌，便加緊的向中國銷售過剩的商品。又因爲國民黨一貫的出賣民族利益，保護帝國主義的在華權利，以致近年來，中國對外貿易中，輸入超過輸出的數量年年都有驚人的增加：

一九二九	二億五十萬（海關兩）
一九三〇	四億以上
一九三一	五億以上

又最近根據國際貿易局的統計：

	一九三三年	一九三四年一月
輸入	十三萬萬元	六千七百餘萬元
輸出	六萬萬元	二千四百餘萬元
入超	七萬萬元	四千餘萬元

這樣驚人的入超數量和輸入超過輸出一倍以上的現象，就是充分的表示着帝國主義在華勢力的增强，和中國殖民地化之過程的加速。

在輸入貨品中，以美國最多，其次就是英國和日本等國。由這一點，我們也可以知道是那些帝國主義統治中國的經濟和爲什麽他們要幫助國民黨進攻唯一反帝的武裝——紅軍。

大量的糧食進口

◉去年進口二萬五千餘萬元

南京電：據國民黨政府財政部的統計，去年在十三萬萬三百萬元的進口貨中，糧食就佔了二萬五千餘萬元。

上海電：最近日本有一千九百二十餘擔的剩米準備運到中國來傾銷。（每擔照原價減少半元。）現在已託三井洋行擔任在華北和長江一帶銷售，大板株式會社擔任在華南銷售。其第一批運滬的日米共八百餘石已於十六日抵滬。

中國本以農產品爲主要的出產，現在不但很少輸出，反有大量的輸入。這種現象，一方面是由於國民黨田賦稅捐的繁重，使糧食不能以低價輸出，不能在國內流動；一方面是由於軍閥的强迫人民種烟，以及連續不斷的軍閥混戰和人爲的天災，使糧食的產量大大的減少。而帝國主義國家却依賴着他特殊的權利，乘機向中國作無限制的傾銷。這就是國民黨統治下農村經濟破產的主要原因。

外國銀行的盈餘

◉匯豐銀行盈餘一千八百萬餘元

香港電：因年來對外貿易入超和中國軍閥官僚地主資本家將剝削工農的血汗大批的存入外國銀行，所以外國銀行的資本日益雄厚。據英國匯豐銀行發表，一九三三年盈餘共一千八百六十四萬五千餘元。

外國銀行除將一批盈餘的現金匯回本國外，主要的還是向中國投資，再來支配中國的金融。就匯豐銀行說，在京滬鐵路上就放了大批的債款。其他如購買國民黨發行的公債，收買各種企業等，都是他們主要的行業。

安徽銀行倒閉

、上海電：中國的銀行錢莊等金融機關近年來因營業衰落，基金不固，和受大資本的併吞以致虧空而倒閉的真是數不勝數。本月十九日安徽銀行在上海設立的分行接到蕪湖總行十八日電，兩地同時宣告停業。據該行的通告說：停業的原因是在來賬款停滯四十餘萬，以致週轉不靈云。

廣州金融恐慌

廣州十日電：廢歷年關中，廣州金融又起恐慌。省市銀行的紙幣都大大的跌價。

汕頭二十日電：粵市立銀行爲維持紙幣的價格，已將該行的產業變賣一部。又將珠新填的塊皮，迭日與香港資本家接洽出賣，不久即可成交。

中國的銀行，無論是軍閥的，帝國主義的，資本家的，都有發行紙幣的權利。資本家軍閥爲要賺錢便無限制的濫發紙幣，甚至强迫推銷。結果紙幣的數量超過了市場的需要，或因基金的不穩固，遂引起擠兌和紙幣跌價的風潮，直接影響到小商人和工農大衆的經濟破產。

白區工商業破產

◉上海棉紗絲業的大恐慌

上海電：國際貿易局發表去年工商業狀況：

1、棉紗：歷年三月份中棉紗交易，每日賣出三四千包，去年不及十分之一。至八月中停工者達五十六枚以上的紗錠。

2、絲業：絲廠初因價格高漲，開工者百餘家，但七月後絲價又暴跌。十二月後絲廠全部停工，失業工人六十萬以上。

3 麵粉：各處因美麥傾銷及南洋客商不敢購進，致全部麵粉陷於停滯狀況。

4、茶業：市價減退，茶機減少半數以上。

◉天津紗廠相繼停！

天津七日電：天津北洋紗廠，年來營業不振，虧累甚鉅，已無法支持。現得地方當局的准許，於十七日起全體實行停工。

天津八日電：恆源紗廠當局，因年關在即，無法開銷，都已躲避不見，以致全廠無形關門，工人大起恐慌。

◉濟南紗廠加緊剝削

紗廠是中國輕工業中資本最多的工業。但自歐戰停戰後，已日落千丈，無法復興。最近幾年又因爲世界經濟恐慌，外貨傾銷，（特別是日本紗。）和人民購買力降低等原因，以致倒閉，出賣，減少生產等成爲最普遍的現象。可是資本家是不肯自己受損失的，他們一定要把損失加到工人的身上，叫工人去忍受資本主義所造成的災禍。所以資本家除關廠和開除大批工人外更加加緊了工人的剝削。這就是所謂生產合理化。

最近濟南成通紗廠實行了合理化以後，每包十六支紗，連稅率工資在內，僅須三十元。無疑的，在這裏面，稅率是無法減低的，只有在工人的工資上打折扣，或者延長工作時間，或者增加工作强度，使工人的工作緊張到連大便的機會都沒有。這就是資本家所贊頌的生產合理化。

嚴重的失業問題

◉徐州三萬人以上
◉天津六萬人以上
◉華工回國二十七萬人

徐州電：此間工商業日漸衰落，農村經濟全部破產，一般無產流民齟泊於城市者據調查結果已達三萬人以上。社會極現不安之象。地方當局正設法「救濟」。

天津電：自恆源，北洋兩紗廠和火柴等公司相繼停工後，失業工人達六萬人以上，生活頓起恐慌，工聯會（黃色的）對此亦異常焦急。

華僑委員會息：一九三三出國華僑計十三萬二千人，歸國的却有二十七萬八千餘人。原因：（一）世界經濟恐慌。（二）各國礦產及種植事業已限制生產。（三）新加坡限制入口。（四）南洋施行苛稅，難以立足。（五）各地的排華運動。又去年匯回本國的款項亦減少了百分之九十。

北平賑災的滑稽戲

北平電：章元善談戰區農賑工作，最初因籌款困難，故進行遲緩。款到後又不敷分發，蓋因戰區遼闊，農村均告破產，如欲放賑，每日至少需款約五十萬元左右，今總共拿出五十萬來救此廣大災區，簡直是同災民開玩笑。

工業的經濟恐慌把工人趕出廠門，農村經濟的崩潰把失業農民趕進城市，帝國主義的經濟恐慌把華僑趕回中國，軍閥不斷的混戰，使農民流離失所，這廣大的失業羣匯合在一條戰線上，必然要更加加强工農群衆的革命鬥爭。這個革命鬥爭不僅是經濟的鬥爭，而且一定要轉變到政治的鬥爭。換句話說，就是工農大衆徹底推翻帝國主義國民黨的統治，建立工農自己的蘇維埃政權的鬥爭。

期：红色中华零一百五十六期
版：零四版
时间：一九三四年三月一日

白區工商業破產
●上海棉紗絲業的大恐慌

白区工商业破产

上海棉纱丝业的大恐慌

上海电：国际贸易局发表去年工商业状况：

1.棉纱：历年三月份中棉纱交易，每日卖出三四千包，去年不及十分之一。至八月中停工者达五十六枚以上的纱锭。

2.丝业：丝厂初因价格高涨，开工者百余家，但七月后丝价又暴跌。十二月后丝厂全部停工，失业工人六十万以上。

3.面粉：各处因美麦□倾销及南洋客商不敢购进，致全部面粉陷于停滞状况。

4.茶业：市价减退，茶机减少半数以上。

國民黨統治下的經濟總崩潰

驚人的對外貿易入超！

◉去年入超七萬萬元

◉本年一月入超四千餘萬元

上海電：帝國主義因為沒有辦法克服他本身的經濟恐慌，便加緊的向中國銷售過剩的商品。又因為國民黨一貫的出賣民族利益，保護帝國主義的在華權利，以致近年來，中國對外貿易中，輸入超過輸出的數量年年都有驚人的增加：

一九二九　二億五十萬（海關冊）

一九三〇　四億以上

一九三一　五億以上

又最近根據國際貿易局的統計：

	一九三三年	一九三四年一月
輸入	十三萬萬元	六千七百餘萬元
輸出	六萬萬元	二千四百餘萬元
入超	七萬萬元	四千餘萬元

這樣驚人的入超數量和輸入超過輸出一倍以上的現象，就是充分的表示着帝國主義在華勢力的增漲，和中國殖民地化之過程的加速。在輸入貨品中，以美國最多，其次就是英國和日本等國。由這一點，我們也可以知道是那些帝國主義統治中國的經濟和為什麼他們要幫助國民黨進攻唯一反帝的武裝——紅軍。

大量的糧食進口

◉去年進口二萬五千餘萬元

南京電：據國民黨政府財政部的統計，去年在十三萬萬三百萬元的進口貨中，糧食就佔了二萬五千餘萬元。

上海電：最近日本有一千九百二十餘擔的剩米準備運到中國來傾銷。（每擔照原價減少半元。）現在已託三井洋行擔任在華北和長江一帶銷售，大阪株式會社擔任在華南銷售。其第一批運滬的日米共八百餘石已於十六日抵滬。

中國本以農產品為主要的出產，現在不但很少輸出，反有大量的輸入。這種現象，一方面是由於國民黨田賦稅捐的繁重，使糧食不能以低價輸出，不能在國內流動；一方面是由於軍閥的強迫人民種烟，以及連續不斷的軍閥混戰和人為的天災，使糧食的產量大大的減少。而帝國主義國家却依賴着他特殊的權利，乘機向中國作無限制的傾銷。這就是國民黨統治下農村經濟破產的主要原因。

外國銀行的盈餘

◉匯豐銀行盈餘一千八百萬餘元

香港電：因年來對外貿易入超和中國軍閥官僚地主資本家將剝削工農的血汗大批的存入外國銀行，所以外國銀行的資本日益雄厚。據英國匯豐銀行發表，一九三三年盈餘共一千八百六十四萬五千餘元。

外國銀行除將一批盈餘的現金匯回本國外，主要的還是向中國投資，再來支配中國的金融。就匯豐銀行說，在京滬鐵路上就放了大批的債款。其他如購買國民黨發行的公債，收買各種企業等，都是他們主要的行業。

安徽銀行倒閉

上海電：中國的銀行錢莊等金融機關近年來因營業衰落，基金不固，和受大資本的併吞以致虧空而倒閉的真是數不勝數。本月十九日安徽銀行在上海設立的分行接到蕪湖總行十八日電，兩地同時宣告停業。據該行的通告說：停業的原因是往來賬款停滯四十餘萬，以致週轉不靈云。

廣州金融恐慌

廣州十日電：廢歷年關中，廣州金融又起恐慌。省市銀行的紙幣都大大的跌價。

汕頭二十日電：粵市立銀行為維持紙幣的價格，已將該行的產業變賣一部。又將珠新填的地皮，迅日與香港資本家接洽出賣，不久即可成交。

中國的銀行，無論是軍閥的，帝國主義的，資本家的，都有發行紙幣的權利。資本家軍閥為要賺錢便無限制的濫發紙幣，甚至強迫推銷。結果紙幣的數量超過了市場的需要，或因基金的不穩固，遂引起擠兌和紙幣跌價的風潮，直接影響到小商人和工農大衆的經濟破產。

白區工商業破產

◉上海棉紗絲業的大恐慌

上海電：國際貿易局發表去年工商業狀況：

1、棉紗：歷年三月份中棉紗交易，每日賣出三四千包，去年不及十分之一。至八月中停工者達五十六枚以上的紗錠。

2、絲業：絲廠初因價格高漲，開工者百餘家，但七月後絲價又暴跌。十二月後絲廠全部停工，失業工人六十萬以上。

3、麵粉：各處因美麥棉借款及南洋客商不敢購進，致全部麵粉陷於停滯狀況。

4、茶業：市價減退，茶機減少半數以上。

◉天津紗廠相繼停工！

天津七日電：天津北洋紗廠，年來營業不振，虧累甚鉅，已無法支持。現得地方當局的准許，於十七日起全體實行停工。

天津八日電：恆源紗廠當局，因年關在即，無法開銷，都已躲避不見，以致全廠無形關門，工人大起恐慌。

◉濟南紗廠加緊剝削

紗廠是中國輕工業中資本最多的工業。但自歐戰停戰後，已日落千丈，無法復興。最近幾年又因為世界經濟恐慌，外貨傾銷，（特別是日本紗。）和人民購買力降低等原因，以致倒閉，出賣，減少生產等成為最普遍的現象。可是資本家是不肯自己受損失的，他們一定要把損失加到工人的身上，叫工人去忍受資本主義所造成的災禍。所以資本家除關廠和開除大批工人外更加加緊了工人的剝削。這就是所謂生產合理化。

最近濟南成通紗廠實行了合理化以後，每包十六支紗，連稅率工資在內，僅須三十元。無疑的，在這裏面，稅率是無法減低的，只有在工人的工資上打折扣，或者延長工作時間，或者增加工作強度，使工人的工作緊張到達大便的機會都沒有。這就是資本家所稱頌的生產合理化。

嚴重的失業問題

◉徐州三萬人以上

◉天津六萬人以上

◉華工回國二十七萬人

徐州電：此間工商業日漸衰落，農村經濟全部破產，一般無產流民飄泊於城市者據調查結果已逾三萬人以上。社會極現不安之象。地方當局正設法「救濟」。

天津電：自恆源，北洋兩紗廠和火柴等公司相繼停工後，失業工人達六萬人以上，生活頓起恐慌，工聯會（黃色的）對此亦異常焦急。

華僑委員會息：一九三三出國華僑計十三萬二千人，歸國的却有二十七萬八千餘人。原因：（一）世界經濟恐慌。（二）各國礦產及種植事業已限制生產。（三）新加坡限制入口。（四）南洋施行苛稅，難以立足。（五）各地的排華運動。又去年匯回本國的款項亦減少了百分之九十。

北平賑災的滑稽戲

北平電：章元善談戰區農賑工作，最初因籌款困難，故進行遲緩，款到後又不敷分發，蓋因戰區遼闊，農村均告破產，如欲放賑，每日至少需款約五十萬元左右，今總共拿出五十萬來救此廣大災區，簡直是同災民開玩笑。

工業的經濟恐慌把工人趕出廠門，農村經濟的崩潰把失業農民趕進城市，帝國主義的經濟恐慌把華僑趕回中國，軍閥不斷的混戰，使農民流離失所，這廣大的失業群匯合在一條飢餓線上，必然要更加加強工農群衆的革命鬥爭。這個革命鬥爭不僅是經濟的鬥爭，而且一定要轉變到政治的鬥爭。換句話說，就是工農大衆徹底推翻帝國主義國民黨的統治，建立工農自己的蘇維埃政權的鬥爭。

期：红色中华零一百五十七期

版：零四版

时间：一九三四年三月三日

白区工友热烈拥护红军

上海绸厂工友送了红军一面光荣的旗子

上海通讯：上海法南区某绸缎厂的支部同志，用他们亲手织的红绸，制成了一面光辉耀目的大红旗，上面写着“革命精神”四个大字，送给红军，请英勇的工农红军迅速粉碎敌人的五次“围剿”，把那面鲜红的旗帜插到上海去！

熱烈響應全總募捐三萬元援助白區罷工的號召！

鞏固蘇維埃政權下
建甯工人總同盟罷工的經過

▲一月廿九日宣佈罷工

帝國主義國民黨的五次「圍剿」，被我英勇紅軍嚴厲的打擊了他的第一步計劃以後，劊子手蔣介石為要挽救他最後的慘敗，又重新佈置了他的第二步計劃，準備分三路向中央蘇區進攻。一路已由黎川進擾我樟橫村，大肆屠殺和搶劫，并企圖向我赤色建甯伸出他的血手。

在這嚴重而緊急的形勢下，建甯的工友，為要保衛以熱血和頭顱換來的蘇維埃政權，為要保障工人和農人已得的權利和土地，便在黨和工會之正確的領導下，於一月二十九日宣佈了總同盟罷工，并且全體武裝起來，立即擔負起戰鬥動員的緊急工作。

▲組織罷工戰爭動員委員會

為要加強罷工與戰爭的領導，為要有計劃的去進行各項工作，在全體大會上選出最積極的份子，組織了「罷工與戰爭動員委員會」，下設組織部，宣傳部，動員部，（赤少隊，擔架隊，運輸隊……等）及慰勞部（救濟，看護，洗衣，募捐，慰問），立刻就開始工作。

▲縫衣郵政工人加工贊助戰爭

這回的總罷工，除與軍事有關的縫衣及郵務工友外，幾乎全體的工友都熱烈的參加了罷工。可是縫衣和郵務工友，為着要適應日益開展的革命戰爭和總罷工，便也立即動員起來，一方面儘可能的進行廣泛的募捐和慰問，在精神上和物質上來幫助罷工的工友，一方面不分日夜的加強了他們的工作速度，以實際的工作來響應全體工友的總罷工。

▲工人和紅軍打敗白匪

武裝的工人，立即分一部趕上前線，配合主力紅軍作戰或者加入游擊隊，積極的向敵人的陣地推進。在這次英勇的戰鬥中間，不但是阻止了敵人的前進，消滅了敵人向建甯進攻的企圖，并且給了敵人一個嚴厲的打擊。同時，他們又積極的向黃泥鋪一帶行動，活捉了土豪兩隻，和一隻大刀匪的師父王貞祥。

▲後方工人的警戒和幫助紅軍

另一部分的工人武裝，立即擔負了城市的警戒工作，維持地方的秩序，嚴厲鎮壓了反革命份子的活動和破壞，加緊了老板行動的監視，組織了擔架隊，運輸隊去幫助紅軍作戰。特別是舉行了大規模的募捐運動，集中了大批的慰勞品，隨着洗衣隊，看護隊，慰勞隊，一齊送到前線去，更加鼓勵了紅軍消滅敵人的勇氣。同時，又募集了八十餘元，救濟了二十多個罷工的工友和八九十個紅軍家屬，并且閩贛省委，省蘇，軍區，郵局，一直到市蘇等機關都為他們開了盛大的茶話會，更大大的提高了他們鬥爭的積極性和堅決性。

▲二月四日的偉大示威

在工人的號召和英勇鬥爭的響應下，四郊千千萬萬的群衆都一致的起來，擺起整嚴的隊伍，參加了工人四日的游行示威。并且在三天中就動員了一千四百餘名的運輸隊去幫助紅軍；不但完成，而且超過了原定的計劃。由這一點，就充分的表示出廣大群衆的積極性和參戰情緒的高漲。

▲二月十二日勝利的復工

英勇的工人武裝，在前線和後方，繼續了十五天的艱苦鬥爭，打擊了敵人進攻建甯的企圖，鞏固了紅軍後方，現在為着要爭取戰爭的更大的勝利，我們的工友，不願無目標的繼續罷工下去，而放棄了革命的生產戰線，和其他緊急的任務。於是二月十二日宣佈勝利的復工。

▲鞏固了蘇維埃的建甯

建甯工人這次總罷工和參加革命戰爭，大大的幫助了紅軍。蘇維埃的建甯，在無產階級的英勇戰鬥之下鞏固了。工人復工之後，立刻就加緊努力於蘇維埃經濟的發展和生產力的增加，加緊收集糧食，推銷公債，擴大赤少隊和春耕的突擊運動。建甯的農民群衆，在這樣英勇的工人階級領導之下，一定能夠更加深入土地鬥爭，大批的武裝加入游擊隊與紅軍，澈底的肅清反動地主的殘餘。

國民黨的統治下
無錫慶豐紗廠全體罷工

資本家的新進攻

上海通訊：國民黨造成了全國經濟的總崩潰，把千千萬萬失業的工農大衆陷於飢寒交迫的境況之中，就利用這大批的失業工農，加緊了對於工人階級的進攻。無錫慶豐紗廠的資本家，抓着了這種機會，一方面用「大批失業工人在搶工做，」的話來威脅在業工人的經濟鬥爭，一方面在「生產救國」，「勞資合作」等欺騙的口號下，想盡了各種方法，榨取工人的血汗。最近，他們又全部開除了鋼絲部六十多個男工，以極低廉的價格雇用失業的女工代替工作。這樣，在資本家的如意算盤上，又增加了大批的進款。

罷工的爆發

工人們眼看着資本家的進攻，日益殘酷；眼看着整個工人階級，隨時隨地都有餓死的危險；於是他們便一致的團結起來，反對資本家的進攻，要求立即恢復開除工友的工作。資本家為着保持他的利益，數次的拒絕了工人的正當要求。資本家的一分利益，就是工人的一分損失；工人的利益增加一分，資本家就減少一分利潤。在不可調和的階級利益的衝突中，工人們祇有採取最尖銳的鬥爭方式，和資本家進行頑強的鬥爭，才能獲得最後的勝利。慶豐紗廠的工人認清了這一點，就在二月二十日全廠二千餘人一致宣佈罷工，來回答資本家的進攻。

最低限度的要求

這次的大罷工，全體工人不僅要求立即恢復開除工友的工作，并提出下面幾條最低限度的要求：在資本家沒有圓滿的答復之前，誓不復工！

一，恢復原有的工資。

二，恢復夜飯工錢。

三，延長吃飯時間。

四，反對不許坐凳的苛刻條例。

五，不許任意打罵工人。

從這幾條要求裏面，我們可以看出資本家的壓榨工人，達到怎樣殘酷的程度！

援助白區工友的鬥爭！

白區的工友們已經面對面的和帝國主義國民黨開始了英勇的階級鬥爭。他們的鬥爭是對於蘇維埃紅軍粉碎敵人五次「圍剿」的決戰最有力的直接的援助，可是他們在資本家過度的剝削下，一天不做工，就一天沒有飯吃；我們為要援助他們鬥爭到底，為要鼓勵他們鬥爭的勇氣，為要推翻資本家的經濟壓迫，我們全蘇區的工農大衆，必須熱烈響應全總執行局的號召，募足并且超過三萬元的捐款，援助罷工鬥爭中的開灤鑛工，和風起雲湧的白區工友的英勇鬥爭！

白區工友熱烈擁護紅軍
上海綢廠工友送了紅軍一面光榮的旗子

上海通訊：上海法南區某綢緞廠的支部同志，用他們親手織的紅綢，製成了一面光輝耀目的大紅旗，上面寫着「革命精神」四個大字，送給紅軍，請英勇的工農紅軍迅速粉碎敵人的五次「圍剿」，把那面鮮紅的旗幟插到上海去！

河南工農捐一架飛機給紅軍
將由參觀團親自送到蘇區來

上海通訊：河南黨號召河南的工農勞苦大衆，募捐一架河南群衆號飛機，送給紅軍。他們預定在本年十月革命節完成。到那時，他們將組織河南群衆代表團，親自送到蘇區來。現在，無論是推煤炭的工人，或是搬運的苦力，或是拉車的車夫，他們都在熱烈的從血汗換來的工資中，一個片兩個片的拿出來捐給英勇的紅軍。因為他們很了解：雖然是一個銅片，也應當獻給革命戰爭！

1934

红色中華

上海新闻整理汇编

上海大惨案

法捕房扫射罢工工友。

珍藏版

期

红色中华零一百六十二期

版

零四版

时间

一九三四年三月十五日

上海大惨案

法捕房扫射罢工工友

沪十一日电：法租界马浪路大亚织绸厂的资本家，借口绸业衰落，将工人的工资，一再地打折扣。工人表示不满，遂全体罢工。十一日厂方约工人代表前往磋商时，有工人千余人在厂外等候消息。这时法国捕房，以武力来干涉工人的行为，工人不服，法捕房便下令向手无寸铁的工友开枪扫射，一时枪声大作，血肉横飞，工人死伤者甚众，确数尚在调查中。

站在革命競賽的最前線！

熱烈響應本報號召

◉黨校和瑞金縣蘇每人每天減少二兩米

黨校學生為了節省經濟，幫助革命戰爭，在全體學生大會上熱烈的討論了節省的方法，當即決定請求政府減少伙食費（每天減二兩米），并號召各後方機關同用這個方法來節省。

又瑞金縣蘇從今日起每人每日也減少了二兩米。

各後方機關的工作同志們！

趕快起來，響應本報的號召！

國家企業工廠互訂競賽條約

為着充分的供給前方軍用品的需要，保證革命戰爭的勝利，完成與超過軍事工業工廠的生產計劃，企業工廠熱烈的訂立了革命競賽的條約，其原文如下：

國家企業工廠訂定革命競賽條約：

期間……自三月十六號起至五月十六號止兩個月

訂定競賽的代表：

彈藥廠（鄔若伯）草鞋廠（王會斌）槍砲廠（陸宗昌）擦機廠（周阿魁）軍委印刷所（胡紅宜）第一被服廠（劉壽康）第二被服廠（黃生萬）第三被服廠（劉貴成）粮秣廠（萬得勝）衛生材料廠（陳生保）福建軍區修械所（楊雄芳）總供給部修械所（李阿成）印刷廠（順長瑞）財政部印刷所（王成根）

訂定競賽的條文：

（一）在八小時的工作時間內，能夠完成生產計劃并要超過百分之二，創造新的技術，改良生產質量，要達到百分之百能適合於應用。

（二）節省原料，做到沒有一個貪污浪費半點材料和公家經濟的。

（三）沒有一個犯廠規和發生不好的現象，及講究衛生運動，減少請病假為原則。

（四）文化教育的工作——建立俱樂部經常的工作如按期上政治課，文化教育及定期出版牆報，及娛樂體育等有計劃的進行，并吸收百分之九十以上的人數來參加俱樂部的工作，同時在競賽時間內消滅文盲的現象。

（五）工會要能協助廠方建全工廠的管理及計劃生產的工作，與廠方取得密切的聯系。

（六）健全赤少隊的組織，進行禮拜六的工作，動員全廠人員百分之八十以上參加。

以上這幾點的條文，應抓緊檢查，最少每月召集各廠競賽代表聯席會議實行檢閱一次，在競賽期間完滿時召集工會及競賽代表和公證人到會參加評判競賽的優勝，模範工廠由全總執行局獎給模範光榮牌一面，并各廠派一代表迎送前去。

公證人：楊志誠，劉羣仙，馬文，毛月生，吳松岩。

一九三四年三月二日

風起雲湧的募捐運動

這幾天來，白區工友反對資本家進攻的鬥爭，正在猛烈的開展，而我們蘇區革命羣衆援助白區工友的募捐運動，也造成了非常熱烈的空氣，各地羣衆對於全總執行局的號召不斷的給以熱烈的響應，這不但是在帝國主義國民黨面前顯示我們蘇區革命羣衆和白區工友的團結，也是給予敵人五次『圍剿』的一個打擊。

下面我們簡略的介紹在這次募捐運動中的英雄和他們的光榮成績：

各廠工友的光榮成績

紡織廠	二十元
交通材料廠	四元七角八分
衛生材料廠	五十四元一角
第一被服廠	十一元八角
燃炭廠	十八元七角五
草鞋廠	二元五角五分
軍委印刷所	十六元九角六分
修械所	四元五角七分
糧秣廠	二元四角

其他的廠正在進行收集款子。聞彈藥廠只有一點鐘之久在會議上熱烈地來比賽，結果募集了六十餘元。

各機關人員的響應

瑞金縣委第三次幹部訓練班全體節省三天的伙食，計吞予一百五十斤。

瑞金縣工會聯合會節省兩天的伙食費。

瑞金武陽區一級機關工作人員各人自帶一天的伙食費。

江西省委工作人員在五分鐘內募到大洋三元。

瑞金城市藥業支部節省兩天的工資。

彭楊步兵學校三分鐘內募得大洋十一元。

瑞金縣各區的募捐競賽

瑞金縣各區為了援助白區工友的罷工鬥爭，自動的訂定了募捐競賽的條約。現在他們正在用冲鋒的精神，去完成與超過他們預定的數字。茲將各區自認的數目發表如下：

城市一二〇元，壬田七〇元，雲集六〇元

九堡五〇元，下洲五〇元，黃柏五〇元。

桃陽四〇元，武陽四〇元，下肖四〇元。

官倉三〇元，河東三〇元，陸前三〇元。

合龍三〇元，下宋三〇元．黃沙二五元。

同志們，努力呀！最光榮的紅區，在等待着優勝的英雄們、同時在艱苦鬥爭中的白區工友，也正在盼望蘇區兄弟給以有力的援助呢！

上海大慘案

法捕房掃射罷工工友。

滬十一日電：法租界馬浪路大亞織綢廠的資本家，藉口綢業衰落，將工人的工資，一再的打折扣。工人表示不滿，遂全體罷工。十一日廠方約工人代表前往磋商時，有工人千餘人在廠外等候消息。這時法國捕房，以武力來干涉工人的行為，工人不服，法捕房便下令向手無寸鐵的工友開槍掃射，一時槍聲大作，血肉橫飛，工人死傷者甚衆，確數尚在調查中。

英兵進攻雲南

▲越界築路，強佔礦產

上海電：雲南省班洪地方，近日來突有英兵二千餘人強佔該地，并各持工具，強築汽車路，建築鐵橋，準備作大規模的進攻。并有英國之緬甸公司侵入該地，開採各種金銀礦產云。

日軍在津浦線演習

▲以奪取天津等地為目標。

▲國民黨供給車輛車站。

天津五日電：天津日軍千餘名與北平日軍三百餘名於一日晨從日本領事館離津，沿津浦線向良王莊，唐官屯，靜海一帶作大規模之軍事演習。演習時期豫定自三月一日起至四日止。

日軍離津前，向津浦路局索車運送馬匹軍械給養和士兵。當時河北省政府因日軍演習區域和兵額都超過辛丑條約的規定，不得不假惺惺的表示拒絕。可是結果，不但撥出專車運送日軍到演習的地點，而且還把津浦車站的辦公室讓給日軍為戰時的軍事機關，把津浦路的車輛改為日軍的護路車。

日軍這次的演習，以奪取天津等地為目標。第一天沿津浦線演習行軍，并分為兩大批，第一批定為南軍，在唐官屯和靜海宿營；第二批定為北軍，在良王莊宿營。日軍軍部中村司令親往校閱。第二天在靜海縣演習遭遇戰。第三天在良王莊一帶演習爭奪戰。第四天在天津西南郊關帝廟一帶作最後的演習。下午歸營前并在日本租界宮島街舉行閱兵式，日本在津的軍人和義勇隊均往參加云。

日軍又在關內活動

北平電：揄關自『接收』後，日軍數十名，於每晚七時後在街市武裝游行。揄關公安局的特種警察仍持木棒站崗，不敢干涉。近日山海關外又閙有朝鮮浪人甚多，紛紛在城內尋找房屋，情節極為可疑云。

期
红色中华零一百六十八期
版
零四版
时间
一九三四年三月二十九日

日军又在唐山上海演习

天津电：华北日军，前在津浦沿线演习军事，曾引起全国的注意。可是驻在唐山滦东各站的日军数百名又于本月九日起至三十日在唐山西山坡举行实弹射击，实弹演习，并拟于本月底举行扩大野外演习。

又上海电：驻沪日本陆战队约二千余人，十六日晨由日司令宇野指挥，在北四川路，吴淞路一带举行夜间战斗演习。

第一六八期　紅色中華　第四版

唐山礦工繼續奮戰

武裝軍警鎮壓工人

天津通訊：唐山礦工繼續罷工後，國民黨即派出大批武裝軍警，監視工人的行動，尤其是正在發動總同盟罷工的趙各莊四礦，幾乎如臨大敵似的佈滿了軍警，工人們的一言一動都不能有一點的自由。甚至附近的學校，也在軍警的監視和恐嚇下，被迫停課了。

國民黨從中破壞

同時國民黨又派出大批黃色工會的走狗如陶尙銘等在唐山進行欺騙宣傳，收買工賊，破壞罷工。而最無恥的就是利用其他四礦中的工賊，散發國民黨揑造工人名義的宣言，來破壞工人總同盟罷工。

工人被暗殺

工人在這次鬥爭中向資本家堅決的提出十八條要求，可是國民黨反說是「無中生有，無理要挾。」而置之不理，并且威脅工人說：「如至萬不得已時，卽以武力制止。」。果然，在二十日晚上，趙各莊某工友因響應唐山工潮，突然被人暗殺了。

遊行示威

資本家的態度，一天天的强硬；工人的要求，毫無接受的誠意。如工人要求撫卹被國民黨槍殺的工友每名二千元，受傷的五百元，可是資本家只答應撫卹死亡者每名一千元，於是工人在二十四日召集全體工人大會，討論對於資本家的辦法。散會後，卽舉行遊行示威，堅決的爲實現工人的要求而鬥爭。

憲兵表示同情

這裏最値得提出來的，就是該地國民黨的憲兵，在工人英勇鬥爭的影響下，有一部分已經同情了工人階級的鬥爭，并願從工人的隊伍，保護示威運動。國民黨眼看着形勢已趨嚴重，爲避免事態的擴大，聽說已經表示些和緩態度，準備來和工人再作一度談判云。

浙江工人搗毀興湖報館

杭州電：興湖報社論幫助資本家汚辱絲織業工人一事，引起全體工人的公憤，遂於二十一日號召五千以上的工人，將該報館搗毀，并令營業部交出編輯員和撰述人。該縣政府想派隊鎭壓，但在羣衆的威力下，已無法制止。

天津裕源紗廠突然停工

數千工人陷於饑餓的境地

天津電：裕源紗廠於本月三日突然宣告停工後，工人推派代表向國民黨要求救濟，但至今仍無絲毫辦法。致該廠數千工人的生活淪於饑寒交迫的境地，特別是大部份女工童工的境況更加悽慘。現在聽說工人們正在衝破國民黨軍警的壓迫，想以有效的革命方法，與國民黨資本家作頑强的鬥爭云。

反對國民黨的白色恐怖！

天津政治犯絕食

▲國民黨竟置之不理。

天津二十一日電：本市河北第二監獄政治犯張德等十一人，爲反對國民黨的白色恐佈，要求改良待遇，於十七日起宣告絕食。至今已絕食五日，性命危在旦夕，而高等法院反說他們的要求是「非法」，竟置之不理，好讓他們慢慢的餓死。

又一處政治犯宣告絕食

▲國民黨反加釘鐐梏。

太原電：山西監獄政治犯二十餘人，反對獄官無理壓迫，已宣告絕食。國民黨雖假惺惺的勸慰一次，但對他們的要求，仍無具體答覆，故仍未復食。現國民黨爲要防備他們鼓動其他的犯人一致罷飯，已將他們加釘磁鐐，并分房監守，戒備異常嚴緊。

日軍又在唐山上海演習

天津電：華北日軍，前在津浦沿線演習軍事，曾引起全國的注意。可是駐在唐山灤東各站的日軍數百名又於本月九日起至三十日在唐山西山坡舉行實彈射擊，實彈演習，。并擬於本月底舉行擴大野外演習。

又上海電：駐滬日本陸戰隊約二千餘人，十六日晨由日司令宇野指揮，在北四川路，與淞路一帶舉行夜間戰鬥演習。

日軍官視察山西

太原二十一電：近數月來，日人來山西視察者絡繹不絕。日武官川本芳太郎，日前到山西一次，旋卽返北平，昨日忽又到此。據傳明後日尙有二三日軍官到山西觀察。這又是一個日帝國主義積極準備奪取華北的[illegible]據。

察東形勢危急

▲多倫一帶增加日軍一師團

張家口電：駐察東黑河的日軍第八師團部隊與駐多倫沽源間的日軍本來準備調往承德，改由第七師團接替。但是現在第七師團已經開到，而第八師團仍在多倫沽源一帶。現該地日軍已達數千名。每日有飛機運送彈藥給養。士兵則積極與築軍事工程，修理道路，形勢異常緊急。

突飛猛進的蘇聯社會主義建設

斯達林汽車廠每年製七八千架汽車

蘇聯人民將個個都有汽車坐

莫斯科電：斯達林汽車廠擴大範圍并改造完畢後，將每年生產貨車七千架，輕汽車一百架，和足供五萬架汽車之用的零件。

輕工業的進展

去年生產量增加百分之十

充分的解决了穿衣問題

莫斯科電：爲着適應千百萬工農羣衆的需要，今年蘇聯的輕工業生產一般的更是增加了。去年輕工業生產幾乎增加百分之十，紗廠出產了三百萬米突的棉紗，二百萬米突的麻紗，一百萬米突以上的羊毛綫，襪廠出產了六千八百萬雙。

四通八達的運河網

▲打通了白海波羅的海黑海和裏海

莫斯科電：在第二五年計劃中規定了一個偉大的新的運河建築計劃。這個計劃包含着：（一）由白海通到波羅的海的運河（去年已完成）。（二）由莫斯科通到伏爾加河。（三）聯接伏爾加河和頓河。這三條大運河必須完全實現。同時梅林斯克和莫斯科河的水道系統，也要重新改造。假如這些運河全部完成了，那末白海，波羅的海，裏海，及黑海都可與主要河道聯接起來。爲要實現這個計劃，第二次五年計劃中水道運輸的投資，約達一百四十萬盧布。

鄉村裏建築了大劇院

人人有戲看

哈爾可夫電：烏克斯一百多個主要的鄉村裏，巴開始建築文化康平那脫，內有戲院，電影院和俱樂部。建築費達到三千萬盧布之多。

三大茶廠正在建築中

梯甫里斯電：喬治亞國家茶園附近，正在建立三個能容大百萬公斤茶葉的茶廠，應用最新式的技術裝置和機器。這三個工廠每天可產茶三百萬公斤。

五金工業的發展

充分的供給了機器工業的需要

莫斯科電：本年五金工業的進展非常快，和去年比較起來，煤增加百分之三十五，鐵增加了百分之六十三，鋼增加了兩倍，鋅增加了四倍以上。從此以後，蘇聯將有更多的機器製造出來，幫助工農大衆的生產。

紅色中華

上海美亚绸厂全体罢工

罢工的组织

上海通讯： 本埠法租界美亚绸厂（共有十个厂）的全体工友约四千余人，自从三月二日由其中六个厂的工友发动了罢工斗争后，于九日起，十个厂已全部罢工，反对资本主义家减少三分之一的工资，现各厂都组织了罢工委员会和总罢工委员会，以及纠察队，宣传队，募捐队等，并吸收了广大的群众团结在这些组织的周围，工人自己挑选了最积极的份子到组织里来领导这一伟大的英勇斗争。

帝国主义的屠杀

十一日，四千以上的工友包围总厂的时候，和法国捕房发生冲突，捕房便向手无寸铁的工人开枪射击，伤七八十人，女工占大多数，其中有几个因伤势太重，恐有生命危险。工人被法帝国主义残酷的屠杀以后，斗争的情绪更加愤激，更加积极，几次地召开群众大会，全体包围国民党的市政府，要求答复他们提出来的条件，要求惩办屠杀工人的凶手和发给死伤工友的抚恤金。

反动派别的破坏

工人的英勇斗争猛烈的开展，同时国民党的社会局，黄色工会，取消派和反动新闻记者便一致动员从事破坏和欺骗宣传，公安局加紧地向工人压迫，资本家也用关厂来威胁和恐吓工人，可是这些反动派的阴谋，不但不能动摇工人的斗争意志，反而千百倍地提高了斗争的决心。全体工友示威游行，包围捕房，把被国民党和帝国主义

募捐援助白區工友的罷工鬥爭！

上海美亞綢廠全體罷工

△罷工的組織

上海通訊：本埠法租界美亞綢廠（共有十個廠）的全體工友約四千餘人，自從三月二日由其中六個廠的工友發動了罷工鬥爭後，於九日起，十個廠已全部罷工，反對資本家減少三分之一的工資，現各廠都組織了罷工委員會和總罷工委員會，以及糾察隊，宣傳隊，募捐隊等，並吸收了廣大的羣衆團結在這些組織的周圍，工人自己挑選了最積極的分子到組織裏來領導這一偉大的英勇鬥爭。

△帝國主義的屠殺

十一日，四千以上的工友包圍總廠的時候，和法國捕房發生衝突，捕房便向手無寸鐵的工人開槍轟擊，傷七八十人，女工佔大多數，其中有幾個因傷勢太重，恐有生命危險。工人被法帝國主義殘酷的屠殺以後，鬥爭的情緒更加憤激，更加積極，廣泛的召開羣衆大會，發起包圍國民黨的市政府，要求答復他們提出來的條件，並要求懲辦屠殺工人的兇手和發給死傷工友的撫卹金。

△反動派別的破壞

工人的英勇鬥爭猛烈的開展，同時國民黨的社會局，黃色工會，取消派和反動的新聞記者便一致動員的從事破壞和欺騙宣傳，公安局加緊的向工人壓迫，資本家也用關廠來威脅和恐嚇工人，可是這些反動派的陰謀，不但不能動搖工人的鬥爭意志，反而千百倍的提高了鬥爭的決心。全體工友示威遊行，包圍捕房，把被國民黨和帝國主義捕去的工友和領袖要回來了。

△廣大羣衆的擁護

這一個偉大的罷工鬥爭，影響了其他綢廠的工友，現在他們正在準備罷工來響應，全上海的工人和勞動者都熱烈的舉行募捐運動，援助他們，并且組織了慰問隊，同時雪片似的慰問信也從各廠不斷的送來。所以上海的綢廠總同盟罷工的條件已經成熟了。

△資本家聯合進攻工人

另一方面，國民黨，美亞資本家也在準備了更殘酷的手段來進攻工人，其他的綢廠預備減工，同時英租界電氣公司正在計劃進攻工人，英帝國主義的工部局也準備取締大批的黃包車夫。上海的階級鬥爭已在新的形勢下更加劇烈起來了。

△發動廣大的募捐和宣傳工作！

這次美亞廠的工人鬥爭是在我們共產青年團的領導之下的，我們現在正在廣泛的進行援助的運動，希望蘇區的革命工農也，趕快進行廣大的援助工作，給白區罷工的工友以物質的和精神的幫助，同時把上海工人的英勇鬥爭向每個工農勞苦大衆作深入的宣傳解釋！

新疆政府軍進佔中部城市

▲馬仲英敗退

▲英帝國主義勢力的伸張

伯力電：自從新疆「獨立」政府，在英帝國主義的指示下，於新疆南部的喀什噶爾宣佈成立後，便積極的向新疆中部伸張他的勢力。據烏魯木齊方面的消息，馬仲英部被新疆政府軍隊打敗於喀拉夏附近，現馬部已退出了天山，向喀秀林爾道上撤退。新疆政府已佔領了喀豆，古爾和古路等新疆中部的城市，繳獲了馬仲英部全部的軍用品，被件在一千以上。馬仲英在古爾隻身逃出。

孫馬二軍閥在西北混戰

▲混戰的起因

孫殿英自去年在察哈爾出賣了抗日戰爭以後，便在日帝國主義的指示下，要求率領他的部隊，到清海一帶屯墾。所謂屯墾當然是假的，實際上卻是日帝國主義侵略西北和進攻外蒙古人民共和國的先鋒隊。國民黨政府批准了他的要求，并發給了路費。可是甘肅的軍閥馬鴻逵恐怕孫殿英要搶奪他的地盤，無論如何不准許孫軍通過甘肅。因此在各不相讓的形勢下，兩軍閥的混戰便爆發了。

▲老百姓遭殃

軍閥的混戰沒有一次不是以工農羣衆當犧牲品的。這一次，孫殿英軍在綏遠，山西，甘肅一帶，把成千成萬的工農大衆拉去，替他運送軍用品，并把民間用以耕田和運輸的騾馬車輛也徵發一空。不但是這樣，孫殿英爲要大規模的收刮工農僅有的一點錢財，便發行了一百四十萬元的軍用票，在磴口一帶強迫使用，可是老百姓明明知道這些軍用票除了軍隊不能在市場上通行的，在軍閥的壓迫下，也只有忍氣吞聲的接收過來。

▲戰爭的經過

戰事於本年一月間開始後，孫軍便佔領磴口和石嘴山等地，圍攻寧夏。并曾在石嘴山一度組織省政府。甘肅軍閥也不示弱，拼命的調遣大隊來應戰，同時綏軍也參加了戰爭。傅作義等也親自督戰，把甘肅一帶打得天翻地覆，暗無天日。直到現在，他們還是不肯停手。

在這中間，北平軍閥何應欽等曾想「和平解決」，請出孫殿英好友臧炳勛等從中調停，并表示，如孫殿英能放下兵權，所部交北平軍閥改編，北平當局可以絕對保障孫個人生命財產的安全。可是孫殿英并不願放棄兵權，拒絕了一切調停辦法。

據國民黨最近所傳的消息，孫軍已成瓦解的形勢，磴口石嘴山等地也被晉綏軍佔領。孫殿英因所部傷亡過重，不易反攻，已有離軍他去的表示云。

劉桂棠到處竄擾

▲帝國主義走狗蹂躪民衆的罪惡

從河北的北部竄到南部

濟南通訊：去年十二月，國民黨軍閥劉桂棠的部隊在察哈爾「譁變」後，受了日帝國主義的指揮，便向河北省竄，越過平漢鐵路，在平漢鐵路與津浦鐵路之間，沿新城，雄縣到獻縣的大道，[illegible]。待竄至[illegible]縣後，又分兩路南竄，一路由大名經濮陽竄到山東西部的大山中。

在河南兜了一個大圈子

劉桂棠在受到北軍閥于學忠「壓迫」後，（國民黨白匪軍閥永遠是互相「壓迫」搶奪地盤的）便向西竄往河南。佔領河南北部的涉縣，武平等縣并在山西境內騷擾。劉匪和軍閥何柱國在平漢路一帶混戰一場，又向西竄擾，渡過黃河，佔領河南西部的盧氏縣。又從盧氏向東，越過平漢路，和隴海路向山東西部竄擾。在這個時期中，劉桂棠與軍閥劉峙又混戰了一場。

現在又回竄到山東南部

劉桂棠到了山東西部後，分三路東竄，一路越過津浦路竄到大汶口，一路竄往萬德，一路越過黃河向禹城竄擾。據最近的消息，竄大汶口和萬德的劉匪又向東竄進蒙山了。現在軍閥韓復榘正在和他激戰。

劉匪沿途姦淫擄掠

劉匪竄遍了河北河南山西山東四省，到一處地方便和當地的軍閥混戰一場，把經過的都市村莊搜掠一空，使已經破產的農村經濟完全毀滅，把千千萬萬的工農大衆趕出農村，在雪地冰天下凍死餓死。這種軍閥混戰所造成的罪惡，就是從國民黨自己的報紙裏也可以看出來。茲摘錄一段如下：

「開封電：所經各村，均被翻箱倒櫃，挖地毀壁，遇男人則吊打燒熬以索款，遇女人則擄去輪姦。在河南涉縣附近，曾在一日內擄女千餘人，以致各地聽說匪軍將到，又無法逃避而自殺者甚多。目前單涉縣一城已有難民數萬，均無衣無食，住於冰天雪地中待斃。」這是國民黨匪閥自己的口供！

自然這些地方的富紳豪商早已帶着錢財避開了，匪閥劉桂棠等所姦淫擄掠的，當然都是貧苦的民衆。同志們，白區千千萬萬的工農大衆在帝國主義國民黨軍閥的混戰和蹂躪之下，已經淪於饑寒交迫和死亡的境地了！現在帝國主義國民黨又在加緊的向蘇區進攻，想把已經獲得解放的蘇區羣衆再放在他血腥的統治下，再做他們的奴隸。同志們，爲着使全國的工農大衆獲得最後的解放，我們必須把一切的利益服從於革命戰爭，與白區的工農大衆的英勇鬥爭配合起來，徹底粉碎國民黨的五次「圍剿」！

捕去的工友和领袖要回来了。

广大群众的拥护

这一个伟大的罢工斗争，影响了其他绸厂的工友，现在他们正在准备罢工来响应。全上海的工人和劳动者都热烈地举行募捐运动，援助他们，并且组织了慰问队，同时雪片似的慰问信也从各厂不断地送来。所以上海的绸厂总同盟罢工的条件已经成熟了。

资本家联合进攻工人

另一方面，国民党，美亚资本家也在准备了更残酷的手段来进攻工人，其他的绸厂豫［预］备减工，同时英租界电汽公司正在计划进攻工人，英帝国主义的工部局也准备取缔大批的黄包车夫。上海的阶级斗争已在新的形势下更加剧烈起来了。

发动广大的募捐和宣传工作

这次美亚厂的工人斗争是在我们共产青年团的领导之下的，我们现在正在广泛地进行援助的运动，希望苏区的革命工农也赶快进行广大的援助工作，给白区罢工的工友以物质的和精神的帮助，同时把上海工人的英勇斗争向每个工农劳苦大众作［做］深入的宣传解释！

募捐援助白区工友的罢工斗争！

募捐援助白區工友的罷工鬥爭！

上海美亞綢廠全體罷工

△罷工的組織

上海通訊：本埠法租界美亞綢廠（共有十個廠）的全體工友約四千餘人，自從二月二日由其中六個廠的工友發動了罷工鬥爭後，於九日起，十個廠已全部罷工，反對資本家減少三分之一的工資，現各廠都組織了罷工委員會和總罷工委員會，以及糾察隊，宣傳隊，募捐隊等，並吸收了廣大的群衆團結在這些組織的周圍，工人自己挑選了最積極的份子到組織裏來領導這一偉大的英勇鬥爭。

△帝國主義的屠殺

十一日，四千以上的工友包圍總廠的時候，和法國捕房發生衝突，捕房便向手無寸鐵的工人開槍轟擊，傷七八十人，女工佔大多數，其中有幾個因傷勢太重，恐有生命危險。工人被法帝國主義殘酷的屠殺以後，鬥爭的情緒更加憤激，更加積極，廣大的召開群衆大會，企發包圍國民黨的市政府，要求答復他們提出來的條件，要求懲辦屠殺工人的兇手和發給死傷工友的撫卹金。

△反動派別的破壞

工人的英勇鬥爭猛烈的開展，同時國民黨的社會局，黃色工會，取消派和反動新聞記者便一致動員從事破壞和欺騙宣傳，公安局加緊的向工人壓迫，資本家也用關廠來威脅和恐嚇工人，可是這些反動派的陰謀，不但不能動搖工人的鬥爭意志，反而千百倍的提高了鬥爭的決心。全體工友示威遊行，包圍捕房，把被國民黨和帝國主義捕去的工友和領袖要回來了。

△廣大群衆的擁護

這一個偉大的罷工鬥爭，影響了其他綢廠的工友，現在他們正在準備罷工來響應。全上海的工人和勞動者都熱烈的舉行募捐運動，援助他們，並且組織了慰問隊，同時雪片似的慰問信也從各廠不斷的送來。所以上海的綢廠總同盟罷工的條件已經成熟了。

△資本家聯合進攻工人

另一方面，國民黨，美亞資本家也在準備了更殘暴的手段來進攻工人，其他的綢廠預備減工，同時英租界電汽公司正在計劃進攻工人，英帝國主義的工部局也準備取締大批的黃包車夫。上海的階級鬥爭已在新的形勢下更加劇烈起來了。

△發動廣大的募捐和宣傳工作！

這次美亞廠的工人鬥爭是在我們共產青年團的領導之下的，我們現在正在廣泛的進行援助的運動，希望蘇區的革命工農也，趕快進行廣大的援助工作，給白區罷工的工友以物質的和精神的幫助，同時把上海工人的英勇鬥爭向每個工農勞苦大衆作深入的宣傳解釋！

新疆政府軍進佔中部城市

▲馬仲英敗退

▲英帝國主義勢力的伸張

伯力電：自從新疆「獨立」政府，在英帝國主義指示下於新疆南部的喀什噶爾宣佈成立後，便積極的向新疆中部伸張，他的勢力。據烏魯木齊方面的消息，馬仲英部被新疆政府軍隊打敗於喀拉夏附近，現馬部已退出了天山，向喀秀棒爾道上撤退。新疆政府已佔領了喀夏，古爾，和古喀韓新疆中部的城市，繳獲了馬仲英部全部的軍用品，被俘在一千以上。馬仲英在古爾隻身逃出。

孫馬二軍閥在西北混戰

▲混戰的起因

孫殿英自去年在察哈爾出賣了抗日戰爭以後，便在日帝國主義的指示下，要求帶領他的部隊，到清海一帶屯墾。所謂屯墾當然是假的，實際上卻是日帝國主義侵略西北和進攻外蒙古人民共和國的先鋒隊。國民黨政府批准了他的要求，並發給了路費。可是甘肅的軍閥馬鴻逵恐怕孫殿英要搶奪他的地盤，無論如何不准許孫軍通過甘肅。因此在各不相讓的形勢下，兩軍閥的混戰便爆發了。

△老百姓遭殃

軍閥的混戰，沒有一次不是以工農群衆當犧牲品的。這一次，孫殿英就在綏遠，山西，甘肅一帶，把成千成萬的工農大衆拉去，替他運送軍用品，並把民間用以耕田和運輸的馬騾車輛也徵發一空。不但是這樣，孫殿英爲要大規模的收刮工農僅有的一點錢財，便發行了一百四十萬元的軍用票，在磴口平羅一帶強迫使用。老百姓明明知道這些軍用票除了軍隊不能在市場上通行的，可是在軍閥的壓迫下，也只有忍氣吞聲的接收過來。

△戰爭的經過

戰事於本年一月間開始後，孫軍便佔領磴口和石嘴山等地，圍攻平羅，甯夏。並曾在石嘴山一度組織省政府。甘肅軍閥也不示弱，拼命的調遣大隊來應戰，同時晉綏軍也參加了戰爭。傅作義等也親自督戰，把甘肅一帶打得天翻地覆，暗無天日。一直到現在，他們還是不肯停手。

在這中間，北平軍閥何應欽等曾想「和平解決」，請出孫殿英好友龐炳勳等從中調停，並表示，如孫殿英能放下兵權，所部交北平軍閥改編，北平當局可以絕對保障孫個人生命財產的安全。可是孫殿英並不願放棄兵權，拒絕了一切調停辦法。

據國民黨最近所傳的消息，孫軍已成瓦解的形勢，磴口石嘴山等地也被晉綏軍佔領。孫殿英因所部傷亡過重，不易反攻，已有離軍他去的表示云。

劉桂棠到處竄擾

▲帝國主義走狗蹂躪民衆的罪惡

○……從河北的北部竄到南部……●

濟南通訊：去年十二月，國民黨軍閥劉桂棠的部隊在察哈爾「譁變」後，受日帝國主義的指揮，便向河北竄擾，越過平漢鐵路，在平漢鐵路與津浦鐵路之間，沿新城，雄縣到獻縣的大道，四處[illegible]。待竄至欒城縣後，又分兩路南竄，一路由大名[illegible]竄到山東西部的大山中。

●……在河南兜了一個大圈子……○

劉桂棠[illegible]軍閥于學忠「壓迫」後，（國民黨白匪軍閥永遠是互相「壓迫」搶奪地盤的）便向西竄往河南。佔領河南北部的涉縣，武安等縣並在山西境內騷擾。劉匪和軍閥何柱國在平漢路一帶混戰一場，又向西竄擾，渡過黃河，佔領河南西部的盧氏縣。又從盧氏向東，越過平漢路，和隴海路向山東西部竄擾。在這個時期中，劉桂棠與軍閥劉峙又混戰了一場。

○……現在又回竄到山東南部……●

劉桂棠到了山東西部後，分三路東竄，一路越過津浦路竄到大汶口，一路竄往萬德，一路越過黃河向禹城竄擾。據最近的消息，竄大汶口和萬德的劉匪又向東竄進蒙山了。現在軍閥韓復榘正在和他激戰。

●……劉匪沿途姦淫擄掠……○

劉匪竄遍了河北河南山西山東四省，到一處地方便和當地的軍閥混戰一場，把經過的都市村莊擄掠一空，使已經破產的農村經濟完全毀滅，把千千萬萬的工農大衆趕出農村，在雪地冰天下凍死餓死。這種軍閥混戰所造成的罪惡，就是從國民黨自己的宣報裏也可以看出來。茲摘錄一段如下：

「開封電：所經各村，均被翻箱倒櫃，挖地毀壁，遇男人則吊打燒燬以索款，婦女人則擄去輪姦。在河南涉縣附近，曾在一日內擄女千餘人，以致各地聽說匪軍將到，又無法逃避而自殺者甚多。目前單涉縣一城已有難民數萬，均無衣無食，仕於冰天雪地中待斃。」這是國民黨匪閥自己的口供！

自然這些地方的富紳豪商早已帶着錢財避開了，匪閥劉桂棠等所姦淫擄掠的，當然都是貧苦的民衆。同志們，白區千千萬萬的工農大衆在帝國主義國民黨軍閥的混戰和蹂躪之下，已經淪於饑寒交迫和死亡的境地了！現在帝國主義國民黨又在加緊的向蘇區進攻，想把已經獲得解放的蘇區群衆再放在他血腥的統治下，再做他們的奴隸。同志們，爲着使全國的工農大衆獲得最後的解放，我們必須把一切的利益服從於革命戰爭，與白區的工農大衆的英勇鬥爭配合起來，徹底粉碎國民黨的五次「圍剿」！

期
红色中华零一百七十一期
版
零四版
时间
一九三四年四月五日

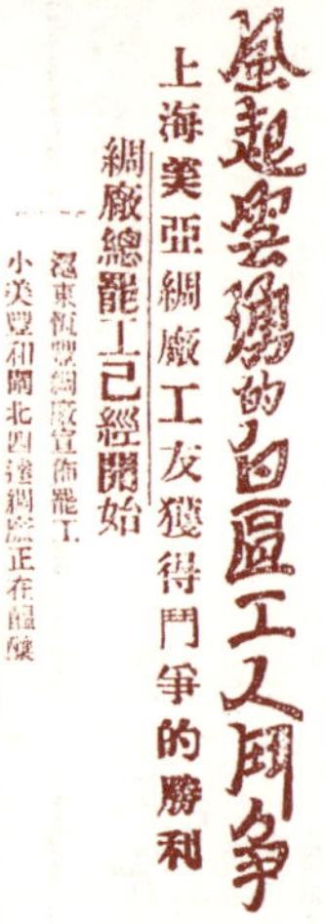
風起雲湧的白區工人鬥爭
上海美亞綢廠工友獲得鬥爭的勝利
綢廠總罷工已經開始
滬東恒豐綢廠宣佈罷工
小美豐和閘北四達綢廠正在醞釀

风起云涌的白区工人斗争

上海美亚绸厂工友获得斗争的胜利，绸厂总罢工已经开始，沪东恒丰绸厂宣布罢工，小美丰和闸北四达绸厂正在酝酿

上海通讯：上海美亚绸厂的罢工，到现在，已经坚持了将近一个月。斗争的形势正在猛烈的开展，绸厂总同盟罢工的形势也已经开始了。沪东区恒丰绸厂的工人，约百余人，因反对减少工资，已于上月二十七日宣布罢工。小美丰和闸北四达绸厂的工人也减少了工资，罢工斗争正在酝酿，不久即可参加总同盟罢工。

上海工友热烈援助

美亚工人的英勇斗争不仅是影响到同业的工友，而且影响到其他的企业。如法南区义和橡胶厂的工人自动募捐去援助；并要求美亚工人领导他们发动罢工。英美烟厂的工人也募集了二十余元来援助，美亚工人便立即召集了群众大会，热烈地欢迎英美的工人代表。此外还有许多工厂的工人正在踊跃的募捐，并不断地派代表去慰问。这样，更壮大了美亚罢工的阵容，更提高了工人斗争的顽强性。

粉碎了取消派的破坏阴谋

美亚工人在这样持久的英勇斗争中、政治的觉醒与组织性警惕性都大大的提高了，他们直接地粉碎了帝国主义国民党资本家和一切反动派别的破坏阴谋。有一次取消派向工人说：“那些领导你们的全是史太林派，苏联是赤色帝国主义，你们不要相信他们，不要跟他们跑。”工人说：“我不管什么派，我们要饭吃，要解放、所以要斗争。谁能正确地领导我们去斗争，我们就相信谁。你们所说的话，就是砍掉我的头，也不相信！请你们赶快走开罢，这里不须要你们这些家伙！”取消派撞了一鼻子灰去了。可是又有一次，取消派向工人说：“你们的工会是公开的还是秘密的？”工人说：“当然要公开的。”他们说：“那么你们必须马上到社会局去登记。”工人回答说：“你教我们向国民党去登记么？鬼才会去呢！我们有的是自己的总罢委。”取消派的反革命走狗的面目完全在群众面前暴露出来了。美亚绸厂的十个厂大半都成立了罢工委员会，没有成立的也派了代表参加罢委，并成立了总同盟罢工委员会，组织了武装纠察队，寸步不离地保护着他们的领袖。

第一七一期　紅色中華　第四版

風起雲湧的白區工人鬥爭

上海美亞綢廠工友獲得鬥爭的勝利

綢廠總罷工已經開始

——滬東恆豐綢廠宣佈罷工
小美豐和閘北四達綢廠正在醞釀

上海通訊：上海美亞綢廠的罷工，到現在，已經堅持了將近一個月。鬥爭的形勢正在猛烈的開展，綢廠總同盟罷工的形勢也已經開始了。滬東區恆豐綢廠的工人，約百餘人，因反對減少工資，已於上月二十七日宣佈罷工。小美豐和閘北四達綢廠的工人也減少了工資，罷工鬥爭正在醞釀，不久即可參加總同盟罷工。

▲上海工友熱烈援助▼

美亞工人的英勇鬥爭不僅是影響到同業的工友，而且影響到其他的企業。如法南區錢和像興廠的工人自動募捐去援助；并要求美亞工人領導他們發動罷工。英美烟廠的工人也募集了二十餘元來援助，美亞工人便立即召集了群衆大會，熱烈的歡迎英美的工人代表。此外還有許多工廠的工人正在踴躍的募捐，并不斷的派代表去慰問。這樣，更壯大了美亞罷工的陣容，更提高了工人鬥爭的頑强性。

▲粉碎了取消派的破壞陰謀▼

美亞工人在這樣持久的英勇鬥爭中、政治的覺醒與組織性警惕性都大大的提高了，他們直接的粉碎了帝國主義國民黨資本家和一切反動派別的破壞陰謀。有一次取消派向工人說：「那些領導你們的全是史太林派，蘇聯是赤色帝國主義，你們不要相信他們，不要跟他們跑。」工人說：「我不管什麼派，我們要吃飯，要解放、所以要鬥爭。誰能正確的領導我們去鬥爭，我們就相信誰。你們所說的話，就是砍掉我的頭，也不相信！請你們趕快走開罷，這裏不須要你們這些家伙！」取消派揩了一鼻子灰去了。可是又有一次，取消派向工人說：「你們的工會是公開的還是秘密的？」工人說：「當然要公開的。」他們說：「那麼你們必須馬上到社會局去登記。」工人回答說：「你敎我們向國民黨去登記麼？鬼才會去呢！我們有的是自己的總罷委。」取消派的反革命走狗的面目完全在群衆面前暴露出來了。美亞綢廠的十個廠大半都成立了罷工委員會，沒有成立的也派了代表參加罷委，并成立了總同盟罷工委員會，組織了武裝糾察隊，寸步不離的保護着他們的領袖。

△以群衆的威力所獲得的勝利▽

美亞工友在這次的鬥爭中，經濟的要求雖尚未達到圓滿的結果，但是在政治上却獲得許多勝利。例如工人們幾次的

奪回被捕工友

搶回被捕的代表。九廠女工包圍警察署，要求釋放被捕工友和被沒收的工人標語都已完全達到目的，并且還能公開的在街上貼標語而警察不敢干涉。四廠被捕的十二個工人領袖已在大批工人的要求下，釋放出來。又有三十個工人因爲貼標語被警察捕去，立即有二百多個工人去包圍公安局。警察對工人說；「你們何必在馬路上貼呢？在廠裏面貼好了。」工人說：「因爲我們要號召全上海的工友和勞苦大衆來響應我們，援助我們。」警察說：「這就是共產黨，共產黨才在街上貼標語號口號。」工人大怒，高聲的說：「如果共產黨是在街上貼標語喊口號，那麼共產黨就是對的！」結果，在群衆的威脅下，三十多個被捕的工友全部釋放出來了。

包圍市政府

美亞全體工友四千餘人到市政府請願。市長吳鐵城，出來講了三次的滑頭話，工人都不滿意，包圍市政府一天一夜不散。結果黃色工會代表假借老工會的名義說吳鐵城已經答應了工人的要求，并雇了許多汽車把工人們送回去了。

阻止資本家搬貨

資本家想把各分廠的生絲完全搬到總廠去，準備和工人作持久戰，可是這個計劃也在全體工人的反對下失敗了。現在工人們從這些勝利的鬥爭中，已經更相信了自己力量的偉大，更加堅固的團結起來了。

資本家的調解委員會坍台

資本家爲避免損失計，便利用了三百多個工廠職員和工程師等（這些家伙都是資本家的忠實走狗，壓迫工人的混蛋。）組織了所謂調解委員會，提議將工人所要求的工資打一個九折或者九二折。工人不滿，并堅決表示，不達目的，誓不復工！

上海閘北菜販包圍公安局

奪得步槍數枝

反對國民黨的苛捐雜稅

上海通訊：閘北販賣蔬菜的農民，因小菜場（國民黨指定的賣菜場所）敲捐過重，便紛紛離開菜場，在馬路上兜售。國民黨因爲影響到他的收入，便指揮警察用木棍來驅逐，并任意捕人，課以罰金。菜販爲要保障自己的生活，便起來反抗國民黨的暴行。結果又有菜販四十餘人被捕，并有老婦數人受傷。因此激起了廣大群衆的憤怒，全體菜販和他們的家屬約四千餘人便立即集合起來，包圍該區公安局，并奪得警察的步槍數枝。附近商店，也因事態擴大，全體罷市了。

上海絲廠工人大批失業

△絲價狂跌，百餘家絲廠停工

▲工人要求國民黨切實救濟

上海電：上海絲廠因歐美市場中華絲價格大跌，（每擔僅值四百八九十元。）且銷路呆滯，資本家賺錢很少，所以全上海一百多家絲廠中，除幾家資本雄厚的尚未停工外，已全部關門了。以致整萬的工人發生了生活的恐慌。現在他們已經組織了失業救濟委員會，擬定了徹底的根本辦法，要求國民黨予以切實的援助。如果沒有圓滿結果，决定以有效的革命方法來反對國民黨資本家的閉廠，爭取失業工人的生活保障。

迅速募足並超過三萬元，援助白區工友的罷工鬥爭！

各地募捐的光榮成績

紅一軍團全體紅色戰士用沖鋒殺敵的精神熱烈的募捐援助白區工友的罷工鬥爭，現在已經收到的捐款計七千八百四十六元九角二分，目前仍在繼續收集。

軍委第二被服廠的工友真是熱烈呀！在一次工人大會上，沒有半支香烟的工夫就募到大洋一百三十餘元。特別是曾明蓮同志捐了六元，陳志灝肖克學同志各捐五元，周發忠同志捐四元半，他們在會上大聲說：「前方的戰士正在和敵人血戰，白區工友正在和帝國主義資本家作艱苦鬥爭，我們也應該把一切服從於革命，應該盡力援助白區工友的英勇鬥爭！」

江西軍區供給部修械科的羅順蔚同志在募捐的時候拍一拍胸膛說：「我捐三塊大洋」其他的同志也不甘落後，結果不到半點鐘就募得二十七元。

第六後方醫院熱烈的訂立募捐競爭條約，散會後，全體工作人員與休養員八百四十人捐錢三百零八元一角七分。

贛縣江口鄉（江口區）原來自認募集一百元，可是他們認爲不夠，說「爲什麼我們只募這樣小的數目呢？」「好了，現在他們竟募到了一百八十餘元，集中的也有一百三十餘元了。

勝利縣各區工會主任聯席會議自動訂定募捐競賽，統計達到一千一百元　和原定的數字比一比，啊！竟超過了四百元，現在我們正在等着他們勝利的消息！

博生青塘區四天內完成了原定的計劃大洋七十元。

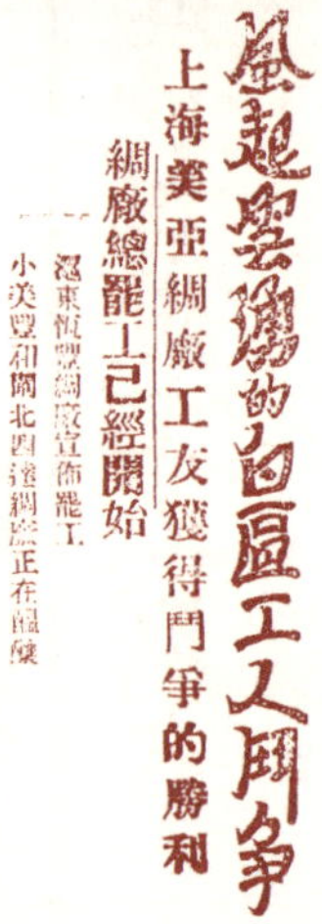

以群众的威力所获得的胜利

夺回被捕工友

美亚工友在这次的斗争中，经济的要求虽尚未达到圆满的结果，但是在政治上却获得许多胜利。例如工人们几次地抢回被捕的代表。九厂女工包围警察署，要求释放被捕工友和被没收的工人标语都已完全达到目的，并且还能公开地在街上贴标语而警察不敢干涉。四厂被捕的十二个工人领袖已在大批工人的要求下，释放出来。又有三十个工人因为贴标语被警察捕去，立即有二百多个工人去包围公安局。警察对工人说：“你们何必在马路上贴呢？在厂里面贴贴好了。”工人说：“因为我们要号召全上海的工友和劳苦大众来响应我们，援助我们。”警察说：“这就是共产党，共产党才在街上贴标语喊口号。”工人大怒，高声的说：“如果共产党是在街上贴标语唤口号，那么共产党就是对的！”结果，在群众的威胁下，三十多个被捕的工友全部释放出来了。

包围市政府

美亚全体工友四千余人到市政府请愿。市长吴铁城，出来讲了三次的滑头话，工人都不满意，包围市政府一天一夜不散。结果黄色工会代表假借老工会的名义说吴铁城已经答应了工人的要求，并雇了许多汽车把工人们送回去了。

阻止资本家搬货

资本家想把各分厂的生丝完全搬到总厂去，准备和工人作持久战，可是这个计划也在全体工人的反对下失败了。现在工人们从这些胜利的斗争中，已经更相信了自己力量的伟大，更加坚固地团结起来了。

资本家的调解委员会坍台

资本家为避免损失计，便利用了三百多个工厂职员和工程师等（这些家伙都是资本家的忠实走狗，压迫工人的混蛋。）组织了所谓调解委员会，提议将工人所要求的工资打一个九折或者九二折。工人不满，并坚决表示，不达目的，誓不复工！

風起雲湧的白區工人鬥爭

上海美亞綢廠工友獲得鬥爭的勝利

綢廠總罷工已經開始

——滬東恆豐綢廠宣佈罷工

小美豐和閘北四達綢廠正在醞釀

上海通訊：上海美亞綢廠的罷工，到現在，已經堅持了將近一個月。鬥爭的形勢正在猛烈的開展，綢廠總同盟罷工的形勢也已經開始了。滬東區恆豐綢廠的工人，約百餘人，因反對減少工資，已於上月二十七日宣佈罷工。小美豐和閘北四達綢廠的工人也減少了工資，罷工鬥爭正在醞釀，不久即可參加綢同盟罷工。

▲上海工友熱烈援助▼

美亞工人的英勇鬥爭不僅是影響到同業的工友，而且影響到其他的企業。如法南區錢和像興廠的工人自動募捐去援助；并要求美亞工人領導他們發動罷工。英美烟廠的工人也募集了二十餘元來援助，美亞工人便立即召集了群衆大會，熱烈的歡迎英美的工人代表。此外還有許多工廠的工人正在踴躍的募捐，并不斷的派代表去慰問。這樣，更壯大了美亞罷工的陣容，更提高了工人鬥爭的頑强性。

▲粉碎了取消派的破壞陰謀▼

美亞工人在這樣持久的英勇鬥爭中、政治的覺醒與組織性警惕性都大大的提高了，他們直接的粉碎了帝國主義國民黨資本家和一切反動派別的破壞陰謀。有一次取消派向工人說：「那些領導你們的全是史太林派，蘇聯是赤色帝國主義，你們不要相信他們，不要跟他們跑。」工人說：「我不管什麼派，我們要飯吃，要解放、所以要鬥爭。誰能正確的領導我們去鬥爭，我們就相信誰。你們所說的話，就是砍掉我的頭，也不相信！請你們趕快走開罷，這裏不須要你們這班家伙！」取消派掃了一鼻子灰去了。可是又有一次，取消派向工人說：「你們的工會是公開的還是秘密的？」工人說：「當然要公開的。」他們說：「那麼你們必須馬上到社會局去登記。」工人回答說：「你敎我們向國民黨去登記麼？鬼才會去呢！我們有的是自己的總罷委。」取消派的反革命走狗的面目完全在群衆面前暴露出來了。美亞綢廠的十個廠大半都成立了罷工委員會，沒有成立的也派了代表參加罷委，并成立了總同盟罷工委員會，組織了武裝糾察隊，寸步不離的保護着他們的領袖。

▲以群衆的威力所獲得的勝利▼

美亞工友在這次的鬥爭中，經濟的要求雖尚未達到圓滿的結果，但是在政治上却獲得許多勝利。例如工人們幾次的

奪回被捕工友

搶回被捕的代表。九廠女工包圍警察署，要求釋放被捕工友和被沒收的工人標語都已完全達到目的，并且還能公開的在街上貼標語而警察不敢干涉。四廠被捕的十二個工人領袖已在大批工人的要求下，釋放出來。又有三十個工人因爲貼標語被警察捕去，立即有二百多個工人去包圍公安局。警察對工人說：「你們何必在馬路上貼呢？在廠裏面貼好了。」工人說：「因爲我們要號召全上海的工友和勞苦大衆來響應我們，援助我們。」警察說：「這就是共產黨，共產黨才在街上貼標語號口號。」工人大怒，高聲的說：「如果共產黨是在街上貼標語喚口號，那麼共產黨就是對的！」結果，在群衆的威脅下，三十多個被捕的工友全部釋放出來了。

包圍市政府

美亞全體工友四千餘人到市政府請願。市長吳鐵城，出來講了三次的滑頭話，工人都不滿意，包圍市政府一天一夜不散。結果黃色工會代表假借老工會的名義說吳鐵城已經答應了工人的要求，并雇了許多汽車把工人們送回去了。

阻止資本家搬貨

資本家想把各分廠的生絲完全搬到總廠去，準備和工人作持久戰，可是這個計劃也在全體工人的反對下失敗了。現在工人們從這些勝利的鬥爭中，已經更相信了自己力量的偉大，更加堅固的團結起來了。

資本家的調解委員會坍台

資本家爲避免損失計，便利用了三百多個工廠職員和工程師等（這些家伙都是資本家的忠實走狗，壓迫工人的混蛋。）組織了所謂調解委員會，提議將工人所要求的工資打一個九折或者九二折。工人不滿，并堅決表示，不達目的，誓不復工！

上海閘北菜販包圍公安局

奪得步槍數枝

反對國民黨的苛捐雜稅

上海通訊：閘北販賣蔬菜的農民，因小菜場（國民黨指定的賣菜場所）收捐過重，便紛紛離開菜場，在馬路上兜售。國民黨因爲影響到他的收入，便指揮警察用木棍來驅逐，并任意捕人，課以罰金。菜販爲要保障自己的生活，便起來反抗國民黨的暴行。結果又有菜販四十餘人被捕，并有老婦數人受傷。因此激起了廣大群衆的憤怒，全體菜販和他們的家屬約四千餘人便立即集合起來，包圍該區公安局，并奪得警察的步槍數枝。附近商店，也因事態擴大，全體罷市了。

上海絲廠工人大批失業

▲絲價狂跌，百餘家絲廠停工

▲工人要求國民黨切實救濟

上海電：上海絲廠因歐美市場中華絲價格大跌，（每擔僅值四百八九十元。）且銷路呆滯，資本家賺錢很少，所以全上海一百多家絲廠中，除幾家資本雄厚的尚未停工外，已全部關門了。以致整萬的工人發生了生活的恐慌。現在他們已經組織了失業救濟委員會，決定了徹底的根本辦法，要求國民黨予以切實的援助。如果沒有圓滿結果，決定以有效的革命方法來反對國民黨資本家的關廠，爭取失業工人的生活保障。

迅速募足並超過三萬元，援助白區工友的罷工鬥爭！

各地募捐的光榮成績

紅一軍團全體紅色戰士用冲鋒殺敵的精神熱烈的募捐援助白區工友的罷工鬥爭，現在已經收到的捐款計七千八百四十六元九角二分，目前仍在繼續收集。

軍委第一被服廠的工友眞是熱烈呀！在一次工人大會上，沒有半支香烟的工夫就募到大洋一百三十餘元。特別是曾明達同志捐了六元，陳志譚肖克學同志各捐五元，周發忠同志捐四元半，他們在會上大聲說：「前方的戰士正在和敵人血戰，白區工友正在和帝國主義資本家作艱苦鬥爭，我們也應該把一切服從於革命，應該盡力援助白區工友的英勇鬥爭！」

江西軍區供給部修械科的羅順蔚同志在募捐的時候拍一拍胸膛說：「我捐三塊大洋」其他的同志也不甘落後，結果不到半點鐘就募得二十七元。

第六後方醫院熱烈的訂立募捐競爭條約，散會後，全體工作人員與休養員八百四十人捐錢三百零八元一角七分。

贛縣江口鄉（江口區）原來自認募集一百元，可是他們認爲不夠，說「爲什麼我們只募這樣小的數目呢？」好了，現在他們竟募到了一百八十餘元，集中的也有一百三十餘元了。

勝利縣各區工會主任聯席會議自動訂定募捐競賽，統計達到一千一百元　和原定的數字比一比，啊！竟超過了四百元，現在我們正在等着他們勝利的消息！

博生青塘區四天內完成了原定的計劃大洋七十元。

期：红色中华零一百七十一期

版：零四版

时间：一九三四年四月五日

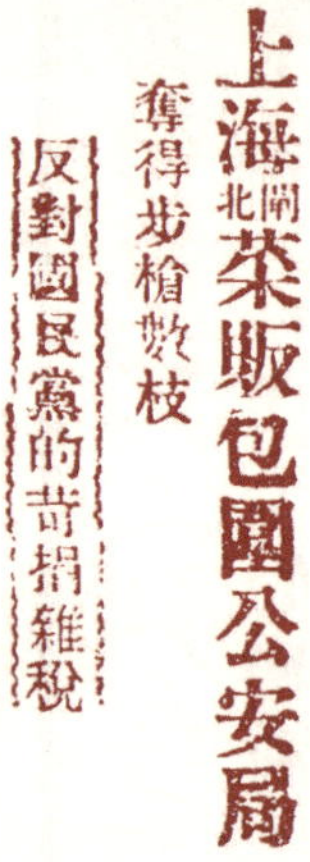

上海闸北菜贩包围公安局夺得步枪数枝[支]

反对国民党的苛捐杂税

上海通讯：闸北贩卖蔬菜的农民，因小菜场（国民党指定的卖菜场所）收捐过重，便纷纷离开菜场，在马路上兜售。国民党因为影响到他的收入，便指挥警察用木棍来驱逐，并任意捕人，课以罚金。菜贩为要保障自己的生活，便起来反抗国民党的暴行。结果又有菜贩四十余人被捕，并有老妇数人受伤。因此激起了广大群众的愤怒，全体菜贩和他们的家属约四千余人便立即集合起来，包围该区公安局，并夺得警察的步枪数枝［支］。附近商店，也因事态扩大，全体罢市了。

風起雲湧的白區工人鬥爭

上海美亞綢廠工友獲得鬥爭的勝利

綢廠總罷工已經開始

——滬東恆豐綢廠宣佈罷工　小美豐和閘北四達綢廠正在醞釀

上海通訊：上海美亞綢廠的罷工，到現在，已經堅持了將近一個月。鬥爭的形勢正在猛烈的開展，綢廠總同盟罷工的形勢也已經開始了。滬東區恆豐綢廠的工人，約百餘人，因反對減少工資，已於上月二十七日宣佈罷工。小美豐和閘北四達綢廠的工人也減少了工資，罷工鬥爭正在醞釀，不久即可參加綢同盟罷工。

▲上海工友熱烈援助▼

美亞工人的英勇鬥爭不僅是影響到同業的工友，而且影響到其他的企業。如法南區蘇和像膠廠的工人自動募捐去援助；并要求美亞工人領導他們發動罷工。英美烟廠的工人也募集了二十餘元去援助，美亞工人便立即召集了群衆大會，熱烈的歡迎英美的工人代表。此外還有許多工廠的工人正在踴躍的募捐，并不斷的派代表去慰問。這樣，更壯大了美亞罷工的陣容，更提高了工人鬥爭的頑强性。

▲粉碎了取消派的破壞陰謀▼

美亞工人在這樣持久的英勇鬥爭中、政治的覺醒與組織性警惕性都大大的提高了，他們直接的粉碎了帝國主義國民黨資本家和一切反動派別的破壞陰謀。有一次取消派向工人說：「那些領導你們的全是史太林派，蘇聯是赤色帝國主義，你們不要相信他們，不要跟他們跑。」工人說：「我不管什麼派，我們要飯吃，要解放、所以要鬥爭。誰能正確的領導我們去鬥爭，我們就相信誰。你們所說的話，就是砍掉我的頭，也不相信！請你們趕快走開吧，這裏不須要你們這批傢伙！」取消派擠了一鼻子灰去了。可是又有一次，取消派向工人說：「你們的工會是公開的還是秘密的？」工人說：「當然要公開的。」他們說：「那麼你們必須馬上到社會局去登記。」工人回答說：「你敎我們向國民黨去登記麼？鬼才會去呢！我們有的是自己的總罷委。」取消派的反革命走狗的面目完全在群衆面前暴露出來了。美亞綢廠的十個廠大半都成立了罷工委員會，沒有成立的也派了代表參加罷委，并成立了總同盟罷工委員會，組織了武裝糾察隊，寸步不離的保護着他們的領袖。

▲以群衆的威力所獲得的勝利▼

美亞工友在這次的鬥爭中，經濟的要求雖尚未達到圓滿的結果，但是在政治上却獲得許多勝利。例如工人們幾次的

奪回被捕工友

搶回被捕的代表。九廠女工包圍警察署，要求釋放被捕工友和被沒收的工人標語都已完全達到目的，并且還能公開的在街上貼標語而警察不敢干涉。四廠被捕的十二個工人領袖已在大批工人的要求下，釋放出來。又有三十個工人因爲貼標語被警察捕去，立即有二百多個工人去包圍公安局。警察對工人說：「你們何必在馬路上貼呢？在廠裏面貼貼好了。」工人說：「因爲我們要號召全上海的工友和勞苦大衆來響應我們，援助我們。」警察說：「這就是共產黨，共產黨才在街上貼標語口號。」工人大怒，高聲的說：「如果共產黨是在街上貼標語喊口號，那麼共產黨就是對的！」結果，在群衆的威脅下，三十多個被捕的工友全部釋放出來了。

包圍市政府

美亞全體工友四千餘人到市政府請願。市長吳鐵城，出來講了三次的滑頭話，工人都不滿意，包圍市政府一天一夜不散。結果黃色工會代表假借老工會的名義說吳鐵城已經答應了工人的要求，并雇了許多汽車把工人們送回去了。

阻止資本家搬貨

資本家想把各分廠的生絲完全搬到總廠去，準備和工人作持久戰，可是這個計劃也在全體工人的反對下失敗了。現在工人們從這些勝利的鬥爭中，已經更相信了自己力量的偉大，更加堅固的團結起來了。

資本家的調解委員會坍台

資本家爲避免損失計，便利用了三百多個工廠職員和工程師等（這些傢伙都是資本家的忠實走狗，壓迫工人的混蛋。）組織了所謂調解委員會，提議將工人所要求的工資打一個九折或者九二折。工人不滿，并堅決表示，不達目的，誓不復工！

上海閘北菜販包圍公安局

奪得步槍數枝

反對國民黨的苛捐雜稅

上海通訊：閘北販賣蔬菜的農民，因小菜場（國民黨指定的賣菜場所）敲捐過重，便紛紛離開菜場，在馬路上兜售。國民黨因爲影響到他的收入，便指揮警察用木棍來驅逐，并任意捕人，課以罰金。菜販爲要保障自己的生活，便起來反抗國民黨的暴行。結果又有菜販四十餘人被捕，并有老婦數人受傷。因此激起了廣大群衆的憤怒，全體菜販和他們的家屬約四千餘人便立即集合起來，包圍該區公安局，并奪得警察的步槍數枝。附近商店，也因事態擴大，全體罷市了。

上海絲廠工人大批失業

▲絲價狂跌，百餘家絲廠停工

▲工人要求國民黨切實救濟

上海電：上海絲廠因歐美市場中華絲價格大跌，（每擔僅值四百八九十元。）且銷路呆滯，資本家賺錢很少，所以全上海一百多家絲廠中，除幾家資本雄厚的尚未停工外，已全部關門了。以致整萬的工人發生了生活的恐慌。現在他們已經組織了失業救濟委員會，擬定了徹底的根本辦法，要求國民黨予以切實的援助。如果沒有圓滿結果，決定以有效的革命方法來反對國民黨資本家的閉廠，爭取失業工人的生活保障。

迅速募足並超過三萬元，援助白區工友的罷工鬥爭！

各地募捐的光榮成績

紅一軍團 全體紅色戰士用冲鋒殺敵的精神熱烈的募捐援助白區工友的罷工鬥爭，現在已經收到的捐款計七千八百四十六元九角二分，目前仍在繼續收集。

軍委第二被服廠的工友真是熱烈呀！在一次工人大會上，沒有半支香烟的工夫就募到大洋一百三十餘元。特別是曾朗達同志捐了六元，陳志譚肖克學同志各捐五元，周發忠同志捐四元半，他們在會上大聲說：「前方的戰士正在和敵人血戰，白區工友正在和帝國主義資本家作艱苦鬥爭，我們也應該把一切服從於革命，應該盡力援助白區工友的英勇鬥爭！」

江西軍區供給部 修械科的羅順蔚同志在募捐的時候拍一拍胸膛說：「我捐三塊大洋」其他的同志也不甘落後，結果不到半點鐘就募得二十七元。

第六後方醫院 熱烈的訂立募捐競爭條約，散會後，全體工作人員與休養員八百四十人捐錢三百零八元一角七分。

贛縣江口鄉（江口區）原來自認募集一百元，可是他們認爲不夠，說「爲什麼我們只募這樣小的數目呢？」好了，現在他們竟募到了一百八十餘元，集中的也有一百三十餘元了。

勝利縣 各區工會主任聯席會議自動訂定募捐競賽，統計達到一千一百元　和原定的數字比一比，啊！竟超過了四百元，現在我們正在等着他們勝利的消息！

博生青塘區 四天內完成了原定的計劃大洋七十元。

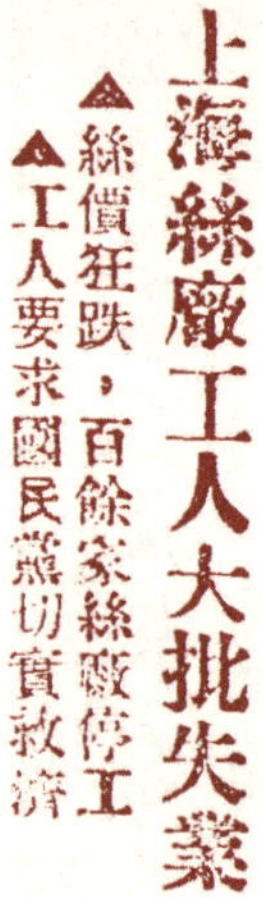
上海絲廠工人大批失業
▲絲價狂跌，百餘家絲廠停工
▲工人要求國民黨切實救濟

期：红色中华零一百七十一期

版：零四版

时间：一九三四年四月五日

上海丝厂工人大批失业

丝价狂跌，百余家丝厂停工
工人要求国民党切实救济

上海电：上海丝厂因欧美市场中华丝价格大跌，（每担仅值四百八九十元。）且销路呆滞，资本家赚钱很少，所以全上海一百多家丝厂中，除几家资本雄厚的尚未停工外，已全部关门了。以致整万的工人发生了生活的恐慌。现在他们已经组织了失业救济委员会，制定了彻底的根本办法，要求国民党予以切实的援助。如果没有圆满结果，决定以有效的革命方法来反对国民党资本家的关厂，争取失业工人的生活保障。

紅色中華　第一七一期　第四版

風起雲湧的白區工人鬥爭

上海美亞綢廠工友獲得鬥爭的勝利

綢廠總罷工已經開始

——滬東恆豐綢廠宣佈罷工
小美豐和閘北四達綢廠正在醞釀

上海通訊：上海美亞綢廠的罷工，到現在，已經堅持了將近一個月。鬥爭的形勢正在猛烈的開展，綢廠總同盟罷工的形勢也已經開始了。滬東區恆豐綢廠的工人，約百餘人，因反對減少工資，已於上月二十七日宣佈罷工。小美豐和閘北四達綢廠的工人也減少了工資，罷工鬥爭正在醞釀，不久即可參加總同盟罷工。

▲上海工友熱烈援助▼

美亞工人的英勇鬥爭不僅是影響到同業的工友，而且影響到其他的企業。如法商電氣和橡膠廠的工人自動募捐去援助；并要求美亞工人領導他們發動罷工。英美烟廠的工人也募集了二十餘元去援助，美亞工人便立即召集了群衆大會，熱烈的歡迎英美的工人代表。此外還有許多工廠的工人正在踴躍的募捐，并不斷的派代表去慰問。這樣，更壯大了美亞罷工的陣容，更提高了工人鬥爭的頑強性。

▲粉碎了取消派的破壞陰謀▼

美亞工人在這樣持久的英勇鬥爭中，政治的覺醒與組織性警惕性都大大的提高了，他們直接的粉碎了帝國主義國民黨資本家和一切反動派別的破壞陰謀。有一次取消派向工人說：「那些領導你們的全是史太林派，蘇聯是赤色帝國主義，你們不要相信他們，不要跟他們跑。」工人說：「我不管什麼派，我們要飯吃，要解放、所以要鬥爭。誰能正確的領導我們去鬥爭，我們就相信誰。你們所說的話，就是砍掉我的頭，也不相信！請你們趕快走開吧，這裏不須要你們這批傢伙！」取消派捱了一鼻子灰去了。可是又有一次，取消派向工人說：「你們的工會是公開的還是秘密的？」工人說：「當然要公開的。」他們說：「那麼你們必須馬上到社會局去登記。」工人回答說：「你教我們向國民黨去登記麼？鬼才會去呢！我們有的是自己的總罷委。」取消派的反革命走狗的面目完全在群衆面前暴露出來了。美亞綢廠的十個廠大半都成立了罷工委員會，沒有成立的也派了代表參加總罷委，并成立了總同盟罷工委員會，組織了武裝糾察隊，寸步不離的保護着他們的領袖。

△以群衆的威力所獲得的勝利▽

美亞工友在這次的鬥爭中，經濟的要求雖尚未達到圓滿的結果，但是在政治上却獲得許多勝利。

……奪回被捕工友……

例如工人們幾次的搶回被捕的代表。九廠女工包圍警察署，要求釋放被捕工友和被沒收的工人標語都已完全達到目的，并且還能公開的在街上貼標語而警察不敢干涉。四廠被捕的十二個工人領袖已在大批工人的要求下，釋放出來。又有三十個工人因爲貼標語被警察捕去，立即有二百多個工人去包圍公安局。警察對工人說：「你們何必在馬路上貼呢？在廠裏面貼貼好了。」工人說：「因爲我們要號召全上海的工友和勞苦大衆來響應我們，援助我們。」警察說：「這就是共產黨，共產黨才在街上貼標語號口號。」工人大怒，高聲的說：「如果共產黨是在街上貼標語喊口號，那麼共產黨就是對的！」結果，在群衆的威脅下，三十多個被捕的工友全部釋放出來了。

……包圍市政府……

美亞全體工友四千餘人到市政府請願。市長吳鐵城，出來講了三次的滑頭話，工人都不滿意，包圍市政府一天一夜不散。結果黃色工會代表假借老工會的名義說吳鐵城已經答應了工人的要求，并雇了許多汽車把工人們送回去了。

……阻止資本家搬貨……

資本家想把各分廠的生絲完全搬到總廠去，準備和工人作持久戰，可是這個計劃也在全體工人的反對下失敗了。現在工人們從這些勝利的鬥爭中，已經更相信了自己力量的偉大，更加堅固的團結起來了。

……資本家的調解委員會坍台……

資本家爲避免損失計，便利用了三百多個工廠職員和工程師等（這些傢伙都是資本家的忠實走狗，壓迫工人的混蛋。）組織了所謂調解委員會，提議將工人所要求的工資打一個九折或者九二折。工人不滿，并堅決表示，不達目的，誓不復工！

上海閘北菜販包圍公安局

奪得步槍數枝

反對國民黨的苛捐雜稅

上海通訊：閘北販賣蔬菜的貧民，因小菜場（國民黨指定的賣菜場所）敲捐過重，便紛紛離開菜場，在馬路上兜售。國民黨因爲影響到他的收入，便指揮警察用木棍來驅逐，并任意捕人，課以罰金。菜販爲要保障自己的生活，便起來反抗國民黨的暴行。結果又有菜販四十餘人被捕，并有老婦數人受傷。因此激起了廣大群衆的憤怒，全體菜販和他們的家屬約四千餘人便立即集合起來，包圍該區公安局，并奪得警察的步槍數枝。附近商店，也因事態擴大，全體罷市了。

上海絲廠工人大批失業

▲絲價狂跌，百餘家絲廠停工
▲工人要求國民黨切實救濟

上海電：上海絲廠因歐美市場中華絲價格大跌，（每擔僅值四百八九十元。）且銷路呆滯，資本家賺錢很少，所以全上海一百多家絲廠中，除幾家資本雄厚的尚未停工外，已全部關門了。以致整萬的工人發生了生活的恐慌。現在他們已經組織了失業救濟委員會，擬定了徹底的根本辦法，要求國民黨予以切實的援助。如果沒有圓滿結果，決定以有效的革命方法來反對國民黨資本家的關廠，爭取失業工人的生活保障。

迅速募足並超過三萬元，援助白區工友的罷工鬥爭！

各地募捐的光榮成績

紅一軍團 全體紅色戰士用衝鋒殺敵的精神熱烈的募捐援助白區工友的罷工鬥爭，現在已經收到的捐款計七千八百四十六元九角二分，目前仍在繼續收集。

軍委第二被服廠的工友真是熱烈呀！在一次工人大會上，沒有半支香烟的工夫就募到大洋一百三十餘元。特別是曾明達同志捐了六元，陳志凱肖克學同志各捐五元，周發忠同志捐四元半，他們在會上大聲說：「前方的戰士正在和敵人血戰，白區工友正在和帝國主義資本家作艱苦鬥爭，我們也應該把一切服從於革命，應該盡力援助白區工友的英勇鬥爭！」

江西軍區供給部修械科的羅順昌同志在募捐的時候拍一拍胸膛說：「我捐三塊大洋」其他的同志也不甘落後，結果不到半點鐘就募得二十七元。

第六後方醫院熱烈的訂立募捐競爭條約，散會後，全體工作人員與休養員八百四十人捐錢三百零八元一角七分。

贛縣江口鄉（江口區）原來自認募集一百元，可是他們認爲不夠，說「爲什麼我們只募這樣小的數目呢？」「好了，現在他們竟募到了一百八十餘元，集中的也有一百三十餘元了。

勝利縣各區工會主任聯席會議自動訂定募捐競賽，統計達到一千一百元　和原定的數字比一比，啊！竟超過了四百元，現在我們正在等着他們勝利的消息！

博生青塘區四天內完成了原定的計劃大洋七十元。

期
红色中华零一百七十三期
版
零四版
时间
一九三四年四月一十日

国民党又大借外债

上海电：据可靠的消息，国民党又向国际银行团资本家商借大批款项，作为进攻苏区和进攻红军的经费，这一借款正在谈判之中，并引起日本帝国主义及其银行界的注意。昨天上海某报已经透露了这一消息，并暗指上海银行家企图在这一借款中获得利益，将创立一个大的银行团，和外国银行团互相勾结，来加紧的剥削中国群众。日本则在准备向国际银行团抗议，因为日帝国主义要独占对华投资的利益，企图把中国变为它的保护国，日本这种态度已引起了各界严重的注意。但国民党政府是投降帝国主义出卖中国的惯贼，这一次借款，无论如何要达到目的才罢，因为国民党政府财政恐慌，已经没有方法继续他的血腥的统治，不得不竭尽一切力量，进行任何无耻的卖国的勾当，以求得到借款，进攻苏区和红军，以维持地主资产阶级垂死的统治云。

纪念“五一”反对国民党出卖中国！

紀念「五一」反對帝國主義瓜分中國！

在英帝國主義宰割下的中國西部

積極進行吞併新疆

英帝國主義指使新疆回部酋長，組織南疆「獨立」政府，并積極向新疆中部進攻，已誌本報。最近英帝國主義并接濟該「獨立」政府大批武器，該政府領袖畢薩畢脫杜廖拉亦已秉承英帝國主義意旨，派人赴阿富汗印度等地，宣言脫離中國，驅逐漢人，并在回民中進行排斥漢人的宣傳，情形極爲嚴重。

新疆是中國最大的一個省，比滿洲大一倍半，比四川大三倍，比我們中央蘇區要大十幾倍，密接着蘇聯中亞細亞的邊境。英帝國主義這次積極進攻新疆，一方面是爲了瓜分中國，另一方面也正是爲了加緊佈置進攻蘇聯。武裝保護蘇聯的任務，是需要我們更加緊的去進行了。

指揮藏軍進逼西康

英帝國主義上月間曾指揮西藏軍隊渡金沙江進攻西康，包圍了德格昭城。一直到現在，我們還沒有得到康藏戰事解決的消息，當然我們可以料想得到，英帝國主義是不會一分一毫停止侵略康藏的强盜行爲，國民黨軍閥當然是無條件投降出賣的。

最近，在英帝國主義指使下的西藏代表團，又來請班禪喇嘛回西藏去，因爲恐怕班禪喇嘛勾引別的帝國主義去沾染英帝國主義在西藏的强盜的特權，防礙了英帝國主義侵略康藏的利益，帝國主義爲要加緊剝削殖民地的勞苦羣衆，對於一切封建的僧侶和領主們，是隨時隨地都在操縱着利用着。

英帝國主義進攻雲南

▲侵略班洪的經過▼

班洪通信：班洪地處雲南西南邊境，與英帝國主義的殖民地緬甸交界，俗名叫野人山，地產五金寶石美玉，極爲富饒。人民叫做野卡瓦，歸酋長卜葫盧王統治。英帝國主義老早就想佔領這個地方，以便進一步的瓜分雲南和中國西部，曾經屢次在該地自由開闢礦山，國民黨國民政府不但絲毫沒有抵抗，反而歡迎英帝國主義在那裏自由的剝削榨取羣衆的血汗，英帝國主義就在那裏順利的佈置了進攻的步驟。

去年十二月十四日，英帝國主義派遣了大批的走狗到達班洪，和當地的土司勾結，召集一部份民衆開會，煽動野卡瓦人反對漢人，十二月十九日就派遣了二千多名的軍隊，攜帶武裝和器具，侵入班洪，强迫民衆修築汽車路，并有繼續向雲南進攻的形勢。國民黨軍閥同樣的毫無抵抗，使英帝國主義的勢力更加猖獗；更加凶惡的向羣衆進攻，驅使班洪民衆開闢礦山，修築馬路，班洪民衆在帝國主義進攻和國民黨的出賣之下，遭遇了和緬甸羣衆同樣的命運。

班洪民衆因爲受盡了英帝國主義非人的虐待與屠殺，已經自動武裝起來和英帝國主義的軍隊鬥爭。本年二月間，班洪民衆和英帝國主義的軍隊發生直接的冲突，開始了武裝的戰鬥，這個英勇的鬥爭影響了滇緬邊界的被壓迫羣衆，紛紛起來響應班洪羣衆的革命的行動，這一鬥爭，現在正在猛烈的開展中。

眞理報論西藏形勢

莫斯科電：眞理報論「西藏的紛糾」，認爲最近西藏代表團進謁班禪喇嘛，請其回藏，這是西藏內戰的開始已經成熟的表現，因爲班禪自逃出西藏以來，到處勾結各帝國主義，企圖進行共同瓜分西藏，因此引起英國獨佔利益的危害與不安。但是，很明顯的，西藏是英帝國主義侵略殖民地政策的重要的一環，英國曾經在西藏創立了武裝集團以對付中國軍隊的活動。英國目前的策略，即欲使大西藏變爲「小」西藏，以進行逐步的併吞云。

日本帝國主義蹂躪下的華北

▲馬蘭峪仍被姦淫屠殺中

天津五日電：馬蘭谷等地，近日發現很多日本飛機，往來偵察，日本軍隊正在進行軍事準備，派了很多的日本流氓，和滿洲國軍隊一起，在各處向民衆掠奪器具糧食，任意姦淫屠殺，極爲殘酷。

▲滿洲屯駐有七師團日兵

瀋陽電：日帝國主義駐在滿洲的軍隊，現已達七個師團，滿洲國軍隊則有三十一個旅，尚有各地保衛團等不在內。日帝國主義在滿洲配置這樣雄厚的兵力，無疑的是爲了要加緊掠奪華北和進攻蘇聯云。

▲日本流氓勾結內蒙王公

北平電：日帝國主義近日派遣大批漢奸，到察哈爾綏遠等內蒙各省，勾結各地王公，企圖把它的血手伸到內蒙去，以進攻蒙古人民共和國和蘇聯。無恥的國民黨軍閥，正在宣傳所謂「內蒙自治」，以緩和羣衆反對日本帝國主義的鬥爭，掩護日本帝國主義進攻內蒙，盡其走狗的作用，但羣衆深刻的認識了國民黨的鬼臉，不肯相信它的反動欺騙，因此反日本帝國主義的鬥爭并不稍減云。

▲招收中國兵進攻義勇軍

天津電：日本帝國主義，近在中國關內招兵，已經招收數千名，正在準備運往滿洲編練。招收的方法係假借招收華工爲名，企圖把這些中國的人民，驅到滿洲去進攻義勇軍，作日本帝國主義的砲灰云。

▲吉林依蘭發現兵士暴動

吉林電：駐紮依蘭的滿洲國軍隊，日前發生兵士暴動，與駐在該地的日軍開戰，并擊斃日軍官飯塚大尉。日帝國主義軍隊正在派部增援，結果尚未明瞭云。

▲義勇軍反日鬥爭的活躍

瀋陽電：延吉汪清縣羅子溝，日前突然發現反日義勇軍百餘名，襲擊駐在當地的滿洲國駐軍，滿軍因事出倉卒，不及應戰，當即退出該地，現該地已被義勇軍佔領，滿洲國軍隊正在請求日本帝國主義的軍隊增援。

國民黨又大借外債

紀念「五一」反對國民黨出賣中國！

上海電：據可靠的消息，國民黨又向國際銀行團資本家商借大批款項，作爲進攻蘇區和紅軍的經費，這一借款正在談判之中，并引起日本帝國主義及其銀行界的注意。昨天上海某報已經透露了這一消息，并暗指上海銀行家企圖在這一借款中獲得利益，將創立一個大的銀行團，和外國銀行團互相勾結，來加緊的剝削中國羣衆。日本則在準備向國際銀行團抗議，因爲日本帝國主義要獨佔對華投資的利益，企圖把中國變爲它的保護國，日本這種態度已引起了各界嚴重的注意。但國民黨政府是投降帝國主義出賣中國的慣賊，這一次借款，無論如何要達到目的才罷，因爲國民黨政府財政恐慌，已經沒有方法繼續他的血腥的統治，不得不竭盡一切力量，進行任何無恥的賣國的勾當，以求得到借款，進攻蘇區和紅軍，以維持地主資產階級垂死的統治云。

紅色小辭典

阿富汗　國名，在中國西邊，和蘇聯，印度，波斯等國家交界，阿富汗現在名義上是獨立國，實際上等於英帝國主義的殖民地，政治和經濟都操縱在英帝國主義手中。

印度　國名，在中國西南，和西藏交界，有三萬萬人口。現在是英帝國主義的殖民地，國內正生長着反對英帝國主義的民族革命鬥爭。

西康　中國地名，在四川的西邊。

班禪喇嘛　西藏的宗教領袖，西藏封建勢力的代表。

緬甸　國名，有一千二百萬人口，和印度及中國的雲南交界　現在是英帝國主義的殖民地。

王公　內蒙古各部落的封建領主。

談判　就是雙方派遣代表討論問題。

抗議　對一件事情提出絕對反對的意見叫做抗議。

期：红色中华零一百七十六期
版：零四版
时间：一九三四年四月十七日

"五一"示威声中白区工人的斗争阵容

上海马桶工人向国民党举行粪车示威

上海电：沪西一带的马桶工人，因反对国民党公安局增收苛捐什税，于十日晨，将满装粪便的粪车数十辆，推至国民党公安局沪西分所门口，并将数车粪便倒在门口地下，然后散去，进行继续斗争的布置。

纪念"五一"援助白区工人的英勇斗争！

一七六期　紅色中華　第四版

紀念「五一」援助白區工人的英勇鬥爭！

「五一」示威聲中 白區工人的鬥爭陣容

唐山工人反抗國民黨武裝鎮壓

天津九日電：唐山開灤各礦及華新啓新各廠工人的罷工鬥爭，情勢益趨嚴重，國民黨河北省政府曾於六日責成陶尙銘於三日內解決工潮，現三日的期限已滿，而工人階級的英勇鬥爭，幷不爲法西斯蒂的逮捕屠殺威脅軟禁所屈服，鬥爭情緒反而更加高漲，開灤工人幷有極精密的佈置，準備反抗國民黨更進一步的武裝進攻，日本帝國主義在華北工人這一鬥爭前面大起恐慌，已於九日派人偕陶尙銘赴津，和國民黨軍閥于學忠磋商鎭壓工人鬥爭的辦法，于學忠仍責令陶尙銘採取「斷然處置」，以血的恐怖鎭壓罷工工人的鬥爭。華北工人羣衆已淸楚地認識了帝國主義國民黨猙獰的面目，已有充分的準備云。

湖州絲廠工人搗毀國民黨縣政府

上海電：浙江湖州絲廠的工人，因反對資本家裁減工資，宣佈罷工，資本家即調遣國民黨湖州縣政府的軍隊前去鎭壓工人鬥爭，引起工人更英勇的反抗，日前聚集有四千餘工人，進攻國民黨湖州縣政府，將縣政府搗毀，與國民黨軍隊發生武裝冲突，軍隊開槍擊死傷工人多名。現尙在相持中，國民黨湖州縣政府已調兵兩連駐守，以防工人再度進擊。

無錫慶豐紗廠工人與國民黨軍隊發生武裝衝突

無錫電：無錫慶豐工廠的工人，最近又舉行罷工，反抗資本家的壓迫，幷與國民黨軍隊發生武裝衝突，軍隊開槍擊傷女工多名，女工阿鳳幷於受傷後被捕，因此引起工人羣衆更大的憤怒，鬥爭仍在繼續中。

上海馬桶工人向國民黨舉行糞車示威

上海電：滬西一帶的馬桶工人，因反對國民黨公安局增收苛捐什稅，於十日晨，將滿裝糞便的糞車數十輛，推至國民黨公安局滬西分所門口，幷將數車糞便倒在門口地下，然後散去，進行繼續鬥爭的佈置。

彈藥廠工人 在生產戰線上的活躍

彈藥廠工人在準備紀念「五一」勞動節的面前，大大的發揚了工作積極性，提高了勞動紀律，以新的態度對待着新的勞動，他們將以生產戰線之英雄的名義來紀念偉大的「五一」勞動節，下面便是他們在生產戰線上活躍的情形：

早點上工，遲點散工，加緊做工。

彈藥廠在過去曾發生嚴重的問題，經黨團政府工會共同組織了突擊隊到工廠去突擊，洗刷幷處罰了少數破坏生產的害虫以後，工作便有了很大的轉變，全體工人經常的提早上工，遲些下工，幷且在工作時間內，也很能努力於生產速度的增加，以適應革命戰爭猛烈開展的需要。

努力創造，努力發明，努力研究。

工人們爲要衝破敵人的封鎖，增加武器的生產，便大大的發揮了無產階級的創造性，不但創造了新的技術，幷且發明了許多機件，如陳明貴同志發明了各種槍上的零件，這些零件都是很不容易製造的，此外還有許多工友共同研究機件的也得了不少的成績。

不浪費材料，不耗費時間。

現在全廠工友都能以新的態度對待新的勞動，特別是節省材料一方面得了很大的成績，他們很耐心的收集地上的碎鐵，不使材料有點浪費，幷且能夠有計劃的進行生產，精確的計算原料的分量，因此機件的製造，已經沒有過大過小或過長過短過多過少，那樣浪費材料又花費工夫的現象了，就拿打槍筒說，一枝槍筒一定要幾斤鐵才不大不小，都有了詳細的規定。

他們還組織了赤衛軍，每星期實行軍事訓練，幷且利用休息時間，從事文化教育的工作。對於援助白區工人鬥爭的募捐運動，也非常熱烈，最近他們已經募集了將近二百元，還自動節省了幾天的工資優待紅軍家屬。

各國家企業的工友們，在偉大的「五一」國際勞動節面前，我們必須發揮革命之領導者的精神，在各個戰線上特別是生產戰線爭取最光榮的模範，領導廣大的羣衆，以新的態度對待新的勞動，因爲蘇維埃的國家企業是我們工農勞苦羣衆自己的財產，我們是爲着自己的利益爲着革命戰爭的勝利而工作，不是爲資本家做牛馬。

同志們！戰鬥的動員起來，爲着迎接偉大的「五一」勞動節，我們每一個工人，都應該是各個戰線上的英雄！

（狂夫）

瑞京工人紀念紅「五一」的文化教育工作

瑞京城市工人，在瑞京縣工聯文教部直接幫助與指導之下，正在爲着執行全總執行局文教部的「五一」勞動節「工作計劃」和「工作決定」而戰鬥着！

用了幾個具體辦法宣傳無產階級國際的團結和最近國際與中國白區無產階級的偉大革命鬥爭。

一，決定了四月一個月，表演新劇六次宣傳「五一」國際勞動節的意義，（五天一次）一號到十號已表演了三次，表演新劇的方法：一方面表演，一方面做口頭的宣傳解釋。

二，「五一」前舉行全城市羣衆紀念「五一」勞動節的講演大會，（決定講演二次）宣傳「五一」國際勞動節的意義。

三，宣傳隊，化裝講演隊正在訓練，將到四郊各街道各房屋去宣傳，幷動員全城市羣衆熱烈參加「五一」節武裝示威大會。

四，印發了很簡明的傳單，根據「五一」節標語意義，畫了三十多張很美麗的標語，十多塊黃排掛的木板標語（也畫得很美麗）

工人學校建立起來了

建立了「瑞京城市工人學校」一所，裏面分：工人補習班（在業工人晚上上課）工人子弟班，半日班（十二歲以上的工人子弟及學徒女工等）幷附設了列甯小學，學生已達二百人以上（工人補習班在內）幷且還訂立了發展學生的競賽。「五一」前以競賽精神做到不識字的學生至少認識五十個字。

工人俱樂部正在整頓 藍球隊出發汀州比賽

過去瑞京城市工人俱樂部是掛名的。現在都有大部份工人加入了，而且歡迎四郊貧民參加。經常不斷的進行文化工作，最近組織了一隊籃球隊出發汀州與汀州工人比賽。

向汀州工人提出競賽「挑戰」 決定組織參觀團到汀州參觀！

城市工人宣稱：「堅決爲完成全總執行局文化教育部的「五一」勞動節「工作計劃」「工作決定」而戰鬥」以全城市工人的名義寫了一封信給汀州市全體工人去「挑戰」要求競賽。幷決定「五一」前後組織參觀團到汀州參觀，以交換工作經驗。

（郭南熙）

上海美亞工人血战法西斯帝
◀工人包围工廠毆打工賊圍困上海國民黨市政府▶
◀國民黨法西斯蒂大屠殺工人死一百人傷九百人▶
◀全上海醞釀着綢廠工人總同盟罷工回答法西斯蒂▶

期：红色中华零一百七十八期

版：零四版

时间：一九三四年四月二十一日

上海美亚工人血战法西斯帝

工人包围工厂殴打工贼围困上海国民党市政府，国民党法西斯蒂大屠杀工人死一百人伤九百人，全上海酝酿着绸厂工人总同盟罢工回答法西斯蒂

上海美亚绸厂工人，罢工反对国民党资本家的进攻，详情已志本报，工人阶级在斗争过程中，英勇坚决地粉碎了国民党，黄色工会等镇压罢工出卖罢工的阴谋。虽然黄色工会用尽了一切改良欺骗的方法，企图引诱工人于十二日复工，但十二日早晨并没有一个工人上工，相反的，工人的斗争情绪是更加高涨了，并组织了积极的行动来回答资本家，国民党及黄色工会的欺骗。

资本家看见黄色工会的欺骗没有效果，便采取了更残酷的手段，改坏了工人的饭菜，工人群众一致反对资本家改坏饭菜的企图，集合起来殴打工贼，并追赶到资本家办公室，包围老板，在工人群众的力量之下，资本家只得承认改良饭菜，并着工贼向群众鞠躬道歉。第四厂的工人并把厂长关在工房内，派纠察队监视厂长的行动，后来厂长借口出外交涉逃回家中，工人又追到他家中，要他答覆，这个厂长只好向老板辞职。五厂工人捣毁了资本家的饭碗。八厂有一部份学徒未参加罢工，总罢委领导了纠察队击退警察冲进厂门割断电线，把学徒从资本家软禁之下夺取出来参加罢工。在斗争中许多工贼及反动派别欺骗工人，要工人“和平些”，均被群众赶走了，把几个走狗如蔡声白等开除出了罢工委员会。

美亚绸厂的斗争，引起了上海各绸厂工人群众热烈的拥护与响应，许多绸厂工人派代表来要求美亚罢委领导他们的斗争，法南的绮新绸厂，沪东的恒丰绸厂，以及其他的许多绸厂都在进行斗争，上海已经成熟了绸厂工人总同盟罢工的形势。

资本家在工人斗争的前面发抖了，于是采取了法西斯蒂的血腥屠杀来镇压工人的斗争，十日下午，美亚罢工工人四千余，包围国民党社会局，要求资本家维持工人火［伙］食，相持了二十三个钟头，工人群众在风吹雨打饥寒交迫中。仍然坚强得毫不退缩，最后社会局扣留工人代表，引起工人的愤怒，要冲进社会局去，这时国民党竟调来警察及保安队八九百名，捉人汽车数十辆，并用救火车向群众猛冲，开枪射击，结果击死工人一百余名，受伤的九百多名，还有两个怀孕女工，在屠杀声中堕了胎。这一屠杀造成了上海空前的大惨案。工人极大的愤怒，在国民党社会局门口大叫打倒国民党口号，并且有秩序地退却，重新计划向国民党法西斯蒂进攻。

国民党法西斯蒂在这一惨杀之后，晓得全上海劳苦群众将有更大的反抗，已经颁布了戒严令，强迫工人上工，国民党工会也发宣言要工人上工，但是工人一个也没有上这些走狗们的当，斗争正在高涨着。

全苏区的工农群众们！一致起来援助美亚兄弟们的英勇斗争，坚决反对国民党法西斯蒂的屠杀政策！

纪念“五一”援助美亚工人的英勇斗争！

紀念「五一」援助美亞工人的英勇鬥爭！

上海美亞工人血戰法西斯蒂

▲工人包圍工廠毆打工賊團團上海國民黨市政府▼

▲國民黨法西斯蒂大屠殺工人死一百人傷九百人▼

▲全上海醞釀着綢廠工人總同盟罷工回答法西斯蒂▼

上海美亞綢廠工人，罷工反對國民黨資本家的進攻，詳情已誌本報，工人階級在鬥爭過程中，英勇堅決的粉碎了國民黨、黃色工會等鎮壓罷工出賣罷工的陰謀。雖然黃色工會用盡了一切改良欺騙的方法，企圖引誘工人於十二日復工，但十二日早晨并沒有一個工人上工，相反的，工人的鬥爭情緒愈更加高漲了，并組織了積極的行動來回答資本家，國民黨及黃色工會的欺騙。

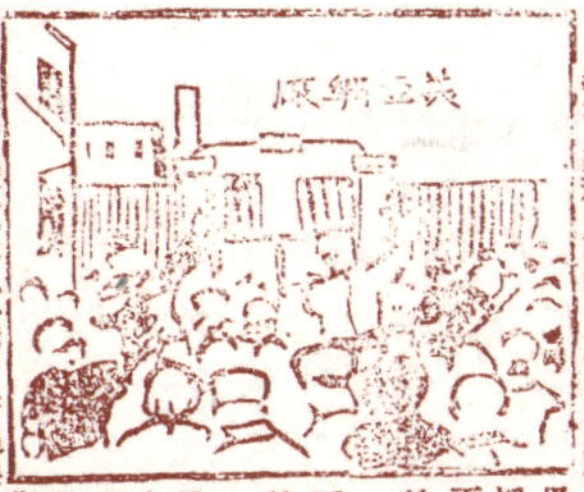

資本家看見黃色工會的欺騙沒有効果，便採取了更殘酷的手段，改壞了工人的飯菜，工人羣衆一致反對資本家改壞飯菜的企圖，集合起來毆打工賊、并追趕到資本家辦公室，包圍老板，在工人羣衆的力量之下，資本家只得承認改良飯菜，并着工賊向羣衆鞠躬道歉。第四廠的工人并把廠長關在工房內，派糾察隊監視廠長的行動，後來廠長藉口出外交涉逃回家中，工人又追到他家中，要他答覆，這個廠長只好向老板辭職。五廠工人搗毀了資本家的飯碗。八廠有一部份學徒未參加罷工，總罷委領導了糾察隊襲退警察冲進廠門割斷電線，把學徒從資本家軟禁之下奪取出來參加罷工。在鬥爭中許多工賊及反動派別欺騙工人，要工人「和平些」，均被羣衆趕走了，把幾個走狗如蔡聲白等開除出了罷工委員會。

美亞綢廠的鬥爭，引起了上海各綢廠工人羣衆熱烈的擁護與響應，許多綢廠工人派代表來要求美亞罷委領導他們的鬥爭，法南的綺新綢廠，滬東的恆豐綢廠，以及其他的許多綢廠都在進行鬥爭，上海已經成熟了綢廠工人總同盟罷工的形勢。資本家在工人鬥爭的前面發抖了，於是採取了法西斯蒂的血腥屠殺來鎮壓工人的鬥爭，十日下午，美亞罷工工人四千餘，包圍國民黨社會局，要求資本家維持工人火食，相持了二十三個鐘頭，工人羣衆在風吹雨打饑寒交迫中，仍然堅強的毫不退縮，最後社會局扣留工人代表，引起工人的憤怒，要冲進社會局去、這時國民黨竟調來警察及保安隊八九百名，捉人汽車數十輛，并用救火車向羣衆猛冲，開槍射擊，結果擊死工人一百餘名，受傷的九百多名，還有兩個懷孕女工，在屠殺聲中墮了胎。這一屠殺造成了上海空前的大慘案。工人極大的憤怒，在國民黨社會局門口大叫打倒國民黨口號，并且有秩序的退却，重新計劃向國民黨法西斯蒂進攻。

國民黨法西斯蒂在這一慘殺之後，曉得全上海勞苦羣衆將有更大的反抗，已經頒佈了戒嚴令，驅迫工人上工，國民黨工會也發宣言要工人上工，但是工人一個也沒有上這些走狗們的當，鬥爭正在高漲着、

全蘇區的工農羣衆們！一致起來援助美亞兄弟們的英勇鬥爭，堅決反對國民黨法西斯蒂的屠殺政策！

中華蘇維埃共和國中央政府為援助上海美亞綢廠工人罷工鬥爭宣言

親愛的全國工友們！勞苦羣衆們！

四月十日，上海發生了帝國主義國民黨法西斯蒂屠殺數千工人的空前殘酷的慘劇！

工人階級的英勇的戰士，上海美亞綢廠的罷工工友們，在國民黨劊子手的屠刀下面，流了他們的鮮血。一百個工人被槍斃了，九百個受傷了。飢風雨交迫的寒夜中，幾千個美亞工人，餓着肚皮與國民黨的警察保安隊、搏鬥了廿三小時。我們在國民黨法西斯蒂血手的野蠻的槍聲下面掙扎着抵抗着。

全國工友們！國民黨法西斯蒂就是這樣企圖用最殘酷的血的屠殺來鎮壓工人階級的鬥爭！

但是，不管劊子手蔣介石和他的黨徒勾結了帝國主義者，採取何等殘酷的手段來對付工人階級，工人階級的英勇鬥爭，從唐山五礦總同盟罷工一直到美亞工友的血戰，法西斯蒂不但沒有被鎮壓下去，反而發展到了與國民黨軍警直接肉搏的更高的階段了。這次美亞工人的鬥爭更顯示了我們工人階級戰士的可驚的英勇性與頑強性。正因為我們有這樣英勇的鬥爭，所以引起了國民黨法西斯蒂的極端仇恨、還到了他們的極端野蠻的暴行。

蘇維埃政府與工農紅軍始終是最堅決的反對國民黨法西斯蒂的屠殺政策的，始終是和全國工友們站在一起的鬥爭。正因為如此帝國主義國民黨調動了全部軍隊向蘇區與紅軍進行着最殘酷的五次「圍剿」。而我們也正在集中一切力量，以勝利的進攻與全國工人鬥爭呼應着，我們要在這一粉碎五次「圍剿」的決戰中消滅帝國主義國民黨，同時我們必須指出只有推翻帝國主義國民黨統治，才能消滅法西斯蒂白色恐怖，只有建立蘇維埃政權，工人階級才能獲得徹底的解放。

我們蘇區的廣大羣衆與工農紅軍自從聽得美亞工友被慘殺的消息後，已經在各種會議上表示他們對於國民黨法西斯蒂這種暴行的忿恨，誓死為打倒帝國主義國民黨而鬥爭，同時正在各方面募集捐款援助美亞罷工工友與被難的家屬。我們并且號召全國工友及一切勞苦羣衆一致起來援助美亞工人，鼓勵他們堅持到底，直至獲得最後的勝利。

全國工友們！我們相信你們的每一個經濟鬥爭，每一個罷工，都是給予蘇維埃與紅軍的最有力的幫助。為着爭取蘇維埃的偉大勝利，求得工人階級的徹底解放，讓全國工人的罷工鬥爭與蘇維埃紅軍粉碎五次「圍剿」的血戰最親愛的聯合起來罷！反對資本家的殘酷剝削！反對國民黨的法西斯蒂的血腥屠殺！打倒帝國主義！打倒國民黨！推翻帝國主義國民黨的法西統治！

主席　毛澤東

一九三四年四月十六日

全國總工會通電聲援

上海工聯轉美亞總罷委并轉全體罷工工友同志！從無線電中聽到你們與資本家帝國主義英勇戰鬥的消息，我們向你們表示無限的同情與欽敬！我們已將你們罷工與反對逮捕工賊及中外政府壓迫的英勇行動，在羣衆中作廣大的鼓勵，蘇區許多工廠城市鄉村的工人，正在通過決議募捐援助你們。因為你們是爭取中國無產階級解放的先鋒戰士，你們在罷工中的行動，已成為上海無產階級鬥爭的模範與中心，望你們更加堅固的團結起來，鞏固罷工的陣容，拒絕與反對一切黃色工會領袖們挑撥與出賣的陰謀，擴大罷工糾察隊，號召上海綢廠及其他工廠的工人罷工援助你們，堅持你們的要求，依靠你們自己的積極的英勇的鬥爭，勝利是你們的。特先付上大洋一百元，請查收，并高呼：

罷工勝利萬歲！

全國總工會執委，中央蘇區農業工人，店員手藝，苦力運輸等工會中央委員會十二日

中华苏维埃共和国中央政府为援助上海美亚绸厂工人罢工斗争宣言

亲爱的全国工友们！劳苦群众们！

四月十日，上海发生了帝国主义国民党法西斯蒂屠杀数千工人的空前残酷的惨剧！

工人阶级的英勇的战士，上海美亚绸厂的罢工工友们，在国民党刽子手的屠刀下面，流了他们的鲜血。一百个工人被枪毙了，九百个受伤了。在风雨交迫的寒夜中，几千个美亚工人，饿着肚皮与国民党的警察保安队，搏斗了二十三小时。他们在国民党法西斯蒂血手的野蛮的袭击下面挣扎着抵抗着。

全国工友们！国民党法西斯蒂就是这样企图用最残酷的血的屠杀来镇压工人阶级的斗争！

但是，不管刽子手蒋介石和他的党徒勾结了帝国主义者，采取何等残酷的手段来对付工人阶级，工人阶级的英勇斗争，从唐山五矿总同盟罢工一直到美亚工友的血战法西斯蒂，不但没有被镇压下去，反而发展到了与国民党军警直接肉搏的更高的阶段了。这次美亚工人的斗争更显示了我们工人阶级战士的可惊的英勇性与顽强性。正因为我们有这样英勇的斗争，所以引起了国民党法西斯蒂的极端仇恨，遭到了他们的极端野蛮的暴行。

苏维埃政府与工农红军始终是最坚决地反对国民党法西斯蒂的屠杀政策的，始终是和全国工友们站在一起奋斗着。正因为如此帝国主义国民党调动了全部军队向苏区与红军进行着最残酷的五次“围剿”。而我们也正在集中一切力量，以胜利的进攻与全国工人斗争呼应着，我们要在这一粉碎五次“围剿”的决战中消灭帝国主义国民党，同时我们必须指出只有推翻帝国主义国民党统治，才能消灭法西斯蒂白色恐怖，只有建立苏维埃政权，工人阶级才能获得彻底的解放。

我们苏区的广大群众与工农红军自从听得美亚工友被惨杀的消息后，已经在各种会议上表示他们对于国民党法西斯蒂这种暴行的忿恨，誓死为打倒帝国主义国民党而斗争，同时正在各方面募集捐款援助美亚罢工工友与被难的家属。我们并且号召全国工友及一切劳苦群众一致起来援助美亚工人，鼓励他们坚持到底，直至获得最后的胜利。

全国工友们！我们相信你们的每一个经济斗争，每一个罢工，都是给予苏维埃与红军的最有力的帮助。为着争取苏维埃的伟大胜利，求得工人阶级地彻底解放，让全国工人的罢工斗争与苏维埃红军粉碎五次“围剿”的血战最亲爱地汇合起来罢！反对资本家的残酷剥削！反对国民党的法西斯蒂的血腥屠杀！打倒帝国主义！打倒国民党！推翻帝国主义国民党的法西统治！

主席　毛泽东

一九三四年四月十六日

紀念「五一」援助美亞工人的英勇鬥爭！

上海美亞工人血戰法西斯蒂

▲工人包圍工廠毆打工賊圍上海國民黨市政府▼

▲國民黨法西斯蒂大屠殺工人死一百人傷九百人▼

▲全上海醞釀着綢廠工人總同盟罷工回答法西斯蒂▼

上海美亞綢廠工人，罷工反對國民黨資本家的進攻，詳情已誌本報，工人階級在鬥爭過程中，英勇堅決的粉碎了國民黨，黃色工會等鎮壓罷工出賣罷工的陰謀。雖然黃色工會用盡了一切改良欺騙的方法，企圖引誘工人於十二日復工，但十二日早晨并沒有一個工人上工，相反的，工人的鬥爭情緒愈更加高漲了，并組織了積極的行動來回答資本家，國民黨及黃色工會的欺騙。

資本家看見黃色工會的欺騙沒有效果，便採取了更殘酷的手段，改壞工人的飯菜，工人羣衆一致反對資本家改壞飯菜的企圖，集合起來毆打工賊，并追趕到資本家辦公室，包圍老板，在工人羣衆的力量之下，資本家只得承認改良飯菜，并押着工賊向羣衆鞠躬道歉。第四廠的工人并把廠長關在工房內，派糾察隊監視廠長的行動，後來廠長藉口出外交涉逃回家中，工人又追到他家中，要他答覆，這個廠長只好向老板辭職。五廠工人搗毀了資本家的飯碗。八廠有一部份學徒未參加罷工，總罷委領導了糾察隊驅退警察沖進廠門割斷電線，把學徒從資本家軟禁之下奪取出來參加罷工。在鬥爭中許多工賊及反動派別欺騙工人，要工人「和平些」，均被羣衆趕走了，把幾個走狗如蔡聲白等開除出了罷工委員會。

美亞綢廠的鬥爭，引起了上海各綢廠工人羣衆熱烈的擁護與響應，許多綢廠工人派代表來要求美亞罷委領導他們的鬥爭，法南的綺新綢廠，滬東的恆豐綢廠，以及其他的許多綢廠都在進行鬥爭，上海已經成熟了綢廠工人總同盟罷工的形勢。

資本家在工人鬥爭的前面發抖了，於是採取了法西斯蒂的血腥屠殺來鎮壓工人的鬥爭，十日下午，美亞罷工工人四千餘，包圍國民黨社會局，要求資本家維持工人火食，相持了二十三個鐘頭，工人羣衆在風吹雨打飢寒交迫中，仍然堅強的，毫不退縮的，最後社會局扣留工人代表，引起工人的憤怒，工人要冲進社會局去，國民黨竟調來保安隊八九百名，捉人汽車數十輛，并用救火車向羣衆猛冲，開槍射擊，結果擊死工人一百餘名，受傷的九百多名，還有兩個懷孕女工，在屠殺聲中墮了胎。這一屠殺造成了上海空前的大慘案。工人極大的憤怒，在國民黨社會局門口大叫打倒國民黨口號，并且有秩序的退却，重新計劃向國民黨法西斯蒂進攻。國民黨法西斯蒂在這一慘殺之後，曉得全上海勞苦羣衆將有更大的反抗，已經頒佈了戒嚴令，強迫工人上工，國民黨工會也發宣言要工人上工，但是工人一個也沒有上這些走狗們的當，鬥爭正在高漲着。

全蘇區的工農羣衆們！一致起來援助美亞兄弟們的英勇鬥爭，堅決反對國民黨法西斯蒂的屠殺政策！

中華蘇維埃共和國中央政府為援助上海美亞綢廠工人罷工鬥爭宣言

親愛的全國工友們！勞苦羣衆們！

四月十日，上海發生了帝國主義國民黨法西斯蒂屠殺數千工人的空前殘酷的慘劇！

工人階級的英勇的戰士，上海美亞綢廠的罷工工友們，在國民黨劊子手的屠刀下面，流了他們的鮮血。一百個工人被槍斃了，九百個受傷了。在風雨交迫的寒夜中，幾千個美亞工人，餓着肚皮，與國民黨的警察保安隊，搏鬥了廿三小時。他們在國民黨法西斯蒂血手的野蠻的鐵蹄下面掙扎着抵抗着。

全國工友們！國民黨法西斯蒂就是這樣企圖用最殘酷的血的屠殺來鎮壓工人階級的鬥爭！

但是，不管劊子手蔣介石和他的黨徒勾結了帝國主義者，採取何等殘酷的手段來對付工人階級，工人階級的英勇鬥爭，從唐山五礦總同盟罷工一直到美亞工友的血戰法西斯蒂，不但沒有被鎮壓下去，反而發展到了與國民黨軍警直接肉搏的更高的階段了。這次美亞工人的鬥爭更顯示了我們工人階級戰士的可驚的英勇性與頑強性。正因為我們有這樣英勇的鬥爭，所以引起了國民黨法西斯蒂的極端仇恨、遭到了他們的極端野蠻的暴行。

蘇維埃政府與工農紅軍始終是最堅決的反對國民黨法西斯蒂的屠殺政策的，始終是和全國工友們站在一起奮鬥着。正因為如此帝國主義國民黨調動了全部軍隊向蘇區與紅軍進行着最殘酷的五次「圍剿」。而我們也正在集中一切力量，以勝利的進攻與全國工人鬥爭呼應着，我們要在這一粉碎五次「圍剿」的決戰中消滅帝國主義國民黨，同時我們必須指出只有推翻帝國主義國民黨統治，才能消滅法西斯蒂白色恐怖，只有建立蘇維埃政權，工人階級才能獲得徹底的解放。

我們蘇區的廣大羣衆與工農紅軍自從聽得美亞工友被慘殺的消息後，已經在各種會議上表示他們對於國民黨法西斯蒂這種暴行的忿恨，誓死為打倒帝國主義國民黨而鬥爭，同時正在各方面募集捐款援助美亞罷工工友與被難的家屬。我們并且號召全國工友及一切勞苦羣衆一致起來援助美亞工人，鼓勵他們堅持到底，直至獲得最後的勝利。

全國工友們！我們相信你們的每一個經濟鬥爭，每一個罷工，都是給予蘇維埃與紅軍的最有力的幫助。為着爭取蘇維埃的偉大勝利，求得工人階級的徹底解放，讓全國工人的罷工鬥爭與蘇維埃紅軍粉碎五次「圍剿」的血戰最親愛的聯合起來！反對資本家的殘酷剝削！反對國民黨的法西斯蒂的血腥屠殺！打倒帝國主義！打倒國民黨！推翻帝國主義國民黨的法西統治！

主席　毛澤東

一九三四年四月十六日

全國總工會通電聲援

上海工聯轉美亞總罷委并轉全體罷工工友同志！從無線電中聽到你們與資本家帝國主義英勇戰鬥的消息，我們向你們表示無限的同情與欽敬！我們已將你們罷工與反對逮捕工賊及中外政府壓迫的英勇行動，在羣衆中作廣大的鼓勵，蘇區許多工廠城市鄉村的工人，正在通過決議募捐援助你們。因為你們是爭取中國無產階級解放的先鋒戰士，你們在罷工中的行動，已成為上海無產階級鬥爭的模範與中心，望你們更加堅固的團結起來，鞏固罷工的陣容，拒絕與反對一切黃色工會領袖們挑撥與出賣的陰謀，擴大罷工糾察隊，號召上海綢廠及其他工廠的工人罷工援助你們，堅持你們的要求，依靠你們自己的積極的英勇的鬥爭，勝利是你們的。特先付上大洋一百元，請查收，并高呼

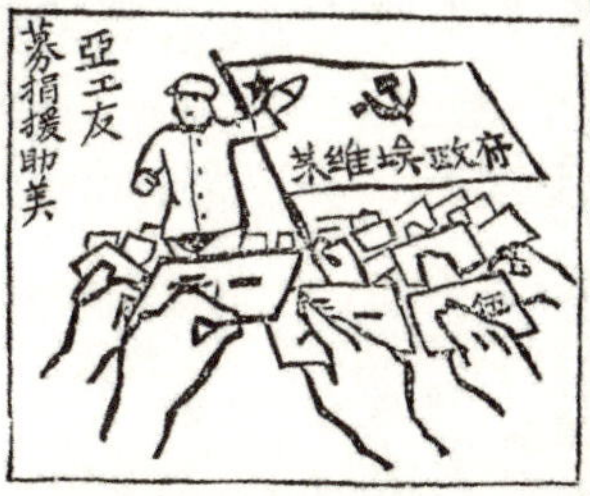

罷工勝利萬歲！

全國總工會執委，中央蘇區農業工人，店員手藝，苦力運輸等工會中央委員會十二日

全国总工会通电声援

上海工联转美亚总罢委并转全体罢工工友同志！从无线电中听到你们与资本家帝国主义英勇战斗的消息，我们向你们表示无限的同情与钦敬！我们已将你们罢工与反对巡捕工贼及中外政府压迫的英勇行动，在群众中做广大地鼓动，苏区许多工厂城市乡村的工人，正在通过决议募捐援助你们。因为你们是争取中国无产阶级解放的先锋战士，你们在罢工中的行动，已成为上海无产阶级斗争的模范与中心，望你们更加坚固地团结起来，巩固罢工的阵容，拒绝与反对一切黄色工会领袖们挑拨与出卖的阴谋，扩大罢工纠察队，号召上海绸厂及其他工厂的工人罢工援助你们，坚持你们的要求，依靠你们自己的积极的英勇的斗争，胜利是你们的。特先付上大洋一百元，请查收，并高呼罢工胜利万岁！

全国总工会执委，中央苏区农业工人，店员手艺，

苦力运输等工会

中央委员会十二日

上海美亞工人血戰法西斯蒂

▲工人包圍工廠毆打工賊闖圍上海國民黨市政府▲
▲國民黨法西斯蒂大屠殺工人死一百人傷九百人▲
▲全上海醞釀着綢廠工人總同盟罷工回答法西斯蒂▲

紀念「五一」援助美亞工人的英勇鬥爭！

上海美亞綢廠工人，罷工反對國民黨資本家的進攻，詳情已誌本報，工人階級在鬥爭過程中，英勇堅決的粉碎了國民黨，黃色工會等鎮壓罷工出賣罷工的陰謀。雖然黃色工會用盡了一切改良欺騙的方法，企圖引誘工人於十二日復工，但十二日早晨并沒有一個工人上工，相反的，工人的鬥爭情緒愈更加高漲了，并組織了積極的行動來回答資本家，國民黨及黃色工會的欺騙。資本家看見黃色工會的欺騙沒有効果，便採取了更殘酷的手段，改壞了工人的飯菜，工人羣衆一致反對資本家改壞飯菜的企圖，集合起來毆打工賊，并追趕到資本家辦公室，包圍老板，在工人羣衆的力量之下，資本家只得承認改良飯菜，并着工賊向羣衆鞠躬道歉。第四廠的工人并把廠長關在工房內，派糾察隊監視廠長的行動，後來廠長藉口出外交涉逃回家中，工人又追到他家中，要他答覆，這個廠長只好向老板辭職。五廠工人搗毀了資本家的飯碗。八廠有一部份學徒未參加罷工，總罷委領導了糾察隊驅退警察冲進廠門割斷電線，把學徒從資本家軟禁之下奪取出來參加罷工。在鬥爭中許多工賊及反動派別欺騙工人，要工人『和平些』，均被羣衆趕走了，把幾個走狗如蔡聲白等開除出了罷工委員會。

美亞綢廠的鬥爭，引起了上海各綢廠工人羣衆熱烈的擁護與響應，許多綢廠工人派代表來要求美亞罷委領導他們的鬥爭，上海南的綺新綢廠，滬東的恆豐綢廠，以及其他的許多綢廠都在進行鬥爭，上海已經成熟了綢廠工人總同盟罷工的形勢。

資本家在工人鬥爭的前面發抖了，於是採取了法西斯蒂的血腥屠殺來鎮壓工人的鬥爭，十日下午，美亞罷工工人四千餘，包圍國民黨社會局，要求資本家維持工人火食，相持了二十三個鐘頭，工人羣衆在風吹雨打飢寒交迫中，仍然堅強的，毫不退縮的，最後社會局扣留工人代表，引起工人的憤怒，要冲進社會局去，這時國民黨竟調來警察及保安隊八九百名，捉人汽車數十輛，并用救火車向羣衆猛冲，開槍射擊，結果擊死工人一百餘名，受傷的九百多名，還有兩個懷孕女工，在屠殺聲中墮了胎。這一屠殺造成了上海空前的大慘案。工人極大的憤怒，在國民黨社會局門口大叫打倒國民黨口號，并且有秩序的退却，重新計劃向國民黨法西斯蒂進攻。

國民黨法西斯蒂在這一慘殺之後，曉得全上海勞苦羣衆將有更大的反抗，已經頒佈了戒嚴令，強迫工人上工，國民黨工會也發宣言要工人上工，但是工人一個也沒有上這些走狗們的當，鬥爭正在高漲着。

全蘇區的工農羣衆們！一致起來援助美亞兄弟們的英勇鬥爭，堅決反對國民黨法西斯蒂的屠殺政策！

中華蘇維埃共和國中央政府為援助上海美亞綢廠工人罷工鬥爭宣言

親愛的全國工友們！勞苦羣衆們！

四月十日，上海發生了帝國主義國民黨法西斯蒂屠殺數千工人的空前殘酷的慘劇！工人階級的英勇的戰士，上海美亞綢廠的罷工工友們，在國民黨劊子手的屠刀下面，流了他們的鮮血。一百個工人被槍殺了，九百個受傷了。在風雨交迫的寒夜中，幾千個美亞工人，餓着肚皮，與國民黨的警察保安隊、拼鬥了廿三小時。他們在國民黨法西斯蒂血手的野蠻的鐵蹄下面掙扎着，抵抗着。

全國工友們！國民黨法西斯蒂就是這樣企圖用最殘酷的血的屠殺來鎮壓工人階級的鬥爭！

但是，不管劊子手蔣介石和他的黨徒勾結了帝國主義者，採取何等殘酷的手段來對付工人階級，工人階級的英勇鬥爭，從唐山五礦總同盟罷工一直到美亞工友的血戰法西斯蒂，不但沒有被鎮壓下去，反而發展到了與國民黨軍警直接肉搏的更高的階段了。這次美亞工人的鬥爭更顯示了我們工人階級戰士的可驚的英勇性與頑強性。正因為我們有這樣英勇的鬥爭，所以引起了國民黨法西斯蒂的極端仇恨、遭到了他們的極端野蠻的暴行。

蘇維埃政府與工農紅軍始終是最堅決的反對國民黨法西斯蒂的屠殺政策的，始終是和全國工友們站在一起奮鬥着。正因為如此，帝國主義國民黨調動了全部軍隊向蘇區與紅軍進行着最殘酷的五次『圍剿』。而我們也正在集中一切力量，以勝利的進攻與全國工人鬥爭呼應着，我們要在這一粉碎五次『圍剿』的決戰中消滅帝國主義國民黨，同時我們必須指出只有推翻帝國主義國民黨統治，才能消滅法西斯蒂白色恐怖，只有建立蘇維埃政權，工人階級才能獲得徹底的解放。

我們蘇區的廣大羣衆與工農紅軍自從聽得美亞工友被慘殺的消息後，已經在各種會議上表示他們對於國民黨法西斯蒂這種暴行的忿恨，誓死為打倒帝國主義國民黨而鬥爭，同時正在各方面募集捐款援助美亞罷工工友與被難的家屬。我們并且號召全國工友及一切勞苦羣衆一致起來援助美亞工人，鼓勵他們堅持到底，直至獲得最後的勝利。

全國工友們！我們相信你們的每一個經濟鬥爭，每一個罷工，都是給予蘇維埃與紅軍的最有力的幫助。為着爭取蘇維埃的偉大勝利，求得工人階級的徹底解放，讓全國工人的罷工鬥爭與蘇維埃紅軍粉碎五次『圍剿』的血戰最親愛的聯合起來罷！反對資本家的殘酷剝削！反對國民黨的法西斯蒂的血腥屠殺！打倒帝國主義！打倒國民黨！推翻帝國主義國民黨的法西統治！

主席　毛澤東

一九三四年四月十六日

全國總工會通電聲援

上海工聯轉美亞總罷委并轉全體罷工工友同志！從無線電中聽到你們與資本家帝國主義英勇戰鬥的消息，我們向你們表示無限的同情與欽敬！我們已將你們罷工與反對逮捕工賊及中外政府壓迫的英勇行動，在羣衆中作廣大的鼓動，蘇區許多工廠城市鄉村的工人，正在通過決議募捐援助你們。因為你們是爭取中國無產階級解放的先鋒戰士，你們在罷工中的行動，已成為上海無產階級鬥爭的模範與中心，望你們更加堅固的團結起來，鞏固罷工的陣容，拒絕與反對一切黃色工會領袖們挑撥與出賣的陰謀，擴大罷工糾察隊，號召上海綢廠及其他工廠的工人罷工援助你們，堅持你們的要求，依靠你們自已的積極的英勇的鬥爭，勝利是你們的。特先付上大洋一百元，請查收，并高呼

罷工勝利萬歲！

全國總工會執委，中央蘇區農業工人，店員手藝，苦力運輸等工會中央委員會十二日

上海綢廠工人同盟總罷工
一百多個綢廠捲入罷工鬬爭
▲罷工工人示威衝廠包圍國民黨政府▼

期：红色中华零一百八十期
版：零四版
时间：一九三四年四月二十六日

上海绸厂工人同盟总罢工

一百多个绸厂卷入罢工斗争
罢工工人示威冲厂包围国民党政府

上海专电： 国民党屠杀美亚罢工工人后，更激起了上海罢工巨浪，全上海一百余个绸厂的工人群众，已于日前举行绸厂总同盟罢工，参加罢工的达一万七千余人，工人群众坚决斗争的英勇精神，已经引起了全上海广大群众热烈的同情与援助，斗争形势非常高涨。

又电： 法南区的绸厂联谊会，日昨［昨日］召集各厂工人代表会，到六十余人，代表二十厂，讨论了具体的斗争布置，最后决定冲厂来援助美亚工友，首先冲震大和恒丰两厂，再会合震大恒丰的积极分子同冲慧灵路国货路鲁班路等各绸厂，结果都罢了工，各厂工人领袖四五百人以示威形式冲至美亚七厂，召集七厂群众大会，报告罢工援助的情形，恒丰工人并募捐买了二十五元粽子送至社会局门口慰劳与国民党血战的美亚工友。

又电： 沪东各厂罢工后，帝国主义捕房即宣布了戒严，并威吓各厂工人说，如工人有任何暴动行为，即将逮捕，恒丰工厂并招收了新工关在厂内做工，工人毫不动摇，冲入厂内包围写字间把厂长软禁，要求答应条件，并向新工解释，现尚在坚持罢工。捕房派警察前往弹压，并捕去工人十一名，内有四名是罢委委员，工人立即选举新委员补充，更加积极地进行工作，并准备驱逐警察出厂。宣传队仍出外公开活动。

又电： 国民党正动员走狗黄色工会，叛徒取消派等破坏罢工，并计划实行“围剿”工厂，一面进行武断的欺骗宣传。但工人的反抗情绪却更加高涨，正在计划更进一步包围资本家，驱逐厂内警察，包围市政府，宣誓运动，抬棺示威等行动，以回答法西斯蒂血的屠杀。

纪念“五一”援助上海工人斗争

紀念「五一」援助上海工人鬥爭

上海綢廠工人同盟總罷工

一百多個綢廠捲入罷工鬥爭

▲罷工工人示威衝廠包圍國民黨政府▲

上海專電：國民黨屠殺美亞罷工工人後，更激起了上海罷工巨浪，全上海一百餘個綢廠的工人羣衆，已於日前舉行綢廠總同盟罷工，參加罷工的達一萬七千餘人，工人羣衆堅決鬥爭的英勇精神，已經引起了全上海廣大羣衆熱烈的同情與援助，鬥爭形勢非常高漲。

又電：滬南區的綢廠聯誼會，日昨召集各廠工人代表會，到六十餘人，代表二十廠，討論了具體的鬥爭佈置，最後決定冲廠來援助美亞工友，首先冲擊大和恆豐兩廠，再會合震大恆豐的積極份子同冲慈靈路國貨路魯班路等各綢廠，結果都罷了工，各廠工人領袖四五百人以示威形式冲至美亞七廠，召集七廠羣衆大會，報告罷工援助的情形，恆豐工人并募捐買了二十五元粽子送至社會局門口慰勞與國民黨血戰的美亞工友。

又電：滬東各廠罷工後，帝國主義捕房即宣佈了戒嚴，并威嚇各廠工人說，如工人有任何暴動行爲，即將逮捕，恆豐工廠并招收了新工關在廠內做工，工人毫不動搖，冲入廠內包圍寫字間把廠長軟禁，要求答應條件，并向新工解釋，現尚在堅持罷工。捕房派警察前往彈壓，并捕去工人十一名，內有四名是罷委委員，工人立即選舉新委員補充，更加積極的進行工作，并準備驅逐警察出廠。宣傳隊仍出外公開活動。

又電：國民黨正動員走狗黃色工會，叛徒取消派等破壞罷工，并計劃實行『團剿』工廠，一面進行武斷的欺騙宣傳。但工人的反抗情緒却更加高漲，正在計劃更進一步包圍資本家，驅逐廠內警察，包圍市政府，宣誓運動，抬棺示威等行動，以回答法西斯蒂血的屠殺。

工人們，全世界的勞動者們！士兵們！

只有你們的鬥爭，可以保護法西斯蒂恐怖的犧牲者，只有你們可以停止劊子手血手去抓你們的兄弟！

全世界的無產者們！趕快去幫助他們罷！

到處開展羣衆的反抗，反對德國，中國，及其他資本主義國家的法西斯蒂恐怖罷！（共產國際執委第十三次全會宣言）

本報號召廣大羣衆響應

中共中央工作人員

△發起募捐援助美亞工人鬥爭

紅中編委會：

電報飛來，知道昨天在上海發生了美亞廠工人的流血慘案！我們立即在列甯室全體大會上報告了。

我們列甯室全體大會對美亞廠英勇鬥爭的工人兄弟表示無限的欽敬與關心。認爲給他們以物質的援助，來保障他們繼續的奮鬥，是非常迫切需要的。因此一致通過立即進行我們的募捐運動。

但是這一運動，我們十分希望在整個國家機關，羣衆團體中迅速開展起來，所以通信『紅中』館即把此信登載，來發動大家熱烈地爲募捐援助美亞廠工人兄弟而鬥爭！

我們深信，依靠於廣大羣衆的階級友愛和革命熱忱，必能夠給我們的發起以爭先恐後的光榮回答！　即致

革命敬禮！

中共中央列甯室全體大會

迫近革命與戰爭新週期的世界工人鬥爭

西班牙又爆發總罷工

西班牙沙拉哥電：日前此間又爆發總罷工，工商各業及公共事業都包含在內，交通部門大部份停滯，資本家的挺進隊員親自去開電車，政府也在此地宣佈戒嚴企圖鎮壓工人鬥爭，但工人的鬥爭情緒正在高漲着。

法國工人血戰保皇黨

法國倫斯電：日昨有工人多名攻擊保皇黨所召集的退伍軍人會議，引起兇惡的肉搏，并發生武裝冲衝，結果擊死工人一人，保皇黨人受傷者達二十名，有幾個人受了重傷。

法國四十五廠工人夜半罷工

巴黎電：法國北部的提託羅遠地方，有四十五個工廠的工人，於日前夜半宣佈罷工，反抗資本家進攻工人挽救經濟破產的企圖。

奧國發生兵士暴動

奧國維也納電：昨天某軍營中發生兵士暴動反抗法西斯蒂，有劇烈冲突，結果死三人，重傷十五人，鬥爭仍在醞釀着，法西斯蒂政府嚴禁各報登載此項消息。

古巴工人鬥爭繼續高漲

哈瓦那電：古巴糖業工人，自被資產階級政府封閉了他們的許多工會以後，反抗更形激烈，大部工人都反對政府的走狗工會，罷工風潮仍在各地繼續着。

美國汽車工人罷工鬥爭

美國台脫洛電：美國汽車業工人鬥爭正在很迅速的開展着，日昨製造汽車零件的工廠工人又宣佈罷工，這些零件是造汽車時不可少的，所以各汽車工廠將因缺乏零件而不得不輪流停工。

特載

蘇維埃劇團春耕巡迴表演紀事

戈麗

一，大衆的戲劇

我們中央蘇維埃劇團這次出發巡迴表演，經過梅坑，西江，洛口，莊埠，朱豐埠，會昌，踏岡，武陽，等地，我們所表演的除了自己準備好的關於春耕運動必要的表演外，其餘都是採集羣衆生活的實際材料經過劇團集體創作的研究，依靠我們原有的技術的基礎，很快就在舞台上出現了。羣衆很歡喜看，他們說：『優待紅軍家屬那一齣實在扮得好，春耕歌滿好聽，教得我們會就好咯』！於是一個傳十，十個傳百小小圩鎮，當着劇團公演時總是擠得水洩不通，老的，小的，男的，女的，晚上打着火把，小的替老的般着橙子，成羣結隊的來看，最遠的有離隔十五里或二十里的。他們嫌我們不熱鬧，同時又怕遲到看不全，提議我們公演前打鑼鼓，又說：『白天也要演才好』。我們完全接受他們的要求，逢市那天，白天也演，在逢市公演那天，田野的小道上，一隊一隊的婦女們，穿了較新的衣服，有的着了大花鞋，小女孩打着鮮紅的頭繩的辮子，有的抱着孩子，有的扶着拐杖，喧喧嚷嚷『喂！大家來去看中央來的文明大戲，滿好看咯』！（即我們劇團的表演），在劇場中：經過劇團的同志，向他們解釋，一般的秩序還好，他們看到『表演懵二嫂不努力耕田』，『小脚婦女積極參加生產，』『富農婆壓迫和毒打童養媳』，『不識字的害處』，『奸商富農破壞蘇維埃經濟』，及揭破反革命欺騙羣衆反水的『上了他們的當』等劇本和活報時，他們非常感動，顯露憎惡；喜歡；憤激，痛恨；等各種不同表情。戲做完了。他們常常會『還要』『還要』的叫起來，我們又添新的表演來滿足他們的要求。

戲看完了，他們都散坐在酒桌旁，茶館裏，菜館裏，吃點心，喝茶，看見我們的演員過去，就拉着和他們談話，他們一面吃喝，一面笑着說：『同志嫂！你們的戲扮得滿好，有頭有尾，連我們婦女子都能懂，不比過去老戲，打打唱唱，我們莫明其妙，要讀過滿多書的人，滿有才氣的人才看得懂。……』（本節完全文未完）

本報號召廣大羣衆響應
中共中央工作人員
△發起募捐援助美亞工人鬥爭

本报号召广大群众响应中共中央工作人员

发起募捐援助美亚工人斗争

红中编委会：

电报飞来，知道昨天在上海发生了美亚厂工人的流血惨案！我们立即在列宁室全体大会上报告了。

我们列宁室全体大会对美亚厂英勇斗争的工人兄弟表示无限的钦敬与关心。认为给他们以物质的援助，来保障他们继续的奋斗，是非常迫切需要的。因此一致通过立即进行我们的募捐运动。

但是这一运动，我们十分希望在整个国家机关，群众团体中迅速开展起来，所以通信《红中》望即把此信登载，来发动大家热烈地为募捐援助美亚厂工人兄弟而斗争！

我们深信，依靠于广大群众的阶级友爱和革命热忱，必能够给我们的发起以争先恐后的光荣回答！

即致

革命敬礼！

中共中央列宁室全体大会

第一八〇期　紅色中華　第四版

紀念「五一」援助上海工人鬥爭

上海綢廠工人同盟總罷工

一百多個綢廠捲入罷工鬥爭

△罷工工人示威衛廠包圍國民黨政府△

上海專電：國民黨屠殺美亞罷工工人後，更激起了上海罷工巨浪，全上海一百餘個綢廠的工人羣衆，已於日前舉行綢廠總同盟罷工，參加罷工的達一萬七千餘人，工人羣衆堅決鬥爭的英勇精神，已經引起了全上海廣大羣衆熱烈的同情與援助，鬥爭形勢非常高漲。

又電：滬南區的綢廠聯誼會，日昨召集各廠工人代表會，到六十餘人，代表二十廠，討論了具體的鬥爭佈置，最後決定冲廠來援助美亞工友，首先冲擊大和恆豐兩廠，再會合震大恆豐的積極份子同冲慧靈路國貨路魯班路等各綢廠，結果都罷了工，各廠工人領袖四五百人以示威形式冲至美亞七廠，召集七廠羣衆大會，報告罷工援助的情形，恆豐工人并募捐買了二十五元粽子送至社會局門口慰勞與國民黨血戰的美亞工友。

又電：滬東各廠罷工後，帝國主義捕房即宣佈了戒嚴，并威嚇各廠工人說，如工人有任何暴動行爲，即將逮捕，恆豐工廠并招收了新工關在廠內做工，工人毫不動搖，冲入廠內包圍寫字間把廠長軟禁，要求答應條件，并向新工解釋，現尚在堅持罷工。捕房派警察前往彈壓，并捕去工人十一名，內有四名是罷委委員，工人立即選舉新委員補充，更加積極的進行工作，并準備驅逐警察出廠。宣傳隊仍出外公開活動。

又電：國民黨正動員走狗黃色工會，叛徒取消派等破壞罷工，并計劃實行「團剿」工廠，一面進行武斷的欺騙宣傳。但工人的反抗情緒却更加高漲，正在計劃更進一步包圍資本家，驅逐廠內警察，包圍市政府，宣誓運動，抬棺示威等行動，以回答法西斯蒂血的屠殺。

工人們，全世界的勞動者們！士兵們！

只有你們的鬥爭，可以保護法西斯蒂恐怖的犧牲者，只有你們可以停止劊子手血手去抓你們的兄弟！

全世界的無產者們！趕快去幫助他們罷！

到處開展羣衆的反抗，反對德國，中國，及其他資本主義國家裏的法西斯蒂恐怖罷！（共產國際執委會十三次全會宣言）

本報號召廣大羣衆響應

中共中央工作人員

△發起募捐援助美亞工人鬥爭

紅中編委會：

電報飛來，知道昨天在上海發生了美亞廠工人的流血慘案！我們立即在列甯室全體大會上報告了。

我們列甯室全體大會對美亞廠英勇鬥爭的工人兄弟表示無限的欽敬與關心。認爲給他們以物質的援助，來保障他們繼續的奮鬥，是非常迫切需要的。因此一致通過立即進行我們的募捐運動。

但是這一運動，我們十分希望在整個國家機關，羣衆團體中迅速開展起來，所以通信「紅中」留即把此信登載，來發動大家熱烈地爲募捐援助美亞廠工人兄弟而鬥爭！

我們深信，依靠於廣大羣衆的階級友愛和革命熱忱，必能夠給我們的發起以爭先恐後的光榮回答！　即致

革命敬禮！

中共中央列甯室全體大會

追近革命與戰爭新週期的世界工人鬥爭

西班牙又爆發總罷工

西班牙沙拉哥電：日前此間又爆發總罷工，工商各業及公共事業都包含在內，交通部門大部份停滯，資本家的挺進隊員親自去開電車，政府也在此地宣佈戒嚴企圖鎮壓工人鬥爭，但工人的鬥爭情緒正在高漲着。

法國工人血戰保皇黨

法國倫斯電：日昨有工人多名攻擊保皇黨所召集的退伍軍人會議，引起兇惡的肉搏，并發生武裝冲衝，結果擊死工人一人，保皇黨人受傷者達二十名，有幾個人受了重傷。

法國四十五廠工人夜半罷工

巴黎電：法國北部的提託羅達地方，有四十五個工廠的工人，於日前夜半宣佈罷工，反抗資本家進攻工人挽救經濟破產的企圖。

奧國發生兵士暴動

奧國維也納電：昨天某軍營中發生兵士暴動反抗法西斯蒂，有劇烈冲突，結果死三人，重傷十五人，鬥爭仍在醞釀着，法西斯蒂政府嚴禁各報登載此項消息。

古巴工人鬥爭繼續高漲

哈瓦那電：古巴糖業工人，自被資產階級政府封閉了他們的許多工會以後，反抗更形激烈，大部工人都反對政府的走狗工會，罷工風潮仍在各地繼續着。

美國汽車工人罷工鬥爭

美國台脫洛電：美國汽車業工人鬥爭正在很迅速的開展着，日昨製造汽車零件的工廠工人又宣佈罷工，這些零件是造汽車時不可少的，所以各汽車工廠將因缺乏零件而不得不輪流停工。

特載

蘇維埃劇團春耕巡迴表演紀事

戈麗

一，大衆的戲劇

我們中央蘇維埃劇團這次出發巡迴表演，經過梅坑，西江，洛口，莊埠，朱豐埠，會昌，踏岡，武陽，等地，我們所表演的除了自己準備好的關於春耕運動必要的表演外，其餘都是採集羣衆生活的實際材料經過劇團集體創作的研究，依靠我們原有的技術的基礎，很快就在舞台上出現了。羣衆很歡喜看，他們說：『優待紅軍家屬那一齣實在扮得好，春耕歌滿好聽，教得我們會就好咯』！於是一個傳十，十個傳百小小圩鎮，當着劇團公演時總是擠得水洩不通，老的，小的，男的，女的，晚上打着火把，小的特老的般着櫈子，成羣結隊的來看，最遠的有路隔十五里或二十里的。他們嫌我們不熱鬧，同時又怕遲到看不全，提議我們公演前打鑼鼓，又說：『白天也要演才好』。我們完全接受他們的要求，逢市那天，白天也演，在逢市公演那天，田野的小道上，一隊一隊的婦女們，穿了較新的衣服，有的着了大花鞋，小女孩打着鮮紅的頭繩的辮子，有的抱着孩子，有的扶着拐杖，喧喧嚷嚷『喂！大家來去看中央來的文明大戲，滿好看咯』！（即我們劇團的表演），在劇場中：經過劇團的同志，向他們解釋，一般的秩序還好，他們看到『表演懶二嫂不努力耕田』，『小脚婦女積極參加生產，』『富農婆壓迫和毒打童養媳』，『不識字的害處』，『奸商富農破壞蘇維埃經濟』，及揭破反革命欺騙羣衆反水的『上了他們的當』等劇本和活報時，他們非常感動，顯露憎惡；喜歡；憤激，痛恨；等各種不同表情。戲做完了。他們常常會『還要』『還要』的叫起來，我們又添新的表演來滿足他們的要求。

戲看完了，他們都散坐在酒桌旁，茶館裏，菜館裏，吃點心，喝茶，看見我們的演員過去，就拉着和他們談話，他們一面吃喝，一面笑着說：『同志嫂！你們的戲扮得滿好，有頭有尾，連我們婦女子都能懂，不比過去老戲，打打唱唱，我們莫明其妙，要讀過滿多書的人，滿有才氣的人才看得懂。…………』（本節完全文未完）

期

红色中华零一百八十四期

版

零四版

时间

一九三四年五月四日

上海阅兵积极备战

上海二十九日电：今日为日本的天长节，驻上海的日本海陆军，于上午十时在虹口公园举行检阅，由宇野指挥，第三舰队司令某某为检阅官，在检阅时某司令向海陆军兵士训话，鼓励士兵随时准备着占领中国的战争云。

反對帝國主義瓜分中國，工農群衆武裝上前綫去！

日本帝國主義併吞華北的急進

▲提出獨佔中國六條件黃河以北劃歸滿洲國▼

▲中國民族危機深入已達生死存亡的緊急關頭▼

上海電：日本帝國主義者最近向國民黨政府提出最後警告，要國民黨政府把華北完全讓給日本帝國主義，並聲言如果中國不承認，就馬上派軍隊佔領華北，其要求的條件如下：一，立即答覆並承認中日直接交涉的一切條件。二，駐在華北的中國部隊一律撤至黃河以南。三，中國境內一切反日反帝國體工會和革命組織完全解散。四，由華北當局保護溥儀入關祭掃東陵。五，黃河以北土地完全劃為滿洲國領土。六，保障日本在華投資的優先權。聞賣國的國民黨政府，將完全接受此項條件，但為避免群衆的反對，決定假借「直接交涉」的名目協商出賣中國的辦法云。

又電：日軍自提出最後警告後，即積極進行軍事動員，大批日軍向馬蘭峪察東移動，收編土匪，建築軍用汽車路，舉行大規模的軍事演習，測繪偵察內蒙新疆形勢，準備佔領華北併吞中國及武裝干涉蘇聯云。

日本東京來電：日帝國主義將與中國國民黨政府開始直接的談判，主要的問題是：一，中國承認滿洲國，二，中國承認日本在滿洲及華北的「特殊利益」，三，中國未得日本允許不能擅借外債，四，中國允許日本幫助中國之政治經濟復興，五，中國海陸空軍的外國顧問除日本人外不得聘請其他國人。這一談判無疑的是日帝國主義獨佔中國殖民地化中國的鮮明表現。

大批艦隊開來福建

福州廿九日電：日本帝國主義將從台灣派大批艦隊，游弋福建沿海一帶以及廣東潮汕各地，準備必要時佔領華南，直接干涉中國蘇維埃革命運動。巡洋艦須磨號約三十日午間可以開到廈門。日方并派有雄長助來福州，聲稱日本對華南負有技術合作使命，不久即將進行工作云。

上海倭兵積極備戰

上海廿九日電：今日為日本的天長節，駐上海的日本海陸軍，於上午十時在虹口公園舉行檢閱，由宇野指揮，第三艦隊司令某某為檢閱官，在檢閱時某司令向海陸軍兵士訓話，鼓勵士兵隨時準備着佔領中國的戰爭云。

常熟兵艦轟擊居民

上海電：駐在常熟的日本兵艦，日昨忽然無故開砲轟擊居民，國民黨政府還在「查詢」。

水兵橫行湘潭

長沙電：日帝國主義的水兵，日前在湘潭毆打民衆，有數人受傷，國民黨政府還在假惺惺的「查詢真相」，因此引起民衆的憤怒，反帝反國民黨的鬥爭正在群衆中醞釀着。

招募華工出國作戰

天津電：日帝國主義最近又募了華工五千多名出關，準備編入軍隊，作佔領華北進攻蘇聯及干涉中國革命的工具。

侵佔廈門陰謀活動

廈門電：日本帝國主義最近在福建的活動是更加積極化了，它想把廈門造成一「獨立區」，脫離中國而歸日本統治，并在廈門組織一「亞洲友人社」，他們的口號是：在下次世界大戰中黃種人起來反對白種人，同時公開在廈門販賣鴉片，包庇盜匪，以造成廈門的混亂局勢然後佔據廈門云。

大批劣貨傾銷華北

引起日美帝國主義相互間的仇恨

北平電：自從國民黨與日本帝國主義簽訂了出賣華北的塘沽協定以後，大批日貨由滿洲湧入華北，因為不納關稅，貨價較歐美各國低賤，已經在華北市場上排擠了美貨和英貨，因此引起了美帝國主義的更大的對日的仇恨，美帝國主義某報日前在社論上大聲疾呼說：「全中國實際上已到了危急的局面，如果不立即設法，華北就要變做滿洲第二了。」

英帝國主義通牒日本

▲維持宰割中國形勢▼

倫敦電：英帝國主義向日帝國主義通牒，表示英國願維持共同宰割中國的形勢，和在上海建立中國借款銀行團。同時忠告中國駐英大使郭泰祺，要中國遵守，凡中國向外國借款時，須經上海銀行團為中間人。

英國兵艦到達福州

福州二十八日電：英帝國主義的亞洲艦隊總司令海軍上將得勿木耳，率領砲艦一艘，巡洋艦一艘，到達福州，準備應付嚴重的時局，必要時直接干涉中國蘇維埃革命，駐在福州的英領事和英國資本家正準備歡迎。

社論

華北萬分危急了！

定一

日本帝國主義獨佔中國的宣言，（見紅中一八一期）是帝國主義進一步瓜分中國的號砲：

自從日本發出這個宣言以來，顯然的，各帝國主義之間很快的就得到進一步瓜分中國的諒解。各帝國主義，首先是英美帝國主義，在呼喊一陣「維持九國公約」之後，已經得到日本方面「中國門戶開放」的允許，而默不作聲了。帝國主義瓜分和共管中國的總機關——「四十四個外國銀行的銀行團」，已在上海動作起來。瓜分中國的新的秘密條約已經訂好。現在是動手實行的時候了。

據塔斯社四月二十八日消息：日本外相廣田已向南京政府駐日大使蔣作賓提出秘密協定，要南京政府承認日本在華北的尤其在北平通商的特殊的利益，不得日本允許不得借外債，承認滿洲國，政治經濟復興事業由日本來幫助，陸海空軍外國顧問全用日本人。換句話說，日本法西斯蒂的軍事集團是想一手獨佔中國，首先是佔據華北——因為他的走狗國民黨的無用，他想公開的來做「進攻中國反帝和土地革命的敢死隊」（共產國際十三次全會決議）了！

不論事情怎麼樣，總之日本的公開佔領華北，已是眼前的危險！華北的千百萬工農勞苦羣衆立即就要跟着滿洲的四千萬弟兄，做日本帝國主義的直接的奴隸了！！

法西斯蒂頭子蔣介石恰恰在這個時候把東北軍完全從華北調到鄂豫皖蘇區進攻紅軍，把原在鄂豫皖的反動武裝調來進攻中央蘇區。決不是偶然的事。恰恰在這個時候，蔣介石指揮他的六路白軍，從各個戰綫上向中央蘇區猛烈突進。決不是偶然的事。

這些事實最明顯的說明了，法西斯蒂國民黨比出賣滿洲時更有計劃有準備的出賣了華北！它更進一步的表示願意死心塌地做帝國主義瓜分中國的清道夫！！

只有革命戰爭的勝利，才能阻止帝國主義急速瓜分中國！只有徹底粉碎五次「圍剿」，消滅法西斯蒂國民黨，我們才能直接與帝國主義作戰，把帝國主義趕出中國去！保衛蘇區的戰爭，尤其是奪回赤色廣昌的戰爭，就是反對日本帝國主義佔領華北，反對各帝國主義進一步瓜分中國的民族革命戰爭！

殖民地化的死亡的道路和蘇維埃中國的光明道路現在是這樣緊迫的清楚的擺在我們面前！現在是決定勝利或死亡的緊急關頭！

每一個反對帝國主義的工人農民！武裝上前綫去！

每一個不願做帝國主義奴隸的工人農民！武裝上前線去！

英帝國主義通牒日本
▲維持宰割中國形勢▼

期

红色中华零一百八十四期

版

零四版

时间

一九三四年五月四日

英帝国主义通牒日本

维持宰割中国形势

伦敦电： 英帝国主义向日帝国主义通牒，表示英国愿维持共同宰割中国的形势，和在上海建立中国借款银行团。同时忠告中国驻英大使郭泰骐［祺］，要中国遵守，凡中国向外国借款时，须经上海银行团为中间人。

反對帝國主義瓜分中國，工農勞苦群衆武裝上前線去！

日本帝國主義併吞華北的急進

▲提出獨佔中國六條件黃河以北應劃歸滿洲國▲

▲中國民族危機深入已達生死存亡的緊急關頭▼

上海電：日本帝國主義者最近向國民黨政府提出最後警告，要國民黨政府把華北完全讓給日本帝國主義，並聲言如果中國不承認，就馬上派軍隊佔領華北，其要求的條件如下：一，立即答覆並承認中日直接交涉的一切條件。二，駐在華北的中國部隊一律撤至黃河以南。三，中國境內一切反日反帝國體工會和革命組織完全解散。四，由華北當局保護溥儀入關祭掃東陵。五，黃河以北土地完全劃為滿洲國領土。六，保障日本在華投資的優先權。聞賣國的國民黨政府，將完全接受此項條件，但為避免群衆的反對，決定假借「直接交涉」的名目協商出賣中國的辦法云。

又電：日軍自提出最後警告後，即積極進行軍事動員，大批日僞軍向馬蘭峪察東一帶地移動，收編土匪，建築軍用汽車路，舉行大規模的軍事演習，測繪偵察內蒙新疆形勢，準備佔領華北併吞中國及武裝干涉蘇聯云。

日本東京來電：日帝國主義將與中國國民黨政府開始直接的談判，主要的問題是：一，中國承認滿洲國，二，中國承認日本在滿洲及華北的「特殊利益」，三，中國未得日本允許不能擅借外債，四，中國允許日本幫助中國之政治經濟復興，五，中國海陸空軍的外國顧問除日本人外不得聘請其他國人。這一談判無疑的是日帝國主義獨佔中國殖民地化中國的鮮明表現。

大批艦隊開來福建

福州廿九日電：日本帝國主義將從台灣派大批艦隊，游弋福建沿海一帶以及廣東潮汕各地，準備必要時佔領華南，直接干涉中國蘇維埃革命運動。巡洋艦須磨能約三十日午間可以開到廈門。日方并派有雄長助來福州，聲稱日本對華負有技術合作使命，不久即將進行工作云。

上海倭兵積極備戰

上海廿九日電：今日為日本的天長節，駐上海的日本海陸軍，於上午十時在虹口公園舉行檢閱，由宇野指揮，第三艦隊司令某某為檢閱官，在檢閱時某司令向海陸軍兵士訓話，鼓勵士兵隨時準備着佔領中國的戰爭云。

常熟兵艦轟擊居民

上海電：駐在常熟的日本兵艦，日昨忽然無故開砲轟擊居民，國民黨政府還在「查詢」。

水兵橫行湘潭

長沙電：日帝國主義的水兵，日前在湘潭毆打民衆，有數人受傷，國民黨政府還在假惺惺的「查詢真相」，因此引起民衆的憤怒，反帝反國民黨的鬥爭正在群衆中醞釀着。

招募華工出關作戰

天津電：日帝國主義最近又募了華工五千多名出關，準備編入軍隊，作佔領華北進攻蘇聯及干涉中國革命的工具。

侵佔廈門陰謀活動

廈門電：日本帝國主義最近在福建的活動是更加積極化了：它想把廈門造成一個獨立區——脫離中國而歸日本統治，并在廈門組織一亞洲友人社——他們的口號是：在下次世界大戰中黃種人起來反對白種人，同時公開在廈門販賣鴉片，包庇盜匪，以造成廈門的混亂局勢然後佔據廈門云。

大批劣貨傾銷華北

引起日美帝國主義相互間的仇恨

北平電：自從國民黨與日本帝國主義簽訂了出賣華北的塘沽協定以後，大批日貨由偽滿洲湧入華北，因為不納關稅，貨價較歐美各國低賤，已經在華北市場上排擠了美貨和英貨，因此引起了美帝國主義的更大的對日的仇恨，美帝國主義某報日前在社論上大聲疾呼說：「全中國實際上已到了危急的局面，如果不立即設法，華北就要變做滿洲第二了。」

英帝國主義遞牒日本

▲維持宰割中國形勢▼

倫敦電：英帝國主義向日帝國主義遞牒，表示英國願維持共同宰割中國的形勢，和在上海建立中國借款銀行團。同時忠告中國駐英大使郭泰祺，要中國遵守，凡中國向外國借款時，須經上海銀行團為中間人。

英國兵艦到達福州

福州二十八日電：英帝國主義的亞洲艦隊總司令海軍上將得勿木耳，率領砲艦一艘，巡洋艦一艘，到達福州，準備應付嚴重的時局，必要時直接干涉中國蘇維埃革命，駐在福州的英領事和英國資本家正準備歡迎。

小時評

華北萬分危急了！

定一

日本帝國主義獨佔中國的宣言，（見紅中一八一期）是帝國主義進一步瓜分中國的號砲：

自從日本發出這個宣言以來，顯然的，各帝國主義之間很快的就得到進一步瓜分中國的諒解。各帝國主義，首先是英美帝國主義，在呼喊一陣「維持九國公約」之後，已經得到日本方面「中國門戶開放」的允許，而默不作聲了。帝國主義瓜分和共管中國的總機關——四十四個外國銀行的銀行團，已在上海動作起來。瓜分中國的新的秘密條約已經訂好。現在是動手實行的時候了。

據塔斯社四月二十八日消息：日本外相廣田已向南京政府駐日大使蔣作賓提出秘密協定，要南京政府承認滿洲國，承認日本在華北的尤其在北平通州的特殊的利益，不得日本允許不得借外債，政治經濟復興與華業由日本來幫助，陸海空軍外國顧問全用日本人。

換句話說，日本法西斯蒂的軍事集團是想一手獨佔中國，首先是佔據華北——因為他的走狗國民黨的無用，他想公開的來做「進攻中國反帝和土地革命的敢死隊」（共產國際十三次全會決議）了！

不論事情怎麼樣，總之日本的公開佔領華北，已是眼前的危險！華北的千百萬工農勞苦群衆立即就要跟着滿洲的四千萬弟兄，做日本帝國主義的直接的奴隸了！！

決不是偶然的事。法西斯蒂頭子蔣介石恰恰在這個時候把東北軍完全從華北調到鄂豫皖蘇區進攻紅軍，把原在鄂豫皖的反動武裝調來進攻中央蘇區。

決不是偶然的事。恰恰在這個時候，蔣介石指揮他的六路白軍，從各個戰線上向中央蘇區猛烈進攻。

這些事實最明顯的說明了，法西斯蒂國民黨比出賣滿洲時更有計劃有準備的出賣了華北！它更進一步的表示願意死心塌地做帝國主義瓜分中國的清道夫！！

只有革命戰爭的勝利，才能阻止帝國主義急速瓜分中國！只有徹底粉碎五次「圍剿」，消滅法西斯蒂國民黨的戰爭，我們才能直接與帝國主義作戰，把帝國主義趕出中國去！

保衛蘇區的戰爭，尤其是保衛赤色廣昌的戰爭，就是反對日本帝國主義佔領華北，反對各帝國主義進一步瓜分中國的民族革命戰爭！

殖民地化的死亡的道路和蘇維埃中國的光明道路現在是這樣緊迫的清楚的擺在我們面前！

現在是決定勝利或死亡的緊急關頭！

每一個反對帝國主義的工人農民！武裝上前線去！

每一個不願做帝國主義奴隸的工人農民！武裝上前線去！

期
红色中华零一百九十八期
版
零四版
时间
一九三四年六月五日

上海暨南大学学生包围国民党保卫团

反对法西斯蒂白色恐怖

上海六月一日特电：真如暨南大学学生，于二十四因该地保卫团无故向大雅饭店寻事，并捕去店东及伙友，学生大愤，与保卫团冲突，并齐至保卫团部向队长徐某理论，徐某竟将学生扣留，并出手枪向学生大骂，谓“一·二八”即学生弄出来的，时在校的二百余学生大愤，齐赴团部向团正王如瓶质问，王表示道歉，学生要求徐某亲自道歉，并限五分钟交出，但至午夜一时，徐某仍未交出，学生欲将王某挟回校内，出门即被豫［预］伏道旁的保卫团开枪射击，共数百响，三学生受伤，十余学生失踪，全体学生在这一法西斯蒂的屠杀之下，非常愤怒，反对法西斯蒂围剿学校，反对白色恐怖的斗争正在猛烈开展中。

第一九八期　紅色中華　第四版

國民党加緊出賣中國

六月一日起實行平瀋通車

榆關會議上訂定了賣國的十大條款
黃郛有吉將會商出賣整個中國計劃

上海六月一日特電：華北與滿洲國通車問題，已在五月十四日榆關會議中決定，雙方參加者有殷汝耕，殷同，陶尙銘，延山，及南滿路代表太田等，決定六月一日實行通車，由雙方組織一國防旅行社來辦理　殷同與太田曾分別討論決定通車辦法大綱十項如下：（一）平瀋直達通車，一律用南滿車頭，（二）凡由平至關外一站，及由瀋至關內一站，兩路局均不售票，（三）組織平瀋通車國際旅行社辦理一切，（四）車行次數由技術會決定，但採用對開方式，（五）車頭調度用交換方式，（六）客貨運價目之算清用對消及找補方法，（七）關內關外支線之客貨應一律在起點之站繳納運費，（八）車上不得懸掛任何國旗佈告及足以引起感情冲動之文字，（九）沿途警衛各自行調度，但必要時得請求路局同意隨時調度之，（十）國際旅行社之組織，由中日雙方調派路員辦理，總社設榆關，分社設北平天津瀋陽等地。

但國民黨還無恥的否認通車事不確，同時交通部的官僚們又說『通車原是合理的事，因爲東北民衆處於水深火熱中，正像家有美女，被强暴奪去，爲父母者，當設法拯救，通車即拯救之道，并且各國在東北均設有領館，尙不能認爲事實承認，何况通車』。

又電：有吉快要到上海，黃郛正在上海恭候，有吉帶了二百餘件懸案，準備在上海一一解决，不但要完全實行二十一條，并且將全部實行田中奏摺中的一切，廣田對有吉訓令（一）使中國放棄反日政策，一切建設，須實行中日合作，或以日本爲主體的國際團體互相協助，不得和其他國家『合作』。（二）積極阻止第三者對中國的『幫助』。（三）積極交涉取締排日抵貨一切行動，改訂關稅，整理舊債，及通車通郵各項，務於最短期內建立中日新關係。（四）如中國不確認日本維持東亞和平的地位，仍有利用第三國事實，則日本取斷然排擊手段，將此重大决心；傳達中國，使其徹底了解。

義勇軍連克三城

依蘭　虎林　安圖

上海六月一日特電：上月日本帝國主義嗾使朝鮮人分赴依蘭富錦等七縣强收民田房屋，房屋一所給五元，田地每畝給二元，并限即日交出。又迫令每百戶索少女五名，隨軍爲娼，供日軍蹂躪。民衆憤極，群起抵抗，擊死日鮮人共千餘，日本軍閥數次派兵圍攻，并用數十架飛機轟炸，民衆更加憤怒，團結了壯丁七八萬，有的殺死了自己的妻子兒女表示抗日决心，這種悲壯犧牲的精神，使日本帝國主義也驚佩而屈伏，决定暫不强收，而積極從事先收繳民衆武器，這一事實是最好的回答了國民黨『無力抗日』的無恥讕言，現依蘭富錦群衆更配合義勇軍佔領了虎林縣城，安圖縣城也爲紅軍游擊隊包圍，滿洲國兵士紛紛譁變，投入游擊隊，現在伊蘭勃力樺川，等地均在義勇軍包圍中，群衆採用的堅壁清野，及游擊戰術，使日軍無法應付太起恐慌云。

上海暨南大學學生包圍國民黨保衛團

反對法西斯蒂白色恐怖

上海六月一日特電：真如暨南大學學生，於二十四因該地保衛團無故向大雅飯店尋事，并捕去店東及夥友，學生大憤，與保衛團冲突，并齊至保衛團部向隊長徐某理論，徐某竟將學生扣留，并出手槍向學生大駡，謂『一二八』即學生弄出來的，時在校的二百餘學生大憤，齊赴團部向團正王如瓶質問，王表示道歉，學生要求徐某親自道歉，并限五分鐘交出，但至午夜一時，徐某仍未交出，學生欲將王某挾回校內，出門即被埋伏道旁的保衛團開槍射擊，共數百響，三學生受傷，十餘學生失蹤，全體學生在這一法西斯蒂的屠殺之下，非常憤怒，反對法西斯蒂圍剿學校，反對白色恐怖的鬥爭正在猛烈開展中。

膠澳暴發群衆搶鹽鬥爭

上海六月一日特電：膠澳區因鹽稅太重，群衆無力買鹽，致發生搶鹽風潮，五月二十日二十一日群衆五六百人，婦女小孩亦參加與警察冲突，開槍擊死多人，并捕去大批婦女，群衆極爲憤怒，鬥爭正在繼續開展云。

上海英美烟廠工人醞釀三廠總罷工

新廠已罷工，第三廠在積極準備

上海六月一日特電：英美烟廠新廠工人，因援助老廠工人，也於五月二十一日全體罷工，要求老廠即刻開廠，各部華籍職員，也一齊離廠加入罷工。資本家特雇白俄三十多名進廠工作，工人非常憤激，各女工組織了很多宣傳隊每日出外演講，鬥爭情緒非常高漲。

黃色工會正在極力破壞這一鬥爭，趁這機會組織了在黃色工會控制下的罷工委員會，并發佈告要工人全體離廠，靜候解決，嚴守『秩序』，并頒佈了束縛工人的罷工紀律十項：（一）不准違抗罷委命令，（二）不准不服從罷委勸告，（三）不准私自離廠，（四）不准居留廠內搗亂，（五）不准損壞廠內物件，（六）不准妨害外人身體，（七）不准造謠煽亂妄動破壞秩序，（八）不准在外私自集會，（九）不准不守秩序，（十）非工人不得入廠工作。

但工人情緒非常激昂，這些『紀律』并不能完全束縛工人的行動，最近蔣介石又電令國民黨上海市社會局，限於五月三十日以前解决局潮，否則亦須要工人復工，社會局已批令黃色工會照辦，但工人并未理蔣和社會局狗令，堅決要鬥爭到底。黃色工會却在這一事件中暴露了他走狗的面目。

該廠三廠的工人也在醞釀鬥爭，反對資本家減少工作和減少工資，（資本家改每日八時工作爲六時，由六日班減爲四日班，）新廠，老廠，第三廠的工人正在醞釀同盟罷工，及爭取勝利的前途。

香烟橋的碼頭工人，爲了援助老廠工人鬥爭，曾罷工兩天，工人階級的鬥爭高潮正在上海高漲着。

期
红色中华零一百九十八期
版
零四版
时间
一九三四年六月五日

上海英美烟厂工人酝酿三厂总罢工

新厂已罢工，第三厂在积极准备

上海六月一日特电： 英美烟厂新厂工人，因援助老厂工人，也于五月二十一日全体罢工，要求老厂即刻开厂，各部华籍职员，也一齐离厂加入罢工。资本家特雇白俄三十多名进厂工作，工人非常愤激，各女工组织了很多宣传队每日出外演讲，斗争情绪非常高涨。

黄色工会正在极力破坏这一斗争，趁这机会组织了在黄色工会控制下的罢工委员会，并发布告要工人全体离厂，静候解决，严守“秩序”，并颁布了束缚工人的罢工纪律十项：（一）不准违抗罢委命令，（二）不准不服从罢委劝告，（三）不准私自离厂，（四）不准居留厂内捣乱，（五）不准损坏厂内物件，（六）不准妨害外人身体，（七）不准造谣煽乱妄动破坏秩序，（八）不准在外私自集会，（九）不准不守秩序，（十）非工人不得入厂工作。

但工人情绪非常激昂，这些“纪律”并不能完全束缚工人的行动，最近蒋介石又电令国民党上海市社会局，限于五月三十日以前解决局潮，否则亦须要工人先□工，社工会已批令黄色工会照办，但工人并未理蒋和社会局狗令，坚决要斗争到底。黄色工会却在这一事件中暴露了他走狗的面目。

该厂三厂的工人也在酝酿斗争，反对资本家减少工作和减少工资，（资本家改每日八时工作为六时，由六日班减为四日班）新厂，老厂，第三厂的工人正在酝酿同盟罢工，及争取胜利的前途。

香烟桥的码头工人，为了援助老厂工人斗争，曾罢工两天，工人阶级的斗争热潮正在上海高涨着。

第四版　　紅色中華　　第一九八期

國民党加緊出賣中國

六月一日起實行平瀋通車

榆關會議上訂定了賣國的十大條款
黃郛有吉將會商出賣整個中國計劃

上海六月一日特電：華北與滿洲國通車問題，已在五月十四日榆關會議中決定，雙方參加者有殷汝耕，殷同，陶尚銘，延山，及南滿路代表太田等，決定六月一日實行通車，由雙方組織一國防旅行社來辦理　殷同與太田曾分別討論決定通車辦法大綱十項如下：（一）平瀋直達通車，一律用南滿車頭，（二）凡由平至關外一站，及由瀋至關內一站，兩路局均不售票，（三）組織平瀋通車國際旅行社辦理一切，（四）車行次數由技術會決定，但採用對開方式，（五）車頭調度用交換方式，（六）客貨運價目之算清用對消及找補方法，（七）關內關外支線之客貨應一律在起點之站繳納運費，（八）車上不得懸掛任何國旗佈告及足以引起感情冲動之文字，（九）沿途警衛各自行調度，但必要時得請求路局同意隨時調度之，（十）國際旅行社之組織，由中日雙方調派路員辦理，總社設榆關，分社設北平天津瀋陽等地。

但國民黨還無恥的否認通車事不確，同時交通部的官僚們又說『通車原是合理的事，因爲東北民衆處於水深火熱中，正如家有美女，被强暴奪去，爲父母者，當設法拯救，通車即拯救之道，并且各國在東北均設有領館，尙不能認爲事實承認，何况通車』。

又電：有吉快要到上海，黃郛正在上海恭候，有吉帶了二百餘件懸案，準備在上海一一解決，不但要完全實行二十一條，并且將全部實行田中奏摺中的一切，廣田對有吉訓令（一）使中國放棄反日政策，一切建設，須實行中日合作，或以日本爲主體的國際團體互相協助，不得和其他國家『合作』。（二）積極阻止第三者對中國的『幫助』。（三）積極交涉取締排日抵貨一切行動，改訂關稅，整理舊債，及通車通郵各項，務於最短期內建立中日新關係。（四）如中國不確認日本維持東亞和平的地位，仍有利用第三國事實，則日本取斷然排擊手段，將此重大決心；轉達中國，使其徹底了解。

義勇軍連克三城

依蘭　虎林　安圖

上海六月一日特電：上月日本帝國主義嗾使朝鮮人分赴依蘭富錦等七縣强收民田房屋，房屋一所給五元，田地每畝給二元，并限即日交出，又迫令每百戶索少女五名，隨軍爲娼，供日軍蹂躪。民衆憤極，羣起抵抗，擊死日鮮人共千餘，日本軍閥數次派兵圍攻，并用數十架飛機轟炸，民衆更加憤怒，團結了壯丁七八萬，有的殺死了自己的妻子兒女表示抗日決心，這種悲壯犧牲的精神，使日本帝國主義也驚佩而屈伏，決定暫不强收，而積極從事先收繳民衆武器，這一事實是最好的回答了國民黨「極力抗日」的無恥讕言，現依蘭富錦羣衆更配合義勇軍佔領了虎林縣城，安圖縣城也爲紅軍游擊隊包圍，滿洲國兵士紛紛譁變，投入游擊隊，現在伊蘭勃力樺川，等地均在義勇軍包圍中，羣衆採用的堅壁淸野，及游擊戰術，使日軍無法應付大起恐慌云。

上海暨南大學學生包圍國民黨保衛團

反對法西斯蒂白色恐怖

上海六月一日特電：眞如暨南大學學生，於二十四因該地保衛團無故向大雅飯店尋事，并捕去店東及夥友，學生大憤，與保衛團冲突，并齊至保衛團部向隊長徐某理論，徐某竟將學生扣留，并出手槍向學生大罵，謂『一二八』即學生弄出來的，時在校的二百餘學生大憤，齊赴團部向團正王如瓶質問，王表示道歉，學生要求徐某親自道歉，并限五分鐘交出，但至午夜一時，徐某仍未交出，學生欲將王某挾回校內，出門即被豫伏道旁的保衛團開槍射擊，共數百響，三學生受傷，十餘學生失蹤，全體學生在這一法西斯蒂的屠殺之下，非常憤怒，反對法西斯蒂團劊學校，反對白色恐怖的鬥爭正在猛烈開展中。

膠澳羣衆爆發搶鹽鬥爭

上海六月一日特電：膠澳區因鹽稅太重，羣衆無力買鹽，致發生搶鹽風潮，五月二十日二十一日羣衆五六百人，婦女小孩亦參加與警察冲突，開槍擊死多人，并捕去大批婦女，羣衆極爲憤怒，鬥爭正在繼續開展云。

上海英美烟廠工人醞釀三廠總罷工

新廠已罷工，第三廠在積極準備

上海六月一日特電：英美烟廠新廠工人，因援助老廠工人，也於五月二十一日全體罷工，要求老廠即刻開廠，各部華籍職員，也一齊離廠加入罷工。資本家特雇白俄三十多名進廠工作，工人非常憤激，各女工組織了很多宣傳隊每日出外演講，鬥爭情緒非常高漲。

黃色工會正在極力破壞這一鬥爭，趁這機會組織了在黃色工會控制下的罷工委員會，并發佈告要工人全體離廠，靜候解決，嚴守『秩序』，并頒佈了束縛工人的罷工紀律十項：（一）不准違抗罷委命令，（二）不准不服從罷委勸告，（三）不准私自離廠，（四）不准居留廠內搗亂，（五）不准損壞廠內物件，（六）不准妨害外人身體，（七）不准造謠煽亂妄動破壞秩序，（八）不准在外私自集會，（九）不准不守秩序，（十）非工人不得入廠工作。

但工人情緒非常激昂，這些『紀律』并不能完全束縛工人的行動，最近蔣介石又電令國民黨上海市社會局，限於五月三十日以前解決局潮，否則亦須要工人□工，社會局已批令黃色工會照辦，但工人并未理蔣和社會局狗令，堅決要鬥爭到底。黃色工會却在這一事件中暴露了他走狗的面目。

該廠三廠的工人也在醞釀鬥爭，反對資本家減少工作和減少工資，（資本家改每日八時工作爲六時，由六日班減爲四日班，）新廠，老廠，第三廠的工人正在醞釀同盟罷工，及爭取勝利的前途。

香烟橋的碼頭工人，爲了援助老廠工人鬥爭，曾怠工兩天，工人階級的鬥爭高潮正在上海高漲着。

国民党法西斯蒂的血腥统治

上海十五日电：国民党上海市政府，将发行七厘公债三百五十万元，以车捐作抵，由新康洋行承销。

南京十五日电：国民党法西斯蒂连日在南京开民运会，讨论欺骗民众的办法，分工运农运商运青运妇运地方自治等类。

特載　蘇聯代表在日內瓦爲和平的奮鬥（下）　定一

『軍縮』大會上的『突變』是怎樣來的？什麼東西使得英法兩個帝國主義妥協起來？這個『突變』包含着什麼意義？

英法的妥協，是由於德國法西斯蒂願意變更它的擴張的方向。德國法西斯蒂的四方八面的擴張，到處惹起帝國主義間冲突的加劇，尤其是它的向西擴張，危害到法國本部，這是法帝國主義所極端反對的，而且因爲向西發展將來就會危害到英國。所以英國也不大贊成。英國帝國主義是反蘇聯的組織者，它鼓勵和幫助德國重新武裝來做反蘇聯敢死隊，他所特別希望的是要德國法西斯蒂向蘇聯的方向去擴張。在這樣的情形之下，德國法西斯蒂在國聯理事會上表示它願意對薩爾放手，就是說停止向西擴張，英帝國主義就順水推舟，說它可以『保證法國的安全』。法帝國主義所以要和英帝國主義鬧翻，首先就是因爲德國的西進，和英國的做他的靠山。現在德國法西斯蒂既然表示願意停止西進。英國帝國主義又『保證法國』，於是英法妥協就成功了，法國帝國主義把『德國重新加入軍縮大會』的『希望』放到決議草案裏，這種『希望』是他早已就絕望過了的。

⊙　⊙　⊙　⊙　⊙

我們知道，德國和法國兩個帝國主義，是老冤家死對頭，它們之間的矛盾，是歐洲帝國主義間最劇烈的一個，最近更有磨拳擦掌之勢。現在德國法西斯蒂忽然表示停止西進，這是一件極其重要的事。德國法西斯蒂停止西進，就更積極的向東歐和東南歐擴張，東歐東南歐這些小國，都是蘇聯的鄰國，而當『軍縮』大會進行的時候，德國國社黨在奧國加緊恐怖行動，并且在立陶宛組織暴動。所以德國法西斯蒂變更擴張的方向，表示當資本主義危機更進一步發展的時候，帝國主義自身間的矛盾，敵不過資本主義與社會主義間的根本矛盾。歐洲帝國主義的政策，更明顯的轉向進攻蘇聯了！

⊙　⊙　⊙　⊙　⊙

但是另一方面，德國法西斯蒂的積極東進，也不能不惹起資本主義國家間矛盾的更加劇烈。我們且不提東歐東南歐各小國都是法意帝國主義的同盟國的問題。我們單說一個最主要的問題，就是，當德國法西斯蒂在英國帝國主義積極贊助之下大舉向東歐東南歐擴張的時候，那裏的許多資本主義小國，看見戰爭的危險威脅着它們，帝國主義列强爲要進攻蘇聯，已經不顧惜它們，要把它們首先做犧牲了。另外一方面，它們看到蘇聯眞正主張和平，而且李維諾夫的提議，表示蘇聯願與任何國家一起來反對戰爭，這個提議開了它們的一條生路。所以它們趕快就和蘇聯接近起來。

捷克羅馬尼亞承認蘇聯，是蘇聯和平政策的偉大勝利，它在目前形勢中的意義更是巨大。我們知道，蘇聯邊境的許多小國，過去都是反蘇聯活動最積極的地方，現在已經沒有一個國家不承認蘇聯了。李維諾夫同志在日內瓦的奮鬥，收到了巨大的効果。

⊙　⊙　⊙　⊙　⊙

這次軍縮大會，『是歐洲政策的轉點，甚至或許是世界政策的轉點，世界政策的發展已經到這一點，這一點可以變成爲準備戰爭的最後結晶點。』（拉迪克）形勢是萬分緊張了！蘇聯的紅軍和兵工廠是維持世界和平的主要力量，這一力量因社會主義建設的成功而强大了！蘇聯準備着把進攻的敵人一脚踢出去，同時還要繼續利用帝國主義間的一切矛盾。我們要擁護蘇聯的和平政策，并且加倍努力，把反蘇聯戰爭在爆發之前就消滅下去！　（完）

充滿着矛盾與冲突中的歐洲

德國停付戰債

柏林十六日電：德國政府已決定停付已到期的戰債六個月，德國中央銀行總裁并聲言，因各國所加於德國的經濟壓迫，使德國無力償付戰債云云。聞德國并已停付對外各國貿易款項。

法國籌對策

巴黎十六日電：德國停付戰債的消息傳到此間後，衆認爲德國此舉，大爲妨礙道威斯楊格公債持劵人的利益，政府方面則在設法抵制德國此舉，聞將倡議『抵賬制度』，扣留德國在法的貿易款項，以爲抵補，另方面則向各國宣傳，認爲『德國賴債行爲，由於各債權國態度軟弱所致，德國并非不能付款，目前德國經濟情況不佳，係由德國中央銀行操縱馬克行市，造成此種局面，以便賴債云。』聞英國亦有採取抵賬辦法之說。

奧國騷亂未息

維也納十二日電：奧國境內騷亂仍未停息，現據各方面消息，已確切證明奧國境內的恐怖行爲由德國法西斯蒂所主持，今日有國社黨人二名，私運炸藥前往昔斯普魯克城，被警察查獲，此項炸藥爲奧國境內所無，并發見裝炸彈的紙匣有『柏林國防部監製』字樣，可見炸藥係由德國運來，目前并有許多地方的電線均被人用炸藥毀壞。

國民黨法西斯蒂的血腥統治

上海十五日電：國民黨上海市政府，將發行七厘公債三百五十萬元，以卑捐作抵，由新康洋行承銷。

南京十五日電：國民黨法西斯蒂連日在南京開民運會，討論欺騙民衆的辦法，分工運農運商運青運婦運地方自治等類。

「六二三」紀念

廣州沙基慘案

沙基慘案是『五卅』慘案的繼續。那時候廣東的工人學生士兵與市郊農民，舉幫援助上海的『五卅』慘案，六月十九日香港的工人開始罷工，英帝國主義香港政府立刻宣佈戒嚴，採取對廣東的封鎖政策，更激起羣衆的反抗，六月二十三日，廣州七萬多工人學生市民兵士及市郊農民，舉行盛大的援助『五卅』慘案的游行示威，行經沙基的時候，對河沙面英租界的軍隊，開槍掃射，英法葡（葡萄牙）兵艦開砲轟擊，當場被打死五十二人，打傷一百七十多人。

沙基慘案發生以後，廣州香港羣衆更加憤激，廣東革命政府宣佈對英經濟絕交，封鎖海口，在香港的中國工人全部回廣州，和廣州工人一起組織省港罷工委員會，成立工人糾察隊，主持罷工和經濟絕交，這一鬥爭使中國革命更前進一步，推動了中國革命運動發展，直至一九二七年『四一五』事變後，罷工委員會被國民黨解散，糾察隊全被繳械。革命運動走入了新的階段，許多省港罷工的領袖，在各地領導蘇維埃運動。繼續反對帝國主義及反對國民黨的革命鬥爭。

去年『六二三』中央蘇區曾召集民衆禦侮自救會，反對日本及一切帝國主義的侵略，反對國民黨出賣平津，反對塘沽大連協定。現在又是一年了，這一年中，國民黨無恥的出賣了整個華北，在帝國主義的指揮下瘋狂地進攻蘇區與紅軍。今年紀念『六二三』我們就要以省港罷工無產階級的堅持性頑强的，英勇的：武裝上前線粉碎帝國主義國民黨『圍剿』。以一切力量來爭取戰爭的勝利。

（節錄青年實話書店，最新出版的『各個紀念節的故事。』）

期
红色中华零二百零六期
版
零四版
时间
一九三四年六月二十三日

日本为藏本事件举行示威

上海十五日电： 因为藏本事件，日本驱逐舰巡洋舰各一艘，由上海开赴长江上游，其名义为“在必要时保护长江日侨”，日本人在上海又举行示威，公共租界中日军与坦克车巡行挑衅。

第四版　紅色中華　第二〇六期

重要電訊

日本藉藏本事件

舉行示威

上海十五日電：因爲藏本事件，日本軍遂艦巡洋艦各一艘，由上海開赴長江上游，其名義爲『在必要時保護長江日僑』，日本人在上海又舉行示威，公共租界中日軍與坦克車巡行挑釁。

日本軍閥橫行熱河

解散蒙兵

張家口十七日電：熱河卓索圖昭法達二盟蒙民槍械，均被日軍繳去，熱河境內蒙兵將全部解散，以削弱蒙古民衆反日力量。

日本收繳滿洲槍械

三百萬枝

長春十八日電：日本帝國主義收繳滿洲民衆槍枝，已達三百十萬枝，計奉天一百五十萬，吉林一百一十萬，黑省五十萬枝。

特載

中國能否抗日？

維嘉

任何一個革命的工人和農民，任何一個不願做亡
的中國人，都不會對於國民黨有絲毫「抗日」的幻想
民黨地主資本家官僚軍閥們，早已赤裸裸的在群衆當
破了他自己的假面，暴露了他無恥的投降出賣的走狗的真相。全中國的反日民衆，從國民
腥的屠殺中，從「抗日者殺」的無恥的禁令中，從「中國無力抗日」的武斷欺騙中，深深
覺到中國法西斯蒂國民黨徹頭徹尾是帝國主義的走狗，深深的體驗到，要爭取中國民族的
，獨立與自由，首先就要打倒帝國主義的走狗國民黨，粉碎走狗們一切擁護日本帝國主義
的無恥的宣傳。

我們不用列舉兩年來東北義勇軍在日本帝國主義武裝鎮壓下長期的浴血鬥爭，「一二
上海事變中無產階級與十九路兵士英勇的抗戰，以及台灣霧社番人和非洲里夫民族頑強的
反帝行動，這些英勇鬥爭，已經是每個革命工人和農民所不能忘記的史蹟。我們且正確的
計中國抗日動員的力量，揭發地主資產階級國民黨「中國無力抗日」的武斷欺騙。

國民黨對於他的「中國無力抗日」，曾下了這樣注解，（一）中國軍隊力量不能抗日
二）中國經濟力量不能抗日，（三）中國人無組織力量不能抗日，因此中國現在要「充實
」「集中國力」，而不是抗日。當然在國民黨是沒有什麼抗日，不能抗日，國民黨所索的
無恥的投降與出賣，但是廣大的中國工農群衆，不願意領受死亡與奴役的命運，要求中國
的生存，要求打倒帝國主義，要求抗日，要求開展民族革命戰爭來爭取自己的解放。他們
自己的力量，相信自己的勝利，相信「中國能夠抗日」。

首先我們來檢閱中國動員抗日的武裝力量。

根據不完全的統計，國民黨軍閥統治之下有兩百多萬陸軍。非正規的武裝，如散在各
保衛團等更超過正式軍隊的數目，湖南的保衛團槍枝在十萬以上，廣西也有鉅大的數目，
北，日本帝國主義收繳了民衆三百一十萬枝，到現在滿洲還在普遍爆發着反日的血戰，
想見中國武器散在民衆中的有着驚人的數量。國民黨政府逐年的支出，百分之五十用在軍事
，幾次進行的鉅大借款，都是爲着擴充軍備，購買飛機，新式武器及建立軍事工業，（領
着進攻蘇區與紅軍）這些都是中國的武裝，應當從走狗國民黨手中奪取出來，而成爲「抗
的力量的。

（未完）

槍口向着我們共同總敵人——日本帝國主義

各少數民族代表反日言論特輯

日本帝國主義最近在滿洲華北的暴行，以及瘋狂的佈置反蘇聯戰爭，更加挑起了全世界無產階級與被壓迫群衆的憤怒、特別是在日本壓迫下的台灣朝鮮等少數民族。記者特往訪留駐在蘇區各少數民族代表的反日意見，承允發表如下談話：

台灣蔡乾

自日本帝國主義宣言獨佔中國（四月十七日）兩個月來日本強盜更積極更具體的在台灣，在華北佈置軍備，派遣大批軍官到西北綏新等地偵察河川地形，同時急進的將他的血手伸到福建，企圖佔領福建，這些事實是更清楚的表示着日本強盜更瘋狂的進攻蘇聯與進攻中國革命。要把全中國變成他的殖民地朝鮮台灣第二！

日本強盜四十年來在台灣的暴行，真是殘虐到極點，爲了鎮壓群衆的反抗，有一次屠殺一萬多人（西來庵事變）日本強盜又在台灣強買農民土地，搶奪農民的山林，現在台灣的土地百分之八十五以上操在日本資本家地主的手裏！台灣人不能帶五寸以上的刀子在身上，六歲以上的兒童被強迫入學校讀日本書，禁止講台灣話。現在：日本強盜這些暴行手段都拿來滿洲重演了，并且將重演於全中國！

從前台灣有個賣國賊辜顯榮，當台灣革命浪潮高漲的時候，他說「寧做太平狗，莫做亂世民」勸台灣民衆好好的做日本的奴隸，不要反抗日本。

今日蔣介石的賣國比台灣辜顯榮還更無恥，更進了一步。蔣賊不是說：「中國無力抗日」，「抗日必先剿共，」「言抗日者殺」嗎？這是替日本及一切帝國主義殖民化中國鋪平道路的最無恥的武斷宣傳，我深信中國工農兄弟在共產黨蘇維埃正確領導之下，并且在全世界無產階級和殖民地被壓迫民族的同情與擁護之下，團結一切不願意做帝國主義奴隸的革命民衆，實行共產黨提出的反帝統一戰線的綱領，共同進行神聖的民族革命，一定是能夠得到勝利的。

中國台灣，韓國工農的反日戰線萬歲！

東方被壓迫民族解放運動的堡壘——蘇維埃中國萬歲！

韓國陳德勤

日本帝國主義自從佔領滿洲以後，最近更加兇猛的佈置進攻蘇聯和進一步的完全瓜分中國。韓國民衆更加受日帝的蹂躪，工農身上加重了數百種的苛稅，日本帝國主義要把韓人作爲侵略中國的犧牲品。

但是不管野蠻的日本帝國主義者，如何來壓迫和剝削，韓國民衆爲着韓國的解放反抗日帝統治的鬥爭，依然是發展着。鬥爭的形式已由散漫的狀態而漸趨於集體有組織的階級路線，滿洲事變發生後，韓國民衆用反對日本出兵中國，反對屠殺滿洲韓國群衆的口號，號召群衆起來把京奉（韓京到奉天之線）京延（韓京到延吉龍井村之線）兩大鐵路拆毀，阻礙着日軍運到滿洲的運輸，韓國民衆的鬥爭，不僅是韓國內地繼續猛烈發展着，而且與日本內地的勞動群衆鬥爭相互呼應着，特別是滿洲義勇軍亦密接的連繫着，在滿洲中韓民族聯合戰線，是國際上有重大意義的，就是直接武裝擁護了蘇聯和武裝保衛中國革命。

韓國華士梯

滿洲事變以來，滿洲問題，已成爲中國革命中重要問題之一，而且與韓國革命問題不能分離，同時成爲國際上重要問題，日帝最近瘋狂般地佈置進攻蘇聯與掠奪中國，這種行爲決不能挽救其垂死的統治，相反的這種兇暴是引起了日本國內的勞動者和中韓民族的反抗與世界無產階級的反對！

滿洲事變以來，東北義勇軍和游擊隊在滿洲與大群衆擁護之下迅速的發展，這些義勇軍游擊隊在偉大的領導之下，已形成有中韓民族聯合戰線的形式，滿洲的中韓民族聯合戰線，日益鞏固，日帝利用韓國的流氓來破壞我們的聯合戰線（利用民族的仇視）但是這些陰謀決不能破壞反日反帝統一戰線。

當前滿洲的共產主義者，要更加努力去廣大中韓群衆中揭破日帝的兇惡陰謀，與宣傳蘇聯社會主義建設的勝利，和中國蘇維埃運動的發展的情形，并號召中韓廣大革命群衆來組織和鞏固反日反帝聯合戰線，武裝擁護蘇聯和保衛中國革命。

反日統一戰線五大綱領

（一）堅決反對國民黨整個的投降出賣政策，反對國民黨出賣東北華北與中國的塘沽協定和中日直接交涉。拋棄對國聯與美國的任何幻想，只有工人農民和一切勞動者的團結與統一才是中國民族對帝國主義的抵抗力量與勝利的保證。（二）全中國民衆必須起來爲保衛中國領土與獨立而作神聖的民族革命戰爭。（三）號召民衆直接參加反日戰爭與游擊戰爭。用所有軍器庫及人口武裝來武裝民衆，組織民衆的反日義勇軍。積極援助東北的抗日義勇軍，以及廣大群衆抵制日貨的行動。（四）沒收日本帝國主義者及賣國賊汗奸的財產，停止支付一切債款本息，設施累進稅來作爲抗日的費用。（五）中國必須立刻完全對日絕交，動員整個海陸空軍對日作戰，立即停止進攻蘇區及軍閥戰爭。

日本帝國主義血手下的中國
日本軍隊橫行中國
又在上海工人區域演習巷戰

期：红色中华零二百一十一期
版：零四版
时间：一九三四年七月七日

日本帝国主义血手下的中国

日本军队横行中国
又在上海工人区域演习巷战

上海特讯： 日本帝国主义在“一·二八”战争时，曾因上海工人巷战袭击，受了很大的损失。最近在上海积极演习实地巷战，六月二十七日并在戈登路工人区域附近演习巷战，以备随时镇压上海工人反日的巷战云。

日本帝國主義血手下的中國

日本軍隊横行中國

又在上海工人區域演習巷戰

上海特訊：日本帝國主義，在「一二八」戰爭時，曾因上海工人巷戰襲擊，受了很大的損失，最近在上海積極演習巷戰，六月二十七日并在戈登路工人區域附近演習巷戰，以備隨時鎮壓上海工人反日的巷戰云。

舉行十年來未有的防空演習

滿洲特訊：日本帝國主義近在大連舉行關東州防空大演習，大和旅館高張日本統監部旗幟，由鏡山統監發令，據說這是十年來未有的大防空演習。他的用意在於準備進攻蘇聯，煽動反蘇聯戰爭。

天津又在建築兵營

准備增兵華北

天津六日電：日駐軍最近又在天津海光寺建築一所鉅大的兵營，准備增兵華北，現已完全竣工。

強迫民衆種植鴉片

滿洲特訊：日本帝國主義在滿洲強迫民衆種植鴉片煙，非指定地區不准種高粱大麥，鴉片收穫時，由日本資本家用賤價收買，做成鴉片後，再強迫人民吸食，并勒索很重的價錢。又設立很多賭場，引誘中國人賭博，以種種凶惡的手段來剝削中國民衆，民衆憤恨萬狀。

注射毒菌虐殺兒童

滿洲特訊：日本帝國主義，近日運了大批毒菌到滿洲來，強迫小孩注射，被注射的小孩，即胸背發爛而死，受毒而死者，計達數萬，北滿有農民甚至甘願殺死自己的兒子，然後加入義勇軍以反日云。

日本內閣總辭職

將由軍閥岡田繼續組閣

日本東京特訊：日本齋藤內閣於七月三日上午八時總辭職。

齋藤實於一九三二年五月二十六日組閣，當政兩年零三十九日，兩年來對中國採取積極進攻步驟，暴力與陰謀同時并進，併吞熱河華北，發表獨佔宣言，以及成立中滿通車通郵通關等協定，都是齋藤當政期內的事。

但是日本帝國主義無論如何加緊進攻中國，加緊佈置武裝干涉蘇聯，都不能消滅國內勞苦羣衆的革命鬥爭，日本國內的政治危機日益深刻化，因此，日本資本家軍閥不得不加速法西斯化的過程，以便對內更凶惡地鎮壓革命運動，對外更瘋狂的進攻中國與干涉蘇聯，以及準備太平洋戰爭。

齋藤內閣總辭職正反映着這樣的形勢。

東京五日電：前海相岡田，將組織新內閣，新閣政策聞將積極擴充陸軍，侵略中國，故陸相林銑外相廣田均將留任。

國民黨把糧食送給日本

四月份出口六十餘萬

堅決擁護共產黨反日五大綱領。完全對日絕交。開展廣大羣衆的抵制日貨的行動，反對國民黨減低關稅歡迎日貨對華傾銷。反對國民黨把糧食送給日本帝國主義。

我們的糧食要供給反日反國民黨的工農紅軍、東北義勇軍與東北人民革命軍。

上海特訊：國民黨於六月八日發表四月份中國與日本貿易情形：

從中國民衆身上榨去了一百一十五萬五千餘元

日輸華總數爲1155046元，以棉布爲大宗，計值546852元。

國民黨送給日帝國主義六十六萬三千餘元糧食

華輸日總數爲6165610元，以糧食爲大宗，計值663455元，入超5388436元。

中央黨務委員會關於永遠開除楊幼麟李華英黨籍與開除鄧乾元鄧湘君黨籍的決定：

（一）楊幼麟是湘鄂贛反革命託洛斯基派的主要負責人（秘書書記）之一，直至現在政治態度是秣稜的，在某些政治問題上，仍保持着託派的觀點，并企圖進行反黨的活動，決定永遠開除他的黨籍。

（二）李華英是湘鄂贛反革命託派重要份子，直至現在沒有明確的與託派脫離，現決定永遠開除他的黨籍。

（三）鄧乾元是湘鄂贛反革命託派重要份子，開除他的黨籍。

（四）鄧湘君是湘鄂贛反革命託派重要份子，亦開除他的黨籍。

（五）李宗白亦是該省託派領導者之一，於去年患病死於寧都，特此指出。

一九三四，六，二十六日

特載

中國能否抗日？　維嘉

我們來看日本在中國的投資，根據1931年的材料，日本在中國所投的資本有如下的數目：

銀行資本	490 620,000元
事業投資	1 500.000 000元
借　款	450 000.000元
中國賠款	350 000.000元
合計	2 890 620 000元

以上統計日本在華資本總數達二十八萬萬九千餘萬日元，這個數目，國民黨正在按年支付利息給日本帝國主義，作爲日本帝國主義進攻中國的用費。

如果我們沒收了這些日本資本，應該是一筆最大的抗日經費，而在日本帝國主義，却是經濟上一個致命的打擊。

地主資產階級國民黨政府，對於羣衆的剝削（一切稅捐田賦），每年計達十萬萬元，這又應該是一筆巨大的抗日經費。

中國的經濟破產與窮困，正是因爲帝國主義採取和地主資產階級剝削的原故，只要推翻帝國主義走狗國民黨的統治，我們儘有着抗日的經濟力量以及一切力量。

中國共產黨中央所提出的反日五大綱領中，指出我們必需沒收日本帝國主義者及賣國賊漢奸的財產，停止支付一切債款本息，設施累進稅來作爲抗日的費用，對日絕交，組織廣大的抵制日貨行動，這些都是絕對正確的主張，這些主張的實現，使我們能得到極雄厚的經濟力量，戰勝日本帝國主義。

從經濟力量上來考察，我們更相信中國能夠抗日。

其次地主資產階級咒駡羣衆沒有組織力量，說中國人是『一盤散沙』，中國沒有可能去抵抗『有組織』的日本帝國主義，應該跟隨着國民黨賣國賊跪伏在日本帝國主義前面，領受亡國奴的命運。

但鐵的事實，已經回答了走狗們的欺騙與咒駡，顯示了中國的工農羣衆有着強大的組織，在白區裏面，無論國民黨怎樣的解散抗日團體，封閉抗日刊物，取締抗日宣傳，鎮壓抗日運動，逮捕和屠殺抗日領袖，但反日鬥爭并不因此而低落，相反的，一天天走向普遍武裝冲突的更高的階段。

我們蘇維埃區域裏面，工人農民中不斷的產生組織家宣傳家，團結了千千萬萬的羣衆在共產黨與蘇維埃政府周圍，像一個人一樣，爲了蘇維埃政權的勝利而進行着反帝國主義反國民黨的戰鬥。這些都是國民黨地主資產階級無法否認的事實。

無論從那一方面考察，我們有着抗日的力量，而國民黨正在日本帝國主義的指使之下，阻礙抗日力量。破壞抗日力量，解散抗日力量，企圖消滅抗日力量，讓日本帝國主義的血手無阻礙的伸到全中國來，扼死中國民衆。

國民黨向蘇區和紅軍進行的五次「圍剿」，正是爲了要完成他這種走狗的使命，爲了把已經消滅了帝國主義勢力的蘇維埃領土，重新放到帝國主義的血手底下去。

保衛蘇維埃領土，粉碎五次「圍剿」，推翻國民黨在中國的統治，是抗日的先決條件。

我們要爭取粉碎五次「圍剿」的勝利！爭取民族革命戰爭的勝利！相信自己的力量！我們『有力抗日』！（完）

上海大疫

期：红色中华零二百一十二期

版：零四版

时间：一九三四年七月十日

国民党血腥统治下的灾荒

上海大疫

上海特讯：上海连日酷热，发生很多疫病，上海时疫医院门诊人数，自六月二十六至三十日五天中，达六百余名，病者男子约占四分之一，腹胃炎占百分之七十，疟疾与中暑占百分之三十，病势猛烈，死亡甚多。

第二一二期　紅色中華　第四版

反對滅亡中國的二十一條

反日宣傳的問答晚會

問答晚會是一種最活潑的宣傳方式，在機關或紅軍部隊中，還帶着教育與測驗的作用，解決學習者的疑難與考察學習者的進步。

但在群衆中進行這一晚會的時候，就必需估計到群衆的文化程度，要從群衆切身利益日常生活上說起，一步一步還引群衆來了解政治問題。

問答晚會有兩種，一種是向群衆發問，一種是引群衆發問。

向群衆發問的晚會，首先要調查當地群衆所處的特殊情形，一般工作狀況，以及群衆的興趣　發問之前要佈置很好的幹部在群衆中間，還必要時代群衆回答問題，但是主要的還須要由群衆回答。

最好是把群衆分做兩組，發起兩組的問答競賽，看那一組答的問題多　答的問題正確。

引起群衆發問的晚會，也可以採用這種方式　甚至可由兩組互相問答，再由指導者，來做公允的批評。

問答晚會的問題不宜過多，每次十個至十五個就夠了。為了增加晚會的興趣，答中的人可發動全體鼓掌慶祝，答不中的人可以罰唱山歌或說故事。

主持這一晚會的人必需有充分的準備，以備答覆群衆臨時提出的問題。

反日問答晚會材料之一

（二十一條）

（一）二十一條是日本帝國主義侵略中國表現得最明顯最具體最凶惡的條約，是一千五百件懸案中最重要的一件。

（二）二十一條內容共分五號：

第一號四條，要把山東省劃為日本帝國主義獨佔的勢力範圍。第二號七條，要把滿蒙劃為日本帝國主義的殖民地，在滿蒙各地的礦山鐵路工商業，以及政治軍事均須受日本支配。第三號二條要吞併中國的漢冶萍公司　第四號一條，要中國受日本帝國主義的支配，不准割讓土地與其他國家。第五號七條，要中國政府請日本來監督，讓日本人自由在中國居住，及購買土地，各處設日本警察，完全由日本供給中國軍械，一切鐵路由日本帝國主義承造，開發福建須向日本協議，允許日本人在中國自由進行文化侵略等等。

日本對華二十一條

（三）二十一條，是一九一五年五月七日，由日本帝國主義強迫中國北洋軍閥袁世凱政府承認的，這一條約引起了全中國民衆的反對，所以有許多條款，沒有能夠完全實行　在袁世凱以後的許多北洋軍閥政府，都不敢完全執行這一條約，但是無恥賣國的國民黨，在出賣了滿洲華北之後，還在打算把這二十一條完全實現，使中國工農大衆永遠做日本帝國主義的　隸

（四）要反對日本帝國主義併吞中國的二十一條，反對國民黨出賣中國，反對國民黨承認二十一條，我們就要執行中國共產黨反日五大綱領，開展蘇維埃每一戰爭動員工作　來爭取戰爭的勝利，消滅國民黨，消滅日本與一切帝國主義。

國民黨血腥統治下的災荒

江南大旱

上海特訊：近日江南各地，天氣奇熱　上海熱度達華氏一百零一度，杭州達一百二十度，鎮江達一百零四度，南京亦達一百零四度，各大都會飲冰室生意大增，地主資產階級紛紛覓地避暑，國民黨機關下午停止辦公　馬路上柏油都被溶化，行人汗流如注，暑疫流行非常猛烈，在工人區域中，每日因中暑而死者甚多。

國民黨官僚竟在各地發起唸經求雨，并向群衆強迫募捐　現在江南旱災已成，無法挽救，內河亦因無水　停止輪船行駛，今年秋收已經絕望。因此各地米價飛漲，群衆生活日陷於饑餓死亡的境地，隨時有暴發鬥爭的可能

上海大疫

上海特訊：上海連日酷熱，發生很多疫病，上海時疫醫院門診人數，自六月二十六至三十日五天中　達六百餘名，病者男子約佔四分之一，腹胃炎佔百分之七十，瘧疾與中暑佔百分之三十，病勢猛烈，死亡甚多。

湖南大水

長沙特訊：湘江流域各縣，因為六月間下了半個月的大雨，湘水大漲、淹沒房屋田畝不計其數，尤以長沙湘潭衡州等十縣為最重。數十萬被水的災民，正在死亡饑餓的命運中掙扎着，要起來和吞沒修堤經費進攻蘇區的國民黨軍閥鬥爭。湘南軍閥却正在利用這一機會，「連電中央請賑」，企圖分得一點贓物云，

湖北大水

漢口特訊　近來漢江水位，日益猛漲，計六月二十八日為三十六點一英尺，二十九日為三十八點一英尺，三十日為三十九點一英尺，以後有繼續高漲的形勢，湖北民衆受了前兩年水災的教訓，正在猛烈開展鬥爭，反對國民黨拿修堤經費去進攻蘇區。

河北大水

天津特訊：近日懷來宣化等縣，連日大雨，山洪暴發，蘆溝橋以北迴龍廟水位，突由八尺三寸漲至一丈二尺，水勢洶湧。平漢路漯河附近，路軌已被大水沖毀，沿岸土地盡被淹沒　災情極為慘重

黃河大水

天津特訊：黃河水於六月二十日暴漲，下游沿岸　俱被水災，上游劉莊等地尚在「搶險」，但黃花寺地處河灣，隨時有潰決的危險，該地人心恐慌萬狀。

徐州特訊：徐州連日大雨，引起山洪暴發　運河水勢，自台莊至八義集一段，七月六日溢出岸外。黃河故道，連日水量續漲。城內水深數尺，國民黨軍閥官僚，紛紛遷移避水。

甘肅大旱

蘭州特訊：甘肅地處黃河上游，近因黃河水位低落，各縣發生旱災，水車停轉　夏收遭受重大影響　市上糧價飛漲，民衆生活日益惡化，有釀成事變的形勢。

期
红色中华零二百二十一期
版
零二版
时间
一九三四年八月一日

国民党汉奸们的卖国忙

唐有壬常驻上海不断与日领密议

上海二十八日电：国民党为要迅速地完成其新的卖国阴谋，所以最近派出了许多汉奸去与日本帝国主义分头谈判，国民党政府外交次长唐有壬亦于本月初亲自来沪常驻，不断与日本领事密议，据闻所议内容包括甚广云。

王克敏李择一奔走沪杭间

杭州二十五日电：黄郛最近在表面上虽然假托有病住在杭州的莫干山，但实际上他是这次国民党新的卖国阴谋中的中心人物，许多计划都是他所筹划的，因此，汉奸小喽啰如王克敏，李择一等最近便不断奔走于上海杭州之间，将唐有壬在上海，与殷同在大连与日本帝国主义密商的情形报告给黄郛，并将黄郛的意见传达给唐有壬殷同等。国民党军阀政客在出卖中国这一点，也确实是大费“苦心”了。

毛澤東同志談目前時局與紅軍抗日先遣隊

本報記者日昨晉謁中央政府毛主席，訪問關於目前時局與紅軍抗日先遣隊問題。據談：日本帝國主義自從奪了滿洲熱河，控制了平津，取得通車通郵，發表侵略中國的宣言，向國民黨要求解決一千餘件「懸案」以後，加緊了吞併中國的新進攻，最近日本政府向美國提出日美平分太平洋的意見，以及積極地在北滿佈置反蘇聯戰爭，與國民黨代表開大連會議，明顯的表現着日本帝國主義極力企圖緩和帝國主義相互間的鬥爭，企圖求得帝國主義相互間暫時的諒解，一致的來瓜分中國，進攻中國革命與反對蘇聯。日本帝國主義的走狗國民黨南京政府，正在散放「撤廢塘沽協定」「收回戰區」的煙幕彈來掩護迅速出賣整個中國的大連會議，一面北洋軍閥親日老手安福系完全與國民黨合作，其要人如王克敏等紛紛南下與黃郛唐有壬等在上海及莫干山密商，安福系頭子段祺瑞跑到廬山同蔣介石開秘密會議。這是新舊漢奸的大合作，完全表明日本帝國主義新進攻的十分緊張，中國民族已經到了極端危險的關頭，死亡奴役的命運威脅着全國的勞苦群衆！

日本帝國主義的新進攻，同國民黨的大舉進攻我們的基本蘇區是完全配合一致的。國民黨幾十萬軍隊，正從蘇區的門戶——廣昌連城龍岡嵩和各地向我們中心地區前進，來實行他五次「圍剿」的最後步驟，企圖血洗蘇區，消滅蘇維埃紅軍，做個帝國主義瓜分中國最盡職的走狗，這就是目前時局的特點。

蘇維埃政府與紅軍，為了保衛自己的領土，討伐賣國賊國民黨，正在領導廣大群衆與英勇紅軍在各個戰線上與優勢兵力的敵人開展最激烈的血戰，正在以一切力量用各種辦法去粉碎這個兇惡的「圍剿」。蘇維埃與紅軍早已下了決心，無論如何要粉碎這個兇惡的圍剿，目前我們更要用一切堅定性頑強性與持久性，去粉碎這個圍剿，我們這樣做也就一定能夠最後的粉碎他。

在蘇區我們最近期間已經創造了七萬新紅軍，動員了幾十萬担糧食解決青黃不接時的給養，目前又正在進行偉大的秋收動員。我們的游擊隊大大擴充了，並在繼續擴充，游擊戰爭是廣泛的發展着。物質供給如鹽布等正在擴大蘇維埃的群衆運動。軍事工業如彈藥等的製造，是幾十倍的增加了。我們這些力量，國民黨做夢也想不到的。國民黨早就說我們怎樣「不得了」，他們却得到如何大的勝利，而事實證明，並且將最後的證明：「不得了」的只有腐朽透了的國民黨。蔣介石自鳴得意他向蘇區築了幾千里幾十層的堡壘，他們的「車水捉魚」政策是怎樣的快要「成功」了。不錯，蔣介石築了很多堡壘，蔣介石佔領了我們一些地方，并且他還想進佔汀州，石城，甯都與興國。然而國民黨許多部隊在紅軍鐵拳之下潰敗覆滅，却是蔣介石所諱言與禁說的。而且蔣介石之流的蠢豬是不懂得最後「不得了」的不是蘇維埃紅軍而是蔣介石和整個地主資產階級國民黨，而是指揮蔣介石國民黨的帝國主義，[illegible]他們不懂得的。還我再來指出兩件事：第一是他們[illegible]向我們蘇區（江西，四川，湖南，福建，鄂豫皖）進攻的士兵群衆，在蘇維埃紅軍的面前所得的影響怎麼樣。我們要說，這樣廣大的士兵是在一面被強迫進攻我們，一面却在受我們的革命教育。各個蘇區可以說都是白軍士兵學習革命的大學校。因此替蔣介石挖墳墓的不只是紅軍，而且是他自己的士兵，試問蔣介石這個蠢貨懂得麼？第二是國民黨，如此拼命賣國，天天向全國民衆的死對頭帝國主義下跪下拜，把半個中國送給日本帝國主義，對日本幾十萬強盜軍隊的進攻不打一槍，而把所有的東三省熱河北京天津上海杭州漢口以及河南河北江蘇浙江的軍隊盡行調了來打紅軍，把這些地方送給帝國主義[illegible]。同樣陳濟棠不去防衛香港（英國帝國主義侵略中國的根據地），却把廣九鐵路送給英國，把他隊伍十分之八開到江西福建來打紅軍。請問這些地方的廣大民衆就聽任蔣介石陳濟棠這樣賣國到底麼？能聽任帝國主義自由自在跑進中國來殺人放火麼？又請問被調軍隊的兵士群衆能聽任帝國主義燒殺他們的家鄉而安心被國民黨強迫來打自己的弟兄——工人農民與紅軍麼？不，決然不能的。蔣介石陳濟棠（以及張學良何健等等）自己的脚下埋伏了千千萬萬的炸彈，這些炸彈有些地方已經爆炸或正爆炸，（東三省抗日義勇軍，人民革命軍，上海戰爭，各地的游擊戰爭與群衆暴動）有些地方是等候時機大大爆炸起來。請問全國勞苦民衆與白軍士兵，誰不擁護中國共產黨的抗日五大綱領？誰不擁護蘇維埃中央政府對日宣戰命令？誰不接受蘇維埃中央政府與革命軍事委員會的「不打紅軍與紅軍聯合共同去打日本帝國主義」的號召呢？無疑的，只要他們看到了聽到了我們的綱領命令與號召，他們是會跳起來願意幹的。無疑的，全國反日反帝的大風暴一定會在我們的鮮紅旗幟號召之下掀發激蕩起來的。

蘇維埃中央政府與革命軍事委員會，在國民黨賣掉半個中國全國民衆望紅軍北上抗日如大旱望雨的時候，在今年八月一日全世界勞動民衆舉行反對帝國主義侵略戰爭大示威的時候，派遣了一個抗日先遣隊，這兩天已經可以迫近福州，即將經東部各省北上抗日。目的在使全國民衆明白紅軍是全中國內真正抗日的軍隊，紅軍的主力雖因國民黨五次圍剿擋住了北上的路，正在也只有在徹底粉碎國民黨的圍剿之後，才能大舉北上，却在此時派出了自己的先遣部隊。這個部隊雖然祗是一個先遣部隊，但是有充分的戰斗力，配備了充足的火力，戰鬥員指揮員都是質量很好的曾經在同國民黨軍隊作戰中表現了他最大的英勇。這個部隊雖不很大，但我們相信必能得到沿途民衆的援助，凡是國民黨軍隊中決心抗日的份子也必會不斷參加這個部隊，或同我們聯合起來攜手并進。這樣，我們的抗日的先遣隊，將很快壯大成為抗日作戰的大力量。只是一件，部隊取道北上的時候，蔣介石及其南京政府——這個日本帝國主義的死走狗，為了盡忠日本起見，必會派兵攔阻，如果這樣，那麼先遣隊的前進，還須同蔣介石的攔阻隊作戰。這就要用大力宣傳這些攔阻隊的士兵，同情我們，瓦解這些攔阻隊，以便北上能夠迅速。抗日作戰是越快越好，因為日本帝國主義的新進攻立即就要來，一切帝國主義瓜分中國的行動都正在張牙舞爪，全國民衆的[illegible]越來越大。因此我們號召全國一致起來援助蘇維埃與紅軍，使我們能夠迅速粉碎五次圍剿，集中力量抗日反帝。援助我們的抗日先遣隊，反對南京政府的攔阻政策，使抗日紅軍迅速前進

中國工農紅軍的抗日先遣隊已經出動了！我們英勇工農紅軍已經以實際的行動來反對日本帝國主義的鐵蹄，救中國於危亡，同時[illegible]蘇維埃政府與革命軍事委員會[illegible]隨時隨着先遣隊出發。但[illegible]大兵攔截紅軍[illegible]封鎖紅軍，抽調全部[illegible]軍南下入據。全國民衆們，難道還不明白麼[illegible]國民黨是日本帝國主義的清道夫。全國民衆們[illegible]白軍兄弟們，反對國民黨這個賣國的投降政策！要求動員全體海陸空軍去抗日，反對進攻紅軍！中國一切軍隊都應該槍口向日本帝國主義放，向着賣國的[illegible]！這樣我們才能夠而且必然能夠戰勝日本帝國主義。

國民黨投降日本帝國主義的新的大活動

大連中日滿代表會議仍在祕密進行中

南京二十七日電：國民黨與日本帝國主義及傀儡滿洲國所舉行的大連中日滿代表會議現仍在祕密進行中，據聞要到二十八日或二十九日才能結束。日本及滿洲國出席會議的代表是柴山，岡村，喜多等，中國的代表除了殷同外，據說還有殷汝耕等賣國賊多人。殷同在會議結束簽訂了條約後將立即返滬謁國民黨外交次長（最大的漢奸）唐有壬報告簽約經過，此後并將赴杭州謁黃郛報告。如果這初步的出賣計劃能夠順利完成，則黃郛不久即將親自北上與日本帝國主義直接交涉一切中日間的懸案（即一千五百條懸案），把中國最廣大的領土都出賣給日本。——但是國民黨深怕群衆有透徹的陰謀，因此最近幾天雇介許多小政客出來發表談話「闢謠」。

王克敏李擇一奔走滬杭間

杭州二十五日電：黃郛最近在表面上雖然假託有病住在杭州的莫干山，但實際上他是這次國民黨整個的賣國陰謀中的中心人物，許多計劃都是他所籌劃的，因此，漢奸小嘍囉如王克敏、李擇一等最近便不斷奔走於上海杭州之間，將唐有壬在上海，與殷同在大連與日本帝國主義密商的情形報告給黃郛，並將黃郛的意見傳達給唐有壬殷同等。國民黨軍閥政客在出賣中國這一點，也確實是大費「苦心」了。

國民黨漢奸們的賣國忙

唐有壬常駐上海不斷與日領密議

上海二十八日電：國民黨為要迅速的完成其新的賣國陰謀，所以最近派出了許多漢奸去與日本帝國主義分頭談判，國民黨政府外交次長唐有壬亦於本月初與日本領事密議，據聞所議內容包括甚廣云。

南京政府在察哈爾設外交特派員

南京二十四日電：國民黨南京政府最近決定在察哈爾設立外交特派員，現已委任岳開（？）担任此職，今一二日內岳開就要北上赴任，據聞他到察哈爾是担負有特別使命的，這種使命就是要把整個的內蒙古完全賣給日本帝國主義，以幫助日本帝國主義更順利的來進攻外蒙和蘇聯。

最後消息

抗日先遣隊已渡閩江 連獲三次勝利正向福州進逼

抗日先遣隊急電，我抗日先遣隊自七月出發以來，聲勢浩大，連獲勝利：第一次的勝利是佔領了大田城，第二次的勝利是進攻尤溪口繳獲了日本帝國主義供給盧興邦匪部的炸藥五百箱，砲彈無數，第三次的勝利是佔領了漳浦坂擊潰福建保衛團一連，繳獲步槍百餘枝，駁殼九枝，輕機關槍二架，現在已渡閩江正向日本帝國主義侵略華南進攻蘇區的根據地——福州進逼，預料「八一」可佔水口（離福州僅百里）日本帝國主義及國民黨軍閥已大起恐慌。

國民党的賣國大活動
李擇一坐長崎輪到日本去了
黃郛殷同下莫干山不日北上
王克敏在上海散佈賣國空氣

期：红色中华零二百二十五期
版：零四版
时间：一九三四年八月十三日

国民党的卖国大活动

李择一坐长崎轮到日本去了，黄郛殷同下莫干山不日北上，王克敏在上海散布卖国空气

国民党的卖国会议已经在庐山继续开了几天，卖国贼们为了要逃避群众的反对，极力掩饰秘密会议中所做的勾当，但是卖国贼走狗汉奸们鬼鬼祟祟的行踪，已经明显地露出了他们新的出卖中国的马脚，这两天，最重要的就是李择一到日本去，和黄郛殷同下莫干山。

李择一在福建办完了他的卖福建的交涉以后，八月□日就坐船到上海，至莫干山去见出卖中国的总买办黄郛，和黄郛商量好了实行这些卖国交涉的办法，即于四日早晨，坐了日本的长崎轮船，到日本见他们的“头子”去！在这个时候，日本帝国主义的某海军司令，马上带了一队兵舰，浩浩荡荡地杀奔福建，准备来进攻苏区和拦阻红军抗日先遣队的北上。

黄郛在莫干山上，指挥着各地小走狗们办理出卖中国的交涉，看看“大功”差不多要“告成”。于是在八月六号早晨带□殷同下莫干山来，准备和蒋介石、汪精卫见一面之后，赶到北平去向日本帝国主义领赏，小走狗殷同在南京临走的时候，还向各报纸发表一个书面谈话说是“一切情形老早在大连会议上都商量好了！现在并无新的事实，而且本人官卑职小，一切事情都是上命差遣，身不由己，国家大事，更不敢随便多嘴，所以屡次新闻记者的访问都不能尽情畅叙”。

北洋前老官僚王克敏，这时也正在上海大肆活动，据说他的任务是“借款救济战区”，借此来掩护他勾通段祺瑞王揖唐进行出卖中国的勾当，借此来散布关于战区的谣言，来维持日本帝国主义在华北的实际的统治。

國民党的賣國大活動

李擇一坐長崎輪到日本去了
黃郛殷同下莫干山不日北上
王克敏在上海散佈賣國空氣

國民黨的賣國會議　已經在廬山秘密開了幾天　賣國賊們為了要逃避群眾的反對　極力掩飾秘密會議中所做的勾當　但是賣國賊走狗漢奸們鬼鬼祟祟的行蹤，已經明顯地露出了他們新的出賣中國的馬脚　這兩天，最重要的就是李擇一到日本去，和黃郛殷同下莫干山。

李擇一在福建辦完了他所負福建的交涉以後，八月一日就坐船到上海，乘莫干山去見出賣中國的總買辦黃郛，和黃郛商量好了實行這些賣國交涉的辦法，即於四日早晨　搭了日本的長崎輪船　到日本見他們的「頭子」去！在這個時候　日本帝國主義的某海軍司令，馬上帶了一隊兵艦，浩浩蕩蕩的殺奔福建　準備來進攻蘇區和攔阻紅軍抗日先遣隊的北上。

黃郛在莫干山上，指揮着各地小走狗們辦理出賣中國的交涉，看看「大功」差不多要「告成」　於是在八月六號早晨　帶了殷同下莫干山來，準備和蔣介石　汪精衛見一面之後，趕到北平去向日本帝國主義領賞，小走狗殷同在南京臨走的時候　還向各報紙發表一個書面談話說是「一切情形老早在大連會議上都商量好了！現在并無新的事實，而且本人官卑職小，一切事情都是上命差遣　身不由己　國家大事　更不敢隨便多嘴、所以屢次新聞記者的訪問都不能盡情暢談。」

北洋系老官僚王克敏　這時也正在上海大肆活動　據說他的任務是「借款救濟鄉區」，藉此來掩蓋他勾通段祺瑞王揖唐進行出賣中國的勾當，藉此來散佈關於戰區的謠言，來維持日本帝國主義在華北的實際的統治。

開灤礦工繼續反日鬥爭

天津四日電：開灤礦工的反日鬥爭現仍繼續高漲　馬家溝日昨　發現反日傳單，并攻擊國民黨無恥的賣國行為，國民黨政府當即於三日下午派警察逮捕了工人八名，已押到唐山公安局審辦

華北鐵路火車先後失事

華北各路工人，為反對日帝國主義侵略中國，反對日帝國主義的軍事運輸，反對日帝國主義修築軍用鐵路進攻蘇聯，進行了破壞鐵路的運動。八月四日晨哈爾濱開出列車六輛被爆，使南滿鐵路交通斷絕。七月二十九日，北甯路第三次客車顛覆出軌。七月二十九日，北甯路車在北戴河互撞，損傷甚大，北甯路副局長亦受重傷

七月二十四日晨北甯路四五次快車，行抵柳江鐵橋附近時，發現「土匪」向引車射擊。

白區群眾的反日鬥爭

河北京東一帶勞動群眾的革命鬥爭

河北通信：日本帝國主義的殖民地化華北　首先是在平北京東一帶的暴行，使農村經濟更加崩潰　尤以日貨傾銷及土布加稅，（每疋布徵出口稅大洋六角五，並到熱河後，步步關卡，重重捐稅　，摧毀了一切手工業和農民的副業，去夏農曆的大水災，更使數百萬農民得不到絲毫的收入。

日帝國主義在河北更扶植農村豪紳地主階級　瘋狂般的向勞動群眾進攻，高利貸普遍的發展（利息都在三分以上至六分七分）　苛捐雜稅非常繁重　還要加上民團費等的負擔，豪紳地主任意逮捕槍殺民眾。

此外　灤東地方強迫買槍，派槍款亭樂鹽務緝私隊檢查處罰存鹽的農民禁止貧民自由製鹽等等，……　所有這些剝削　使京東勞動群眾已到了無法生存的境地！

就在這個環境中，廣大群眾深切地感覺到要尋求革命的出路

婦女也拿着剪刀來參加鬥爭

群眾日常鬥爭，有反苛捐會，反抗攤款買槍　反保衛團捐，反村長和打鹽巡，打走狗奸細等鬥爭　此外他們還經常與日帝國主義作武裝的冲突，各村成立有游擊隊打狗隊等武裝組織　興隆的農民為了反抗日本帝國主義強迫放血與打「絕後針」（日帝國主義說是預防針）不怕日軍天天開砲威脅　經常不斷的武裝起來反抗，反日反帝怒潮的澎湃，甚至婦女群眾也拿着剪刀來參加鬥爭。

群眾公開要求加入共產黨

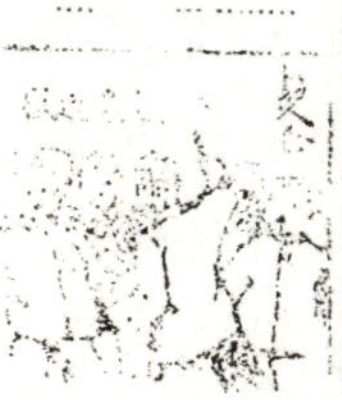

共產黨在那裏廣大勞動民眾中　成了唯一的救星，託人介紹加入窮人會（領導之窮人會的，是各村莊當選的事，有的甚至在臉上寫「歡迎窮人會黨」！（即要求共產黨去組織的口號）。有的農民找不着共產黨，急得在街上大叫共產黨到那裏去了？怎麼不叫我加入可不行　我也要分土地呢！加入窮人會的人熱鬧極了　有請介紹人吃酒的，還有為要加入窮人會找了四五個人來担保他自己對於窮人會是忠實到底的，窮人會開會時都是全副武裝，有的拿快槍有的拿火槍梭標鐵刀等　革命群眾組織正在蓬勃發展着。

齊心會員捉豪紳的勝利！

遷安的群眾，為了反抗民團苛捐一切剝削　成立了民眾齊心會，和自衛隊等組織　有一次東區某村某齊心會員不交民團費　被豪紳痛打　頓　大大激動了群眾的憤怒　遂由齊心會領導群眾帶備武裝直到某村去找打人的豪紳　把豪紳捉住　獲得了以後再不交團費　並將以前要去的錢全部退回的勝利。影響擴大，抗日抗捐稅抗債要賑款，分糧店等新的鬥爭隨之發展　在很少時間　齊心會員擴大到一千多人，有很多婦女會員　自衛隊三百多　除了舊式武器　　槍，刀　火槍　火砲外　都份的奪取了新式武裝　採取了公開示威大會等活動　正在進行游擊戰爭。　（自升）

戲劇評論

火力向着舞台上的抗日失敗情緒

〈評贛南蘇維埃劇團抗日活報〉

八一零都舉行抗日武裝示威後，在數千人的晚會上，贛南省蘇維埃劇團表演了一個抗日反帝活報。

這個活報的內容是：首先　國民黨出台，說幾句中國無力抗日要出賣華北的話，次則日本帝國主義出來，要國民黨進攻中央蘇區並給予幫助，當國民黨送華北給日本時，中國群眾出來反抗，唱了反帝抗日歌，打了一個圈　赤手空拳和日本帝國主義及國民黨作戰，結果，抗日群眾全被帝國主國民黨殺盡，後即無聲無臭的閉幕

這裏我們要問一問　抗日真會有這樣一個結果嗎？不！絕對的不！這種表演只可說是偷取了國民黨無力抗日的私貨，客觀上做了國民黨的俘虜！事實告訴我們　日本帝國主義在滿州用血腥屠殺鎮壓整千整萬抗日群眾　而滿洲的抗日力量，并不因此而消滅　反而不斷增強着。這些鐵的事實，似乎還沒有為贛南劇團知道！這與蘇維埃中央政府發表的抗日宣言與共產黨所提出的反日五大綱領絲毫沒有相同之處。再如表演抗日群眾赤手空拳與敵人作戰　也同樣是錯誤的，赤手空拳送死　造成群眾失敗的情緒，這與為中央號召群眾武裝起來　進行神聖的民族革命戰爭是相反的，就是與八一抗日的武裝示威的意義，也沒有絲毫相同　群眾真的沒有武装嗎？只看着台下抗日示威群眾，攜帶着各式各樣的武裝，就可證實活報所演無武裝的錯誤。

這些錯誤，需要贛南省蘇維埃劇團去克服　去糾正　向一切不良傾向開展無情的鬥爭　并在實際工作中去求得觀點的正確　使劇團的藝術成為鬥爭的武器　祇有這樣，才能完成省蘇給予劇團藝術上的光榮任務。　（子球　八二早晨）

★紅色小詞典

第三帝國

第三帝國原有兩種解釋，一種是文藝的，一種是政治的　文藝的第三帝國說　都是觀念論者的玄學把戲，沒有研究的必要。政治的第三帝國說，是德國法西斯蒂所叫出來的，德國法西斯蒂，把過去德國帝國主義雄踞歐洲的「黃金時代」的美夢」，拿來麻醉那些破落的市民和小資產階級　說是要建立一個像以前那樣雄踞歐亞的德國，——繼續第一帝國第二帝國「光榮」歷史的第三帝國。

第一帝國即是日耳曼鄂多大帝，於十世紀所建立的神聖羅馬帝國　鄂多大帝那時候雄霸歐洲，於九百六十二年，到意大利去受教皇加冕　稱神聖羅馬皇帝　這一帝號，一直到一八〇六年　法國拿破崙攻入德國後，才正式取消。

第二帝國是一八七一年所建立的日耳曼聯邦帝國，創立這一帝國的「英雄」是俾斯麥，俾斯麥在德國資產階級逐漸發展的時代，統一了德國　戰敗了丹麥、奧國，法國，開始了德帝國主義的向外擴張、這　帝國，到歐洲大戰之後完全瓦解。

德國法西斯蒂第三帝國的狂號　完全是一碗欺騙，只是企圖用這些好夢去迷醉那些破落的小資產階級罷了，但是德國法西斯蒂三年來的統治　證明這些空泛結果　只是空喊　因此　那些曾經受欺騙的人們，轉而加深了對法西斯蒂　憎恨！法西斯蒂的統治在日益崩潰之中。

红色中华

上海工人举行“八一”大示威

上海通讯：“八一”是全世界无产阶级反战斗争日，在今年，正当帝国主义疯狂般的实行瓜分中国，与积极准备进攻苏联的战争，及其走狗国民党五次“围剿”中国工农红军苏维埃的时候，因此，今年“八一”的意义更加重大。

当“八一”前，帝国主义及其走狗国民党和巡捕，破坏共产党的组织，逮捕最积极勇敢的反帝的领袖，企图使革命群众一时失掉坚强领导，来遂行他们镇压革命的阴谋。

但是敌人的任何恐怖，都不能动摇工人群众的争斗意志，共产党站在战斗阵地，领导广大群众准备“八一”的行动，来回答敌人的进攻。在反帝反战和援救被捕战士旗帜下，积极布置“八一”反帝反国民党法西斯蒂的战斗动员。各个工厂中，工人实行签名反帝纲领进行反帝反国民党的宣传鼓动，组织“八一”筹委会，和各厂工人代表会议，组织群众散发队，口号队，纠察队，炮手，张贴队等等。因事前有了这样的准备工作，所以在“八一”我们得到了大的成功，请看上海工人热烈的示威罢：

工厂里飞舞着红色的传单
马路上震荡着工人的咆哮

“八一”下午五时半，沪东大连湾杨树浦一带，集合群众一千五百人，炮声一响，申七厂内工人同志，把五百份传单标语，放到车轮，经车开动，借着皮带的力量，把这些传单纷纷散到每个车间，工人们惊喜得狂叫起来，大吼一声，全部停下车来，像潮水般涌到厂门口，热烈鼓掌，与厂外数千群众联合起来，厂外群众，把传单标语盛在炮上，借炮力飞散，此时群众愈集愈多，情绪异常紧张，区委妇女部长某女同志，做十分钟最有煽动力的演说，博得群众热烈鼓掌和呼口号，马上游行示威，经扬州路四五厂门前，群众大呼口号，虽然有白狗巡捕地干涉，但群众放炮为号，大家都从别

讓敵人全部覆沒在我們蘇區門内!

北線敵人二次被我軍擊潰

法西斯蒂軍官隊無一生還

赤水以南之敵經我軍於本月五六七三日大敗於高虎腦半橋一帶，直到十四日才向良田沙洲一帶前進。從拂曉起就開始攻擊猛攻幾次均被我軍擊潰。最後敵組織法西斯蒂軍官隊四五十播帶殼亮衝鋒，也全都被我擊斃，我突擊隊拾得殼亮二十餘枝，敵軍死在我鹿柴内外的有五六百人，傷者在一千以上。（十五日電）

五六七三日和十四日兩次戰鬥的偉大勝利告訴我們，敵人的堡壘政策不但不能增加他們的戰鬥力，反而大大的削弱了，白軍士兵一離開堡壘就失去了能夠作戰的信心，就完全經不住我英勇紅軍的襲擊。同時又告訴我們，我們的主力紅軍在戰術上已經有了很大的進步，我們應當發揚這一優越的進攻戰術，將敵人全部消滅在蘇區以内，我們有這樣把握，有這樣的信心，去澈底粉碎敵人絕望的五次「圍剿」！

抗日先遣隊消滅羅源保安團一營

本月十四我抗日先遣隊之先頭部隊佔領羅源縣城，消滅了敵保安十一團之一營及民團百餘，計繳步槍二百餘枝，重機槍二挺，輕機槍一架，該營營長及羅源縣長均被活捉。（十五日電）

閩東縱横百餘里已成赤色版圖

抗日先遣隊已與閩東游擊隊取得連係。羅源連江一帶已有縱横百餘里的蘇區，有四個區已成立蘇維埃政權。在抗日先遣隊的協助下，正在進行分配土地和擴大游擊隊的組織。（十六日電）

我福建游擊隊又擊潰白軍兩團

本月十二日敵約兩個團向石坊（永安西南）我游擊部隊進攻，我游擊部隊與敵激戰約三四小時，結果敵被我軍全部擊潰，敵團十九第一營營長梁振文被我活捉，并俘連排長以下二十餘人，繳長短槍二十餘枝。（十三日電）

抗日先遣隊和游擊隊在福建敵人的鄰近後方不斷的獲得勝利，這一事實證明了敵人向我們基本蘇區前進一步，他們的後方就愈加空虚，他們的軍力也愈加分散，這就是我們發展游擊戰爭的有利條件，也是粉碎敵人的五次「圍剿」中一個很大的助力。

社論

紅軍的勝利，是黨的路線的勝利。

最近，紅軍得到了幾次有重大意義的勝利。

在北線，高虎腦沙洲兩次戰鬥中，紅軍的頑强抵抗，阻止了白軍的前進。如果在從前，白軍雖然每次受到極大犧牲，總是還能夠前進，那末這一次，白軍雖然用了全部新式武器，受了更大犧牲，死亡三千，三四個師失掉了戰鬥力，最後集中法西斯蒂軍官組成敢死隊來孤注一擲，但是始終沒有能夠前進一步！

在福州附近，紅軍抗日先遣隊以較小的部隊，在敵人後方縱横無敵，屢次消滅和擊潰國民黨所派出的獨立部隊，佔領羅源縣城。

這些勝利，說明紅軍力量力量的生長，說明黨的路線的勝利。

誰都記得，當敵人採用堡壘政策，步步向蘇區推進，尤其是當敵人進佔廣昌的時候，在我們的隊伍中，一些不堅定的份子，曾在敵人的面前表示無能，認爲敵人的進攻是無法抵抗的；這些人逃跑退却，甚至無恥的投降敵人。誰都記得，黨對這些份子，曾經作了怎樣的鬥爭，黨堅決的提出「我們無論如何要勝利」的口號，爲着粉碎五次「圍剿」而奮鬥。

誰都記得，黨不但在口頭上堅持「無論如何要勝利」的口號，并且不顧一切阻礙，加强紅軍，號召和完成了一些空前巨大的戰爭動員，首先是兩個月完成和超過三個月擴紅計劃。

正因爲黨的路線的正確，正因爲黨堅持勝利的信心，動員最廣大的群衆爲着粉碎五次「圍剿」而鬥爭，我們在空前的困難條件之下，勇敢的克服這些困難，獲得五次戰役以來最有意義的勝利。這就是給一切機會主義者以鐵拳的回答！

然而，我們現在還沒有把五次「圍剿」澈底的粉碎。巨大的任務還放在我們面前！更巨大的戰爭還在後面！

我們要更堅決的擁護黨的路綫，完成和超過黨的一切戰鬥號召，來澈底粉碎敵人的五次「圍剿」。

放在我們面前的重大任務，是各方面的。其中特别是下列兩個任務，應當喚起我們極大注意。

首先是進一步的實現「把模範赤少隊成爲紅軍的現成後備軍與地方部隊」的口號。每個黨團員，除了老弱殘廢以外，應當全體加入赤少隊和模範赤少隊，每個赤少隊員要有一枝槍械，要學習野外特别是夜間動作，加强政治訓練，實地參加作戰保衛蘇區和秋收。準備國際青年節的大檢閱，準備在軍委一聲號召之下踴上前方！積極準備新的擴大紅軍的動員！

抗日先遣隊的勝利，說明敵人後方的空虚。應當大胆的更廣大發展游擊戰爭，實現在敵人後方創造蘇區，包圍和封鎖敵人。這是我們澈底粉碎五次「圍剿」的主要工作之一，但這也是我們現時工作中最薄弱的一環。應當組織更多的游擊隊伍，每一個游擊部隊，地方部隊，應當抱着最大的勝利信心，在軍事機關的指揮之下，挺進到敵人的遠近後方去！

擁護黨的路線，執行黨的一切號召，在黨的領導之下，我們將勝利的保衛蘇區，從防禦進到反攻，澈底粉碎敵人的「圍剿」。

讓帝國主义和其清道夫國民党在我們偉大的力量面前發抖吧!

上海工人舉行「八一」大示威

上海通訊：「八一」是全世界無產階級反戰鬥爭日，在今年，正當帝國主義瘋狂般的實行瓜分中國，與積極準備進攻蘇聯的戰爭，及其走狗國民黨五次「圍剿」中國工農紅軍蘇維埃的時候，因此，今年「八一」的意義更加重大。

當「八一」前，帝國主義及其走狗國民黨和巡捕，破壞共產黨的組織，逮捕最積極勇敢的反帝的領袖，企圖使革命群衆一時失掉堅强領導，來遂行他們鎮壓革命的陰謀

但是敵人的任何恐怖，都不能動搖工人群衆的爭鬥意志，共產黨站在戰鬥陣地，領導廣大群衆準備「八一」的行動，來回答敵人的進攻。在反帝反戰和援救被捕戰士旗幟下，積極佈置「八一」反帝反國民黨法西斯蒂的戰鬥動員，各個工廠中，工人實行簽名反帝綱領進行反帝反國民黨的宣傳鼓動，組織「八一」籌委會，和各廠工人代表會議，組織群衆糾察隊，口號隊，糾察隊，砲手，張貼隊等等。因事前有了這樣的準備工作，所以在「八一」我們得到了大的成功，請看上海工人熱烈的示威罷：

工廠裏飛舞着紅色的傳單　馬路上震盪着工人的咆哮

「八一」下午五時半，滬東大連灣楊樹浦一帶，集合群衆一千五百人，砲聲一響，申七廠内工人同志，把五百份傳單標語，放到車輪，猛車開動，借着皮帶的力量，把這些傳單紛紛散到每個車間，工人們驚喜得狂叫起來，大吼一聲全部停下車來，像潮水般湧到廠門口，熱烈鼓掌，與廠外數千群衆聯合起來，廠外群衆把傳單標語放在砲上，借砲力飛散，此時群衆愈集愈多，情緒異常緊張，區委婦女部長某女同志，作十分鐘最有煽動力的演説，博得群衆熱烈鼓掌和呼口號　馬上游行示威，話揚州路四五廠門前　群衆大呼口號，雖然有白狗巡捕的干涉，但群衆放砲爲號，大家都從別一條路很有組織的散去了。

一場英勇的街市戰

同時滬西各廠的工人也舉行群衆大會，到群衆二千餘人，開會後接着便游行示威，口號喊聲震天動地　白狗巡捕八十多人，乘三部卡車來冲，我們的糾察隊便用石頭打卡車，同時高呼打倒帝國主義。卡車向東冲來，群衆便立即分開來　又集攏在車後向卡車進攻。卡車向西冲來，我們便用同樣的辦法對付它，這一行動好像街市戰的防禦戰似的弄得白狗滿頭大汗，手足無措。結果我們還是很有組織的散去，沒有被白狗捕去一人。

廣大的革命群衆加入了我們的隊伍

滬南同時亦有散發傳單寫標語等行動，當熱烈游行示威時，路旁工人雖說是共產黨紀念節便馬上參加到我們隊伍裏來，并連稱共產黨真是厲害，真是有刮叫。這可見群衆革命情緒的高漲了。

上海的「八一」示威運動是成功了，這是今年黨在上海勝利示威之一，這給帝國主義進攻和國民黨出賣及法西斯蒂叛徒們説黨「已完全消滅」的造謠中傷以最具體强有力的答覆！「八一」示威表現了群衆對帝國主義國民黨的憤恨，及其反對血腥戰爭的決心。隨着敵人向革命群衆不斷的進攻與壓迫，我們的黨在群衆中的政治影響是更加增高了。這次示威又表現了黨的堅强領導和下層同志的積極性與創造性，開展了今後工作更順利的條件。

現在上海的工人階級，在黨領導下，正準備發動更大的鬥爭，來擁護紅軍北上抗日，配合英勇的紅軍來澈底粉碎敵人的五次「圍剿」！

一条路很有组织地散去了。

一场英勇的街市战

同时沪西各厂的工人也举行群众大会，到群众二千余人，开会后接着便游行示威，口号喊声震天动地，白狗巡捕八十多人，乘三部卡车来冲，我们的纠察队便用石头打卡车，同时高呼打倒帝国主义。卡车向东冲来，群众便立即分开来，又集拢在车后向卡车进攻。卡车向西冲来，我们便用同样的办法对付它，这一行动好像街市战的防御战似的，弄得白狗满头大汗，手足无措，结果我们还是很有组织地散去，没有被白狗捕去一人。

广大的革命群众加入了我们的队伍

法南同时亦有散发传单写标语等行动，当热烈游行示威时，路旁工人听说是共产党纪念节便马上参加到我们队伍里来，并连称共产党真是厉害，真是刮刮叫。这可见群众革命情绪的高涨了。

上海的“八一”示威运动是成功了，这是今年党在上海胜利示威之一，这给帝国主义进攻和国民党出卖及法西斯蒂叛徒们说党“已完全消灭”的造谣中伤以最具体强有力的答复！“八一”示威表现了群众对帝国主义国民党的愤恨，及其反对血腥战争的决心。随着敌人向革命群众不断地进攻与压迫，我们的党在群众中的政治影响是更加增高了。这次示威又表现了党的坚强领导和下层同志的积极性与创造性，开展了今后工作更顺利的条件。

现在上海的工人阶级，在党领导下，正准备发动更大的斗争，来拥护红军北上抗日，配合英勇的红军来彻底粉碎敌人的五次“围剿”！

让帝国主义和其清道夫国民党在我们伟大的力量面前发抖吧！

讓敵人全部覆沒在我們蘇區內！

北線敵人二次被我軍擊潰
法西斯蒂軍官隊無一生還

赤水以南之敵經我軍於本月五六七三日大敗於高虎腦半橋一帶，直到十四日才向良田沙洲一帶前進。從拂曉起就開始攻擊，猛攻幾次均被我軍擊潰。最後敵組織法西斯蒂軍官隊四五十攜帶駁殼衝鋒，也全都被我擊斃，我突擊隊拾得駁殼二十餘枝，敵軍死在我塵柒內外的有五六百人，傷者在一千以上。（十五日電）

五六七三日和十四日兩次戰鬥的偉大勝利告訴我們，敵人的堡壘政策不但不能增加他們的戰鬥力，反而大大的削弱了，白軍士兵一經離開堡壘就失去了能夠作戰的信心，就完全經不住我英勇紅軍的襲擊。同時又告訴我們，我們的主力紅軍在戰術上已經有了很大的進步，我們應當發揚這一優越的進攻戰術，將敵人全部消滅在蘇區以內，我們有這樣把握，有這樣的信心，去澈底粉碎敵人絕望的五次「圍剿」！

抗日先遣隊消滅羅源保安團一營

本月十四我抗日先遣隊之先頭部隊佔領羅源縣城，消滅了敵保安十一團之一營及民團百餘，計繳步槍二百餘枝，重機槍二挺，輕機槍一架，該營營長及羅源縣長均被活捉。（十五日電）

閩東縱橫百餘里已成赤色版圖

抗日先遣隊已與閩東游擊隊取得連係。羅源連江一帶已有縱橫百餘里的蘇區，有四個區已成立蘇維埃政權。在抗日先遣隊的協助下，正在進行分配土地和擴大游擊隊的組織。（十六日電）

我福建游擊隊又擊潰白軍兩團

本月十二日敵約兩個團向石坊（永安西南）我游擊部隊進攻，我游擊部隊與敵激戰約三四小時，結果敵被我軍全部擊潰，敵團十九第一營營長梁振文被我活捉，并俘連排長以下二十餘人，繳長短槍二十餘枝。（十三日電）

抗日先遣隊和游擊隊在福建敵人的臨近後方不斷的獲得勝利，這一事實證明了敵人向我們基本蘇區前進一步，他們的後方就愈加空虛，他們的軍力也愈加分散，這就是我們發展游擊戰爭的有利條件，也是粉碎敵人的五次「圍剿」中一個很大的助力。

社論

紅軍的勝利，是黨的路線的勝利。

最近，紅軍得到了幾次有重大意義的勝利。

在北線，高虎腦沙洲兩次戰鬥中，紅軍的頑强抵抗，阻止了白軍的前進。如果在從前，白軍雖然每次受到極大犧牲，但是還能夠前撑進，那末這一次，白軍雖然用了全部新式武器，受了更大犧牲，死亡三千，三四個師失掉了戰鬥力，最後集中法西斯蒂軍官組成敢死隊來孤注一擲，但是始終沒有能夠前進一步！

在福州附近，紅軍抗日先遣隊以較小的部隊，在敵人後方縱橫無敵，屢次消滅和擊潰國民黨所派出的攔阻部隊，佔領羅源縣城。

這些勝利，說明紅軍力量的生長，說明黨的路線的勝利。

誰都記得，當敵人採用堡壘政策，步步向蘇區推進，尤其是當敵人進佔廣昌的時候，在我們的隊伍中，一些不堅定的份子，曾在敵人的面前表示無能，認爲敵人的進攻是無法抵抗的；這些人逃跑退却，甚至無恥的投降敵人。誰都記得，黨對這些份子，曾經作了怎樣的鬥爭。黨堅決的提出「我們無論如何要勝利」的口號，爲着粉碎五次「圍剿」而奮鬥。

誰都記得，黨不但在口頭上堅持「無論如何要勝利」的口號，并且不顧一切阻礙，加强紅軍，號召和完成了一些空前巨大的戰爭動員，首先是兩個月完成和超過三個月擴紅計劃。

正因爲黨的路線的正確，正因爲黨堅持勝利的信心，動員最廣大的羣衆爲着粉碎五次「圍剿」而鬥爭，我們在空前的困難條件之下，勇敢的克服這些困難，獲得五次戰役以來最有意義的勝利。這種勝利給一切機會主義者以鐵拳的回答！

然而，我們現在還沒有把五次「圍剿」澈底的粉碎。巨大的任務還放在我們面前！更巨大的戰爭還在後面！

我們要更堅決的擁護黨的路線，完成和超過黨的一切戰鬥號召，來澈底粉碎敵人的五次「圍剿」。

放在我們面前的重大任務，是各方面的。其中特別是下列兩個任務，應當喚起我們極大注意。

首先是進一步的實現「把模範赤少隊成爲紅軍的現成後備軍與地方部隊」的口號。每個黨團員，除了老弱殘廢以外，應當全體加入赤少隊和模範赤少隊，每個赤少隊員要有一枝梭標，要學習野外特別是夜間動作，加强政治訓練，實地參加作戰保衛蘇區和秋收。準備國際青年節的大檢閱，準備在軍委一聲號召之下踴上前方！積極準備新的擴大紅軍的動員！

抗日先遣隊的勝利，說明敵人後方的空虛。應當大胆的更廣大發展游擊戰爭，實現在敵人後方創造蘇區，包圍和封鎖敵人。這是我們澈底粉碎五次「圍剿」的主要工作之一，但這也是我們現時工作中最薄弱的一環。黨應當組織更多的游擊隊伍，每一個游擊隊與地方部隊，應當抱着最大的勝利信心，在軍事機關的指揮之下，挺進到敵人的遠近後方去！

擁護黨的路線，執行黨的一切號召，在黨的領導之下，我們將勝利的保衛蘇區，從防禦進到反攻，澈底粉碎敵人的「圍剿」。

讓帝國主义和其清道夫國民党在我們偉大的力量面前發抖吧！

上海工人舉行「八一」大示威

上海通訊：「八一」是全世界無產階級反戰鬥爭日，在今年，正當帝國主義瘋狂般的實行瓜分中國，與積極準備進攻蘇聯的戰爭，及其走狗國民黨五次「圍剿」中國工農紅軍蘇維埃的時候，因此，今年「八一」的意義更加重大。

當「八一」前，帝國主義及其走狗國民黨和巡捕，破壞共產黨的組織，逮捕最積極勇敢的反帝的領袖，企圖使革命羣衆一時失掉堅强領導，來遂行他們鎮壓革命的陰謀

但是敵人的任何恐怖，都不能動搖工人羣衆的爭鬥意志，共產黨站在戰鬥陣地，領導廣大羣衆準備「八一」的行動，來回答敵人的進攻。在反帝反戰和援救被捕戰士旗幟下，積極佈置「八一」反帝反國民黨法西斯蒂的戰鬥動員，各個工廠中，工人實行簽名反帝網領進行反帝反國民黨的宣傳鼓動，組織「八一」籌委會，和各廠工人代表會議，組織羣衆散發隊，口號隊，糾察隊，砲手，張貼隊等等。因事前有了這樣的準備工作，所以在「八一」我們得到了大的成功，請看上海工人熱烈的示威罷：

工廠裏飛舞着紅色的傳單　馬路上震盪着工人的咆哮

「八一」下午五時半，滬東大連灣楊樹浦一帶，集合羣衆一千五百人，砲聲一響，申七廠內工人同志，把五百份傳單標語，放到車輪，開車開動，借着皮帶的力量，把這些傳單紛紛散到每個車間，工人們驚喜得狂叫起來，大吼一聲　全部停下車來，像潮水般湧到廠門口，熱烈鼓掌，與廠外數千羣衆聯合起來，廠外羣衆　把傳單標語塗在砲上，借砲力飛散，此時羣衆愈集愈多，情緒異常緊張，區委婦女部長某女同志，作十分鐘最有煽動力的演說，博得羣衆熱烈鼓掌和呼口號　馬上游行示威，至揚州路四五廠門前　羣衆大呼口號，雖然有白狗巡捕的干涉，但羣衆放砲爲號，大家都從另一條路很有組織的散去了。

一場英勇的街市戰

同時滬西各廠的工人也舉行羣衆大會，到羣衆二千餘人，開會後接着便游行示威，口號喊聲震天動地　白狗巡捕八十多人，乘三部卡車來冲，我們的糾察隊便用石頭打卡車，同時高呼打倒帝國主義。卡車向東冲來，羣衆便立即分開來　又集攏在車後向卡車進攻。卡車向西冲來，我們便用同樣的辦法對付它，這一行動好像街市戰的防禦戰似的弄得白狗滿頭大汗，手足無措。結果我們還是很有組織的散去，沒有被白狗捕去一人。

廣大的革命羣衆加入了我們的隊伍

滬南同時亦有散發傳單寫標語等行動，當熱烈游行示威時，路旁工人雖說是共產黨紀念節便馬上參加到我們隊伍裏來，并連稱共產黨真是厲害，真是劑刮叫。這可見羣衆革命情緒的高漲了。

上海的「八一」示威運動是成功了，這是今年黨在上海勝利示威之一，這給帝國主義進攻和國民黨出賣及法西斯蒂叛徒們說黨「已完全消滅」的造謠中傷以最具體强有力的答覆！「八一」示威表現了羣衆對帝國主義國民黨的憤恨，及其反對血腥戰爭的決心。隨着敵人向革命羣衆不斷的進攻與壓迫，我們的黨在羣衆中的政治影響是更加增高了。這次示威又表現了黨的堅强領導和下層同志的積極性與創造性，開展了今後工作更順利的條件。

現在上海的工人階級，在黨領導下，正準備發動更大的鬥爭，來擁護紅軍北上抗日，配合英勇的紅軍來澈底粉碎敵人的五次「圍剿」！

蓬勃生长的白区反日斗争

上海民众发表宣信

上海讯： 上海的反日民众，日前发表一个《为对日作战宣言》，表示拥护共产党反日五大纲领，坚决主张对日作战，有宋庆龄等签名于该宣言之末。据闻参加上海群众反日运动者，尚有台湾（编者按：今为中国台湾地区）朝鲜的革命民众甚多，日本革命群众，亦有代表参加，共同来反对日本帝国主义。

该宣言发表后，引起日本帝国主义走狗报纸《日日新闻》之惊异，该报记者即著论反对此项宣言，说“中国无力抗力”，并致电宋庆龄质问，宋氏当在英文报《大美晚报》答复，声称中国民众对日作战，以及反对国民党的出卖中国，均怀有极大决心，中国民众决不愿重蹈台湾朝鲜民众的命运云。

第四版　紅色中華　第二三四期

抗日先遣隊縱橫浙境

威震杭江鐵路

抗日先遣隊來電：我抗日先遣隊，於十三日在江山南之清湖附近，消滅敵保安第三團之一營，繳獲在清查中。

十四日又在江山西南，擊潰敵營長連長各一。又一部在江山玉山間，擊潰敵保安團之一營，繳獲步槍三十餘枝，自動步槍一枝，駁殼一枝。

國際時事

美國罷工猛烈發展

〈發生武裝衝突〉

華盛頓十三日電：棉織業工人的罷工鬥爭，形勢益趨高漲，罷工委員會因調解會迄未接受工人所提出的條件，已令工人代表退出調解會，並訓令各地罷工領袖，準備必要時抵抗法西斯蒂暴力的襲擊。資本家政府，看見欺騙工人的辦法完全破產，已決定用暴力來鎮壓工人的鬥爭，派遣了大批軍隊保護工廠，和強迫工人入廠工作，因此各地均發生武裝衝突，某地有工人六萬六千人示威，包圍軍警，並以磚石攻擊軍隊。各棉織工業區已入戒嚴狀態。美國總工會今日又宣佈，美國工人的罷工鬥爭，已獲得國外工人團體來電援助，並擔保盡可能供給美國罷工工人之要求，因此，罷工工人更爲興奮。

國聯邀請蘇聯入盟

日內瓦十二日電：國際聯盟第十五屆大會，行政院秘密會議已一致通過邀請蘇聯加入國聯，並請蘇聯担任國聯常任理事，國聯的請書已遞交蘇聯外交人民委員李維諾夫，李維諾夫當即電致莫斯科蘇聯中央政府，請書草稿亦送莫斯科審核。此次國聯邀請蘇聯入盟，係由法國主動，法外長巴爾都，於國聯大會開會之前，即進行向各國疏通，表示反對者爲有阿根廷、葡萄牙，瑞士諸國，經巴爾都之疏通，均願於投票時放棄投票權，其他各國，以蘇聯主張和平，在國際上有極大威信，均願蘇聯加入國聯，故秘密會議時，一致通過。

古巴革命形勢高漲

古巴京城哈瓦那十二日電，古巴政局，現又入不安狀態，共產黨人舉行集會，反對資本家傀儡政府，許多地方已發生暴動。前總統某所領導的「古巴革命黨，」趁機指摘政府之無能。當局已大起恐慌，派出軍隊四出逮捕革命羣衆，現尚在相持中。

紀念「九一八」以抗日先遣隊的勝利 回答日本帝國主義的白色恐怖！

「九一八」紀念事略

一九三一年的九月十八日，日本帝國主義公開武裝佔領瀋陽，開始併吞東北——併吞中國的軍事行動。

在「九一八」事變的前夜，日本帝國主義，藉口七月間萬寶山（東北地名）農民反對日本帝國主義强佔水利，以及日本浪人中村失蹤等事件，調遣大批軍隊來東三省，於九月十八日晚上，日本駐南滿鐵路的守備隊，將北甯路皇姑屯以東的鐵道炸斷，佔領瀋陽；全城登時陷於混亂狀態，日軍入城後，大肆屠殺淫掠。十九日早二時，日軍砲轟北大營　國民黨軍閥張學良不抵抗的退走，在五小時內，瀋陽城淪入日本帝國主義血腥的統治。

「九一八」事變後，日軍於十九日佔領長春營口安東，二十一日佔吉林，二十三日佔新民，又繼續佔領牛莊，錦州，及北滿各地，併吞了整個東北後，進一步的進攻熱河與華北，三年來，由於國民黨賣國賊無恥的一貫投降出賣，半個中國已經淪入日本帝國主義的鐵蹄之下。

以蔣介石爲首的國民黨，完全採取了罪惡的賣國政策，做帝國主義瓜分中國的清道夫，在日本侵入華北的時候，沒有用一兵一彈去抵抗日本軍隊的進攻，却調遣了華北數十萬軍隊南下，企圖消滅中國唯一反帝反日的主力——蘇維埃與紅軍，來替帝國主義瓜分中國清除道路！

蘇維埃中央政府與中央革命軍事委員會，於一九三二年通電號召全國民衆對日作戰，反對賣國的國民黨。並於一九三三年向全國武裝部隊提出，在停止進攻蘇區，准許民衆自由，武裝民衆的三個條件之下，願意和任何武裝部隊訂立對日作戰協定。一九三四年並派出紅軍抗日先遣隊北上抗日，以及加緊粉碎國民黨的五次「圍剿」，準備動員全部紅軍與日本帝國主義直接作戰。

三年來的事變過程，完全暴露了國民黨獰惡，賣國賊走狗面目，無數次的證明只有蘇維埃才能救中國，只有紅軍才是眞正的反帝武裝主力，只有蘇維埃與紅軍，才能爭取中國的獨立自由，與保全中國領土的完整。

蓬勃生長的白區反日鬥爭

上海民衆發表宣言

上海訊：上海的反日民衆，日前發表一個「爲對日作戰宣言」，表示擁護共產黨反日五大綱領，堅決主張對日作戰，有宋慶齡等簽名於該宣言之末。據聞參加上海羣衆反日運動者，尚有台灣朝鮮的革命民衆甚多，日本革命羣衆，亦有代表參加，共同來反對日本帝國主義。

該宣言發表後，引起日本帝國主義走狗報紙「日日新聞」之驚異，該報記者即著論反對此項宣言，謂「中國無力抗力」，並攻擊宋慶齡等們，宋氏當在某文報上著論報答覆，聲稱中國民衆對日作戰，以及反對國民黨的出賣中國，均抱有極大決心，中國民衆決不願重蹈台灣朝鮮民衆的命運云。

吉林義軍佔領□縣

天津八月二十七日通訊，□□自被義勇軍包圍以來，已達數日，□守□城的日滿軍，雖然憑藉□□□强抵抗，但因城內民衆，奮起響應義軍的襲攻，四郊農民亦紛紛□□援助義軍、該縣城卒於二十五日午刻，被義軍攻下，此役義軍奪取了日滿軍大批新式武器，並□□日滿官僚，地主漢奸等多名，□□□安全退出該縣。

唐山工人繼續奮戰

天津八月二十五日通訊，唐山開灤各礦工人，雖受日本帝國主義與國民黨軍閥走狗迭次嚴厲的鎮壓，然仍在奮戰之中，反日反國民黨運動，甚爲劇烈，日前區內發現一書，題爲「新中國政策」，據當地報紙截稱，該書內容主張反日反國民黨，係中國共產黨所編，由工人集資印刷發行。國民黨公安局已下令嚴密查禁，並派出密探多名，偵緝工人的活動。

日本帝國主義侵略下的中國

日軍大捕反日民衆

反日義勇軍大捕地主漢奸　給日本軍閥以鐵拳的回答

天津訊：滿洲政府公開發表：由五月一日至現在，日軍共獲義勇軍九二〇〇名，較去年多千人，發生暴動三七八二次，日軍出發與義勇軍接觸一二一六次，義軍死亡七四一人。另一方面被義勇軍捕去之地主，贖回者六〇〇人，救回者三一六人，無下落者一〇六一人，各地富豪等避居瀋陽者六萬餘人。

勒收滿洲民衆苛捐

香港報載：熱河來人談：日本帝國主義，近在熱河先後强迫征收各種捐稅，東北居民敢怒而不敢言，十分慘苦！近又標示新花樣，强迫征收所謂航空捐，及人，牛，馬，雞，狗等捐，每雞一只捐二分，狗每只月捐三角，其頸下尚須帶狗主人姓名木刻牌照。牛馬每頭月捐八角，每人年納捐四元六角，勒種鴉片，取收烟膏，一律由僞官方收買，不准私收，多倫馬隊改爲步兵，將馬匹勒令出賣，不准私自豢養云。

日軍封鎖東北海岸

北平訊：日軍聲稱，防止由中國內部，向三角帶供給義勇軍武器的船舶靠岸，特命令海邊警察隊，遇有可疑船舶，即行逮捕，嚴予搜查，同時督令安東縣公署，召集沿岸各縣村長協議防範方策，決定三項，限即日實行：一，沿岸一帶，在三華里之間隔處，設望樓一座，並設自衛團崗位於內，監視附近航行之船舶，二，距海岸二百米達以內之繁盛蘆草一概割去，三，監視中之自衛團，如遇有可疑之船舶行駛時，即須立即向海邊警察隊報告。（升）

日本軍艦巡弋長江

漢口十三日電：日軍第二十九艦隊司令杉坂，日前由長沙巡視返漢，不日將又赴武穴一帶視察，武穴視察之後，再返漢乘堅田丸赴滬。日軍司令此次四出巡視，對中國江防異常注意。

黃郛有吉秘密協商

南京十二日電：賣國老手黃郛，參加廬山賣國會議後，即乘輪來滬在上海和日本帝國主義的代表有吉，進行了幾次秘密協商，對於鞏固日本帝國主義在華北的統治，以及出賣整個中國等問題，均有詳細討論，黃郛以在各方面的賣國佈置，均已就緒，決定即日北返。

有吉來於十日夜偕□□□□乘夜車赴南京，訪晤國民黨汪精衛，以準行出賣中國的具體步驟云。

李擇一赴日商賣國

東京訊：國民黨政府外交部高等顧問李擇一、不久以前，奉國民黨政府的命令，到日本來商訂出賣中國的勾當　李擇一到達日本後，即向日本帝國主義表示、國民黨政府，對於日本的要求，無不奉行，並於減低日貨進口稅率等「微小」問題，更當遵命辦理　李擇一又向日本帝國主義「商借」大批款項，聲稱蔣介石十一月間將任大總統，此款有「充分担保」，實則進行此項借款，即爲國民黨出賣整個中國的□□□云。

期
红色中华零二百三十四期
版
零四版
时间
一九三四年九月十六日

日本帝国主义侵略下的中国

黄郛有吉秘密协商

南京十二日电：卖国老手黄郛，参加庐山卖国会议后，即乘轮来沪在上海和日本帝国主义的代表有吉，进行了几次秘密协商，对于巩固日本帝国主义在华北的统治，以及出卖整个中国等问题，均有详细讨论，黄郛以在各方面的卖国布置，均已就绪，决定即日北返。

有吉亦于十日夜偕参赞有野乘夜车赴南京，访晤国民党汪精卫，以进行并吞中国的具体□□云。

紀念「九一八」以抗日先遣隊的勝利

回答日本帝國主義的白色恐怖！

抗日先遣隊縱橫浙境

威震杭江鉄路

抗日先遣隊來電：我抗日先遣隊，於十三日在江山南之清湖附近，消滅敵保安第三團之一營，繳獲在清查中。

十四日又在江山西南，擊潰敵營長連長各一。又一部在江山玉山間，擊潰敵保安團之一營，繳獲步槍三十餘枝，自動步槍一枝，駁殼一枝。

「九一八」紀念事略

一九三一年的九月十八日，日本帝國主義公開武裝佔領瀋陽，開始併吞東北——併吞中國的軍事行動。

在「九一八」事變的前夜，日本帝國主義，藉口七月間萬寶山（東北地名）農民反對日本帝國主義强佔水利，以及日本浪人中村失蹤等事件，調遣大批軍隊來東三省，於九月十八日晚上，日本駐南滿鐵路的守備隊，將北甯路皇姑屯以東的鐵道炸斷，佔領瀋陽；全城登時陷於混亂狀態，日軍入城後，大肆屠殺搶掠。十九日早二時，日軍砲轟北大營，國民黨軍閥張學良不抵抗的退走，在五小時內，瀋陽城淪入日本帝國主義血腥的統治。

「九一八」事變後，日軍於十九日佔領長春營口安東，二十一日佔吉林，二十三日佔新民，又繼續佔領牛莊，錦州，及北滿各地，併吞了整個東北後，進一步的進攻熱河與華北，三年來，由於國民黨賣國賊無恥的一貫投降出賣，半個中國已經淪入日本帝國主義的鐵蹄之下。

以蔣介石為首的國民黨，完全採取了卑恶的賣國政策，做帝國主義瓜分中國的清道夫，在日本侵入華北的時候，沒有用一兵一彈去抵抗日本軍隊的進攻，却調遣了華北數十萬軍隊南下，企圖消滅中國唯一反帝反日的主力——蘇維埃與紅軍，來替帝國主義瓜分中國清除道路！

蘇維埃中央政府與中央革命軍事委員會，於一九三二年通電號召全國民衆對日作戰，反對賣國的國民黨。並於一九三三年向全國武裝部隊提出，在停止進攻蘇區，准許民衆自由，武裝民衆的三個條件之下，願意和任何武裝部隊訂立對日作戰協定。一九三四年並派出紅軍抗日先遣隊北上抗日，以及加緊粉碎國民黨的五次『圍剿』，準備動員全部紅軍與日本帝國主義直接作戰。

三年來的事變過程，完全暴露了國民黨猙惡，賣國賊走狗面目，無數次的證明只有蘇維埃才能救中國，只有紅軍才是真正的反帝武裝主力，只有蘇維埃與紅軍，才能爭取中國的獨立自由，與保全中國領土的完整。

蓬勃生長的台灣反日鬥爭

上海民衆發表宣信

上海訊：上海的反日民衆，日前發表一個「為對日作戰宣言」，表示擁護共產黨反日五大綱領，堅決主張對日作戰，有宋慶齡等簽名於該宣言之末。據聞參加上海群衆反日運動者，尚有台灣朝鮮的革命民衆甚多，日本革命群衆，亦有代表參加，共同來反對日本帝國主義。

該宣言發表後，引起日本帝國主義走狗報紙「日日新聞」之驚異，該報記者即著論反對此項宣言，說「中國無力抗力」，並致函宋慶齡質問，宋氏當在坮文報大美晚報答覆，聲稱中國民衆對日作戰，以及反對國民黨的出賣中國，均有很大决心，中國民衆决不願重蹈台灣朝鮮民衆的命運云。

吉林義軍佔領密縣

天津八月一十七日通訊，密縣自被義勇軍包圍以來，已達數月，駐守縣城的日滿軍，雖然恃軍械堅强抵抗，但因城內民衆，蓄起響應義軍的襲攻，四郊農民亦紛紛起來援助義軍，該縣城卒於二十五日午刻，被義軍攻下，此役義軍奪取了日滿軍大批新式武器，並捕獲日滿官僚，地主漢奸等多名，並保護安全退出密縣。

唐山工人繼續奮戰

天津八月二十五日通訊，唐山開灤各鑛工人，雖受日本帝國主義與國民黨軍閥走狗殘酷的鎮壓，然仍在奮戰之中，反日反國民黨運動，甚為劇烈，日前區內發現一書，題為「新中國政策」，據當地報紙載稱，該書內容主張反日反國民黨，係中國共產黨所編，由工人集資印刷發行。國民黨公安局已下令嚴密查禁，並派出密探多名，偵緝工人的活動。

國際時事

美國罷工猛烈發展

◀發生武裝衝突▶

華盛頓十三日電：棉織業工人的罷工鬥爭，形勢益趨高漲，罷工委員會因調解會迄未接受工人所提出的條件，已令工人代表退出調解會，並訓令各地罷工領袖，準備必要時抵抗法西斯蒂暴力的襲擊。資本家政府，看見欺騙工人的辦法完全破產，已決定用暴力來鎮壓工人的鬥爭，派遣了大批軍隊保護工廠，和驅迫工人入廠工作，因此各地均發生武裝冲突，某地有工人六萬六千人示威，包圍軍警，並以磚石攻擊軍隊。各棉織工業區已入戒嚴狀態。美國總工會今日又宣佈，美國工人的罷工鬥爭，已獲得國外工人團體來電援助，並担保盡可能供給美國罷工工人之要求，因此，罷工工人更為興奮。

國聯邀請蘇聯入盟

日內瓦十二日電：國際聯盟第十五屆大會，行政院秘密會議已一致通過邀請蘇聯加入國聯，並請蘇聯担任國聯常任理事，國聯的請書已遞交蘇聯外交人民委員李維諾夫，李維諾夫當即電致莫斯科蘇聯中央政府，請書草稿亦送莫斯科審核。此次國聯邀請蘇聯入盟，係由法國主動，法外長巴爾都，於國聯大會開會之前，即進行向各國疏通，表示反對者原有阿根廷，葡萄牙，瑞士諸國，經巴爾都之疏通，均願於投票時放棄投票權，其他各國，以蘇聯主張和平，在國際上有極大威信，均願蘇聯加入國聯，故秘密會議時，一致通過。

古巴革命形勢高漲

古巴京城哈瓦那十二日電，古巴政局，現又入不安狀態，共產黨人舉行集會，反對資本家傀儡政府，許多地方已發生暴動，前總統某所領導的「古巴革命黨，」趁機指摘政府之無能。當局已大起恐慌，派出軍隊四出逮捕革命群衆，現尚在相持中。

日本帝國主義侵略下的中國

日軍大捕反日民衆

反日義勇軍大捕地主漢奸

給日本軍閥以鉄拳的回答

天津訊：滿洲政府公開發表：由五月一日至現在，日軍共獲義勇軍九二〇〇名，較去年多千人，發生暴動三七八二次，日軍出發與義勇軍接觸一二一六次，義軍死亡七四一人。另一方面被義勇軍捕去之地主，贖回者六〇〇人，救回者三一六人，無下落者一〇六一人，各地富農等避居瀋陽者六萬餘人。

勒收滿洲民衆苛捐

香港報載：熱河來人談：日本帝國主義，近在熱河先後强迫征收各種捐稅，東北居民敢怒而不敢言，十分慘苦！近又標示新花樣，强迫征收所謂航空捐，及人，牛，馬，雞，狗等捐，每雞一只捐二分，狗每只月捐三角，其頸下尚須帶狗主人姓名木刻牌照。牛馬每頭月捐八角，每人年納捐四元六角，勒種鴉片，取收烟膏，一律由偽官方收買，不准私收，多倫馬隊改為步兵，將馬匹勒令出賣，不准私自蓄養云。

日軍封鎖東北海岸

北平訊：日軍聲稱，防止由中國內部，向三角帶供給義勇軍武器的船舶靠岸，特命令海邊警察隊，遇有可疑船舶，即行逮捕，嚴予搜查，同時督令安東縣公署，召集沿岸各縣村長協議防範方策，決定三項，限即日實行：一，沿岸一帶，在三華里之間隔處，設望樓一座，並設自衛團崗位於內，監視附近航行之船舶，二，距海岸二百米達以內之繁密蘆草一概割去，三，監視中之自衛團，如遇有可疑之船舶行駛時，即須立即向海邊警察隊報告。（升）

日本軍艦巡弋長江

漢口十三日電：日軍第二十九艦隊司令杉坂，日前由長沙巡視返漢，不日將又赴武穴一帶視察，武穴視察之後，再返漢乘堅田丸赴滬。日軍司令此次四出巡視，對中國江防異常注意。

黃郛有吉秘密協商

南京十二日電：賣國老手黃郛，參加廬山賣國會議後，即乘輪來滬在上海和日本帝國主義的代表有吉，進行了幾次秘密協商，對於鞏固日本帝國主義在華北的統治，以及出賣整個中國等問題，均有詳細討論，黃郛以在各方面的賣國佈滑，均已就緒，決定即日北返。

有吉亦於十日夜偕同……乘夜車赴南京，訪晤國民黨汪精衛，以進行出賣中國的具體步驟云。

李擇一赴日商賣國

東京訊：國民黨政府外交部高等顧問李擇一，不久以前，奉國民黨政府的命令，到日本來商洽出賣中國的勾當，李擇一到達日本後，即向日本帝國主義表示，國民黨政府，對於日本的要求，無不奉行，至於減低日貨進口稅率等「微小」問題，更當遵命辦理，李擇一又向日本帝國主義「商借」大批款項，聲稱蔣介石十一月間將任大總統，此款有「充分担保」，實則進行此項借款，即為國民黨出賣整個中國的明顯證據云。

一九三五

紅色中華

上海的反日示威也在酝酿着

上海的反日示威也在酝酿着

上海十四日电：本市的工人学生等自得到国民党出卖了华北的消息后，莫不义气填胸，愤怒之至。现正在酝酿着举行反日讨蒋的示威，并准备罢课罢工以示坚决，而国民党现在也正在更凶地施行白色恐怖来镇压这种运动云。

望瑶堡反日討蔣示威大會紀盛

▲熱熱鬧鬧到會群众約在四千人以上▼

▲有俘虜官演説還有列寧劇团的游藝表演▼

望瑶市決自反日討蔣同盟發起於本月十一日舉行紀念廣暴反日討蔣群众大會後，各機關團体便都積極準備参加，至前日晨九時城南門的廣場上便已熱鬧鬧的集合了數百人，手执小旗，精神抖擻。至十時許，到會群众益多，約四千余人。十時廿分，反日討蔣同盟代表蔡乾同志宣佈正式開會，于是鑼声頓息，樂鼓齊鳴，奏樂後，便選舉成仿吾等七同志為大會主席团，並由全總办事處劉少奇同志報告開會意義，継而又有中央政府代表鄧發同志報告廣州暴動的經過，報告時，全場肅靜，毫無声息。後由青年主席團又臨時動議致直羅鎮俘虜來之白軍第一〇九師参謀長政訓處長等，於是優待到會群众，說明蔣介石民族賣國賊出賣東北四省和華北的秘密，及白軍士兵——甚至守下級官長動搖的情形，最後並說他現在已經覺悟了，白軍是要不的，只有紅軍才是真正抗日的。此後又有一部分青年演説，大會又通過通電及抗日討蔣同盟委員的名单，此時天已中午，乃舉行各種反日的游藝——唱反帝擁蘇等歌曲(列寧劇团)模範鉛礦(列寧小学)並公演名文学家成仿吾的新著"出賣華北"(列寧劇团)及馮玉祥的"誓死不做亡国奴"(党校)等劇本，直到下午二点鐘才尽歡而散。

日本帝國主義武力佔領察哈爾

▲滿洲軍李自信部已佔源(沽)宝昌▼

北平十二日電：日本帝国主义為要極快的佔領察哈尔省，本月九日乃派滿洲國軍隊李自信部向沽源(察哈尔一个大城市)進攻，当時該地保卫隊虽曾略加抵抗，但不久即被漢奸李自信部佔領。次日李自信部仍繼續前進，結果不一天工夫，又佔領了宝昌，現在離察哈尔只有二百里路了。

反日高潮在廣州

▲也有數千学生舉行大示威▼

廣州十三日電：本地学生在北平学生的影响下，昨日也舉行了四五千人的大示威。這一示威興奮了全廣州市的民众，当時即有許多工人、農民、貧民都参加了示威的隊伍——同時这一行動也大大震動了日本帝国主义侵略華南的野心，今天早晨便有日本軍艦數隻從香港開到这裡，準備直接以武力來鎮压这種反日運動，將以一个大的事变也許不久就會在廣州爆发起來。

堅决发展抗日反帝的民族革命战争，為驅逐日本帝國主義出中國而戰！

華北民众的反日斗爭

大城縣農民痛毆日本浪人

保定電：上月底日本帝国主義駐天津的武官派了十六名日本浪人到河北省南部大城縣的農村裡去，惑動那裏的農民實行自治，最初只有他們不理，但本月一日他們竟手持已经寫好了的要求自治文件到王家口镇強迫那裡的鄉長署名蓋章，当時該鄉鄉長即嚴厲拒絕，不久有請這些日本浪人見沒有办法，乃蠻性大發，竟拔刀威脅，該鄉農民見此状况，一時怒不可遏，便立刻集合了數十人把這批浪根圍起來大打了一頓，打了他們一个落花流水，不知人事。

但是国民党這个王八旦是最無恥的一个東西，他們的河北省政府在接到这个消息後，嚇得要死，生怕他的主子——日本帝国主义罵他，立刻派汽車三輛到大城去把這些受傷的日本浪人運回，並抓了当地許多群众一同解送到日本領事館裡去，讓日本帝国主义用"侮辱皇軍"的罪名，把這些反日的群众以最殘酷的刑法殺死了。

上海的反日示威也在醞釀着

上海十四日電：本市的工人学生等自得到国民党出賣了華北的消息後，莫不义氣填胸，憤怒之至。現在醞釀着舉行反日討蔣的示威，並準備罷課罷工以示堅決，而国民党現在也正在更凶的施行白色恐怖來鎮压这种運動云。

一九三六

紅色中華

期 红色中华零二百七十九期
版 零二版
时间 一九三六年五月二十六日

红角　纪念五卅

一，五卅的事情是怎样的

五卅是伟大的反日反帝纪念日。十一年前（一九二五年）五月上海日本纱厂资本家无故打死中国工人顾正洪，引起全上海工人，学生与市民的愤怒，于五月三十日在共产党领导之下，举行盛大的演讲进行与示威。

当时英帝国主义者用机关枪扫射示威群众，死伤的达百余人。

这一惨案，引起全国各地的大罢工，罢课与罢市，引起全中国反帝怒潮。

二，今年的“五卅”

卖国贼蒋介石在承认亡国灭种的广田三原则后奉日本命令，派兵拦阻红军抗日，捣乱苏区抗日后方，并且残酷镇压全国的抗日斗争，帮助日本来灭亡中国！

我们纪念“五卅”就应该紧急动员起来，武装上前线，加入抗日红军，抗日男儿踊跃加入红军，在七月十日以前整个陕甘苏区要有六千新战士上前方去，坚决消灭汗［汉］奸卖国贼，争取迅速与日本直接作战。严厉打击捣乱抗日后方的卖国贼！

加紧向白区和白军宣传抗日救国，争取庆［广］大白区群众和白军到抗日战线上来，红军与白军联合起来，打日本打卖国贼！

（第二期）（第三版）　紅色中華　一九三六年五月二十六日

紀念五卅

紅角

一、五卅的事情是怎樣的？五卅是偉大的反日反帝紀念日。十一年前（一九二五年）五月上海日本紗廠資本家無故打死中國工人顧正洪，引起全上海工人學生與市民的憤怒，于五月卅日在共產党領導之下舉行盛大的演講進行示威。

當時英帝国主義者用机关槍掃射示威群众，死傷的達百餘人。這一慘案引起全国各地的大罷工罷課與罷市，引起全中国反帝怒潮。

二、今年的五卅

賣國賊蔣介石在承認亡国滅种的廣田三原則後，奉日本命令派兵攔阻紅軍抗日，擣乱蘇區抗日後方，並且殘酷鎮压全国的抗日斗爭，幫助日本來滅亡中国！

我們紀念五卅，就應該緊急動員起來，武裝上前線，加入抗日紅軍。抗日男兒踴躍加入紅軍，在七月十日以前整个陝甘蘇區要有六千新戰士上前方去，堅決消滅汗奸賣国賊，爭取迅速與日本直接作戰，严厲打擊擣乱抗日後方的賣国賊！

加緊向白區和白軍宣傳抗日救国，爭取廣大白區群众和白軍到抗日戰線上來，紅軍與白軍联合起來打日本，打賣国賊！

兩個擴紅英雄

安塞來信：安塞縣第一區四鄉的扩紅工作，在突擊隊的領導之下，於最短的十餘天當中，勝利的完成并超過了原定計劃。（原定九名，現扩大十四名）特別值得称揚的是：

謝克君同志，是赤卫軍的營長，自動報名当紅軍，并且領導了五个人一同武裝上前線。其次是一个

紅軍家屬，他自動的要求加擴紅突擊的工作，并說要扩大四个紅軍，結果由於他的積極工作，在很短的時間內勝利的完成了。因為他們的模範作用，擴紅突擊在該鄉非常發漲，干部对扩紅的積極性亦提高了。

陝北省委 省政府關於緊急動員收集糧食的決定

自前糧食問題處在一個非常困難的前面，因為紅軍回師，部隊擴大和工作發展更需糧食的需要，加以陝甘産糧不多，白匪在边區的燒掠更增加糧食的困難。

為着抗日討賣國賊的戰爭勝利，必須保障紅軍的糧食。因此党和政府緊急動員起來，幫助解決目前的糧食困難即是爭取抗日戰爭勝利的保障，列寧在俄国々內戰爭時說：為糧食的斗爭就是為社会主義的斗爭，只有順利的解決目前糧食困難，才能求得順利的行動，使革命工作順利的發展。

解決目前糧食困難，不是一個次要的或者技術的問題，而是一個重要的政治任務。因此必須要有廣大的群众動員和組織工作。進行这個收集糧食的動員口號：就是慶祝紅軍東征勝利，歡迎紅軍回師，節省糧食慰勞紅軍，借給蘇維埃，賣給蘇維埃。多幫助一粒糧食，就是多增加一份革命力量！浪費一粒公糧，就是革命的罪人。反对浪費糧食，進行節省糧食，

解決糧食的方法，就是向群众借糧買糧，發動群众送糧慰勞紅軍。在各机关部隊進行節省運動，反对浪費糧食。

向群众借弍千石，買二千五百石糧，在借糧中包括借互濟會的存糧，借義倉糧。向群众借糧，在借糧中必須經过群众討論開会，發動群众的積極性。由群众自願提出數目，在買糧中也必須經过群众，在鄉村中收買，不得在市坊上買收。借糧買糧計劃在六月底以前完成。

在節省運動必須向同志解釋清楚，由他們自動的提出，準備在必要時，還可繼續節省。

必須把收集糧食的運動與擴紅突擊密切聯系起來，在擴紅突擊中來進行收集糧食，各突击隊同時須進行收集糧食的工作，在鄉區縣各級檢查扩紅工作中，同時必須檢查收集糧食的工作。

在收集糧食運動中檢查和建立各級糧食部工作。

責成各級糧食部徹底清查現有的糧食，建立確切的統計，同時，清查互濟会的存糧。

各級党部和政府接到此決定後，立即討論動員，並具体執行。

陝北省委 省蘇

五月廿四號

借弍千石賣弍千五百石糧給紅軍！

全国抗日怒潮

全国学生救国会成立

据白区报载：五月二十九日，北平，天津，上海，保定，广东，广西，杭州香港……等二十一个地方之学生代表二十六人，代表全国各地二十余万学生开会于上海，正式成立全国学生救国会，决议作一抵货宣传周，号召全国学生援助天津学生反对日本增兵华北之行动，写信给美国青年大会，请求援助中国学生运动，并请其讨论太平洋集体安全与和平之提议。大会通过加入巴黎之“世界学生拥护和平自由文化协会”。

上海成立全国救国联合会

白区报载：五月三十一日有北平，天津，济南，南京，上海，广州……等十余地代表六十人。代表五十五个救国团体及二十余个其他团体开会于上海成立全国救国联合会。大会通过宣言，提出抗日救国的基本纲领，并提过（通过）提案一百二十件。其重要者为：扩大爱国阵线，立即发动抗日武装群众召集人民救国代表大会。以武力防止走私，反对“防共”协定，反对日本增兵华北，援助平津学生爱国运动，大会举行两天两夜，选出四十五人为执行委员。

全國抗日怒潮

全國學生救國會成立

据白区报載：五月廿九日，北平、天津、上海、保定、廣東、廣西、杭州、香港……等廿二個地方之学生代表廿六人，代表全国各地廿餘萬学生，开会于上海，正式成立全国学生救国会，決議作一抵貨宣傳週，號召全國学生援助天津学生反对日本增兵華北之行動，寫信給美国青年大会，請求援助中国学生運動，并請其討論太平洋集体安全與和平之提議。大会通過加入巴黎之"世界学生擁護和平自由文化协会"。

上海成立 全國救國联合會

白区报載：五月卅一日有北平、天津、濟南、南京、上海、廣州……等二十餘地代表六十人，代表五十五個救國团体及廿餘个其他团体开会於上海，成立全国救国联合会。大会通過宣言，提出抗日救国的基本綱領，并提出提案一百二十件，其重要者為：扩大爱国陣线，立即發動抗日武裝群众，召集人民救国代表大会，以武力防止走私，反对「防共」协定，反对日本增兵華北，援助平津学生爱国運動。大会举行两天两夜，选出四十五人為执行委員。

Sinwenzyndung

Sinwenz Sh geningdi wenz。

Inwei ta Sh ping in, neng fa biao gozhung bu tungdi in。Ulun wenxua rhuxa loxoudi rhen, Zh iao ta bu Sh iala, ta giu neng yng Sinwenz fabiao tadi is, ie neng zgi yng Sin wenz lai gilu bie rhen is, Soj sinwenz Sh dazhung (loshoudi xau.) di wenz。

Gokydi xanz Sh siangxingdi, bu neng dai biao ianydi in。Bingqie dadoshu Sh izixing, inc nan xyo nan sie, bu bian y dazhung xyosi。Soj zai mucian weisho iao fadung dazhung cangia wenzdi yaming (minggugeming) Sh bi sydi。

Womndi Dangxiao, Xunggyndaxyo ba Sinwenz xyosi zo zheng shdi gungko。

mucian suirhan gangcai kaish, dansh, chengzi du xen xao。

新文字運動

新文字是革命的文字。因為他是拼音，能表示各种不同的音。無論文化如何落後的人，只要他不是啞吧，他就能用新文字發表他的意思，也能自己用新文字來記錄別人所說的話。所以新文字是大众的文字。

过去的漢字是象形的，不能代表言語的音。並且大多数一字一形，因此难學难寫，不便於大众學習。所以在目前為着要發動大众参加文字的革命是必須的。

我们的党校、紅大、等等都把新文字學習做正式的功課。目前虽然剛才開始，但是，成績都很好。

紅大帮助地方工作的成績

根据党中央和総政治部对志丹地区地方工作正确的指示，紅大政治部根据這一指示更具体的討論詳細的执行办法与計劃，在各連隊经過支部会、政治工作会、軍人会、班排会及雜务人员討論会等方式進行深入的動員。各連隊除经常正式出發的群众工作外，学员均能够利用課外時间在駐地附近進行向群众宣傳解释工作，另方面经常和群众开联欢会，并請群众会餐（三四等連做得更好），群众回家時都讓房子给群众住，或者是送群众的東西，以取得群众拥護和帮助。這表現在群众对部隊很親密接近，经常送白菜、青菜、乾菜、鸡子等食物給我们，帮助我们買粮，猪、羊、鸡，借驴子給我们部隊駄粮等々。現在經紅大到順寧時，部份被强迫欺騙逃跑的群众紛々回家的莊稼，這些成绩無疑的是党的领導正確，干部的負責，支部抓紧地方工作，学生的努力所得到的。我们还不满足，还更加倍的努力進行要把志丹变為模範的抗日根据地！

（李志民）

紅屬談：「我们第一次才見到」

党校工会班在这一个星期日派了一批学生到离校十几里路的高莊和楊莊去优待紅軍的家屬，帮助他们鋤地。

紅軍的家屬非常欢迎，老汗和老婆高興的不得了，甚至流下了快乐的淚，燒开水稀飯等給我们喝。休息的時候，拿了满满的一筐子杏子给我们吃，給钱他不要。老汗和老婆都說：我们第一次才見到这樣来优待紅軍家屬。過去我们紅軍家屬受国匪的壓迫，因此我们平常对人都不敢說是紅軍家屬，以前你们来的時候，我们也不敢立刻說实話，这是因我们还不了解你们有这樣好，而今我们不怕了。

天要晚了，学生準备回去，老汗老婆硬要叫学生吃了飯再回，經过解释，才恋々不捨的送出村庄。

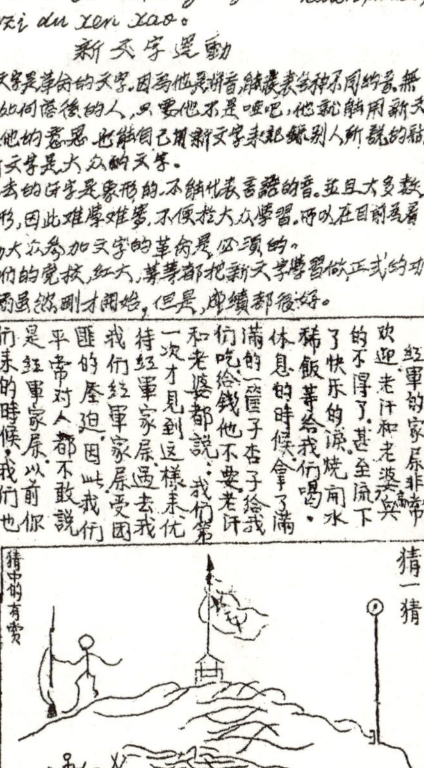

期
红色中华零三百零六期
版
零三版
时间
一九三六年十月十五日

各地日军大演习

上海

日陆战队一队于九日晨九时半越界至市江湾路花园一带巷战演习，分攻守两部，有军官数名，在场指挥，并闻驻沪日军准备继续进行演习，北四川路一带日军情形如旧，无甚变动，仍在严密布防，搜查行人，上海居民恐慌万状，均纷纷移居其他各地。

一九三六年十月十五日　红色中華　（第三版）

偽軍大舉進攻 綏東形勢嚴重

偽軍李守信部与王英股匪，得着日本帝國主義的直接援濟，最近又渐召募得新兵二万余人，编製除步騎兵外，还有砲兵机槍隊，已經訓練完畢，準備大舉進犯綏東，同時進窺綏西，現偽軍已步々前進，該地形勢万分緊張。

北平電：偽軍李守信，王英等各部已扩充完畢，王英的主力，騎兵約二三千余名的偽[illegible]一帶的蒙古騎兵，康保，宝昌一帶為热河偽軍王靜修各部，李守信部集中張北，由日本供給機械子弹，最近由承德陸續運搬飛机大小坦克車百余輛，李守信统率之砲車隊已完全改編，準备于日大舉進攻綏遠寧夏。

各地日軍大演習

上海　日陸戰隊一隊於九日晨九時半越界至市江灣路花园一帯巷战演習，分攻守兩部，有軍官数名，在场指揮，并闻駐沪日軍準備继续進行演習，北四川路一帶日軍情形如昔，無甚变动，仍在嚴密佈防，搜查行人，上海居民恐慌万状，均纷纷移居其他各地。

天津　日本在天津一帶的駐屯軍全部定本月二十五日起至十一月五日止，舉行秋季大演習，地址在北寧路沿綫，計参加者有步兵，騎兵，砲兵，空軍等，日軍已通令各部正在積極籌備，同時駐平未合日軍亦在继续舉行演習，本月三日當有日軍一部開赴長辛店演習，实弹射击，一時機槍声，大砲声，隆々不断，但如战场一般。

何北(?)总部旅長孫蘭三率步兵五營，執於十六夜晚八時赴(?)魏(?)[illegible]

日本又提出新要求

滅亡中國條件四項

内容

華中駐兵——奴化教育

華北獨立——經濟合作

日本最近又提出新要求四項，要南京政府答復，其條件内容是：(一)日本有在長江各地駐兵之权利，以保護日僑(这就是說華中也要送給日本)(二)審訂教科書以防止中國學生宣傳抗日思想(这就是說要实行奴化教育，使中國人做日本奴隸。(三)華北宣[布]獨立，實行自治(这就是要把華北變為满洲国第二)(四)實行中日經濟合作(这就是把中國的經濟权完全送給日本，使中國成為日本的附屬)。

上面條件提出後，南京政府并未加以否認，証明此事是確實的。我們堅決反对侵害中國主权滅亡中國的任何條件，要求南京政府立即拒絕這些條件，宣佈对日作戰，收復東北失地，驅逐日本帝國主義出中國，保証中國領土的完整！

日本大舉侵華聲中 川越與蔣介石談話 交換中日國交意見

南京電：蔣介石於八日接見川越大使，[illegible]中日關係的意見，首由川越大使陳述中日兩國[illegible]中國的態度，使中日兩國努力消除增進友誼的障碍，謀兩國互有利益的合作，蔣介石當即答称：中日兩國邦交的調整，在今天所要求者必須尊重領土的不侵害及主权与行政的完整，故中日兩國間一切問題，应根据絕对平等及互尊領土主权与行政完整的原則，由和平友好空氣中从容商量，則國交前途何得圓滿解決云。談話經数小時之久，对于調整中日國交的根本意見，毫無結果。我們要求蔣介石立即發動抗日戰争，出兵抗日，不然与日本談什么絕对平等都是無用的。不打击日偽軍的進攻，日本是不会停止他对中國的侵略的。

上海情势仍紧
▲日军屡次越界
▲布岗人数增加

上海情势仍紧

日军屡次越界，布岗人数增加

上海电：上海自日本兵被害案发生后，日军数额增多，大批军船开抵上海，并在上海市各路密严密布哨严戒，至情形紧张，最近数日来，日军在北四川路及市区一带哨兵日□增加多，并有巡逻队及军用车武装日军往日越界达四五次之多，一三花园四川路日军分驻所工修筑工事，闸北一带，情势同样紧急且谣言纷纷，人心恐慌万分。

日偽進攻

綏寧情況緊張萬分

日本派遣將官多人至偽軍
偽軍分三路大舉進攻綏東

北平十六日電：綏東形勢，刻日趨嚴重，關於與和等縣境內，常發現匪部騎兵出擾，並與駐軍發生小激戰，現偽匪分三路進犯綏寧，同時綏東一帶日表發現有日本飛機偵察。

日本帝國主義對綏遠窺伺非常注意，最近除大批槍械彈藥及各種新式武器接濟偽匪軍外，並派遣了大批將官約百余人至偽蒙一帶，分配至偽軍王英、西蒙之等部隊中，指揮作戰，進攻綏寧。日本駐張家口特務機關長田中隆吉宣稱：「日本對綏寧的進攻絕不停止與放鬆」，日軍最近將有一師團之眾開赴察綏邊境。

西北形勢的嚴重已到極點，我們要求南京政府立即停止阻撓紅軍援綏抗日行動，而和紅軍停戰議和，一致抗日！

日本政府法西斯化

陸海軍提出改革行政机構案
右派各团体謀組織法西斯蒂党

上海十五日同盟東京電：日陸軍、海軍共同提出改革行政机構案，政府當局對此問題非常慎重的態度，擬於一九三七年預算成立後討論此案，然因陸軍當局態度強硬，要求與預算問題同時共同協議，因此日政府當於最近臨時閣議會討論該項問題，陸海軍這一提案的在使日本當局進一步法西斯化，以便加緊進攻蘇聯併吞中國。

又東京十六日電：日大本營在鄉軍人極端帝國主義者橋本欣五郎大佐已於日昨開始以公開方式領導日本青年政治運動，並正式宣佈組織大日本青年党，預料該党首領，擁護右派大各新党派——愛國政治同盟、新日本人民同盟、大日本生產党人民會……等——聯合組織法西斯蒂党，擁護橋本者稱為日本國家主義運動之首領，此次他為日本法西運動的先驅。

* * * * * *

上海情勢仍緊

▲日軍屢次越界
▲佈崗人數增加，

上海電：上海自日水兵被狙擊案發生後，日軍數顯增多，大批軍艦開抵上海，并在上海市各路密設佈哨，嚴格，至情形緊張，最近據日表，日軍在北四川路及市區一帶哨兵日見增加，並有便衣隊及軍用汽車越界出巡五次，又在四川路佈軍分駐，江灣等地，閘北一帶情勢同樣緊急，謠言紛紛，人心恐慌萬分。

華北日軍舉行秋季大演習

田代河邊親赴指揮
演習對抗攻防戰鬥

北平十七日電：華北日軍秋季大演習自十月廿六日起至十一月五日止，參加部隊以天津第一聯隊、北平第二聯隊為主幹，並動員北寧沿線駐軍及各种特种部隊全部，演習地點決定在天津北平通州一帶附近，由河邊指揮演習者為聯隊對抗戰，田代指揮者為通平隊之攻防戰，各項演習完畢後，並在香山附近舉行閱兵式，日本帝國主義者這一大規模的演習，正是新的大舉進攻的預演啊！

日本侵華行動

引起英日矛盾尖銳

近來由於日本帝國主義者積極併吞中國的行動，使英國更加感覺不安，英國在華權利大受威脅，而英日沖突益形增加。在中日談判之時，英大使許閣森曾聲明告誡川越「為維持英在華的既得權益起見，英國對中日談判的中心華北問題深為關切」。據上海電訊：「英國對於日本在中國境內駐扎軍隊及軍用飛機在中國領土自由飛行，不能袖手旁觀，而吁其注意，因英國目標本如此前進，則英國在遠東將因此而感動搖」。上面消息，表示出英日沖突的激烈化。

讀者同志們：

因為許多同志們的意見，「每週要聞」小冊子不便於張貼傳讀，所以我們今後決將「每週要聞」改為「紅中副刊」，照「紅中」正刊方式，內容力求通俗，以使讀者同志們更容易了解。

編委

反對日本帝國主義進攻綏寧，武裝保衛西北！

追悼鲁迅先生

上海文化界救国联合会转许庆（广）平女士鉴

鲁迅先生逝世，噩耗传来全国震惊。本党与苏维埃政府及全苏区人民尤为我中华民族失去最伟大的文学家，热忱追求光明的导师献身于抗日救国非凡的领袖，共产主义苏维埃运动之亲爱的战友而同声哀悼，谨以至诚电唁深信全国人民及优秀之文学家必赓续鲁迅先生之事业，与一切侵略者压迫势力作殊死的斗争以达到中国民族及其被压迫的阶级之民族和社会的彻底解放。

肃此电达。

中国共产党中央委员会

中华苏维埃中央政府

十月二十二日

一九三六年十月廿八日　　紅色中華　　（第三版）

魯迅先生精神不死！

共產党中央、蘇維埃中央政府為追悼魯迅致國民党中央南京政府電

中國國民党中央委員會南京國民党政府公鑒：

驚聞傳來魯迅先生病殁於上海。我國文學革命的導師思想界的权威文壇上最燦爛光輝的巨星竟尔殞落。此乃我中華民族之大損失，尤其當前抗日救亡運動的大損失。魯迅先生畢生以其犀利的文章偉大的人格，救國的主張正直的言論，為中華民族解放而奮斗。其对於我中華民族，功績之偉大，不亞於高尔基之於苏联。今溘然長逝理應予以身後之殊荣。以慰死者而示来茲。敝党敝政府已决定在全苏区实行（一）下半旗致哀并在各地方與紅軍部隊中舉行追悼大會。（二）設立魯迅文學獎金基金十万元（三）改苏維埃中央圖書館為魯迅圖書館。（四）在中央政府所在地設立魯迅紀念碑。（五）搜集魯迅遺著翻印魯迅著作，（六）募集魯迅紀念基金。貴党與貴政府為中國最大部份領土的統治者，敝党敝政府敬向貴党貴政府要求：（一）魯迅先生遺体舉行國葬，并付國史館立傳（二）改浙江省紹興縣為魯迅縣（三）改北平大學為魯迅大學。（四）設立魯迅文學獎金獎勵革命文學。（五）設立魯迅研究院搜集魯迅遺著出版魯迅全集。（六）在上海北平南京廣州杭州建立魯迅銅像。（七）魯迅家屬與先烈家屬同樣待遇（八）廢止魯迅先生生前貴党貴政府所頒佈的一切禁止言論出版自由之法令。表揚魯迅先生正所以表揚中華民族的偉大精神。敝党敝政府的要求想必能獲得貴党貴政府的同意。特此電達。

中國共產党中央委員會
中華苏維埃人民共和國中央政府
十月廿二日

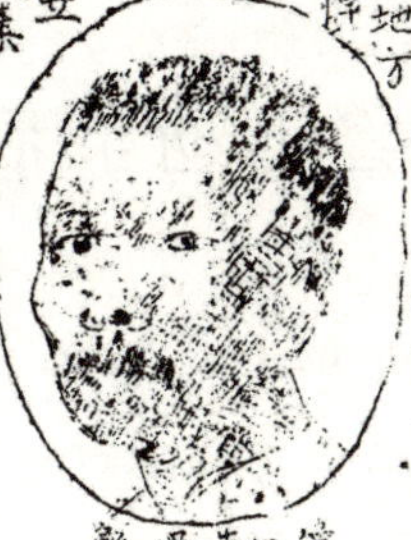

魯迅先生像

魯迅先生的話

「……中國目前的革命的政党（指共產党——編者）向全國人民所提出的抗日統一戰線的政策，我是看見的，我是擁護的，我無條件地加入這戰線，那理由就因為我不但是一個作家，而且是一個中國人。（摘魯迅答徐懋庸並關於抗日統一戰線問題）

「英勇的紅軍將領和士兵們，你們的勇敢的斗爭，你們的偉大勝利，是中華民族解放史上最光榮的一頁，全國民众正在期待你們更大的勝利，全國民众正在努力奋斗，為你們的後盾，為你們的声援！你們的每一步前進將遇到極熱烈的歡迎與擁護。」（摘魯迅來信）

追悼魯迅先生之盛大籌備會

自魯迅先生逝世消息傳來後，党中央、蘇維埃中央政府，少共中央局三机关發起盛大之追悼魯迅籌備會，該會負責人選已決定，正在籌備收集魯迅先生的遺著及其他作品，并將在志丹市召開各机关部隊群众團体之盛大的追悼會。（於十月廿日）

追悼魯迅先生

上海文化界救國联合會轉許廣平女士鑒、

魯迅先生逝世，噩耗傳來全國震悼，本党與蘇維埃政府及全苏区人民尤為我中華民族失去最偉大的文學家熱忱追求光明的導師獻身於抗日救國非凡的領袖共產主义苏維埃運動之親愛的戰友而同聲哀悼。謹以至誠電唁深信全國人民及优秀之文學家必賡續魯迅先生之事業與一切侵略者壓迫者努力作殊死的斗争以达到中國民族及其被壓迫的階級之民族和社会的徹底解放。肅此電达

中國共產党中央委員會
中華蘇維埃中央政府
十月廿二日

魯迅逝世後各方舉行追悼

北平電：自魯迅逝世後，北平教育界頗為哀悼，於二十日分别電沪致唁并决定召開大會舉行追悼

上海電：魯迅先生灵柩於二十二日下午二時許出殯、送葬者六七千人，宋慶齡等亦參加，四時抵萬國公墓，五時許安葬。

期
红色中华零三百零八期
版
零三版
时间
一九三六年十月二十八日

鲁迅逝世后各方举行追悼

北平电：自鲁迅逝世后，北平教育界颇为哀悼，于二十日分别电沪吊唁并决定召开大会举行追悼。

上海电：鲁迅先生灵柩于二十二日午后二时许出殡，送葬者六七千人。宋庆龄等亦参加，四时抵万国公墓，五时许安葬。

共產党中央 蘇維埃中央政府 為追悼魯迅致國民党中央南京政府電

中國國民党中央委員會南京國民党政府公鑒：

驚耗傳來，魯迅先生病歿於上海。我國文學革命的導師，思想界的权威，文壇上最燦爛光輝的巨星竟尔陨落，此乃我中華民族之大損失。尤其當前抗日救亡運動的大橫潮中，魯迅先生毕生以其犀利的文章，偉大的人格，救國的主張，正直的言論，為中華民族解放而奋斗，其对於我中華民族，功绩之偉大，不亚於高尔基之於苏联。今溘然長逝，理應予以身後之殊榮，以慰死者而示來兹。敝党敝政府已决定在全苏区志哀，并行(一)下半旗致哀并在各地方與紅軍部隊中舉行追悼大會。(二)設立魯迅文學奖金基金十万元(三)改苏維埃中央图書館為魯迅图書館。(四)在中央政府所在地設立魯迅紀念碑。(五)搜集

金奖励革命文学。

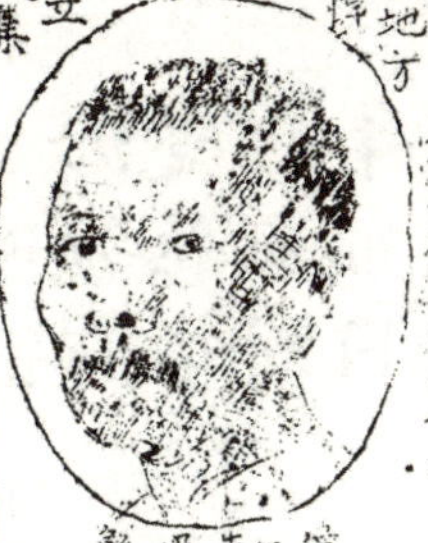

魯迅先生像

魯迅遺著翻印魯迅著作，(六)募集魯迅紀念基金。貴党與貴政府為中國最大部份領土的統治者，敝党敝政府敬向貴党貴政府要求：(一)魯迅先生遺体舉行國葬，並付國史館立傳。(二)改浙江省紹兴縣為魯迅縣。(三)改北平大学為魯迅大學。(四)設立魯迅文學奖(五)設立魯迅研究院，搜集魯迅遺著，出版魯迅全集。(六)在上海北平南京廣州杭州建立魯迅銅像。(七)魯迅家属與先烈家属同樣待遇。(八)废止魯迅先生生前貴党貴政府所頒佈的一切禁止言論出版自由之法令。表揚魯迅先生正所以表揚中華民族的偉大精神，敝党敝政府的要求想必能獲得貴党貴政府的同意。特此電達。

中國共產党中央委員會

中華苏維埃人民共和國中央政府

十月廿二日

魯迅先生精神不死！

魯迅先生的話

「……中國目前的革命的政党（指共產党——編者）向全國人民所提出的抗日統一戰綫的政策，我是看見的，我是擁護的，我無條件地加入這戰綫，那理由就因為我不但是一個作家，而且是一個中國人（摘魯迅答徐懋庸並关於抗日統一戰綫問題）

「英勇的紅軍將領和士兵們，你們的勇敢的斗爭，你們的偉大勝利，是中華民族解放史上最光榮的一頁，全國民众正在努力奋斗，期待你們更大的勝利，全國民众正在努力奋斗，為你們的後盾，為你們的声援！你們的每一步前進將遇到極熱烈的歡迎與擁護」（摘魯迅來信）

追悼魯迅先生

上海文化界救國联合會轉許廣平女士並魯迅先生家属：

魯迅先生逝世，噩耗傳來，全國震悼，本党本苏維埃政府及全苏區人民，尤為我中華民族失去最偉大的文學家，熱忱追求光明的導師，献身於抗日救國非凡的領袖，共產主义苏維埃運動之親愛的戰友，而同聲哀悼。謹以至誠電唁，深信全國人民及优秀之文學家必賡續魯迅先生之事業，與一切侵略者壓迫者努力作殊死的斗爭，以达到中國民族及其被壓迫的階級之民族和社会的徹底解放。肅此電达

中國共產党中央委員會

中華蘇維埃中央政府

十月廿二日

追悼魯迅先生之盛大籌備會

自魯迅先生逝世消息傳來後，党中央、蘇維埃中央政府，少共中央局三机关發起盛大之追悼魯迅籌備會，該會員責人選已决定，正在籌備收集魯迅先生的遺著及其他作品，并將在志丹市召開各机关部隊群众團体之盛大的追悼會（於本月廿日）

魯迅逝世後各方舉行追悼

北平電：自魯迅逝世後，北平教育界頗為哀悼，於二十日分别電沪致唁，并决定召開大會舉行追悼

上海電：魯迅先生灵柩於二十二日下午二時許出殯，送葬者六七千人，宋慶齡等亦参加，四時抵萬國公墓，五時許安葬。

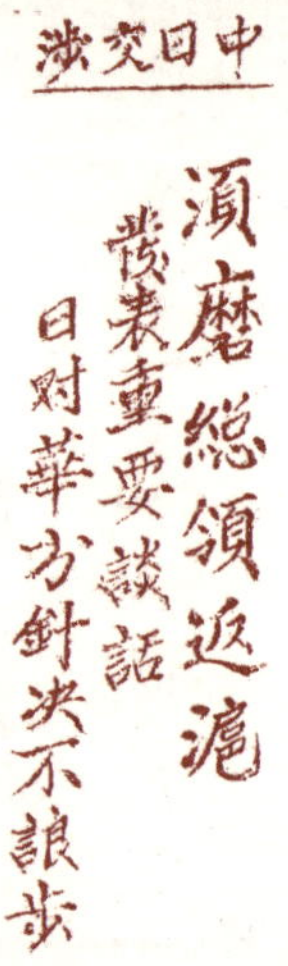
中日交涉
須磨總領返滬
發表重要談話
日對華方針決不讓步

中日交涉
须磨总领返沪发表重要谈话
日对华方针决不让步

上海三十一日电：须磨总领三十一日晨九时许抵上海，据谈："此次奉命回国，在东京仅留两日，日本对华方针仍本原定主张，决不让步，对于中日交涉是否能和平解决实难测度。"须磨定当晚入京谒川越复命，须磨此次返京，携有日本政府的新训令，中日谈判将必继续进行，而日本对华的方针是始终不会变的，即完全灭亡中国。

一九三六年十一月三日　紅色中華　第一版

中華蘇維埃人民共和國中央政府机關報

紅色中華

1936年11月3日
第309期
實價銅元一枚
紅色战士半價

主力紅軍大會合後

東潰敵人兩師

繳获人枪馬各千余

敵馬洪賓之三十五師，与何柱國之騎兵第六師，三十一日在遊蒸附近向我紅軍進攻，被我全部击潰，俘擄人槍馬匹各千餘，其餘戰利品不計其數。

安定縣

游击隊大活動

▲痛击敵人　▲破壞碉堡

安定来信：該縣游击戰争是在普遍的开展着，特别是南區的若干游击隊经常在敵人碉堡綫之間穿插，截断敵人的交通，使敵人彼此間的联絡非常感着困难，乱磘堡至蟠龍間的交通經常被我們破坏，上月廿一日敌人一部出擾游區，偵察游區情形，同時大施抢劫民众財物，当被我若干游击隊發覺，給以迎頭痛击，將搶掠之匪部完全击潰，我游击隊繳获軍用品及粮食甚多，并破壞敵人碉堡三處，使得駐瓦市敌人恐慌万狀，而我游區人民与游击隊在这一勝利下更加興奮了，提高了開展游击戰争勝利的信心！

土地建設

明年春耕的準備工作

▲開荒地——修水利　▲設肥料所——調查農具

立即開始進行

在今年秋冬交接的現在，我們必須立即進行明年春耕的各項準備工作，以保証明年秋收，今年蘇府給予我們以很大的教訓，因為我們在去年没有足夠的準備而臨時倉促，致不能百分之百的完成今年春耕任務，因之我們在今年必須很好的去完成明年春耕的工作：

一、在勞動互助社有組织的動員下發動群众開荒地，修築水利，建立肥料所，儲藏各項肥料。

二、必須詳細調查各地的農具（牛、鋤、犁……）並在缺乏的鄉或村，应在冬季準備補充完畢，并有适当的調剂。

三、要保証上述工作的完成，必須部份的改造勞動互助社的組织，使其更加健全与建立工作，没有这種組织的地區，应將他建立起来，給予必要的訓練与实際學習，同時其他如婦女生產学習小組……等組織亦应建立与部份的改造。

这是準備明年春耕的重要前提，是明年秋收的重要保証！

中日交涉

須磨總領返滬

發表重要談話　日对華方針决不讓步

上海卅一日電：須磨總領卅一日晨九時許抵上海，據談：此次奉命回國，在東京仅留兩日，日本对華方針仍本既定主張，决不讓步，对於中日交涉異常艱，和平解决实难測度。

須磨定当晚入京謁川越復命。須磨此次返京，携有日本政府的新訓令，中日談判將从新繼續進行，而日本对華的方針是始終不会变的，即完全滅亡中國。

平津日軍大演習

▲強佔民房　▲驅逐居民　▲毀滅禾麥

北平三十一日電：駐平津等處日軍自本月廿六日起以丰台為中心，平津兩地及平漢綫附近舉行大規模演習，參加演習日軍据報將近万人，強佔天津附近大直沽民房三四百餘間，把居民一律驅逐，同時又徵集民家柴草物品等，凡日軍演習地点騷擾非常利害，连日来演習緊張，交通完全断絕，大直沽土城一帶民房多半拆毀，禾麥多被割除，对於中國人民以亡國奴看待，所有种种非法的行動实属駭人聽聞，我們要求南京政府立即宣佈对日作戰，以保証我國主权，驅逐日寇，求得中華民族的解放！

反對日本帝國主義侵略中國

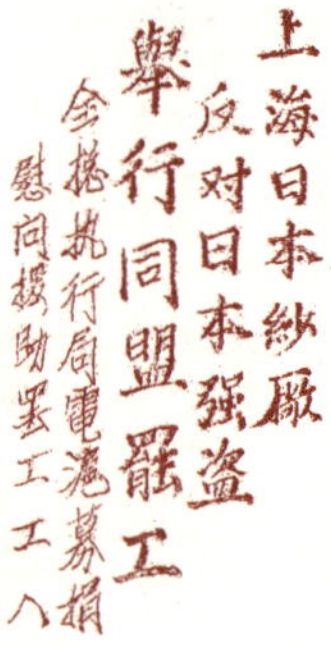

上海日本纱厂
反对日本强盗举行同盟罢工

全总执行局电沪募捐慰问援助罢工工人

上海电讯： 一·二八日本强盗进攻上海的时候，以沪西日本纱厂同兴喜和麻袋，日华内外棉等厂为中心的二十余万纱厂工人同盟罢工，给了日本强盗以迎头痛击，今年春，日本强盗在上海横行，曾于三月杀死工人梅世奇引起上海日厂工人罢工，最近，日本强盗，更增兵长江流域，在上海，汉口，成都，长沙一带挑衅，在进攻西北中，企图同时发动进攻中国南部的武装占领，因此，引起了日本纱厂的同盟大罢工，反对日本强盗，这实在是目前抗日运动发展中的一个光荣的伟大的战斗，据目前所知道的这次罢工，已有上海第一，二，三，四，六厂与同兴第二厂等七个工厂工人全体六七万工人，罢工后工人所提出的条件日本资本家尚未答复，直到现在仍继续坚持着罢工，并且全上海日本工厂工人已经有很大的准备来参加这一同盟罢工，致（至）于中国纱厂英国纱厂等工人亦正在继续进行援助日厂工人的罢工运动，罢工的形势是有走向总同盟罢工的前途！

全国赤色总工会中央执行局接得这一消息除已电沪慰问罢工工人外，现正动员全苏区工会与号召全国工人来援助上海工厂工人的罢工，并进行热烈的募捐运动来援助罢工工人。

援助反日罢工！

一九三六年十一月十六日　紅色中華　（第一版）

中華蘇維埃人民共和國中央政府機關報

1936年11月16日

第311期

每份銅元一枚
紅色戰士半價

紅色中華

援助反日罷工！

上海日本紗廠反對日本強盜舉行同盟罷工

全總執行局電滬募捐慰問援助罷工工人

上海電訊：一二八日本強盜進攻上海的時候，以滬西日本紗廠同興、嘉和、裕豐等廠為中心的十餘萬日本紗廠工人同盟罷工，給了日本強盜以迎頭痛擊。今年春，日本強盜在上海槍殺工人，轟世奇引起上海日廠工人罷工。最近日本強盜更增兵長江流域，在上海、漢口、成都、長沙一帶挑釁，在進攻西北中也會同時發動進攻中國南部的武裝佔領，因此引起了日本紗廠的同盟大罷工，反對日本強盜。這是在最目前抗日運動展中的一個光榮的偉大的戰鬥。據目前所知道的，這次罷工已有上海第一、三、四、六廠與同興第二廠等七個工廠工人全体六七萬工人。罷工後工人所提出的條件日本資本家尚未答覆，直到現在仍繼續堅持着罷工，並且全上海日本工廠工人已經有很大的準備表示加入這一同盟罷工。中國紗廠英國紗廠等工人亦正在繼續進行援助日廠工人的罷工運動，罷工的形勢是有更向總同盟罷工的前途！

全國赤色總工會中央執行局接得這一消息後，除已電滬慰問罷工工人外，現正動員全蘇區工會與號召全國工人來援助上海工廠工人的罷工，並進行捐款募捐運動援助罷工工人。

抗日總動員中！

積極參加生產超過生產計劃

國有工廠工人在生產戰線上的活躍

生產計劃超過了

在十月份我們兵工廠工作得有了大大的進步，修械股超過百份之五十，木工股百分之六十，紅爐股半個月計劃十天完成，其他各股雖然沒着物質上的困難，也完成了計劃。

模範工人

修械股青工高成芝、陳九如、沈鼎祥（上海工人）等同志，他們每天早上工，晚下工，是生產中的模範，在十月革命節日，我們工人中有三个要自動地要求加入生產模範隊。

無產階級的創造性

機器股研究新輪子，翻砂股研究化銅罐子及化生鉄，子彈股改造全套舊工具，修槍股做新的擋針……等，這些工作在工程師朱一先同志領導下，在技術研究會的推動下已經完成了三件的工具。

工人在俱樂部

工人在完成了工作後，大家都跑到俱樂部去學習識字，進行珠盤作業，每個禮拜有二次政治課，三次認字課，對於新文字大家都積極地參加，有部份工人已能用新文字做墻報了，大部份正在學習拼音。青年工人除參加這些學習工作外，並且要學習算術、中國地理。

日本強盜陰謀

截斷平綏鐵路　積極增兵綏察　大舉進攻西北

北平十日電：日本帝國主義駐察哈爾軍隊約一旅團之眾，近日更調動一師團以上的軍隊進駐察綏邊境，一方面指揮偽軍李守信王英匪部大舉進攻綏遠，現已開始出動，前線發生激戰；另一方面由軍一部南進，截斷平綏鐵路，斷絕綏遠駐軍的物質接濟。據日軍高級將領宣稱，其最後目的在武力佔據太原（山西省城），故連日來山西北部之大同、代、高陽等地形勢非常緊張。

又十日電：冀東方面與熱河承德間之運輸很繁忙，經常有數百余輛汽車往來於其間，車內裝載有大批軍火，極守秘密，防止任何人窺視。日本帝國主義進攻山西綏遠，吞併西北的行動是如此的露骨了！不論任何時候這要緊迫的侵入西北華北中國的任務已經加到每個中國人的身上來了。我們要緊急的動員起來，開展神聖的民族革命戰爭，驅逐日本強盜滚出中國去！

一九三七

紅色中華

"一·二八"五周年

历史的巨轮不断地旋转着，一年二年三年"一·二八"十九路军英勇抗战纪念日过去五年了，这个英勇抗战是中华民族解放斗争史上最光荣的一页，同时又是最悲痛的一个纪念日，是全国抗日人民所永远不能忘怀的纪念日！

这个光荣而悲痛的纪念日教训了我们一些什么？

（一）中国确有抗战的能力，只有抗战才能求生存，铁的事实告诉全中国的人民，当上海战争爆发之际，日本帝国主义者公开宣称四小时之内可以完全消灭中国驻上海的十九路军，就是中国某些"恐日病患"者也在预料中国军队不出十天就会完全被日本解决，但是这一次抗战竟继续到四十余天之久，而日本帝国主义竟不敢越雷池一步，以十九路军的孤军血战，而日本则用其全国力量积极援兵，三易统率（帅）集中其精锐之海陆空军终究不能完全消灭，这些事实，给那些汉奸们制造亡国理论投降理论以及那些不出本意而事实上帮助敌人的"唯武器论者""恐日病者"一个很深刻的教训，铁的事实把他们打个粉碎。

（二）战争的胜利不在于武器的精良而在于人民的团结帮助与拥护，上海战争十九路军英勇抗战，是正义的战争，是反侵略者的民族解放战争，当上海战争时，十九路军的人数武器军备给养等各方面均没有充分的准备，要远逊于日本。可是因为上海民众在保卫上海的斗争中，实行与军队打成一片，积极帮助十九路军，全国各地募捐援助十九路军，可谓空前未有之热烈，工人学生参加作战的情形非常踊跃，宣传队，慰劳队，救护伤病员……等，全上海不愿意做亡国奴的人民均一致地动员起来了，足以证明民众力量的伟大，四万［四万万］五千万民众的力量是任何敌人不能欺侮的是不可战胜的力量。

（三）"一·二八"我们觉得是一个光荣的纪念日，但又是最惨痛的纪念日。因为当十九路军孤军抗战时，南京政府一贯地执行其"退让""投降""屈服"的错误政策。对于十九路军不但不派一兵一卒去增援，不但不以全国财力物质去接济，反而在执行日本的意志，实行与日本妥协，订立了可耻的上海停战协定，把十九路军从抗日战线上压迫其撤退，出卖了十九路军英勇抗战的历史，使这一抗战不能转为全国民族联合的抗战。在今天来说，我们必须要求南京政府立即改变其过去的错误政策，实行全民族的抗日大联合，才能战胜凶恶的日寇。

现在中国的形势"每况愈下"，一块一块的国土被日寇强占去了，敌人的凶残在南京政府的"退让"下，不独不会减弱，反而益增猛烈，绥远正处在非常危急的情况下，不以武力来制裁侵略者的进攻，日本是绝不会停止的，西安事变的发动，正是给日本帝国主义者以严重的打击，给全国人民以莫大的兴奋，我们要求南京政府立即接受西安方面的救国主张，实行全国团结一致抗拒日寇，我们更要求西安方面坚决抗日到底来争取中华民族的彻底解放！

一九三七年二月二十五日　紅色中華　（第一版）

紅色中華

苏維埃中央政府机关报
一九三七年一月廿五日出版
第二百二十四期

廣州民眾抗日運動大發展
▲組織日貨檢查隊 ▲沒收日貨日商店

廣州二十一日電：廣州連日以来抗日民众運動向前发展着，民众要求立即停止内戰，联合各党各派一致抗日，且并組织檢查日貨隊，将日貨及日商店加以沒收，抗日救国運動的火燄又在廣州燃燒起来了，因此又引起累日駐粤總領事向廣州当局施行恫嚇，要求取締抗日宣傳，立即解散抗日团体，并限日逮捕抗日領袖，据敌实消息，廣州日領之此項抗議，实与川越之訪張及華北日武官会議有密切关係，日本謀再次藉口民众之抗日運動在各地造出既成事实，对南京直接威嚇以牽制二月十五日举行之三中全会

三中全會前 親日派大活動
日政府很关心

南京二十日電：口民党三中全会開会在即，南京政府中之親日派份子極為活躍，日本对三中全会非常关心，东京已对川越秘密发出訓令，川越洪張群十九日進行秘密談話：聞其内容係商討於三中全会的佈置，現在親日派对三中全会的佈置已有周密計劃云

日偽準備完畢
一週內將再犯

归綏廿日電：偽匪在日本指使之下，日前曾集合張北会議，听取犯綏計劃，復由李守信御命至商都召集王英尹宝山等匪首宣达日本意旨，并集合附近匪軍，檢阅訓話，闡其决定計划，係以侵犯綏北為中心，对綏東暫時取守势，綏東边境所築工事甚堅固，往常有小部四出扰抢，匪偽軍新的進犯為期不远，当在週内可以发

又電：近日察北各县匪偽調動很忙碌，盛传戰事有新炸发，以故該地顿呈恐慌現象，因為匪軍改編現已就绪，包悦卿卓什海等部均已配备妥当，日軍亦開到数个团，张約在一週内会发生激戰。

「一二八」五週年

歷史的巨輪不斷地旋轉着，一年，二年，三年……「一二八」十九路軍英勇抗戰紀念日過去五年了，這个英勇抗戰是中華民族解放斗争史上最光荣的一頁，同時又是最悲痛的一個紀念日，是全国抗日人民所永远不能忘怀的紀念日！．

這个光荣而悲痛的紀念日教訓了我们一些什么？

(一)中国确有抗戰的能力，只有抗戰才能求生存，鉄的事实告訴全中国的人民，當上海戰爭爆发之际，日本帝口主義者公開宣称四小時之内可以完全消滅中口駐上海的十九路軍，就是中口某些「恐日病患者」也在預料中口軍隊不出十天，就会完全被日本解决，但是這一次抗戰竟然继续到四十余天之久，而日本帝口主義竟不敢越雷池一步，以十九路軍的孤軍血戰，而日本則用其全国力量，積極援兵，三易統率，集中其精銳之海陆空軍，終究不能完全消滅，這些事实给那些汗奸们製造亡国理論投降理論以及那些不出本意而事实上帮助敌人的「唯武器論者」「恐日病者」一个很深刻的教訓，鉄的事实把他们打个粉碎，

(二)戰争的勝利不在於武器的精良而在於人民的团结帮助与捐款，上海戰争十九路軍英勇抗戰，是正義的戰争，是反侵略者的民族解放戰争，當上海戰争時，十九路軍的人数武器軍备給养等各方面均没有充分的準备，要远逊於日本，可是因為上海民众在保卫上海的斗争中，实行与軍隊打成一片，積極帮助十九路軍，全口各地募捐援助十九路軍，可謂空前未有之热烈，工人学生参加作戰的情形非常踴躍，宣傳隊，慰劳隊，救護隊，伤病员……等，全上海不願意做亡国奴的人民均一致的動員起来了，足以証明民众力量的偉大，四万五千万民众的力量是任何敌人不能欺侮的，是不可戰勝的力量，

(三)「一二八」我们覺得是一个光荣的紀念日，但又是最惨痛的紀念日，因為当十九路軍孤軍抗戰時，南京政府一貫的执行其「退讓」「投降」「屈服」的錯誤政策，对于十九路軍不但不派一兵一卒去增援，不但不以全口財力物質去接濟，反而在执行日本的意志，实行与日本妥协，訂立了可耻的上海停戰协定，把十九路軍从抗日戰線上压迫其撤退，出卖了十九路軍英勇抗戰的歷史，使這一抗戰不能特為全口民族联合的抗戰，今天来說，我们必須要求南京政府立即改變其过去的錯誤政策，实行全民族的抗日大联合，才能戰勝凶恶的日寇，

現在中国的形势「每况愈下」，一塊一塊的国土被日寇强佔去了，敌人的兇燄在南京政府的「退讓」下，不独不会减弱，反而益增猛烈，绥远正處在非常危急的情况下，不以武力来制裁侵略者的進攻，日本是绝不会停止的，西安事变的发動正是給日本帝口主義者以严重的打击，給全口人民以莫大的興奋，我们要求南京政府立即接受西安方面的救口主张，实行全口团结一致抗拒日寇，我们更要求西安方面坚决抗日到底来争取中華民族的徹底解放！

今年的“一·二八”

供宣传之用

五年前一月二十八日日本帝国主义于占领东北之后，更用了许多飞机大炮，动员了十万以上的兵力，在咱们中国上海地方施行轰炸烧杀，咱们上海同胞死了几万，咱们中国人财产，损失了十几万万元。

当时上海的工人，学生，市民，商人，和十九路军的官兵为着保卫上海，英勇地自动与日本强盗抗战。

在这一战争中日本帝国主义增兵到了十万以上，但是十九路军却以不到两万的武装在上海群众拥护之下坚决作战，竟然支持到一个多月使日本帝国主义不能进展。

这一英勇的抗日战争结果是被南京政府那时的辱服投降政策所破坏了。结果订立了丧权辱国的松［淞］沪协定，使上海更成为帝国主义统治，抗日的十九路军被中国自己的军队用机关枪压迫不得不痛心撤退，他们被逼调到福建来进攻红军，做了内战的牺牲，甚至有一部分官兵不愿内战而要求抗日的遭受了最残酷的刑罚！

五年后的今天，日本帝国主义的飞机大炮又进一步在绥东轰炸，烧杀，已经好几个月了，绥东的同胞，正受着和五年前上海同胞所受一样的痛苦，绥远军队和民众正在冰天雪地中与日本帝国主义者顽强抗义。可是日本帝国主义和亲日派为要灭亡中国，拼命地挑拨内战，推动南京调遣大批的军队向西安的抗日力量进攻。使中国人自相残杀，这样来破坏咱们中华民族统一的对日抗战。

一九三七年一月廿五日　紅色中華　（第三版）

今年的「一二八」

——供宣傳之用——

五年前一月廿八日日本帝國主義于佔領東北之後，更用了許多飛机大炮，動員了十万以上的兵力，在咱們中國上海地方施行轰炸燒殺，咱們上海同胞死了幾万，咱們中國人財產，損失了十幾万々元。

當時上海的工人，學生，市民，商人，和十九路軍的官兵為着保卫上海，英勇的自動與日本強盜抗戰。

在這一戰爭中日本帝國主義增兵到了十万以上，但是十九路軍却以不到兩万的武裝在上海群众擁護之下堅决作戰，竟然支持到一個多月使日本帝國主義不能進展。

這一英勇的抗日戰爭結果是被南京政府那時的屈辱服投降政策所破坏了。結果訂立了喪权辱国的松沪協定，使上海更成為帝國主义統治，抗日的十九路軍被中國自己的軍隊用机關槍壓迫不得不痛心撤退，他們被逼調到福建來進攻紅軍，做了內戰的犧牲，甚至有一部分官兵不願內戰而要求抗日的還受了最残酷的刑罰！

五年後的今天，日本帝國主義的飛机大炮又進一步在綏東轰炸，燒殺，已經好幾個月了，綏東的同胞，正受着和五年前上海同胞所受一樣的痛苦，綏遠軍隊和民眾正在冰天雪地中與日本帝國主義者頑強抗戰。可是日本帝國主義和親日派為要滅亡中國，拼命的挑撥內戰，推動南京調遣大批的軍隊向西安的抗日力量進攻，使中国人自相残殺，這樣來破坏咱們中華民族統一的對日抗戰。

所以咱們今年紀念「一二八」，咱們每人應當努力揭破日本強盜與親日派的陰謀毒計，發揚五年前上海抗日戰爭的精神，号召全國各党各派各界各軍一致团結起來停止內戰一致抗日，咱們要求南京立即撤退入陝的中央軍隊，制止內戰的重新爆發。咱們要求南京政府立即採納西北及全国民眾的抗日要求，驅逐親日派，改革內政，對日抗戰，咱們西北人民，每一個人應當努力把西北抗日根據地大大鞏固起來，將抗日的民族統一戰綫，擴大到全中國去，咱們要發動大規模的抗日戰爭把日本強盜趕出中國去。

努力學習

我們的口號

紀念「一二八」發揚上海抗战的精神，抗日到底！

紀念「一二八」停止內戰一致抗日！

紀念「一二八」反對日本帝國主義及親日派挑撥內战滅亡中國！

紀念「一二八」要求南京立即撤退入陝中央軍，中央軍開到抗日前綫去！

紀念「一二八」要求南京政府实行聯合各党各派各界對日宣戰！

紀念「一二八」全国民衆組織起來武裝起來打日本去！

紀念「一二八」团结西北抗日力量，鞏固西北抗日根據地！

中國民族解放萬歲！

中國独立自由萬歲！

上海停戰協定

一九三二年「一二八」上海戰爭在南京政府錯誤國策中，出賣了上海戰爭，与日本帝国主義進行妥協，把英勇抗戰的十九路軍从抗日戰线上撤退，在一九三二年五月和日本訂定了喪权辱國的上海停戰協定，該協定全文我們尚不得詳情，只是一般的情形。

一、該協定於一九三二年五月五日簽字於上海。

二、參加簽約人有南京政府外交次長郭太祺，黃強，日本植田，重光葵，島田，田代。

三、協定內容：其重要者有下列五項：

(一)中國軍隊立即退出上海，

(二)上海劃為自由市不得駐中國軍隊，只許駐警察維持上海治安。

(三)日本軍隊撤至公共租界及虹口方面之越界築路地帶，

(四)南京政府表勵取締中國之抗日運動。

(五)設立共同委員会，佈置双方軍隊撤退及華警接收事宜。

紀念「一二八」，反對日本帝國主義及親日派挑撥內战滅亡中國！

所以咱们今年纪念“一·二八”，咱们每人应当努力揭破日本强盗与亲日派的阴谋毒计。发扬五年前上海抗日战争的精神，号召全国各党各派各界各军一致团结起来停止内战一致抗日，咱们要求南京立即撤退入陕的中央军部队，制止内战的重新爆发。咱们要求南京政府立即采纳西北及全国民众的抗日要求，驱逐亲日派，改革内政，对日抗战，咱们西北人民，每一个人应当努力把西北抗日根据地大大巩固起来，将抗日的民族统一战线，扩大到全中国去，咱们要发动大规模的抗日战争把日本强盗赶出中国去。

我们的口号

纪念“一·二八”发扬上海抗战的精神，抗日到底！

纪念“一·二八”停止内战一致抗日！

纪念“一·二八”反对日本帝国主义及亲日派挑拨内战，灭亡中国！

纪念“一·二八”要求南京立即撤回入陕中央军，中央军开到抗日前线去！

纪念“一·二八”要求南京政府实行联合各党各派各界对日宣战！

纪念“一·二八”全国民众组织起来，武装起来打日本去！

纪念“一·二八”团结西北抗日力量，巩固西北抗日根据地！

中国民族解放万岁！

中国独立自由万岁！

一九三七年一月廿五日　紅色中華　(第三版)

今年的「一二八」
——供宣傳之用——

五年前一月廿八日日本帝國主義于佔領東北之後，更用了許多飛机大炮，動員了十万以上的兵力，在咱們中國上海地方施行轟炸燒殺，咱們上海同胞死了幾万，咱們中國人財產，損失了十幾万々元。

當時上海的工人，學生，市民，商人，和十九路軍的官兵為着保卫上海，英勇的自動與日本強盜抗戰。

在這一戰爭中日本帝国主義增兵到了十万以上，但是十九路軍却以不到兩万的武裝在上海群众擁護之下堅決作戰，竟然支持到一個多月使日本帝国主義不能進展。

這一英勇的抗日戰爭結果是被南京政府那時的屈服投降政策所破坏了。結果訂立了喪权辱国的淞沪協定，使上海更成為帝國主义統治，抗日的十九路軍被中國自己的軍隊用机関於壓迫不得不痛心撤退，他們被逼調到福建來進攻紅軍，做了內戰的犧牲，甚至有一部分官兵不願內戰而要求抗日的遭受了最殘酷的刑罰！

五年後的今天，日本帝國主義的飛机大炮又進一步在綏東轟炸，燒殺，已經好幾個月了，綏東的同胞，正受着和五年前上海同胞所受一樣的痛苦，綏遠軍隊和民众正在冰天雪地中與日本帝國主義者頑強抗戰。可是日本帝国主義和親日派為要滅亡中國，拼命的挑撥內戰，推動南京調遣大批的軍隊向西安的抗日力量進攻，使中国人自相殘殺，這樣來破坏咱們中華民族統一的对日抗戰。

所以咱們今年紀念「一二八」咱們每人應当努力揭破日本強盜與親日派的陰謀毒計，發揚五年前上海抗日戰爭的精神，号召全國各党各派各界各軍一致團結起來停止內戰一致抗日，咱們要求南京立即撤退入陝的中央軍部隊，制止內戰的重新爆發。咱們要求南京政府立即採納西北及全国民众的抗日要求，驅逐親日派，改革內政，对日抗戰，咱們西北人民每一個人應当努力把西北抗日根據地大大鞏固起來，將抗日的民族統一戰線，擴大到全中國去，咱們要發動大規模的抗日戰爭把日本強盜赶出中國去。

努力學習

我們的口號

紀念「一二八」發揚上海抗战的精神，抗日到底！

紀念「一二八」停止內戰一致抗日！

紀念「一二八」反对日本帝国主義及親日派挑撥內战滅亡中國！

紀念「一二八」要求南京立即撤退入陝中央軍開到抗日前綫去！

紀念「一二八」要求南京政府實行联合各党各派各界对日宣戰！

紀念「一二八」全国民众組織起來武裝起來打日本去！

紀念「一二八」團結西北抗日力量，鞏固西北抗日根據地！

中國民族解放萬歲！

中國独立自由萬歲！

上海停戰協定

一九三二年「一二八」上海戰爭在南京政府錯誤國政策中，出賣了上海戰爭，与日本帝國主義進行妥協，把英勇抗戰的十九路軍从抗日戰線上撤退，在一九三二年五月和日本訂定了喪权辱國的上海停戰協定，該協定全文我們尚不得詳悉，只是一般的情形。

一、該協定於一九三二年五月五日簽字於上海。

二、參加簽約人有南京政府外交次長郭太祺，黃强，日本植田，重光葵，島田，田代。

三、協定內容：其重要者有下列五項：

(一)中國軍隊立即退出上海，

(二)上海劃為自由市不得駐中國軍隊，只許駐警察維持上海治安，

(三)日本軍隊撤至公共租界及虹口方面之越界築路地帶，

(四)南京政府須嚴厲取締中國之抗日運動，

(五)設立共同委員会，佈置双方軍隊撤退及華警接收事宜。

紀念「一二八」，反對日本帝國主義及親日派挑撥内战滅亡中國！

上海停战协定

一九三二年“一·二八”上海战争在南京政府误国政策中，出卖了上海战争，与日本帝国主义进行妥协，把英勇抗战的十九路军从抗日战线上撤退，在一九三二年五月和日本订定了丧权辱国的上海停战协定，该协定全文我们尚不得详情，只是一般的情形。

一、该协定于一九三二年五月五日签字于上海。

二、参加议约人有南京政府外交次长郭太祺，黄强，日本植田，重光葵，岛田，田代。

三、协定内容：其重要者有下列五项：

（一）中国军队立即退出上海，

（二）上海划为自由市不得驻中国军队，只许驻警察维持上海治安。

（三）日本军队撤至公共租界及虹口方面之越界筑路地带。

（四）南京政府严厉取缔中国之抗日运动。

（五）设立共同委员会，布置双方军队撤退及华警接收事宜。

纪念“一·二八”，反对日本帝国主义及亲日派挑拨内战灭亡中国！

一九三七年一月廿五日　紅色中華　（第三版）

今年的「一二八」

——供宣傳之用——

五年前一月廿八日日本帝國主義于佔領東北之後，更用了許多飛机大炮，動員了十万以上的兵力，在咱們中國上海地方施行轟炸燒殺，咱們上海同胞死了幾万，咱們中國人財產，損失了十幾万々元。

当時上海的工人，學生，市民，商人，和十九路軍的官兵爲着保卫上海，英勇的自動與日本強盗抗戰。

在這一戰爭中日本帝国主義增兵到了十万以上，但是十九路軍却以不到兩万的武裝在上海群众擁護之下坚决作戰，竟然支持到一個多月使日本帝国主義不能進展；，

這一英勇的抗日戰争結果是被南京政府那時的屈服投降政策所破坏了。結果訂立了喪权辱国的淞沪協定，使上海更成爲帝国主义統治，抗日的十九路軍被中國自己的軍隊用机関枪壓迫不得不痛心撤退，他們被逼調到福建来進攻紅軍，做了内戰的犧牲，甚至有一部分官兵不願内戰而要求抗日的遭受了最残酷的刑罰！

五年後的今天，日本帝國主義的飛机大炮又進一步在綏東轟炸，燒殺，已經好幾個月了，綏東的同胞，正受着和五年前上海同胞所受一樣的痛苦，綏遠軍隊和民衆正在冰天雪地中與日本帝國主義者頑强抗戰。可是日本帝国主義和親日派爲要滅亡中國，拚命的挑撥内戰，推動南京調遣大批的軍隊向西安的抗日力量進攻，使中国人自相残殺，這樣来破坏咱們中華民族统一的对日抗戰。

所以咱們今年紀念「一二八」，咱們每人应当努力揭破日本強盗與親日派的陰謀毒計，發揚五年前上海抗日戰争的精神，号召全國各党各派各界各軍一致团結起来停止内戰一致抗日，咱們要求南京立即撤退入陝的中央軍部隊，制止内戰的重新爆發。咱們要求南京政府立即採納西北及全国民衆的抗日要求，驅逐親日派，改革内政，对日抗戰，咱們西北人民每一個人應当努力把西北抗日根据地大大鞏固起来，將抗日的民族统一戰綫，擴大到全中國去，咱們要發動大規模的抗日戰争把日本強盗赶出中國去。

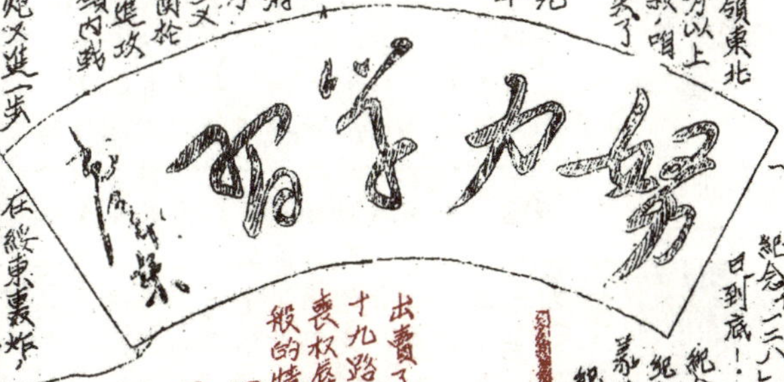

我們的口號

紀念「一二八」發揚上海抗战的精神，抗日到底！

紀念「一二八」停止内戰一致抗日！

紀念「一二八」反对日本帝国主義及親日派挑撥内战滅亡中國！

紀念「一二八」要求南京立即撤退入陝中央軍，中央軍開到抗日前綫去！

紀念「一二八」要求南京政府实行联合各党各派各界对日宣戰！

紀念「一二八」全国民衆組織起来武装起来打日本去！

紀念「一二八」团結西北抗日力量，鞏固西北抗日根据地！

中國民族解放萬歲！

中國独立自由萬歲！

上海停戰協定

一九三二年「一二八」上海戰争在南京政府賣國政策中，出賣了上海戰争，与日本帝國主義進行妥協，把英勇抗戰的十九路軍从抗日戰綫上撤退，在一九三二年五月和日本訂立了喪权辱國的上海停戰協定，該協定全文我們尚不得詳情，只是一般的情形。

一、該協定於一九三二年五月五日簽字於上海。

二、參加簽字人有南京政府外交次長郭太祺，黄強，日本植田，重光葵，島田，田代。

三、協定内容：其重要者有下列五項：

(一)中國軍隊立即退出上海，

(二)上海劃爲自由市不得駐中國軍隊，只許駐警察維持上海治安。

(三)日本軍隊撤至公共租界及虹口方面之越界築路地帶。

(四)南京政府表勵取締中國之抗日運動。

(五)設立共同委員会，佈置双方軍隊撤退及華警接收事宜。

紀念「一二八」，反對日本帝國主義及親日派挑撥内战滅亡中國！

期
红色中华零三百二十四期
版
零五版
时间
一九三七年一月二十五日

十九路军英勇抗战记

自暴日提出最后通牒式的条件后市政府就召开了一个会议，市长吴铁城和其他官僚以及一班金融资本家巨头们代表南京政府的主张，抱不抵抗政策屈辱承认，而出席会议的十九路军高级将领蔡廷锴载戟翁照垣等都要求抵抗。翁照垣尤其激昂，当场就说："你们不抵抗十九路军要抵抗，甚至我翁照垣的一旅也要抵抗"，会议就不欢而散。但吴铁城管自代表南京政府又向日本强盗磕了一次头，南京政府并且下了命令强迫卫戍京沪线的十九路军调防。首先要离开上海附近，十九路军忍痛撤退，但是退尚未远，该死的日本海军陆战队已在闸北天通庵开始进攻了。

一·二八前夜的午夜十一时，北四川路的日本陆战队兵营内电炬照耀如白昼，军官往来指挥陆战队奔驰准备机关枪钢炮和铁甲车等纷纷出动，在电炬熄灭的时候，兵车和铁甲车便在朦胧的街道上向闸北驰去，宝山路天通庵路一带蠕蠕的黑影在昏暗冷寂的街弄中行动，日本海军陆战队已开始奉命进攻了，因为长官命令他们来惩罚表面答应要求实际毫无诚意的中国政府和人民。当时十九路军，一闻日兵进攻的警耗，官兵都激昂奋发，于是神圣的英勇的抗战就开始起来了，日本海军陆战队，不堪一击，全部败退了下去，再度用铁甲车冲锋而掩护进攻，十九路军士兵奋不顾身，竟用身体滚向车轮掷手溜弹轰炸或滚近车身攀上车沿同敌人拼命，一共击毁和俘获了好几辆铁甲车，甚至于牺牲二三十人的性命抢它一辆铁甲车。在这样壮烈牺牲和英勇抗战的精神下，陆战队不久退了下去，丢弃了尸体和军器逃到租界上去了。天将明的时候，暴日的空军就不顾大雨飞来轰炸，这就证明陆战队的败仗是到了怎样狼狈的程度。

一·二八早晨，上海的市民才知道抗日战争已经发生，闸北的居民纷纷逃难，北四川路的华人也纷纷迁避，炮火枪声震动了全上海，造成了一个空前未有的大混乱的局面。英法租界和南市立时宣布戒严，处处充满了战时的景象。而战争仍在闸北继续进行着，日本陆战队因为梦想不到会吃败仗，而且败得异常可怜。这真是大日本皇军的莫大耻辱，那位海军少将更是愤怒之极，所以拼命逼迫陆战队进攻，想来打败十九路军挽回日本大和魂军人的威信，然而始终不能越雷池一步，相反的如果没有租界的庇护，十九路军简直可以将他们赶下黄浦江去吃水。

十九路军抗战一起就大败陆战队，士气简直兴奋到了极点，上海的民众，不，全国的民众的高兴和激昂也到了极点。而南京政府内的汗（汉）奸卖国贼也更恐慌到了极点，一面迁都洛阳，一面就调动第五军到上海来武装逼迫调防，要缴十九路军的械，但是第五军的士官和下级将领为十九路军的抗战所感动，竟在北火车站杀牛歃血立誓联合共杀日寇一直到三月底的撤退。

日本陆战队屡战屡败不敢再从事进攻，狡猾的日寇便唆使其他各国领事出来调和停战三天，一面就实行增派数万陆军，另调了一个中将菱

十九路軍英勇抗戰記

自暴日提出最後通牒式的條件後，市政府就召開了一個會議，市長吳鐵城和其他官僚以及一班金融資本家巨頭們代表南京政府的主張抱不抵抗政策屈膝承認，而出席會議的十九路軍高級將領蔡廷鍇、戴戟、翁照垣等，都要求抵抗，翁照垣尤其激昂，當場就說：你們不抵抗，十九路軍要抵抗，甚至我翁照垣的一旅也要抵抗。會議就不歡而散。但吳鐵城當面代表南京政府又向日本強盜磕了一次頭，南京政府并且下了命令，強迫[illegible]線的十九路軍調防，首先要離開上海附近。十九路軍忍痛撤退，但是退尚未远，該死的日本海軍陸戰隊已在閘北天通庵開始進攻了。

一二八前夜的午夜十一時，北四川路的日本陸戰隊，兵營內電燈照耀如同白晝，軍官往來指揮陸戰隊奔馳準備，机关槍、鋼炮和鐵甲車等紛紛出動，在電燈熄滅的時候，兵車和鐵甲車便在朦朧的街道上向閘北馳去，寶山路、天通庵路一帶，蠕蠕的黑影在昏暗冷寂的街頭中行動，日本海軍陸戰隊已開始奉命進攻了，因為長官命令他們來懲罰表面答應要求實際上無誠意的中國政府和人民。

當時十九路軍一聞日兵進攻的警耗，官兵都激昂奮發，於是神聖的英勇的抗戰就開始起來了。日本海軍陸戰隊不堪一擊，全部敗退了下去。再度用鐵甲車沖鋒而掩護進攻，十九路軍士兵奮不顧身，竟用身体滚向車輪，擲手榴彈轟炸，或滚近車身，攀上車與敵人拼命，一共轟毀和俘获了好几辆鐵甲車，甚至於犧牲二三十人的性命搶它一輛鐵甲車。這種壯烈犧牲和英勇抗戰的精神下，陸戰隊又退了下去，丟棄了屍体和軍器，逃到租界去了。天將明的時候，暴日的空軍就不顧大雨，飛來轟炸。這就証明陸戰隊的敗仗是到了怎樣很很的程度。

一二八早晨，上海的市民才知道抗日戰爭已經發生。閘北的居民紛紛逃難，北四川路的華人也紛紛逃避炮火，槍声震動了全上海，造成了一個空前未有的大混乱的局面。英法租界和南市立時宣佈戒嚴，处处充滿了戰時的景象。滬戰爭仍在閘北繼續進行著。日本陸戰隊因為夢想不到会吃敗仗，而且敗得[illegible]六日本皇軍的莫大恥辱，那位陸軍少將更是無限怒恨，拼命以拼命逼迫陸戰隊進攻，想要打敗十九路軍，挽回日本大和魂軍人的威信。然而始終不能越雷池一步。相反的，如果沒有租界的庇護，十九路軍簡直可以將他們趕下黃浦江去吃水。

十九路軍抗戰一起，就大敗陸戰隊，士氣簡直興奮到了極点，上海的民众、全口的民众的高興和激昂也到了極点。而南京政府內的汗奸賣国賊也更恐慌到了極点，一面任[illegible]，一面就調動第五軍到上海來，武裝逼迫調防，要繳十九路軍的械。但是第五軍的士官和下級將領，為十九路軍的抗戰所感動，竟在北火車站殺牛歃血立誓联合共殺白鬼，一直到三月底的撤退。

日本陸戰隊屢戰屢敗，不敢再從事進攻，狡猾的日寇便唆使其他各口領事出來調和停戰三天，一面就實行增派救兵，陸軍另調了一个中將[illegible]來指揮戰事，坦克車、飛机、大炮均有大量的增加，兵力相当集結後，就不待停戰期滿，即破坏協定，向十九路軍進攻，戰線也就延长到江湾和吳淞一帶。同時暴日的兵艦也向吳淞炮台進攻。十九路軍繼續的英勇抗戰，在全口民众的擁護与帮助之下，拼着熱血和頭顱，再度將日寇殺敗了下去。

[illegible]鐵了陸軍未也只誇口在短期內可以[illegible]十九路軍[illegible]結果陸軍是[illegible]中用，于是暴[illegible]次增兵又派了一位上將白川，并且將進攻[illegible]号称日本陸軍精銳的第九師團調來作戰，一切軍器更增加不少，然而[illegible]到三月底[illegible]終，不能打垮十九路軍。這時在日本的[illegible]不得[illegible]軍心動搖，而且兵士的反戰情緒一天一天的高[illegible]，[illegible]作戰來残殺中口的兄弟，他們不[illegible]閥的命令[illegible]反对[illegible]的宣傳運動在日本的軍隊中普遍的活躍的進展着，反戰宣言[illegible]大批的[illegible]現。而日本口内更發生了[illegible]，[illegible]本婦女卧在鐵軌上，不准兵車開行，不[illegible]日本資本家[illegible]，[illegible]了东夫国向軍閥們討[illegible]他們的大夫。可見日本帝口主义者進行[illegible]反本口[illegible]也約一[illegible]掠，結果是為自己掘坟墓罷了。

上海[illegible]戰費[illegible]力[illegible]

兵力	日本	中国
兵力	七萬以上	四萬人
飛机	一百架	三十架
大炮	三百余門（[illegible]）	三十余門
重机关槍	中国比日本多三倍	
軍艦	第三艦隊全部	

其他如坦克車、鐵甲車等日本均勝過中国。

上海戰爭中国軍隊的死伤達一万二千二百余人，被害区域一百八十五方公里，財產損失公私共達二十万万元之巨。

誓死不做亡國奴

[illegible]甫

红色中華

刘隆来指挥战事，坦克车飞机机关枪均有大量的增加，兵力相当集结后，就不待停战期满即破坏协定，向十九路军进攻，战线也就延长到江湾和吴淞一带，同时暴日的兵舰也向吴淞炮台进攻，十九路军继续的英勇抗战，在全国民众的拥护与帮助之下，拼着热血和头颅再度将日寇杀败了下去。

菱刈隆领了陆军来也是夸口在短期内可以击溃十九路军，但结果陆军是一样不中用。于是暴日三次增兵，又派了一位上将白川并且将进攻沈阳号称日本陆军精锐的第九师团调来作战，一切军器更增加不少，然而直到三月底屡经血战始终不能打坍十九路军，这时在日本的军队□面，不特□□□沮丧和军心动摇，而且兵士的反战情绪一天一天的高涨，大批的□□愿作战来残杀中国的兄弟。他们不惜自动的□□□□军阀的命令表示反对侵略□战争，同时反战的宣传运动在日本的军队普遍的活跃的进展着反战宣言和□□□处发现，而日本国内更发生了妇女□□□□动大批日本妇女卧在铁轨上，不准兵车开行，不顾□□□□□□□□□日本资本家□□□□□□□□组织了索夫团向军阀们讨索他们的丈夫，可见日本帝国主义为进行□□□□□□连反□□□□的□□□□受普通的□□□反对他的一□□行，结果是为自己掘坟墓罢了。

上海战□□□□□□□力统计：

军舰	重机关枪	大炮	飞机	兵力	
第三舰队全部	中国比日本多三倍	三百余门	一百架	十万以上	日本
		三十余门	三十架	二万人	中国

其他如坦克车铁甲车等日本均胜过中国。

上海战争中国军队的死伤达一万二千二百余人，被害区域一百八十五方公里，财产损失公私共达二十万万元之巨。

一九三七年一月二十五日　　紅色中華　　（第五版）

十九路軍英勇抗戰記

自從日提出最後通牒式的條件後，市政府就召開了一個會議，市長吳鐵城和其他官僚以及一班金融資本家巨頭們代表南京政府的主張，抱不抵抗政策屈辱承認，而出席會議的十九路軍高級將領蔡廷鍇、戴戟、翁照垣等，都要求抵抗，翁照垣尤其激昂，當場就說：「你們不抵抗，十九路軍要抵抗，甚至我第七八旅照垣的一旅也要抵抗。」會議就不歡而散。但吳鐵城當日代表南京政府又向日本強盜磕了一次頭，南京政府并且下了命令，强迫江戎京滬線的十九路軍調防，首先要離開上海附近，十九路軍很痛撤，但是退而未退，該死的日本海軍陸戰隊已在閘北[illegible]開始進攻了。

一二八前夜的午夜十一時，北四川路的日本陸戰隊，兵營內電炬照耀如同白晝，聯官往來指揮，陸戰隊每輛準備機關槍鋼炮和鐵甲車等紛紛出動，在電炬熄滅的時候，兵車和鐵甲車便在朦朧的街道上向閘北馳去，寶山路天通庵路一帶，蠕蠕的黑影在昏暗冷寂的街頭中行動，日本海軍陸戰隊已開始奉命進攻了，因為長官命令他們來懲罰表面恭敬、求實作塵無識意的中國政府和人民。

當時十九路軍一聞日兵進攻的警耗，官兵都激昂奮發於英神聖的英勇的抗戰就開始起来了，日本海軍陸戰隊不堪一擊，全部敗退了下去再度用鐵甲車沖鋒而猛攻進攻，十九路軍士兵奮不顧身，竟用身体滚向車輪，擲手溜彈轟炸，或滚近車身攀上車與同敵人拼命，一共轟毀和俘获了好几辆鐵甲車，甚至於犧牲二三十人的性命搶它一輛鐵甲車，在這樣壯烈犧牲和英勇抗戰的精神下，陸戰隊又退了下去，丟棄了屍体和軍器逃到租界去了，天將明的時候，暴日的空軍就不顧一切，大雨飛來轟炸，這就証明陸戰隊的敗仗是到了怎樣很狠的程度。

誓死不做亡國奴

凤甫

一二八早晨，上海的市民才知道抗日戰爭已經發生，閘北的居民紛紛逃難，北四川路的華人也紛紛遷避，炮火鎗声震動了全上海，造成了一個空前未有的大混亂的局面，英法租界和南市立時宣佈戒嚴，知道了戰時的緊張，而戰爭仍在閘北繼續進行，日本陸戰隊因為受想不到會吃敗仗，而且敗得異常狼狽，這真是大日本皇軍的莫大恥辱，那位海軍少將更是無限怨恨，所以拼命逼迫陸戰隊進攻想要打敗十九路軍，挽回日本大和魂軍人的威信，然而始終不能越雷池一步，相反的，如果沒有租界的庇護，十九路軍簡直可以將他們趕下黃浦江去吃水。

十九路軍抗戰一起，就大敗陸戰隊，士氣簡直興奮到了極點，上海的民众，不分口的民众的高興和激昂也到了極點，而南京政府內的汗奸賣國賊也更恐慌到了極点，一面任郡洛陽，一面就調動第五軍到上海來，武裝逼迫調防，要繳十九路軍的械，但是第五軍的士官和下級將領，為十九路軍的抗戰所感動，竟在北火車站殺牛歡迎……

誓联合英轻白冠一直到三月底的撤退，以本陸戰隊屢戰屢敗不敢再以事進一次，後來的日冠便唆使其他各口領了出来調和停戰三天，一面就实行增派救兵陸軍，另調了一个中將萎刘隆来指揮戰事，坦克车飛机ゞ关枪均有大量的增加，兵力相当集結後就不待停戰期滿，即破坏协定，向十九路軍進攻，戰線也就延长到江灣和吴淞一带，同時暴日的兵艦也向吴淞炮台進攻，十九路軍継續的英勇抗戰，在全口民众的擁護与帮助之下，拼着热血和頭顱再度將日冠殺敗了下去，英刘隆鐵了陸軍来也只誇口在短期內可以[illegible]十九路軍，但結果陸軍是[illegible]中用，于是暴[illegible]次增兵又派了一位上將白川，并且將進攻瀋陽另称日本陸軍精銳的第九师团調来作戰，一切軍器更增加不少，然而真到三月底是經四戰總終，不能打垮十九路軍，這時在日本的軍閥[illegible]上一[illegible]混亂[illegible]軍心動搖，而且兵士的反戰情緒一天一天的高漲起来[illegible]頗作戰來殘殺他們的兄弟，他們不願再打[illegible]閥的命令表示反对[illegible]戰爭，同時[illegible]的宣传煽動在日本的軍隊中活躍的進展着反戰宣言[illegible]外，從此而日本國內更發生了[illegible]大批日本女[illegible]在針對上不准兵車開行，不肯[illegible]日本資本家[illegible]纵了兩夫同向軍閥們討伐他們的大夫可見日本帝國主义者進行[illegible]逆戰[illegible]也的一寸拼行，結果是為自己掘坟墓罷了。

上海事[illegible]致大家[illegible]努力抗[illegible]射。

	日本	中國
兵力	七萬以上	四萬人
飛机	一百架	三十架
大砲	三百余門（艦炮[illegible]不計在内）	三十余門
重机关槍	中国比日本多三倍	
軍艦	第三艦隊全部	
其他	如坦克車鉄甲車等日本均勝過中国	

上海戰爭中中國軍隊的死伤達一萬二千二百余人，被害区域一百八十五方公里，財產損失公私共達二十万万元之巨。

索　引

对外经贸

共产党动态

国际反帝反法西斯

国民党内部

工人运动

红　军

金　融

联合抗日

名人、演说

民生、治安

民族工商业

苏区动态

社团、集会

文化、艺术

外交

学生运动

在沪侨民

在沪日寇

在沪西方列强

战　况

综　述

其他

图书在版编目（CIP）数据

《红色中华》上海新闻整理汇编：1931.12-1937.1 / 贾翠玲主编．—上海：上海科学技术文献出版社，2020

（红色视域下的上海：中共中央早期机关报上海新闻整理汇编）

ISBN 978-7-5439-8038-9

Ⅰ．①红… Ⅱ．①贾… Ⅲ．①《红色中华》—史料—上海—1931-1937 Ⅳ．① G219.296

中国版本图书馆 CIP 数据核字 (2019) 第 278673 号

本项目为国家社科基金重大项目“延安时期未刊文献资料收集、整理与数据库建设”（17ZDA008）阶段性成果；2018 年度国家社会科学基金项目“延安时期中共中央机关报数字化保存与挖掘利用研究”（18BTQ042）阶段性成果

策　　划：陈　超　张　树
责任编辑：王　珺　詹顺婉　罗毅峰
封面设计：樱　桃
版式设计：周　婧

《红色中华》上海新闻整理汇编：1931.12–1937.1
HONGSE ZHONGHUA SHANGHAI XINWEN ZHENGLI HUIBIAN: 1931.12–1937.1
贾翠玲　主编
出版发行：上海科学技术文献出版社
地　　址：上海市长乐路 746 号
邮政编码：200040
经　　销：全国新华书店
印　　刷：常熟市人民印刷有限公司
开　　本：720×1000　1/16
印　　张：47
版　　次：2020 年 3 月第 1 版　2020 年 3 月第 1 次印刷
书　　号：ISBN 978-7-5439-8038-9
定　　价：990.00 元（上下册）
http://www.sstlp.com